EUROPA LEHRMITTEL

Bibliothek des technischen Wissens

Dietmar Schmid Hans Kaufmann Alexander Pflug
Peter Strobel Jürgen Baur

Automatisierungstechnik

Grundlagen, Komponenten und Systeme

12., überarbeitete und erweiterte Auflage

mit DVD für Bilder, Übungen, Aufgaben und Simulationen

VERLAG EUROPA-LEHRMITTEL · Nourney, Vollmer GmbH & Co. KG
Düsselberger Straße 23 · 42781 Haan-Gruiten

Europa-Nr.: 51518

Die Autoren des Buches

Dietmar Schmid	Dr.-Ing., Professor	Essingen
Hans Kaufmann	Dipl.-Ing. (FH), Studiendirektor	Aalen
Alexander Pflug	Dipl.-Ing., Oberstudienrat	Schwäbisch Gmünd
Peter Strobel	Dipl.-Ing. (FH), Geschäftsführer	Aalen
Jürgen Baur	Dipl.-Ing. (FH), Oberstudienrat	Aalen

Lektorat und Leitung des Arbeitskreises:

Prof. Dr.-Ing. *Dietmar Schmid*, Essingen

Bildbearbeitung:

Zeichenbüro des Verlags Europa-Lehrmittel, 73760 Ostfildern

Grafische Produktionen Jürgen Neumann, 97222 Rimpar

12. Auflage 2017

Druck 5 4 3 2 1

Alle Drucke derselben Auflage sind parallel einsetzbar, da sie bis auf die Behebung von Druckfehlern untereinander unverändert sind.

ISBN 978-3-8085-5163-9

Satz und Layout: Grafische Produktionen Jürgen Neumann, 97222 Rimpar

Umschlag: braunwerbeagentur, 42477 Radevormwald & Grafik u. Sound, 50679 Köln

Umschlagfoto: Fotos des Lektors

Druck: Media-Print Informationstechnologie GmbH, 33100 Paderborn

Vorwort zur 12. Auflage

Die Automatisierungstechnik ist der Motor unserer modernen Gesellschaft. Die Komponenten dazu sind mechanische, elektrische, elektronische und optische Elemente der Steuerungstechnik, der Antriebstechnik, der Sensortechnik und der Kommunikationstechnik. Hinzu kommen Software-Bausteine und die Anwendung von Programmsystemen, wie z. B. LabVIEW sowie das Programmieren z. B. in C++, Java oder VBA.

Mit diesem Buch werden die technisch-physikalischen Grundlagen der Steuerungs- und Regelungstechnik vermittelt. Es werden Hard- und Softwarekomponenten der Automatisierung behandelt und in die moderne Systemwelt der Produktion und der Kommunikation einordnet.

Die Hauptkapitel sind:

- **Grundlagen** der Automatisierungstechnik
- **Aktoren:** pneumatisch, hydraulisch, elektrisch, mechatronisch
- **Sensoren** für Wege, Winkel, Drücke, Geschwindigkeiten, Beschleunigungen, Temperaturen und zur Sicherheit
- **Computergesteuerte Maschinen:** CNC-Werkzeugmaschinen, Messmaschinen/Messgeräte, Roboter, 3D-Scannen, 3D-Drucken
- **Montageautomatisierung**
- **Prozesse steuern:** statistische Prozessregelung, Prozessfähigkeit, Betriebsdatenerfassung
- **Informationstechnik:** Programmierung, Steuern, Regeln und Simulieren, Datenbanken, Bildverarbeitung, Virtuelle Umgebungen
- **Kommunikationstechnik:** Local Area Network (LAN, WLAN), Feldbus-Systeme, Schnittstellen

Das vorliegende Buch vermittelt den Lehrstoff, wie er im Bereich der Automatisierungstechnik und Mechatronik in den Fachschulen für Technik gefordert und auch im Bereich der beruflichen Weiterbildung benötigt wird. Für Studenten der Hochschulen dient dieses Buch als eine leicht lesbare Einführung. Über 1200, meist mehrfarbige Bilder oder Tabellen erleichtern das Begreifen der komplexen Zusammenhänge.

Auf der beigefügten DVD werden den Lehrenden und Lernenden alle Bilder, Lösungen zu den Aufgaben und eine Vielzahl von Softwaretools, Simulationen und animierbaren Objekten zur Verfügung gestellt[1]. Damit gelingt es Bewegungs- und Steuerungsvorgänge lebendig werden zu lassen. Teilprozesse oder vollständige Anlagen können virtuell dargestellt und beobachtet werden. Auch ist es zum Teil möglich, die virtuellen Vorgänge in realen Anlagen „laufen zu lassen". Lernende können damit in sehr kreativer Weise Wissen und Erfahrungen schöpfen. Die DVD enthält ferner ein Repetitorium und wichtige Gesetzestexte.

In der **12. Auflage** gibt es in allen Kapiteln Einzelverbesserungen, zum Teil sind die Kapitel auch neu strukturiert. Die wichtigsten Neuerungen sind: **Industrie 4.0** mit Erweiterungen und einem konkreten **i4.0-Projekt „Werkstücke prägen"**. Hier werden auch die Vernetzung und das Steuern via **Smartphone** und **Tablet** beispielhaft gezeigt. Die SPS-Technik wurde um die Kleinsteuerung **LOGO!8** ergänzt. Neu hinzugekommen ist ein eigenes Kapitel für **mechatronische Aktoren**. Dabei handelt es sich um die sehr unterschiedlichen piezoelektrisch, elektrostatisch, elektromagnetisch, thermisch und rheologisch wirkenden Aktoren. Ebenfalls neu ist das Kapitel **3D-Scannen**, gewissermaßen als Pendant zum Kapitel **3D-Drucken**. Die Kommunikationstechnik wurde aktualisiert und um **Firewire** und **IO-Link** ergänzt.

Hinweise und Verbesserungsvorschläge können dem Verlag und damit den Autoren unter der E-Mail-Adresse **lektorat@europa-lehrmittel.de** mitgeteilt werden.

Sommer 2017 — Die Autoren

[1] Rechtliche Hinweise zur DVD. **Eine Weitergabe der DVD-Inhalte in digitaler Form oder das Veröffentlichen im Internet oder in einem Intranet sind nicht erlaubt.** Lehrer an allgemeinbildenden und beruflichen Schulen sowie Ausbilder dürfen die Inhalte der beigefügten DVD für Unterrichtsmaterialien im eigenen Unterricht verwenden und in Klassenstärke in Papierform vervielfältigen. Schüler dürfen die Inhalte im Rahmen des Unterrichts für die Ausarbeitung von Referaten, Präsentationen etc. verwenden. Eine Vervielfältigung in Papierform in der für den Unterricht notwendigen Anzahl ist erlaubt. Dozenten an Fachhochschulen und Universitäten dürfen die Inhalte in einem Skript mit Beamer, Whiteboard oder Ähnlichem während einer Vorlesung verwenden. Eine Vervielfältigung in Papierform oder in digitaler Form ist ohne Genehmigung des Verlags nicht erlaubt. In allen hier aufgeführten Fällen ist eine Quellenangabe obligatorisch. Alle weiteren Nutzungen müssen beim Verlag schriftlich angefragt werden.

Inhaltsverzeichnis

Automaten und Roboter

Automaten für schwere Arbeit, für Spiele, für Expeditionen, für den Weltraum, zum Denken und zum Fühlen – die Visionen sind seit Menschheitsgedenken vielfältig. Waren es zunächst mechanische Automaten für Kultstätten *(Seite 9)*, so bekamen in der Neuzeit die Geräte auch oft ein menschliches Antlitz, z. B. in Form von Spielautomaten.

Mit dem Schauspiel R.U.R. (Rossum's Universal Robots) schuf 1920 *Karel Capek* den Begriff des Roboters und der Roboterin. Die Roboter sind hier menschenähnliche Wesen, mit starrem Blick und geschaffen als billige Arbeitskräfte zum Einsatz in der Serienproduktion.

„Sie erinnern sich an alles, denken aber nichts Neues. Sie haben keine Seele und keine Gefühle", so steht es in der Regieanweisung.

Industrieroboter *(Seite 335)* sind in diesem Sinne Realität geworden und verrichten, meist als einarmige Gebilde, schwere Arbeit. Sie sind in der Produktion als Mittel zur Automatisierung nicht mehr wegzudenken. Es sind Bewegungsmaschinen, die mit künstlicher Intelligenz (KI) und mit unterschiedlichster Sensorik ausgestattet sind. So können sie auch sehen, hören und fühlen. Sie sind auch kooperativ, d. h., sie arbeiten zusammen, z. B. während der eine Roboter das Bauteil hält, wird es vom anderen Roboter bearbeitet.

Man setzt Roboter auch ein, wenn die Umwelt für den Menschen gefährlich oder feindlich ist, z. B. bei Expeditionen im Weltall und beim Aufspüren von Minen. Es gibt Roboter für viele Anwendungen, z. B. zum Ballspielen, zum Saubermachen, zum Fensterputzen oder zum Rasenmähen.

In der Kunst, in der Literatur, in Filmen und natürlich auch in Videospielen begegnen wir häufig einer Roboter-Fiktion, den *Androiden*, also künstlichen Menschen. Sie beflügeln unsere Fantasie.

Roboter als Spielzeuge

Roboter als Helfer in der Kantine

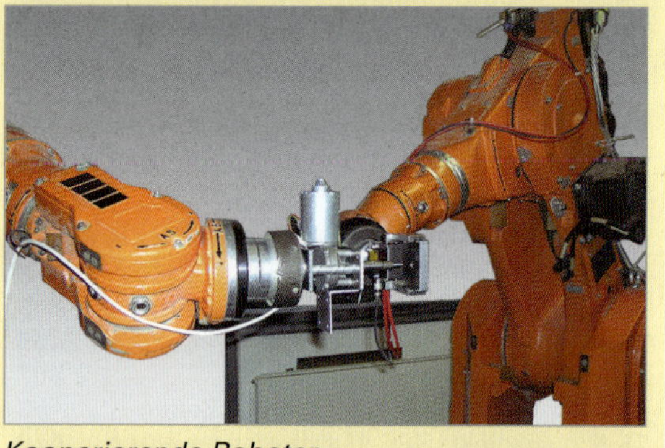

Kooperierende Roboter

Roboter im Film „Der 200-Jahre-Mann"

1 Grundlagen der Automatisierungstechnik

1.1 Einführung

1.1.1 Automatisierung und Automaten

Die Automatisierung ermöglicht eine weitgehend selbsttätige, nämlich *automatische Wirkung*, also ohne den ständig steuernden Eingriff des Menschen.

Die Automatisierungstechnik hat ihren Ursprung schon in vorchristlicher Zeit als sich z. B. mit dem Entzünden eines Altarfeuers die Tempeltüren automatisch öffneten **(Bild 1)**.

Heron von Alexandrien entwickelte um 100 v. Chr. einen Automaten (Bild 1) zum selbsttätigen öffnen und schließen von Tempeltüren.

Er soll so funktioniert haben: Durch das Tempelfeuer erwärmte sich die Luft in einem geschlossenen Behältnis. Über einen Druckbehälter wurde Wasser in ein zweites Gefäß gedrückt, das auf Grund der Schwerkraft sich senkte und dabei die Tempeltüren öffnete. Bei zurückgehender Temperatur strömte durch die wassergefüllte kommunizierende Röhre das Wasser zurück und die Türen haben sich wieder geschlossen.

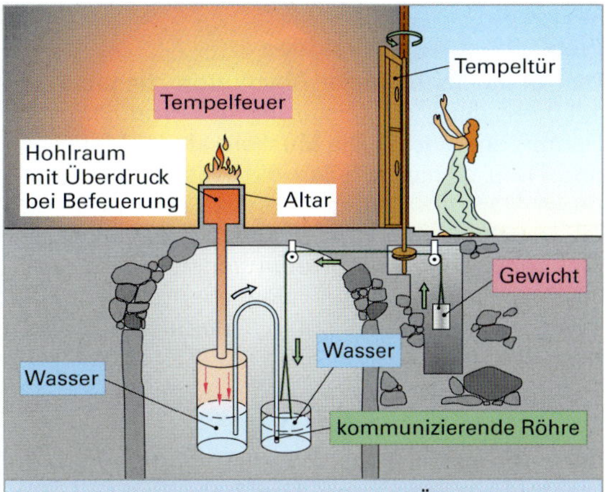

Bild 1: Automatisches Schließen und Öffnen von Tempeltüren, etwa 100 v. Chr.

Bis zum Anfang des letzten Jahrhunderts waren die Automaten mechanische Geräte. Beispiele sind Musikautomaten. Die Steuerungsinformation ist mechanisch auf Steuerwalzen oder Lochbändern gespeichert. Die moderne Form der Steuerwalzen oder der Lochbänder sind die CD-ROMs. Hier gibt es mikroskopisch feine Erhebungen (lands) und Vertiefungen (pits) in denen die Schaltinformation gespeichert ist **(Bild 2)**.

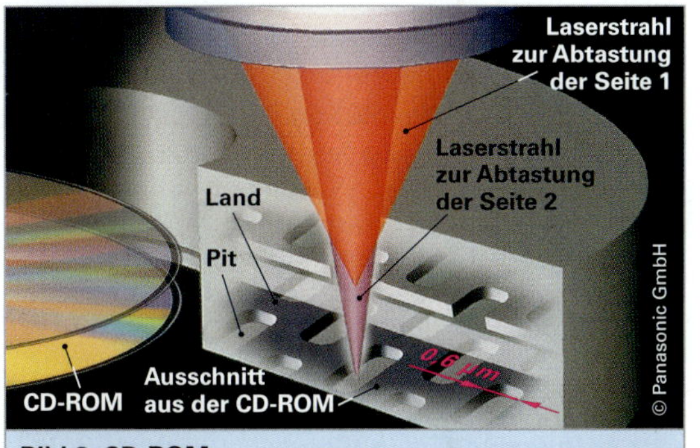

Bild 2: CD-ROM

Elektrische Antriebe und Elektronik ermöglicht eine Fertigungsautomatisierung mit weitgehend automatisch arbeitenden Maschinen. Die Arbeitsvorgänge sind programmiert und werden Schritt für Schritt ausgeführt. Mit hoher Perfektion wird dies in der Automobilindustrie gemacht **(Bild 3)**.

Die Werkstücke, z. B. Motorblöcke oder Karosserien kommen über ein Transportband in die Arbeitsstationen, werden identifiziert und entsprechend dem Kundenwunsch und der Typklasse bearbeitet oder montiert. Die Fertigung ist weitestgehend automatisiert. Der Durchlauf von der „Geburt" eines Autos bis zu seiner Auslieferung dauert nur einige Stunden. Die eigentlichen Fertigungsprozesse, wie z. B. das Herstellen der Blechteile, das Fertigen des Motorblocks und der Getriebe erfolgt mit *automatisierten Maschinen* und *Robotern*. Auch die Montage wird zunehmend mit Robotern oder Spezialmaschinen gemacht.

Bild 3: Automatisierung mit Robotern

1.1.2 Entwicklungsphasen industrieller Technik

Erste industrielle Revolution

Die erste industrielle Revolution begann **um 1800** mit der Mechanisierung der Produktion mit Dampfkraft **(Bild 1).** Die Muskelkraft der Menschen und Tiere sowie in Teilen die Wasserkraft wurde durch Dampfmaschinen ersetzt. Zum Ende des 18. Jahrhunderts kamen als Antriebsaggregate Elektromotoren und Verbrennungsmotoren hinzu. Es entwickelten sich aus den bisherigen Manufakturen Fabriken. Man begann *serienidentische* Teile herzustellen.

Zweite industrielle Revolution

Mit der zweiten industriellen Revolution kam die Massenproduktion und zwar vor allem mit Hilfe elektrisch angetriebener Maschinen. So wurden mit Beginn des **20. Jahrhunderts** neben Waffen auch Kraftfahrzeuge und Haushaltsgeräte in größeren Mengen produziert **(Bild 2).**

Dritte industrielle Revolution

Die dritte industrielle Revolution begann **um 1970** mit der Verwendung von Transistoren und Dioden zur digitalen Datenverarbeitung in Maschinensteuerungen. Man begann Maschinen numerisch (digital) zu steuern. Es entstand die numerische Steuerung (Numerical Control, NC).

Die **NC-Maschine (Bild 3)** verdrängte Zug um Zug handgesteuerte und mechanisch automatisierte Maschinen. Der wirkliche Durchbruch kam mit der Entwicklung der integrierten Schaltkreise und Mikroprozessoren und deren Integration in Maschinensteuerungen und in Produkte, z. B. als Mikrorechner und als speicherprogrammierte Steuerungen (SPS).

Eingeführt sind seither die **CAx-Systeme:**

- **CAD**-Systeme (Design) für das Zeichnen und Konstruieren **(Bild 4),**
- **CAM**-Systeme (Manufacturing) für den Herstellungsprozess,
- **CAQ**-Systeme (Quality-Assurance) für die Qualitätsprüfung und
- **CIM** (Computerintegrierte Fertigung) für die Gesamtheit der Produktionskette.

Bild 1: Der Schmiedehammer, Gemälde von *Friedrich von Keller* (1887)

Bild 2: Der 10.000 Opel läuft vom Band (1931)

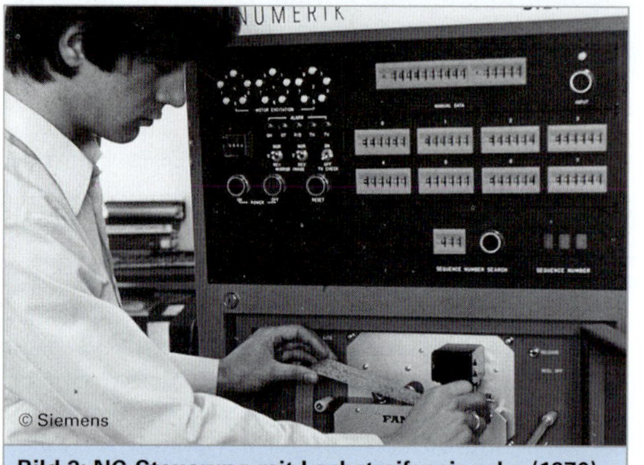

Bild 3: NC-Steuerung mit Lochstreifeneingabe (1970)

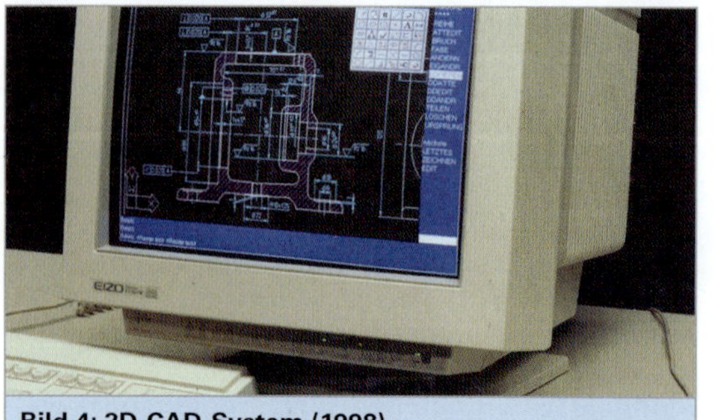

Bild 4: 2D-CAD-System (1998)

[1] engl. *smart* = geschickt

Systeme der Automatisierung

Die Integration von Computern in die Fertigung (Computer Integrated Manufacturing, **CIM**) hat einen Wandlungsprozess in den Fabriken eingeleitet. Die Informationsspeicherung, die Informationsverarbeitung und die Informationsbereitstellung mit Datenbanken haben mit der 3. Industriellen Revolution einen ungeheuren Aufschwung erlebt. War **CAD** anfangs nur unterstützend (aided) für das Zeichnungswesen, so ist es zu einem Element geworden, das Teile einer Konstruktion auch automatisiert gestaltet, z. B. indem natürliche Wachstumsprozesse nachbildet werden (Bionik) und dabei das Bauteil, abhängig von seinen Belastungen, „wachsen lässt" **(Bild 1)**. Die Herstellung der Produkte geschieht mit Hilfe computergesteuerter Maschinen **CAM** (Computer Aided Manufacturing). Zur Sicherung der Fertigungsqualität werden computergesteuerte Prüfmittel eingesetzt **(CAQ)**.

PPS und Automatisierung der Geschäftsprozesse

Damit dies alles „reibungslos", d. h. ohne Störungen abläuft, benötigt man eine ausgeklügelte Organisation. Man sagt dazu *Logistik*[1]. Bewältigt wird dies mit einer Computerunterstützung in Form von **Produktionsplanungs- und -steuerungs-Systemen (PPS)**.

Bauteilentwicklung. Durch *Simulation* können Produkte in allen Phasen, von der Entstehung über die Produktion bis hin zur Nutzung und Verschrottung getestet werden bevor sie wirklich in Produktion gehen. Notwendig ist eine datentechnische Aufbereitung eines solchen Produktlebenszyklusses. Man spricht von **Produkt-Daten-Management** (PDM).

> Die Lebenszeit eines Produktes wird von seiner Entstehung bis zu seiner Entsorgung durch das PDM begleitet **(Bild 2)**.

Die **Geschäftsprozesse** der Unternehmen, das sind die Aufgaben, welche Unternehmen wahrnehmen, werden mit dem Produkt-Daten-Management so strukturiert, dass der gesamte Produklebenszyklus durch die betriebliche Informationstechnik begleitet wird.

> Das Produktdatenmodell beschreibt das Produkt durch Dateien für:
> - die Geometrie insgesamt und die der Einzelteile **(Bild 3)**,
> - die Stücklisten,
> - die Fertigungsvorgänge mit NC-Daten und Roboterprogrammen,
> - die Werkstoffe und Prüfprogrammen,
> - die Montagevorgänge.

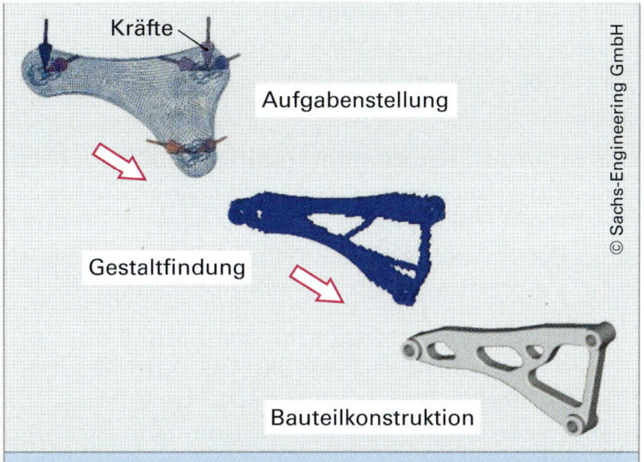

Bild 1: Automatisierte Bauteilentwicklung

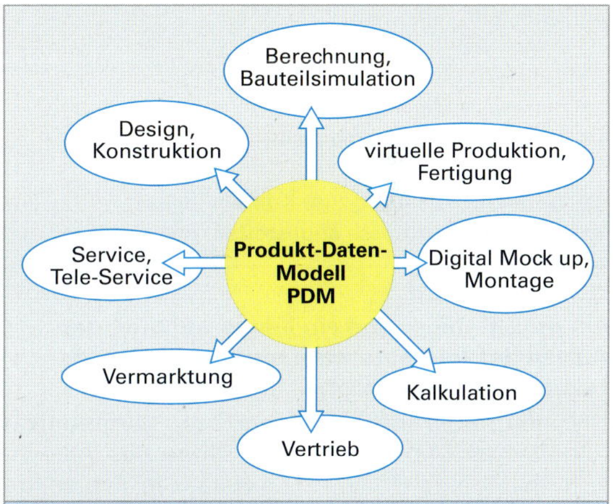

Bild 2: Produkt-Daten-Management

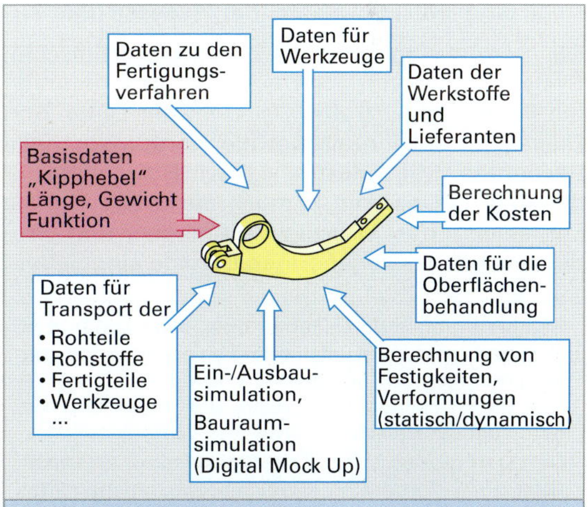

Bild 3: Produktdatenmodell

[1] griech. *logistike* = Rechenkunst, hier: berechneter organisatorischer Ablauf
[2] griech. *tele* = fern, weit
[3] lat. *virtus* = der Möglichkeit nach, hier: mit Hilfe des Computers bildlich dargestellt

Vierte industrielle Revolution

Die vierte industrielle Revolution ist seit etwa dem **Jahr 2000** geprägt durch die Allgegenwart des **Internets.**

Das Internet[1], wurde beginnend ab 1980 als Plattform zum Datenaustausch unter den Großrechnern der Universitäten und Forschungsinstitute eingeführt. Noch waren 1995 die Standorte deutscher Web-Server **(Bild 1)** recht überschaubar.

Nun ist das Internet bei jedermann angekommen, in alle Bereiche der Gesellschaft vorgedrungen **(Bild 2)** und lebensbestimmend geworden. Es dient nicht mehr nur zur bloßen Übermittlung von Information sondern wurde maßgeblicher Bestandteil zur Steuerung und Regelung von Vorgängen aller Art.

Bild 1: Web-Standorte um 1995 in Deutschland

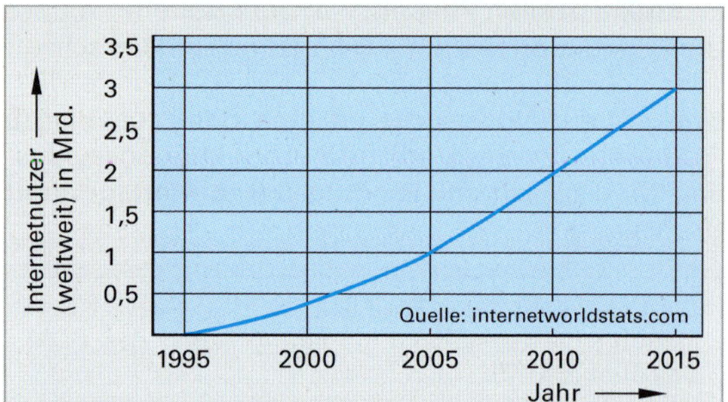

Bild 2: Internetnutzer, weltweit

Mit Hilfe des Internets werden

- Bankgeschäfte abgewickelt,
- Steuererklärungen gemacht,
- telefoniert,
- Waren geordert und zum Kunden gelenkt,
- Produktionsprozesse angestoßen, gesteuert und überwacht.

Ein großflächiger und ein länger anhaltender Ausfall des Internets wäre eine große, lebensbedrohende Katastrophe.

Die Integration internetfähiger bzw. kommunikationsfähiger Elektronik in die Dinge des Alltags, z. B. in Mobiltelefone, in Kameras, in Fahrzeuge und in Maschinen und Anlagen ermöglicht eine allumfassende Information und das Ingangsetzen selbsttätig entfernt ablaufender Prozesse **(Bild 3).**

Die Vernetzung von physikalisch-technischen Systemen mit virtuellen, nämlich programmierten Prozessen wird zum „Internet der Dinge und Dienste" und kennzeichnet die vierte industrielle Revolution. Mit Industrie 4.0 wird die vierte industrielle Revolution, nämlich die totale digitale Vernetzung der Maschinen, Anlagen und Produkte sowie der zugehörigen Dienste eingeleitet.

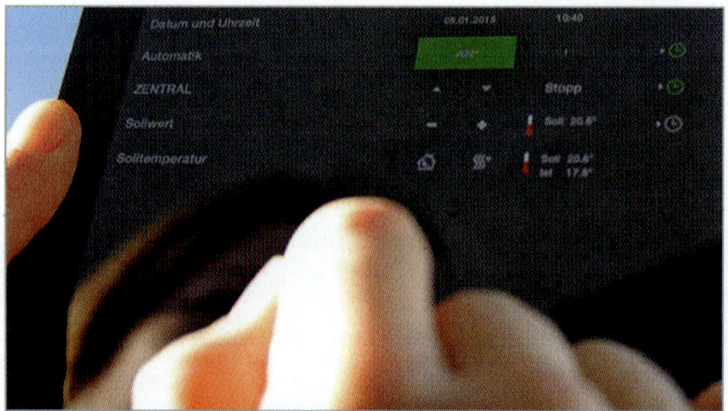

Bild 3: Steuern einer Solaranlage mit Smartphone

Gefahren gibt es durch Fehler oder Sabotage in den Netzwerken: Durch Ausfall oder Fehlschaltungen von Verbindungen und von Servern für die Kommunikation, die Produktion, die Logistik, die Energieübertragung, die Bankgeschäfte usw.

Gefahren gibt es durch Spionagesysteme und ***malware***[2] (Schadprogramme) welche darauf ausgerichtet sind Zerstörungen anzurichten und Unheil zu bringen.

[1] Internet von engl. *internetwork* = Zwischennetzwerk, miteinander verbundene Netze

[2] engl. *malware*, Kunstwort aus engl. *malicious* = bösartig und software

1.1.3 Industrie 4.0

Industrie 4.0 ist ein Zukunftsprojekt der deutschen Bundesregierung mit dem die informationstechnische Vernetzung insbesondere der Produktionstechnik vorangetrieben werden soll.

Bundesministerium für Bildung und Forschung (BMBF) 18.08.2014 (Zitat): *Das Zukunftsprojekt Industrie 4.0 zielt darauf ab, die deutsche Industrie in die Lage zu versetzen, für die Zukunft der Produktion gerüstet zu sein. Industrieproduktion wird gekennzeichnet sein durch starke Individualisierung der Produkte unter den Bedingungen einer hoch flexibilisierten (Großserien-) Produktion, die weitgehende Integration von Kunden und Geschäftspartnern in Geschäfts- und Wertschöpfungsprozesse und die Verkopplung von Produktion und hochwertige Dienstleitungen.*

Die Wirtschaft steht an der Schwelle zur vierten industriellen Revolution. Durch das Internet getrieben, wachsen reale und virtuelle Welt immer weiter zu einem Internet der Dinge zusammen. Die Kennzeichen der zukünftigen Form der Industrieproduktion sind die starke Individualisierung der Produkte unter den Bedingungen einer hoch flexibilisierten (Großserien-) Produktion, die weitgehende Integration von Kunden und Geschäftspartnern in Geschäfts- und Wertschöpfungsprozesse und die Verkopplung von Produktion und hochwertigen Dienstleitungen, die in so genannten hybriden Produkten mündet. Die deutsche Industrie hat jetzt die Chance, die vierte industrielle Revolution aktiv mitzugestalten. Mit dem Zukunftsprojekt Industrie 4.0 wollen wir diesen Prozess unterstützen.

Ziel von Industrie 4.0 sind intelligente (smarte[1]) Fabriken. Diese zeichnen sich aus durch:

- Wandlungsfähigkeit,
- Ressourceneffizienz,
- Ergonomie und
- Kundenorientierung.

Neuere technische Produkte, z. B. Fahrzeuge, TV-Geräte, Steller für Antriebe, Telefone u.v.m. sind zunehmend als „embedded systems" konzipiert.

Embedded Systems **(Bild 1)** sind Produkte mit integrierten (eingebetteten) Computern bzw. Mikrocomputern oder Mikroprozessoren zum Zweck der Steuerung, Regelung, Visualisierung bzw. allgemein zur Automatisierung.

Eine zunehmende Bedeutung haben die **Cyber-Physical-Systems**[2] **(CPS)**. Sie möglichen durch eine angehängte Kommunikationstechnik die Vernetzung von eingebetteten Systemen untereinander und mit dem Internet. Dabei wird die frühere hierarchische und lokal konzentrierte Struktur aufgelöst **(Bild 2)**.

[1] engl. *smart* = geschickt, klug

[2] *cyber*, altgriechische Vorsilbe für Steuerung… (des Seemanns) – ursprünglich die Steuerkunst des Seefahrers. Davon abgeleitet ist die Wissenschaft der Kybernetik = Regelungstechnik, Steuerungstechnik und Sensortechnik, heute meist in Verbindung mit Mikrocomputern, Mikroschaltkreisen und Mikromechanik.

Bild 1: Embedded Systems zur Automatisierung

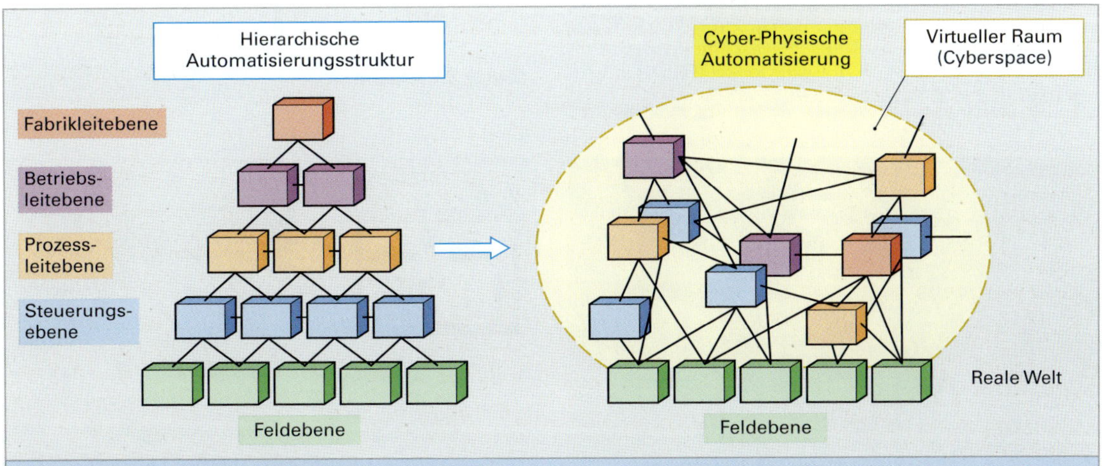

Bild 2: CPS in der Automatisierung

1.1.4 Cyber-Physische-Systeme (CPS)

CPS sind die technologische Grundlage für Industrie 4.0. Die besondere Eigenschaft der CPS ist, dass CPS als smart d. h. geschickt und intelligent empfunden werden. So leiten sich daraus unmittelbar Produktnamen ab, wie z. B. *Smartphone* oder *Smart-TV* für internetfähige Mobiltelefone bzw. Fernsehgeräte.

Die Entwicklungen der Cyber-Physische Systeme beschränken sich nicht nur auf Einzelprodukte sondern gelten auch für Großsysteme wie z. B.:

- **Smart Mobility:** Optimierte Nutzung der Mobilitätsangebote, z. B. der Kraftfahrzeuge durch den Einsatz von IKT (Informations- und Kommunikationstechnik), für eine energieeffiziente, emissionsarme, sichere, und kostengünstige Mobilität **(Bild 1)**.
- **Smart Healthcare:** Mittels IKT werden Patienten durch Ärzte und medizinische Dienstleister optimal versorgt: Lückenloses Monitoring (Beobachten und Aufzeichnen). Im Notfall können Hilfen auch selbsttätig koordiniert veranlasst werden **(Bild 2)**.
- **Smart Grid:** Intelligente Vernetzung von Stromerzeugern, Stromspeichern und Stromverbrauchern mithilfe von IKT, sodass das Energieangebot stets die Nachfrage umweltschonend befriedigen kann **(Bild 3)**.
- **Smart Factory:** Mit IKT vernetzte Unternehmen, Maschinen, Anlagen, Zulieferer und Logistiker, um auf Kundenwünsche schnell und flexibel reagieren zu können **(Bild 4)**.

Bundesministerium für Bildung und Forschung (BMBF) 18.08.2014 (Zitat):

Beim Thema „Smart Factory" liegen die Schwerpunkte auf intelligenten Produktionssystemen und -verfahren sowie auf der Realisierung verteilter und vernetzter Produktionsstätten.

Unter der Überschrift „Smart Production" werden unter anderem die unternehmensübergreifende Produktionslogistik, die Mensch-Maschine-Interaktion und 3D in industriellen Anwendungen **(Bild 5)** *noch stärker in den Blick genommen.*

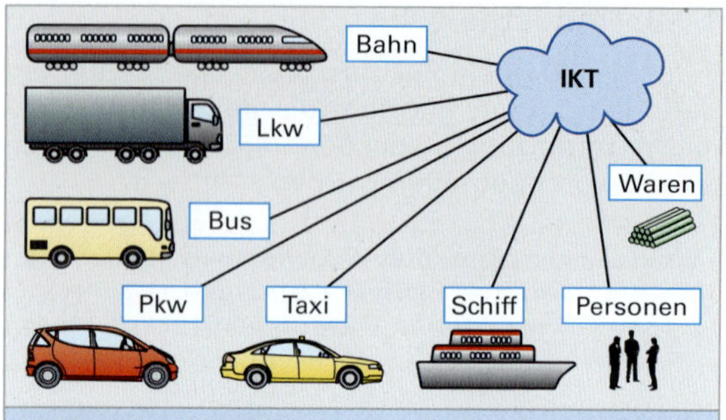

Bild 1: Smart Mobility

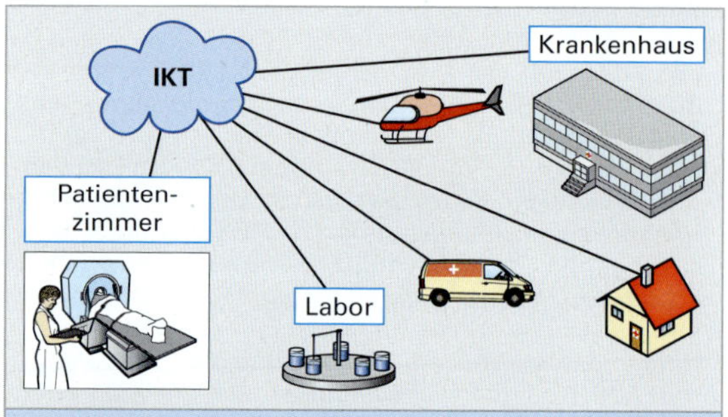

Bild 2: Smart Healthcare

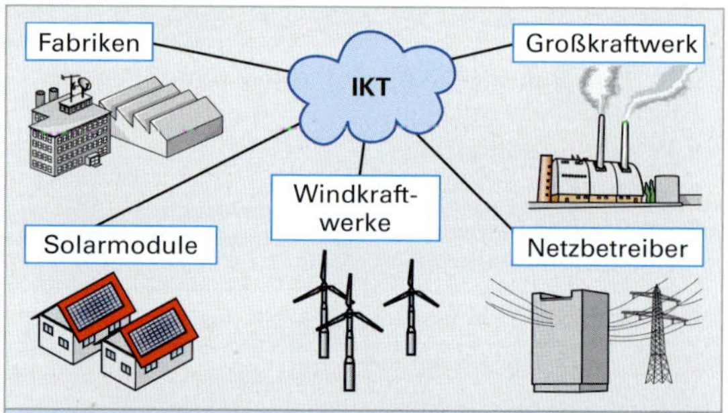

Bild 3: Smart Grid

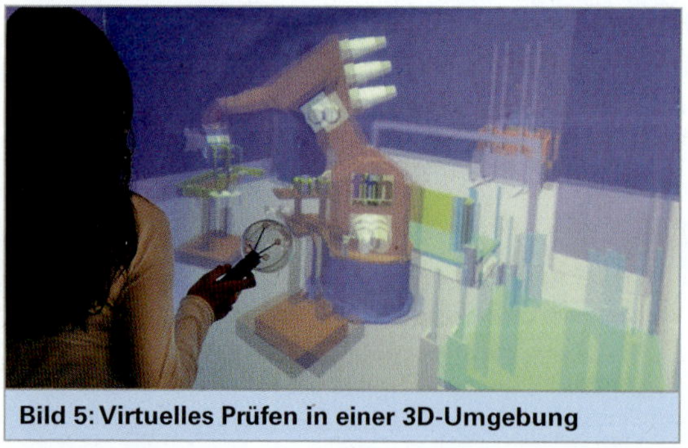

Bild 5: Virtuelles Prüfen in einer 3D-Umgebung

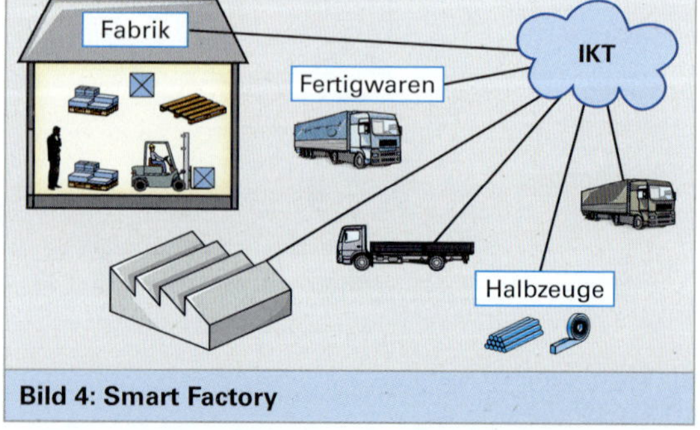

Bild 4: Smart Factory

Automatisierungskomponenten

Die Fertigungsautomatisierung ermöglicht eine weitgehend selbsttätige, nämlich automatische **Fertigung,** also ohne den ständig steuernden Eingriff des Menschen.

Der **Automatisierungsgrad** ist um so größer je weniger der Mensch in den Fertigungsprozess eingreifen muss. Die *vollautomatisierte Werkzeugmaschine* führt sowohl alle Arbeitsschritte hinsichtlich des räumlichen *Bewegungsvorganges* als auch hinsichtlich ihrer *Ablauffolge* selbsttätig aus. Der Mensch ist hauptsächlich überwachend tätig. Bei *Teilautomaten* werden *Teilaufgaben*, wie z. B. das Einspannen von Werkstücken, von Hand ausgeführt.

Die Vorteile der Automatisierung sind: **Senkung der Kosten, Erhöhung der Qualität und Humanisierung der Arbeit.**

Unseren heutigen hohen Lebensstandard, mit der gleichfalls hohen Lebenserwartung, verdanken wir im wesentlichen der Automatisierung in der Fertigung. Durch die Automatisierung der Fertigung können mehr Waren bei geringer werdendem Zeitaufwand produziert werden, sodass mehr Menschen im Bereich der Dienstleistungsaufgaben, im Bereich der Wissenschaft und Forschung tätig werden können. Die Automatisierung ermöglicht ferner eine Gestaltung der Arbeitsplätze, die weitgehend frei sind von schweren Arbeitsbelastungen.

Die Muskelkraft wird durch Motoren ersetzt und die Steuerungsaufgaben, die für den Menschen besonders durch Stress belastend sind, werden von automatisch arbeitenden elektronischen Steuerungen wahrgenommen.

Die **Komponenten (Bild 1)** der Fertigungsautomatisierung sind:

- **Steuerungen,** häufig in Form von **Computern** zur Steuerung des Fertigungsprozesses mit Bedienfeld und Anschluss zu übergeordneten Automatisierungssystemen.
- **Antriebe** (Aktoren) zur Bewegung von Werkstücken und Werkzeugen.
- **Sensoren** zur ständigen Kontrolle des Fertigungsprozesses und zur Signalgebung für den Fertigungsablauf.
- **Software-Bausteine** zur Steuerung, Regelung und Simulation des Fertigungsprozesses.
- **Telekommunikations-Systeme** zur Informationsübertragung, zur Fernsteuerung, zur Fernwartung und zur Fernbeobachtung.

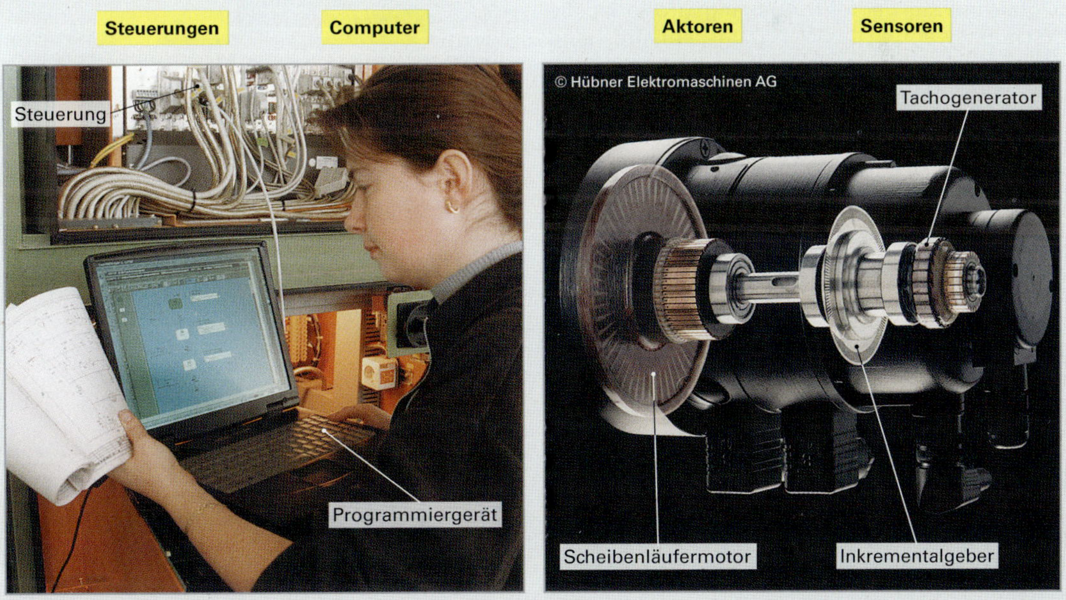

Bild 1: Komponenten der Fertigungsautomatisierung

1.2 Steuerungstechnik

Eine Steuerung erzeugt aufgrund von *Eingangssignalen* und aufgrund seiner *inneren Gesetzmäßigkeit*, z. B. einer Schaltung oder eines Programms, *Ausgangssignale* für die Aktoren, für das Anzeigefeld und für andere Steuerungen.

Die **innere Gesetzmäßigkeit** bestimmt die Ausgangssignale in Abhängigkeit von der Information der Eingangssignale und in Abhängigkeit von dem bisherigen Prozessgeschehen. Demnach enthalten Steuerungen Bausteine oder *Funktionen* zur Entschlüsselung und Bewertung von Eingangssignalen und *Speicher* (Gedächtnisse, Merker) für vorangegangene Ereignisse **(Bild 1)**.

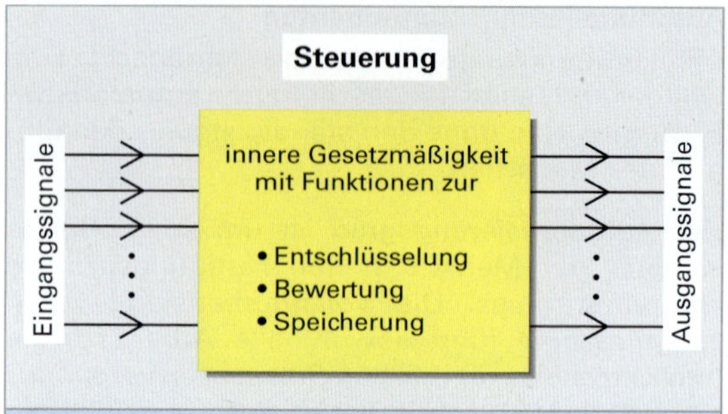

Bild 1: Struktur einer Steuerung

1.2.1 Steuerungsarten

Nach Art der Signalverarbeitung unterscheidet man zwischen **analogen Steuerungen, binären Steuerungen** und **digitalen Steuerungen (Tabelle 1).**

Tabelle 1: Steuerungsarten

Art	Signaldarstellung	Beispiele
Analoge Steuerung	Ausgang; Zeit	Steuerung mit Kurvenscheibe
Binäre Steuerung	1 0 1 0 1 0 1; Zeit	Steuerung mit Schaltern und Relais
Digitale Steuerung	0 13 2 4 10 4 9	Winkelcodierer

Analoge Steuerungen

Bei analog arbeitenden Steuerungen werden die Ausgangssignale mit Hilfe eines **analogen Signalumformers** gebildet, z. B. wird die Vorschubbewegung für ein Werkzeug über eine **Kurvenscheibe (Bild 2)** gesteuert. Das Eingangssignal ist der Drehwinkel der Kurvenscheibe. Die Kurvenscheibe wird z. B. mit einem langsam laufenden Motor gleichmäßig gedreht. Ausgangsgröße ist die Vorschubbewegung des Werkzeugs, entsprechend der Steigung der Kurvenscheibe.

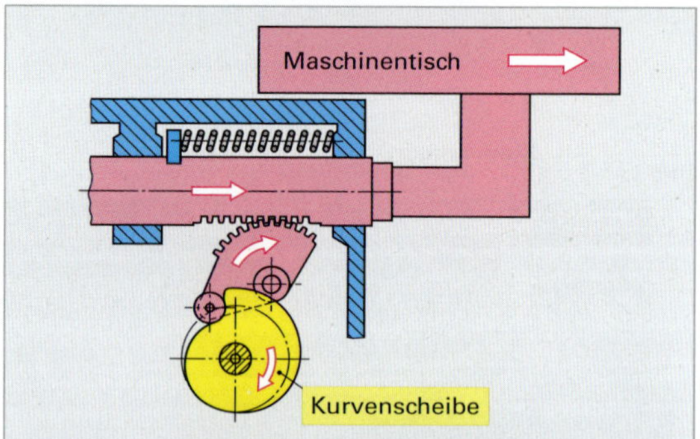

Bild 2: Analoge Steuerung

> Analoge Steuerungen werden immer weniger zur Automatisierung der Fertigung eingesetzt, da die Veränderung der *inneren Gesetzmäßigkeit* nur durch Austausch von Bauelementen, z. B. Kurvenscheiben, vorgenommen werden kann und somit teuer und zeitaufwendig ist.

Binäre Steuerungen

Binäre Steuerungen arbeiten mit Binärsignalen. Binärsignale sind **zweiwertige Signale,** also Schaltsignale mit den Eigenschaften EIN/AUS bzw. mathematisch ausgedrückt mit den Werten 1 und 0.

Beispiel: Der Vorschubtisch einer Schleifmaschine soll ständig hin- und herfahren **(Bild 3).** Über einen Umschalter kann durch eine positive Motorspannung der Tisch nach rechts gesteuert werden. Trifft der am Tisch befestigte Nocken 1 auf den Umschalter, wird der Tisch über die negative Motorspannung nach links bewegt, bis der Nocken 2 wieder auf die Gegenbewegung umschaltet.

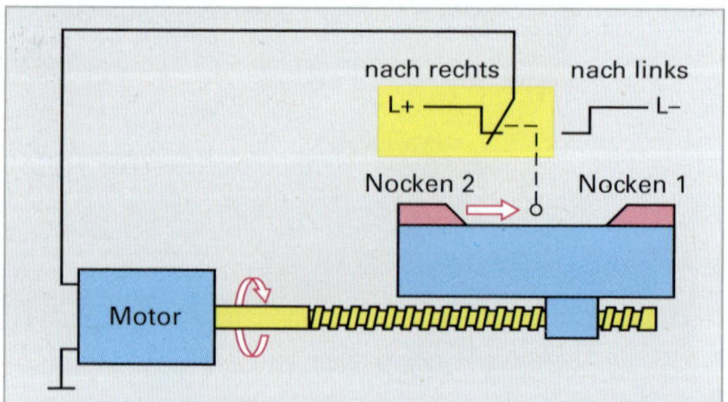

Bild 3: Binäre Steuerung eines Vorschubantriebs für eine Schleifmaschine

Werden aus der Kombination mehrerer Eingangssignale die Steuerungssignale erzeugt, so spricht man von **kombinatorischen Steuerungen** oder von Verknüpfungssteuerungen.

Beispiel für eine kombinatorische Steuerung
Voraussetzung für das Zünden des Schweißbrenners in einer Roboterarbeitszelle ist, dass die Zellentüre geschlossen ist, dass die Kühlwasserpumpe läuft, dass der Roboter „betriebsbereit" meldet und dass die Überwachung für den Drahtvorschub keine Störung meldet. Erst die vollständige Kombination dieser einzelnen Bedingungen führt zur Zündfreigabe **(Bild 1).**

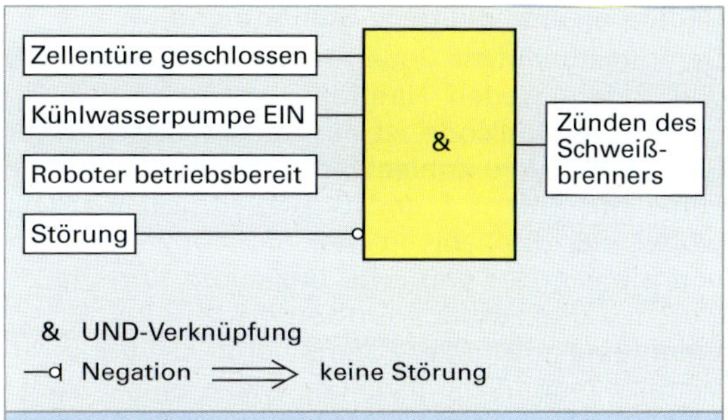

Bild 1: Kombinatorische Steuerung

Häufig ist ein **schrittweiser Ablauf** zu steuern. Dann wird abhängig von dem vorhergehenden Schritt und nach Erfüllung von **Weiterschaltbedingungen** der Folgeschritt ausgelöst. Man spricht von **Ablaufsteuerungen.** Hängen die Weiterschaltbedingungen nur von der Zeit ab, heißen diese Steuerungen **zeitgeführte Ablaufsteuerungen.** So ist z. B. die Steuerung für das langsame Hochlaufen großer Motoren zeitgeführt, wenn abhängig von einer Zeitschaltuhr **(Bild 2)** die Motorspannung schrittweise erhöht wird. Erfolgt die Steuerung der Motorspannung jedoch abhängig von der jeweils erreichten und gemessenen Drehzahl, so spricht man von einer **prozessabhängigen Ablaufsteuerung (Bild 3).**

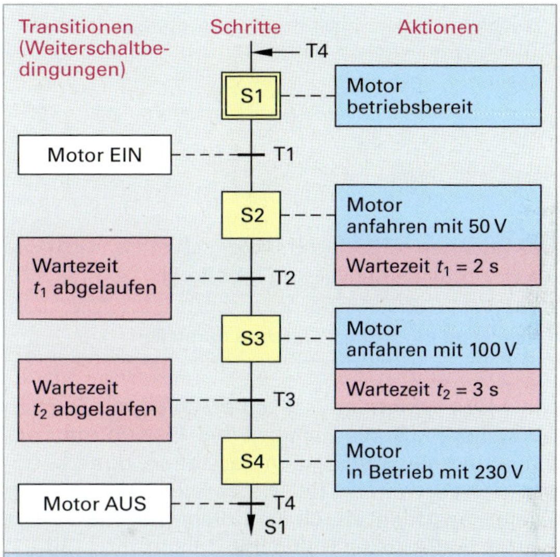

Bild 2: Zeitgeführte Ablaufsteuerung

Digitale Steuerungen

In digitalen Steuerungen erfolgt die Signalverarbeitung vorwiegend mit **Zahlen.** So gehören alle numerischen Werkzeugmaschinensteuerungen zu den digitalen Steuerungen **(Bild 4).** Die Verschlüsselung der Zahlen und das Verarbeiten der Zahlen erfolgt meist in Form **binärer Codes** mit **Mikroprozessoren** und **Computern.**

In digitalen Steuerungen erfolgt die Signalverarbeitung mit Zahlen

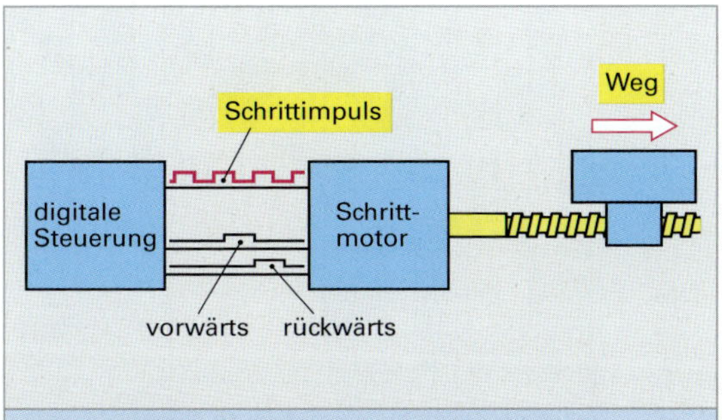

Bild 4: Digital gesteuerter Vorschubantrieb

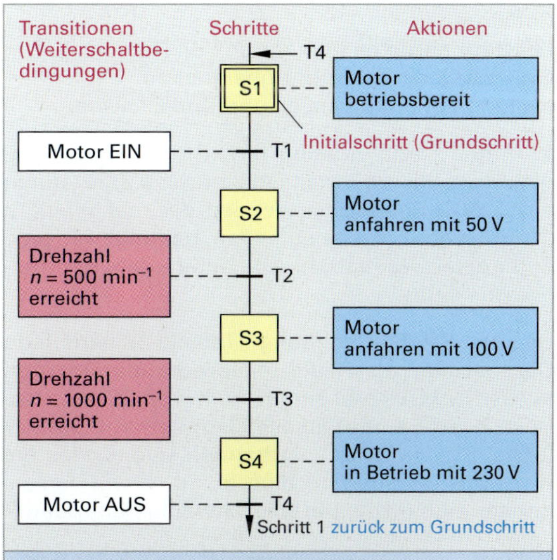

Bild 3: Prozessabhängige Ablaufsteuerung

Codierungen in digitalen Steuerungen

Der meistbenützte Code ist der **Dualcode** (BCN von Binary Coded Natural = natürlicher Binärcode). Der Dualcode ist ein Zahlencode mit der Basis B = 2. Alle Zahlenwerte können durch eine Folge mit Ziffern 1 und 0 ausgedrückt werden, wobei der Stellenwert der 1-Ziffern Potenzen von 2 entspricht und zwar links vom Komma 2^0, 2^1, 2^2 ... und rechts vom Komma 2^{-1}, 2^{-2}, 2^{-3} ... Wenn eine solche 2er-Potenz berücksichtigt wird, schreibt man in die jeweilige Stelle eine 1 sonst eine 0. Diese Ziffern nennt man Binärziffern (binary digit) oder abgekürzt Bit (Mehrzahl: Bits).

Beispiel: Beispiel: Bestimmen Sie die zur Dualzahl 1101,01 gleichwertige Dezimalzahl!

Lösung:

$$1101{,}01 \triangleq 1 \cdot 2^3 + 1 \cdot 2^2 + 0 \cdot 2^1 + 1 \cdot 2^0 + 0 \cdot 2^{-1} + 1 \cdot 2^{-2}$$
$$= 8 \quad + 4 \quad + 1 \quad + 0{,}25$$
$$= \mathbf{13{,}25}$$

Das Rechnen mit Dualzahlen geschieht ähnlich wie im Dezimalzahlensystem **(Tabelle 1).**

Man kann mit n Bits 2^n Zeichen darstellen.

Mit 4 Bits kann man $2^4 = 16$ verschiedene Zeichen darstellen, z. B. die Zahlen 0 bis 15. Will man positive und negative Zahlen darstellen, dann benötigt man ein weiteres Bit. Die Darstellung negativer Zahlen geschieht durch Komplementbildung. Die Zahlen in der linken Hälfte des Zahlenrings **(Bild 1)** sind die negativen Zahlen.

Neben dem Dualcode gibt es eine Vielzahl weiterer Codierungen. Im **Gray-Code**[1] wechselt von einer Ziffer zur nächsten immer nur 1 Bit **(Tabelle 2).** Der Gray-Code ist daher gut geeignet zur Zahlendarstellung auf Codelinealen und Codescheiben.

Will man Dezimalzahlen direkt binär darstellen, dann verschlüsselt man jede einzelne Ziffer durch einen **BCD-Code** (binary coded decimal = binäre Dezimalverschlüsselung). Man benötigt für jede Ziffer einer Dezimalzahl eine binäre Zahl mit mindestens 4 Bits.

Bei der **8-4-2-1-Codierung** (Tabelle 2) wird jede Dezimalziffer durch die entsprechende Dualzahl ausgedrückt. Es gibt eine Vielzahl von BCD-Codes. Beim **2-aus-5-Code** (Tabelle 2) müssen z. B. immer 2 Bits mit dem Wert 1 vorhanden sein. Codes die mehr Bits für eine Verschlüsselung verwenden als notwendig sind heißen weitschweifig (redundant).

[1] *Frank Gray,* amerik. Wissenschaftler (1887 bis 1969)

Tabelle 1: Rechnen mit Dualzahlen

Grundregeln:			
0 + 0 = 0	0 − 0 = 0	0 · 0 = 0	0 : 1 = 0
1 + 0 = 1	1 − 0 = 1	0 · 1 = 0	1 : 1 = 1
0 + 1 = 1	1 − 1 = 0	1 · 0 = 0	
1 + 1 = 0	0 − 1 = 1	1 · 1 = 1	
plus Übertrag 1 in die nächste Stelle	und belaste die nächste Stelle mit 1		

Beispiele: 6 + 5 = 11	11 − 5 = 6	6 · 5 = 30
110	1011	110 · 101
+ 101	$-_1$101	110
		000
		110
1011 ≙ 11	**110 ≙ 6**	**11110 ≙ 30**

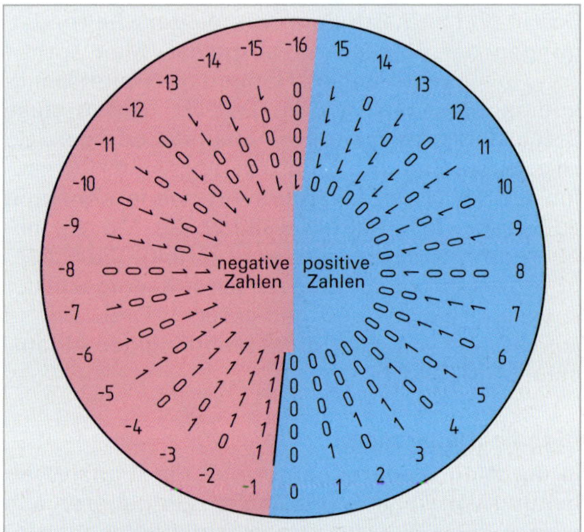

Bild 1: Zahlenring für 4-Bit-Zahlendarstellung

Tabelle 2: Codierungen (Beispiele)

Dezimalzahl	Dualcode	Graycode	8-4-2-1-Code	2-aus-5-Code
0	□□□□	□□□□	□□□□	■■□□□
1	□□□■	□□□■	□□□■	□□□■■
2	□□■□	□□■■	□□■□	□□■□■
3	□□■■	□□■□	□□■■	□□■■□
4	□■□□	□■■□	□■□□	□■□□■
5	□■□■	□■■■	□■□■	□■□■□
6	□■■□	□■□■	□■■□	□■■□□
7	□■■■	□■□□	□■■■	■□□□■
8	■□□□	■■□□	■□□□	■□□■□
9	■□□■	■■□■	■□□■	■□■□□
10	■□■□	■■■■		
11	■□■■	■■■□		
12	■■□□	■□■□		
13	■■□■	■□■■		
14	■■■□	■□□■		
15	■■■■	■□□□		
Stellenwert	8 4 2 1	kein	8 4 2 1	7 4 2 1 0

1.2.2 Programmsteuerungen

Bei Steuerungen für automatisch ablaufende Fertigungsvorgänge unterscheidet man zwischen *verbindungsprogrammierten* Steuerungen, *speicherprogrammierten* Steuerungen und *frei programmierten* Steuerungen **(Tabelle 1)**.

Verbindungsprogrammierte Steuerung (VPS)

Bei einer verbindungsprogrammierten Steuerung ist das Programm durch die *Wahl der Bauelemente* und deren *Verdrahtung* (Verbindung) festgelegt **(Bild 1)**.

Die Steuerung wird z. B. für einen ganz bestimmten Fertigungsprozess entwickelt und in Form einer Elektronikplatine hergestellt. Eine solche Steuerung hat Einzweckcharakter und kann nicht für andere Aufgaben verwendet werden.

Bei der VPS werden die Steuerungseigenschaften durch die Bauelemente und ihre Verbindung festgelegt.

Speicherprogrammierte Steuerung (SPS)

Eine speicherprogrammierte Steuerung **(Bild 2)** enthält intern Mikroprozessoren und erzeugt die *Steuersignale abhängig* von einem *Programm,* das in einem Programmspeicher gespeichert ist. Der Steuerungsaufgabe muss somit nur das Programm angepasst werden, jedoch nicht die Steuerungshardware. Diese ist universell verwendbar. Speicherprogrammierte Steuerungen können also leicht an unterschiedliche Anforderungen angepasst werden, nämlich einfach durch Austausch der Programme. Die meisten Steuerungen zur Fertigungsautomatisierung sind speicherprogrammierte Steuerungen.

Bei der SPS werden die Steuerungseigenschaften durch ein Programm in einem elektronischen Programmspeicher festgelegt.

Freiprogrammierbare Steuerungen

Eine freiprogrammierbare Steuerung enthält im Unterschied zur speicherprogrammierten Steuerung einen Schreib-Lese-Speicher, dessen gesamter Inhalt stets ohne mechanischen Eingriff auch in beliebig kleinem Umfang schnell verändert werden kann.

Freiprogrammierbare Steuerungen sind meist Steuerungen mit Mikrocomputern oder Industrie-PCs.

Tabelle 1: Programmverwirklichung

Art		Beispiel
Verbindungs-programmiert **VPS**	fest-programmierbar	Relais-steuerung
	um-programmierbar	Programm-steuerung mit Steckerfeld
Speicherpro-grammiert **SPS** engl. Programmable Logic Controller **PLC**	austausch-programmierbar	SPS mit EPROM1
	frei-programmierbar	SPS mit EEPROM[2] oder mit RAM[3]

[1] EPROM von Erasable Programmable Read Only Memory = löschbarer Nur-Lese-Speicher
[2] EEPROM von Electrically EPROM = elektrisch löschbarer Nur-Lese-Speicher
[3] RAM von Random Access Memory = Speicher mit wahlfreiem Zugriff

Bild 1: Verbindungsprogrammierte Steuerung (VPS)

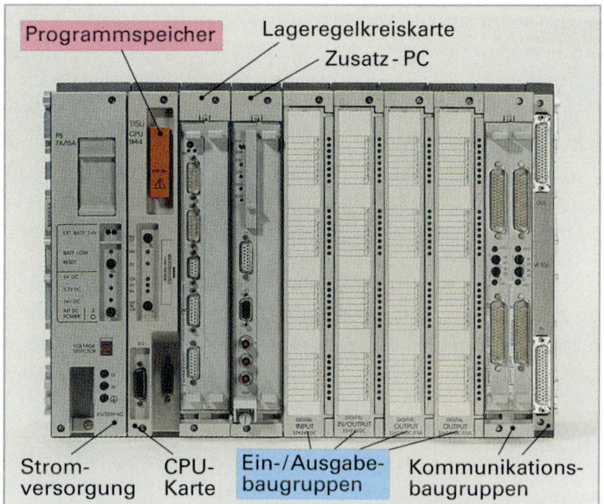

Bild 2: Speicherprogrammierte Steuerung (SPS)

1.2.3 Elektrische Kontaktsteuerungen

1.2.3.1 Bauelemente und Betriebsmittel

Die wichtigsten Bauelemente elektrischer Kontaktsteuerungen sind: Schaltgeräte, Steckvorrichtungen, Leitungsverbindungen und Anzeigegeräte **(Bild 1)**. **Schaltpläne** dienen der übersichtlichen Darstellung einer elektrischen Steuerung. In ihnen wird die Funktion der Bauelemente durch genormte Sinnbilder, die man **Schaltzeichen** nennt, wiedergegeben. Die Schaltzeichen geben grundsätzlich den Zustand des unbetätigten Schaltgerätes an.

Zur **Kennzeichnung** der Betriebsmittel in Schaltplänen verwendet man eine alphanumerische Kennzeichnung. Sie besteht allgemein aus mehreren Zeichen (siehe Seite 134). In der vereinfachten Form wird zur Kennzeichnung elektrischer Betriebsmittel in Schaltplänen ein einzelnes **Buchstabensymbol** nach **(Tabelle 1)** mit angehängter laufender Nummer xx verwendet, z. B. S1 für den Schalter 1 und M1 für den Motor 1.

Schaltkontakte werden z. B. von Hand, durch Nocken oder durch Fernbedienung betätigt. Die Fernbedienung erfolgt meist durch elektromagnetische Kraft, wie beim Relais, Schütz und Schrittschaltwerk.

Bei den Schaltkontakten gibt es **Schließer,** die bei Betätigung des Schalters einen Stromkreis schließen, und **Öffner,** die einen Stromkreis unterbrechen.

Nach Art der Schalterbetätigung unterscheidet man **Tastschalter, Stellschalter** und **Schlossschalter.**

Tastschalter
Druckknopftastschalter, kurz Taster genannt, wie z. B. ein Klingelknopf, wirken nur während der Dauer ihrer Betätigung. Die Kontaktgabe oder Unterbrechung erfolgt über bewegliche Schaltstücke, die z. B. von Hand betätigt werden **(Bild 2).** Taster enthalten oft mehrere Kontakte, z. B. 3 Schließer und 3 Öffner. Eine Feder, die bei Betätigung gespannt wird, bringt die Schaltstücke in ihre Ausgangslage, wenn die Betätigung aufhört. Die Taster dienen oft gleichzeitig als Leuchtmelder (Signal-Lampe).

Mit **Positionsschaltern (Grenztastern),** die über Nocken betätigt werden, wird das Erreichen von Grenz- und Endlagen beweglicher Maschinenteile, z. B. von Werkzeugmaschinenschlitten, signalisiert. Die Positionsschalter sind mit Sprungschaltern (Mikroschalter) ausgestattet, damit man auch bei sehr langsamer Betätigung eine plötzliche Kontaktgabe oder Kontaktunterbrechung erhält **(Bild 3).**

Bild 1: Schalter

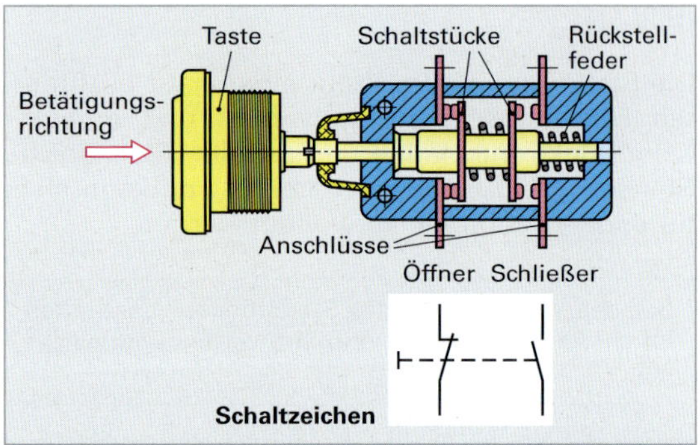

Bild 2: Druckknopftastschalter (Taster)

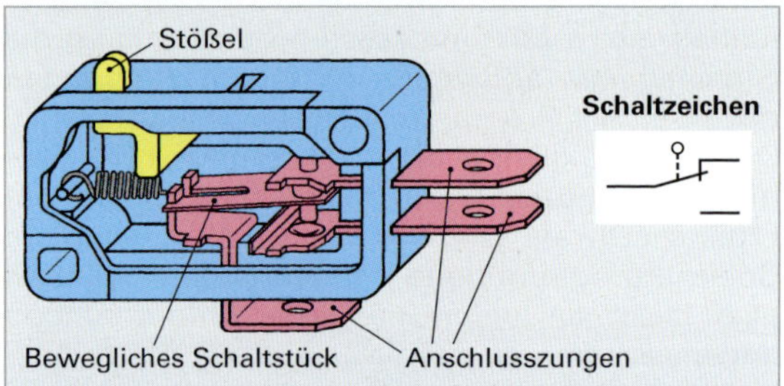

Bild 3: Schaltdifferenz bei Nockenschaltern

Tabelle 1: Kennbuchstaben nach DIN EN 81346

vereinfacht	vollständig	Beispiele für elektrische Steuerungen
B	-BF	Sensor, Näherungsschalter
F	-FF	Sicherung, Schutzschalter
G	-GA	Generator, Batterie, Akku
K	-KF	Relais, Hilfsschütz, Schalttransistor
M	-MA	Motor, Hubmagnet, Stellantrieb
P	-PF	Signalgeber, Signallampe, Hupe
Q	-QA	Leistungsschütz, Kupplung, Trennschalter
S	-SF	Steuerschalter, Taster
X	-XF	Klemme, Klemmleiste, Steckverbinder

Für eine umfassende Darstellung siehe Seite 29 und 139

Die Betätigung erfolgt entweder direkt über einen Stößel aus gehärtetem Stahl oder über einen Rollenhebel **(Bild 1)**. Durch den Hebel vergrößert man den Betätigungsweg, verringert aber die Betätigungskraft. Die Wegdifferenz zwischen Schaltpunkt und Rückschaltpunkt bezeichnet man als **Schaltdifferenz.**

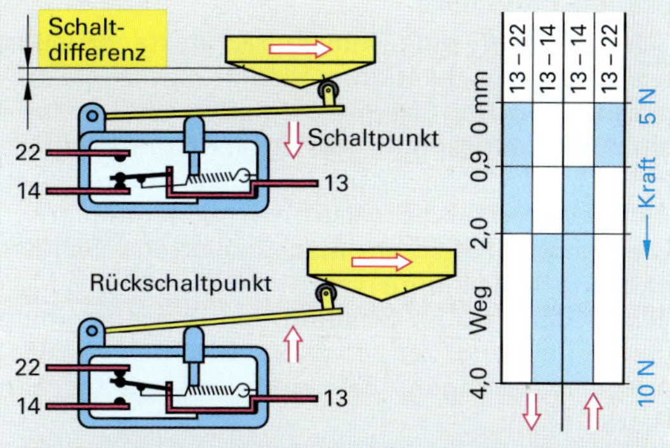

Bild 1: Schaltvorgang bei einem Positionsschalter mit Rollenhebel

Berührungslose Näherungsschalter

Anstelle von Grenztastern werden häufig berührungslose Näherungsschalter verwendet **(Bild 2)**.

Induktive Näherungsschalter schalten bei Annäherung metallischer Gegenstände **(Tabelle 1)**.

Man verwendet sie wie Grenztaster in Verbindung mit Nocken.

Kapazitive Näherungsschalter reagieren auf viele Stoffe, insbesondere auf Flüssigkeiten. Sie eignen sich daher zur Überwachung und Steuerung von Füllständen.

Optoelektronische Näherungsschalter reagieren auf reflektiertes Licht. Zur Unterdrückung von Fremdlicht wird meist gepulstes Laserlicht oder gepulste Infrarotstrahlung verwendet.

Näherungsschalter auf Ultraschallbasis ermitteln aus der Laufzeit für das Echo von Schallimpulsen die Entfernung zum nächstgelegenen Gegenstand und schalten bei Erreichen des eingestellten Entfernungsbereichs.

Die Signalausgänge A und $\overline{A}$ sind antivalent (gegenwärtig) und ermöglichen sowohl das EINschalten (Schließerfunktion) als auch das AUSschalten (Öffnerfunktion) eines elektrischen Betriebsmittels, z. B. eines Relais.

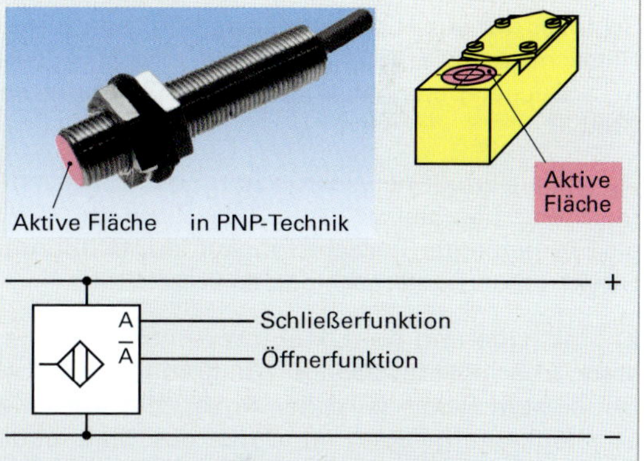

Bild 2: Berührungsloser Näherungsschalter

Tabelle 1: Berührungslose Näherungsschalter

Art	Schaltzeichen	Funktionsprinzip	Kenngrößen
induktiv	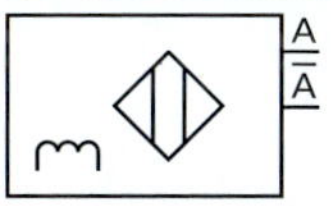	Durch Annäherung von metallischen Gegenständen werden in diesen Wirbelströme induziert und dadurch ein Schwingkreis stark gedämpft.	Schaltabstand: etwa halber Spulendurchmesser, 1 mm ... 150 mm
kapazitiv	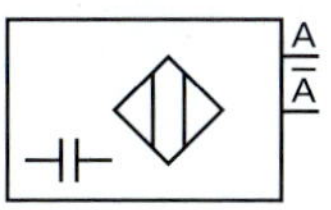	Durch Annäherung von Flüssigkeiten oder Gegenständen aus Glas, Kunststoff, Holz oder Metallen, verändert sich die Kapazität eines Schwingkreises und damit dessen Spannung.	Schaltabstand: stark abhängig vom Werkstoff des Gegenstandes, etwa 20 mm ... 40 mm
opto-elektronisch	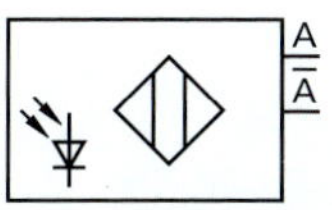	Über die Fotodiode werden Infrarotstrahlungsimpulse gesendet. Bei Annäherung eines Gegenstandes bewirkt die reflektierende Strahlung das Schalten.	Schaltabstand: mit Reflektor etwa 2 m, ohne Reflektor stark abhängig von Oberflächenbeschaffenheit
mit Ultraschall	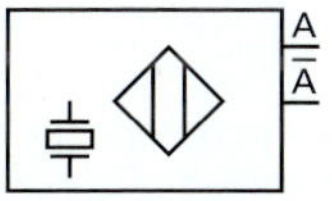	Die Laufzeit reflektierter Ultraschallimpulse wird ausgewertet. Erzeugt wird der Ultraschall mit Piezoquarz.	Schaltbereich: etwa 60 mm ... 6000 mm, einstellbar auf etwa 10 mm

Schütze und Relais

Schütze haben eine ähnliche Kontaktanordnung wie Taster. Die Betätigung erfolgt jedoch elektromagnetisch. Bei Erregung der Schützspule wird ein Anker angezogen und schließt die Kontakte **(Bild 1)**. Die Schützspule wird entweder durch Wechselstrom (Wechselstromschütz) oder durch Gleichstrom (Gleichstromschütz) erregt. Schütze haben Schaltleistungen von 1 kW bis 500 kW. Man verwendet sie zum Schalten von Betriebsmitteln großer Leistung, vor allem zum Schalten von Motoren, Kupplungen, Bremsen und elektrischen Heizanlagen.

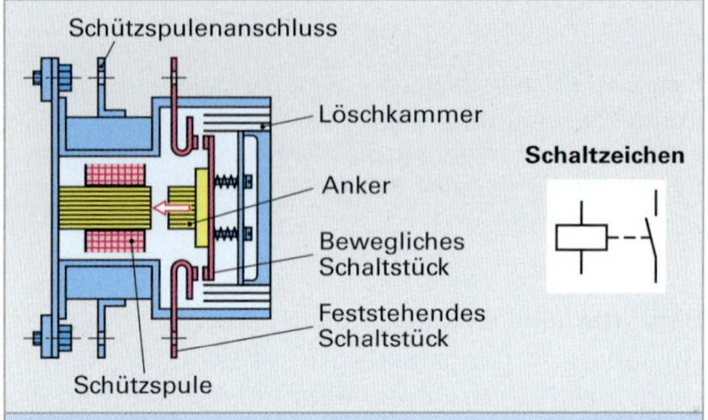

Bild 1: Schütz

> Bei den Kontakten unterscheidet man **Hauptkontakte,** z. B. zum Einschalten von Motoren, und **Hilfskontakte** zum Schalten von Steuer- und Kontrolleinrichtungen **(Bild 2).**

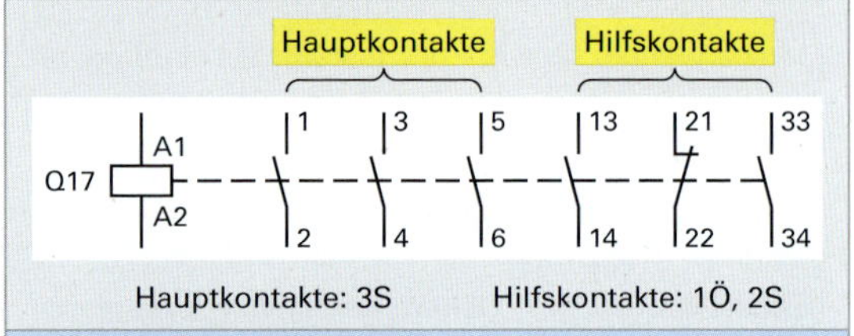

Bild 2: Schaltzeichen für den Schütz Q17 mit Haupt- und Hilfskontakten

Schütze, die nur Hilfskontakte haben, nennt man Hilfsschütze. Die Kennzeichnung erfolgt mit einem Buchstabensymbol und einer Zählnummer **(Bild 3).**

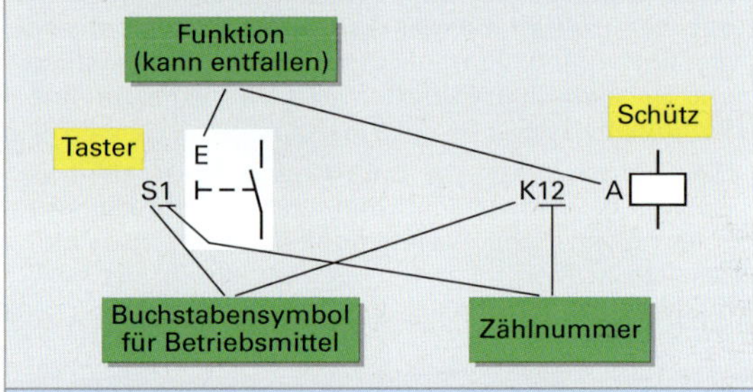

Bild 3: Kennzeichnung von Betriebsmitteln

Das **Relais** erfüllt bei elektrischen Steuerungen die gleichen Aufgaben wie das Hilfsschütz und dient als fernbetätigter Tastschalter. Aufbau, Größe und Schaltleistung unterscheiden es vom Schütz.

Kontaktgabe und Kontaktunterbrechung erfolgen stets über **Kontaktfedern** (Blattfedern) **(Bild 4).** Bei diesem Relais wird der Anker, der auf einer Schneidkante gelagert ist, durch das Magnetfeld der Relaisspule angezogen. Dabei werden über kleine Stifte die Kontaktfedern betätigt. Die Ansprechzeit, das ist die Zeit zwischen dem Einschalten der Relaisspule und der Kontaktgabe, liegt bei ca. 1 ms bis 10 ms. Sie ist wesentlich kleiner als beim Schütz. Die Schaltleistung reicht je nach Baugröße von einigen mW bis ca. 1 kW.

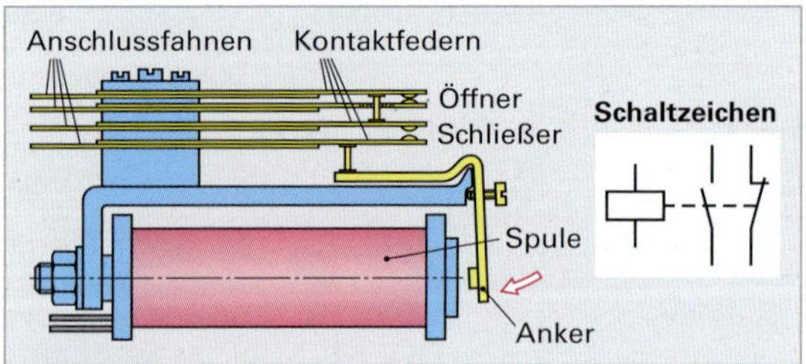

Bild 4: Relais

Relais eignen sich als sogenannte **Kartenrelais** direkt zur Montage auf elektronischen Leiterplatten. Man verwendet sie häufig in Verbindung mit elektronischen Baugruppen.

Im Unterschied zu elektronischen Schaltern kann man mit Relais Stromkreise potenzialfrei schalten, d. h. die Kontakte können in Stromkreisen mit unterschiedlichem Potenzial angeschlossen sein.

Relais mit **Schutzgaskontakten** haben eine besonders hohe Lebensdauer. Hier sind die Kontaktzungen paarweise in Glasröhrchen (in Vakuum oder Edelgas) eingeschmolzen **(Bild 5).** Das Glasröhrchen steckt in einer zylindrischen Magnetspule. Sobald diese vom Strom durchflossen wird, werden die Kontaktfedern magnetisiert, ziehen sich gegenseitig an und schließen damit den Kontakt.

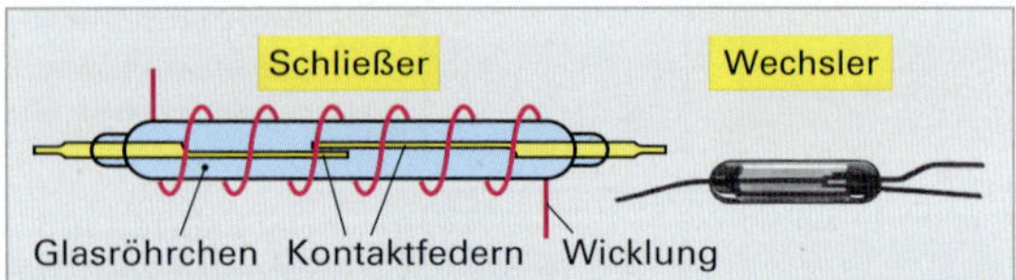

Bild 5: Relais mit Schutzgaskontakt (Foto, etwa natürliche Größe)

Kontaktprellen

Beim Schalten mit Kontakten entsteht immer ein **Kontaktprellen (Bild 1),** d. h. für kurze Zeit schließt und öffnet der Schalter. Diese Eigenschaft ist dann besonders störend, wenn mit Schaltern auch elektronische Steuerungen, z. B. Impulszähler durch Steuersignale angesteuert werden. Hier könnte der Zähler nicht nur die gewollten Schaltimpulse zählen, sondern auch alle ungewollten Preller. Mit elektronischen Entprellerschaltungen müssen in solchen Fällen die kurzzeitigen Signalunterbrechungen überbrückt werden.

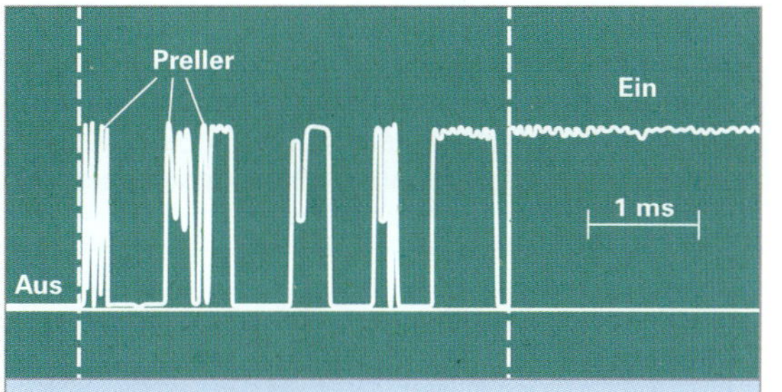

Bild 1: Kontaktprellen

> Schalter erzeugen beim Schaltvorgang ein Kontaktprellen.

Abschaltüberspannungen und Funkenlöschung

Löschglieder werden parallel zur Schützspule und anderen induktiven Lasten geschaltet, um Überspannungen von mehreren tausend Volt **(Bild 2)** und Störungen in elektronischen Stromkreisen zu vermeiden. Durch die Überspannungen entstehen Funken und diese verursachen elektromagnetische Störungen und eine erhöhte Korrosion an den Kontakten bis hin zum Abschmelzen der Kontakte.

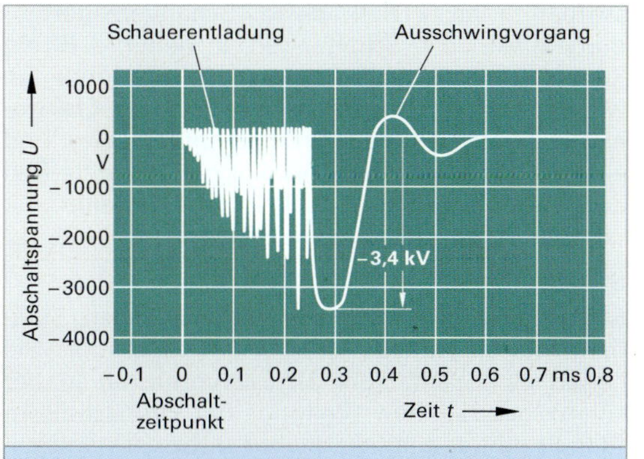

Bild 2: Abschaltüberspannung an einer Schützspule ohne Löschglied

> Beim Abschalten von Induktivitäten können hohe Überspannungen mit Funkenbildung entstehen.

Das **Varistor-Löschglied (Bild 3a)** hat im vorgesehenen Nennspannungsbereich einen hohen Widerstand, im Überspannungsbereich jedoch einen sehr kleinen Widerstand und schließt somit hohe Überspannungen, die vor allem beim Abschalten der Schützspule entstehen, kurz.

Das **RC-Löschglied (Bild 3b)** eignet sich speziell bei Schütze, die mit Wechselspannung betrieben werden. Es dämpft hochfrequente Störsignale, z. B. auch Nadelimpulse, die beim Ausschalten von Induktivitäten entstehen.

Das **Dioden-Löschglied (Bild 3c)** wird bei Gleichspannungsrelais eingesetzt. Bei eingeschalteter Relaisspule (A1 an positiver Spannung) sperrt die Diode. Beim Abschalten der Schützspule entsteht ein Spannungsimpuls zwischen A2 und A1 (an A2 positiv). Diese Spannung wird über die Diode kurzgeschlossen.

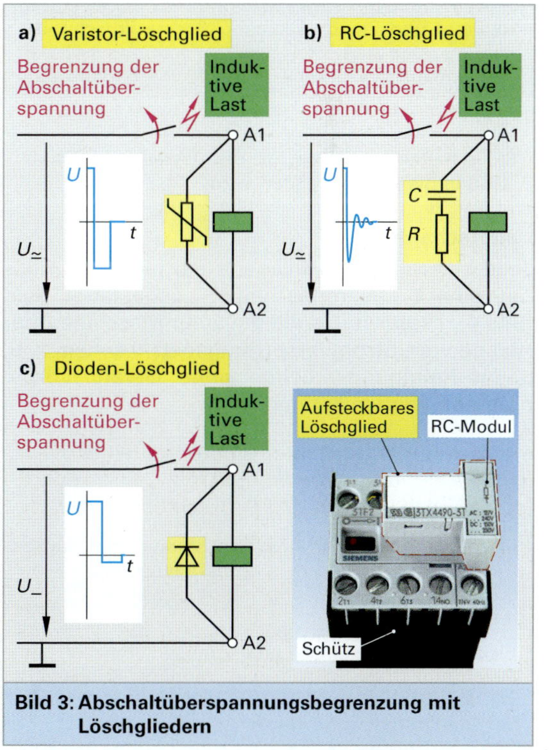

Bild 3: Abschaltüberspannungsbegrenzung mit Löschgliedern

> Löschglieder vermeiden Störungen.

Zeitrelais

Eine Verzögerung zwischen dem Einschalten des Relais und dem Schalten der Kontaktfedern ist bei Steuerungen oft erwünscht, ebenso eine Verzögerung zwischen dem Abschalten des Relais und dem Abfallen der Kontaktfedern.

Relais mit diesen Eigenschaften nennt man **Relais mit Anzugverzögerung** bzw. **Relais mit Abfallverzögerung (Bild 1).**

Die Verzögerungszeiten sind am Relais von wenigen Millisekunden bis zu einigen Sekunden einstellbar. Man erzielt diese Schaltverzögerung durch elektrische Schaltungen, in denen z. B. ein Kondensator allmählich aufgeladen oder entladen wird oder über ein elektrisches Uhrwerk. **Elektronische Zeitrelais** arbeiten mit einem Taktgeber und einem elektronischen Zähler. Solche elektronischen Zeitrelais sind über digitale Vorwahlschalter mit Ziffernanzeige einfach und exakt einzustellen.

Stellschalter

Stellschalter gibt es mit unterschiedlichen Betätigungsarten **(Tabelle 1)**, z. B. „handbetätigt". Sie haben eine Raste **(Bild 2)**. Sie verharren in der zuletzt geschalteten Stellung. Bei **Drehschaltern (Bild 3)** gibt es häufig Schalter mit zwei mittleren Schaltstellungen als Stellschalter und den äußeren Schaltstellungen als Tastschalter.

In Schaltstellung 2 wird z. B. eine Vorschubbewegung vorwärts und in Schaltstellung 3 eine Vorschubbewegung rückwärts eingeschaltet, während mit den Schaltstellungen 1 und 4 der jeweilige Eilgang ausgelöst wird.

Stellschalter verharren in der jeweiligen Schaltstellung bis diese verändert wird.

Hauptschalter

Jede Maschine und Anlage in der Industrie muss mit einem Lasttrennschalter ausgestattet sein **(Bild 4)**. Dieser muss die gesamte Maschine oder Anlage vom Stromversorgungsnetz trennen, z. B. damit Reinigungsarbeiten ohne Gefahr vorgenommen werden können.

Der Lasttrennschalter ist üblicherweise handbetätigt und hat eine „AUS"-Stellung und eine „EIN"-Stellung. AUS wird mit „O" gekennzeichnet (Out) und EIN mit „I" (In). Die AUS-Stellung ist abschließbar. Die stromführenden Anschlussklemmen müssen gegen Berührung abgedeckt sein und der Schaltzustand muss sichtbar sein oder zwangsläufig angezeigt werden.

Elektrische Maschinen und Anlagen müssen im Gefahrenfall so schnell wie möglich stillgesetzt werden können, damit Personen und Maschinen vor Gefahren bewahrt werden.

Tabelle 1: Betätigungsarten

Betätigungsart	Symbol	Betätigungsart	Symbol
von Hand allgemein	⊢----	Fußantrieb	⁄----
Drücken	E----	abnehmbarer Antrieb	()----
Ziehen	]----	Nockenantrieb	O----
Drehen	F----	Kraftantrieb allgemein	□----
Kippen	T----		

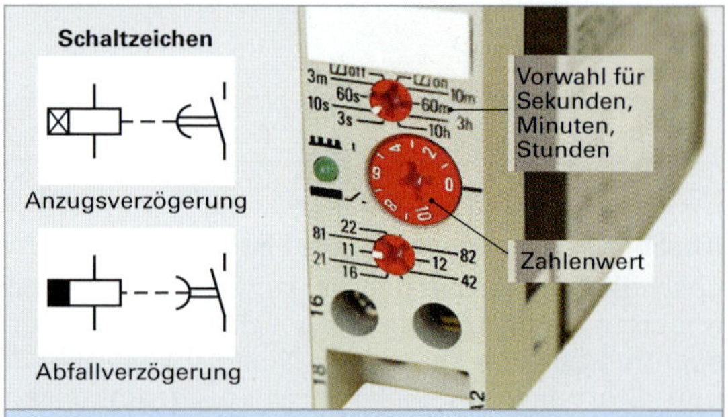

Bild 1: Zeitrelais

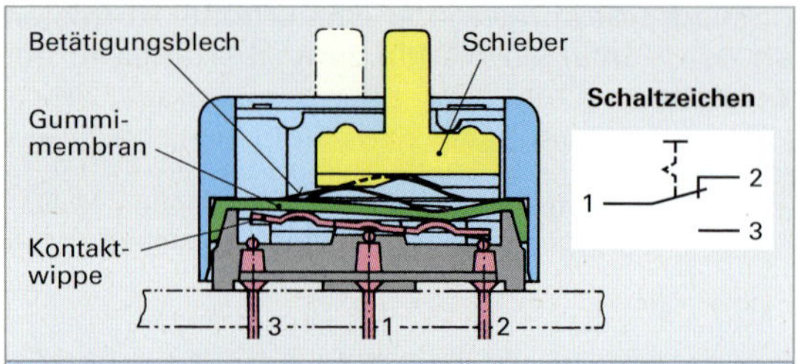

Bild 2: Stellschalter (handbetätigt)

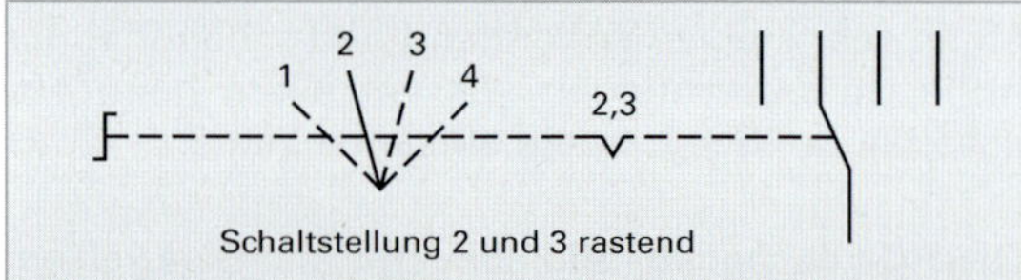

Bild 3: Drehschalter mit vier Schaltstellungen

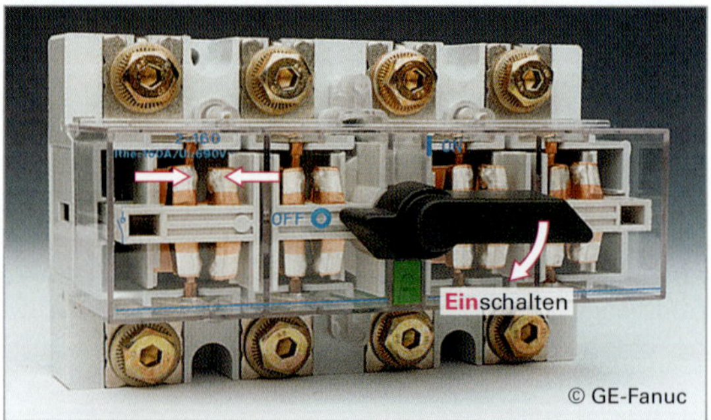

Bild 4: Lasttrennschalter

Falls es erforderlich ist, müssen Rücklaufbewegungen unter Strom oder Öffnungs- und Schließbewegungen aber noch ausgeführt werden.

NOT-AUS-Schalter und NOT-HALT-Schalter

Der NOT-AUS-Schalter ist meist handbetätigt. Er kann auch Hauptschalter sein und unterbricht die Gefahr verursachenden Stromkreise **(Bild 1)**. Die Handhabe des NOT-AUS-Schalters ist auffällig rot gekennzeichnet und die Fläche darunter ist gelb (Bild 1).

Der Drehknebel eines Hauptschalters ist häufig an der Schaltschranktüre montiert und über eine Kupplungsstange mit dem Schaltergehäuse verbunden. Ein Öffnen der Schaltschranktüre und Lösen der Kupplung ist in diesen Fällen nur bei ausgeschaltetem Leistungsschalter möglich.

Bei Betätigung muss der NOT-AUS-Schalter im AUS-Zustand verharren. Er darf nur von Hand oder mit einem Schlüssel entriegelt werden.

NOT-AUS-Schalter können als Drehschalter oder Knebelschalter (Bild 1) bei einfachen Anlagen und Maschinen gleichzeitig auch Hauptschalter sein.

Oft verwendet man NOT-HALT-Taster **(Bild 2)**. Mit dem NOT-HALT-Taster unterbricht man den Strom pfad im NOT-HALT-Stromkreis und sorgt für einen sicheren Bewegungsstopp.

NOT-AUS-Schalter und NOT-HALT-Taster sind rot auf gelbem Grund.

Seilzug-Notschalter mit NOT-AUS/NOT-HALT

Seilzug-Notschalter **(Bild 3)** werden eingesetzt, wenn ein NOT-AUS-Befehl/NOT-HALT-Befehl von jedem Punkt einer Maschine möglich sein muss. Durch Zug an der vorgespannten Reißleine wird ein NOT-Befehl geschaltet. Bei vorgespanntem Drahtseil sind die Öffnerkontakte geschlossen und die Schließerkontakte geöffnet. Bei Zug des Seils oder bei Seilriss werden die Öffnerkontakte geöffnet und die Schließerkontakte geschlossen und in diesem Zustand verriegelt. Das Entriegeln ist nur in vorgespannter Stellung möglich.

Schlossschalter

Schlossschalter dienen dem Schutz von elektrischen Geräten und Anlagen, z. B. als *Motorschutzschalter* **(Bild 4)** oder als *Leitungsschutzschalter* (LS-Schalter).

Wie Stellschalter verharren sie in der Schaltstellung, in die sie gebracht werden. Zum Ausschalten ist eine wesentlich kleinere Betätigungskraft erforderlich als zum Einschalten; denn beim Einschalten wird eine Rückholfeder gespannt und

Bild 1: Hauptschalter (Beispiele)

Bild 2: NOT-HALT-Taster

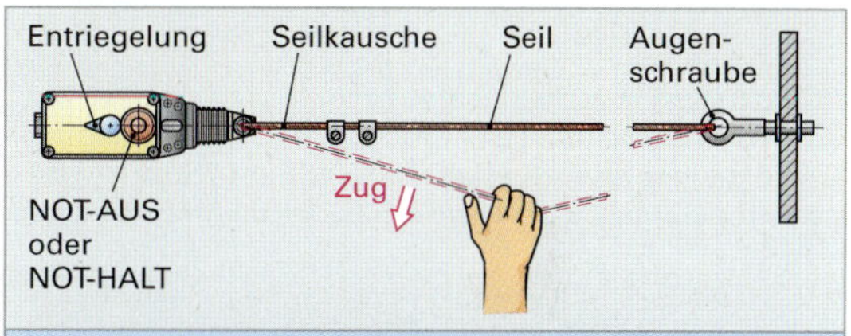

Bild 3: Seilzug-Notschalter

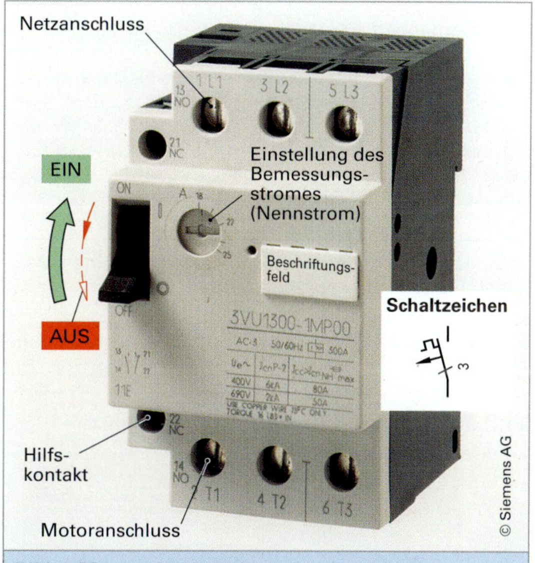

Bild 4: Motorschutzschalter

die Schaltstellung über eine Sperrklinke (Schaltschloss) gehalten **(Bild 1, folgende Seite)**.

Das Auslösen der Klinke kann durch leichten Druck auf die AUS-Taste von Hand oder selbsttätig durch eine Auslöseeinrichtung erfolgen.

Schlossschalter können mit sehr kleiner Kraft auslösen.

Die häufigsten Auslöseeinrichtungen sind *thermische* Auslöser, *elektromagnetische* Überstromauslöser und *Unterspannungsauslöser*.

Beim **thermischen Auslöser** erwärmt sich bei überhöhtem Stromfluss ein *Bimetallstreifen* und biegt sich soweit durch, dass er die Sperrklinke auslöst **(Bild 1)**. Thermische Auslöser schützen bei Motorschutzschaltern den Motor gegen längere Überlastung. Bei überhöhtem Strom wird das Bimetall erwärmt und löst den Schalter aus. Ein kurzzeitig überhöhter Strom, wie er z. B. beim Einschalten eines Motors auftritt, bleibt ohne Wirkung. Die thermischen Auslöser werden auf den Motornennstrom eingestellt. Die Auslösezeit verkürzt sich mit zunehmender Überlast **(Bild 2)**.

Der thermische Auslöser dient dem Überlastschutz.

Elektromagnetische Überstromauslöser dienen vor allem zum schnellen Ausschalten bei Kurzschluss (Bild 1). Bei etwa fünffach überhöhtem Strom wird durch das Magnetfeld der Spule die Sperrklinke ausgelöst.

Der elektromagnetische Auslöser dient dem Kurzschlussschutz.

Elektromagnetische Unterspannungsauslöser dienen der Überwachung von Spannungseinbrüchen bei elektrischen Netzen. Unterschreitet die Netzspannung den Spannungsnennwert um 30 % bis 50 %, dann löst der Unterspannungsauslöser aus und schaltet ab, da bei zu geringer Netzspannung ein sicheres Arbeiten elektrischer und elektronischer Steuerungen nicht mehr gewährleistet ist.

Der Unterspannungsauslöser verhindert einen Betrieb bei zu kleiner Netzspannung.

Elektronische Motorstarter (Bild 3) sind Kompaktgeräte zum Schalten von Drehstrommotoren mit parametrierbaren Anlaufkennlinien (z. B. Sanftanlauf) und Schalten von Betriebszyklen u.v.m.

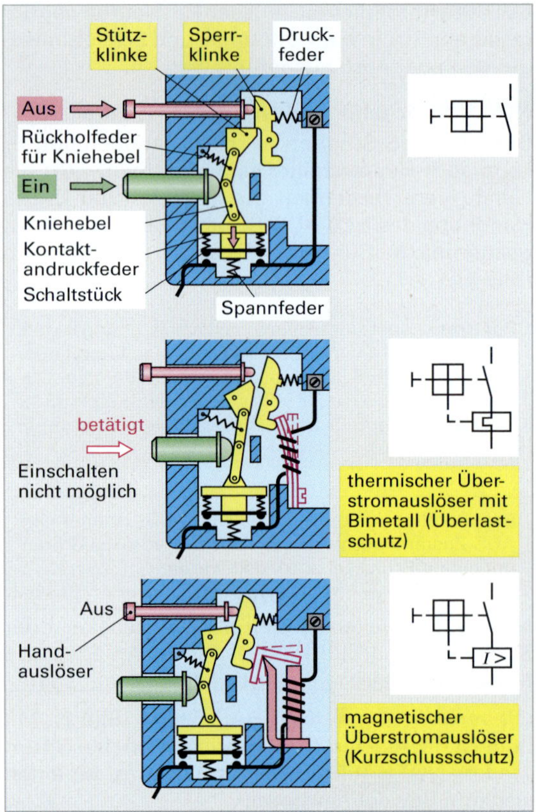

Bild 1: Schlossschalter (Historische Ausführung)

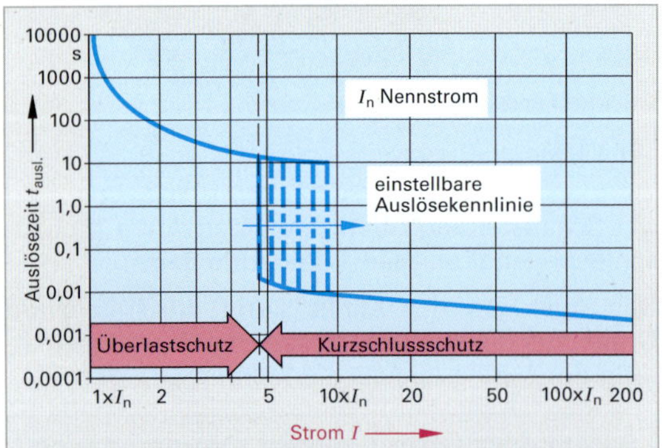

Bild 2: Auslösekennlinien

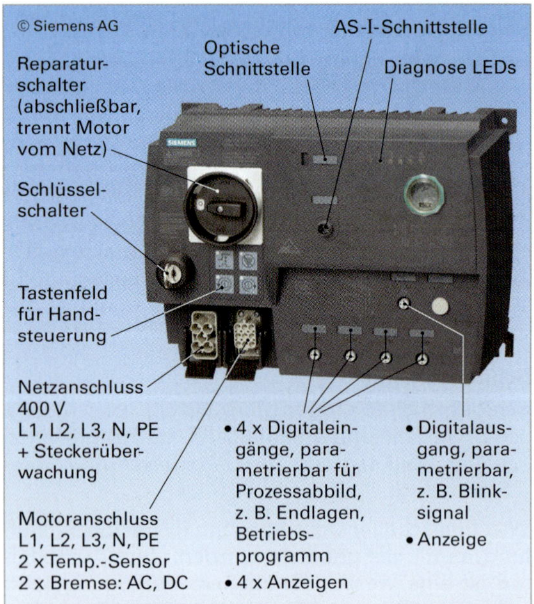

Bild 3: Elektronischer Motorstarter

Leitungen und Kabel

In **Tabelle 1** sind die wichtigsten Leitungsarten und Kabel zusammengestellt.

Tabelle 1: Harmonisierte Leitungen, Bezeichnungsschlüssel und Beispiele

Beispiel: H 0 5 R N – F 3 G 1,5 ROT = Harmonisierte Leitung, bis 750 V, Leiter PVC-isoliert, Mantel Kautschuk (Gummi), 3 x 1,5 mm², feindrähtig, mit Schutzleiter, rot

H □ □ □ □ □ – □ Aderzahl, Querschnitt, Farbe, G: Schutzleiter gr-ge

Harmonisierte Leitung

Bemessungssp.
- 01: 100 V
- 03: 300 V
- 05: 300 V/500 V
- 07: 450 V/750 V
- 08: 700 V/1000 V

Aderisolierung / Mantelisolierung:
- B: Ethylen-Propylen-Kautschuk
- G: Ethylen-Vinylacetat-Copolymer
- M: Mineralisch
- N: Chloropren-Kauschuk, N4 wärmebeständig
- R: Natur- oder synthetischer Kautschuk
- T: Textilgewebe, T2 Textil, flammwidrig
- V: PVC, V5 PVC-ölbeständig
- Z: Thermoplast
- J: Glasfasergeflecht
- Q: Polyurethan

Zusatz –

Leiterart:
- D: Für Schweißleitungen feindrähtig; E: Feinstdrähtig
- F: Feindrähtig; H: Feinstdrähtig
- K: Feindrähtig; feste Verlegung
- R: Mehrdrähtig, U: Eindrähtig, Y: Flachdrähtig (Lahnlitze)

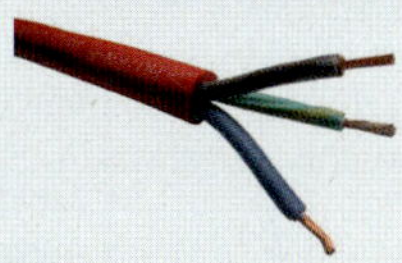

Beispiel	Beschreibung
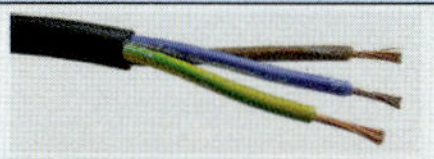	**H03VV-F** 3G0,75 SW: Anschluss- und Steuerleitung für Haus- und Handgeräte, Gummi, Litzenleiterklasse 5/flexibel, 3 x 0,5 mm2, Einsatz im Gebäudeinneren, flammwidrig
	**H05RR-F** 3G 1,0 SW: Anschluss- und Steuerleitung für Haus- und Handgeräte, Gummi, Litzenleiterklasse 5/flexibel, 3 x 1 mm2, Einsatz im Gebäudeinneren, flammwidrig, schwarz
	**H07RN-F** 5G2,5 SW, Anschluss- und Steuerleitung, Gummi schwer, 450/750 V, für Industrie u. Landwirtschaft, Klasse 5/flexibel – 25 °C bis + 60 °C, 5 x 2,5 mm², ölbeständig, flammwidrig, schwarz.
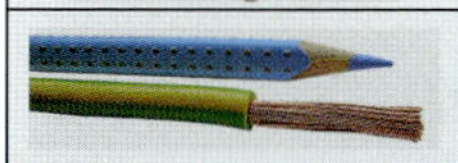	**H07V-K** 1 x 10 GR/GE: Anschluss- und Steuerleitung, PVC, 450/750 V, Verdrahtung Maschinen und Schaltschränke, flammwidrig, Klasse 5, feindrähtig, 1 x 10 mm², fest verlegt, grün-gelb

Nichtharmonisierte Leitungen (Beispiele aus dem Bereich Fertigungstechnik)

Beispiel	Beschreibung
 © U. I. LAPP	**U.I. LAPP ÖLFLEX® SERVO 700 CY** – geschirmte Servoleitung (analoge und inkrementale Drehgeber für Servoantriebe) mit Steuerpaaren für Bremse und Temperaturfühler, feste Verlegung oder gelegentlich bewegt. Adern und Paare gemeinsam verseilt, verzinntes Kupferabschirmgeflecht (* = mit Beilauflitze), Mantel aus PVC, grau.
 © U. I. LAPP	**U.I. LAPP ÖLFLEX® SERVO FD 781 CY** – kapazitätsarme und geschirmte Servoleitung in Energieführungsketten, z. B. zwischen Frequenzumrichter und Motor. Feinstdrähtig, Aderisolation: Polypropylen (PP), In kurzen Schlaglängen verseilt, Vliesbewicklung, Kupfergeflecht, verzinnt, Mantel aus PVC, orange.
 © U. I. LAPP	**U.I. LAPP ÖLFLEX® HEAT 1565 MC** – Glasseide-Anschlussleitung für Verwendung z. B. im Hochofenbereich bis + 400 °C (kurzzeitig bis + 1565 °C). Feindrähtige Litze aus vernickeltem Kupfer, MICA-Tape Bandierung (Glimmer) und imprägniertes Glasseidegeflecht, Adern gemeinsam verseilt, Mantel: MICA-Tape Bandierung, imprägniertes Glasseidegeflecht, rot.

Leitungen zur Kommunikationstechnik

Art	Aufbau	Bemerkungen, Kennzeichnungen
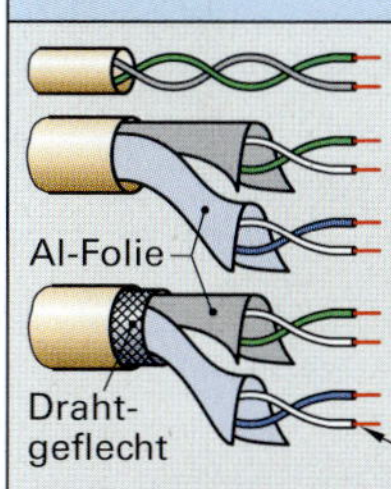	Die Leitung besteht meist aus zwei oder mehreren verdrillten Doppeladern. Diese sind entweder ungeschirmt (UTP von Unshielded Twisted Pair = ungeschirmtes verdrilltes Paar), wie Telefonleitungen oder paarweise mit einer Aluminiumfolie geschirmt (STP von Shielded Twisted Pair = geschirmtes verdrilltes Paar) oder paarweise geschirmt mit zusätzlichem Gesamtschirm (S-STP von Screened STP = geschirmte STP).	Für Punkt-zu-Punkt-Verbindungen, z. B. vom Switch zu den Teilnehmern, für Halbduplex Datenübertragung. Bezeichnungen (Beispiele): 10 BASE-T, für 10 Mbit/s 100 BASE-T, für 100 Mbit/s 1000 BASE-T, für 1000 Mbit/s 10 GBASE-T, für 10 Gbit/s Leitungslängen: ≤ 22 m bis ≤ 100 m
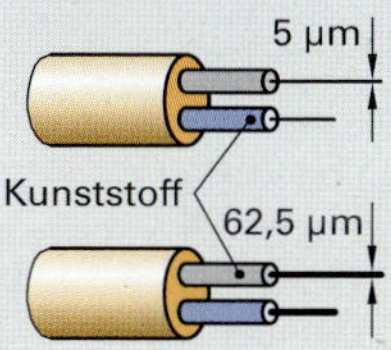	Es gibt Singlemode-Fasern (von single mode = einfache Erscheinungsform) und Multimode-Fasern (von multi-mode = mehrfache Erscheinungsformen). Bei der dünneren Singlemode-Faser wird Infrarotstrahlung oder Licht ohne Reflexion am Fasermantel übertragen. Bei der Multimode-Faser gibt es Vielfachreflexionen.	Für Punkt-zu-Punkt-Verbindungen, für Halbduplexübertragung je Faser, z. B. für Verbindungen von Switch zu Switch. Bezeichnungen (Beispiele): 100 BASE-F4, für 100 Mbit/s 1000 BASE-FX, für 1000 Mbit/s 10 GBASE-ER, für 10 Gbit/s Leitungslängen: bis 40 km

Tabelle 1: Schaltzeichen elektrischer Betriebsmittel (Auswahl)

Schaltzeichen	Benennung
	Schließer, handbetätigt
	Öffner, handbetätigt
	Öffner, Ausschaltglied
	Wechsler, Umschaltglied
a) b)	nicht von selbst zurückgehender a) Schließer b) Öffner
a) b)	Wischer, Kontaktgabe bei a) Betätigung b) Rückfall
a) b)	Endschalter a) Schließer b) Öffner
a) b) c)	a) voreilender Schließer b) nacheilender Schließer c) Wechsler ohne Unterbrechung
	Handantrieb, allgemein
	Handantrieb, durch Drücken
	Handantrieb, durch Ziehen
	Handantrieb, durch Drehen
	Handantrieb, durch Kippen
	Handantrieb, durch Schlüssel
	Antrieb durch Pedal
	Antrieb für NOT-AUS-Schalter
	Betätigung durch Rolle
	durch elektromagnetischen Überstromschutz
	durch thermischen Antrieb
	Auslöseeinrichtung
	Raste

Schaltzeichen	Benennung
	Raste, nicht eingerastet
	Raste, eingerastet
	Sperre, verklinkt
	Sperre, nicht verklinkt
1 2 3 4 2,3	Handantrieb mit 4 Stellungen (2 und 3 sind Raststellungen)
	Kupplung, entkuppelt
	desgl. gekuppelt
	Bremse, geschlossen
	Bremse, offen
	Absperrorgan, allgemein, z. B. geschlossen
	Absperrorgan, offen
	Relais Schütz
	Steckerstift
	Steckerbuchse
	Ventil mit Fühler und Antrieb durch Rolle
n >	Fliehkraftkupplung, bei Drehzahl über *n* kuppelnd
	Sicherung, allgemein
	Widerstand, allgemein
	Widerstand, einstellbar
	Widerstand, stufig einstellbar
ϑ	Widerstand, temperaturabhängig, Widerstandsänderung gleichsinnig mit der Temperatur, z. B. PTC
ϑ	desgleichen, aber Änderung gegensinnig, z. B. NTC

Schaltzeichen	Benennung
U	Widerstand, spannungsabhängig (gegensinnig)
	Kondensator
	Induktivität, Spule
	Induktivität mit Kern
	Dauermagnet
	Überspannungsableiter
	Z-Diode
	Z-Dioden, gegeneinander geschaltet (Begrenzer)
	Lumineszenzdiode (LED)
	Fotodiode
γ	Strahlungsdetektor, z. B. für γ-Strahlen
	Fotoelement
	Antrieb für Stromstoßrelais
	Kraftantrieb, allgemein
	Näherungsbetätigung
	Berührungsbetätigung
E K B	NPN-Transistor B Basis E Emitter K Kollektor
	PNP-Transistor
12 V	Akkumulatorenbatterie 12 V (mit sechs 2-V-Zellen)
12 V	wahlweise Darstellung

Kennzeichnung der Betriebsmittel

In technischen Beschreibungen, insbesondere z. B. in Schaltplänen ist eine Kennzeichnung (Referenzkennzeichnung) der Betriebsmittel (Objekte) erforderlich.

Zur Strukturierung technischer Systeme man eine Referenzkennzeichnung nach DIN EN 81346 und unterscheidet zwischen:

- **Funktionsaspekt** (was soll das Objekt machen) mit Vorzeichen: **=** (Gleichheitszeichen),
- **Produktaspekt** (aus welchen Mitteln besteht das Objekt) mit Vorzeichen: – (Minuszeichen),
- **Ortsaspekt** (in welcher örtlichen Beziehung steht das Objekt) mit Vorzeichen: **+** (Pluszeichen) und ggf. Zusatzaspekte, z. B. Kostenaspekt mit Vorzeichen: **#** (Nummernzeichen).

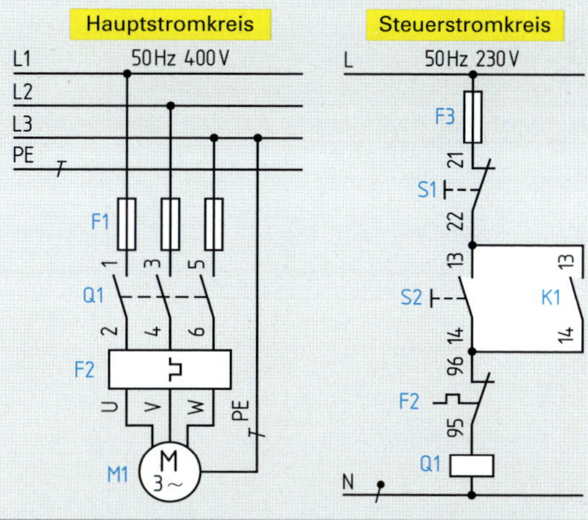

Bild 1: Motorsteuerung

Die Kennzeichnung der Objekte erfolgt mit *einem* Kennbuchstaben oder mit *zwei* Kennbuchstaben. In nur elektrischen Schaltplänen ist die Darstellung mit *einem* Kennbuchstaben *ohne* Vorzeichen üblich (Hauptklassenkennzeichnung, **Bild 1**).

Zur weiteren Strukturierung, meist angewendet in Anlagen mit sowohl elektrischen als auch mit fluidtechnischen und anderen Komponenten **(Beispiel, Tabelle 1)** wird ein *zweiter* Kennbuchstabe zur Unterklassenkennzeichnung verwendet. Jede Unterklasse, siehe **Tabelle 1, folgende Seite** charakterisiert das Objekt nach ihrer Zugehörigkeit zu einem technischen Gebiet. Die Gruppierung ist:

- Unterklassen A – E gilt für Objekte mit elektrischer Energie;
- Unterklassen F – K, (ohne I) gilt für Objekte der Information- und Signalverarbeitung;
- Unterklassen L –Y, (ohne O) gilt für Objekte der Verfahrenstechnik, des Maschinenbaus und des Bauwesen;
- Unterklasse Z gilt für Objekte mit kombinierten Aufgaben.

Tabelle 1: Beispiel für Referenzkennzeichnung mit Hauptklasse, Unterklasse und Vorzeichen

Aspekt	Hauptklasse	Unterklasse	Zähl-Nr.	Beispiele
–	S	F	1	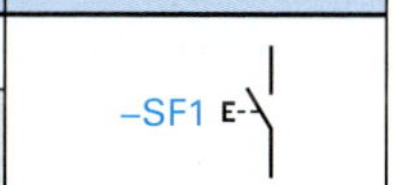
Produkt	Handbetätigter Signalgeber	Elektrisches Signal	Nr. 1	
–	K	F	1	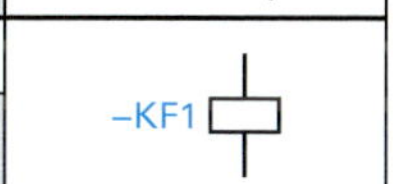
Produkt	Signal-verarbeitung	Elektrisches Signal	Nr. 1	
–	M	B	1	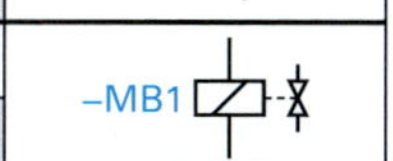
Produkt	Antrieb	Magn. Wirk.	Nr. 1	
–	M	M	1	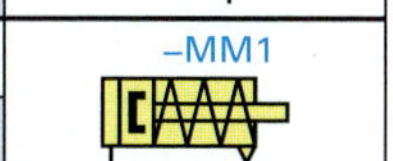
Produkt	Antrieb	Fluidsignal	Nr. 1	
–	Q	M	1	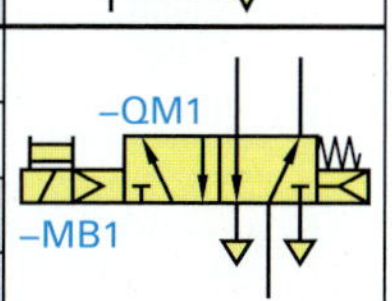
–	M	B	1	
Produkt	Energieschalten	Fluidsignal	Nr. 1	
	Antrieb	Magn. Wirk.	Nr. 1	
–	A	Z	1	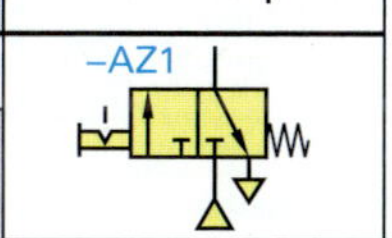
Produkt	Mehrzwecke	Masch. bezogen	Nr. 1	

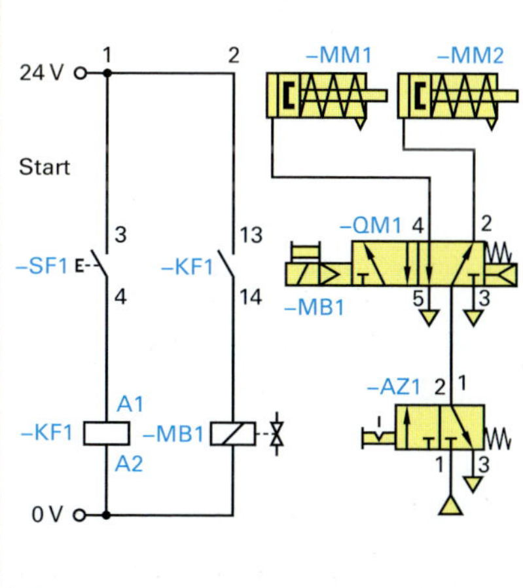

Aufgabe:
Begrenzungszylinder (vgl. Seite 523)

Tabelle 1: Klassifizierung von Objekten nach vorgesehenem Zweck oder vorgesehener Aufgabe
vgl. DIN EN 81346

Kennbuchstabe und Zweck	Beispiele	Unterklassen*	Beispiele
A Mehrere Zwecke aus Klassen B bis X. (Kennzeichnung ist vom Anwender wählbar) Maschinensteuerung	A1 	**AA bis AE** elektrisch, energiebezogen **AF bis AK** informationsbezogen, signalbezogen **AL bis AY** prozess-/maschinenbezogen **Z** kombinierter Bezug	**AA** Energieversorgung **AK** SPS **AV** Bearbeitungszentrum **AZ** Wartungseinheit
B Erfassen/Messen/Überwachen Näherungsschalter	B1 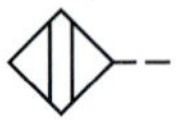	**C** Elektrischer Strom **G** Abstand, Ausdehnung, Lage **P** Druck, Vakuum **S** Geschwindigkeit, Frequenz **T** Temperatur **W** Gewicht, Masse	**BC** Stromwandler **BG** Näherungsschalter **BP** Drucksensor **BS** Tachogenerator **BT** Temperatursensor **BW** Kraftsensor
C Energie-/Informations-/Materialspeicher	C1 	**A** Elektrisch Ladung speichern **F** Informationsspeicher **M** Speichern von Stoffen	**CA** Kondensator **CF** CD-ROM **CM** Druckspeicher
E Strahlungs-/Wärmeenergie-Erzeuger Heizstrahler	E1 	**A** Beleuchtung **B** Wärme durch elektrische Energie **M** Wärme durch chem. Umwandlung	**EA** LED-Strahler **EB** Heizstab **EM** Verbrennungsofen
F Schutzeinrichtungen Sicherung	F1 	**A** Schutz gegen Überspannung **B** Schutz gegen Fehlerströme **C** Schutz gegen Überströme **L** Schutz gegen zu hohen Druck	**FA** Überspannungsableiter **FB** Fehlerstromschutzschalter **FC** Leitungsschutzschalter **FL** Druckbegrenzungsventil
G Erzeugen eines Energie-/Material-/Signalflusses Drehstromgenerator	G1 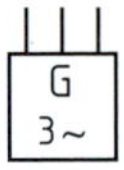	**A** El. Energie durch mech. Energie **B** El. Energie durch chem. Energie **L** stetiger Fluss fester Stoffe **M** unstetiger Fluss fester Stoffe **P** stetiger stofflicher Fluss **Q** Stetiger gasförmiger Fluss **Z** Kombinierte Aufgaben	**GA** el. Generator **GB** Lithium-Ionen-Akku **GL** Vibrationsförderer **GM** Hebezeug **GP** Pumpe **GQ** Gebläse **GZ** Späne-Entsorgungs-Anlage
H Erzeugen einer neuen Art von Stoffen oder Produkten Mischer	H1 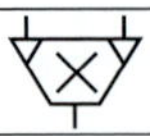	**L** Durch Zusammensetzen **Q** Durch Filtern **W** Durch Mischen	**HL** 3D-Drucker **HQ** Kühlschmiermittel-Filter **HW** Mischer
K Signal-/Informationsverarbeitung, Ausnahme schützende Signale (F) Relais	K1 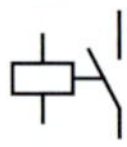	**F** Verarbeitung elektrischer Signale **H** Verarbeitung fluidtechnischer Signale **J** Verarbeitung mechanischer Signale **K** Verarbeitung unterschiedlicher Signale	**KF** Relais **KH** Ventilblock **KJ** mechanische Verriegelung **KK** elektrisches Vorsteuerventil
M Antriebe Drehstrommotor	M1 	**A** Durch elektromagnetische Wirkung **B** Durch magnetische Wirkung **L** Durch mechanische Kraft **M** Durch fluidische Kraft **S** Durch Kraft chemischer Umwandlung	**MA** Elektromotor **MB** Ventilspule **ML** Nockenrad **MM** Hydraulik-Zylinder **MS** Verbrennungsmotor
P Informationsanzeigen Leuchtmelder	P1 	**F** Visuelle Anzeige von Einzelzuständen **G** Visuelle Anzeige von Einzelvariablen **H** Visuelle Bild- oder Textdarstellung	**PF** Leuchtmelder **PG** Spannungsmessgerät **PH** Bildschirm
Q Schalten/Steuern eines Energie- oder Materialflusses (in Steuerungen S oder K) Schütz	Q1 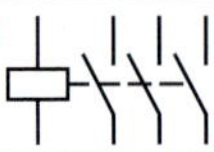	**A** Schalten/Variieren von elektr. Kreisen **B** Trennen von elektrischen Kreisen **M** Schalten eines umschlossenen Flusses **N** Ändern eines umschlossenen Flusses	**QA** Leistungsschütz **QB** Hauptschalter **QM** 5/3-Wegeventil **QN** Druckregelventil
R Begrenzen/Stabilisieren von Bewegungen oder Flüssen Widerstand, Diode	R1  R2 	**A** Begrenzen elektrischer Größen **N** Begrenzen eines fließfähigen Mediums **P** Abschirmen und Dämmen von Schall **R** Abschirmen mech. Einwirkungen **T** Abschirmen und Dämmen von Licht	**RA** Widerstand, Diode **RN** Drosselventil **RP** Schallschutztüre **RR** Stoßdämpfer **RT** Blende
S Handbetätigte Signalgeber Tastschalter (Taster)	S1 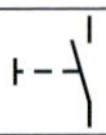	**F** Für elektrisches Signal **G** Für elektromagn. oder optisches Signal **J** Für fluidtechnisches Signal	**SF** Schalter **SG** RFID **SJ** Handbetätigtes Druckventil
T Umwandeln/Umformen unter Beibehaltung des Mediums Transformator	T1 	**A** Beibehaltung der Energieform **B** Änderung der Energieform **F** Beibehaltung der Information **L** Drehzahl oder Drehmoment **M** Spanabheben **Q** Urformen oder Umformen	**TA** Transformator **TB** Umrichter **TF** Verstärker, Repeater **TL** Getriebe **TM** Drehmaschine **TQ** Druckgießmaschine
U Lagern/Tragen/Halten von Objekten Stabisolator	U1 	**B** Von Elektrischer Leitungen **L** Von Maschinen **Q** In der Fertigung/Montage	**UB** Kabelkanal **UL** Maschinenfundament **UQ** Robotergreifer
V Behandeln von Stoffen Sprühdüse	V1 	**M** Verpacken **N** Oberflächen	**VM** Palettierer **VN** Poliermaschine
W Leiten/Transportieren Elektrischer Leiter	W1 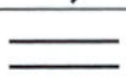	**B** Leiten elektrischer Energie **N** Leiten von flüssigen Stoffen	**WB** Kabel **WN** Schlauch
X Verbinden/Zusammenfügen Steckverbinder	X1 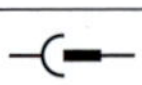	**D** ≤ 1000 V AC oder ≤ 1500 V DC **P** Mechanische Verbindung, schaltend	**XD** Stecker **XP** Schaltkupplung

* Eine Unterklassifizierung (Kennzeichnung mit 2 Buchstaben) ist nur vorzusehen, wenn dies zur Detaillierung erforderlich ist.

1.2.4 Schutzmaßnahmen

1.2.4.1 Gefahren

Grundsätzlich sind alle stromführenden Teile so abzuschirmen, dass ein direktes Berühren ausgeschlossen ist. Eine Ausnahme ist, wenn eine Schutzkleinspannung bis *maximal 25 V AC* oder *60 V DC* vorliegt. In *explosionsgefährdeten* Räumen sind alle stromführenden Teile vor direktem Berühren zu schützen.

Bereits kleine Ströme von etwa 10 Milliampere (10 mA) können bei ungünstigem Stromfluss, z. B. Stromfluss durch den Herzmuskel tödlich sein. Auch an normalerweise spannungslosen Teilen, z. B. Gehäusen, können durch Kurzschlüsse (Körperschluss) Spannungen entstehen. Besonders gefährlich ist die Handhabung elektrischer Geräte in Nassräumen **(Bild 1)**. Lebensgefährlich mit häufig tödlichem Ausgang ist die *verbotene* Benützung von elektrischen Geräten in der Badewanne **(Bild 2)**.

Die Benutzung von elektrischen Geräten in der Badewanne ist lebensgefährlich und verboten.

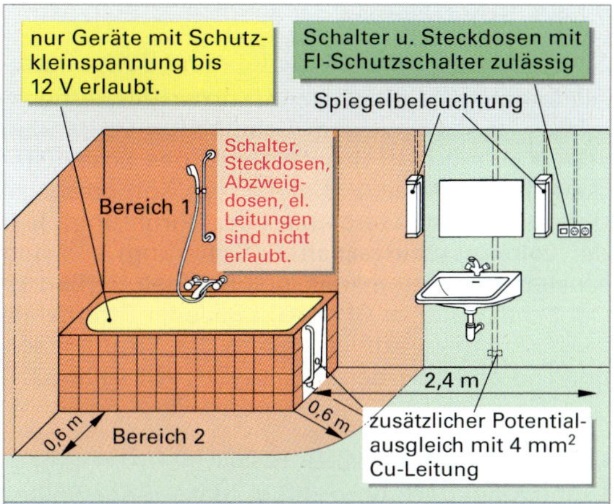

Bild 1: Schutzmaßnahmen in Nassräumen

Bild 2: Lebensgefährliche Situation

1.2.4.2 Schutzartenkennzeichnung

Für elektrische Geräte gibt es eine **internationale Schutzartkennzeichnung** (IP von International Protection = internationale Schutzart, **Bild 3**). Eine häufige und meist gut ausreichende Schutzart für elektrische Betriebsmittel ist *IP 65* (staubdicht ver schlossen (6) und gegen Strahlwasser geschützt (5)).

Schutz des Betriebsmittels gegen Eindringen von festen Fremdkörpern (1. Ziffer)

0:	kein Schutz
1:	≥ 50 mm Durchmesser
2:	≥ 12,5 mm Durchmesser
3:	≥ 2,5 mm Durchmesser
4:	≥ 1 mm Durchmesser
5:	Staubschutz
6:	staubdicht
X:	außer Betrachtung

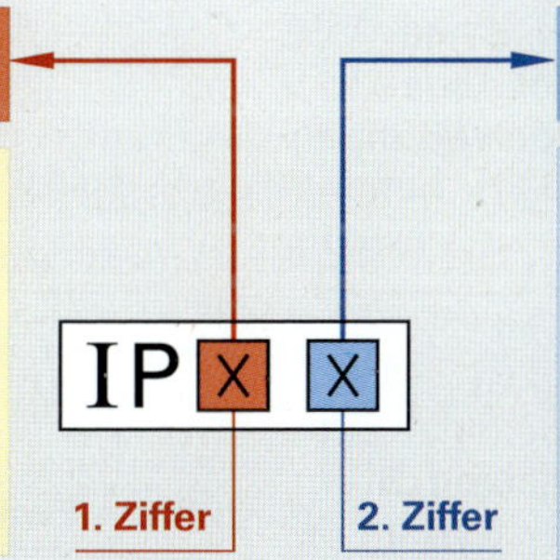

Schutz des Betriebsmittels gegen Wasser mit schädlicher Wirkung (2. Ziffer)

0:	kein Schutz
1:	senkrechte Tropfen
2:	Tropfen bis 15° Neigung
3:	Sprühwasser
4:	Spritzwasser
5:	Strahlwasser
6:	starkes Strahlwasser
7:	zeitweiliges Untertauchen
8:	dauerndes Untertauchen
X:	außer Betrachtung

Beispiel: staubdicht und strahlwassergeschützt ⇒ IP 65

Bildzeichen für die Schutzarten:

Bild 3: Schutzarten, IP-Code

1.2.4.3 Schutzklassen

Schutzklasse I, Schutzleiter ⏚ und Basisschutz

Alle leitfähigen Gehäuseteile (Körper) des Betriebsmittels müssen mit dem **Schutzleiter** verbunden sein, z. B. mit dem Schutzkontakt des Schukosteckers. Im Fehlerfall, z. B. bei einem Körperschluss (Kurzschluss mit Geräteteil oder Berührung), löst der **Leitungsschutzschalter** (Sicherung) aus und schaltet den Stromkreis spannungsfrei **(Bild 1).** Der Schutzleiter ist GRÜNGELB. Jeder Stromkreis muss von allen aktiven Leitern der Stromversorgung getrennt werden können (DIN VDE 0100-537).

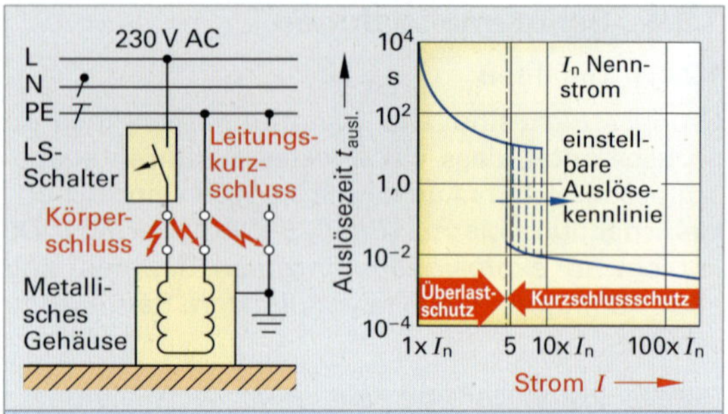

Bild 1: LS-Schalter und Auslösekennlinien

Basisschutz erfolgt durch Isolierung (Abdeckung, Umhüllung), so beschaffen, dass ungewolltes Berühren von unter Spannung stehender Teile nicht möglich ist. Die Isolierung darf nicht ohne Zerstörung entfernt werden können.

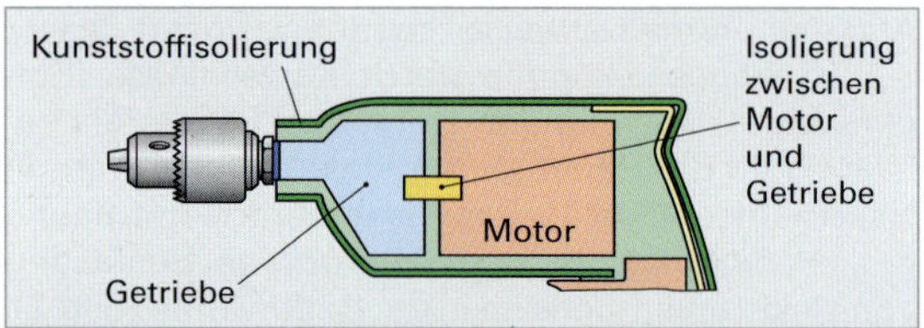

Bild 2: Schutzisolierung, Beispiel

Schutzklasse II, Schutzisolierung ⧈

Betriebsmittel mit **Schutzisolierung** haben eine verstärkte, meist doppelte Isolierung zum Netz (VDE 0100 Teil 410, 412.1) und keinen Anschluss an den Schutzleiter, z. B. keinen Schutzkontaktstecker. Beispiele sind Elektrohandwerkzeuge **(Bild 2).** Betriebsmittel müssen mit Symbol für Schutzisolierung gekennzeichnet sein (VDE 0100 Teil 410, 412.2.1.1). Berührstrom < 0,25 mA.

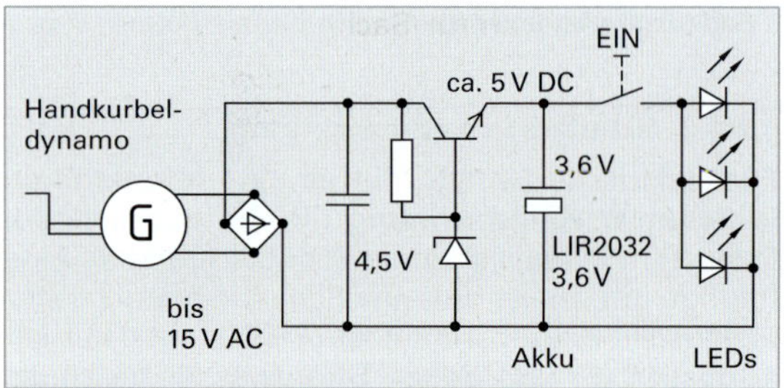

Bild 3: Schutzkleinspannung, Beispiel

Schutzklasse III, Schutzkleinspannung ⟨III⟩

Schutzkleinspannung SELV, Symbol darf fehlen (Safety Extra Low Voltage, DIN EN 61140 (VDE 0140-1, Schutzklasse III). Bis 25 V AC oder 60 V DC, Aktive Teile nicht mit PE oder Erde verbinden. Z. B. Handkurbel-LED-Lampe **(Bild 3),** batteriebetriebenes Spielzeug, Netzteil mit sicherer Trennung zur Netzseite.

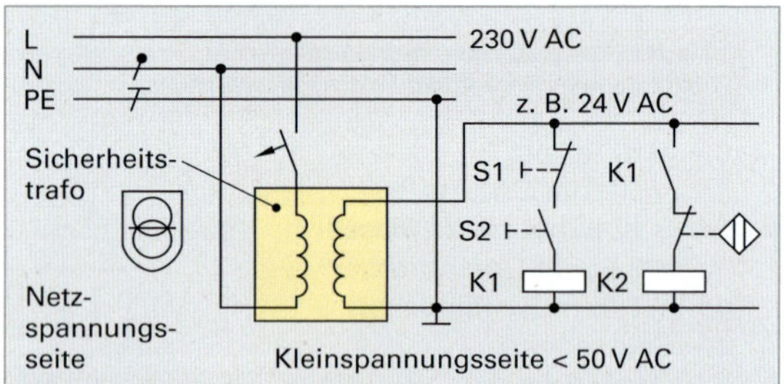

Bild 4: Funktionskleinspannung, Beispiel

Funktionskleinspannung FELV (Functional Extra Low Voltage, DIN VDE 0100-410). Beliebige Stromquelle bis 50 V AC oder 120 V DC, Körper der Betriebsmittel **müssen** mit dem Schutzleiter des Primärstromkeises verbunden sein, z. B. Relaissteuerungen von Maschinen **(Bild 4).**

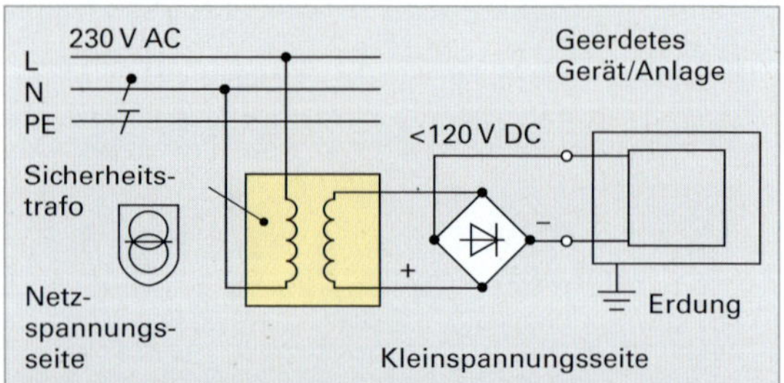

Bild 5: PELV, Beispiel

Schützende Kleinspannung PELV (Protective Extra Low Voltage, DIN VDE 0100-410). Für Stromkreise bis 50 V AC oder bis 120 V DC mit geerdeten Betriebsteilen und Schutz durch Isolierung > 250 kΩ. Körper dürfen geerdet sein bzw. mit Schutzleiter verbunden sein, z. B. Abschirmungen gegen Störungen **(Bild 5).**

1.2.4.3 Fehlerstrom-Schutzschalter (FI-Schalter, RCD[1])

Der FI-Schalter **(Bild 1)** schaltet eine Anlage aus, wenn ein Teil des Stromes nicht über die Zuleitung zurückfließt. Das ist der Fall, wenn man stromführende Teile berührt oder wenn bei fehlerhafter Isolierung ein Teil des Stromes über das Gehäuse und den Schutzleiter oder über das Erdreich abfließt.

Der FI-Schalter beinhaltet einen hochempfindlichen *Summenstromwandler* **(Bild 2).** Dieser spricht an, wenn die Summe der Ströme ungleich Null ist und zwar bereits bei Stromsummen von wenigen Milliampere.

Die Funktionstüchtigkeit des FI-Schutzschalters überprüft man durch testweises Umleiten eines kleinen Stromes außerhalb des Stromwandlers mit der *Taste T*.

Allgemein müssen elektrische Betriebsmittel so isoliert sein, dass keinerlei Gefährdungen weder für Menschen noch für Sachen oder Tiere entstehen. Bei Beschädigung der Isolationen können jedoch Fehlerzustände entstehen.

Man unterscheidet:
- **Körperschluss,** d. h. es fließt Strom über den Körper mit der Folge eines Unfalles.
- **Kurzschluss,** d. h. es fließt Strom von einem Leiter zu einem anderen oder zum Schutzleiter, auch mit der Folge eines Lichtbogens. Dabei kann bei gleichzeitigem Berühren des an den Schutzleiter angeschlossenen Geräts auch ein Körperschluss auftreten.
- **Erdschluss,** d. h. es fließt Strom zum Erdboden oder zu geerdeten Bauteilen.

Der Körperschluss ist grundsätzlich bei Strömen von mehr als 10 mA gefährlich. Kurzschluss und Erdschluss können leicht zu einem Brand führen.

FI-Schutzschalter schalten bei Körperschluss, Kurzschluss und Erdschluss die elektronischen Verbraucher spannungsfrei und schützen damit vor *Gefahren.*

Besonders gefährlich ist der Betrieb von elektrischen Geräten in Badezimmern, wenn Personen ohne Isolierung durch Kleidung und Schuhe einem Körperschluss ausgesetzt sind, z. B. bei Benutzung eines Föhns mit schadhafter Anschlussleitung **(Bild 3).**

[1] RCD von engl. *Residual Current Device* = Reststrom-Schaltung

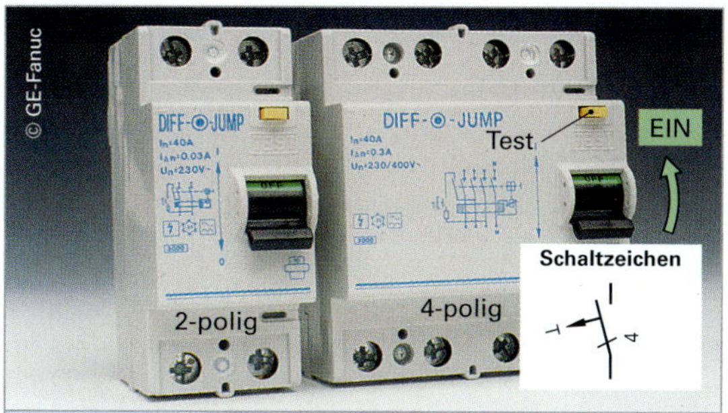

Bild 1 Zweipoliger und vierpoliger Fehlerstromschutzschalter

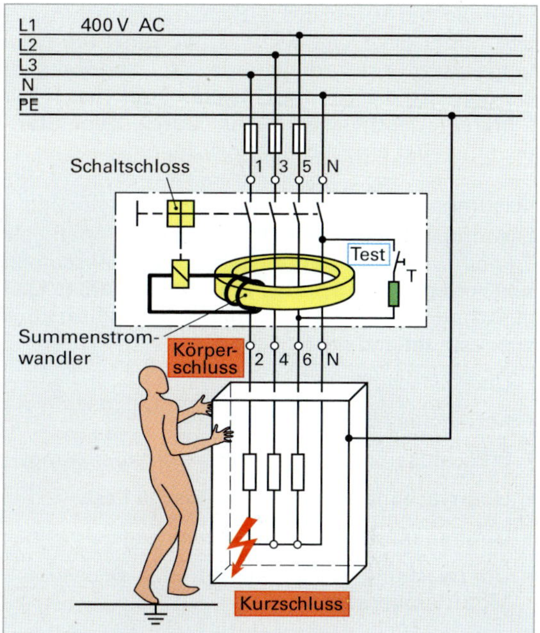

Bild 2: Aufbau und Anschluss eines FI-Schutzschalters bei Dreiphasen-Wechselstrom

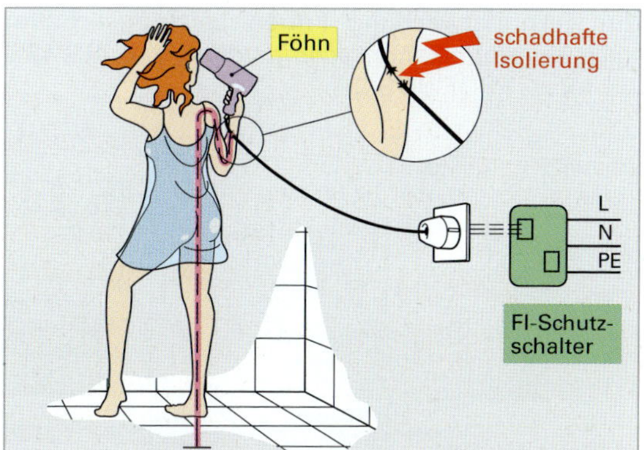

Bild 3: Besondere Gefährdung im Bad

Mit FI-Schutzschaltern werden Steckdosen oder elektrische Anlagen ausgestattet in: Nassräumen, Baustellen, Laborräumen u. ä. Räumen. Dabei muss der Fehlerstrom der zur Auslösung führt kleiner als 30 mA sein. Löst ein FI-Schutzschalter aus, so ist wie in **Bild 1** dargestellt zu verfahren.

RFID-Sicherheitsschalter

Ein Sicherheitsschalter mit RFID (Radiofrequenzidentifikation) ist ein berührungslos wirkender, durch Codierung manipulationsgeschützter Schalter. Er dient in Fertigungslinien der Stellungsüberwachung beweglicher Schutzeinrichtungen, z. B. von Türen **(Bild 2).** Beim Öffnen der überwachten Tür, löst das Sicherheitssystem aus und öffnet die Freigabekreise, wodurch die Leistungschütze sicherheitsgerichtet abgeschaltet werden. Ist die Tür geschlossen und der Rückführkreis geschlossen, kann durch den Starttaster wieder eingeschaltet werden.

Leistungsschalter mit elektronischer Auslösung

Leistungsschalter **(Bild 3)** verwendet man als Trenneinrichtung zum Schalten von Maschinen und Anlagen. Sie können eine Anlage unter Last ausschalten. Sie sind mit umfangreicher Elektronik ausgestattet und ermöglichen:

- Überlastschutz,
- Kurzschluss-Schutz,
- Erdschluss-Schutz mit Fehlerstromauslösung,
- Überwachung auf unsymmetrische Last,
- Unterspannungsauslösung und
- Überwachung von Temperaturen, z. B. Motortemperatur.

Darüber hinaus gibt es diese Leistungsschalter mit der Anzeige von Leiterströmen, Leistung, cos φ und mit allen Auslösefunktionen.

Zur Fernüberwachung haben Leistungsschalter auch *Kommunikationsschnittstellen*, z. B. RS 485, AS-I-Bus, PROFIBUS-DP.

Moderne Leistungsschalter enthalten alle üblichen Schutzfunktionen und melden über Datennetze aktuelle Zustände.

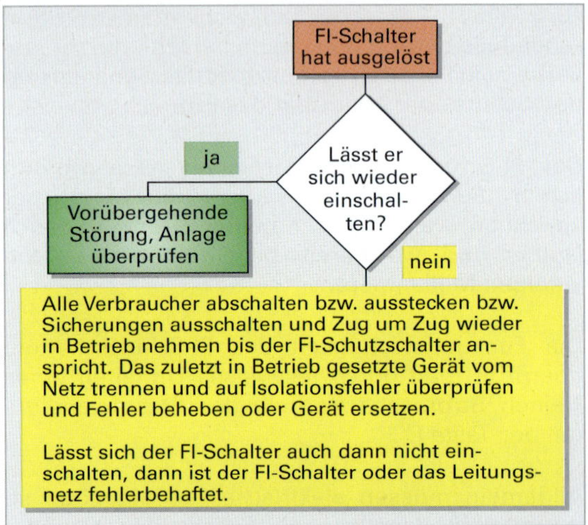

Bild 1: Vorgehensweise bei ausgelöstem FI-Schutzschalter

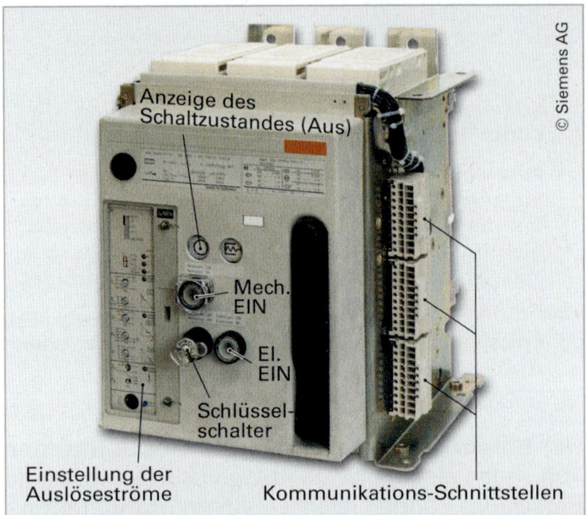

Bild 3: Leistungsschalter

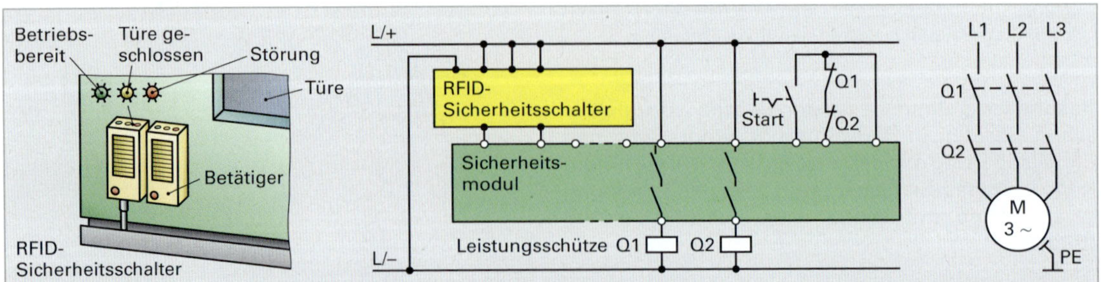

Bild 2: RFID-Sicherheitsschalter und Schaltungsbeispiel

1.2.4.4 Elektrostatische Entladungen (ESD[1])

Beim Begehen isolierender Bodenbeläge und wenn man Kleidung aus synthetischen Fasern (Nylon, Perlon, Elastan, Polyacryl u. ä.) trägt kommt es zu *Ladungstrennungen* und damit zu *elektrostatischen Aufladungen* **(Bild 1)**. Häufig stehen da auch die „Haare zu Berge" **(Bild 2)**. Auch bei Maschinen mit Strofftrennungen, z. B. wenn Transportbänder über Rollen gleiten, können sich isoliert aufgestellte Teile oder Teile aus Isoliermaterial elektrostatisch aufladen. Die Spannungen betragen häufig mehrere 10 000 V. Dabei gibt es dann *Entladungen*, oft mit sichtbarem und hörbarem Funkenüberschlag.

Unmittelbar gefährlich sind diese Entladungen für den Menschen meist nicht, da die Entladeenergien relativ klein sind. Gefährlich ist dies allerdings mittelbar und zwar, wenn die *Entladung in explosiver Atmosphäre* stattfindet, z. B. in einem stauberfüllten Raum (Staubexplosion) oder in einem Raum mit Benzindämpfen.

Elektrostatische Entladungen können in explosionsgefährdenden Räumen zu Explosionen führen.

Bei *Arbeiten an elektronischen Baugruppen*, z. B. bei Reparaturarbeiten, beim Tausch von Speichermodulen ist Vorsicht am Platz. Hier kann durch die elektrostatische Aufladung der beschäftigten Person an den elektronischen Bauteilen Schaden entstehen. Elektronikarbeitsplätze sind daher mit besonderen Schutzmaßnahmen auszustatten **(Bild 3)**.

Besonders gefährdet sind elektronische Bauteile mit unipolaren Halbleitern (FET-Halbleiter). Hier reichen zur Zerstörung bereits Spannungen von 100 V.

Literatur

DIN IEC/TR 61340-1; VDE 0300-1:2014-06 Elektrostatik – Teil 1: Elektrostatische Vorgänge – Grundlagen und Messungen

DIN EN 61340-2-1; VDE 0300-2-1:2003-06 Elektrostatik – Teil 2-1: Messverfahren; Fähigkeit von Materialien und Erzeugnissen, elektrostatische Ladungen abzuleiten

DIN EN 61340-3-1; VDE 0300-3-1:2008-03 Elektrostatik – Teil 3-1: Verfahren zur Simulation elektrostatischer Effekte – Prüfpulsformen der elektrostatischen Entladung für das Human Body Model (HBM)

DIN EN 61340-4-1; VDE 0300-4-1:2004-12 Elektrostatik – Teil 4-1: Standard-Prüfverfahren für spezielle Anwendungen – Elektrischer Widerstand von Bodenbelägen und verlegten Fußböden

DIN EN 61340-5-1; VDE 0300-5-1:2008-07 Elektrostatik – Teil 5-1: Schutz von elektronischen Bauelementen gegen elektrostatische Phänomene

Vor Arbeitsbeginn an elektronischen Baugruppen sollte man sich durch Anfassen eines Erders oder Schutzleiters entladen, insbesondere wenn Kleidung oder Wäsche aus Kunstfasern getragen wird.

[1] ESD, von *electrostatic discharge* = elektrostatische Entladung

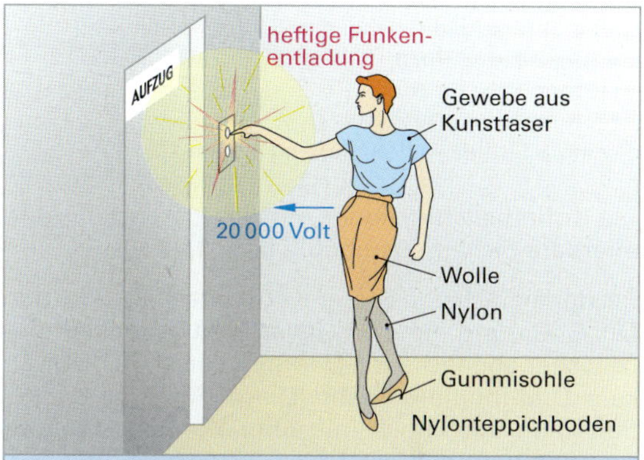

Bild 1: Elektrostatische Aufladung und Entladung

Bild 2: Es stehen die „Haare zu Berge"

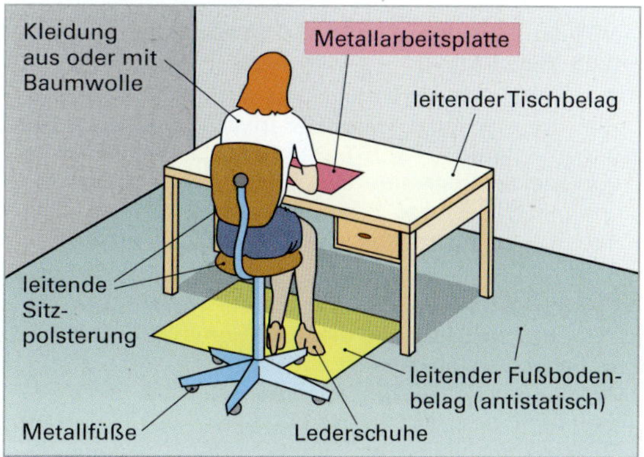

Bild 3 Elektronik-Montageplatz mit Schutz gegen elektrostatische Aufladung

1.2.4.5 Sicherheitsfunktionen

Im Falle einer Gefahr müssen mit dem NOT-AUS-Schalter bzw. mit dem NOT-Halt-Schalter Anlagen oder Maschinen bzw. Teile davon stillgesetzt werden bzw. in einen Zustand gebracht werden, dass keine Gefährdungen mehr davon ausgehen können.

Man unterscheidet dabei drei Stopp-Kategorien:
- Stopp-Kategorie 0,
- Stopp-Kategorie 1,
- Stopp-Kategorie 2 und

weitere Sicherheitsfunktionen **(Tabelle 1).**

Die Sicherheitsfunktionen werden durch programmierbare Sicherheitsmodule **(Bild 1)** realisiert.

Bei der einfachsten **Stopp-Kategorie 0** (SafeTorque Off, STO) wird die Energieversorgung der Antriebe sicher abgeschaltet. Dadurch liefert der Antrieb kein Drehmoment mehr. Diese Sicherheitsfunktion kann auch noch mit einer Kontaktschaltung realisiert werden (Bild 1).

Bei der **Stopp-Kategorie 1** (Safe Stop 1, SS1) werden die Antriebe, gesteuert durch ein Bremsmoment, stillgesetzt und erst bei Stillstand abgeschaltet.

Mit der **Stopp-Kategorie 2** (Safe Stop 2, SS2) erfolgt ein Stillsetzen der Antriebe unter Aufrechterhaltung der Energiezufuhr und der Antriebsregelung. Dies ist z. B. bei Roboterarmen erforderlich, dass diese wohl stillstehen aber nicht antriebslos „zusammenklappen". Weitere Sicherheitsfunktionen ermöglichen die sichere Überwachung des Stillsetzvorgangs, z. B. das Stillsetzen unter Beachtung von Verzögerungsmomenten (SAM), das Überwachen von Geschwindigkeiten (SSM) und das Überwachen von Stillstandspositionen (SOS). Diese Sicherheitsfunktionen erfordern meist zusätzliche Sensoren.

NOT-AUS-Schaltung mit Schützsicherheitseinrichtung (Safe Stop 0).

Diese NOT-AUS-Schaltung besteht aus 3 Hilfsschützen, die sich gegenseitig überwachen (Bild 1). Bei unbetätigtem NOT-AUSTaster zieht das Schütz K1 an und meldet über eine LED „Bereit". Bei Betätigung von „EIN" zieht das Schütz K2 und in dessen Folge auch K3 an und halten sich selbst. Das Schütz K1 fällt verzögert ab.

Erst jetzt ist der Freigabestromkreis geschlossen. Die LED „EIN" leuchtet und die LED „Bereit" erlischt. Diese Schaltung funktioniert auf Grund des verzögerten Abfallens von K1. Die Verzögerung wird durch die Freilaufdiode erreicht. Nach Betätigung des NOT-AUS-Tasters kann ohne zuvorige Entriegelung kein Wiedereinschalten erfolgen, auch wenn eines der Schütze „kleben" geblieben ist.

Tabelle 1: Sicherheitsfunktionen

Sicherheits-funktionen	Kurzbe-zeichnung	Beschreibung
Safe Torque Off	STO	Sicheres Abschalten nach **Stopp-Kategorie 0**[1]
Safe Stop 1	SS1	Sicheres Abschalten nach **Stopp-Kategorie 1**[2]
Safe Stop 2	SS2	Sicheres Abschalten nach **Stopp-Kategorie 2**[3]
Safe Brake Control	SBC	Sichere Ansteuerung der Bremsen
Safe Operating Stop	SOS	Sichere Überwachung der Stillstandsposition
Safely-Limited Speed	SLS	Sichere Überwachung der Maximal-geschwindigkeit
Safe Speed Monitor	SMM	Sichere Überwachung der Geschwindigkeit
Safe Acceleration Monitor	SAM	Sichere Überwachung der Beschleunigung
Safe Brake Ramp	SBR	Sicheres Abbremsen nach einer Brems-rampenfunktion

[1] Stillsetzen durch Ausschalten der Energiezufuhr für die Antriebe

[2] Gesteuertes Stillsetzen, wobei die Energiezufuhr zu den Maschinenantrieben erst bei Stillstand abgeschaltet wird.

[3] Gesteuertes Stillsetzen, bei dem die Energiezufuhr zu den Maschinenantrieben erhalten bleibt (nicht bei NOT-AUS).

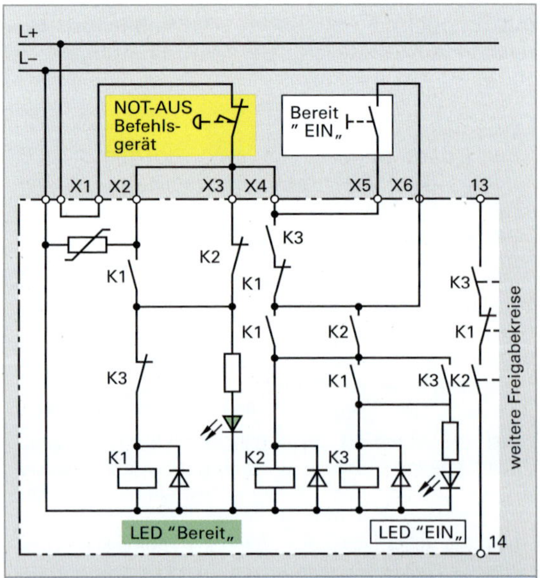

Bild 1: NOT-AUS-Schaltung mit drei Hilfsschützen

1.2.5 Grundschaltungen

Man unterscheidet Stromlaufpläne in zusammenhängender Darstellung und in aufgelöster Darstellung sowie Übersichtsschaltpläne.

Elektrische Kontaktsteuerungen werden in Schaltplänen im nichtgeschalteten Zustand dargestellt.

Stromlaufplan in zusammenhängender Darstellung. Die Stromlaufpläne in zusammenhängender Darstellung geben die Schaltung in allen Einzelheiten vollständig wieder **(Bild 1).**

Mit dem Stellschalter S1 wird durch das Relais K1 über das Schütz Q1 der Motor M1 an das Drehstromnetz mit den Leitungen L1, L2, L3 angeschlossen. Die Signallampe P1 des Stellschalters leuchtet stets, wenn der Motor still steht, und erlischt, wenn der Motor eingeschaltet ist. Diese Signalumkehr erreicht man über einen Öffnerkontakt des Relais K1.

Stromlaufpläne in zusammenhängender Darstellung zeichnet man nur noch bei sehr einfachen Steuerungen, da sie bei umfangreichen Steuerungen zu unübersichtlich werden.

Stromlaufplan in aufgelöster Darstellung. Beim Stromlaufplan in aufgelöster Darstellung erhält jedes elektrische Betriebsmittel (Gerät) einen senkrecht gezeichneten Stromweg **(Bild 2)**. Die Stromwege sind fortlaufend nummeriert. Die Kontakte der Schütze und Relais werden nur abhängig von ihrer Schaltfunktion in die Stromwege eingezeichnet. Im Stromlaufplan in aufgelöster Darstellung berücksichtigt man also nicht die gerätemäßige Zusammengehörigkeit von z. B. Relaisspule und Relaiskontakt.

Die Stromwege zeichnet man von oben nach unten und nebeneinander.

Die Kontakte werden mit den gleichen Kennbuchstaben wie die zugehörige Relaisspule bezeichnet. Die Kontakte K1 gehören zu der Relaisspule K1.

Die Kennbuchstaben der elektrischen Betriebsmittel sind nach DIN EN 81346-2 (Tabelle 1, Seite 30) genormt. Sie werden mit einer nachstehenden fortlaufenden Zahl gekennzeichnet[1].

[1] Der besseren Übersichtlichkeit wegen wird in diesem einführenden Kapitel zur Betriebsmittelkennzeichnung nur ein einzelner Kennbuchstabe mit Zählnummer verwendet. So wird z. B. das auf den Produktaspekt hinweisende Minuszeichen vor dem Kennbuchstaben weggelassen, da nachfolgend ohnehin nur dieser Aspekt angesprochen wird.

Übersichtsschaltplan. Der Übersichtsschaltplan ist ein Anschlussplan und Übersichtsplan **(Bild 3).** Man ersieht aus ihm, wie die einzelnen Geräte oder Gerätegruppen miteinander verdrahtet sind. Anzahl und Querschnitte der Leitungsadern werden hier angegeben.

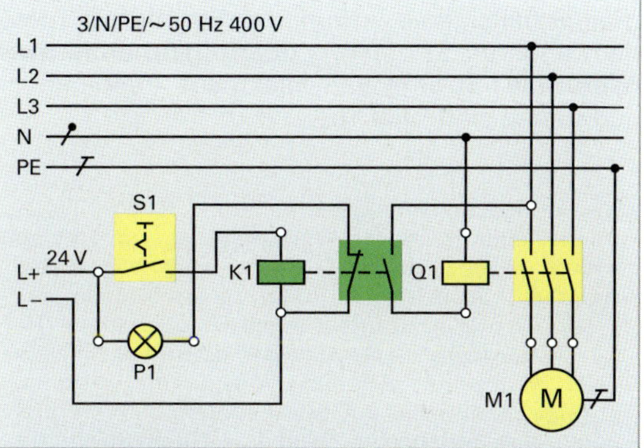

Bild 1 Stromlaufplan in zusammenhängender Darstellung für eine Motorsteuerung

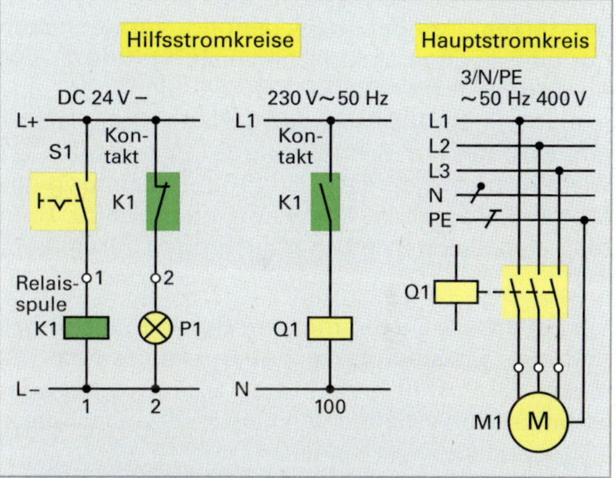

Bild 2 Stromlaufplan in ausgelöster Darstellung der Motorsteuerung

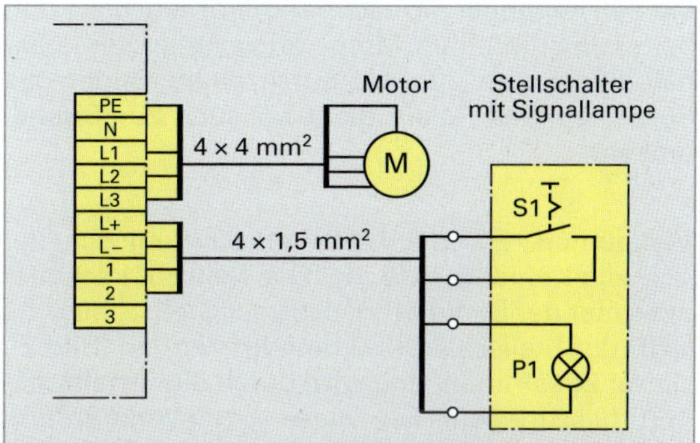

Bild 3: Übersichtsschaltplan der Motorsteuerung

In elektrischen Kontaktsteuerungen werden mit einem Relais oder Schütz Schaltsignale bzw. Schaltzustände übertragen, verstärkt, vervielfacht, umgekehrt, verknüpft oder gespeichert.

Übertragen. Mit einem Relais oder Schütz kann man Schaltsignale von einem Stromkreis zu einem anderen Stromkreis **übertragen,** ohne dass dabei die Stromkreise elektrisch miteinander verbunden sind **(Bild 1).**

Um an den Bedienungselementen, z. B. dem Taster S1, nur eine gefahrlose Kleinspannung von 24 V zu haben, wird das Schütz Q1, das für 230 V Betriebsspannung ausgelegt ist, über einen Kontakt des Relais K1 und nicht direkt durch S1 geschaltet. Der Gleichstromkreis L+, L– und der Wechselstromkreis L1, N sind somit elektrisch voneinander getrennt. Etwaige Störimpulse auf den Leitungen L1, N werden durch dieseTrennung weitgehend von dem Stromnetz L+, L–, mit dem z. B. auch elektronische Geräte versorgt werden, abgehalten.

Verstärken. Das Relais K1 benötigt zum Schalten nur eine geringe elektrische Leistung (Bild 1). Die Kontakte K1 des Relais können hingegen eine vielfach (z. B. 100-fach) größere Leistung schalten, z. B. die der Schützspule Q1. Das Schütz Q1 wiederum vermag die noch größere Leistung des Motors zu schalten. Mit Relais oder Schütz kann man also elektrische Schaltleistungen verstärken.

Vervielfachen. Da die meisten Relais und Schütze mehrere Schaltkontakte haben, kann man mit diesen Kontakten in mehreren Stromwegen oder Stromkreisen schalten, also auch **vervielfachen.**

Umkehren. Mit dem Schalter S1 können Geräte nur eingeschaltet werden (Bild 1). Die Signallampe P1 soll jedoch bei stillstehendem Motor (z. B. bei stillstehender Arbeitsmaschine) leuchten und bei eingeschaltetem Motor erlöschen. Diese Signalumkehr erreicht man durch einen Öffner des Relais K1. Das Relais dient so auch zur **Signalumkehr.**

Verknüpfen. Für die **UND-Verknüpfung** schaltet man die Kontakte in Reihe. Das Relais K1 schaltet nur unter der Bedingung, dass der Stellschalter S1 UND der Stellschalter S2 betätigt werden **(Bild 2).** Dieser Zusammenhang wird durch die Schaltfunktion beschrieben. Für diese UND-Verknüpfung schreibt man K1 = S1 ∧ S2. Dabei ist „∧" das Zeichen für „UND".

Für die **ODER-Verknüpfung** schaltet man die Kontakte parallel. Das Relais K3 schaltet, wenn die Relais mit den Kontakten K1 ODER K2 schalten **(Bild 3).** Die zugehörige Schaltfunktion lautet: K3 = K1 ∨ K2. Dabei ist „∨" das Zeichen für „ODER".

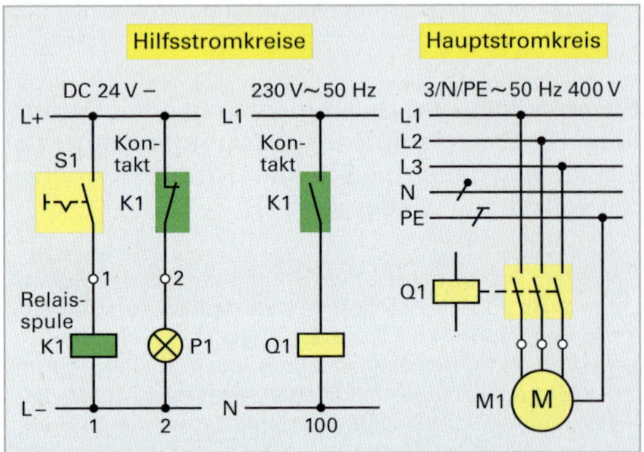

Bild 1: Schützschaltung für Motorsteuerung

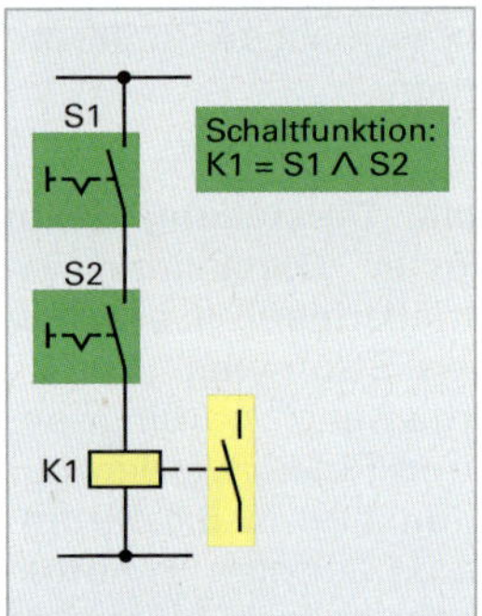

Bild 2 UND-Verknüpfung

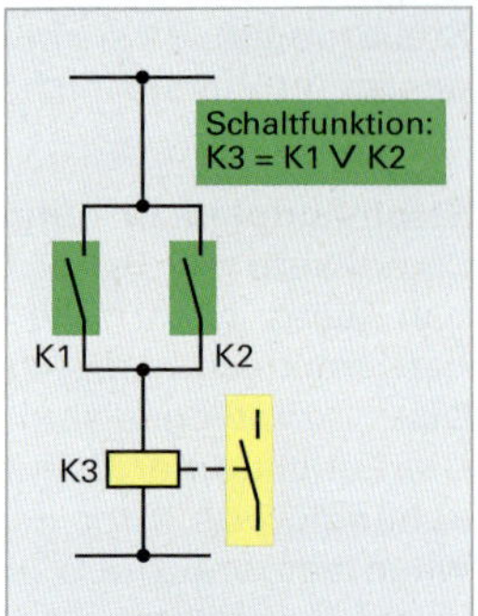

Bild 3 ODER-Verknüpfung

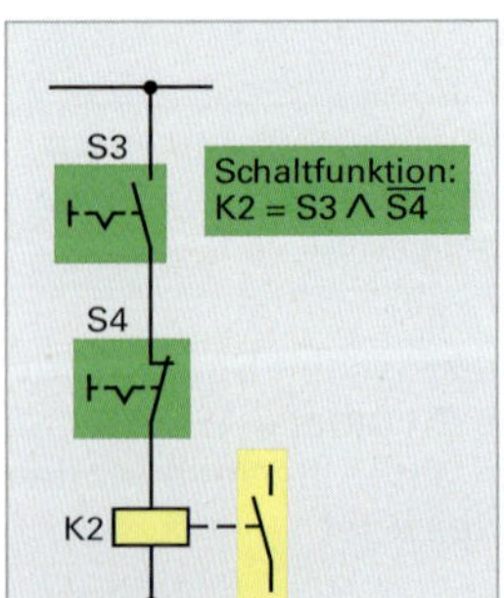

Bild 4 UND-Verknüpfung mit einer NICHT-Funktion

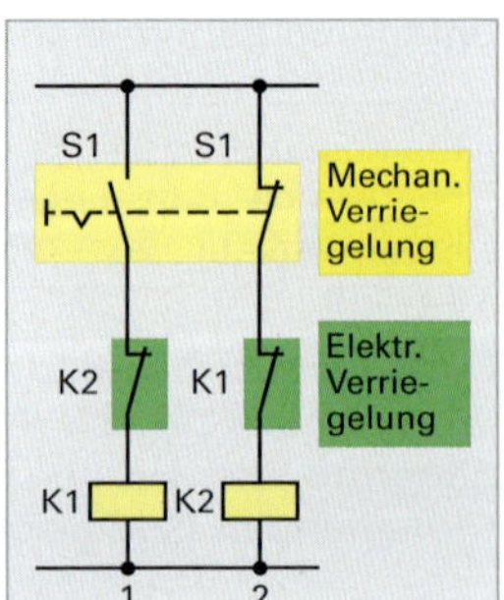

Bild 5 Verriegelung

Die **NICHT-Funktion** (Negation, Umkehrung) erhält man durch Öffner-Kontakte **(Bild 4, vorhergehende Seite).** In der Schaltfunktion wird für die NICHT-Funktion ein Querstrich über die Kontaktbenennung geschrieben:

($K2 = S3 \wedge \overline{S4}$).

Häufig hat man die Schaltbedingung, dass entweder ein Relais K1 oder ein Relais K2 geschaltet wird, niemals jedoch beide gleichzeitig; z. B. K1 für Motorlinkslauf und K2 für Motorrechtslauf, dass also die beiden Relais gegenseitig verriegelt sind **(Bild 5, vorhergehende Seite).**

Verriegelung. Die Verriegelung (Antivalenz-Verknüpfung) erzielt man mechanisch dadurch, dass ein Stellschalter mit einem Schließerkontakt S1 für den *einen* Stromweg und mit einem Öffnerkontakt für den *anderen* Stromweg verwendet wird. Wenn der Schließer offen ist, dann ist der Öffner geschlossen und umgekehrt. Außer dieser **mechanischen Verriegelung** wird meist die Schaltung noch **elektrisch verriegelt** durch einen Öffner K2 im Stromweg des Relais K1 und einen Öffner K1 im Stromweg des Relais K2. Ist das Relais K1 erregt, wird in jedem Fall der Stromweg für das Relais K2 unterbrochen und umgekehrt.

Speichern von Schaltzuständen. Ein Schaltzustand kann durch einen Selbsthaltekontakt gespeichert (gehalten) werden **(Bild 1).** Bei der **Selbsthalteschaltung** liegt im Stromkreis des Relais K1 ein Schließer K1, also ein Kontakt desselben Relais. Wird der EIN-Taster S1 kurzzeitig betätigt, dann wird das Relais K1 erregt und der Schließer K1 schließt den zu S1 parallelen Stromweg. Dadurch bleibt das Relais erregt, auch wenn S1 wieder in seine Ausgangslage zurückgeht. Der Einschaltimpuls durch den Taster S1 wird also gespeichert. Durch eine kurzzeitige Unterbrechung des Stromwegs mit dem AUS-Taster S2 oder S3 wird das Relais K1 stromlos. Die Speicherung wird gelöscht. Der AUS-Taster S2 vor dem Selbsthaltezweig schaltet das Relais K1 auf jeden Fall ab, auch wenn der EIN-Taster S1 betätigt wird.

> Mit einem AUS-Taster vor dem Selbsthaltezweig wird die Speicherschaltung vorrangig gelöscht.

Mit dem AUS-Taster S3 im Selbsthaltezweig wird bei Betätigung die Selbsthalteschaltung unterbrochen. Das Relais K1 bleibt jedoch erregt, wenn ebenfalls der EIN-Taster S1 betätigt wird.

> Mit einem AUS-Taster im Selbsthaltezweig wird vorrangig gespeichert.

Elektrische Geräte, die mit Tastern und nicht mit Stellschaltern ein- und ausgeschaltet werden, schaltet man meist über Speicherschaltungen. Soll ein Gerät von mehreren, örtlich auseinanderliegenden Schalttafeln eingeschaltet werden können und/oder von mehreren Schaltstellen, z. B. durch NOT-AUS-Taster ausgeschaltet werden können, so schaltet man die EIN-Taster (Schließer) alle parallel und die AUS-Taster (Öffner) alle in Reihe **(Bild 2).**

Bild 3 zeigt eine Eingangsschaltung für eine Maschinensteuerung mit Überstromschutz, Kurzschlussschutz und Unterspannungsauslöser. Der Schutzschalter Q1 hat für den Unterspannungsauslöser voreilende Kontakte. So bekommt dieser vorab Spannung und ermöglicht das Einschalten des Hauptstromkreises. Die NOT-AUS-Taster liegen im Stromkreis des Unterspannungsauslösers. Bei Erdschlüssen im Steuerstromkreis unterbrechen die Sicherungen F1 und der Unterspannungsauslöser löst aus.

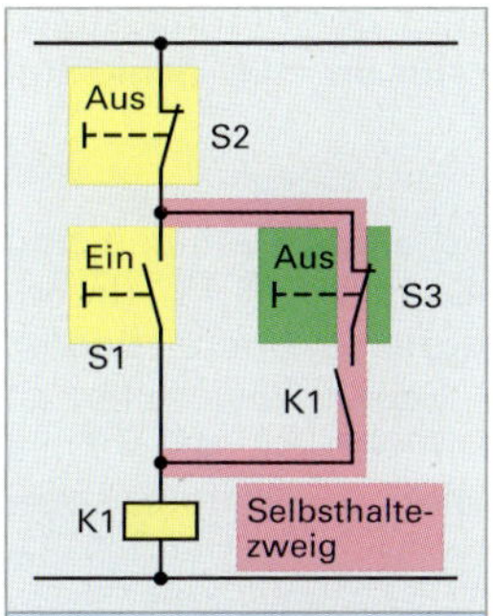

Bild 1 Speichern durch einen Selbsthaltekontakt

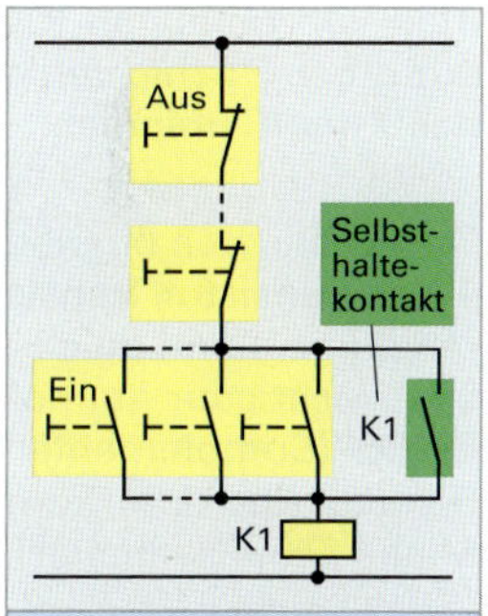

Bild 2 Speicherschaltung mit mehreren Tastern

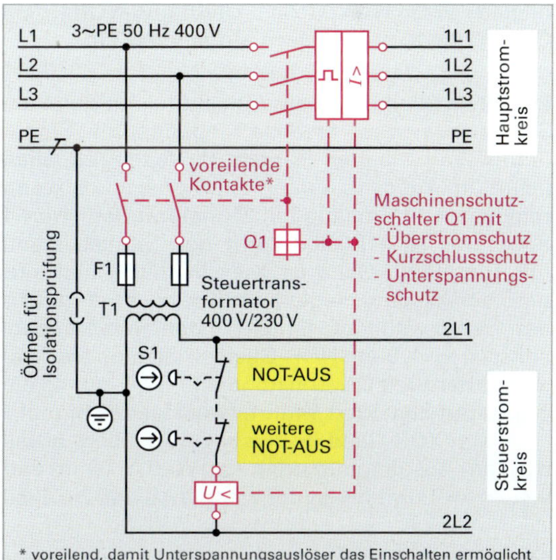

* voreilend, damit Unterspannungsauslöser das Einschalten ermöglicht

Bild 3: Maschinensteuerung mit Steuerstromkreis

1.2.6 Integrierte Schaltkreise (IC) und Grundverknüpfungen

Ein *integrierter* Schaltkreis (IC von Integrated Circuit = Integrierter Schaltkreis) enthält eine Vielzahl von Transistoren und Dioden, die z. B. eine Signalverknüpfung (UND, ODER, NICHT) oder eine Signalspeicherung (Flipflop) ermöglichen. Die Transistoren und Dioden sind alle auf einem Silicium-Halbleiterplättchen (Chip) untergebracht (integriert) **(Bild 1).** Für Mikroprozessoren werden mehrere Millionen von Transistorfunktionen auf einem Chip realisiert.

Die integrierten Schaltkreise werden in unterschiedlichen Verfahren hergestellt. Die Hauptunterscheidung macht man nach Art des Betriebsstromes. Fließt dieser sowohl durch *P-dotierte* Schichten als auch durch *N-dotierte* Schichten spricht man von **bipolaren** ICs. Fließt der Betriebsstrom nur durch P-Schichten oder nur durch N-Schichten heißt der IC **unipolar.**

Die wichtigsten bipolaren Schaltkreisfamilien sind TTL (Transistor-Transistor-Logik) und I^2L (Integrated-Injection-Logic = integrierte Einspritzlogik). Die wichtigste unipolare Schaltkreisfamilie ist CMOS (Complementary Symmetrical Metal Oxid Semiconductor = komplementär symmetrischer Metall-Oxid-Halbleiter).

Elementare Schaltkreise

Die elementaren Schaltkreise enthalten die Grundverknüpfungsglieder UND, ODER, NICHT bzw. die negierte Form NAND (Nicht UND) und NOR (Nicht ODER) und zwar mehrfach auf einem Chip.

Das **UND-Glied** liefert am Ausgang *x* nur dann ein Signal $x = 1$, wenn an allen Eingängen die Signale den Wert 1 haben **(Tabelle 1).** Das **ODER-Glied** liefert am Ausgang *x* dann ein Signal $x = 1$, wenn mindestens 1 Eingang ein Signal mit dem Wert 1 führt. Das **NICHT-Glied** kehrt den Signalzustand um. Ein NAND-Glied ist wie ein UND-Glied, nur dass der Ausgang negiert wird, d. h. es liefert für *x* den Wert 0 wenn alle Eingänge den Wert 1 haben, sonst ist $x = 1$. Beim **NOR-Glied** erhält man am Ausgang *x* den Wert 0, wenn mindestens 1 Eingang ein Signal mit dem Wert 1 führt, sonst ist das Signal $x = 1$. Beim **XOR-Glied** (Exclusiv-ODER-Glied) erhält man am Ausgang nur dann den Wert 1, wenn entweder $a = 1$ und $b = 0$ oder wenn $a = 0$ und $b = 1$ ist.

Mit diesen Schaltkreisen können Schaltsignale verknüpft (kombiniert) werden. Man spricht von **kombinatorischen Steuerungen.**

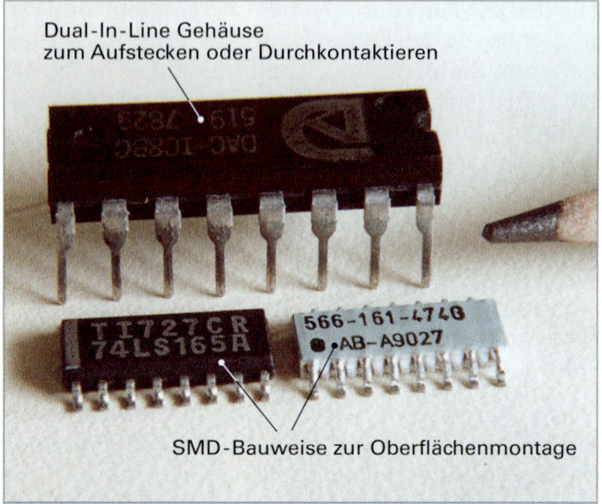

Bild 1: Integrierte Schaltkreise (ICs)

Tabelle 1: Grundverknüpfungsglieder

Benennung	Schaltzeichen, Schaltfunktion	Funktionstabelle
UND-Glied (Konjunktion)	& $x = a \wedge b$	a b x 0 0 0 0 1 0 1 0 0 1 1 1
ODER-Glied (Disjunktion)	≥1 $x = a \vee b$	a b x 0 0 0 0 1 1 1 0 1 1 1 1
NICHT-Glied (Negation)	1 Negationskreis $x = \bar{a}$	a x 0 1 1 0
NAND-Glied	& $x = \overline{a \wedge b} = \bar{a} \vee \bar{b}$	a b x 0 0 1 0 1 1 1 0 1 1 1 0
NOR-Glied	≥1 $x = \overline{a \vee b} = \bar{a} \wedge \bar{b}$	a b x 0 0 1 0 1 0 1 0 0 1 1 0
XOR-Glied Exklusiv-ODER-Glied (Antivalenz)	=1 $x = (a \wedge \bar{b}) \vee (\bar{a} \wedge b)$	a b x 0 0 0 0 1 1 1 0 1 1 1 0

1.2.7 Schaltalgebra

Die Schaltalgebra (Boolesche[1] Algebra) ist eine mathematische Beschreibung für die Beziehungen zwischen binären Variablen. Mit Hilfe einer schaltalgebraischen Gleichung kann man Schaltfunktionen beschreiben.

Beispiel 1: Eine Warnlampe soll mit dem Signal x einschalten, wenn der Öldruckschalter a schaltet ($a = 1$) oder der Drehzahlwächter b des Spindelmotors schaltet ($b = 1$) oder der Werkzeugspannmotor c eingeschaltet ist ($c = 1$) und gleichzeitig die Bremskupplung nicht geschaltet ist ($d = 0$).

Zur Beschreibung yeiner solchen Steuerung schreibt man die Verknüpfung als **schaltalgebraische Gleichung** auf und zeichnet hierzu einen Funktionsplan. Den Funktionsplan kann man direkt durch entsprechende Auswahl der Schaltkreise und deren Verdrahtung in eine Schaltung umsetzen **(Bild 1)**.

Schaltalgebraische Gleichung: $x = a \vee b \vee (c \wedge \overline{d})$

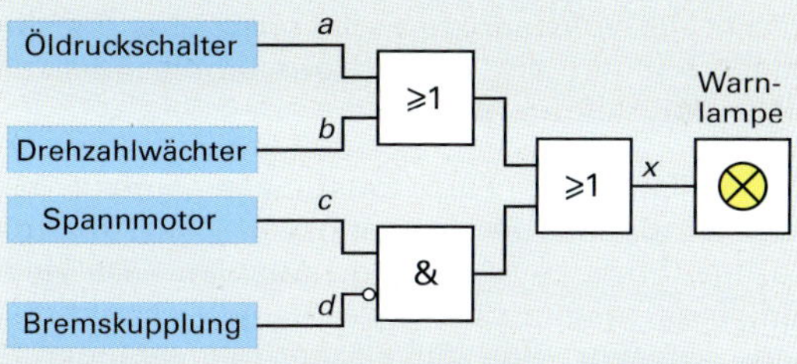

Bild 1: Funktionsplan zu Beispiel 1

Tabelle 1: Regeln der Schaltalgebra

$0 \wedge a = 0$	$1 \wedge a = a$	$a \wedge a = a$	$a \wedge \overline{a} = 0$
$0 \vee a = a$	$1 \vee a = 1$	$a \vee a = a$	$a \vee \overline{a} = 1$

Es gibt eine Vielzahl von Regeln, die man sich am besten mit Hilfe von Schaltkontakten und dem möglichen Stromfluss klar macht **(Tabelle 1)**.

Die wichtigsten Gesetze **(Tabelle 2)** sind:
- Kommutativgesetze,
- Assoziativgesetze,
- Distributivgesetze,
- Verneinungsgesetze (*De Morgan*sches[2] Theorem).

Tabelle 2: Gesetze der Schaltalgebra mit Beispielen

Kommunikativgesetz: $a \wedge b = b \wedge a$; $a \vee b = b \vee a$	Innerhalb eines UND-Terms bzw. eines ODER-Terms dürfen die Variablen vertauscht werden
Assoziativgesetz: $a \wedge b \wedge c = (a \wedge b) \wedge c$; $a \vee b \vee c = (a \vee b) \vee c$	Die Variablen einer Funktion dürfen durch Klammern zusammengefasst werden.
Distributivgesetz: $a \wedge (b \vee c) = (a \wedge b) \vee (a \wedge c)$; $a \vee (b \wedge c) = (a \vee b) \wedge (a \vee c)$	Verknüpfungen mit Klammerausdrücken führt zu neuen Klammerausdrücken.
***De Morgan*sches Theorem:** $\overline{a \wedge b} = \overline{a} \vee \overline{b}$; $\overline{a \vee b} = \overline{a} \wedge \overline{b}$	Die Verneinung eines Terms ist gleich der Verneinung der Variablen, wenn die ODER-Verknüpfung durch die UND-Verknüpfung und umgekehrt getauscht wird.

Beispiel 2: Überführen Sie die Schaltfunktion $x = (a \wedge b) \vee (c \wedge d)$ in eine Schaltfunktion, die nur NAND-Terme enthält!

Lösung:

$$\overline{x} = \overline{(a \wedge b) \vee (c \wedge d)} = \overline{(a \wedge b)} \vee \overline{(c \wedge d)}$$

$$x = \overline{\overline{x}} = \overline{\overline{(a \wedge b)} \wedge \overline{(c \wedge d)}}$$ **(Bild 2).**

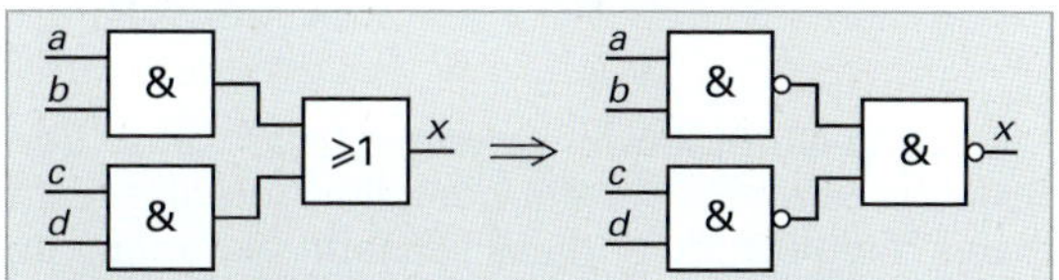

Bild 2: Lösung zu Beispiel 2

Beispiel 3: Überführen Sie die Schaltfunktion $x = (a \wedge b) \vee (c \wedge d)$ in eine Schaltfunktion, die nur NOR-Terme enthält!

Lösung:

$$\overline{x} = \overline{(a \wedge b) \vee (c \wedge d)} = \overline{(a \wedge b)} \wedge \overline{(c \wedge d)} = (\overline{a} \vee \overline{b}) \wedge (\overline{c} \vee \overline{d})$$

$$\overline{\overline{x}} = x = \overline{(\overline{a} \vee \overline{b}) \wedge (\overline{c} \vee \overline{d})} = \overline{(\overline{a} \vee \overline{b})} \vee \overline{(\overline{c} \vee \overline{d})}$$

$$\overline{x} = \overline{\overline{(\overline{a} \vee \overline{b})} \vee \overline{(\overline{c} \vee \overline{d})}}$$

Durch Negation von $\overline{x}$ erhält man x. Die Negation der Variablen erhält man durch eine NOR-Verknüpfung mit 0 **(Bild 3)**.

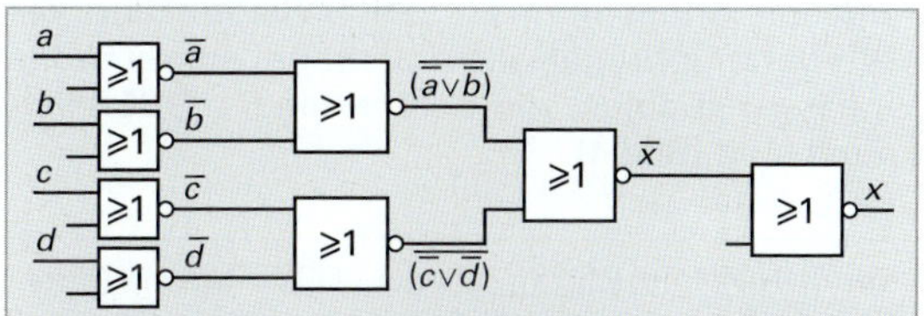

Bild 3: Lösung zu Beispiel 3

[1] *George Boole*, englischer Mathematiker, 1815 bis 1864

[2] *De Morgan*, englischer Mathmatiker, 1806 bis 1871

1.2.8 Kombinatorische Steuerungen

Zur Ermittlung der Steuerfunktion stellt man zunächst die *vollständige Funktionstabelle* auf und bildet sodann die **ODER-Normalform** oder die **UND-Normalform (Bild 1)**.

Die **vollständige Funktionstabelle** enthält alle Kombinationen der Eingangsvariablen und die dazugehörenden Ausgangsvariablen. Da jede Eingangsvariable die Werte 1 und 0 annehmen kann, verfügt eine Schaltung mit *n*-Eingangsvariablen über 2^n Kombinationen.

Beispiel 1: Eine Montagemaschine muss immer von 2 Personen bedient werden. Es sind 3 gleiche Bedienungsplätze mit den Schlüsselschaltern *a*, *b* und *c* eingerichtet. Damit die Maschine durch das Signal $x = 1$ eingeschaltet werden kann, müssen 2 der 3 Schlüsselschalter geschaltet sein. Stellen Sie die vollständige Funktionstabelle auf.

Lösung:

Die 3 Eingangsvariablen *a*, *b*, *c*, von denen jede den Zustand 1 oder 0 annehmen kann, liefern $2^3 = 8$ Kombinationsmöglichkeiten **(Bild 2)**. Man erkennt, dass es genau 3 Schaltfunktionen gibt, die die obengenannte Forderung erfüllen.

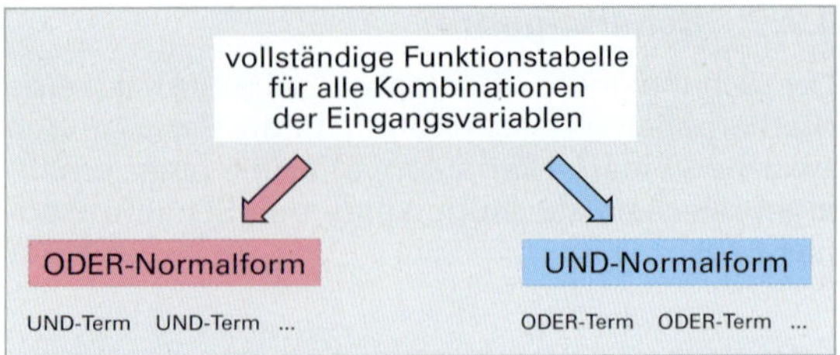

Bild 1: Bildung der Schaltfunktion

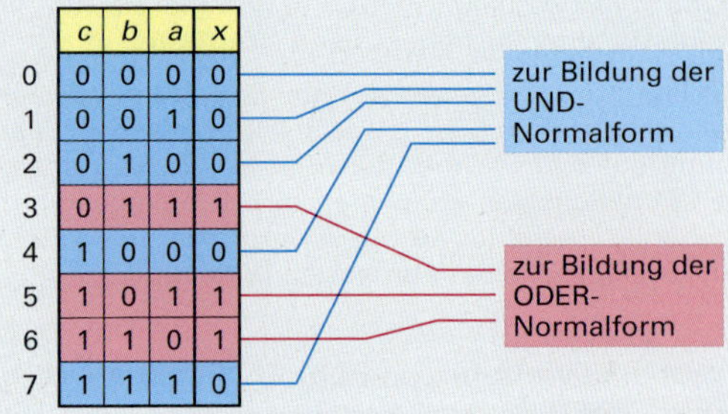

	c	*b*	*a*	*x*
0	0	0	0	0
1	0	0	1	0
2	0	1	0	0
3	0	1	1	1
4	1	0	0	0
5	1	0	1	1
6	1	1	0	1
7	1	1	1	0

Bild 2: Vollständige Funktionstabelle

Die **ODER-Normalform** gibt vollständig alle Schaltfunktionen wieder, die die gestellte Aufgabe lösen können. Sie enthält die UND-Verknüpfungen aller überhaupt auftretenden Eingangsvariablen für alle jene Fälle (Zeilen der vollständigen Funktionstabelle), in denen das Ausgangssignal zu 1 wird (Bild 2).

Beispiel 2: Stellen Sie die ODER-Normalform für die Funktionstabelle **(Bild 2)** auf und zeichnen Sie den Funktionsplan!

Lösung:

$x = (\overline{c} \wedge b \wedge a) \vee (c \wedge \overline{b} \wedge a) \vee (c \wedge b \wedge \overline{a})$ **(Bild 3)**

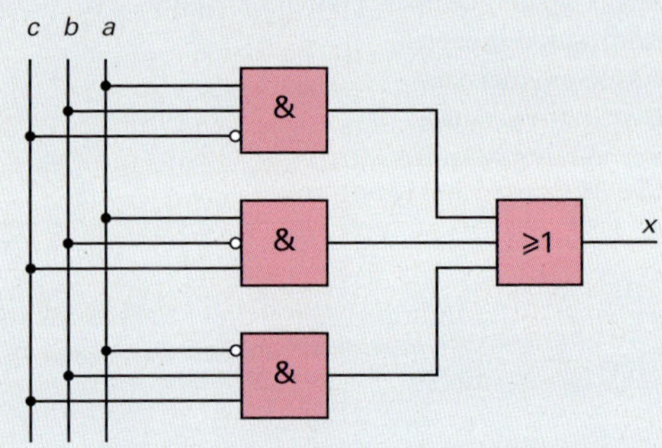

Bild 3: Funktionsplan für eine Lösung mit der ODER-Normalform

Die **UND-Normalform** gewinnt man aus den Schaltfunktionen, die die gestellte Aufgabe nicht lösen. Negiert man diese Schaltfunktionen, so erhält man eine neue Schaltfunktion, die nun eine Lösung der Aufgabe darstellt. Durch diese Negation erhält man für die Schaltfunktion die UND-Verknüpfungen aller überhaupt auftretenden Eingangsvariablen, die untereinander ODER-verknüpft sind **(Bild 4)**.

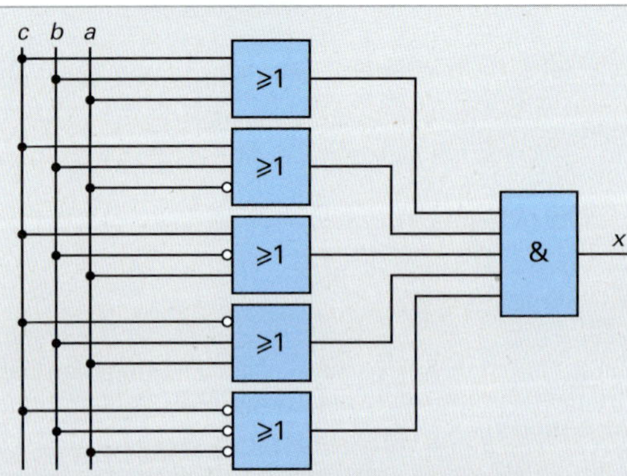

Bild 4: Funktionsplan für eine Lösung mit der UND-Normalform

Die UND-Normalform ist der ODER-Normalform vorzuziehen, wenn die Ausgangsvariable in der vollständigen Funktionstabelle öfter 1 ist als 0

Beispiel 3: Stellen Sie die UND-Normalform für die Funktionstabelle (Bild 2, vorhergehende Seite) auf.

Lösung: $\overline{x} = (\bar c \wedge \bar b \wedge \bar a) \vee (\bar c \wedge \bar b \wedge a) \vee (\bar c \wedge b \wedge \bar a) \vee (c \wedge \bar b \wedge \bar a) \vee (c \wedge b \wedge a)$ negiert:

$\overline{\overline{x}} = \overline{(\bar c \wedge \bar b \wedge \bar a) \vee (\bar c \wedge \bar b \wedge a) \vee (\bar c \wedge b \wedge \bar a) \vee (c \wedge \bar b \wedge \bar a) \vee (c \wedge b \wedge a)}$

$x = \overline{(\bar c \wedge \bar b \wedge \bar a)} \vee \overline{(\bar c \wedge \bar b \wedge a)} \vee \overline{(\bar c \wedge b \wedge \bar a)} \vee \overline{(c \wedge \bar b \wedge \bar a)} \vee \overline{(c \wedge b \wedge a)}$

$x = (c \vee b \vee a) \wedge (c \vee b \vee \bar a) \wedge (c \vee \bar b \vee a) \wedge (\bar c \vee b \vee a) \wedge (\bar c \vee \bar b \vee \bar a)$ **(Bild 4, vorhergehende Seite)**

Vereinfachen der Schaltfunktionen

Mit Hilfe der Rechenregeln der Schaltalgebra können die Schaltfunktionen umgewandelt und vereinfacht werden. Da die Anwendung der Rechenregeln jedoch sehr aufwendig sein kann, verwendet man zur Vereinfachung der Schaltfunktionen eine grafische Darstellung, das ***Karnaugh-Veitch*-Diagramm**[1].

Das *Karnaugh-Veitch*-Diagramm für 2, 3 und 4 Variable hat $2^2 = 4$ bzw. $2^3 = 8$ bzw. $2^4 = 16$ Felder, z. B. bei den 3 Eingangsvariablen *a*, *b* und *c* 8 Felder **(Bild 1)**. Den Eingangsvariablen wird jeweils 1 Streifen zugeordnet. Da sich diese Streifen überkreuzen, kommen in den *n* Feldern alle Kombinationen der Eingangsvariablen vor. Man schreibt nun, ausgehend von der vollständigen Funktionstabelle, in diejenigen Felder, die die Schaltbedingungen erfüllen eine 1 ein. Benachbarte Felder mit 1 können durch UND-Verknüpfungen zu 2er-, 4er- oder 8er-Blöcken zusammengefasst werden. Man fasst möglichst viele Felder zusammen, sucht also in 2er-, 4er- oder 8er-Blöcken zusammenhängende „1-Gebiete". Die Vereinfachung besteht nun darin, dass alle Eingangsvariablen verschwinden, die sich innerhalb eines Blockes ändern. Es bleiben nur die Variablen erhalten, die allen Feldern eines Blockes gemeinsam sind. Anstelle der „1-Gebiete" kann man auch „0-Gebiete" suchen und die Schaltfunktionen negiert anschreiben.

Beispiel 1: Vereinfachen Sie die Schaltfunktion $x = (\bar c \wedge b \wedge a) \vee (c \wedge \bar b \wedge a) \vee (c \wedge b \wedge \bar a) \vee (c \wedge b \wedge a)$ mit Hilfe des *Karnaugh-Veitch*-Diagramms.

Lösung:

Die Schaltfunktion hat 3 Variable und liefert eine Lösung in den Kombinationen der Felder 3, 5, 6, 7 **(Bild 2)**. Man kann nun die „1-Gebiete" zusammenfassen.

$x = (a \wedge b) \vee (a \wedge c) \vee (b \wedge c)$

Beispiel 2: Ermitteln Sie die Schaltfunktion aus der UND-Normalform des Beispiels 3, oben auf der Seite.

Lösung:

Die Schaltfunktion enthält 3 Variable und liefert somit keine Lösung für *x* in den Kombinationen der Felder 0, 1, 2, 4, 7 **(Bild 3)**. Man trägt in das *Karnaugh-Veitch*-Diagramm in diese Felder eine 0 ein und fasst alle „0-Gebiete" zusammen.

2 Variable

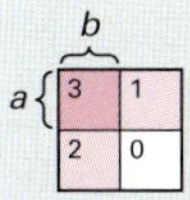

b	*a*	Feld-Nr.
0	0	0
0	1	1
1	0	2
1	1	3

3 Variable

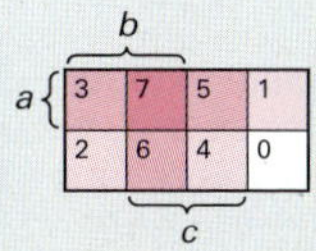

c	*b*	*a*	Feld-Nr.
0	0	0	0
0	0	1	1
0	1	0	2
0	1	1	3
1	0	0	4
1	0	1	5
1	1	0	6
1	1	1	7

4 Variable

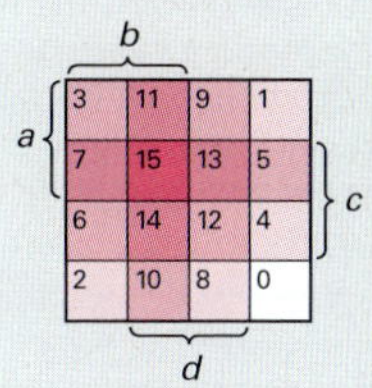

d	*c*	*b*	*a*	Feld-Nr.
0	0	0	0	0
0	0	0	1	1
0	0	1	0	2
0	0	1	1	3
0	1	0	0	4
0	1	0	1	5
0	1	1	0	6
0	1	1	1	7

d	*c*	*b*	*a*	Feld-Nr.
1	0	0	0	8
1	0	0	1	9
1	0	1	0	10
1	0	1	1	11
1	1	0	0	12
1	1	0	1	13
1	1	1	0	14
1	1	1	1	15

Bild 1: *Karnaugh-Veitch*-Diagramme

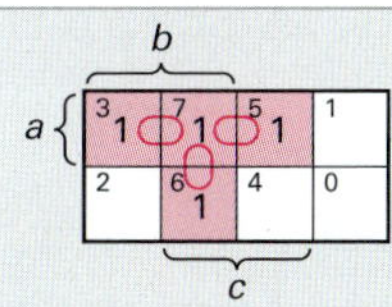

$x = (a \wedge b) \vee (a \wedge c) \vee (b \wedge c)$

Bild 2: *Karnaugh-Veitch*-Diagramme für Beispiel 1

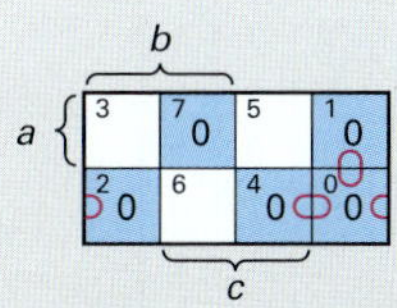

$\overline{x} = (\bar a \wedge \bar c) \vee (\bar a \wedge \bar b) \vee (\bar b \wedge \bar c) \vee (a \wedge b \wedge c)$

$x = \overline{(\bar a \wedge \bar c) \vee (\bar a \wedge \bar b) \vee (\bar b \wedge \bar c) \vee (a \wedge b \wedge c)}$

$x = \overline{(\bar a \wedge \bar c)} \wedge \overline{(\bar a \wedge \bar b)} \wedge \overline{(\bar b \wedge \bar c)} \wedge \overline{(a \wedge b \wedge c)}$

$x = (a \vee c) \wedge (a \vee b) \wedge (b \vee c) \wedge (\bar a \vee \bar b \vee \bar c)$

Bild 3: *Karnaugh-Veitch*-Diagramm für Beispiel 2

[1] *M. Karnaugh* und *B.W. Veitch* entwickelten um 1950 diese Methode.

Beispiel 3:

In einem **Sortierautomaten** werden quaderförmige Werkstücke gegen Anschläge gefördert. Dabei werden mit den Grenztastern *t*, *b* und *h* die Tiefe, Breite und Höhe abgetastet. Mit einem Sensor *m* werden die Werkstücke außerdem auf Magnetisierbarkeit geprüft.

Die Signale bedeuten:

Tiefe:	$t = 1$ Kantenlänge lang,	$t = 0$ nicht lang
Breite:	$b = 1$ Kantenlänge lang,	$b = 0$ nicht lang
Höhe:	$h = 1$ Kantenlänge lang,	$h = 0$ nicht lang
	$m = 1$ magnetisierbar,	$m = 0$ nicht magn.

Nach dem Abtasten können die Werkstücke über eine Einfachweiche *x* und dann über eine Doppelweiche *y* und schließlich über eine Vierfachweiche *z* in die 8 Behälter 1 bis 8 transportiert werden **(Bild)**. Jede der Weichen hat 2 Schaltstellungen und ist elektrisch schaltbar. Im nicht geschalteten Zustand ($x = 0$ bzw. $y = 0$ bzw. $z = 0$) wird nach rechts gefördert.

Die Werkstücke sollen so sortiert werden, dass alle stabförmigen Werkstücke (1 Kante lang, 2 Kanten nicht lang) in den Behälter 1 gefördert werden. Alle plattenförmigen Werkstücke (2 Kanten lang, 1 Kante nicht lang) und zugleich magnetisierbaren Werkstücke sollen in Behälter 6 gefördert werden. Alle plattenförmigen und nicht magnetisierbaren Werkstücke sollen in den Behälter 7 gelangen. Werkstücke mit anderen Merkmalkombinationen sollen in Behälter 4 gelangen und die Behälter 3, 5, 8 sollen frei bleiben.

a) Stellen Sie die Funktionstabelle für alle Merkmalkombinationen auf, und schreiben Sie die Weichensignale sowie die Behälternummern an.

b) Vereinfachen Sie mit Hilfe von *Karnaugh*-Diagrammen die Schaltfunktionen für die Weichensignale.

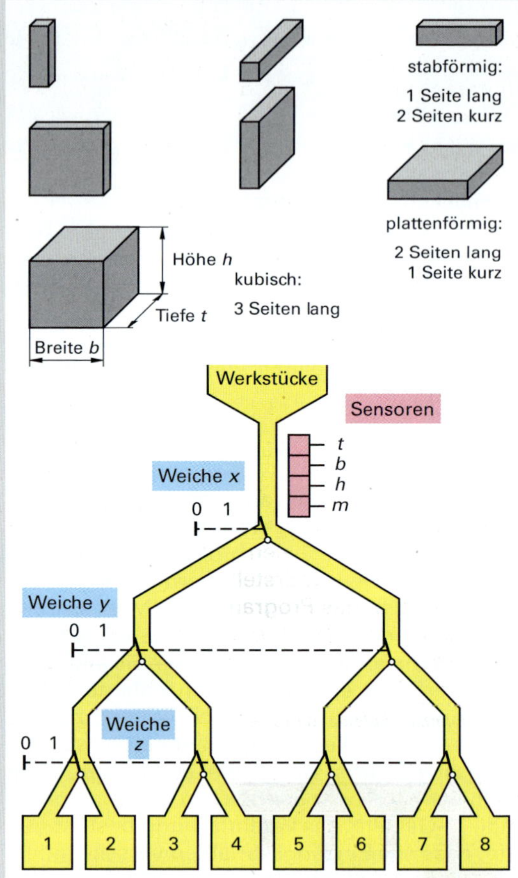

Lösung:

Funktionstabelle

t	*b*	*h*	*m*	Behälter	*x*	*y*	*z*
0	0	0	0	4	1	0	0
0	0	0	1	4	1	0	0
0	0	1	0	1	1	1	1
0	0	1	1	1	1	1	1
0	1	0	0	1	1	1	1
0	1	0	1	1	1	1	1
0	1	1	0	7	0	0	1
0	1	1	1	6	0	1	0
1	0	0	0	1	1	1	1
1	0	0	1	1	1	1	1
1	0	1	0	7	0	0	1
1	0	1	1	6	0	1	0
1	1	0	0	7	0	0	1
1	1	0	1	6	0	1	0
1	1	1	0	4	1	0	0
1	1	1	1	4	1	0	0

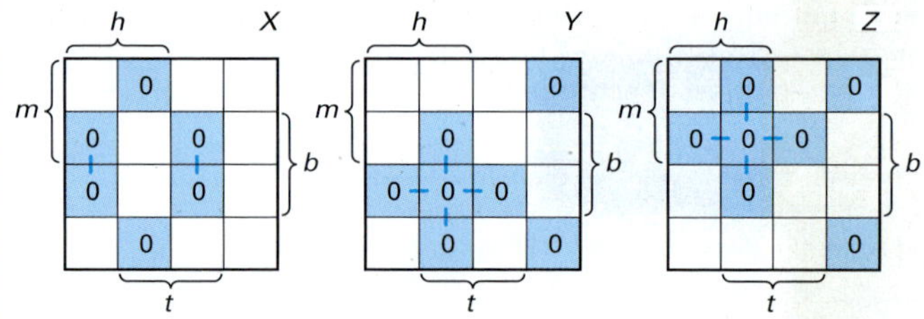

$\overline{x} = (b \wedge h \wedge \overline{t}) \vee (b \wedge \overline{h} \wedge t) \vee (\overline{b} \wedge h \wedge t)$

$x = (\overline{b} \vee \overline{h} \vee t) \wedge (\overline{b} \vee h \vee \overline{t}) \wedge (b \vee \overline{h} \vee \overline{t})$

$\overline{y} = (h \wedge b \wedge t) \vee (\overline{m} \wedge h \wedge t) \vee (\overline{m} \wedge b \wedge t) \vee (\overline{m} \wedge h \wedge b) \vee (\overline{h} \wedge \overline{b} \wedge \overline{t})$

$y = (\overline{h} \vee \overline{b} \vee \overline{t}) \wedge (m \vee \overline{h} \vee \overline{t}) \wedge (m \vee \overline{b} \vee \overline{t}) \wedge (m \vee \overline{h} \vee \overline{b}) \wedge (h \vee b \vee t)$

$\overline{z} = (m \wedge b \wedge t) \vee (m \wedge b \wedge h) \vee (m \wedge h \wedge t) \vee (h \wedge b \wedge t) \vee (\overline{h} \wedge \overline{b} \wedge \overline{t})$

$z = (\overline{m} \vee \overline{b} \vee \overline{t}) \wedge (\overline{m} \vee \overline{b} \vee \overline{h}) \wedge (\overline{m} \vee \overline{h} \vee \overline{t}) \wedge (\overline{h} \vee \overline{b} \vee \overline{t}) \wedge (h \vee b \vee t)$

Variieren Sie das Beispiel 3 durch eine Anordnung mit einer zusätzlichen 8-fach-Weiche *v* und 16 Behältern und einer selbstgewählten Werkstückzuordnung.

1.2.9 Sequentielle[1] Steuerungen

Sequentielle Steuerungen (Ablaufsteuerungen) werden entwickelt und dargestellt mit Wegdiagrammen nach VDI 3260 oder mit Funktionsplänen nach IEC 61131-3 oder als GRAFCET nach DIN EN 60848. Für diese Darstellungsarten gibt es in Verbindung mit PC Editiersoftware. Diese ermöglichen eine schnelle Programmentwicklung **(Bild 1).**

Sequentielle Steuerungen stellt man mit Hilfe von Wegdiagrammen und Zustandsdigrammen, mit Funktionsplänen oder mit GRAFCET dar.

Unabhängig von der Darstellungsart ist beim Entwurf einer Ablaufsteuerung zuerst der zu steuernde Vorgang (Prozess) genau zu analysieren, also systematisch zu untersuchen bzw. zu klären. Neben den linearen Ablaufstrukturen gibt es auch verzweigte Strukturen mit parallel laufenden Prozessen. Innerhalb einer Schrittkette kann mit Hilfe von Sprungbefehlen auf jeden Schritt gesprungen werden. Zur Erstellung einer Ablaufsteuerung wird z. B. das Programm GRAPH (Siemens TIA-Portal) oder das Programm Ablaufsprache (CoDeSys) verwendet.

[1] lat. *sequentia* = Aufeinanderfolge

Die Gliederung erfolgt in vier Ebenen:

- **Betriebsartenebene** (z. B. Einrichtebetrieb, Automatikbetrieb, Grundstellung),
- **Ablaufebene** (Schritt 1 … Schritt *n*)
- **Ausgabeebene** (Aktionen),
- **Meldeebene** (Anzeigen, Diagnosen).

Entwicklungsschritte:

- Untergliederung in einzelne Teilfunktionen,
- die Teilfunktionen werden textlich beschrieben,
- die Sicherheitsanforderungen und Notlaufeigenschaften werden definiert,
- die Anzeige- und Bedienelemente werden beschrieben,
- die Gerätekonfiguration wird festgelegt,
- das Steuerungsprogramm wird erstellt,
- das Steuerungsprogramm wird durch Simulation getestet und gegebenenfalls korrigiert,
- das Steuerungsprogramm wird in die Gerätekonfiguration übertragen oder als Schaltung realisiert,
- die Steuerung wird funktionell noch ohne den Prozess getestet, indem man die Schaltsignale, die vom Prozess kommen, von Hand auslöst,
- die Steuerung wird mit dem Prozess getestet.

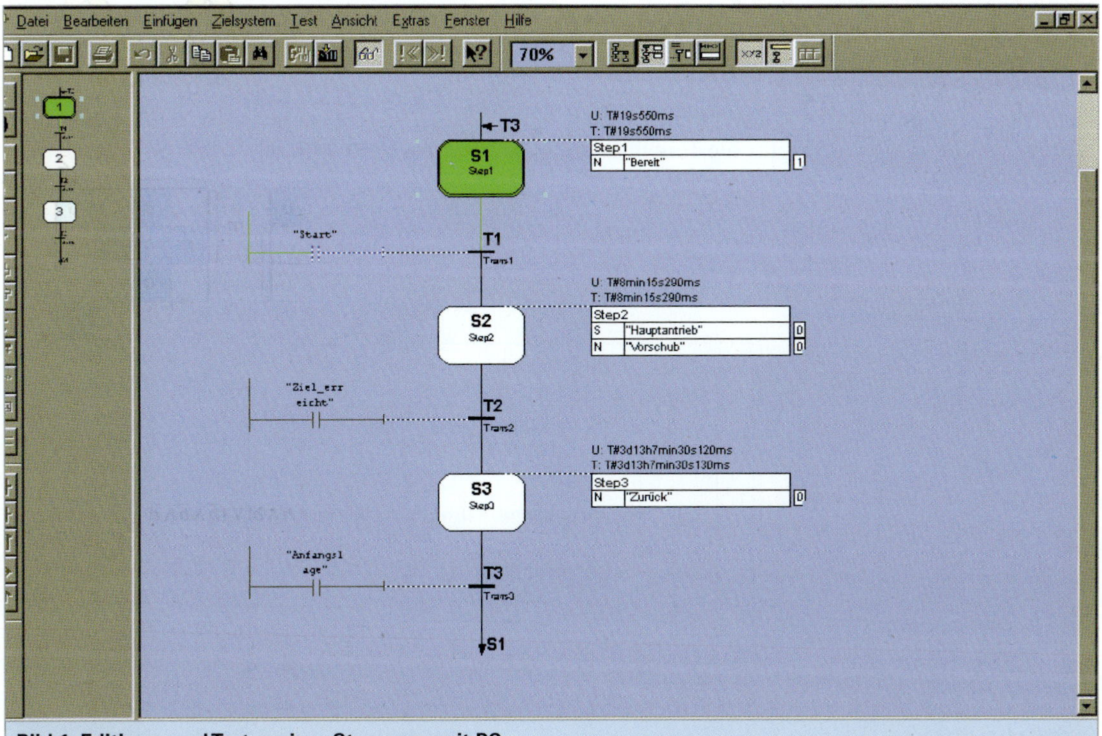

Bild 1: Editieren und Testen einer Steuerung mit PC

1.2.10 GRAFCET

GRAFCET ist in DIN EN 60848 genormt. Der Begriff kommt aus dem Französischen *GRA*phe *F*onctionnel de *C*ommande *E*tape *T*ransition. GRAFCET ist eine grafische Entwurfssprache für die funktionale Beschreibung der Ablaufvorgänge einer Steuerung. Die Ablaufvorgänge sind dabei durch boolesche Eingangsvariablen und Ausgangsvariablen, also Schaltsignale und durch die innere Gesetzmäßigkeit der Steuerung definiert **(Bild 1)**. GRAFCET ermöglicht auch die Erweiterung auf nicht-boolesche Variablen, z. B. auf Zahlen, also digitalen Variablen.

Beispiel: Ein Lüftermotor soll nach Erreichen der Prozess-Betriebstemperatur für die wählbare Zeitdauer von 3 s bis 20 s eingeschaltet sein.

Lösung: Bild 1

Als einen GRAFCET benennt man auch den entstehenden Ablaufplan oder Teile eines Ablaufplans **(Bild 2)**. Ein GRAFCET besteht aus GRAFCET-Elementen. Die GRAFCET-Elemente werden gegliedert nach:

- Struktur und
- Wirkungsteil.

Zur GRAFCET-Struktur gehören:

- Die Schritte, dargestellt durch Quadrate,
- die Transitionen, dargestellt durch einen Querstrich in der Wirkverbindung,
- die Wirkverbindungen, dargestellt durch eine Linie, welche die Schritte und die Transitionen verbindet (Bild 2).

Zum GRAFECT-Wirkungsteil gehören:

- Die Transitionsbedingungen. Das sind logische Ausdrücke mit dem Ergebnis wahr (1 bzw. TRUE) oder nicht-wahr (0 bzw. FALSE). Dargestellt werden die Transitionsbedingungen textlich oder durch boolesche Ausdrücke (Bild 2).
- Die Aktionen. Das sind Zuweisungen oder Zuordnungen zu Ausgangsvariablen mit der Anzeige was durch den betreffenden aktiven Schritt geschehen soll. Dargestellt werden die Aktionen textlich oder durch boolesche Ausdrücke in Rechtecken, angefügt an einen Schritt.

Einzelne GRAFCETs können als verbundene und globalisierte GRAFCETs zusammengefasst werden, sodass sich bei großen Steuerungen übersichtliche Pläne ergeben.

„Anmerkungen und Erläuterungen" in einem GRAFCET werden in Anführungszeichen geschrieben.

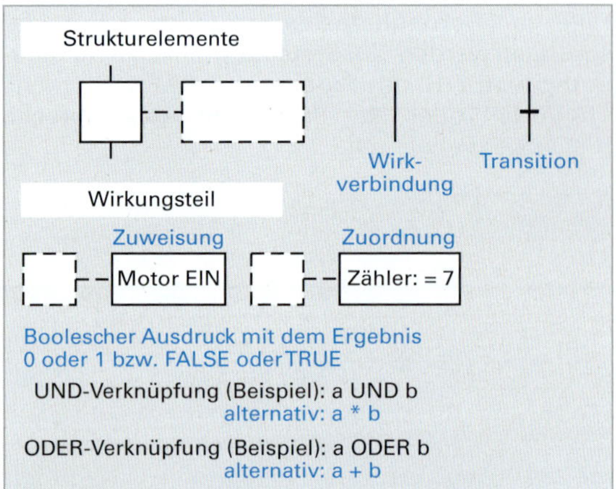

Bild 2: Strukturelemente und Wirkungsteil

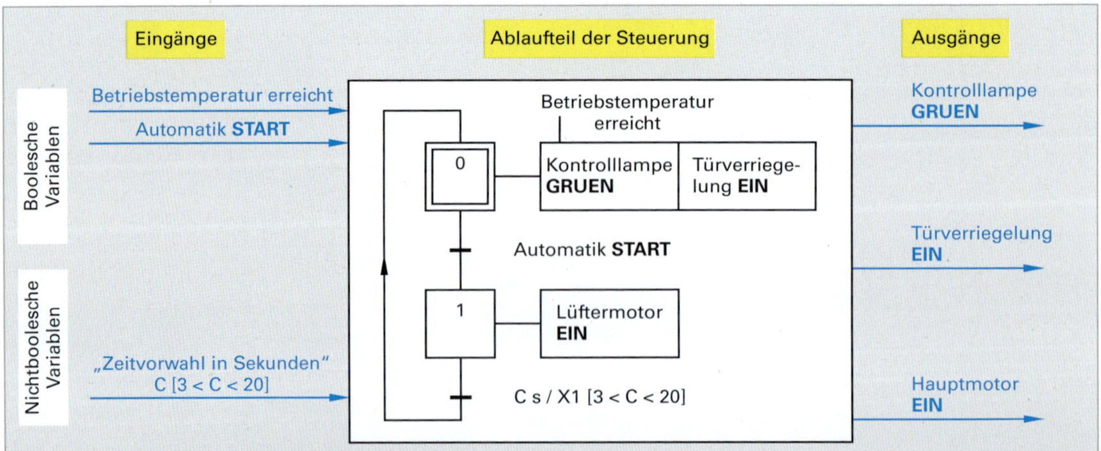

Bild 1: Darstellung einer Ablaufsteuerung (Beispiel)

Schritte

Schritte werden durch Quadrate dargestellt. Der Anfangsschritt hat einen Doppelrahmen. Schritte werden mit Nummern, z. B. 7 **(Bild 1)** gekennzeichnet. Ein Schritt ist entweder aktiv oder inaktiv. Die Schrittvariable heißt X mit angehängter Schrittnummer.

Beispiel: Für Schritt 7 ist die Schrittvariable X7. Im Falle des aktiven Schritts 7 ist X7=1. Beim inaktiven Schritt 7 ist X7=0.

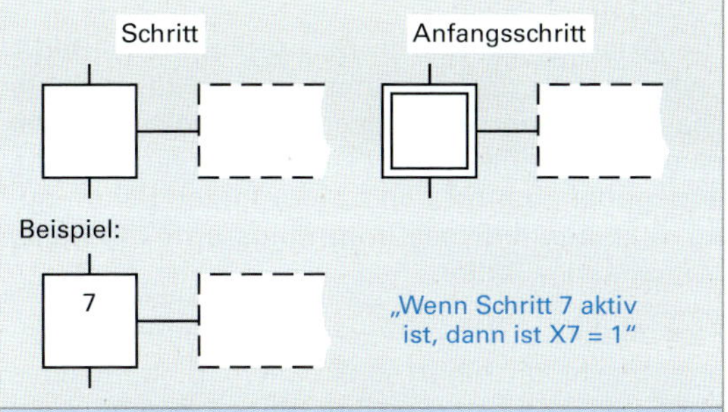

Bild 1: Der Schritt mit Beispiel

Ein *einschließender Schritt* enthält auch andere Schritte, evtl. auch weitere *einschließende Schritte*. Der einschließende Schritt kann durch ein Teil-GRAFCET näher dargestellt werden. Dabei ist in der oberen Rahmenlinie der Schrittname und in der unteren Rahmenlinie die Schrittkennung angegeben **(Bild 2)**.

In den Teil-GRAFCETs werden durch Kennzeichnung mit einem Stern diejenigen Schritte markiert, welche aktiv sind.

Beispiel: Der einschließende Schritt 8 schließt die Schritte mit G1 die Schritte 17, 18, 19 ein, sowie mit G1 die Schritte 21, 22, 23. Wird Schritt 8 aktiv (X8=1), dann werden auch die Schritte 19 und 22 aktiv, da diese mit einem Stern gekennzeichnet sind. Wird Schritt 8 deaktiviert, da die folgende Transaktion erfüllt ist, dann werden auch die Schritte 19 und 22 deaktiviert.

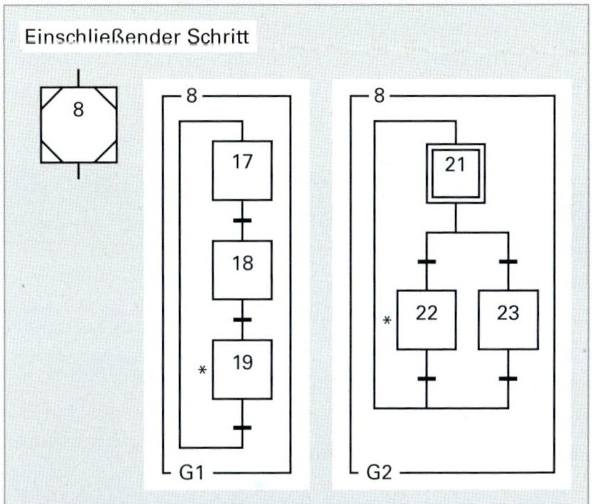

Bild 2: Einschließender Schritt

Ein *Makroschritt* enthält ein oder mehrere Teil-GRAFCETs. Sind diese Teil-GRAFCETs durchlaufen, so ist der Makroschritt durchlaufen und die ihm folgende Transition zur Weiterschaltung freigegeben.

Makroschritte ermöglichen eine übersichtliche Strukturierung von komplexen Steuerungsabläufen und geben den Entwicklern die Möglichkeit Teilaufgaben gleichzeitig von unterschiedlichen Personen mit unterschiedlichen Systemen zu erstellen.

Beispiel: Der Makroschritt M7 mit dem Eingangsschritt E7 und den Teilschritten 7.1, 7.2, 7.3 ist zur Freigabe die Transition „Abpumpen" erfüllt, wenn der Schritt S7 aktiv ist **(Bild 3)**.

Mit Makroschritten fasst man Teilfunktionen zusammen und verbessert die Übersichtlichkeit eines GRAFCET.

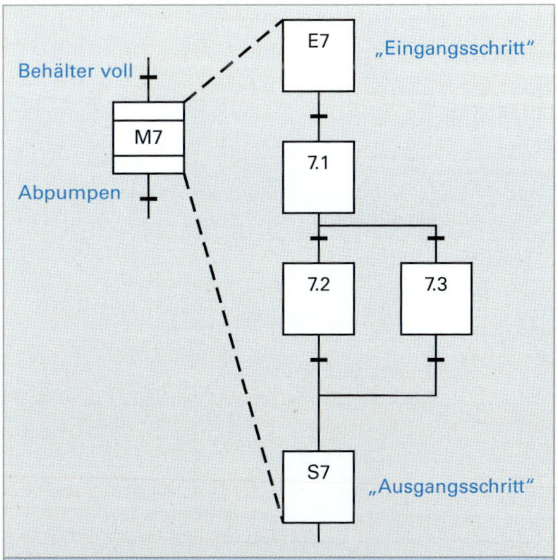

Bild 3: Makroschritt (Beispiel)

Aktionen

Die Aktionen werden in Rechteckrahmen **(Bild 1)** rechts neben den Schritten dargestellt, in textlicher Form oder in boolescher Zuweisungsform, eindeutig definiert und sind, soweit nicht anders angegeben, nur für den zugeordneten Schritt gültig. Man nennt diese Zuordnungsform *kontinuierlich wirkende* Aktion.

Eine Aktion kann von zusätzlichen Bedingungen, angebracht an einer senkrechten Eingangslinie, abhängig gemacht werden. Diese Bedingungen werden durch textliche oder boolesche Ausdrücke beschrieben **(Bild 2)**. Eine solche Bedingung kann auch eine Zeitvorgabe für die Wirkungsdauer der Aktion bzw. für den zeitlichen Beginn der Aktion (Einschaltverzögerung) oder für das zeitliche Ende der Aktion (Abschaltverzögerung) sein **(Bild 3)**. Ist der gesamte Schritt zeitabhängig, so können diese Zeitangaben auch in der Transitionsbedingung angegeben werden. Dies vereinfacht den GRAFCET.

Aktionen die über mehrere Schritte hinweg gültig sein sollen, werden durch ein Aktionssymbol (Pfeil nach oben am linken Rechteckrand) und eine Zuweisung dargestellt **(Bild 4)**. Die Aktivierung beginnt mit dem Aktivwerden des Schrittes. Soll die Aktivierung mit einem Ereignis zusätzlich verknüpft sein, so wird das am oberen Symbolrand beschrieben und mit einem Dreiecksfähnchen markiert **(Bild 5)**.

Vereinfachend kann eine gespeicherte Aktion, welche bei Schrittauslösung erfolgen soll auch an die Transitionsbedingung angehängt werden **(Bild 6)**.

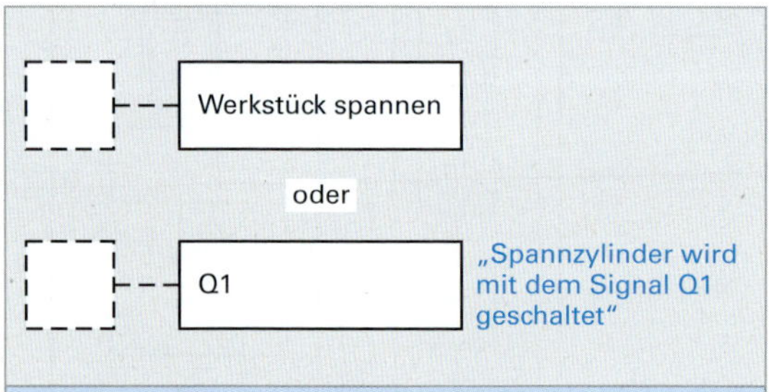

Bild 1: Aktion, kontinuierlich wirkend

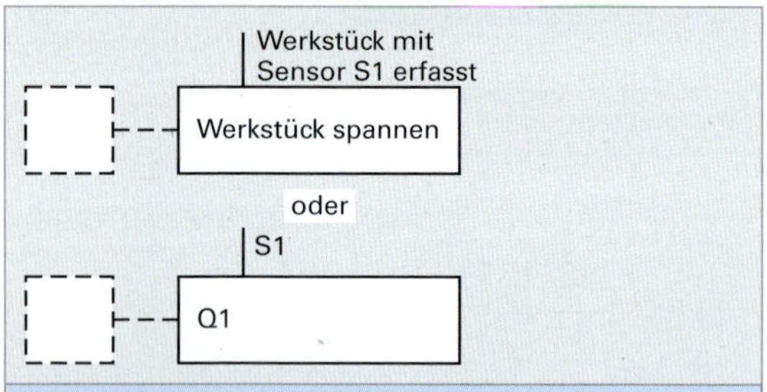

Bild 2 Aktion, kontinuierlich wirkend und von Bedingungen abhängig

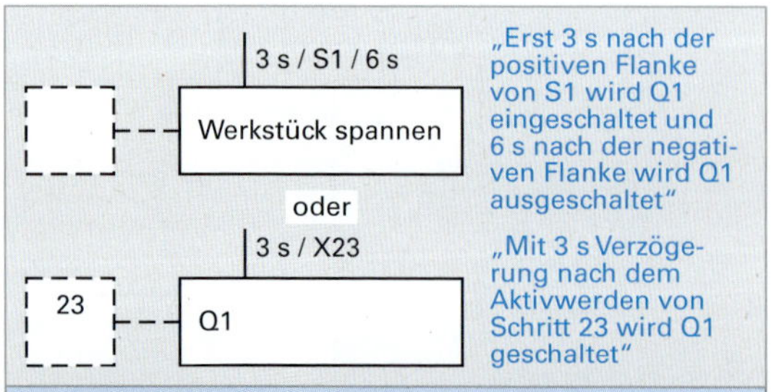

Bild 3: Zeitgesteuerte Aktion

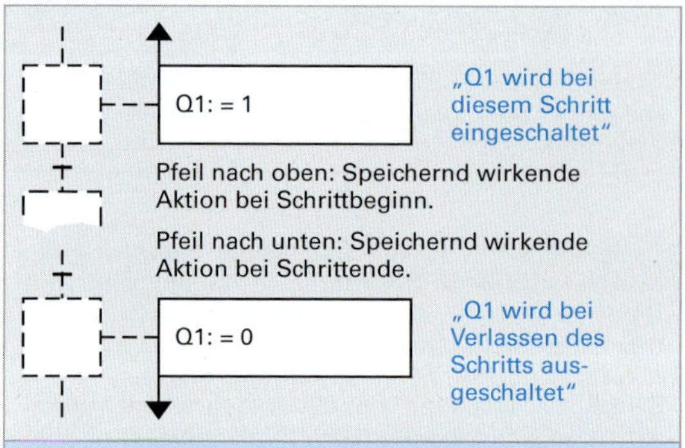

Bild 4: Gespeichert wirkende Aktion

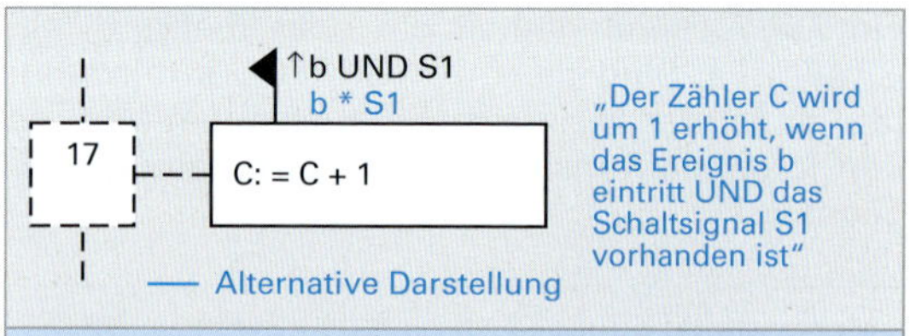

Bild 5: Aktion bei Eintritt eines Ereignisses

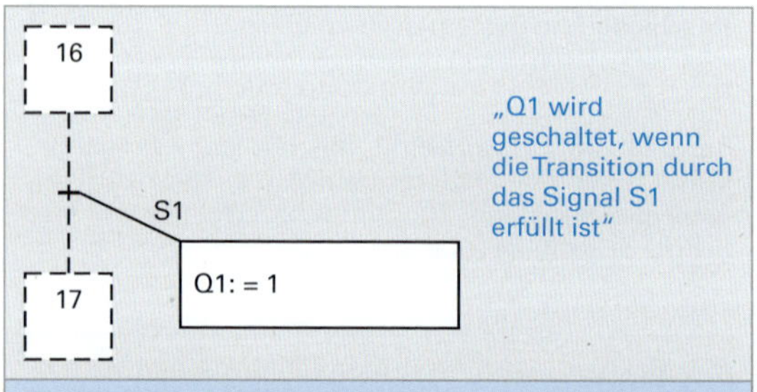

Bild 6: Vereinfachende Darstellung für eine Aktion bei Schrittauslösung

Transitionen und Ablaufstrukturen

Die *Transition*, d. h. der Übergang von einem Schritt zum nächsten, wird dargestellt durch eine Verbindungslinie mit Querstrich **(Bild 1)**. Die Wirkungsrichtung ist von oben nach unten. Ist die Transitionsbedingung erfüllt, also im Wert gleich 1 und ist die Transition freigegeben, d. h. ist der Vorgängerschritt7 (*n*-1) aktiv, dann wird der Folgeschritt 8 (*n*) aktiv und der Schritt 7 (*n*-1) wird deaktiviert. Die Transition wird auf der rechten Seite der Wirkungslinie entweder textuell (a) oder mit einem booleschen Ausdruck (b) beschrieben. Linksseitig kann ein Transitionsname eingetragen sein, z. B auch eine Nummer (25).

Die *dynamische Transitionsbedingungen* berücksichtigt Signalwechsel. Bei einem Signalwechsel von 0 nach 1 wird einer Signalvariablen oder dem ganzen booleschen Ausdruck ein senkrechter Pfeil nach oben vorangestellt. Bei Auslösung durch eine fallende Signalflanke wird ein Pfeil nach unten verwendet.

Die *zeitabhängige Transitionsbedingung* ermöglicht eine einfache Zeitsteuerung des nachfolgenden Schrittes, in dem dieser, erst nach Ablauf der angegebenen Zeit t1, bei Signalwechsel von a eingeschaltet und nach der Zeit t2 ausgeschaltet wird.

Beispiel: Ein Sensor mit dem Signal a **(Bild 2)** meldet durch Signalwechsel von 0 auf 1, dass ein Werkstück zum Schweißen bereit ist. Mit der Zeitangabe 0,5 s wird eine Wartezeit (t1) programmiert (das Gasventil M1 öffnet). Nach einer Gesamtwartezeit von 1 s (t2) wird der Schweißvorgang freigegeben.

Die zeitabhängige Transition wir häufig von dem Schrittwechsel selbst abhängig gemacht, wenn z. B. ein Schritt nur für eine bestimmte Zeitdauer aktiv bleiben soll **(Bild 3)**.

Beispiel: Realisierung einer Abfallverzögerung von 3,5 s im Schritt 7. Die Transitionsbedingung zwischen den Schritten 7 uns 8 heißt 3,5s/X7. Wenn Schritt 7 aktiv geworden ist, wird 3,5 s später Schritt 8 gesetzt (X8=1). So wird, da keine weiteren Bedingungen angeführt sind, nach Ablauf von 3,5 Sekunden der Schritt 8 aktiv geschaltet und der Schritt 7 deaktiviert. Somit war der Schritt 7 3,5 s lang aktiv.

Ablaufkette

Die lineare Ablaufkette **(Bild 4)** ist in Teil-GRAFCETs die häufigste Struktur. Jedem Schritt folgt eine Transition. Die Ablaufkette ist aktiv, wenn ein Schritt aktiv ist. Eine geschlossene Ablaufkette hat einen Anfangsschritt und stellt eine vollständige Steuerung dar. In Ablaufketten können Schritte übersprungen werden und es sind auch Rückführungen möglich.

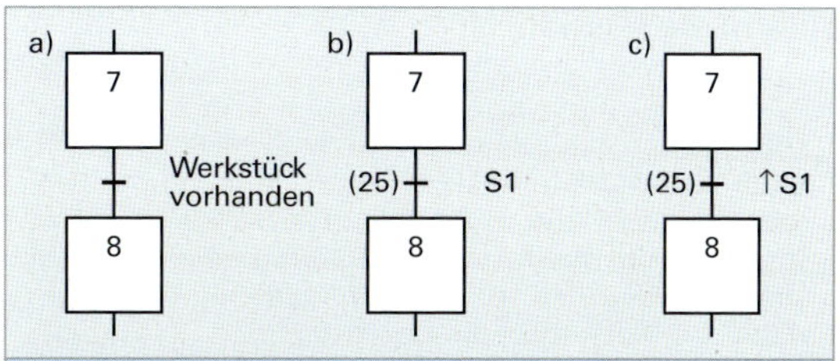

Bild 1: Transition

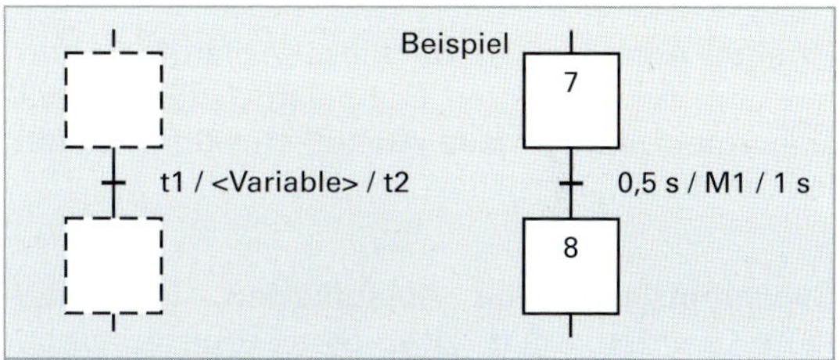

Bild 2: Zeitgesteuerte Transition

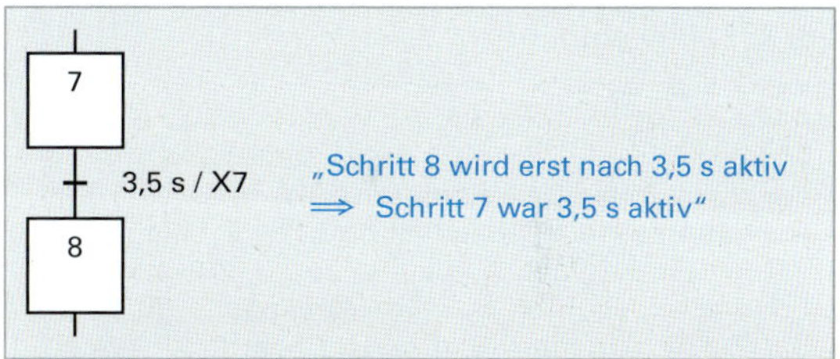

Bild 3: Abfallverzögerung

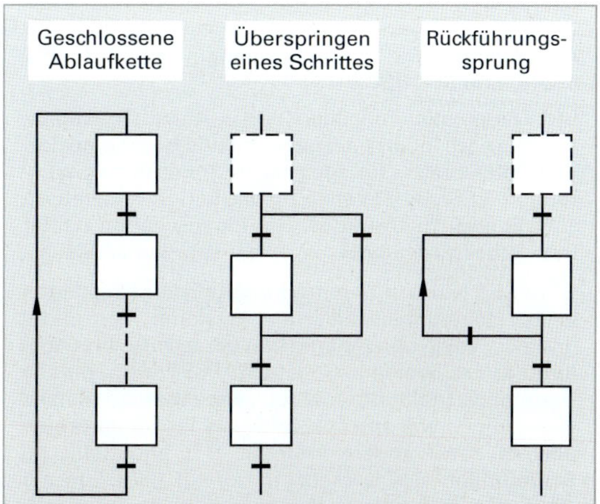

Bild 4: Ablaufketten

Ablaufauswahl (Verzweigung). Bei der Verzweigung **(Bild 1)** kann der Ablauf in der einen Ablaufkette oder in der anderen Ablaufkette oder in beiden erfolgen. Alle Ablaufketten sind freigegeben. Die erste Transition nach der Verzögerung bestimmt die Auswahl.

Beispiel:
Nach dem Programmstart **(Bild 1)** und den vorbereitenden Schritten, z. B. *Zellentüre schließen*, wird abgefragt ob das Tastersignal *Automatikbetrieb* (a) oder *Schrittbetrieb* (b) oder *Einrichtebetrieb* (c) gewählt ist. Entsprechend der gewählten Betriebsart werden nun unterschiedliche Ablaufketten durchlaufen.

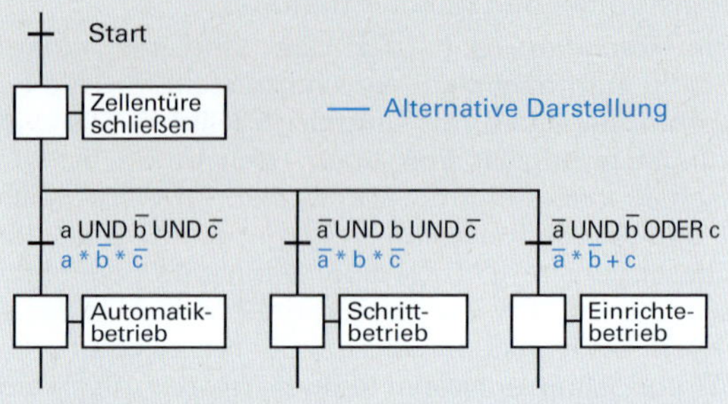

Bild 1: Verzweigung

Parallele Ablaufketten. Bei dieser Ablaufform wird mit dem waagerechten Doppelstrich (Synchronisiersymbol, **Bild 2**) jede Ablaufkette durchlaufen. In jeder Kette sind aktive Schritte.

Synchronisieren von Ablaufketten. Parallelabläufe werden über das Synchronisiersymbol (waagrechter Doppelstrich, Bild 2) zusammengeführt. Die Transition in Schritt 47 wird erst freigegeben, wenn die vorangehenden Schritte (hier: 15, 26, 33) aktiv sind.

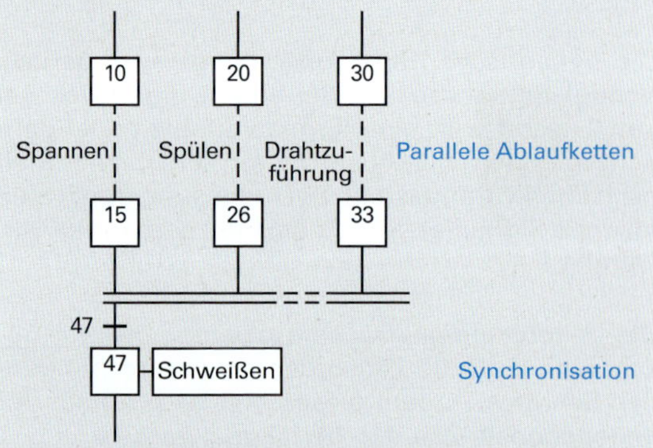

Bild 2: Parallele Ablaufkette und Synchronisation

Beispiel:
Vor dem Schweißen eines Bauteils muss eine Bauteilspannprozedur (Ablaufkette 10, ... 15), eine Schutzgasspülprozedur (Abkaufkette 20, ... 26) und eine Schweißdrahtzuführprozedur (Ablaufkette 30, ... 33) durchlaufen werden **(Bild 2).** Der Schritt 47 *Schweißen* wartet bis alle vorangegangenen Ketten beendet sind.

Anmerkung zum Zusammenhang: GRAFCET (IEC 60848) und SFC (IEC 61131-3)

SFC (Sequential Function Chart = Ablauf-Funktionsplan) ist nach IEC 61113-3 genormt und bildet eine Programmiersprache für speicherprogrammierte Steuerungen (SPS). Die Darstellung des SFC ist rein optisch sehr ähnlich zu GRAFCET. Die Eigenschaften beider Systembeschreibungen sind aber sehr verschieden:

GRAFCET wird zur Beschreibung und zum Festlegen eines steuerungstechnischen Systems verwendet und zwar völlig unabhängig von der technischen Ausführung des Systems. So ist GRAFCET als generelle Systembeschreibung sowohl verwenbar für Relaissteuerungen wie auch für SPS und für Steuerungen über PC sowie andere Systeme, z. B. pneumatische Steuerungen. Die Umsetzung von GRAFCET in ein steuerungsspezifisches Programm ist im Allgemeinen nicht automatisiert möglich.

Literatur

- **DIN EN 60848 GRAFCET – Spezifikationssprache für Funktionspläne der Ablaufsteuerung (IEC 60848:2002);**
  Änderungsvermerk: a) EN 60848:2002 wurde übernommen; b) die grafische Beschreibungssprache GRAFCET zur Darstellung des Ablaufteils einer Steuerung wird beschrieben; c) für die Strukturelemente Schritt, Transition und Aktion werden ergänzende Symbole und Bezeichnungsweisen eingeführt; d) die in der nationalen Erweiterung von DIN 40719-6 enthaltenen Festlegungen zur Darstellung von MSR Funktionen ohne Ablaufstruktur entfallen.
- **Norm-Entwurf DIN EN 60848:2011-06,** GRAFCET, Spezifikationssprache für Funktionspläne der Ablaufsteuerung (IEC 3/1034/CD:2011). Dieser Norm-Entwurf definiert eine grafische Entwurfssprache für die funktionale Beschreibung des Verhaltens des Ablaufteils eines Steuerungssystems. Diese Entwurfssprache wird GRAFCET genannt.
  Änderungsvermerk:
  Gegenüber DIN EN 60848:2002-12 wurden folgende Änderungen vorgenommen: a) Die Terminologie wurde an den aktuellen Stand der Normung angepasst. b) Zur hierarchischen und strukturierten Beschreibung wurden neue Konzepte aufgenommen. c) Zur grundlegenden Definition einer realen Entwurfssprache wurden formale Aspekte und Verhaltensregeln ergänzt.

Beispiel: Ablaufsteuerung für eine Bohrmaschine

Mit dem Schalter S1 soll der Bohrvorgang gestartet werden, vorausgesetzt, der Maschinentisch befindet sich in einer Endlage S2 = 1 **(Bild 1)**. Im Schritt 1 werden der Hauptantriebsmotor M1 und der Vorschubmotor mit Motorrechtslauf eingeschaltet. Der Hauptantriebsmotor soll bis zum Zyklusende eingeschaltet bleiben. Ist der Zielpunkt durch Grenztaster S3 erfasst, wird der Maschinentisch durch Motorlinkslauf in die Anfangslage zurückgebracht (Schritt 2). Die Anfangslage ist mit der Betätigung von Grenztaster S2 erreicht. Sie wird mit dem Leuchtmelder P1 angezeigt.

Die Schütze Q10 und Q11 steuern den Vorschubmotor in Rechtslauf für die Vorwärtsrichtung und in Linkslauf für die Rückwärtsrichtung **(Bild 2)**. Der Hauptantrieb wird über das Motorschütz Q12 geschaltet.

Programmverwirklichung mit einer Schützsteuerung

Zunächst zeichnet man für jeden Schritt ein Hilfsschütz oder Relais mit Selbsthaltezweig **(Bild 3)**. Mit dem Taster S2 schaltet das Schütz K1. Es wird durch K2 gelöscht (ausgeschaltet). Mit S1 schaltet K2. Mit dem Erreichen der Zielposition wird durch S3 der Schritt 3 erreicht und das Schütz K3 geschaltet. Es wird beim Erreichen der Anfangslage zurückgesetzt. Für den Fall einer Stromunterbrechung kann mithilfe des Tastschalters S4 der Maschinenschlitten von Hand zurückgefahren werden bis die Anfangslage erreicht ist.

Nachdem der Steuerstromkreis entworfen ist, zeichnet man den Hauptstromkreis mit den Schützen Q10 bis Q12. Q10 schaltet im Schritt 2, Q11 im Schritt 3, Q12 im Schritt 0 und Q12 im Schritt 2 oder auch im Schritt 2 (also im Schritt 2 und im Schritt 3). Beim Zurückfahren von Hand über S4 soll der Hauptantrieb jedoch nicht laufen. So wird noch ein Öffnerkontakt in den Strompfad von Q12 gelegt.

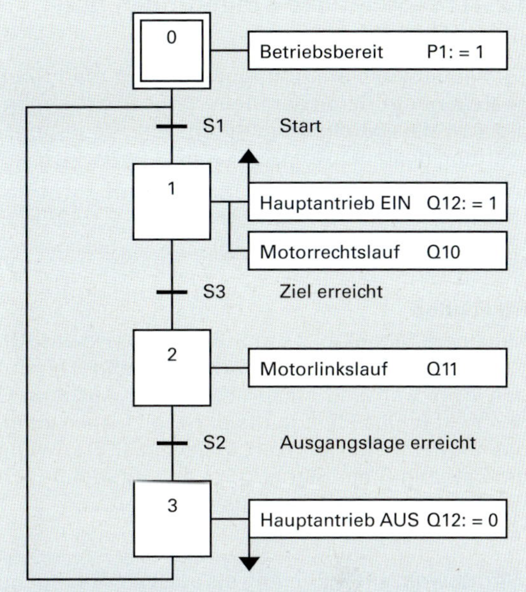

Bild 1: Funktionsplan für die Steuerung einer Bohrmaschine

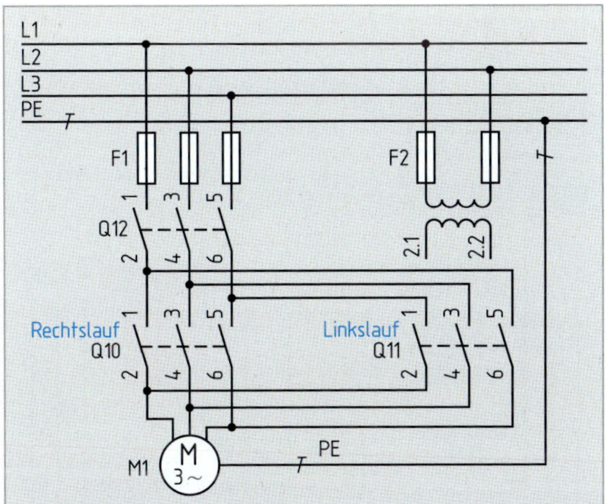

Bild 2: Hauptstromkreis

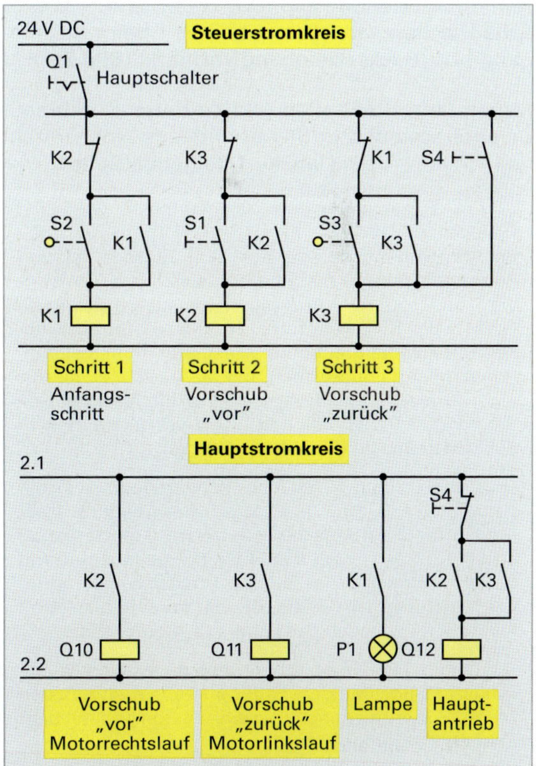

Bild 3: Programmverwirklichung mit einer Schützsteuerung

1.2.11 Sequentielle Steuerungen mit Flip-Flop

Für sequentielle Steuerungen benötigt man *Speicherelemente*, damit der Steuerungsablauf abhängig von den bereits durchgeführten Steuerungsschritten gesteuert werden kann.

> Flipflops sind integrierte Schaltkreise, die Signalzustände speichern können.

RS-Flipflop

Mit einem Signal *a* = 1 am S-Eingang wird das RS-Flipflop **(Bild 1)** gesetzt, d. h. der Ausgang Q nimmt den Wert 1 an und entsprechend der Ausgang $\overline{Q}$ den Wert 0. Das Flipflop bleibt gesetzt, auch wenn das Signal *a* auf den Wert 0 wechselt. Erst wenn am Eingang R ein Signal *b* = 1 anliegt, dann wird das Flipflop in die Ausgangslage Q = 0 und $\overline{Q}$ = 1 rückgesetzt.

Wird sowohl am S-Eingang als auch am R-Eingang ein Signal mit dem Wert 1 angelegt, dann kann das Ausgangssignal auch unbestimmt sein oder aber bei *dominierend*[1] setzenden Flipflops nimmt Q den Wert 1 an. Entsprechend nimmt bei *dominierend* rücksetzenden Flipflops $\overline{Q}$ den Wert 1 an. Im Schaltzeichen wird dies mit einer 1 beim Setzeingang bzw. Rücksetzeingang vermerkt **(Bild 2)**.

Neben dem RS-Flipflop gibt es durch Kombination unterschiedlicher Steuereingänge eine Vielzahl von Flipflop-Arten **(Tabelle 1, folgende Seite)**.

Beispiel:

Ein Maschinentisch soll mit dem Einschalten von S1 vorwärtsfahren bis ein Grenzschalter S2 betätigt wird und sodann zurückfahren bis der rückwärtige Grenztaster S3 betätigt wird **(Bild 3)**. Es gibt bei dieser Aufgabe die drei Betriebszustände: Ruhestellung, Vorwärtsfahrt, Rückwärtsfahrt. Man zeichnet hierfür einen Funktionsplan **(Bild 4)** und ordnet den Betriebszuständen *Vorwärtsfahren* und *Rückwärtsfahren* je ein RS-Flipflop zu **(Bild 5)**.

Ist die Bedingung für das Vorwärtsfahren erfüllt (S1 = 1, S2 = 0, S3 = 1), dann wird das Flipflop 1 gesetzt. Sobald der Maschinentisch den Grenztaster S2 schaltet (S2 = 1) wird das Flipflop 2 gesetzt und mit dessen Ausgang Q das Flipflop 1 rückgesetzt. Kommt der Maschinentisch in die rückwärtige Endlage, dann wird mit S3 = 1 auch das Flipflop 2 rückgesetzt.

Die beiden Flipflop speichern also die aktiven Steuerungszustände. Mit dem Flipflop 1 kann man z. B. den Motor M in Vorwärtsrichtung einschalten und mit dem Flipflop 2 in Rückwärtsrichtung.

[1] dominierend = vorherrschend von lat. *dominari* = herrschen, *dominus* = Herr

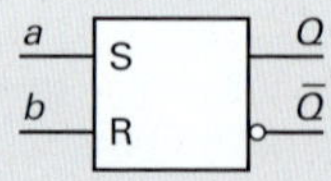

a	*b*	*Q*	$\overline{Q}$
0	0	unverändert	
0	1	0	1
1	0	1	0
1	1	unbestimmt	

Bild 1: RS-Flipflop

dominierend setzend

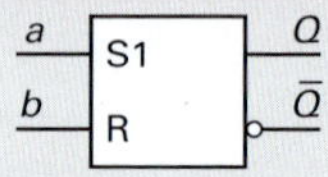

a	*b*	*Q*	$\overline{Q}$
0	0	unverändert	
0	1	0	1
1	0	1	0
1	1	1	0

dominierend rücksetzend

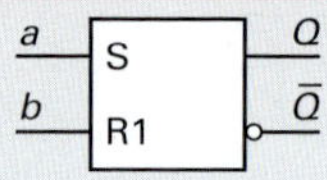

a	*b*	*Q*	$\overline{Q}$
0	0	unverändert	
0	1	0	1
1	0	1	0
1	1	0	1

Bild 2: RS-Flipflop

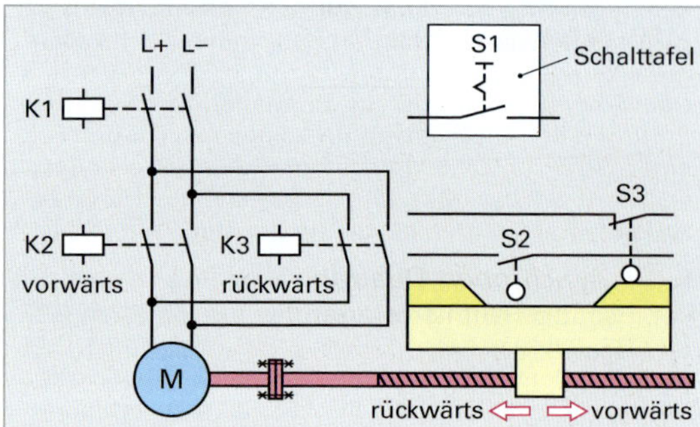

Bild 3: Übersichtsplan

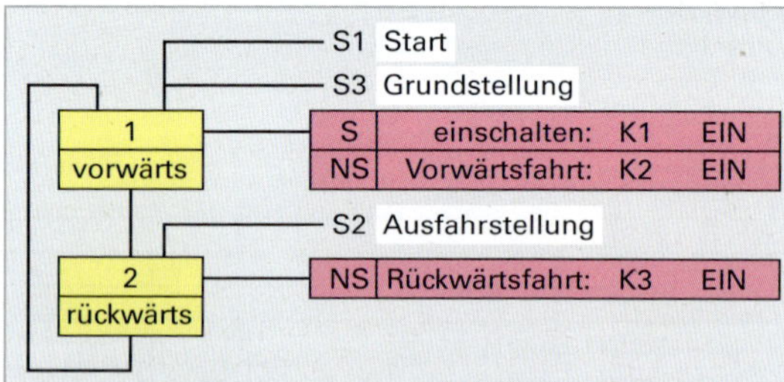

Bild 4: Funktionsplan, nach DIN 40719

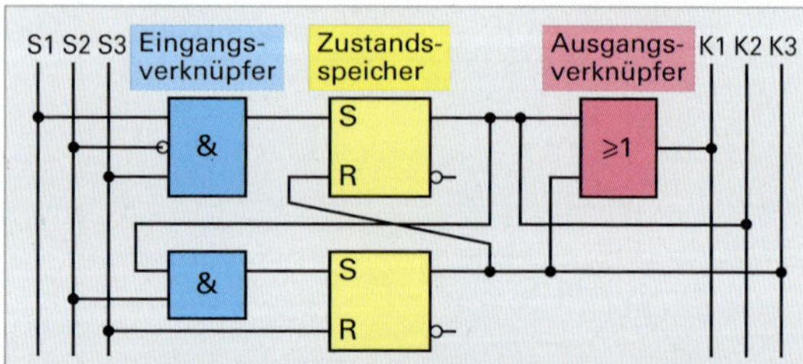

Bild 5: Funktionsplan, ausführliche Darstellung

Taktgesteuerte Flipflops

Häufig verwendet man Flipflops, die ihren Zustand nur beim Eintreffen eines zusätzlichen *Taktsignals* am C-Eingang oder T-Eingang ändern **(Tabelle 1).** Es gibt Flipflops, die auf eine *positive* (ansteigende) Taktflanke reagieren und solche, die mit einer *negativen* (abfallenden) Taktflanke gesteuert werden **(Bild 1).**

Das taktgesteuerte Flipflop übernimmt mit dem Eintreffen der Taktflanke den Wert des *J-Eingangs* oder des *K-Eingangs*, wenn dieser 1 ist. Liegen an beiden Eingängen Signale mit dem Wert 1 an, dann wechselt der Zustand am Ausgang Q mit jeder positiven bzw. negativen Taktflanke.

Taktgesteuerte Flipflops heißen auch *synchrone Flipflops.* Der Vorteil synchroner Flipflops liegt darin, dass die Steuerung nur in den kurzen Momenten der Taktflanke ihren Zustand ändert, zwischen zwei Taktflanken aber zustandsstabil ist und beispielsweise in dieser Zeit von einem Computer abgefragt werden kann.

Taktgesteuerte Flipflops ändern nur bei ansteigender oder abfallender Taktflanke den Zustand.

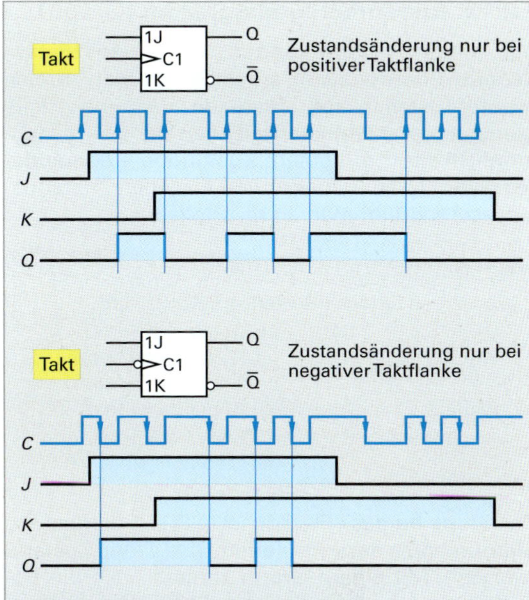

Bild 1: Taktflankengesteuertes Flipflop

Zähler

Beim *asynchronen Dualzähler* schaltet man mehrere Flipflops mit Takteingang hintereinander. Der Q-Ausgang des vorhergehenden Flipflops steuert den C-Eingang des folgenden Flipflops usw. **(Bild 2).**

Mit jeder abfallenden Flanke eines Zählimpulses kippt das erste Flipflop. Am Ausgang Q_0 entsteht ein Impulszug mit halb sovielen Impulsen als es Zählimpulse sind. Jedes Flipflop in der Zählkette halbiert die Zahl der Impulse (Bild 2). Der Signalzustand an den Ausgängen Q_0 ... Q_3 gibt die Zählimpulse als Dualzahl wieder.

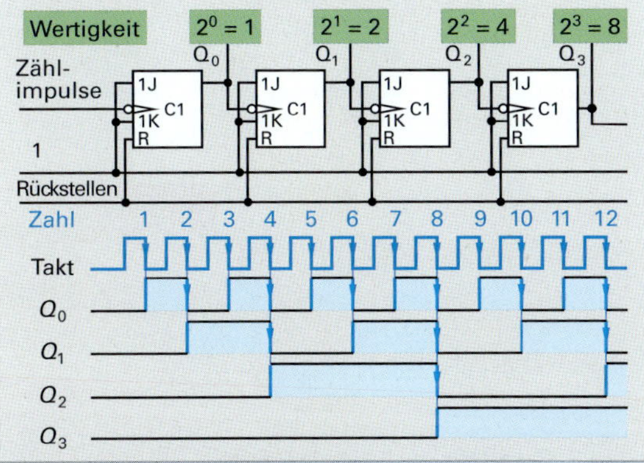

Bild 2: 4-Bit-Asynchronzähler

Tabelle 1: Eingänge von Flipflop (Auswahl)

Schaltzeichen	Funktion
R	**R-Eingang** Ein Signal mit dem Wert 1 setzt das Flipflop zurück (Q = 0).
S	**S-Eingang** Ein Signal mit dem Wert 1 setzt das Flipflop (Q = 1).
C1	**C-Eingang (Takt-Eingang)** Übrige Eingänge (1) werden bei **C = 1** wirksam.
C1 (positive Flanke)	Übrige Eingänge (1) werden beim Übergang von **0** → **1** an C wirksam.
C1 (negative Flanke)	Übrige Eingänge (1) werden beim Übergang von **1** → **0** an C wirksam.
J	**J-Eingang** Wie der S-Eingang, nur dass das Flipflop den komplementären Zustand annimmt, wenn sowohl J als auch K den Wert 1 haben.
K	**K-Eingang** Wie der R-Eingang, nur dass das Flipflop den komplementären Zustand annimmt, wenn sowohl J als auch K den Wert 1 haben.
T	**T-Eingang** Zustandswechsel, wenn an T der Wert 1 angelegt wird.

1.2.12 Zustandsfolgediagramm (Graph)

Mit einem *Graph* können **Steuerungszustände** sehr übersichtlich **dargestellt** werden. Kreise (Knoten) stellen die Zustände dar und Pfeile (gerichtete Kanten) kennzeichnen die Übergangsmöglichkeiten von einem Zustand in einen anderen **(Bild 1)**. Die Bedingungen für einen Zustandswechsel schreibt man an die Pfeile an.

Beispiel:

Beim Graph für das RS-Flipflop erkennt man:

- Wenn S = 0, R = 1 bleibt der Zustand Q = 0
- Wenn S = 1, R = 0 und zuvor Q = 0, erfolgt der Übergang zu Q = 1
- Wenn S = 1, R = 0 bleibt der Zustand Q = 1
- Wenn S = 0, R = 1 und zuvor Q = 1, erfolgt der Übergang zu Q = 0

Der Graph für das T-Flipflop ist in **Bild 2** dargestellt. Man erkennt, dass mit jedem *Takt T* der Zustand wechselt. Mit einem Graph können auch die **Betriebszustände** komplexer Anlagen **beschrieben** werden **(Bild 3)**.

Beispiel:

Bei einer Werkzeugmaschine unterscheidet man die Zustände:

- Nicht in Betrieb
- Nicht bereit
- In Betrieb
- Bereit
- Halt

Die passiven Zustände „Nicht in Betrieb" und „Nicht bereit" verändern sich ohne Einwirkung nicht. Ein aktiver Zustand wechselt in einen anderen Zustand, wenn die ihm zugewiesene Aufgabe erfüllt ist. Der aktive Zustand „In Betrieb" wird verlassen, wenn die Werkstückbearbeitung oder eine Teilbearbeitung beendet ist.

Die Übergänge von einem Zustand zu einem anderen werden mit Pfeilen und mit zugehörigen Texten gekennzeichnet. Der Zustand „Nicht bereit" wird z. B. durch Fehler aus allen anderen Zuständen erzeugt, ausgenommen die Maschine ist nicht in Betrieb. Nur durch eine Fehlerbeseitigung kommt man aus diesem Zustand wieder heraus.

S7-HiGraph. S7-HiGraph der Firma Siemens AG ist eine grafische Programmiermöglichkeit für Zustandsgraphen. Es erweitert den Funktionsumfang von STEP7. Damit kann man Prozesse, die man mit SIMATIC steuern möchte, übersichtlich und schnell abbilden.

Literatur

– **Siemens AG.** SIMATIC, S7-HiGraph V5.3 Zustandsgraphen programmieren, Programmier- und Bedienhandbuch.

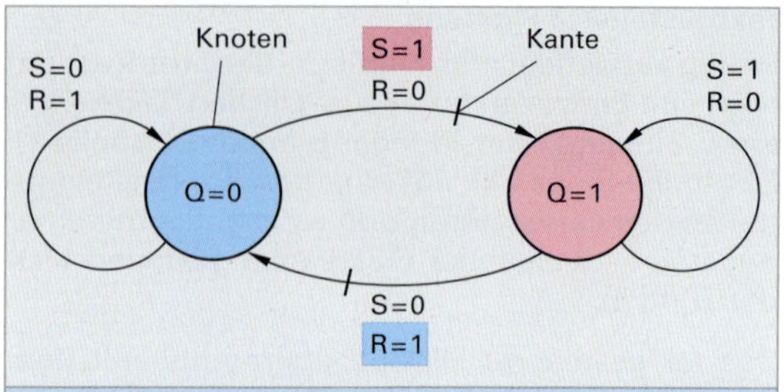

Bild 1: Graph für ein RS-Flipflop

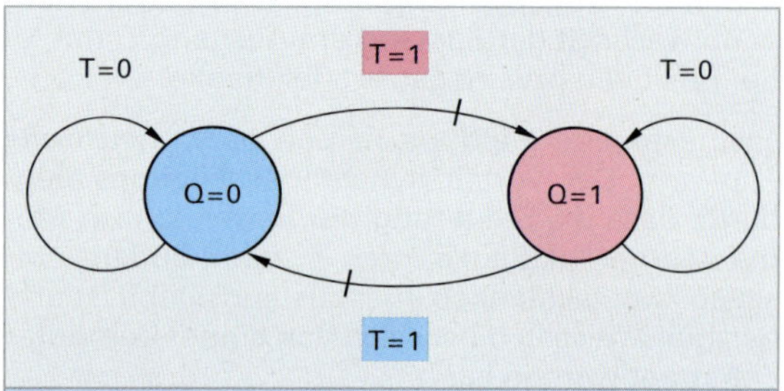

Bild 2: Graph für ein T-Flipflop

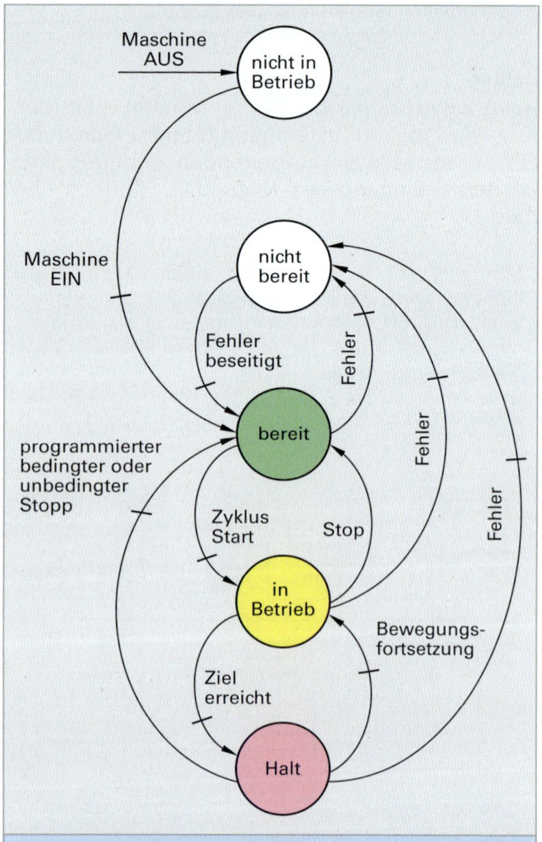

Bild 3: Graph für die Zustände einer Werkzeugmaschine

Die Darstellung von Steuerungsaufgaben mit Hilfe eines Zustandsgraphen bedingt eine Steuerungslogik mit Speichern. Die Zustandsgraphen sind besonders dann geeignet wenn kein schrittweiser Ablauf des Prozesses erfolgt.

Die grafische Darstellung der gesamten Funktion ermöglicht einen guten Überblick **(Bild 1)**. Es wird jeder Zustand zu jedem Zeitpunkt beschrieben.

Jede Steuerungssituation hat einen

- Startzustand (Z1),
- eine Übergangsbedingung (Transition) und
- einen Endzustand (Z2) (Bild 1).

Damit die Darstellung übersichtlich bleibt wird bei größeren Steuerungen der Zustandsgraph in Teilgraphen zerlegt.

Zustände und Transitionen

Jedem Zustand wird ein Name zugeordnet und der Zustand zugeordnet, er wird mit einem Kreis dargestellt. Die Übergangsbedingungen, Transitionen genannt, werden als Pfeile zwischen den Zuständen dargestellt.

Ist ein Zustand erreicht, kann dieser dauernd abgeprüft werden. Dies wird durch einen Pfeil aus dem Zustand selbst mit der entsprechenden Variablen dargestellt.

Größere Prozesse werden sinnvollerweise so zerlegt, dass gleichartige Prozesse entstehen. So z. B. der Prozess „Motor einschalten, Betrieb, Motor abschalten" oder die Ansteuerung eines Zylinders, „Grundstellung, Kolben ausfahren, Kolben ausgefahren, Kolben einfahren". Diese Vorgehensweise ermöglicht das Erstellen von Funktionsbausteinen, welche mit entsprechenden Parametern immer wieder verwendet werden können.

Nach dem Entwurf der Graphen werden diese entweder in ein Steuerungsprogramm, z. B. in Funktionsbausteine einer SPS umgesetzt oder es wird aus den Zustandsgraphen direkt ein Steuerungsprogramm erstellt.

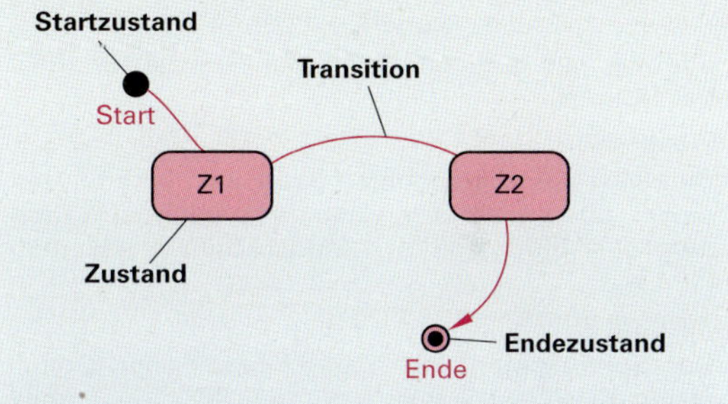

Bild 1: Prinzip Zustandsgraph

Beispiel 1: Pneumatikzylinder (Bild 2)

Der Zustandsgraph hat zwei statische Zustände (0 = Kolben eingefahren, 2 = Kolben ausgefahren) und zwei dynamische Zustände (1 = Kolben ausfahren, 3 = Kolben einfahren).

Bei den statischen Zuständen werden die Grenztaster (-BG1, -BG2) abgefragt, bei den dynamischen Zuständen werden die Ventilmagnete (-MB1, -MB2) angesteuert.

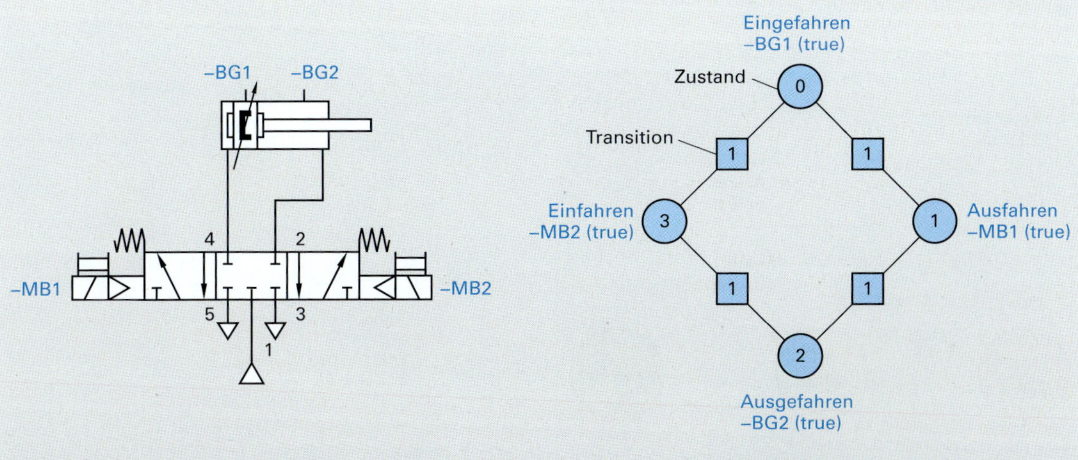

Bild 2: Ansteuerung eines Pneumatikzylinders

Beispiel für einen **Prozess: Spannen-Bohren**

Bild 1 zeigt den Hydraulik-Plan für den Prozess:

Um die Übersichtlichkeit zu bewahren, wird für jeden Teilprozess ein Zustandsgraph erstellt. Ein übergeordneter Graph übernimmt die Kommunikation der Teilgrafen. In Bild 1 heißt der übergeordnete Graph „Bohrvorgang".

Zustandsgraph für den Spannzylinder MM2 (Bild 2)

Da bei Zylinderschaltungen oft Impulsventile oder Ventile mit Mittelstellung verwendet werden, ist beim Einschalten der Anlage die Position des Kolbens nicht automatisch in Grundstellung, also eingefahrener Kolben. Der Zustandsgraph hat deshalb eine Anweisung auf „Zustand 4" und aktiviert eine Bewegung in Grundstellung, also auf „Zustand 1".

Diese ist abgeschlossen, wenn die Übergangsbedingung –BG3 = 1 ist.

Zustand 1: Grundzustand

Spannkolben ist eingefahren, der Grenztaster –BG3 hat 1-Signal.

Zustand 2:

Die Übergangsbedingung „Spannen" kommt von einem übergeordneten Zustandsgraph, der Ventilmagnet –MB1 bekommt 1-Signal. Der Spannkolben fährt aus.

Zustand 3:

Der Spannvorgang ist abgeschlossen, der Grenztaster –BG4 hat 1-Signal.

Zustand 4:

Die Übergangsbedingung „Lösen" kommt von einem Übergeordneten Zustandsgraph, der Ventilmagnet –MB4 bekommt 1-Signal. Der Spannkolben fährt ein.

Zustandsgraph für den Vorschubzylinder MM1

Auf Grund der Gleichartigkeit des Prozesses kann derselbe Zustandsgraph wie für den Spannzylinder verwendet werden. Es sind nur andere Übergabeparameter zu verwenden.

Übergeordneter Zustandsgraph (Bild 3)

Der Übergeordnete Graph ruft die einzelnen Teilgraphen auf und ermöglicht so den Gesamtprozess.

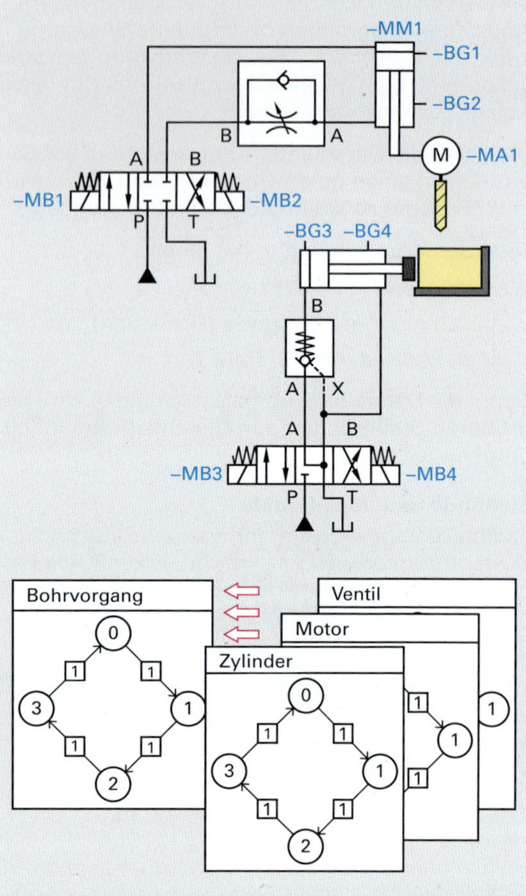

Bild 1: Hydraulische Einheit: Spannen – Bohren

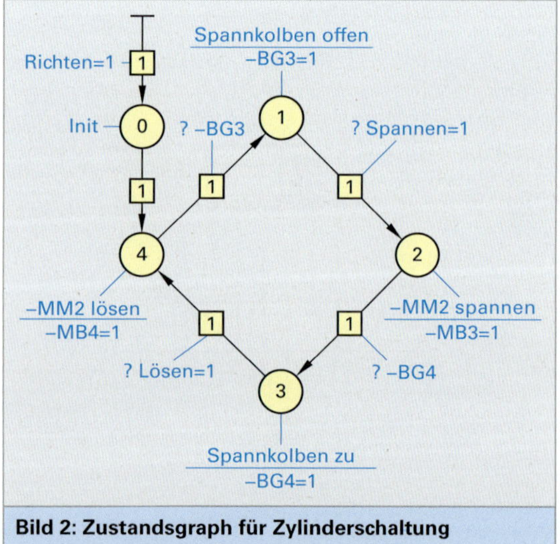

Bild 2: Zustandsgraph für Zylinderschaltung

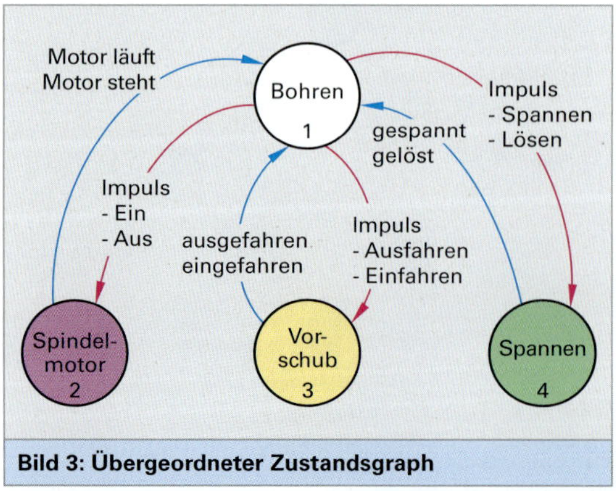

Bild 3: Übergeordneter Zustandsgraph

1.3 Digitale Speicher

Bei digitalen Speichern unterscheidet man zwischen *Lesespeichern* bzw. *Festwertspeichern* **(ROM** Abk. für Read Only Memory = Nur-Lese-Speicher) und *Schreib/Lesespeichern*. Bei den Lesespeichern können die einmal gespeicherten Daten nur gelesen werden, bei den Schreib/Lesespeichern dagegen können die geschriebenen Daten im Speicher gelöscht und durch andere Daten ersetzt werden. *Mechanische* und *optische* Speicher sind meist nur Lesespeicher, *elektrische* und *magnetische* Speicher jedoch Schreib/Lesespeicher.

Die **Speicherkapazität** eines Datenspeichers ist gleich der Zahl der speicherbaren Binärzeichen, also gleich der Zahl der speicherbaren Bits. Die *Einheit* der Speicherkapazität ist das *Bit* mit dem *Kurzzeichen bit*. Ein Speicher für z. B. 2^{10} = 1024 Binärstellen (Bits) hat die *Speicherkapazität* 1024 bit = 1 Kbit. Da man zur Datenspeicherung von alphanumerischen Zeichen (Buchstaben, Ziffern und Sonderzeichen) meist 8 Bits verwendet, fasst man diese 8 Bits zu einem **Byte** zusammen. Größere Speichereinheiten sind KB (Kilo-Byte), MB (Mega-Byte) und GB (Giga-Byte).

1.3.1 Mechanische Speicher

Bei den mechanischen Speichern, z. B. bei einem Papier mit bestimmtem Lochmuster, dient die Form eines festen Körpers der Datenspeicherung. Lochkarten und Lochstreifen waren lange Zeit die digitalen Speichermedien zur Archivierung und Dateneingabe bei EDV-Anlagen. Mit Ausnahme der Kleinlochkarten **(Bild 1)** sind diese Speichermedien wegen der geringen Speicherkapazität nicht mehr im Gebrauch.

CD-ROM (Abkürzung für **C**ompact-**D**isc-**R**ead-**O**nly-**M**emory = Kompakt-Scheiben-Nur-Lese-Speicher) sind *opto-mechanische Speicher* hoher Speicherdichte. Die CD besteht aus einer Kunststoffscheibe, in die mit einem Laserstrahl in einer spiralförmigen Spur Markierungen von etwa 1 µm Breite eingebrannt werden **(Bild 2)**. Diese Markierungen werden bei rotierender Scheibe ebenfalls über einen Laser abgetastet. Die Speicherkapazität einer 5 $^{1}/_{4}$"-Scheibe beträgt meist 700 MB.

DVD (Abk. für Digital Versatile Disc = digitale vielseitig verwendbare Scheibe) ist ähnlich wie die CD aufgebaut und kann meist auch mit denselben Geräten gelesen und gebrannt (codiert) werden. Die DVD hat aber dichter liegende Spuren und kleinere Strukturen für die Pits und Lands. So erreicht man mit einer einseitig beschriebenen DVD eine Speicherkapazität von 4,3 GB. Die zweischichtige und beidseitig beschriebene DVD hat 9,4 GB Speichervermögen.

Bei **Codeprägungen** werden mit einem Prägedrucker, ähnlich einem Nadeldrucker, in metallische Werkstücke Bauteilkennzeichnungen eingedruckt, z. B. im einem 2D-Code **(Bild 3)** oder auch in Klarschrift. Diese mechanischen Kennzeichnungen sind außerordentlich robust und können mit einer Kamera auch im rauen Werkstattbetrieb automatisiert gelesen werden.

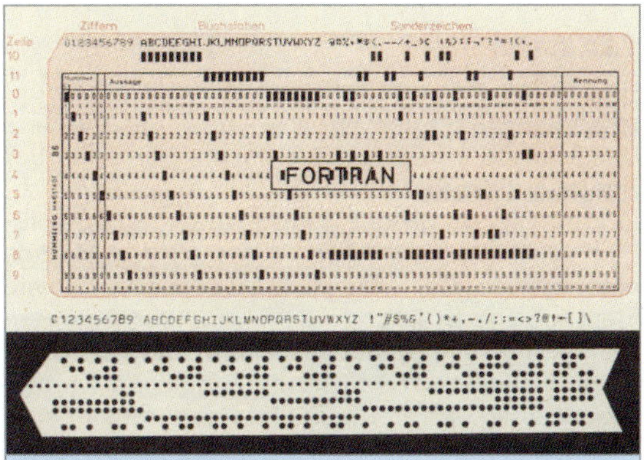

Bild 1: Lochkarte und Lochstreifen

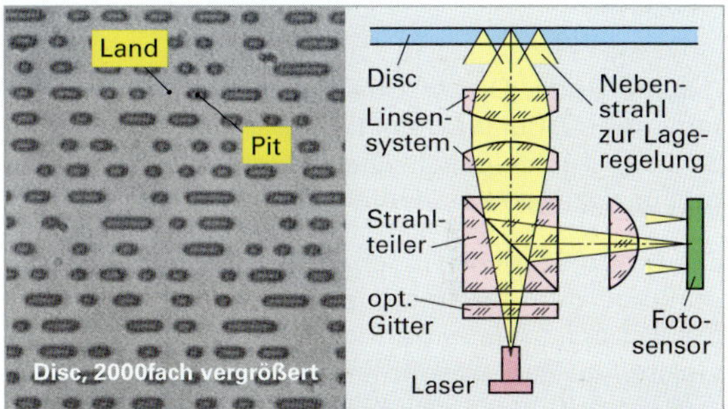

Bild 2: CD-ROM, 2000-fach vergrößert

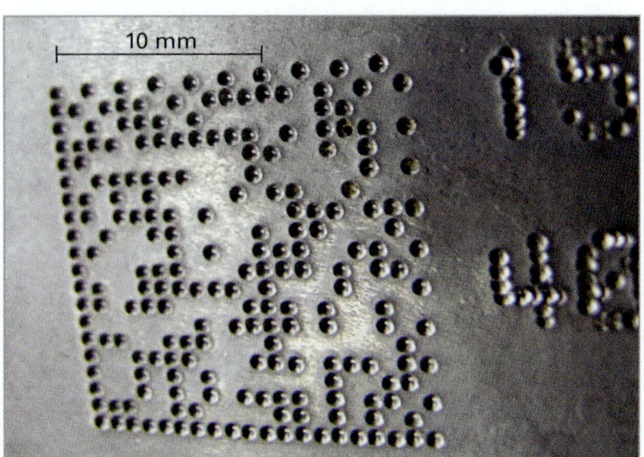

Bild 3: Geprägter 2D-Code auf einem Motorblock

1.3.2 Optische Datenspeicher

Die Datenerfassung erfolgt sehr häufig mit Hilfe von *Strichcodes* (Barcode[1]). Der Code kann direkt auf die Waren aufgedruckt werden oder aber mittels Etiketten aufgebracht werden. Im Lebensmittelbereich wird in Europa der **EAN-Code** (Europäische Artikel-Nummerierung) verwendet. Neben den einzeiligen Barcodes gibt es *mehrzeilige Barcodes*, z. B. den Code **PDF 417** und *2D-Barcodes* mit meist quadratischen Codezellen, z. B. die in USA entwickelte **DataMatrix**.

1.3.2.1 Barcodes

Diese Codes sind alle Binärcodes mit meist unterschiedlich breiten *Strichen* und *Strichlücken*. Das Ablesen erfolgt optisch durch Auswerten der Breite und der Anzahl der Striche bzw. der Strichlücken. Die *Breite* der Striche und der Strichlücken ist ein ganzzahliges Vielfaches des **Moduls** eines Codes. Der Modul ist also das schmalste Element. Der Strichcode beginnt stets mit einem *Startzeichen* und endet mit einem *Stoppzeichen*, damit er aus beiden Richtungen gelesen werden kann. Häufig ist unter dem Strichcodemuster eine Klarschriftzeile.

Strichcodes sind gut maschinell lesbar.

2-aus-5-Code. Dieser Code verschlüsselt nur Ziffern. Jede Ziffer wird mit 2 breiten und 3 schmalen Strichen verschlüsselt. Die Lücken sind gleich schmal und tragen keine Information **(Bild 1)**.

Die breiten Striche haben 2- bis 3fache Breite gegenüber den schmalen Strichen. Die Informationsdichte ist relativ gering, d. h. man benötigt für vielstellige Zahlen sehr lange Codemuster.

Bei der Post wird zur Verschlüsselung der Postleitzahl der 2-aus-5-Code in der Weise verwendet, dass jede Ziffer mit 2 Lücken und 3 Strichen dargestellt wird **(Bild 2)**.

2-aus-5-Code (interleaved[2]). Dieser Code verschlüsselt ebenfalls nur Ziffern. Jede Ziffer wird aus 2 breiten und 3 schmalen Strichen bzw. aus 2 breiten und 3 schmalen Lücken dargestellt **(Bild 3)**. Die Lücken tragen also bei diesem Code Informationen.

Die 1. Ziffer wird mit 5 Strichen dargestellt. Die 2. Ziffer wird mit den Lücken zwischen den Strichen der 1. Ziffer dargestellt, also überlappend. Die 3. Ziffer wird wieder mit Strichen und die 4. Ziffer mit den Lücken der 3. Ziffer verschlüsselt usw.

Codetabelle: 2-aus-5-Code			
Start	110	6	01100
1	10001	7	00011
2	01001	8	10010
3	11000	9	01010
4	00101	0	00110
5	10100	Stop	101

Bild 1: 2-aus-5-Code

Bild 2: Brief mit codierter Postleitzahl

Bild 3: 2-aus-5-Code (interleaved)

[1] engl. bar = Stange, Stab, Balken

[2] engl. interleaved = überlappend

Codabar-Code. Dieser Code ermöglicht die Verschlüsselung von *Ziffern*, *Sonderzeichen* und den *Buchstaben* A bis D. Jedes Zeichen besteht aus 4 Strichen und 3 Lücken. Diese können schmal sein (Wert 0) oder breit sein (Wert 1). Dabei werden entweder 2 oder 3 breite Elemente und 4 oder 5 schmale Elemente für ein Zeichen verwendet. Dieser Code hat doppelt so hohe Informationsdichte als der einfache 2-aus-5-Code.

EAN-Code[1]. Der EAN-Code ermöglicht die Verschlüsselung von Ziffern und setzt sich aus dunklen Strichen und hellen Lücken mit bis zu 4 Modulen zusammen **(Bild 1)**.

Jede Ziffer wird mit 7 Binärzeichen verschlüsselt. Dabei werden drei unterschiedliche Verschlüsselungen verwendet: Zeichensatz A, Zeichensatz B und Zeichensatz C. Der Zeichensatz A hat rechts immer eine „eins", d. h. einen Strich und hat ungerade Parität (Quersumme der Bits mit Wert 1 ist ungeradzahlig). Der Zeichensatz B hat auch rechts immer eine 1, hat aber eine gerade Parität. Der Zeichensatz C hat stets links eine 1 und eine gerade Parität. Die linken 6 Ziffern werden für deutsche Artikel in der Zeichensatzfolge ABAABB verschlüsselt. Die rechten 6 Ziffern werden stets mit dem Zeichensatz C verschlüsselt. Außer den *Nutzzeichen* für die Verschlüsselung der Artikelnummer gibt es noch zwei *Randzeichen* 101 und ein *Trennzeichen* 01010.

Der Vorteil des EAN-Codes ist die hohe Informationsdichte und Lesesicherheit.

Mehrzeilige Barcodes. Die mehrzeiligen Barcodes bestehen aus mehreren Zeilen mit Strichen und Strichlücken. Das Start/Stopp-Zeichen ist aber gemeinsam **(Bild 2)**. Mit dem PDF 417-Code können alle *alphanumerischen Zeichen* dargestellt werden.

1.3.2.2 2D-Codes

Die 2D-Codes sind *Flächencodes* und meist auf quadratischen Flächen dargestellt **(Bild 3)**. Der Code **Data Matrix** verschlüsselt auf einer sehr kleinen Fläche 2334 ASCII-Zeichen. Zur Orientierung beim Lesen hat er am linken und unteren Rand einen Balken. Es können mehrere Codeelemente direkt aneinander gefügt werden. Der **QR-Code** (von Quick Response Code = schnelle Antwort-Code) ist ein quadratischer Flächencode und besteht aus 21 × 21 bis 177 × 177 kleinen schwarzen und weißen quadratischen Symbolelementen. Der **Maxi-Code** hat eine quadratische Form, eine runde Mittelpunkt-Markierung und sechseckige Datenzellen. Die 2D-Codes werden gedruckt, auf Werkstücken oft mit Laser erodiert **(Bild 4)** oder auch mechanisch geprägt (Bild 3, vorhergehende Seite).

Codetabelle:

Zeichen	Zeichensatz A	Zeichensatz B	Zeichensatz C
0	0001101	0100111	1110010
1	0011001	0110011	1100110
2	0010011	0011011	1101100
3	0111101	0100001	1000010
4	0100011	0011101	1011100
5	0110001	0111001	1001110
6	0101111	0000101	1010000
7	0111011	0010001	1000100
8	0110111	0001001	1001000
9	0001011	0010111	1110100

Bild 1: EAN-Code

Zeile

Bild 2: Mehrzeiliger Barcode (Code PDF 417)

Data-Matrix-Code (4 Felder) | QR-Code | Maxi-Code

Bild 3: 2D-Flächencodes

Bild 4: 2D-Code auf einer Welle

[1] EAN, Abk. für Europäische Artikel Nummerierung

1.3.3 Elektronische Speicher

Bei sehr einfachen Programmsteuerungen von Werkzeugmaschinen kann man *Diodenmatrixspeicher* und zwar als Lesespeicher, zusammen mit einem elektromechanischen oder elektronischen Schrittschaltwerk verwenden **(Bild 1)**.

Funktionsweise:

Mit jedem Programmschritt wird fortschreitend durch das Schrittschaltwerk eine positive Spannung an eine senkrechte Spaltenleitung angeschlossen. Überall dort, wo die senkrechten Spaltenleitungen mit den waagerechten Zeilenleitungen durch Dioden verbunden sind, entsteht ein Signaldurchgang. Auf diese Weise können beliebige Signalkombinationen erzeugt werden, z. B. im Programmschritt 1: „Vorschub vor“ mit „Eilgang“, im Programmschritt 2: „Vorschub vor“, Hauptspindel „EIN“, „Kühlwasser EIN“ usw.

Das Weiterschalten von einem Programmschritt zum nächsten erfolgt *zeitabhängig* (Zeitplansteuerung) oder *wegabhängig*, durch Nockenschaltwerke ausgelöst (Wegplansteuerung), oder durch Handbetätigung. Durch die Dioden (anstelle einer direkten Leitungsverbindung) wird eine Trennung (Entkopplung) zwischen den einzelnen Spaltenleitungen erreicht, sodass nur diejenigen Diodenverbindungen stromdurchlässig sind, deren Spaltenleitung gerade an das Schrittschaltwerk angeschlossen sind. Für unveränderliche Steuerungsprogramme werden die Dioden fest eingelötet.

Die **Halbleiterspeicher** werden als integrierte Schaltkreise (IC) für mehr als 1 Million Bits auf einem einzigen Siliciumplättchen von wenigen Quadratmillimetern Größe hergestellt **(Bild 2)**. Sie dienen als Programmspeicher für Maschinensteuerungen und als Programm- und Datenspeicher für Computer. Man unterscheidet zwischen Festwertspeichern (Lesespeicher) und Schreib-/Lese-Speichern.

Die **Festwertspeicher** sind als Diodenmatrixspeicher aufgebaut. Bei den *maskenprogrammierten* Festwertspeichern (**ROM**, Abk. für **R**ead **O**nly **M**emory, = Nur-Lese-Speicher) ist das zu speichernde Programm bereits bei der Herstellung des Speichers festgelegt.

Über das Matrixfeld wird eine Maske gelegt, und nur in den Kreuzungspunkten der freiliegenden Flächen entstehen leitende PN-Übergänge (Dioden) **(Bild 3)**.
Der so hergestellte Festwertspeicher kann nicht mehr umprogrammiert werden.

ROM sind Nur-Lese-Speicher.

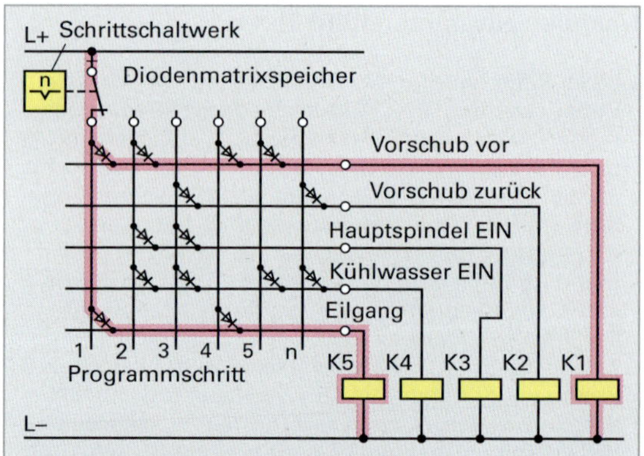

Bild 1: Diodenmatrixspeicher für eine Werkzeugmaschinensteuerung

Bild 2: Chip

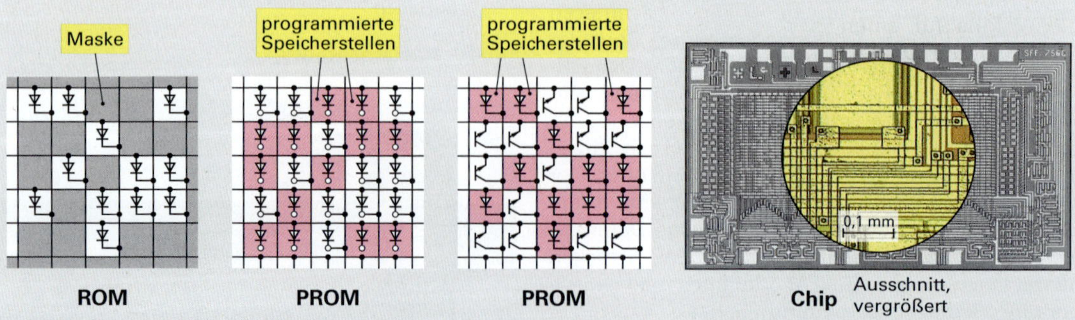

Bild 3: Festwertspeicher

Es gibt auch Festwertspeicher deren Speicherinhalt beliebig oft gelöscht werden kann **(EPROM, Erasable Programmable Read Only Memory,** = löschbarer programmierbarer Nur-Lese-Speicher) **(Bild 1)**.

Das *Löschen* dieser Speicherinhalte erfolgt mit UV-Licht. Dabei werden alle NPN-Übergänge in den Kreuzungspunkten wieder nicht leitend. Die Programmierung geschieht zerstörungsfrei mit Stromimpulsen.

ROM sind Nur-Lese-Speicher.

EEPROMs (**E**lectrically **E**rasable **PROM**, = elektrisch löschbares PROM) können *elektrisch gelöscht* werden. Die Einschreibzeit beträgt etwa 1 ms, die Löschzeit etwa 10 ms.

Der **Schreib-Lese-Speicher (RAM** von **R**andom **A**ccess **M**emory, = Speicher mit wahlfreiem Zugriff) sind Arbeitsspeicher **(Bild 2)**. Das RAM enthält auf einem winzigen Halbleiterplättchen (Chip) etliche Milliarden elektronische Speicherschaltungen mit Dioden- und Transistorfunktionen.

Man unterscheidet dabei *statische RAM* **(SRAM)** und *dynamische RAM* **(DRAM)**. Bei den statischen RAM bleibt die gespeicherte Information erhalten, bis sie gelöscht wird oder die Stromversorgung ausbleibt.

Bei den *dynamischen RAM* werden beim Schreibzyklus Mikrokondensatoren im Halbleiterplättchen geladen und beim Lesezyklus nach ihrer Spannung abgetastet. Da diese Mikrokondensatoren laufend ihre Ladung verlieren, müssen die gespeicherten Informationen nach wenigen Millisekunden wieder neu eingeschrieben werden. Dieser Vorgang heißt *Refreshzyklus* (Auffrischzyklus).

Die RAM-Speichermodule **(Bild 3)** gibt es als SIMM-Module (Single In Line Memory Module) mit 72 Pins für einen 32-Bit-Datenbus und als DIMM-Module (Dual In Line Memory Module) mit 168 Pins für einen 64-Bit-Datenbus.

Memory Cards und Memory Sticks

Memory Cards (Flash Cards) und Memory Sticks sind externe Speicher **(Bild 4)**. Sie dienen neben der Datenspeicherung auch dem Datentransport zu unterschiedlichen datenverarbeitenden Geräten, z. B. von einer Kamera zu einem Notebook. Beliebt sind besonders USB-Memory-Sticks. Diese gibt es mit Speichervolumina bis zu mehreren Gigabytes.

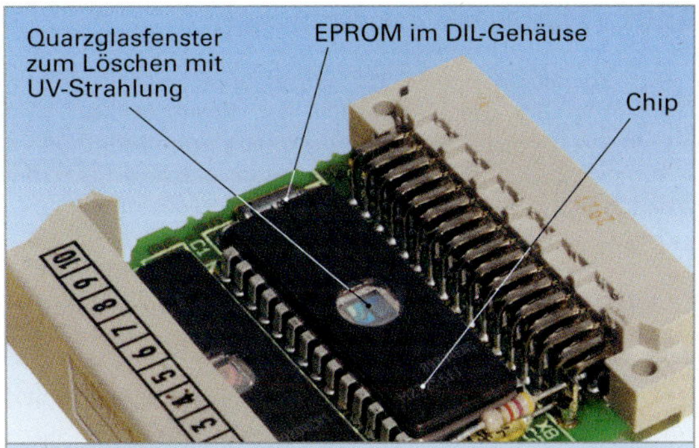

Bild 1: EPROM

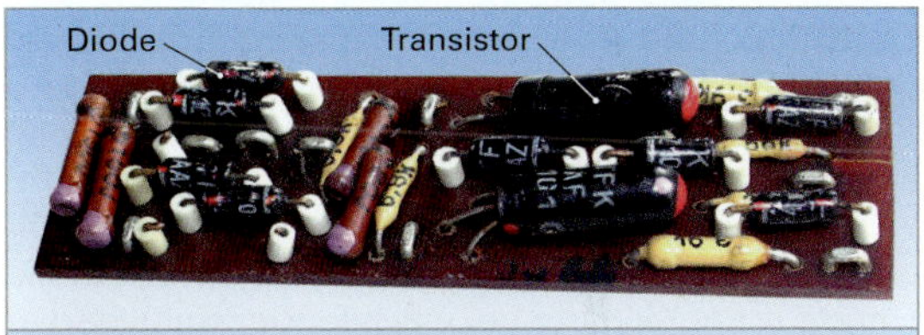

Bild 2: Historischer 1-Bit-Speicher (Flipflop) um 1960

Bild 3: Mikrorechner mit RAM

Bild 4: Flash-Speicher (oben) und Memory-Stick (unten)

1.3.4 Magnetische Speicher

Der Arbeitsspeicher der klassischen EDV-Anlage war bis um das Jahr 1970 der **Kernspeicher**. Er bestand für jedes zu speichernde Bit aus einem kleinen magnetisierbaren Ringkern (ca. 0,3 mm Ø) und durchzogen von zwei „Schreibdrähten", einem „Lesedraht" und oft einem „Blockierdraht" **(Bild 1)**. Diese Speicher waren sehr teuer und benötigten relativ viel Platz. Der Vorteil: Bei Stromausfall war kein Speicherverlust.

Bei den **magnetomotorischen Speichern** wird eine magnetisierbare Schicht unter einem Schreib-/Lesekopf vorbeibewegt. Je nach Art des Magnetschichtträgers unterscheidet man zwischen **Magnetbandspeichern, Magnetplattenspeichern (Bild 2)**. Die Datenspeicherung erfolgt durch Magnetisieren der Magnetschicht mit dem Schreib-/Lesekopf. Die Magnetschicht kann man sich aus kleinen Elementarmagneten bestehend vorstellen. Die Speicherdichte hat in der Vergangenheit stark zugenommen **(Bild 3)**. So wurden die Geräte immer kleiner bei wachsender Speicherkapazität. Die Daten sind stets zu Blöcken zusammengefasst. Soll z. B. bei einem Magnetbandspeicher nur der am Spulenende geschriebene Datenblock gelesen werden, muss das ganze Band durchgespult werden. Die dafür notwendige Zeit nennt man **Zugriffszeit**.

Im privaten Bereich nutzt man externe Festplatten zur Speichererweiterung und zur Datensicherung. Der Anschluss erfolgt meist mit USB-Stecker. Diese Festplattenspeicher sind klein und handlich. Man kann sie einfach anschließen und nach erfolgter Datensicherung räumlich entfernt und abgesichert auch aufbewahren.

Netzwerkbasierende Festplatten ermöglichen eine bequeme ortsferne Datensicherung. Eine Alternative dazu ist die Online-Datensicherung, z. B. bei dem Internet-Serviceprovider. Die Kapazität der Festplattenspeicher hat sich kontinuierlich erhöht und beträgt nun mehr als 6 Terabyte.

Die Festplattengrößen werden in Zoll angegeben, z. B. 3,5", 2,5" und 1,8".

Diese Größen entsprechen etwa dem Festplatten-Durchmesser.

Meist üblich sind für externe Festplatten 3,5"-Laufwerke.

2,5-Zoll-Festplatten, sind sehr klein und leise und beziehen meist die Energie über den USB-Anschluss. 3,5- Zoll-Festplatten sind etwas lauter, haben eigenen Stromnetzanschluss und bieten Speicherkapazitäten bis über 6 Terabyte.

Die Datenübertragungsgeschwindigkeiten sind ebenfalls höher als bei der 2,5"-Platte.

Magnetisch-optische Speicher (MO-Speicher) sind wiederbeschreibbare Discspeicher. Beim Schreiben wird die Magnetschicht der MO-CD durch einen Magnetschreibkopf lokal eng begrenzt magnetisiert, d. h. beschrieben und zwar nur an den Stellen, wo zuvor mit einem Laserstrahl die Schicht erhitzt wurde. Gelesen wird mit einem Laserstrahl und zwar verändert die lokale Magnetisierung die Polarisationsebene des Laserstrahls. Die MO-Disc ist sehr robust und bietet große Datensicherheit.

Bild 1: Historischer Kernspeicher (Ausschnitt)

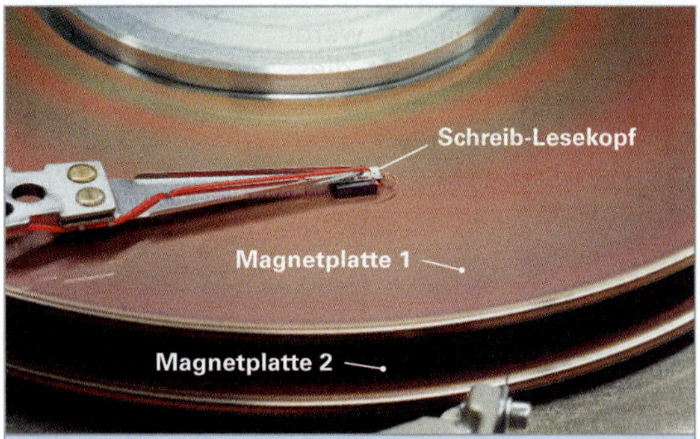

Bild 2: Magnetplattenspeicher

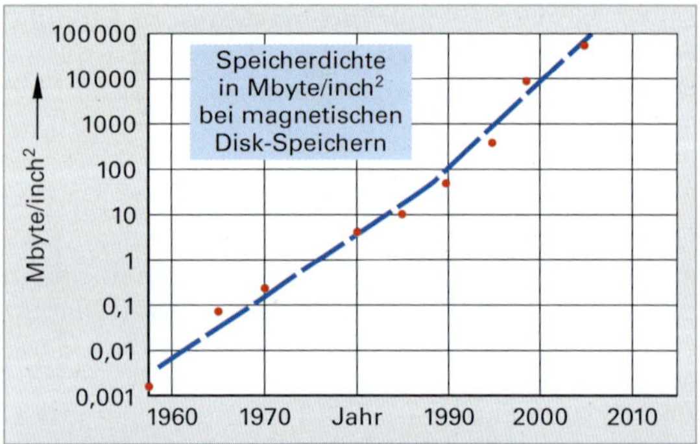

Bild 3: Entwicklung der Speicherdichte

1.4 Speicherprogrammierbare Steuerungen (SPS)

1.4.1 Aufbau und Funktionsweise

Für einfache binäre Aufgaben, z. B. zur Ansteuerung von Pneumatikzylindern werden **kompakte** SPS-Steuerungen, welche die gesamte Hardware in einem Gehäuse haben, verwendet **(Bild 1)**.

Bei größeren Steuerungsaufgaben, verwendet man **modular** aufgebaute SPS-Steuerungen **(Bild 2)**.

Hier werden die einzelnen Module auf eine Bus[1]-Schiene aufgesteckt. Man kann hier oft bis zu 64 Module einsetzen. Bei aufwändigen Regelungsvorgängen verwendet man Module mit eigenem Prozessor. Mehrere Prozessoren werden notwendig, wenn Vorgänge zeitgleich bearbeitet werden müssen. Der Datenaustausch erfolgt häufig über ein Dual-Port-RAM[2] als Koppelmodul.

Häufig ist die SPS integraler Bestandteil bei CNC-Steuerungen **(Bild 3)**. Dort werden die SPS-Funktionen oft nur softwaremäßig in das Programm eingebunden. Hier wird die SPS oft auch **PLC**[3] genannt.

Bei großen Anlagen werden **dezentrale SPS-Steuerungen** eingesetzt. diese haben oft zusätzlich einen Industrie-PC mit auf der Hutschiene **(Bild 4)**. Die einzelnen Module werden z. B. mit einer Ethernet-Vernetzung verbunden. Eine übergeordnete SPS wird als Master[4] eingesetzt. Die nachgeordneten Steuerungen laufen als Slave[5].

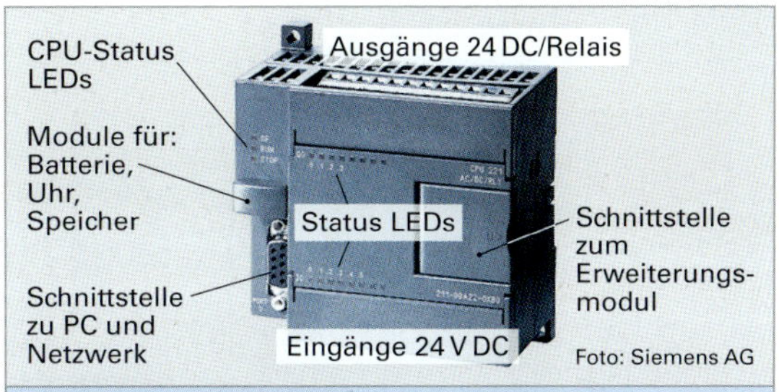

Bild 1: Kompakte SPS

Bild 3: Integrierte SPS

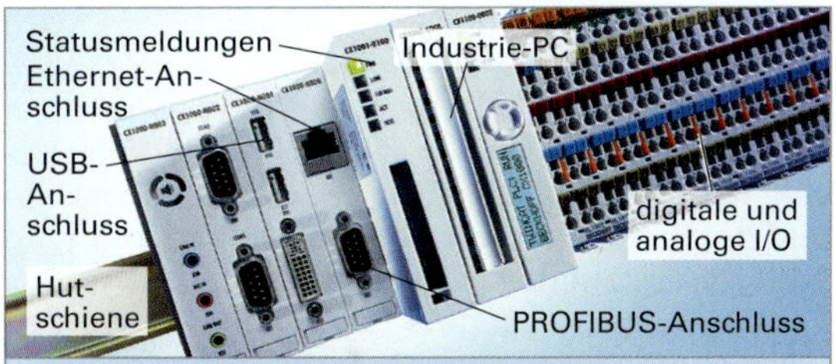

Bild 4: Verteilte SPS mit Industrie-PC auf Hutschiene

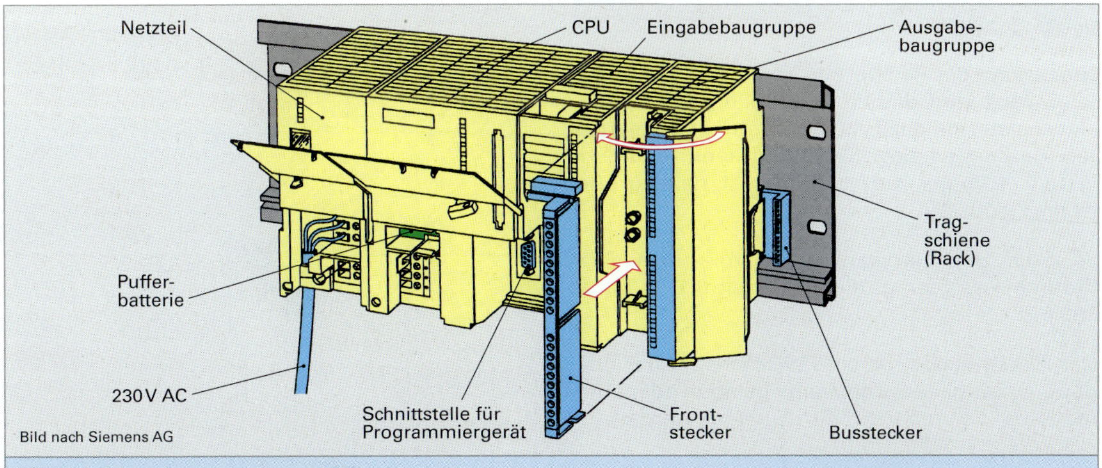

Bild 2: Aufbau einer modularen SPS

[1] Bus = Sammelleitung für Datenverkehr; [2] Dual-Port-RAM von engl. dual port random access memory = Speicher mit wahlfreiem Zugriff von zwei Seiten; [3] PLC von engl. programmable logic controller = programmierbare logische Steuerung; [4] engl. master = Meister; [5] engl. slave = Sklave

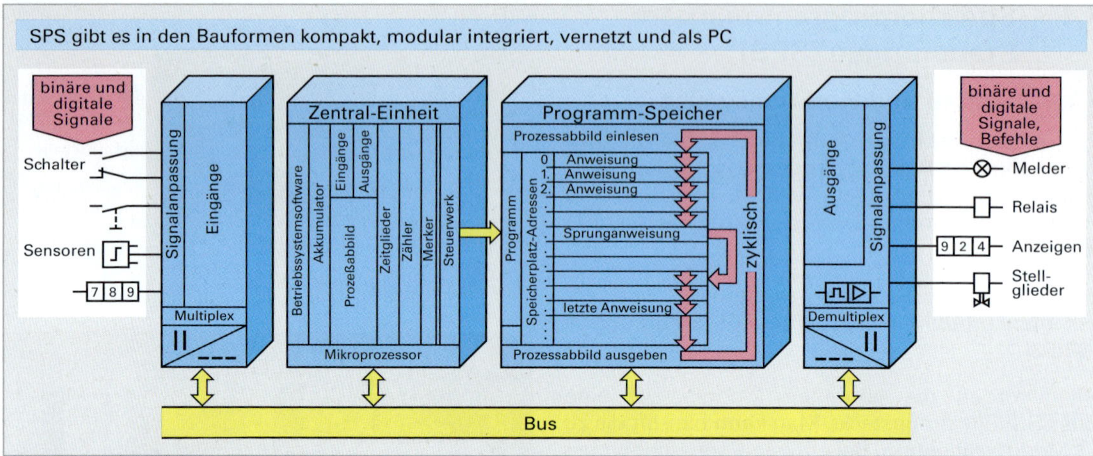

Bild 1: Innerer Aufbau einer SPS

SPS gibt es in den Bauformen kompakt, modular integriert, vernetzt und als PC.

Alle Module der SPS verwenden zum Datenaustausch das Bussystem **(Bild 1)**. Im Programmspeicher ist das Steuerungsprogramm. Dieses wird zyklisch abgearbeitet. Bevor die einzelnen Anweisungen bearbeitet werden, wird der momentane Zustand der Eingänge in einen Speicher eingelesen. Man nennt diesen Speicher auch **Prozessabbild** der Eingänge. Bei der Programmbearbeitung wird jeweils auf dieses Prozessabbild zugegriffen. Wenn Ausgänge zugewiesen werden, werden diese ebenfalls auf einen Speicher (Prozessabbild der Ausgänge) geschrieben. Erst nach der letzten Anweisung wird das Prozessabbild auf die Ausgänge gegeben.

Nun erfolgt der Rücksprung an den Programmanfang. Jetzt wird das Prozessabbild der Eingänge aktualisiert und das Programm erneut abgearbeitet. Die Zeit für einen Durchlauf nennt man Zykluszeit. Je länger das Programm ist, desto größer ist die Zykluszeit.

Je nach SPS-Hardware und Größe des SPS-Programmes beträgt die Zykluszeit 0,1 µs bis zu 100 ms.

Der **Akkumulator**[1] ist ein *Zwischenspeicher* über den z. B. Zeitglieder und Zähler geladen oder arithmetische[2] Operationen[3] durchgeführt werden.

Die **Eingabeeinheit** enthält Schaltungen zur Signalanpassung. Ein *Filter* dient zur *Entstörung* und eine Diode als *Verpolungsschutz*. Zur Potentialtrennung wird das entstörte Gleichspannungssignal über einen *Optokoppler* weitergeführt. Ein Schwellwertschalter sorgt für eindeutige binäre Signale **(Bild 2)**.

Die **Ausgabeeinheit** nimmt das Signal vom Prozessabbild und führt es über einen Optokoppler. Über eine Leuchtdiode wird der Zustand angezeigt. Je nach Anwendung wird mit dem Signal ein Relais (Bild 2) oder ein Transistor angesteuert.

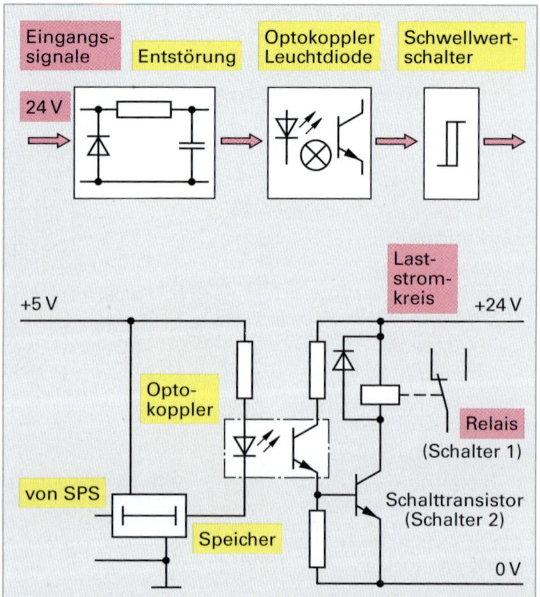

Bild 2: Relais-Ausgang

---

[1] Akkumulator = Speicher, von lat. accumulatio = Anhäufung

[2] Arithmetik ist ein Teilgebiet der Mathematik, auf dem man sich mit Zahlen befasst, griech. arithmetike = Rechenkunst

[3] Operation von lat. operatio = Arbeitsvorgang

Binäre Eingabesignale

Die SPS verarbeitet binäre elektrische Signale. Die von den binären Sensoren kommenden Signale unterliegen Schwankungen. Die SPS haben zur Erkennung der 0 bzw. 1 einen Toleranzbereich **(Bild 1)**. Wenn ein SPS-Eingang nicht belegt ist, also spannungslos ist, gilt der Signalzustand 0. Die SPS kann nur den *Spannungszustand* erkennen. Sie hat keine Möglichkeit, den *Schaltzustand* von Schaltern zu erkennen. Ein betätigter Schließer bringt genauso ein 1-Signal wie ein unbetätigter Öffner.

Bei der Programmierung wird mit Signalzuständen und nicht mit Betätigungen gearbeitet.

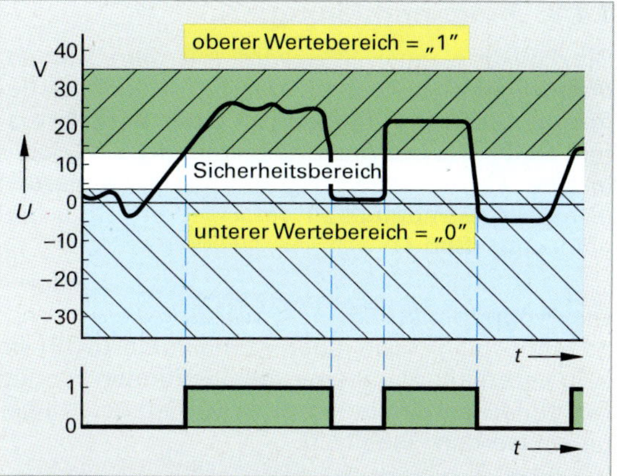

Bild 1: Toleranzbereich der binären Eingangssignale

1.4.2 Systemaufbau

Die CPU **(Bild 2)** besteht bei einer modernen SPS aus dem Prozessteil, welcher den Mikroprozessor enthält. Dieser Übernimmt die klassischen Bearbeitungsaufgaben der SPS.

Dazu gehören u. a.:

- Bearbeitung des Anwenderprogramms,
- Synchroner Zugriff auf die Peripheriebaugruppen mittels P-BUS,
- Überwachung und Verwaltung des gesamten Programmablaufsystems.

Der Kommunikationsteil ist zuständig für folgende Aufgaben:

- Annahme und Weiterleitung von Kommunikationsaufträgen,
- Verwaltung der mehrpunktfähigen Schnittstelle MPI,
- Kommunikation innerhalb des Automatisierungssystems über den Kommunikationsbus.

Der ***P-Bus*** (Peripherie-Bus) übernimmt den Datenverkehr zu den Signalmodulen. Der *K-Bus* (Kommunikations-Bus) übernimmt den asynchronen Datenverkehr zu den intelligenten kommunikationsfähigen Baugruppen. Die *mehrpunktfähige Schnittstelle* (MPI) dient zur Programmierung und zur Vernetzung von mehreren SPS. Sie stellt physikalisch eine *RS 485-Schnittstelle* dar.

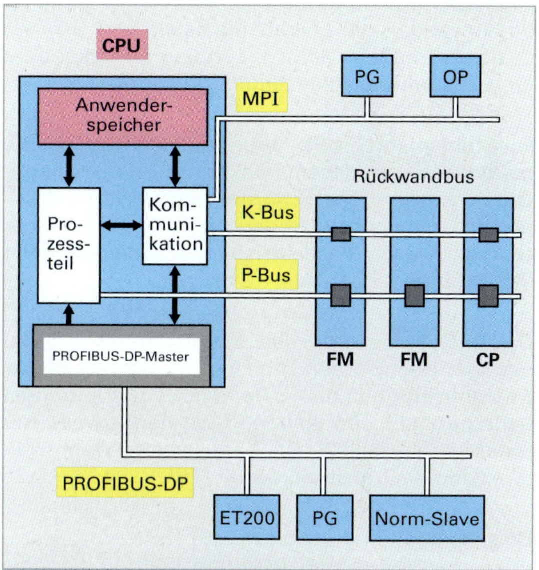

Bild 2: Systemaufbau einer SPS

Am Bedienfeld **(Bild 3)** kann die SPS gestartet und gestoppt werden. Vom Hauptmenü kommt man in vier Untermenüs und von dort in die Einstellparameter. Im Untermenü *Settings* sind Grundeinstellungen möglich. In anderen Menüs kann die SPS urgelöscht werden, es können auch die montierten Baugruppen gelesen werden. Außerdem ist ein ausführliches Fehlermeldesystem vorhanden. Die Bedienung erfolgt mit den Cursortasten.

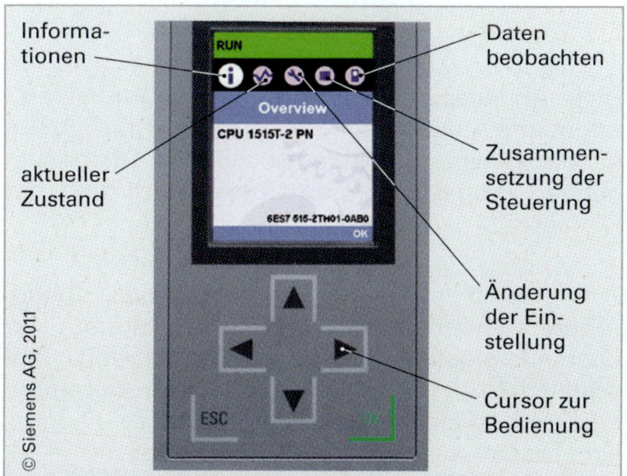

Bild 3: Bedienfeld der Steuerung S7 1500

1.4.3 Programmierung

Die Funktion einer SPS wird mit dem **Anwenderprogramm** festgelegt. Der SPS-Hersteller liefert die Steuerung bereits mit einer **Betriebssystem-Software**. Der Anwender kann die SPS damit in einer Fachsprache programmieren. Es werden je nach Anwendungsfall verschiedene Sprachen eingesetzt **(Bild 1)**.

Die Programmierung in *Anweisungsliste* (AWL), *Funktionsplan* (FUP) oder *Kontaktplan* (KOP) ist sehr verbreitet. Die Steuerungsfunktionen können mit einfachen Symbolen oder Buchstaben eingegeben werden **(Tabelle 1)**.

Kontaktplan (KOP). Die Darstellung ist ähnlich einem Stromlaufplan. Sie ist besonders geeignet für Anwender, die bisher mit Relais und Schütze gearbeitet haben. Der Kontaktplan ist besonders für Verknüpfungssteuerungen geeignet.

Funktionsplan (FUP). Hier können direkt die genormten grafischen Funktionssymbole eingegeben werden. Die Programmierung im Funktionsplan gewinnt an Bedeutung. Für Ablaufsteuerungen wurde diese Art zu einer **Ablaufsprache (AS)** weiterentwickelt.

Dieser Sprache liegt das *Schrittkettenprinzip* zu Grunde. Hier werden grafisch die Schrittkettenstrukturen aufgebaut. Die *Transitionen* (Übergangsbedingungen) und *Aktionen* werden jeweils mit Daten gefüllt **(Bild 2)**. Die Kette schaltet dann weiter, wenn die Transition erfüllt (TRUE) ist.

Diese können in den üblichen Sprachen programmiert werden. In den Aktionen werden *Variable* bearbeitet bzw. werden *Funktionen* aufgerufen. Bild 2 zeigt ein Beispiel, welches in AWL programmiert wurde.

Diese Ablaufsprache ist besonders für rein ablauforientierte Aufgaben geeignet. Es sind auch mehrfach verzweigte Schrittketten möglich. Die entstehenden Programme sind übersichtlich und gut lesbar.

Zur grafischen Darstellung komplexer Steuerungen verwendet man auch die Methode der **Zustandsfolgediagramme** (Zustandsgraph, Abschnitt 1.2.12). Die grafisch erstellten Programme müssen von einem **Compiler**[2] in die Anweisungslist übrsetzt werden.

[1] engl. to compile = übersetzen

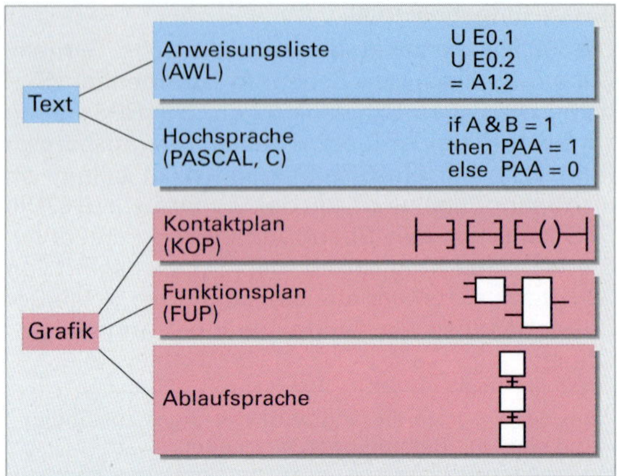

Bild 1: Überblick über SPS-Programmiersprachen

Tabelle 1: SPS-Funktionen

Benennung	alternative Benennung	AWL		FUP	KOP
		Darstellungsart-Programmiersprache			
Laden		U	LD		
UND	AND	U	A,&	&	—] [—
ODER	OR	O	OR	≥	—] [— (parallel)
NICHT	NOT	N	NOT	Eingang —o	Eingang —]/[—
				Ausgang o—	Ausgang --(/)--
Zuweisung	STORE	=	ST		--( )--
Setzen	Set	S		S	--(S)--
Rücksetzen	RESET	R		R	--(R)--
Zählen	CT	ZV ZR	CU CD	ZV ZR	
Zeiten	Time	T		T-O	

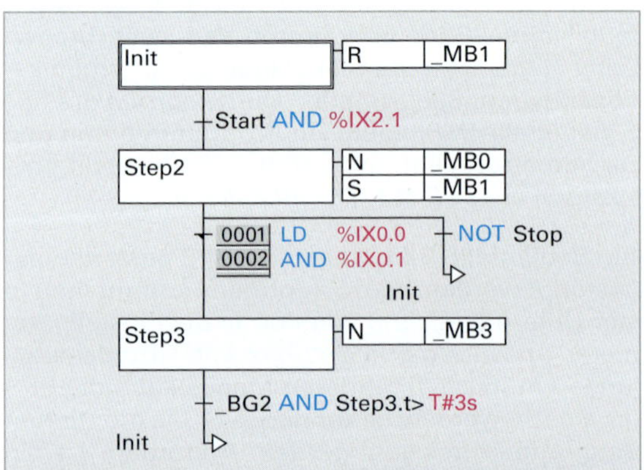

Bild 2: Programm in Ablaufsprache nach IEC 61131

Anweisungsliste (AWL). Die universellste Sprache ist die Anweisungsliste. Diese Sprache wird von allen SPS-Herstellern angeboten. Alle Steueranweisungen werden listenförmig nacheinander in Textform angegeben **(Bild 1)**.

Jede Steueranweisung setzt sich aus einer **Operation** und einem **Operanden** zusammen. Der **Operationsteil** legt fest, welche Operation der Prozessor mit den Daten bei der Bearbeitung ausführen soll. Der **Operandenteil** definiert das Element. Das **Kennzeichen** definiert die **Art der Baugruppe** und der **Parameter** benennt das Element welches angesprochen wird.

Die erste Ziffer ist die *Byte-Adresse*, die zweite Ziffer die *Bitadresse* **(Bild 2)**. Die Anschlussklemmen an den Ein- und Ausgängen sind byteweise adressiert **(Bild 3)**.

Programmstruktur

Mit der Aufgliederung der Automatisierungsaufgabe in kleine in sich abgeschlossene Einheiten ist es möglich, übersichtliche Programme zu entwerfen. Diese Strukturierung erspart Zeit und Kosten bei der Projektierung, Inbetriebnahme und Wartung. Bei der SPS gibt es zur Strukturierung vier *Strukturelemente* bzw. Bausteintypen **(Bild 4)**.

- Der **Organisationsbaustein (OB)** legt den Rahmen für das Anwenderprogramm fest. Er enthält die Auflistung der Bausteinaufrufe. Er wird auch *Regiebaustein* genannt. Der OB wird zyklisch bearbeitet. Je nach Aufgabe werden mehrere OB verwendet.
- Die **Programmbausteine (PB)** strukturieren das Anwenderprogramm in *technologisch* zusammengehörende Programmteile. Programmbausteine können auch andere Programmbausteine oder Funktionsbausteine aufrufen.
- Die **Funktionsbausteine (FB)** enthalten Funktionalität und Daten, z. B. RS-Speicher. Diese werden über **Instanz-Datenbausteine (Instanz-DB)** aufgerufen. Funktionsbausteine können bei jedem Aufruf mit anderen Parametern versehen werden. Für wichtige Anwendungen, z. B. Taktgeber, Codierer, Schieberegister, Regler, gibt es Standardfunktionsbausteine.
- **Funktionen (FC)** enthalten nur die Funktionalität und keine globalen Daten, z. B. die Sinusfunktion.
- Die **Datenbausteine (Global DB)** dienen zur Aufnahme von *festen Daten und variablen* Daten eines Programms, so z. B. von *Bitmustern* (Tabellen), Zahlen und Texten.

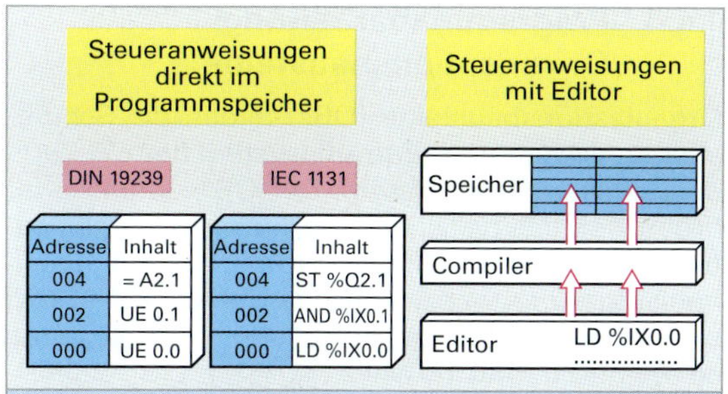

Bild 1: Programmspeicher

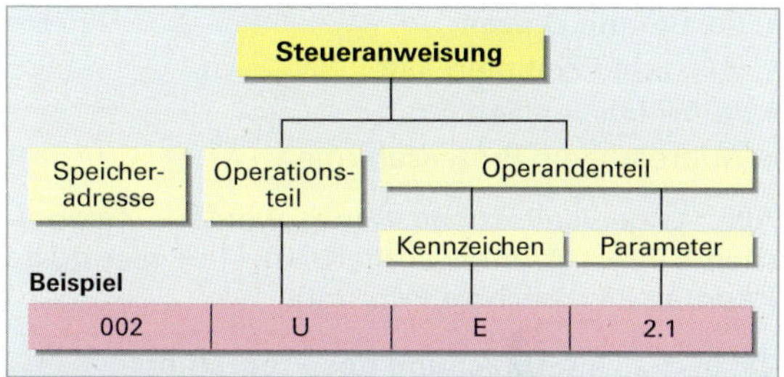

Bild 2: Steueranweisung nach DIN 19239

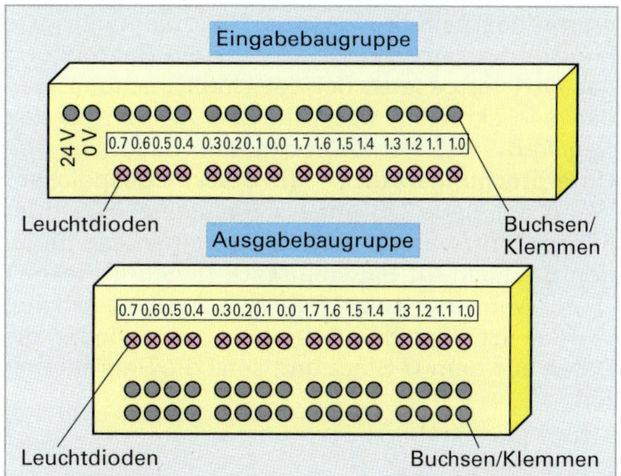

Bild 3: Adressierung der Eingänge und Ausgänge

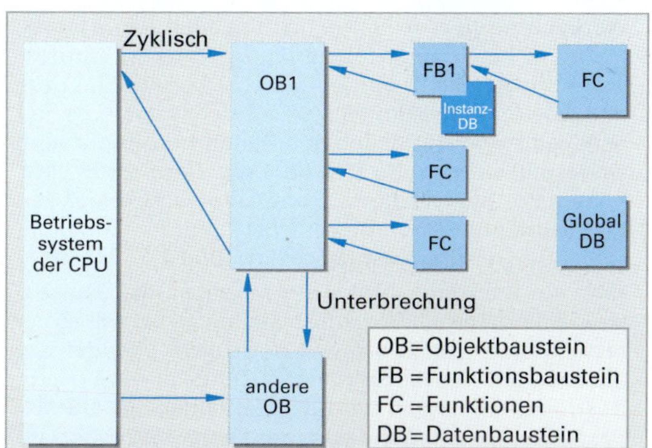

Bild 4: Strukturierung eines SPS-Programms

1.4.4 Programmabarbeitung, Organisationsbausteine

Organisationsbausteine (OBs) bilden die Schnittstelle zwischen dem *Betriebssystem* der CPU und dem *Anwenderprogramm*. Der OB1 enthält oder organisiert das zyklische Programm. Die Organisationsbausteine können nicht von anderen Bausteinen aufgerufen werden. Sie werden vom Betriebssystem aufgerufen um auf bestimmte Ereignisse zu reagieren **(Bild 1)**, wie z. B.:

- Anlauf der CPU (Start des zyklischen Programms),
- bestimmte Uhrzeit,
- konstante Zeitintervalle,
- Auftreten von Fehlern,
- Auftreten von Prozessalarmen.

Alle Organisationsbausteine werden entsprechend ihrer *Priorität* aufgerufen (1 = niedrigste Priorität, 29 = höchste Priorität).

Zyklische Unterbrechung des Programms

Wenn ein anderer OB vom Betriebssystem aufgerufen wird, unterbricht er die zyklische Programmbearbeitung, da der OB1 die niedrigste Priorität hat. Anschließend wird die Bearbeitung des OB1 fortgesetzt. Bei der Unterbrechung werden alle aktuellen Daten in den *Akkus* und den *Registern* des unterbrochenen Bausteins im **Unterbrechungs-Stack**[1] (U-Stack) gespeichert. Wenn der neue OB andere Bausteine (FBs oder FCs) aufruft, werden die Bearbeitungsdaten für jeden Baustein im **Bausteinstack** (B-Stack) gespeichert. Wenn der neue Baustein fertig bearbeitet worden ist, lädt das Betriebssystem wieder die Daten aus dem U-Stack und setzt die Bearbeitung fort.

[1] engl. stack = Stapel, Stoß

Beispiel 1:

Weckalarme werden immer dann benutzt, wenn Funktionen in bestimmten Abständen bearbeitet werden sollen. In **Tabelle 1** werden übliche Weckalarme und dargestellt. In den Betriebsparametern kann auch jeder Weckalarm mit beliebigen Zeiten und Prioritäten eingestellt werden. Da z. B. der Weckalarm 0B35 eine höhere Priorität als der OB1 hat, wird nach Ablauf der Intervallzeit der OB1 unterbrochen und der OB35 mit seinen Anweisungen abgearbeitet **(Bild 2)**.

Hinweis: Man muss dafür sorgen, dass die Laufzeit jedes Weckalarm-OBs deutlich kleiner ist als sein Zeittakt. Falls ein Weckalarm-OB noch nicht beendet ist, aber wegen des abgelaufenen Zeittakts erneut zur Bearbeitung ansteht, wird der Zeitfehler-OB (OB 80) gestartet. Anschließend wird der Fehler verursachende Weckalarm nachgeholt.

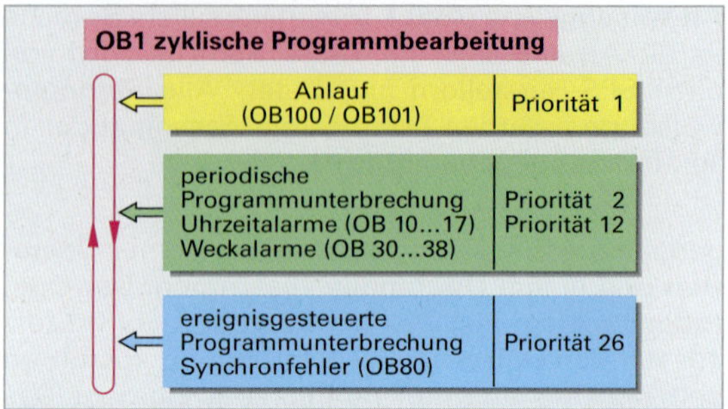

Bild 1: Programmbearbeitung

Tabelle 1: Weckalarm-OBs

Weckalarm-OB	Defaultwert[1] für Zeitraster	Defaultwert für die Prioritätsklasse
OB31	2 s	8
OB32	1 s	9
OB33	500 ms	10
OB34	200 ms	11
OB35	100 ms	12
OB36	50 ms	13
OB37	20 ms	14
OB38	10 ms	15

[1] franz. default = fehlende Angabe, hier: Voreinstellung

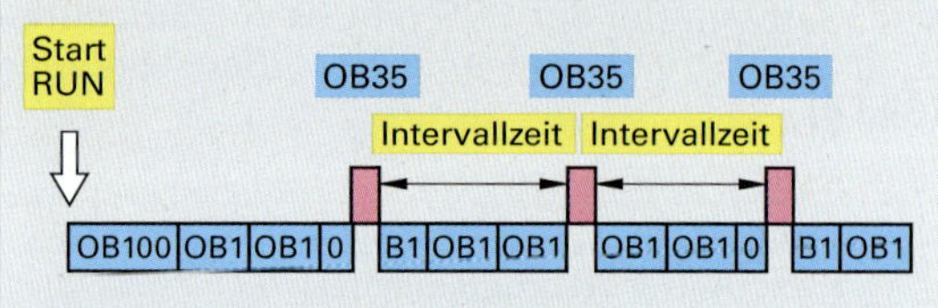

Bild 2: Arbeitsweise des Weckalarms

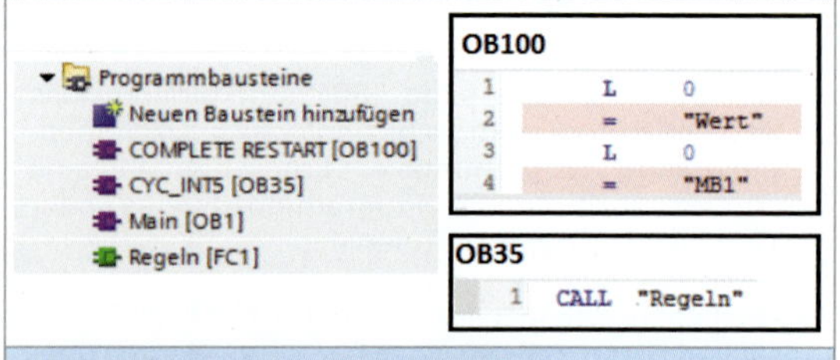

Bild 3: Beispiel für einen Weckalarm

Beispiel 2:

Beim Start des SPS-Zyklus sollen die Schrittmerker M1.0 bis M1.7 auf 0 und die Variable Wert ebenfalls auf 0 gesetzt werden. Die Funktion „Regeln" soll alle 100 ms aufgerufen werden **(Bild 3)**.

Lösung:

Als Weckalarm wird der OB35 mit den vorgegebenen Parametern benutzt. Dieser ruft die Funktion „Regeln" auf. Im OB100 werden die Vorgabewerte für das Programm geladen und initialisiert.

1.4.5 Adressierung und Datentypen

Grundsätzlich unterscheiden wir die *absolute* und die *symbolische* Adressierung. Bei der absoluten Adressierung wird direkt die Adresse, z. B. des Eingangs E124.0 angegeben. In diesem Fall sind vor allem größere Programme schlecht lesbar. Ausserdem muss bei einer Umadressierung das ganze Programm durchsucht werden. Dies kann zu Fehlern führen. Bei der symbolischen Adressierung **(Bild 1)** werden Symbole, auch *Variable* genannt, z. B. „Kolben_ein2" an Stelle der absoluten Adresse verwendet. Die Namen werden in einer *Variablenliste* bzw. *Symbolliste* hinterlegt. Dort wird dann die absolute Adresse vergeben. Variable welche keine Adresse haben, werden nur intern in der SPS bearbeitet. Allen Variablen kann ein *Initialwert* mitgegeben werden. Diese Initialwerte werden beim 1. Programmzyklus den Variablen zugewiesen. Alternativ könnte man dies auch mit dem OB100 durchführen. Außerdem kann jeder Variablen ein *Kommentar* zugewiesen werden.

Man unterscheidet *globale* und *lokale* Variablen. Globale Variablen haben die Eigenschaft, dass sie in allen Programmbausteinen bekannt sind und verwendet werden könnten. Sie werden in einer extra Symboltabelle abgespeichert (Bild 1, oben). Die lokalen Variablen werden im *Deklarationsteil* des jeweiligen Bausteins eingetragen und mit diesem abgespeichert. Lokale Variablen können nur in diesem Baustein benützt werden. Der gleiche Name kann in einem anderen Baustein wieder benützt werden.

Achtung: Verwenden Sie niemals denselben Namen für die globale Variable und für die lokale Variable!

Datentypen

Datentypen legen die Eigenschaften von Daten fest **(Tabelle 1)**. Variable vom Typ BOOL stellen ein Bit dar, Variable mit den Datentypen BYTE, WORD und DWORD sind Bitfolgen ohne weitere Wertung. Der Datentyp CHAR (Charakterzeichen) ist entsprechend dem ASCII-Code verschlüsselt. Die Datentypen INT, DINT sind Vorzeichen behaftet. Je nach Anwendung werden diese Zahlen im *BCD-Code* oder im *Integerformat* dargestellt **(Tabelle 2)**.

Beim Integertyp zeigt das 15. Bit das *Vorzeichen* an (0 = positiv, 1 = negativ). Bei negativen Zahlen wird das negative Format als Zweierkomplemet der positiven Ganzzahl dargestellt. Man erhält den Zahlenwert, indem man die Signalzustände aller Bits umkehrt und zum Ergebnis 1 addiert.

Bei den REAL-Zahlen, auch *Gleitpunktzahlen* genannt, werden im Speicher 2 Wörter benötigt.

Globale Variale

	Name	Adresse	Typ	Initial	Kommentar
0001	Druck		WORD	0	
0002	Automatik		BOOL	FALSE	

Lokale Variable

	Name	Adresse	Typ	Initial	Kommentar
0001	Start	%I124.0	BOOL		Taster Nr.4711
0002	Kolben_ein	%I124.1	BOOL		ZylinderNr.0815
0003	Schritt1		BOOL	FALSE	
0004	K_aus		RS	FALSE	

Beispiel FUP

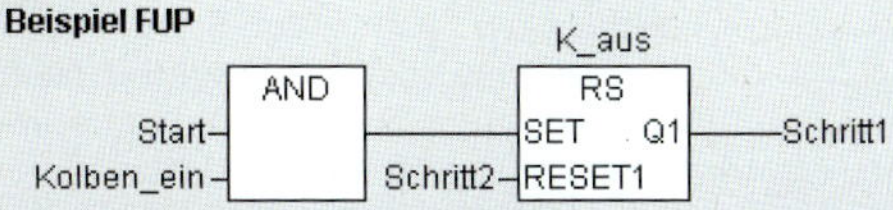

Bild 1: Deklaration von Variablen

Tabelle 1: Datentypen

Schlüsselwort	Breite in Bits	Bereiche und Beispiele
BOOL BYTE WORD DWORD	1 8 16 32	TRUE,FALSE 0...255,B#2#00...FF 0...65536,W#16#12AF 0...2^32, W#16#FFFFFFFF
CHAR	8	z. B. 'x'
INT DINT	16 32	–32768 bis +32767 –2147483648 bis +217483647
REAL	32	z. B. 1.2, –23.456
FELD TIME DATE	 32 16	z. B. x:array[0...100] of char z. B. Zeit:=T#3m10s z. B. D#1999-10-29

Tabelle 2: Zahlendarstellung

BCD W#16#296	VZ(+) 2 9 6 0000 0010 1001 0110
INT +296	0000 0001 0010 1000 256 + 32 + 8 = 296
BCD W#16#F413	VZ(–) 2 9 6 1111 0100 0001 0011
INT –413	1111 1110 0110 0011 256+128+16+8+4=412 (412 + 1) = 413
REAL +0.75	VZ Exponent 8 Bit 2^{-1} Mantisse 23 Bit 0 01111110 10000000000000000000000 $+1{,}5*2^{126-127} = 0{,}75$

Das höchstwertige Bit gibt das Vorzeichen an. Die übrigen Bits stellen die Mantisse und den Exponenten der Basis 2 dar. Die REAL-zahl wird nach folgender Formel berechnet:

$$REAL=(VZ)*1.Mantisse*2^{e-127}$$

1.4.6 Grundverknüpfungen

Mit den Verknüpfungsoperationen **UND, ODER** und **NICHT** werden Signalzustände bearbeitet. Verknüpfungen können einfach und vollständig mit einer Funktionstabelle beschrieben werden.

UND-Verknüpfung

Das Ergebnis einer UND-Verknüpfung ist 1, wenn alle Eingangssignale 1 sind.

Beispiel:
Der Stempel einer Prägepresse fährt aus, wenn das Schutzgitter geschlossen ist und der Starttaster 1-Signal meldet. Zur eindeutigen Darstellung werden die Eingangsvariablen und die Ausgangsvariablen in einer Zuordnungstabelle aufgelistet. Die Lösung der Aufgabe wird in den Darstellungsarten AWL, FUP oder KOP beschrieben **(Bild 1)**.

Die einzelnen Anweisungen werden *zyklischseriell* abgearbeitet. Nur beim Laden des Prozessabbildes wird der Status der Eingänge erfasst. Am Ende der Zykluszeit wird das Verknüpfungsergebnis ausgegeben. Die Gesamtreaktionszeit dauert mindestens einen Zyklus. Es kommen zusätzlich die Signalverzögerungen der Eingangsbaugruppe und der Ausgangsbaugruppe dazu **(Bild 2)**.

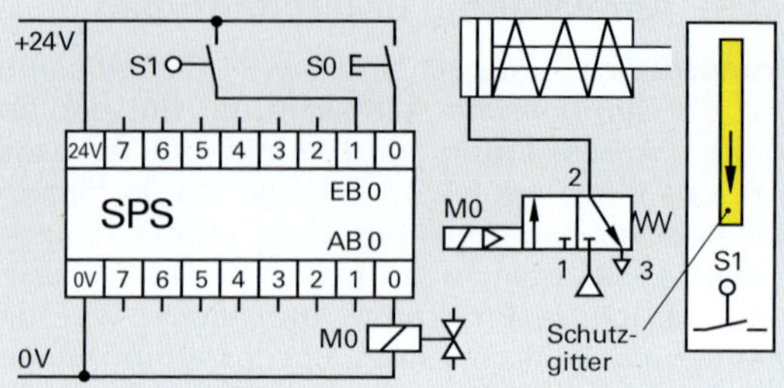

Zuordnungstabelle

Benennung	Kennzeichen	Zuordnung
Start Gitter	S0 S1	E0.0 E0.1
Ventil	M0	A0.0

Funktionstabelle

E0.1	E0.0	A0.0
0	0	0
0	1	0
1	0	0
1	1	1

SPS-Programm

FUP	AWL	KOP
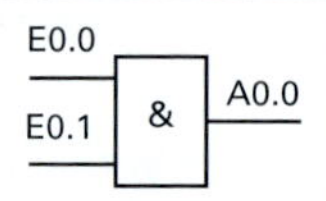	UE0.0 UE0.1 =A0.0 BE	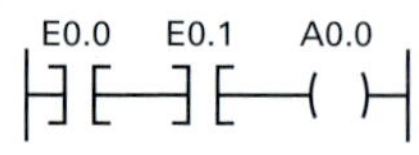

Bild 1: Einfache Steuerung einer Prägepresse

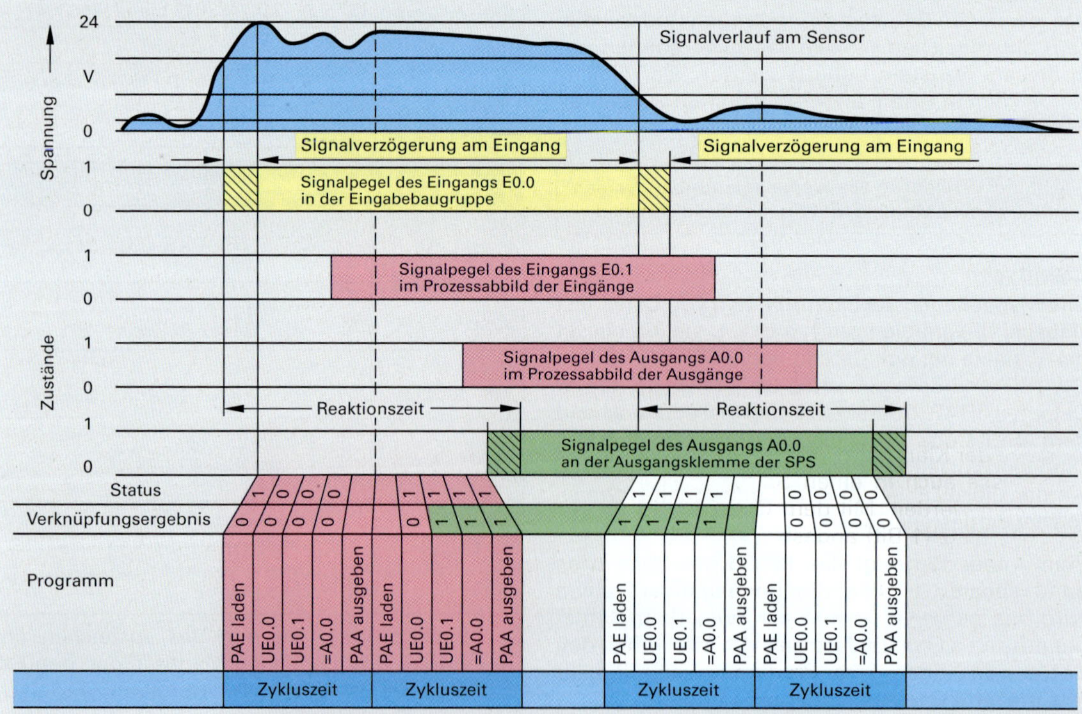

Bild 2: Signalverlauf bei der UND-Verknüpfung

ODER-Verknüpfung

Das Ergebnis einer ODER-Verknüpfung ist 1, wenn mindestens ein Eingangssignal den Wert 1 hat.

Beispiel:
In einer Schweißkabine sind 2 Lüfter. Der Gebläsewind wird mit Fühlern überwacht. Eine Bereitschaftslampe soll leuchten, wenn wenigstens ein Lüfter läuft. Mit der Funktionstabelle kann der Zusammenhang von Eingangsvariablen und Ausgangsvariablen beschrieben werden **(Tabelle 1)**.

Die Realisierung wird in allen 3 Darstellungsarten beschrieben **(Bild 1)**.

Tabelle 1: Zuordnungstabelle, Funktionstabelle

Zuordnungstabelle			Funktionstabelle		
Benennung	**Kennzeichnen**	**Zuordnung**	**S1**	**S0**	**H1**
			0	0	0
Fühler 1	S0	E0.0	0	1	0
Fühler 2	S1	E0.1	1	0	1
Lampe	P1	A0.0	1	1	1

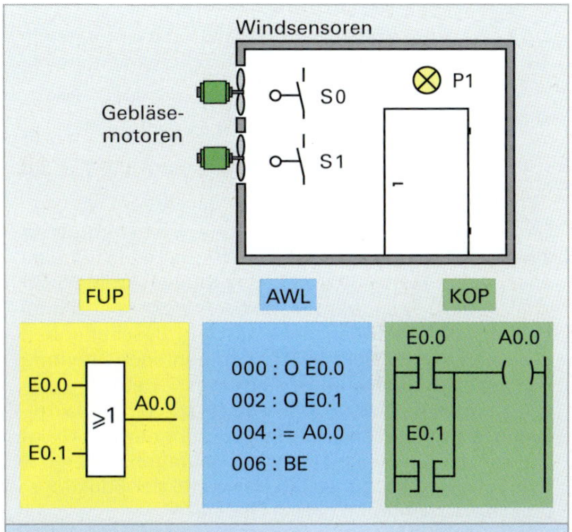

Bild 1: ODER-Verknüpfung

UND vor ODER

In dieser Struktur führt das Verknüpfungsergebnis der UND-Verknüpfung auf eine ODER-Verknüpfung. Als Beispiel wird E0.0 mit E0.1 UND-verknüpft und das Ergebnis mit E0.2 ODER-verknüpft **(Tabelle 2)**.

Da die SPS das Programm seriell abarbeitet, muss zuerst die UND-Verknüpfung programmiert werden. Danach folgt die ODER-Verknüpfung. Der Ausgang führt 1-Signal, wenn E0.0 und E0.1 1-Signal haben ODER E0.2 1-Signal hat. Mit Hilfe der Funktionstabelle kann der Sachverhalt beschrieben werden.

Tabelle 2: UND-vor-ODER-Verknüpfung

Funktionsplan

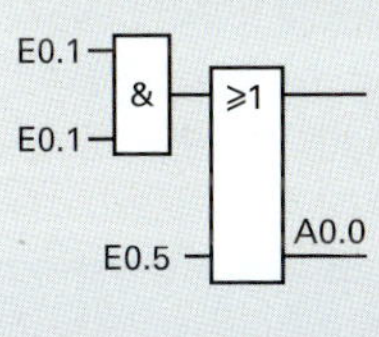

Funktionstabelle

E0.2	E0.1	E0.0	A0.0
0	0	0	0
0	0	1	0
0	1	0	0
0	1	1	1
1	0	0	1
1	0	1	1
1	1	0	1
1	1	1	1

AWL

UE0.0
UE0.1
OE0.2
=A0.0

ODER vor UND

Bei dieser Struktur führen die Ausgänge der ODER-Verknüpfung auf eine UND-Verknüpfung. Im Beispiel werden die Eingänge E0.0 und E0.1 ODER-verknüpft. Das Ergebnis wird mit E0.2 UND-verknüpft. In der Funktionstabelle wird der Zusammenhang deutlich.

Damit eindeutig feststeht, dass die ODER-Verknüpfung vor der UND-Verknüpfung bearbeitet wird, muss die ODER-Verknüpfung in *Klammern* geschrieben werden **(Tabelle 3)**.

Tabelle 3: ODER-vor-UND-Verknüpfung

Funktionsplan

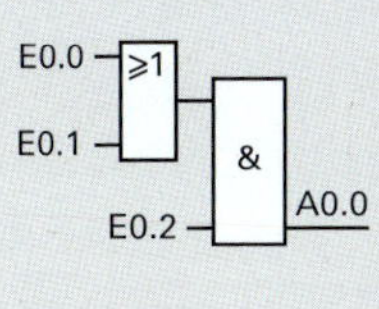

Funktionstabelle

E0.2	E0.1	E0.0	A0.0
0	0	0	0
0	0	1	0
0	1	0	0
0	1	1	0
1	0	0	0
1	0	1	1
1	1	0	1
1	1	1	1

AWL

U(
UE0.0
OE0.1
)
UE0.2
=A0.0

Merker

Anstelle der Klammern können die Verknüpfungsergebnisse auch in einen *Speicher* (Merker) geschrieben werden. Mit dem Operand M wird ein Speicherplatz (1 Bit) angesprochen. So wird z. B. ein Verknüpfungsergebnis auf einen Merker geschrieben. Bei der nachfolgenden Verknüpfung wird dieser Merker wieder abgefragt. Dieses Verfahren ist besonders vorteilhaft, wenn ein Verknüpfungsergebnis im Programmverlauf mehrmals abgefragt werden muss.

Mit Merkern speichert man Zwischenergebnisse.

Beispiel 1: Türensteuerung

Das Werkzeugmagazin soll schließen (Kolben ausfahren), wenn und solange Taster S2 1-Signal gibt. Geöffnet wird die Tür wenn und solange eine der Öffnungstasten S1 oder S0 1-Signal gibt. Auf Grund der Reibung bleibt die Tür in jeder Position.

In der Zuordnungstabelle werden die Eingänge und Ausgänge beschrieben **(Bild 1)**. Der Zylinder wird mit einem federzentrierten 5/3-Wegeventil angesteuert. Die elektrische Verdrahtung zeigt die Zuordnungsbeschaltung (Bild 1).

Zur *Lösung* der Aufgabe werden die Verknüpfungen in die Funktionstabelle eingetragen. Für eine vereinfachte Lösung würde genügen:

Wenn Taster S2 = 1 fährt die Tür zu (M0 = 1).

Wenn Taster S0 = 1 oder S1 = 1 fährt die Tür auf (M1 = 1).

Diese Steuerung würde bei richtiger Bedienung auch einwandfrei funktionieren. Ein Problem besteht jedoch, wenn Taster S0 und Taster S2 gleichzeitig 1-Signal geben. Jetzt würden beide Ausgänge 1-Signal haben. Auf Grund der mechanischen Beschaffenheit des Ventils wird dies in der momentanen Stellung bleiben. Gerätetechnische Störungen treten in diesen Fällen auf. Diese Steuerung ist so völlig unzureichend. Es müssen **alle** Verknüpfungen berücksichtigt werden. Nur dann sind die Verriegelungen sicher. Die Belegung der Ausgänge, ab dezimal 5 der Funktionstabelle, werden mit 0 belegt **(Tabelle 1)**.

Zuordnungstabelle

	Benennung	Kennzeichen	Zuordnung
Eingänge	Taster „Tür auf"	S0	E2.1
	Taster „Tür auf"	S1	E2.2
	Taster „Tür zu"	S2	E2.3
Ausgänge	Kolben ausfahren	M0	A2.1
	Kolben einfahren	M1	A2.2

Technologieschema

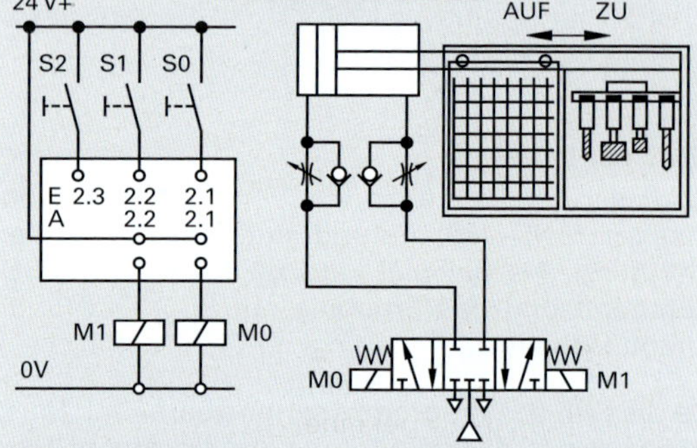

Bild 1: Türensteuerung

Tabelle 1: Lösung zu Beispiel 1

Funktionstabelle

	Eingänge			Ausgänge	
dez.	2.3	2.2	2.1	2.2	2.1
0	0	0	0	0	0
1	0	0	1	1	0
2	0	1	0	1	0
3	0	1	1	1	0
4	1	0	0	0	1
5	1	0	1	0	0
6	1	1	0	0	0
7	1	1	1	0	0

Funktionsplan

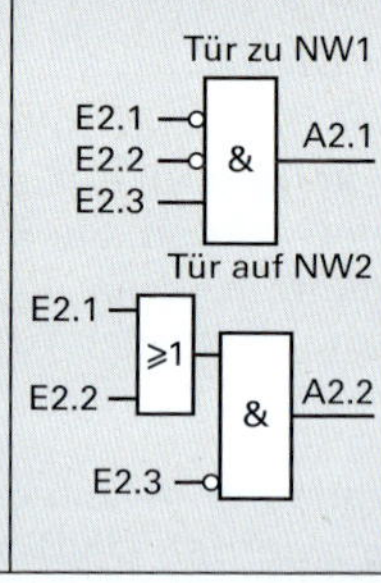

AWL

UN E2.1
UN E2.2
U E2.3
= A2.1
•••
U(
O E2.1
O E2.2
)
UN E2.3
= A2.2
•••
BE

Beispiel 2: Überwachung einer Schweißkabine

Die Lüftung einer Schweißkabine wird mit 2 Windfühlern E2.1 und E2.2 überwacht. Wenn die Überwachung eingeschaltet ist, soll folgender Zusammenhang gelten: Wenn einer der Ventilatoren ausfällt, dann soll die Lampe P0 leuchten. Wenn beide Ventilatoren ausfallen, so soll das Horn P1 ertönen. Die Überwachung wird mit dem Schalter E2.3 eingeschaltet und ausgeschaltet.

Die Zuordnungsbeschaltung und die *Lösung* ist in **Tabelle 2** dargestellt.

Tabelle 2: Lösung zu Beispiel 2

Zuordnungsschaltung

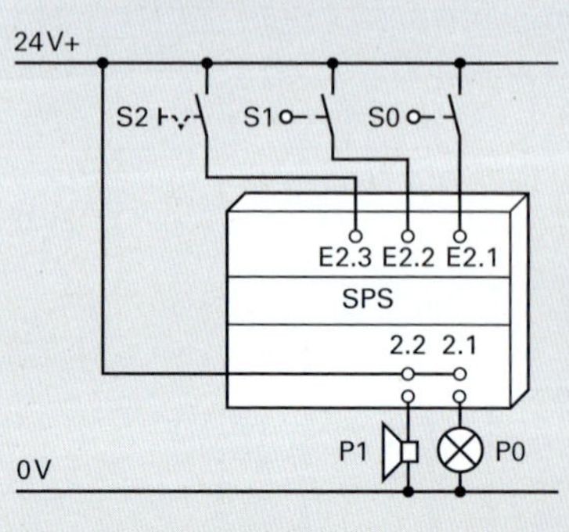

Funktionstabelle

Eingänge			Ausgänge	
E2.3	E2.2	E2.1	A2.2	A2.1
0	0	0	0	0
0	0	1	0	0
0	1	0	0	0
0	1	1	0	0
1	0	0	1	1
1	0	1	0	1
1	1	0	0	1
1	1	1	0	0

Funktionsplan

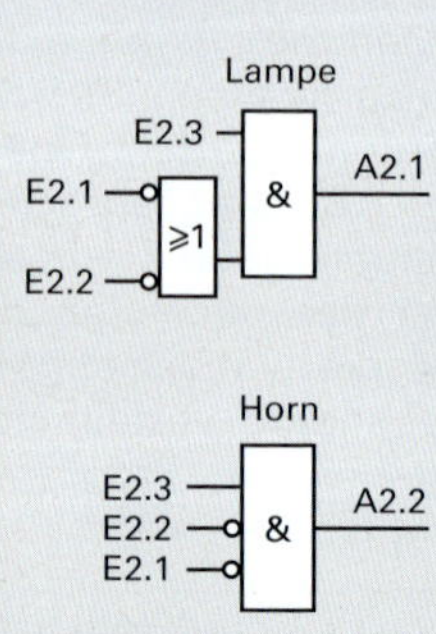

AWL

ON E2.1
ON E2.2
= M1.1
•••
U E2.3
U M1.1
= A2.2
•••
U E2.3
UN E2.2
UN E2.1
= A2.2
BE

1.4.7 Speicher (Merker)

Viele Steuerungsaufgaben erfordern die Anwendung einer *Speicherfunktion*. Ein Speicher liegt dann vor, wenn ein kurzzeitiges Signal dauernd gehalten, d. h. gespeichert wird. In der SPS wird der Speicher als **1-Bit-Speicher** realisiert. Beim Ausfall der Betriebsspannung verlieren diese Speicher ihren Inhalt. Diese Speicher bezeichnet man als **nicht remanent**[1]. Damit bei Ausfall der Betriebsspannung nicht alle Merker ihren Inhalt verlieren, wird ein Teil von ihnen durch eine Batterie mit Strom versorgt. Diese bezeichnet man als **remanente Merker** oder **Haftmerker**.

Auf die Speicherplätze kann auf zwei Arten zugegriffen werden. Bei einfachen Verknüpfungen wird das Verknüpfungsergebnis dem Speicher zugewiesen. Bei jedem Zyklus wird die Verknüpfung erneut berechnet. Wenn das Ergebnis 1 ist, wird der Speicher auf 1 gesetzt, wenn das Verknüpfungsergebnis 0 ist, wird 0 eingetragen. Wenn ein Speicherplatz im Sinne eines Speichers benützt wird, dann wird nur bei einer erfüllten Bedingung zugegriffen. Wenn z. B. der Eingang E0.2 das Signal 1 hat, dann wird der Speicher M0.1 auf 1 gesetzt. Dieser Speicherplatz bleibt solange auf 1, bis der Eingang E0.3 1-Signal hat **(Bild 1)**.

Je nach SPS-Software gibt es unterschiedliche Speicherbausteine und widersprüchliche Benennungen. In **Bild 2** sind die beiden Varianten dargestellt.

Step7 (Siemens AG): Hier ist der RS-Speicher und der SR-Speicher ein Unterprogramm **(Bild 2, oben)**. Die Speicherfunktionen werden seriell abgearbeitet. Es bleibt also der Wert der letzten Programmzeile erhalten. Der Speicherwert wird z. B. in einem Merker oder Ausgang abgespeichert.

IEC 61131-3: Die Speicher sind hier *Instanzen* des Objektes Speicher vom Typ RS oder SR **(Bild 2, unten)**. Der Speicherzustand wird in dem Objekt abgespeichert. Das Objekt SR in setzdominant und das Objekt RS ist rücksetzdominant.

Verriegelung von Speichern

Beim Verriegeln über den Setzeingang kann über die UND-Verknüpfung der Speicher nur gesetzt werden, wenn der jeweils andere Speicher ein 0-Signal hat, also nicht gesetzt ist. Beim Verriegeln über den Rücksetzeingang wird der Speicher zwar gesetzt, aber über die ODER-Verknüpfung sofort wieder zurückgesetzt **(Bild 3)**.

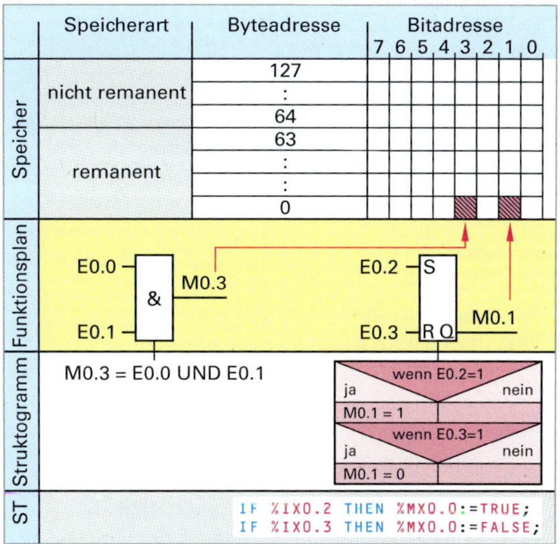

Bild 1: Speicherfunktion

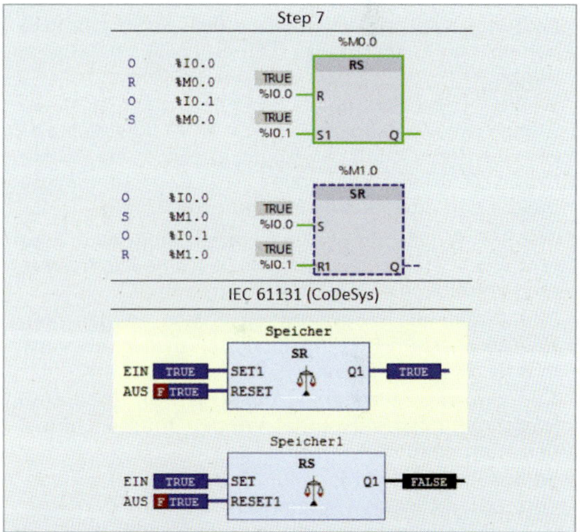

Bild 2: Speicherarten

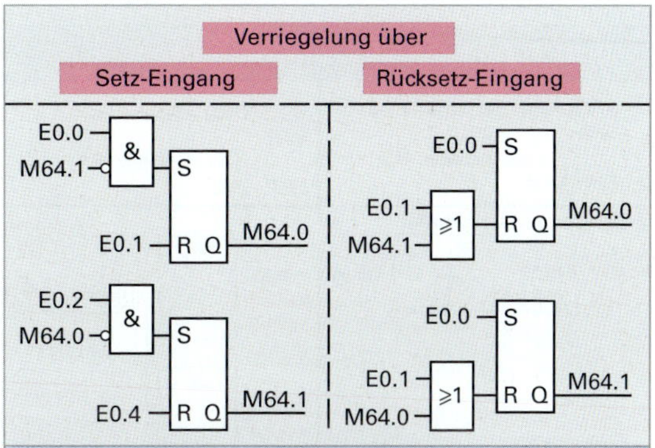

Bild 3: Verriegelung von Speichern

[1] lat. remanere = zurückbleiben, haften bleiben
[2] lat. dominari = herrschen, vorherrschen

Beispiel 1: Ansteuerung eines Elektromotors

Ein Elektromotor wird mit einer SPS angesteuert. Mit dem Taster (S0 ⇒ E2.1) wird der Motor eingeschaltet. Mit dem Taster (S1 ⇒ E2.2) wird der Motor wieder abgeschaltet. Damit der Motor sicher abgeschaltet werden kann, wird der Taster S1 als Öffner ausgeführt.

Die Aufgabe wird mit einem SR-Speicher gelöst. Zum besseren Verständnis wird im Funktionsplan die Beschaltung mit eingezeichnet. Der Taster S2 muss negiert werden **(Tabelle 1)**.

Achtung! Nach DIN VDE 0113 (EN 60204) gilt:
Ingangsetzen durch: *an Spannung legen.*
Stillsetzen durch: *Spannung wegnehmen.*

Beispiel 2: Stapelmagazin

Mit einem Stapelmagazin werden Teile vereinzelt. Ein Zylinder mit den Grenztastern –BG1 und –BG2 wird mit einem 5/2 Wegeventil angesteuert **(Bild 1)**.

Dem Zylinder werden Druckregelventile vorgeschaltet, so dass jeweils nur der notwendige Druck dem Zylinder zugeführt wird.

Gestartet wird der Prozess mit einem Taster –SF1. Der Kolben schiebt danach solange Teile auf die Rollenbahn bis die Lichtschranke (Öffner) –BG3 ein 0-Signal bringt.

Weil bei voller Rollenbahn nicht erkennbar ist ob die Anlage eingeschaltet ist, zeigt eine Meldeleuchte (–PF1) die Bereitschaft der Anlage an. Wenn die Rollenbahn voll ist wird ein Relais (–KF1) geschaltet. Diese meldet den Zustand an eine Folgesteuerung.

Das SPS-Programm wird strukturiert aufgebaut. Dies ermöglicht eine gute Übersicht und eine leichte Wartung vor allem bei größeren Programmen.

Bild 2 zeigt die Programmteile. Diese werden vom Hauptprogramm (PLCPRG) zyklisch in der programmierten Reihenfolge aufgerufen.

Nur diejenigen Variablen, welche von mehreren Programmteilen verwendet werden müssen global deklariert werden.

Variable, welche nur in einem Programmteil verwendet werden können werden lokal deklariert. Die **Tabelle 2** zeigt den Code der einzelnen Programme.

Diese sind in der Sprache Funktionsplan (FUP) erstellt worden.

Tabelle 1: Beschaltung und SPS-Programm

Zuordnungsschaltung	Funktionsplan	AWL
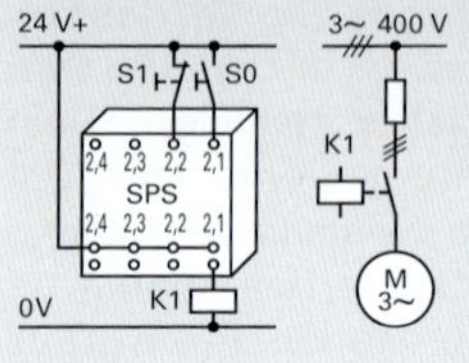	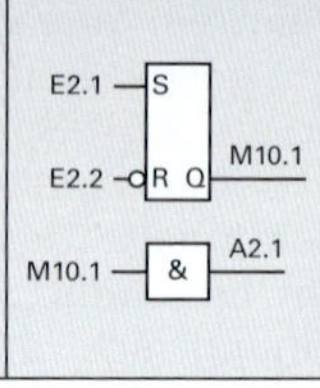	U E2.1 S M10.1 UN E2.2 R M10.1 U M10.1 = A2.1

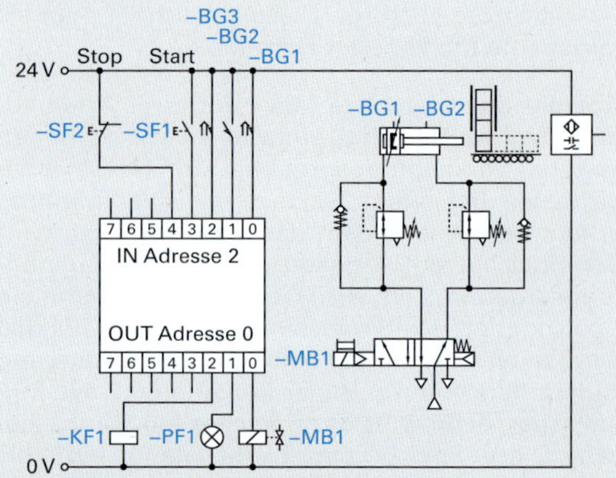

Bild 1: Zuordnungsbeschaltung

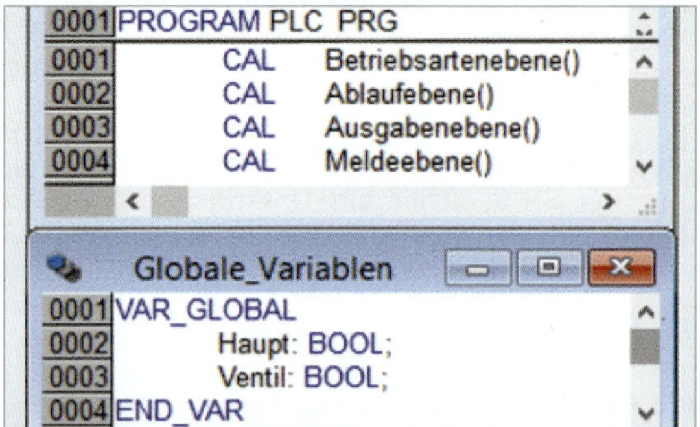

Bild 2: Struktur des SPS-Programms

Tabelle 2: Funktionsplan zum Stapelmagazin

PROGRAM Betriebsartenebene VAR Hauptschalter: RS; END_VAR	PROGRAM Ablaufebene VAR Ausschieben: RS; END_VAR	PROGRAM Ausgabenebene VAR END_VAR	PROGRAM Meldeebene VAR END_VAR
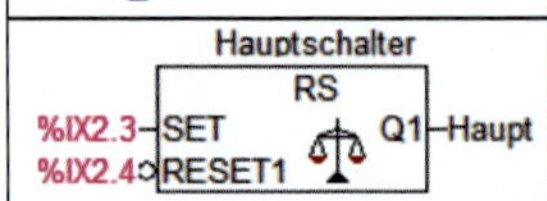	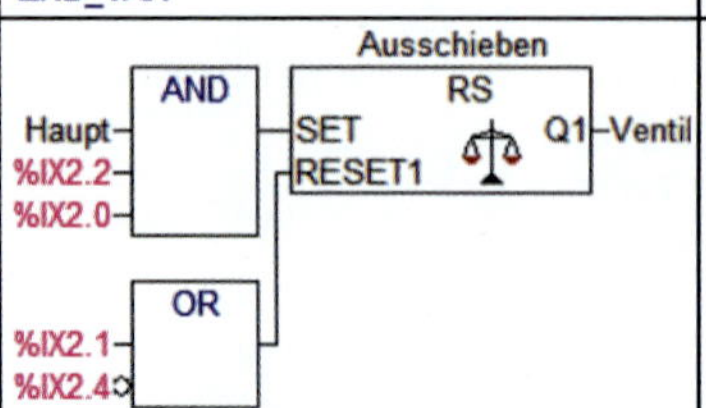		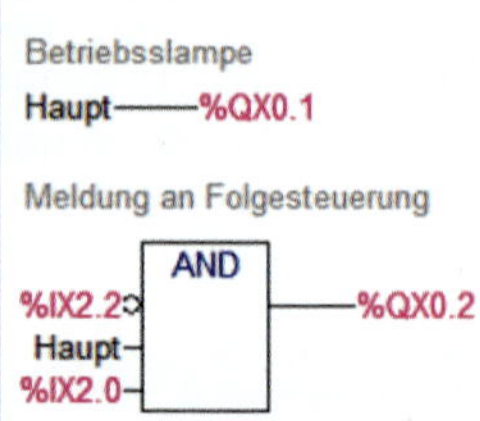

1.4.8 Flankenauswertung

In der Steuerungstechnik werden **Wischkontakte** benötigt, um aus einem Signal, das länger als eine Zykluszeit ist, einen *Impuls* zu bilden. Der Impuls dauert nur einen Zyklus lang. Wird ein längerer Impuls benötigt, so kann man ein Zeitglied verwenden. Mit den Wischfunktionen können *fallende* oder *steigende* Flanken erfasst und ausgewertet werden **(Bild 1)**.

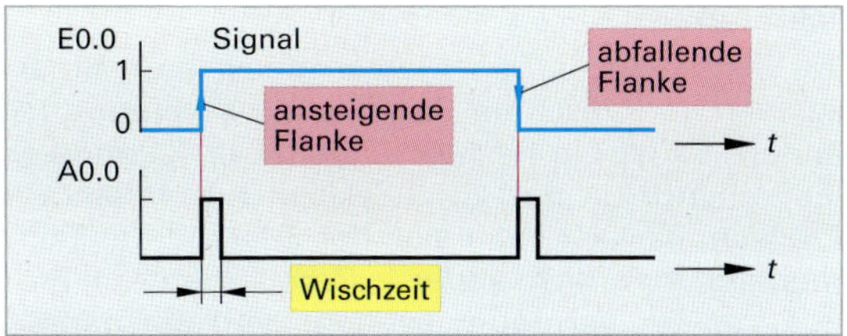

Bild 1: Wischkontakt

Zur Realisierung werden UND-Funktionen und Speicher verwendet. Wechselt der Zustand von 0 auf 1, dann liegt eine ansteigende Flanke vor. Beim Wechsel von 1 auf 0 liegt eine abfallende Flanke vor.

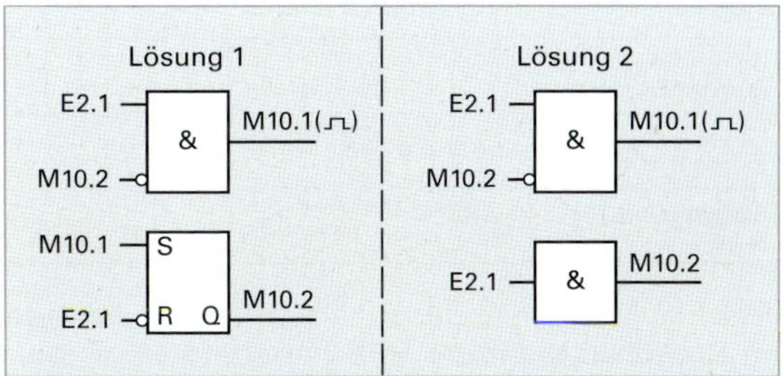

Bild 2: Wischfunktion für ansteigende Flanke

Entsprechend der sequentiellen Arbeitsweise der SPS wird der Wischkontakt programmiert. Eine **Flanke** liegt vor, wenn im vorherigen Zyklus ein anderes Signal vorliegt. Um diese Änderung zu erkennen, muss jeweils der alte Zustand gespeichert werden. Diese Speicherung übernimmt ein Merker (M10.2).

Beispiel 1: Ansteigende Flanke

Bringt E2.1 1-Signal, dann wird der Merker M10.1 auf 1 gesetzt. Dieser setzt den Speicher M10.2 auf 1. Im nächsten Zyklus ist die UND-Verknüpfung nicht mehr 1, der M10.1 hat 0-Signal. Der Merker M10.1 wird auch **Impulsmerker** genannt **(Bild 2)**.

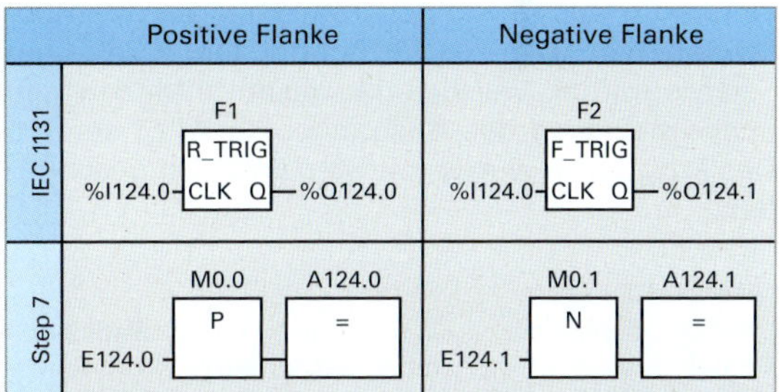

Bild 3: Flankenmerker

In den verschiedenen Programmiersprachen gibt es die Flankenauswertung der positiven und der negativen Flanken als Funktonsbausteine **(Bild 3)**. Bei Step 7 gibt der Operand, in unserem Fall M0.0 und M0.1, das Verknüpfungsergebnis vor der Operation an. Bei IEC 61131-3 wird der Name des Funktionsbausteins (Instanz), im Beispiel F1 und F2, angegeben.

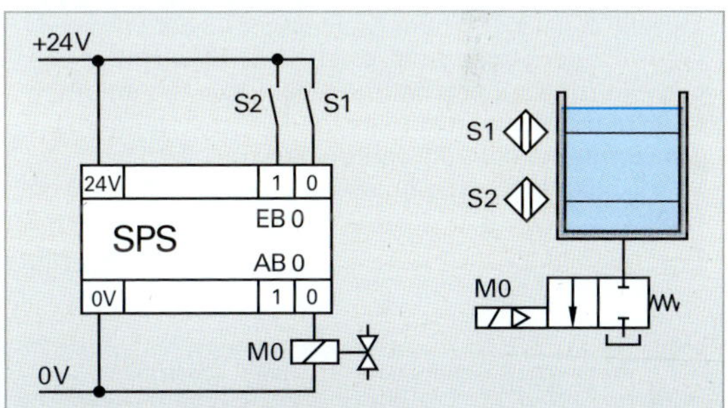

Bild 4: Zuordnungsbeschaltung

Die **Steuerungsprogramme** für die Wischkontakte müssen in der angegebenen Reihenfolge geschrieben werden. Die Anweisungsliste muss entsprechend zu dem dargestellten Funktionsplan programmiert werden.

Beispiel 2: Behälter für Bohremulsion

Der Inhalt des Behälters wird mit zwei kapazitiven Sensoren überwacht. Übersteigt der Füllstand den Sensor S1, dann wird ein Ventil Y0 geöffnet. Wenn der Behälter leer ist meldet der Sensor S2 0-Signal. Das Ventil wird wieder geschlossen **(Bild 4)**.

Zur Lösung der Aufgabe muss das Signal S2 als Wischkontakt ausgeführt werden, da sonst der Behälter nicht mehr geleert werden kann **(Bild 5)**.

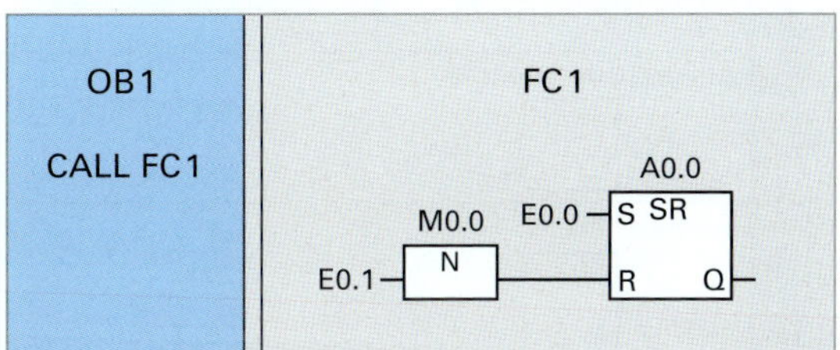

Bild 5: SPS-Programm

Häufig wird der Wischkontakt verwendet, um einmalig in ein Unterprogramm zu springen.

Taktmerker

Ein Taktmerker ist ein Merker, der seinen Binärzustand periodisch im Puls-Pausen-Verhältnis 1:1 ändert. Es ist ein Rechtecksignal. Der Taktmerker läuft asynchron zum CPU-Zyklus. D. h. in langen Programmzyklen kann sich der Zustand des Taktmerkers mehrfach ändern. Damit mehrere Frequenzen zur Verfügung stehen, wird ein ganzes Merkerbyte verwendet. Dabei hat jedes Bit eine andere Taktfrequenz.

Bit des Taktmerkbytes	7	6	5	4	3	2	1	0
Periodendauer in s	2,0	1,6	1,0	0,8	0,5	0,4	0,2	0,1
Frequenz in Hz	0,5	0,625	1	1,25	2	2,5	5	10

Welches Merkebyte der CPU zum Taktmerkerbyte im Betriebssystem der SPS parametriert werden muss zeigt **Bild 1**. Hier wird die Nummer des Merkerbytes angewählt (z. B. Merkerbyte 100). Damit stehen für das Anwenderprogramm die oben beschriebenen Takte zur Verfügung. **Bild 2** zeigt ein Testprogramm, welches das gesamte Merkerbyte ausliest und an das Ausgangsbyte A125 sendet. Das Programm wurde mit Step 7 in FUP geschrieben.

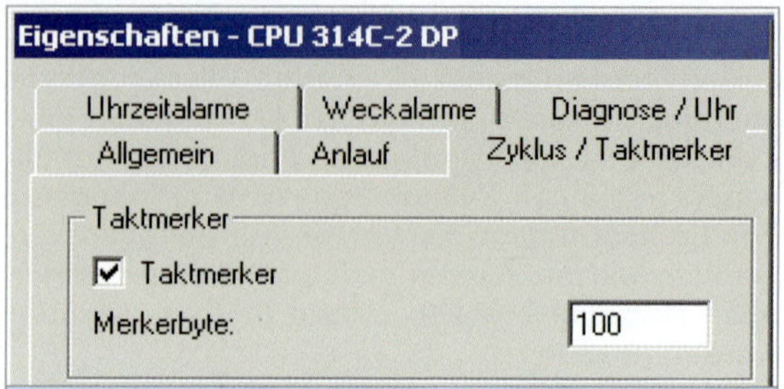

Bild 1: Parametrierung des Taktmeters

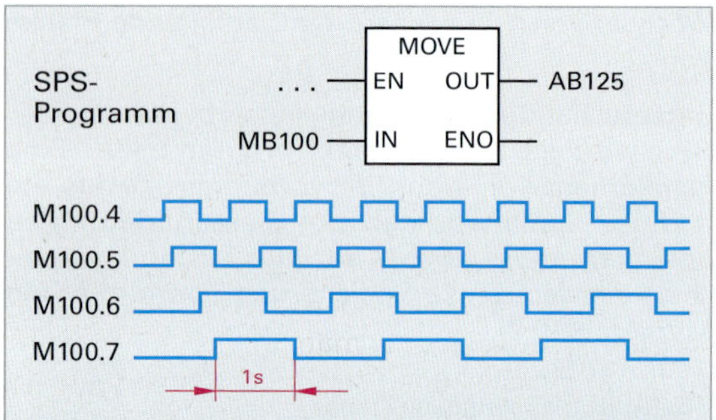

Bild 2: Testprogramm für Taktmerkerbyte

Beispiel 1:
Ein Gummischlauch soll dynamisch, d.h. in zeitlicher Folge geprüft werden. Es sollen folgende Prüfbedingungen gelten: Versuchsdauer 2 min, Rechteckimpuls, Frequenz 1 Hz, Amplitude 0 bar bis 50 bar. Jeweils in der Mitte des Impulses soll der erreichte Druck gemessen werden. Er muss mindestens 48 bar betragen. Wenn dieser Druck nicht erreicht wird, wird der Versuch sofort abgebrochen und eine rote Alarmlampe P1 zeigt den Abbruch an. Durch Ein/Aus-Betätigen des Halt-Schalters wird die Lampe gelöscht. Während des Versuchslaufs blinkt eine gelbe Lampe P2 mit 0,5 Hz **(Bild 3)**.
Lösung: **Bild 4**

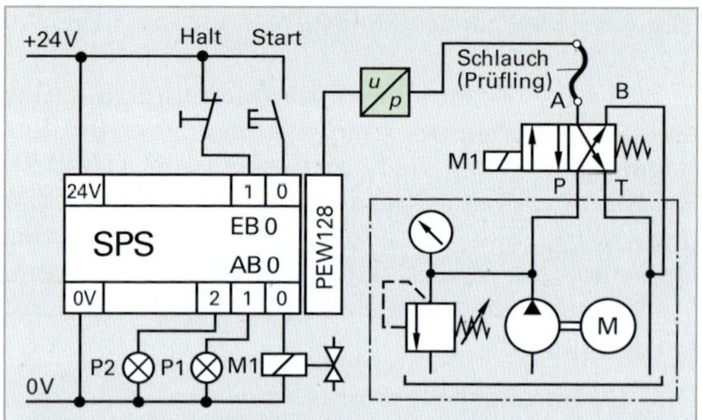

Bild 3: Technologie-Anordnung zu Beispiel 1

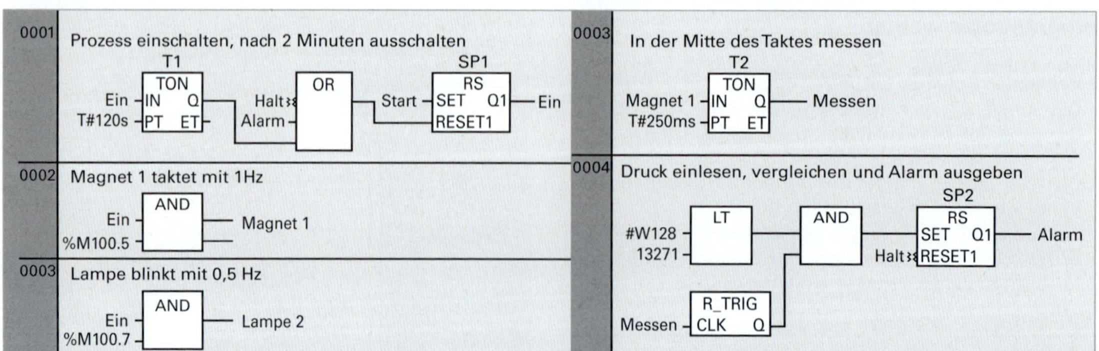

Bild 4: Lösung zu Beispiel 1 (CoDeSys)

1.4.9 Zähloperationen

Bei einer kleinen SPS sind die Zählfunktionen in der Zentraleinheit. Wenn jedoch sehr schnelle Zählvorgänge notwendig sind, dann werden Zählerbaugruppen auf den Bus geschaltet. alternativ können Zähler auch diskret programmiert werden. Die Programmiersoftware stellt *Vorwärtszähler, Rückwärtszähler* und kombinierte *Vorwärts-Rückwärtszähler* zur Verfügung. **Tabelle 1** zeigt die Parameter eines Zählers.

Beschreibung:

Jeder Zähler bekommt einen Objektnamen beginnend mit dem Buchstaben Z und gefolgt von einer Zahl.

Durch einen positiven Flankenwechsel am Eingang S wird der Zähler mit dem Zählwert ZW vorbesetzt. In **Tabelle 2** ist dies die Konstante C#3. Es sind Werte von 0 bis 999 möglich. Wenn auf größere Zahlen gezählt werden muss, kann man die Zähler kaskadieren oder man programmiert selbst einen Zählerbaustein.

Mit einer positiven Flanke am Eingang ZV wird vorwärts gezählt und mit einer positiven Flanke am Eingang ZR wird rückwärts gezählt. Der Zähler kann am Eingang R zurückgesetzt werden. Er setzt den Zählwert dann auf 0.

Wenn der Zählwert > 0 ist, hat der Ausgang Q des Zählers ein 1-Signal, ansonsten ein 0-Signal.

Am Ausgang DUAL wird der aktuelle Zählerstand hexadezimal codiert ausgegeben. Am Ausgang DEZ wird der aktuelle Zählerstand in BCD-Format ausgegeben. Die Ergebnisse können direkt auf ein Ausgangswort oder in ein Merkerwort geschrieben werden.

Beispiel:

Aktueller Zählwert	=	25
DUAL	=	0001 1001
BCD	=	0010 0101

Das Verhalten des Zählers wird in **Bild 1** als Signal-Zeit-Diagramm dargestellt.

Hinweis:

Beim Programmieren ist sicherzustellen, dass der Zählerwert die Zahl 999 nicht übersteigt. Ab diesem Wert wird ohne Fehlermeldung nicht mehr weitergezählt.

Tabelle 1: Daten eines Zählers

Parameter	Datentyp	Speicherbereich	Beschreibung
	COUNTER	Z	Nummer des Zählers, Bereich ist von der CPU abhängig
ZV	BOOL	E, A, M	Eingang ZV: Vorwärtszählen
ZR	BOOL	E, A, M	Eingang ZR: Rückwärtszählen
S	BOOL	E, A, M T, Z	Eingang für Voreinstellungen des Zählers
ZW	WORD	E, A, M oder Konstante	Zählwert eingeben als C#<Wert> im Bereich zwischen 0 und 999
R	BOOL	E, A, M T, Z	Rücksetzeingang
DUAL	WORD	E, A, M	Aktueller Zählwert, hexadezimal codiert
DEZ	WORD	E, A, M	Aktueller Zählwert, im BCD-Format codiert
Q	BOOL	E, A, M	Status des Zählers

Tabelle 2: Programmieren eines Vorwärtszählers /Rückwärtszählers

FUP

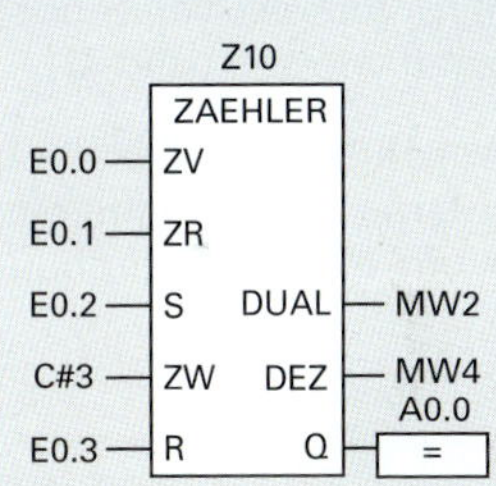

AWL

U	E	0.0
ZV	Z	1
U	E	0.1
ZR	Z	1
U	E	0.2
L	C#3	
S	Z	1
U	E	0.3
R	Z	1
L	Z	1
T	MW	2
LC	Z	1
T	MW	4
U	Z	1
*	A	0.0

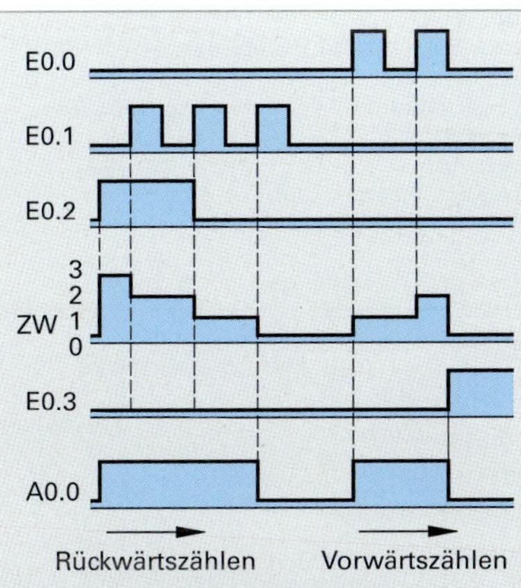

Bild 1: Signal-Zeit-Diagramm

Beispiel 1: Drehkreuz an einer Förderstrecke

Die Behälter an einer Förderstrecke fassen maximal 8 Teile. Die Anzahl der Teile werden mit einem Drehkreuz überwacht. Mit dem Taster E0.2 wird das Drehkreuz freigegeben. Der Eingang E0.0 zählt die Teile. Bei Erreichen der maximalen Anzahl wird das Drehkreuz ebenfalls gesperrt **(Bild 1)**. Die Aufgabe wird mit einem Rückwärtszähler gelöst. Der Zählerwert wird auf 8 gesetzt. Mit dem Drehkreuz wird rückwärts gezählt. Der Freigabemagnet wird mit einem SR-Speicher gesteuert **(Tabelle 1)**.

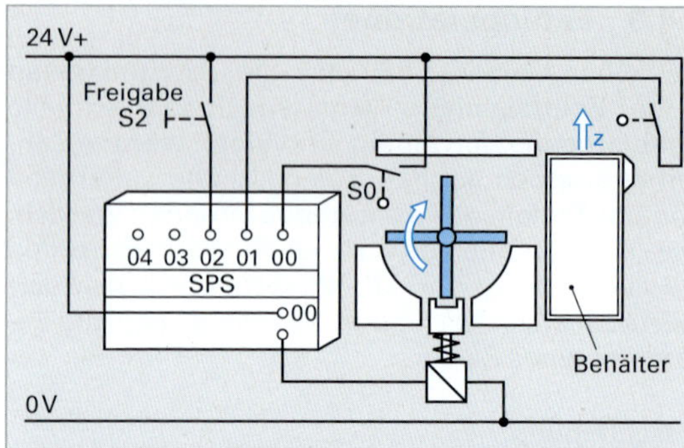

Bild 1: Zuordnungsbeschaltung

Tabelle 1: Lösung zu Beispiel 1

FUP

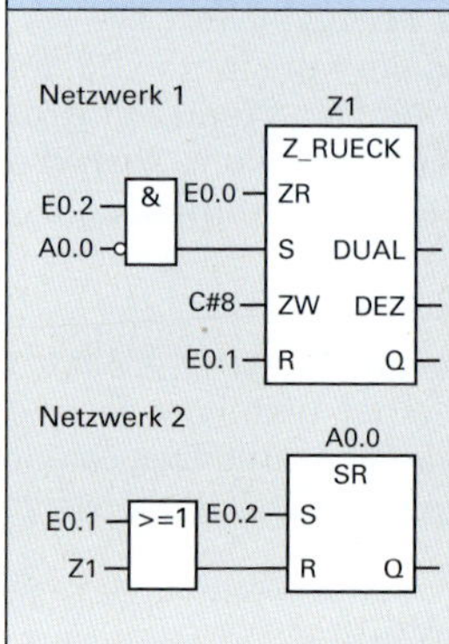

AWL

U	E	0.0
ZR	Z	1
BLD	101	
U	E	0.2
UN	A	0.0
L	C#8	
S	Z	1
U	E	0.1
R	Z	1
U	E	0.2
S	A	0.0
U(		
O	E	0.1
O	Z	1
)		
R	A	0.0

Beispiel 2: Tiefgaragenanzeigetafel

Bei einer Tiefgarage werden die freien Plätze auf einer Anzeigetafel angezeigt **(Bild 2)**. Die Daten werden als ein BCD-codiertes Ausgangswort übergeben. Der Zähler wird mit dem Taster „Setzen" z. B. auf 10 gesetzt. Fährt ein Auto in die Tiefgarage, so werden die optischen Sensoren S1 und S2 (jeweils Öffner) angesprochen und der Zähler um 1 erniedrigt. Fährt ein Auto aus der Garage, dann wird der Zähler um 1 erhöht. Ist kein Platz mehr frei, dann zeigt zusätzlich eine rote Lampe dies an. In **Bild 3** wird eine einfache Lösung nur für das Einfahren gezeigt.

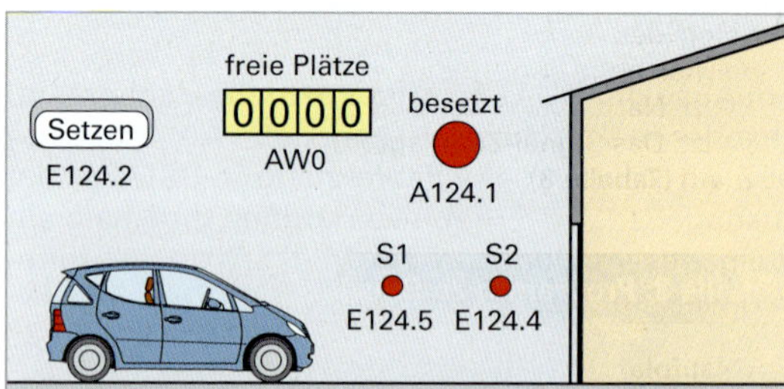

Bild 2: Tiefgaragenanzeige

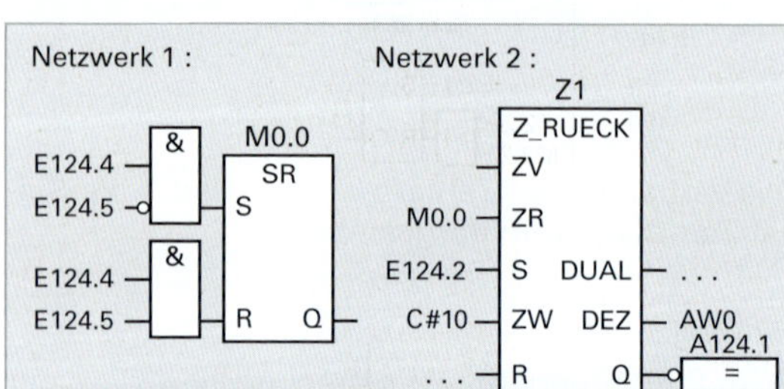

Bild 3: Programmausschnitt für Beispiel Tiefgaragenanzeige

Eigenentwickelter Funktionsbaustein „Zähler"

Anstelle der vorhandenen Zähler können auch Zähler als Funktionsbaustein (FB) selbst erstellt werden. Wenn der Datentyp *Integer* verwendet wird, kann bis ± 32 648 gezählt werden **(Bild 4)**.

Dieser Zähler hat im Wesentlichen dieselben Eigenschaften wie der interne Zählerbaustein. Beim Aufruf muss immer ein Instanz-Datenbaustein erzeugt werden.

SCL-Quelle(1) -- test1\SIMATIC 300(1)\CPU 314C-2 DP

```
FUNCTION_BLOCK FB10
VAR_INPUT
      Addi,Subtr,Setzen:BOOL;
      Startwert:INT;
END_VAR
VAR Flag,Flag1:BOOL; END_VAR
VAR_OUTPUT ZW:INT; END_VAR
IF Setzen THEN ZW:=Startwert; END_IF;
IF Addi AND NOT Flag THEN ZW:=ZW+1; END_IF;
IF Subtr AND NOT Flag1 THEN ZW:=ZW-1; END_IF;
Flag:=Addi; Flag1:=Subtr;
END_FUNCTION_BLOCK
```

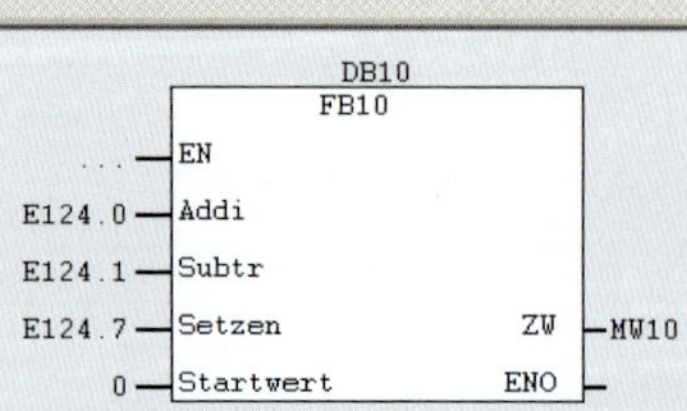

Bild 4: Quellcode „Zähler"

1.4.10 Programmieren von Zeiten

Häufig sind *Zeiten* wichtige Prozessgrößen, so z. B. Wartezeiten, Zeiten bei Ampelsteuerungen, Zeiten bei Galvanikanlagen sowie Taktgeber bei Blinklichtern und Schmierungsanlagen. In der SPS werden die Zeitfunktionen als *Hardware-Zeitglieder* oder *Software-Zeitglieder* ausgeführt. Da die Software-Zeitglieder intern als Zähler ausgeführt sind, ist ihre Genauigkeit abhängig von der Zykluszeit **(Bild 1)**.

Je nach Anwendungsfall werden die Signale zeitlich beeinflusst. Den *Zeitimpuls* (SI) und die *Einschaltverzögerung* (SE) benötigt man am häufigsten **(Tabelle 1)**. Die Zeit wird bei den Funktionsbausteinen als Konstante angegeben. Der Wert besteht z. B. aus einem *Faktor* und einer *Zeitbasis* (Z ⇒ Sekunden). Die Angabe KT8.2 bedeutet 8 mal 1 Sekunde = 8 Sekunden. Die Form der Zeitangaben ist herstellerabhängig.

Beispiel 1:
Das zeitliche Verhalten von Zeitgliedern wird dargestellt. Der Zeitstart erfolgt mit E2.1. Die Zeitkonstante ist 8 Sekunden. Das Zeitglied wird mit E2.2 zurückgesetzt. Das Ausgangssignal ist A2.1 **(Tabelle 2)**.

Beispiel 2: Ausblaseinrichtung
An einer Palettenstation ist eine Ausblasvorrichtung anzubauen. Mit einem Start-Taster E2.1 wird ein Ventil mit Federrückstellung geöffnet. Nach 3 Sekunden, bzw. wenn der Stopp-Taster E2.2. 0-Signal bringt, soll das Ventil schließen.

Analog des Ablaufplans wird das Ventil über einen Speicher angesprochen. Mit E2.1 wird der Speicher gesetzt. Nach Ablauf der Zeit wird der Speicher zurückgesetzt. Das Signal-Zeitdiagramm zeigt den zeitlichen Verlauf **(Tabelle 3)**.

Tabelle 3: Programm zu Beispiel 2

Ablaufplan	Funktionsplan	Signal-Zeit-Diagramm
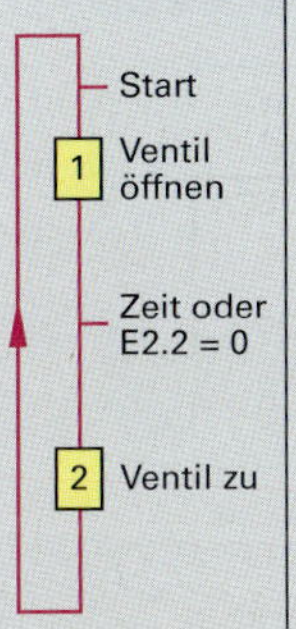	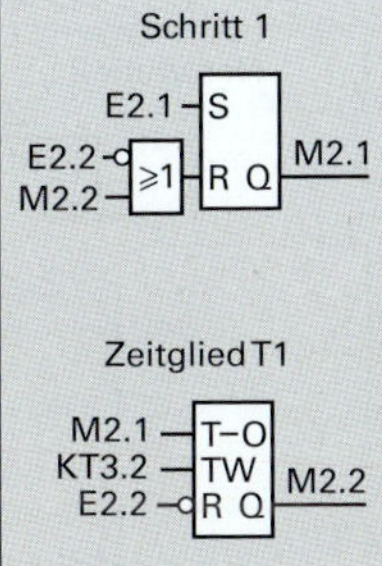	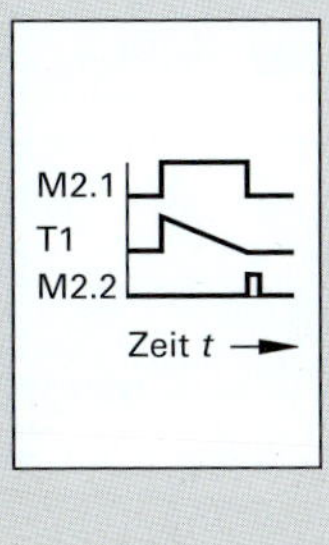

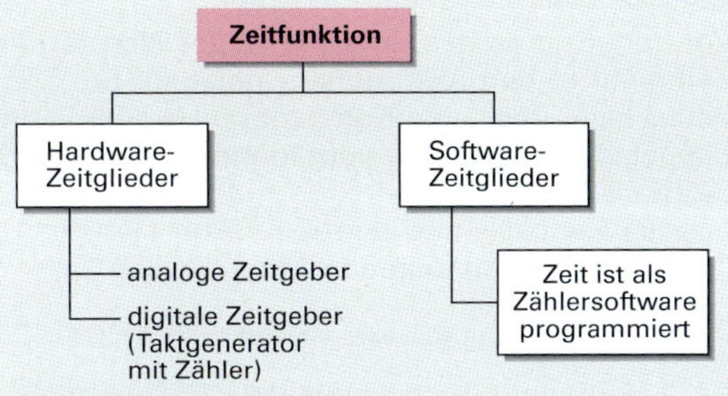

Bild 1: Arten der Zeitfunktion

Tabelle 1: Zeitoperationen

FUP	AWL	Bezeichnung
SI	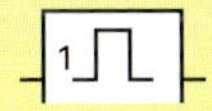	Impulsbildung (Signalverkürzungen)
SV	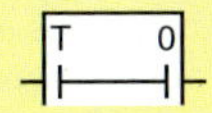	Bilden von Impulsen konstanter Länge
SE	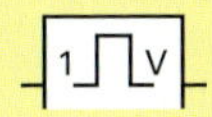	Einschaltverzögerung
SS	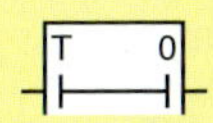	Speichernde Einschaltverzögerung
SA	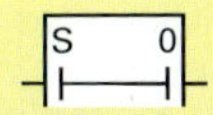	Ausschaltverzögerung

Tabelle 2: Signalverlauf bei Zeitgliedern

SI Impuls

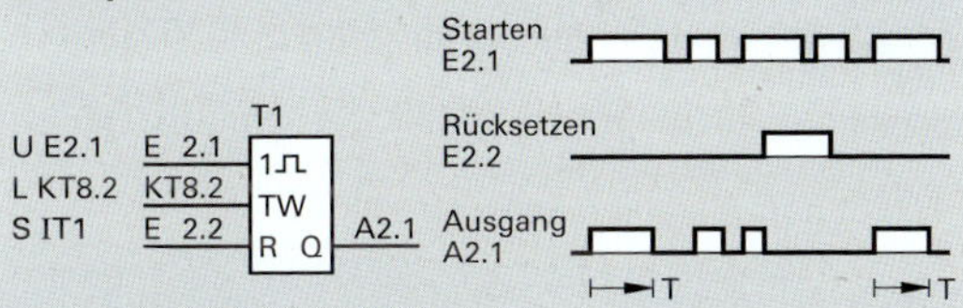

SE Einschaltverzögerung

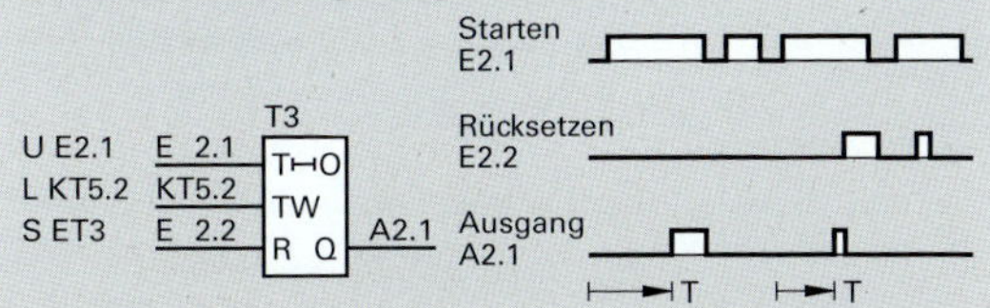

SA Ausschaltverzögerung

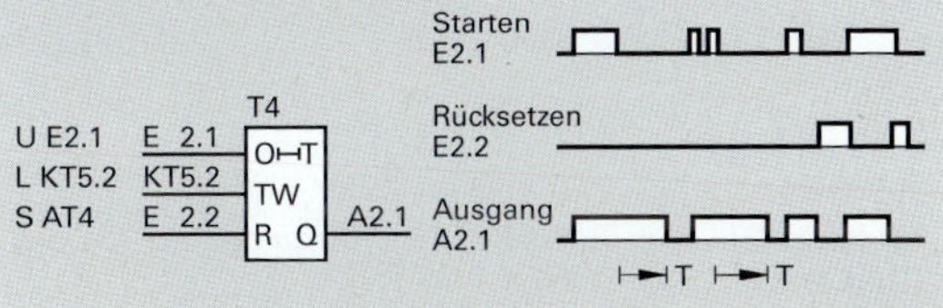

Vorgabe einer Zeitdauer mit Timer

Vor dem Starten des Timers wird der Wert für die Zeitdauer in den Akkumulator geladen. Die Zeitdauer kann über eine Konstante oder eine Variable geladen werden. Es liegt immer das Datentyp Word als BCD-Code vor. Die Zeitdauer ergibt sich aus der Zeitbasis und dem Zeitfaktor **(Tabelle 1)**. die Zeitbasis kann folgende Werte haben:

0 = 0.01 s; 1 = 0.1 s; 2 = 1 s; 3 = 10 s.

Der Faktor steht in den folgenden BCD-Gruppen. Die Eingabesyntax ist z. B.

600 ms	=	S5T#600ms
34,5 s	=	S5T#35s400ms
5 min 10 s	=	S5#5m10s

Beispiel 1:

Eine rote Lampe (A124.1) soll nach 27 s + 500 ms einschalten. Nach dem Ablauf von 10 s soll eine gelbe Lampe (A124.0) einschalten.

Lösung **(Bild 1)**:

Ein Timer (Einschaltverzögerung) wird mit dem Eingang E124.0 (Dauersignal) gestartet. Nach der eingegebenen Zeit erfolgt am Ausgang Q das 1-Signal. Die aktuelle Zeit kann am Timer abgegriffen werden. Der Ausgang DUAL liefert ein Wort (TimerWord), welches bei der Zeitbasis 1 dem 10-fachen Wert der Zeit entspricht. Am Ausgang „DEZ" kann die aktuelle Zeit im BCD-Code ausgelesen werden. Über eine Vergleicher wird die gelbe Lampe gesetzt.

Beispiel 2:

Eine Tür soll mit Tastern bewegt werden **(Bild 2)**. Nach dem Öffnen soll sie nach 6 s automatisch wieder schließen. Allerdings, wenn die Lichtschranke (Öffner) beim Schließen der Tür unterbrochen wird, dann soll die Tür sofort stehen bleiben.

Lösung **(Bild 3)**:

Wenn die Tür offen ist (Grenztaster E124.3), wird der Timer (Einschaltverzögerung SE) gestartet. Nach Ablauf der Zeit wird das Ventil auf *Türe schließen* umgeschaltet.

Zusatzaufgabe:

Es soll die Alarmlampe leuchten, wenn der Bewegungsvorgang länger als 10 s dauert.

Lösungshinweis:

Ein Timer wird gestartet, wenn kein Grenztaster 1-Signal hat.

Aufgabe

Erklären Sie die Funktion des dargestellten Timers **(Bild 4)**.

Tabelle 1: Aufbau des Timer Vorgabewertes

	Timer Wort			
	Zeitbasis	**10^2**	**10^1**	**10^0**
Belegung	1 = 0.1 s	10 s	1 s	0.1 s
Bit-Nr.	15 12	11 8	7 4	3 0
S5T#27s500ms	0001	0010	0111	0101

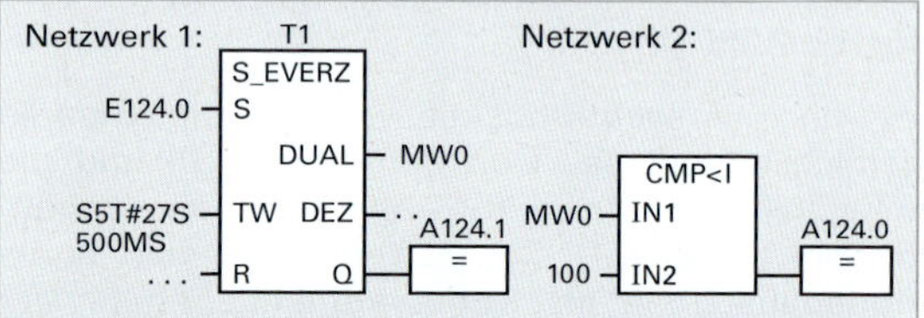

Bild 1: Lösung zu Beispiel 1

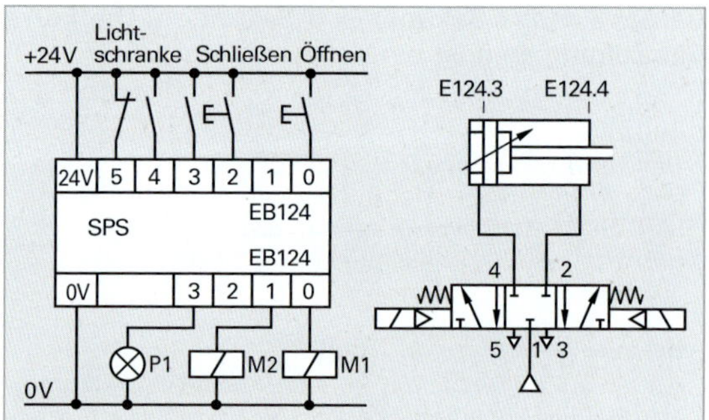

Bild 2: Beschaltung zu Beispiel 2

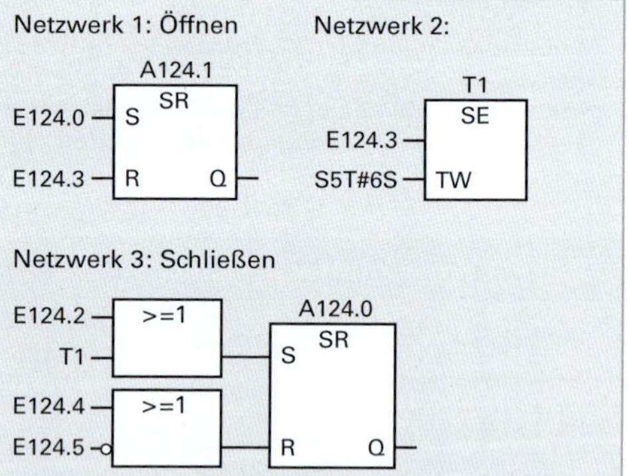

Bild 3: Lösung zu Beispiel 2

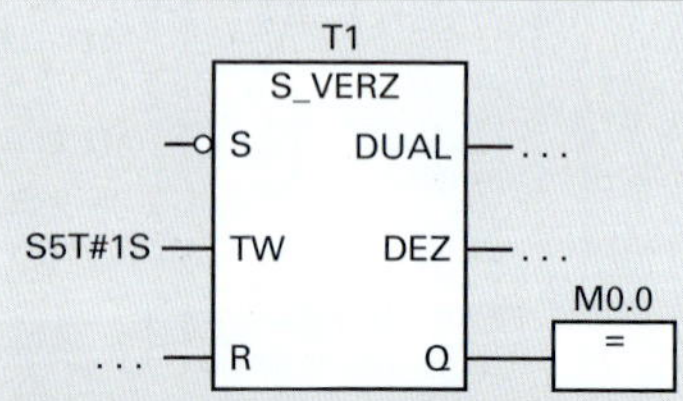

Bild 4: Ausschaltverzögerung

Beispiel 1: Förderband

Eine Förderbandanlage **(Bild 1)** soll gesteuert werden. Nach dem *Start*-Signal soll eingeschaltet werden. Nach 3 s soll der Bandmotor automatisch dazugeschaltet werden. Der induktive Sensor E125.1 gibt jeder Umdrehung einen Impuls. Erfolgt nicht jeweils nach 2 s ein Impuls, wird die Anlage abgeschaltet. Diese Überwachung wird erst 3 s nach dem Einschalten des Bandmotors wirksam.

Lösung:

In **Tabelle 1** wird die Aufgabe als logischer Text strukturiert dargestellt. Aus dem Technologieschema wird die Symboltabelle **(Tabelle 2)** entwickelt, so dass mit symbolischen Operanden gearbeitet werden kann.

Für die Ansteuerung des Rührmotors wird eine SR-Speicherfunktion verwendet. Das Zeitglied T1 hat eine Doppelfunktion. Nach 6 s wird die Störung aktiv geschaltet. Beim Timer T1 wird der aktuelle Zeitwert mit MW10 ausgegeben und im Netzwerk 5 mit dem Wert 30 (3 s) verglichen. Wenn das Signal länger als 2 s ansteht, also das Band sehr langsam läft, wird der Timer T2 *speichernd* gesetzt. Die Anlage kann erst wieder gestartet werden, wenn mit Reset der Fehler zurückgesetzt wird **(Bild 2)**.

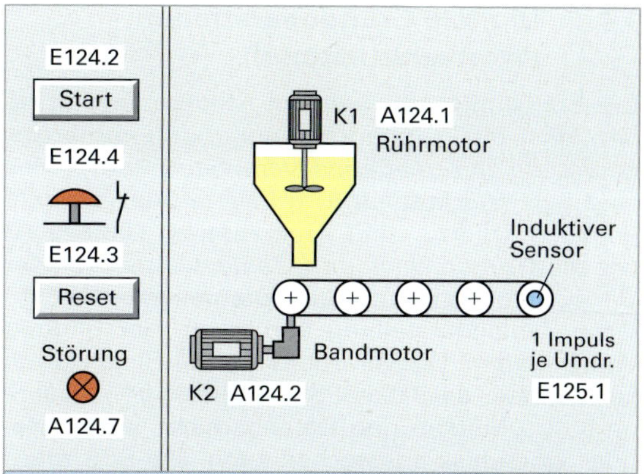

Bild 1: Technologieschema für Förderbandsteuerung

Tabelle 1: Logische Reihenfolge

1	Rührmotor einschalten
2	nach 3 s Bandmotor einschalten Umdrehungen zählen
3	nach weiteren 3 s Überwachung einschaten Fehler, wenn nach 2 s kein Impuls
4	nach 20 Umdrehungen abschalten oder wenn ein Fehler auftritt

Tabelle 2: Symboltabelle

Nr.	Symbol	Adresse	Datentyp	Kommentar
1	Band-motor	A 124.2	BOOL	K2=1
2	Band-wächter	E 125.1	BOOL	Ind.Sensor, betätigt=1
3	Lampe Störung	A 124.7	BOOL	Leuchtet H=1
4	Reset	E 124.3	BOOL	Taster, betätigt=1
5	Rührmotor	A 124.1	BOOL	K1=1
6	Start	E 124.2	BOOL	Taster, betätigt=1
7	Halt	E 124.4	BOOL	Schalter, betätigt=0

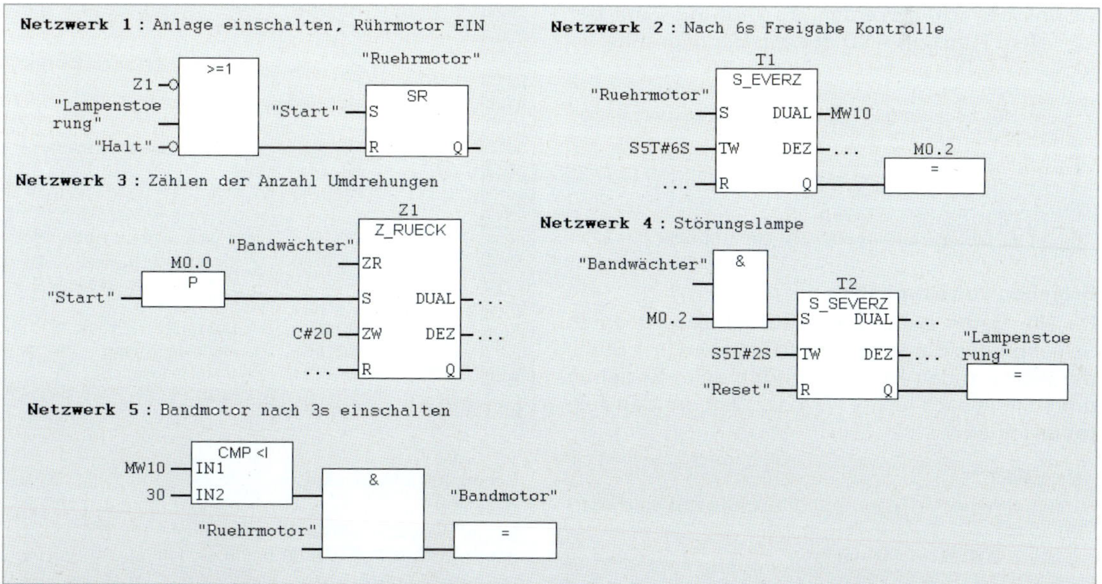

Bild 2: Lösung zu Beispiel 1

1.4.11 Digitale Grundoperationen (Wortverarbeitung)

Die Erstellung von digitalen Steuerungen erfordert, dass die Programmierumgebung *numerisch bewertete Informationen* verabeiten kann. Dies sind z. B. Stückzahlen, Druckwerte oder Längenangaben. Hierzu sind Operationen **(Tabelle 1)** wie die *Grundrechenarten*, *Zahlenvergleiche* oder *Bitoperationen* erforderlich. Die gesamte SPS-interne Zahlendarstellung beruht auf der Bildung von *Bitketten*. Die Verarbeitung von Binärworten setzt voraus, dass die SPS ihre Eingänge, Ausgänge sowie Merker- und Datenbereiche auch byte- oder wortweise ansprechen kann. Die SPS muss deshalb über die Möglichkeit der *Wortverarbeitung* verfügen.

Vergleich von Bitmustern

Die Eingänge einer SPS sind generell *byteweise* aufgebaut. Jeweils ein Byte wird zu einer Adresse zusammengefasst. Der Zustand der einzelnen Bits (Bitmuster) kann einzeln (z. B. E124.3) oder als ganzes Byte (z. B. EB124) abgefragt werden.

Beispiel 1:
Beim Eingangsbyte 124 einer SPS hat der Eingang 124.1, 124.5, 124.6 jeweils ein 1-Signal **(Bild 1)**. Wenn sich irgend ein Signal des Eingangsbytes einen anderen Zustand hat, so soll der Ausgang 124.7 auf 1 gesetzt werden. Bei dem Beispiel ist die Wertigkeit des Eingangs = 98, dieser Wert kann auch binär als 2#01100010 angegeben werden.

Ausmaskieren einzelner Bits

Soll nur ein *einzelnes Bit* eines ganzen Bytes oder Wortes betrachtet werden, so kann dies mit der logischen Funktion AND *ausmaskiert* werden.

Beispiel 2:
Es soll der Zustand des 6.Bits des Eingangsbytes 124 ermittelt werden.

Lösung in AWL: LD %I124
AND 32
ST Wert

In der Variablen Wert (Typ BYTE) steht nun 0 oder 32.

Schieben von Bitmustern

Da alle Daten binär aufgebaut sind, wird durch Schieben des Bitmusters nach links um je 1 Stelle der Wert um den Faktor 2 erhöht, beim Schieben um 1 Stelle nach rechts wird der Wert um den Faktor 2 kleiner.

Beispiel 3:
Der Wert einer Variablen soll um den Faktor 4 erhöht werden.

Lösung in AWL: LD Variable (z. B. = 4)
SHL 2
ST Wert (z. B. = 16)

Tabelle 1: Grundoperationen für digitale Steuerungen

Benennung	Darstellungsart	
	AWL	FUP
Arithmetische Operationen		
Addition	ADD	+
Substraktion	SUB	−
Multiplikation	MUL	×
Division	DIV	:
Vergleichsoperationen		
Größer (GR)	GT	>
Größer gleich (GRG)	GE	≥
Gleich (GL)	EQ	=?
Kleiner (KL)	LT	<
Kleiner gleich (KLG)	LE	≤

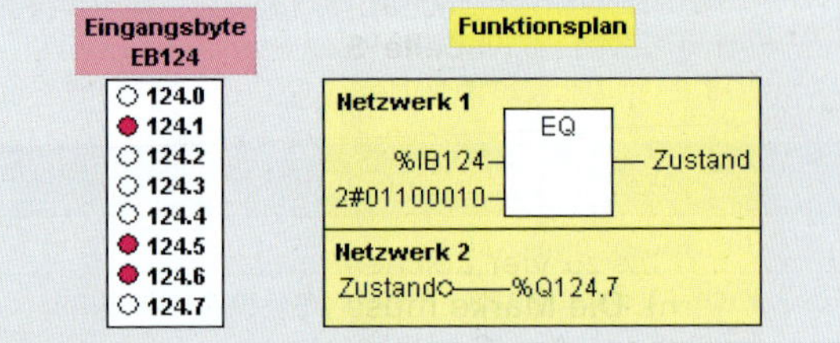

Bild 1: Wort vergleichen

```
LD    X          (*Laden des Druckwertes*)
DIV   260        (*dividieren durch 260 *)
ST    DRUCK

LD    DRUCK      (*prüfen ob Druck >60*)
GT    60
ST    HOCH

LD    DRUCK      (*prüfen ob Druck <50*)
LT    50
ST    NIEDRIG

LDN   HOCH       (*wenn nicht zu groß    *)
ANDN  NIEDRIG    (*und  nicht zu klein   *)
ST    %QX124.0   (*dann Meldeausgang2 *)

LD    HOCH       (*wenn zu hoch oder *)
OR    NIEDRIG    (*zuniedrig dann     *)
ST    %QX124.1   (*Meldeausgang1      *)
```

Bild 2: Druckanzeige

Beispiel: Druckanzeige
Der Druck einer Anlage wird in der Variablen x=0..27648 eingelesen. Der 27648 Wert entspricht 100 bar. Wenn der Druck größer wie 60 bar bzw. kleiner 50 bar ist, soll der Melde-Ausgang 1 aktiv sein, sonst der Meldeausgang 2 **(Bild 2)**.

Umwandlungsfunktionen

Mit den Umwandlungsfunktionen werden Daten in einen anderen Datentyp konvertiert. **Tabelle 1** zeigt einen Auszug mit den wichtigsten Funktionen. In der Programmiersprache FUP enthalten die Bausteine noch den Freigabeeingang EN (enable) und den Freigabeausgang ENO (enableout) Dieser Ausgang liefert den Wert 0, wenn z. B. der Zahlenbereich überschritten wird.

Tabelle 1: Auszug Umwandlungsfunktionen

Beschreibung	FUP	SCL (Strukturierter Text)
INT nach DINT	I_DI	y:=INT_TO_DINT(x)
DI nach REAL	DI_R	y:=INT_TO_REAL(x)
BCD nach INT	BCD_I	y:=BCD_TO_INT(x)
INT nach BCD	I_BCD	y:=INT_TO_BCD(x)
REAL nach INT	TRUNC	y:=REAL_TO_INT(x)

Numerische Funktionen

Beim Funktionsaufruf muss der Datentyp des Eingangsoperanden gleich dem Datentyp des Ergebnisses sein. Mit Ausnahme der Funktion ABS ist der Datentyp immer REAL. Die Funktionen arbeiten genauso wie in der Mathematik **(Tabelle 2)**.

Tabelle 2: Auszug Numerische Funktionen

Beschreibung	FUP	SCL (Strukturierter Text)
Absolutwert	ABS	y:=ABS(x)
Quadrat	SQR	y:=SQR(x)
Quadratwurzel	SQRT	y:=SQRT(x)
Natürlicher Log.	LN	y:=LN(x)
E-Funktion	EXP	y:=EXP(x)
Sinus (Bogenmaß)	SIN	y:=SIN(Winkel° *PI/180)
Tangens (Bogenmaß)	TAN	y:=TAN(Winkel° *PI/180)

Sprungfunktionen

Mit Hilfe der Sprungfunktionen kann die Bearbeitung des Programms an anderer Stelle weitergeführt werden **(Tabelle 3)**. Diese Programmverzweigung kann dabei bedingt oder unbedingt ausgeführt werden. Sprungfunktionen bestehen aus der Sprungbedingung und dem Sprungziel. Das Sprungziel wird mit einer Marke angegeben. Diese darf bis zu vier Zeichen haben (Buchstaben und Ziffern). Die Marke muss mit einem Buchstaben beginnen. Am Sprungziel steht immer die Sprungmarke, gefolgt von einem Doppelpunkt. Eine Sprungmarke darf nur einmal vergeben werden, kann aber von verschiedenen Stellen aus angesprochen werden.

Tabelle 3: Auszug Sprungfunktionen

Beschreibung	Operand	Operation
Spinge unbedingt	MARKE	SPA Ziel...
Springe bedingt, wenn VKE1=1	MARKE	SPA Ziel
Springe bedingt, wenn VKE1=0	MARKE	SPBN Ziel
Sprungverteiler	MARKE	SPL Ziel

Beispiel: Prägepresse

Bei einer Prägepresse wird der Prägedruck abhängig vom Werkstoff aufgebracht **(Bild 1)**. Ein optischer Sensor erkennt, ob ein Werkstück vorhanden ist, ein induktiver Sensor erkennt, dass es Metall ist. Bei Metallen wird als Ausgangswort der Wert 20000 gesendet, bei Nichtmetallen 10000.

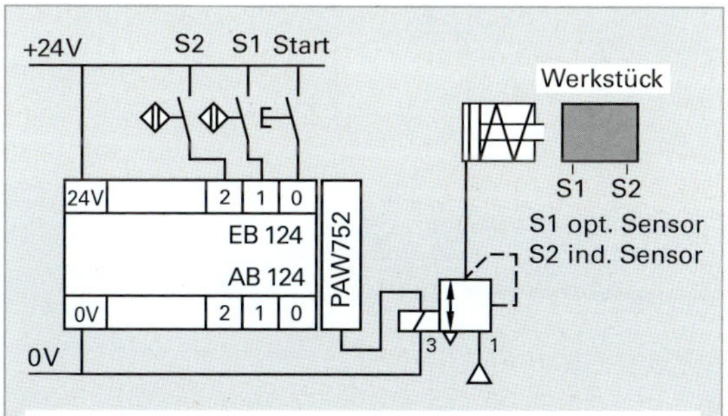


```
UN   E     124.0       POS0: L    0
SPB  POS0                    T    MW    10
U    "optSens"               SPA  POS3
U    "indSens"         POS1: L    20000
SPB  POS1                    T    MW    10
U    "optSens"               SPA  POS3
UN   "indSens"         POS2: L    10000
SPB  POS2                    T    MW    10
                             SPA  POS3
                       POS3: L    MW    10
                             T    PAW   752
```

Bild 1: Prägepresse (Beispiel)

Indirekte Adressierung

Bei indirekter Adressierung kann ein Wert eines Operanden während des Programmablaufs verändert werden. Dies ist immer dann wichtig, wenn z. B. die Ergebnisse während des Programmablaufs schon verwendet werden müssen.

Beispiel: (STEP7):

```
L  P#124.0  //Laden der Adresse als Zeiger
T  MD2      //Transferieren nach Merkerdoppelwort2
UE [MD2]    //Eingang mit indirekter Adresse
=A 124.0    //Ergebnis an Ausgang senden
```

Beispiel: Überwachung der Mengenverhältnisse (Bild 1)

Die Flüssigkeitsmengen der Pumpe A und der Pumpe B werden überwacht. Jede Pumpe hat einen Impulsgeber für die Flüssigkeitsmenge. Die Mengendifferenz soll im BCD-Code angegeben werden. Wenn die Differenz 20 übersteigt, soll eine Warnlampe mit 1 Hz blinken.

Hinweise für die Lösung **(Bild 2)**:

- Die Impulse der Pumpe A und Pumpe B werden gezählt.
- Nach Prüfung des größeren Wertes wird die Differenz gebildet. Hierbei kann eine Ausgabe mit Vorzeichen erfolgen.
- Ein Timer bringt alle 5 Sekunden einen Impuls, immer dann erfolgt eine Ausgabe und die Zähler werden auf Null gestellt.

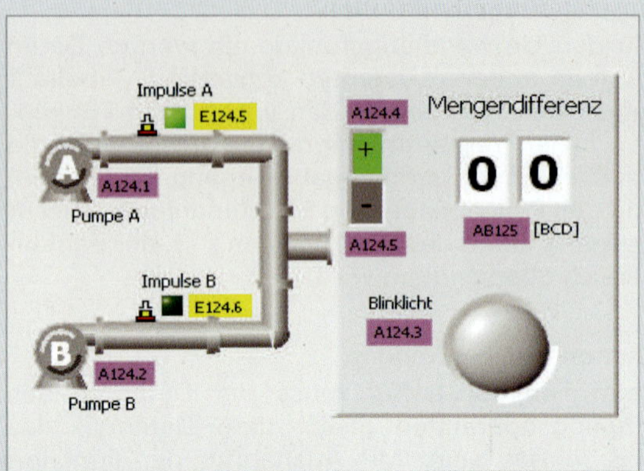

Bild 1: Technologieschema

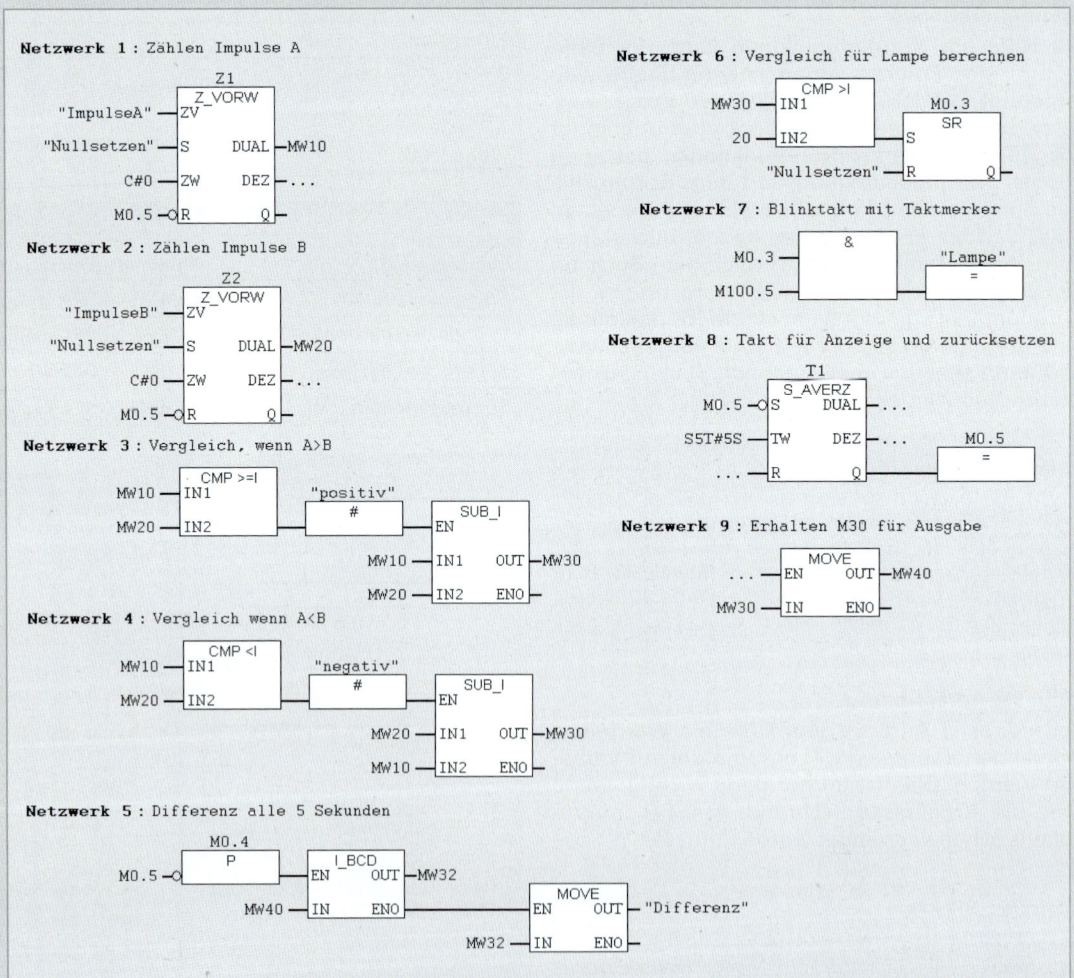

Bild 2: Funktionsplan zur Überwachung der Mengenverhältnisse

1.4.12 Analogwertverarbeitung

In Fertigungsprozessen gibt es viele physikalische Größen die in der SPS verarbeitet werden müssen **(Bild 1)**.

Analogwerte einlesen

Die *Messwertaufnehmer* (MA) erfassen diese Größen. Danach werden diese in *Messwertumformern* (MU) in standardisierte Analogsignale umgewandelt, z. B.: Ein Druckaufnehmer für hydraulischen Druck erzeugt eine Spannung von 0 V ... 10 V bei einem Druckbereich von 0 bar ... 200 bar.

Für die Verarbeitung in der CPU müssen diese Analogwerte in digitale Form gebracht werden. Diese Aufgabe übernimmt der *Analog-Digital-Umsetzer* (ADU) bzw. *Analog-Digital-Converter* (ADC) oder die *Analogeingabebaugruppe*. Je nach Anforderung wird ein 10-Bit-, ein 12-Bit- oder ein 16-Bit-ADC verwendet. Ein 16-Bit-ADC löst eine Spannung von –11,76 V bis +11,759 V in digitale Werte von –32768 bis 32767 auf **(Tabelle 1)**.

Das Wandlungsergebnis wird als *Peripheriewort* zur Verfügung gestellt und kann dort ausgelesen werden. Je nach Qualität der Analogbaugruppe werden für diese AD-Umsetzung Zeiten von 100 ms bis 0,01 ms benötigt. Der in der SPS entstehende Zahlenbereich ist beispielhaft für Spannung und Strom in Tabelle 1 dargestellt.

Beispiel: Ein Drucksignal (Sensor 0 V ... 10 V ≙ 0 bar ... 200 bar) soll eingelesen werden. Der Druckwert soll als ganze Zahl (Typ WORD) im Merkerwort MW10 gespeichert werden **(Bild 2)**.
In der *Lösung* wird zur Umrechnung auf den *Nennbereich* 0 V ... 10 V das *Peripheriewort* PEW128 in eine *Gleitkommazahl* gewandelt, danach durch den Wert 2764,8 dividiert. Der Divisor wird aus Tabelle 1 entnommen. Danach wird mit 20 multipliziert, damit der Wertebereiche von 0...200 entsteht. Vor der Zuweisung in ein *Merkerwort* muss die *Gleitkommazahl* wieder in eine *Ganzzahl* gewandelt werden.

Analogwerte ausgeben

Die Ansteuerung analoger Aktoren erfolgt über Stellglieder bzw. Verstärker. Üblicherweise sind hier Ansteuerspannungen im Bereich ± 10 V notwendig. Diese werden über eine Analogausgabegruppe ausgegeben (Bild 1). Von der SPS aus erfolgt dies über das Senden einer 16-Bit-Ganzzahl an die Peripherie.

Der Zahlenbereich entspricht dem Zahlenbereich der Eingabebaugruppe, z. B.:

- *Peripheriewort* = –27648, ergibt eine Spannung von +10 V,
- *Peripheriewort* = 0, ergibt eine Spannung von 0 V,
- *Peripheriewort* = –27648, ergibt eine Spannung von –10 V.

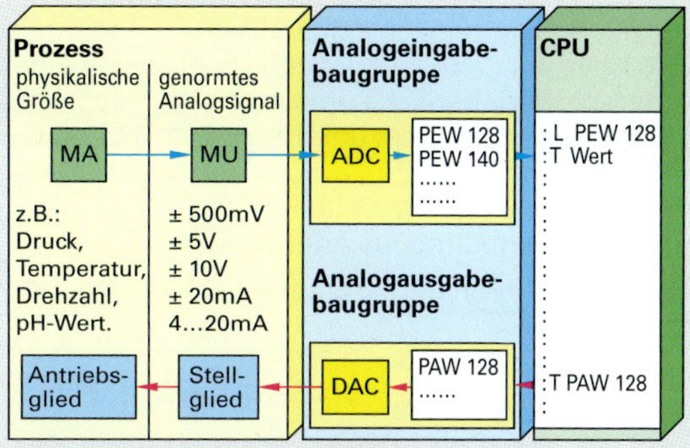

Bild 1: Struktur

Tabelle 1: Analogwertdarstellung für Spannung und Strom

Bereich	Spannung		Strom	
	Messbereich ± 10 V	Einhiten	Messbereich 4...20 mA	Einheiten
Überlauf	> 11,76 V	32767	> 22 mA	32767
Nennbereich	+ 10,00 V – 10,00 V	27648 –27648	20 mA 4 mA	27648 0
Unterlauf	< – 11,76 V	–32768	< 1,1 mA	–32768

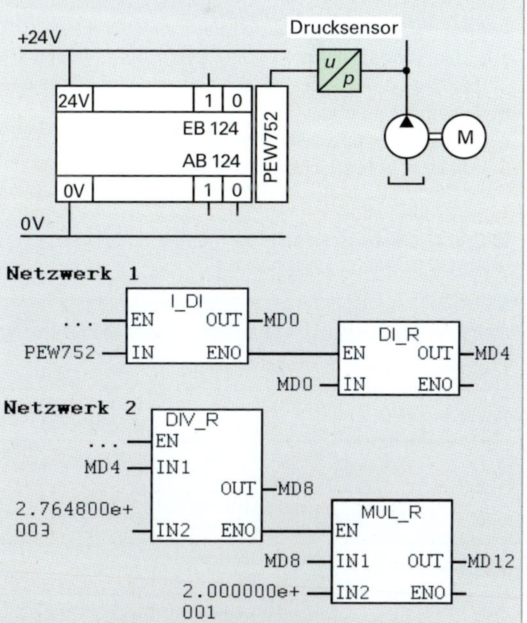

Bild 2: Drucksignal einlesen (Programmbeispiel)

Messwerte normieren

Für die Auswertung der digitalisierten Analogsignale ist es in der Regel erforderlich, diese auf einen anderen Wertebereich umzurechnen, also eine lineare Skalierung vorzunehmen. Hier bietet sich die Erstellung einer Bibliotheksfunktion an. Damit können alle Eingangswertebereiche in die physikalischen Werte umgerechnet werden.

Die **Tabelle 1** zeigt die Parameter der zu entwickelnden Funktion.

$$nW = \frac{oGE - uGE}{oGN - uGN} \cdot (aktWert - uGN) + uGE$$

Die Programmierung kann sehr kompakt mit strukturiertem Text (SCL) erfolgen **(Bild 1)**. Das Bild zeigt auch den Aufruf der Funktion.

Beispiel: Hydraulischer Drucksensor (Bild 2)
Das Drucksensorsignal soll auf die Ausgabe 0...100 normiert werden. Hierzu muss das Stromsignal mit einem 500 Ω-Widerstand gebrückt werden, dann entsteht aus einem 4 mA bis 20 mA-Stromsignal ein Spannungssignal von 2 V bis 10 V. Dieses wird umgerechnet auf 0 bar bis 100 bar.

Lösung:
Die Funktion wird mit folgenden Aktualparametern aufgerufen **(Tabelle 1)**:
aktWert=PEW752
oGN=10, uGN=2, oGE=100, uGE=0;
in nW stehen nun Werte zwischen 0...100.

Übung: In der Prozesstechnik werden Füllstände mit Ultraschallsensoren gemessen **(Bild 3)**. Bei zylindrischen Behältern kann dies linear nach der Formel:
Volumen = Sensorspannung · Faktor + Offset
erfolgen, wobei Faktor = (oGE – uGE)/(oGN – uGN) und Offset = uGE – Faktor · uGN ist.
In diesem Beispiel ist:
oGE = 3; uGE = 0,5; oGN = U1; uGN = U2;
Bei diesem vereinfachten Verfahren entsteht gegenüber der mathematischen Berechnung eines Kegelstumpfs vor allem im mittleren Bereich ein Fehler. Bei sehr schlanken Kegeln darf dieser meist vernachlässigt werden.

Tabelle 1: Parameter der Normierungsfunktion

Variable	Typ	Beschreibung	Beispiel S7 314C-DP
aktWert	WORD	digitalisierter Analogwert	550...27648 ⇒ 2 V...10 V
oGN	INT	obere Grenze Eingang	27648 ⇒ 10 V
uGN	INT	untere Grenze Eingang	550 ⇒ 2 V
oGE	REAL	obere Grenze Ergebnis	100 bar
uGE	REAL	untere Grenze Ergebnis	0 bar
nW	REAL	normierter Wert	0...100

```
FUNCTION FC11 : REAL
VAR_INPUT
aktWert,oGN,uGN:INT;
oGE,uGE:REAL;
END_VAR
VAR
aktWertReal,oGNReal,uGNReal:REAL;
END_VAR
aktWertReal:=INT_TO_REAL(aktWert);
oGNReal:=INT_TO_REAL(oGN);
uGNReal:=INT_TO_REAL(uGN);
FC11:=(oGE-uGE)/(oGnReal-uGnReal)*(aktWertReal-uGNReal)+uGe;
END_FUNCTION
```

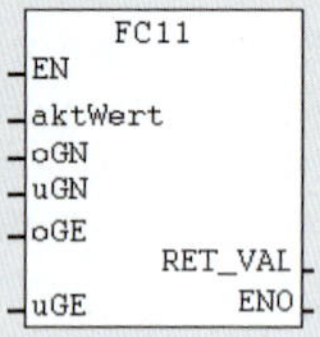

Bild 1: Programm für Normierungsfunktion

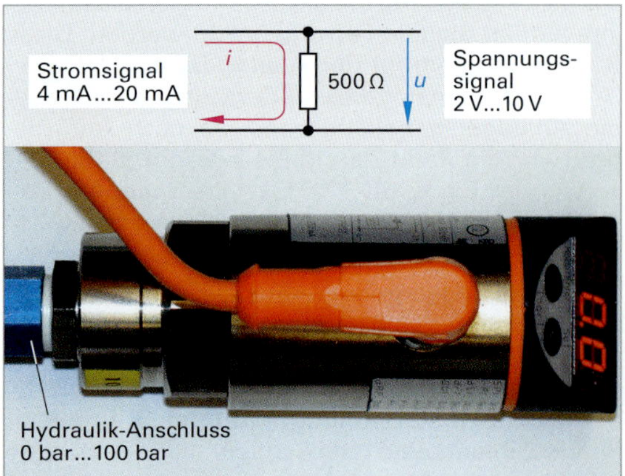

Bild 2: Drucksensor mit Analogsignal

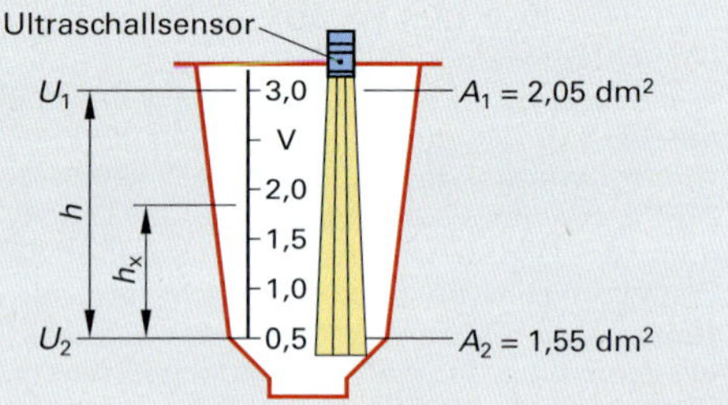

Formel für Kegelstumpfberechnung:

$$A_x = h_x \cdot \frac{(A_1 - A_2)}{h} + A_2$$

$$V_x = \frac{h_x}{3} \cdot (A_x + A_z + \sqrt{A_x \cdot A_2}) + V_o$$

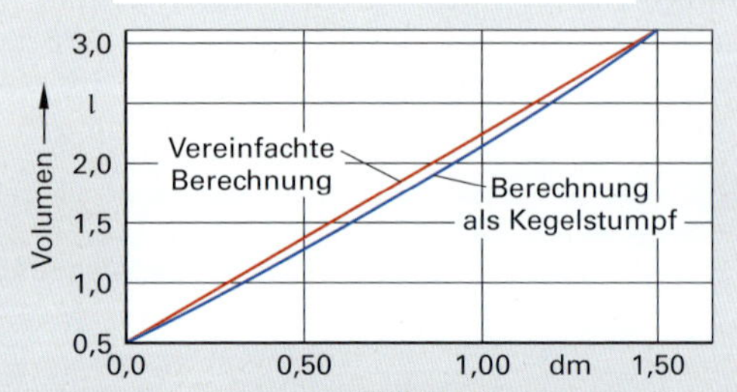

Bild 3: Füllstandsmessung bei kegelförmigem Behälter

1.4.13 Funktionen (FC) und Funktionsbausteine (FB)

Neben den vorhandenen Standardfunktionen und Funktionsbausteinen ist es oft notwendig *eigene* Funktionen zu entwickeln.

Funktionen (FC)

Funktionen sind Programmeinheiten, welche bei bestimmten *Eingangsparametern* immer ein eindeutiges Ergebnis zurückliefern. Es sind Bausteine ohne eigene Datenbereiche also ohne „Gedächtnis". Im Deklarationsteil werden die Eingabevariablen im Teil VAR_INPUT deklariert. Hinter dem *Namen* der Funktion wird der zurückzuliefernde Datentyp angegeben. Im *Funktionsrumpf* wird dann der *mathematische Zusammenhang* definiert und dem Namen der Funktion zugewiesen. Beim Aufruf der Funktion werden dann die Eingabevariablen übergeben, die Funktion liefert dann das Ergebnis zurück.

Beispiel 1:
Es ist eine Funktion mit CoDeSys zu entwickeln, welche nach Eingabe des Durchmessers die Kreisfläche zurückliefert **(Tabelle 1)**.

Funktionsbausteine (FB)

Funktionsbausteine, auch Funktionsblöcke genannt, erzeugen dagegen bei Ihrem Aufruf jeweils einen eigenen Datenbereich. Dadurch können Sie sich Zustände merken. Man sagt, sie haben ein Gedächtnis. Funktionsblöcke haben neben den *Formalparametern* (Ein-Ausgabeparameter) auch *interne Parameter*.

```
Der Aufbau sieht wie folgt aus:
   FUNCTIONS_BLOCK Name
   VAR
   Hier werden die internen Variable deklariert
   END_VAR
   VAR_INPUT
   Hier werden die Eingabevariablen deklariert
   END_VAR
   VAR_OUTPUT
   Hier werden die Ausgabevariablen deklariert
   END_VAR
   Hier kommen die Anweisungen
   END_FUNCTION_BLOCK
```

Ein weiteres Merkmal dieses Bausteintyps ist die sogenannte *Instanzinizierung* (engl. Instance = Fall, Beispiel). Verwendet man den Baustein, so wird ein *Objekt* erzeugt. Diese Objekt erhält einen Namen und belegt einen eigenen Speicherbereich. Jedes weiter erzeugte Objekt bekommt wieder einen Speicherbereich und einen Namen. Typische Funktionsbausteine sind *RS-Speicher, Zeitglieder, Zähler*.

Tabelle 1: Definition und Aufruf einer Funktion

Definition einer Funktion

Deklarationsteil

```
FUNCTION Kreis : REAL
VAR_INPUT
    d: REAL;
END_VAR
VAR
END_VAR
```

Funktionsrumpf (z.B. als ST)

```
Kreis:=d*d*3.14159/4;
```

Aufruf der Funktion

Deklaration

```
VAR
    Area: REAL;
END_VAR
```

Aufruf

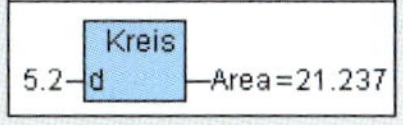


```
FUNCTION_BLOCK Zylinder
VAR  Zeit0: TON;
END_VAR
VAR_INPUT
    Einfahren: BOOL;
    Ausfahren: BOOL;
    K_Eingefahren: BOOL;
    K_Ausgefahren: BOOL;
    Alarmzeit: TIME;
END_VAR
VAR_OUTPUT
    Ventil_Einfahren: BOOL;
    Ventil_Ausfahren: BOOL;
    EndlageStoerung: BOOL;
    ZeitAlarm: BOOL;
END_VAR
```

Bild 1: Deklaration des Funktionsbausteins „Zylinder"

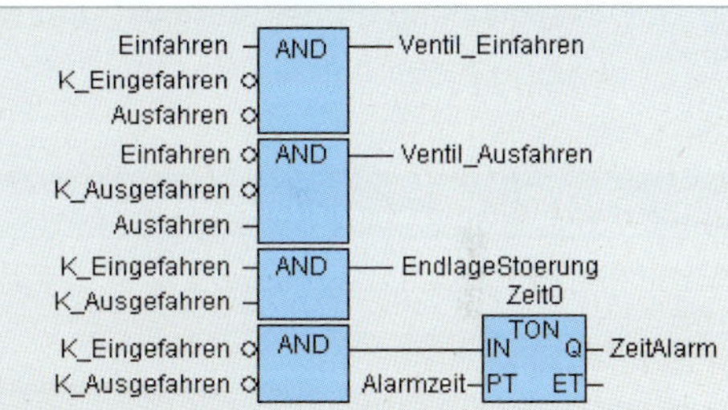


```
PROGRAM TEST
VAR TestZyl_1: Zylinder;
END_VAR
```

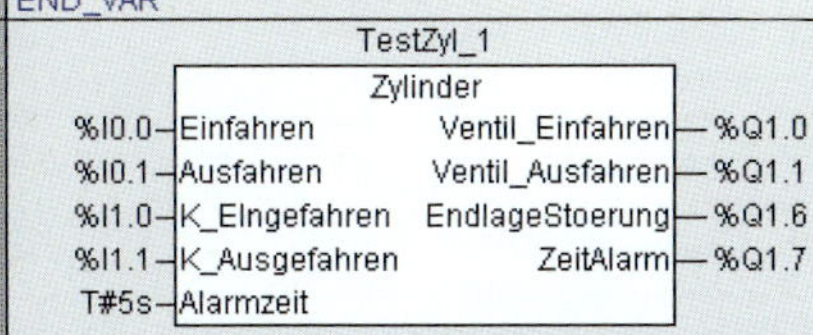

Bild 2: Programm und Aufruf des Funktionsbausteins

Beispiel 2:
Für die Ansteuerung eines Zylinders soll ein Funktionsblock entworfen werden. Deklaration siehe **(Bild 1)**. Es soll eine Meldung ausgegeben werden, wenn beide Endlagensensoren 1 melden bzw. wenn die Laufzeit des Kolbens die eingegebene Alarmzeit überschreitet **(Bild 2)**. Testweise soll der Funktionsblock einmal aufgerufen werden.

Beispiel: Funktionsbaustein für Torantrieb

In einer Warmbehandlungsanlage werden die zwei Tore der Öfen mit einer SPS gesteuert **(Bild 1)**. Ein Elektromotor mit Gewindetrieb bewegt jedes Tor. Die Grenztaster sind Öffner.

Nach dem kurzen Betätigen des Tasters „Schließen“ bzw. des Tasters „Öffnen“ soll zuerst eine Warnlampe blinken, dann soll sich das Tor bewegen.

Während der Bewegung soll ebenfalls die Warnlampe blinken. Das Blinken wird mit Hilfe des Taktmerkers verwirklicht.

Weil von der Struktur her das „Schließen“ und das „Öffnen“ der Türen dasselbe ist, kann ein bibliotheksfähiger Funktionsbaustein die Bewegungen aller Tore vornehmen.

Alle Variablen werden als INPUT-Variable bzw. OUTPUT-Variable übergeben **(Tabelle 1)**.

Bei jedem Aufruf wird dem Funktionsbaustein ein anderer Instanz-Datenbaustein zugeordnet und somit ein anderer Speicherbereich belegt.

Der Organisationsbaustein OB1 ruft viermal den Funktionsbaustein FB11 mit je einem anderen Datenbaustein auf **(Bild 2)**.

Da die Warnlampe beim Öffnen und Schließen blinken soll, muss die Variable jeweils auf einen Merker gesetzt werden, danach werden diese Merker über eine ODER-Verknüpfung an den Ausgang gesendet (Tabelle 1).

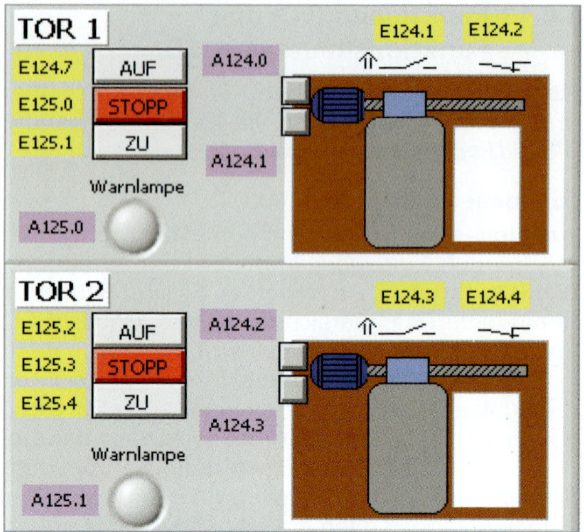

Bild 1: Steuerung von Torantrieben

Programmbausteine	
Main [OB1]	Hauptprogramm
Baustein_1 [FB1]	Funktionsbaustein
Baustein_1_DB [DB2]	Aufruf FB1 -> Tor1 schließen
Baustein_1_DB_1 [DB3]	Aufruf FB1 -> Tor1 öffnen
Baustein_1_DB_2 [DB4]	Aufruf FB1 -> Tor2 schließen
Baustein_1_DB_3 [DB5]	Aufruf FB1 -> Tor2 öffnen

Bild 2: Programmstruktur

Tabelle 1: Programm

Funktionsbaustein FB1

Variablentabelle

Baustein_1

	Name	Datentyp	Offset	Defaultwert	Sichtbar i...
1	▾ Input				☐
2	Bewegen	Bool	0.0	false	☑
3	Angekommen	Bool	0.1	false	☑
4	Halt	Bool	0.2	false	☑
5	Zeit	Time	2.0	T#0ms	☑
6	▾ Output				☐
7	Warnlampe	Bool	6.0	false	☑
8	MotorEin	Bool	6.1	false	☑
11	▾ Static				☐
12	Merker	Bool	8.0	false	☑

Organisationsbaustein OB1

Variablentabelle PLC-Variable

	Name	Variablentabelle	Datentyp	Adresse
1	Tag_1	Standard-Variabl	Bool	%M100.3
2	Tor1_offen	Standard-Variabl	Bool	%I124.1
3	Tor1_zu	Standard-Variabl	Bool	%I124.2
4	Tor2_offen	Standard-Variabl	Bool	%I124.3
5	Tor2_zu	Standard-Variabl	Bool	%I124.4
6	Tor1_oeffnen	Standard-Variabl	Bool	%I124.7
7	Tor1_Halt	Standard-Variabl	Bool	%I125.0
8	Tor1_Schliessen	Standard-Variabl	Bool	%I125.1
9	Motor1_schliessen	Standard-Variabl	Bool	%Q124.0
10	Motor1_oeffnen	Standard-Variabl	Bool	%Q124.1
11	Lampe1	Standard-Variabl	Bool	%Q125.0

Funktionsplan

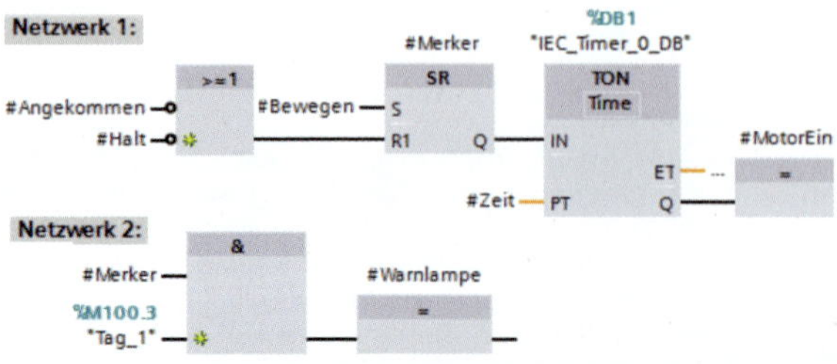

Beispiel: Aufruf des FB1 : Tor1 schließen

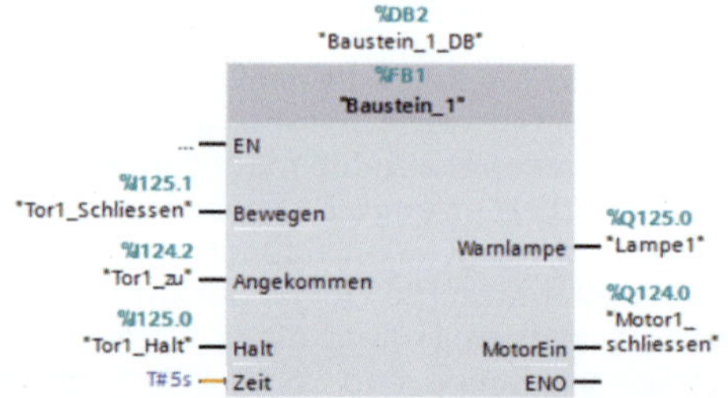

1.4.14 Datenbausteine

In Datenbausteinen werden Daten abgelegt. Die Instanzdatenbausteine sind fest dem jeweiligen Funktionsbaustein zugeordnet. Es werden dort die lokalen Variablen abgelegt.

Für jeden Funktionsbaustein ist ein eigener Instanzdatenbaustein zugeordnet. Bei den globalen Datenbausteinen sind globale Daten abgelegt. Diese sind allen Bausteinen eines Programms zugänglich. In der Regel werden dort die Prozessdaten abgelegt, bzw. Prozessdaten in den Datenbaustein geschrieben **(Tabelle 1)**.

Datenbausteine können die Nummer 2...255 haben. Beim Eintrag der Variablen werden die Adressen automatisch vergeben. Jeder Variablen wird ein Anfangswert zugewiesen.

In **Bild 1** ist beispielhaft dargestellt, wie Daten aus dem Datenbaustein gelesen und in den Datenbaustein geschrieben werden:

Netzwerk 1: Der aktuelle Zählerstand wird in die Variable *Stueck* geschrieben.

Netzwerk 2: Die REAL-Variable *Druck1* wird aus dem Datenbaustein gelesen.

Netzwerk 3: Die Variable *Wartezeit* und die Variable *Serie2* wird ausgelesen.

Beispiel:

Für eine Prägepresse soll je nach Auswahl der Solldruck aus dem Datenbaustein DB7 ausgelesen und im Ausgangswort 0 angezeigt werden **(Bild 2)**. Die Daten können auch mit dem Variablennamen angesprochen werden. Je nach Stellung des Gleiters wird aus dem Datenbaustein der Wert gelesen und dem Ausgangswort zugewiesen **(Bild 3)**.

Tabelle 1: Global-Datenbaustein

Adresse	Name	Typ	Anfangswert	Kommentar
+0.0	Druck1	REAL	4.200000e+0	Teil 4711
+4.0	Druck2	REAL	5.500000e+0	Teil 0815
+8.0	Wartezeit	S5Time	S5T#3S	Prägezeit
+10.0	Stueck	INT	4	max. Stück
+12.0	Serie1	BOOL	FALSE	
+12.1	Serie2	BOOL	TRUE	

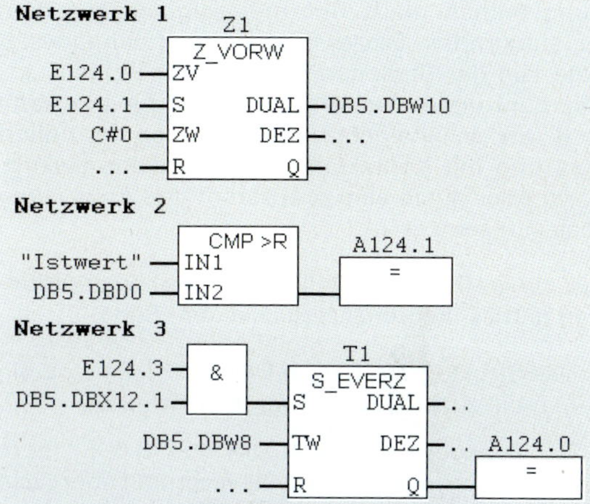

Bild 1: Lesen und Schreiben von Daten

Nr.	E124.7	E124.6	Wert in DB
1	0	0	2,5
2	0	1	5,4
3	1	0	3,8
4	1	1	4,9

Bild 2: Auswählen (Beispiel)

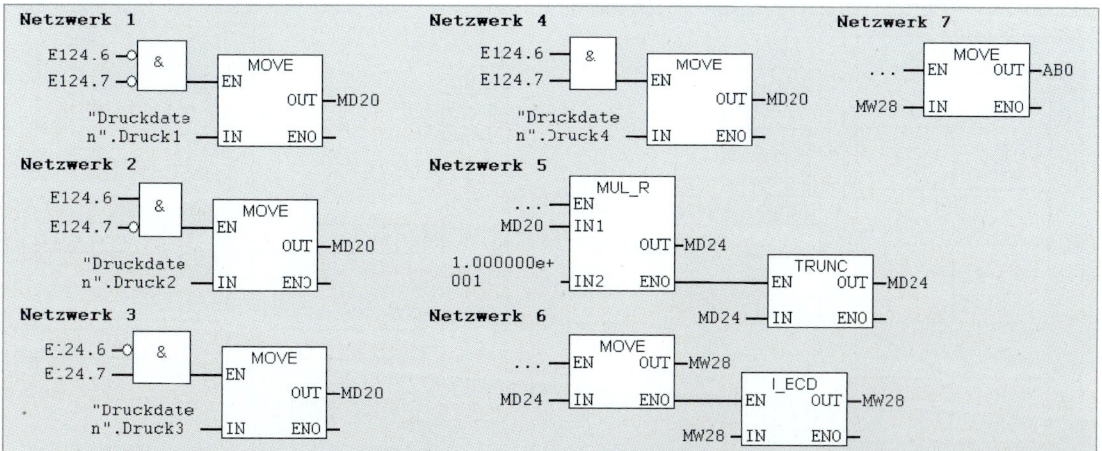

Bild 3: Lösung zur Steuerung der Prägepresse

1.4.15 Ablaufsteuerung

Bei einer Steuerung mit einer schrittweisen Abfolge von Aktionen spricht man von Ablaufsteuerungen bzw. sequentiellen Steuerungen. Kennzeichnend ist eine sogenannte Schrittkette bei welcher immer nur ein Schritt aktiv ist. Der Wechsel von einem Schritt zum folgenden Schritt erfolgt, wenn die Weiterschaltbedingung (Transition) erfüllt ist. Diese Weiterschaltbedingung enthält meist Rückmeldesignale aus dem zu steuernden Prozess, aber auch Eingabesignale aus der Bedienperipherie oder Signale aus übergeordneten Steuerungen. Die Transition kann z. B. als schaltalgebraische Funktion formuliert sein und mit Kontakten oder kontaktlos elektronisch oder durch eine programmierte Anweisung realisiert sein.

Für die grafische Darstellung von Ablaufsteuerungen gibt es mehrere Möglichkeiten **(Bild1)**:

- Das Struktogramm nach DIN 66 261. Es wird allgemein zum Programmieren verwendet.
- Der Funktionsplan nach DIN 40 719-6. Er ist in der Steuerungstechnik weit verbreitet aber nicht mehr normaktuell.
- Der Ablaufplan nach IEC 61131. Es ist die übliche Ablaufdarstellung bei der SPS-Programmierung.
- GRAFCET nach DIN EN 60 848. Dies ist die gültige Norm für die grafische Beschreibung von Ablaufsteuerungen.

Für die gerätetechnische Realisierung von Ablaufsteuerungen (sequetiellen Steuerungen) benötigt man Schrittmerker (1-bit-Speicher).

Als Schrittmerker verwendet man bei Relaissteuerungen Relais in Selbsthalteschaltung, bei elektronischen Steuerungen sind es Flipflops **(Bild 2)** oder andere Speicherbausteine und bei SPS, sowie bei Computern sind es die Arbeitsspeicher.

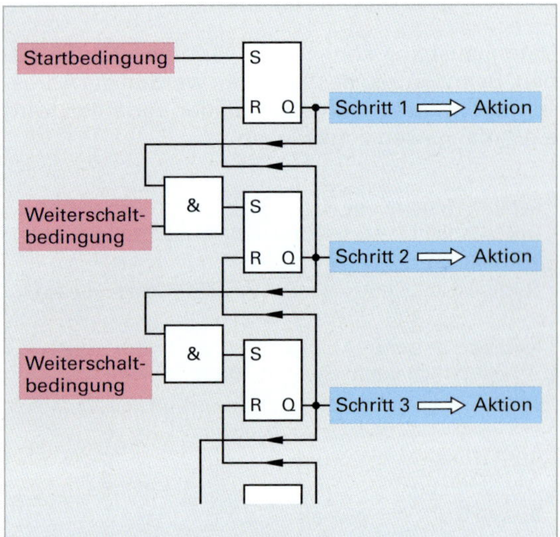

Bild 2: Ablaufstruktur mit Merker

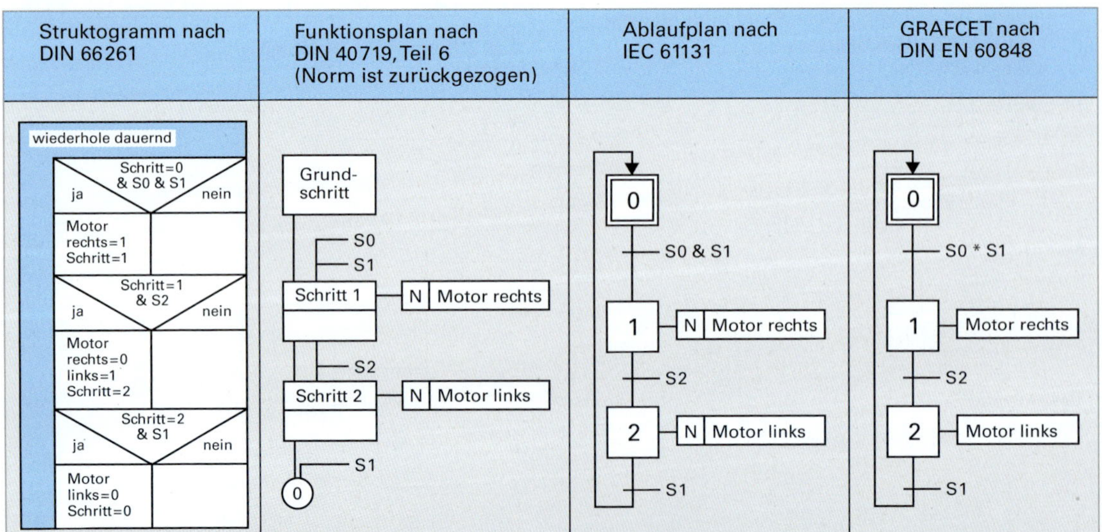

Bild 1: Grafische Darstellung von Ablaufketten

Beispiel: Ablaufsteuerung für eine Bohrstation

Eine Bohrstation in der Metallbearbeitung wird hydraulisch betrieben. Um eine energieeffiziente Anlage zu bekommen wird die Pumpe möglichst oft drucklos geschaltet **(Bild 1)**. Das Programm wird im Funktionsplan (FUP) erstellt. Der Ablauf benötigt vier Schritte, diese werden mit Schrittmerkern aufgebaut[1].

Der nachfolgende Schritt setzt immer den vorhergehenden Schritt zurück. Bei dieser Lösung sind allerdings über jeweils einen Zyklus 2 Schritte gesetzt

Dies hat bei den Aktoren keinen störenden Einfluss. Die Variablen werden in der Variablentabelle angelegt **(Tabelle 1)**. Den Ablauf zeigt **Bild 2**.

Die Lösung mit dem Umsteuerventil (Magnet _MB1) ermöglicht eine energieeffiziente Schaltung. Es entsteht folgender Ablauf:

Schritt 1:

Wenn die Anlage in Grundstellung ist und der Start-Impuls gegeben wird fährt der Spannkolben aus. Wenn der Spanndruck aufgebaut ist (_BP1 = 1) dann wird der Schritt 2 aktiviert und das Wegeventil zum des Spannzylinder geht auf Mittelstellung. Die Pumpe geht auf Umlauf, das entsperrbare Rückschlagventil hält den Spanndruck.

Schritt 2:

Das Wegeventil wird umgeschaltet und der Vorschubkolben fährt aus.

Schritt 3:

Nach Erreichen der vorderen Endlage (_BG3) wird das Ventil umgeschaltet und der Kolben fährt wieder ein.

Schritt 4:

Nach Erreichen des Grenztasters _BG2 wird das Ventil für den Spannkolben aktiviert und der Kolben fährt ein. Danach geht das Wegeventil wieder auf Mittelstellung und die Pumpe fördert drucklos in den Tank.

[1] Das nach DIN EN 81346 vorgesehene Minuszeichen in der Referenzkennzeichnung wurde durch einen Unterstrich ersetzt, damit man SPS-Programmiersysteme kollisiosfrei verwenden kann.

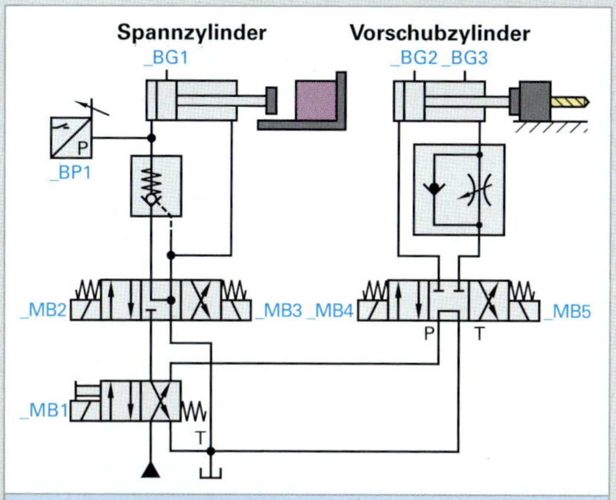

Bild 1: Hydrauikschaltplan

Tabelle 1: Deklartion der VaribIen

	Name	Datentyp	Adresse	Kommentar
1	Start	Bool	%I125.0	Start-Taster
2	Stop	Bool	%I125.1	Öffner-Schalter
3	Richten	Bool	%I125.7	Taster
4	Wkz_Bruch	Bool	%I126.6	Öffner
5	_BG1	Bool	%I126.0	Spannzyl. eingefahren
6	_BP1	Bool	%I126.1	Spannzyl. Spannddruck
7	_BG2	Bool	%I126.2	Vorschub ausgefahren
8	_BG3	Bool	%I126.3	Vorschub eingefahren
9	_MB1	Bool	%Q124.0	Umsteuerventil
10	_MB2	Bool	%Q124.1	Spannzyl. ausfahren
11	_MB3	Bool	%Q124.2	Spannzyl. einfahren
12	_MB4	Bool	%Q124.3	Vorschubzyl. ausfahren
13	_MB5	Bool	%Q124.4	Vorschubzyl. einfahren
14	_KF1	Bool	%Q124.6	Bohrantrieb
15	Schritt1	Bool	%M0.1	
16	Schritt2	Bool	%M0.2	
17	Schritt3	Bool	%M0.3	
18	Schritt4	Bool	%M0.4	
19	Grundstellung	Bool	%M0.0	

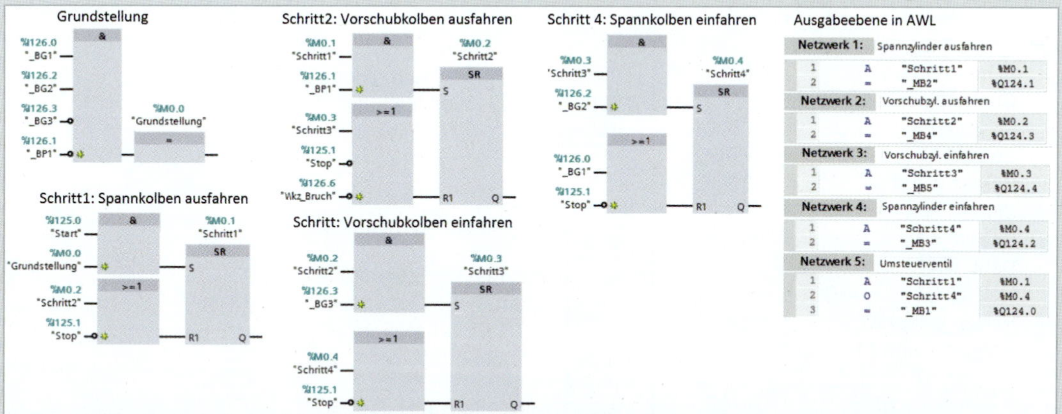

Bild 2: Aufbau des SPS-Programms, erstellt mit Siemens TIA-Portal

Strukturierter Text (ST oder SCL)

Die *Sprache ST* gehört zu den textuellen Sprachen und ist ähnlich zu den Hochsprachen PASCAL und C. In **Tabelle 1** ist die *Syntax* von wichtigen Anweisungen dargestellt. Es sind Operatoren wie in anderen Hochsprachen vorhanden **(Tabelle 2)**.

Der strukturierte Text hat folgende Eigenschaften:

- sehr kompakte Formulierung von Aufgaben,
- übersichtlicher Aufbau des Programms,
- mächtige Konstrukte,
- mit ST läuft die SPS evtl. langsamer als mit AWL.

Beispiel 1: Speicher in der Sprache ST
Da ein Speicher eigentlich nicht anderes ist, als die bedingte Zuweisung eines Wertes für eine Variable, stellt sich die Lösung, wie in **Bild 1** gezeigt, dar. Da die Zeilenfolge der Abarbeitungsreihenfolge entspricht ist dies ein RS-Speicher.

Beispiel 2: Ablaufsteuerung einer Bohrstation
(siehe vorhergehende Seite)
Die Definition der globalen Variablen erfolgt genau so wie bei allen anderen Sprachen. In **Tabelle 3** ist dies in textueller Form erfolgt. Das Hauptprogramm (OB1) wurde in AWL erstellt. Der Baustein *Betriebsartebene* wurde in ST erstellt. In Zeile 3 ist die *Setzbedingung* für den Speicher M1.1 programmiert. In Zeile 4 die Rücksetzbedingung. Die Funktion „Grundstellung fahren" ist eine 3fache UND-Verknüpfung. Deshalb kann der Wert einfach zugewiesen werden. Die Variablen *Richten* und *Halt* sind Boolesche Variablen. Deshalb ist nur eine Abfrage notwendig. Bei der Variablen *Schritt* (BYTE) muss auf 0 verglichen werden, weil nur im Schritt 0 das Fahren in die Grundstellung funktionieren darf.

Tabelle 1: Anweisungen in ST (Auszug)

Schlüsselwort	Beispiel	Erklärung
:= (Zuweisung)	d := 10;	Zuweisung des Wertes an den Bezeichner
IF (Verzweigung)	**IF** d < e **THEN** f:=1; **ELSIF** d=e **THEN** f:=2; ELSE f:=3; END IF	Auswahl von Alternativen durch boolesche Ausdrücke

FOR (Wiederholung)	**FOR** H:=1 **TO** 10 **BY** 2 **DO**
	f[h/2] :=h;
	END FOR;
		Mehrfachdurchlauf eines Anweisungsblockes

RETURN	**RETURN;**	Rückkehr in die aufgerufene Funktion

Tabelle 2: Anweisungen in ST (Auszug)

Operator	Beschreibung	Beispiel mit Wert des Ausdrucks
( )	Klammerung	(2 * 3) + (4 * 5) Wert: 26
+ –	Addition, Substraktion	1.4 + 2.5 Wert: 3,9
NOT	Komplement	**NOT** TRUE Wert: FALSE
* /	Multiplikation, Division	10 * 20 Wert 200
<, >, <=, >=, =, ()	Vergleich, Gleichheit, Ungleichheit	10 > 20 Wert: FALSE
&, AND OR	Boolsches UND, OR	TRUE AND FALSE Wert: FALSE
MOD	Modulo	17 Mod 10 Wert: 7

```
IF E1 THEN M:=1; END_IF
IF E2 THEN M:=0; END_IF
```

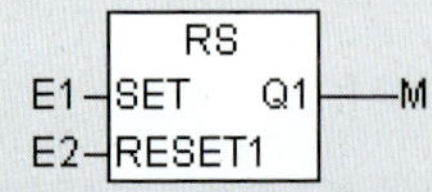

Bild 1: Speicher in ST und FUP

Tabelle 3: ST für die Ablaufsteuerung einer Bohrmaschine

Globale Variable

```
VAR_GLOBAL
    Schritt: BYTE := 0;
    Grundstellung: BOOL;
    Spannen_einf AT %Q124.2 : BOOL;
    Spannen_ausf AT %Q124.1 : BOOL;
    Bohren_ausf AT %Q124.0 : BOOL;
    Start AT %IX124.0 : BOOL;
    Spann_h AT %IX124.4 : BOOL;
    Bohr_h AT %IX124.6 : BOOL;
    Halt AT %IX124.3 : BOOL;
    Einzel_Dauer AT %IX124.1 : BOOL;
    Bohren_vorne AT %IX124.7 : BOOL;
    Richten AT %IX124.2 : BOOL;
    Spanndruck AT %IX124.5 : BOOL;
END_VAR
```

PROGRAMM OB1

```
0001
0002 CAL    Betriebsartenebene
0003 CAL    Ablaufebene
0004 CAL    Ausgabeebene
```

PROGRAMM Betriebsartenebene

```
0001
0002 (*AutomatikMerker setzen*)
0003 IF Start THEN %MX1.1:=TRUE; END_IF;
0004 IF NOT Einzel_Dauer OR NOT Halt THEN %MX1.1:=FALSE;
0005        END_IF;
0006
0007 (*Grundstellung fahren*)
0008 %MX1.3:=Richten AND (Schritt=0) AND Halt;
```

In **Tabelle 1** ist die *Ablaufebene* dargestellt. Der Grundschritt ist eine einfache Verknüpfung. Die jeweiligen Schritte sind *bedingte Zuweisungen*. Wobei jeweils die Variable *Schritt* um 1 höher gesetzt wird. Die Variable *Schritt* beinhaltet also die aktuelle Schrittnummer. Diese dient jeweils auch als *Weiterschaltbedingung*. Im letzten Schritt (Hilfsschritt) wird der *Schrittzähler* auf 0 gesetzt. Soll der Halt-Taster mit eingebaut sein, dann würde folgende Zeile Programm genügen. „IF (NOT HALT) THEN Schritt=0;END_IF;"

Diese Art der Schrittkettenprogrammierung verhindert vom System her, dass mehr als 1 Schritt gesetzt ist. In der *Ausgabeebene* **(Tabelle 2)** werden dann die Ausgänge zugewiesen. Jeder Ausgang darf nur einmal angesprochen werden. Weil eine Zuweisung immer speicherndes Verhalten hat, muss jeweils über die ELSE-Anweisung der Ausgang zurückgesetzt werden. Damit ist auch gewährleistet, dass bei Schritt=0 kein Ausgang gesetzt ist.

Programmierung in Ablaufsprache

In DIN EN 61131 ist die Struktur der Ablaufsprache (AS) festgelegt. Das Ablaufprogramm wird in einer grafischen Umgebung erstellt. Dies ist eine übersichtliche und einfach nachvollziehbare Darstellung.

Jede Ablaufkette beginnt mit einem Initialschritt. Hier werden die Aktionen ausgeführt, welche die Grundstellung ermöglichen. Jeder nachfolgende Schritt besteht aus einer Übergangsbedingung (Transition) und einer Aktion, also der Nennung welche Anweisungen in dem Schritt auszuführen sind.

Beispiel: Stapelmagazin

Aus einem Stapelmagazin sollen Teile ausgeschoben und dann geprägt werden. Die Prägezeit soll 3 s sein **(Bild 1)**. **Bild 2** zeigt die Ablaufstruktur. Nach kurzem Betätigen des „Start"-Tasters (_SF1) wird der Prozess gestartet. Die Grenztaster bringen jeweils die Transition. In den Schritt 4 wird erst nach der Wartezeit von 3 s weitergeschaltet. Am Ende der Kette erfolgt der Rücksprung nach „Init". Mit dem „Stop"-Taster (_SF2, Schließer) kann die Kette sofort zurückgesetzt werden.

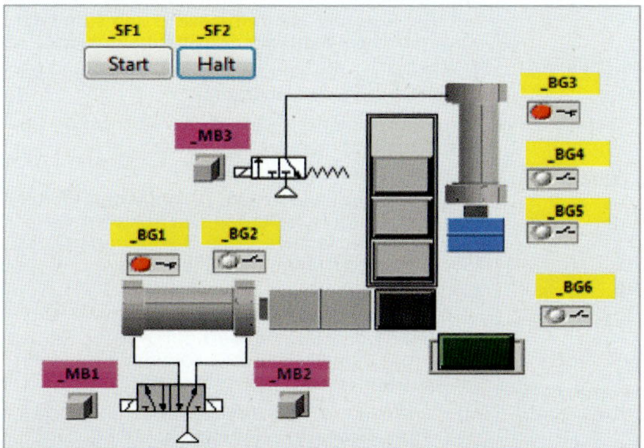

Bild 1: Technologieplan für Stapelmagazin

Tabelle 1: Ablaufebene in ST

```
(* Grundschritt *)
Grundstellung:=Spann_h AND Bohr_h;

(* Schritt 1 Spannkolben ausfahren*)
IF ( Start OR %MX1.1 )                  AND Grundstellung
  THEN Schritt:=1; END_IF;

(* Schritt 2 Bohrkolben ausfahren *)
IF ( Spanndruck AND NOT Spann_h )  AND (Schritt=1)
  THEN Schritt:=2; END_IF;

(* Schritt 3 Bohrkolben einfahren *)
IF ( Spanndruck AND Bohren_vorne )  AND (Schritt=2)
   THEN Schritt:=3; END_IF;

(* Schritt 4 Spannkolben einfahren *)
IF ( Bohr_h )                           AND (Schritt=3)
   THEN Schritt:=4; END_IF;

(* Hilfsschritt *)
IF ( Spann_h )                          AND (Schritt=4)
   THEN Schritt:=0; END_IF;
```

Tabelle 2: Ausgabeebene in ST

```
IF (Schritt=1) OR (Schritt=2) OR (Schritt=3)
      THEN Spannen_ausf:=TRUE;
              ELSE Spannen_ausf:=FALSE; END_IF;
IF (Schritt=4) OR Richten
       THEN Spannen_einf:=TRUE;
               ELSE Spannen_einf:=FALSE; END_IF;
IF (Schritt=2)
       THEN Bohren_ausf:=TRUE;
             ELSE Bohren_ausf:=FALSE; END_IF;
```

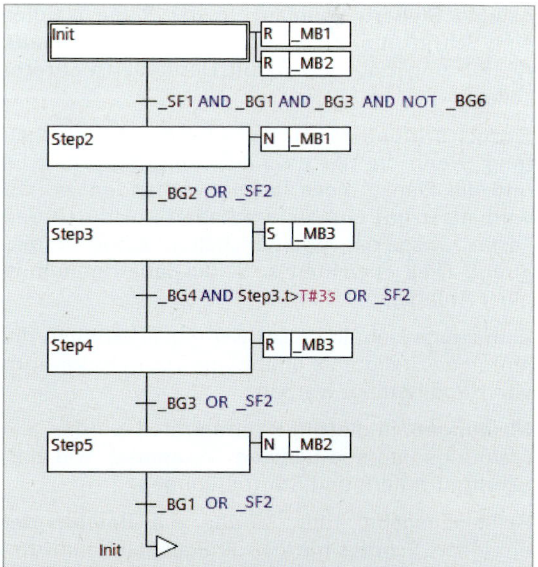

Bild 2: Ablaufstruktur (CoDeSys)

1.4.16 Betriebsarten

Die Gesamtstruktur einer Ablaufkette kann in vier Teile eingeteilt werden:

- Ablaufkette,
- Meldungen,
- Betriebsarten,
- Befehlsausgabe.

Das Zusammenwirken der einzelnen Teile mit den notwendigen Signalen ist in **Bild 1** dargestellt. Im Betriebsartenteil werden die Bedingungen für die unterschiedlichen Betriebsarten festgelegt. Standardisierte Bedienteile **(Bild 2)** ermöglichen eine einheitliche Programmierung. So werden die einzelnen Taster und Voreinstellschalter mit standardisierten Funktionen belegt **(Tabelle 1)**.

Es ist erstrebenswert einzelne Programmfunktionen zu standardisieren. Die nachfolgenden Betriebsarten werden üblicherweise in der Steuerungstechnik angewendet: Es müssen die Sicherheitsregeln (DIN 57 113, VDE 0113) beachtet werden.

- Es müssen gefährliche Zustände verhindert werden.
- Nach Wiederkehr einer ausgefallenen Netzspannung dürfen Maschinen nicht selbstständig anlaufen.
- Bei Störungen müssen Not-Aus-Schalter wirksam bleiben.
- Die Not-Aus-Einrichtung muss im Normalfall elektromechanisch ausgeführt werden.
- Anlagen sind einzuschalten mit Schließer und auszuschalten mit Öffner.

Automatikbetrieb. Im Automatikbetrieb erfolgt nach dem Startsignal der in der Ablaufkette festgelegte Steuerungsablauf. In der Regel ist dies eine Schrittkette. Es ist auch eine wiederholende Ausführung möglich z. B. zum Herstellen mehrerer Teile.

Einzelschrittbetrieb. Hier erfolgt die Weiterschaltung, wenn die Weiterschaltbedingung erfüllt ist und die Flanke eines Tasters vorhanden ist. Oft wird zusätzlich ein Weiterschalten nur durch den Taster ausgelöst (Weiterschalten ohne Bedingung). Dies erleichtert z. B. die Inbetriebnahme einer Anlage.

Einrichtebetrieb. In dieser Betriebsart können die einzelnen Stellgeräte unabhängig vom Programm von Hand betätigt werden.

Meldungen. In diesem Programmteil werden alle Meldungen an den Bediener veranlasst, wie z. B. Schrittnummern und Störmeldungen.

Befehlsausgabe. Hier werden die Befehle der einzelnen Schritte mit den Freigabesignalen und Verriegelungssignalen verknüpft und an die Peripherie ausgegeben.

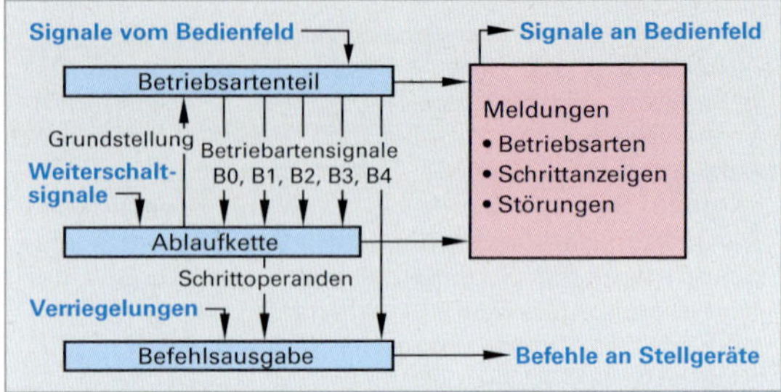

Bild 1: Aufbau einer Ablaufsteuerung

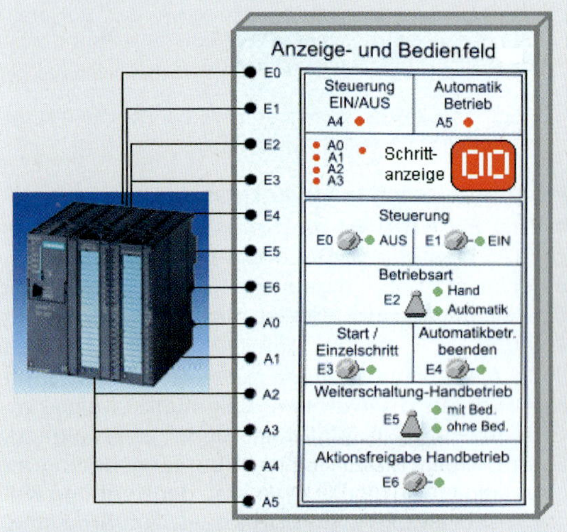

Bild 2: Anzeige und Bedienfeld

Tabelle 1: Funktionen des Eingabefeldes

Nr. des Eingangs:	Beschreibung der Funktion
Taster E0:	Steuerung_Aus
Taster E1:	Steuerung_Ein (muss gespeichert werden)
Schalter E2:	E2 = 1 für Automatik, E2 = 0 für Handbetrieb
Taster E3:	Start/Einzelschritt
Bei E2 = 1	(Automatikbetrieb) Durch Betätigung von E3 wird der Automatikbetrieb gesetzt und somit der automatische Ablauf der Schrittkette gestartet.
Bei E2 = 0	(Handbetrieb) Bei Betätigung von E3 erfolgt eine Einzelschritt-Weiterschaltung.
Taster E4:	Automatik beenden, Schrittkette wird weiter abgearbeitet und nicht neu gestartet.
Schalter E5:	Weiterschaltung Handbetrieb Bei E2 = 0 muss die Art der Ablaufketten-Weiterschaltung festgelegt werden. Zur Auswahl stehen E5 = 1 (Weiterschalten ohne Bedingungen) und E5 = 0 (Weiterschalten mit Bedingungen).
Taster E6	Aktionsfreigabe Handbetrieb In dieser Betriebsart (Handbetrieb, Weiterschalten ohne Bedingungen) wird durch Taster E6 die Aktion des aktiven Schrittes solange ausgeführt wie E6 1-Signal hat.
Anzeigen:	A0 ... A3 sind für die dualcodierte Anzeige des jeweiligen Schrittes vorgesehen, 4 Bit für 16 Schritte (0 ... 15), A4 = 1 Anzeige Steuerung EIN. A5 = 1 Anzeige Automatikbetrieb EIN.

Betriebsartenbaustein

Der Programmteil, welcher die Betriebsdaten realisiert wird als Funktionsbaustein programmiert. Somit kann dieser Baustein in einer Bibliothek abgelegt werden und immer wieder anlagenunabhängig für jede Ablaufsteuerung eingesetzt werden. Alle relevanten Daten werden in dem Funktionsbaustein (Objekt „Betriebsarten") vorgehalten. **Bild 1** zeigt den Aufruf des Funktionsbausteins in einem Hauptprogramm mit dessen Eingabevariablen und Ausgabevariablen. Der Instanzname heißt „Betr_Anlage".

Bei der Programmierung mit Step 7 werden die Daten in einem Datenbaustein ausgelagert. Deshalb muss dieser erzeugt werden. Der Aufruf mit AWL lautet: „CAL Betriebsarten, DB10".

In **Bild 2** werden die Übergabevariablen „VAR_ INPUT" und „VAR_ OUTPUT" des Betriebsartenteils gezeigt. Diese Variablen erscheinen dann beim Aufruf in dem Aufrufbild. Beispielhaft wird die Programmierung gezeigt. Im Netzwerk 1 wird die Verknüpfung für Steuerung EIN/AUS und das Erzeugen eines Richtimpulses programmiert. Im Netzwerk 2 wird der Automatikberieb dargestellt.

Beispiel: Biegeanlage (Bild 3)

Für die Biegeanlage soll ein SPS-Programm entwickelt werden. Hierzu sind im Anlagenbild alls Variablen gelb hinterlegt. Wenn die Programmentwicklung z. B. mit Step7 oder CoDeSys erfolgt, steht die Biegeanlage als virtuelles Modell zur Verfügung.

Nach der Programmentwicklung kann es am PC ohne jede Hardware simuliert werden. Der Funktionsaufruf in Bild 1 verwendet die Variablen der Biegeanlage.

Bild 1: Aufruf des Betriebsartenbausteins

```
VAR_INPUT
    Steuerung_Ein,Steuerung_Aus: BOOL;
    Auto_Hand,StartoderEinzelschritt: BOOL;
    Auto_Ende, Weiter_mB_oB:BOOL;
    AktionsFreigabe,GrundStellung:BOOL;
    Dauerbetrieb: BOOL;
END_VAR
VAR_OUTPUT
    Steuerung:Automatik: BOOL;
    Richtimpuls: BOOL; Freigabe_Schrittkette_m_B: BOOL;
    Freigabe_Schrittkette_o_B:StartSchrittkette: BOOL;
    Freigabe: BOOL;
END_VAR
```

Netzwerk 1 Steuerung EIN/AUS - Richtimpuls B0

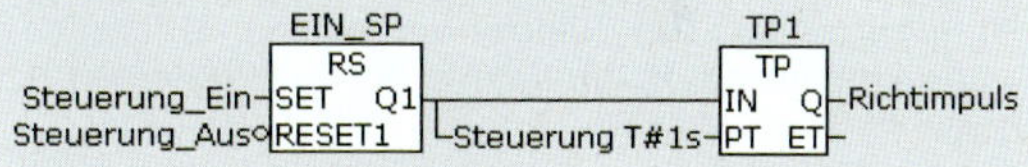

Netzwerk 2 Automatikbetrieb

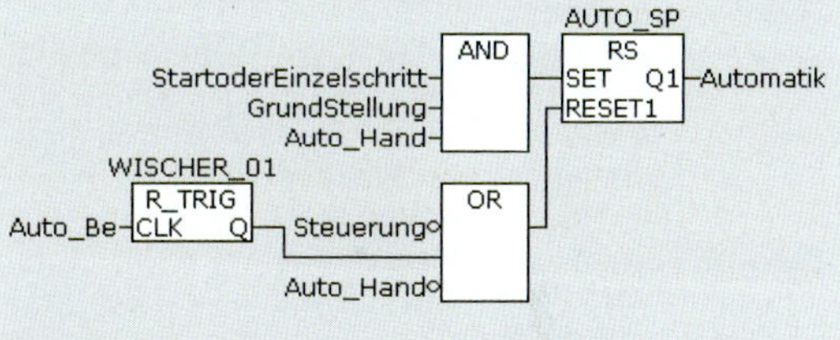

Bild 2: Auszug aus dem Programm

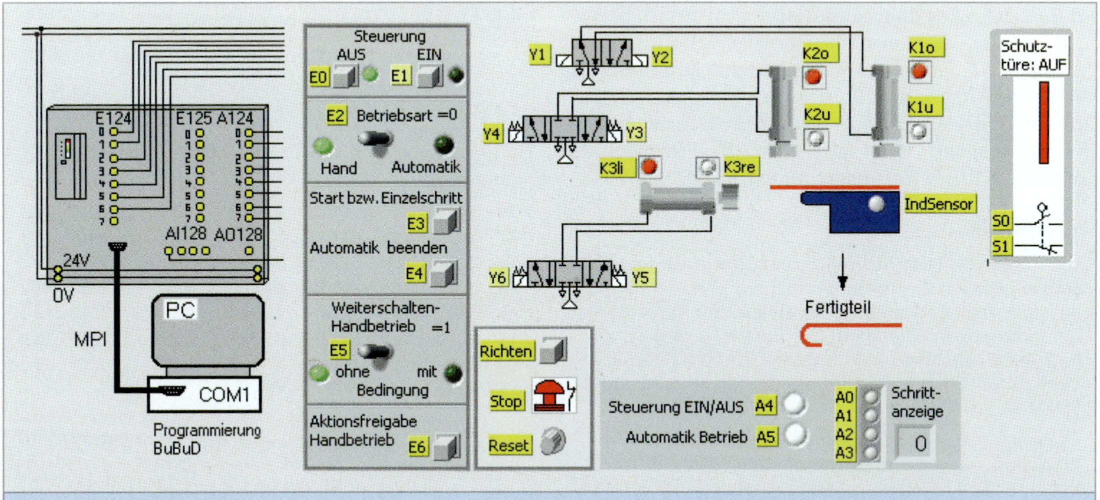

Bild 3: Beispiel Biegeanlage

Schrittkettenbaustein

Da einfache lineare Schrittketten immer denselben Ablauf haben, wird für die Ablaufstruktur ebenfalls ein bibliotheksfähiger Funktionsbaustein programmiert. In **Bild 1** wird der Aufruf für das Beispiel Biegeanlage gezeigt. Hierbei wird der Schritt als *Integer-Zahl* gespeichert. Damit ist zwangsweise gesichert, dass nur 1 Schritt gesetzt ist. Für Visualisierungen ist damit eine einfache Schrittanzeige möglich. Die Schrittnummer 0 ist für „Einrichten“ reserviert und der Schritt 1 ist die Grundstellung der Anlage. Der Schritt 0 wird im Funktionsbaustein nicht verwendet. Der Baustein ist für 11 Schritte ausgelegt. Als Bezeichnung für die Schritte wurde „W1_2“ bis „W11_12“ gewählt. Der Schrittkettenbaustein gibt jeweils die aktuelle Schrittnummer aus. Diese wird in der Ausgabeebene weiter verarbeitet. **Bild 2** zeigt die Programmierung des Funktionsbausteins. Die Variablen können mit Werten vorbesetzt werden.

Erläuterungen zum Quellcode (Bild 2):

Im oberen Teil des Bildes werden die Übergabevariablen deklariert, im unteren Teil das Programm:

Zeile 1.3: Es wird das Weiterschalten ohne Bedingung programmiert. Über die R_TRIG-Funktion wird der Schrittzähler um 1 hochgezählt.

Zeile 5-14: Das Weiterzählen in den Ketten erfolgt in jedem Schritt gleich. Es muss jeweils der vorherige Schritt und die Weiterschaltbedingungen und der Einzelschritt mit Bedingungen vorhanden sein.

Zeile 16: Wenn der Rücksetzeingang 1 ist, dann wird die Schrittkette wieder auf Schritt=1 zurückgesetzt.

Ausgabenprogramm. Da die Ausgabe sehr individuell ist, ist ein Standardbaustein nicht sinnvoll. Im Beispiel wird das Ausgabeprogramm im Strukturierten Text (ST) erstellt. Dem jeweiligen Schritt werden die jeweiligen Ausgänge zugewiesen. Wenn ein Ausgang über mehrere Schritte 1-Signal haben muss, so kann er in jedem Schritt erneut gesetzt werden, oder aber nur im Einzelschaltschritt auf 1 und im Ausschaltschritt auf 0.

Zusammenfassung:

Die Programmiersprache SCL (strukturierter Text) ist sehr kompakt, übersichtlich und gut lesbar. Da sie eng an die Hochsprache Pascal angelehnt ist, hat sie allgemeingültigen Charakter. Der Quellcode muss, wie bei Pascal, übersetzt werden. Die dann entstandenen Funktionen arbeiten wie Funktionen in AWL oder FUP.

Es ist sinnvoll, das SPS-Programm so zu strukturieren, dass kein Code mehrfach geschrieben werden muss. Besonders ist es wichtig, dass Ausgänge im gesamten Programm nur einmal angesprochen werden.

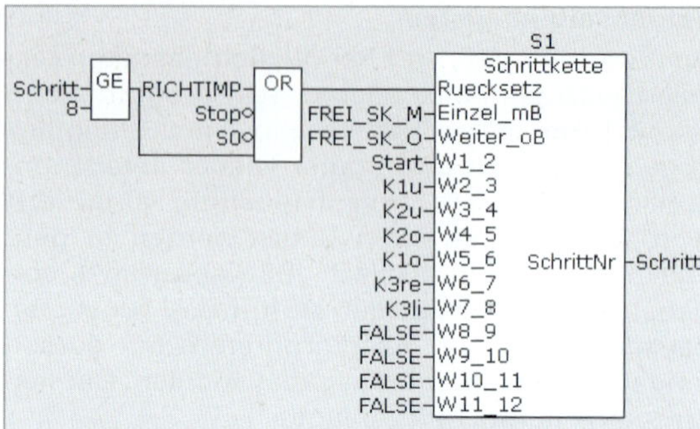

Bild 1: Funktionsbaustein „Schrittkette“

```
FUNCTION_BLOCK Schrittkette
VAR
    W_oB: BOOL;
END_VAR
VAR_INPUT
    Ruecksetz: BOOL := FALSE;Einzel_mB: BOOL := FALSE;
    Weiter  oB: BOOL := FALSE;
    W1_2: BOOL:=FALSE;W2_3: BOOL := TRUE;
    W3_4: BOOL := TRUE;W4_5: BOOL := TRUE;
    W5_6: BOOL := TRUE;W6_7: BOOL := TRUE;
    W7_8: BOOL := TRUE;W8_9: BOOL:=TRUE;
    W9_10: BOOL;W10_11: BOOL;W11_12: BOOL;
 END_VAR
 VAR_OUTPUT
     SchrittNr: BYTE := 1;
 END_VAR
---------------------------------------------------------------
(*Weiterschalten ohne Bedingung*)
Wischer(CLK:=Weiter_oB);
IF Wischer.Q THEN
  IF SchrittNr<11 THEN SchrittNr:=SchrittNr+1;END_IF;
                 END  IF;
(* Schrittkette *)
IF SchrittNr=1 AND  W1  2  AND  Einzel_mB THEN SchrittNr:=2; END_IF;
IF SchrittNr=2 AND  W2_3  AND  Einzel_mB   THEN SchrittNr:=3; END_IF;
IF SchrittNr=3 AND  W3_4  AND  Einzel_mB THEN SchrittNr:=4; END_IF;
IF SchrittNr=4 AND  W4_5  AND   Einzel_mB THEN SchrittNr:=5; END_IF;
IF SchrittNr=5 AND  W5_6  AND   Einzel_mB THEN SchrittNr:=6; END_IF;
IF SchrittNr=6 AND  W6_7  AND   Einzel_mB THEN SchrittNr:=7; END_IF;
IF SchrittNr=7 AND  W7_8  AND   Einzel_mB THEN SchrittNr:=8; END_IF;
IF SchrittNr=8 AND  W8_9 AND    Einzel  mB THEN SchrittNr:=9; END  IF;
IF SchrittNr=9 AND  W10_11 AND Einzel_mB THEN SchrittNr:=10; END_IF;
IF SchrittNr=10 AND W11_12 AND  Einzel_mB THEN SchrittNr:=11; END_IF;
(*Schrittkette auf 1*)
IF Ruecksetz  THEN SchrittNr:=1; END_IF;
```

Bild 2: Quellcode „Schrittkette“

```
FUNCTION FC4 : INT //Ausgabeebene
VAR_INPUT
Schritt:INT;
END_VAR
IF Schritt=2 THEN M1:=1;          END_IF;
IF Schritt=3 THEN M3:=1; M1=0;    END_IF;
IF Schritt=4 THEN M3:=0; M4=1;    END_IF;
IF Schritt=5 THEN M4:=0; M2=1;    END_IF;
IF Schritt=6 THEN M2:=0; M5=1;    END_IF;
IF Schritt=7 THEN M5:=0; M6=1;    END_IF;
IF Schritt=8 THEN M6:=0;          END_IF;
IF Schritt=1 OR A4=0
    THEN M1:=0; M2:=0; M3:=0;
         M4:=0; M5:=0; M6:=0; END_IF;
END_FUNCTION
```

Bild 3: Ausgabeprogramm

1.4.17 Kleinsteuerung LOGO!

Mit Kleinsteuerungen können kombinatorische Steuerungen und einfache Ablaufsteuerungen hergestellt werden. Es werden binäre und analoge Signale verarbeitet. Diese Steuerungen sind i.d.R. modular aufgebaut. Kleinsteuerungen werden vor allem in Bereichen einfacher Verpackungsmaschinen, kleiner Handhabungsgeräte, Säge- und Hobelmaschinen, Textilmaschinen, Zuführeinrichtungen, Lichtsteuerungen, Heizungssteuerungen, Torsteuerungen, Pumpstationen, Solaranlagen u. a. eingesetzt.

Bild 1 zeigt die Kleinsteuerung *Siemens LOGO!* in der Grundversion. Die Eingangssignale können je nach Betriebsart digital (24 V DC) oder analog (0...10 V, 4...20 mA) sein **(Tabelle 1)**. Die Ausgänge werden als Transistor-Ausgänge oder als Relais-Ausgänge ausgeführt. Über das LCD-Anzeigefeld können Daten angezeigt werden und über das Tastenbedienfeld können Programme erstellt werden. Standardmäßig ist eine Ethernet-Schnittstelle (mit Auto Crossover) integriert. Über eine Mini-SD-Karte können Daten als *.CSV Datei mitgeschrieben werden, so dass diese z. B. mit Excel ausgewertet werden können.

Die Steuerung LOGO! kann mit einem CMR-Modul über Ethernet verbunden werden **(Bild 2)**. Damit können SMS- versendet werden. Über GPS kann die Steuerung auch geortet werden, z. B. beim Einsatz in Fahrzeugen oder Schiffen. An diese Baugruppe können auch Aktoren angeschlossen werden. Außerdem erfolgt über GPS auch die Uhrzeit-Synchronisation. Über das Modul Switch können PCs angebunden werden, z. B. für die den Einsatz eines Web-Servers zum Aufbau eines Netzes mit LOGO-Steuerungen für ein verteilte Anwendung **(Bild 3)**.

Tabelle 1: Typische Kenngrößen der Kleinsteuerung	
Digitale Eingänge	8 bis 16
Analoge Eingänge	4 bis 8, 0 V...10 V, 4 mA...20 mA, PT 100 /PT 1000
Digitale Ausgänge	4 bis 8, 0,3 A, 5 A, 10 A
Ethernet-Schnittstelle	Vernetzbar, 10/100 Mbit/s
Spannung, Strom	24 V, 230 V, 1 A, 8 A
Schutzart	IP20, max. 95 % Luftfeuchtigkeit
Temperaturbereich	0 °C bis 55 °C
Funkenentstörung	EN 55011, Klasse B

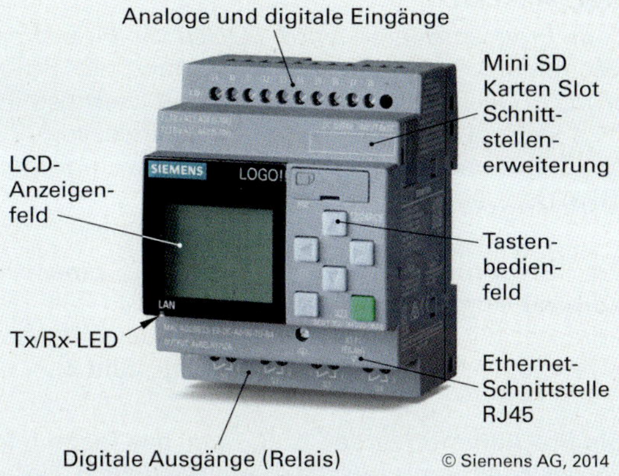

© Siemens AG, 2014

Bild 1: Grundgerät LOGO!

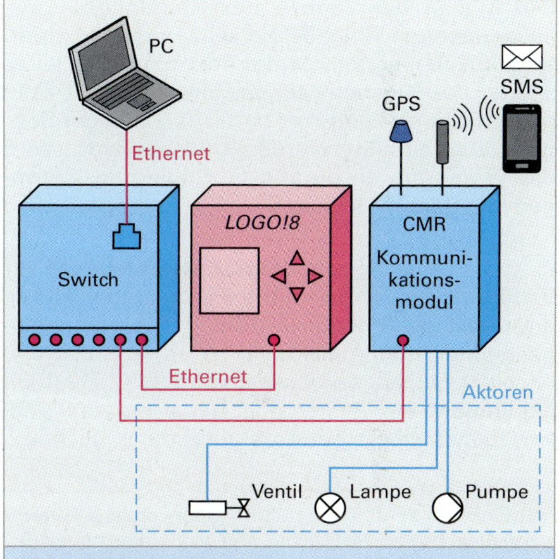

Bild 2: Geräteanordnung

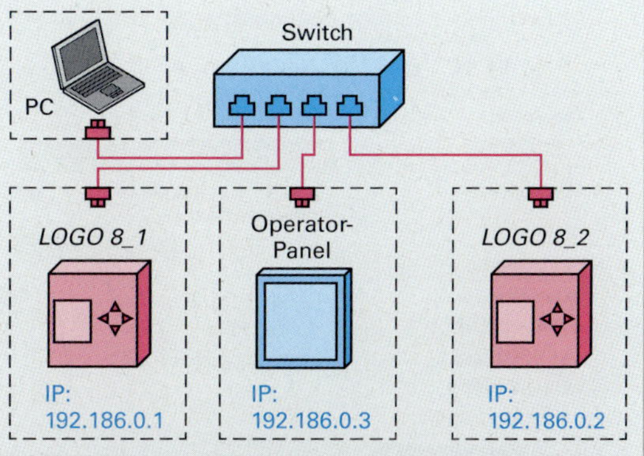

Bild 3: Vernetzung der LOGO!-Steuerungen

Programmieren

Zum Programmieren wird *LOGO! Soft Comfort* (Siemens) verwendet. Die Verbindung zur Steuerung LOGO! wird über Ethernet hergestellt. Dies kann über einen Switch oder direkt vom PC zur Steuerung über ein Ethernet-Kabel erfolgen **(Bild 1)**.

Die Steuerung LOGO! wird über eine IP-Adresse angesprochen. Standardmäßig gilt die Adresse: 192.168.0.1. Mit einem Test der Software kann die Adresse festgestellt werden **(Bild 2)**.

Die Programme werden z. B. über das Tastenfeld an der Steuerung eingegeben. Wesentlich einfacher ist es jedoch, wenn man die Software *LOGO! Soft Comfort* verwendet.

Bild 3 zeigt den Aufbau des Hauptbildschirms. Im gerasterten Eingabefeld wird das Programm als Logikplan erstellt. In der linken Auswahlleiste können die Bausteine ausgewählt werden. Das in dieser Form erstellte Programm kann mit der Software direkt simuliert werden. Über ein Button wird das Programm an die LOGO!-Steuerung überragen und danach gestartet.

Es stehen eine Vielzahl Programm-Bausteinen zur Verfügung. Neben den digitalen Funktionen gibt es auch analoge Funktionen **(Bild 4)**. Die Analogeingänge liefern eine *Ganzzahl* (Word) von 0...1000 bei einer Eingangsspannung von z. B. 0...10 V. Ob ein Eingang ein binäres oder ein analoges Signal verarbeitet wird in der Konfiguration eingestellt.

Ergänzend zu den Grundfunktionen stehen Timer, Schalter, Zähler, Vergleicher und Meldebausteine zur Verfügung **(Bild 5)**.

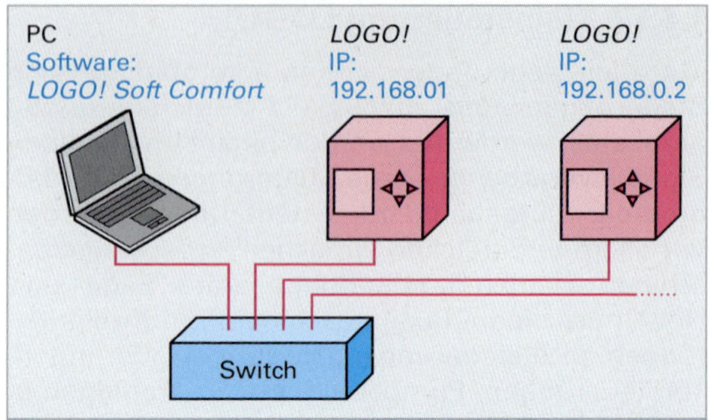

Bild 1: Programmieranordnung *LOGO!*

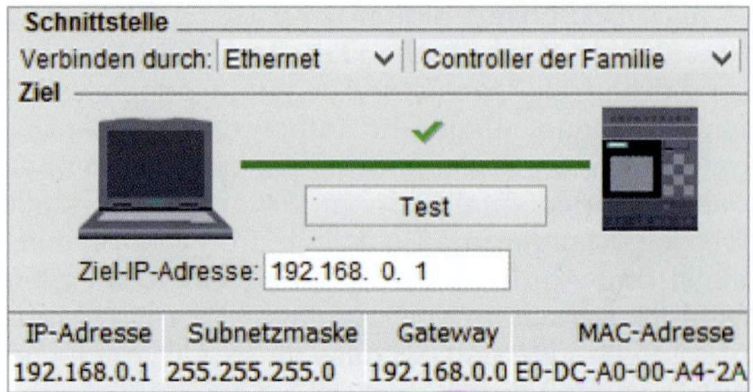

Bild 2: Softwarefenster für Ethernet-Verbindung

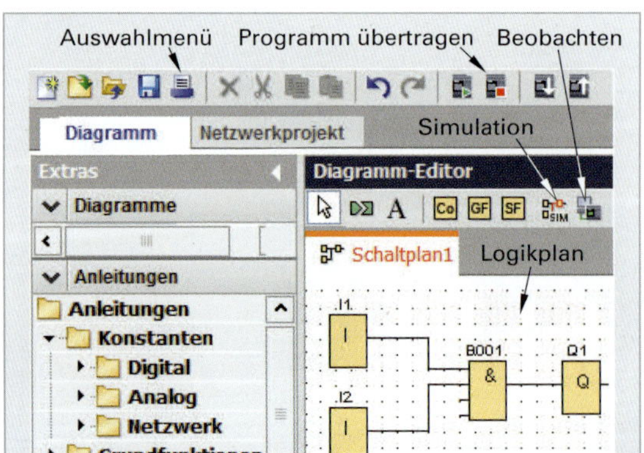

Bild 3: Programmiersoftware: *LOGO! Soft Comfort*

Bild 4: Grundfunktionen

Bild 5: Erweiterte Funktionen

Beispiel: Steuerung eines Pneumatik-Zylinders

Ein einfach wirkenden Pneumatik-Zylinder mit einem federrückgestellten 3/2-Wegeventil soll ausfahren und ausgefahren bleiben, wenn die Taster –SF1 und –SF2 kurz betätigt werden. Er soll wieder einfahren, wenn der Taster –SF3 kurz betätigt wird. Mit einem Schalter –SF8 wird der Meldetext dazu geschaltet.

Bild 1 zeigt die Beschaltung der Steuerung *LOGO!*. In diesem Fall sind alle Eingänge auf Binär eingestellt. Als Ausgänge werden *Relais-Ausgänge* verwendet. **Bild 2** zeigt das Programm als Funktions-Block-Diagramm (FBD). Die UND-Verknüpfung (B001) hat hier 4 Eingänge. Diese müssen jedoch nicht alle belegt sein. Das Selbsthalterelais (RS-Speicher, B002) ist vorrangig zurücksetzend.

In diesem Programm wird ein Meldetext ausgegeben. Das Anzeigen wird mit dem Schalter –SF8 ausgelöst. Der Baustein B003 beinhaltet den Meldetext. In der Konfiguration **(Bild 3)** wird der Grundtext z. B. *Ventil* und der Zustandstext z. B. *OFF*, *ON* eingetragen. Hier wird auch angegeben wo der Meldetext erscheinen soll: Entweder auf dem Display der Steuerung oder auf einem Panel oder zusätzlich auf dem Web-server. Ergänzend zu einem Text kann auch ein für analoge Werte ein Balkendiagramm parametriert werden.

Anstelle der Darstellung des Programms im Modus *Funktions-Block-Diagramm* kann in der Software auch auf die Darstellung als *Ladder-Diagram* umgeschaltet werden **(Bild 4)**.

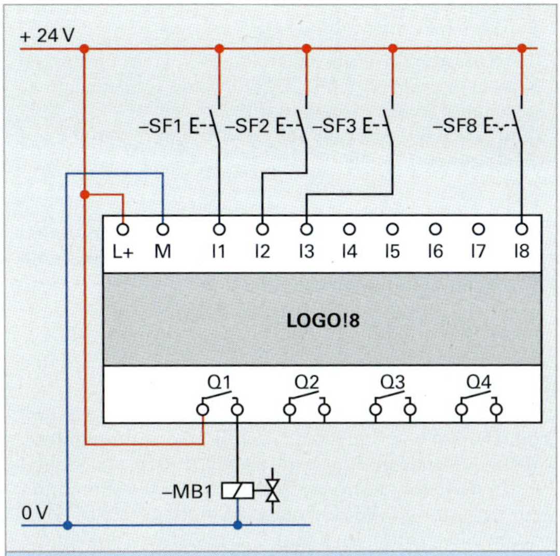

Bild 1: Beschaltung einer *LOGO!*, Beispiel

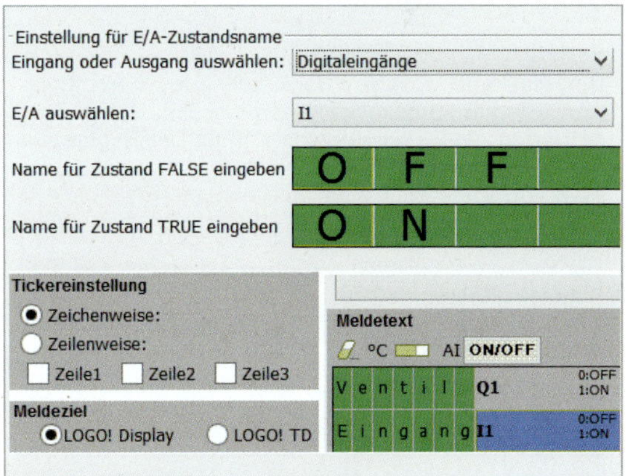

Bild 3: Einstellmenü für Meldetext

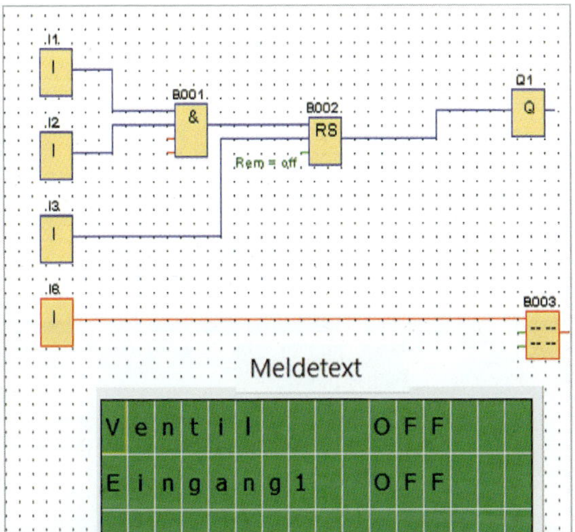

Bild 2: Programm als *Funktions-Block-Diagramm* (FBD)

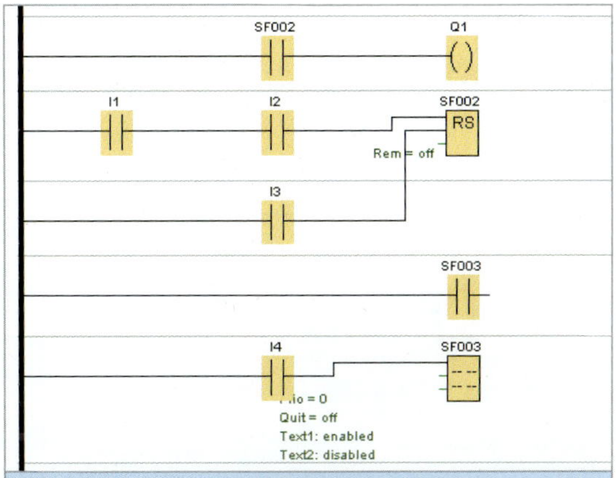

Bild 4: Programm als *Ladder-Diagram*

Beispiel 1: Pumpensteuerung

Der Ausgang Q1 (Pumpe) soll nach kurzem Eingangssignal I1 auf Q1=1 gehen. Der Eingang I2 ist als Öffner geschaltet. Wenn das Signal I2=0 wird, soll der Ausgang noch 5 Sekunden auf Q1=1 bleiben, danach auf Q1=0 gehen.

Lösung:

Die Eingänge **(Bild 1)** gehen auf das Speicherglied B001. Nach dem Speicherglied wird die Ausschaltverzögerung B002 eingefügt. Der Parameter wird auf 5,00 Sekunden eingestellt. Der Ausgang wird mit Schaltrelais Q1 verbunden.

Analogwerte verarbeiten

Um Analogwerte einzulesen wird im Menü *Einstellungen* die notwendige Anzahl der Eingänge angegeben. Wenn 4 Analog- Eingänge benötigt werden, stehen in der Grundausführung nur noch 4 binäre Eingänge zur Verfügung **(Bild 2)**. Analoge Eingänge werden mit einer Gleichspannung von 0 V bis 10 V oder einem Strom 4 mA bis 20 mA beaufschlagt. Die Steuerung stellt die Werte als Ganzzahlvariable (Word, 16 Bit) 0 bis 1000 dar.

Beispiel 2: Füllstandsregelung

Der Füllstand in einem Tank soll mit einem Zweipunkt-Regler konstant gehalten werden. Der Sensor AI1 liefert ein Signal von 0 bis 1000. Der Regler soll die Pumpe beim Wert 400 einschalten und bei einem Wert von 500 ausschalten.

Lösung:

Der Sensorwert **(Bild 3)** wird über AI1 eingelesen. Der Baustein Analog-Komparator wird passend parametriert. Danach folgen ein NICHT-Glied und dann der Ausgang Q1. Mit dem Eingang I1 wird der Meldetext dazu geschaltet.

Mit Hilfe der Simulation kann die Funktion getestet werden.

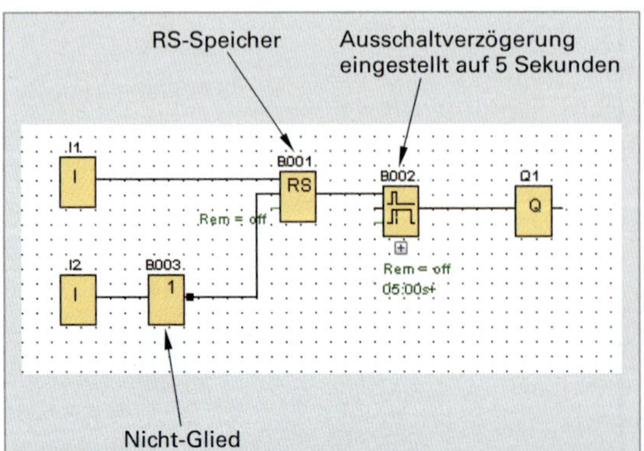

Bild 1: Beispiel Pumpen-Nachlauf

Beispiel 3: Webserver einrichten

Mit Webbrowser **(Bild 4)** wird die Adresse der Steuerung *LOGO!* aufrufen. Z. B. http://192.168.0.1 danach startet der Webserver. Nach der Abfrage des Passworts erfolgt ein Auswahlmenü. Bei den Variablen können die Eingänge und Ausgänge angewählt werden. Der Zustand, bzw. der Zahlenwert bei analogen Variablen wird online angezeigt.

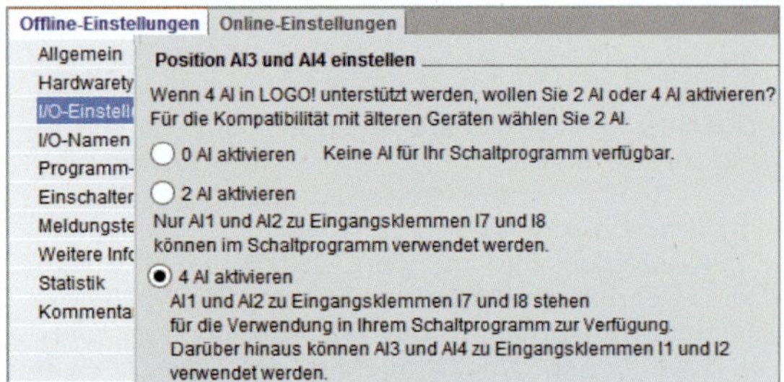

Bild 2: Einstellen der Analogeingänge

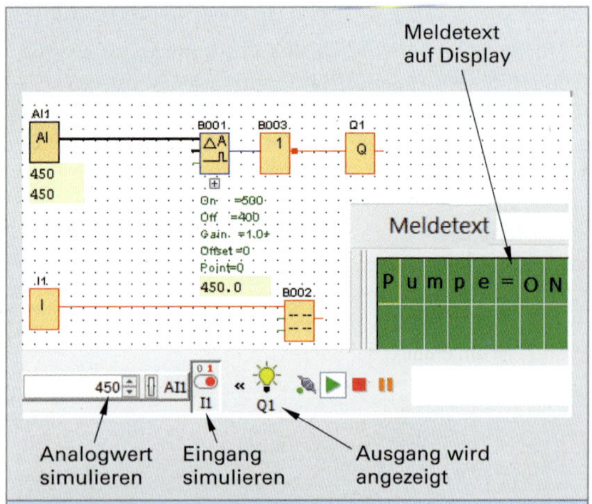

Bild 3: Programm Zweipunktregler

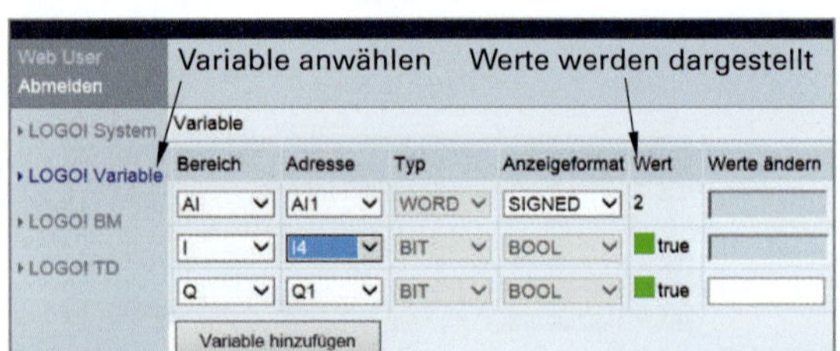

Bild 4: Webserver

1.4.18 Bedienen und Beobachten mit WINCC

WINCC[1] (Windows Control Center) gehört zu der Gruppe der SCADA-Software (Supervisory Control and Data Acquisition). Die Software dient u. a. zum *Bedienen*, *Beobachten* und *Dokumentieren* von den Prozessen. Am Bildschirm bzw. am *Operator-Panel* werden die Prozesse grafisch dargestellt **(Bild 1)**. Durch die Verbindung über Ethernet, LAN, WLAN oder Cloud können die Daten einfach den Prozessbeteiligten zugänglich gemacht werden. So kann ein Panel zum Bedienen und Beobachten direkt an der Anlage sein. Weitere Bildschirme welche nur zum Beobachten sind können in entfernten Büroräumen stehen. Vermehrt werden auch mobile Geräte, wie z. B. *Tablet-PC* oder *iPads* eingesetzt, welche dann nur einen Teil der Daten anzeigen.

Im einfachen Fall wird das *Operator-Panel* mit der SPS über Ethernet verbunden **(Bild 2)**. Dies erfolgt z. B. in der Programmierumgebung *TIA-Portal* (Siemens). Damit ist es möglich die Prozessvariablen direkt mit dem Panel zu verknüpfen. Im Bild 2 ist das Panel TP700 mit der Steuerung S7 1500 verbunden.

Die Programmierung erfolgt grafisch **(Bild 3)**. Es stehen grafische Elemente zur Gestaltung zur Verfügung sowie weitere Elemente zur Eingabe von Werten und zur Anzeige der Daten z. B. als Zahlen, Balkendiagrammen, oder als X-Y-Diagrammen. Jedes Element wird parametriert, so dass der Zahlenbereich, die Farbe, die Textgröße den Daten entspricht und es wird mit den dazu gehörenden Prozessvariablen verbunden. Die so erstellte Bildschirmseite wird dann auf das Panel geladen.

[1] WinCC ist ein Produkt der Siemens AG

Bild 1: Beispiele für Panels

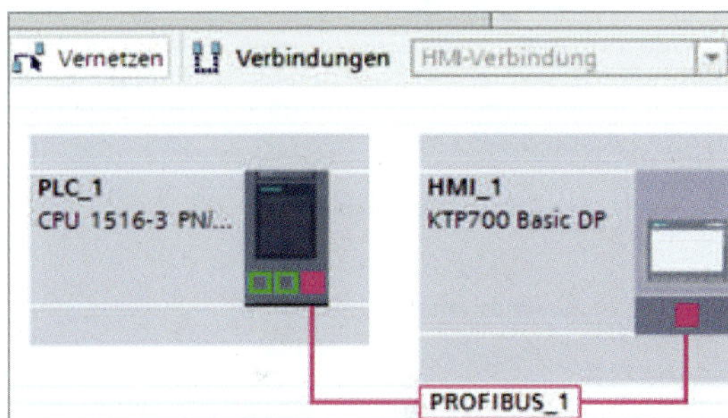

Bild 2: Verbindung SPS und Panel

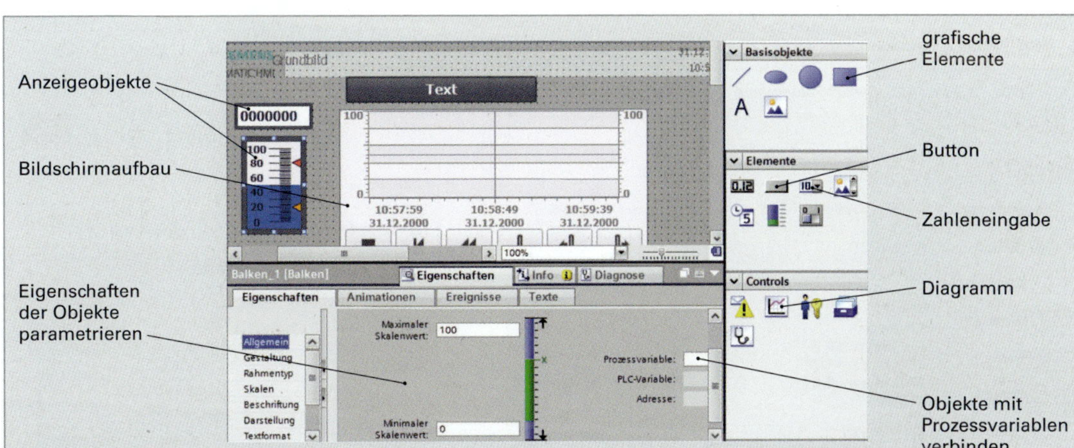

Bild 3: Parametrieren einer Bildschirmseite

OPC-Server

OPC (OLE für Process Control) ist der Name für standardisierte Software-Schnittstellen in der Automatisierungstechnik. Diese dienen vor allem dem Datenaustausch zwischen SPS und PCs. OPC ist eine Organisation bei welcher über 200 Hersteller von Automatisierungsgeräten sich einem einheitlichen Standard der geräteunabhängigen Datenkommunikation anschließen. **Bild 1** zeigt die Anbindung von Steuerungen mehrerer Hersteller an einen PC mit einer übergeordneten Datenkommunikation.

Die Spezifikation OPC DA (Data Access) setzt auf der DCOM-Schnittstelle von Windows auf. Auf dieser Basis sind hunderttausende Applikationen umgesetzt. Auf Grund der wachsenden Ethernet-basierten Vernetzung gewinnt der neue Standard *UA* an Bedeutung **(Bild 2)**. Er basiert auf einem objektorientierten Datenmodell. Der *OPC UA-Server* ist von Windows unabhängig und kann bei vielen Sensoren und Aktoren direkt implementiert werden. Somit ist es jetzt möglich, dass sich Geräte aller Art Daten direkt tauschen und so selbsttätig agieren. Die SPS verliert damit ihre zentrale Bedeutung. Das Strukturmodell zeigt den Gesamtaufbau der neuen Technologie. **Bild 3** zeigt die notwendigen Konfigurationsschritte eines OPC-Servers. Diese sind:

Schritt 1: Einstellen der Verbindung: Gerät = 0, AG-Nr.= 2

Schritt 2: Auswahl des Kommunikationsweges der SPS mit PC

Schritt 3: Anwahl der Verbindung, IP-Adresse und Art der Steuerung.

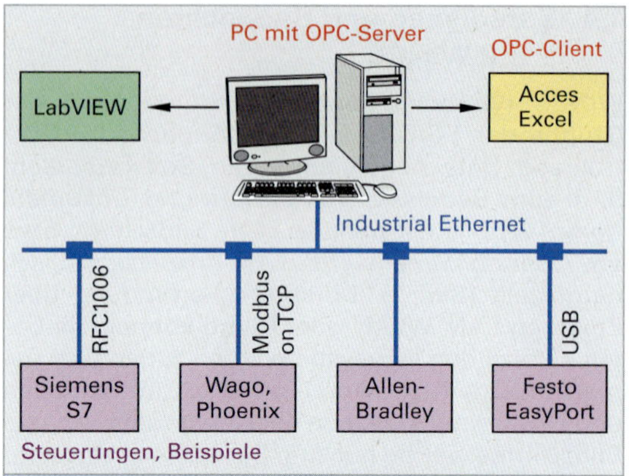

Bild 1: Datenkommunikation mit OPC-Server

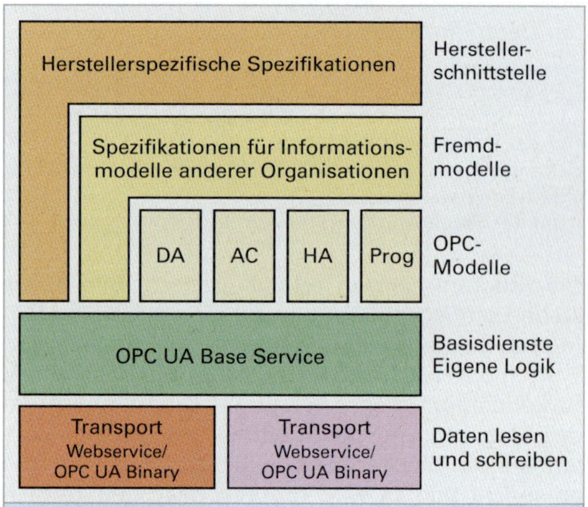

Bild 2: Datenstruktur

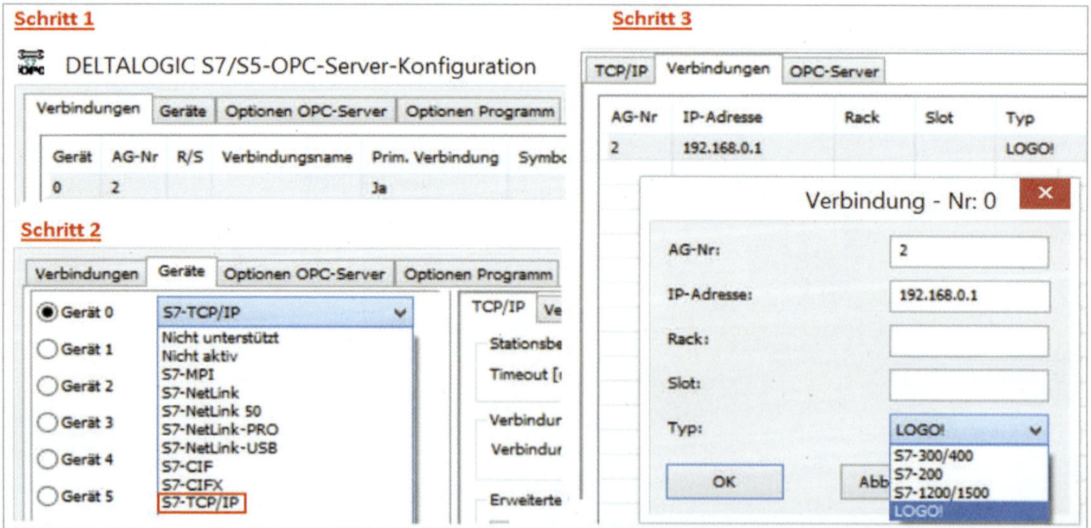

Bild 3: Konfiguration eines OPC-Servers

Datenkommunikation: Steuerung S7 mit OPC-Server und LabVIEW (Beispiel)

Der Windows PC wird über eine Ethernet-Verbindung mit der Steuerung verbunden **(Bild 1)**. Auf der SPS-Seite muss die Kommunikation freigegeben werden. Dies erfolgt unter dem Menü „Eigenschaften". Hier wird die *PUT-GET*-Kommunikation freigeschaltet. Der OPC-Server muss konfiguriert (vorhergehende Seite) und kann dann gestartet werden **(Bild 2)**. Der S7/S5-OPC-Server beherrscht die Kommunikation sowohl zu den aktuellen SPS-Familien S7-200, S7-1200, S7-300, S7-400, S7-1500 und zu LOGO! 0BA7/0BA8. Damit die Daten gelesen werden können wird zuerst festgestellt, welche OPC-Server auf dem PC laufen mit deren URL-Adresse. Dies geschieht mit einem kleinen LabVIEW-Programm. Es ermittelt die URL **(Bild 3)**.

Die Kommunikation mit dem LabVIEW-Programm zeigt **Bild 4**.

1. Mit einem Button werden einmalig die ID-Adressen des Servers ausgelesen. Im Beispiel die Adresse der MD32 (Analogwert REAL der SPS) ausgelesen. Die Adresse MD20, ebenfalls ein REAL-Wert, wird an die SPS gesendet. Ebenso der Bit-Wert M0.0.

2. Wenn dies erfolgreich ist, dann wird ein Bit (*X=0?*) gesetzt und damit das Lesen und Schreiben freigegeben.

3. Hier wird der Datentyp zum Lesen angegeben (U32).

4. Nach dem Lesen muss dieser in eine 32 Bit-Gleitkommazahl (REAL) umgewandelt werden damit diese angezeigt werden kann.

5. Umwandlung der 32-Bit Gleitkommazahl (SGL) in ein 32 Bit DW zum Schreiben auf das MD20.

6. Eine Bit-Variable (TRUE-FALSE) kann direkt gesendet werden.

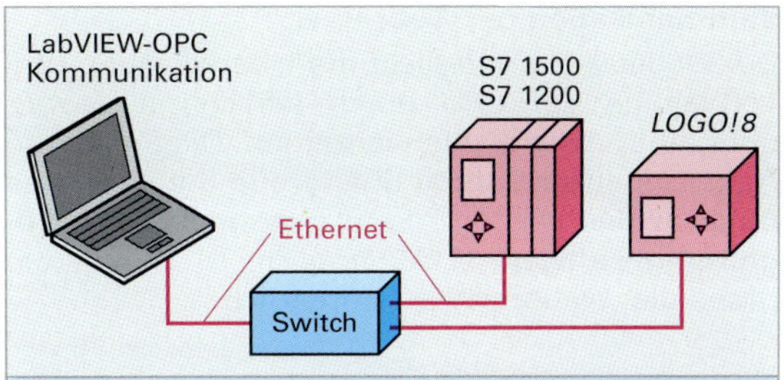

Bild 1: Beispiel: Kommunikation S71500 mit LabVIEW

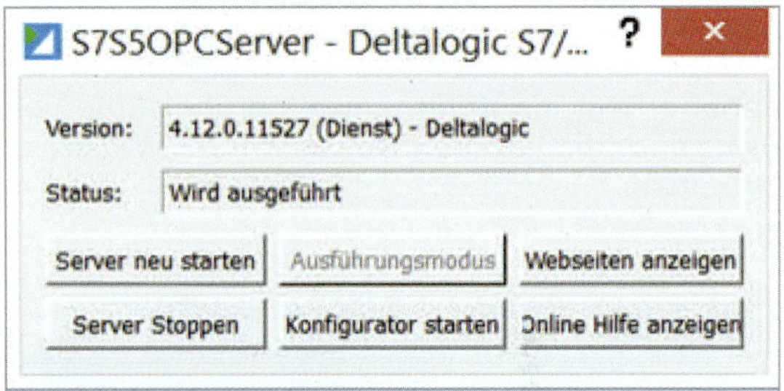

Bild 2: Fenster des OPC-Servers

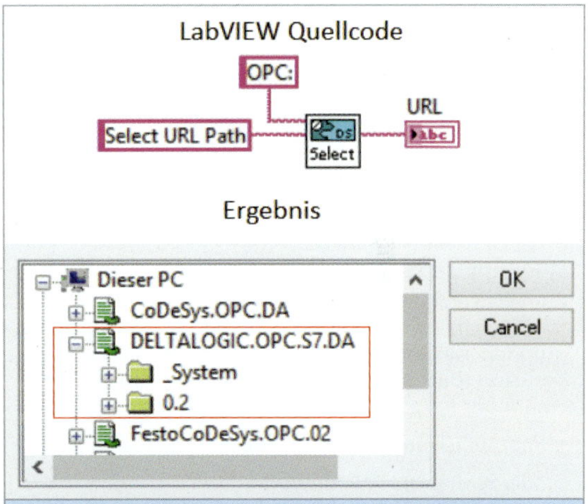

Bild 3: Browsen der vorhandenen OPC-Server

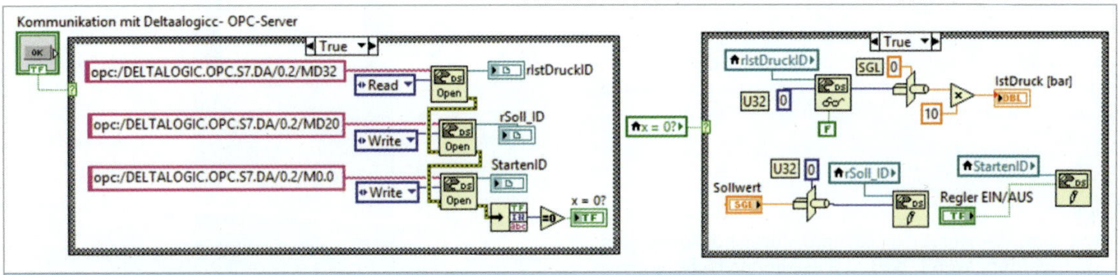

Bild 4: Datenkommunikation OPC-Server mit LabVIEW

Kommunikation mit Webserver

Der Webserver ermöglicht die Überwachung und Verwaltung der CPU durch berechtigte Nutzer über ein Netzwerk. Auswertungen, Diagnose und Änderungen sind somit über große Entfernungen möglich. Beobachten und Auswerten ist ohne Programmiersoftware (TIA) möglich, es ist nur ein passender Webbrowser erforderlich.

Wichtig ist dabei, dass Sie die CPU durch geeignete Maßnahmen vor Manipulation geschützt wird, so sind z. B. Freigaben, Einschränkung des Netzwerkzugriffs, Verwendung von Firewalls vor Manipulationen besonders ab zu sichern. In der Regel erfolgt die Kommunikation über Ethernet. Es ist auch möglich den Webserver über WLAN zu betreiben.

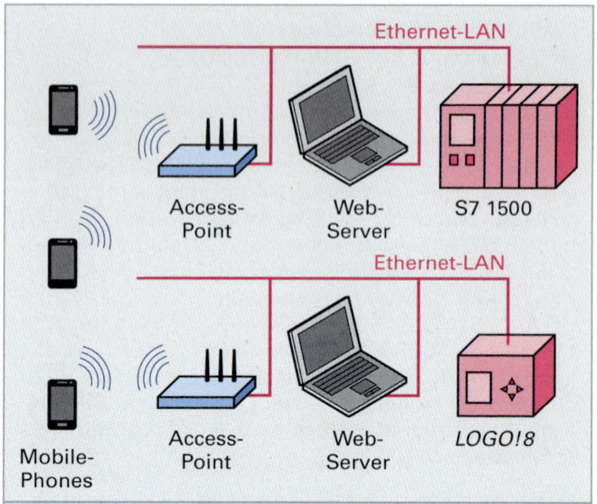

Bild 1: Struktur für Webserver, Beispiel

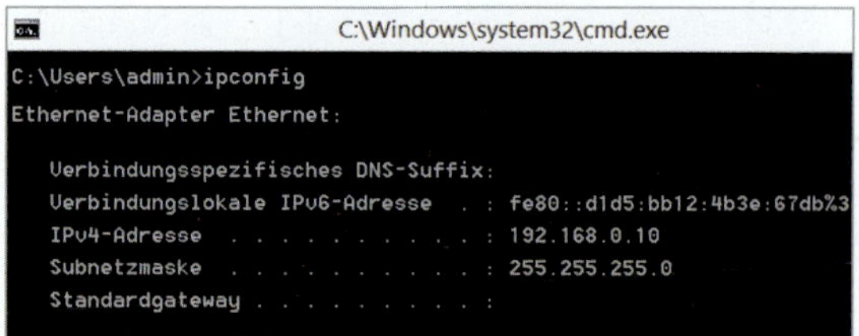

Bild 2: Test für Verbindung

Bild 1 zeigt eine Anordnung für die Steuerungen S7 1500 und für LOGO!8. Es muss der Access-Point mit dem LAN-Netz mit Kabel verbunden sein (Bild 1). Die SPS, der PC und das WLAN müssen sich im selben Netz befinden, so z. B. mit den IP-Adressen: SPS= 192.168.0.1, PC= 192.168.0.210, Access-Point= 192.168.0.100. Die Subnet-Mask ist dann jeweils 255.255.255.0.

Mit dem Command-Befehl: Windows-> cmd->ping xxx.xxx.xx.xxx kann man prüfen ob die Geräte im Netz erreicht werden **(Bild 2)**.

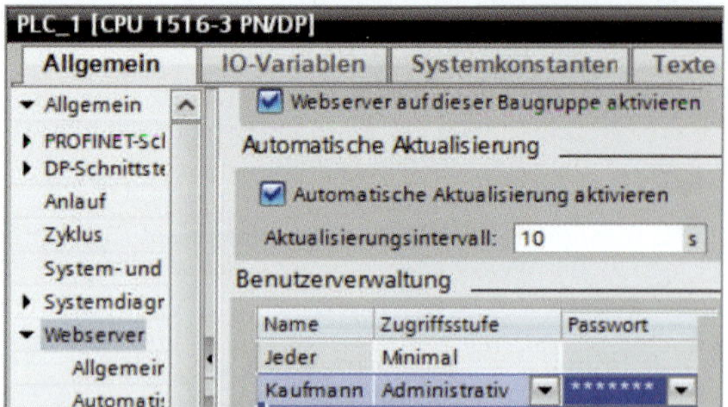

Bild 3: Webserver freischalten (TIA-Portal)

Webserver bei S7 1500:

In der SPS muss der Webserver freigeschaltet werden. Zum Betreiben im gesicherten Modus benötigt man noch zusätzlich ein Zertifikat. Es ist aus Sicherheitsgründen ratsam den Zugriff durch ein Passwort zu schützen **(Bild 3)**. Der Aufruf der Webseiten kann mit einem der folgenden Browsern erfolgen:

- Internet Explorer (Version 11)
- Microsoft Edge (Windows 10)
- Mozilla Firefox (Version 42 bis 47)
- Google Chrome (Version 46, 47)
- Mobile Safari und Chrome für iOS (iOS 9).

Nach dem Aufruf der Applikation zeigt sich das Startbild **(Bild 4)**. Unten rechts kann die SPS mit den Button gestoppt und gestartet werden. Links in der Menüleiste können die jeweiligen Untermenüs angewählt werden.

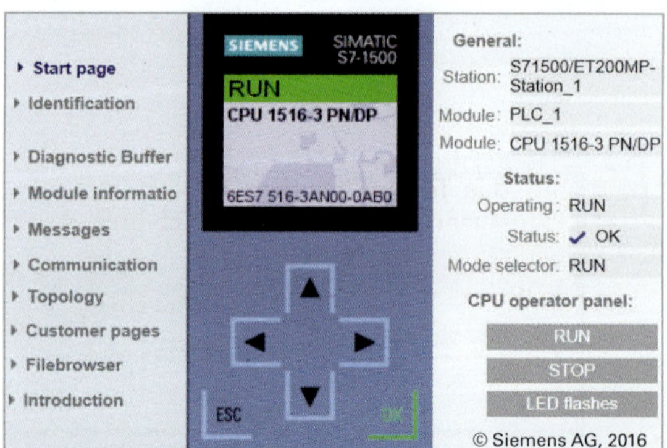

Bild 4: Startbild es Webservers

Mit dem Webserver muss sehr vorsichtig umgegangen werden, weil i. d. R. der Bediener nicht zugleich an der Maschine ist!

In **Bild 1** wird ein Webserver gezeigt, welcher Bestandteil des **OPC-Servers** der Fa. Deltalogic ist. Somit ist er für alle Steuerungen der S7 Serie (Siemens) einsetzbar. Nach dem Freischalten im OPC-Server kann über ein Passwort dieser Web-Server aufgerufen werden. Man kann Diagnosedaten, Verbindungen und Prozesswerte darstellen lassen. In Bild 1, rechts werden Variable dargestellt. Da der OPC-Server gleichzeitig mehrere Steuerungen bedienen kann sind jeweils bei den Variablen die Gerätenummer (0) und die AG-Nummer-Nr. (2) vorangestellt.

Bild 1: Startseite OPC-Server DELTALOGIC

Die Steuerung **LOGO!** hat einen eigenen Webserver. Dieser muss in der Steuerung freigeschaltet und mit einem Passwort versehen werden. Nach dem Aufruf zeigt sich das Startbild **(Bild 2)**. Rechts werden die aktuellen Daten angezeigt. Links zeigt sich das Auswahlmenü. Bei der Anwahl des Menüs *LOGO! Variable* können Variablen eingegeben werden. Werte werden angezeigt **(Bild 3)**.

Wurde im Programm das *Textdisplay (TD)* programmiert, dann werden die Daten von **Bild 4** angezeigt. Der Zugriff aus dem Webserver auf *Merkerbits*, *Eingangsbits* und *Ausgangsbits* kann per direkte Adressierung erfolgen. Zu beachten ist, dass bei der Steuerung LOGO! die Bits mit 1 beginnen, im Webserver jedoch von 0 beginnend adressiert sind.

Beispiel: Der Eingang I0 kann bei der Steuerung LOGO!8 mit *DB1.DBX923.0* adressiert werden oder aber direkt mit *E0.0* **(Tabelle 1)**.

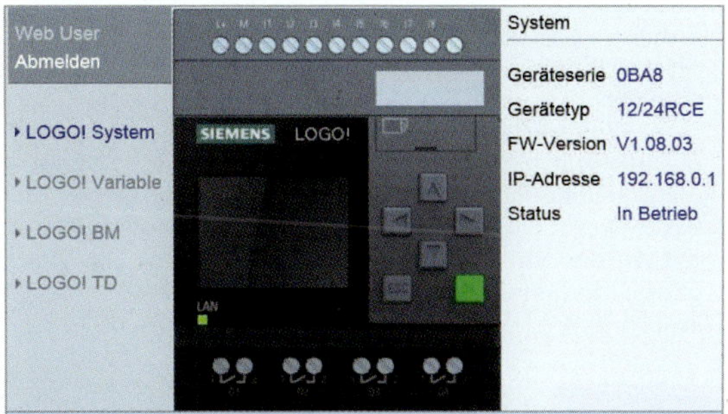

Bild 2: Startseite LOGO! Web-Server

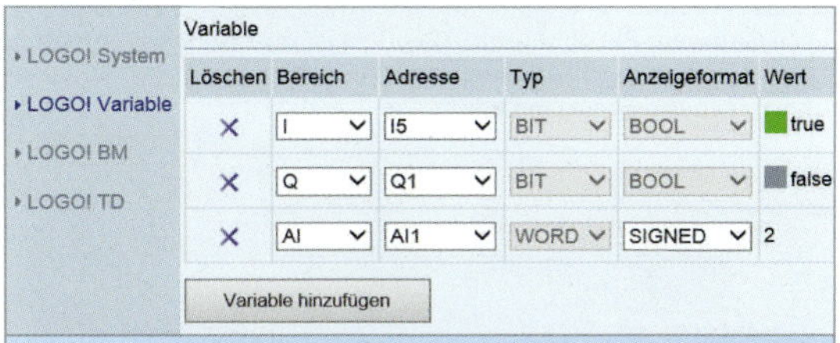

Bild 3: Variable lesen

1.4.19 Prozess-Simulation

Die Schnittstelle dient zum Bedienen und Beobachten von Prozessen mit anderen Programmiersprachen, ohne dass eine reale PLC bzw. ein realer Prozess vorhanden ist. Das Tool S7ProSim (Siemens S7) bietet ein COM-Objekt für den programmtechnischen Zugriff auf die Oberfläche der Prozesssimulation in S7-PCLSIM1.

Man kann das Tool S7ProSim in allen Anwendungen einsetzen, welche COM-Objekte für den Anschluss an die S7-PLCSIM Prozesssimulation unterstützen.

Das S7ProSim COM-Objekt kann in unterschiedlichen Programmiersprachen eingesetzt werden, so z. B. bei Microsoft Visual Basic, Microsoft Visual C++.Net oder in LabVIEW.

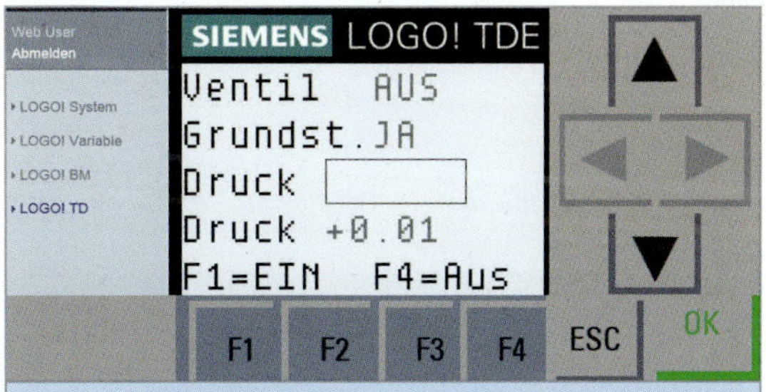

Bild 4: LOGO! TDE

Tabelle 1: LOGO!8 Adressen für Zugriff von OPC-Server

LOGO-Adresse	VM Adresse	S7-Adresse	Direkte Adresse
Binär I1	V923.0	DB1.DBX923.0	E0.0
Analog AI1	VW926	DB1.DBW926	
Binär Q1	V942.0	DB1.DBX942.0	A0.0
Merker M1	V948.0	DB1.DBX948.0	

Nimmt man das S7ProSim COM-Objekt in das Projekt auf, dann stehen die Methoden und Eigenschaftsobjekte nach (**Tabelle 1**) zur Verfügung.

Bei der Erstellung des PLC-Programms wird die Verbindung des Programms PLCSIM mit dem Programm TIA Portal hergestellt (**Bild 1**). Im Programm PLCSIM wird nur die Kommunikationsart angegeben. Es hat nun die Funktion einer PLC (**Bild 2**).

Die **Tabelle 2** zeigt den Zusammenhang. In die externe Software z. B. LabVIEW wird das COM-Objekt (S7PROSIMLib.IS7ProSIM) aufgenommen und die Kommunikation mit dem Objekt „Connect" verbunden. In einer While-Schleife kann nun das Aufgangsbyte von PLCSIM mit dem Objekt „ReadOutputPiont" gelesen werden. Ebenso können die Daten des Prozesses in PLCSIM mit Hilfe des Objekts WitelnputPoint gesendet werden. Im LabVIEW Frontpanel werden die Eingänge mit Tasten simuliert, In der PLC verarbeitet und im Frontpanel wieder ausgegeben.

[1] Die Software PLCSIM und S7ProSim ist im TIA-Portal enthalten und wird nur für die Steuerungen S7-300 und S7-400 in dieser Form zur Verfügung gestellt.

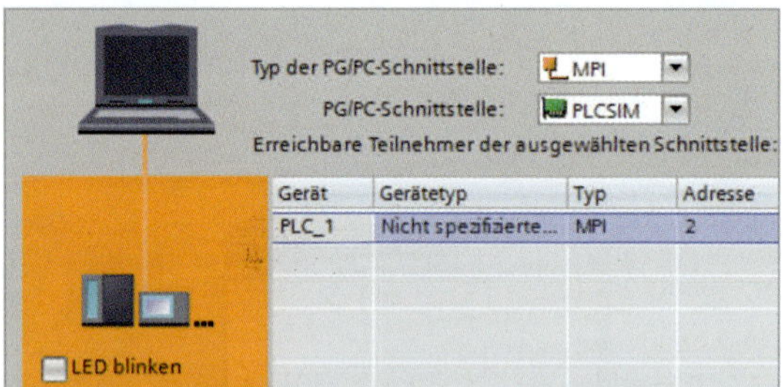

Bild 1: Voreinstellungen im TIA-Portal

Bild 2: Aufruf von PLCSIM

Tabelle 1: Methoden des COM-Objekts: S7ProSIM

Methode	Beschreibung
Connect	Verbindet S7ProSim mit S7-PLCSIM.
Dis-connect	Trennt die Verbindung zwischen S7ProSim und S7-PLCSIM
SetState (Seite 38)	Stellt die aktuelle Schlüsselschalterposition von S7-PLCSIM (RUN, RUN-P oder STOP) ein.
Read-Data-Block-Value	Liest ein bestimmtes Bit, Byte, Wort oder Doppelwort aus dem Speicherbereich DB von S7-PLCSIM.
ReadFlag-Value	Liest ein bestimmtes Bit, Byte, Wort oder Doppelwort aus dem Speicherbereich der Merker (M) von S7-PLCSIM.
ReadOut-putPoint	Liest ein bestimmtes Bit (Boolean), ein Byte (Byte) ein 2-Byte-Wort (Integer) oder ein 4-Byte-Wort Long) aus dem Peripheriebereich der Ausgänge (Speicherbereich PA).
Write-Data-Block-Value	Schreibt ein bestimmtes Bit, Byte, Wort oder Doppelwort in den Speicherbereich DB von S7-PLCSIM.
WriteFlag-Value	Schreibt ein bestimmtes Bit, Byte, Wort oder Doppelwort in den Speicherbereich der Merker (M) von S7-PLCSIM.
Write-InputPoint	Schreibt ein bestimmtes Bit (Boolean), ein Byte (Byte), ein 2-Byte-Wort (Integer) oder ein 4-Byte-Wort (Long) aus der Variante Data in den Peripheriebereich der Eingänge (Speicherbereich PE).

Tabelle 2: Kommunikationsstruktur

Siemens TIA Portal	LabVIEW, Frontpanel	LabVIEW, Diagramm
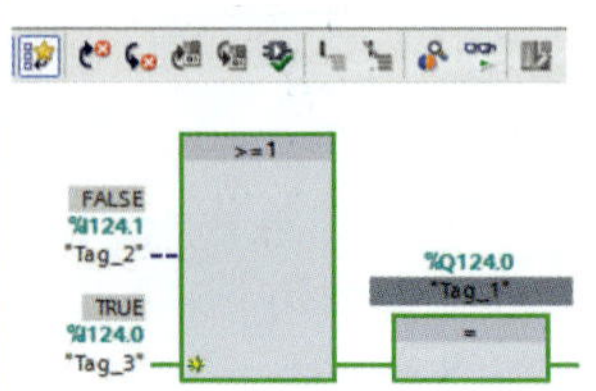	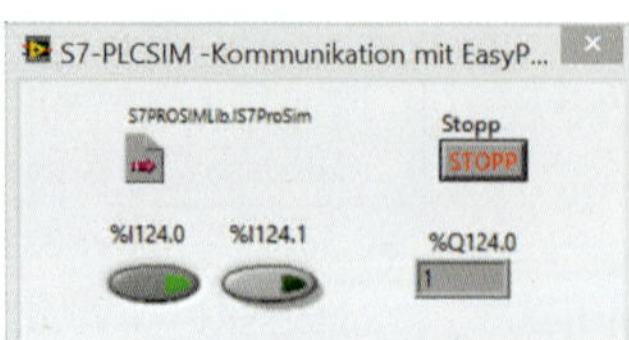	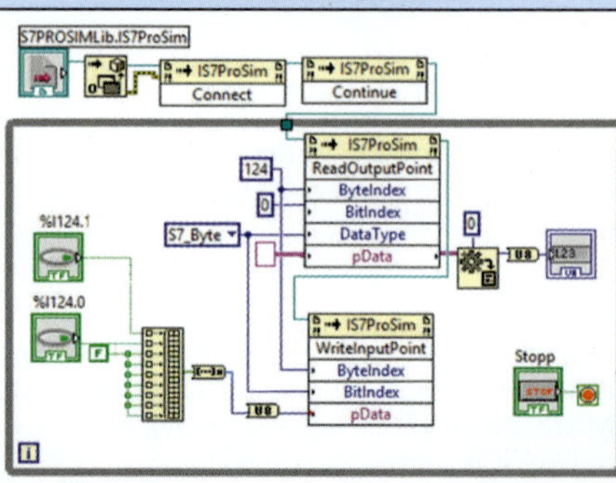

Beispiel: Füllstandsstrecke (Bild 1)

Für eine Füllstandsstrecke soll ein virtuelles Modell erstellt werden. Der Füllvorgang erfolgt über das Ventil (A124.3) und die Entleerung über das Ventil (A124.0). Der untere und der obere Füllstand werden durch optische Sensoren (E124.3, E124.4) erfasst. Mit einem „Start"-Button (E124.0) soll die Anlage gestartet werden.

Die interne Logik der Füllstandsstrecke wird in einem Unterprogramm erstellt **(Bild 2)**.

Füllvorgang:

Wenn A0 = 1, dann wird zum aktuellen Füllstand je Zyklus der Wert 0,02 addiert.

Entleerungsvorgang:

Wenn A3 = 1, dann wird vom aktuellen Füllstand der Wert 0,005 mal aktueller Füllstand subtrahiert.

Sensoren:

Wenn mehr als 0,2 im Behälter ist, wird E3 = 1

Wenn mehr als 9,7 im Behälter ist, wird E4 = 1

Der aktuelle Füllstand wird als EW752 zwischen 0 ...27648 ausgegeben. Dies entspricht 0 V ... 10 V der analogen Eingangsbaugruppe bei S7.

Im Hauptprogramm erfolgt die Komunikation über das COM-Objekt: Aufrufen und Öffnen des Objekts. Dann erfolgt über die *while-Schleife* die Kommunikation. Die Zykluszeit des Modells ist auf 50 ms eingestellt. Am Ende wird über „Disconnect" das COM-Objekt wieder geschlossen.

Die Logik wird als Unterprogramm „UP_Behälter.vi" eingebunden. Der Analogwert (PEW752) wird mit Hilfe von 2 Bytes (high-byte, low-byte) an die SPS übertragen.

Testen der Anlage

1. SPS-Programm Bild 3 nach PLCSIM laden, PCLSIM starten.
2. Virtuelles Modell starten.
3. „Start"-Button im virtuellen Modell betätigen.

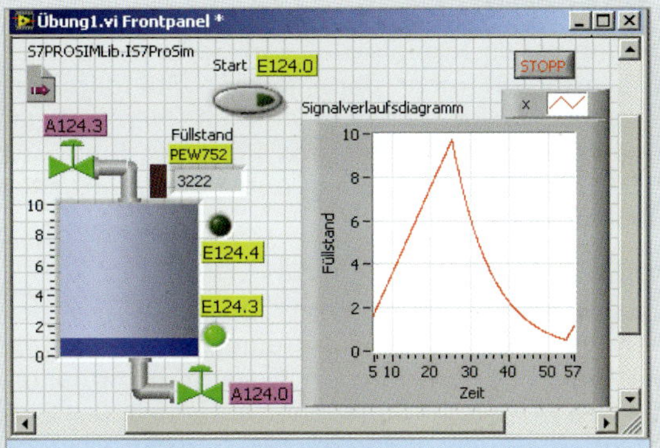

Bild 1: Bedienen und Beobachten

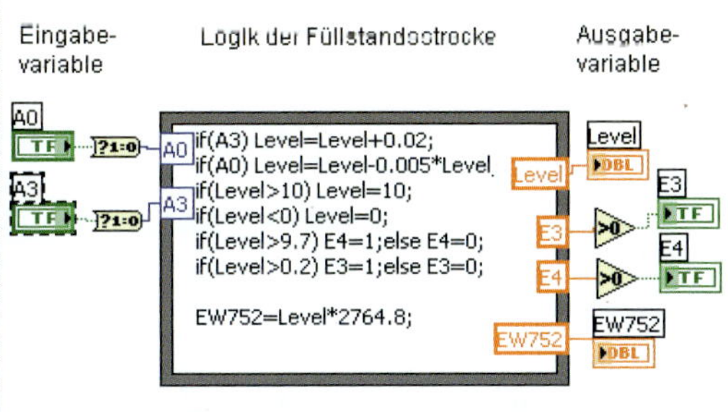

Bild 2: Logik der Anlage

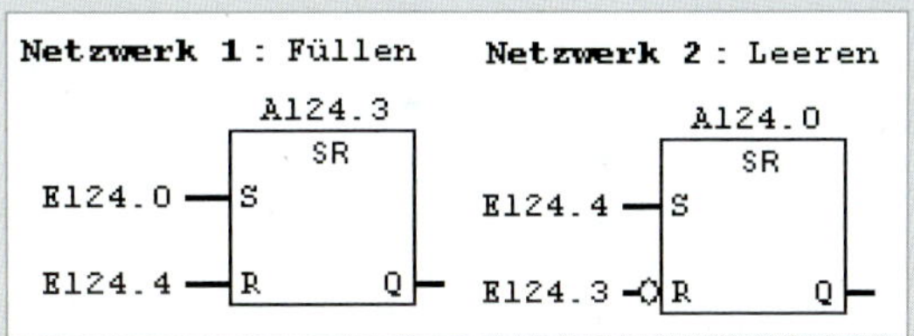

Bild 3: SPS-Programm

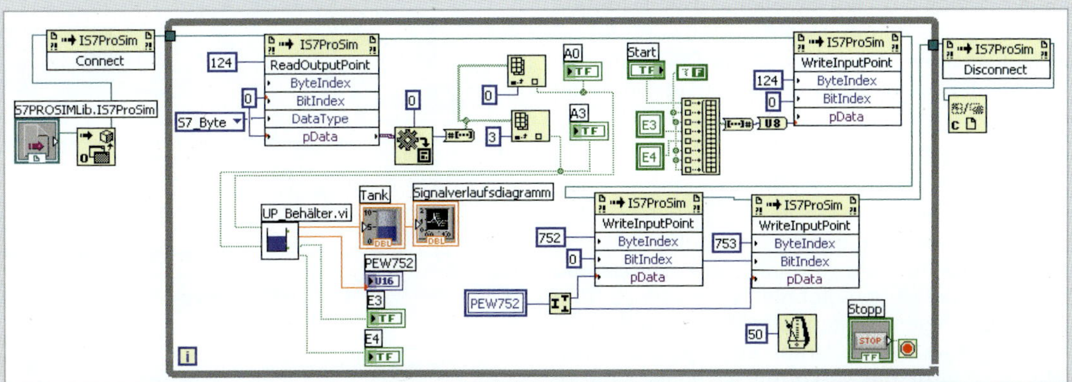

Bild 4: Quellcode

1.4.20 IEC 61131

Die steigende Komplexität von Software für die SPS erfordert mehr denn je eine Standardisierung. Es wurde deshalb von der *International Electrotechnical Commission* (IEC) der Standard IEC 61131 „Programmable Controllers" erarbeitet **(Tabelle 1)**.

Tabelle 1: Aufbau der ICE 61131

Teil 1	Allgemeine Informationen	Begriffe, Glossar, Funktionen der SPS
Teil 2	Betriebsmittelanforderungen und Prüfungen	Mechanische, elektrische und funktionelle Anforderungen an die Geräte
Teil 3	Programmiersprachen	Kontaktplan (KOP), Funktionsbausteinsprache (FBS), Ablaufsprache (AS)
Teil 4	Anwenderrichtlinien	Systemauswahl, Installation, Inbetriebnahme, Wartung
Teil 5	Kommunikation	Kommunikation zwischen SPS und MMS-Protokoll

Hardwaremodell bei IEC 61131

Dieses Modell stellt eine Konkretisierung der Hardware-Konfiguration für eine SPS-Steuerung dar **(Bild 1)**. Dabei wird die Gesamtfunktionalität der SPS in logische Funktionen aufgeteilt. Die *Signalverarbeitungsfunktionen* bilden das Kernstück jeder SPS. Hier werden in Abhängigkeit vom Anwenderprogramm (Anwendungsfunktionen) die Signale der Sensoren und die internen Speicher verknüpft und das Ergebnis den Aktoren zur Verfügung gestellt. Die *Kommunikationsfunktion* stellt den Datenaustausch zu externen Geräten, wie z. B. PC, CNC, sicher. Das Mensch-Maschine-Interface[1] erlaubt es dem Nutzer, in direkte *Interaktion*[2] mit der Signalverarbeitungsfunktion bzw. dem Prozess zu treten.

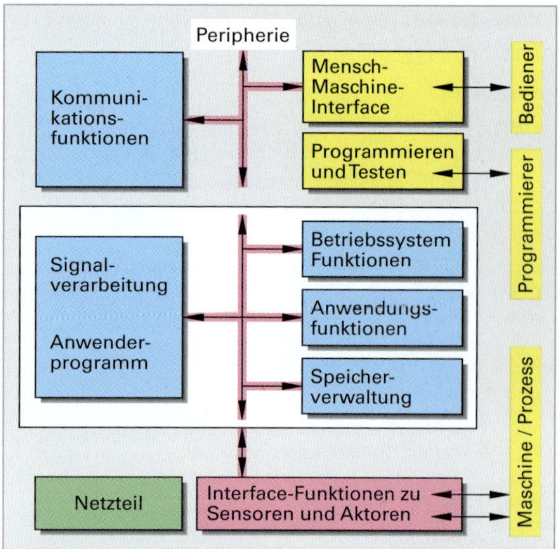

Bild 1: Hardwaremodell

Softwarearchitektur bei IEC 61131

Nach dieser Norm können die *Strukturen* einer SPS, bzw. auch mehrerer SPS, wenn sie funktional zusammengehören, vollständig und umfassend beschrieben und hantiert werden. Die Modelle der Norm erlauben die reale Welt der Automatisierungstechnik zu beschreiben. Bei der Strukturierung eines Prozesses werden technologische Gesichtspunkte herangezogen. So fasst man Unteraufgaben, z. B. Förderband, oder bestimmte Funktionen, z. B. Zustandsanzeigen, zusammen. Damit die verschieden realisierten Programm-Einheiten, die Norm sagt dazu *Programm-Organisationseinheiten* (POE), miteinander arbeiten, müssen die einzelnen POE auf dem Adressraum geordnet ablaufen. Es müssen alle *Variablen deklariert* werden, d. h., ihr Name und Datentyp müssen vor Erstellung des Programmrumpfes einer POE festgelegt werden. Diese Deklarationen sind für alle Sprachen einheitlich vorgenommen worden.

Aufbau eines Systems

Aufgrund der Struktur können mehrere Tasks (selbstständige Unterprogramme) *parallel laufen*. *Ressourcen*[3] sind in diesem Fall selbstständige Signalverarbeitungsfunktionen. Alle Ressourcen greifen auf die selben globalen Variablen zu **(Bild 2)**. Für ihre eigene Datenhaltung kann jede Task *lokale* Variable haben. Unter *Zugriffspfaden* versteht die Norm die Verknüpfung eines symbolischen Namens mit einer Variablen. Es wird dadurch eine offene Kommunikation möglich.

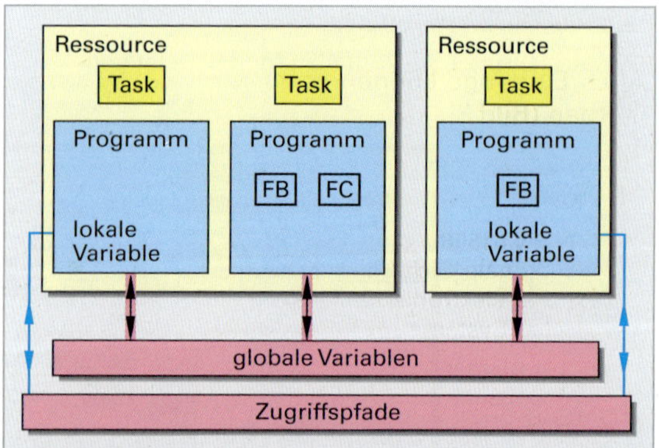

Bild 2: Konfiguration eines SPS-Systems

[1] engl. interface = Schnittstelle

[2] Interaktion = Wechselhandlung, hier: Möglichkeit der direkten Einflussnahme

[3] franz. la ressource = Hilfsquelle

1.4.21 Zuverlässigkeit und Sicherheit

Zuverlässigkeit

Trotz aller Bemühungen gibt es keine absolute Zuverlässigkeit. Ein Maß für die Zuverlässigkeit ist die Ausfallrate λ. Der Verlauf von λ bei elektronischen Geräten ergibt die sogenannte *„Badewannenkurve"* **(Bild 1)**. Die **Frühausfälle**, bedingt durch Materialmängel und Fertigungsmängel, können durch bessere Fertigungsverfahren und Werkstoffe vermindert werden. Die Phase der **Zufallsausfälle** beschreibt das Normalverhalten von Steuerungen. Die **Verschleißausfälle** sind vor allem im mechanischen Anschlussbereich. Etwa 95 % aller auftretender Fehler sind außerhalb der elektronischen Steuerung. Der Zentralteil der SPS gilt als sehr zuverlässig **(Bild 2)**.

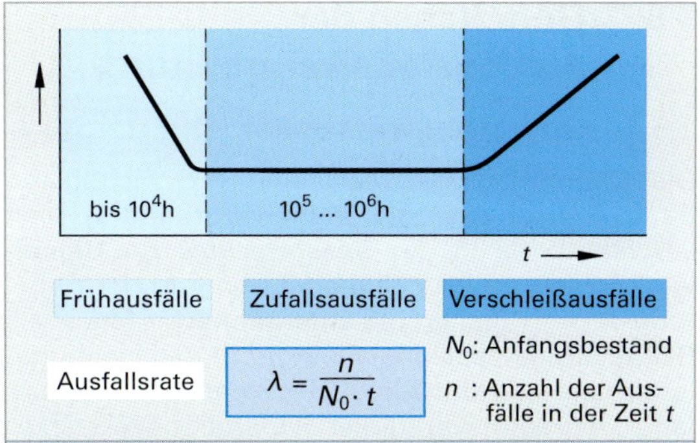

Bild 1: Ausfallverhalten elektronischer Geräte

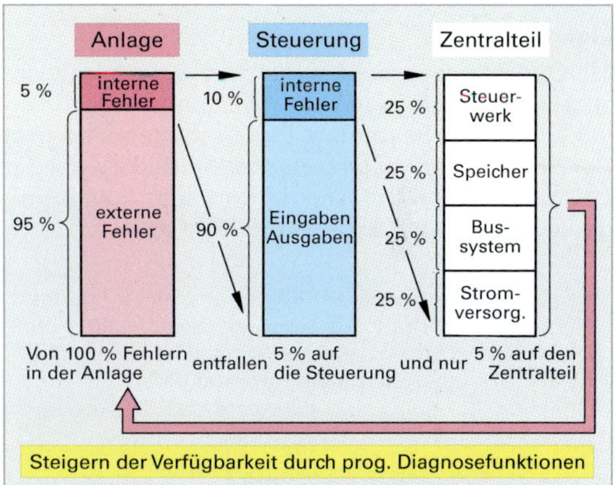

Bild 2: Verteilung der Fehler bei Anlagen mit SPS

Sicherheit

Entscheidend für die Art eines Fehlers ist dessen Auswirkung. Die Steuerung hat einen **passiven Fehler**, bei *erfüllten* Freigabebedingungen am Ausgang, wenn kein Steuerungsbefehl abgegeben wird. Die Steuerung hat einen **aktiven Fehler**, wenn ein *Ausgang gesetzt* wird, obwohl *kein Signal* gegeben wurde. Überall dort, wo Fehler für Mensch oder Maschine auftreten, muss die Steuerung entsprechend den einschlägigen Vorschriften, z. B. VDE 0113 ausgelegt werden. Es sind entsprechende **NOT-AUS-Einrichtungen** vorzusehen.

Der NOT-AUS-Kreis muss entweder außerhalb der SPS elektromechanisch realisiert werden oder mit einer Sicherheits-SPS.

Sicherheitsverriegelungen sind ebenfalls meist außerhalb der SPS zu verwirklichen.

Auch Eingänge können gegeneinander verriegelt werden **(Bild 3)**.

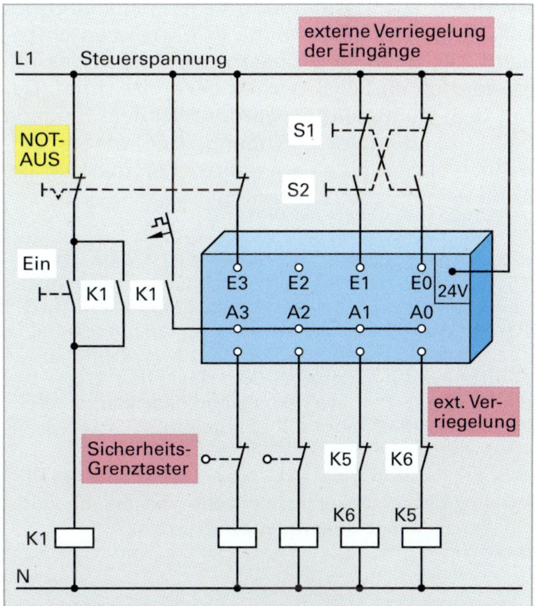

Bild 3: Gesamtbeschaltung einer SPS

Normen

- **DIN EN 61508:**
  Funktionale Sicherheit sicherheitsbezogener elektrischer/elektronischer/programmierbarer elektronischer Systeme – Teil 1 bis Teil 7,
- **DIN EN 61326:**
  Elektrische Mess-, Steuer-, Regel- und Laborgeräte – EMV-Anforderungen – Teil 1 und Teil 2,
- **DIN EN 61496:**
  Sicherheit von Maschinen – Berührungslos wirkende Schutzeinrichtungen – Teil 1 und Teil 2,
- **DIN EN 1037:**
  Sicherheit von Maschinen – Vermeidung von unerwartetem Anlauf.

1.5 Grundlagen der Analogsignalverarbeitung

1.5.1 Operationsverstärker (OP)

Die Operationsverstärker[1] sind die wichtigsten Bausteine der *analogen* Signalverarbeitung. Man verwendet sie in der *Sensortechnik* zur **Signalverstärkung** und zur **Signalfilterung**. In der *Regelungstechnik* dienen die Operationsverstärker als **Regler**. Zur Umsetzung analoger Signale in digitale Signale und umgekehrt verwendet man ebenfalls Operationsverstärker. Operationsverstärker werden als *integrierte Schaltkreise* (IC) hergestellt **(Bild 1)**.

Eigenschaften

Mit Operationsverstärkern können sowohl Gleichspannungen als auch Wechselspannungen verstärkt werden. Besondere Eigenschaften sind *großer Spannungsverstärkungsfaktor* **(Bild 2)**, *großer Leistungsverstärkungsfaktor* und sehr hochohmiger Eingangsinnenwiderstand **(Bild 3)**.

Der Operationsverstärker nimmt bei einem Eingangsinnenwiderstand von z. B. R_{ie} = 106 „ bei U_1 = 1 mV nur U_1 = 0,001 µA Strom auf. Dieser Strom ist daher meist vernachlässigbar klein gegenüber anderen Strömen einer Schaltung.

Der Operationsverstärker **(Bild 4)** hat zwei Anschlüsse für eine *Differenzeingangsspannung* U_1 und einen Anschluss für die Ausgangsspannung U_2. Die Ausgangsspannung U_2 ist gegenüber der Differenzeingangsspannung im Vorzeichen umgekehrt. Die Spannungsumkehr wird durch das Minuszeichen im Schaltzeichen gekennzeichnet. Der mit dem Minuszeichen gekennzeichnete Eingang heißt *invertierender*[2] Eingang. Der andere Eingang, welcher mit einem Pluszeichen markiert ist, heißt *nichtinvertierender* Eingang.

Operationsverstärker benötigen meist eine positive und eine negative Betriebsspannung gegenüber dem Bezugspotential der Ausgangsspannung, z. B. gegenüber Masse. Die Betriebsspannungen betragen zwischen ± 5 V und ± 18 V. Es gibt auch Operationsverstärker mit nur einer Betriebsspannung, z. B. + 10 V. In Schaltplänen werden die Anschlüsse für die Betriebsspannung meist nicht dargestellt.

Operationsverstärker haben hohe Verstärkung und hohen Eingangsinnenwiderstand.

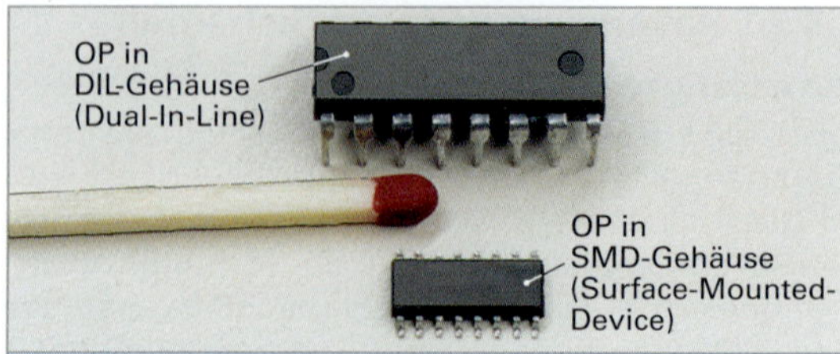

Bild 1: Operationsverstärker

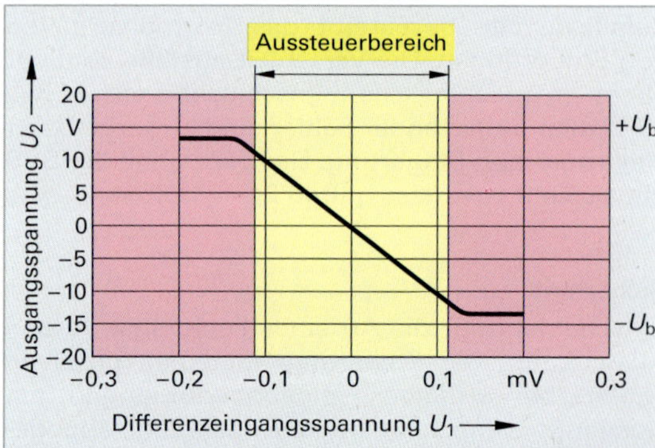

Bild 2: Kennlinie des Operationsverstärkers

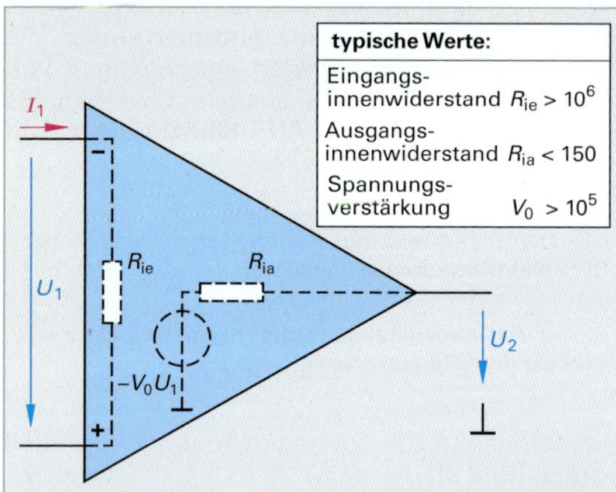

Bild 3: Ersatzschaltbild für einen Operationsverstärker

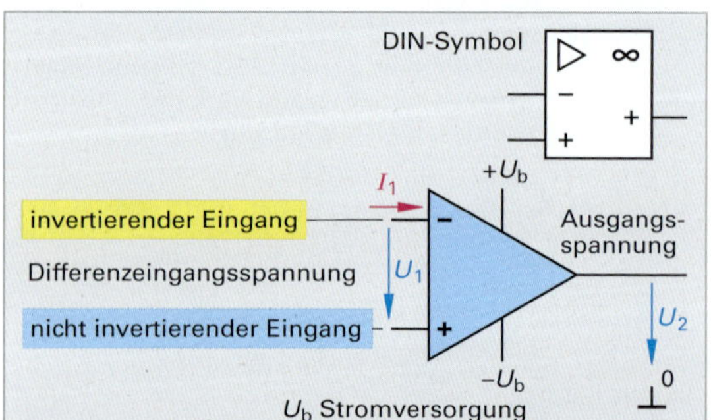

Bild 4: Schaltzeichen des Operationsverstärkers

---
[1] lat. operatio = das Arbeiten;
[2] lat. inversio = Umkehrung

1.5.2 Grundschaltungen

Die Operationsverstärker werden mit Wirkwiderständen und auch mit Kondensatoren beschaltet. Meist darf der Operationsverstärker als ein *idealer Verstärker* mit unendlich großem Spannungsverstärkungsfaktor V_0, unendlich großem Eingangsinnenwiderstand R_{ie} und sehr kleinem Ausgangsinnenwiderstand R_{ia} betrachtet werden.

Invertierender Verstärker (Umkehrverstärker)

Mit der Schaltung als *Umkehrverstärker* wird eine Spannung U_e im Vorzeichen umgekehrt und im Betrag vergrößert oder verkleinert. Hierzu beschaltet man den Operationsverstärker mit einem Rückkopplungswiderstand R_K und einem Eingangswiderstand R_e **(Bild 1)**.

Die am Differenzeingang anliegende Spannung U_1 ist im Vergleich zur Ausgangsspannung U_a sehr klein, da die Verstärkung sehr groß ist. Der Eingangsruhestrom I_1 ist ebenfalls sehr klein. Der **Stromsummenpunkt** S liegt damit praktisch auf dem gemeinsamen Bezugspotential (Masse) der Eingangsspannung und der Ausgangsspannung. Mit $I_1 \approx 0$ wird die Summe der auf den Summenpunkt S zufließenden Ströme $I_K + I_e = 0$ bzw. $I_K = -I_e$. Der Eingangsstrom I_e fließt daher als eingeprägter Strom über R_K zum Verstärkerausgang. Damit wird die Ausgangsspannung $U_a = -I_e \cdot R_K$.

Wegen $U_1 \approx 0$ hängt der Eingangsstrom I_e nur von U_e und R_e ab und beträgt $I_e = U_e/R_e$. Mit $I_e = -I_K$ erhält man

für die Ausgangsspannung $U_a = -\frac{R_K}{R_e} \cdot U_e$.

Der Verstärkungsfaktor des beschalteten Operationsverstärkers ist somit gleich dem Widerstandsverhältnis R_K/R_e.

Die Schaltung kann auch mit Wechselspannungen und komplexen Beschaltungswiderständen betrieben werden.

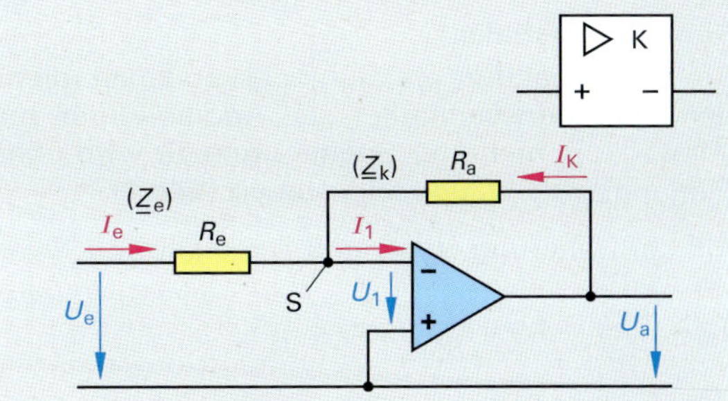

U_a Ausgangsspannung
U_e Eingangsspannung
R_K Rückkopplungswiderstand
R_e Eingangswiderstand

$$U_a = -\frac{U_K}{U_e} \cdot U_e$$

$$U_a = -K\,U_e$$

Für Wechselspannungen:

$\underline{U}_a$ Zeiger der Ausgangswechselspannung
$\underline{U}_e$ Zeiger der Eingangswechselspannung
$\underline{Z}_K$ komplexer Rückkopplungswiderstand
$\underline{Z}_e$ komplexer Eingangswiderstand

$$\underline{U}_a = -\frac{\underline{Z}_K}{\underline{Z}_e} \cdot \underline{U}_e$$

Bild 1: Invertierender Verstärker

Impedanzwandler/Spannungsfolger

Bei einem Impedanzwandler[1] (Spannungsfolger) soll die Ausgangsspannung U_a gleich der Eingangsspannung U_e sein. Der Eingangswiderstand der Gesamtschaltung soll sehr groß sein, um die Spannung U_e nicht zu belasten und der Ausgangsinnenwiderstand soll klein sein.

Bei der Schaltung in **Bild 2** sind diese Eigenschaften vorhanden. Wegen $U_1 \approx 0$ folgt U_a praktisch der Spannung U_e.

Impedanzwandler/Spannungsfolger findet man häufig als Ausgangsschaltung von Sensoren. Damit wird die Sensorsignalspannung unabhängig von der Signallast.

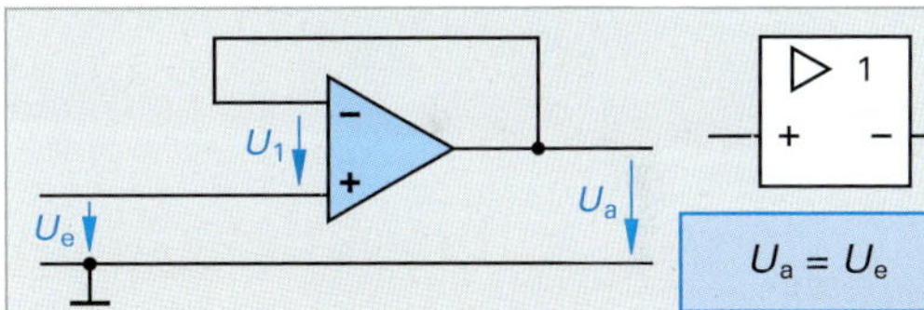

$$U_a = U_e$$

Bild 2: Spannungsfolger

Beispiel:
Eine Messsignalspannung U_e beträgt ± 2,5 V und soll auf ± 10 V verstärkt werden. Der Lastwiderstand für die Signalquelle soll größer oder gleich 10 kΩ sein. Bestimmen Sie die Beschaltungswiderstände!

Lösung:
Der verlangte Verstärkungsfaktor beträgt R_K/R_e = 10 V/2,5 V = 4. Den Eingangswiderstand R_e wählt man zu 10 kΩ. $R_K = 4 \cdot R_e = 40$ kΩ.

[1] Mit Impedanz $Z = R + jX$ bezeichnet man den Wechselstromwiderstand eines Bauelements, z. B. den Ausgangswiderstand eines Sensors. Bei einem Gleichstrombetrieb ist die Impedanz Z identisch mit dem Gleichstromwiderstand R. Impedanz, von lat. impedire = hemmen.

Summierverstärker

Bei der Schaltung als Summierverstärker dient der Operationsverstärker zur *Addition* und zur Verstärkung mehrerer Spannungen. Er wird über Eingangswiderstände angesteuert **(Bild 1)**.

Mit der Näherung $U_1 \approx 0$ und $I_1 \approx 0$ gilt:

$$I_{e1} = \frac{U_{e1}}{R_{e1}}; \quad I_{e2} = \frac{U_{e2}}{R_{e2}}; \quad I_K = \frac{U_a}{R_K};$$

$$-I_K = I_{e1} + I_{e2} + \ldots$$

Die einzelnen Eingangsspannungen können je nach Wahl der Eingangswiderstände verschieden hoch verstärkt werden.

Beispiel:

Bestimmen Sie die Beschaltungswiderstände R_{e1} und R_{e2} für die Addition zweier Messspannungen $U_{e1} = 1\,V$ und $U_{e2} = 0{,}1\,V$! Die Messspannung U_{e2} ist gegenüber U_{e1} fünffach stärker zu berücksichtigen. Die Ausgangsspannung U_a soll $-6\,V$ und der Gegenkopplungswiderstand $10\,k\Omega$ betragen.

Lösung:

Die Spannung $-U_a$ setzt sich aus $\frac{R_K}{R_{e1}} \cdot U_{e1}$ und $\frac{R_K}{R_{e2}} \cdot U_{e2}$ zusammen.

Damit U_{e2} fünffach stärker berücksichtigt wird, muss R_{e2} ein Fünftel von R_{e1} sein.

$$6\,V = \frac{10\,k\Omega}{R_{e1}} \cdot 1\,V + \frac{10\,k\Omega}{R_{e1}/5} \cdot 0{,}1\,V = \frac{10\,k\Omega}{R_{e1}} \cdot 1{,}5\,V \Rightarrow$$

$$R_{e1} = 2{,}5\,k\Omega; \quad R_{e2} = \frac{1}{5} \cdot R_{e1} = 500\,\Omega$$

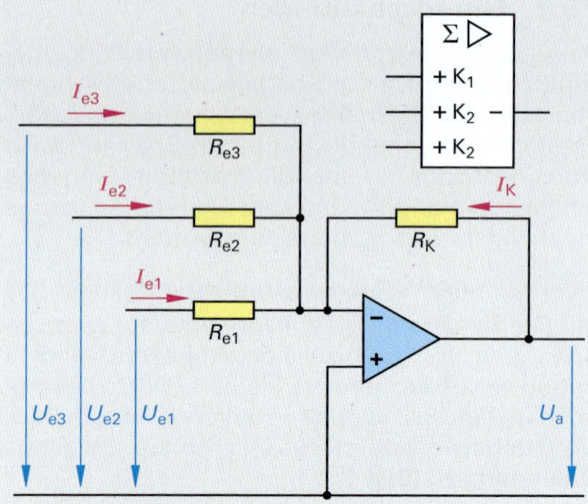

Ausgangsspannung am Summierverstärker:

$$-U_a = \frac{R_K}{R_{e1}} \cdot U_{e1} + \frac{R_K}{R_{e2}} \cdot U_{e2} + \ldots$$

$$-U_a = K_1 \cdot U_{e1} + K_2 \cdot U_{e2} + \ldots$$

Bild 1: Summierverstärker

Integrierer

Der Integrierer hat als Eingangswiderstand einen Wirkwiderstand R_e und zur Rückkopplung einen Kondensator C_K **(Bild 2)**. Der über Re fließende, von U_e abhängige Strom I_e fließt über den Summenpunkt in den Kondensator und lädt diesen auf die Ausgangsspannung U_a auf. Die Ausgangsspannung U_a ist verhältnisgleich der am Eingang anstehenden Spannung U_e, multipliziert mit der Zeit (Spannungszeitfläche).

Bei rechteckförmiger Eingangsspannung erhält man eine Dreieckausgangsspannung (Bild 2). Ist die Eingangsspannung konstant, dann wächst die Ausgangsspannung mit umgekehrtem Vorzeichen geradlinig an. Für sinusförmige Eingangsspannung ist die Ausgangsspannung auch sinusförmig, in der Phase aber zusätzlich zur Phasenumkehr um $-90°$ verschoben, in der Amplitude für Frequenzen $f > f_0 = 1/(2\,\pi\,R_e C_K)$ abgeschwächt und für Frequenzen $f < f_0$ verstärkt. Der Integrierer wirkt ähnlich wie ein *Tiefpass*.

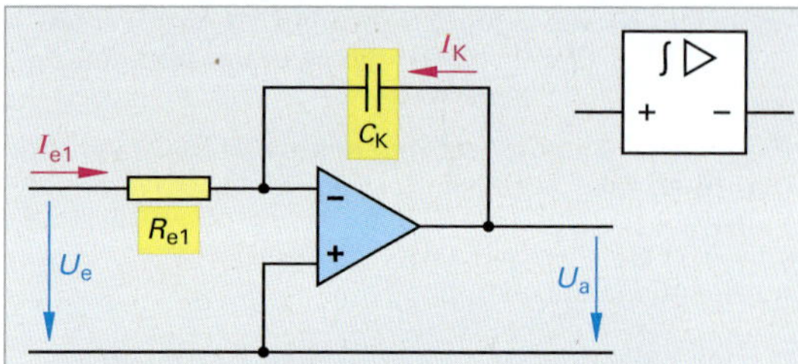

$$T_1 = R_{e1} \cdot C_K \qquad -U_a = -\frac{1}{T_1} \int U_e \, dt$$

Übertragungsverhalten:

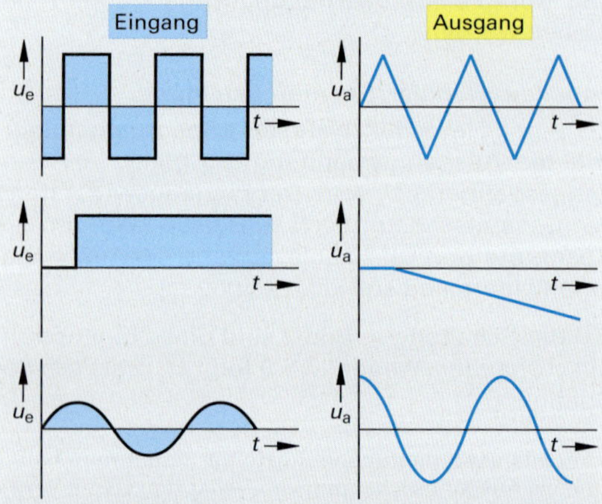

Bild 2: Integrierer

Differenzierer

Bei der Schaltung als Differenzierer **(Bild 1)** entsteht am Ausgang nur dann eine Spannung, wenn sich die Eingangsspannung ändert. Der Differenzierer hat als Eingangswiderstand einen Kondensator C_e. Über diesen Kondensator fließt nur bei sich ändernder Eingangsspannung U_e ein Strom. Der Rückkopplungswiderstand ist wie beim Invertierer ein Wirkwiderstand R_K. Schaltet man auf den Eingang des Differenzierers eine Rechteckspannung, dann entsteht bei jedem Spannungswechsel ein Nadelimpuls am Ausgang (Bild 1). Für eine geradlinig ansteigende Eingangsspannung ist die Ausgangsspannung konstant. Bei sinusförmiger Eingangsspannung ist die Ausgangsspannung ebenfalls sinusförmig, aber in der Phase zusätzlich zur Phasenumkehr um 90° gedreht und in der Amplitude für Frequenzen $f > f_0 = 1/(2\ \pi\ R_K C_e)$ verstärkt und für Frequenzen $f < f_0$ abgeschwächt. Der Differenzierer wirkt wie ein Hochpass.

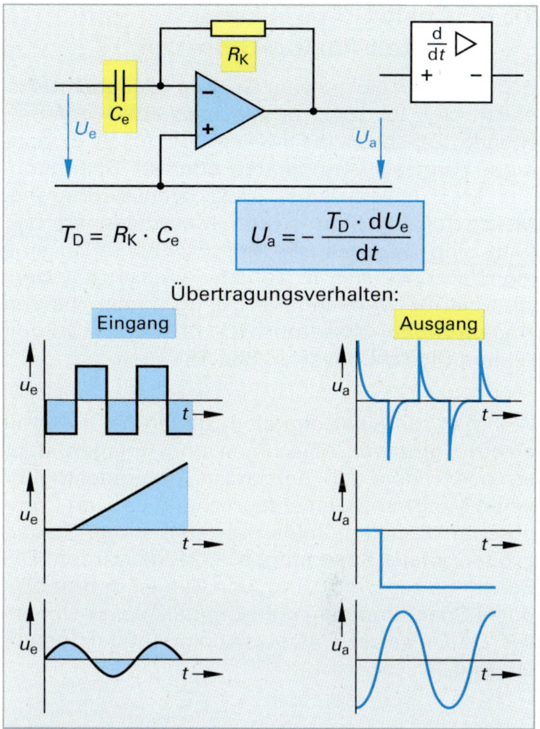

Bild 1: Differenzierer

Komparator (Schwellenwertschalter)

Mit dem Komparator[1] vergleicht man eine unbekannte Spannung U_x mit einer vorgewählten Referenzspannung[2] U_{ref}. Für $U_x > U_{ref}$ wird der Operationsverstärker **(Bild 2)** voll ausgesteuert und nimmt am Ausgang die maximale negative Ausgangsspannung an. Für $U_x < U_{ref}$ nimmt der Ausgang die maximale positive Ausgangsspannung an. Häufig werden in den Rückkopplungszweig zwei gegeneinander geschaltete *Z-Dioden* geschaltet. Mit diesen Z-Dioden kann man den Spannungsbereich der Ausgangsspannung auf den gewünschten Pegel begrenzen. Der Komparator hat eine kaum messbare *Schaltdifferenz*. Die Spannung U_x muss lediglich um die sehr kleine Eingangsspannung U_1 größer bzw. kleiner als U_{ref} sein. Die Spannung U_1 liegt im Bereich von einem µV oder weniger.

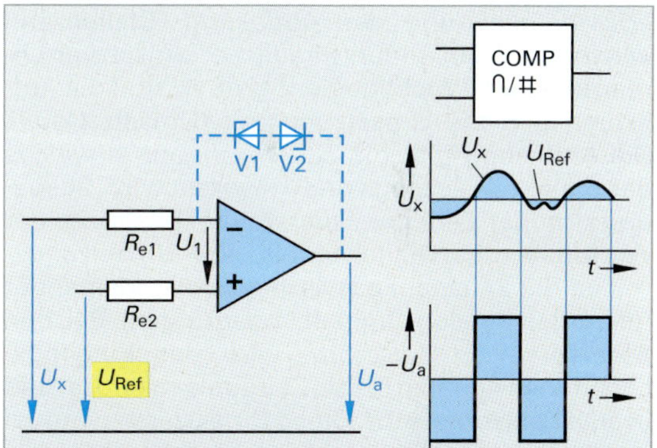

Bild 2: Komparator ohne Schaltdifferenz

Bei manchen Anwendungen, z. B. in der Regelungstechnik bei *Zwei-Punkt-Reglern*, soll der Komparator eine deutliche Schaltdifferenz aufweisen. Diese Schaltdifferenz U_{diff} erreicht man mit einem *Mitkopplungswiderstand* R_M **(Bild 3)**. Je kleiner der Mitkopplungswiderstand gewählt wird, um so größer wird die Schaltdifferenz. Zur stufenlosen Einstellung wird der Mitkopplungswiderstand meist mit einem Potentiometer in Reihe geschaltet.

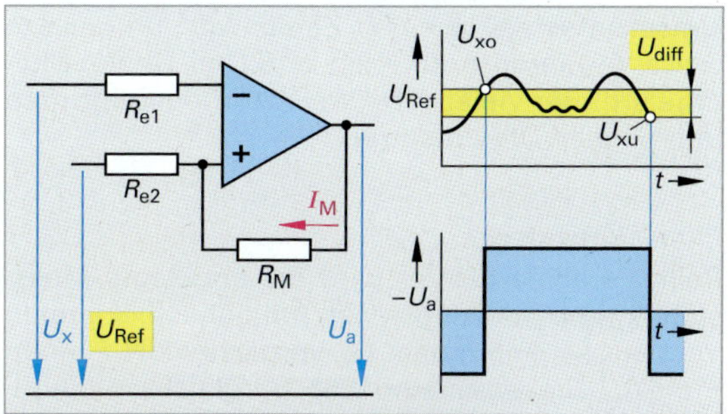

Bild 3: Komparator mit Schaltdifferenz

---
[1] lat. comparatio = das Vergleichen

[2] franz. référence = Bericht, Bezug: Referenzspannung = Bezugsspannung

1.5.3 Analog-Digital-Umsetzer und Digital-Analog-Umsetzer

Beim Messen elektrischer Größen oder auch nichtelektrischer Größen erhält man über entsprechende Sensoren die Messgröße meist in analoger Form als Stromstärke oder als Spannung. Zur Messdatenanzeige, Messdatenübertragung, Messdatenspeicherung und Messdatenverarbeitung sind dagegen die Messgrößen oft in eine digitale Form, also in Zahlenwerte, umzusetzen. Die hierfür verwendeten Baugruppen heißen *Analog-Digital-Umsetzer* (*AD-Umsetzer*, ADC von Analog Digital Converter, **Bild 1**).

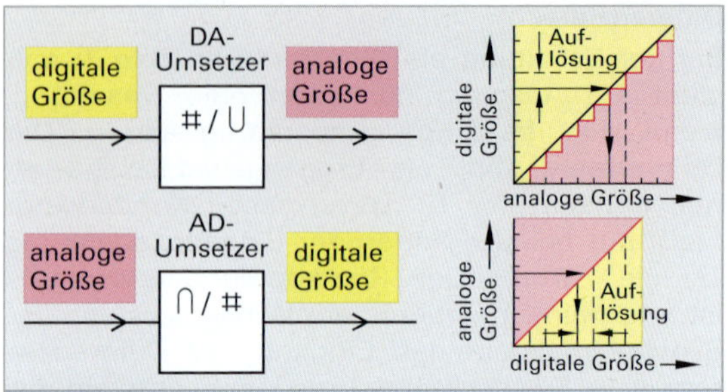

Bild 1: Schaltzeichen und Funktionen für AD-Umsetzer und DA-Umsetzer

Will man mit einer digitalen Steuerung, z. B. mit einem Computer, Maschinen und Anlagen steuern oder regeln, z. B. bei der Drehzahlregelung für einen Motor, müssen entsprechend den, im Computer errechneten, Zahlenwerten analoge Steuergrößen, meist Spannungen, erzeugt werden. Die Bausteine zur Umsetzung von Zahlen in proportionale Spannungen heißen *Digital-Analog-Umsetzer* (*DA-Umsetzer*, DAC von Analog Digital Converter, **Bild 1**).

Tabelle 1: AD-Umsetzer

Art	Verfahren, Kenngrößen
Momentanwert-Umsetzer 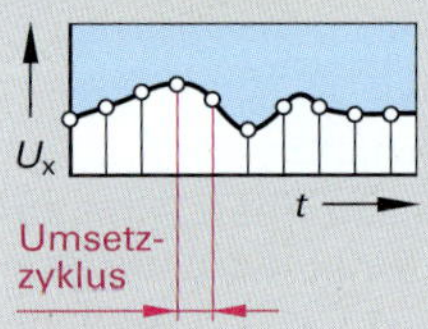 ○ ermittelte Werte	**Parallelumsetzer** Auflösung: 6 bit bis 12 bit Umsetzzyklus: 2 ns bis 200 ns
	Sukzessive-Approxiamtions-Umsetzer Auflösung: 8 bit bis 18 bit Umsetzzyklus: 0,5 µs bis 100 µs
	Stufen-Umsetzer mit Zähler Auflösung: 6 bit bis 12 bit Umsetzzyklus: je nach Programm ≥ 50 ns
integrierender Umsetzer 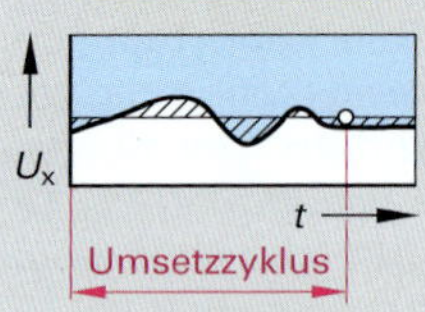 ○ ermittelter Wert	**Dual-Slope-Umsetzer** Auflösung: 12 bit bis 20 bit bzw. dez. 3 $^1/_2$ bis 5 $^1/_2$ Stellen Umsetzzyklus: 10 ms bis 1 s
	Spannungs-Frequenz-Umsetzer Auflösung: etwa 8 bit Umsetzzyklus: 10 ms bis 1 s

Analog-Digital-Umsetzer

Abhängig von der Anwendung, der *Umsetzgeschwindigkeit* und der *Auflösung* (Stellenzahl) verwendet man unterschiedliche Umsetzverfahren **(Tabelle 1)**. Wichtige Kenngrößen sind die Auflösung und die Umsetzungszeit (Umsetzzyklus). Die Auflösung gibt die *Stufenzahl* an, in welche das maximale Analogsignal unterteilt wird, ausgedrückt in der Zahl der *Binärstellen* (Bits) bzw. der Wortbreite des Digitalsignals. Die Umsetzungszeit ist die Zeitspanne zwischen zwei aufeinander folgenden Analog-Digital-Umsetzungen. Bei den *Momentanwert-Umsetzern* wird das Eingangsspannungssignal zu festen Zeitpunkten erfasst und in eine Zahl umgesetzt. Diese Umsetzer verwendet man z. B. in der Videotechnik und der Regelungstechnik. Bei den *integrierenden Umsetzern* wird die mittlere Eingangsspannung während eines Umsetzintervals in einen Zahlenwert umgesetzt. Diese Verfahren nutzt man z. B. bei Digital-Multimetern. Bei vielen AD-Umsetzern benötigt man intern einen DA-Umsetzer.

Parallelumsetzer

Beim Parallelumsetzer wird die angelegte Messspannung U_x (Analogsignal) mit genau bekannten Vergleichsspannungen U_v verglichen. Für einen *8-Bit-AD-Umsetzer* sind 255 Vergleichsspannungen und 255 Komparatoren (Vergleicher) erforderlich.

Die Vergleichsspannungen erzeugt man mit einem Spannungsteiler, welcher an eine stabilisierte Referenzspannung (Bezugsspannung) U_{ref} angeschlossen wird.

Parallelumsetzer ermöglichen Umsetzfrequenzen von über 100 MHz. Derartige Umsetzer benötigt man z. B. zur Digitalisierung von Videosignalen für die digitale Speicherung von Fernsehbildern. Diese Umsetzer gibt es als IC. Man bezeichnet solche Umsetzer auch als *Flash-Umsetzer* (von flash = Blitz).

> Momentanwert-Umsetzer erfassen die Eingangsspannung zu einem festen Zeitpunkt.

Sukzessive-Approximations-Umsetzer

Der Sukzessive-Approximations-Umsetzer **(Bild 1)** ist ein Stufenumsetzer in einem SAR (von engl. Successive Approximation Register = Register für schrittweise Annäherung). In immer kleiner werdenden Stufen wird durch das SAR und einen DA-Umsetzer die analoge Eingangsspannung schrittweise den Vergleichsspannungen U_v angenähert **(Bild 2)**.

Die Vergleichsspannungen erhält man durch stufenweises Überbrücken von Teilwiderständen einer Widerstandskette, die über eine Konstantstromquelle gespeist wird **(Bild 3)**. Dies geschieht selbsttätig über eine elektronische Steuerschaltung.

Mit der Stufe höchster Wertigkeit wird begonnen (Bild 2). Danach werden nacheinander die Stufen niedriger Wertigkeit zugeschaltet. Dies erfolgt ähnlich wie bei einer Waage, wenn man mit kleiner werdenden Gewichtssteinen das Gleichgewicht herstellt. Überwiegt die Vergleichsspannung ($U_v > U_x$), so schaltet man die zuletzt hinzu gekommene Stufe wieder ab und dafür die Stufe der nächstniedrigeren Wertigkeit ein. Auf diese Weise entsteht eine Vergleichsgröße, die der Eingangsspannung bis auf einen kleinen Rest entspricht.

Digital-Analog-Umsetzer

Zur Sollwerteinstellung analoger Regelkreise durch Rechner oder digitale Messanlagen ist eine Umsetzung der verschlüsselten Digitalsignale in die entsprechenden Analogsignale notwendig. Dies erfolgt mit einem DA-Umsetzer (Digital-Analog-Umsetzer). Er setzt die digitale Größe in eine analoge elektrische Größe, z. B. Spannung oder Stromstärke, um.

DA-Umsetzer bestehen aus einem Operationsverstärker, welcher als Summierer Teilströme addiert (Bild 3). Die Teilströme entsprechen den Wertigkeiten der Binärstellen. Die Eingangswiderstände des Operationsverstärkers stehen dann im Verhältnis 1/2/4/8. Die in Bild 3 dargestellten Schalter werden als elektronische Schalter ausgeführt, der DA-Umsetzer selbst als IC.

> Zur DA-Umsetzung addiert man Teilströme entsprechend der Stellenwertigkeit des Digitalsignals.

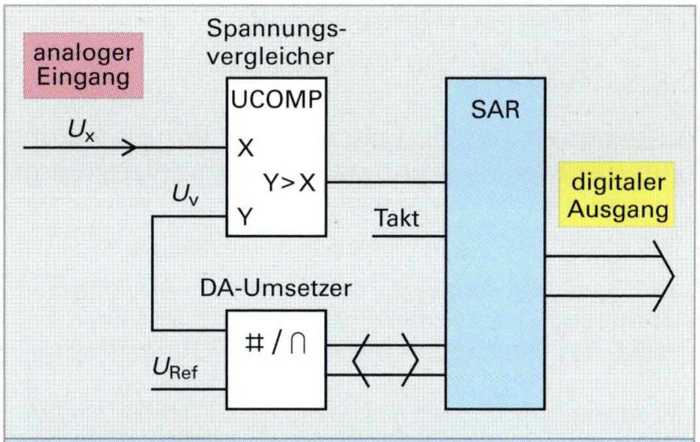

Bild 1: Signalflussplan für den Sukzessive-Approximations-Umsetzer

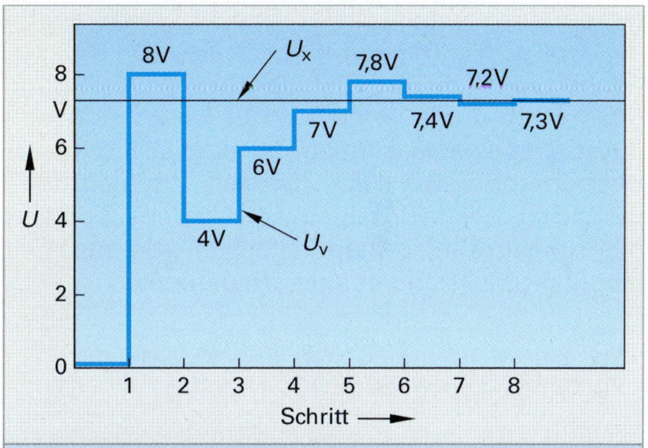

Bild 2: Approximationsvorgang

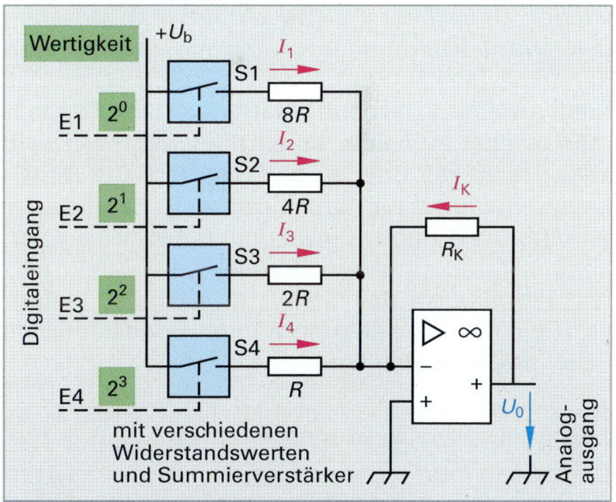

Bild 3: DA-Umsetzer mit Teilströmen

Beispiel:

Ein DA-Umsetzer mit Teilströmen nach Bild 3 hat die Widerstände $8\,R = 100\ \text{k}\Omega$, $4\,R = 50\ \text{k}\Omega$, $2\,R = 25\ \text{k}\Omega$ und $R = 12{,}5\ \text{k}\Omega$. $U_b = 10\ \text{V}$ und $R_K = 1\ \text{k}\Omega$. An E3 wird H-Signal gelegt, entsprechend der Dualzahl 0100 = 4.

Wie groß ist die Ausgangsspannung U_a?

Lösung:

H-Signal an E3 ⇒ S3 geschlossen ⇒ es fließt

$I_3 \approx -I_K$

$$I_3 = \frac{U_b}{2 \cdot R} = \frac{10\ \text{V}}{25\ \text{k}\Omega} = 0{,}4\ \text{mA}$$

$U_a = I_K \cdot R_K = -0{,}4\ \text{mA} \cdot 1\ \text{k}\Omega = \mathbf{-0{,}4\ V}$

1.6 Regelungstechnik

1.6.1 Begriffe

Aufgabe der Regelungstechnik ist die Einhaltung oder das Erreichen von gewünschten Werten oder Wertefolgen.

> Die Regelung ist ein Vorgang, bei dem eine Größe, die zu regelnde Größe (Regelgröße) fortlaufend erfasst, mit einer anderen Größe, der Führungsgröße, verglichen und im Sinne einer Angleichung an die Führungsgröße beeinflusst wird (nach DIN IEC 60050-351[1]).

Bei einer Dusche ist erwünscht, dass die Wassertemperatur konstant bleibt **(Bild 1)**. Die zu regelnde Größe, die **Regelgröße**, ist also die Wassertemperatur. Ihr Wert wird sensorisch fortlaufend erfasst und durch Verstellen des Mischers beeinflusst. Dabei wird angestrebt, dass die erreichte Wassertemperatur, der **Istwert** (Regelgröße), möglichst der Wunschtemperatur,dem **Sollwert** (Führungsgröße), entspricht. Die gesamte Einrichtung (Bild 1) bildet einen **Regelkreis**.

> Bei einer Regelung ist stets eine Kreisstruktur mit Rückführung der Regelgröße vorhanden.

Wird der Regelkreis *gestört*, z. B. durch die Entnahme von Kaltwasser im Nebenraum, so entsteht wieder eine Differenz **(Regeldifferenz)** zwischen der Wunschtemperatur (Führungsgröße) und der tatsächlichen Temperatur (Regelgröße). Das Stellventil muss erneut betätigt werden. Verstellt man es aber *zu hastig*, so wird das Wasser *wechselweise* zu kalt oder zu heiß werden. **Der Regelkreis** schwingt. Erst durch Erfahrung, nämlich der Kenntnis, wie lange es etwa dauert, bis sich die veränderte Temperatur am Brausekopf einstellt und wie *empfindlich* das Stellventil reagiert, gelingt es, zügig die Brausetemperatur ohne wesentliches Schwingen einzustellen.

> Regelkreise können schwingen.

In einem technischen Regelkreis wird die Regelgröße x mit einem Sensor erfasst und mit der Führungsgröße w durch *Subtraktion* verglichen **(Bild 2)**.

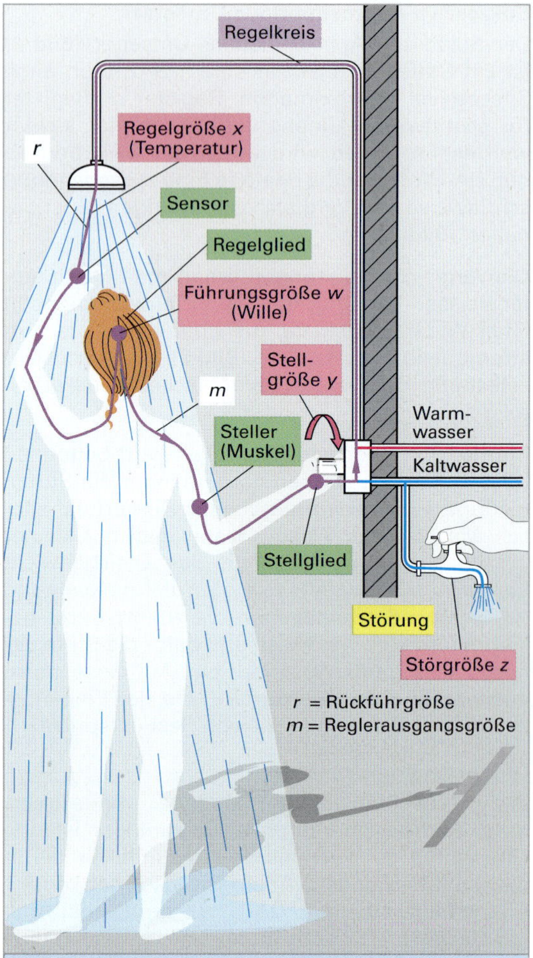

Bild 1: Manuelle Regelung der Wassertemperatur

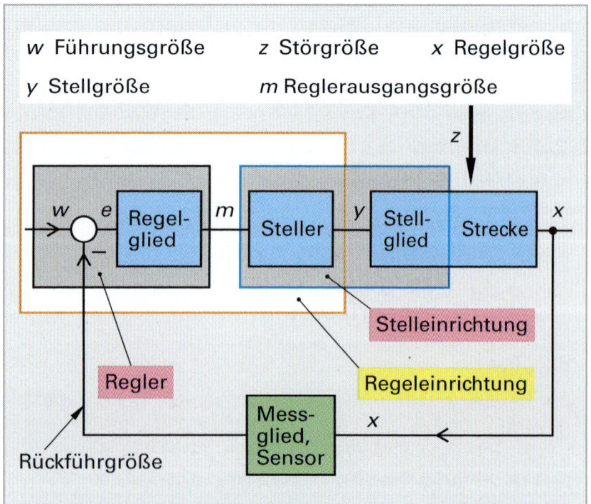

Bild 2: Regelkreis mit Regler, Steller, Strecke und Messglied (DIN IEC 60050-351)

[1] Die frühere Norm für die Regelungstechnik DIN 19 226 ist seit Juni 2009 zurückgezogen und durch die Norm: DIN IEC 60050-351 „Internationales Elektrotechnisches Wörterbuch – Teil 351: Leittechnik" ersetzt. Die neue Norm ist nun im Kapitel Regelungstechnik berücksichtigt. Die meisten Begriffe und Formelzeichen können unverändert weiter verwendet werden.

Die Regeldifferenz $e = w - x$ wird durch den Regler in die Reglerausgangsgröße m zur Steuerung der Regelstrecke durch den Steller umgewandelt. Dessen Ausgangsgröße ist die **Stellgröße** y. Die Stellgröße y ist auch das Eingangssignal der Regelstrecke. Ihr Ausgangssignal ist die Regelgröße x.

Im *Beharrungszustand* (ruhiger Dauerzustand) eines Regelkreises ist die Regeldifferenz sehr klein oder Null. Treten Störungen auf oder ändert sich die Führungsgröße, so entstehen Regeldifferenzen, die über die veränderten Stellgrößen y *ausgeregelt* werden.

> Zur Vermeidung des Schwingens eines Regelkreises muss dafür gesorgt werden, dass die Veränderung der Stellgröße nicht zu schnell erfolgt.

Der vereinfachte Wirkungsplan einer Regelung **(Bild 1)** fasst *Steller*, *Stellglied* und *Strecke* (Bild 2, vorhergehende Seite) zu einer Einheit, der **Regelstrecke**, zusammen. Der **Regler** steuert direkt die Verstellung der Regelstrecke durch das Stellsignal y.

> Ein Regelkreis besteht aus Regler und Regelstrecke.

1.6.2 Regelungsarten

> Regelungen werden eingeteilt in:
>
> - **Handregelungen** bei denen mindestens die Aufgabe eines Regelkreisgliedes vom Menschen wahrgenommen wird **(Bild 2)** und
> - **Selbsttätige Regelungen**, die ganz ohne Zutun des Menschen ablaufen, mit Ausnahme der Vorgabe von Führungsgrößen.
>
> Desweiteren unterscheidet man zwischen
>
> - **Festwertregelung** und
> - **Folgeregelung**.

Ein Beispiel für die **Festwertregelung** ist die Regelung auf *konstanten* (festen) Abstand des Laserschneidwerkzeugs zum Werkstück beim Laserschneiden **(Bild 3)**.

Damit der Brennpunkt des Laserstrahls stets auf der Werkstückoberfläche bleibt, wird der Abstand d_{ist} zur Werkzeugdüse fortlaufend über einen kapazitiven Sensor erfasst und über die hydraulische Verstelleinheit sofort nachgeregelt, wenn d_{ist} von d_{soll} abweicht.

Bei der Festwertregelung versucht der Regler stets den Istwert mit dem Sollwert in Übereinstimmung zu bringen. Störungen auf die Regelstrecke bewirken nur vermindert oder nur vorübergehend eine Abweichung des Istwertes vom Sollwert.

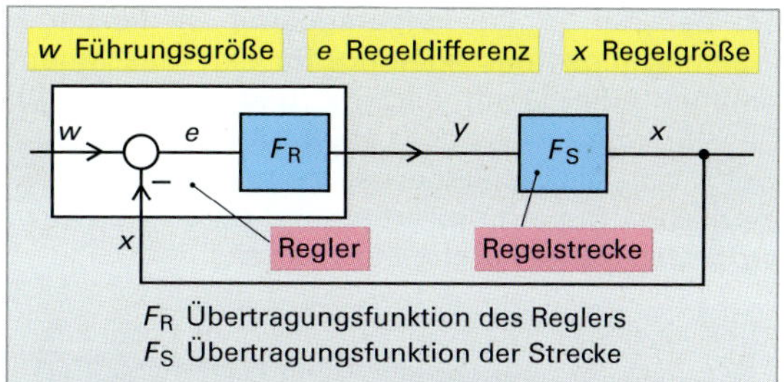

Bild 1: Vereinfachter Wirkungsplan einer Regelung

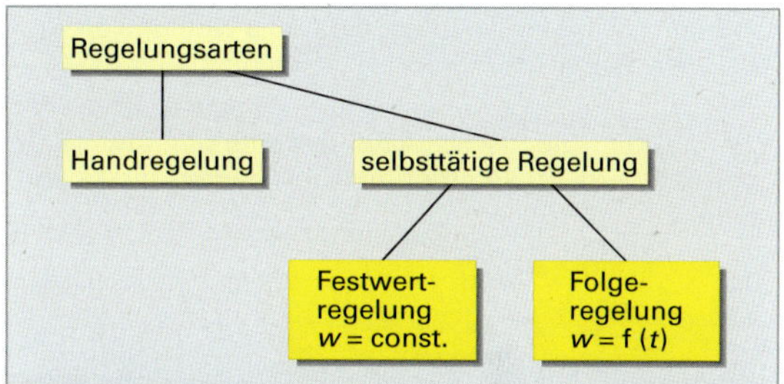

Bild 2: Regelungsarten

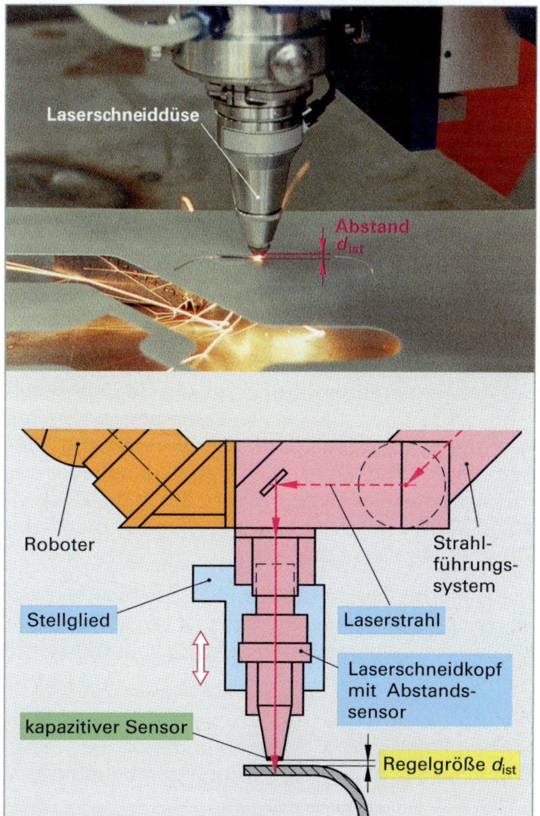

Bild 3: Abstandsregelung für ein Laserschneidwerkzeug

Ein Beispiel für die **Folgeregelung** ist die Lageregelung (Positionsregelung) für den Maschinenschlitten einer Drehmaschine **(Bild 1** und **Bild 2)**. Das Werkzeug muss der Lageführungsgröße x_{soll}, welche für die Werkstückbearbeitung von der numerischen Steuerung fortlaufend berechnet wird, möglichst schnell und genau folgen.

Der Lageregler berechnet fortlaufend die Regeldifferenz $\Delta x = x_{soll} - x_{ist}$ und gibt für den Vorschubantrieb in der X-Achse ein Stellsignal (Geschwindigkeitssignal) $v_x = K_{vx} \cdot \Delta x$ aus **(Bild 3)**. Der Vorschubantrieb verstellt nun den Maschinenschlitten der X-Achse mit dem Werkzeug solange, bis Δx zu Null geworden ist. Der Faktor K_{vx} heißt Geschwindigkeitsverstärkung.

Je größer die Geschwindigkeitsverstärkung K_{vx} gewählt wird, umso empfindlicher reagiert die Lageregelung.

Bei $K_{vx} = \frac{50\ \text{mm}}{\text{s}}/\text{mm}$ fährt der Maschinentisch bei

$\Delta x = 1$ mm mit der Geschwindigkeit $v_x = 50$ mm/s und bei $\Delta x = 0{,}1$ mm mit 5 mm/s auf den Sollpunkt zu. Wählt man die Geschwindigkeitsverstärkung zu hoch, so fährt der Maschinentisch über den Zielpunkt hinaus. Die Regeldifferenz kehrt sich um. Der Maschinentisch fährt in Gegenrichtung wieder über den Zielpunkt hinaus, und man erkennt, dass die Lageregelung schwingt. Man sagt, der Regelkreis ist instabil.

Bei einer Folgeregelung bewirkt der Regler, dass die Regelgröße dem vorgegebenen Führungsgrößenverlauf folgt.

Die Aufgabe des Regelungstechnikers ist es, die *optimale Wahl* und die *Einstellung der Regler* zu finden.

Bei der Reglerauswahl und für die Reglereinstellung muss man daher die **Dynamik**, d. h. das **Reaktionsvermögen** und die **Verstärkung** der Signale durch die einzelnen Regelkreisglieder berücksichtigen. Die Dynamik wird durch die *Zeitkonstanten* oder deren Kehrwerte, nämlich die *Kennkreisfrequenzen* beschrieben.

Die Dynamik also die Beweglichkeit bzw. die *Reaktionsfähigkeit* eines Systems ist umso besser, je kleiner die Zeitkonstanten sind bzw. je höher die Kennkreisfrequenzen sind.

Die *Verstärkung* der Signale wird durch die *Proportionalbeiwerte K* (Verstärkungsfaktoren) bzw. durch die Steigungen der Kennlinien bestimmt.

Zum Aufbau und Einstellen eines Regelkreises müssen die Eigenschaften der Regelkreisglieder bekannt sein.

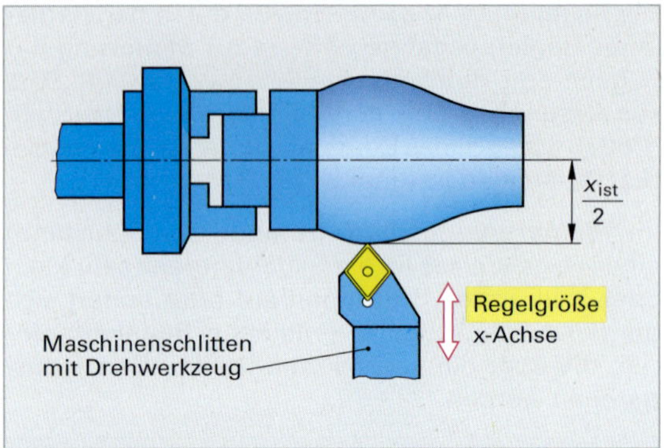

Bild 1: Folgeregelung für die x-Achse bei der Drehbearbeitung

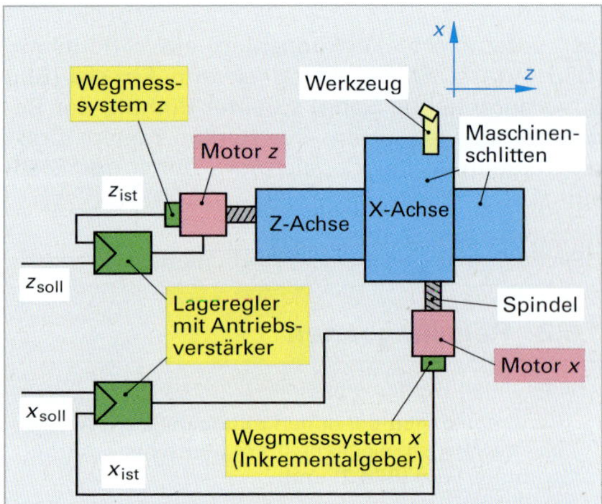

Bild 2: Lageregelung eines Maschinenschlittens mit Drehwerkzeug

$$v_x = K_{vx} \cdot \Delta x$$

v_x Geschwindigkeit in x-Richtung
K_{vx} Geschwindigkeitsverstärkung der x-Achse
Δx Lageregeldifferenz

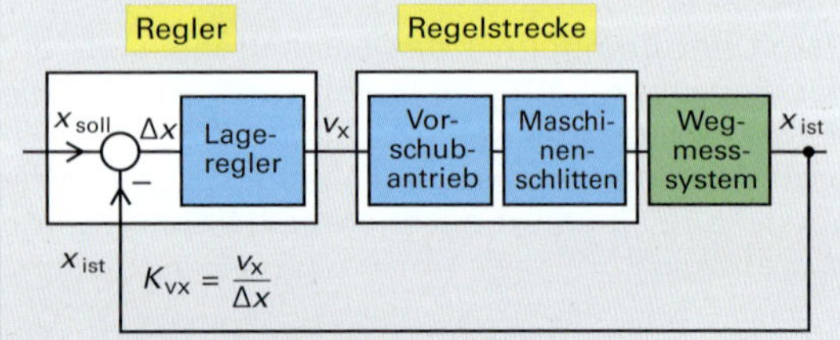

x_{soll} Lagesollwert der x-Achse
x_{ist} Lageistwert der x-Achse

Bild 3: Wirkungsplan der Lageregelung eines Maschinenschlittens in der x-Achse

1.6.3 Regelkreisglieder

Regelkreisglieder werden gekennzeichnet durch:

- die *Sprungantwort* auf eine Sprungfunktion am Eingang,
- die Reaktion auf ein sinusförmiges Eingangssignal, dargestellt als *Bode-Diagramm* (Amplitudenverhältnis und Phasenverschiebung).

1.6.3.1 Proportionalglied ohne Verzögerung (P-Glied)

P-Glieder erzeugen ein Ausgangssignal v, das proportional zum Eingangssignal u ist **(Bild 1)**. In der Gleichung für das Ausgangssignal v in Abhängigkeit vom Eingangssignal u ist K_p der Proportionalbeiwert oder auch Verstärkungsfaktor.

Man nennt K_p auch Verstärkungsfaktor, selbst dann, wenn K_p kleiner als 1 ist, also auch wenn eine Abschwächung vorliegt.

Beispiele für P-Glieder sind: Getriebe für die Drehzahlverstärkung oder Getriebe für die Drehmomentverstärkung, elektronische Signalverstärker, die meisten Sensoren, z. B. ein Tachogenerator zum Erfassen der Drehzahl **(Bild 2** und **Bild 3)**.

Ganz genau genommen reagieren alle Dinge mit Verzögerungen. Wenn jedoch diese Verzögerungen klein sind gegenüber denjenigen der anderen Regelkreisglieder, z. B. die Signalverzögerung im Drehzahlsensor im Vergleich zur Trägheit des Motors, so bezeichnet man diese Regelkreisglieder als verzögerungsfrei.

P-Glieder antworten auf ein sprungförmiges Eingangssignal ebenfalls mit einer Sprungfunktion. Im Wirkungsplan kennzeichnet man P-Glieder durch die **Sprungfunktion**[1] (Bild 1).

Ermittlung von K_p

Zur Ermittlung von K_p benötigt man den mathematischen Zusammenhang zwischen der Ausgabegröße v und der Eingangsgröße u des Regelkreisgliedes.

Ist der mathematische Zusammenhang nicht bekannt, so kann dieser aus einer Kennlinie oder einem Versuch ermittelt werden. Die Signale v und u sind normierte Größen, also Zahlengrößen ohne physikalische Einheiten. Man erhält diese durch Division mit einer *Bezugsgröße* (Normierungsgröße).

[1] Die Sprungfunktion hat den Wert 1 für den Zeitbereich $t > 0$ und den Wert 0 für den Zeitbereich $t < 0$.

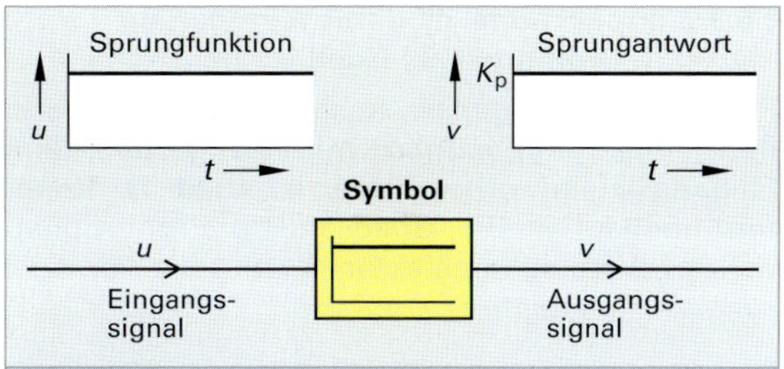

Bild 1: Sprungantwort und Symbole desP-Gliedes

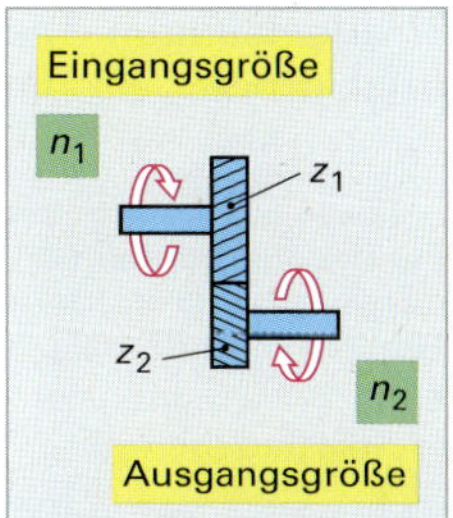

Bild 2: Getriebe

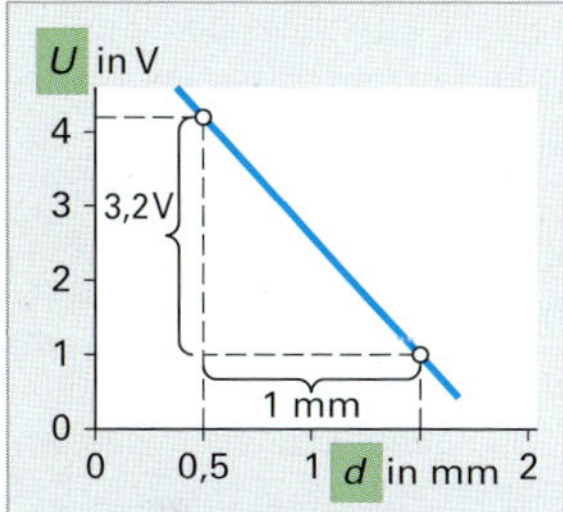

Bild 3: Sensorkennlinie

Beispiel 1:

Ein einstufiges Zahnradgetriebe hat eingangsseitig ein Ritzel mit $z_1 = 200$ Zähnen und ausgangsseitig ein Ritzel mit $z_2 = 100$ Zähnen **(Bild 2)**. Das Getriebe ist für eine maximale Drehzahl $n_0 = 1000\ \text{min}^{-1}$ vorgesehen. Berechnen Sie den Proportionalbeiwert K_p!

Lösung:

Übersetzungsverhältnis: $i = \frac{n_1}{n_2} = \frac{z_2}{z_1}$

$\Rightarrow n_2 = \frac{z_1}{z_2} \cdot n_1$

$\frac{n_2}{n_0} = \frac{z_1}{z_2} \cdot \frac{n_1}{n_0} \quad \Rightarrow \quad v = K_p \cdot u$

$\frac{n_2}{n_0} \mathrel{\hat{=}} v, \ \frac{n_1}{n_0} \mathrel{\hat{=}} u \qquad K_p \mathrel{\hat{=}} \frac{z_1}{z_2} = \frac{200}{100} = 2$

Beispiel 2:

Ein Abstandssensor liefert mit zunehmendem Abstand d ein kleiner werdendes Signal u. Bei einer Abstandszunahme von $\Delta d = 1$ mm nimmt die Sensorspannung um 3,2 V ab **(Bild 3)**. Ermitteln Sie anhand der Kennlinie im Bild 3 den Proportionalbeiwert K_p. Normieren Sie den Abstand Δd auf $d_0 = 10$ mm und die Spannung Δu auf $u_0 = 5$ V.

Lösung:

$\frac{\Delta u}{\Delta d} = -\frac{3{,}2\ \text{V}}{1\ \text{mm}} \Rightarrow \Delta u = -\frac{3{,}2\ \text{V}}{1\ \text{mm}} \cdot \Delta d$

$\frac{\Delta u}{u_0} = -\frac{3{,}2\ \text{V}}{1\ \text{mm}} \cdot \frac{d_0}{u_0} \cdot \frac{\Delta d}{d_0} \quad \Rightarrow \quad v = K_p \cdot u$

$\frac{\Delta u}{u_0} \mathrel{\hat{=}} v, \ \frac{\Delta u}{d_0} \mathrel{\hat{=}} u \qquad K_p = -\frac{3{,}2\ \text{V}}{1\ \text{mm}} \cdot \frac{10\ \text{mm}}{5\ \text{V}} = -6{,}4$

1.6.3.2 Proportionalglied mit Verzögerung 1. Ordnung (P-T_1-Glied)

PT[1]-Glieder erzeugen ein Ausgangssignal, das erst nach einiger Zeit, nämlich mit *Verzögerung*, dem Eingangssignal *proportional* ist **(Bild 1)**. Kennzeichnend für ein P-T_1-Glied sind der Proportionalbeiwert (Verstärkungsfaktor) K_p und die *Verzögerungszeitkonstante* T.

Die Sprungantwort v auf ein sprungförmiges Eingangssignal u ist eine Exponentialfunktion, nämlich $v = K_p\,[1 - \exp(-t/T)]$. Die e-Funktion $\exp(-t/T)$ ist nach der Zeit $t \approx 3\,T$ abgeklungen. Die Ausgangsgröße ist dann K_p-mal größer als die Eingangsgröße.

Beispiele für P-T_1-Glieder sind alle Geräte, bei denen durch die Eingangsgröße ein Energiespeicher aufgeladen wird, z. B. der Kondensator bei einem RC-Tiefpass oder die kinetische Energie der Schwungmasse bei einem Gleichstrommotor bei Änderung der Ankerspannung.

Proportionalglieder mit Verzögerung 1. Ordnung sind gekennzeichnet durch *einen* Energiespeicher und *eine* Zeitkonstante.

Beispiel 1:
Wird ein Druckbehälter über ein Ventil durch einen Gasstrom gefüllt, erreicht der Druck p_1 im Behälter allmählich (Signalverzögerung) den Druck des Gasstroms **(Bild 2)**.

Die Sprungantwort dieser Anordnung zeigt, dass der Druck p_1 asymptotisch einem Beharrungswert (p_0) zustrebt. Die an dieser Kurve gelegte Anfangstangente schneidet auf dem Beharrungswert ein Zeitstück, die Zeitkonstante T, ab. Eine große Zeitkonstante (flacher Kurvenverlauf) hat eine große Signalverzögerung zur Folge, was durch konstruktive Maßnahmen (kleiner Druckbehälter oder Vermeiden von Trägheitsmassen oder anderen Energiespeichern) verhindert werden kann.

Bei Einspeichersystemen erreicht die Ausgangsgröße nach der Zeit $t = T$ etwa 63 % des Endwertes und nach der Zeit $t = 3 \cdot T$ etwa 95 % des Endwertes.

Beispiel 2:
Wird ein Wasserbehälter über einen (schwachen) Tauchsieder erwärmt ohne dass es zum Kochen kommt, so strebt die Temperatur nach anfänglich starkem Anstieg einem Beharrungswert ϑ_0 zu **(Bild 3)**. Im Beharrungszustand ist die zugeführte Energie gleich der abgestrahlten Energie. Das Signalverhalten entspricht einem Verzögerungsglied 1. Ordnung (P-T_1-Glied). Die Zeitkonstante T ermittelt man durch Anlegen der Tangente an den Kurvenverlauf. Sie ist umso größer, je größer der Wasserbehälter ist. Die Stärke des Tauchsieders hat nur einen Einfluss auf die Endtemperatur, nicht aber auf die Zeitkonstante.

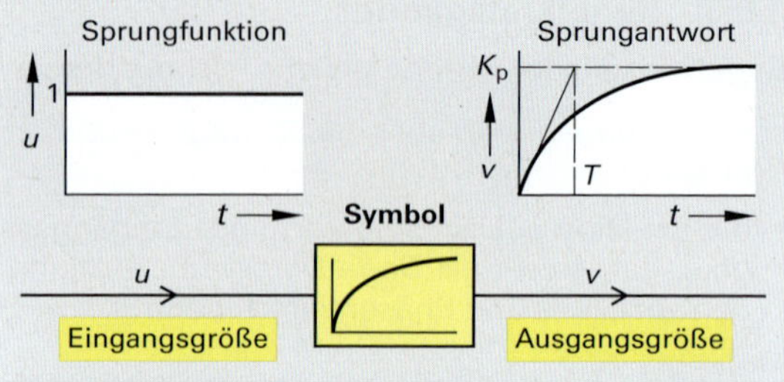

Bild 1: Sprungantwort und Symbol des P-T_1-Gliedes

Sprungantwort:

$\exp(-t/T) = e^{-t/T}$

$$v = K_p \cdot [1 - \exp(-t/T)]$$

v Ausgangsgröße
K_p Proportionalbeiwert
t Zeit
T Zeitkonstante

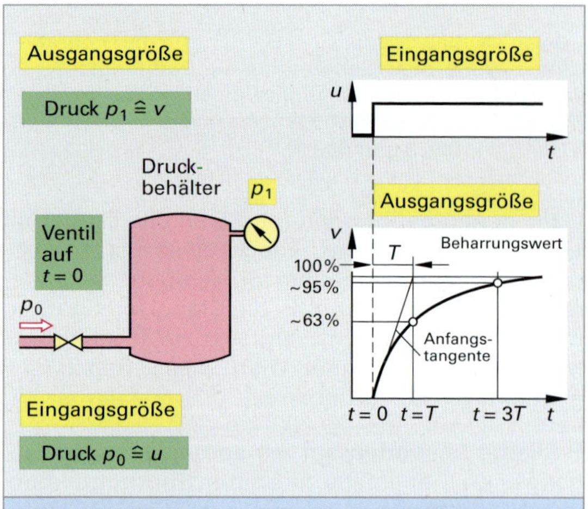

Bild 2: Druckbehälter wirkt wie ein P-T_1-Glied

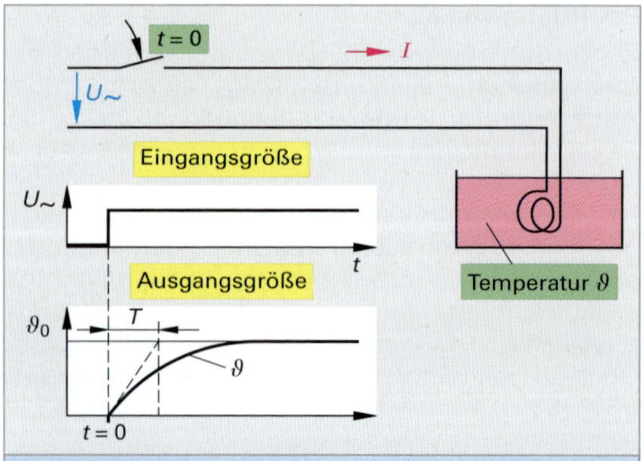

Bild 3: Erwärmung eines Wasserbehälter hat P-T_1-Verhalten

Beispiel 3:
Beim Einschalten eines Antriebs mit erheblicher Schwungmasse nimmt die Drehzahl zunächst schnell zu, strebt dann aber allmählich einem Beharrungswert zu **(Bild 1)**. Der Antrieb ist ein Verzögerungsglied 1. Ordnung. Die Zeitkonstante T ist umso größer, je größer die Schwungmasse ist und je kleiner die Drehzahlsteifigkeit ΔM/Δn ist. Die angelegte Motorspannung hat nur einen Einfluss auf die erreichte Enddrehzahl, nicht aber auf die Zeitkonstante.

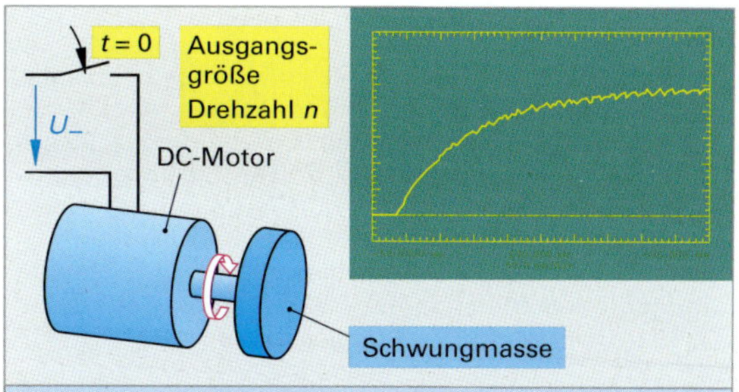

Bild 1: Drehzahlverlauf eines Gleichstrommotors bei einem Spannungssprung

Auf ein sinusförmiges Eingangssignal antwortet das P-T1-Glied ebenfalls mit einem sinusförmigen Ausgangssignal (Bild 2). Bei hohen Frequenzen wird die Ausgangsamplitude sehr klein **(Bild 2)**, da die Ladung und Entladung des Energiespeichers dem schnellen Wechsel nicht folgen kann.

P-T_1-Glieder glätten schnell wechselnde Signale.

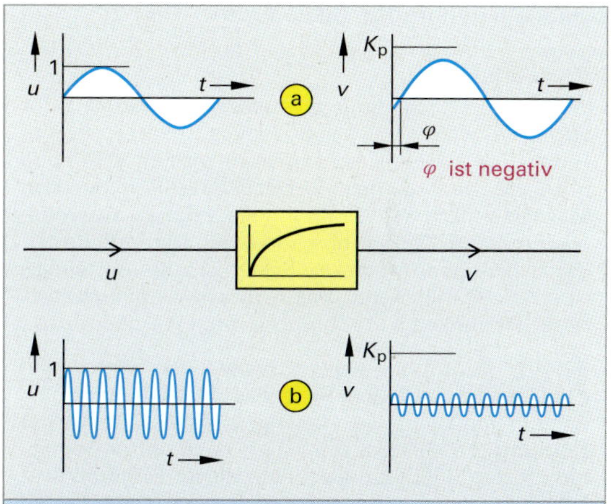

Bild 2: Verhalten des P-T_1-Gliedes bei sinusförmigem Eingangssignal

Man nennt P-T_1-Glieder deshalb auch *Tiefpassfilter 1. Ordnung*, da sie tiefe Frequenzen passieren lassen, hohe Frequenzen dagegen unterdrücken **(Bild 3)**. Bei hohen Frequenzen ist $\omega/\omega_0 > 1$, d. h. $\omega = 2\pi f > \omega_0 = 2\pi f_0$, bei tiefen Frequenzen ist $\omega/\omega_0 < 1$, d. h. $\omega = 2\pi f < \omega_0 = 2\pi f_0$. Mit der Kreisfrequenz $\omega_0 = 2\pi f_0 = 1/T$ wird das P-T_1-Glied gekennzeichnet. Da das P-T_1-Glied Eingangssignale zeitlich verzögert, entsteht eine Phasenverschiebung vom Ausgangssignal gegenüber dem Eingangssignal (Bild 3). Der Phasenwinkel reicht von $\vartheta = 0°$ bei der Frequenz $\omega = 0$ bis $\varphi = -90°$ bei der Frequenz $\omega \to \infty$. Für $\omega = 2\pi f_0 = \omega_0$ ist die Phasenverschiebung $\varphi = -45°$ (Bild 3).

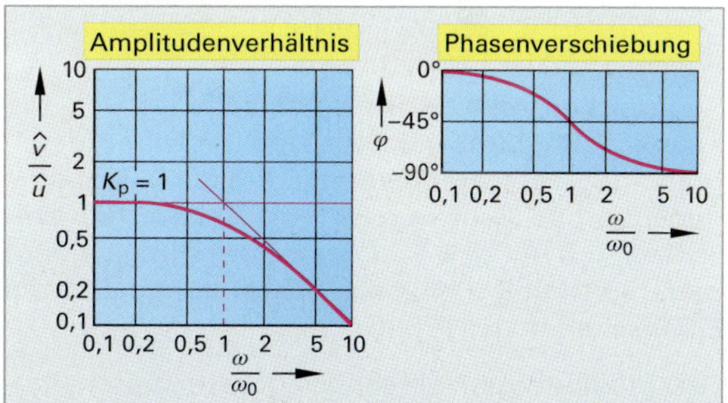

Bild 3: Bode-Diagramm[1] des P-T_1-Gliedes

1.6.3.3 Proportionalglied mit Verzögerung 2. Ordnung (P-T_2-Glied) und Schwingungsglied

Ein **P-T_2-Glied** setzt sich aus *zwei* in Reihe geschalteten P-T_1-Gliedern zusammen **(Bild 4)**. Das verzögerte Signal des ersten P-T_1-Gliedes wird durch einen zweiten Energiespeicher nochmals verzögert. Auf ein sprungförmiges Eingangssignal antwortet das P-T_2-Glied mit einer *S-förmigen* Übergangsfunktion als Sprungantwort (Bild 4) Das Ausgangssignal beginnt mit einer waagrechten Tangente.

Regelstrecken mit Verzögerung zweiter Ordnung haben mindestens zwei in Reihe geschaltete Energiespeicher.

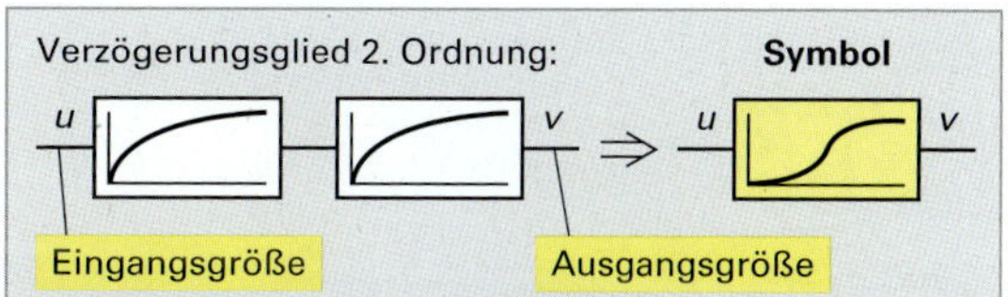

Bild 4: P-T_2-Glied

[1] *H.W. Bode*, amerik. Wissenschaftler entwickelte um 1940 diese Darstellung

Beispiel 1:
Druckbehälter 1 wird durch den Fülldruck p_0 zuerst gefüllt und leitet den ansteigenden Druck p_1 allmählich in den Behälter 2 weiter **(Bild 1)**. Der Druck p_2 steigt also noch langsamer an als p_1. Die Sprungantwort dieser Regelstrecke beginnt zur Zeit $t = 0$ mit einer waagerechten Tangente und hat einen Wendepunkt. Durch die im Wendepunkt an dieser Kurve gezeichnete Tangente (Wendetangente) erhält man die Zeitstücke T_e (Verzugszeit) und T_b (Ausgleichszeit).

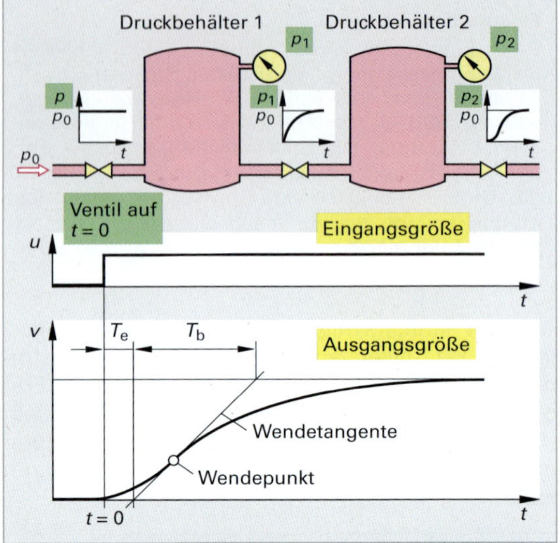

Bild 1: Strecken mit Verzögerung zweiter Ordnung

Ein **Schwingungsglied** hat ebenfalls *zwei* Energiespeicher, die wechselweise aufgeladen und entladen werden. Da meist dabei auch Energie in Wärme umgesetzt wird, verläuft das Ausgangssignal als gedämpfte Schwingung **(Bild 2)**.

Beispiel 2:
Wird der Maschinentisch stark beschleunigt oder verzögert, wirken das Lager und die Spindel wie eine Feder **(Bild 3)**. Der Maschinentisch wird im Ersatzbild mit der Masse *m* dargestellt. Der Schmierfilm zwischen Maschinentisch und Gleitbahn stellt das Dämpfungsglied mit dem Dämpfungsgrad ϑ dar. Die Amplituden der Schwingungen dieses Systems betragen einige Hundertstel Millimeter, was beim exakten Positionieren (Genauigkeit 1 µm) berücksichtigt werden muss.

Betrachtet man bei diesem System den Drehwinkel der Spindel und den Weg des Maschinentisches, erkennt man eine Strecke mit Ausgleich, denn bei Drehung der Spindel um einen bestimmten Winkel nimmt der Maschinentisch eine dieser Drehung entsprechende und von der Spindelsteigung abhängige neue Position ein. Bezüglich der Drehzahl *n* und der Vorschubgeschwindigkeit *v* ist das System ebenfalls eine Strecke mit Ausgleich, denn bei einer Änderung der Drehzahl stellt sich die Vorschubgeschwindigkeit auf einen neuen festen Wert ein.

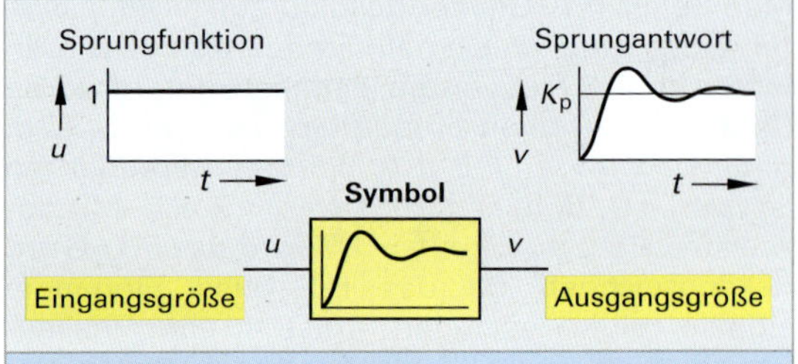

Bild 2: Schwingungsglied

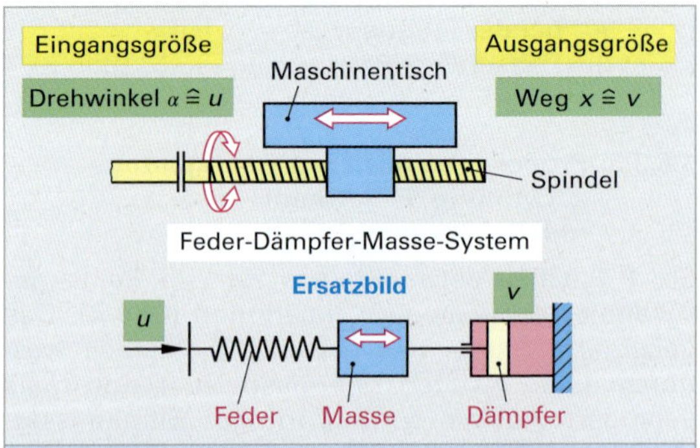

Bild 3: Regelstrecke mit Verzögerung zweiter Ordnung mit schwingendem Verhalten

Kennzeichen des Schwingungsgliedes ist die Kennkreisfrequenz $\omega = 2\,\pi\, f_0$ und der Dämpfungsgrad ϑ **(Bild 1, folgende Seite)**. Bei $\vartheta = 0$ liegt eine ungedämpfte Schwingung vor. Bei Werten zwischen $\vartheta = 0$ und $\vartheta = 1$ ist der Schwingungsverlauf *gedämpft*. Für $\vartheta > 1$ hat das Schwingungsglied die Eigenschaften des P-T_2-Gliedes.

Bei sinusförmigem Eingangssignal reagieren P-T_2-Glied und Schwingungsglied ebenfalls mit einem sinusförmigen Ausgangssignal **(Bild 2, folgende Seite)**.

Sprungantwort:

$$v = K_p \left(1 - \frac{e^{-\vartheta \omega_0 t}}{\sqrt{1-\vartheta^2}} \sin\left(\sqrt{1-\vartheta^2} \cdot \omega_0 t - \varphi\right)\right)$$

$$\omega_0 = 1/T_0 \qquad \varphi = \arctan \frac{\sqrt{1-\vartheta^2}}{\vartheta}$$

- v Ausgangsgröße
- t Zeit
- K_p Proportionalbeiwert
- T Zeitkonstante
- ϑ Dämpfungsgrad
- ω_0 Kennkreisfrequenz
- φ Phasenverschiebungswinkel

Bei $\omega \ll \omega_0 = 2\,\pi\,f_0$ ist die Amplitude des Ausgangssignals K_p-fach erhöht (Bild 2). Für $\omega \gg \omega_0 = 2\,\pi\,f_0$ wird die Ausgangsamplitude sehr klein, da $\hat{v} \sim 1/\omega^2$ (Bild 2). Bei $\omega = \omega_0 = 2\,\pi\,f_0$ ist die Ausgangsamplitude stark vom Dämpfungsgrad ϑ abhängig **(Bild 3)**.

Da $\hat{u} = K_p/(2\vartheta)$ ist, ist bei $\vartheta = 0{,}5$ die Ausgangsamplitude K_p-mal so groß wie die Eingangsamplitude.

Das Ausgangssignal hat sowohl beim P-T_2-Glied als auch beim Schwingungsglied eine Phasenverschiebung φ gegenüber dem Eingangssignal (Bild 3). Ihr Wert reicht von $\varphi = 0°$ bei $\omega = 0$ bis $\varphi = -180°$ bei $\omega \to \infty$. Bei $\omega = \omega_0 = 2\,\pi\,f_0$ ist die Phasenverschiebung $\varphi = -\,90°$. Außerdem ist φ vom Dämpfungsgrad ϑ abhängig.

> Beim Schwingungsglied tauschen zwei Energiespeicher wechselweise Energien aus.

Neben mechanischen Schwingungsgliedern gibt es auch elektrische Schwingungsglieder. Diese bestehen aus einem Kondensator und einer Spule **(Bild 4)**. Regelkreise haben sehr häufig *insgesamt* das Verhalten eines Schwingungsgliedes. Der Dämpfungsgrad kann dabei eingestellt werden. Wird der Dämpfungsgrad sehr groß gewählt, dann sind die Regelkreise sehr *träge*. Wählt man den Dämpfungsgrad sehr klein, dann sind die regelkreise *flink*, neigen aber zu Schwingungen.

Proportionalglied mit Verzögerung höherer Ordnung

In Regelstrecken wirken oft viele Verzögerungsglieder nacheinander. Summarisch beschreiben kann man dieses Streckenverhalten oftmals durch die Sprungantwort mit den Kenngrößen *Verzugszeit* T_e und *Ausgleichszeit* T_b **(Bild 5)**. Die Verzugszeit hat eine gewisse Verwandtschaft mit einer Totzeit $T_e \approx T_t$ (siehe folgende Seite). In der Ausgleichszeit T_b bildet sich vor allem das dominierende P-T_1-Glied ab, d. h. dasjenige mit der größten Zeitkonstante in der Regelstrecke.

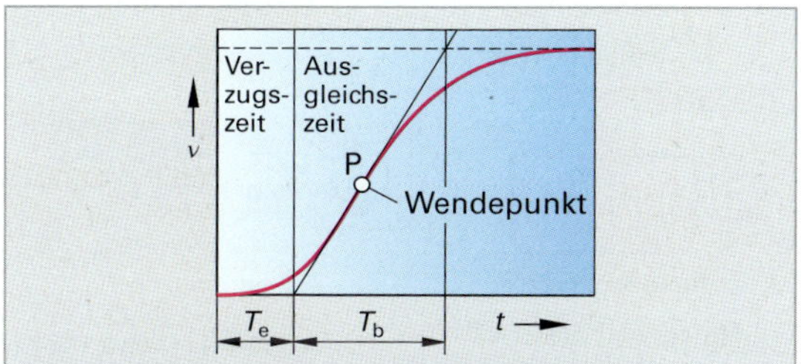

Bild 5: Sprungantwort mit Verzugszeit und Ausgleichszeit

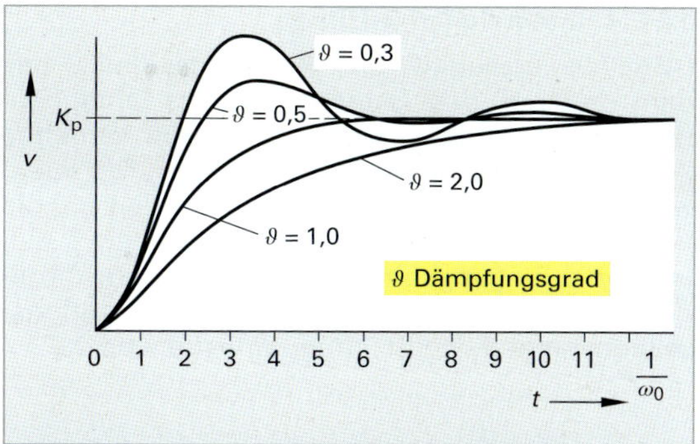

Bild 1: Sprungantworten des Schwingungsgliedes

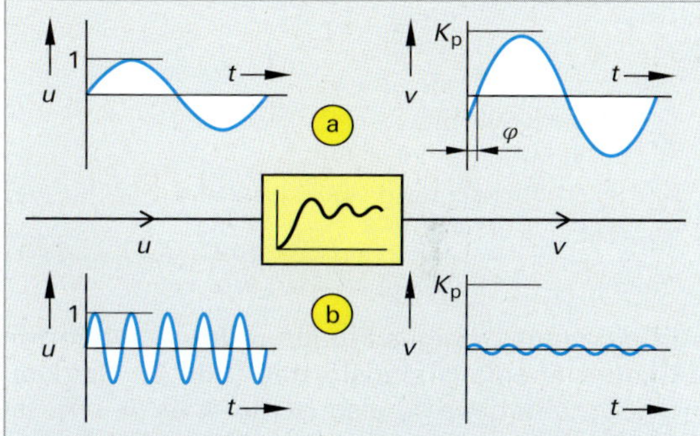

Bild 2: Verhalten von P-T_2-Glied und Schwingungsglied bei sinusförmigem Eingangssignal

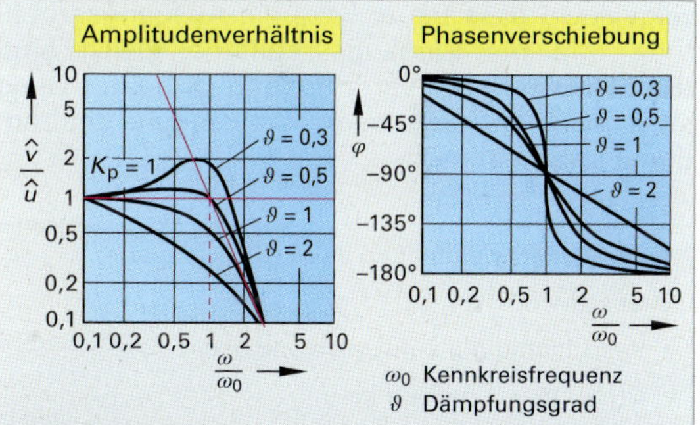

Bild 3: Bode-Diagramm des Schwingungsgliedes und P-T_2-Gliedes

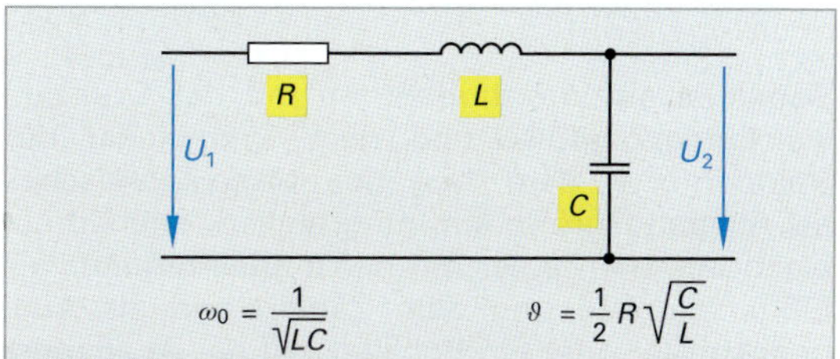

Bild 4: Elektrischer Reihenschwingungskreis

1.6.3.4 Integralglied (I-Glied)

I-Glieder erzeugen ein Ausgangssignal, das dem *Integral* des Eingangssignales entspricht **(Bild 1)**. Darunter versteht man die *laufende Aufsummierung* des Eingangssignales. Die *Integrationszeitkonstante* T_I gibt dabei die Zeit an, die vergeht, bis die Ausgangsgröße den Wert 1 hat, wenn die Eingangsgröße mit dem Wert 1 vorgegeben ist (Bild 1). Der Kehrwert der Integrationszeitkonstante T_I heißt *Integrationsbeiwert* K_I. Es gilt $K_I = 1/T_I$.

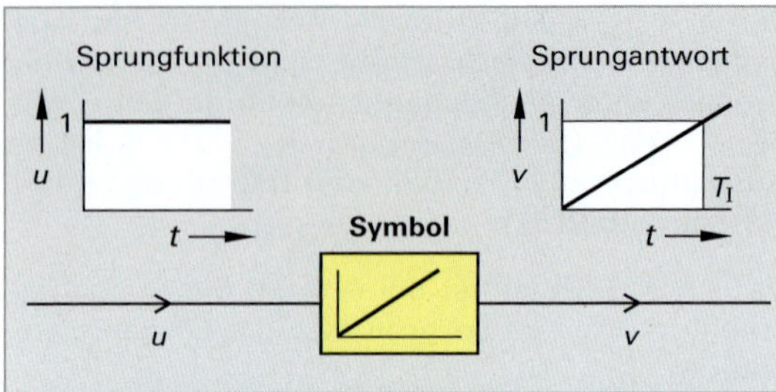

Bild 1: Sprungantwort und Symbol des I-Gliedes

Sprungantwort:

$$v = \frac{1}{T_I} \cdot t = K_I \cdot t$$

v Ausgangsgröße
T_I Integrationszeitkonstante
K_I Integrationsbeiwert
t Zeit

Auf ein sinusförmiges Eingangssignal antworten I-Glieder ebenfalls sinusförmig **(Bild 2)**. Bei kleinen Signalfreqenzen, also bei $\omega \ll \omega_0 = 1/T_I$, ist das Ausgangssignal sehr viel größer als bei großen Signalfrequenzen. Bei $\omega \gg \omega_0 = 1/T_I$ ist das Ausgangssignal dagegen sehr viel kleiner als das Eingangssignal (Bild 2). Das Bode-Diagramm zeigt auch, dass bei $\omega = \omega_0$ die Ausgangsamplitude und die Eingangsamplitude gleich sind **(Bild 3)**. Die Phasenverschiebung ist beim I-Glied stets $\varphi = -90°$, d. h. das Ausgangssignal eilt dem Eingangssignal nach.

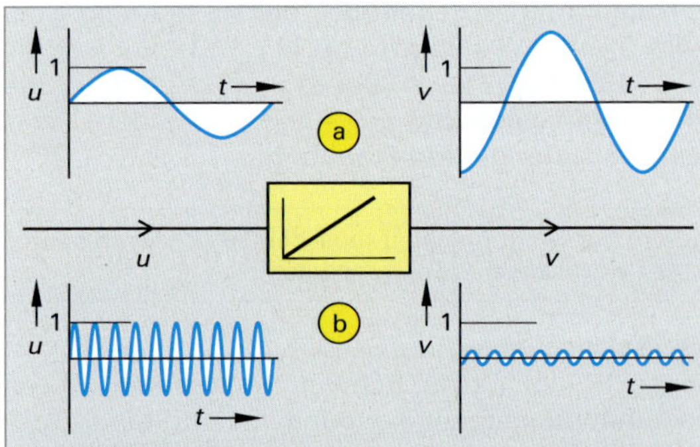

Bild 2: Verhalten des I-Gliedes bei sinusförmigem Eingangssignal

Integralglieder entstehen beim Übergang von:

- Geschwindigkeit auf Weg,
- Beschleunigung auf Geschwindigkeit,
- Drehzahl auf Drehwinkel,
- Durchfluss auf Speichervolumen,
- von el. Strom auf gespeicherte el. Ladung,
- Impulsfrequenzen auf Impulszählerstände.

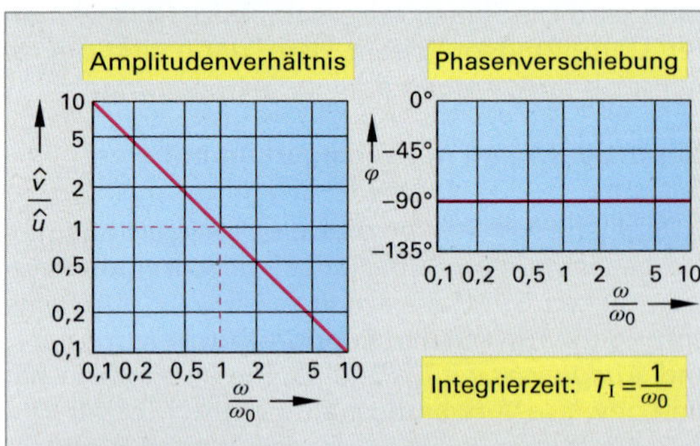

Bild 3: Bode-Diagramm des I-Gliedes

Somit ist ein Vorschubantrieb mit der Drehzahl als Eingangsgröße und dem Drehwinkel der Spindel bzw. dem Weg des Maschinentisches als Ausgangsgröße ein Integralglied, ebenso ein elektronischer Zähler mit der Impulsfrequenz als Eingangsgröße und dem Zählerstand als Ausgangsgröße oder ein Behälter mit der Ausgangsgröße Füllstandshöhe und der Eingangsgröße Durchfluss **(Bild 4)**.

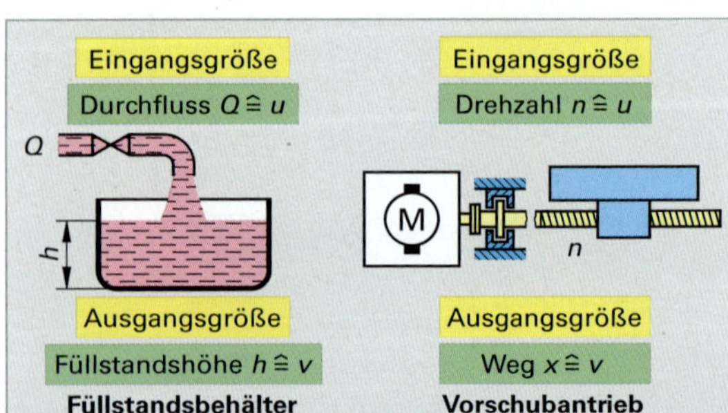

Bild 4: Integralglieder

1.6.3.5 Differenzierglied (D-Glied)

Ein D-Glied erzeugt ein Ausgangssignal, das dem *Differenzialquotienten* des Eingangssignales entspricht. Unter dem Differenzialquotienten versteht man die Steilheit des Graphen des Eingangssignales, also die Steigung. Auf ein sprungförmiges Eingangssignal antwortet das D-Glied nur an der Sprungstelle mit einem impulsförmigen Ausgangssignal **(Bild 1)**. Ist der Graph des Eingangssignales linear ansteigend, so ist das Ausgangssignal konstant.

D-Glieder kommen z. B. bei Operationsverstärkern zum Differenzieren des Sensorsignales vor. Ist dies z. B. ein Signal für den Weg x, so liefert das D-Glied das zugehörige Geschwindigkeitssignal $v_x = dx/dt$. Das Verhältnis dx/dt ist der Differenzialquotient.

Auf ein sinusförmiges Eingangssignal antwortet ein D-Glied ebenfalls mit einem sinusförmigen Ausgangssignal (Bild 1). Die Amplitude des Ausgangssignales ist aber von der Frequenz abhängig. Das *Bode-Diagramm* zeigt, dass für $\omega < \omega_0$ die Ausgangsamplitude kleiner ist als die Eingangsamplitude **(Bild 2)**. Für $\omega = \omega_0 = 1/T_D$ ist die Ausgangsamplitude so groß wie die Eingangsamplitude. Für $\omega > \omega_0$ dagegen ist die Ausgangsamplitude größer als die Eingangsamplitude (Bild 2).

Die Phasenverschiebung zwischen Ausgangssignal und Eingangssignal ist stets $\varphi = +90°$, d. h. das Ausgangssignal eilt dem Eingangssignal voraus.

Differenzierglieder verstärken hochfrequente Signale.

Differenzierglieder gibt es in der Analogtechnik, z. B. mit Operationsverstärker (Differenzierer, Seite 104) oder in der Digitaltechnik, wenn laufend Signaldifferenzen gebildet und auf eine konstante Abtastzeit bezogen werden $(x_n - x_{n-1})/\Delta t$, Seite 123.

Die Differentiation kann man aber auch mit Sensoren erzeugen: Will man ein Wegsignal differenzieren, so verwendet man einen Tachogenerator. Er erzeugt naturgemäß ein Geschwindigkeitssignal und dieses ist der Differentialquotient des Weges. Entsprechend liefert ein Beschleunigungssensor den Differentialquotienten der Geschwindigkeit.

Nun ist es häufig schwierig ein sensorisches Geschwindigkeitssignal zu erzeugen, z. B. zur Geschwindigkeitserfassung einer Roboterhandbewegung. Es ist hingegen einfach den Differentialquotienten der Geschwindigkeit, nämlich die Roboterhandbeschleunigung mit einem Beschleunigungssensor zu erfassen. Durch Integration mit einem Integrierer (Seite 113) erhält man dann das gesuchte Geschwindigkeitssignal.

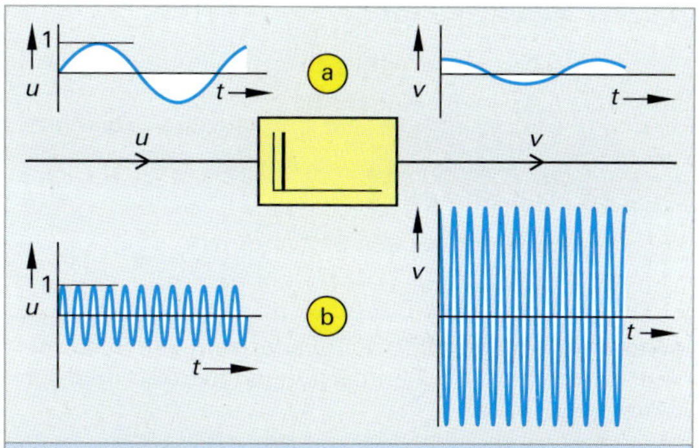

Bild 1: Verhalten des D-Gliedes bei sinusförmigem Eingangssignal

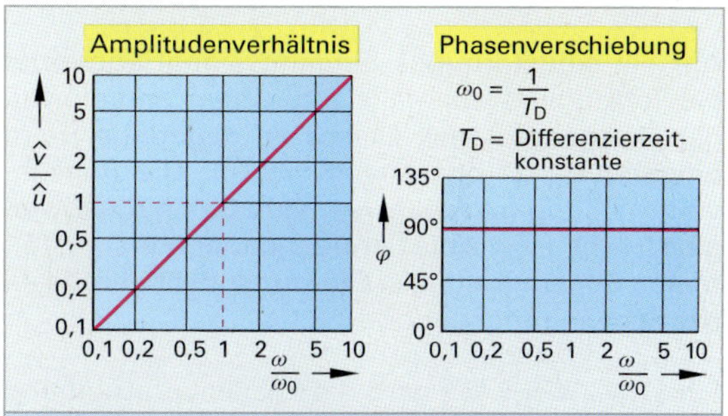

Bild 2: Bode-Diagramm des D-Gliedes

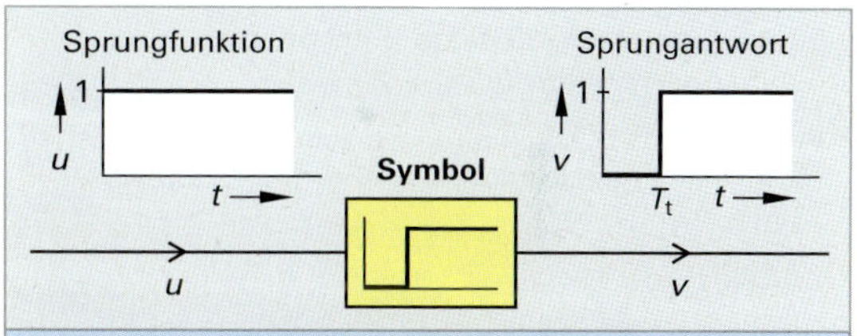

Bild 3: Sprungantwort und Symbol des Totzeitgliedes

1.6.3.6 Totzeitglied (T_t-Glied)

Totzeitglieder haben bei sprungförmiger Änderung des Eingangssignals ebenfalls eine sprungförmige Änderung des Ausgangssignals zur Folge, aber erst nach einer gewissen Zeit, der *Totzeit* T_t. Das Ausgangssignal ist also um die Totzeit gegenüber dem Eingangssignal zeitlich verschoben **(Bild 3)**.

Totzeitglieder treten immer bei Signalverarbeitungen mit dem Computer auf.

Da die Eingangssignale vom Computer nur taktweise eingelesen und verarbeitet werden, entsteht eine Verschiebung des Verarbeitungsvorganges am Computerausgang um die Taktzeit.

$$T_t = \frac{l}{v}$$

T_t Totzeit, Laufzeit
l Weglänge für die Laufzeit
v Geschwindigkeit des Signalträgers

Weitere Beispiele für Totzeitglieder sind alle Systeme mit Laufzeiten zwischen der Eingangsgröße und der Ausgangsgröße.

Laufzeiten entstehen z. B. bei der Dickenmessung von Walzgut oder beim Mischen von strömenden Flüssigkeiten **(Bild 1)**.

Auf ein sinusförmiges Eingangssignal antwortet ein Totzeitglied ebenfalls mit einem sinusförmigen Ausgangssignal. Dieses ist gegenüber dem Eingangssignal phasenverschoben. Die Phasenverschiebung beträgt $\varphi = -360°$, wenn die Totzeit gleich groß ist wie die Periodendauer des sinusförmigen Eingangssignals. Dies entspricht gerade einer Schwingungsperiode.

Für $\omega_0 = 2\,\pi\, f_0 = 1/T_t$ wird die Phasenverschiebung $\varphi = -360°/2\,\pi = -57{,}3°$ **(Bild 2)**.

Beispiel 1:
Ein Messgerät mit Mikrocomputer benötigt zur laufenden Messwertberechnung 1 ms.

Welche Phasenverschiebung erzeugt dieses Messgerät in einer Regelstrecke bei einer Frequenz von f = 200 Hz?

Lösung:

$$\varphi = -\frac{2\,\pi\, f}{\omega_0} \cdot \frac{180°}{\pi}$$

$$\omega_0 = \frac{1}{T_t} = \frac{1}{0{,}001\ \text{s}} = 1000\ \frac{1}{\text{s}}$$

$$\varphi = -\frac{2 \cdot 200\ \text{s}^{-1} \cdot 180°}{1000\ \text{s}^{-1}} = \mathbf{-72°}$$

Beispiel 2:
Zwischen den verstellbaren Walzen bei einem Walzwerk und der Dickenmesseinrichtung für die Dickenregelung ist ein Abstand l von 0,5 m. Das Walzgut wird mit einer Geschwindigkeit von v = 2 m/s produziert.

Welche Totzeit liegt bei dieser Messung vor?

Lösung:

$$T_t = \frac{l}{v} = \frac{0{,}5\ \text{m}}{2\ \text{m/s}} = \mathbf{250\ ms}$$

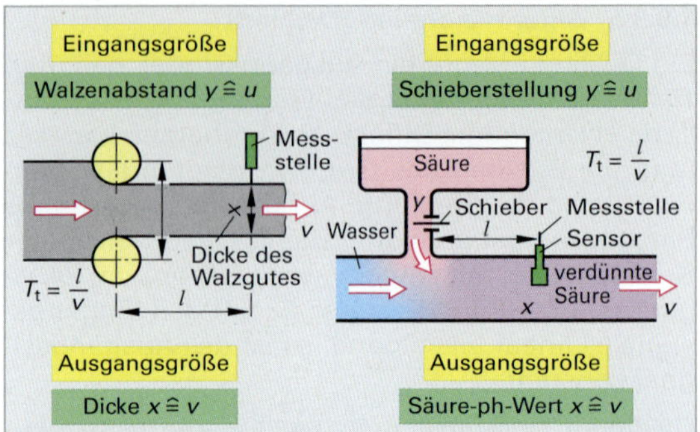

Bild 1: Regelkreisglieder mit Totzeit

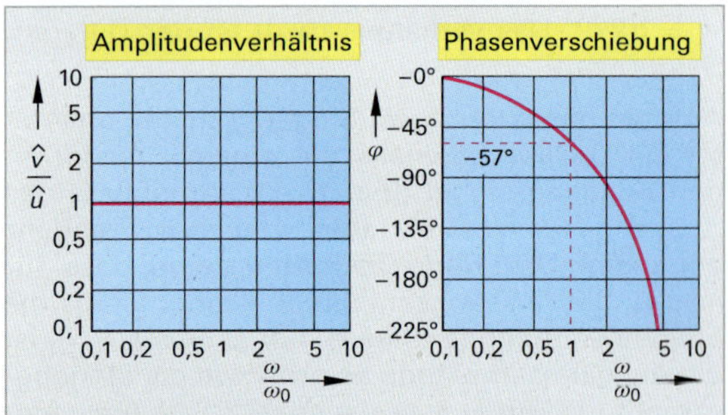

Bild 2: Bode-Diagramm des Totzeitgliedes

Beispiel 3:
Bei einer Abstandsregelung mit Ultraschall-Abstandssensoren wird ein Objekt mit 10 m Abstand erfasst. Ermitteln Sie die Totzeit und die Frequenz bei welcher eine Phasenverschiebung von –30° auftritt?

Lösung:

$$T_t = \frac{2 \cdot 10\ \text{m}}{330\ \text{m/s}} = 60\ \text{ms}$$, doppelter Weg für Signal Hin- und Rücklauf; Schallgeschw. = 330 m/s.

$$f = \frac{-\varphi \cdot \omega_0}{2 \cdot \pi} = \frac{30°}{2 \cdot \pi} \cdot \frac{1}{0{,}06\ \text{s}} = \mathbf{79{,}7\ Hz}$$

$$\varphi = -\frac{\omega}{\omega_0} = -\frac{2\,\pi\, f}{\omega_0} \quad \text{(im Bogenmaß)}$$

$$\varphi = -\frac{\omega}{\omega_0} \cdot \frac{180°}{\pi} \quad \text{(im Gradmaß)}$$

$$\omega_0 = \frac{1}{T_t}, \quad f_0 = \frac{\omega_0}{2\,\pi}, \quad f = \frac{\omega}{2\,\pi}, \quad \omega = 2\,\pi\, f$$

φ Phasenverschiebungswinkel
T_t Totzeit
ω_0 Kennkreisfrequenz
f_0 Kennfrequenz
ω Kreisfrequenz
f Frequenz

1.6.3.7 Zusammenwirken mehrerer Regelkreisglieder

Bei Regelkreisen erfolgt die Signalübertragung von einem Regelkreisglied auf das Folgende. Das Ausgangssignal des einen Regelkreisgliedes ist das Eingangssignal des nächsten Regelkreisgliedes usw. **(Bild 1)**.

Die *Gesamtverstärkung* eines Signals ist das *Produkt* der *Einzelverstärkungen* der Regelkreisglieder. Verstärkt z. B. das erste Regelkreisglied um den Faktor $\hat{v}_1/\hat{u}_1 = 2$ und das zweite Regelkreisglied um den Faktor $\hat{v}_2/\hat{u}_2 = 1{,}2$, so ist die Gesamtverstärkung $\hat{v}_{ges}/\hat{u}_{ges} = 2 \cdot 1{,}2 = 2{,}4$. Die Einzelverstärkungen (Amplitudenverhältnisse) sind bei vielen Regelkreisgliedern *frequenzabhängig*. Somit ist auch die Gesamtverstärkung frequenzabhängig. Dies bedeutet, dass man zur Multiplikation der Verstärkungen immer die Teilverstärkungen bei derselben Frequenz oder Kreisfrequenz multiplizieren muss.

> Verstärkungen multiplizieren sich bei der Reihenschaltung von Regelkreisgliedern.

Die Phasenverschiebung eines jeden Regelkreisgliedes verursacht eine weitere Phasenverschiebung des Eingangssignals. Somit addieren sich alle Phasenverschiebungswinkel der in Reihe geschalteten Regelkreisglieder, bei der jeweils betrachteten Frequenz bzw. Kreisfrequenz.

> Phasenverschiebungswinkel addieren sich bei der Reihenschaltung von Regelkreisgliedern.

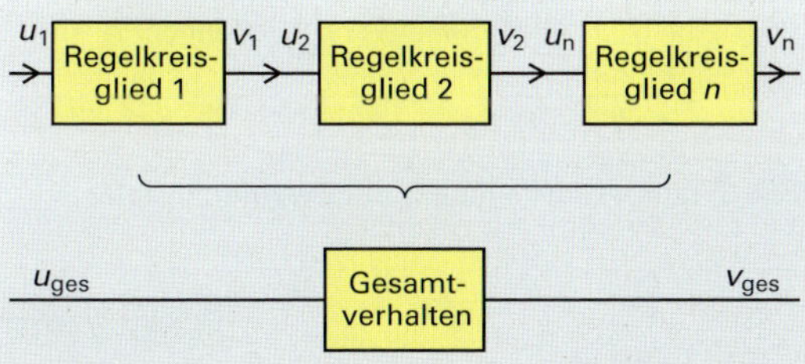

$$\frac{\hat{v}_{ges}}{\hat{u}_{ges}} = \frac{\hat{v}_1}{\hat{u}_1} \cdot \frac{\hat{v}_2}{\hat{u}_2} \cdots \frac{\hat{v}_n}{\hat{u}_n}$$

$$\varphi_{ges} = \varphi_1 + \varphi_2 + \cdots \varphi_n$$

Bild 1: Ermittlung der Gesamtverstärkung und der Gesamtphasenverschiebung

Beispiel:

Eine Regelstrecke besteht aus den Regelkreisgliedern: Antrieb mit Verstärker als P-T_1-Glied, Vorschubspindel mit Maschinentisch als I-Glied und einem Wegmesssystem mit digitaler Signalübertragung als T_t-Glied **(Bild 2)**.

Die Kenngrößen sind: $K_P = 2$, $T_1 = 0{,}01$ s, $T_I = 0{,}02$ s, $T_t = 0{,}008$ s. Ermitteln Sie die Gesamtverstärkung und die Gesamtphasenverschiebung für $f = 10$ Hz.

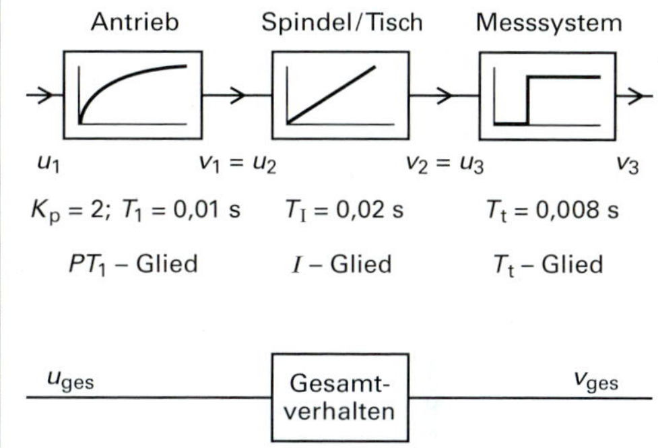

Bild 2: Zusammenwirken von drei Regelkreisgliedern

Lösung:

Man ermittelt für $\omega = 2\,\pi\, f = 2\,\pi \cdot 10\ \text{Hz} \approx 62\ \frac{1}{\text{s}}$ die Einzelverstärkungen.

Für das P-T_1-Glied gilt:

$\omega_0 = \frac{1}{T_1} = 100\ \frac{1}{\text{s}} \Rightarrow \frac{\omega}{\omega_0} \approx 0{,}6$. Aus Diagramm

Seite 121 folgt: $\frac{\hat{v}_1}{\hat{u}_1} = 0{,}85 \cdot K_p = 1{,}7$, $\varphi_1 \approx -35°$.

Für das I-Glied gilt:

$\omega_0 = \frac{1}{T_1} = 50\ \frac{1}{\text{s}} \Rightarrow \frac{\omega}{\omega_0} \approx 1{,}2$. Aus Diagramm

Seite 124 folgt: $\frac{\hat{v}_2}{\hat{u}_2} = 0{,}83$, $\varphi_2 \approx -90°$

Für das T_t-Glied gilt:

$\omega_0 = \frac{1}{T_1} = 125\ \frac{1}{\text{s}} \Rightarrow \frac{\omega}{\omega_0} \approx 0{,}5$. Aus Diagramm

Seite 126 folgt: $\varphi_3 \approx -28°$.

Gesamtverstärkung bei $f = 10$ Hz:

$\frac{\hat{v}_{ges}}{\hat{u}_{ges}} = 1{,}7 \cdot 0{,}83 \cdot 1 = \mathbf{1{,}41}$

Gesamtphasenverschiebung bei $f = 10$ Hz:

$\varphi_{ges} = -\,35° - 90° - 28° = \mathbf{-153°}$

1.6.4 Regler und Regelkreise

Schaltende Regler verändern die Stellgröße *unstetig* durch Schalten in zwei oder mehreren Stufen. Sie bestehen aus Schaltkontakten oder elektronischen Kippschaltungen.

Analoge Regler verändern das Stellglied *stetig*. Sie bestehen meist aus Operationsverstärkern.

Digitale Regler verändern die Stellgröße in sehr *feinen Stufen*, sodass die Stufung in der Regelgröße nicht mehr merkbar ist. Sie bestehen meist aus Mikrocontrollerschaltungen.

1.6.4.1 Schaltende Regler

Zweipunktregler haben zwei eindeutige Schaltstellungen **(Bild 1)**. Man verwendet sie z. B. in Temperaturregelkreisen. Bei einem *Bimetallregler* bilden Sensor, Vergleichsstelle und Schaltglied eine Einheit **(Bild 2)**. Steigt die Temperatur über den Sollwert, so biegt sich die von der Heizung (Isttemperatur) erwärmte *Bimetallfeder* und schaltet die Heizung ab. Unterschreitet die Temperatur den unteren Grenzwert, so schaltet die Bimetallfeder die Heizung wieder ein. Damit beim Einschalten und Ausschalten keine Funkenbildung durch schwache Kontaktbildung bzw. Kontaktunterbrechung möglich wird, wird über einen Dauermagneten eine schlagartige Verbindung oder Unterbrechung hergestellt. Durch diesen Dauermagneten entsteht eine *Schaltdifferenz* zwischen Ausschalttemperatur und Einschalttemperatur **(Bild 3)**.

Schaltende Regelungen werden außer bei der *Temperaturregelung* häufig auch bei *Druckregelungen* und *Füllstandsregelungen* verwirklicht. Fällt bei einer Kompressoranlage der Druck im Druckspeicher unter den zulässigen unteren Grenzwert, so wird über den Drucksensor der Kompressormotor eingeschaltet. Ist der obere Grenzwert erreicht, so wird der Kompressormotor ausgeschaltet.

Je kleiner die Schaltdifferenz ist, desto größer ist die Schaltfrequenz.

Dreipunktregler haben *drei* eindeutige Schaltstellungen **(Bild 4)**. Sie werden ebenfalls oft bei Temperaturregelungen benutzt. So können z. B. bei einer Klimaanlage die drei Schaltstellungen den Funktionen *Heizung* EIN, *Heizung/Kühlung* AUS und *Kühlung* EIN zugeordnet sein.

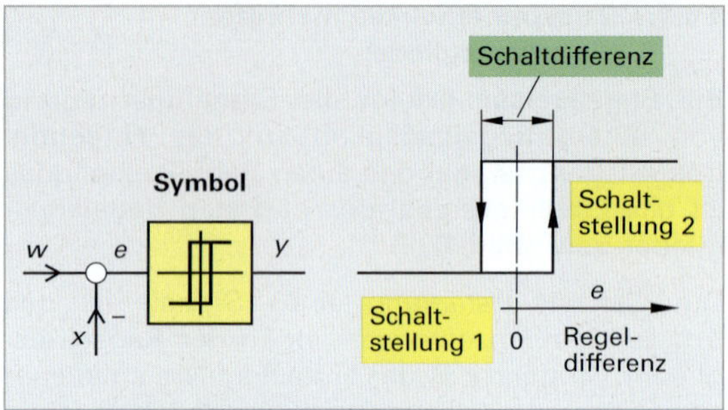

Bild 1: Zweipunktregler

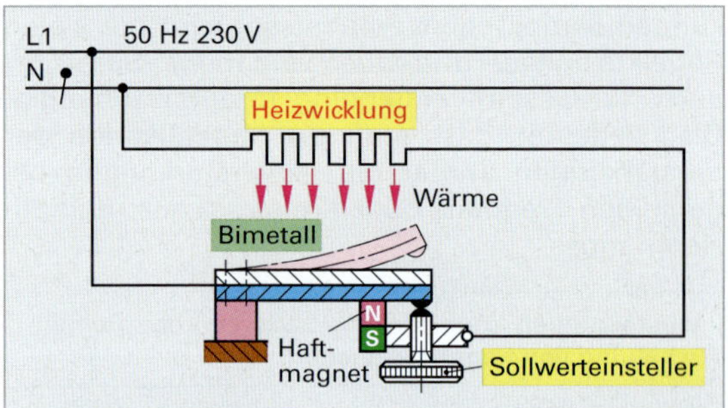

Bild 2: Bimetallregler

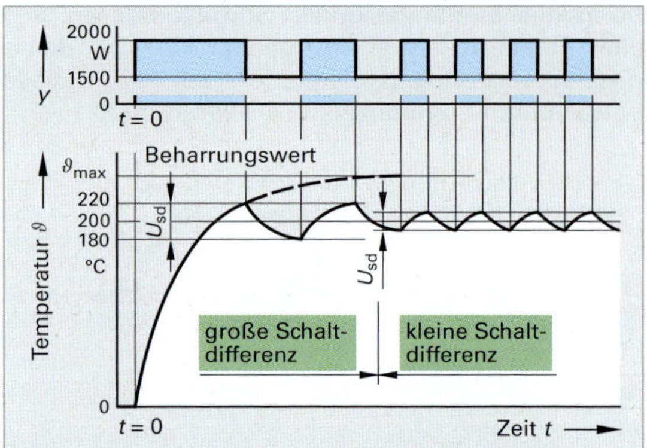

Bild 3: Temperaturregelung mit Zweipunktregler

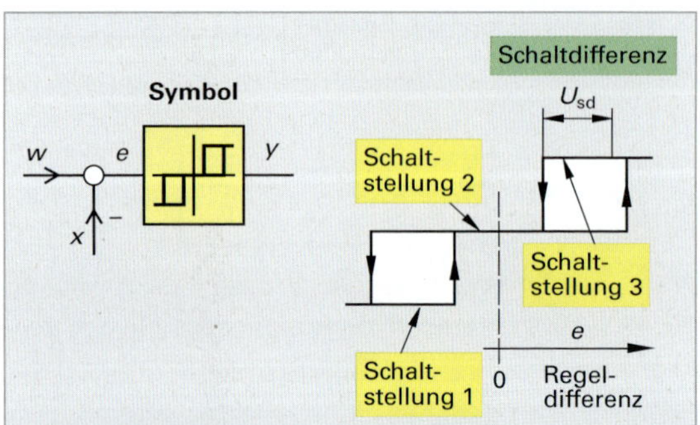

Bild 4: Dreipunktregler

1.6.4.2 Analoge Regler

Analoge Regler sind Regler, bei denen die Stellgröße innerhalb des Stellbereiches jeden Wert annehmen kann. Man bezeichnet sie auch als *stetige Regler*.

P-Regler

P-Regler verstärken die Regeldifferenz mit dem Faktor K_{PR}. Je größer K_{PR} gewählt wird, desto genauer arbeitet die Regelung, aber neigt auch eher zum Schwingen.

Ein Beispiel für einen Regelkreis mit analogem mechanischem Regler ist die Drehzahlregelung einer Dampfmaschine mit einem *Fliehkraftregler* von *James Watt* aus dem Jahre 1784 **(Bild 1** und **Bild 2)**. Regelgröße ist die Drehzahl, deren Sollwert über die Einstellschraube verändert werden kann.

In der dargestellten Anfahrstellung ist das Dampfventil ganz geöffnet; die Dampfmaschine treibt die Arbeitsmaschine an. Erhöht sich die Drehzahl, werden die Gewichte durch die Zentrifugalkraft langsam nach außen bewegt, bis bei zu hoher Drehzahl der Anschlag die Hülse nach oben zieht. Der Einlassquerschnitt des Ventils wird verkleinert, die Energiezufuhr wird gedrosselt, und es stellt sich die gewünschte Drehzahl an der Arbeitsmaschine ein. Wird die Arbeitsmaschine belastet, d. h. unterschreitet die Drehzahl den Sollwert, gehen die Gewichte nach unten, das Dampfventil wird geöffnet, die Drehzahl steigt. Es handelt sich hier um einen P-Regler, da eine Änderung der Regelgröße eine dazu proportionale Verstellung des Stellgliedes zur Folge hat. Der Wert der Regelgröße wird durch das Messsystem (Fliehgewichte, Hülse, Feder) erfasst und über die Hebelübersetzung $a : b$ verstärkt auf das Stellglied übertragen.

Ein einfacher **elektronischer P-Regler** ist ein als Summierer geschalteter Operationsverstärker **(Bild 3)**. An R_{e2} liegt die dem Sollwert der Regelgröße entsprechende Spannung U_w, an R_{e1} die dem Istwert entsprechende Spannung U_x. Die Ausgangsspannung ist der Summe dieser Spannungen proportional, wobei U_w und U_x verschiedene Vorzeichen haben müssen. Dadurch bildet der Operationsverstärker eine Spannung, die der Regeldifferenz e entspricht. Mit den Widerständen lässt sich der Regler für die gewünschten Erfordernisse bemessen. Die Reglergleichung zeigt die Proportionalität zwischen Ausgangsspannung und Eingangsspannung. Das Verhältnis R_k/R_e ist der Proportionalbeiwert K_{PR} des P-Reglers.

Der P-Regler ist der einfachste Regler. Mit nur einem Einstellparameter K_{PR} lässt sich dieser Regler leicht einstellen.

Häufig geschieht dies durch *Ausprobieren*, indem man mit kleineren K_{PR}-Werten beginnt und diese Schritt für Schritt erhöht und dabei den Regelungsvorgang beobachtet.

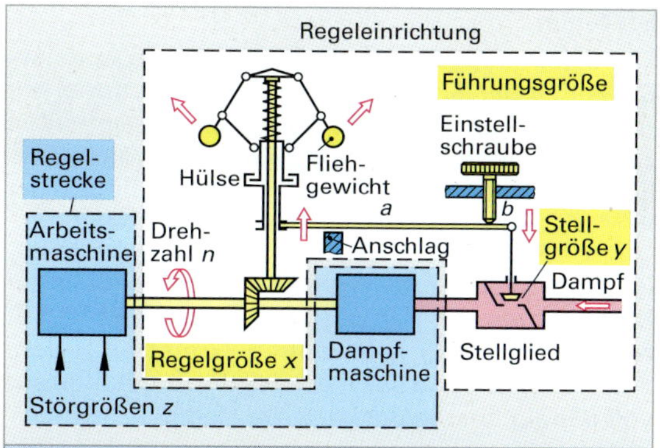

Bild 1: Historischer Fliehkraftregelung

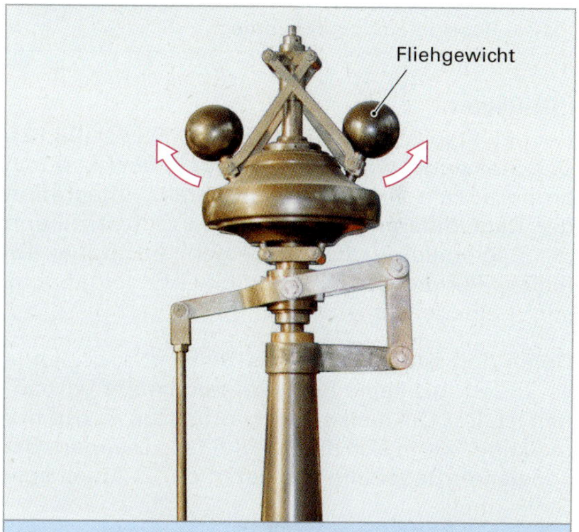

Bild 2: Historischer Fliehkraftregler

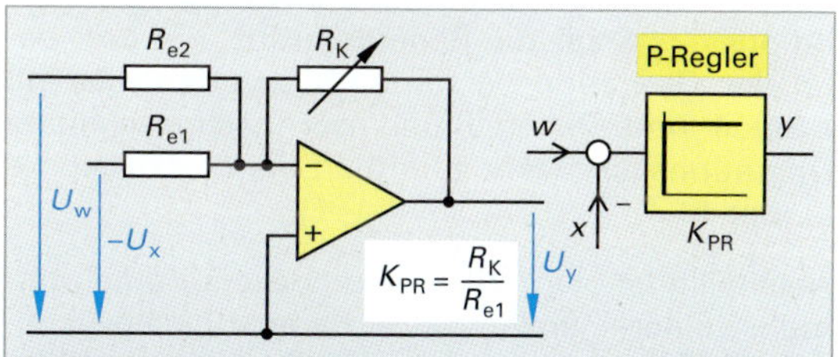

Bild 3: Elektrischer P-Regler

Reglergleichung beim P-Regler:

$$U_y = -\,K_{PR} \cdot U_e$$

$U_e = U_w - U_x$ $K_{PR} = R_K/R_e$

U_y	Ausgangsspannung	K_{PR}	Proportionalbeiwert
U_e	Regeldifferenzspannung	R_K	Rückkopplungswiderstand
U_w	Sollwertspannung	U_e	Eingangswiderstand
U_x	Istwertspannung		

PI-Regler

PI-Regler haben eine Stellgröße aus zwei Anteilen. Ein Anteil der Sprungantwort ist proportional zur Regeldifferenz (P-Anteil), der andere (I-Anteil) ist zur Regeldifferenz und zur Zeit proportional (zeitliche Integration) und bewirkt ein Nachstellen der Reglerausgangsgröße. T_n heißt Nachstellzeit.

Ein elektronischer *PI-Regler* **(Bild 1)** besteht aus der Kombination von *P-Regler* und *I-Regler*. PI-Regler werden häufig für Drehzahlregelkreise angewendet, weil sie wegen des I-Anteils die Regeldifferenz vollständig ausregeln.

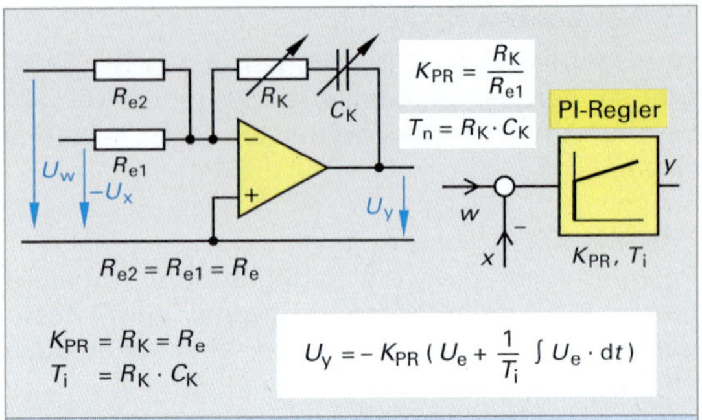

Bild 1: Elektronischer PI-Regler

> PI-Regler verstärken und integrieren die Regeldifferenz. Dadurch wird das Stellglied solange verstellt bis keine Regeldifferenz mehr vorliegt.

PID-Regler

Der universellste Regler ist der *PID-Regler* **(Bild 2)**. Das Stellsignal wird aus der Regeldifferenz durch proportionale Verstärkung (P-Anteil), Integration der Regeldifferenz (I-Anteil) und Differenziation der Regeldifferenz (D-Anteil) gebildet. Dabei liefert der P-Anteil bei Auftreten einer Regeldifferenz sofort ein Stellsignal.

Durch den I-Anteil wird das Stellsignal so lange verändert, bis keine Regeldifferenz mehr vorhanden ist. Der D-Anteil mit der Vorhaltzeit T_d tritt nur in Aktion, wenn sich die Regeldifferenz ändert. Bei konstanter Regeldifferenz liefert der D-Anteil kein Stellsignal.

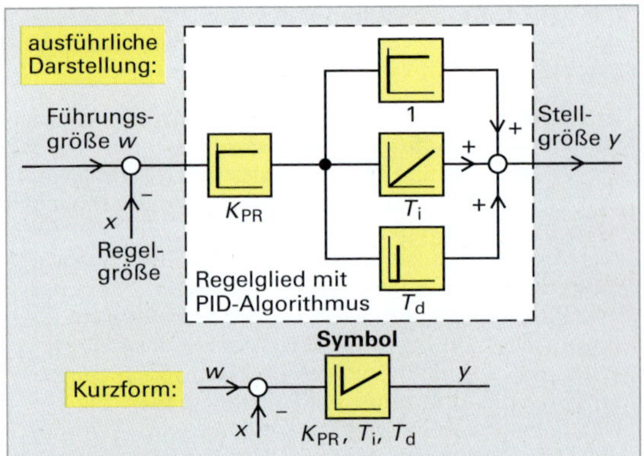

Bild 2: PID-Regler

PID-Regler werden z. B. aus Operationsverstärkern gebildet **(Bild 3)**. Dabei bildet der Eingangs-Operationsverstärker die Regeldifferenz, die drei parallelen Operationsverstärker bilden den P-Anteil, I-Anteil und D-Anteil und der nachgeschaltete Operationsverstärker summiert die drei Teilsignale (Bild 3).

Nachteilig ist beim PID-Regler, dass für eine optimale Reglereinstellung drei Parameter einzustellen sind, nämlich K_{PR}, T_i und T_d. Dies ist sehr mühsam, wenn man bedenkt, dass z. B. zur Erprobung eines jeden Parameters mit 10 verschiedenen Werten insgesamt 10 × 10 × 10 = 1000 Erprobungen nötig sind. Daher werden in vielen Fällen P-Regler oder PI-Regler eingesetzt. Dies ist auch abhängig von den Eigenschaften der Regelstrecke. Der Regelkreis muss *stabiles*, nämlich kein *schwingendes* Verhalten zeigen.

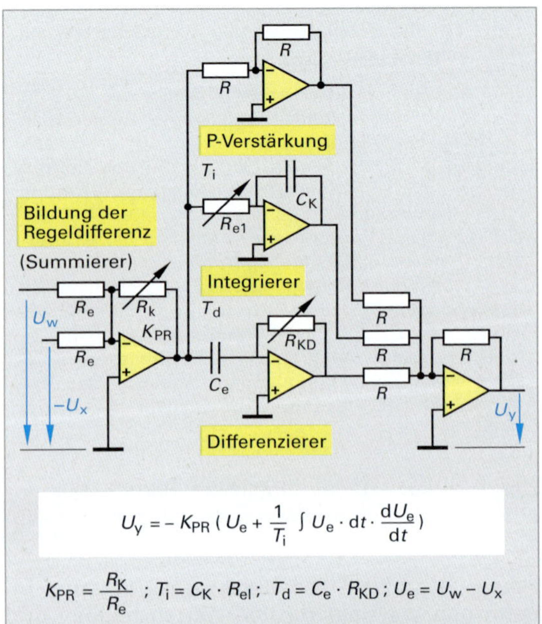

Bild 3: PID-Regler mit Operationsverstärker

> PID-Regler verstärken, integrieren und differenzieren die Regeldifferenz. Sie sind universell einsetzbar.

1.6.4.3 Digitale Regler (Software-Regler)

Anlagen sind meist mit Computern, Mikrocontrollern oder Mikroprozessoren ausgerüstet. Aufgabe der Computer ist die Steuerung und Regelung dieser Systeme. Im Einzelnen handelt es sich hier um das Erfassen von Prozessgrößen, z. B. von Temperaturen, Verfahrwegen und Drücken sowie dem Vergleichen dieser Prozessgrößen mit Grenzwerten, dem Errechnen von Führungsgrößen und dem Errechnen von Stellsignalen.

Die Stellsignale, z. B. die Motorspannungen, wirken auf den Prozess und verändern wieder die Prozessgrößen. Somit gibt es geschlossene Wirkungswege.

> Der **digitale Regler** ist als **Programm** im Computer verwirklicht.

Der Computer hat dabei die Aufgaben, die Regeldifferenzen zu bilden und entsprechend den programmierten Reglereigenschaften die Stellgrößen zu berechnen. Ferner werden meist die Regeldifferenzen überwacht, um Gefahrenzustände zu erkennen.

Digitalisierung und Signalabtastung

Analoge Prozessgrößen müssen zur Verarbeitung im Computer in diskrete Stufen aufgeteilt werden **(Wertdiskretisierung,** lat. discretus = abgesondert) **(Bild 1)**. Aus der Zahl der *Positionierschritte* lässt sich die erforderliche *Wortbreite* des Rechners bestimmen. Dabei setzt man für den Computer eine Wegschrittlänge (rechnerische Positioniergenauigkeit) an, die erheblich kleiner ist als die wirkliche Positioniergenauigkeit der Maschine. Das erfolgt, weil sonst bei kleinen Geschwindigkeiten eine große Abtastperiodendauer mit den dann auftretenden Fehlern erforderlich wäre. Der Computer kann *nicht kontinuierlich* die Prozesssignale verarbeiten, sondern wegen des Programmablaufs nur zu *bestimmten Zeitpunkten*, z. B. alle 10 ms. Man spricht von **Zeitdiskretisierung**.

Die Abtastung (Übernahme in den Rechner) dieser digitalisierten Werte erfolgt in bestimmten Zeitabständen T_A (Zeitdiskretisierung) (Bild 1).

Das *zeitdiskretisierte* und *wertdiskretisierte* Signal entspricht umso genauer dem zeit- und wertkontinuierlichen Signal, je höher die *Abtastfrequenz* ist und je größer die Stellenzahl des AD-Umsetzers ist. Die Abtastfrequenz f_A wird durch die Taktgeschwindigkeit des Computers, die Regelalgorithmen und die sonstigen Rechenaufgaben sowie durch die Anzahl der vom Computer bedienten Regelkreise bestimmt.

Die Abtastung bewirkt zusammen mit der Zwischenspeicherung eine **Zeitverschiebung (Totzeit)** des ursprünglichen Signals, entsprechend der halben Abtastzeit (Bild 1).

Die Zeitverschiebung wirkt wie eine *Phasenverschiebung* und beeinflusst einen Regelkreis bezüglich seines Schwingungsverhaltens ähnlich ungünstig wie z. B. Verzögerungsglieder. Die Phasenverschiebung nimmt mit zunehmender Frequenz *F* des Prozesssignals stark zu.

Beispiel: Ein Prozesssignal, das mit $f = 20$ Hz schwingt, wird mit $f_A = 100$ Hz abgetastet. Wie groß ist die Totzeit T_t? Welchen Phasenverschiebungswinkel φ hat die abgetastete Prozessgröße gegenüber dem ursprünglichen Prozesssignal?

Lösung:

Totzeit: $T_t = \frac{T_A}{2} = \frac{1}{2} \cdot \frac{1}{f_A} = \frac{1}{2 \cdot 100\ \text{Hz}} = \mathbf{0{,}005\ s}$

Phasenverschiebungswinkel der Prozessgröße:

$$T_p = \frac{1}{f} \text{ und } \frac{\varphi}{360°} = -\frac{T_t}{T_p}$$

$$\Rightarrow \varphi = -360° \cdot \frac{T_t}{T_p} = -360° \cdot T_t \cdot f$$

$$= -360° \cdot 0{,}005\ \text{s} \cdot 20\ \text{Hz} = \mathbf{-36°}$$

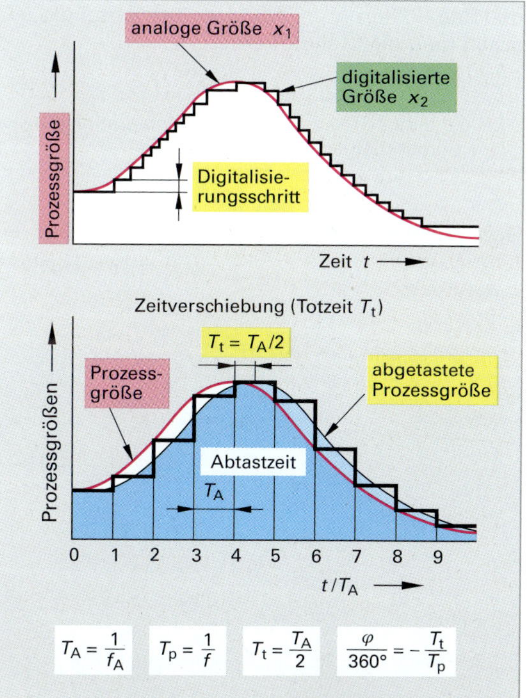

$T_A = \frac{1}{f_A}$ $T_p = \frac{1}{f}$ $T_t = \frac{T_A}{2}$ $\frac{\varphi}{360°} = -\frac{T_t}{T_p}$

T_p Periodendauer des Prozesssignals φ Phasenverschiebungswinkel

Bild 1: Digitalisierung und Abtastung

Regelungsalgorithmus

Entsprechend dem PID-Regler in der analogen Regelungstechnik verwendet man in der digitalen Regelungstechnik meist auch den **PID-Algorithmus**[1] zur Berechnung der Stellgröße.

> Bei den PID-Regelungsalgorithmen unterscheidet man zwischen dem **Stellungsalgorithmus** und dem **Geschwindigkeitsalgorithmus**.

PID-Stellungsalgorithmus

Beim PID-Regler setzt sich die Stellgröße m aus einem Anteil, der *proportional* zur Regeldifferenz e ist, aus einem Anteil, der dem *Zeitintegral* der Regeldifferenz entspricht, und aus einem Anteil, der dem zeitlichen *Differenzialquotienten* der Regeldifferenz entspricht, zusammen.

Bei der digitalen Regelung liegt nun die Regeldifferenz nicht kontinuierlich vor, sondern nur zu den Abtastzeitpunkten T_A, $2T_A$, $3T_A$, ..., nT_A, als eine Folge von Zahlenwerten e_1, e_2, e_3, ..., e_n. Anstelle einer Integration der Regeldifferenz werden bei der digitalen Regelung die Regeldifferenzen *aufsummiert* und anstelle der Differenziation wird die Differenz zwischen zwei aufeinander folgenden Regeldifferenzen gebildet. Zum Zeitpunkt nT_A erhält man die Stellgröße m_n.

> Bei der digitalen Regelung wird die Integration durch eine Summation ersetzt.

Der PID-Stellungsalgorithmus setzt sich aus einem *P-Anteil*, einem *I-Anteil* und einem *D-Anteil* zusammen.

Stellgröße zum Zeitpunkt nT:

P-Anteil: $$m_{Pn} = K_p \cdot e_n$$

I-Anteil: $$m_{In} = K_p \cdot \frac{T_A}{T_i} \sum_{i=0}^{n} e_i$$

D-Anteil: $$m_{Dn} = K_p \cdot \frac{T_d}{T_A} \cdot (e_n - e_{n-1})$$

Gleichung des PID-Reglers:

$$m = K_p \left[e + \frac{1}{T_i} \int \mathrm{d}t + T_d \cdot \frac{\mathrm{d}e}{\mathrm{d}t} \right]$$

Gleichung des PID-Stellungsalgorithmus:

$$m_n = K_p \left[e_n + \frac{T_A}{T_n} (e_1 + e_2 + \ldots + e_n) + \frac{T_d}{T_A} (e_n - e_{n-1}) \right]$$

$$m_n = K_p \left[e_n + \frac{T_A}{T_i} \sum_{i=0}^{n} e_i + \frac{T_d}{T_A} (e_n - e_{n-1}) \right]$$

m	Stellgröße	i	Zählvariable
e	Regeldifferenz	T_i	Nachstellzeit
K_P	Proportionalbeiwert	T_d	Vorhaltezeit
y_n	Stellgröße zum Zeitpunkt n_I	T_A	Abtastzeit
e_n	Regeldifferenz zum Zeitpunkt nT_A		

Beispiel: Stellen Sie die Sprungantwort für einen digitalen PID-Regler mit $K_p = 0{,}2$, $T_v = 3\ T_A$ und $T_n = 4\ T_A$ als Diagramm für die ersten 11 Abtastintervalle dar.

Lösung: **Bild 1**

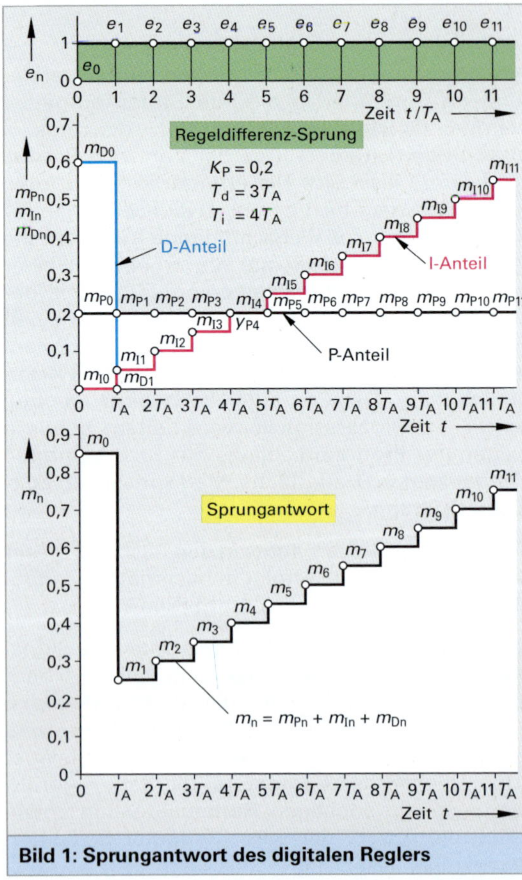

Bild 1: Sprungantwort des digitalen Reglers

[1] Ein Algorithmus ist eine vollständig festgelegte Folge von Anweisungen, nach der Eingabedaten verarbeitet und Ausgabedaten erzeugt werden.

PID-Geschwindigkeitsalgorithmus

Anstelle der ständigen Berechnung der Reglerausgangsgröße wird bei der digitalen Regelung oft nur der *Zuwachs* Δm_n ermittelt und dieser dem Wert, der in einem Speicher abgelegten, Stellgröße hinzuaddiert. Man bezeichnet dies als *Geschwindigkeitsalgorithmus*.

Gleichung des PID-Geschwindigkeitsalgorithmus:

$$\Delta m_n = K_p \left[e_n + \frac{T_A}{T_i} \sum_{i=0}^{n-1} = e_i + \frac{T_d}{T_A}(e_n - e_{n-1}) \right]$$

$$- K_p \left[e_{n-1} + \frac{T_A}{T_i} \sum_{i=0}^{n-1} e_i + \frac{T_d}{T_A}(e_{n-1} - e_{n-2}) \right]$$

Beim PID-Geschwindigkeitsalgorithmus werden die Zuwachswerte der Reglerausgangsgröße digital berechnet.

Übung:

Es soll ein Rechenprogramm für einen PID-Regler nach dem Geschwindigkeitsalgorithmus mit den Parametern $K_p = 0{,}2$, $T_i = 4T_A$, $T_d = 3T_A$ und $T_A = 1$ s erstellt werden. Zeichnen Sie den Programmablaufplan.

Lösung: **Bild 1**.

Die aktuelle Regeldifferenz e_n wird mit C, die vorhergehende Regeldifferenz e_{n-1} mit B und die vorvorhergehende Regeldifferenz e_{n-2} mit A bezeichnet. Die Reglerausgangsgröße M wird mit jedem Rechenzyklus um DM erhöht.

Für die Eingabebefehle und den Ausgabebefehl müssen die aktuellen Adressen der Peripheriegeräte eingesetzt werden, z. B. die Nummern der Eingabekanäle und die Nummer des Ausgabekanals.

$$\Delta m_n = m_n - m_{n-1}$$

$$\Delta m_n = K_p \left[e_n - e_{n-1} + \frac{T_A}{T_i} \cdot e_n + \frac{T_d}{T_A}(e_n - 2e_{n-1} + e_{n-2}) \right]$$

Δm_n Zuwachswert der Reglerausgangsgrößegröße zum Zeitpunkt $n \cdot T_A$
e_n Regeldifferenz zum Zeitpunkt $n \cdot T_A$
T_A Abtastzeit
K_p Proportionalbeiwert
T_n Nachstellzeit
T_v Vorhaltezeit

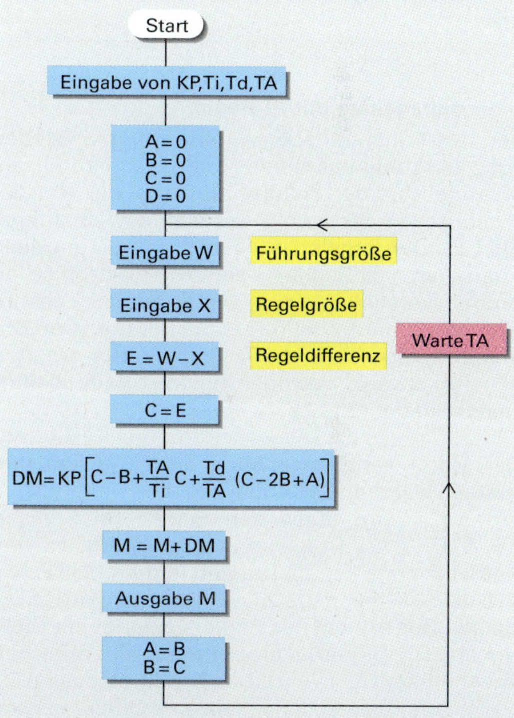

Bild 1: Programmablaufplan

Stoßfreie Regelung bei manueller Führung

Beim Umschalten von „Handbetrieb" in den „Automatikbetrieb" ist dafür zu sorgen, dass die Regelgröße keine Unstetigkeit aufweist, d. h. stoßfrei bleibt. Sehr häufig wird in der Verfahrenstechnik[1] zur manuellen Steuerung die Regelausgangsgröße ($m = m_{Hand}$) direkt betätigt, also bei nicht geschlossenem Regelkreis. Auch beim Kraftfahrzeug mit Tempomat wird während der Fußpedalsteuerung die Stellgröße, d. h. direkt das drehmomentbestimmende Motorgas verändert. Bei dieser Art der manuellen Führung über das Stellsignal (m_{Hand}) muss für das Umschalten in den Automatikbetrieb bzw. das Umschalten auf den Tempomat beim Kraftfahrzeug die Regelung stoßfrei arbeiten, d. h. der Regler muss im Umschaltzeitpunkt die Stellgröße $m = m_{Hand}$ als aktuelle Reglerausgangsgröße besitzen. Man erreicht dies durch ein digitales Aufschalten der Stellgröße m_{Hand} auf den I-Anteil der Reglerausgangsgröße (siehe auch Aufgaben zur Regelungstechnik Nr. 8 und Nr. 9).

[1] Bei der Steuerung von Werkzeugmaschinen und Robotern ist die Situation eine andere: Hier wird auch im Handbetrieb nur über die Reglerführungsgröße bzw. über die Bahnplanung eingegriffen, d. h. da gibt es keinen regulären Steuerungsbetrieb mit offenem Regelkreis.

1.6.4.4 Regelung von P-Strecken

Bei der Regelung von Regelstrecken mit dem Übertragungsverhalten von einem oder mehreren *Verzögerungsgliedern* verwendet man meist einen PI-Regler oder einen PID-Regler **(Bild 1)**.

> Der PI-Regler wird eingesetzt, wenn die Führungsgröße sehr schnell verändert wird.

Dies ist bei Folgeregelkreisen der Fall. Ein PID-Regler ist dafür nicht geeignet, da bei schneller Änderung der Führungsgröße der PID-Regler durch das Differenzieren *übersteuert* wird. Der *D-Anteil bleibt wirkungslos* und das Regelverhalten wird nicht linear.

> Der PID-Regler wird bei Regelung auf konstante Führungsgröße eingesetzt, z. B. bei Temperaturregelungen.

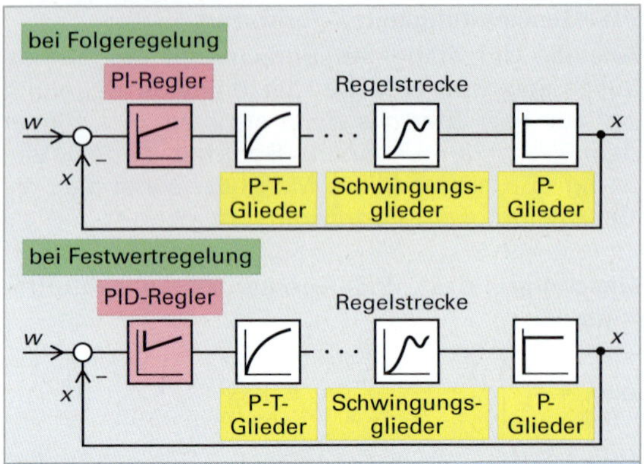

Bild 1: Regelung von P-Strecken

Drehzahlregelung mit PI-Regler

Bei Vorschubantrieben und Hauptantrieben von Werkzeugmaschinen soll die Istdrehzahl n_{ist} möglichst der Solldrehzahl n_{soll}, die von der numerischen Steuerung vorgegeben ist, folgen **(Bild 2)**. Der Regelkreis besteht aus einem elektronischen PI-Regler, einem elektronischen Antriebsverstärker, einem Motor mit der Zeitkonstanten T_m und einem Tachogenerator. Der Antriebsverstärker und der Tachogenerator arbeiten näherungsweise verzögerungsfrei, d. h. beides sind P-Glieder (Bild 2).

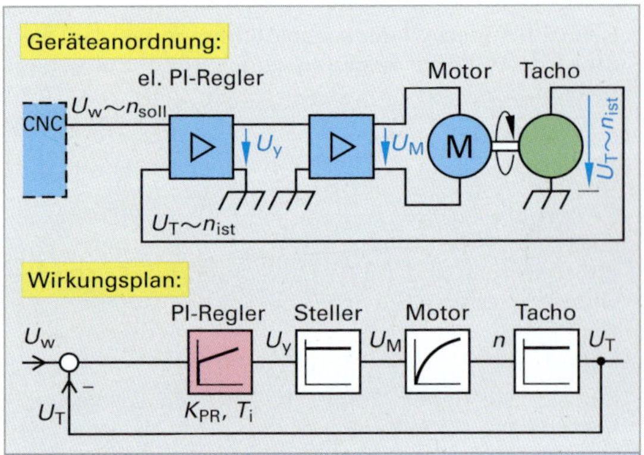

Bild 2: Geräteanordnung und Wirkungsplan einer Drehzahlregelung

Der Motor kann angenähert als P-T_1-Glied dargestellt werden. Bei Änderung der Solldrehzahl um Δn_{soll} wird durch den Regler ein Stellsignal $\Delta U_{yP} \sim K_{PR}$ $(n_{soll} - n_{ist})$ erzeugt und an den Antriebsverstärker übertragen. In dem Maße, wie sich n_{ist} auf das neue n_{soll} zubewegt, wird ΔU_{yP} kleiner. Der I-Anteil des Reglers erzeugt ein Stellsignal ΔU_{yI}. Dieses ist proportional zum zeitlichen Integral über $(n_{soll} - n_{ist})$. Das bedeutet, dass ΔU_{yI} wächst und zwar so lange wie eine Differenz nsoll – nist vorhanden ist. Dies bedeutet aber auch, dass der PI-Regler durch den I-Anteil auf Dauer keine Regeldifferenz zulässt.

> Bei einer PI-Regelung oder PID-Regelung gibt es keine bleibende Regeldifferenz.

Es ist oft nicht einfach, die optimalen Werte K_{PR} und T_i zu finden. Zu große Werte von K_{PR} und zu kleine Werte für die Nachstellzeit T_i führen zu starken Schwingungen **(Bild 3)**.

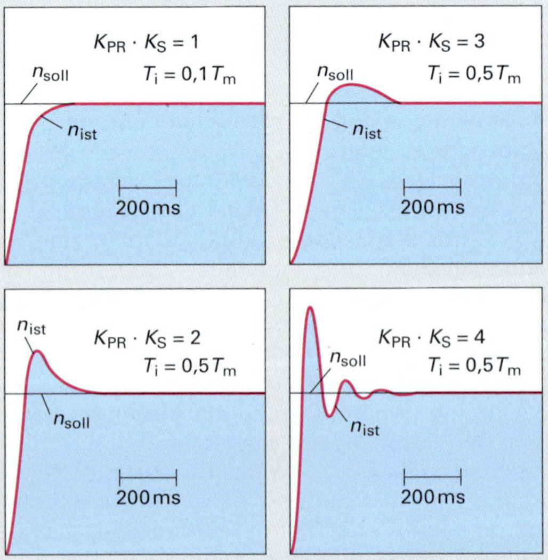

Bild 3: Einschwingvorgänge bei verschiedenen Reglereinstellungen (T_m = 100 ms)

1.6.4.5 Regelung von I-Strecken

Bei der Regelung von Regelstrecken, die ein *I-Glied* enthalten, verwendet man bei Folgeregelkreisen meist P-Regler **(Bild 1)**.

Lageregelung mit P-Regler (Beispiel)

Bei einer Werkzeugmaschine kann die Position des Maschinenschlittens mit einem analogen Wegsensor erfasst und mit einem Operationsverstärker geregelt werden **(Bild 2)**. Die Sollwertvorgabe erfolgt auch analog über einen AD-Umsetzer durch einen Computer oder von Hand über ein Sollwertpotentiometer (Bild 2). Wenn eine Lageregeldifferenz $\Delta x = x_{soll} - x_{ist}$ vorliegt, so wird sie verstärkt und bewirkt eine Drehbewegung des Motors im Sinne einer Verkleinerung der Lageregeldifferenz Δx. Die Vorschubgeschwindigkeit v ist proportional zur Lageregeldifferenz Δx. Sie ist umso größer, je größer der Proportionalbeiwert K_{PR} des Reglers, der Verstärkungsfaktor K_A des Leistungsverstärkers, die Motordrehzahl n_0 bei Nennspannung und die Spindelsteigung P_{Sp} sind. Diese Teilverstärkungen werden, da sie sich gleichartig auf das Regelverhalten auswirken, zu der **Geschwindigkeitsverstärkung K_v** zusammengefasst. Die Geschwindigkeitsverstärkung ist das Verhältnis der Vorschubgeschwindigkeit v zur Lageregeldifferenz Δx, d. h. $K_v = v/\Delta x$.

Mit Hilfe der Zusammenfassung der Teilverstärkungen lässt sich ein *vereinfachter* Blockschaltplan zeichnen, der nur noch drei Glieder enthält **(Bild 3)**. Das erste Glied ist ein *Proportionalglied* mit der Geschwindigkeitsverstärkung K_v. Das zweite Glied kennzeichnet das *dynamische Verhalten* des *Vorschubantriebes*. Es ist z. B. ein Verzögerungsglied 1. Ordnung, wenn ein elektrischer Antriebsmotor mit der **Antriebszeitkonstanten T_A** verwendet wird. Das dritte Glied ist ein *Integralglied* und kennzeichnet den Zusammenhang zwischen Vorschubgeschwindigkeit v und Weg x. Praktisch ausgeführt wird die Umsetzung der Geschwindigkeit in den Weg durch die Drehung der Spindel in der Spindelmutter, die mit dem Maschinentisch verbunden ist (Bild 2).

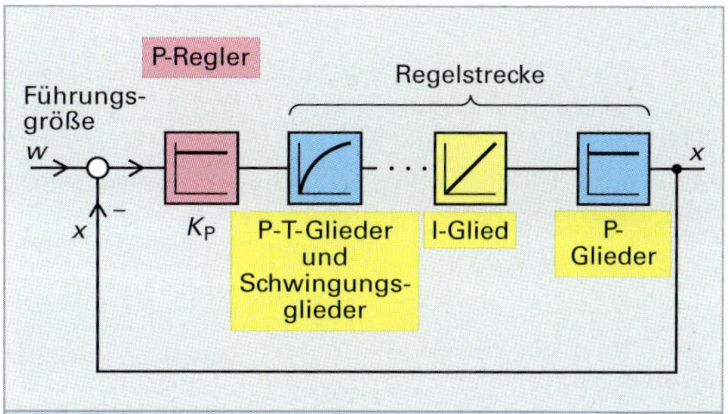

Bild 1: Folgeregelung einer I-Strecke

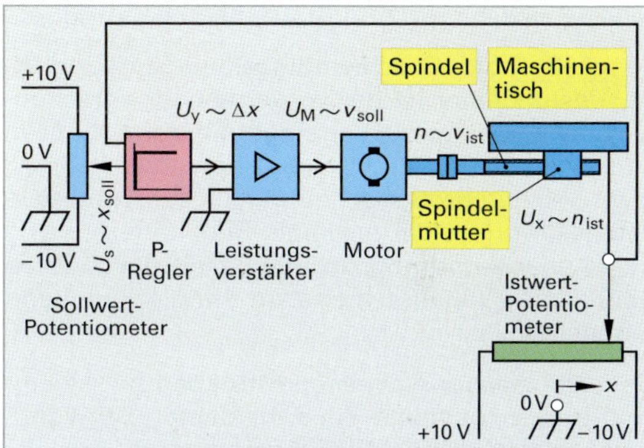

Bild 2: Geräteanordnung einer analogen Lageregelung für einen Werkzeugmaschinenschlitten

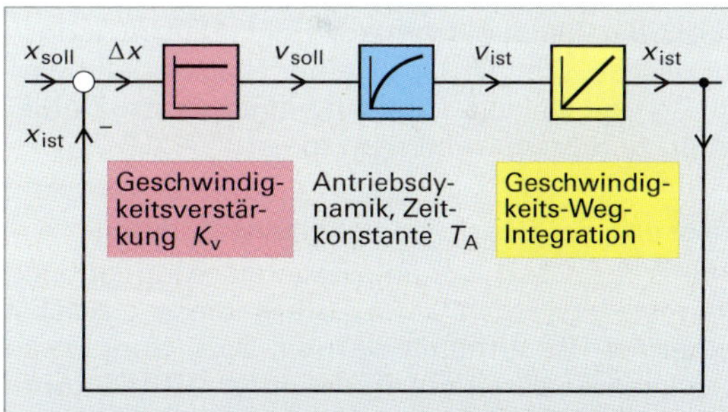

Bild 3: Blockschaltplan der analogen Lageregelung für einen Werkzeugmaschinenschlitten

Beispiel:

Eine Lageregeldifferenz Δx = 1 mm bewirkt eine Vorschubgeschwindigkeit von v = 600 mm/min.

Wie groß ist die Geschwindigkeitsverstärkung K_v?

Lösung:

$$K_v = \frac{v}{\Delta x} = \frac{600 \text{ mm/min}}{1 \text{ mm}} = \frac{600}{\text{min}} = \mathbf{10\ 1/s}$$

Bei Lageregelung mit P-Regler:

$$K_v = \frac{v}{\Delta x}$$

K_v Geschwindigkeitsverstärkung
v Vorschubgeschwindigkeit
Δx Lageregeldifferenz

Beispiel 1:

Der Lagesollwert w wird von seinem Anfangswert x_1 = 2 mm auf den Zielpunkt x_2 = 12 mm mit gleicher Geschwindigkeit im Verlauf von Δt = 1 s verändert.

Wie groß ist die Lageregeldifferenz Δx, während der Maschinenschlitten verfährt, wenn K_v = 10 1/s beträgt?

Lösung:

$$\Delta x = \frac{v}{K_v} = \frac{(x_2 - x_1)/\Delta t}{K_v} = \frac{10\ \text{mm/s}}{10\ \frac{1}{\text{s}}} = \mathbf{1\ mm}$$

Der Maschinenschlitten *läuft* also dem Sollwert in 1 mm Abstand *nach*. Dies ist der Weg, den der Maschinenschlitten zum Abbremsen benötigt.

Je größer die Geschwindigkeitsverstärkung K_v ist, desto kleiner ist bei vorgegebener Vorschubgeschwindigkeit v die Lageregeldifferenz Δx. Man kann jedoch die Geschwindigkeitsverstärkung K_v nicht beliebig groß machen, da die Schwungmassen des Antriebs bei zu kleiner Regeldifferenz und gegebener Vorschubgeschwindigkeit den Antrieb über das Ziel hinausschießen und erst schwingend einpendeln lassen.

Bei sehr *reaktionsschnellen* Antrieben mit kleiner Antriebszeitkonstante T_A, d. h. kleinen Schwungmassen und großen Antriebsmomenten, kann K_v *groß gewählt* werden. Man bemisst die Geschwindigkeitsverstärkung K_v daher nach der Antriebszeitkonstanten T_A **(Bild 1)**.

Für $K_v = 0{,}25/T_A$ erhält man kein Überschwingen über den Zielpunkt hinaus (Bild 1). Um jedoch möglichst schnell bei kleiner Lageregelabweichung und kleinem Überschwingen in die Zielposition zu fahren, wählt man meist $K_v \approx 0{,}8/T_A$.

Messung der Geschwindigkeitsverstärkung

Damit die Geschwindigkeitsverstärkung günstig eingestellt werden kann, muss diese zunächst experimentell ermittelt werden. Dazu trennt man den Lageregelkreis auf, indem man z. B. die Kupplung zwischen Antriebsmotor und Vorschubspindel löst.

Dann verschiebt man von Hand den Maschinenschlitten um einen kleinen Weg. Jetzt stimmen Lagesollwert und Lageistwert nicht mehr überein.

Der Motor beginnt mit einer bestimmten Drehzahl zu drehen, um die Lageregelabweichung auszugleichen. Da der Motor aber abgekoppelt ist, erfolgt keine Lageregelung.

Die Motordrehzahl, die einer bestimmten Vorschubgeschwindigkeit entspricht, bleibt konstant und kann gut gemessen werden.

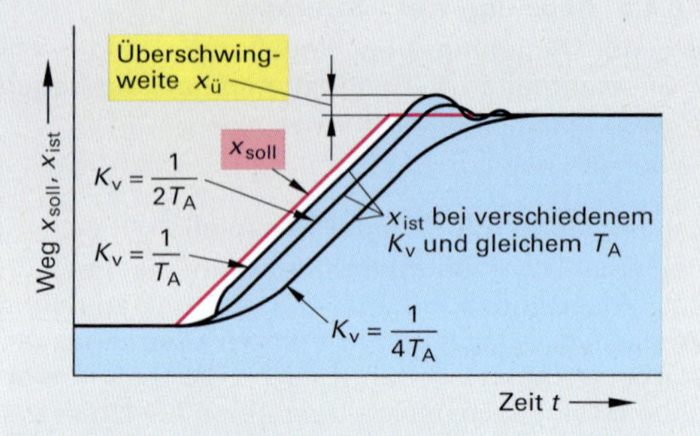

Bild 1: Überschwingen in Abhängigkeit von der Geschwindigkeitsverstärkung

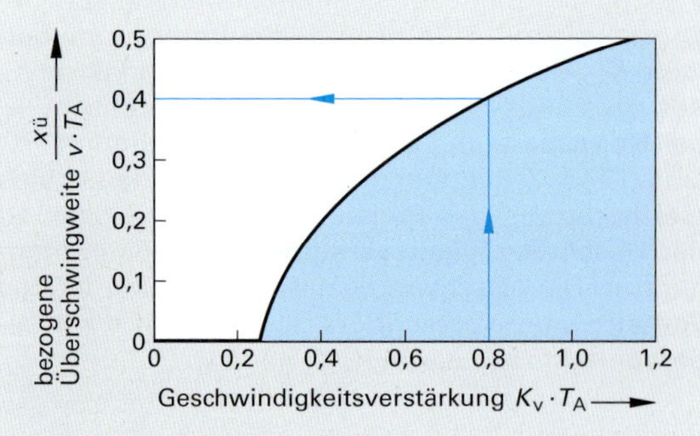

Bild 2: Einfluss der Geschwindigkeitsverstärkung

Beispiel 2:

Ein Lageregelkreis für einen Vorschubantrieb hat eine Antriebszeitkonstante T_A = 80 ms.

a) Welche Geschwindigkeitsverstärkung K_v muss am Lageregler eingestellt werden, um schnell bei kleinem Überschwingen und kleiner Regelabweichung in die Zielposition einzufahren?

b) Wie groß ist die Überschwingweite $x_ü$, wenn mit einer Geschwindigkeit v = 120 mm/min verfahren wird?

Lösung:

a) $K_v \approx \frac{0{,}8}{T_A} = \frac{0{,}8}{0{,}08\ \text{s}} = \mathbf{10\ \frac{1}{s}}$

b) Aus **Bild 2** entnimmt man für $K_v \cdot T_A = 0{,}8$ den Wert:

$$\frac{x_ü}{(v \cdot T_A)} = 0{,}41$$

$$\Rightarrow x_ü = 0{,}41 \cdot v \cdot T_A$$

$$= 0{,}41 \cdot 120\ \text{mm/min} \cdot 80\ \text{ms} = \mathbf{66\ \mu m}$$

1.6.4.6 Einstellen eines Reglers

Eine gute Regelung wird erst durch die richtige Einstellung des Reglers erreicht. Man stellt die Regler meist so ein, dass sich die Regelgröße bei Sollwertsprüngen schnell auf den neuen Sollwert einstellt. Dabei sollte die Regelgröße nur wenig und nur kurzzeitig über den Sollwert hinausschwingen **(Bild 1)**. Die *Anregelzeit* t_A ist die Zeit, bis zum ersten Mal die Führungsgröße erreicht wird (Bild 1). Die *Ausregelzeit* t_{aus} ist die Zeit, die vergeht, bis der Einschwingvorgang auf $\pm\ \Delta x$, meist ± 10 % abgeklungen ist. Man versucht, die Regelparameter, nämlich den Proportionalbeiwert K_{PR}, die Nachstellzeit T_i und die Vorhaltezeit T_d optimal einzustellen. Zu große Werte von K_{PR} und zu klein gewählte Werte für T_i führen stets zu starken Schwingungen oder zu Dauerschwingungen, d. h. der Regelkreis wird instabil.

Ein Regelkreis ist meist optimal eingestellt, wenn die *Regelfläche* einen kleinsten Wert annimmt (Bild 1).

Selbstoptimierende Regler enthalten einen Mikrocomputer, der z. B. die *Regelfläche* berechnet und die Regelparameter so lange verändert, bis die Regelfläche den Minimalwert hat. Zur Berechnung der Regelparameter werden die Regelkreise mit dem PC simuliert und optimiert.

Regelstrecken mit P-T_1-Gliedern und Totzeitgliedern

Man stellt beim Verfahren nach Ziegler und Nichols[1] zunächst den Regler als P-Regler ein **(Bild 2)** und verändert K_{PR} so lange, bis bei K_{PRkrit} der Regelkreis schwingt. Dann misst man die Periodendauer T_p dieser Schwingung. Günstige Einstellwerte zeigt **Tabelle 1**.

Regelstrecken mit I-Glied und P-T_1-Glied

Als Regler wählt man einen P-Regler **(Bild 3)** und stellt das Produkt aller Verstärkungen im Regelkreis auf die Kreisverstärkung $K_0 = T_1/T_I$ ein. Anschließend variiert man K_{PR}, bis der Regelkreis ein günstiges Verhalten zeigt.

Überprüfen des Regelsinnes

Ein Regelkreis arbeitet nur dann richtig, wenn an der Vergleichsstelle im Regler die Regelgröße von der Führungsgröße subtrahiert und nicht addiert wird **(Bild 4)**. Wenn dies nicht der Fall ist, muss der Sensor umgepolt werden oder bei digitalen Reglern im Regelalgorithmus ein Minuszeichen eingefügt werden.

[1] *J. G. Ziegler* und *N. B. Nichols*, amerik. Wissenschaftler, entwickelten das Verfahren um 1942.

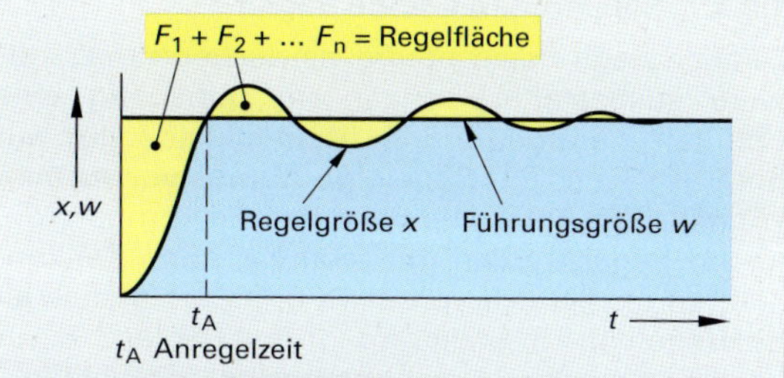

Bild 1: Einschwingvorgang bei einem Führungsgrößensprung

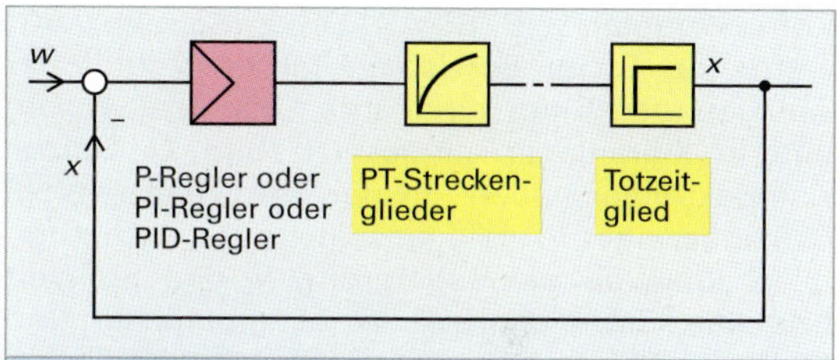

Bild 2: Regelung von PT-T_t-Strecken

Tabelle 1: Reglereinstellung nach Ziegler und Nichols

P-Regler	$K_{PR} = 0{,}5\ K_{PRkrit}$
PI-Regler	$K_{PR} = 0{,}45\ K_{PRkrit}$, $T_i = 0{,}85\ T_p$
PID-Regler	$K_{PR} = 0{,}5\ K_{PRkrit}$, $T_i = 0{,}5\ T_p$, $T_d = 0{,}12\ T_p$

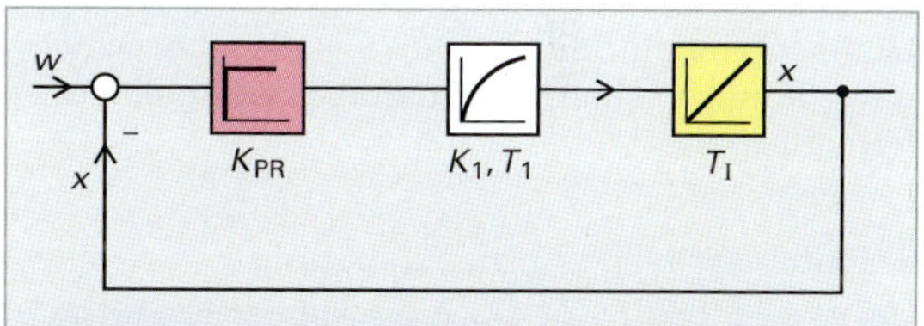

Bild 3: Reglereinstellung bei einer I-Strecke

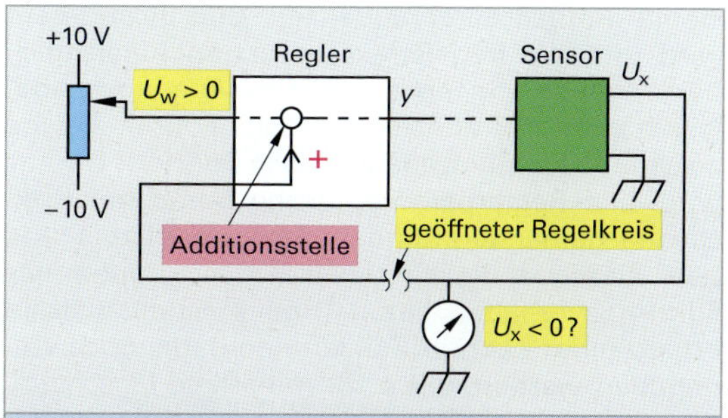

Bild 4: Überprüfen des Regelsinns

1.6.4.7 Selbstoptimierende Regler

Digitale Regler sind häufig hinreichend mit Software ausgestattet, sodass sie selbsttätig eine optimale Parametrierung (Werteeinstellung) auf der Basis eines PID-Regelalgorithmus vornehmen können. Man unterscheidet dabei die Kompaktregler für Regelstrecken mit relativ großen Zeitkonstanten im Bereich von etwa 0,1 s bis mehreren Sekunden und in Steller integrierte Regler z. B. für hochdynamische Vorschubantriebe mit Verzugszeiten im Bereich von Millisekunden.

Kompaktregler SIPART

Kompaktregler, z. B. SIPART-DRxx (Siemens AG) werden z. B. im Bereich verfahrenstechnischer Anlagen der Chemieindustrie, bei Kraftwerken und in Kläranlagen eingesetzt **(Bild 1)**. Solche Kompaktregler haben auf der Frontseite sowohl Balkenanzeigen (Analoganzeigen) als auch Digitalanzeigen für die Regelgröße *x*, den Sollwert bzw. die Führungsgröße *w*. Es gibt Taster und Meldeleuchten u. a. zur manuellen Reglereinstellung, zur manuellen Prozessführung, zur Wahl von Betriebsarten und für Grenzwerte. Der Regler kann über einen PC fernbedient und fernkonfiguriert werden **(Bild 2)**. Die Reglerselbstanpassung (AdAP-Funktion) wird über das Frontpanel gestartet und erfolgt durch selbsttätige Analyse der Regelstrecke und der Berechnung der Reglerparameter auf Grund einer Analyse der Sprungantwort der Regelstrecke. Ermittelt werden dabei die Streckenverstärkung, die Verzögerungs-Zeitkonstanten und die Strecken-Totzeit. Die Adaption erfolgt wahlweise für ein Regelverhalten ohne Überschwingen oder mit etwa 10 % Überschwingen, ähnlich einer optimalen, betragslinearen Regelfläche.

Selbsteinstellende Antriebsregelung

Bei den Stellern für hochdynmanische Antriebe erfolgt die Ermittlung der Regelstreckeneigenschaften an Hand einer Frequenzanalyse, indem die Regelstrecke selbsttätig durch ein Rauschsignal (enthält alle Frequenzen, **Bild 3)** angeregt wird und die Regelstreckenreaktion hinsichtlich des Amplitudenganges und Phasenganges analysiert wird (FFT-Analyse, von Fast Fourier-Anlage = schnelle Frequenzanalyse nach Fourier). Daraus wird eine Reglerparametrierung berechnet, welche nacheinander für den Stromregelkreis und den Geschwindigkeitsregelkreis ein optimales Führungsverhalten liefert **(Bild 4)**. Eine Vielzahl ergänzender Kenngrößen können dabei noch vorgegeben werden, wie z. B. maximale Geschwindigkeit, maximale Beschleunigung und maximaler Ruck.

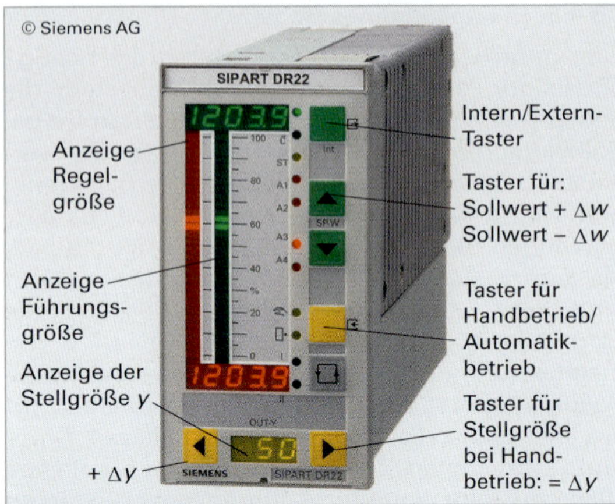

Bild 1: Kompaktregler

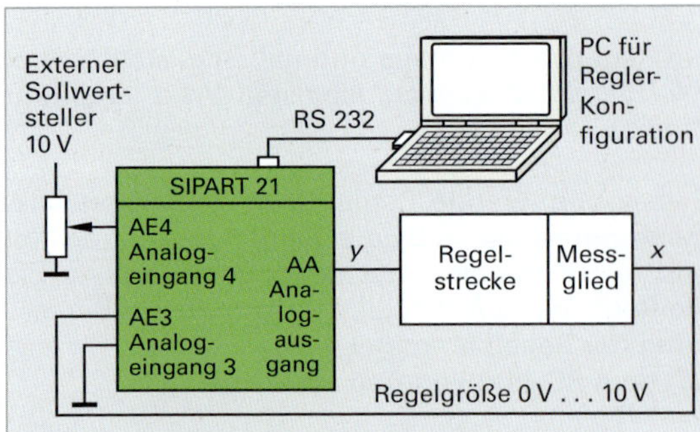

Bild 2: Kompaktregler im Regelkreis

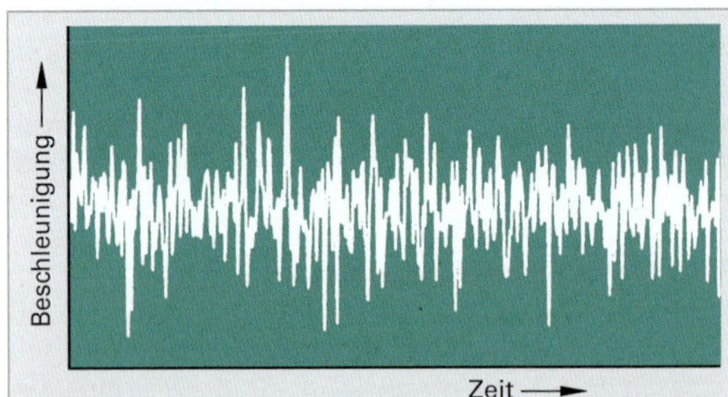

Bild 3: Rauschsignal zur Antriebsbeschleunigung

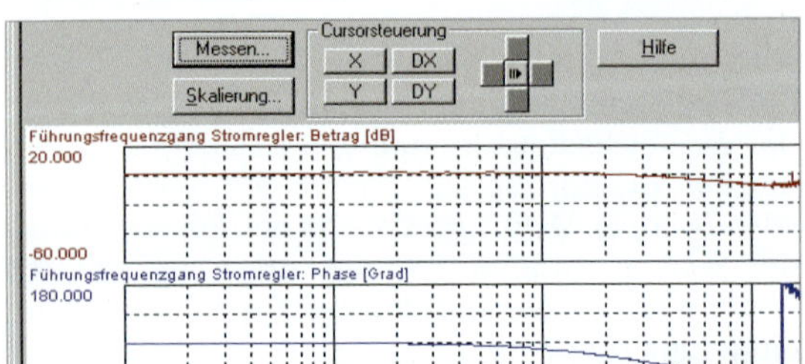

Bild 4: Führungsfrequenzgang der Stromregelung

1.7 Schaltpläne

1.7.1 Strukturierung

In der Norm **DIN EN IEC 81346**[1], werden allgemeine **Prinzipien zur Strukturierung** von Systemen, einschließlich der Strukturierung von Information über Systeme, eingeführt sowie Regeln und Anleitungen zur Bildung von Benennungen (Referenzkennzeichen) für Objekte in beliebigen Systemen gegeben.

Die **Referenzkennzeichen** identifizieren die Objekte eindeutig. Sie dienen als Schlüssel zum Auffinden von Informationen. Die dargelegten Prinzipien sind allgemeingültig anwendbar im Maschinenbau, in der Elektrotechnik, im Bauwesen und in der Verfahrenstechnik.

Objekt

Die Definition des Objekts umfasst alle Betrachtungszustände eines Teils eines Systems. Die meisten Objekte haben eine physikalische Existenz. Die Farben verdeutlichen die unterschiedlichen Aspekte eines Objekts **(Bild 1)**. Es gibt keine allgemeine Regel wie ein Objekt definiert wird. Tatsächlich legt der Planer die Art und den Umfang eines Objektes fest.

Aspekt

Werden Objekte unter verschiedenen Sichtweisen betrachtet wird dies im Sinne der Norm als Aspekt bezeichnet.

Man unterscheidet:
- **Funktionsaspekt,** beschreibt was eine Objekt macht (Bild 1, Pos. ①),
- **Produktaspekt,** mit welchen Mitteln etwas gemacht wird (Bild 1, Pos. ③),
- **Ortsaspekt,** die Lage bzw. der Raum des Objekts.

Wenn keiner dieser Aspekte passt, dürfen auch eigene Aspekte generiert werden.

Funktion

Der Zweck eines technischen Systems ist, einen Prozess auszuführen, in welchem die Eingangsgrößen, z. B. Information, Material, Energie, zu den Ausgangsgrößen, z. B. Material, Abfall, bearbeitet werden. Die Norm bezeichnet als „Funktion" die Aufgabe eines Objektes. **Bild 2** zeigt dieses am Beispiel eines Objektes (Flüssigkeitsherstellung) mit der erweiterten, genaueren Darstellung der Teilfunktionen. **Bild 3** gibt einen Überblick über die beteiligten Normen zur Kennzeichnung und Dokumentation von Anlagen.

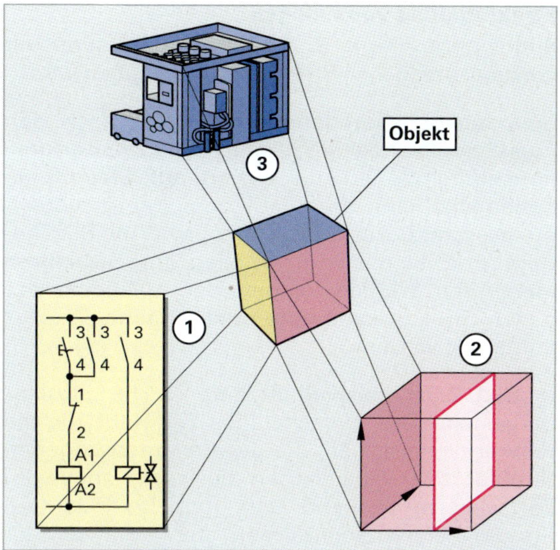

Bild 1: Aspekte eines Objekts

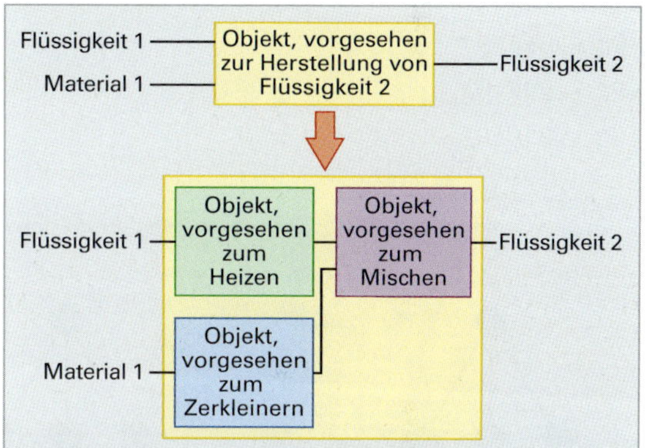

Bild 2: Funktion und Teilfunktionen

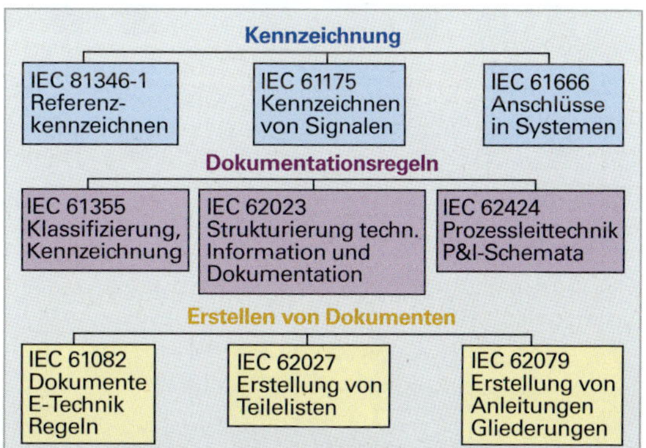

Bild 3: Überblick über die Normen

[1] DIN EN 81346-1: Industrielle Systeme, Anlagen und Ausrüstungen und Industrieprodukte, Strukturierungsprinzipien und Referenzkennzeichnung

Strukturierung von Anlagen

Bild 1 zeigt, wie z. B. eine Hydraulikstation mit funktionsbezogenen Strukturen beschrieben wird.

Eine funktionsbezogene Struktur ist nach den Prozessfunktionen organisiert. Eine zweite funktionsbezogene Struktur basiert auf Steuerfunktionen und eine dritte auf dem Energieversorgungssystem. Ein Motor kann, wie im Bild gezeigt, in Entsprechung mit allen drei Strukturen identifiziert werden. Neben der funktionsbezogenen Struktur kann eine ortsbezogene Struktur aufgebaut werden.

In **Bild 2** ist beispielhaft eine solche Struktur dargestellt. Das einfache Plus (+) steht für die Referenzkennzeichen, die auf der ortsbezogenen Struktur der Baueinheiten basieren, angewendet werden, während das doppelte Plus (++) für die Referenzkennzeichen steht, die auf der Anlagentopographie basieren. Die Referenzkennzeichen-Sätze für die drei Baueinheiten könnten z. B. sein:

+P1 ++B2F1R2...

+P2 ++B2F1R2...

+P3 ++B1F1R1...

Ein Produkt kann im Hinblick auf unterschiedliche Verwendungen der produktbezogenen Strukturen, z. B. für Konstruktion, Errichtung, Betrieb, Wartung usw., unterschiedlich strukturiert werden.

Mehrfach-Vorzeichen werden zur Identifizierung der unterschiedlichen Sichten angewendet.

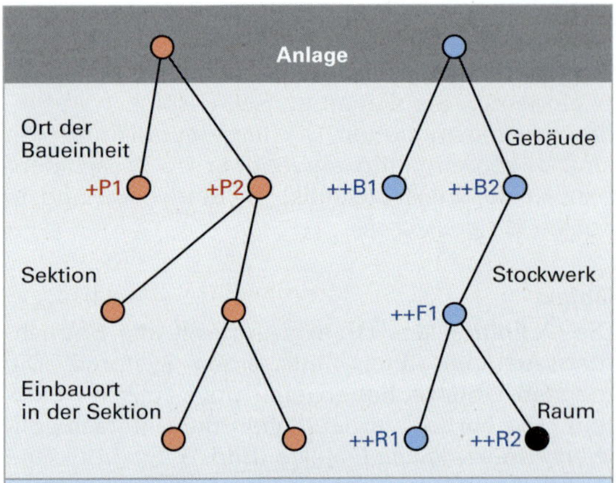

Bild 2: Aufbau einer ortsbezogenen Struktur

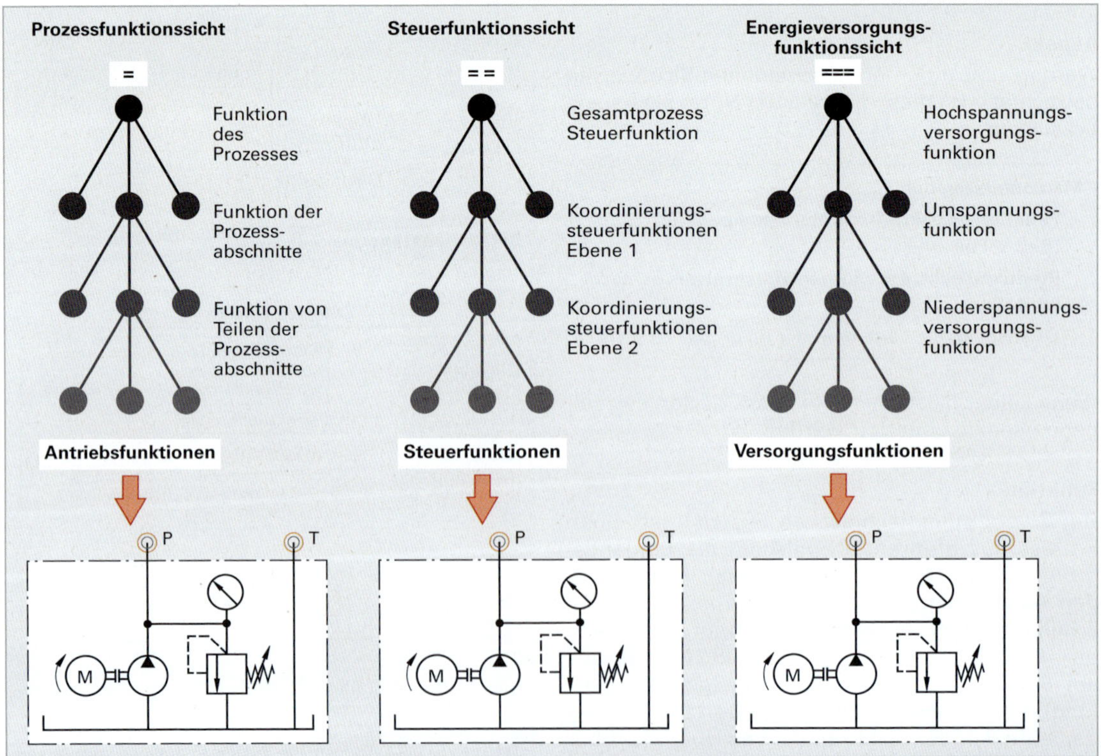

Bild 1: Gliederung nach Funktionssichten

1.7.2 Referenzkennzeichen

Ein Referenzkennzeichen hat den Zweck, ein gegebenes Objekt in einem betrachteten System unverwechselbar zu identifizieren **(Bild 1)**.

Der oberste Knoten in Baumstrukturen, repräsentiert beispielsweise das System und die darunter liegenden Knoten repräsentieren dessen Teilobjekte.

Klassen von Objekten

Für die Klassen der Objekte werden Kennbuchstaben vergeben. Die Einteilung der Klassen von Objekten erfolgt nach der vorgesehenen Aufgabe.

In der **Tabelle 1, folgende Seite** ist die übliche Klassifizierungsmethode festgelegt. Für jeden Technologiebereich ist ein Kennbuchstabe vorgesehen. Die Tabelle 1 zeigt eine Auswahl. Das wichtigste Element in der Tabelle ist die Aufgabe bzw. der Zweck des Objekts.

Die aufgeführten Beispiele in der Tabelle stellen nur einen Teil der Objekte dar.

Es gelten folgende Regeln:

- **Regel 1:** Jedem Objekt, das ein Bestandteil ist, muss ein Einzelebenen-Referenzkennzeichen zugewiesen werden, welches eindeutig ist im Hinblick auf das Objekt, von dem es Bestandteil ist.
- **Regel 2:** Dem durch den obersten Knoten repräsentierten Objekt darf kein Einzelebenen-Referenzkennzeichen zugewiesen werden.
- **Regel 3:** Ein einem Objekt zugewiesenes Einzelebenen-Referenzkennzeichen muss aus einem Vorzeichen bestehen, gefolgt entweder von Kennbuchstaben oder zwei Kennbuchstaben, gefolgt von einer Nummer.
- **Regel 4:** Es sind folgende Referenzkennzeichen zu verwenden:
  - = im Zusammenhang mit dem Funktionsaspekt des Objekts,
  - – im Zusammenhang mit dem Produktaspekt des Objekts,
  - + im Zusammenhang mit dem Ortsaspekt des Objekts,
  - # im Zusammenhang mit anderen Aspekten des Objekts.

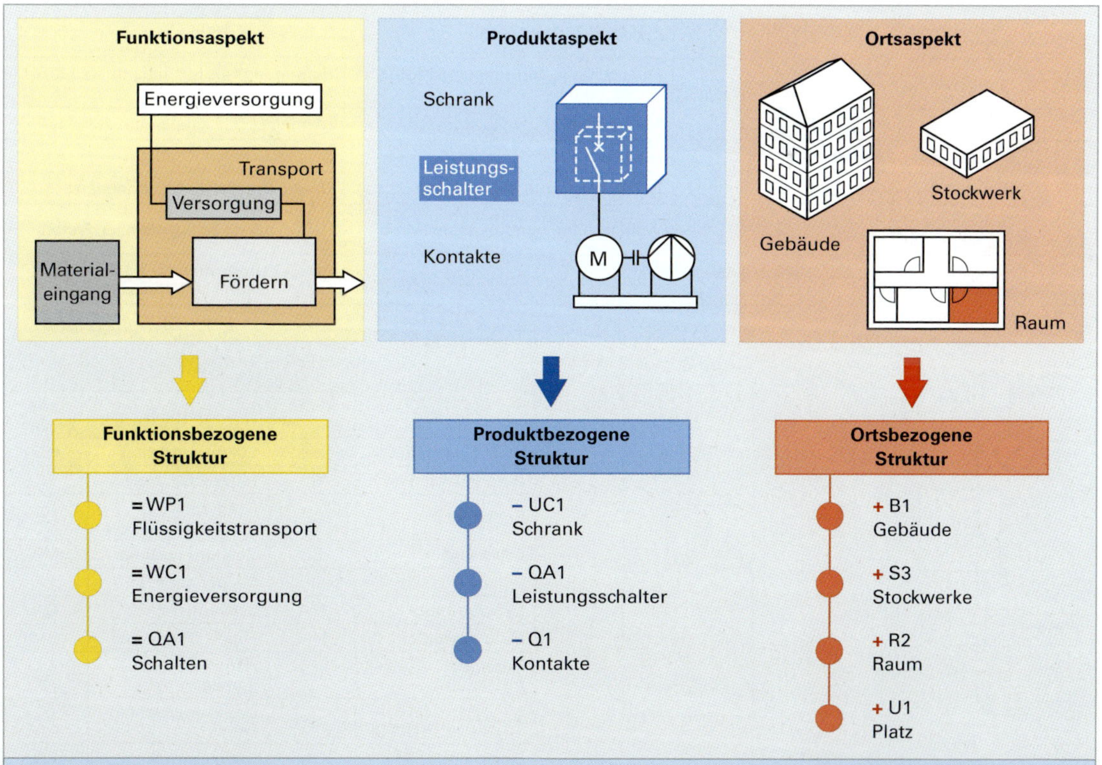

Bild 1: Beispiel einer Struktur

Unterklassen von Objekten

Die Unterklassen von Objekten werden nach dem vorgesehenem Zweck oder der vorgesehener Aufgabe vergeben. In manchen Fällen ist es erforderlich oder hilfreich eine detailliertere Klassifikation eines Objekts vorzusehen. Diese Erweiterung macht man mit einem zweiten Buchstaben **(Tabelle 2)**.

Es werden folgende Zweitbuchstaben vergeben:

- Unterklassen A – E für Objekte in Bezug auf elektrische Energie;
- Unterklassen F – K, ohne I, für Objekte in Bezug auf Information und Signale;
- Unterklassen L –Y, ohne O, für Objekte in Bezug auf Verfahrenstechnik, Maschinenbau und Bauwesen;
- Unterklasse Z für Objekte mit kombinierten Aufgaben.

Beispiel:

Pneumatik mit elektrischer Ansteuerung (Bild 1)

Alle Bauelemente werden mit jeweils zwei Buchstaben gekennzeichnet. Bei den Ventilen hat die Magnetspule eine eigene Bezeichnung. Sensoren und Magnetspulen müssen sowohl im Pneumatik-Schaltplan als auch im Stromlaufplan dargestellt werden.

Tabelle 1: Klassen von Objekten, nach DIN EN 81436-1

Kennbuchstabe	Aufgabe/Zweck des Objekts	Beispiele für Mechanik Fluidtechnik	Beispiele Elektrotechnik
B	Umwandlung von Eingangsvariablen	Messblende, Sensor	Näherungsschalter, Tachogenerator
C	Speichern von Energie	Speicher, Puffer, Tank	Batterie, Kondensator
F	direkter Schutz	Airbag, Sicherheitsventil	Sicherung, Schutzschalter
G	Energie- oder Materialfluss	Gebläse, Pumpe	Dynamo, Generator, Solarzelle
K	Verarbeitung von Signalen, Informationen	Fluidregler, Steuerventil	Schaltrelais, Hilfsschütz, Regler, CPU
M	Bereitstellung mechanischer Energie	Fluidzylinder, Verbrennungsmotor, Windturbine	Betätigungsspule, Stellantrieb, Elektromotor
P	Darstellung von Informationen	Manometer, Durchflussmesser	Klingel, LED, Signallampe, Display,
Q	Schalten oder variieren eines Flusses	Stellventil, Absperrventil, Bremse	Schütz, Schalter, Thyristor
R	Begrenzung eines Flusses	Rückschlagventil, Messblende	Diode, Drosselspule, Widerstand
S	Umwandlung von Manuell in anderes Signal	Wahlschalter, handbetätigtes Ventil	Wahlschalter, Sollwertsteller, Tastatur
T	Umwandlung unter Beibehaltung der Energieart	Fluidverstärker, Druckverstärker	AC-/DC-Umformer, Messüberträger, Gleichrichter, FU-Wandler

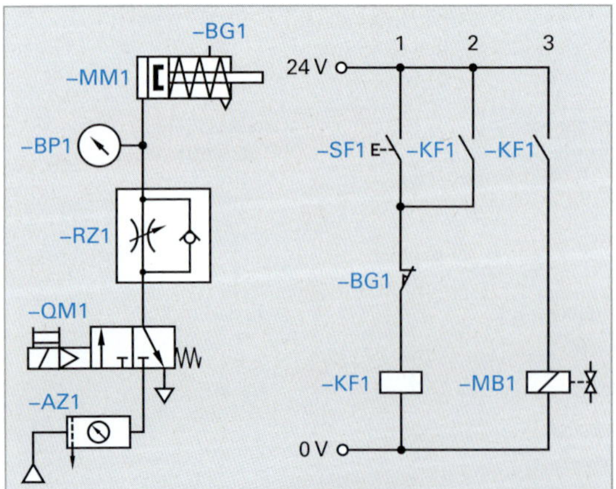

Bild 1: Pneumatikplan und Stromlaufplan

Tabelle 2: Kennzeichnung der Bauteile mit zwei Buchstaben

Element	Kennzeichen	Element	Kennzeichen
Wartungseinheit	AZ	Lüfter, Verdichter	GQ
Durchflusssensor	BF	Hilfsschütz, Relais	KF
Endschalter	BG	Fluidregler, Ventilblock	KH
Drucksensor	BP	Betätigungsspule	MB
Pumpe	GP	Meldelampe, LED	PF
Elektromotor	MA	Leistungsschütz	QA
Fluid - Zylinder	MM	Fluid - Wegeventil	QM
Anzeige-instrument	PG	Handbetätigte Ventile	SJ
Taster (elektrisch)	SF	Drosselrückschlag-ventil	RZ
Druckventil	QN	Drosselventil	RN
Hydraulik Speicher	CM	Rückschlagventil	RM

1.7.3 Schaltplanerstellen mit FluidSIM®

Mit der Software FluidSIM® (Festo Didactic SE) werden Schaltpläne der Pneumatik, Hydraulik und Elektrotechnik entworfen. Es stehen umfangreiche Bibliotheken mit allen notwendigen Elementen und Baugruppen zur Verfügung **(Bild 1)**. Der Schaltplan wird mit *Drag and Drop* – Funktionen aus den Bibliotheken zusammengestellt.

Die physikalischen und mathematischen Eigenschaften der Bauelemente werden berechnet. Damit können die Schaltungen simuliert werden. Bei der Simulation bewegen sich die Kolben und die Ventile schalten um. Es können z. B. bei Zylindern Kraft, Kolbengeschwindigkeit und Beschleunigung dargestellt werden. Ebenso werden Drücke aufgezeichnet. Hierzu wird ein Zustandsdiagramm **(Bild 2)** im Menü aufgerufen.

Die Ansteuerung der Aktoren ist in drei Arten möglich:

- **Mit Stromlaufplan (Bild 3)**. Der Stromlaufplan wird entsprechend der Norm aufgebaut. Nach dem Start der Simulation werden mit der Maus die Taster und Schalter bedient. Die Logik wird dann ausgeführt und grafisch dargestellt.
- **Mit Funktionsschaltplan (Bild 4)**. Hier wird ein Digitalschaltkreis (Bild 4) verwendet, welches an 24 V angeschlossen ist. Die Schaltung wird mit Schaltsymbolen wie UND, ODER, NICHT, RS-Speicher erstellt.
- **Mit GRAFCT-Plan**. Am GRAFCET-Modul **(Bild 5)** werden die Eingänge und Ausgänge belegt. Das GRAFCET-Programm wird außerhalb des Moduls erstellt. Beim Ablauf wird der aktuelle Zustand farbig dargestellt.

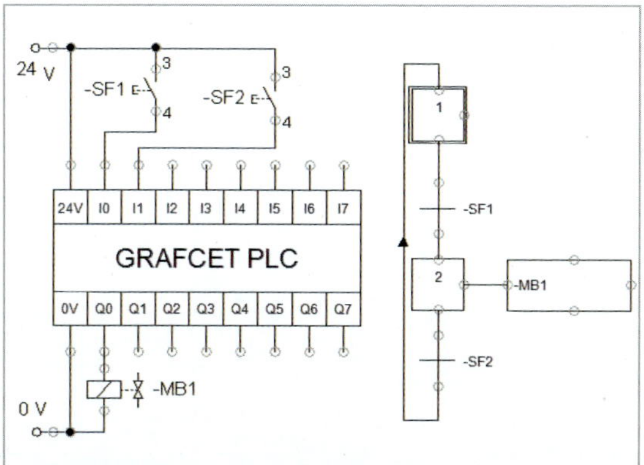

Bild 5: GRAFCT-Plan, Beispiel

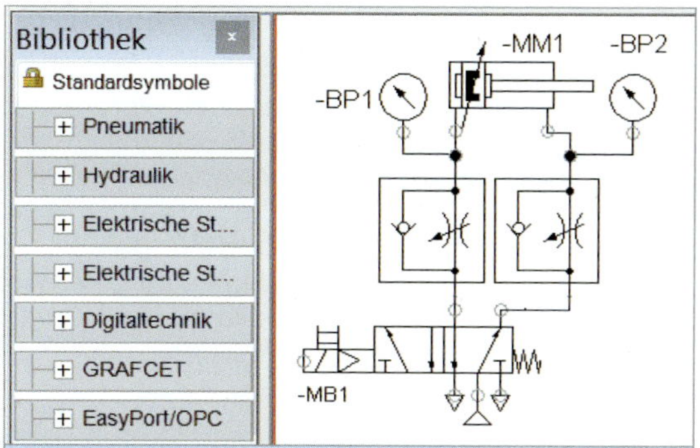

Bild 1: Hauptmenü-FluidSIM 5

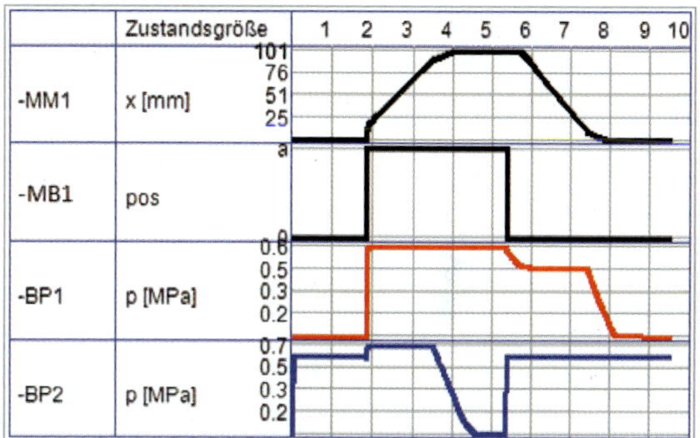

Bild 2: Zustandsdiagramm, Beispiel

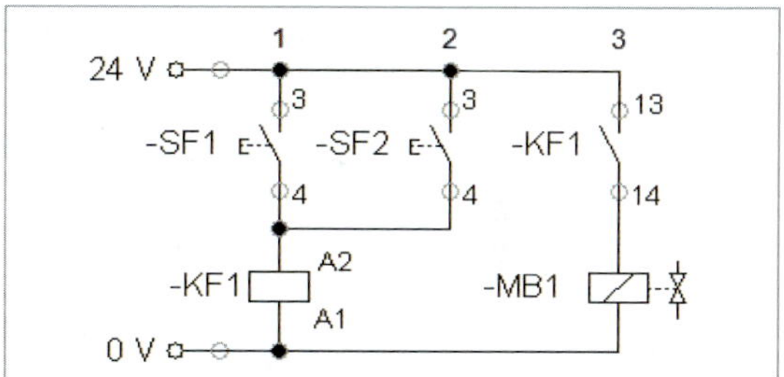

Bild 3: Stromlaufplan, Beispiel

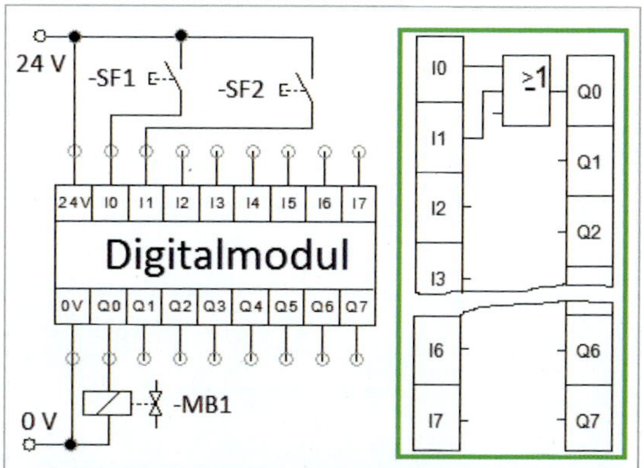

Bild 4: Funktionsschaltplan, Beispiel

1.7.4 Steuern und Regeln mit FluidSIM®

Über den EasyPort mit den Anschlusseinheiten werden digitale und analoge Signale verarbeitet **(Bild 1)**. Der EasyPort wird über USB an den PC angeschlossen. Es bestehen verschiedene Wege der Kommunikation. Standardmäßig wird in FluiSIM die direkte Kommunikation angewählt **(Bild 2)**. Es ist eine Kommunikation über den Festo-OPC-Server möglich. Die DDE Kommunikation wählt man bei virtuellen Modellen.

In der FluidSIM-Bibliothek stehen Module zum Lesen und Senden an den EasyPort zur Verfügung. In **Bild 3** oben wird mit dem Modul „FluidSIM In" dargestellt, wie die digitalen Eingangssignale gelesen werden und in diesem Fall dem GRAFCET zugeführt werden.

Das Modul „Analog IN" kann die vier analogen Eingänge lesen und man kann mit dem Element „Voltmeter" die Spannung anzeigen lassen.

Das Modul „FluidSIM Out" schreibt digitale Werte und steuert z. B. Relais und Ventile an. Von FluidSIm aus können analoge Werte nicht direkt zum EasyPort gesendet werden. Man verwendet deshalb eine Software-Sollwertkarte, mit drei digitalen Eingängen **(Bild 4)**. Damit kann man acht Sollwerte als Parameter einstellen. Zusätzlich sind auch noch Sollwert-Rampen möglich. Dieser Softwarebaustein "Analog Out" sendet dann z. B. das Analogsignal an einen Verstärker zur Ansteuerung eines Proportionalventils.

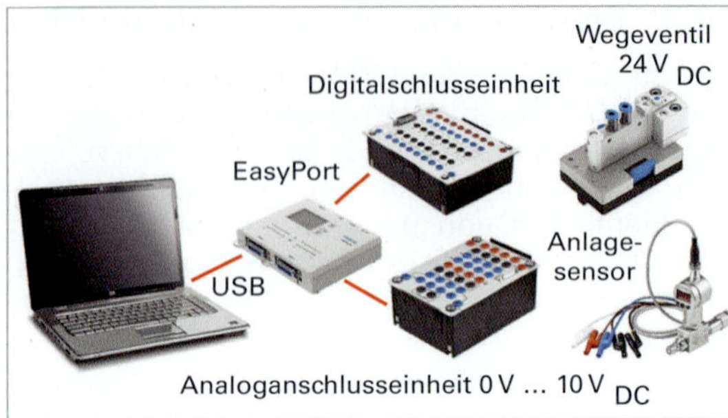

Bild 1: Anordnung der Komponenten

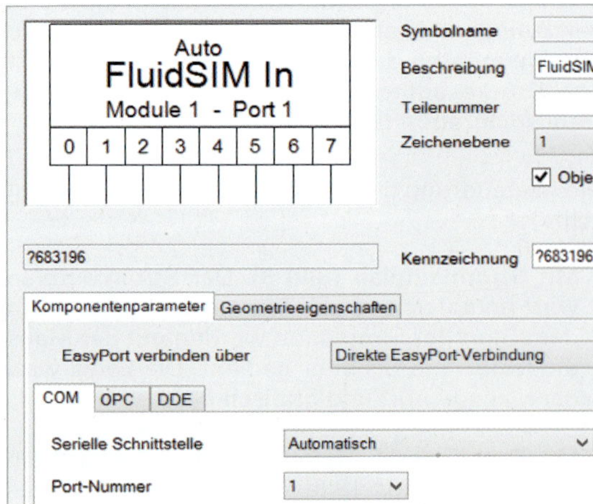

Bild 2: Einstellung zur Easyyport-Kommunikation

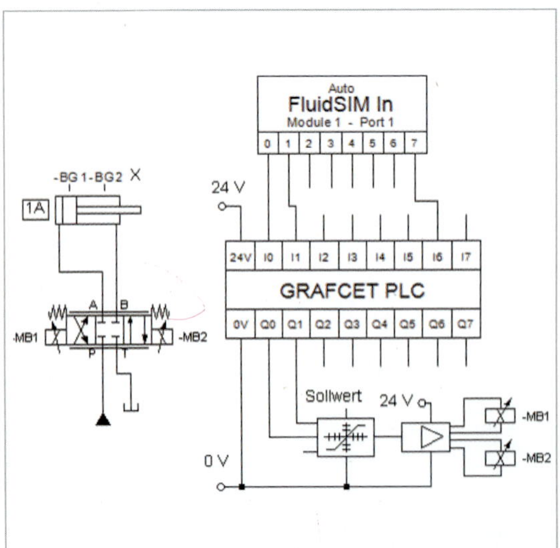

Bild 4: Ansteuerung von Porportionalventilen

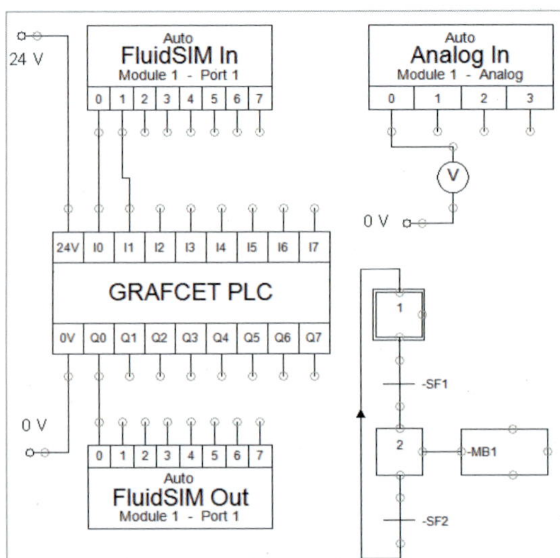

Bild 3: Module zur Kommunikation mit EasyPort

2 Aktoren

2.1 Pneumatische Aktoren

2.1.1 Einführung

Pneumatik[1] ist der Einsatz der **Druckluft zur Steuerung und zum Antrieb** von Zylindern und Motoren (Aktoren, Aktuatoren). Luft wird auch alsTransportmedium für Schüttgüter verwendet.

Sie wird z. B. zur Automatisierung im Sondermaschinenbau, in der Montagetechnik, in der Handhabungstechnik, in der Verpackungstechnik und in vielen anderen technischen Bereichen eingesetzt.

Beispiele: Bei einer Bandbeschickungsanlage werden Geräte wechselweise auf Band 1 und auf Band 2 geschoben **(Bild 1)**. **Bild 2** zeigt eine Fügestation. Die Greiferbewegung erfolgt pneumatisch über eine funkgesteuerte Ventilinsel. Bei der Selektieranlage **(Bild 3)** werden Maiskörner über ein Zuführband in Schienen geführt. Farbsensoren erkennen die dunklen Körner. Diese werden mit Hilfe von Schnellschaltventilen ausgeblasen.

Auf Grund der Eigenschaften der Luft muss man beim Einsatz der Pneumatik die Vor- und Nachteile abwägen.

Mit Luft bezeichnet man das Gasgemisch der Erdatmospäre. Luft besteht hauptsächlich aus den zwei Gasen Stickstoff (78 %) und Sauerstoff (21 %). In geringen Konzentrationen (unter 1 %) kommen die Edelgase Argon, Helium, Xenon, Neon und Krypton vor.

Die heutzutage viel diskutierten Veränderungen in der Erdatmospäre betreffen nur die Spurengase, vor allem das Kohlendioxid (CO_2, Anteil ca. 0,04 %), die Stickoxide (NO und NO_2) und die Fluorkohlenwasserstoffe (FCKWs).

Im natürlichen Zustand ist die Luft geruchs- und geschmacklos.

[1] Pneumatik von griech. pneuma = Hauch, Atem

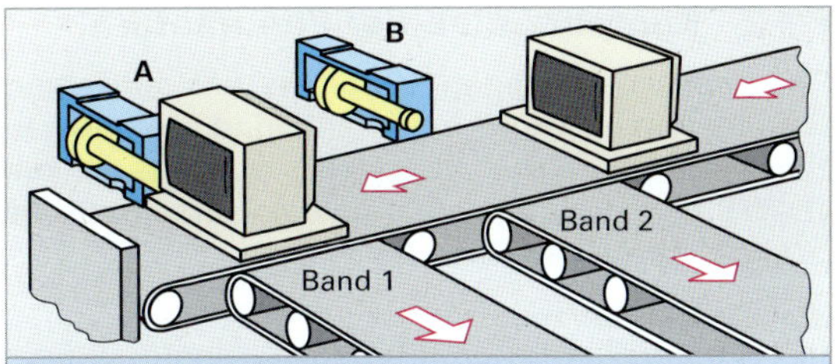

Bild 1: Bandbeschickungsanlage

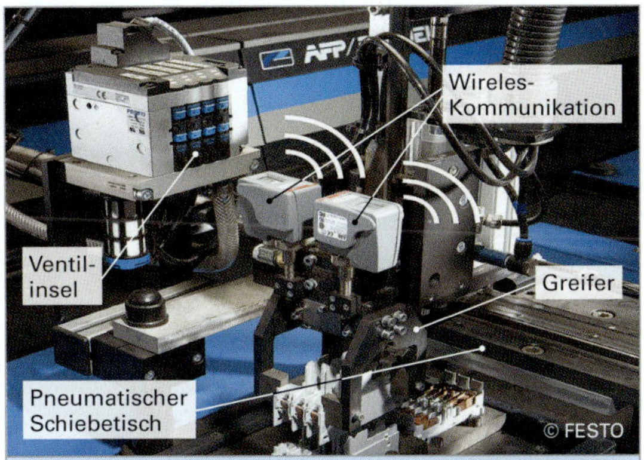

Bild 2: Fügestation

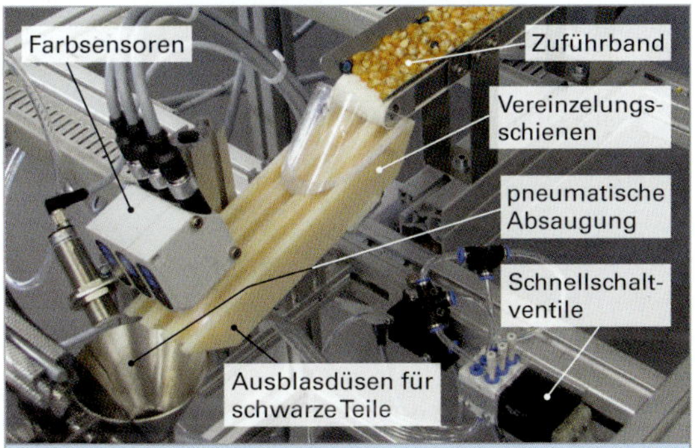

Bild 3: Selektieranlage

Eigenschaften pneumatischer Anlagen

- Hohe Geschwindigkeiten der Aktoren sind wegen des geringen spezifischen Gewichts und der geringen Zähigkeit der Luft möglich.
- Geradlinige Bewegungen lassen sich auf einfache Weise mit leichten, platzsparenden Zylinder verwirklichen.
- Druckluft-Aktoren besitzen beim Anfahren die volle Betriebskraft, bzw. das volle Drehmoment und können ohne Schaden überlastet werden.
- Druckluft kann in explosionsgefährdeten Anlagen eingesetzt werden.
- Druckluft ist kompressibel. Aus Sicherheitsgründen wird deshalb der Betriebsdruck der Luft auf 6 bis 10 bar begrenzt.
- Zylinderantriebe können nur auf Endlagen genau gesteuert werden.
- Für Vorschubbewegungen müssen pneumatische Zylinder hydraulisch gedämpft werden.
- Geschwindigkeiten bei Zylinderantrieben sind lastabhängig.
- Expandierende, ausströmende Luft erzeugt Lärm.
- Pneumatische Energie ist teuer.

2.1.2 Komponenten der Pneumatik

Pneumatische Anlagen bestehen aus einzelnen Bauelementen (Komponenten) und können in zwei Hauptbereiche aufgeteilt werden: in die *Drucklufterzeugung* und in die *pneumatische Steuerung mit den Aktoren.*

Zur **Drucklufterzeugung** verwendet man meist **Verdichter** (Kompressoren) und Druckluftbehälter. Man unterscheidet z. B. **Kolbenverdichter** für hohe Drücke, **Membranverdichter** für ölfreie Druckluft und **Schraubenverdichter**, wenn auf geringen Lärm Wert gelegt wird **(Bild 1)**. Die verdichtete Druckluft wird über einen Kühler, der auch zur Entwässerung dient, in einen Druckluftbehälter geleitet. Der Druckluftbehälter hat die Aufgabe, die Druckluft zu beruhigen und sie zu speichern. Er ist durch ein **Überdruckventil** vor Überlastung gesichert. Die Drucklufterzeugung ist sehr energieintensiv. Mit einem Mehrkompressorsystem erhält man meist einen besseren Wirkungsgrad: ein Kompressor dient der Grundlastversorgung und ein zweiter Kompressor der Abdeckung des Spitzenbedarfs **(Bild 2)**. Die Kompressoren können dabei kleiner dimensioniert werden als bei einem Einkompressorsystem.

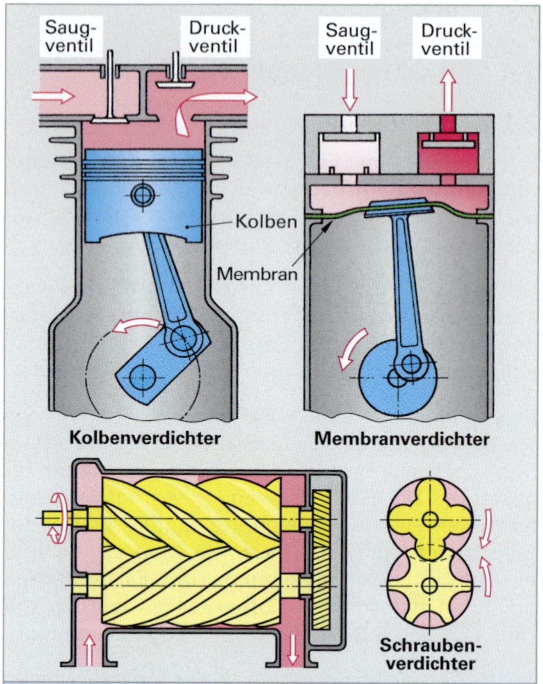

Bild 1: Verdichter zur Drucklufterzeugung

> Aus Gründen der **Sicherheit** müssen **Druckluftbehälter** in regelmäßigen Abständen von einem autorisierten Prüfinstitut **überprüft** werden.

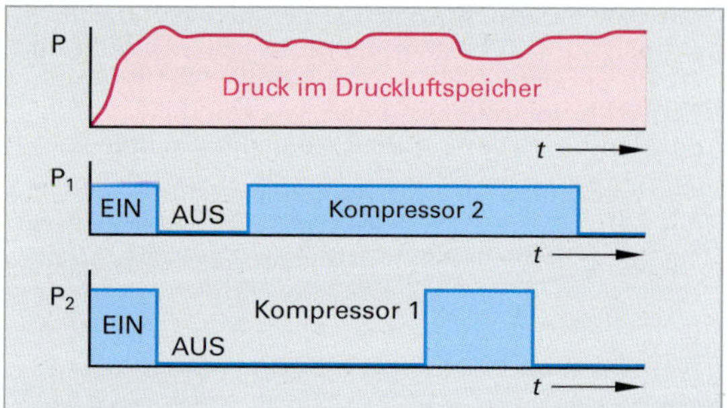

Bild 2: Druckphasen bei zwei Kompressoren

Für eine sichere Druckluftversorgung gilt:

- Das Netz wird als Ringleitung ausgeführt, um den Betrieb auch bei Reparaturen zu gewährleisten.
- Die Leitungsquerschnitte müssen so groß sein, zass der Druckverlust 0,2 bar nicht übersteigt.
- Die Verlegung der Leitungen muss so erfolgen, dass das Kondenswasser abgeführt werden kann.

Der Aufbau der **pneumatischen Steuerung** beginnt am Rohrleitungsanschluss des Druckluftnetzes mit dem **Wartungsgerät**.

2.1.2.1 Wartungsgeräte

Die Wartungsgeräte, die man je nach Anwendungsfall zusammenstellen kann, werden auch als *Wartungseinheit* angeboten **(Bild 3)**. Diese umfasst folgende Komponenten:

- Filter mit Wasserabscheider. Er reinigt die Druckluft von Schmutz, Rost und Kondenswasser.
- Druckregler. Er regelt die zugeleitete Druckluft auf den eingestellten Arbeitsdruck und gleicht Druckschwankungen aus.
- Öler, falls für nachfolgende Komponenten erforderlich.

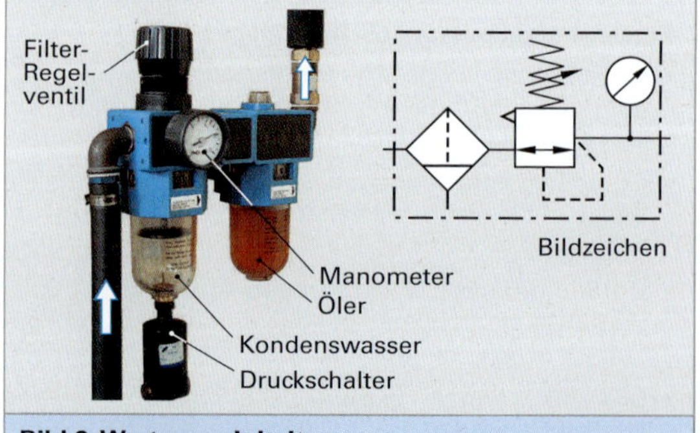

Bild 3: Wartungseinheit

2.1.2.2 Aktoren

Pneumatische Aktoren **für geradlinige Bewegungen** sind **Zylinder**, Zylinderkombinationen und Ölbremszylinder, **für Drehbewegungen Motore** und **Schwenkantriebe**. Sie wandeln die durch die Druckluft übertragene Energie in mechanische Bewegungsenergie um.

Zylinder

Einfachwirkende Zylinder werden nur auf *einer* Kolbenseite mit Druckluft beaufschlagt und können daher nur in *Ausfahrrichtung* Arbeit leisten **(Bild 1)**. Die *Rückfahrt* des Kolbens erfolgt durch eine äußere Kraft oder eine eingebaute Feder.

Einfachwirkende Zylinder mit **rechteckigem Querschnitt** vereinen eine **verdrehsichere Führung** mit einer pneumatischen Antriebsfunktion in kompakter Weise **(Bild 2)**.

Einfachwirkende **Kurzhubzylinder** werden z. B. zum Spannen in Vorrichtungen verwendet und zeichnen sich durch rasches Ansprechen bei Druckbeaufschlagung aus. Sie erzielen verhältnismäßig große Spannkräfte **(Bild 3)**. An das Zylindergehäuse können in einer Längsnut Näherungsschalter angebaut werden, deren Betätigung durch einen am Kolben angebauten Magnetring erfolgt.

Zum schnellen Spannen von empfindlichen und unebenen Werkstücken verwendet man einfachwirkende Spannmodule, die sich in Vorrichtungen einbauen lassen. Sie dürfen nur gegen das Werkstück ausfahren und werden durch die vorgespannte Membran zurückgestellt **(Bild 4)**.

Doppeltwirkende Zylinder werden in *beiden* Fahrrichtungen von der Druckluft beaufschlagt **(Bild 5)**. Sie können bis zu einer Geschwindigkeit von 1 m/s auch mit *ölfreier* Druckluft betrieben werden, da sie mit einer Grundschmierung ausgestattet sind.

Ausfahrende **Pneumatikzylinder fahren** in den Endlagen kontrolliert **auf Anschlag**. Um dabei Beschädigungen zu vermeiden, stattet man die Zylinder mit einer **Endlagendämpfung** aus. Zunächst entweicht die *Rückluft* über die obere Austrittsöffnung ungebremst. Sobald die Dichtung an der Kolbenstange die freie Öffnung schließt, strömt die Luft über eine **einstellbare Drossel** aus dem Zylinder. Der Kolben wird abgebremst und erreicht langsam die Endlage.

Zur **berührungslosen Abfrage** der Kolbenlage kann der Kolben mit einem **Magnetring** ausgerüstet werden.

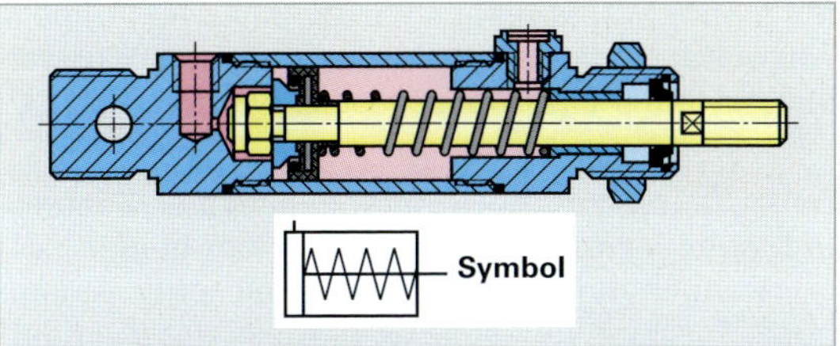

Bild 1: Einfach wirkender Zylinder

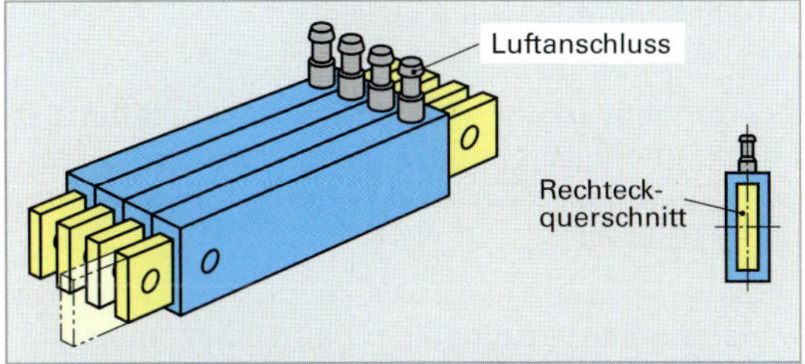

Bild 2: Einfach wirkende Zylinder mit Rechteckquerschnitt in Kompaktbauweise

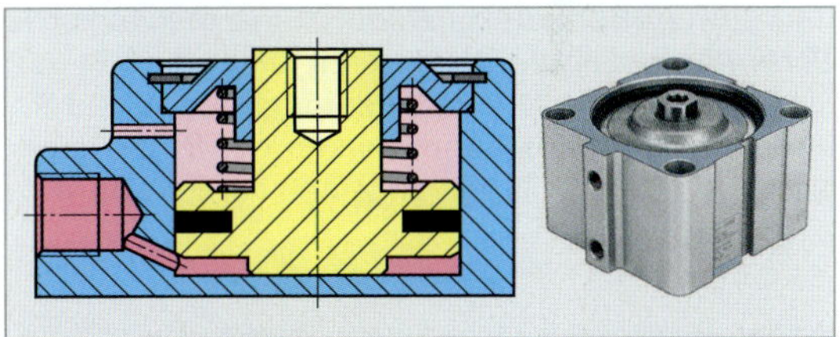

Bild 3: Kurzhubzylinder

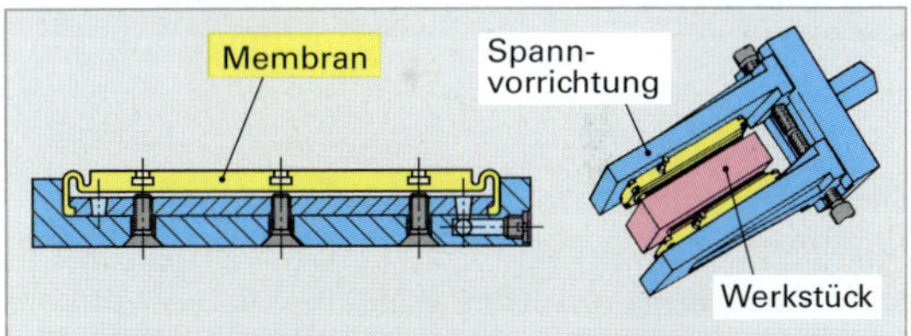

Bild 4: Einfach wirkendes Spann-Modul Einbau in einer Spann-Vorrichtung

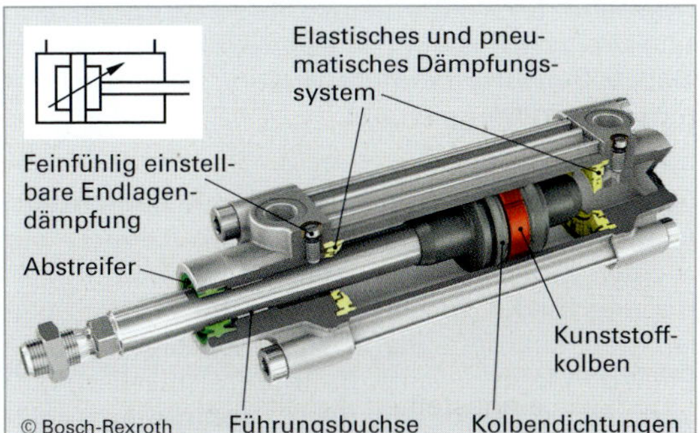

Bild 5: Doppelt wirkender Zylinder mit Endlagendämpfung

Mit einem Montagebausatz, der aus zwei doppeltwirkenden Zylindern besteht, kann ein **Vierstellungszylinder** zusammengesetzt werden **(Bild 1)**.

Dabei fahren die Kolbenstangen beider Zylinder *entgegengesetzt* aus. Wenn eines der beiden Kolbenstangenenden z. B. am Gestell einer Anlage oder Maschine befestigt wird, muss das Zylindergehäuse eine Teilbewegung ausführen. Die dabei erreichbaren vier Stellungen können exakt auf Anschlag angefahren werden.

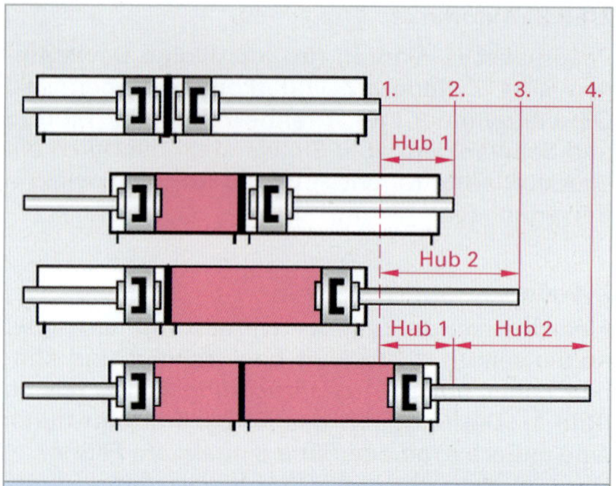

Bild 1: Montagebausatz: Vierstellungszylinder

Der doppeltwirkende **pneumatische Linearantrieb** überträgt die Kolbenbewegung *kraftschlüssig* mit einer *magnetischen Kupplung* auf den Außenläufer **(Bild 2)**.

Der **stangenlose Kolben** der Einheit hat einen ringförmigen Magneten, der einen Gegenmagneten im Außenläufer durch die Zylinderrohrwandung hindurch anzieht. Zwischen dem Zylinderraum und dem Außenläufer besteht *keine mechanische Verbindung*. *Leckverluste* treten deshalb nicht auf. Ein Linearantrieb braucht weniger Platz als ein Zylinder mit Kolbenstange. Er kann z. B. bei einer Nutzlast von 650 N bis zu einer Länge von 4 m eingesetzt werden.

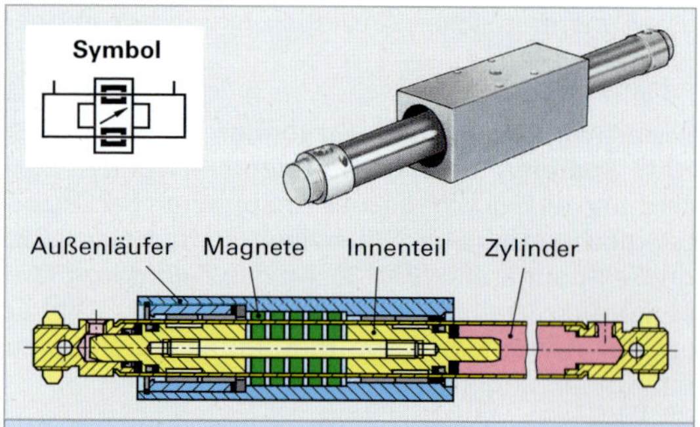

Bild 2: Pneumatischer Linearantrieb

In der Pneumatik lassen sich Vorschübe mit annähernd konstanter Ausfahrgeschwindigkeit nur ausführen, wenn die Pneumatikzylinder mit **Ölbremszylindern** zusammengeschaltet werden **(Bild 3)**.

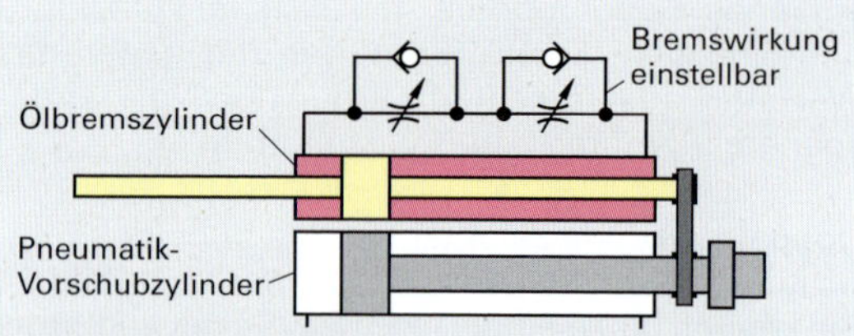

Bild 3: Ölbremszylinder

Motoren und Schwenkantriebe

Für Drehbewegungen setzt man **Druckluft-Lamellenmotoren** ein **(Bild 4**, links). Die werden oft zum Antrieb von Schraubern und Handschleifgeräten verwendet. Sie können mit einfachen Mitteln durch Verstellen des Arbeitsdrucks und durch Drosselung der Luftmenge *stufenlos in Leistung und Drehzahl* gesteuert werden. Druckluftmotoren sind wegen ihrer *Lärmentwicklung* für große Leistungen weniger geeignet.

Schwenkantriebe sind Motoren mit begrenztem Drehwinkel. Beim Schwenkantrieb bewirkt ein leichter Kunststoff-Schwenkflügel die Kraftübertragung **(Bild 4**, rechts). Der Antrieb wird mit voller Kraft aus dem Stand stark beschleunigt. Die Endlagen lassen sich z. B. im Bereich zwischen 0 und 184° stufenlos einstellen, und die Ausschläge werden durch elastische Kunststoffscheiben *gedämpft*. Die Kraftübertragung ist *spielfrei* und besitzt eine hohe Wiederholgenauigkeit.

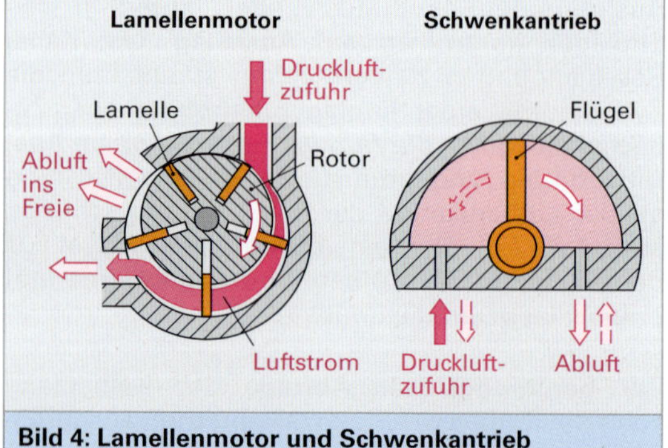

Bild 4: Lamellenmotor und Schwenkantrieb

Bandzylinder oder Seilzylinder

Diese Bauart **(Bild 1)** hat einen Kolben, welcher über ein Seil oder ein Band mit dem Anschlussteil für das zu bewegende Teil verbunden ist. Bandzylinder und Seilzylinder sind sehr kompakt und wegen geringer bewegter Massen hochdynamisch.

Zylinder mit Kraftübersetzung

Bei vielen Anwendungen ist eine hohe Kolbenkraft nur im letzten Teil der Kolbenbewegung notwendig, so z. B. beim Prägen, Nieten, Clinchen. Bei dem Zylinder in **Bild 2** fährt der Kolben aus, wenn Ventil A geschaltet ist. Wenn der Kolben auf einen Widerstand trifft, steigt der Druck im Hauptkolben an, dieser schaltet Ventil B um und der Kolben C bewegt sich nach links. Die Kolbenstange dringt als Tauchkolben in dessen Ölraum ein. Bei einem Flächenverhältnis von z. B. 10 : 1 wird eine 10-fache Kraftverstärkung erreicht.

Pneumatischer Muskel

Der pneumatische Muskel **(Bild 3)** ist ein Membran-Kontraktions-System. Es ist ein Schlauch, welcher unter Druck dicker wird und sich in der Länge zusammenzieht. Diese Einheit besteht aus einem dichten Schlauch, welcher mit flexiblen Fasern umsponnen ist, so dass ein rautenförmiges Geflecht mit Gitterstruktur entsteht. Diese Gitterstruktur sorgt bei steigendem Innendruck für eine Verkürzung des Schlauches von ca. 25 % gegen über der drucklosen Ausgangslänge. Der Muskel verfügt über keine verschieblich bewegten Teile. Damit arbeitet er weitgehend reibungsfrei. Er ermöglicht gleichförmige, sehr langsame Bewegungen ohne Stick-Slip-Effekt. Da kaum Massen bewegt werden, erreicht er hohe Beschleunigungswerte, bis zu 50 m/s². Deshalb eignet er sich z. B. für schnelle Sortieraufgaben, für High-Speed-Schneidevorgänge und für die Spann- und Greiftechnik. Weil der Muskel hermetisch dicht ist, ist er besonders auch in der Lebensmittelindustrie gut einsetzbar. Schmutzige und staubige Umgebung beeinträchtigt die Arbeit des Aktors nicht.

Tabelle 1: Pneumatischer Muskel (Beispiele)

Baugröße	10	20	40
Innen-ø, in mm	10	20	40
Nennlänge, in mm	40...9000	60...9000	120...9000
Max. Zusatzlast, frei hängend, in kg	30	80	250
Max. zulässige Kontraktion	25 % der Nennlänge		
Max. Hysterese, in % der Nennlänge	≤ 3	≤ 25	
Wiederholgenauigkeit	≤ 1 % der Nennlänge		
Theoretische Kraft, in N	630	1500	6000

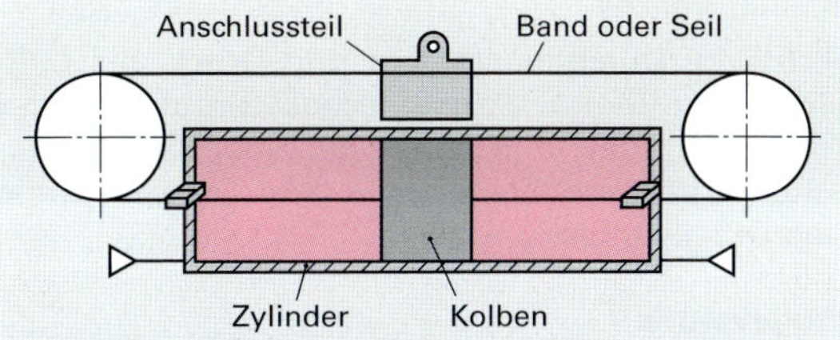

Bild 1: Prinzip des Bandzylinders

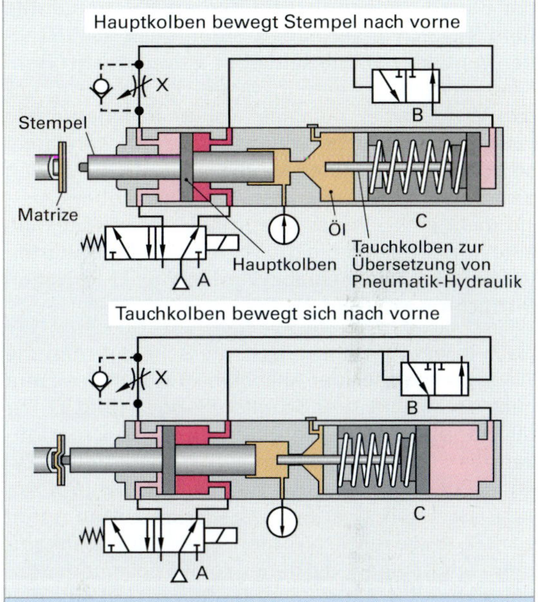

Bild 2: Zylinder mit Kraftübersetzung

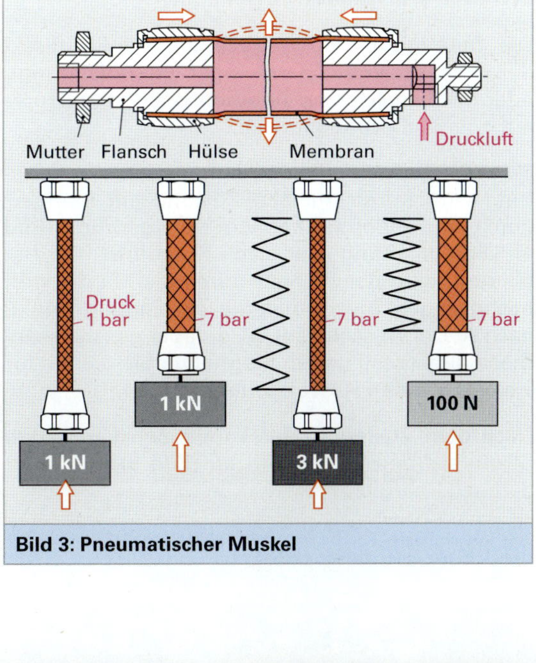

Bild 3: Pneumatischer Muskel

2.1.2.3 Ventile

Richtung, Durchflussmenge und **Druck** des Luftstroms und damit Geschwindigkeit und Kraft der Aktoren werden mit Ventilen gesteuert. Man unterscheidet Wegeventile, Sperrventile, Drosselventile und Druckventile.

Wegeventile

Wegeventile steuern den Start und die Bewegungsrichtung der Aktoren. Sie werden durch Signale angesteuert. Man unterscheidet nach der Bauart **Sitzventile** und **Kolbenschieberventile (Bild 1)**. Sitzventile haben einen dicht schließenden Ventilkörper. Sie sind aber oft nur mit großem Kraftaufwand zu betätigen, da der Systemdruck den Ventilkörper belastet. Kolbenschieberventile lassen sich leicht betätigen, da sie druckentlastet sind. Sie haben einen einfachen Aufbau. Wegen des Bewegungsspiels des Kolbenschiebers sind sie nicht dicht. In der Pneumatik verwendet man eine Konstruktion, die die **Vorteile beider Bauarten** vereinigt: Kolbenschieberventile mit U-förmigen Sitzdichtungen **(Bild 2)**.

Nach ihrer Wirkungsweise unterscheidet man die Wegeventile nach der Anzahl ihrer Anschlüsse und nach der Anzahl ihrer Schaltstellungen **(Bild 3)**. Für die Be- und Entlüftung einer einzelnen Druckluftkammer, z. B. bei einem einfachwirkenden Zylinder, benötigt man ein Wegeventil mit *drei Anschlüssen* und *zwei Schaltstellungen*. Man nennt es **3/2-Wegeventil**. Werden zwei Druckluftkammern angesteuert, die genauso wie bei einem doppeltwirkenden Aktor gegenläufig be- und entlüftet werden, benötigt man *fünf* oder *vier Anschlüsse* und *zwei Schaltstellungen*. Das Ventil wird dann **5/2- bzw. 4/2-Wegeventil** genannt.

Die **Betätigung** der Wegeventile erfolgt direkt durch **Muskelkraft** (Hand- oder Fußbetätigung), oder **mechanisch** oder **pneumatisch** durch Druckluft oder **elektromagnetisch**.

Bei der direkten elektromagnetischen Ansteuerung wird im stromlosen Zustand ein **Plunger**[1] durch eine Feder auf den Ventilsitz gedrückt **(Bild 4)**. Die Luftleitung A ist nach R geöffnet. Bei Betätigung wird der Plunger durch die Magnetkraft hochgezogen und öffnet die Verbindung von P nach A. Der Anschluss R wird dabei geschlossen. Diese direktgesteuerten Magnetventile dienen für viele Ventilarten zur Vorsteuerung.

Nach dem Ansteuern des Ventils senkt man den Strom auf den Haltestrom ab **(Bild 5)** und spart dadurch Energie.

[1] engl. to plunge = stoßen, treiben

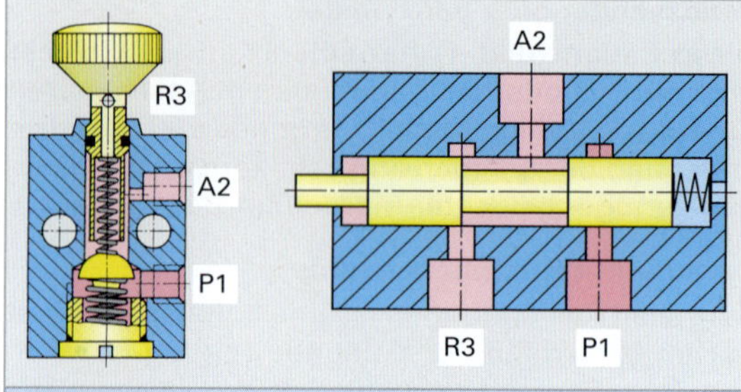

Bild 1: Sitzventil und Kolbenschieberventil

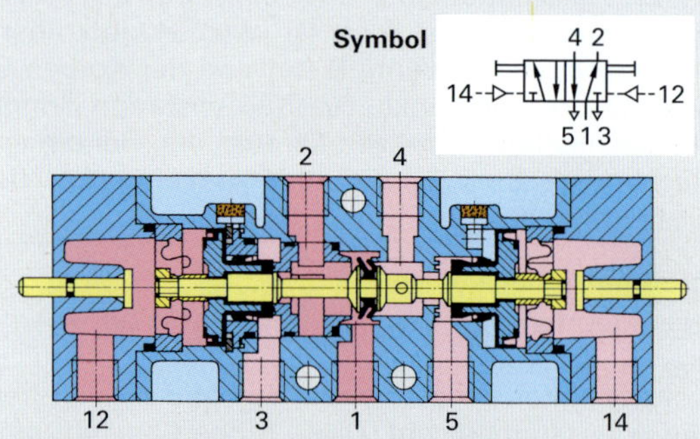

Bild 2: Pneumatikventil mit Sitzdichtungen

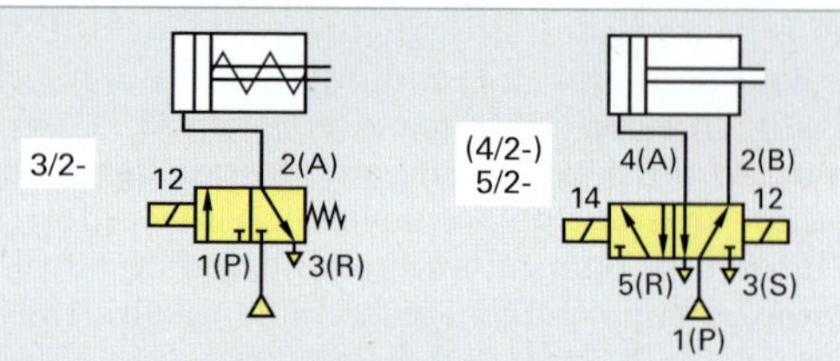

Bild 3: Ansteuern von Zylindern

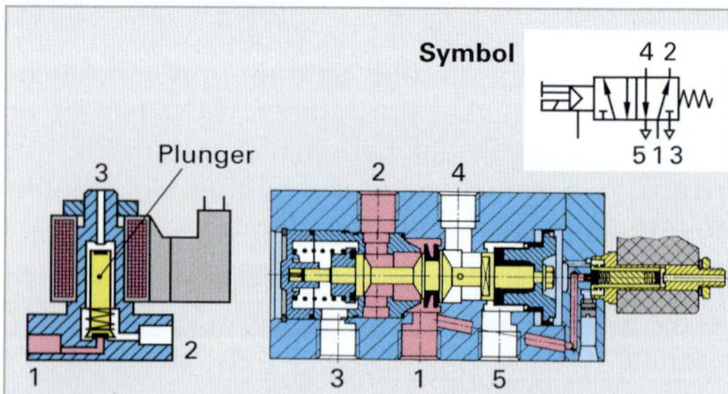

Bild 4: Elektromagnetische Betätigung

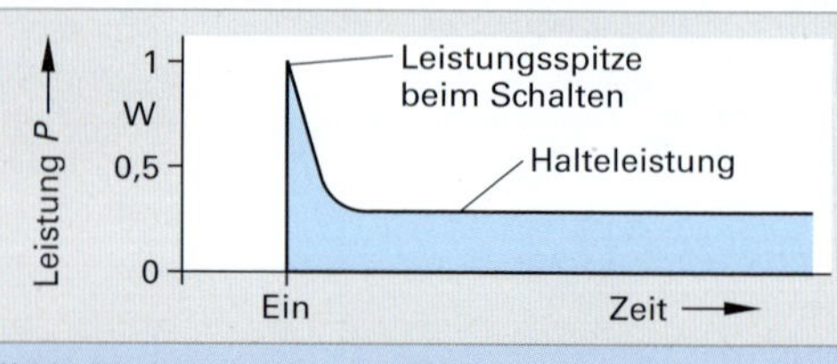

Bild 5: Elektrische Leistungsaufnahme

Ventilinsel

In einer Ventilinsel sind Ventile modular kompakt zusammengesetzt und haben eine gemeinsame Ansteuerung. Die Ansteuerung erfolgt entweder über eine Zentralstecker für den Anschluss einer Kontaktsteuerung oder über einen *Busknoten* für den Anschluss einer SPS. Die Adressierung beim AS-i-Bus erfolgt mit einem Adressiergerät.

Airbox mit AS-i-Bus

Die Airbox **(Bild 1)** wird vor allem zum Ansteuern von Zylindern eingesetzt. Die vier Bits des AS-i-Bus werden z. B. wie folgt belegt: Mit zwei Bits werden die binären Grenztaster eines Zylinders erfasst, mit den weiteren zwei Bits werden entweder zwei 3/2-Wegeventile (Bild 1) oder ein 5/2-Wegeventil angesteuert. Die Airbox beinhaltet diese Funktionalität, einschließlich der AS-i-Bus-Elektronik. Dies ermöglicht eine sehr kompakte einfache Bauweise. Die Airbox wird häufig auch in IP65-Schutzklasse hergestellt.

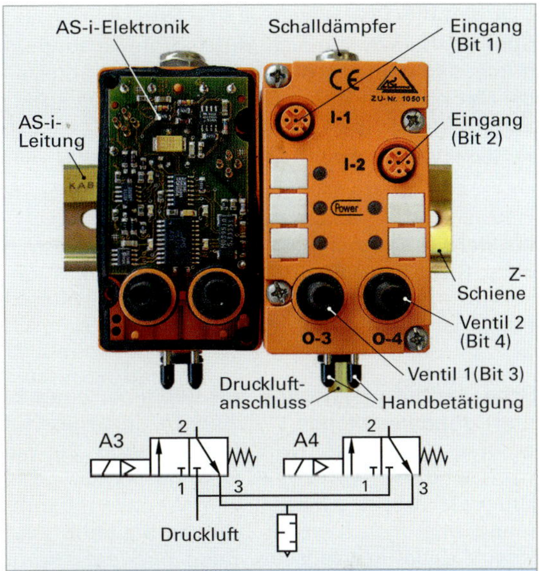

Bild 1: Airbox mit AS-i-Bus

Ventilinsel mit Profibus-Anschluss

Bei diesen Ventilinseln **(Bild 2)** werden die Ventile über einen Busknoten gesteuert. Je Ventilplatz sind 2 Adressen reserviert. Platz 1 hat dann die Adressen Axxx.0 und Axxx.1, Platz 2 die Adresse Axxx.2 und Axxx.3. Je nach Bedarf kann die Ventilinsel mit beliebigen Ventilarten bestückt werden. Die Ventilinsel wird mit 24 V DC versorgt. Für die Profibus-Anschaltung kann die Adresse mit einem Wahlschalter eingestellt werden. Leuchtdioden zeigen den Status der Ventilinsel an.

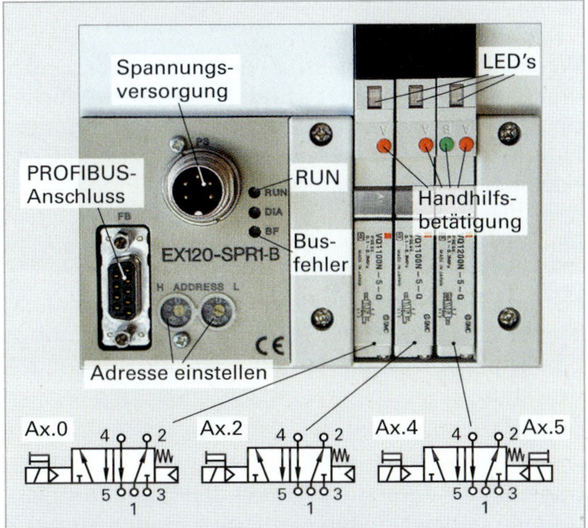

Bild 2: Ventilinsel mit PROFIBUS

Modulares elektrisches Terminal

An das Terminal können beliebig viele Ventile angeschlossen werden **(Bild 3)**. Die Verwaltung und Vorverarbeitung der Daten übernimmt das Ventilinselterminal. Ergänzend können analoge und digitale Input/Output-Module mit aufgebaut werden. Der Busknoten beinhaltet zusätzlich die gesamte Statusbearbeitung und ein vollständiges Diagnosesystem mit ausführlicher Fehlerdokumentation. Die Terminals können mit den gängisten Busarten bestückt werden. Ein Busanschluss ermöglicht das Lesen der Status-Fehlermeldungen.

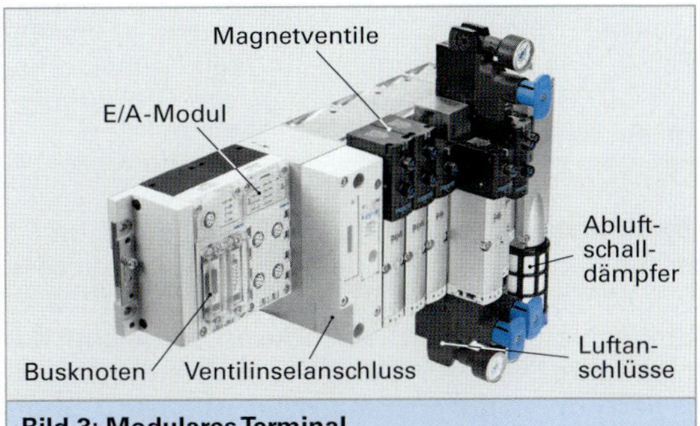

Bild 3: Modulares Terminal

Ventilinseln ermöglichen eine kompakte Anordnung und eine schnelle, arbeitssparende Installation.

Sperrventile, Drosselventile und Druckventile

Sperrventile werden nicht durch Signale, sondern durch den Luftstrom betätigt und beeinflussen die Strömungsrichtung der Luft. Als *ungesteuerte* Ventile haben Sperrventile (im Gegensatz zu den Wegeventilen) keine Rechteckumrandung als Schaltsymbol.

Mit dem **Rückschlagventil** wird der Durchfluss in einer Richtung völlig gesperrt **(Bild 1)**. In entgegengesetzter Richtung strömt die Luft ungehindert durch das Ventil.

Schnellentlüftungsventile bewirken bei einfach- und doppeltwirkenden Zylindern im Rücklauf erhöhte Kolbengeschwindigkeiten **(Bild 2)**. Sie werden direkt am Zylinder angeschraubt. Die Druckluft strömt, zunächst vom Wegeventil kommend, über P nach A zum Zylinder. Die Entlüftung R wird dabei geschlossen. Beim Rücklauf strömt die Luft direkt von A nach R ins Freie und nicht über das Wegeventil. Das *Entlüftungsgeräusch* kann durch einen *Schalldämpfer* vermindert werden.

Wechselventile besitzen zwei Eingänge X und Y und einen Ausgang A **(Bild 3)**. Ein beweglicher Sperrkörper wird vom Luftstrom einer Eingangsleitung in die gegenüberliegende Schließlage bewegt und sperrt damit den anderen Eingang, so dass die Luft nur über den Ausgang A entweichen kann. Wechselventile können zwei Luftsignale im Sinne einer **ODER-Funktion** logisch verknüpfen. A hat Druckluft, wenn X oder Y oder beide Signale X, Y anstehen. Nur wenn weder das Signal X, noch das Signal Y vorhanden sind, ist der Ausgang A drucklos.

Diese ODER-Funktion kann man in einer Funktionstabelle darstellen. Unter den Signalbezeichnungen in den Spalten steht, ob z. B. das Signal X *drucklos* (Zeichen 0) oder *angesteuert* (Zeichen 1) ist. Waagrecht in den Reihen stehen die möglichen Kombinationen der beiden Signale X, Y. Es sind dies bei n Signalen, 2^n Kombinationen, in diesem Fall $2^2 = 4$ Kombinationen. Im *Funktionsplan* hat die ODER-Verknüpfung als *logische Grundfunktion* ein eigenes Symbol.

Zweidruckventile haben zwei Eingänge, X und Y, und einen Ausgang A, der nur dann belüftet ist, wenn an beiden Eingängen Druck ansteht **(Bild 4)**. Stehen unterschiedliche Drücke an, so gelangt der niedrigere Druck zum Ausgang A. Zweidruckventile verknüpfen die pneumatischen Signale X und Y im Sinne einer *logischen* **UND-Funktion**.

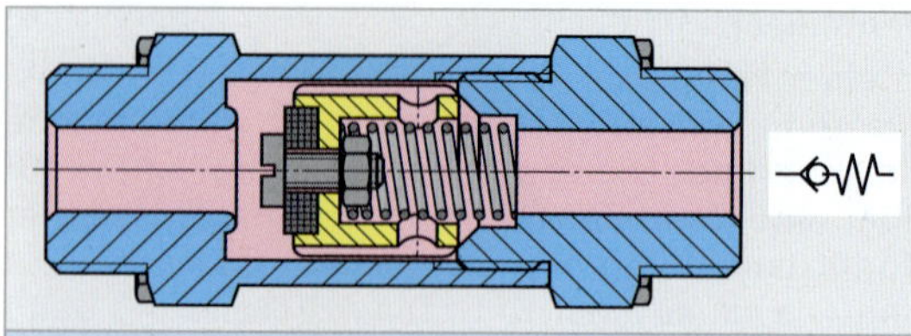

Bild 1: Rückschlagventil

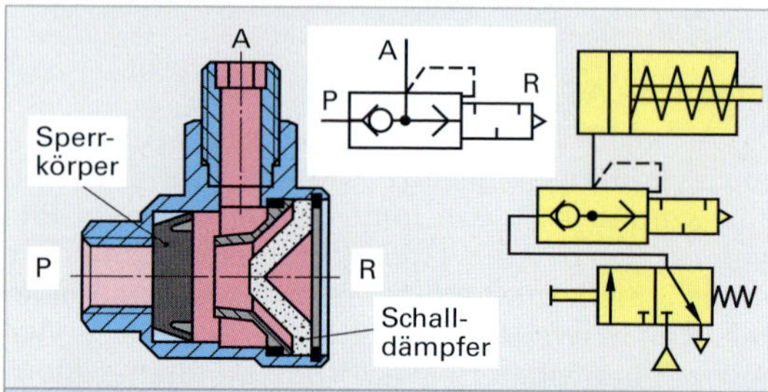

Bild 2: Schnellentlüftungsventil mit Schalldämpfer

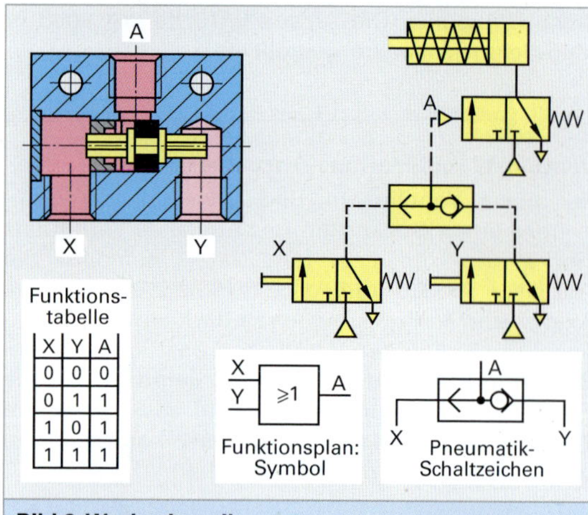

X	Y	A
0	0	0
0	1	1
1	0	1
1	1	1

Bild 3: Wechselventil

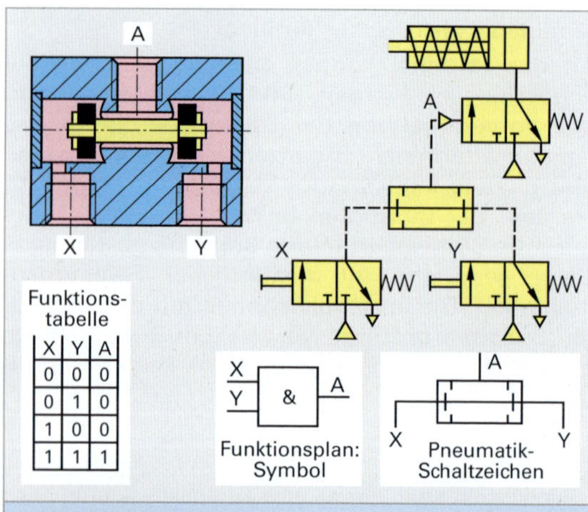

X	Y	A
0	0	0
0	1	0
1	0	0
1	1	1

Bild 4: Zweidruckventil

Das **Drosselventil** dient zum **Regulieren** der **Durchflussmenge** und damit zum Einstellen der Kolbengeschwindigkeit eines Zylinders **(Bild 1)**. Der Luftdurchsatz ist dabei in beiden Richtungen etwa gleich groß.

Drossel-Rückschlagventile bestehen aus einem Drosselventil und einem, im selben Gehäuse eingebauten, Rückschlagventil **(Bild 2)**. In einer Richtung wird die Luft über einen *Ringspalt*, der feinfühlig verstellt werden kann, gedrosselt. In Gegenrichtung hebt der Ring ab, verschließt den Drosselquerschnitt in der Mitte und lässt die Luft *seitlich* vorbeiströmen. Die Drosselrichtung ist durch einen Pfeil auf dem Gehäuse des Ventils gekennzeichnet.

Die Geschwindigkeitseinstellung an einem Aktor kann in der Zuluftleitung **(Zuluftdrosselung)** oder in der Abluftleitung **(Abluftdrosselung)** erfolgen. Da kleinste Lastschwankungen an der Kolbenstange bei der Zuluftdrosselung zu *unregelmäßigem* Lauf führen, wird sie nur bei einfachwirkenden oder kleinen, doppeltwirkenden Zylindern angewandt.

Bei der Abluftdrosselung wird der Kolben zwischen zwei Luftpolstern eingespannt. Dadurch verbessert sich das Ausfahrverhalten auch bei Lastschwankungen.

Wenn in Prozessen der Druck auf einen Aktor nicht sprungförmig erfolgen darf, werden Softstartventile eingesetzt **(Bild 3)**. Diese sind einstellbar und bauen den Druck langsam auf. Sie werden z. B. in eine Ventilinsel eingebaut.

Als **Druckventile** werden in der Pneumatik Druckbegrenzungs- und Druckregelventile eingesetzt. **Druckbegrenzungsventile sichern Druckbehälter** und Bauelemente vor zu hohem Druck. Mit Druckregelventilen wird der Arbeitsdruck eingestellt und konstant gehalten. **Proportional-Druckregelventile** werden über einen Proportionalmagneten elektrisch angesteuert **(Bild 4)**.

Der Plunger des Magneten schließt ein oberes Sitzventil und drückt entsprechend dem elektrischen Eingangsstrom mit einem durchgehenden Rohr das untere Sitzventil zwischen der Eingangsleitung 1 und der Arbeitsleitung 2 auf. Über den Federbalg und den Drosselspalt hält das untere Sitzventil den Arbeitsdruck konstant. Bei Überdruck in der Arbeitsleitung 2 schließt das untere Sitzventil, das obere entlastet, wie ein Druckbegrenzungsventil, ins Freie.

Proportional-Druckregelventile werden z. B. zur Erzeugung wechselnder Klemmkraft bei Spannzylindern oder als Gewichtsausgleich bei Roboterarmen eingesetzt.

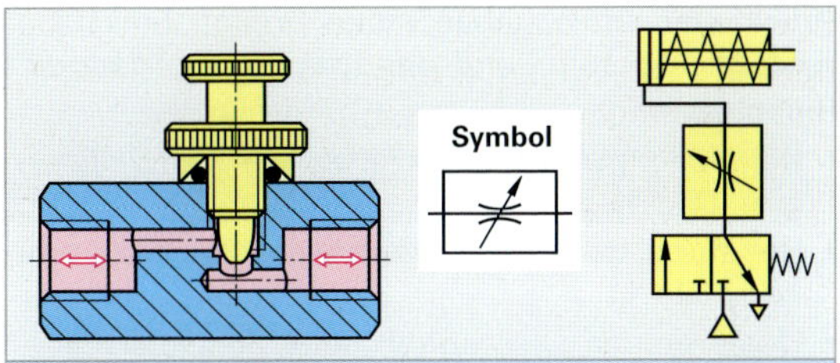

Bild 1: Drosselventil

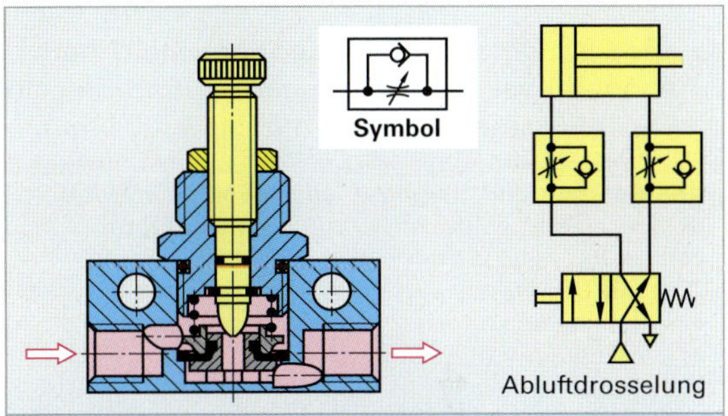

Bild 2: Drossel-Rückschlagventil

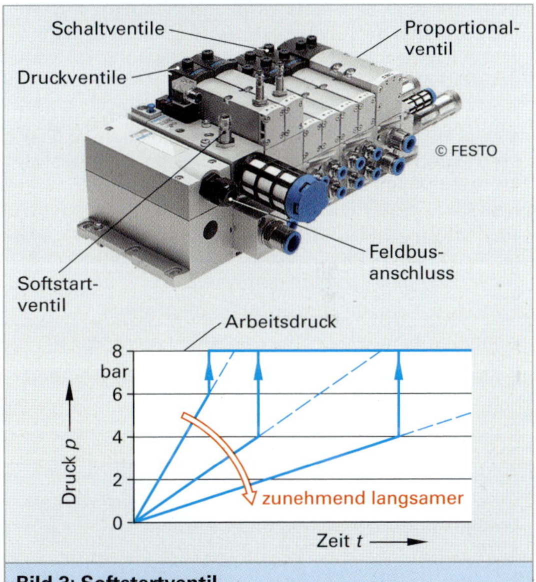

Bild 3: Softstartventil

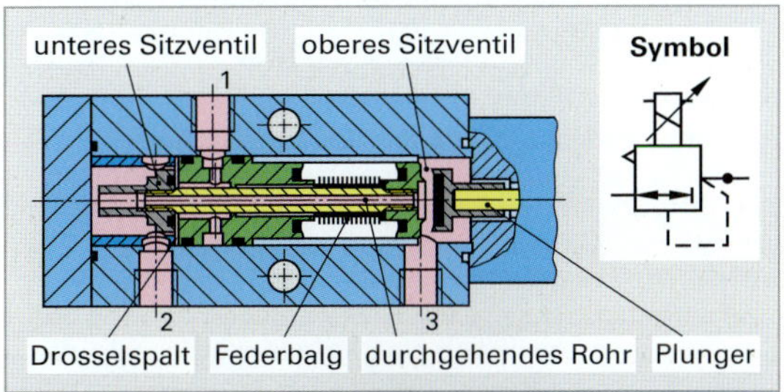

Bild 4: Proportional-Druckregelventil

Druckregelventile haben einen breiten Einsatzbereich bei Montage- und Handhabungsvorgängen. Beispiele sind:

- Regelung von Anpresskräften von Schweißzangen **(Bild 1)**,
- Regelung der Zugspannung bei Papiermaschinen (Bild 1),
- Dosieren der Gasmengen beim Schweißen,
- Pressdruckregelung in der Prüftechnik,
- Axialkolbenkraftregelung bei Schraubautomaten.

Je nach Bauart sind die Druckbereiche 0 bar ... 2 bar oder 0 bar ... 8 bar. Je nach Baugröße sind die Durchflussmengen 400 l/min bis 1200 l/min.

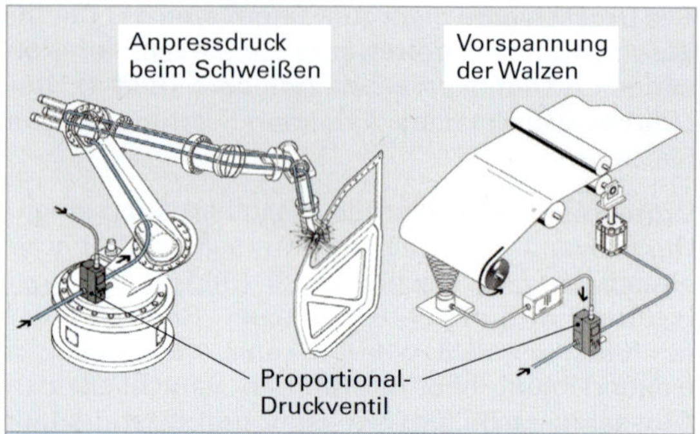

Bild 1: Beispiele zur Proportionalpneumatik

Ansteuerung und Diagnose: Diese Ventile werden in der Regel über Feldbussysteme angesteuert mit Sollwerten 0 V ... 10 V oder 4 mA ... 20 mA. Der aktuelle Zustand des Ventils kann über den Feldbus gelesen werden und es kann automatisch ein Diagnoseprotokoll erstellt werden.

Regelung: Der Regelungsalgorithmus und die Reglerparameter sind in der Ventilelektronik gespeichert. Die Parametersätze können dort direkt geändert werden oder über den Feldbus geladen werden. Um ein lineares und hochdynamisches Regelungsverhalten zu erreichen wird oft eine Kaskadenregelung verwendet **(Bild 2)**.

Durch den Einsatz von zwei Drucksensoren entsteht eine hohe Genauigkeit und eine stabile Reglung. Dieser Regleraufbau ist unempfindlich bei Temperaturschwankungen. Bei Ausfall der Versorgungsspannung bleibt aus Sicherheitsgründen die zuletzt ausgegebene Stellgröße erhalten. Oft kann man mit Tasten das Reglerverhalten einstellen, so z. B. unterschiedliches Reglergrundverhalten in den Varianten:

- Modus „Schnell": Bei großen Luftströmen.
- Modus „Universell": Bei mittleren Luftströmen.
- Modus „Präzise": Kein Überschwingen und längere Einregelzeit.

Daten: In **Tabelle 1** (Ventil: FESTO VPPM, Auszug) sind beispielhaft die wichtigsten technischen Daten eines solchen Ventils dargestellt. Auf Grund des mechanisch sehr präzisen Ventilaufbaus muss das Betriebsmedium besonders sauber gehalten werden.

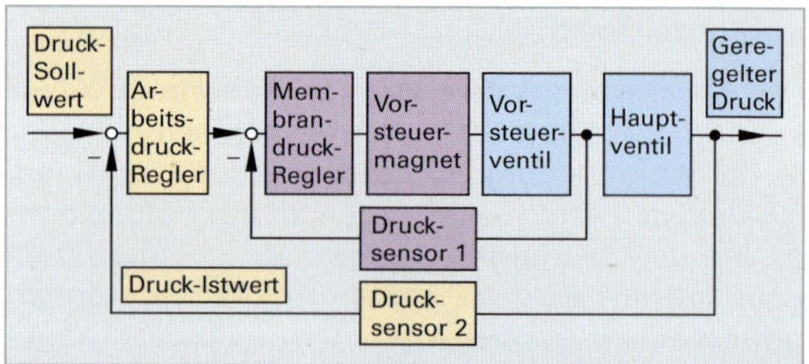

Bild 2: Regelkreis für Proportional-Druckventil

Tabelle 1: Technische Daten

Parameter	Werte
Eingangsdruck	2 bar ... 8 bar
Max. el. Leistungsaufnahme	7 W
Sollwerteingabe über Feldbus	0 V ... 10 V DC oder 4 mA ... 20 mA
Betriebsmedium	Neutrale Gase, gefilterte, nicht geölte Druckluft (Filterfeinheit 40 µm)
Linearitätsfehler	± 0,5 %
Max. Hysterese	30 mbar
Wiederholgenauigkeit	0,5 %
Mediumstemperatur	10 °C ... 50 °C
Umgebungstemperatur	10 °C ... 50 °C

Erstellen der Druckkennlinie (Bild 3)

Zum Prüfen eines Ventils wird oft eine Druckkennlinie erstellt. Man verwendet einen PC mit geeigneter Testsoftware, z. B. FESTO FluidLab-P und eine zum Ventil passende I/O-Schnittstelle, z. B. EasyPort. Das Proportionalventil wird an eine Druckluftquelle mit 9 bar Druck angeschlossen. Das Proportionaldruckventil wird mit einem Drucksensor verbunden. Der PC liefert die analoge Steuerspannung ansteigend von 0 V ... 10 V und danach abfallend von 10 V bis 0 V, in zyklischem Wechsel alle 10 s. Die Steuerspannung und der erzeugte Druck wird als Diagramm aufgezeichnet. Daraus erkennt man die Ventileigenschaften: *Linearität und Hysterese.*

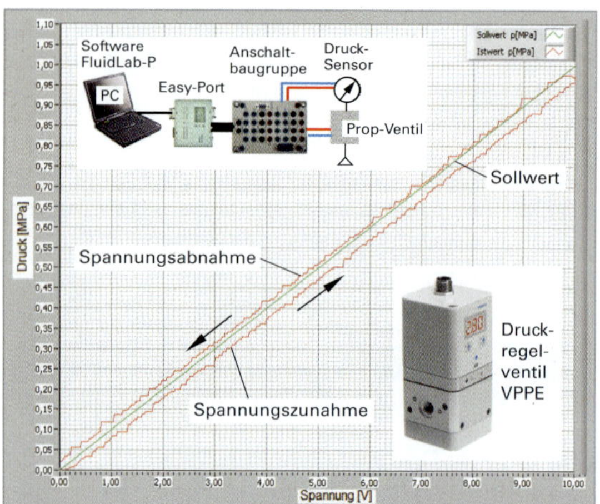

Bild 3: Erstellen der Druckkennlinie

Das direktgesteuerte Druckbegrenzungsventil besteht aus einem *Sitzkegelventil* und einer Feder, die mit einer Schraube verstellt werden kann **(Bild 1)**.

Der Systemdruck wirkt auf den Sitzkegel gegen die eingestellte Federkraft. Bei Überdruck öffnet das Druckbegrenzungsventil und entlastet damit die zu schützende Anlage.

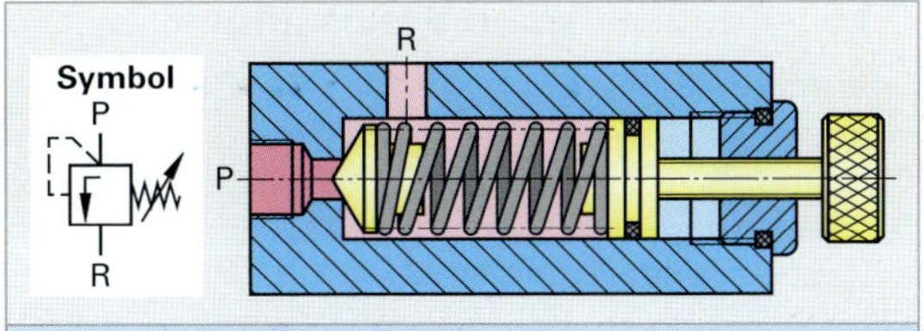

Bild 1: Druckbegrenzungsventil

2.1.2.4 Signalgeber und Signalwandler

Mit **magnetisch betätigten Signalgebern** können Zylinderstellungen **berührungslos** abgefragt werden. Die auf der Zylinderwand montierten Näherungsschalter besitzen je nach Bauart ein *elektrisches* oder ein *pneumatisches* Ausgangssignal **(Bild 2)**.

Elektrische Näherungsschalter werden bei Annäherung eines Magneten, der am Kolben angebracht ist, geschlossen. Induktive Näherungsschalter **(Bild 3)** ermöglichen schnelle und sichere Schaltsignale. Der Einbau in eine T-Nut schützt vor mechanischen Einwirkungen. Unabhängig von der Anfahrrichtung ist der Bedämpfungszustand durch die Doppel-LED sichtbar

Mit dem **Druckschalter** werden einstellbare pneumatische Signale in elektrische Signale umgewandelt. Erreicht der Systemdruck am Luftanschluss den eingestellten Schaltpunkt, so schaltet eine Membrane einen Mikroschalter, der je nach Anschluss als Öffner, Schließer oder Wechsler eingesetzt werden kann. Der Schaltpunkt des Druckschalters ist stufenlos zwischen 1 bar bis 12 bar einstellbar.

Mit analogen **Sensoren** werden Druck und Durchfluss gemessen. Beim Drucksignal sind Messbereiche von 0 bar ... 1 bar und 0 bar ... 10 bar üblich. Die Sensoren arbeiten meist mit 24 V DC. Die Elektronik der binären Sensoren sorgt für ein prellfreies Signal.

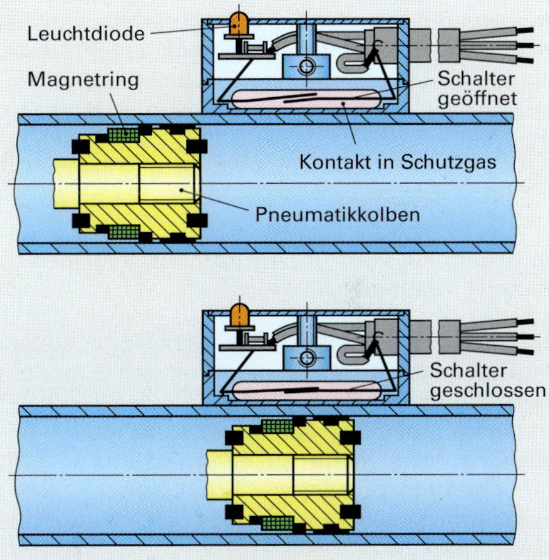

Näherungsschalter mit elektrischem Ausgangssignal

Bild 2: Elektrischer Näherungsschalter

Schaltabstand:	1,5 mm
Wiederholbarkeit:	< 0,05 mm
Einschaltzeit:	< 0,2 ms
Ausschaltzeit:	< 0,5 ms
Schutzart:	IP67

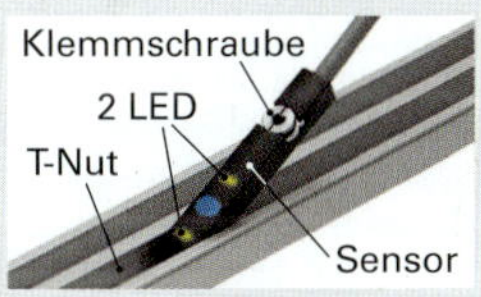

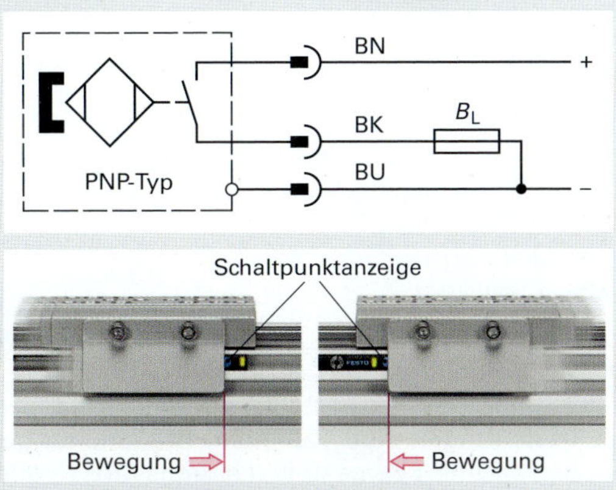

Bild 3: Induktive Näherungsschalter

Analoge Sensoren liefern in der Regel Spannungssignale im Bereich von 0 V ... 10 V DC. Diese Signale sind allerdings nur für kurze Leitungslängen bis ca. 5 m geeignet.

Bei größeren Leitungslängen, bis zu 1000 m, sind Sensoren mit **Stromsignalen** notwendig. Die üblichen Stromsignale sind (nach DIN IEC 60381-1) 0 mA ... 20 mA bzw. 4 mA ... 20 mA. Das 4-bis-20-mA-Signal ist sehr sicher (stromführender Nullpunkt).

Da auch für den Wert Null ein definierter Strom fließen muss. Bleibt der Strom aus, z. B. durch Leiterbruch, so wird nicht der Wert Null interpretiert, sondern ein Fehler festgestellt.

2.1.3 Pneumatische Steuerungen

Pneumatische Aktoren werden von Stellgliedern angesteuert. Diese Stellglieder sind **Wegeventile (Impulsventile)**, die meist zwei speichernde Schaltstellungen besitzen **(Bild 1)**.

Sie werden z. B. durch pneumatische Druckimpulse oder durch elektromagnetische Kraftimpulse verstellt. Wirkt z. B. ein Signal auf die linke Seite des Impulsventils (Setzsignal), schaltet es auf die linke Schaltstellung. Der Zylinder fährt aus. Das Impulsventil behält diese Stellung bis von der rechten Seite kurzzeitig ein Gegensignal (Rücksetzsignal) ansteht. Auch diese Ventilstellung bleibt gespeichert und der Zylinder kann zurückfahren.

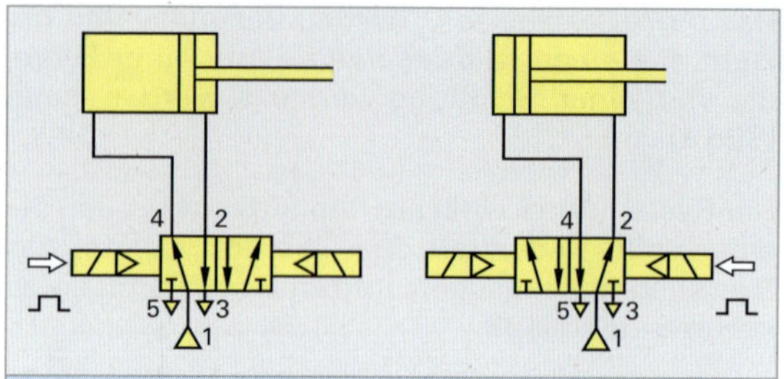

Bild 1: Impulsventile als pneumatische Stellglieder

2.1.3.1 Schaltplanaufbau

Im Schaltplan wird die Anordnung der einzelnen Bauteile schematisch dargestellt.

Die unterste Ebene ist die Versorgungsebene, darüber liegt die Signalebene mit den Signalgliedern. Darüber werden die Stellglieder dargestellt und ganz oben die Aktoren. Die Symbole zeigt **Tabelle 1**. Meist gehört zu jedem Aktor (z. B. Zylinder oder Motor) ein eigener Schaltkreis. Ein Schaltkreis umfasst alle Bauelemente zur Schaltung des Aktors **(Bild 2)**.

Alle Bauelemente werden in Ruhestellung eingezeichnet. Die Bauelemente enthalten als Vorziffer eine Schaltkreisnummer. Die Bauteile werden von unten nach oben gezählt.

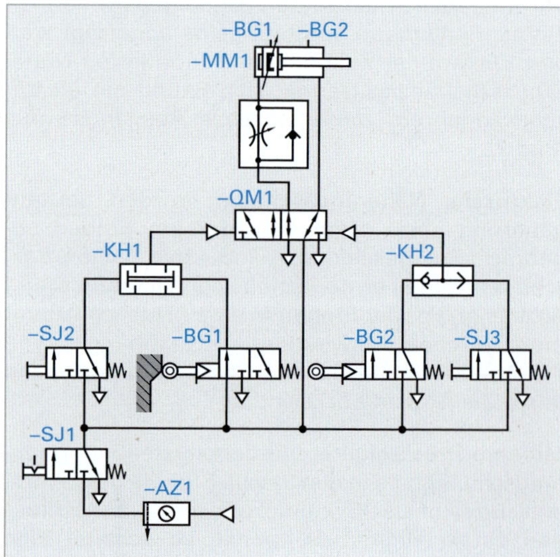

Bild 2: Schaltplanaufbau

Die Bezeichnung erfolgt nach der DIN EN 81346-1. Dem Kennzeichen wird ein Minuszeichen (–) vorangestellt, wenn es sich um den Produktaspekt handelt. Die Bauelemente werden durch Buchstaben gekennzeichnet. Gleiche Bauelemente werden von unten nach oben durchnummeriert.

Beispiele:
AZ = Wartungseinheit
BG = Grenztaster
KH = Fluidregler, Ventilblock
MB = Betätigungsspulen
QM = Wegeventil
SJ = Handbetätigte Ventile
MM = Zylinder

Die Leitungen werden je nach ihrer Funktion unterschiedlich dargestellt. **Arbeits-** und **Anschlussleitungen** sind Volllinien, **Steuerleitungen** werden stichliert dargestellt. Leitungsverzweigungen und Leitungsverbindungen werden mit einem Punkt gekennzeichnet.

Tabelle 1: Symbole nach ISO 1219

Benennung	Erklärung	Symbol
Pneumatik-konstantmotor	Motor mit zwei Strom-richtungen	
Schwenkmotor		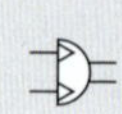
Einfach wirkender Zylinder Rückhub mit Federkraft	Ausführlich 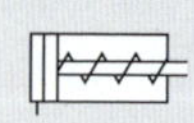	Vereinfacht 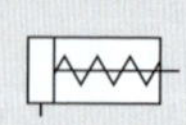
Doppelt wirkender Zylinder; Vor- und Rückhub mit Druckluft	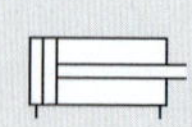	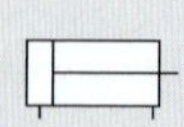
Zylinder mit Endlagen-dämpfung. Mit doppelter, in beiden Richtungen einstellbarer Dämpfung	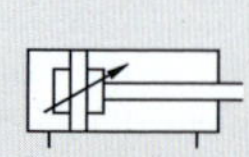	

Tabelle 1: Schaltzeichen pneumatischer Systeme und Geräte nach ISO 1219

Benennung	Anwendung
Hydrostrom, Luftstrom	▼ ▽
Drehrichtung	
Durchflussweg und Richtung von Druckmittelstrom durch Ventile	
Anzeige für Verstellbarkeit	
Druckquelle, Leitung Steuerleitg. Entlüft.-Leitg. Leitungsverbindung Leitungsbegrenzung	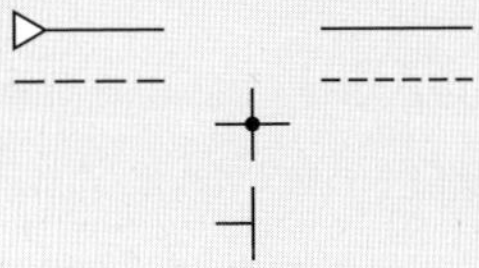
Auslass ohne und mit Rohranschluss	
Filter ohne und mit Wasserabschneider	
Öler, Aufbereitungseinheit	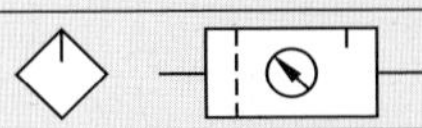
Druckluftspeicher, Absperrventil	
Ventile	
Ventile	
2/2-Wegeventil mit Sperr-Ruhestellung	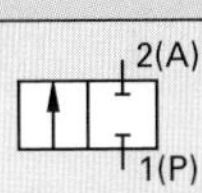
3/2-Wegeventil mit Sperr-Ruhestellung	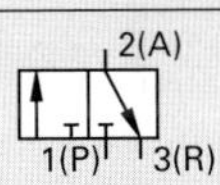
4/2-Wegeventil	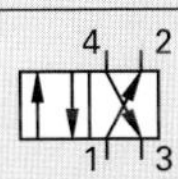
5/2-Wegeventil	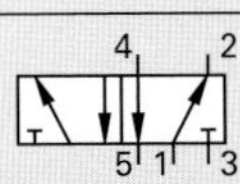
5/3-Wegeventil mit Sperr-Mittelstellung	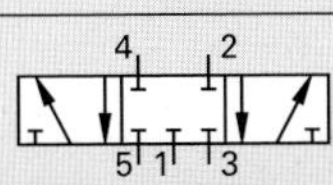
Betätigung	
Muskelkraft-Betätigung	
allgemein durch Knopfdruck durch Hebel, durch Pedal	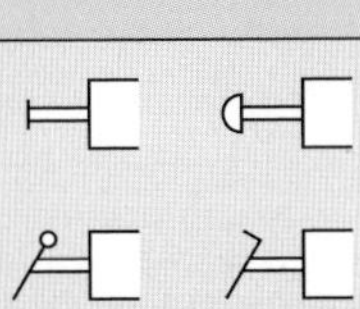

Benennung	Anwendung
Mechanische Betätigung	
durch Stößel / durch Feder durch Rolle / durch Tastrolle nur in eine Richtung wirkend	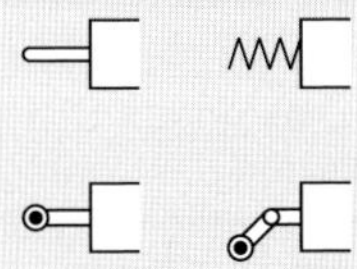
Druckbetätigung	
durch Druckbeaufschlagung direkt vorgesteuert	
Elektrische Betätigung	
durch Elektromagnet mit einer Wicklung mit zwei Wicklungen	
kombinierte Betätigung	
durch Elektromagnet und Vorsteuerwegeventil oder Vorsteuerwegeventil	
Sonderbetätigung	
in Ausgangsstellung betätigt	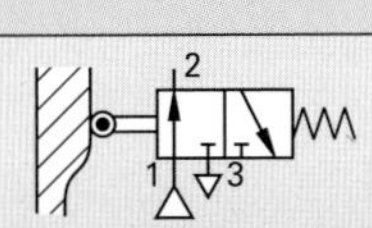
Nummerierung und Bezeichnung der Anschlüsse	
Schaltstellung 1: Steuersignal 12 verbunden 1 → 2, 4 → 5 Schaltstellung 2: Steuersignal 14 verbunden 1 → 4, 2 → 3	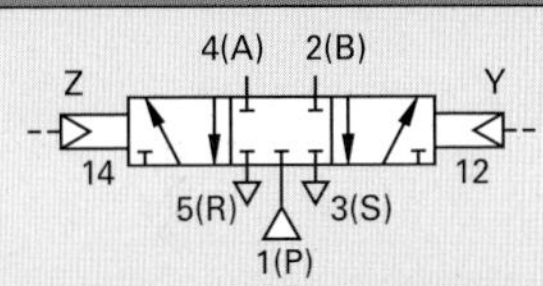
Stromventile	
Drosselventil konstant, verstellbar Drosselventil einstellbar mechanisch betätigt gegen eine Feder	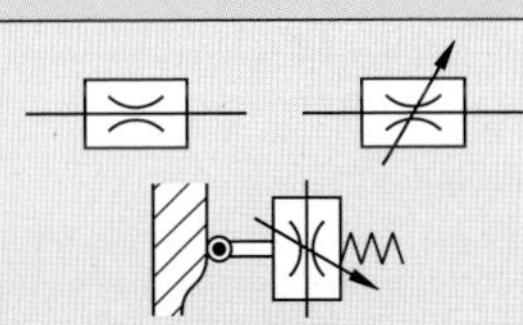
Druckventile	
2-Wege-Ventil 3-Wege-Ventil	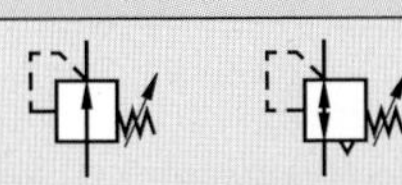
Sperrventile	
federbelastetes Rückschlagventil Schnelllüftungsventil	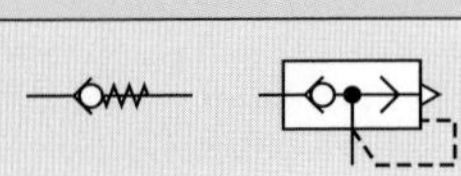
Wechselventil Zweidruckventil	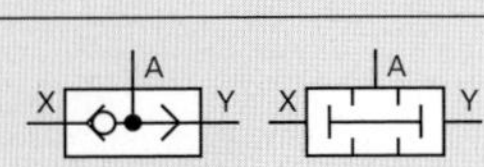

2.1.3.2 Pneumatische Verknüpfungssteuerungen

Durch **logische Verknüpfung** (boolesche Verknüpfung) der Sensorsignale einer Steuerung werden **Schaltbedingungen erfüllt.**

So soll z. B. der Start einer Anlage erst dann erfolgen, wenn ein Schutzgitter geschlossen ist und der Aktor in der Endlage steht. Das Startsignal, das Schutzgittersignal und das Aktorsignal müssen mit einem logischen UND verknüpft werden **(Bild 1)**. Bei einfachen pneumatischen Steuerungen verwendet man für die UND-Verknüpfung Zweidruckventile oder man schaltet die signalgebenden 3/2-Wegeventile hintereinander. ODER-Verknüpfungen werden mit Wechselventilen erzeugt.

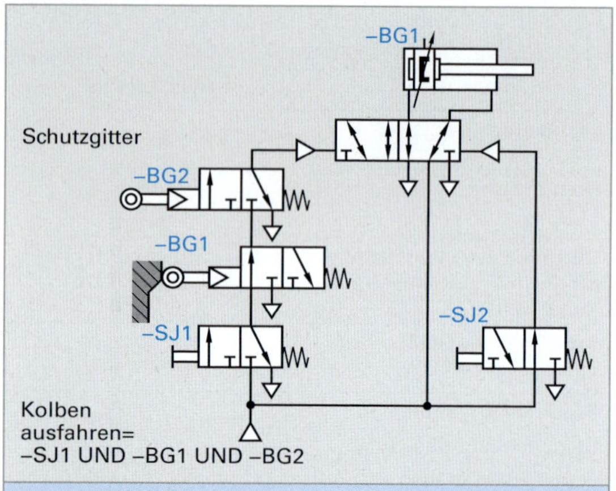

Bild 1: UND-Verknüpfung

Beispiel 1:

Bei einem **Vierstellungszylinder** sollen die vier Positionen jeweils durch ein Tasterventil (-SJ1, -SJ2, -SJ3 und -SJ4) anzusteuern sein **(Bild 2)**. Das Tasterventil -SJ1 muss demnach z. B. die beiden Steuersignale b und d für die beiden Stellglieder erzeugen. -SJ2 muss die Steuersignale *a* und *d* erzeugen usw. **(Tabelle 1)**. Stellt man für die Signale *a, b, c* und *d* die Funktionsgleichungen auf, erhält man: $a = -SJ2 \vee -SJ4$, $b = -SJ1 \vee -SJ3$ usw. Mit Hilfe dieser Bedingungen lässt sich jetzt der Pneumatikschaltplan entwickeln.

Tabelle 1: Vierstellungszylinder

Signal	Stellung	Stellsignale
-SJ1	1	*b* UND *d*
-SJ2	2	*a* UND *d*
-SJ3	3	*b* UND *c*
-SJ4	4	*a* UND *c*

Funktionsgleichungen:
$a = -SJ2 \vee -SJ4$; $b = -SJ1 \vee -SJ3$
$c = -SJ3 \vee -SJ4$; $d = -SJ1 \vee -SJ2$

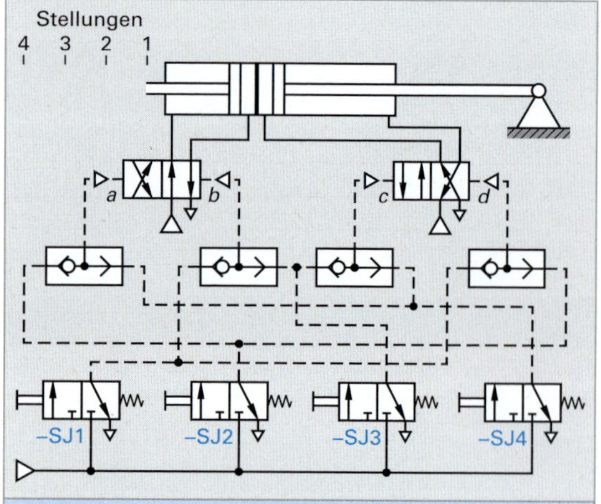

Bild 2: Vierstellungszylinder

Beispiel 2:

Einen **Zweihand-Steuerblock** verwendet man, wenn die Bedienungsperson einer Unfallgefahr ausgesetzt ist und deshalb mit beiden Händen die Anlage betätigen muss **(Bild 3)**. Die Signale -SJ1 und -SJ2 der beiden Handtaster werden mit einem Zweidruckventil -QM1 logisch UND-verknüpft und beaufschlagen das Steuerventil -KH1 auf der linken Seite.

Das Steuerventil -KH1 kann aber nur dann in die linke Schaltstellung gesteuert werden, wenn von der rechten Gegenseite kein Druck ansteht. Dieses Gegensignal steht aber immer dann an, wenn -SJ1 ODER -SJ2 einzeln betätigt werden. Beide Signale -SJ1 und -SJ2 gleichzeitig betätigt, erzeugen ein Schaltsignal, das durch die Drossel und das Speichervolumen (pneumatische Zeitschaltung) verzögert anspricht und später als das von der UND-Verknüpfung erzeugte Signal ankommt.

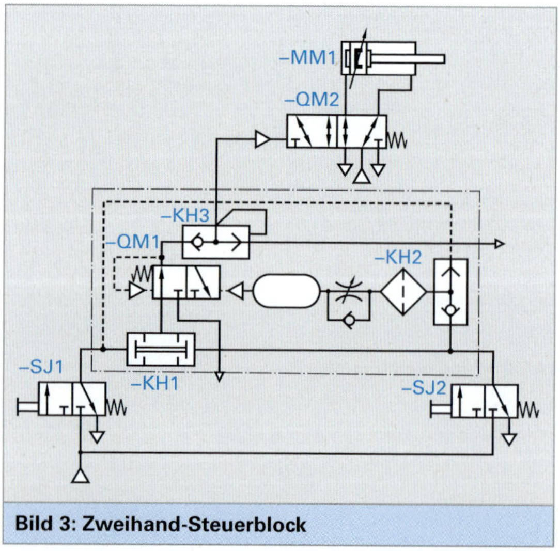

Bild 3: Zweihand-Steuerblock

Beispiel 3:

In einer Stanzvorrichtung sollen aus Kunststoffleisten dreieckige Aussparungen herausgestanzt werden **(Bild 1)**. Um den Stanzvorgang zu beschleunigen, werden die Kunststoffleisten von drei Seiten der Reihe nach dem Stanzwerkzeug zugeführt. Die richtige Lage der Leisten wird mit drei Tasterventilsignalen *a*, *b* und *c* abgefragt. Das Stanzwerkzeug, das von einem doppelt wirkenden Zylinder angetrieben wird, darf erst herunterfahren, wenn der Zylinder in der Endlage steht und jeweils zwei der drei Tastventile betätigt sind.

Zur Ermittlung der Schaltbedingung des Stellsignals y_1 ist eine logische Verknüpfung der Eingangssignale notwendig. Mit der Funktionsgleichung $y_1 = (a \wedge b \vee a \wedge c \vee b \wedge c) \wedge s_1$ kann die Schaltbedingung beschrieben werden. Stellt man die Gleichung um, und zwar in $y_1 = [a \wedge (b \vee c) \vee b \wedge c] \wedge s_1$, und schaltet das Ventil -BG1 mit den Tasterventilen in Reihe, kann man Pneumatikventile einsparen.

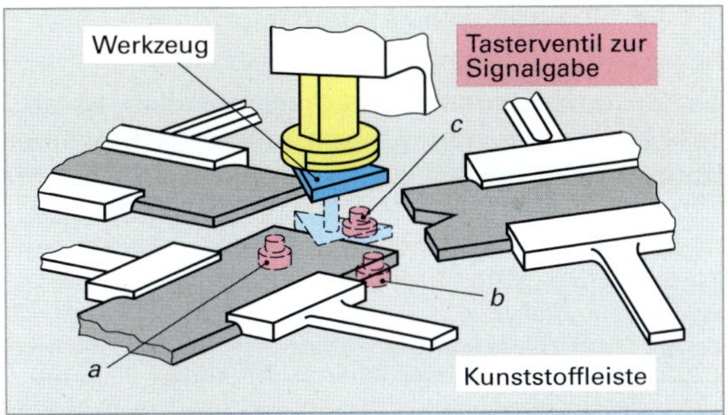

Bild 1: Stanzvorrichtung

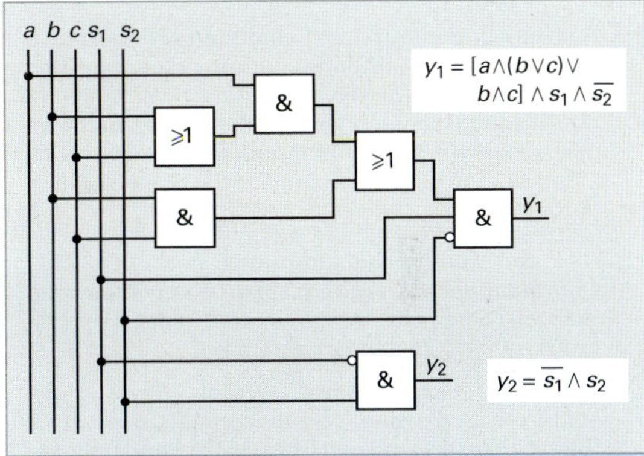

Bild 2: Funktionsplan der Steuerung

In einem Funktionsplan in Feinstruktur wird die logische Schaltung dargestellt **(Bild 2)**. In der pneumatischen Ausführung der Schaltung kommt man mit zwei Zweidruckventilen und zwei Wechselventilen aus **(Bild 3)**.

Zur besseren Übersicht werden im Pneumatikplan für die Tastersignale drei Steuerleitungen gezeichnet.

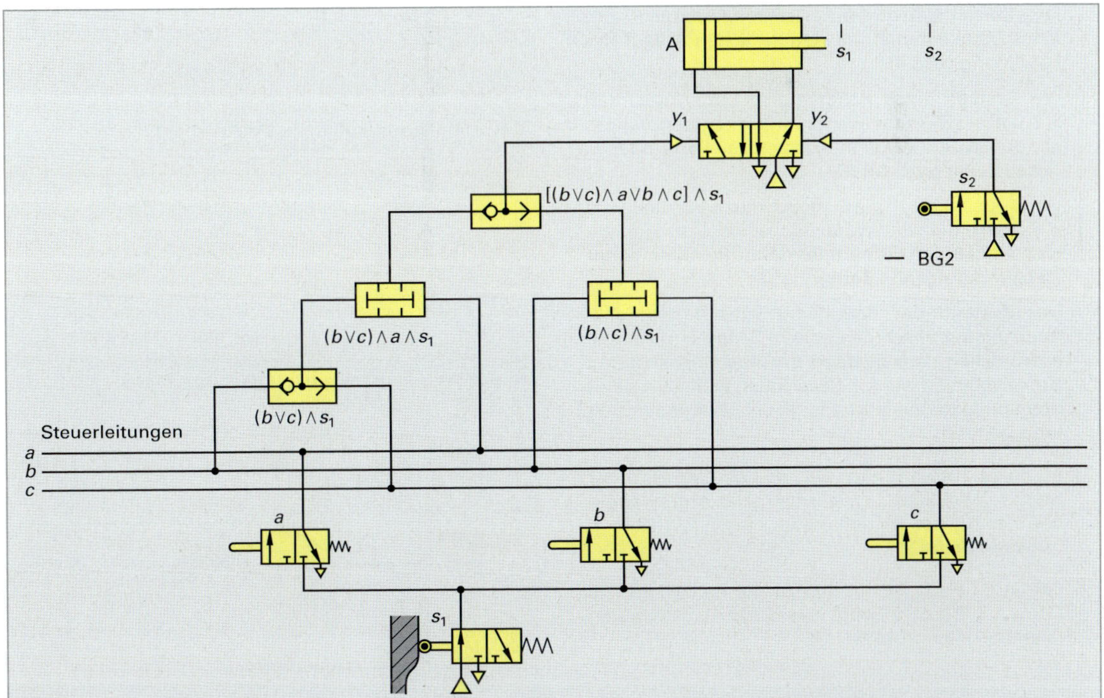

Bild 3: Pneumatik-Schaltplan

2.1.3.3 Pneumatische Ablaufsteuerungen

Pneumatische Ablaufsteuerungen werden aus *Sicherheitsgründen* in den meisten Fällen als *prozessabhängige* Steuerungen entworfen. In einer Bohrvorrichtung soll z. B. ein Werkstück gebohrt werden. Zuerst wird das Werkstück in die Spanneinrichtung eingelegt, anschließend startet man die Anlage mit S0.

Ablaufsteuerungen werden mit folgenden Hilfsmitteln beschrieben:

1. Der **Lageplan** stellt die räumliche Anordnung der Aktoren schematisch dar **(Bild 1)**.
2. Aus dem **pneumatischen Schaltplan** wird die Funktion der pneumatischen Steuerung erkennbar **(Bild 2)**. Die einzelnen Ventile und Aktoren werden in ihrer Ausgangsstellung gezeichnet. Sind Ventile in der Ausgangsstellung betätigt, werden sie durch einen Nocken gekennzeichnet und in Schaltstellung dargestellt.
3. Aus den **Funktionsdiagrammen** nach VDI 3260 kann man den Bewegungsablauf einer Steuerung grafisch erkennen. Man unterscheidet Wegdiagramme[1] und Zustandsdiagramme[1].

   Mit dem Wegdiagramm werden Bewegungsabläufe, z. B. die einer Vorschubeinheit, dargestellt **(Bild 3)**. Man erkennt den Einschaltzustand und den Wechsel von Vorschubbewegung und Eilgangbewegung.

   Das Zustandsdiagramm beschreibt den Zustand eines Bauelements und den zeitlichen Ablauf der Bewegung **(Bild 4)**.

   Als Zustand eines Bauelements bezeichnet man z. B., ob ein Zylinder ausgefahren oder eingefahren ist, ob sich ein Ventil in Ausgangsstellung oder in Schaltstellung befindet.

   Der Arbeitsablauf wird in Schritte unterteilt, die z. B. durch Signallinien ausgelöst werden. Signallinien verknüpfen die einzelnen Schritte miteinander **(Tabelle 1, folgende Seite)**.

   Der Zustand der Bauglieder wird durch Funktionslinien grafisch dargestellt. Schmale Volllinien entsprechen dem Zustand der Ausgangsstellung. Breite Vollinien werden gezeichnet, wenn ein Gerät oder ein Aktor ausfährt oder in ausgefahrener Stellung verharrt.
4. Im Funktionsplan[1] nach *DIN 40 719 Teil 6* wird der Steuerungsablauf in Schrittstruktur unabhängig von der Art der Betriebsmittel dargestellt **(Bild 1, folgende Seite)**.
5. GRAFCET nach DIN 60 848 ist die derzeit gültige Form zur Beschreibung von Steuerungsabläufen (siehe S. 142 und 143).

[1] Diese Normen sind zurückgezogen, allerdings noch häufig in Gebrauch.

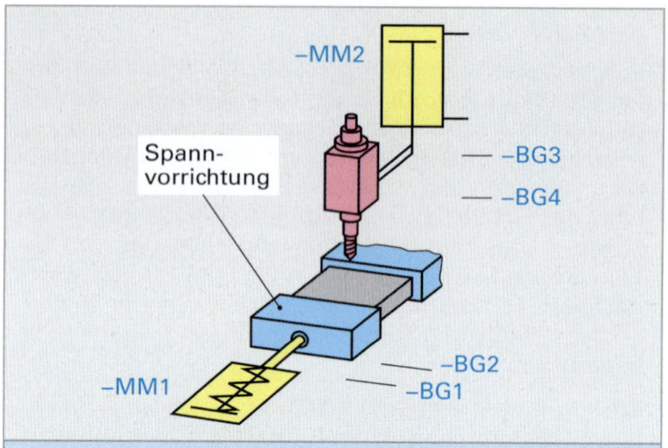

Bild 1: Lageplan der Bohrvorrichtung

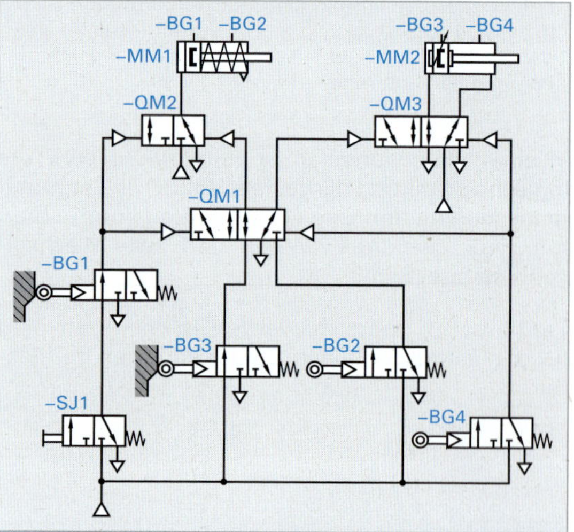

Bild 2: Pneumatikplan der Bohrvorrichtung

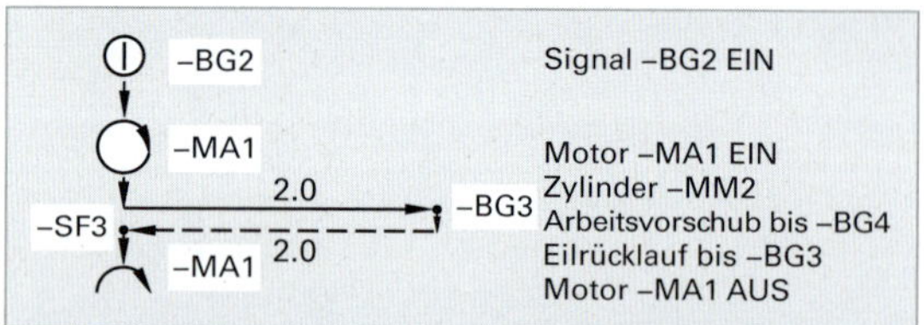

Bild 3: Wegdiagramm der Vorschubzylinder

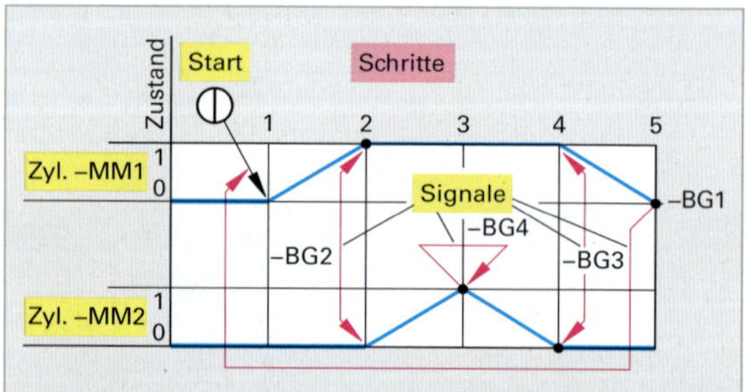

Bild 4: Zustandsdiagramm der Bohrvorrichtung

2.1.3.4 Elektrische Ansteuerung von Aktoren

Pneumatische Komponenten werden häufig elektrisch angesteuert, ebenso ist die Signalverarbeitung elektrisch. Somit kann die Ansteuerung auch mit einer SPS erfolgen.

Beispiel:
Sicheres, energieeffizientes Spannen (Bild 1)

Mit einem doppelt wirkenden Zylinder wird ein Werkstück gespannt. Der Spanndruck beträgt 5 bar. Die Drücke werden mit einem einstellbaren Druckschalter abgefragt. Die Spannkraft muss bei Ausfall der elektrischen und der pneumatische Energie erhalten bleiben.

Lösung:

Das Spannen und das Lösen erfolgt jeweils mit einem Taster **(Bild 2)**.

Zur Ansteuerung des Zylinders (–MM1) wird ein 5/2-Wegeventil (–QM2, Impulsventil) verwendet. Dieses bleibt auch im Falle eines Stromausfalls in Position. Während des Spannens wird kein Strom verbraucht. Im Falle des Ausfalls der pneumatischen Energie erfolgt die Versorgung mittels eines Speichers (–CM1). Die Bewegungsgeschwindigkeit des Kolbens wird an den Drosselrückschlagventilen (–RZ1, –RZ2) eingestellt.

Das Zurückströmen der Druckluft wird durch das Rückschlagventil (–RM1) verhindert. Das Druckregelventil (–QN2) wird z. B. auf 1 bar eingestellt.

Somit ist sichergestellt, dass zum Einfahren des Kolbens nur die hierfür notwendige Luftmenge verbraucht wird.

Die volle Spannkraft wird erreicht, wenn der Druck bei –BP1 5 bar beträgt und der Abluftdruck gegen Null geht. Deshalb wird zur Freigabe der Spannkraft die Druckdifferenz abgefragt **(Bild 3)**.

Lösung als SPS-Programm **(Bild 4)**:

Das 5/2-Wegeventil speichert den jeweiligen Magnetimpuls. Somit ist im SPS-Programm kein Speicher mehr nötig.

Um eine sichere Steuerung zu erreichen sollten zusätzlich zur Druckabfrage noch Grenztaster verwendet werden.

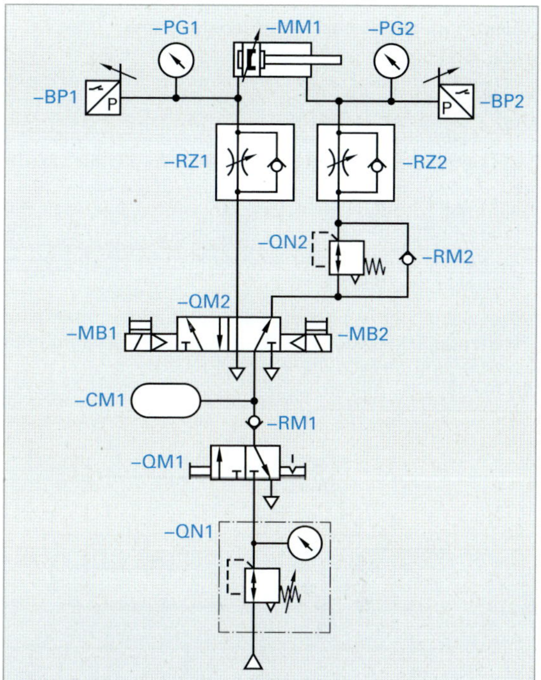

Bild 1: Pneumatischer Schaltplan

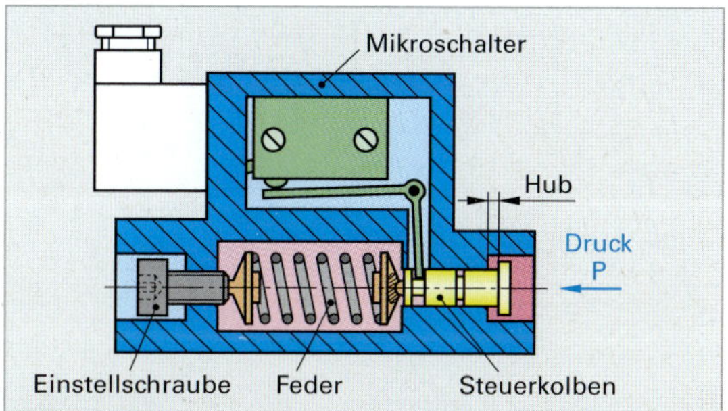

Bild 2: Druckschalter

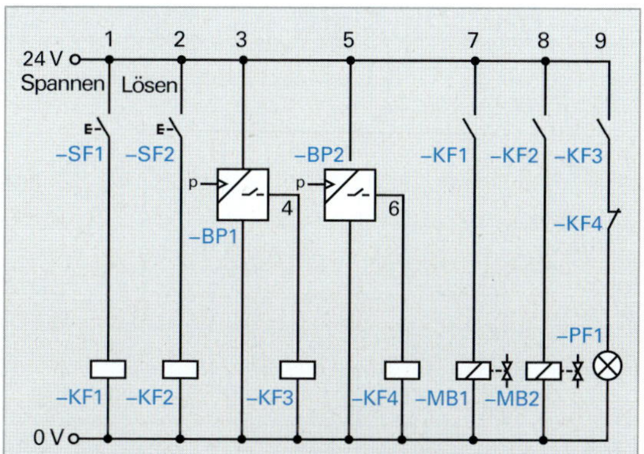

Bild 3: Elektrischer Schaltplan

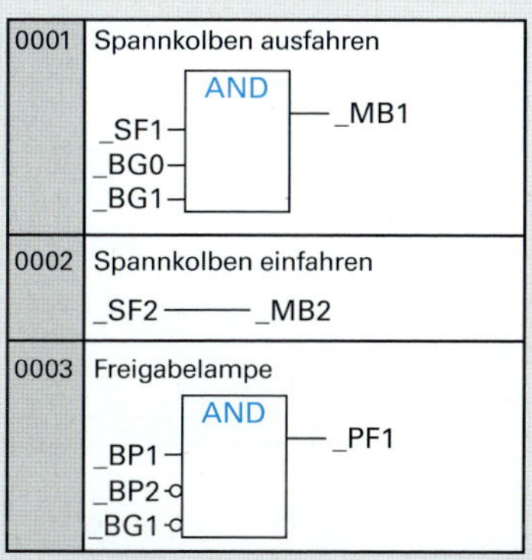

Bild 4: SPS-Programm

Elektropneumatische Taktstufensteuerung

Als Stellglieder elektropneumatischer Steuerungen verwendet man *Elektromagnetventile* mit *Federrückstellung* oder *elektromagnetisch betätigte Impulsventile*.

Bei den federrückgestellten Ventilen muss die elektrische Steuerung das Speichern der Stellsignale übernehmen. Impulsventile dagegen wirken wie logische Speicher. Die Steuerung der Bohrvorrichtung (Abschnitt 2.1.3.3) kann mit federrückgestellten Ventilen ausgeführt werden **(Bild 1)**.

Die elektrische Ansteuerung erfolgt dann über eine **stehende Taktkette**. Die einzelnen Taktstufenelemente werden mit *Selbsthalterelais* aufgebaut.

Nach dem Start bleiben die erste Stufe und die danach folgenden Stufen eingeschaltet. Dies geschieht so lange, bis das Fertigsignal der letzten Stufe alle Taktstufenelemente auf den Ausgangszustand zurückstellt.

Anders wirkt die **löschende Taktkette (Bild 2)**. Die logische Signalspeicherung zur Aus- und Rückfahrt der Zylinder übernimmt in diesem Fall das zugehörende, elektromagnetisch betätigte Impulsventil. Die Taktstufensteuerung wirkt in diesem Fall wie eine pneumatische Schrittsteuerung.

Das aktive Taktstufenelement setzt durch Öffner- und Schließerkontakte (Spätöffner) der einzelnen Relais die vorausgegangenen Taktstufenelemente zurück und bereitet die Nachfolger vor.

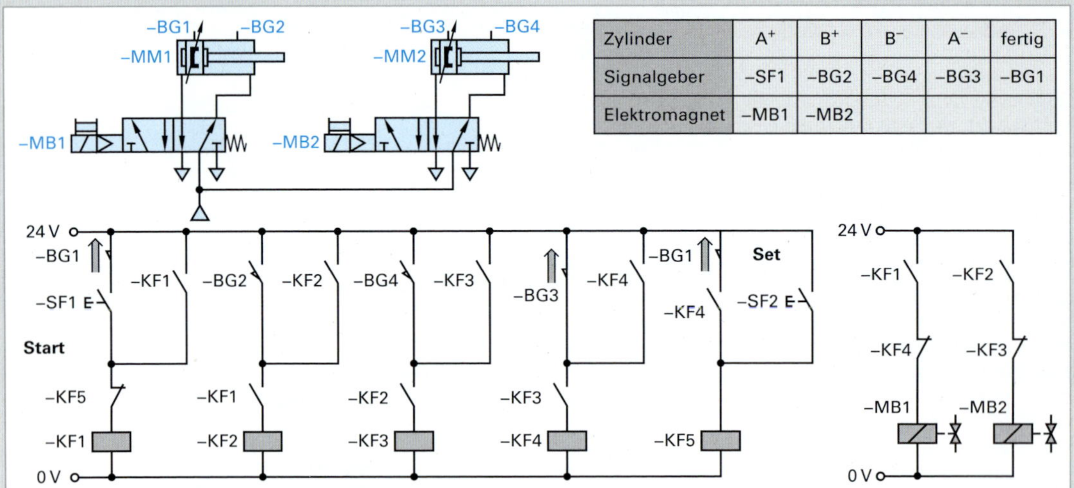

Zylinder	A⁺	B⁺	B⁻	A⁻	fertig
Signalgeber	–SF1	–BG2	–BG4	–BG3	–BG1
Elektromagnet	–MB1	–MB2			

Bild 1: Stehende Taktkette der Bohrvorrichtung

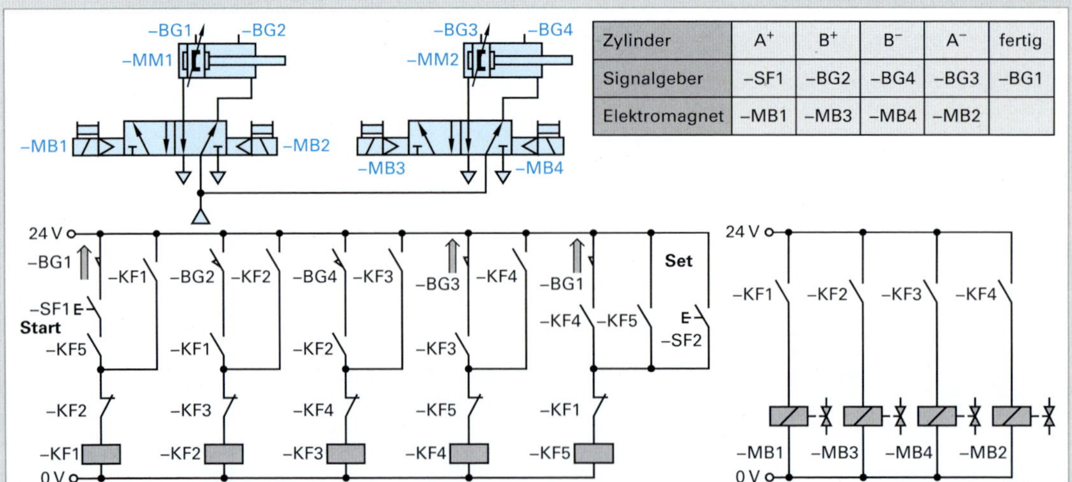

Zylinder	A⁺	B⁺	B⁻	A⁻	fertig
Signalgeber	–SF1	–BG2	–BG4	–BG3	–BG1
Elektromagnet	–MB1	–MB3	–MB4	–MB2	

Bild 2: Löschende Taktkette der Bohrvorrichtung

Ablaufsteuerung einer energieeffizienten Anlage

Beispiel:

Aus einem Stapelmagazin **(Bild 1)** werden Teile ausgeschoben und gespannt. Danach wird mit einem zweiten Zylinder das Werkstück geprägt. Der Prägedruck beträgt 5 bar. Der maximale Druck für das Ausfahren der Kolben wird mit einem Druckregelventil (–QN1,–QN2) eingestellt.

Nach dem Einfahren der Kolben werden die 5/3-Wegeventile (–QM1,–QM2) auf Mittelstellung gefahren und damit wird keine Druckluft mehr in den Kolbenstangenraum gedrückt.

Der Druck im Prägezylinder (–MM2) wird mit den Druckschaltern überwacht. Die Prägezeit (3 s) beginnt erst zu laufen, wenn der Druckschalter –BP1 5 bar hat und am Druckschalter –BP2 weniger als 0,5 bar sind. Beim Ablauf der Schrittkette werden zum Erreichen eines sicheren Ablaufs immer beide Grenztaster an den Zylindern abgefragt.

Lösung:

Der Ablauf wird als GRAFCET ausgeführt. In **Bild 2** wird die Beschaltung der Sensoren und Aktoren dargestellt. Der Ablauf der Schrittkette wird mit dem Taster -SF1 gestartet und kann mit dem Taster –SF2 zurückgesetzt werden. In diesem Fall werden die Wegeventile sofort auf Mittelstellung gehen.

In der **Tabelle 1** wird der GRAFCET für den Ablauf dargestellt. Damit die Kolben nach einem „Stop" wieder in Grundstellung gefahren werden können wird ein zweiter GRAFCET erstellt. Das Zustandsdiagramm (Tabelle 1) zeigt den Druckverlauf an den beiden Zylindern.

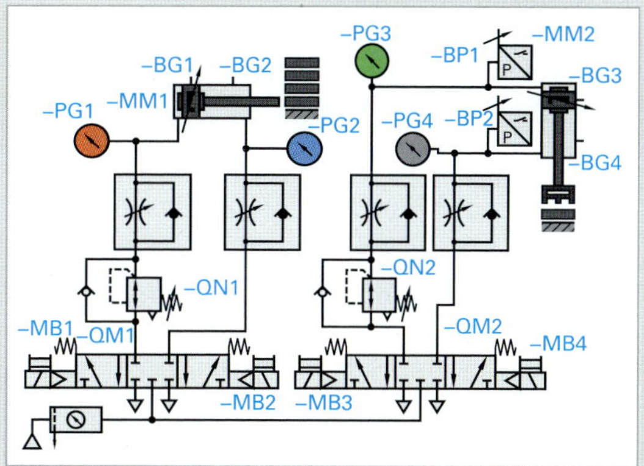

Bild 1: Pneumatischer Schaltplan

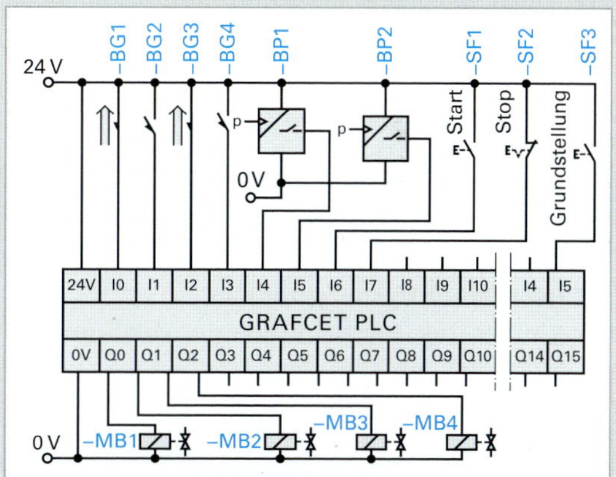

Bild 2: Zuordnungsbeschaltung

Tabelle 1: GRAFCET und Zustandsdiagramm

Ablauf

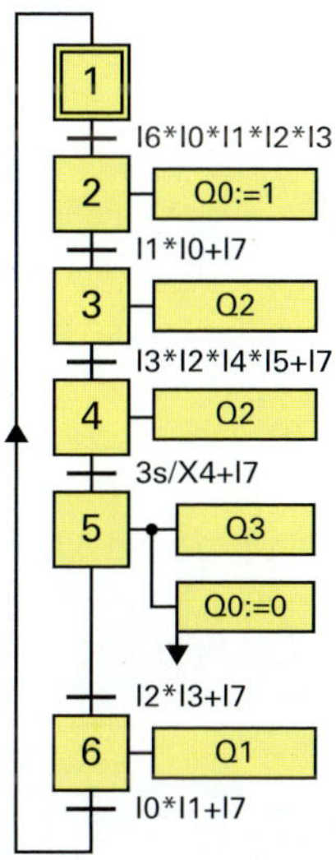

Grundstellung

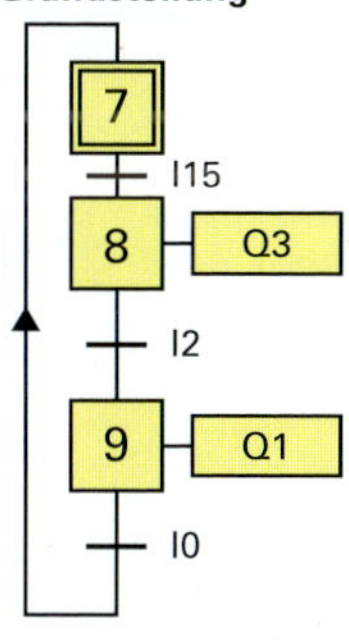

Zustandsdiagramm

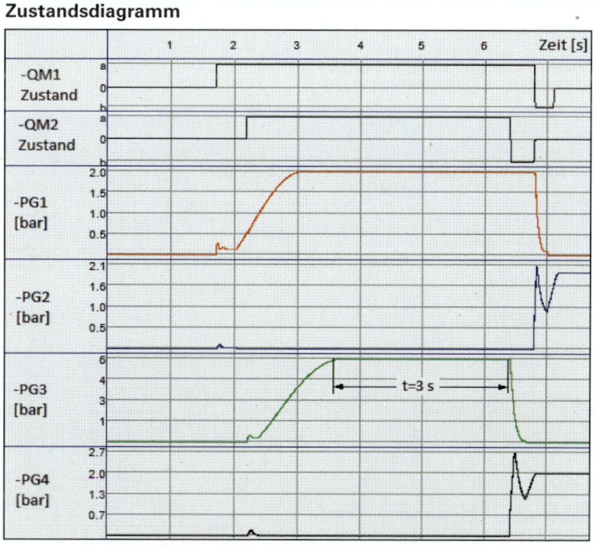

2.1.3.5 Vakuumtechnik

Mit Vakuumtechnologie können vielfältige Aufgaben erfüllt werden z. B. Teile ansaugen und fixieren **(Bild 1 und Tabelle 1)**.

Erzeugen von Vakuum

Vakuumerzeuger werden in drei Arten eingeteilt:

a) Vakuum-Ejektoren

In der Automatisierung wird bei Saugern meist ein Ejektor[1] eingesetzt **(Bild 2)**.

Die Druckluft strömt bei P ein. Durch die Verengung an der Strahldüse (Venturie-Düse) wird die Luft bis zur fünffachen Schallgeschwindigkeit beschleunigt. Es entsteht ein Unterdruck. Bei U wird die Saugeinheit angeschlossen.

In Tabelle 1 werden Sauger und deren möglichen Saugkraft bei z. B. 0,7 bar absolutem Druck dargestellt.

b) Gasbindende Vakuumpumpen

Hier werden die Gasteilchen in einen festen oder in einen sorptiven[2] (angereicherten) Zustand übergeführt. Dadurch verringert sich der Gasanteil in einem geschlossen Raum, es entsteht ein Vakuum.

c) Gasfördernde Vakuumpumpen

Dies sind in der Regel Verdränger-Vakuumpumpen.

Beispiel: Steuerung eines Saugers

Der Ejektor **(Tabelle 2)** wird mit einem elektrisch angesteuerten Ventil angesteuert. Der Druckschalter (-BP1) steuert das Ventil (-QM1) an und wirkt als Zweipunktregler. Diese Schaltung erspart bei einer immer an der Saugstelle vorhandenen Leckage Druckluftenergie. Würde der Ejektor dauernd belüftet, würde eine wesentlich größere Druckluftenergie benötigt.

[1] lat. eiaculare = auswerfen

[2] lat. sorptus = geschluckt, geschürft

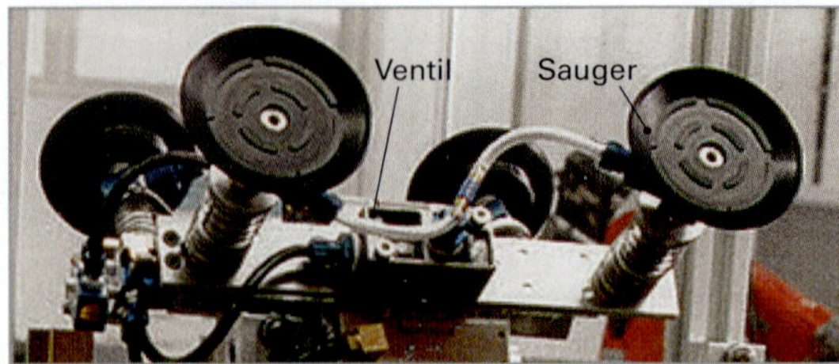

Bild 1: Saugnäpfe eines Kletterroboters

Tabelle 1: Saugkraft bei runden Saugern

Sauger ⌀	Standard 	Extratief 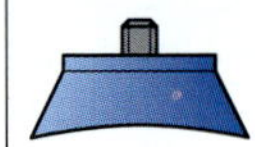	Faltenbalg 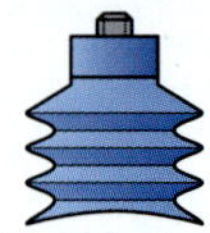
20 mm	16,3 N	17 N	8,2 N
30 mm	40,8 N	37,2 N	20,8 N
40 mm	69,6 N	67,6 N	42,4 N
50 mm	105,8 N	103,6 N	63,4 N
60 mm	166,1 N	162,5 N	
80 mm	309,7 N	275 N	
100 mm	503,6 N	440,8 N	
150 mm	900 N	900 N	
200 mm	1610 N	1610 N	

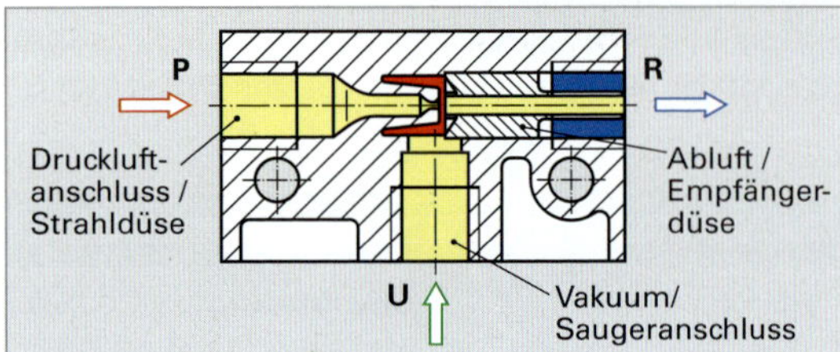

Bild 2: Einstufiger Ejektor

Tabelle 2: Energiesparende Steuerung eines Saugers

Elektrischer Schaltplan	Pneumatischer Schaltplan	Zeit-Druck-Diagramm
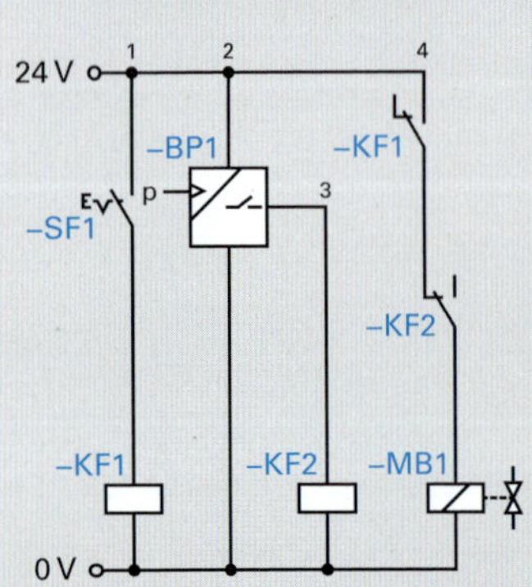	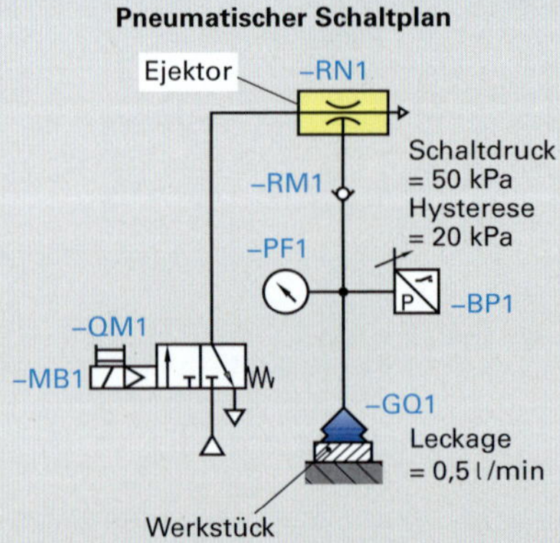	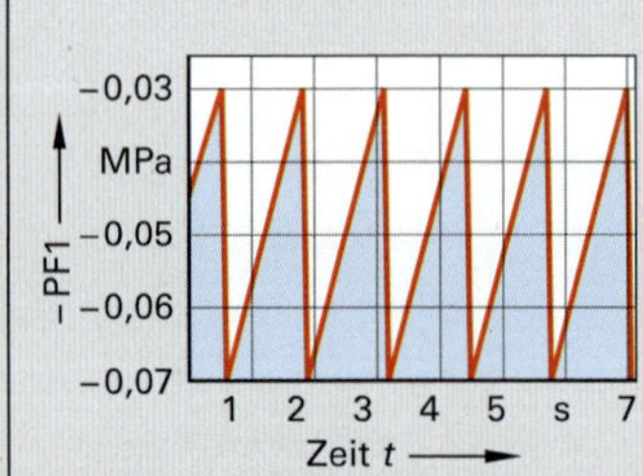

2.1.3.6 Sicherheitsfunktionen

Neben der steuerungstechnischen Sicherheit hat das sichere Funktionieren auf der Aktorseite eine besondere Bedeutung.

Es gilt die Betriebsarten

- Grundstellung,
- Normalbetrieb, Einrichte- und Servicebetrieb sowie
- Notfallbetrieb

sicher umzusetzen.

Beispiel:
Eine Pakethebeanlage **(Bild 1)** soll sicher arbeiten. Die Bewegung erzeugt ein Pneumatikzylender. Die Ansteuerung erfolgt elektrisch.

Es gibt folgende Maßnahmen:

- Belüften von Anlageteilen in Grundstellung oder auch im Notfallbetrieb,
- Druck halten, auch im Notfallbetrieb (Pos. 2, **Bild 2**),
- Zweihandbedienung,
- Manipulationssicherheit,
- Geschwindigkeitsreduzierung durch Drosseln (Pos. 1),
- Kraftreduzierung durch ein Druckregelventil (Pos. 5),
- freischalten von Druck bzw. Kräften,
- anhalten oder blockieren einer Bewegung,
- Druckluft mit Speicher sicherstellen, falls die Druckluftversorgung ausfällt (Pos. 3),
- Anlage nur betreiben, wenn hinreichend Druckluft vorhanden ist (Pos. 4),
- Im Störfall Anlage drucklos schalten (Pos 6).

Die elektrische Steuerung, **Bild 3**, enthält die notwendigen Selbsthaltungen und Verriegelungen.

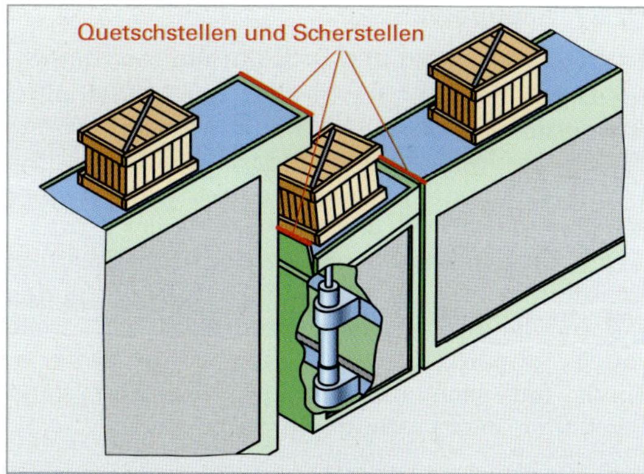

Bild 1: Pakethebeanlage mit Pneumatikzylinder

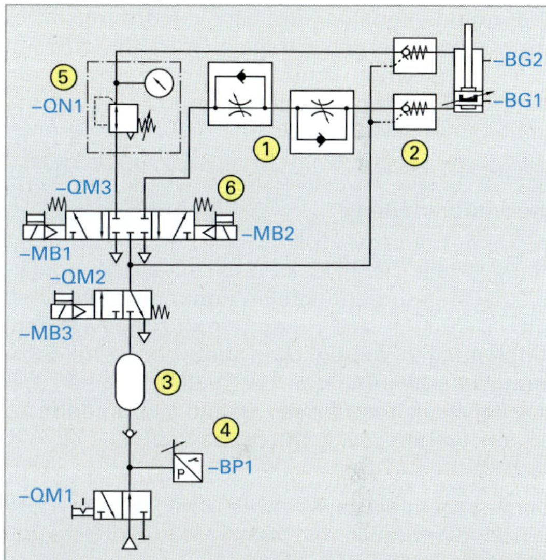

Bild 2: Pneumatikschaltplan

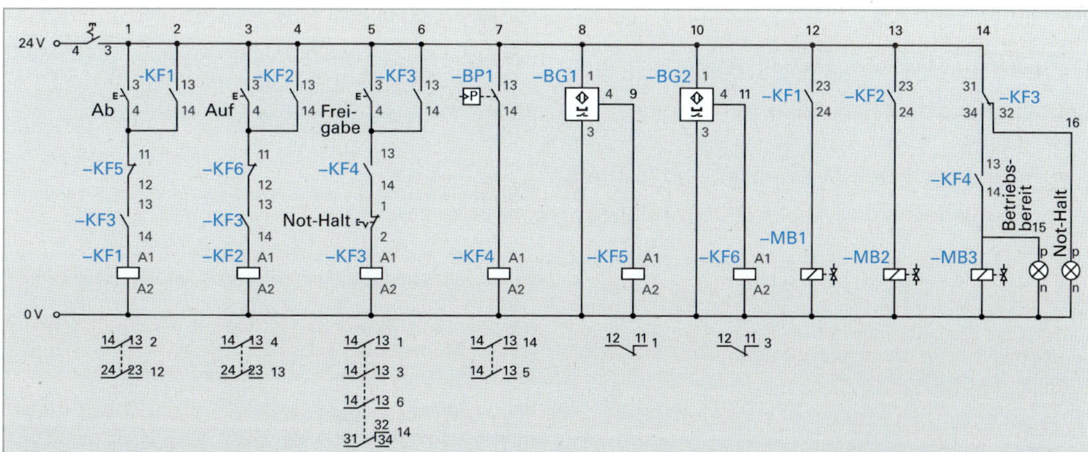

Bild 3: Elektrische Steuerung

2.1.3.7 Energieeffizienz

Drucklufterzeugung und Druckluftaufbereitung

Die Drucklufterzeugung erfolgt bei industriellen Anwendungen durch Mehrkompressor-Systeme mit drehzahlgeregelten Motoren. Die thermodynamisch bedingten Wärmemengen werden über Wärmetauscher z. B. als Heizwärme oder Prozesswärme genutzt. Mit Nachkühlern wird die Druckluft auf Raumtemperatur abgekühlt. Trockner scheiden das anfallende Kondenswasser ab. Restölanteile und Staubpartikel werden über Filter entfernt. Durch technisch hochwertige Verdichter kann Druckluft günstig erzeugt werden.

Bei den Aktoren benötigt man meist unterschiedliche Druckniveaus. Neben der Nutzung von Druckminderventilen um den Versorgungsdruck abzusenken, werden parallele Druckluftnetze mit unterschiedlichem Druck aufgebaut, so z. B ein Netz mit 7 bar, ein Netz mit 5 bar und ein Netz mit 3 bar. Dadurch werden die Energiekosten gesenkt.

Druckluftverteilung

In einem Hauptnetz **(Bild 1)** wird die Druckluft im Werk verteilt. Dabei ist auf ein stetes Höhengefälle zu achten um am tiefsten Punkt die Leitung zu entwässern. Es sind runde Bögen zu verwenden. Ringleitungen ermöglichen eine geringere Strömungsgeschwindigkeit bei Luftentnahme. Bei beweglichen Anschlüssen ist auf Kupplungen zu achten, welche 100-%-Durchlass haben.

Durch regelmäßige Kontrolle und Messung des Druckluftverbrauchs ist sicherzustellen, dass die Anlage leckagefrei ist.

Druckluftanwendung

Um energieeffiziente pneumatische Anwendungen zu erreichen ist folgendes zu berücksichtigen:

- Keine Überdimensionierung der Zylinder und der Ventile,
- kurze Leitungen zwischen Ventilen und Aktoren,
- nur die mindest notwendigen Drücke zuführen.

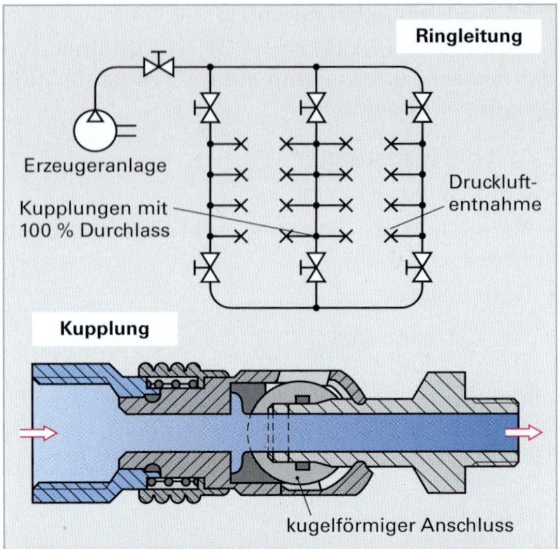

Bild 1: Druckluftverteilungsnetze und Kupplung

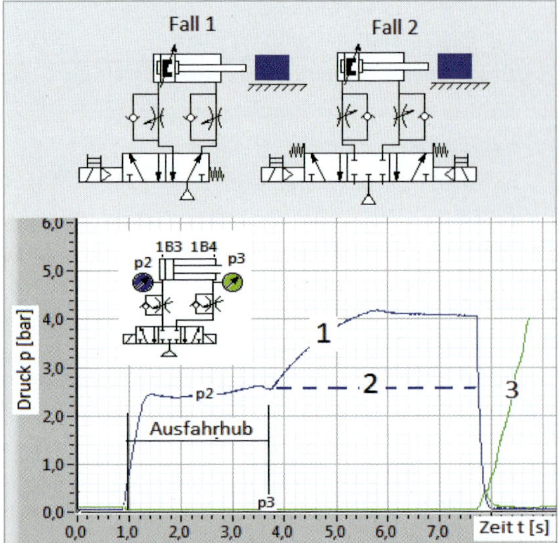

Bild 2: Energiesparende Druckluftschaltung

[1] Nl ist die Einheit für das Luftvolumen in Litern (l) bei einem Druck von 1 bar.

Beispiel: Teile auf Förderband schieben

Mit einem doppeltwirkenden Zylinder **(Bild 2)** sollen Teile auf ein Förderband geschoben werden und der Kolben soll 4 s in der Ausfahrposition bleiben, und danach wieder einfahren.

Systemdruck: 4 bar, Zylinder: D/d/l = 20/8/100 mm.

Fall 1: 5/2 Wegeventil mit Abluftdrosselung. Druckluftmenge bei 1 Hub = 0,1 Nl[1]

Fall 2: 5/3 Wegeventil mit Zuluftdrosselung. Nach Erreichen der Endlagen wird das Ventil sofort in Mittelstellung gefahren (Pos. 2, Bild 2), dann ist die Druckluftmenge bei 1 Hub = 0,075 Nl. Zum Einfahren wird kaum Druck benötigt. Die Ersparnis beträgt etwa 70 %.

Pos 1 und Pos. 3, Bild 2 zeigen den Druckverlauf, wenn in den Endlagen das Ventil nicht in die Mittelposition gestellt wird.

2.2 Hydraulische Aktoren

2.2.1 Allgemeines

Hydraulik[1] ist eine Technologie, bei der meist durch Öl gesteuert, geregelt und angetrieben wird. Der Einsatz ist im Schwermaschinenbau, im Pressenbau, bei Werkzeugmaschinen und in der Mobiltechnik.

Die Eigenschaften der Hydraulik sind:

- hohe Leistungsdichte, deshalb sehr kompakte Bauweise,
- schnelle, feinfühlige und stufenlos verstellbare Bewegungen,
- Übertragung hoher Kräfte,
- überlastsicher durch Druckbegrenzung.

Die Energieübertragung erfolgt durch ruhrende Flüssigkeit (Hydrostatik) und durch strömende Flüssigkeit (Hydrodynamik).

2.2.2 Physikalische Grundlagen

2.2.2.1 Hydrostatik

Wird eine ruhende Flüssigkeit mit einer Kolbenkraft beaufschlagt, dann entsteht ein Druck **(Bild 1)**. Dieser Druck ist an jeder Stelle im System gleich groß.

$$p = \frac{F}{A}$$

p Druck
F Kraft
A Kolbenfläche

Die Einheit des Drucks ist bar oder Mega-Pascal (MPa): 1 bar = 10 N/cm² = 0,1 MPa. Bei kleinen Drücken verwendet man die Einheit Pascal (1 Pa = 1 N/m²), z. B. beim Luftdruck.

Bodendruck. Der Bodendruck **(Bild 2)** ist:

$$p_{Boden} = \varrho \cdot g \cdot h$$

ϱ Dichte
g Erdbeschleunigung
h Höhe

Der Bodendruck ist unabhängig von der Bodenfläche. Er ist nur abhängig von der Höhe der Flüssigkeitssäule (Pascal'sches Paradoxon) **(Bild 3)**.

Druckausbreitung (Bild 4)

Wird eine ruhende Flüssigkeit in einem Zylinder mit der Fläche A_1 durch eine Kolbenkraft F_1 unter Druck gesetzt, breitet sich der Druck nach allen Seiten aus und erzeugt an einem anderen Zylinder mit der Fläche A_2 die Kraft F_2.

$$p = \frac{F_1}{A_1} = \frac{F_2}{A_2} \quad \text{oder} \quad \frac{F_1}{F_2} = \frac{A_1}{A_2}$$

[1] Hydraulik von grisch. hydor = Wasser, Flüssigkeit. In seltenen Fällen, z. B. bei Schmiedepressen wird auch Wasserhydraulik eingesetzt.

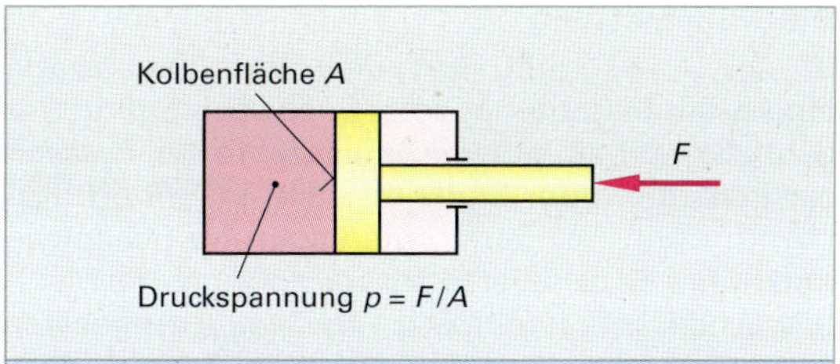

Bild 1: Hydraulischer Druck

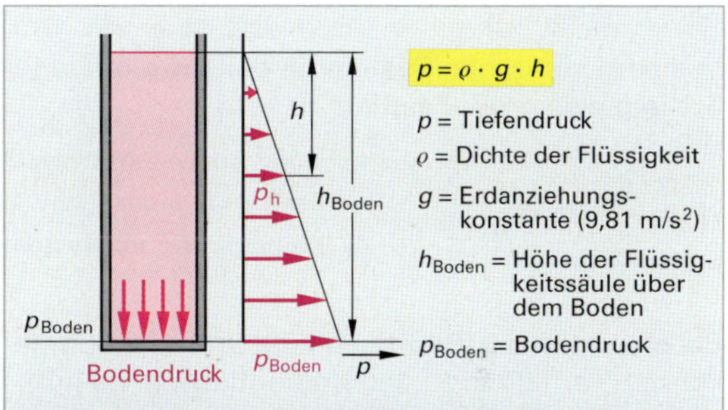

Bild 2: Tiefendruck und Bodendruck

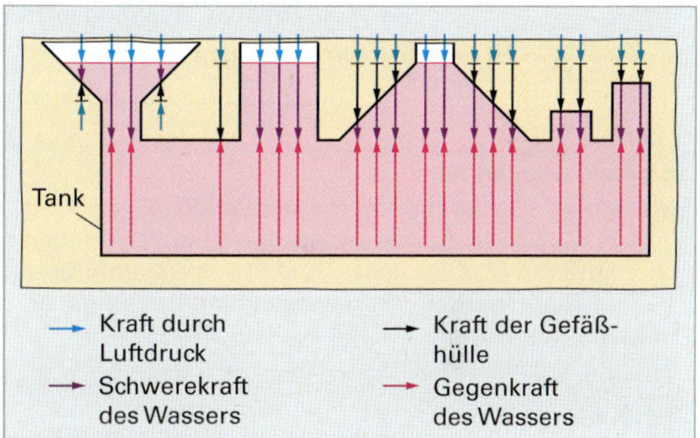

Bild 3: Bodendruck bei einem Tank

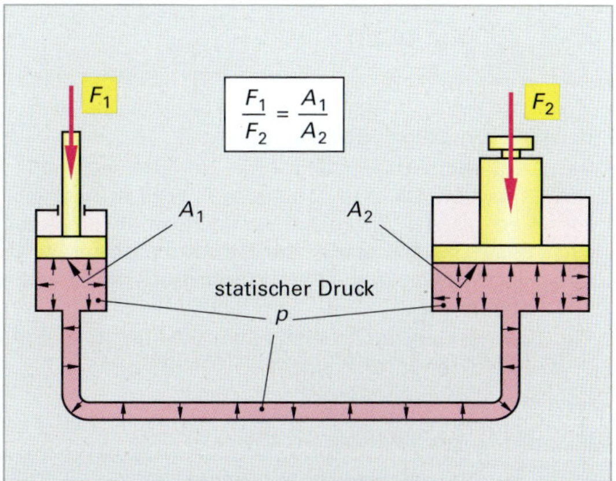

Bild 4: Bodendruck bei einem Tank

Druckübersetzung

In der Anwendung hat die *Druckübersetzung* eine hohe Bedeutung, so z. B. zur Erzeugung der Schließkraft bei Spritzgießmaschinen, bei Pressen zur Erzeugung der Endkraft, beim Innenhochdruckumformen, bei Berstprüfanlagen für Schläuche und Rohre. Druckübersetzer werden auch bei Medienwechsel, z. B. *Pneumatik – Hydraulik*, eingesetzt. Druckübersetzer beruhen auf dem Prinzip, dass der Kolben unterschiedliche Flächen aufweist. Mit diesen Kolben kann man die Drücke vergrößern oder verkleinern.

In einem statischen System ist der Druck an jeder Stelle gleich groß. Es gilt:

$$p_1 = \frac{F_1}{A_1} \quad p_2 = \frac{F_2}{A_2}$$

p_1, p_2 Druck im System 1 bzw. 2
F_1, F_2 Kraft im System 1 bzw. 2
A_1, A_2 Kolbenfläche im System 1 bzw. 2

Bei gleicher Kraft **(Bild 1)** sind die Drücke im umgekehrten Verhältnis zu den Kolbenflächen. Es gilt:

$F_1 = p_1 \cdot A_1$ und $F_2 = p_2 \cdot A_2$ mit $F_1 = F_2 \Rightarrow$

$$p_2 = \frac{A_1}{A_2} \cdot p_1$$

p_2 Druck, ausgangsseitig
A_2 Kolbenfläche, ausgangsseitig
p_1 Druck, eingangsseitig
A_1 Kolbenfläche, eingangsseitig

Beispiel: Wagenheber

Mit einem hydraulischen Wagenheber soll die Kraft von F_2 = 65 kN aufgebracht werden **(Bild 2)**. Mit welcher Fußkraft Ff muss der Fußhebel des Wagenhebers beaufschlagt werden? Es werden keine Reibungsverluste berücksichtigt.

Lösung:

Hydraulik:

$$\frac{F_1}{F_2} = \frac{A_1}{A_2}; \quad \frac{A_1}{A_2} = \frac{1}{144}; \quad F_1 = \frac{1}{144} \cdot F_2; \quad \mathbf{F_1 = 451{,}4\ N}$$

Hebelübersetzung:

$$F_f = \frac{1}{5} \cdot F_1; \quad \mathbf{F_f = 90{,}3\ N}$$

Beispiel: Druckübersetzung

Der Druckübersetzer in **Bild 3** hat ein Übersetzungsverhältnis von 1:4. Am Anschluss A wird so viel Öl zufließen bis der Arbeitskolben in Position ist. Am Anschluss B wird dann der Druckübersetzer beaufschlagt. Er wird mit einem Primärdruck (an B) von 100 bar betrieben.

Welche Kraft kann der Arbeitskolben aufbringen, wenn er einen Kolbendurchmesser von D = 100 mm hat?

Lösung:

$$p_{sek} = 4 \cdot p_{prim} = 100\ \text{bar} \cdot 4 = 400\ \text{bar}$$

$$F = p \cdot A = 400\ \frac{\text{N}}{\text{cm}^2} \cdot 78{,}5\ \text{cm}^2 = \mathbf{314\ kN}$$

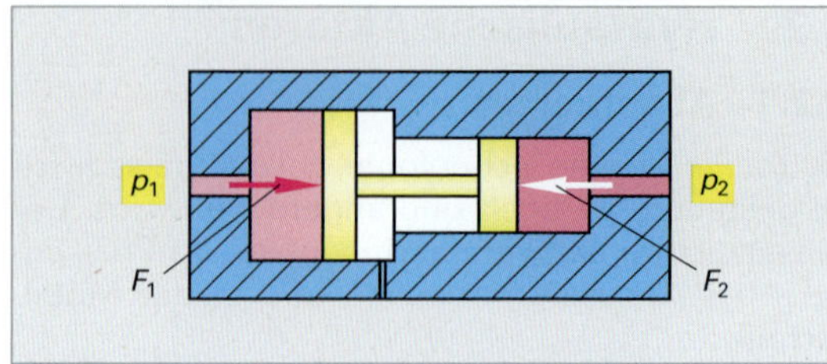

Bild 1: Prinzip der Druckübersetzung

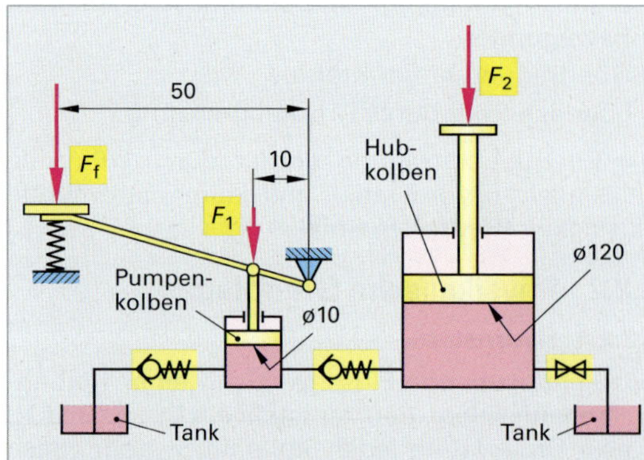

Bild 2: Hydraulischer Wagenheber

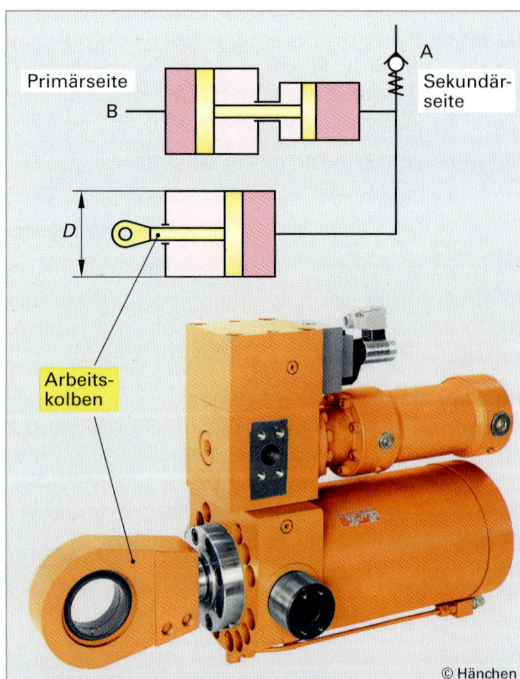

Bild 3: Druckübersetzung

2.2.2.2 Hydrodynamik

Flüssigkeiten strömen in einem Rohr nur wenn eine Druckdifferenz vorhanden ist. In einem geschlossenen System ist der Volumenstrom konstant. Es gilt also:

$$Q = \frac{\Delta V}{\Delta t} = \frac{A \cdot \Delta l}{\Delta t}$$

$$Q = A \cdot v$$

Q Volumenstrom
ΔV Volumenelement
Δt Zeitabschnitt
A Querschnittsfläche
Δl Länge des Volumenelements
v Strömungsgeschwindigkeit

Die Flüssigkeit muss dort schneller fließen, wo der Querschnitt A kleiner ist **(Bild 1)**. Die Geschwindigkeiten des Volumenstroms verhalten sich umgekehrt proportional zu den Querschnitten.

$Q_1 = v_1 \cdot A_1$, $Q_2 = v_2 \cdot A_2$ mit $Q_1 = Q_2 \Rightarrow$

$$\frac{v_1}{v_2} = \frac{A_2}{A_1}$$

v_1 Strömungsgeschwindigkeit im Querschnitt 1
v_2 Strömungsgeschwindigkeit im Querschnitt 2
A_1 Querschnitt 1; A_2 Querschnitt 2

Verkleinert sich der Querschnitt, wird die Strömungsgeschwindigkeit größer. Durch Reibung und die Beschleunigung des Mediums fällt der Druck in den Engstellen ab. Das Gesetz von *Bernoulli*[1] besagt, dass unter Vernachlässigung der Schwerkraft die Summe aus dem statischen und dynamischen Druck konstant ist. Es gilt:

$$\frac{1}{2}\varrho\, v^2 + p = konst.$$

ϱ Dichte der Flüssigkeit
v Strömungsgeschwindigkeit
p statische Druckdifferenz

Nach dem Satz der Energieerhaltung steigt die Temperatur des Mediums beim Durchfluss durch eine Engstelle (Bild 1).

Man unterscheidet *laminare* und *turbulente* Strömungen. Bei langsamen Fließgeschwindigkeiten und glatten Rohren liegen laminare Strömungen vor. Nimmt die Strömungsgeschwindigkeit zu, wird sie turbulent. Als Beurteilungskriterium dient die *Reynolds*[2]-Zahl **(Bild 2)**:

$$Re = \frac{v_m \cdot d}{\nu}$$

Re *Reynolds*-Zahl
v_m mittlere Strömungsgeschwindigkeit
ν kinematische Zähigkeit
d Umströmungslänge

Ab einem Wert Re von 2300 bis 2800 geht die laminare Strömung in die turbulente Strömung über.

Kavitation. Bei sehr hohen Geschwindigkeiten ist der Druckniedergang so groß, dass die Flüssigkeit aufreißt. Es bilden sich kleine Dampfblasen. Diese wachsen schnell an, bis sie instabil werden und zusammenstürzen. Dies ruft an den angrenzenden Wänden eine Zerstörung (Kavitation[3]) hervor **(Bild 3)**.

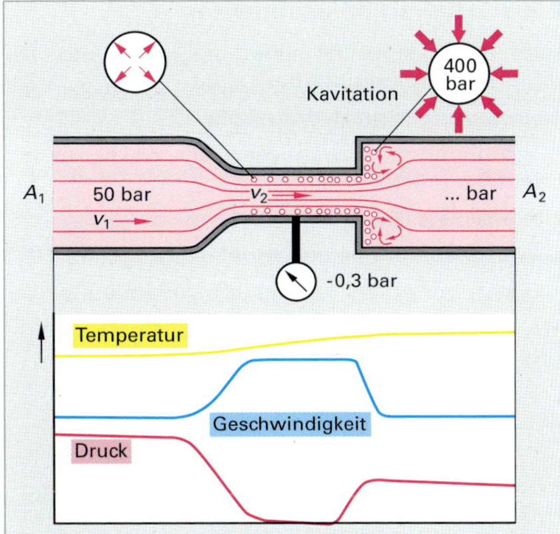

Bild 1: Volumenstrom bei einer Engstelle

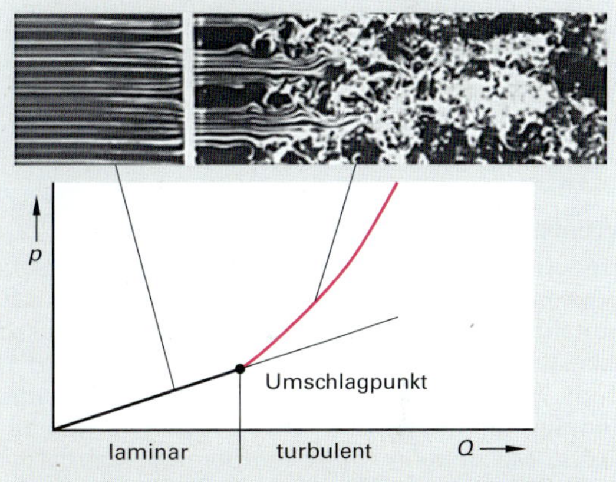

Bild 2: Laminare und turbulente Strömung

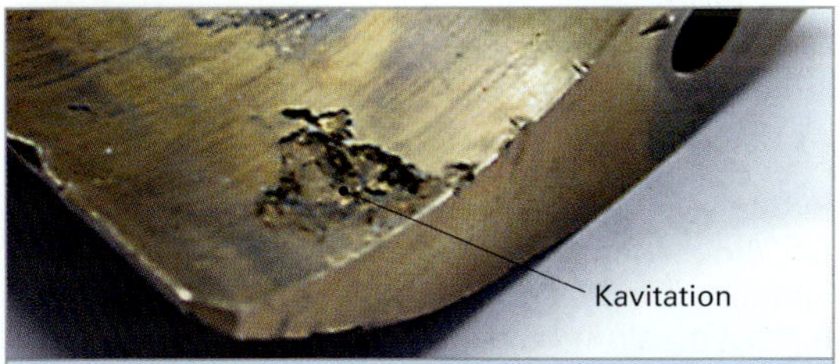

Bild 3: Kavitation an Innenzahnradpumpe

[1] *Bernoulli, Daniel* (1700 ... 1782), Physiker, Prof. in Petersburg und Basel

[2] *Reynolds, Osborne* (1842 ... 1912), engl. Physiker stellte 1883 das nach ihm benannte hydrodynamische Ähnlichkeitsgesetz auf.

[3] Kavitation = Aushöhlung von lat. cavus = hohl

2.2.3 Hydraulikflüssigkeiten

Hydraulikflüssigkeiten haben die Aufgabe die hydraulische Energie zu übertragen.

Anforderungen an Hydrauliköle:

- Schmieren der beweglichen Teile im Ölkreislauf, Reibungsverminderung
- Korrosionsschutz
- Wärmeabfuhr aus den Arbeitsaggregaten
- Schutz vor Ablagerungen und Verklebungen
- Hohe Alterungsbeständigkeit
- Verträglichkeit mit Dichtungen
- Optimales Luftabscheidevermögen

In den meisten Fällen werden Mineralöle verwendet.

- **HL-Hydrauliköle** enthalten Additive zur Erhöhung der Alterungsbeständigkeit und des Korrosionsschutzes.
- **HV-Hydrauliköle** besitzen zusätzlich Wirkstoffe zur Verbesserung des Viskositäts-Temperatur-Verhaltens. Sie sind besonders bei Einsätzen mit stark wechselnden Temperaturen (Mobilhydraulik) geeignet.

Daneben gibt es schwer entflammbare Öle (HF-Hydrauliköle) sowie synthetische Hydrauliköle für spezielle Einsatzbereiche.

Viskosität

Eine wichtige Eigenschaft ist die *Zähflüssigkeit* (Viskosität). Sie ist ein Maß für die innere Reibung. Von ihr hängt die Dynamik und der Wirkungsgrad des Hydrauliksystems ab. Das Diagramm **(Bild 1)** zeigt den Zusammenhang zwischen Viskosität, Temperatur und Druck eines typischen Hydrauliköls. Mit zunehmender Temperatur nimmt die Viskosität ab, mit zunehmendem Druck nimmt die Viskosität zu.

Damit Hydraulikanlagen gleichbleibende Eigenschaften im Betriebsverlauf behalten, ist häufig eine Regelung auf konstante Öltemperatur notwendig und macht so Kühlaggregate erforderlich.

Volumenverhalten

Bei einem Temperaturanstieg kommt es zur Volumenvergrößerung des Öls. Bei 10 °C Temperaturanstieg nimmt das Volumen um ca. 0,65 % zu. In geschlossenen Systemen können Druckerhöhungen entstehen. Bei Druckanstieg verringert sich das Volumen des Öls. In **Bild 2** wird dies gezeigt. Diese Eigenschaft führt zu federndem Verhalten und somit zu Schwingungen von Hydrauliksystemen.

Beispiel (Bild 3):
Ein Ölvolumen von V = 100 l wird mit einem Druck von 100 bar beaufschlagt und von 10 °C auf 20 °C erwärmt.

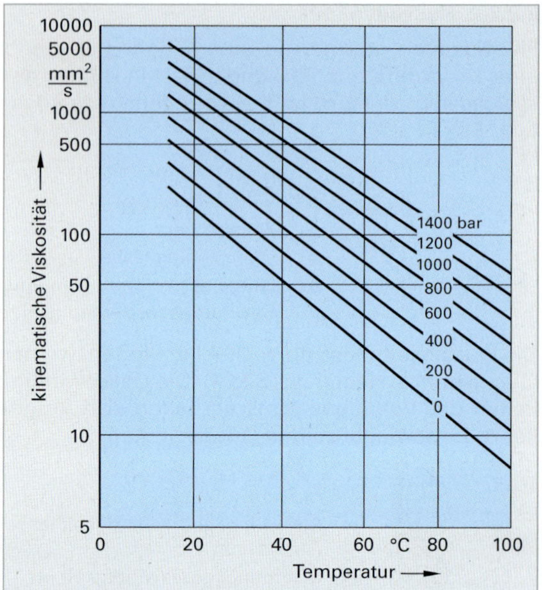

Bild 1: Viskositäts-Temperatur-Druckverhalten

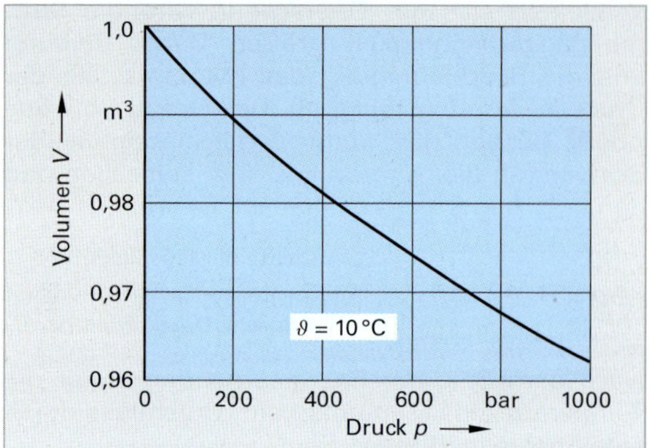

Bild 2: Volumen-Druck-Kurve eines Hydrauliköls

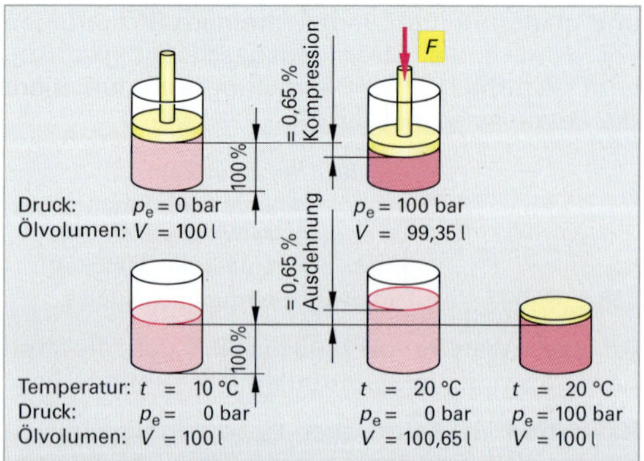

Bild 3: Druck- und Temperatureinfluss auf die Hydraulikflüssigkeit

Wartung des Hydrauliköls

Verschmutzung des Öls. Durch metallischen Abrieb an Hydraulikpumpen, Hydraulikmotoren, Ventilen sowie durch Abrieb an den Dichtungen und Schmutzreste aus der Fertigung gelangen Fremdstoffe in das Öl. Um den Grad der Verschmutzung eines Hydrauliköls zu definieren, wird die Größe und die Konzentration der Schmutzpartikel angegeben. Mit Partikelzählgeräten **(Bild 1)** wird die Untersuchung durchgeführt und die Reinheit des Öls festgestellt. Hierbei wird ein kontinuierlicher Ölstrom an einer Laserlichtquelle vorbeigeleitet. Die Partikel ergeben einen Schatten, dieser wird in elektronische Signale umgewandelt und gezählt.

Beispiel: Feststellung der Reinheitsklasse
(Anzahl der Partikel in 100 ml Öl):

82000 Partikel > 2 µm, 10500 Partikel > 5 µm, 1200 Partikel > 15 µm, entspricht nach Tabelle der Reinheitsklasse 17/14/11.

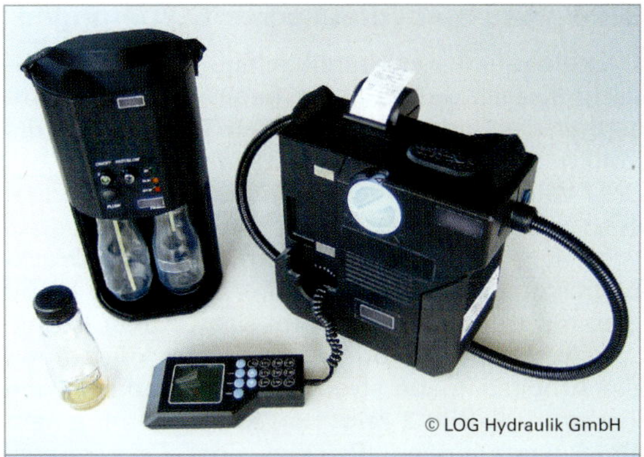

Bild 1: Anlage zur Partikelzählung

Tabelle 1: Ölreinheitsklassen (ISO 4406)

Partikel			Partikel		
von	bis	Code	von	bis	Code
500	1000	10	32000	64000	16
1000	2000	11	64000	130000	17
2000	4000	12	130000	250000	18
4000	8000	13	250000	500000	19
8000	16000	14	500000	1000000	20
16000	32000	15	1000000	2000000	21

Ölreinheitsklassen

Nach ISO 4406 werden bei der Reinheit zwei bzw. drei Werte angegeben: z. B. 14/11 bzw. 17/14/11. Bei zwei Werten gilt der 1. Wert für Partikel > 5 µm, der zweite für Partikel > 15 µm in 100 ml Flüssigkeit. Bei drei Werten ist die Stufung 2 µm – 5 µm – 15 µm. Die Werte sind in **Tabelle 1** dargestellt.

Die Schmierfähigkeit des Öls nimmt im laufenden Betrieb ab, sodass erhöhte Reibung entsteht. Dies kann zu Schäden im hydraulischen System, vorallem bei Hydraulikpumpen und Hydraulikmotoren, führen. Mit einer Versuchseinrichtung, bei welcher der Verschleiß gemessen wird, kann die Schmierfähigkeit festgestellt werden (Test nach DIN 51374-1).

Filterklassen und Filtereinbau. Je nach Einsatz ist eine bestimmte Reinheit des Öls erforderlich. Diese wird durch Verwendung passender Filter erreicht. Je nach Reinheit werden die Filter in Klassen eingeteilt, z. B. nach **(Bild 2)**. Um das Öl sauber zu halten werden Ölfilter eingebaut **(Bild 3)**.

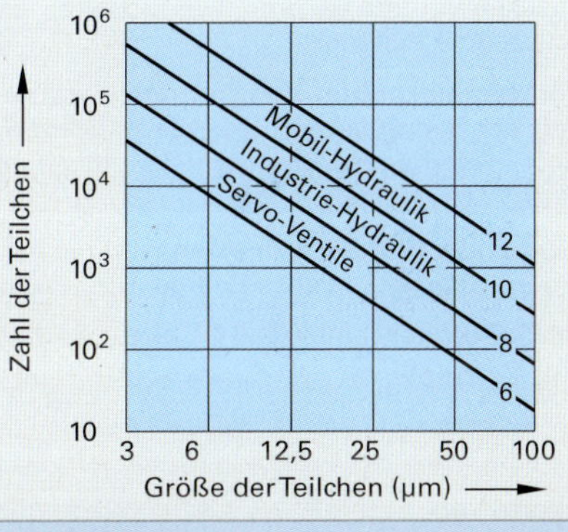

Bild 2: Filterklassen

Der **Saugfilter** wird vor der Pumpe eingebaut. Saugfilter sind in der Regel gröbere Filter, damit der Druckabfall beim Durchströmen des Öls möglichst klein bleibt. Nach der Pumpe können Hochdruckfilter eingebaut werden. Sehr häufig werden Rücklauffilter eingebaut. Alle Filter sind so gebaut, dass bei großer Verschmutzung, über eine Umgehung, das Öl ohne Filterung passieren kann. In diesem Fall wird häufig über einen elektrischen Kontakt angezeigt, dass der Filter getauscht werden muss.

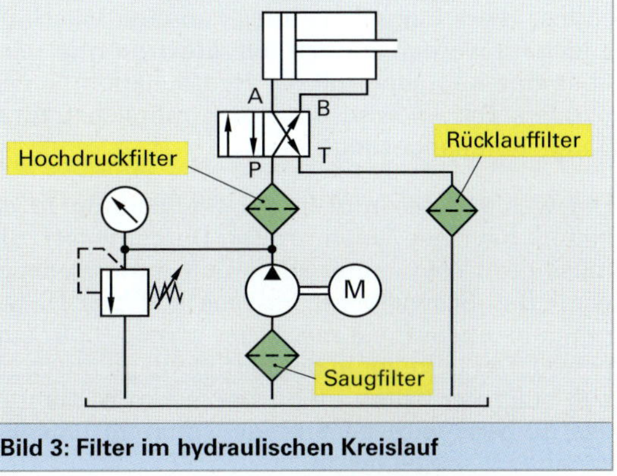

Bild 3: Filter im hydraulischen Kreislauf

2.2.4 Aufbau hydraulischer Steuerungen

Grundlage jeder Hydraulikanlage ist der hydraulische Kreislauf **(Bild 1)**. Er beginnt mit dem Ansaugen des Hydrauliköls aus dem Tank, es folgt die Volumenstromerzeugung mit einer Pumpe. Wenn dem Volumenstrom ein Widerstand entgegengesetzt wird, entsteht Druck. Wenn der Druck zu groß wird, dann wird der Volumenstrom über ein **Druckbegrenzungsventil** in den Tank abgeleitet. Wenn dies nicht der Fall ist, strömt das Öl über Ventile zum Aktor (Zylinder oder Motor). Nach Verrichtung der Arbeitsaufgabe strömt das Öl wieder in den Tank zurück. **Bild 2** zeigt den Kreislauf mit einem Druckdiagramm am Beispiel einer *Primärsteuerung*. Alle im Kreislauf befindlichen Bauelemente stellen Widerstände dar, welche bei fließendem Öl die Druckenergie in Wärmeenergie bzw. in mechanische Energie (Zylinder oder Motor) umsetzen, sodass das Öl drucklos in den Tank zurückfließt. Die Bauelemente haben ein ähnliches Verhalten wie die Widerstände in der Elektrotechnik. Der Hauptteil der Energie steht als kinetische Energie oder potenzielle Energie für die Arbeitsaufgabe zur Verfügung.

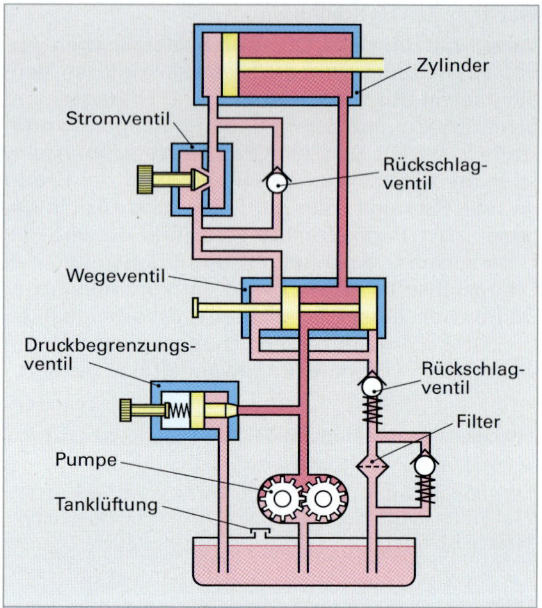

Bild 1: Prinzip einer Primärsteuerung

> Die **Wegeventile** übernehmen die Umsteuerung des hydraulischen Volumenstroms. Das Schalten erfolgt mechanisch oder elektrisch.
>
> Die **Stromventile** sind im Prinzip *Engstellen*, welche einen Teil der hydraulischen Energie in Wärme umwandeln. Sie werden zur Geschwindigkeitssteuerung eingesetzt.
>
> In **Zylindern** oder **Hydraulikmotoren** wird die hydraulische Energie in mechanische Energie umgewandelt.
>
> Der Rücklauf-**Ölfilter** reinigt das Öl, bevor es drucklos in den Tank zurückfließt.

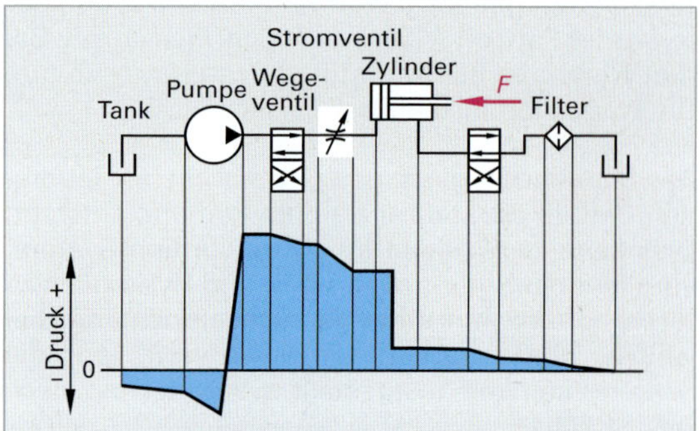

Bild 2: Druckverlauf bei einer Primärsteuerung

Hydraulikstation

Es werden oft die Hydraulikstationen **(Bild 3)** als komplette standardisierte Einheiten verwendet, sodass diese Einheiten einfach an eine Maschine angebaut werden können. Ein Elektromotor wird über eine Kupplung mit der Hydraulikpumpe verbunden. Das Öl wird über eine möglichst kurze Saugleitung angesaugt.

Um wenig Unterdruck in der Saugleitung zu erhalten, hat diese einen großen Durchmesser. Sie muss dicht sein, damit keine Luft mit angesaugt wird. Das Schwallblech im Tank soll das Öl beruhigen, sodass es möglichst wenig Luft aufnimmt. Der Luftfilter in der Einfüllanlage muss die Luft staubfrei halten, denn bei jedem Ausfahren des Kolbens wird dem Kolbenvolumen entsprechend Luft ausgetauscht.

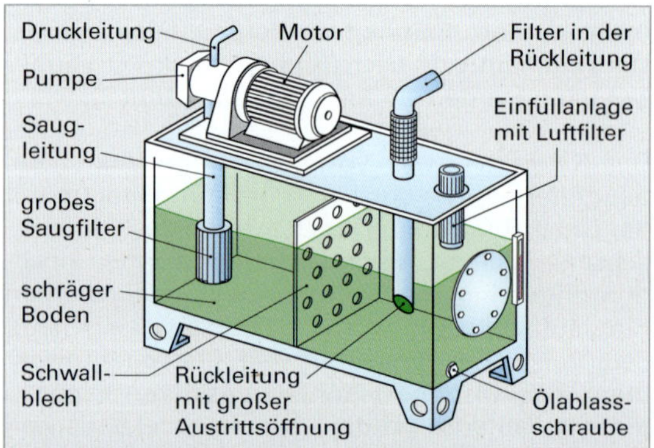

Bild 3: Aufbau einer Hydraulikstation

2.2.5 Hydraulikpumpen

Nach der Art der Bauteile, welche die Verdrängungsräume der Pumpe bilden, unterscheidet man **Zahnradpumpen, Flügelzellenpumpen** und **Kolbenpumpen**. Das bei einer Pumpenumdrehung verdrängte Flüssigkeitsvolumen nennt man **Fördervolumen** V. Mit der Pumpendrehzahl multipliziert, entsteht daraus der **Förderstrom** Q.

$$Q = V \cdot n$$

Q Förderstrom
V Fördervolumen pro Umdrehung
n Drehzahl

Dieser kann bei **Konstantpumpen** nicht verändert werden. Bei **Verstellpumpen** lässt er sich durch Verändern des Fördervolumens stetig steuern. Der Druck in der Druckleitung entsteht, wenn der Förderstrom durch einen Widerstand, z. B. durch eine Rohrverengung, am freien Abfließen gehindert wird.

Die Abhängigkeit des Förderstroms zeigt die Mengenkennlinie **(Bild 1)**. Diese wird bei konstanter Drehzahl aufgenommen, wobei die Pumpe gegen den Widerstand eines Druckbegrenzungsventils in den Tank fördert. Mit zunehmendem Druck erreicht die Pumpe schließlich die Grenze der Belastbarkeit, die Leckverluste steigen stark an, und der Förderstrom sinkt ab.

Bei der Auswahl einer Hydraulikpumpe werden der Förderstrom, der zulässige Höchstdruck, die Lärmentwicklung und der Wirkungsgrad berücksichtigt. Die von der Pumpe an die Druckflüssigkeit abgegebene Leistung ist:

$$P_{ab} = p \cdot Q \cdot \eta$$

P_{ab} abgegebene Leistung
p Druck
Q Förderstrom
η Wirkungsgrad

Zahnradpumpen

Die **außenverzahnte Zahnradpumpe** besteht aus einem Zahnradpaar, von dem eines angetrieben wird **(Bild 2)**. Durch die Drehbewegung der Zahnräder wird die Hydraulikflüssigkeit in den Zahnlücken entlang der Gehäusewand von der Saugseite zur Druckseite verdrängt.

Die Zähne, die sich im Eingriff befinden, verhindern ein Rückströmen der Flüssigkeit. Allerdings schließen dabei die Zähne die Lücken schon ab, bevor die Restflüssigkeit völlig aus den Zahnlücken entwichen ist und bewirken dort eine Verdichtung. Dies verursacht einen harten, geräuschvollen Lauf.

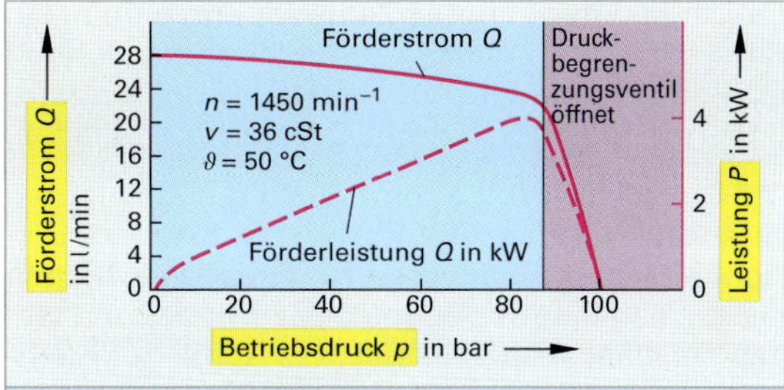

Bild 1: Pumpenkennlinie

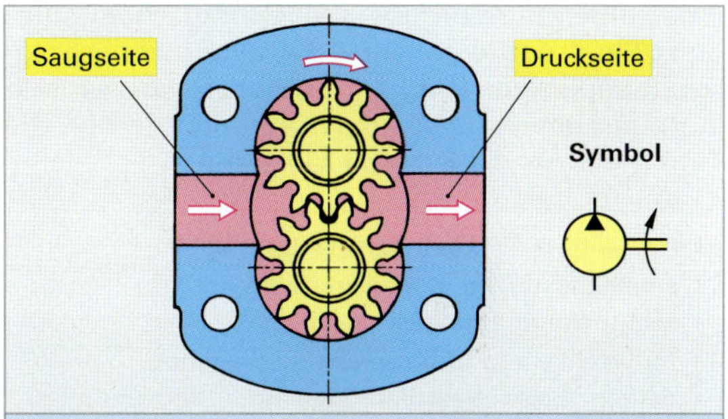

Bild 2: Außenverzahnte Zahnradpumpe

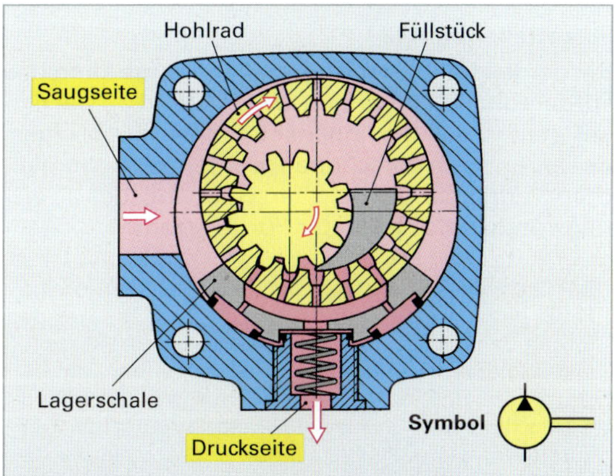

Bild 3: Innenverzahnte Zahnradpumpe

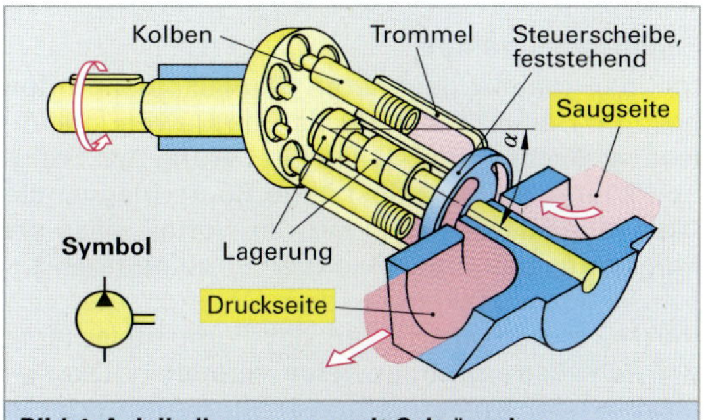

Bild 4: Axialkolbenpumpe mit Schrägachse

Bei der **innenverzahnten Zahnradpumpe** treibt ein Ritzel ein an den Zahnlücken durchbohrtes Hohlrad an **(Bild 3, vorhergehende Seite)**. Das Hohlrad wird durch ein Füllstück und eine Lagerschale gehalten.

Die Druckflüssigkeit strömt durch die Zahnlücken zwischen Füllstück und Ritzel bzw. Füllstück und Hohlrad von der Saugseite zur Druckseite. Wegen der großen Eingriffslänge der Zahnräder und wegen des flankenspielfreien Laufs ist die Geräuschentwicklung der Pumpe gering.

Axialkolbenpumpen

Axialkolbenpumpen gibt es als Schrägachsenpumpen **(Bild 4, vorhergehende Seite)** und als Schrägscheibenpumpen **(Bild 1)**. Die Kolben stützen sich in Kugelpfannenlagern axial ab und nehmen die Trommel bzw. die Scheibe radial mit.

Eigenschaften von Schrägachsenpumpen:

- selbstansaugend und leicht anfahrbar,
- schmutzunempfindlich,
- für wechselnde Druckbelastung geeignet,
- neigen beim Beschleunigen und Verzögern zu Schwingungen,
- lassen sich nicht schnell verstellen

Flügelzellenpumpe

Bei der **verstellbaren Flügelzellenpumpe** kann das Fördervolumen verändert werden **(Bild 2)**. Die Flügel gleiten auf der Innenseite eines Kreisringes, der exzentrisch verschoben werden kann. Im gleichen Verhältnis mit der Verschiebung des Kreisrings ändert sich auch der Förderstrom.

Der Druck wir selbsttätig geregelt: Zunächst drückt die Feder den Ring in eine exzentrische Lage. Die Pumpe fördert den größtmöglichen Förderstrom und füllt die angeschlossene Anlage mit Hydrauliköl, bis sich ein Druck aufbaut. Dieser steigende Druck presst den Ring gegen die Feder und beseitigt die Exzentrizität. Der Förderstrom wird Null (Nullhubpumpe). Sinkt der Arbeitsdruck, z. B. weil ein Zylinder ausfährt, drückt die Feder den Ring wieder in eine exzentrische Lage und der Förderstrom setzt erneut ein.

Radialkolbenpumpe

Bei der **innenabgestützten Radialkolbenpumpe** bestimmt eine Exzenterwelle den Bewegungsablauf der Kolben **(Bild 3)**. Die Steuerung des Saug- und Drucköls über selbsttätige Rückschlagventile (Außenbeaufschlagung) hat den Vorteil, dass die Pumpe aus getrennt wirkenden Einzelpumpen zusammengesetzt werden kann. Dadurch lässt sich durch Zu- und Abschalten der Pumpenelemente der Förderstrom stufenweise verstellen. Die Anordnung der Kolben erfolgt in Sternform oder in Reihe **(Bild 4)** oder auch kombiniert.

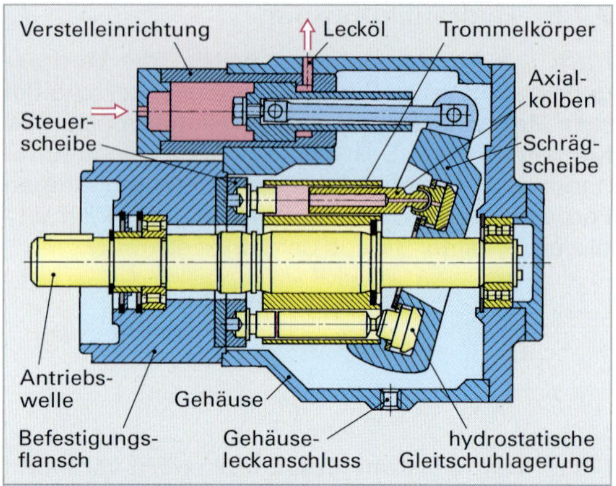

Bild 1: Axialkolbenpumpe

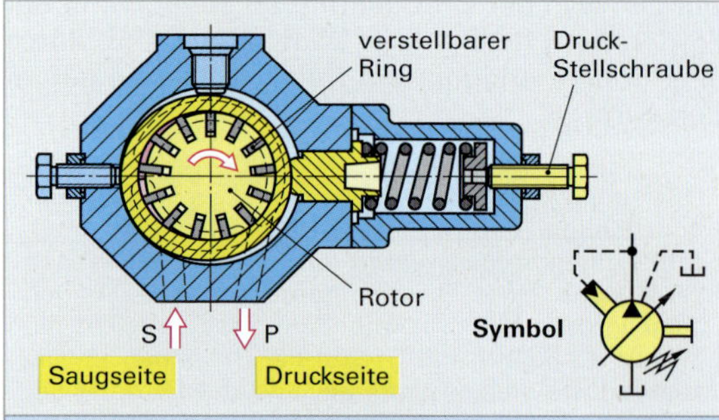

Bild 2: Verstellbare Flügelzellenpumpe

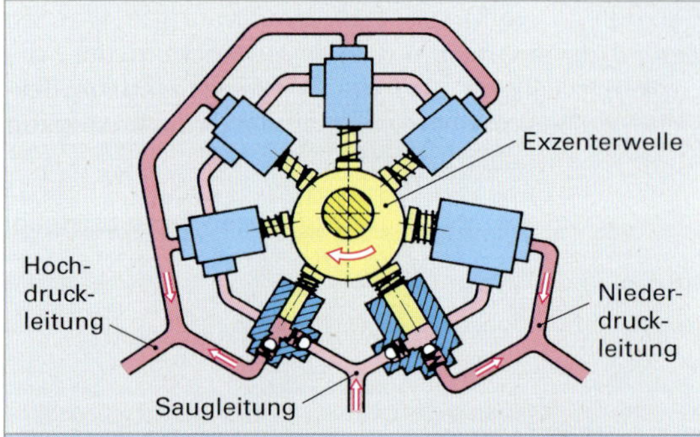

Bild 3: Innenabgestützte Radialkolbenpumpe

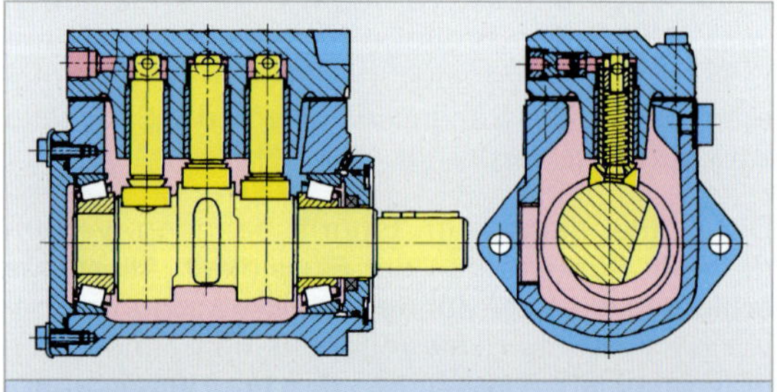

Bild 4: Reihenbauweise einer Radialkolbenpumpe

2.2.6 Hydraulikspeicher

Hydraulikenergie wird in der Regel mit Hilfe eines Gasspeichers **(Bild 1)** mit komprimiertem Gas gespeichert. Die wichtigsten Aufgaben eines Hydraulikspeichers sind:

- Energie zu speichern,
- Schwingungen zu dämpfen,
- Förderstromschwankungen auszugleichen,
- Ölreserve bei Leckölverlusten zu schaffen,
- Energiereserve für eine Notbetätigung zur Verfügung zu halten.

Membranspeicher. Membranspeicher dienen zur Speicherung kleiner Volumen zwischen 0,1 l bis 4 l und besitzen eine zur Gasseite offene, halbkugelförmige Membrane.

Blasenspeicher. Beim Blasenspeicher wird der Stickstoff durch eine geschlossene Kunststoffblase von der Hydraulikflüssigkeit getrennt. Ein Ventilteller verhindert beim Ausfließen eine Zerstörung der Blase. Das Speichervolumen reicht bis 200 l.

Kolbenspeicher. Beim Kolbenspeicher trennt ein beweglicher Kolben den Gasraum vom Flüssigkeitsraum. Zur Vergrößerung der Speicherfähigkeit können an den Gasraum Stickstoff-Flaschen angeschlossen werden.

Hydraulikspeicher unterliegen den am Aufstellungsort gültigen Unfallverhütungsvorschriften.

In Deutschland gilt: Ist Druck [bar] x Nennvolumen [Liter] > 200, dann sind Sicherheitseinrichtungen vorzusehen.

Beispiel:
Max. Druck 150 bar, Speichergröße 2,8 l
Wert = 150 x 2,8 = 420.
Es sind Sicherheitseinrichtungen notwendig.

Bild 2 zeigt eine Schaltung für eine Spannvorrichtung mit Sicherheitseinrichtung:

1. Manometer für permanente Anzeige,
2. Baumustergeprüftes Druckbegrenzungsventil,
3. Absperreinrichtung,
4. Ablasshahn zum Entlasten des Speicherdruckes.

Speicherberechnung. Es gilt das allgemeine Gasgesetz:

$$\frac{p_0 \cdot V_0}{T_0} = \frac{p_1 \cdot V_1}{T_1}$$

p_0, p_1 Druck, vorher – nachher
V_0, V_1 Volumen, vorher – nachher
T_0, T_1 Temperatur, vorher – nachher

Der ungünstige Fall, dass die Volumenänderung so schnell vonstatten geht, dass kein Wärmeaustausch stattfindet (adiabatische[1] Zustandsänderung), wird häufig als Berechnungsgrundlage verwendet.

Bild 3 zeigt die drei Zustände eines Speichers:
leer: Druck p_0 und Volumen V_0 (Nennvolumen)
vorgefüllt: Druck p_1 und Volumen V_1
max. gefüllt: Druck p_2 und Volumen V_2

Für die überschlägige Berechnung kann man verwenden: Vorfülldruck p_0 etwa $0{,}9 \cdot p_1$; Speichergröße etwa $2 \cdot$ benötigtes Ölvolumen

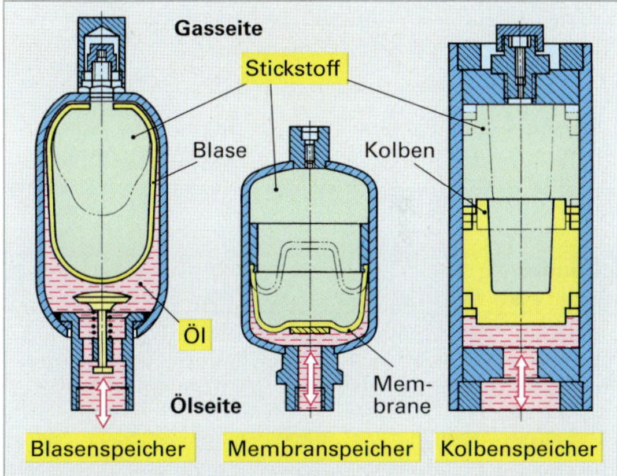

Bild 1: Hydraulikspeicher

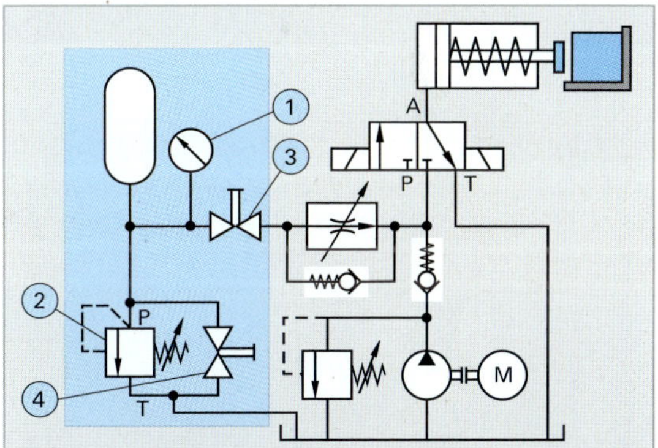

Bild 2: Beschaltung eines Speichers

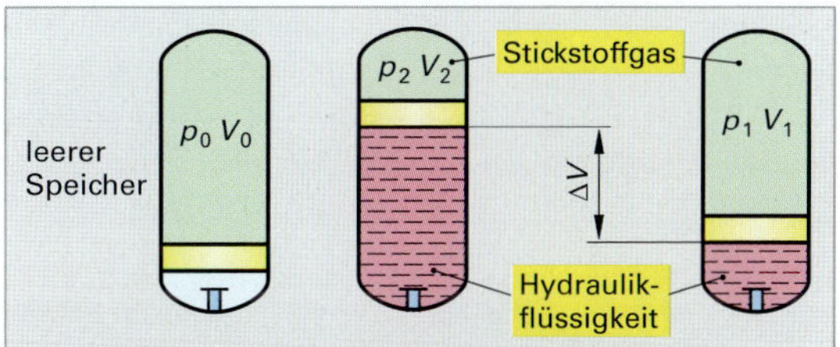

Bild 3: Speichergröße V_0 und Nutzvolumen ΔV

[1] adiabatisch = nicht hindurchtretend, von griech. diabainein = hindurchtreten

Beispiel 1: Berechnung eines Speichers

Für eine Eilgangsteuerung ist ein Druck von mindestens 60 bar notwendig. Für einen Arbeitsgang werden 1,5 l Öl aus dem Speicher benötigt.

1. Überschlägige Berechnung der Speichergröße

Nennvolumen = 2 · 1,5 l = 3,0 l

Es wird ein Standardspeicher mit Nennvolumen 4 l gewählt.

2. Vorfülldruck

Vorfülldruck = 0,9 · Mindestdruck

Vorfülldruck = 0,9 · 60 bar = 54 bar

3. Maximaler Druck

Aus dem Nomogramm **(Bild 2)** kann der maximale Druck abgelesen werden. Verfolgen Sie hierzu die Linien 1, 2, 3, 4, 5 im Nomogramm.

Abgelesen max. Druck p_2 = 140 bar.

Ergebnis: Das System muss zu Beginn des Arbeitsgangs p_2 = 140 bar haben, um nach der Entnahme von 1,5 l Öl noch p_1 = 60 bar zu besitzen.

Übung:

Berechnen Sie den maximalen Druck, wenn für **Beispiel 1** ein Speicher mit dem Nennvolumen 10 l verwendet werden würde. Begründen Sie die Auswirkung des größeren Speichers. Bewerten Sie das Ergebnis.

Bild 1 zeigt eine Blasenspeichereinheit, bestehend aus Blasenspeicher, angebautem Sicherheitsblock mit Absperrventil und Entlastungsventil.

Diese Einheit kann direkt an Maschinen angebaut werden.

Bild 1: Blasenspeicher

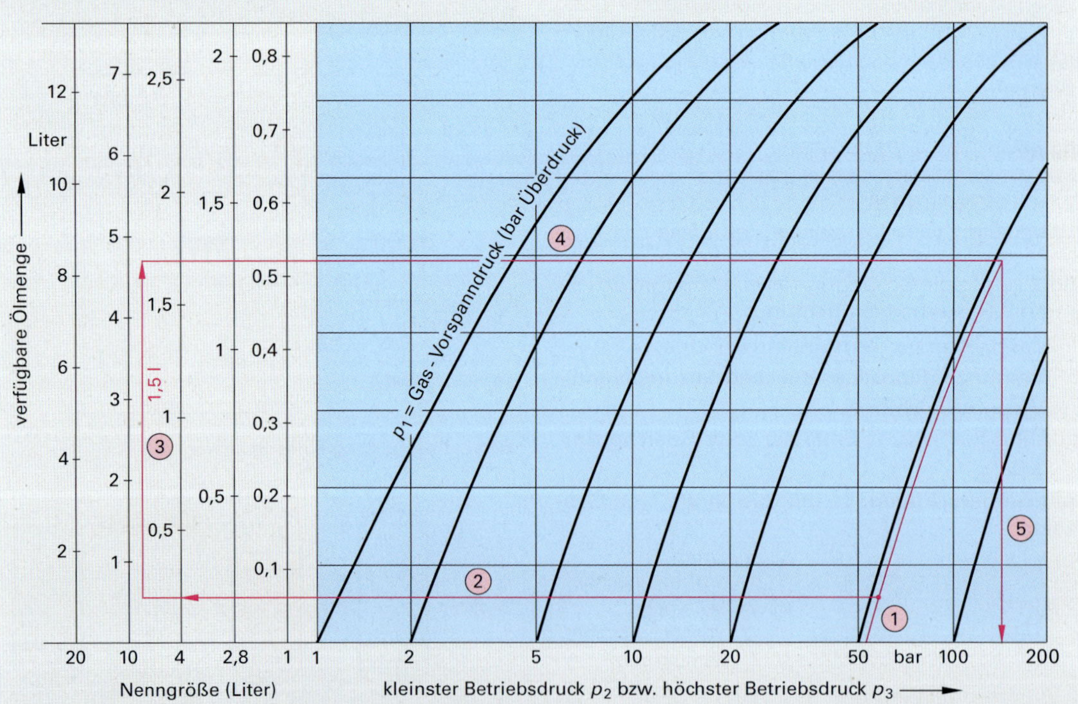

Bild 2: Druck-Volumen-Kennlinie (Adibate)

2.2.7 Antriebselemente

Zu den Antriebselementen gehören Zylinder und Hydraulikmotoren. Diese setzen die hydraulische Energie in mechanische Energie um.

Hydraulikzylinder

Bild 1 zeigt mehrere Bauarten von Zylindern. Am häufigsten wird der doppelt wirkende Zylinder eingesetzt. Diese Zylinder werden mit einseitiger oder mit doppeltseitiger Kolbenstange hergestellt.

Einfach wirkende Hydraulikzylinder

Der *Tauchkolben* oder *Plunger* genannte einfach wirkende Zylinder wird einseitig durch die Druckflüssigkeit beaufschlagt und durch eine äußere Kraft, z. B. durch das Eigengewicht, zurückgestellt. Um die Steifigkeit der Kolbenstange zu erhöhen, ist ihr Querschnitt über die gesamte Stangenlänge gleich dem, von der Druckflüssigkeit beaufschlagten Kolbenquerschnitt zu wählen. Vorteilhaft sind der einfache Aufbau und die gute Abdichtung, da nur eine Seite mit Flüssigkeit beaufschlagt ist.

Doppelt wirkende Hydraulikzylinder. Diese werden mit einseitiger Kolbenstange oder mit zweiseitiger Kolbenstange ausgeführt. Die einseitige Ausführung wird auch Differenzialzylinder genannt. Oft werden in den Zylinder induktive Grenztaster zur Anzeige der Endpositionen eingebaut **(Bild 2)**.

Differenzialzylinder. Für den Einsatz einer Differenzialschaltung bzw. einer Umströmungsschaltung ist ein Flächenverhältnis von Kolbenfläche zu Kolbenringfläche von 2 : 1 notwendig. Damit ergibt sich bei gleichem Druck in beiden Zylinderkammern eine größere Kraft in Richtung der ausfahrenden Kolbenstange **(Bild 3)**. Diese Kraftdifferenz zwischen beiden Zylinderkammern wird dazu benutzt, das Hydrauliköl der Kolbenstangenseite im Kurzschluss der gegenüberliegenden Seite zuzuführen. Dadurch fließt in diese Zylinderkammer das Pumpenöl und das zurückströmende Öl der Kolbenstangenkammer. Bei einem Flächenverhältnis von 2 : 1 fährt so der Zylinder nach rechts und nach links mit gleichgroßer Vorschubgeschwindigkeit.

Gedanklich kann man sich das Öl zwischen Kolbenstange und Zylinder als reines Umlauföl vorstellen.

Um den Kolben positionieren zu können, werden die Zylinder mit Wegmesssystemen, Ventilen und Elektronik ausgerüstet. Somit kann die Einheit direkt an eine SPS angeschlossen werden **(Bild 4)**.

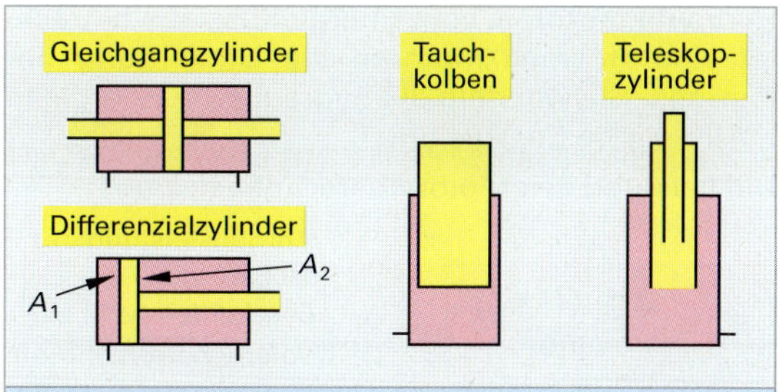

Bild 1: Zylinderarten

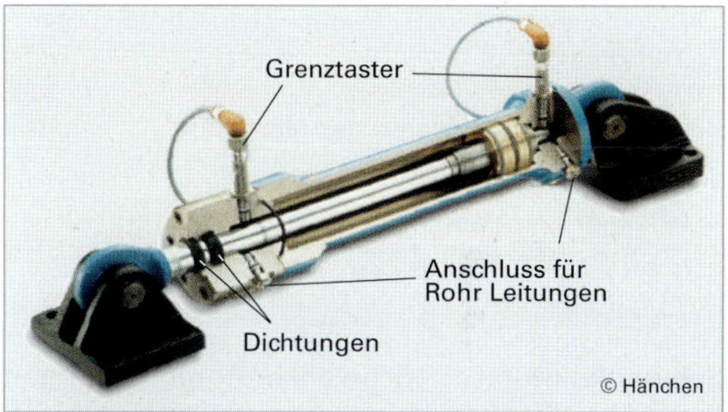

Bild 2: Doppeltwirkender Zylinder

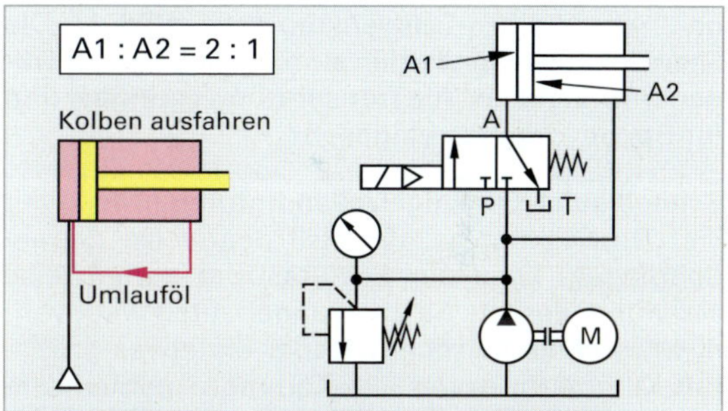

Bild 3: Umströmungsschaltung mit Differenzialzylinder

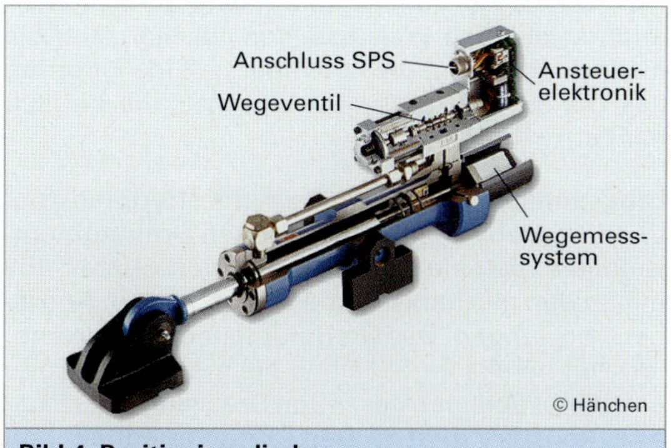

Bild 4: Positionierzylinder

Hydraulikmotoren. Vom Energiefluss aus betrachtet sind Hydraulikmotoren die Umkehrung der Pumpen. Sie wandeln die hydraulische Energie in mechanische Energie um.

Die Leistung des Motors berechnet sich aus:

$$P_{ab} = \frac{\Delta p \cdot Q \cdot \eta_{ges}}{600}$$

P_{ab} Abtriebsleistung des Motors in kW
ΔP Druckdifferenz in bar
Q Volumenstrom in l/min
η_{ges} Gesamtwirkungsgrad

Beispiel:

In einem hydraulischen System steht ein Volumenstrom von Q = 20 l/min bei einem max. Druck von p = 120 bar.

Der Gesamtwirkungsgrad des Motors ist η_{ges} = 0,85. Welche max. Leistung kann der Motor abgeben?

Lösung:

$$P_{ab} = \frac{120 \cdot 20 \cdot 0{,}85}{600} = \mathbf{3{,}4\ kW}$$

Schwenkmotoren. Schwenkmotoren werden für Drehbewegungen in einem Bereich von 50° bis 360° eingesetzt. Sie können trotz ihrer kompakten Bauart große Drehmomente übertragen. Man unterscheidet Flügelzellen-, Drehkolben- und Schubkolben-Schwenkmotoren **(Bild 1)**. Die Schwenkmotoren werden zum Schließen und Öffnen von Ventilen, für Transportbewegungen und für Spannvorgänge eingesetzt.

Schnellläufer. Bei **Flügelzellenmotoren (Bild 2)** mit vier Druckkammern, die sich paarweise gegenüberliegen, kann der Schluckstrom stufenweise zugeführt werden. Mit dem angebauten Wegeventil werden die Kammern 1 oder die etwas größeren Kammern 2 oder alle Kammern gemeinsam zugeschaltet. Auf diese Weise lässt sich das Motordrehmoment stufenweise der Belastung anpassen. Vorteilhaft wirken sich bei den Flügelzellenmotoren der gleichförmige, geräuscharme Lauf, die hohe Lebensdauer, das kleine Bauvolumen und der niedrige Preis aus. Von Nachteil sind die niedrige Drehzahl, die notwendige feine Filterung des Öls und die obere Druckgrenze, die bei 200 bar liegt.

Langsamläufer. Langsam laufende Hydraulikmotoren werden wegen der günstigen Drehmomentkennlinie bei niedrigen Drehzahlen (unter 150 min^{-1}) den mechanischen und elektrischen Antrieben vorgezogen. Das Drehmoment des Hydromotors hat bereits im Stillstand die maximale Größe und bleibt über den gesamten Drehzahlbereich nahezu konstant **(Bild 3)**. Das Drehmoment ist vom Betriebsdruck abhängig.

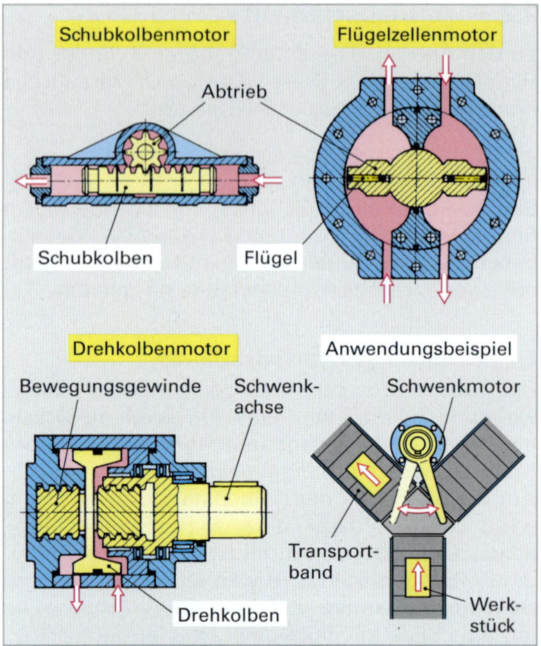

Bild 1: Schwenkmotoren

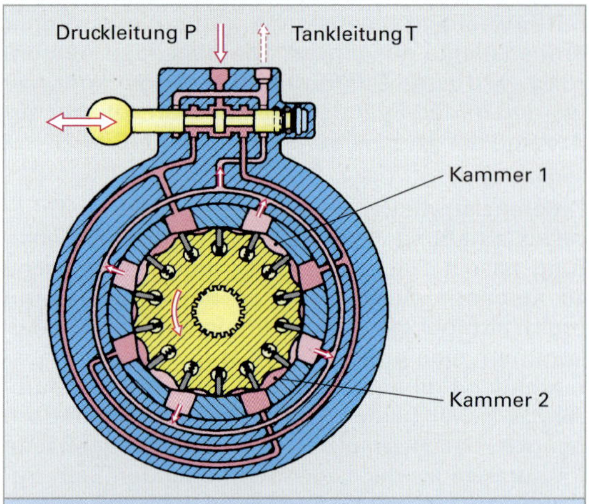

Bild 2: Verstellbarer Flügelzellenmotor

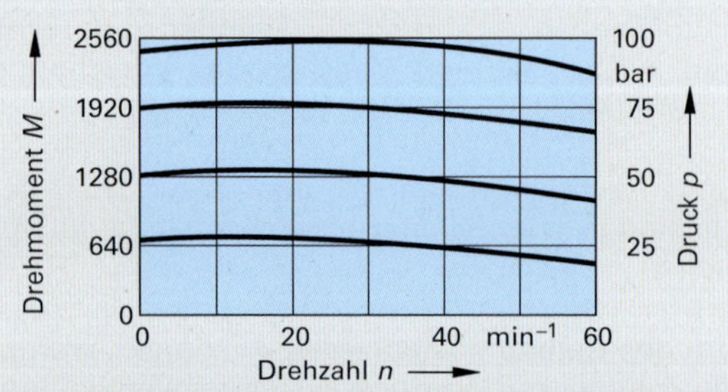

Bild 3: Kennlinien eines Hydraulikmotors

Radialkolbenmotoren werden ähnlich wie die Radialkolbenpumpen mit äußerer oder innerer Abstützung der Hydraulikkolben gebaut. Die Motoren mit innerer Abstützung haben ein besonders niedriges Trägheitsmoment, sind sehr hoch belastbar und haben eine höhere obere Drehzahlgrenze als außenabgestützte Motoren **(Bild 1)**. Diese besitzen dagegen wegen der hydrostatisch ausgeglichenen Welle eine höhere Lebensdauer und sind sehr betriebssicher. Beide Konstruktionen haben ein großes Anfahrmoment bei einem sehr hohen Wirkungsgrad und einem gleichförmigen, ruhigen Lauf.

Hydromotoren mit Getrieben sind bei Großserien preiswerter als Radialkolbenmotoren und können wegen der vielfältigen Kombinationsmöglichkeiten von Motor und Getriebe vielen Einsatzanforderungen angepasst werden. Dies trifft besonders dann zu, wenn ein schnelllaufender Verstellmotor mit einem Stufengetriebe kombiniert wird. **Bild 2** zeigt einen Axialkolbenmotor mit Planetenradgetriebe.

Axialkolbenmotoren sind für einen Drehfrequenzbereich von 0,1 1/min bis 1000 1/min geeignet.

Abtriebsleistung in kW:

$$P = \frac{\Delta p \cdot Q \cdot \eta}{600}$$

Schluckvolumen in l/min:

$$Q = \frac{V_g\, n}{1000 \cdot \eta_{vol}}$$

Δp Druckdifferenz in bar
η Gesamtwirkungsgrad (0,8 ... 0,85)
V_g geometrisches Hubvolumen pro Umdrehung in cm^3
n Drehfrequenz in 1/min
η_{vol} volumetrischer Wirkungsgrad (0,9 ... 0,95)

Offener und geschlossener Kreislauf

Der Einbau von Hydraulikmotoren in einer Anlage erfolgt im offenen oder geschlossenen Kreislauf **(Bild 3)**. Beim offenen Kreislauf fördert die Pumpe in einer Richtung. Die Drehrichtung des Motors wird durch ein Wegeventil gesteuert. Die Hydraulikflüssigkeit strömt in den Tank zurück und wird dort gekühlt. Abriebteilchen und Schmutz werden im Tank ausgefiltert. Im geschlossenen Kreislauf verändert man die Drehrichtung des Motors mit einer Verstellpumpe, die in zwei Richtungen fördern kann. Ein Wegeventil ist nicht nötig, und die Umsteuerung erfolgt sehr schnell. Die Hydraulikflüssigkeit wird aber wärmer als im offenen Kreislauf und muss daher wegen der schnelleren Alterung häufiger ausgewechselt werden. Leckverluste werden über die beiden Rückschlagventile durch Ansaugen aus dem Tank ausgeglichen.

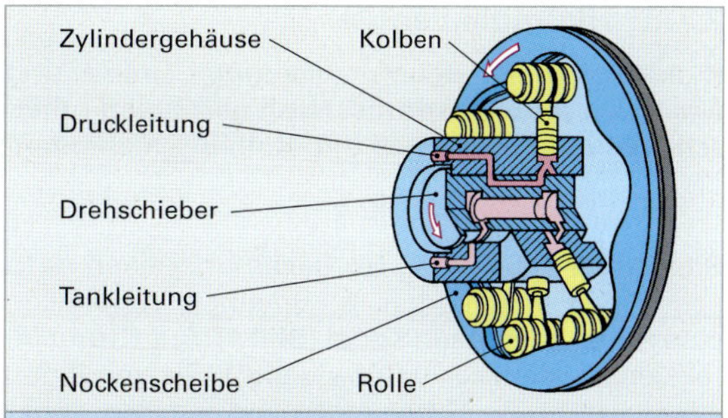

Bild 1: Schwenkmotoren

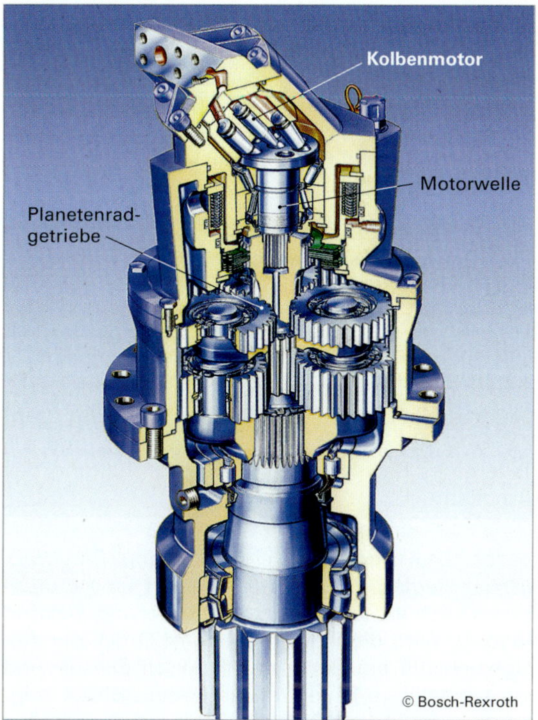

Bild 2: Transportanlage mit Schwenkmotor

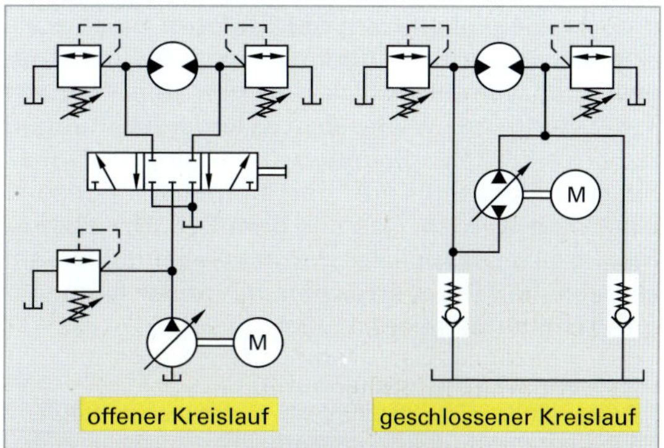

Bild 3: Verstellbarer Flügelzellenmotor

2.2.8 Hydraulikventile

Hydraulikventile steuern *Richtung, Größe* und *Druck* des Volumenstroms. Nach der Bauart unterscheidet man Sitzventile und Kolbenschieberventile.

Sitzventile haben eine Sitzfläche und einen dazu passenden Ventilkörper, z. B. einen Ventilteller, eine Kugel oder einen Kegel **(Bild 1)**. Auf Grund ihrer Konstruktion schließen sie dicht. Sie benötigen allerdings große Schaltkräfte und werden daher nur bei kleineren Nennweiten verwendet.

Kolbenschieberventile haben als zentrales Element einen Ventilkolben. Die Kanten des Kolbens überfahren die Anschlussbohrungen. Diese werden Steuerkanten genannt **(Bild 2)**. Auf Grund der Konstruktion benötigen sie nur geringe Schaltkräfte. Die Dichtheit lässt durch Verschleiß mit der Zeit etwas nach.

Hydraulikventile steuern Richtung, Größe und Druck des Volumenstromes.

2.2.8.1 Druckventile

Druckventile dienen zur Druckbegrenzung, zum Zu- und Abschalten von Steuergeräten und als Teile eines Regelventils zur Konstanthaltung des Arbeitsdrucks.

Jedes Druckventil ist ein *mechanisch-hydraulischer Regler*, dessen Stellfunktion eine stufenlose Durchflussquerschnittsveränderung bewirkt **(Bild 3)**. Wird die Ventilfläche vom Druck der Anlage belastet, entsteht eine Druckkraft. Dieser wirkt die einstellbare Federkraft entgegen. **Bild 4** zeigt Kennlinien eines Druckbegrenzungsventils bei zwei unterschiedlichen Federvorspannungen. Die Haupteinsatzgebiete sind der Überlastungsschutz und die Gegenhaltung **(Bild 5)**. Beim Einsatz als Überlastungsschutz öffnet das Ventil bei dem eingestellten Öffnungsdruck und gibt den Weg zur Tankleitung frei. Wenn bei Zylinderschaltungen ziehende Kräfte vorkommen, dann kann ein Druckbegrenzungsventil auf der Kolbenstangenseite eingebaut werden. Das aus dem Zylinder abströmende Öl muss zunächst den am Gegenhalteventil eingestellten Druck erreichen, bevor der Leitungsquerschnitt freigegeben wird.

Druckventile sind mechanisch-hydraulische Regler zur Begrenzung und Konstanthaltung hydraulischer Drücke.

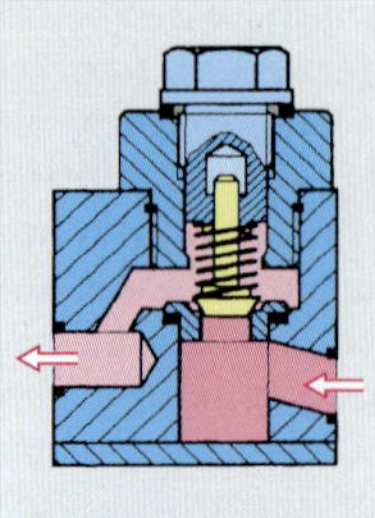

Bild 1: Sitzventile

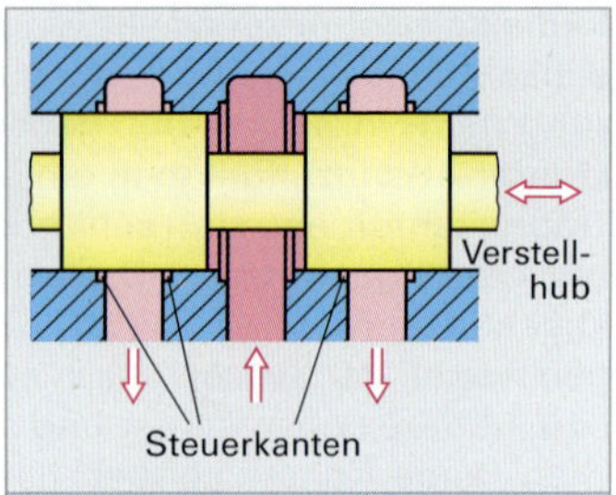

Bild 2: Kolbenschieberventil

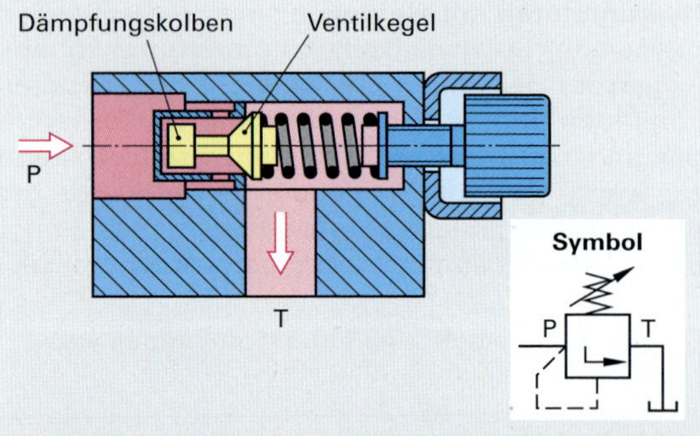

Bild 3: Druckbegrenzungsventil

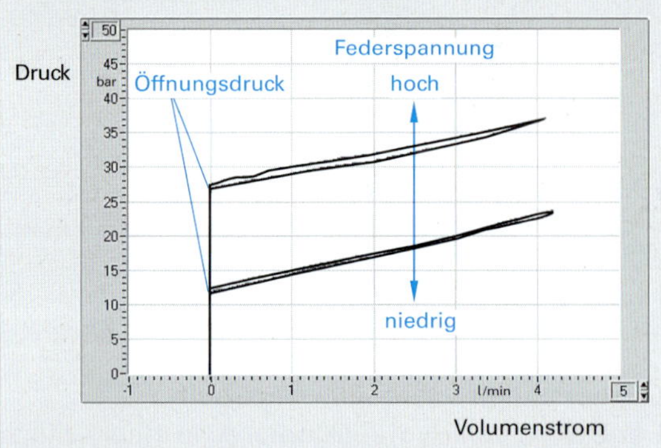

Bild 4: Kennlinie eines Druckbewgrenzungsventils

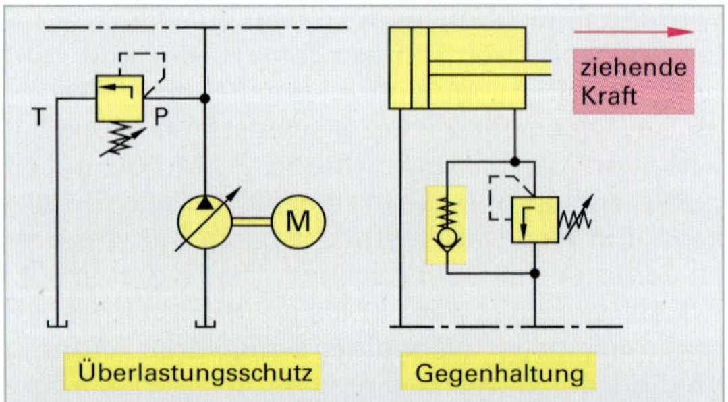

Bild 5: Einsatzbeispiele für Druckventile

Vorspannung. Bei einfachen Werkzeugmaschinen kann das Spannen des Werkstücks mit einem 5/3-Wegeventil gesteuert werden **(Bild 1)**. Wird das Wegeventil –QM1 in die linke Schaltstellung gebracht, fährt der Spannkolben –MM1 aus. Wenn sich der Spanndruck aufgebaut hat, öffnet das Druckbegrenzungsventil –QN1 und der Vorschubzylinder –MM fährt aus. Wird das Wegeventil umgeschaltet, fährt der Vorschubzylinder zurück. Danach öffnet das Druckbegrenzungsventil –QN2 und der Spannkolbenfährt zurück.

Vorgesteuertes Druckbegrenzungsventil

Für große Volumenströme oder hohe Anforderungen an die Genauigkeit des einstellbaren Drucks eignet sich das *direkt wirkende* Druckbegrenzungsventil nicht mehr (Bild 3, vorhergehende Seite), da wegen der größeren Nennweiten die Ventilfeder zu groß ausfallen würde. Deshalb verwendet man in diesen Fällen vorgesteuerte Ventile, die aus einem kleinen Kegelsitzventil zur Drucksteuerung und einem großen Hauptventil zur Förderstromsteuerung zusammengesetzt sind **(Bild 2)**.

Am Kegelsitzventil wird der zulässige Höchstdruck eingestellt. Erreicht der Anlagedruck diesen Hauptdruck, fließt über das Kegelsitzventil die Hydraulikflüssigkeit in den Tank. Dabei muss sie durch eine Drossel fließen, die im Kolben des Hauptventils eingebaut ist. Durch den Durchflusswiderstand der Drossel entsteht zwischen Ober- und Unterseite des Hauptkolbens ein Druckunterschied, der das Hauptventil gegen die Federkraft öffnet. Der Volumenstrom wird durch Druckentlastung in den Tank geleitet. Schließt das Vorsteuerventil wieder, wird auch das Hauptsteuerventil geschlossen, da die Druckdifferenz an der Drossel des Kolbens nur bei Durchfluss vorhanden ist.

Folgeventile

In ähnlicher Weise wie das Druckbegrenzungsventil können auch andere Druckventile mit einer Vorsteuerung ausgerüstet sein. Beim Folgeventil erfolgt die Betätigung des Kegelsitzventils über eine von außen herangeführte Steuerleitung X **(Bild 3)**. Das vom Vorsteuerventil abströmende Öl wird über eine externe Leitung drucklos in den Tank geleitet.

Beispiel: Mit dem **Folgeventil zur Zuschaltung** können z. B. zwei getrennte Hydraulikkreise aufeinander abgestimmt werden **(Bild 1, folgende Seite)**. So darf z. B. der Vorschubzylinder eines Bohrwerkzeugs erst ausfahren, wenn der Spannzylinder das Werkstück gespannt hat.

Mit dem **Folgeventil zur Abschaltung** kann von Eilgang- auf Vorschubgeschwindigkeit umgeschaltet werden **(Bild 2, folgende Seite)**. Für den Eilgang benötigt die Hydraulikanlage einen großen Volumenstrom bei niedrigem Druck, für den Vorschub einen kleinen Volumenstrom bei hohem Druck. Aus wirtschaftlichen Gründen trennt man die beiden Förderströme, indem man eine Hochdruckpumpe und eine Eilgangpumpe einsetzt. Die Eilgangpumpe wird über ein Folgeventil abgeschaltet, sobald der Widerstand am Werkzeug der Vorschubeinheit durch die beginnende Bearbeitung ansteigt und einen Druckanstieg in der Pumpenleitung verursacht. Dieser Druck schaltet das Folgeventil auf Durchfluss, und die Eilgangpumpe fördert drucklos in den Tank.

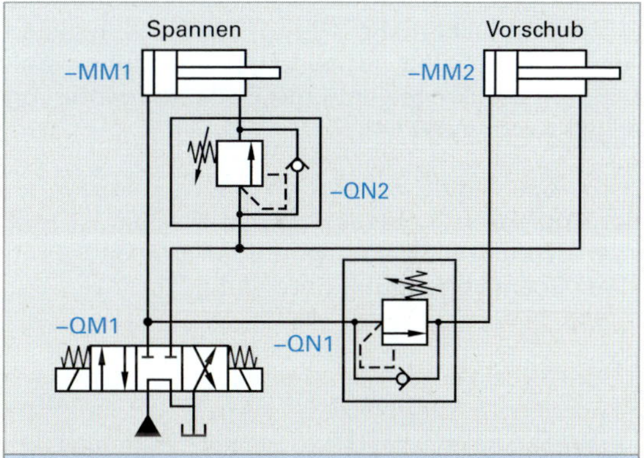

Bild 1: Vorspannung

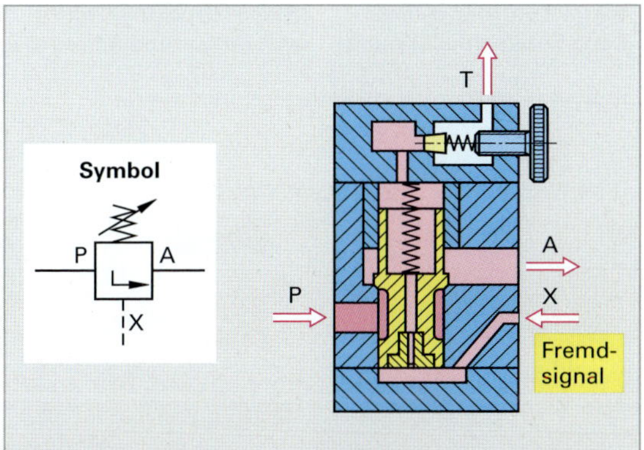

Bild 3: Fremdgesteuertes Druckventil (Folgeventil)

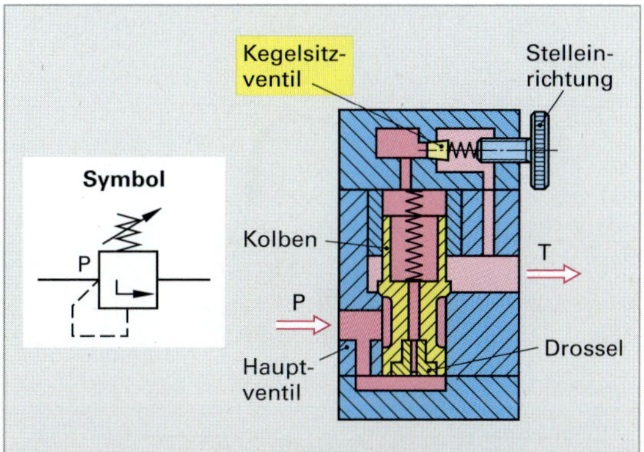

Bild 2: Vorgesteuertes Druckbegrenzungsventil

Druckregelventile

Die bisher beschriebenen Druckventile sind alle in der Ausgangsstellung *geschlossen* und *öffnen* bei Betätigung. Druckregelventile (Druckminderventile) sind im unbeeinflussten Zustand geöffnet. Nach ihrem Aufbau unterscheidet man Druckregelventile ohne Entlastungsöffnung und Druckregelventile mit Entlastungsöffnung.

Beim **Druckregelventil ohne Entlastungsöffnung** wird der Arbeitsdruck der Leitung B hinter dem Ventil konstant gehalten **(Bild 3)**. Über die Leitung A strömt das Hydrauliköl in das Druckregelventil ein und wird durch den *Ringspalt* gedrosselt. Dadurch entsteht in der Leitung B ein kleinerer Druck als in Leitung A. Steigt der Druck in Leitung B, wird der Ventilkolben angehoben. Der Ringspalt verkleinert sich und der Druck in der Leitung B sinkt wieder ab.

Im umgekehrten Fall vergrößert sich der Ringspalt und gleicht den Druckverlust aus. Durch eine Kraft, die auf einen an die Leitung B angeschlossenen Zylinder wirkt, kann der Druck in der Leitung B so stark ansteigen, dass der Kolben des Druckregelventils den Ringspalt völlig schließt und eine Entlastung nicht mehr möglich ist. Diese in vielen Anwendungsfällen notwendige Entlastung kann mit dem **Druckregelventil mit Entlastungsöffnung** erzielt werden **(Bild 4)**.

Druckregelventile werden oft zur Begrenzung einer Anpresskraft eingesetzt **(Bild 5)**. Dies ist z. B. zum Schutz eines dünnwandigen Werkstücks in einer Spannvorrichtung notwendig.

Drucksensoren

Drucksensoren erfassen Drücke. Durch Kalibrierung erhält man Messwerte oder Schaltsignale, z. B. bei Erreichen eines eingestellten Druckes ein Schließer-Signal bzw. ein Öffner-Signal **(Bild 6)**. Ferner wird ein Analogsignal von 0 V ... 10 V bzw. 4 mA ... 20 mA für 0 bar ... 100 bar zur Verfügung gestellt.

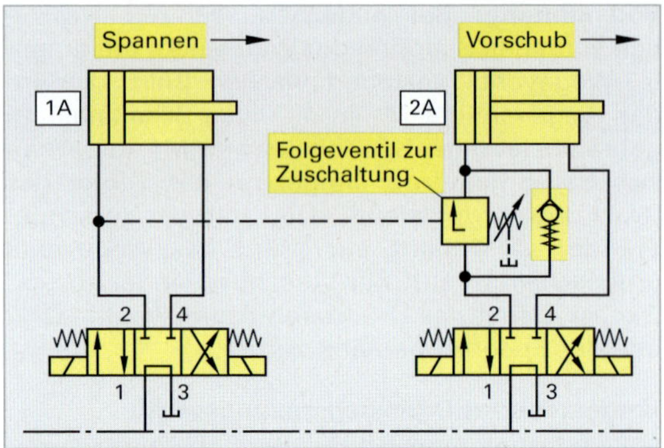

Bild 1: Folgeventil zur Zuschaltung

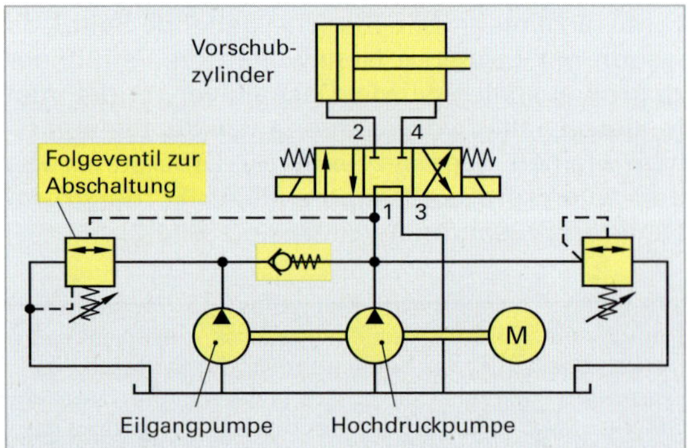

Bild 2: Folgeventil zur Abschaltung

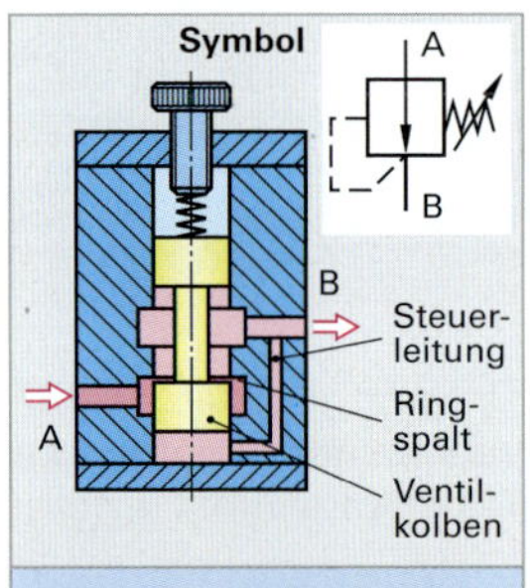

Bild 3: Druckregelventil ohne Entlastungsöffnung

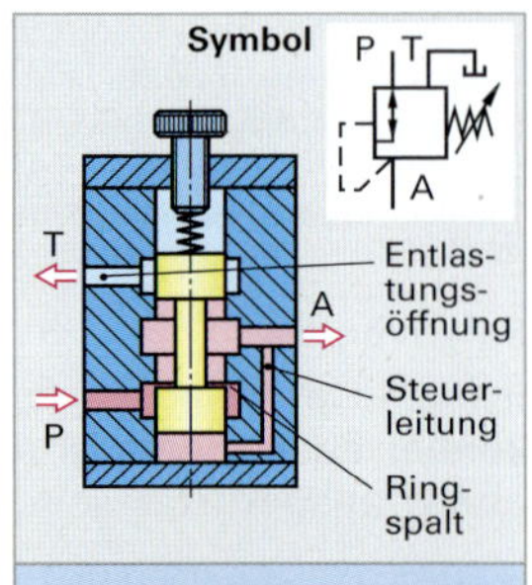

Bild 4: Druckregelventil mit Entlastungsöffnung

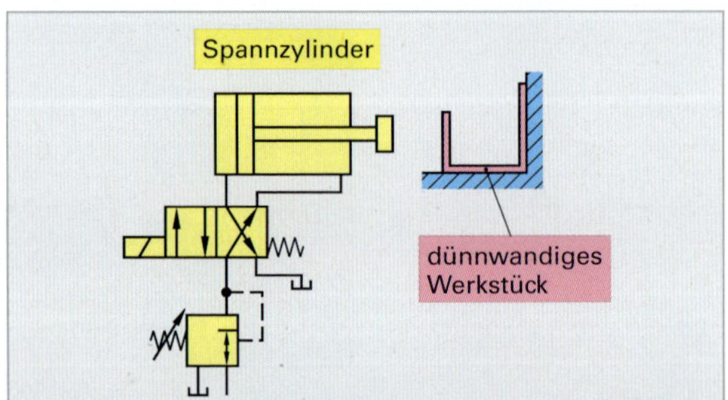

Bild 5: Konstanter Spanndruck

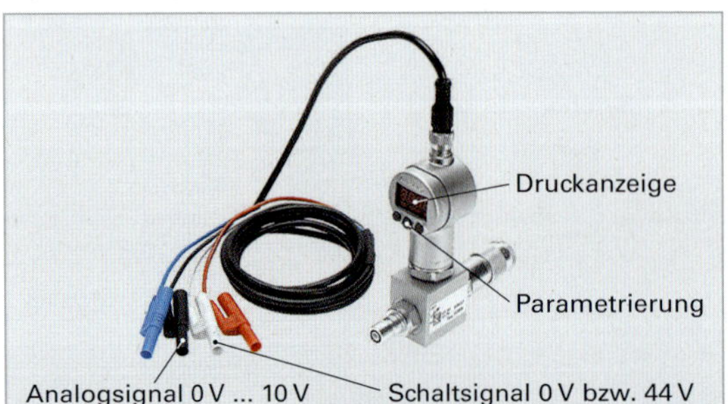

Bild 6: Drucksensor mit Anschlusskabel

2.2.8.2 Wegeventile

Mit Wegeventilen werden die Richtungen des Volumenstroms, d. h. die Ausfahrrichtung des Zylinders, und durch Start-Stoppsignale die Weglänge des Arbeitshubs gesteuert. In den meisten Fällen verwendet man *Kolbenschieberventile*. Sie sind einfach gebaut. Sie ermöglichen eine große Ventilvielfalt, da in das gleiche Gehäuse verschiedene Kolbenformen für unterschiedliche Aufgaben eingesetzt werden können **(Bild 1)**.

So erhält ein *4/3-Wegeventil* durch den Einbau unterschiedlicher Kolben unterschiedliche Funktionen. Im ersten Fall sind die Arbeitsanschlüsse in der Ruhestellung geschlossen, während sie im zweiten Fall mit der Tankleitung verbunden sind.

Die *Betätigung* der Wegeventile kann *mechanisch, pneumatisch, hydraulisch* oder *elektromagnetisch* erfolgen. Für eine Notbetätigung lassen sich die meisten Ventile von Hand schalten.

Bei Volumenströmen über 50 l/min werden Wegeventile vorgesteuert **(Bild 2)**. Das Vorsteuerventil, auch *Pilotventil* genannt, erzeugt die hydraulische Stellkraft, mit der die großen Strömungskräfte an den Steuerkanten des Hauptventils beim Schalten überwunden werden.

Bei *5-Wegeventilen* wird im Unterschied zu den *4-Wegeventilen* die rückströmende Hydraulikflüssigkeit über zwei getrennte Anschlüsse R und T in den Tank geleitet **(Bild 3)**. Diese Trennung ist vorteilhaft, weil sich dadurch bei einigen hydraulischen Steuerungen Schaltungsvereinfachungen ergeben **(Tabelle 1, folgende Seite)**.

Ventilkennlinie

Rohrkrümmer, Abzweigungen, Verengungen oder andere Drosselstellen der Hydraulikanlage setzen wie Ventile dem Volumenstrom Q einen Widerstand entgegen **(Bild 4)**. Dabei erfolgt ein Druckabbau Δp, gemessen als Differenz der Drücke vor dem Ventil und hinter dem Ventil.

Der entstehende Leistungsverlust erwärmt die Hydraulikflüssigkeit und errechnet sich aus:

$$P_{Verlust} = \Delta p \cdot Q$$

$P_{Verlust}$	Verlustleistung
Δp	Druckabbau
Q	Volumenstrom

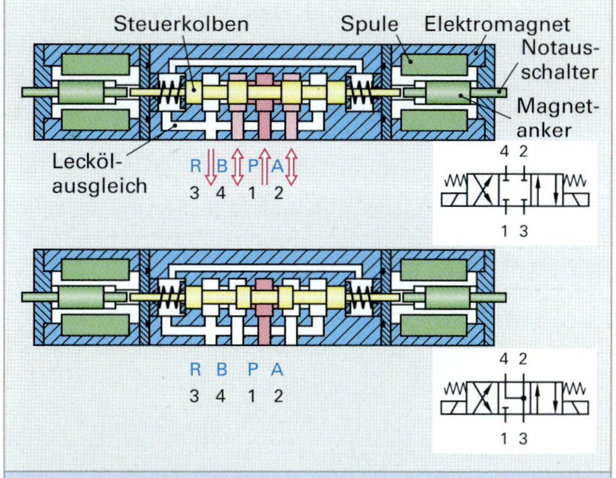

Bild 1: Wegeventile

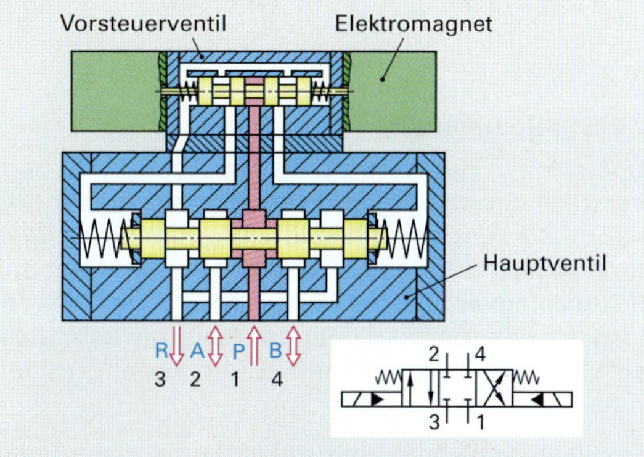

Bild 2: Vorgesteuertes Wegeventil

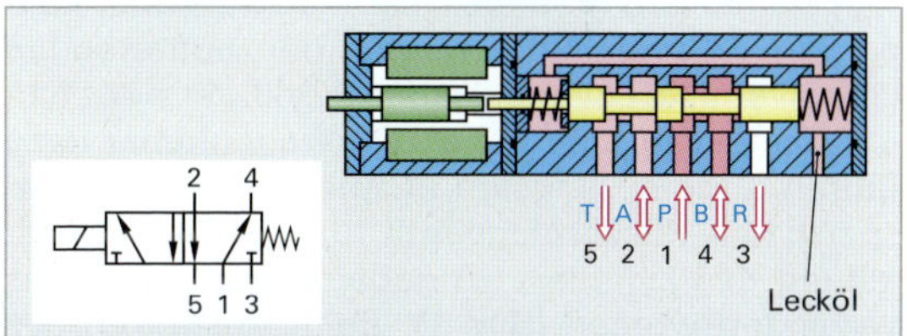

Bild 3: 5/2-Wegeventil

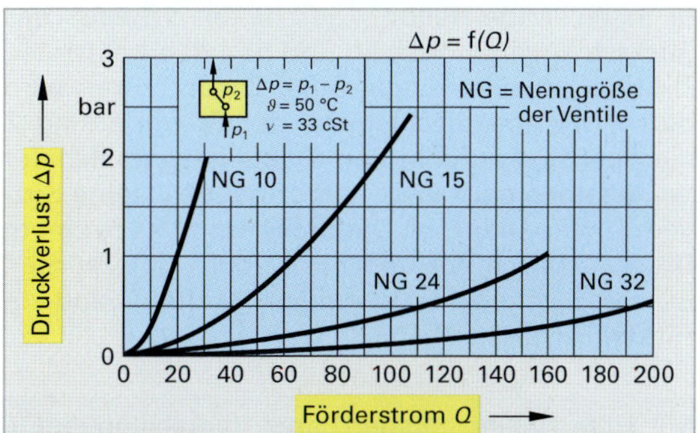

Bild 4: Ventilkennlinie

Aus der Q-Δp-Kennlinie des Wegeventils kann der *Druckverlust* bei vorgegebener Nenngröße NG und bekanntem Volumenstrom Q entnommen werden **(Bild 4,** vorhergehende Seite).

Beispiel:

Für die größte Geschwindigkeit eines Hydraulikzylinders wird ein Volumenstrom von 100 l/min benötigt. Zur Auswahl stehen Wegeventile der Nenngrößen 15 und 24. Wie groß ist der Druckverlust, der durch das ausgewählte Wegeventil verursacht wird?

Lösung:

Aus dem Bild 4, vorhergehende Seite, kann man bei dem Volumenstrom 100 l/min für die Nenngröße 24 einen Druckverlust Δp_1 von etwa 0,35 bar, für die Nenngröße 15 einen Druckverlust Δp_2 von etwa 2,1 bar entnehmen. Das Ventil NG 15 verursacht, verglichen mit dem Ventil NG24, einen sechsmal so großen Energieverlust.

2.2.8.3 Sperrventile

Sperrventile werden durch den Volumenstrom verstellt. Sie benötigen keine Steuersignale und haben die Aufgabe, den Durchfluss in einer Richtung zu sperren. Das wichtigste Sperrventil ist das **Rückschlagventil**. Es wird wie das Rückschlagventil in der Pneumatik verwendet. Es ist ein sehr dicht schließendes *Sitzventil* mit einem kugelförmigen oder kegelförmigen Dichtkörper.

Entsperrbares Rückschlagventil

Wegeventile in Kolbenschieberausführung können in Sperrstellung wegen der auftretenden Leckölverluste einen belasteten Zylinder nicht halten. Dies kann z. B. bei einem Wagenheber dazu führen, dass er langsam absinkt. Mit einem **entsperrbaren Rückschlagventil**, das in die Arbeitsleitung des Zylinders eingebaut wird, kann dies verhindert werden **(Bild 1)**. Beim Ausfahren des Zylinders fließt der Volumenstrom ungehindert durch das Rückschlagventil. Wird das Wegeventil in die Mittelstellung geschaltet, schließt das Rückschlagventil dicht ab und hält den belasteten Zylinder in seiner Lage. Beim Zurückfahren wird durch Druckbeaufschlagung der Steuerleitung Z die Sperrung aufgehoben. Dabei bewegt sich der Ventilkolben nach links und öffnet das kleine Sitzventil im Sperrkörper. Dadurch kommt es zu einem Druckausgleich vor und hinter dem Sperrkörper. Er lässt sich jetzt mit geringem Kraftaufwand zurückfahren lässt.

Mit Hilfe zweier entsperrbarer Rückschlagventile kann z. B. ein belasteter Zylinder in jeder beliebigen Lage festgesetzt werden **(Bild 2)**.

Tabelle 1: 5-Wegeventil

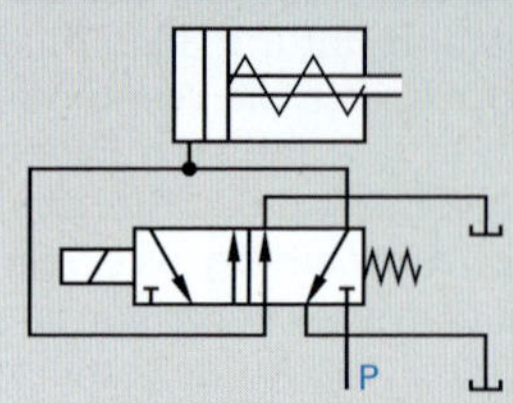

Schnellentlastung

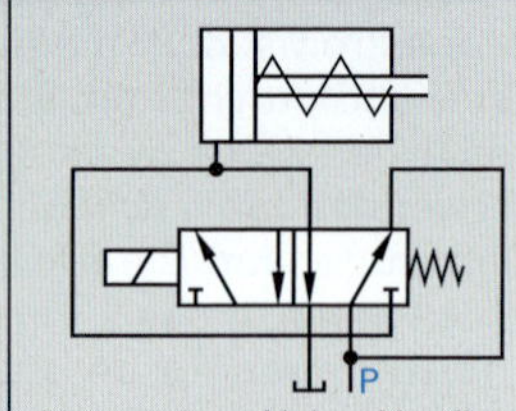

Verwendung kleiner Ventile

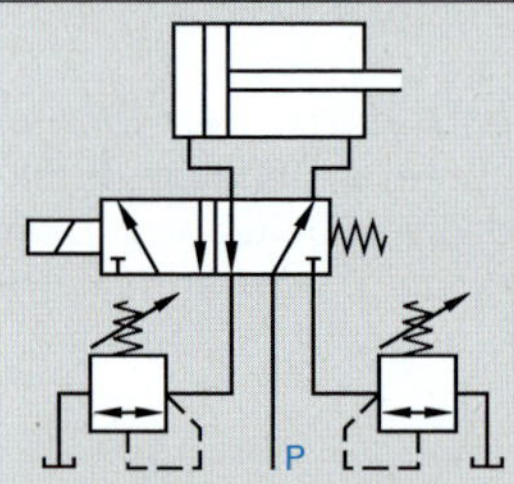

Gegenhaltung bei unterschiedlichen Kräften

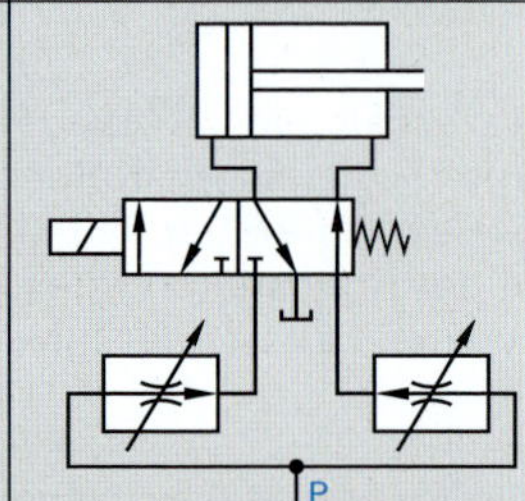

unterschiedliche Geschwindigkeit in beiden Richtungen

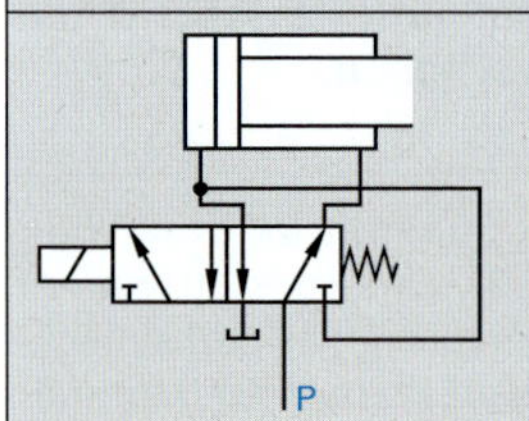

Umströmungsschaltung

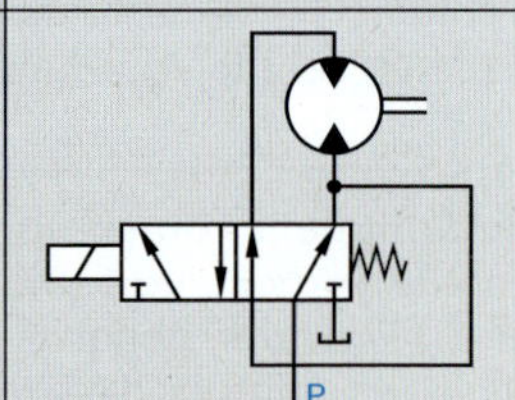

Motor dreht nur in einer Richtung

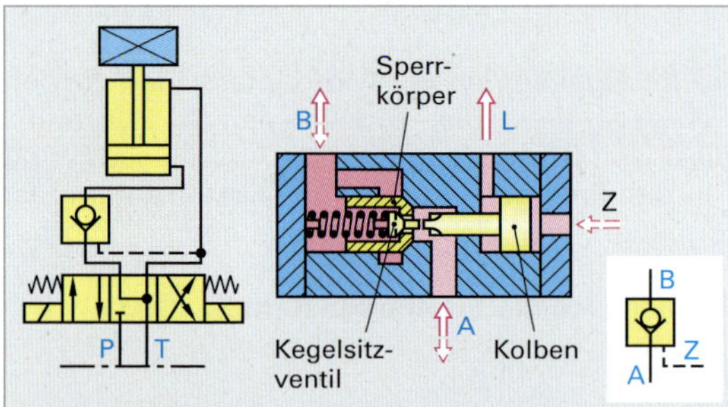

Bild 1: Entsperrbares Rückschlagventil

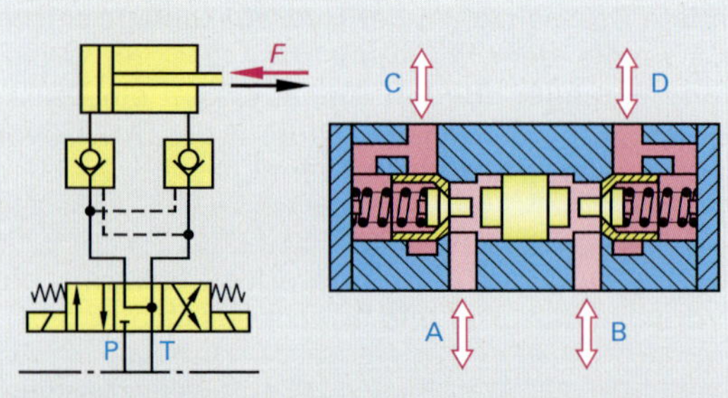

Bild 2: Zwillingsrückschlagventil

2.2.8.4 Stromventile

Drosselventile und Blendenventile

Drosselventile haben eine lange Querschnittsverengung. Blendenventile besitzen eine scharfkantige, kurze Verengung. Beim Durchfluss durch die Verengung bildet sich zwischen Eintritt und Austritt eine Druckdifferenz Δp und ein Volumenstrom Q:

$$\Delta p = p_1 - p_2$$

$$Q = \text{Konstante } A \cdot \sqrt{\Delta p}$$

In der *Konstante* sind alle nicht steuerbaren Einflüsse, wie z. B. das Viskositätsverhalten, enthalten. Drosselventile sind wegen der Länge des Drosselspalts von Viskositätsschwankungen und deshalb von der Temperatur und vom Druck der Hydraulikflüssigkeit abhängig.

Bei *Blendenventilen* kann der Einfluss der Temperatur vernachlässigt werden. Bei einstellbaren Drosselventilen und oder Blendenventilen lässt sich der Durchflussquerschnitt A z. B. durch Drehen oder Verschieben eines Kolbens verändern **(Bild 1** und **Bild 2)**. In **Bild 3** wird die Abhängigkeit von Δp zum Volumenstrom q_v gezeigt. Das bedeutet, dass mit Stromventilen gesteuerte Zylinder eine *lastabhängige* Geschwindigkeit haben.

Stromregelventile

Mit einem Stromregelventil kann man die Geschwindigkeit eines Zylinders oder Hydromotors **lastunabhängig** steuern. Zu diesem Zweck besitzt das Ventil eine *Druckwaage*, die die Druckdifferenz *Δp konstant* hält. Die Druckwaage besteht aus einem Steuerkolben und einer Feder, die sich beide mit der einstellbaren Blende in einem Gehäuse befinden. Im Zulauf des Ventils herrscht der Druck p_1, der durch die Steuerkante des federbelasteten Steuerkolbens auf p_2 herabgesetzt wird.

Die Regelung erfordert eine Druckdifferenz Δp von wenigsten 5 bar.

An der einstellbaren Blende bildet sich die Druckdifferenz $\Delta p = p_2 - p_2$, die konstant gehalten werden muss **(Bild 4)**. Die Kräfte an den Stirnflächen des Steuerkolbens sind:

links $F_1 = p_3 \cdot A + F_f$ und rechts $F_2 = p_2 \cdot A$

Im Gleichgewichtszustand gilt:

$F_1 = F_2$ oder $p_3 \cdot A + F_f = p_2 \cdot A$ oder

$F_f = (p_2 - p_3) \cdot A$ oder $F_f = \Delta p \cdot A$

Für eine weiche Feder und einen kleinen Federweg von ca. 4 mm ist die Federkraft F_f nahezu konstant: $\Delta p = F_f/A$ = konstant.

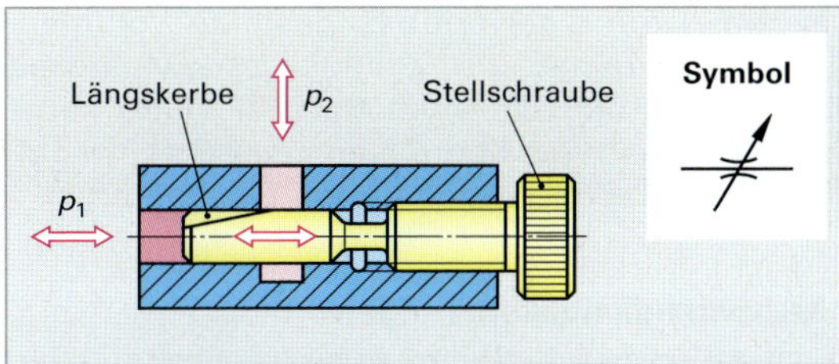

Bild 1: Einstellbares Drosselventil

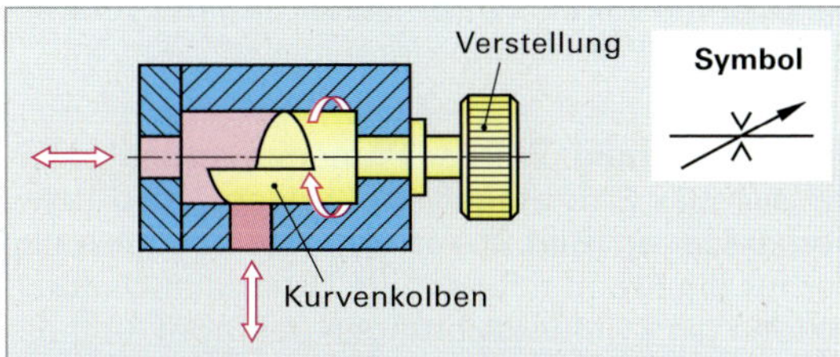

Bild 2: Einstellbares Blendenventil

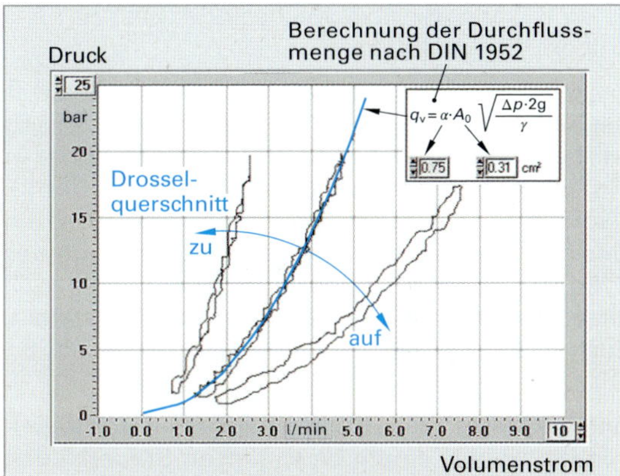

Bild 3: Messkurven eines Stromventils

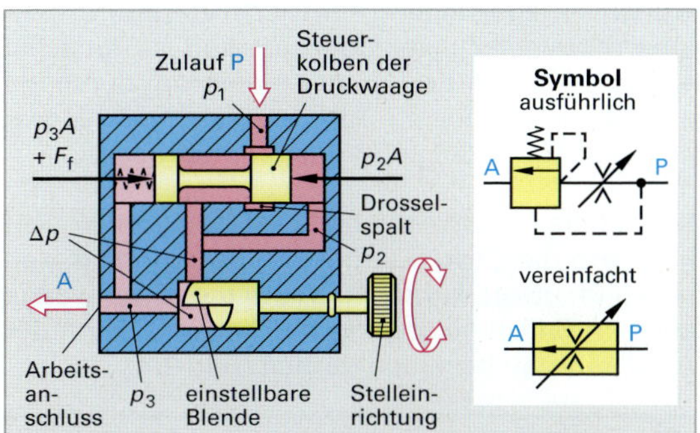

Bild 4: Stromregelventil

Der am Stromregelventil eingestellte Volumenstrom und damit die Zylindergeschwindigkeit bleiben so trotz schwankender Belastung konstant. **Bild 1** zeigt die Kennlinien eines Stromregelventils bei drei unterschiedlichen Einstellungen.

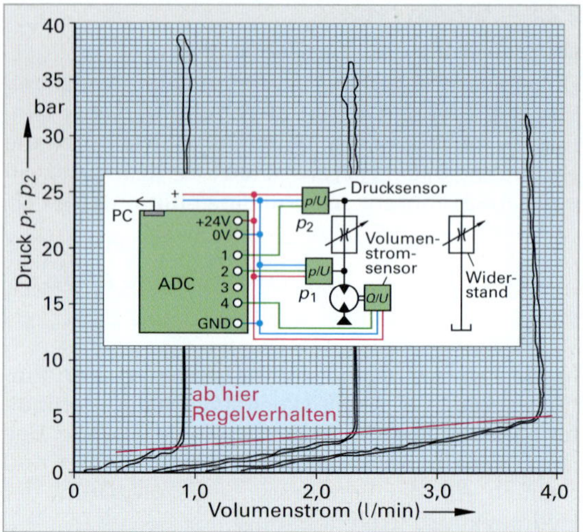

Bild 1: Kennlinie eines Stromregelventils

Geschwindigkeitssteuerungen

Um die Aktorgeschwindigkeit hydraulisch zu steuern, muss der Volumenstrom verändert werden können. Dazu gibt es zwei Möglichkeiten: die Drosselsteuerung mit Stromventilen oder Stetigventilen oder die Volumenstromsteuerung mit Verstellpumpen und Verstellmotoren.

Primärsteuerung. Bei der Primärsteuerung befindet sich das Stromregelventil in der Zulauf- bzw. *Vorlaufleitung* **(Bild 2)**. Am Zylinder baut sich nur der für die Arbeit notwendige Druck auf. Dadurch werden die Zylinderdichtungen geschont, und die auf Höchstdruck eingespannte Flüssigkeitssäule reicht nur von der Pumpe bis zum Stromregelventil. Dies verringert die Schwingungsneigung des Antriebs. Der fehlende Gegendruck hinter dem Zylinder kann aber bei wechselnder Last zu ruckartigem Vorschub führen.

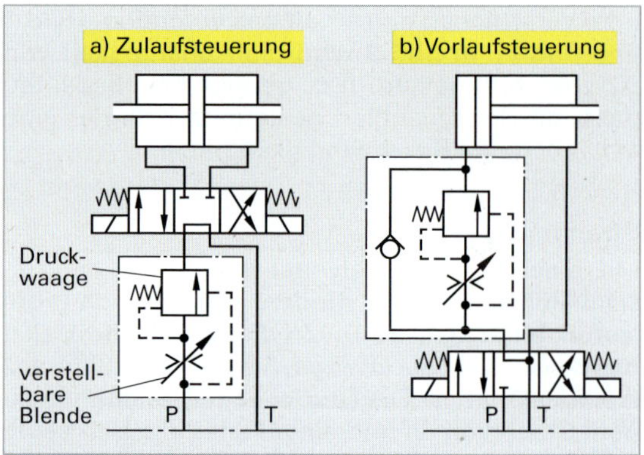

Bild 2: Primärsteuerungen

Sekundärsteuerung. Bei der Sekundärsteuerung wird das Stromregelventil hinter dem Zylinder in die Rücklauf- bzw. Ablaufleitung eingebaut **(Bild 3)**. Dadurch baut sich bis zum Stromregelventil ein Druck auf, der unabhängig von der Belastung des Zylinders stets vorhanden ist. Weil der Kolben in Öl eingespannt ist, wird ein ruhiger Lauf entstehen. Zugkräfte am Kolben sind möglich.

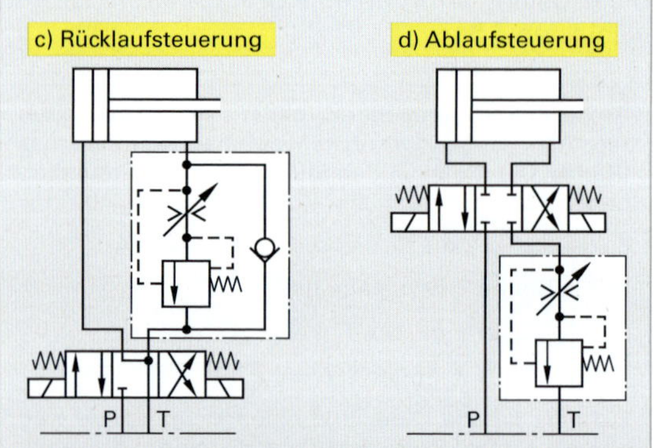

Bild 3: Sekundärsteuerungen

Anfahrsprung. Die Druckwaage des Stromregelventils, die aus einem beweglichen Steuerkolben und einer Feder besteht, fährt im ausgeschalteten Zustand den Steuerkolben in Grundstellung. Beim Einschalten wird das Stromregelventil durchströmt, und die Druckwaage stellt sich auf die gewünschte Regelstellung ein. Dieser Vorgang erfolgt aber mit einer Zeitverzögerung, sodass zunächst ein unerwünscht großer Volumenstrom durch die einstellbare Blende strömt und der angeschlossene Zylinder schnell anfährt (Anfahrsprung).

Sobald die Druckwaage die Regelposition erreicht hat, wird die Geschwindigkeit des Zylinders kleiner und bleibt konstant. Wird die Druckwaage auch im Stillstand ständig durchströmt, kann der Anfahrsprung beseitigt werden (Bild 2a).

> Die Geschwindigkeitssteuerung erfolgt durch Verändern des Volumenstroms.

2.2.9 Stetigventile

Mit Stetigventilen, das sind z. B. **Proportionalventile** und **Servoventile**[1], kann der Druck und der Volumenstrom einer hydraulischen Anlage im Stellbereich dieser Ventile *stufenlos* d. h. *stetig* verändert werden. Stetigventile werden elektronisch angesteuert und lassen sich deshalb in Programmsteuerungen als Stellglieder einbauen. Ersetzt man z. B. ein Schaltventil durch ein Stetigventil, so lassen sich die Richtung und die Länge eines Weges sowie die Geschwindigkeit des Aktors stufenlos verändern.

Schaltventile besitzen zwei oder drei festgelegte Schaltstellungen. Für die *Dosierung* der Ölmenge zur Geschwindigkeitssteuerung des Aktors benötigt man zusätzlich Stromventile, die über weitere Wegeventile zu- und abgeschaltet werden müssen **(Bild 1)**. Diese Schalthydraulik, auch Digitalhydraulik genannt, führt beim Umschalten zu *schlagartigen* geräuschvollen Geschwindigkeitsübergängen **(Schaltschlägen)**.

Mit Stetigventilen und einem Zylinder mit Wegmesssystem kann man unterschiedliche Positionen (Lagen) mit frei steuerbarer Geschwindigkeit anfahren. In einer SPS wird das gewünschte Lagesollwertprofil generiert und einem P-Regler übertragen. Die Stellgröße des P-Reglers (–10 V ... +10 V) wird an das Stetigventil ausgegeben. Im Ventil ist ein Verstärker integriert, sodass der Ventilhub und damit der proportionale Durchfluss (≈ *Geschwindigkeit*) direkt erzeugt werden kann. In **Bild 3** werden die Positionen (Lagen) entsprechend einem linearen Profil angefahren. Je nach Sollwertgenerator sind auch andere Profile möglich. Beim Bewegen von großen Massen und bei gleichzeitig hohen Geschwindigkeiten wird in der Beschleunigungs- und Verzögerungsphase häufig eine $\sin^2$-Kurve gewählt. Damit erreicht man eine Beschleunigungsbegrenzung und Ruckbegrenzung.

In der Schalthydraulik muss für die Ausbildung einer Geschwindigkeitsrampe ein Aufwand von z. B. vier voreingestellten Drosselventilen, vier 2/2-Wegeventilen und einem 4/3-Wegeventil erbracht werden.

Diesen Aufwand kann man stark verringern, wenn man ein Stetigventil einsetzt **(Bild 3)**. Mit ihm können mit Hilfe einer elektronischen Rampenfunktion Schaltschläge vermieden und auf einfache Weise *beliebige Fahrgeschwindigkeiten* der Aktoren angesteuert werden. Wegen der genormten Anschlüsse ist ein Umrüsten der Schalthydraulik auf Stetigventile in vielen Fällen ohne großen Aufwand möglich.

[1] lat. servus = der Diener, hier kommt der Begriff von *Hilfsventil* zur Ansteuerung eines stetig arbeitenden *Hilfsantriebs* zur Entlastung des Menschen.

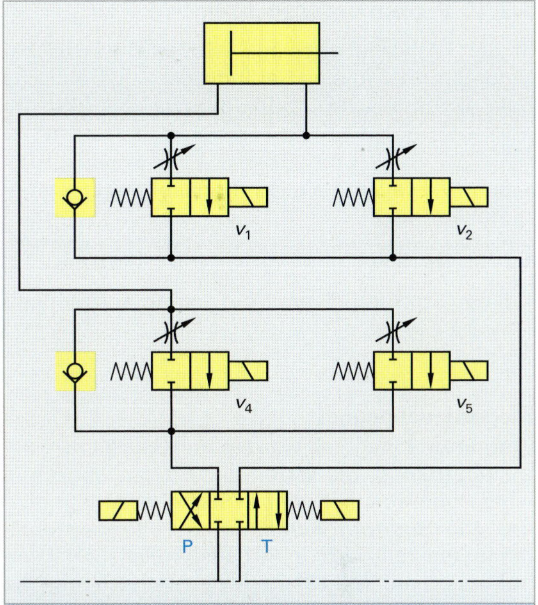

Bild 1: Geschwindigkeitssteuerung mit Schaltventilen

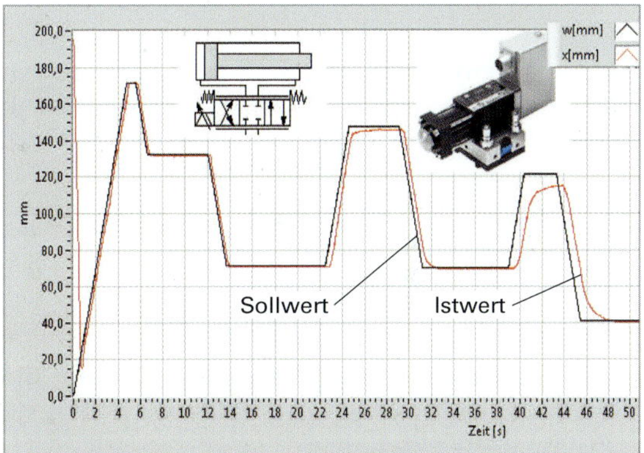

Bild 2: Positionieren mit Stetigventil

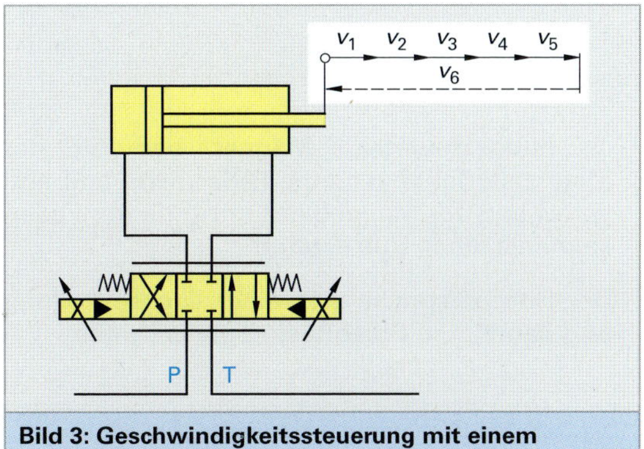

Bild 3: Geschwindigkeitssteuerung mit einem Stetigventil

2.2.10 Proportionaltechnik

In der Proportionaltechnik wird ein elektrischer Steuerstrom I in eine veränderbare hydraulische oder pneumatische Größe umgewandelt **(Bild 1)**.

Dadurch entsteht

- beim Wegeventil ein richtungsabhängiger Volumenstrom Q,
- beim Druckventil ein variabler Druck p,
- beim Stromregelventil ein variabler Volumenstrom Q.

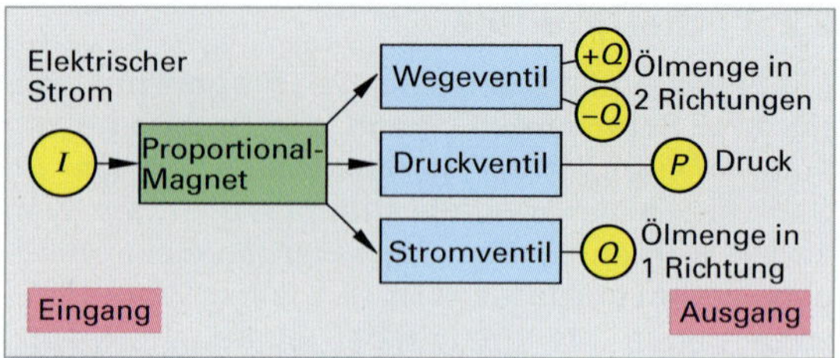

Bild 1: Proportionaltechnik

Proportionalmagnet

Proportionalmagnete werden mit *Gleichstrom* betrieben **(Bild 2)**. Sie setzen den Eingangsstrom in eine proportionale Kraft am Stößel des Magneten um. Die *Hub-Kraft-Kennlinie* eines Proportionalmagneten teilt sich in Arbeitsbereich und Leerhubbereich auf **(Bild 3)**. Im Arbeitsbereich zeigt die Hub-Kraft-Kennlinie je nach Magnetstrom über einen *Arbeitshubbereich* eine annähernd konstante Kraft. Damit gelingt es mit Hilfe einer Feder einen definierten Hub anzusteuern.

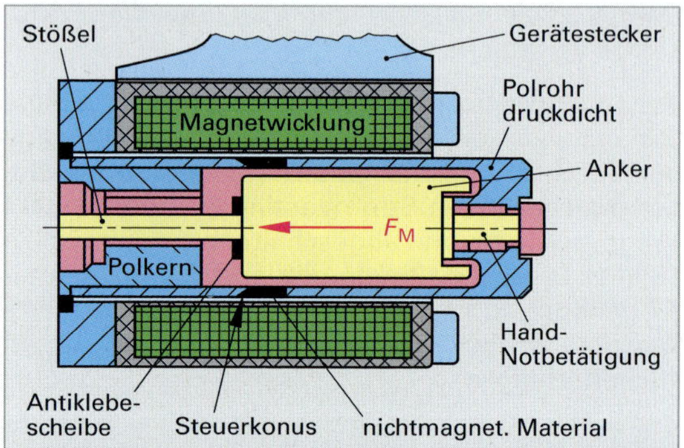

Bild 2: Proportionalmagnet

Proportionalmagnete benötigt man zur direkten Ansteuerung von Ventilen oder zur Vorsteuerung *mehrstufiger* Ventile.

Als Vorsteuerventil verwendet man oft ein Druckbegrenzungsventil **(Bild 4)**.

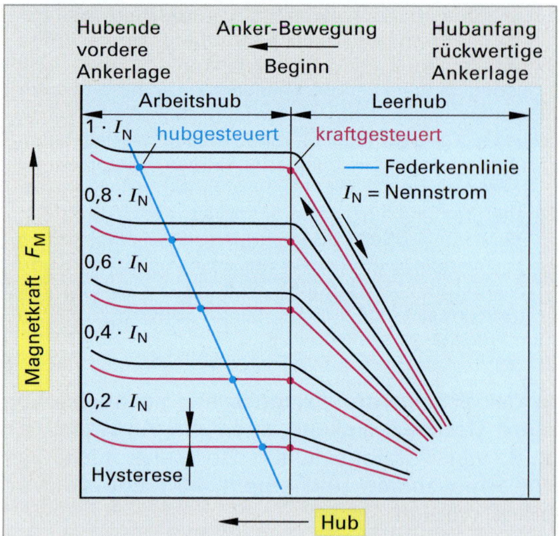

Bild 3: Hub-Kraft-Kennlinien eines P-Magneten

Dabei arbeitet der Proportionalmagnet:

- als **kraftgesteuerter P-Magnet**, bei dem die Kraftabgabe bei etwa unveränderter Stößellage erfolgt (Hub ≈ 0).

  Der elektromagnetischen Kraft steht die hydraulische Druckkraft am Drosselspalt entgegen,

oder

- als **hubgesteuerter P-Magnet**, bei dem der Magnetstößel gegen eine Feder wirkt und entsprechend der Magnetkraft mit Hilfe der Federkennlinie einen Hub erzeugt.

  Der Hub entspricht z. B. einer Drosselstellung und damit dem Durchfluss Q eines Ventils.

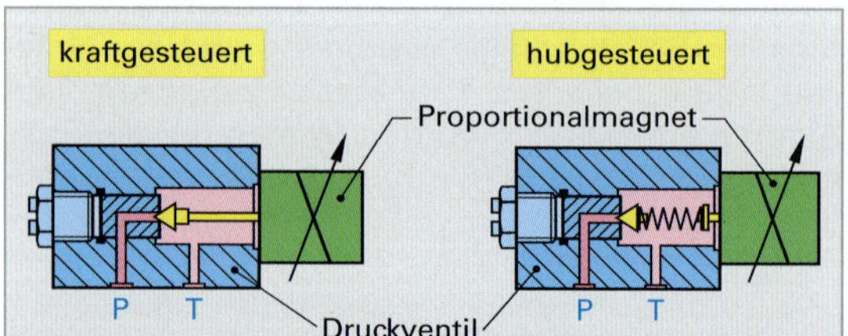

Bild 4: Vorsteuerung mit P-Magneten

Die Geschwindigkeitssteuerung erfolgt durch Verändern des Volumenstroms.

Proportional-Wegeventile

P-Wegeventile steuern den Start und Stopp des Zylinders (Wege), seine Richtung und die Größe des Volumenstroms *Q* (Geschwindigkeiten). Man unterscheidet *direktgesteuerte* und *vorgesteuerte* Proportional-Wegeventile. Zur Verringerung des Reibungseinflusses werden die P-Wegeventile oft mit einer induktiven *Wegrückführung* ausgestattet. Mit dieser Wegrückführung und einem elektronisch wirkenden Regelkreis wird die Stellgenauigkeit des Proportionalventils erhöht. Dem gleichen Zweck dient auch ein schwaches Wechselstromsignal (*Dithersignal*[1]), das dem Eingangssignal des P-Magneten überlagert wird. Es versetzt den Steuerkolben des P-Wegeventils in eine *Schwingung mit kleiner Amplitude* und verhindert so die Haftreibung.

Direktgesteuerte Proportional-Wegeventile

Im stromlosen Zustand wird der Steuerkolben des P-Wegeventils durch zwei Federn in der Mittelstellung gehalten **(Bild 1)**. Sobald ein P-Magnet angesteuert wird, verschiebt der Magnetstößel im Arbeitshub den Steuerkolben bis die Federkraft mit der Magnetkraft im Gleichgewicht steht. Dadurch entsteht ein Drosselspalt an den Steuerkanten des Ventils und damit ein Volumenstrom *Q*. Somit kann der Volumenstrom *Q* des Ventils durch Verändern des Steuerstroms I stetig verstellt werden.

Vorgesteuerte Proportional-Wegeventile

Die *Vorsteuerstufe* besteht z. B. aus zwei kraftgesteuerten **Druckbegrenzungsventilen**. Zunächst sind die beiden P-Magnete stromlos und der Steuerölstrom fließt über die offenen Vorsteuerventile in den Tank. Sobald z. B. der linke P-Magnet über das elektronische Steuergerät angesteuert wird, baut der Magnetstößel über den Kegelsitz dem Eingangsstrom entsprechend einen Druck in der Leitung A auf, der sich bis zum Steuerkolben des Hauptventils fortsetzt. Dadurch bewegt sich der Steuerkolben so lange, bis die Druckkraft gleich der Federkraft ist. Es entstehen die Drosselspalte P nach B und A nach T und zwar proportional zum Eingangsstrom I.

Im Hauptventil ist eine einseitig angebrachte *Rückstellfeder* in beide Richtungen wirksam. Mit ihr wird die Nullstellung im stromlosen Zustand exakt eingehalten. Auf der gegenüberliegenden Seite befindet sich der induktive Wegaufnehmer. Mit den halbkreisförmigen Aussparungen im Steuerkolben wird die Form der Durchflusskennlinie des P-Wegeventils beeinflusst.

Da durch die Vorsteuerstufe immer ein Ölstrom fließt, kommt es selten vor, dass sich Schmutzteilchen anlagern und die Ventilfunktion stören. Nachteilig ist der ständige Ölverbrauch.

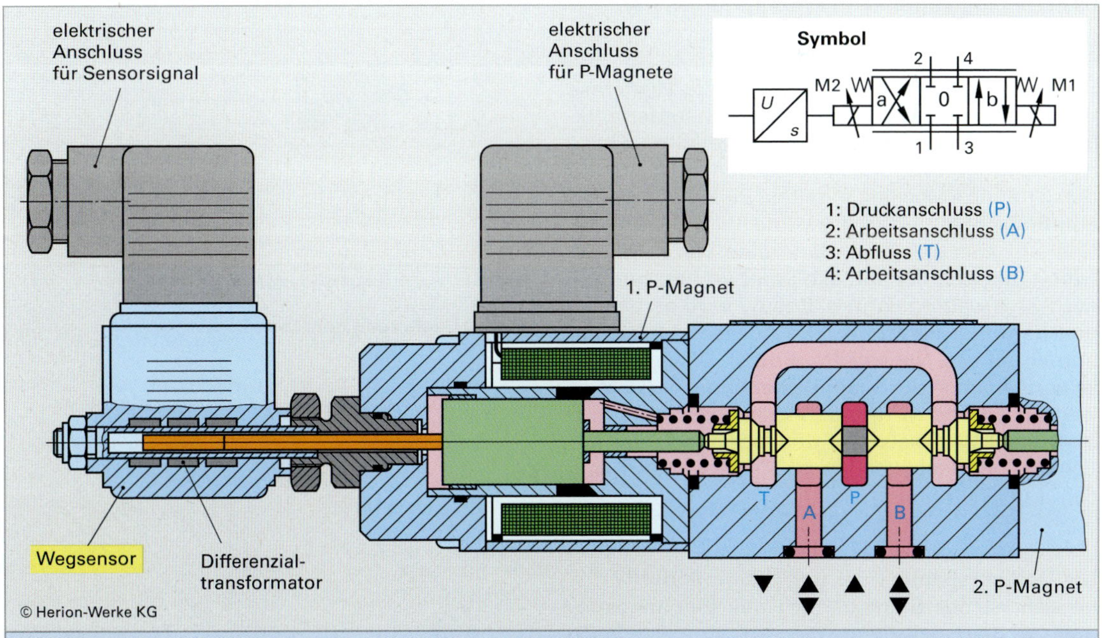

Bild 1: Direkgesteuertes Proportional-Wegeventil mit Wegrückführung

[1] engl. to dither = bibbern, zittern

Durchflusskennlinie (I-Q-Kennlinie)

In den Durchflusskennlinien wird der Zusammenhang zwischen dem elektrischen Eingangsstrom am Proportionalmagneten und dem hydraulischen Volumenstrom dargestellt **(Bild 1)**. In der Regel haben diese Ventile am Ventilkolben eine Überdeckung, deshalb ist ca. 10 % Strom notwendig, bis das erste Öl fließt. Je nach Druckdifferenz ergeben sich unterschiedliche Kennlinien. Im Bild 1 wird nur die Magnetseite A dargestellt. Die Magnetseite B ist in der Regel symmetrisch zu A.

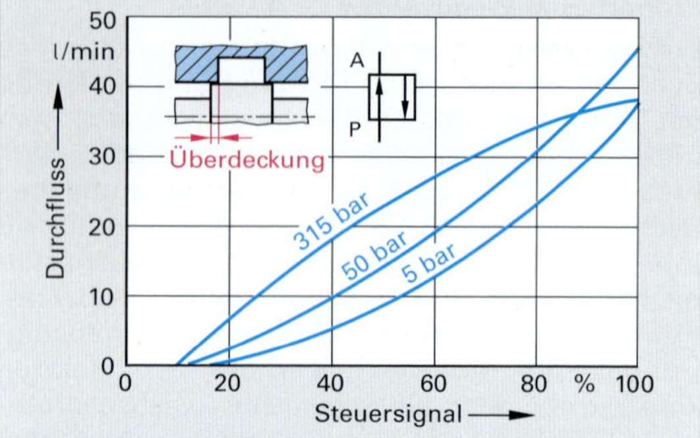

Bild 1: Durchflusskennlinie des Proportionalventils

Wird ein sprungförmiges Eingangssignal auf das Ventil gegeben und danach wieder weggenommen, dann antwortet das Ventil wie im **Bild 2** dargestellt. Das Öffnen des Ventils geht langsamer als das Schließen.

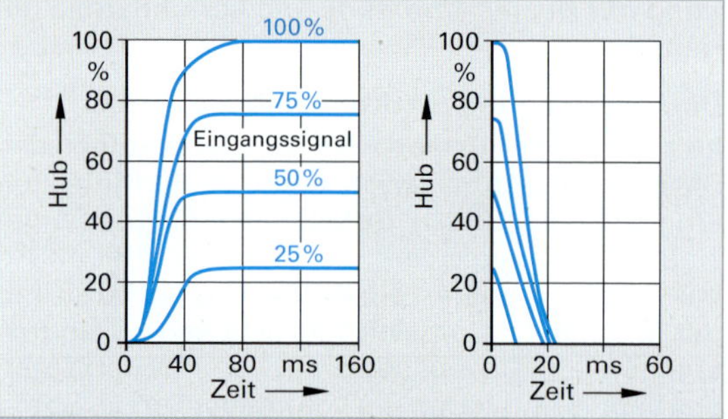

Bild 2: Verhalten nach Eingangssprung

Durch die Gestaltung der Steuerkanten an den Ventilkolben **(Bild 3)** werden unterschiedliche I-Q-Kennlinien erzeugt. Mit dreieckigen Steuerkanten erhält man eine geknickte Kennlinie. Dieses hat im unteren Bereich einen geringen Volumenstrom (rote Linie). Eine Anwendung dafür ist z. B. eine Eilgang-Vorschub-Steuerung. Im Vorschubbereich hat man eine gute Auflösung des Ausgangssignals. Rechteckige Steuerkanten bringen ein lineares Verhalten. Die Steuerkanten werden kundenspezifisch für einen optimalen Prozess hergestellt.

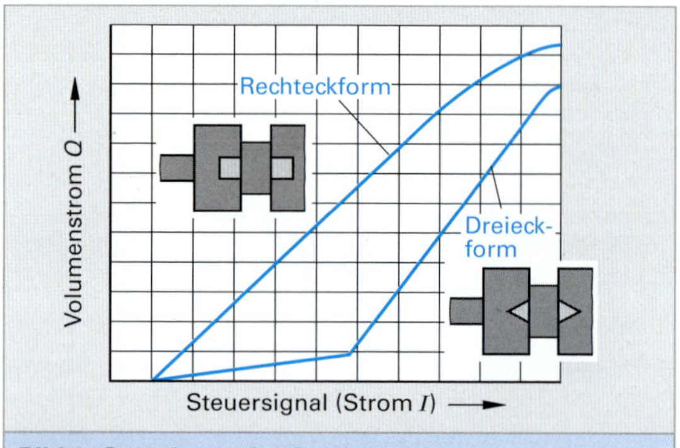

Bild 3: Gestaltung der Steuerkanten

Die **Reibung** am Ventilkolben und die **Hysterese** des Magneten bewirken ein Abweichen der wirklichen Kennlinie von der idealen Kennline. Diese Abweichungen werden in Versuchen ermittelt und durch Kenngrößen festgehalten. Bei der **Ansprechempfindlichkeit** E wird das Ventil auf z. B. 50 % des Nennstromes gefahren, dann eine kurze Zeit gewartet, bis sich der Ventilkolben beruhigt hat, danach wird weitergefahren. Das ΔI wird gemessen und daraus E berechnet. Die Aussagen beziehen immer auf den Nennstrom **(Bild 4)**. Diese Einflüsse können auch durch ein **Dithersignal** verkleinert werden. Hierbei wird dem Ausgangssteuerstrom ein kleiner Wechselstrom überlagert, so dass der Ventilkolben kleinste Bewegungen ausführt und damit in Gleitreibung bleibt.

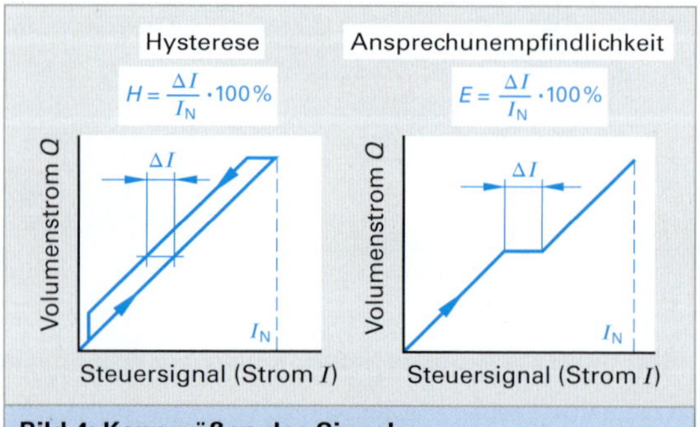

Bild 4: Kenngrößen des Signals

Die **Umkehrspanne** oder der Unempfindlichkeitsbereich ist der Signalbereich des Eingangsstromes, in dem bei einem Wechsel von plus nach minus oder umgekehrt der Durchfluss $Q = 0$ bleibt. Dieser Bereich ist im Wesentlichen von der Überdeckung des Steuerkolbens abhängig.

Aufbau einer analogen Steuerkarte

Die Steuerkarte **(Bild 1)** liefert den Steuerstrom an den Ventilmagneten. Die Stromsollwerte werden mit den Potenziometern (P1 ... P4) erzeugt. Danach erfolgt eine Signalumformung mit einem elektronischen Rampenbildner (aus Dioden und Widerständen bestehend). Das Dithersignal wird dem Steuersignal überlagert. Es ist in der Frequenz und Amplitude einstellbar. Mit den Potenziometern P9 und P10 wird ein einstellbarer Basisstrom erzeugt. Er verringert die Wirkung der Ventilüberdeckung. Über die Verstärkerendstufe erfolgt die Stromanpassung an den Ventilmagneten. Der Ventilmagnet wird über einen *eingeprägten* Strom gesteuert. Das reduziert im Unterschied zu einer Spannungssteuerung das Verzögerungsverhalten des Ventilmagneten erheblich.

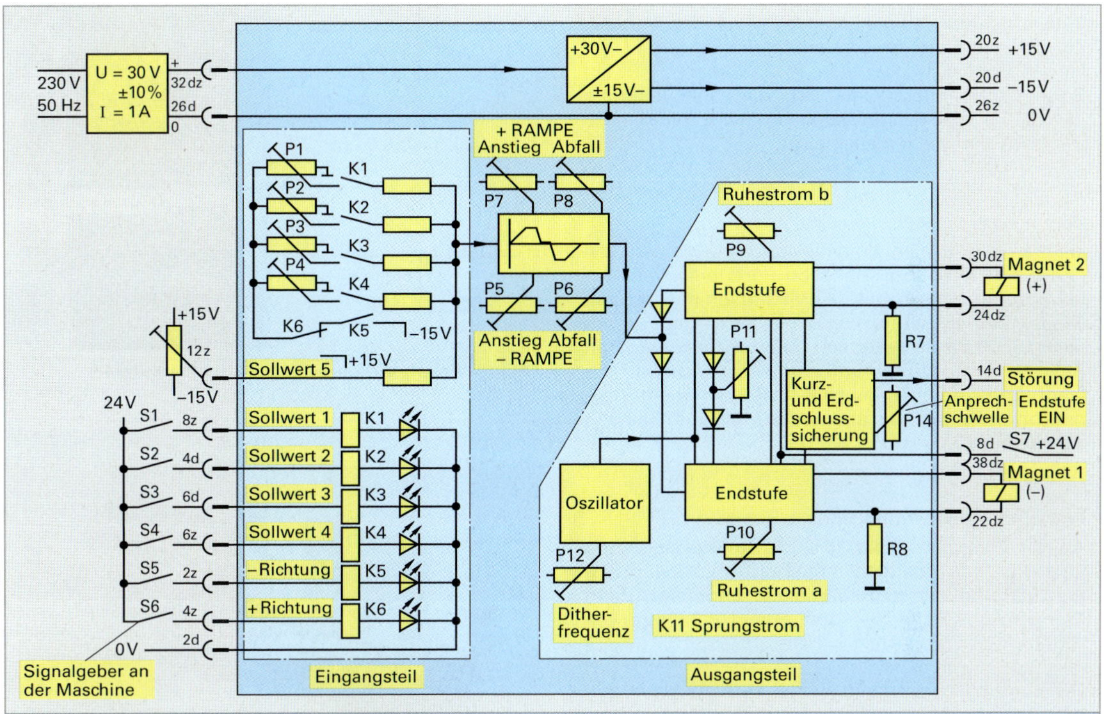

Bild 1: Elektronische Steuerkarte (analog)

Die Stromversorgung

Ein Netzteil von 30 V Gleichspannung versorgt die Endstufen bzw. P-Magnete mit einem geglätteten Gleichstrom. Diese Versorgung soll wegen möglicher Störungen, die z. B. beim Schalten der Relais, Schütze und Motoren auftreten, für die Elektronik separat aufgebaut werden. Einige Bauteile brauchen eine positive und eine negative Versorgungsspannung. Deshalb ist auf der Verstärkerkarte ein internes Netzteil untergebracht.

Sollwertbildung

An den vier Potentiometern P1 bis P4 können die gewünschten Sollwerte mit einem Schraubenzieher eingestellt werden. Nach rechts drehend nimmt ihr Wert zu, nach links drehend wird er verkleinert. Diese eingestellten Potentiometer können über die eingebauten Relais K1 bis K4 abgerufen werden. Dies geschieht z. B. über die Grenztaster einer Vorschubeinheit. Mit dem Relais K5 wird die negative Richtung und mit K6 die positive Richtung gefahren (Vor- und Rückfahrt). Über den Eingang 12z kann auch ein zwischen –15V und +15V einstellbarer Sollwert von außen vorgegeben werden.

Rampenbildung

Sollwertänderungen sollen nicht schlagartig durchgeführt werden. Vielmehr soll sich die Verstellgeschwindigkeit linear ansteigend oder linear fallend ändern, damit die P-Wegeventile weich schalten. Dazu erzeugt die elektronische Verstärkerkarte entsprechende Rampensignale, die über die Potentiometer P5 bis P8 vorgewählt werden können.

Ausgangsteil der Steuerkarte

Im Ausgangsteil wird der Spannungssollwert in einen Strom umgesetzt. Dabei wird der Strom, nicht die Spannung geregelt, damit ohmsche Widerstandsänderungen der Magnetspule, z. B. bei steigender Temperatur, keinen Einfluss auf die Ventilstellung ausüben und die Zeitkonstante für das Ansprechen des Ventilmagneten klein wird. Positive Sollwerte werden dem Magneten b zugeordnet und negative dem Magneten a. Für beide Magnete getrennt kann ein zusätzlicher Ruhestrom vorgegeben werden, der unabhängig vom Sollwert fließt. Er dient zur Anpassung des Wegaufnehmers an die Lage des Wegeventilkolbens. Zur Überwindung der Umkehrspanne eines P-Wegeventils lässt sich über das Potenziometer P11 ein Sprungstrom aufschalten, der vorzeichenabhängig jeweils nur durch einen Magneten fließt und die Totzeit beim Umschalten ausgleicht.

Kurz- und Erdschlusssicherung

Liegt an den Ausgängen ein Kurzschluss vor, so werden die beiden Endstufen von der Überwachungsbaugruppe abgeschaltet. Der Verstärker ist erst dann wieder betriebsbereit, wenn die Versorgungsspannung für 20 bis 30 Sekunden unterbrochen war. Zum Betrieb der Endstufen wird ein Freigabesignal verlangt (Endstufe EIN). Bei NOT-AUS können die Magnete ohne Verzögerung und unabhängig vom Sollwert sofort stromlos gemacht werden.

Frontplatte eines Proportionalverstärkers

An der Frontplatte **(Bild 1)** sind Potenziometer zum Einstellen der Parameter angebracht. Über die Status-LED wird der Betriebszustand angezeigt. Beim Rampensignal kann für jede Signalrichtung eine Verzögerungszeit eingestellt werden.

Die Empfindlichkeit (engl. gain), auch Aussteuerbegrenzung genannt, kann von 50 %...100 % eingestellt werden. Wegen der Ventilüberdeckung gibt es die Möglichkeit den Nullpunkt (engl. zero) anzuheben. Bei Verstärkerkarten für zwei Magnete kann die Empfindlichkeit und die Nullpunktanhebung für jeden Magneten getrennt eingestellt werden.

Regelventile mit integrierter Verstärkerkarte (Bild 2)

Regelventile sind gerätetechnisch weiterentwickelte Proportionalventile. Der Ventilschieber hat keine Überdeckung **(Bild 3)**. Der Stellmagnet kann ziehen und drücken und wirkt gegen eine Rückstellfeder. Der Ventilschieber hat ein Wegmesssystem und ist lagegeregelt. Der Verstärker ist fest angeflanscht. Die Parameter sind fest eingestellt. Der Anwender kann hier keine Änderung vornehmen. Je nach Ventilkörper und Ventilschieber können unterschiedliche Kennlinien erzeugt werden.

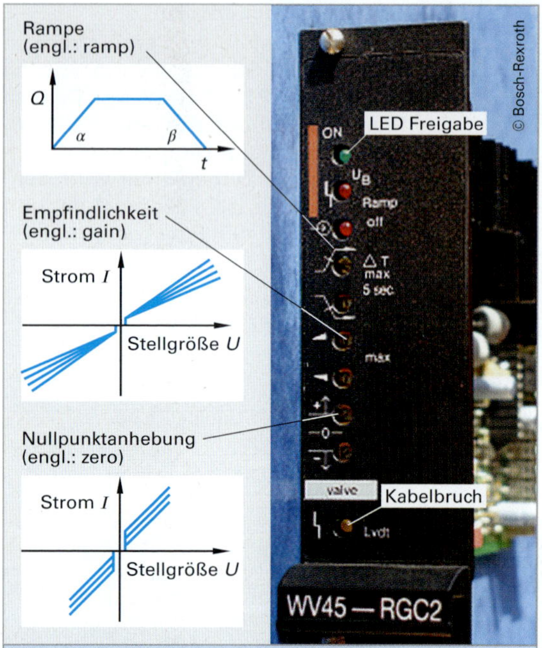

Bild 1: Frontplatte des Proportionalverstärkers

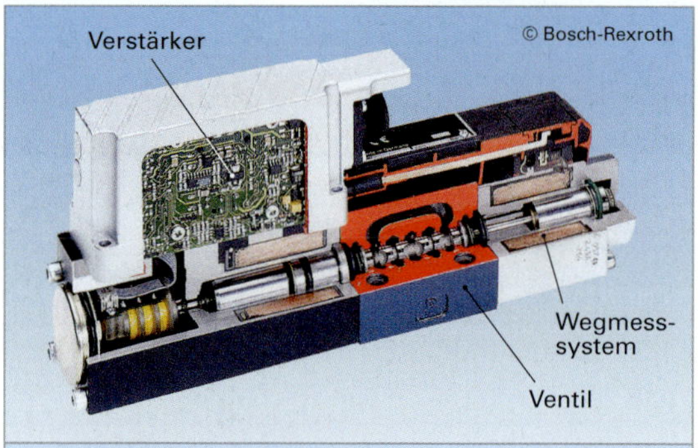

Bild 2: Regelventil mit Verstärker

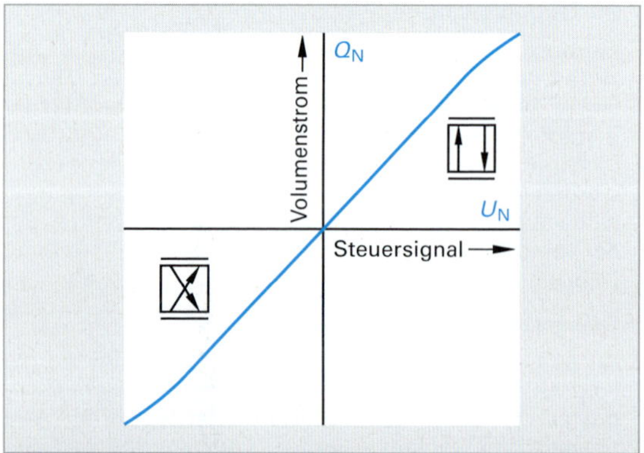

Bild 3: Kennlinie eines Regelventils

Beispiel 1: Hydraulische Stufenpresse

Bei einer Stufenpresse wird der Druck mit Hilfe eines Proportional-Druckbegrenzungsventil gesteuert **(Bild1)**.

Die Sollwerte kommen von der SPS werden über einen Verstärker. Die senkrechte Anordnung des Zylinder mit dem Werkzeug erfordert die Verwendung eines Stromventils (-RZ1) und eines entsperrbaren Rückschlagventils (-RM1) im Rücklauf. Die Ansteuerung des Zylinders erfolgt mit einem 5/3-Wegeventil mit Sperrmittelstellung.

Es soll folgender Ablauf erfolgen:
Grundstellung: Kein Druck $p = 0$ bar
Schritt 1: Kolbenausfahren, $p = 10$ bar, nach 5 s
Schritt 2: Druck, $p = 30$ bar, nach 5 s
Schritt 3: Druck, $p = 47$ bar, nach 5 s
Schritt 4: Kolben einfahren, $p = 10$ bar

Da in der Grundstellung das Proportional-Ventil stromlos ist handelt es sich um eine sehr energieeffiziente Steuerung.

Lösung:

Das Prop.-Ventil wird mit einer SPS mit Analogausgang (0 V...10 V) angesteuert. Der Verstärker wird so eingestellt, dass bei einer Sollwertspannung von 0 V...10 V der Druck im Bereich von 0 bar...50 bar ist.

Bild 2 zeigt eine idealisierte Kennlinie. Aus dem Diagramm ergibt sich für den Grundschritt: 0 V, für den Schritt 1 und 3 die Steuerspannung 2 V, für den Schritt 2 ergibt sich eine Steuerspannung von 6 V und für den Schritt 4 eine Spannung von 9,6 V.

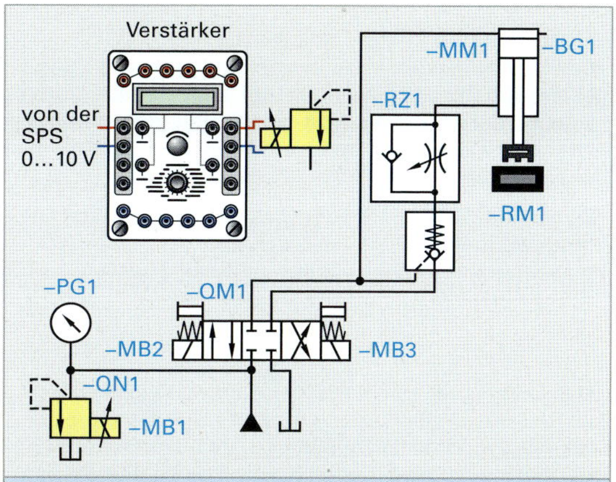

Bild 1: Hydraulischer Schaltplan

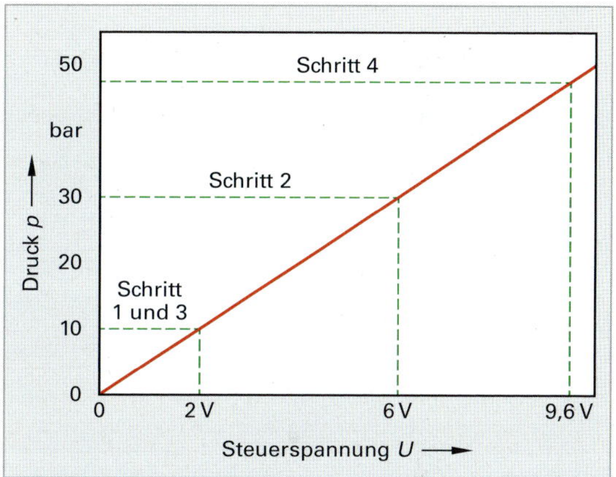

Bild 2: Kennlinie Proportional-Druckventil

Beispiel 2: Drehzahlregelung eines Hydraulikmotors

Ein Hydraulikmotor wird mit einem 4/2-Wegeventil angesteuert. Die Drehzahl soll geregelt sein.

Lösung:

Die Drehzahl wird über ein Proportional-Druckventil geregelt **(Bild 3)**.

Die Drehzahl (Istwert) wird mit einem Durchflusssensor (-BF1) gemessen. Dieser liefert als Signal 0 V...10 V bei einem Volumenstrom von 0 l/min... 10 l/min. Zur Veranschaulichung werden die Drücke p_1 und p_2 gemessen und mit aufgezeichnet (Bild 3, oberes Diagramm).

Die Belastung der Motors wird hier im Versuch mit dem Drosselventil (-RN1) aufgebracht. Sie spiegelt sich in den Drücken p_1 und p_2 wieder.

Je größer die Last am Motor ist je weiter ist das Drosselventil geschlossen. Als Regler wird ein PID-Regler verwendet. In Bild 3, unteres Diagramm, wird der Volumenstrom, also die konstante Drehzahl bei verschiedenen Belastungen dargestellt (schwarze Linie). Die rote Linie zeigt die hydraulische Leistung an. Diese ist analog zur Belastung.

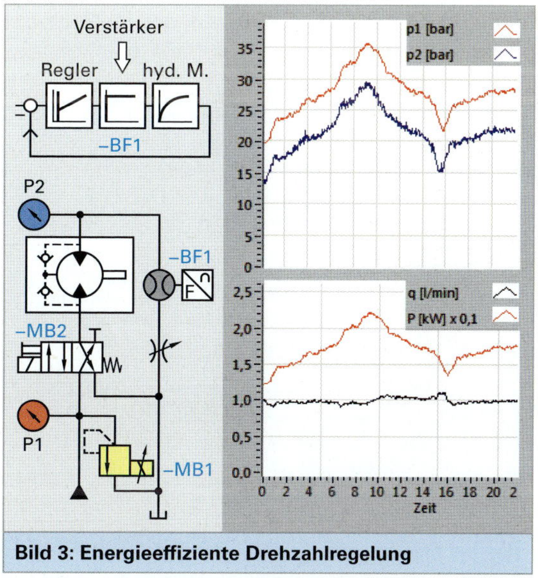

Bild 3: Energieeffiziente Drehzahlregelung

Beispiel: Hydraulische Eilgang-Vorschub-Einheit

Der Hydraulikzylinder einer Vorschubeinheit wird mit einem 4/3-Proportinalwegeventil angesteuert. Durch Durchbeaufschlagung mit verschiedenen Steuerspannungen werden die verschiedenen Geschwindigkeiten erreicht **(Bild 1)**.

Durch die Einstellung der Grenztaster werden die Wege festgelegt.

Bild 2 zeigt den Hydraulikplan. Die Verwendung der vorgeschalteten Druckwaage (–QN1) ermöglicht, dass die Geschwindigkeit des Kolbens lastunabhängig ist.

Das ODER-Glied (–KH1) sorgt dafür, dass die Druckwage in beide Richtungen wirken kann. Da die Steuerkanten des Ventils die Wirkung einer Drossel haben, baut sich auf beiden Seiten des Kolbens ein Druck auf, sodass der Kolben eingespannt ist.

Die Ansteuerung des Proportional-Wegeventils erfolgt über einen Proportionalverstärker. Dieser wird über eine Sollwertkarte angesteuert (**Bild 3**, rechts unten). Diese verfügt über drei binär codierte 24-V-Eingänge. Somit können damit acht Sollwertspannungen im Bereiche von –10 V ... +10 V an den Verstärker ausgegeben werden.

Ergänzend werden in der Sollwertkarte die Rampen als Zahlenwert mit der Einheit [s/V] mit eingestellt.

Die Steuerung, z. B. eine SPS, benötigt dadurch keine Analogausgänge.

Der Funktionsplan in **Bild 3** zeigt nur die einfachste Steuerung ohne Verriegelungen. Durch diese Art der Steuerung erübrigen sich Stromregelventile. Weil die Einstellung der Geschwindigkeiten am PC vorgenommen werden kann, muss der Werker dies nicht an der Maschine tun. Zudem kann am PC jede Einstellung leicht dokumentiert werden.

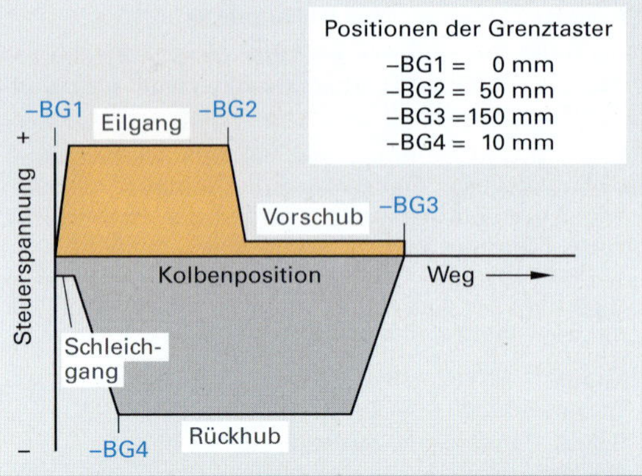

Bild 1: Struktur der Eilgang-Vorschubsteuerung

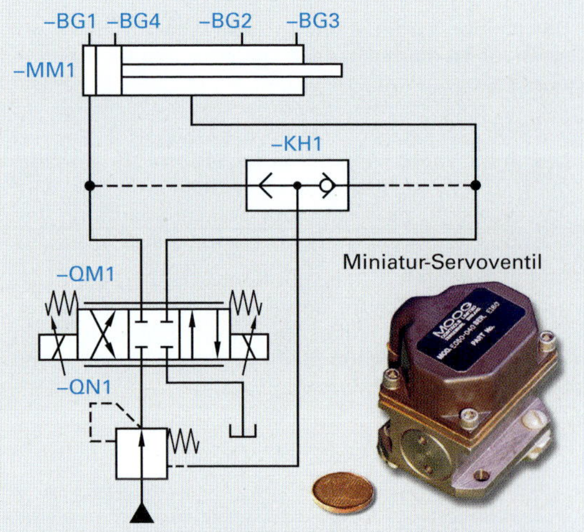

Bild 2: Schaltplan und Miniatur-Servoventil

Zuordnungsbeschaltung

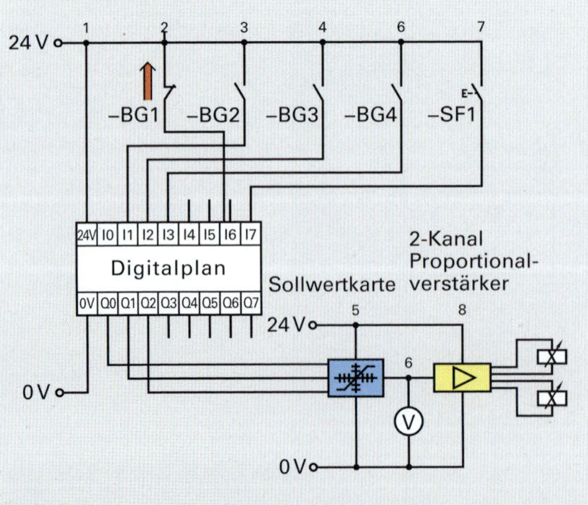

Digitalplan

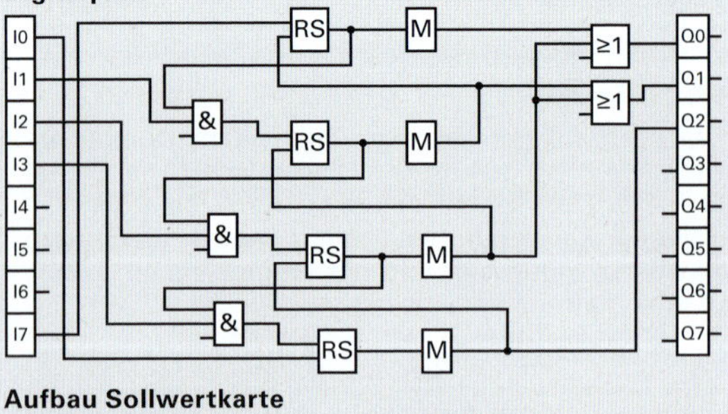

Aufbau Sollwertkarte

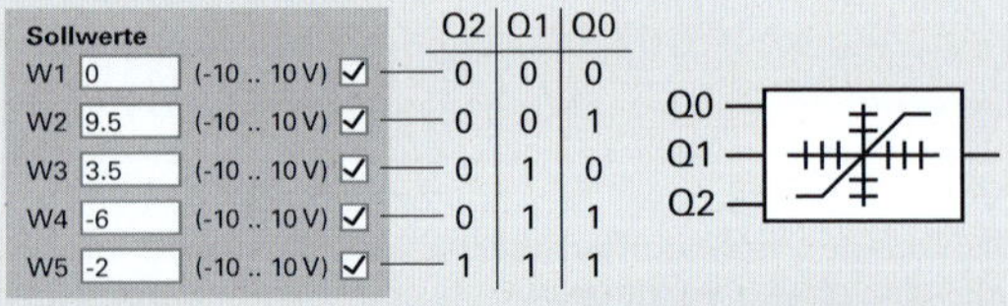

Bild 3: Steuerungslogik

2.2.11 Servoventile

Ein Servoventil besteht z. B. aus zwei Stufen **(Bild 1)**. Die erste Stufe ist ein sehr feinfühlig arbeitender Prallplattenverstärker, der von einem Drehmagneten (Torquemotor) elektrisch verstellt wird. An den Prallplatten befinden sich zwei Düsen, durch die ständig Öl gegen die Flächen der Prallplatte strömt. Dabei entsteht in den Düsenleitungen eine Druckdifferenz, die den Ventilkolben der zweiten Ventilstufe verstellt. Eine mechanische Rückführung stellt die Prallplatte jeweils in die Nullstellung zurück.

Servoventile reagieren schneller und genauer auf Signaländerungen als Proportionalventile. Sie sind aber auch empfindlicher gegen Verschmutzung des Hydrauliköls und teurer.

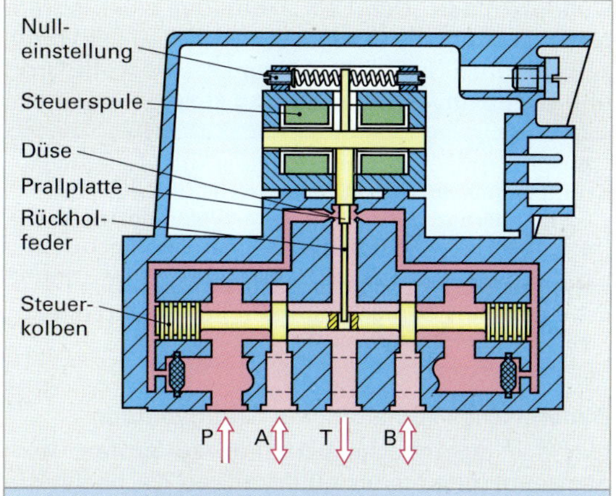

Bild 1: Zweistufiges Servoventil

Kenngrößen von Stetigventilen

Durchflusskennlinie. Das Verhältnis von elektrischem Steuerstrom zum hydraulischen Volumenstrom wird durch die Durchflusskennlinie angegeben **(Bild 2)**. Dabei stellt sich wegen der Magnetisierungsverluste und der Reibung ein Unterschied zwischen steigender und fallender Kennlinie ein (Hysterese). Für Proportionalventile, als Stellglieder in Steuerketten eingesetzt, sollte dieser Unterschied möglichst klein sein, für Servoventile als Regelkreisverstärker spielt die Hysterese eine untergeordnete Rolle, da sie ausgeregelt werden kann.

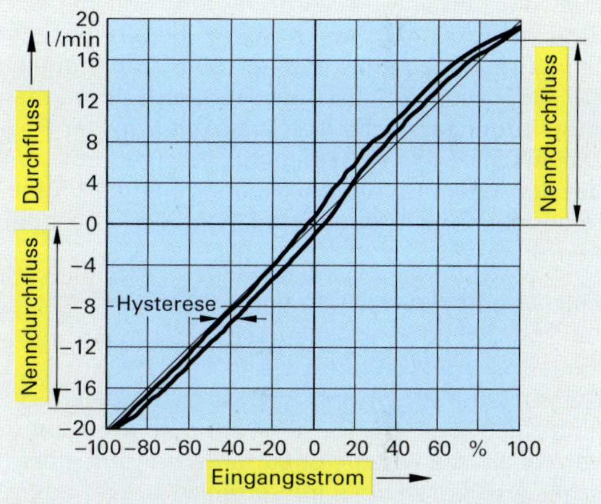

Bild 2: Durchflusskennlinie

Überdeckung der Steuerkanten. Die Überdeckung zwischen Ventilkolben und Anschlussbohrungen hat auf das Verhalten des Stetigventils einen entscheidenden Einfluss **(Bild 3)**:

- **Nullüberdeckung** bedeutet den stufenlosen Übergang von einer Durchflussrichtung zur anderen. Sie ist besonders bei Lageregelkreisen erwünscht und setzt eine genaue Fertigung der Ventile voraus.
- **Negative Überdeckung** wird bei Kraft- und Druckregelungen verwendet und führt zu weichem Schalten.
- **Positive Überdeckung** schließt im Stillstand die Leitungen ab und bewirkt eine sichere Sperrstellung. Dadurch kann z. B. in der Nullstellung des Stetigventils der Druck der Zuleitung erhalten und als Steuerdruck für andere Schaltzwecke verwendet werden.

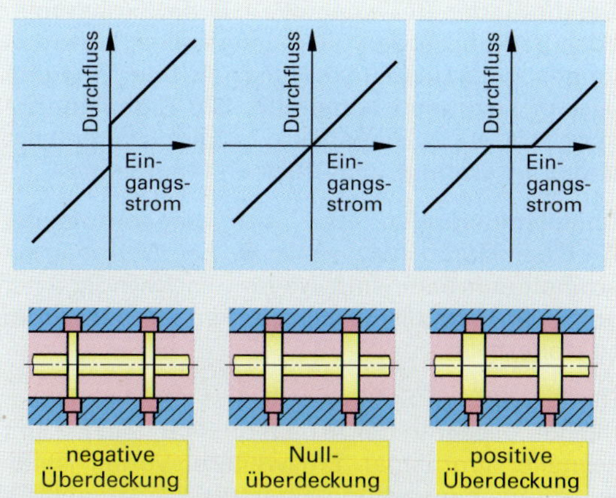

Bild 3: Überdeckung der Steuerkanten

Durch die Form der Ventilkolben, z. B. Einkerbung oder Abflachung der Mantelfläche des Kolbens, kann zusätzlich die Kennlinie verändert werden. So ergeben sich geknickte oder parabolische Kennlinien, die dem Verwendungszweck angepasst sind.

Nulldurchfluss. Der Leckstrom bei elektrischem Nullsignal gibt die Qualität der Dichtung des Ventilkolbens an. Er ist bei negativer Überdeckung groß und bei positiver Überdeckung klein.

Ansprechempfindlichkeit ist die erforderliche Änderung des elektrischen Steuerstroms, um eine messbare Änderung des hydraulischen Volumenstroms zu erzeugen. Sie wird in % des Nennstroms angegeben.

Hysterese ist die größte prozentuale Abweichung des Steuerstroms bezogen auf den größten Stromwert bei gleichem Durchfluss Q.

Dynamisches Verhalten von Stetigventilen

Um das dynamische Verhalten zu prüfen, wird das Ventil mit einem sinusförmigen Wechselstrom angesteuert, dessen Frequenz verändert werden kann **(Bild 1)**. Mit einem massearmen Prüfzylinder, der an das Ventil angeschlossen wird, misst man die Kolbenhübe (Amplituden) und die zeitliche Verzögerung des Kolbens gegenüber der Signalfrequenz (Phasengang). Die Abhängigkeit der Amplitude von der Signalfrequenz nennt man **Amplitudengang**, die Abhängigkeit von der Phasenverschiebung **Phasengang**. Die Frequenz, bei der der Abfall der Amplitude beginnt, heißt **Kennfrequenz**. Gute Stetigventile besitzen eine hohe Kennfrequenz.

Einsatz und Verwendung von Stetigventilen

Da Stetigventile mit elektrischen Signalen angesteuert werden, können sie in Fernsteuerungen, Ablaufsteuerungen und in SPS mit Regelkreisen eingesetzt werden. Die Servopneumatik **(Bild 2)** vereint z.T. die Vorteile pneumatischer und elektrischer Antriebstechnik. Im Vergleich zur Standardpneumatik ist die Servopneumatik bis zu 30 % schneller und benötigt bis zu 30 % weniger Luft.

Fernsteuerungen. Bei großen Anlagen oder bei Gefahr für den Bediener, wie z. B. bei Ladegeräten oder Baufahrzeugen, sind lange elektrische Leitungen gegenüber hydraulischen oder pneumatischen Leitungen vorteilhaft. Die Signalübertragung ist anpassungsfähig, erfolgt trägheitsfrei und ohne Einfluss von Druck und Temperatur.

Ablaufsteuerungen. Bei sich wiederholenden Arbeitsabläufen, wie sie z. B. bei Werkzeugmaschinen auftreten, sind Wege, Geschwindigkeiten und Kräfte für die verschiedenen Arbeitsschritte zu steuern.

Der Einsatz von Stetigventilen ist dabei einfacher, billiger, besser in der Arbeitsqualität, leichter und schneller umrüstbar. Ein weiterer Vorteil ist die Funktionsüberwachung über die Wegaufnehmer der Stetigventile. Dabei kann jederzeit angezeigt werden, ob der Ventilkolben richtig arbeitet.

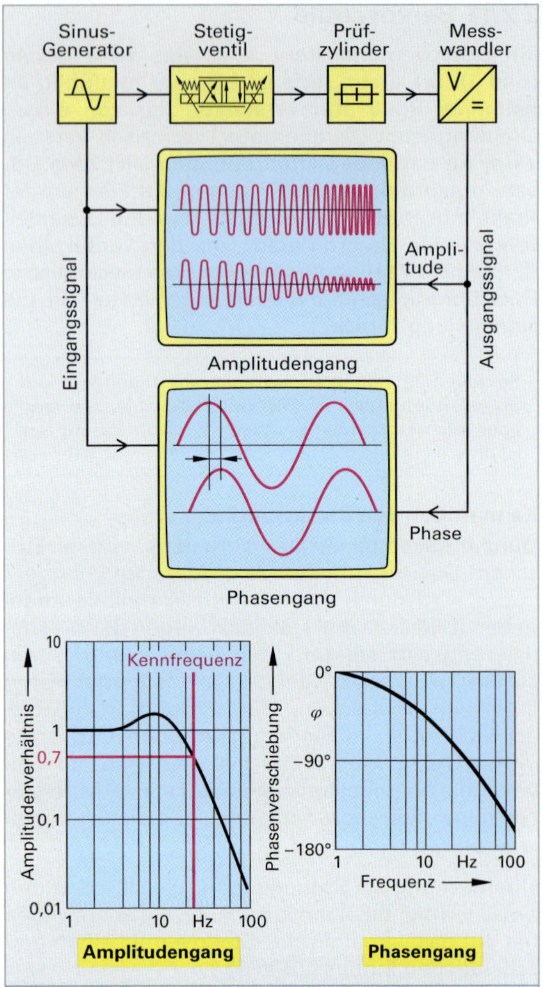

Bild 1: Dynamisches Verhalten von Stetigventilen

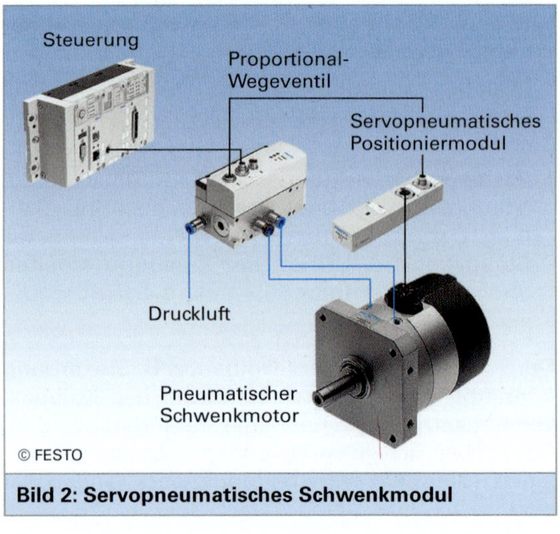

Bild 2: Servopneumatisches Schwenkmodul

2.2.12 Mobilhydraulik

Die Mobilhydraulik umfasst das gesamte in mobilen Maschinen verbaute Hydrauliksystem. Die Aktoren sind meist Zylinder und Hydraulikmotoren. Auf Grund der hohen Leistungsdichte, der möglichen hohen Kräfte und der Feinfühligkeit ist sind hydraulische Systeme besonders geeignet. Anwendungsbereiche sind Landmaschinen und Baumaschinen. Der stufenlose Fahrantrieb eines Traktors **(Bild 1)** umfasst eine Hydraulikpumpe und einen Hydraulikmotor. Es ist ein Leistungsbereich bis 100 kW üblich.

Load Sensing Systeme

Regelsysteme, bei denen Druck und Volumenstrom der Pumpe an die Erfordernisse der Verbraucher angepasst werden, nennt man *Load Sensing*. Ein wichtiges Ziel dieser Systeme ist Energie zu sparen. Hierzu sind z. B. Druckwagen und Proportionalventile notwendig. Häufig werden auch Regelpumpen eingesetzt.

Beispiel: Bei Stillstand des Motors **(Bild 2)** geht das Öl nur mit geringem Druck über die Druckwaage -QN2 direkt in den Tank. Wird das Proportionalventil -QM2 angesteuert, dann steigt p2 bzw. p3 an. Das Wechselventil gibt den höheren Druck an -QN2 weiter. Damit steigt der Pumpendruck. Es wird also nur so viel Druck erzeugt wie am Verbraucher notwendig ist.

Meist sind die Druckwagen im Ventilblock integriert, sodass eine kompakte Bauweise möglich ist. In **Bild 3** ist ein Load-Sensing-Steuerblock dargestellt. Diese sind in Plattenbauweise ausgeführt, sodass mehrere Ventilblöcke verblockt werden können.

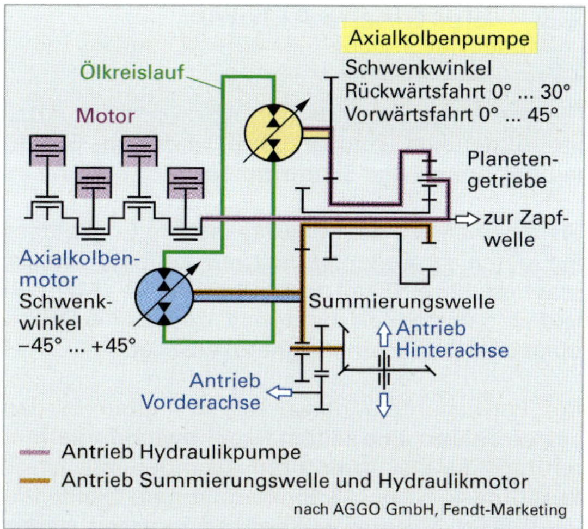

Bild 1: Stufenloser Antrieb bei Traktoren

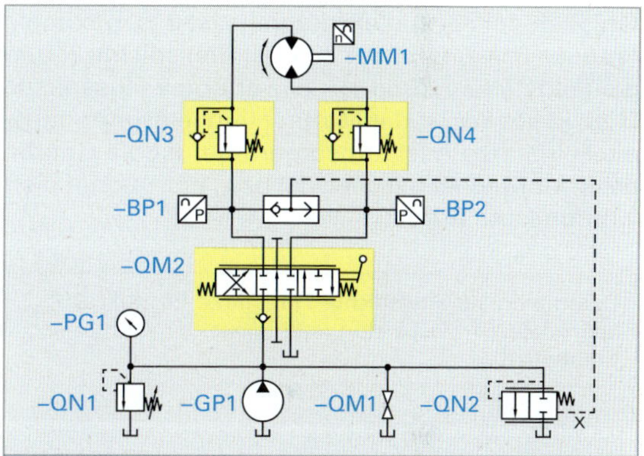

Bild 2: Motoransteuerung mit Druckkompensation

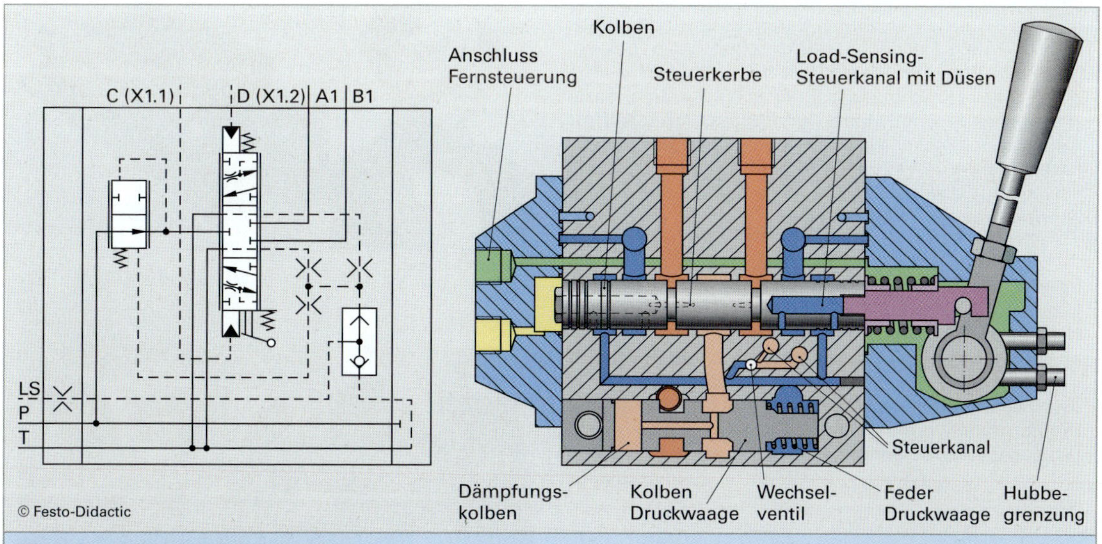

Bild 3: Load-Sensing-Steuerblock

2.3 Elektrische Aktoren

2.3.1 Einführung

Die wichtigsten elektrischen Aktoren, auch Aktuatoren genannt, sind Drehstrommotoren, Gleichstrommotoren und Schrittmotoren.

Sie beruhen auf dem physikalischem Effekt, dass auf einen stromdurchflossenen Leiter in einem Magnetfeld eine Kraft ausgeübt wird. Das Magnetfeld wird durch Elektromagnete oder durch Dauermagnete (Permanentmagnete) erzeugt.

Die Permanentmagnetwerkstoffe haben in den letzten Jahren eine sehr starke Entwicklung erfahren und die Elektromotoren dahingehend beeinflusst, dass diese die Elektromagnete (Feldwicklung) in den Motoren weitgehend verdrängt haben und die Motoren leistungsfähiger und leichter werden ließen. Kennzeichnend für die Leistungsfähigkeit der Permanentmagnete ist das maximale Produkt BH_{max} gebildet aus der Flussdichte B und der Feldstärke H **(Bild 1)**. Je größer die Flussdichte B ist, je stärker ist der Magnet und je größer dabei die Feldstärke H ist, umso geringer ist die Gefahr, dass der Magnet geschwächt bzw. entmagnetisiert werden kann **(Bild 2)**.

Das maximale Flussdichte-Feldstärke-Produkt BH_{max} kennzeichnet die Leistungsfähigkeit der Permanentmagnete.

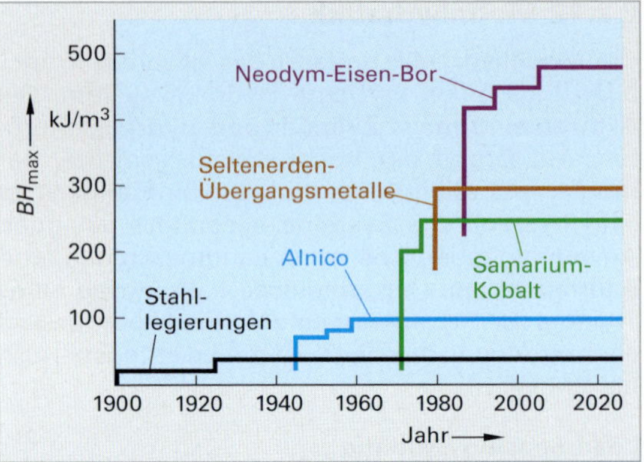

Bild 1: Entwicklung der Magnetwerkstoffe

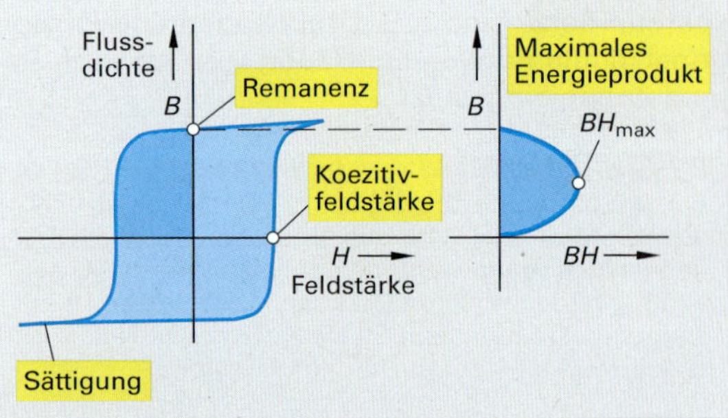

Bild 2: Die Hysterese-Kennlinie und die *BH*-Funktion bei einem Peramentmagnet

E. Werner von Siemens,
geboren am 13. Dezember 1816 bei Hannover; gestorben am 6. Dezember 1892 in Berlin. Er entdeckte (nach anderen) 1866 das dynamoelektrische Prinzip: *Bewegt man eine Spule im Magnetfeld dann entsteht elektrischer Strom.* Er baute als erster nach diesem Prinzip eine technisch brauchbare Dynamomaschine. Mit ihr konnte man mechanische Bewegungsenergie in elektrische Energie umwandeln (Generator-Prinzip) und umgekehrt aus elektrischer Energie wieder mechanische Energie erzeugen (Motor-Prinzip).

Michail von Dolivo-Dobrowolsky,
geboren am 3. Januar 1862 bei Sankt Petersburg; gestorben am 15. November 1919 in Heidelberg, studierte an der TH Darmstadt Elektrotechnik und war Chefkonstrukteur der AEG. Er konstruierte 1889 den ersten praktisch verwendbaren Drehstrom-Asynchronmotor und Drehstromgenerator und ermöglichte so 1891 die erste Drehstrom-Hochspannungs-Übertragung von Lauffen a. Neckar nach Frankfurt am Main mit einer Distanz von 175 km.

Das elektrodynamische Prinzip

Auf einen stromdurchflossenen Leiter wird in einem Magnetfeld eine Kraft, die Lorentz[1]-Kraft, ausgeübt **(Bild 1)**. Diese Kraft ist proportional zu dem magnetischen Fluss Φ, dem Strom I, der Anzahl der Leiter (Windungen) z und der wirksamen Leiterlänge l. Wichtig ist, dass der Stromfluss senkrecht zum magnetischen Fluss steht.

> Elektroantriebe erzeugen in einem stromdurchflossenen Leiter eine umso größere Kraft, je größer der Strom und die magnetische Flussdichte, senkrecht zur Stromrichtung, sind.

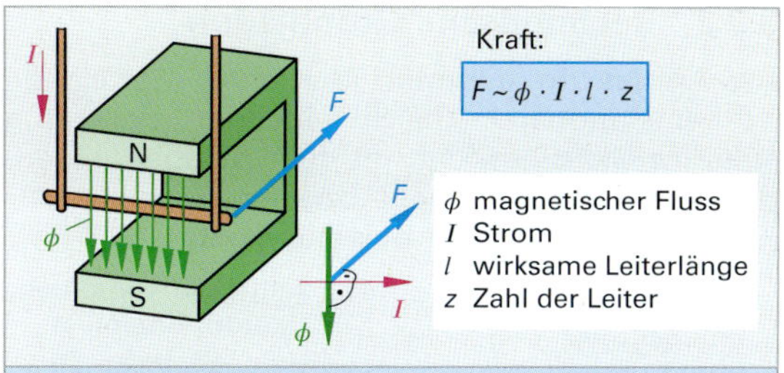

Bild 1: Die Lorentz-Kraft

Elektromagnete und Kupplungen

Aktoren auf der Basis von Elektromagneten bestehen aus einer Spule mit Eisenkern und einem **beweglichen Eisenkern**, dem **Anker**. Von der stromdurchflossenen Magnetspule wird der bewegliche Anker angezogen. Dabei stellt sich der Anker so ein, dass der Widerstand für die magnetischen Flusslinien möglichst klein wird. Man unterscheidet zwischen **Hubmagneten** mit verschiebbarem Anker und **Drehmagneten** mit sich drehendem Anker **(Bild 2)**.

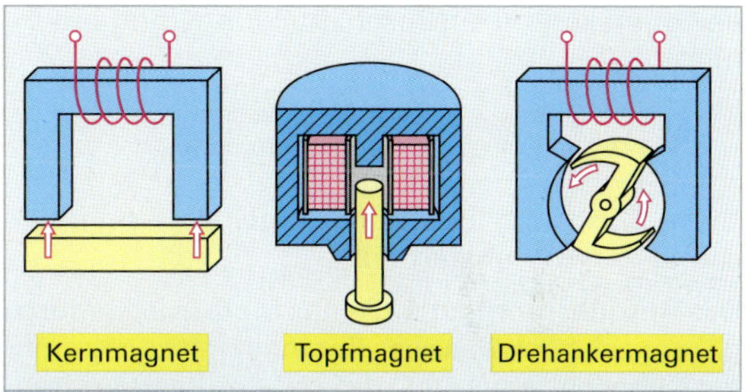

Bild 2: Hubmagnete und Drehmagnete

> Bewegliche Anker stellen sich so ein, dass der magnetische Widerstand möglichst klein ist[2].

Elektromagnetkupplungen verwendet man zum fernbetätigten oder selbsttätigen Schalten und Bremsen von Getrieben. Bei den Elektromagnetkupplungen unterscheidet man die Einscheibenkupplung **(Bild 3)**, die Lamellenkupplung sowie die Magnetpulverkupplung und die Zahnkupplung.

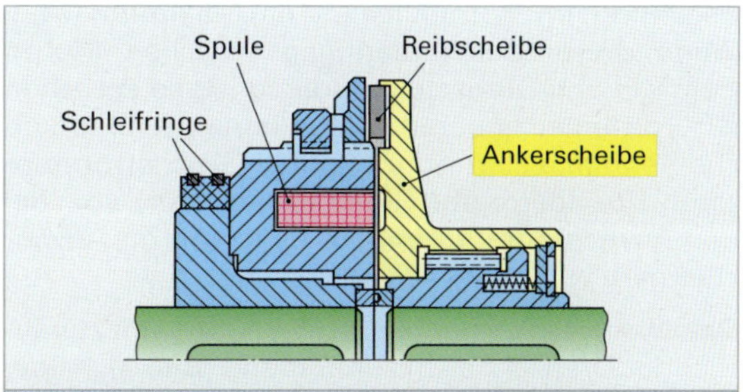

Bild 3: Einscheiben-Elektromagnetkupplung

Bei den Lamellenkupplungen sind mehrere, antriebseitig und abtriebseitig gebundene, dünne Scheiben (Lamellen) im Wechsel angeordnet, die bei magnetischer Betätigung durch Reibschluss das Drehmoment übertragen. Bei den Magnetpulverkupplungen läuft ein abtriebseitiger Anker in einem antriebseitigen Gehäuse, das Eisenpulver enthält. Durch Magnetisierung frittet das Pulver zusammen und stellt so eine mechanische Verbindung dar.

Elektromagnete verwendet man häufig als Spannelemente zur Werkstückspannung und als **Greifsysteme**, z. B. bei der Handhabung von Schrott und von Stangenmaterial aus Stahl **(Bild 4)**.

Bild 4: Verladen von Stählen mit Magnetgreifer

---

[1] benannt nach dem niederländischen Mathematiker und Physiker *Hendrik Antoon Lorentz*, 1853 bis 1928

[2] Mit Reluktanz bezeichnet man die Kraft aufgrund des kleineren magnetischen Widerstands (lat. reluctor = widersetzen). Die Reluktanzkraft, auch Maxwellkraft genannt, wird z. B. auch bei Reluktanzmotoren genutzt.

2.3.2 Rechnerische Grundlagen

Das Antriebsdrehmoment M_m an der Motorwelle ist bei stationärer (gleichbleibender) Belastung stets im Gleichgewicht mit dem zu überwindenden Widerstandsmoment bzw. Lastmoment M_w **(Bild 1)**. Bei stationärer Belastung gilt:

$$M_m = M_w$$

M_m Antriebsdrehmoment (Motormoment)

M_w Widerstandsmoment (Lastmoment)

Bei dynamischer Belastung, wenn also der Motor mit einer Drehzahlveränderung beschleunigt oder verzögert kommt ein Beschleunigungsmoment M_a hinzu:

$$M_m = M_w + M_a$$

M_a Beschleunigungsmoment

Diese Gleichung bezeichnet man als Grundgleichung der Antriebstechnik.

Das Antriebsmoment M_m eines Motors ist dadurch gekennzeichnet, dass es allgemein mit zunehmender Drehzahl abnimmt und bei der Leerlaufdrehzahl n_0 den Wert Null ($M_m = 0$) erreicht **(Bild 2)**.

Dementsprechend ist bei geringer Drehzahl das Drehmoment groß und erreicht bei (gewaltsamer Belastung) im Motorstillstand ein Maximum (M_{st}). Wenn dieser Zusammenhang zwischen Motormoment und Drehzahl geradlinig ist, so sprechen wir von einer linearen Motorkennlinie. Eine solche Kennlinie liegt prinzipiell bei Gleichstrommotoren (fremderregter Gleichstrommotor) vor. Bei den Asynchronmotoren gibt es davon oft Abweichungen.

Das Widerstandsmoment M_w ist häufig mit zunehmender Drehzahl auch zunehmend **(Bild 3)**. Allgemein einsichtig ist: *je schneller man arbeitet umso größer ist der Stress.*

Der lineare, d. h. proportionale Zusammenhang zwischen M_w und der Drehzahl n ist nur in seltenen Fällen gegeben, z. B. beim Antrieb von fluidtechnischen Anlagen, z. B. bei Vorschubantrieben mit hydrostatischer Lagerung.

Ist trockene Reibung vorliegend, dann ist das Widerstandsmoment weitgehend drehzahlunabhängig konstant. Liegt Rollreibung vor, dann ist das Widerstandsmoment zunehmend bei relativ geringem Anfangsmoment. Wird die Belastung durch Gleitlager oder Gleitführungen verursacht, so gibt es ein großes Losreißmoment bei der Drehzahl n = 0 infolge fehlenden Schmierfilms. Das Lastmoment nimmt steil ab um dann wieder anzusteigen. Beim Antrieb von Propellern nimmt das Antriebsmoment mit zunehmender Drehzahl überproportional zu.

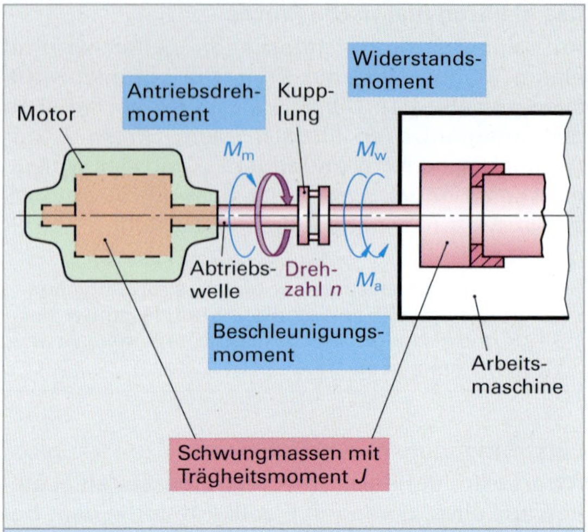

Bild 1: Drehmomente an der Motorwelle

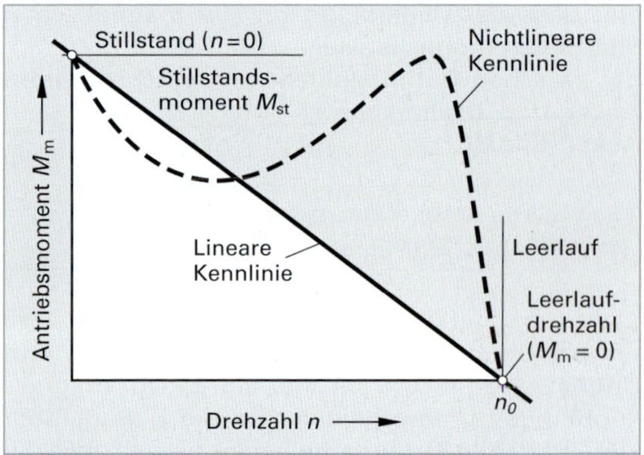

Bild 2: Kennlinie für das Antriebsdrehmoment

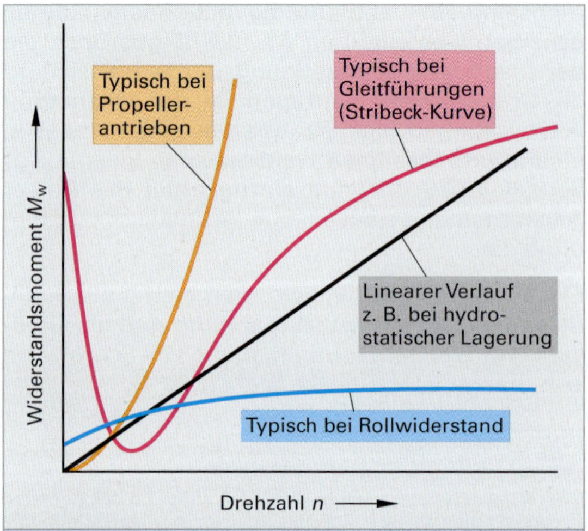

Bild 3: Widerstandsmomente

Der Betriebspunkt im stationären Betrieb

Es gilt $M_m = M_w$ ($M_a = 0$) und man ermittelt bei nichtlinearen Kennlinien den Betriebspunkt (Arbeitspunkt) grafisch in dem man die Kennlinie des Antriebsmoments und die Kennlinie des Widerstandsmoments in ein Diagramm zeichnet. Der Schnittpunkt beider Kennlinien ist der stationäre Betriebspunkt mit dem Betriebsdrehmoment M_b und der Betriebsdrehzahl n_b **(Bild 1)**.

Im stationären Dauerbetrieb darf ein Motor nur bis zu diesem Betriebsdrehmoment belastet werden. Das Bemessungsmoment (früher: Nennmoment) M_N, das den Motor kennzeichnet muss kleiner gleich dem Betriebsdrehmoment sein.

Im stationären Betrieb:

$$M_b \leq M_N$$

M_b Betriebsdrehmoment
M_N Bemessungsmoment (Nennmoment)

Bei elektrischen Motoren ist das Bemessungsmoment durch die maximal zulässige Betriebstemperatur und durch den maximal möglichen oder zulässigen Strom begrenzt. Da die maximal zulässige Betriebstemperatur erst nach etlichen Minuten bis hin zu 30 Minuten erreicht wird, ist ein kurzzeitiges Überschreiten des Bemessungsmoments meist erlaubt und möglich.

Dynamischer Betrieb

Bei Drehzahländerungen, z. B. beim Anlauf eines Motors kommt ein Beschleunigungsmoment M_a belastend hinzu. Dieses Beschleunigungsmoment ist umso größer je größer die Drehzahländerung pro Zeit ist und je größer die zu beschleunigenden Schwungmassen sind. Die Drehzahländerung pro Zeit wird durch die Winkelbeschleunigung ausgedrückt und die Schwungmasse durch das Trägheitsmoment J.

$$M_a = J \cdot \alpha = J \cdot \frac{d\omega}{dt} = J \cdot 2\pi \frac{\Delta n}{\Delta t}$$

J Trägheitsmoment
α Winkelbeschleunigung
ω Winkelgeschwindigkeit

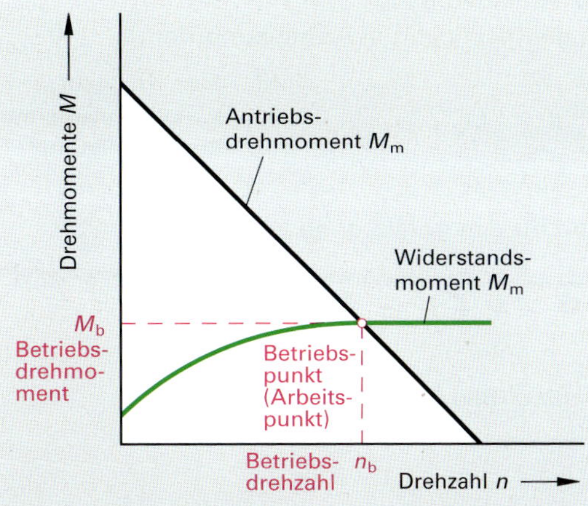

Bild 1: Der Betriebspunkt

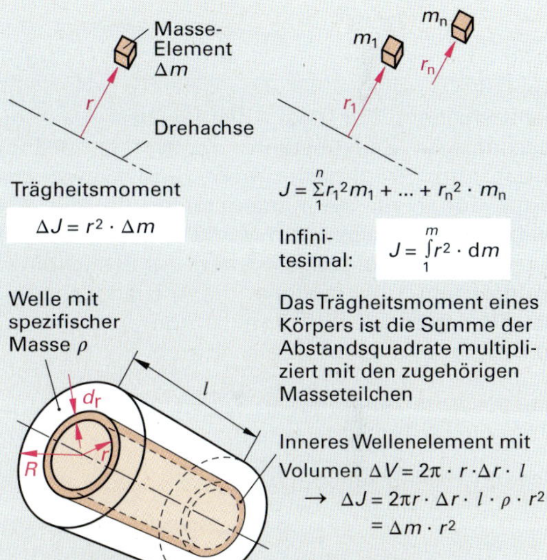

Trägheitsmoment

$$\Delta J = r^2 \cdot \Delta m$$

$$J = \sum_1^n r_1^2 m_1 + \ldots + r_n^2 \cdot m_n$$

Infinitesimal: $J = \int_1^m r^2 \cdot dm$

Das Trägheitsmoment eines Körpers ist die Summe der Abstandsquadrate multipliziert mit den zugehörigen Masseteilchen

Inneres Wellenelement mit Volumen $\Delta V = 2\pi \cdot r \cdot \Delta r \cdot l$

$\rightarrow \Delta J = 2\pi r \cdot \Delta r \cdot l \cdot \rho \cdot r^2 = \Delta m \cdot r^2$

Infinitesimal:

$dV = 2\pi r \cdot dr \cdot l$

$\rightarrow dJ = dm \cdot r^2$

Gesamtträgheitsmoment:

$$J = \int_0^R 2\pi r^2 \cdot dr \cdot l \cdot \rho \cdot r^2 = 2\pi \cdot l \cdot \rho \int_0^R r^3 \cdot dr = 2\pi \cdot l \cdot \rho \cdot \frac{R^4}{4}$$

Gesamtmasse: $m = \pi \cdot R^2 \cdot l \cdot \rho \rightarrow J = \frac{m \cdot R^2}{2}$

Bild 2: Das Trägheitsmoment J

Beim Trägkeitsmoment zählen Massen quadratisch stärker je weiter diese von dem Drehpunkt entfernt sind **(Bild 2)**. Da bei Wellen die Massen mit dem Quadrat des Radius zunehmen und die Trägheitsmomente sich ebenfalls mit dem Radiusquadrat erhöhen ist die Gesamtzunahme mit der 4. Potenz des Radius.

Eine Welle (aus gleichem Werkstoff und gleicher Länge) hat bei *doppeltem* Radius (bzw. Durchmesser) 2^4-faches = 16-faches Trägheitsmoment, d. h. zur Beschleunigung dieser Welle wird im Vergleich 16-faches Beschleunigungsmoment benötigt.

Bei Wellen und Vollzylindern wächst das Trägheitsmoment mit der 4. Potenz des Durchmessers.

Der Anlaufvorgang

Es gilt (bei linearem Antriebsmoment):

$$M_m = M_w + M_a$$

M_m Motormoment
M_w Widerstandsmoment
M_a Beschleunigungsmoment

Und für den Anlauf ohne Last ($M_w = 0$) gilt:

$$M_m = M_a = J \cdot 2\pi \cdot \frac{dn}{dt}$$

J Trägheitsmoment
n Drehzahl
t Zeit

Lösung **(Bild 1):**

$$n = n_0\,(1 - e^{-t}/T_m)$$

Mit der mechanischen Zeitkonstante:

$$T_m = J \cdot \frac{2\pi\, n_0}{M_{st}} = J \cdot 2\pi \cdot \frac{\Delta n}{\Delta M}$$

Kennzeichnend für das Anlaufverhalten ist die mechanische Zeitkonstante T_m. Sie ist proportional zum Trägheitsmoment und umgekehrt proportional zur Kennliniensteigerung der Antriebskennlinie bzw. zum Verhältnis von verfügbarem Beschleunigungsmoment zur erreichbaren Enddrehzahl. D. h. je steiler die Antriebskennlinie ist und je geringer die Trägheitsmomente sind um so reaktionsschneller ist ein Antrieb.

Die gesamte Anlaufdauer T_{an} ist ca. dreimal so groß wie die Zeitkonstante T_m.

Gesamte Anlaufzeit:

$$T_{an} \approx 3\, T_m$$

T_{an} Anlaufzeit
T_m mechanische Zeitkonstante

Eine kleine mechanische Zeitkostante ist der wichtigste Gesichtspunkt bei der Auslegung von Vorschubantrieben bei Werkzeugmaschinen und bei Antrieben für Roboter. Die Werte liegen bei NC-Maschinen und Robotern meist im Bereich von etwa 10 ms. Der angetriebene Maschinentisch bzw. Roboterarm sollte möglichst ohne Verzug den Befehlssignalen der Steuerung folgen können.

Wie man aus der Anlauflinie ersieht, nähert sich die Drehzahl asymptotisch nach einer e-Funktion der Enddrehzahl. Bei einem Anlauf ohne Last ist die Enddrehzahl die Leerlaufdrehzahl.

Bei einem, mit konstantem Lastmoment (M_w = konst.) belasteten Antrieb ist der Anlaufvorgang prinzipiell gleich. Die Enddrehzahl ist allerdings nur so groß wie es das Drehmomentgleichgewicht, entsprechend des Betriebspunktes, zulässt **(Bild 2)**.

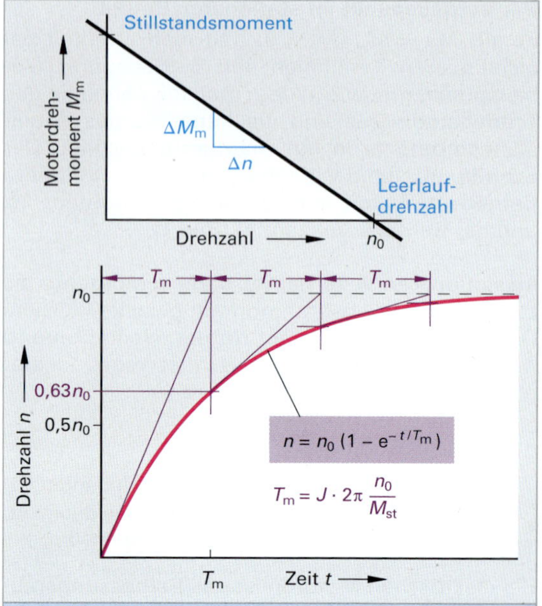

Bild 1: Leeranlauf

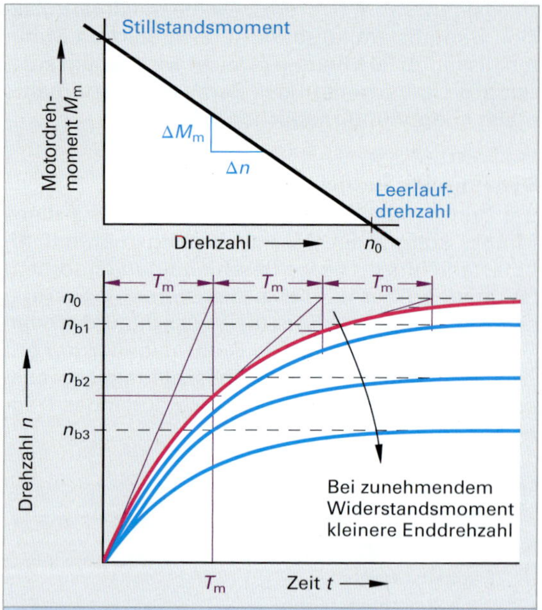

Bild 2: Anlauf unter Last

Die mechanische Zeitkostante bleibt unbeeinflusst, da weder das Trägheitsmoment noch die Steigung der Antriebslinie sich verändert.

Der Anlaufvorgang unter Belastung dauert nicht länger als der Leeranlauf!

2.3.3 Erste Orientierung

Die Motorbasisentscheidung:

- Gleichstrommotor oder
- Wechselstrommotor oder
- Drehstrommotor als Asynchronmotor oder als Synchronmotor

orientiert sich zumeist an der verfügbaren elektrischen Energie und an der erforderlichen Leistung.

Bei der verfügbaren Energie unterscheidet man

- Drehstromnetz-Versorgung **(Bild 1)**,
- Wechselstromnetz-Versorgung
- Gleichstromversorgung mit Batterien oder Akkumulatoren und die Netzteil-Gleichstromversorgung.

Die **Drehstromversorgung** ist die übliche Motorstromversorgung im industriellen Bereich ab Motorleistungen von etwa 0,5 kW bis zu Leistungen im mehrfachen Megawatt-Bereich (MW-Bereich).

Die **Wechselstromversorgung** ist dominant bei allen Haushaltsgeräten, bei elektrischen Handwerkzeugen und Gartengeräten bis zu Maximalleistungen von etwa 3,6 kW.

Die **Gleichstromversorgung** durch Batterien nutzt man bei Kleinstmotoren und Kleinmotoren im Bereich der Spielzeuge und Hygieneartikel, Medizingeräte, Labortechnik. Die Gleichstromversorgung mit Akkumulatoren, zunehmend mit Lithium-Ionen-Akkus, verwendet man z. B. für Werkzeuge, Motoranlasser, Fahrzeugantrisbe, Lüfter.

Die Netzteil-Gleichstromversorgung findet man bei Kleinmotoren vor allem im Zusammenhang mit elektronischen Geräten, z. B. für Lüfter.

> Zur Projektierung eines Antriebs sind ausgehend von der vorgesehenen bzw. möglichen Art der Energieversorgung zu klären:
>
> 1. Lastdrehzahl, Lastmoment, mit/ohne Getriebe, Energierückspeisung,
> 2. Rotatorischer Antrieb/Linearantrieb,
> 3. Fahrkurve (Fahrdiagramm), Lastdiagramm
> 4. Anforderungen zur Drehzahlgenauigkeit oder Positioniergenauigkeit
> 5. Anforderungen zur Dynamik,
> 6. Umweltbedingungen (Aufstellungshöhe, Schutzart, Art der Kühlung, zulässige Erwärmung)
> 7. Zubehör: Haltebremse, Drehgeber, Temperaturgeber, Motorschutz
> 8. Auswahl des Motors,
> 9. Auswahl des Umrichters bzw. der Umrichter-Motorkombination.

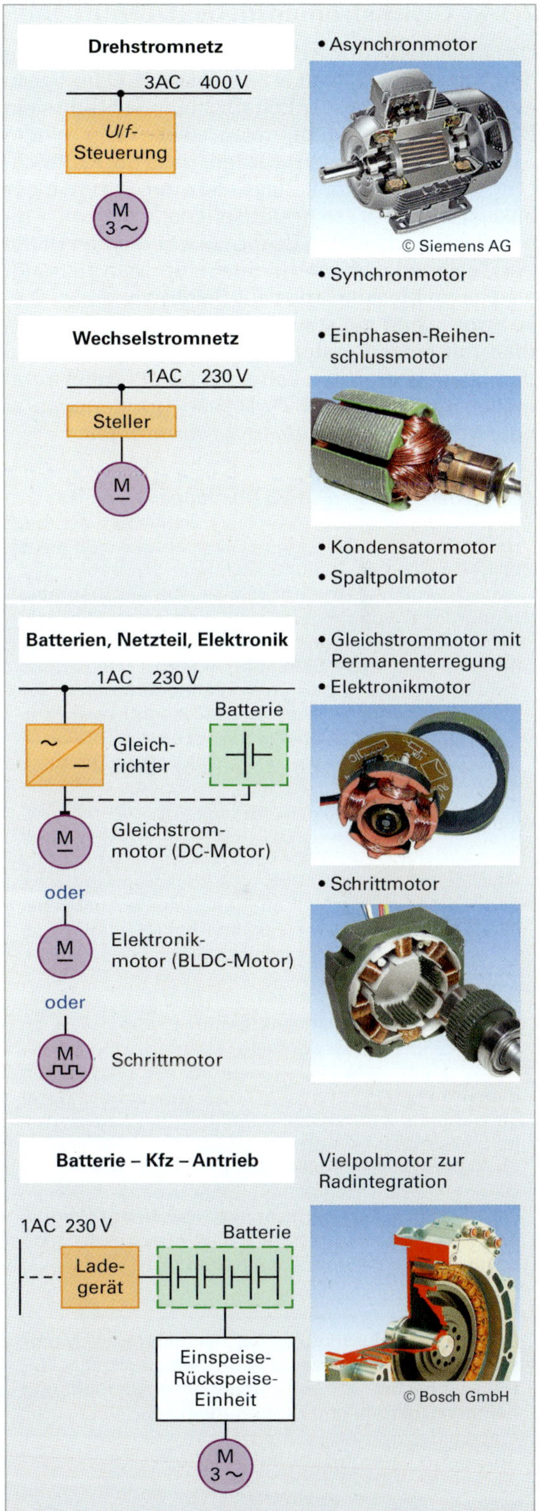

Bild 1: Stromversorgungsvarianten

2.3.4 Gleichstromantriebe (DC-Antriebe)

Das Drehmoment wird wie bei einer Leiterschleife durch die Lorentz-Kraft erzeugt **(Bild 1)**. Damit nach einer 90°-Drehung der Leiterschleife weiterhin ein Drehmoment entsteht, muss diese von einem Strom so durchflossen werden, dass die Kraftrichtung sich wendet, d. h. dass stets der Strom in der linken Hälfte der Zeichnungsebene in die Leiter hineinfließt und bei den Leitern in der rechten Hälfte der Zeichnungsebene herausfließt. Man benötigt also einen Mechanismus zur Stromwendung. Diese Stromwendung steuert der Motor selbst in dem man mit einer Bürstenanordnung den Strom an den blank gemachten Leiterschleifen (Kollektorlamellen[1]) zuführt **(Bild 2)**. Diesen Bürstenapparat nennt man *Stromwender* oder *Kommutator*[2].

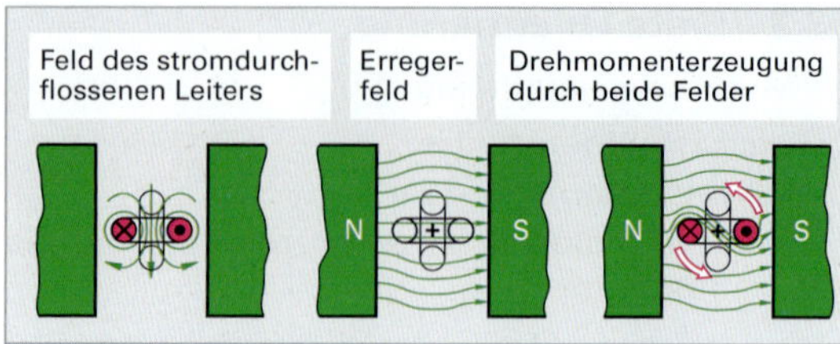

Bild 1: Drehmoment bei einer Leiterschleife

Die Leiterschleifen sind als Wicklungen in die Nuten des Läufers eingelegt. Damit vervielfachen sich die zur Drehmoment wirksamen Leiterschleifen. Je mehr Leiterschleifen es sind umso weniger Strom benötigt man. Allerdings erfordern mehr Leiterschleifen eine proportional höhere Spannung und so ist die Zahl der Leiterschleifen unerheblich für die Motorleistung. Motoren für niedere Spannungen haben relativ dicke Wicklungsdrähte in geringerer Zahl und Motoren für hohe Spannungen dünne Drähte in größerer Zahl. Das Kupfergewicht ist bei gleicher Leistung praktisch gleich. Der Läufer (Anker) besteht aus einem gut magnetisierbaren Eisenblechpaket. Das Eisen ist erforderlich, damit der magnetische Widerstand für den magnetischen Fluss möglichst gering ist. Die Blechung ist erforderlich, damit der bei Drehung sich ändernde Fluss im Läufer keinen Strom (Wirbelstrom) induziert und so das Drehmoment mindert. Das Blechpaket hat für den magnetischen Fluss eine hohe Leitfähigkeit, für den elektrischen Strom aber einen hohen Widerstand.

Zur Erzeugung des magnetischen Flusses wird im Motorständer entweder eine Magnetwicklung, die **Feldwicklung (Bild 3)** eingebaut **oder** es werden **Permanentmagnete** verwendet. Die Feldwicklung (Erregerwicklung) kann dabei in Reihe zu der Läuferwicklung geschaltet sein (Reihenschlussmotor) oder aber im Nebenschluss parallel dazu (Nebenschlussmotor). Wird die Feldwicklung von einer fremden Gleichstromquelle gespeist spricht man vom fremderregten Motor. Bei Motoren bis etwa 10 kW verwendet man bevorzugt Permanentmagnete **(Bild 4)**.

Der Nebenschlussmotor, der fremderregte Motor und der permanenterregte Motor haben gleiches Betriebsverhalten: Mit zunehmender Ankerspannung nehmen Drehzahl und Drehmoment zu.

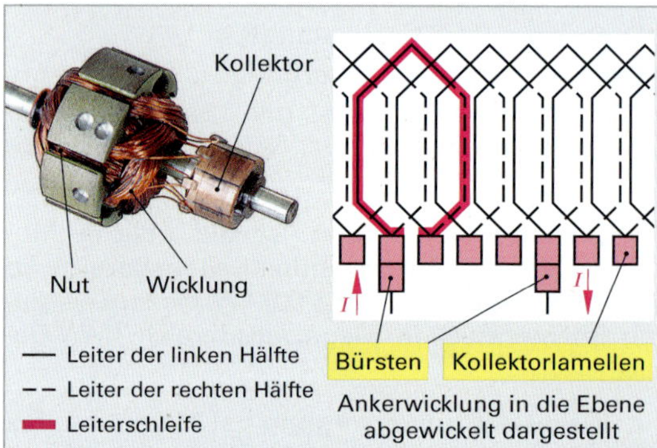

Bild 2: Läufer mit Stromwender

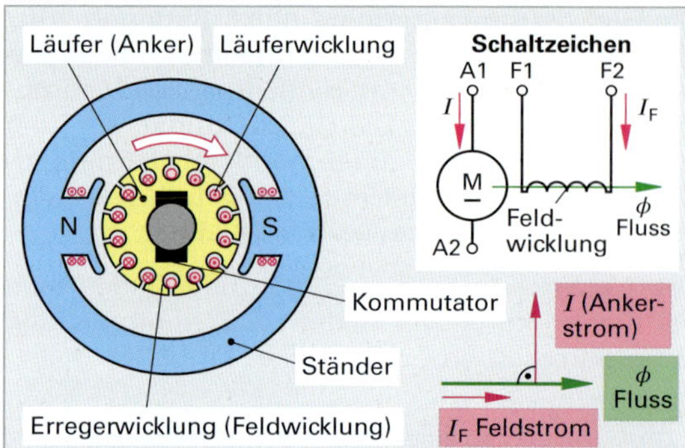

Bild 3: Fremderregter Gleichstrommotor

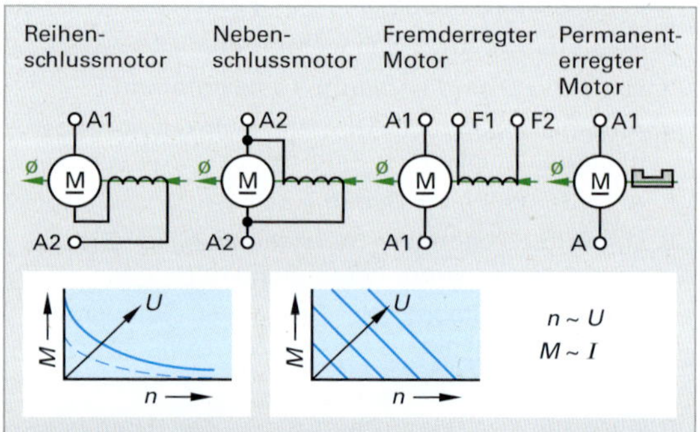

Bild 4: Erregungsarten

---

[1] Kollektor, von lat. colligere = sammeln

[2] Kommutator, von lat. commutare = umbewegen

Fremderregte Gleichstrommaschine[1]

Stationäres Betriebsverhalten. Die Motordrehzahl steigt proportional mit der Motorspannung (Ankerspannung, **Bild 1**). Unbelastet ($M = 0$) gilt:

$$n \sim U \rightarrow \frac{n}{n_0} = \frac{U}{U_N}$$

n Drehzahl
n_0 Leerlaufdrehzahl
U Motorspannung
U_N Motorbemessungsspannung

Die Läuferdrehung verursacht in der Läuferwicklung eine induzierte Spannung U_E, da die Läuferwicklung die Feldlinien des Erregerfeldes schneidet. Diese induzierte Läuferspannung wird auch als Generatorspannung bezeichnet. Der Gleichstrommotor funktioniert als Generator sobald er durch ein äußeres Moment nicht belastet sondern angetrieben wird. Im Motorbetrieb nimmt mit zunehmender Drehzahl die induzierte Läuferspannung zu und reduziert in gleichem Maße die für die Läuferwicklung wirksame Spannung. Der Motorstrom wird dadurch ebenfalls gemindert und so auch das Antriebsmoment **(Bild 2)**. Damit erhält man eine linear fallende Kennlinie für das Drehmoment $M = f(n)$. Bezieht man das Motordrehmoment auf das bei Motorstillstand vorhandene größte Drehmoment M_{st} und die Drehzahl auf die bei Leerlauf größte Drehzahl n_0, so ergibt sich nach der Achsenabschnittsgleichung eine einfache Beziehung:

$$\frac{M}{M_{st}} = 1 - \frac{n}{n_0} \quad (1)$$

n_0 Leerlaufdrehzahl
M Antriebsmoment
M_{st} Stillstandsmoment

und mit der Proportionalität des Stroms zum Drehmoment wird:

$$\frac{M}{M_{st}} = \frac{I}{I_{st}} \quad (2)$$

I Motorstrom (Ankerstrom)
I_{st} Stillstandsstrom (Anlaufstrom)

Bei Belastung durch ein Lastmoment M_W ergibt sich aus (1) die Betriebsdrehzahl n_b zu:

$$\frac{n_b}{n_0} = 1 - \frac{M_w}{M_{st}} \rightarrow n_b = n_0 \left(1 - \frac{M_w}{M_{st}}\right)$$

n_b Betriebsdrehzahl M_W Lastmoment

Dynamisches Betriebsverhalten. Unter dem dynamischen Betriebsverhalten versteht man das Reaktionsverhalten des Motors auf eine Änderung der Motorspannung. Mian beobachtet hierzu mit Hilfe eines Tachogenerators die Drehzahl bei sprungförmiger Änderung der Motorspannung, z. B. beim Einschalten des nichtbelasteten Motors **(Bild 3)**. Der Motor läuft zunächst rasch an um dann allmählich seine Enddrehzahl zu erreichen. Der sich ergebende Funktionsverlauf ist:

$$\frac{n_b}{n_0} = \left(1 - e^{-\frac{t}{T_m}}\right) \quad (3)$$

T_m Mech. Zeitkonstante

Charakteristisch für dieses dynamische Motorverhalten ist die Zeitspanne T_m des Tangentenabschnitts. Diese Zeit bezeichnet man als mechanische Zeitkonstante. Bei üblichen Motoren ohne Fremdträgheitsmoment ist $T_m \approx 100$ ms.

Bei **Servomotoren** in Robotern oder Werkzeugmaschinen sowie bei Kleinmotoren ist $T_m = 10$ ms und weniger.

Durch ein zusätzliches Trägheitsmoment J_{zusatz}, z. B. eine Getriebespindel, erhöht sich T_m proportional dazu.

$$T_m \sim J_{Mot} + J_{zusatz}$$

J_{Mot} Motorträgheitsmoment
J_{zusatz} angetriebene (zusätzl.) Trägheitsmomente

Ein Motor erreicht nach etwa der 3-fachen mechanischen Zeitkonstante die stationäre Drehzahl. Die Zeitkonstante ist nicht abhängig von einer etwaigen Motorbelastung durch ein Lastmoment. Dieses reduziert lediglich die stationäre Drehzahl.

Gleichung (3) eingesetzt in (1) und (2) ergibt:

$$\frac{M}{M_{st}} = \frac{I}{I_{st}} = e^{-\frac{t}{T_m}}$$

Der Motorstrom hat beim Einschalten den Höchstwert (Anlaufstrom) und verringert sich nach einer e-Funktion mit der Zeitkonstante T_m.

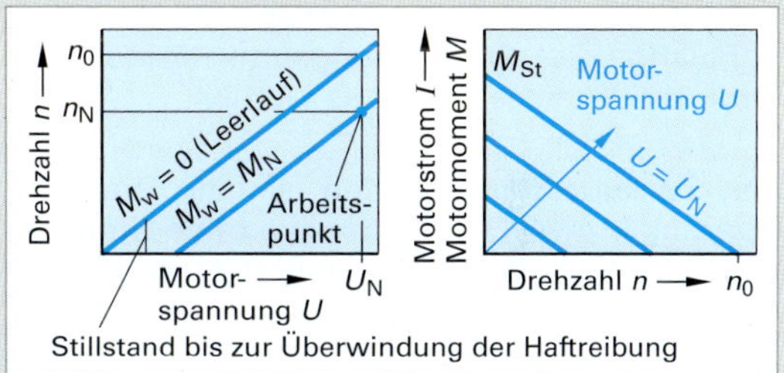

Bild 1: Stationäres Betriebsverhalten

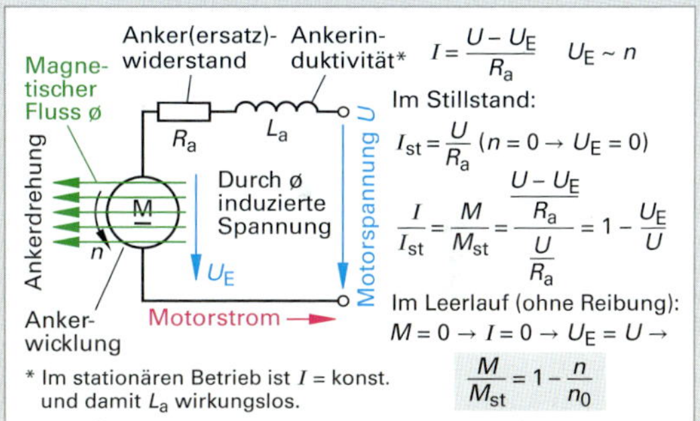

Bild 2: Stationärer Betrieb

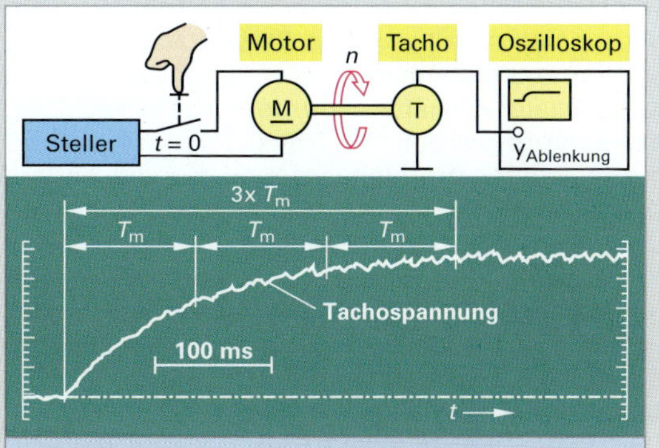

Bild 3: Dynamisches Betriebsverhalten

[1] Gilt auch für permanent erregte Gleichstrommaschine

Steller

Für Motoren bis zu einer Nennleistung von etwa 30 kW baut man die Steller meist als Transistorsteller **(Bild 1)**, bei höherer Leistung auch als Thyristorsteller. Die Steller beziehen ihre Energie aus dem Drehstromnetz. Sie müssen je nach Betriebsart eine steuerbare Gleichspannung ohne oder mit Polaritätswechsel erzeugen und zum Abbremsen der Motoren elektrische Energie aufnehmen können. Man unterscheidet daher Steller für Einquadranten-, Zweiquadranten- und Vierquadrantenbetrieb.

Unter **Einquadrantenbetrieb** versteht man eine Betriebsart, in der der Motor nur in einer Drehrichtung angesteuert werden kann **(Tabelle 1)**. Der Steller liefert eine Motorgleichspannung mit einer Polarität. Zur Drehrichtungsumkehr muss der Motor über Schütze umgepolt werden.

Beim **Zweiquadrantenbetrieb** ist eine Drehzahlsteuerung in zwei Drehrichtungen ohne Umpolen möglich (Tabelle 1). Der Steller liefert positive und negative Spannungen.

Beim **Vierquadrantenbetrieb** kann der Motor in beiden Drehrichtungen sowohl antreiben als auch elektrisch abbremsen. Dies ist die erforderliche Betriebsart bei Vorschubantrieben und auch bei Hauptantrieben von Werkzeugmaschinen. Beim Bremsen läuft der Motor als *Generator*. Die induzierte Spannung an seiner Ankerwicklung ist höher als die speisende Spannung des Stellers. Der Strom fließt daher am positiven Pol des Motors jeweils vom Motor zum Steller. Der Vierquadrantenantrieb ist nur möglich, wenn der Steller in der Lage ist, diesen, vom Motor herkommenden, Strom auch aufzunehmen.

Transistorsteller. Über eine Drehstrom-Brückengleichrichterschaltung **(Bild 2)** wird zunächst eine konstante Gleichspannung erzeugt und über einen Kondensator geglättet. Für die eine Drehrichtung des Motors werden die Transistoren V1 und V3 ausgesteuert (stromleitend) und für die andere Drehrichtung die Transistoren V4 und V2. Die Ansteuerung der Transistoren kann entsprechend der gewünschten Drehzahl mit mehr oder weniger starker Spannung erfolgen oder meist mit Impulsen mit steuerbarem *Puls-Pausen-Verhältnis*. Dabei liegt die Impulsfrequenz bei etwa 20 kHz. Man spricht von *Pulsweitenmodulation* (PWM). Die Dioden V11, V12, V13 und V14 sind notwendig, damit beim Bremsen des Motors die erzeugte elektrische Energie zum Laden des Kondensators abfließen kann.

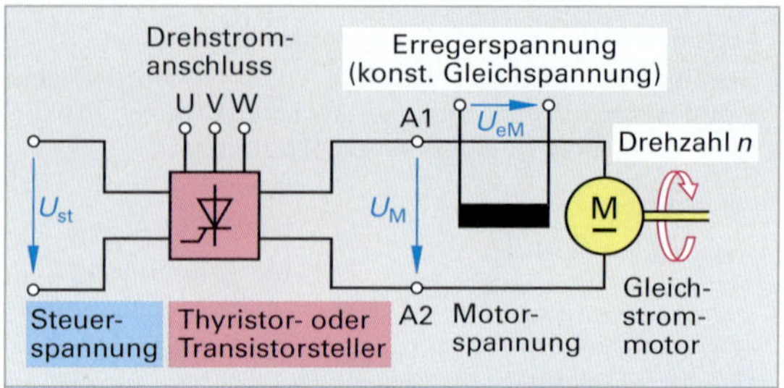

Bild 1: Drehzahlsteuerung mit Transistorsteller oder mit Thyristorsteller

Tabelle 1: Die Betriebsquadranten

<table>
<tr><th>Art</th><th>Bemerkung</th></tr>
<tr><td>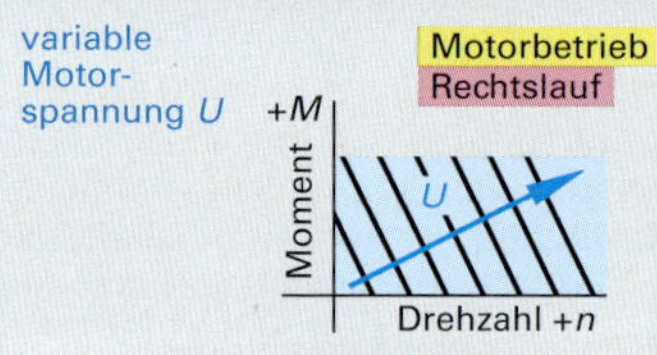

Einquadrantenantrieb</td><td>Drehrichtung wird umgekehrt durch Umpolen. Kein Bremsmoment, es sei denn, dass zum Bremsen der Anker kurzgeschlossen wird.</td></tr>
<tr><td>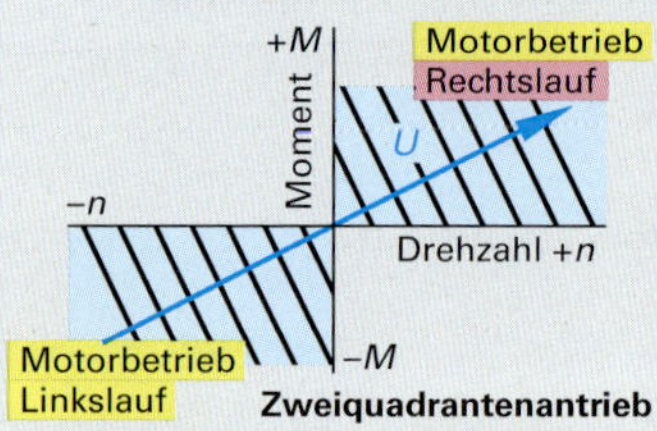

Zweiquadrantenantrieb</td><td>Motor ist in beiden Drehrichtungen steuerbar. Kein Bremsmoment, es sei denn, dass zum Bremsen der Anker kurzgeschlossen wird.</td></tr>
<tr><td>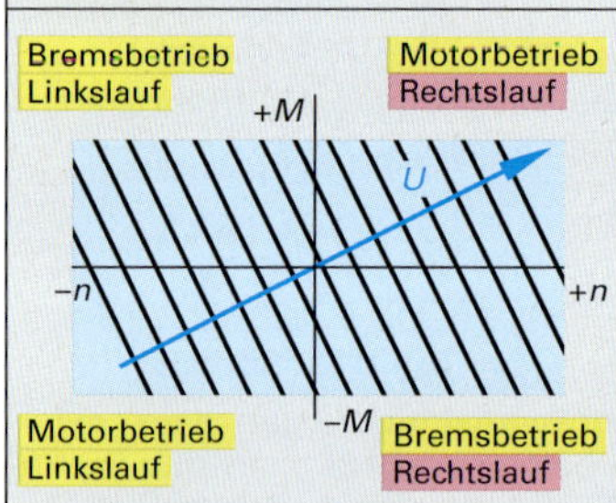

Vierquadrantenantrieb</td><td>Motor ist in beiden Drehrichtungen steuerbar. Beim Bremsen wird der Motor als Generator betrieben. Die erzeugte Energie wird im Steller als Wärme umgesetzt oder über eine Rückspeiseeinheit ins Netz eingespeist.</td></tr>
</table>

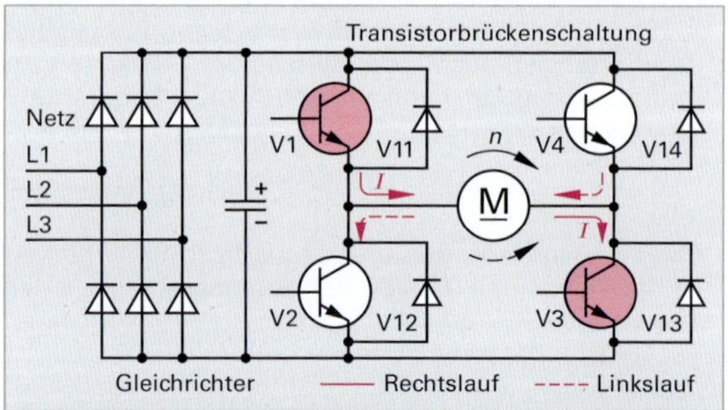

Bild 2: Transistorsteller für Vierquadrantenbetrieb ohne Energierückspeisung

Thyristorsteller. Die Thyristorsteller sind meist *3pulsige* oder *6pulsige* Drehstromsteller.

Die Funktionsweise wird an einem *1pulsigen* Thyristorsteller erklärt. Ein Thyristor **(Bild 1)** wird durch Anlegen eines Spannungsimpulses an der Steuerelektrode stromleitend. Die Stromleitung erlischt, sobald der Strom in Gegenrichtung fließen will. Betreibt man nun den Thyristor mit Wechselspannung und legt zu unterschiedlichen Zeitpunkten (Steuerwinkel) Spannungsimpulse **(Bild 2)** an, so erzielt man eine Spannung, deren Mittelwert über die Steuerwinkel steuerbar ist. Die Steuerwinkel werden in einem Thyristorsteller mit einem integriertem Schaltkreis erzeugt.

> Bei Thyristorstellern erzeugt man die variable Motorspannung durch Variieren des Steuerwinkels.

Schaltet man einen zweiten Thyristor in entgegengesetzter Richtung parallel (Antiparallelschaltung), so erhält man bei Betrieb des einen Thyristors einen steuerbaren Gleichstrom in der einen Richtung, bei Betrieb des anderen Thyristors einen Gleichstrom in entgegengesetzter Richtung **(Bild 3)**.

Der Stromverlauf ist allerdings bei einem angeschlossenen Motor anders als bei einer Belastung mit einem ohmschen Widerstand, da die Ankerwicklung des Motors eine ziemliche Induktivität darstellt und daher der Strom nur allmählich ansteigen und abfallen kann. Ferner erzeugt der sich drehende Motor eine induzierte Spannung *E*. Der Stromfluss hängt somit einerseits vom Steuerwinkel ab und andererseits von der augenblicklich vorliegenden induzierten Spannung *E* **(Bild 4)**.

> Antriebe großer Leistungen werden mit Thyristorstellern in 3-pulsiger und 6-pulsiger Schaltung betrieben.

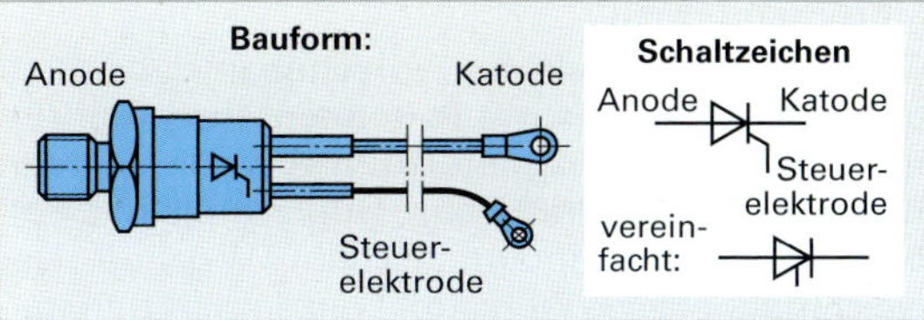

Bild 1: Thyristor

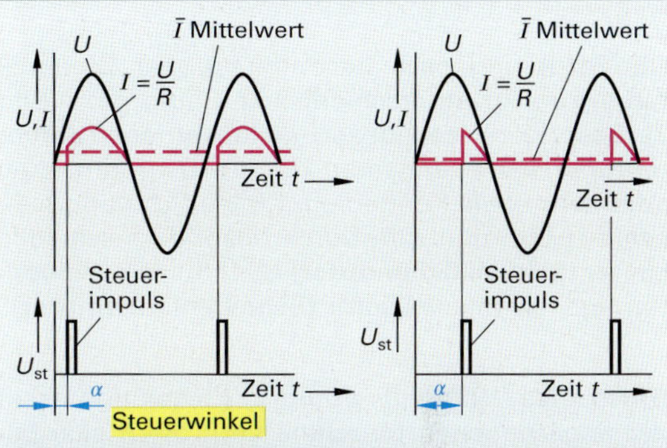

Bild 2: Stromverlauf beim gesteuerten Thyristor und ohmscher Last

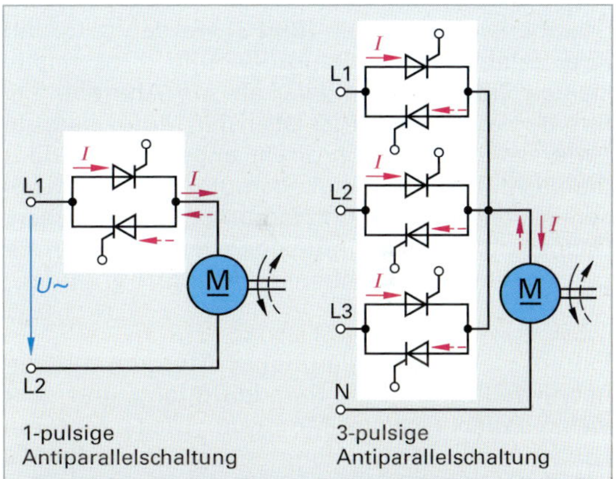

Bild 3: Antiparallelschaltung von Thyristoren

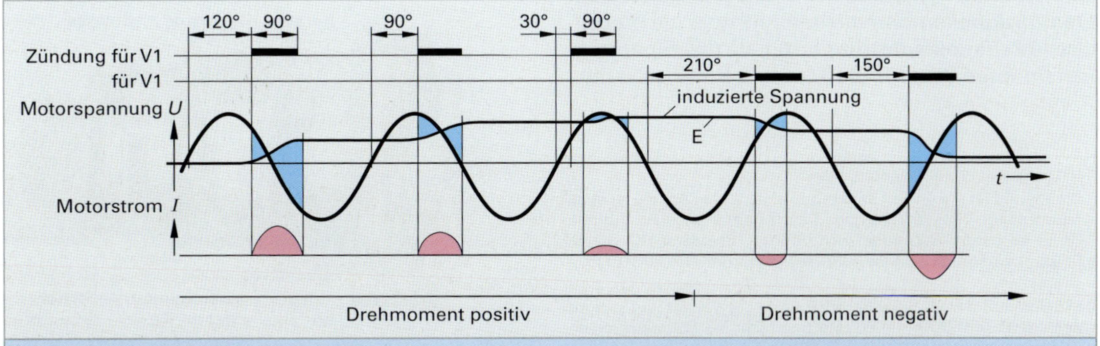

Bild 4: 1-pulsiger Thyristor-Umkehrantrieb

Motorbauformen

Gleichstrommotoren für Vorschubantriebe sind fast immer Motoren mit **Permanenterregung**[1] (Erregung mit Dauermagnete) **(Bild 1)**. Diese Motoren haben einen quadratischen Querschnitt mit Polblechen aus weichmagnetischem Werkstoff. Der weichmagnetische Werkstoff konzentriert den magnetischen Fluss. Der in Bild 1 dargestellte Motor ist 4-polig[2]. Er hat dementsprechend vier Bürsten.

Die Forderung nach besonders hoher Dynamik führte zu sehr unterschiedlichen Bauformen **(Bild 2)**. Besonders reaktionsschnelle Antriebe **(Servomotoren)** haben entweder *kleine* Schwungmassen oder sehr *steile* Kennlinien. Kleine Schwungmassen erreicht man z. B. durch besonders schlanke Läufer **(Schlankläufermotor)** oder durch scheibenförmige, eisenlose Läufer **(Scheibenläufermotor)**.

Durch das *Trägheitsmoment* (Schwungmasse) der angetriebenen Maschine vergrößert sich bei Schlankläufermotoren und Scheibenläufermotoren die mechanische Zeitkonstante stark.

Scheibenläufermotoren **(Bild 3)** werden aufgrund ihrer relativ kleinen Baugröße und ihres relativ kleinen Trägheitsmoments oft als Antriebe bei Robotern eingesetzt. Hier ist an den Motor stets ein *Untersetzungsgetriebe* direkt angebaut, so dass die nachfolgenden Tätigkeitsmomente nur unwesentlich das Motorträgheitsmoment beeinflussen. Dadurch bleiben die günstigen dynamischen Eigenschaften des Scheibenläufermotors erhalten.

Extrem steile Kennlinien haben Motoren mit verhältnismäßig großem Ständerumfang und sehr vielen Polen **(Torque[3]-Motoren)**. Diese Motoren haben relativ kleine Nenndrehzahlen (z. B. 600 min^{-1}) im Vergleich zu dem Normalläufer-Motor (z. B. 1800 min^{-1}), dagegen bei gleicher Leistung ein wesentlich größeres Drehmoment (z. B. 3fach). *Fremdträgheitsmomente* beeinflussen die mechanische Zeitkonstante nur gering, da das *Eigenträgheitsmoment* des Torque-Motors relativ groß ist.

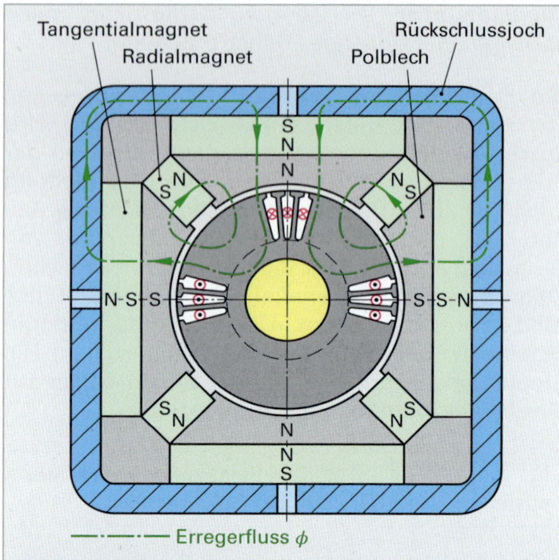

Bild 1: Querschnitt durch einen DC-Servomotor mit Permanenterregung

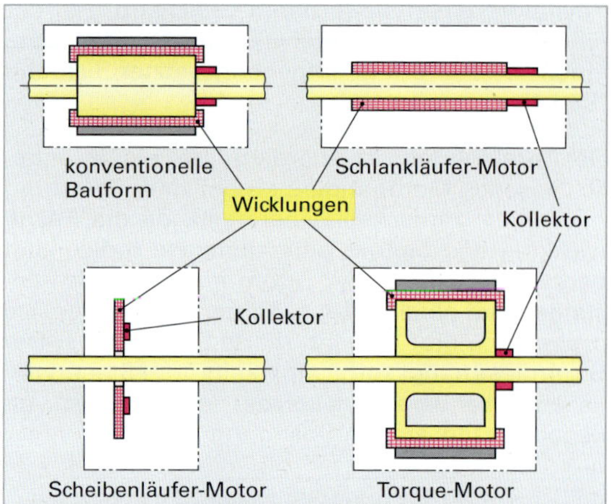

Bild 2: Bauformen der Läufer von DC-Motoren

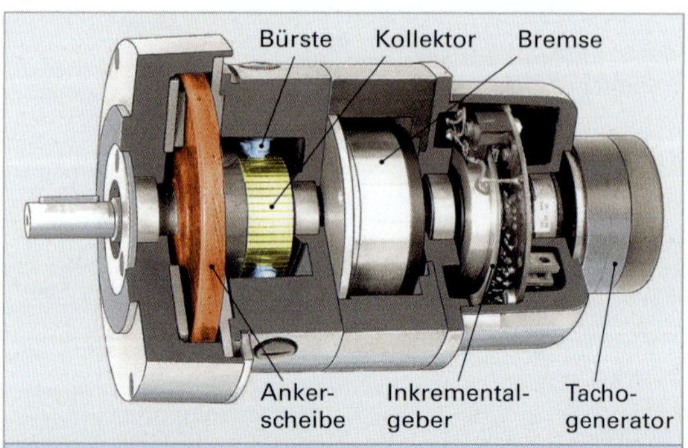

Bild 3: Scheibenläufermotor

[1] lat. per-manere = fortdauern, ständig

[2] Die Polzahl ist die Anzahl der Magnetpole. Diese Anzahl ist stets geradzahlig: Zu einem Nordpol gehört immer auch ein Südpol. So ist es häufig Gebrauch auch von der *Polpaarzahl* (= halbe Polzahl) zu sprechen. Dies führt leider immer wieder zu Unsicherheiten.

In EU-Richtlinien wird der Begriff Polzahl verwendet und so wird auch in diesem Buch die Polzahl und nicht die Polpaarzahl verwendet.

[3] engl. torque = Drehmoment

BLDC-Motoren

BLDC-Motoren (Brushless DC-Motoren) haben anstelle der elektromechanischen Kommutierung (Stromwendung) des konventionellen Gleichstrommmotors eine elektronische Kommutierung. Die Umschaltung der Wicklungsströme erfolgt abhängig von der Drehlage des Rotors, gesteuert über eine meist einfache Drehlagenerkennung mit Hallsonden. So entfallen „Kohleürsten". Kleine Motoren in Massenanwendungen, z. B. Laufwerken werden häufig als Außenläufer **(Bild 1)** realisiert. Sie haben kurze Baulängen und können günstiger produziert werden als die Innenläufer.

Der BLDC-Motor in Bild 1 (links) ist ein Gleichstrom-Außenläufermotor mit feststehendem 4-poligen Stator (mit 4 Wicklungen und 4 Polschuhen). Die Polschuhe sind geblecht um Wirbelstromverluste gering zu halten. Der Rotor ist ein 4-poliger außen gelagerter Permanentmagnetring. Die Kommutierung wird über das Magnetfeld des Rotors mit Hilfe feststehenden Feldplatten bzw. Hall-Sonden gesteuert **(Bild 2)**. Der Aufbau entspricht einem 4-poligen Gleichstrommotor mit 4 Bürsten. Für die positive Stromrichtung sind die Transistoren V1 und V2 geschaltet und für die negative Stromrichtung die Transistoren V3 und V4. Die Drehzahl wird wie bei Gleichstrommotoren üblich über die Spannung gesteuert. Man erhält dasgleiche Drehzahl-Drehmoment-Verhalten wie beim konventionellen DC-Motor, d. h. großes Anlaufmoment und hohe Dynamik.

Häufig werden BLDC-Motoren als dreiphasige Motoren realisiert (Bild 1, rechts). Ihre Funktion ist dann ähnlich der eines Synchronmotors **(Bild 3)**. Die Anzahl der Statorpole bzw. der Wicklungen ist dann 3 oder ein Vielfaches von 3, z. B. 9. Es wird ein Drehfeld erzeugt, welches aus je drei 120° verschobenen Rechteckströmen (Blockströme) besteht. Die Rotorlage wird durch drei Hallsensoren erfasst. Durch Pulsweitenmodulation (PWM) können auch sinusförmige Ströme erzeugt werden. Der Lauf des Motors wird dann ruhiger und die Verluste werden geringer. Bei Ausstattung der Motoren mit Drehzahlregelung kommen Sensoren zur Drehlagenerfassung, z. B. als magnetische oder optische Geber hin zu.

Die Elektronik entspricht einem 3-phasigen Wechselrichter, wobei im einfachsten Fall die Phasenströme mit Hilfe von 6 Halbleiterschaltern (Transistoren bzw. IGBTs) als Blockströme gebildet werden (Bild 3). Dabei folgt auf einen 120° breiten Plus-Stromblock eine 60° breite Strompause und dann ein 120° breiter Minus-Stromblock. Bei sensorlosen BLDC-Motoren wird in der Strompause die induzierte Spannung durch die Rotorbewegung erfasst und ausgewertet.

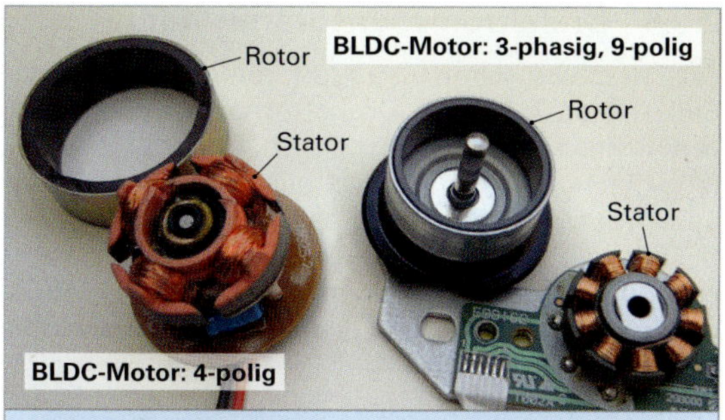

Bild 1: BLCD-Motoren

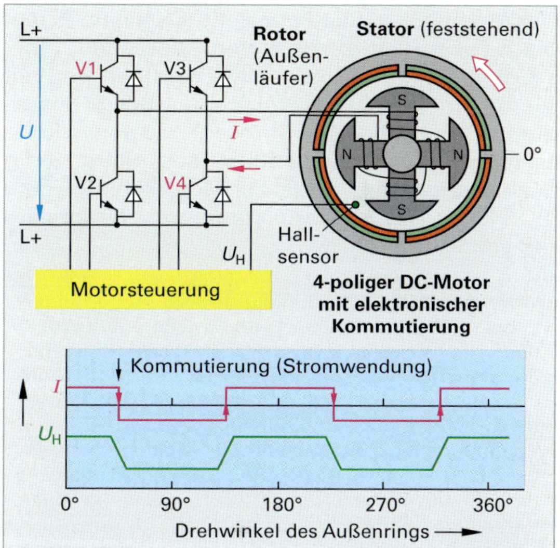

Bild 2: Prinzip für 4-poligen Motor

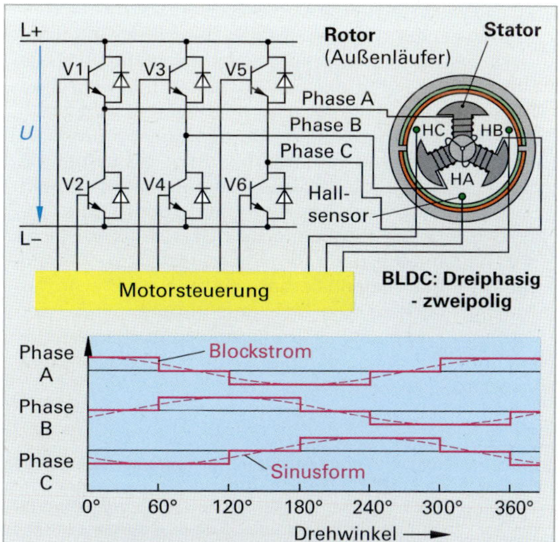

Bild 3: Prinzip für 3-phasigen Motor, 2-polig

2.3.5 Drehstromasynchronmotor

Der in technischen Anlagen meist verwendete Elektromotor ist der Drehstromasynchronmotor (Asynchronmaschine, Kurzform ASM, **Bild 1**). Er ist einfacher aufgebaut und leichter als der Gleichstrommotor und kann gegen Umwelteinflüsse besser geschützt werden. Der Drehstromasynchronmotor läuft asynchron d. h. nicht synchron mit der vom Drehstrom erzeugten Drehfelddrehzahl. Er liefert bei geringer Lastabhängigkeit eine bauartbedingte Betriebsdrehzahl.

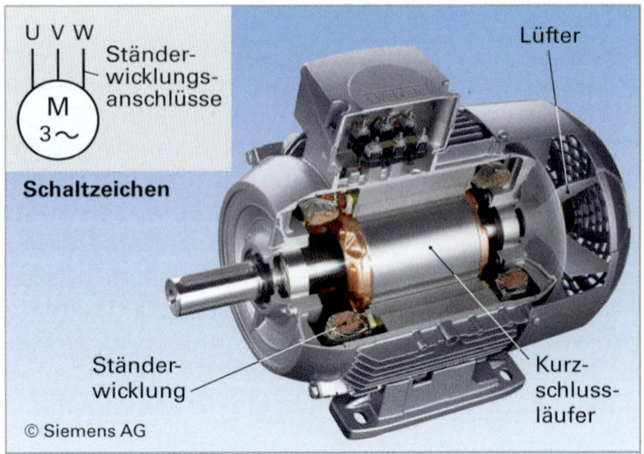

Bild 1: Drehstromasynchronmotor (ASM)

2.3.5.1 Aufbau des Kurzschlussläufers

Der Motorläufer **(Bild 2)** besteht aus einem Eisenblech-Paket **(Bild 4)** mit Nuten. Dieses ist aufgeschrumpft auf die Motorwelle. Die Nuten sind mit Aluminium **(Bild 3)** oder mit Kupfer **(Bild 5)** ausgegossen[1] und auf beiden Stirnseiten zu einem Kurzschlussring zusammengeführt. Dieser trägt häufig noch angegossene Flügel zur Motorkühlung. Eine elektrische Leitungsverbindung zum Motorständer gibt es nicht.

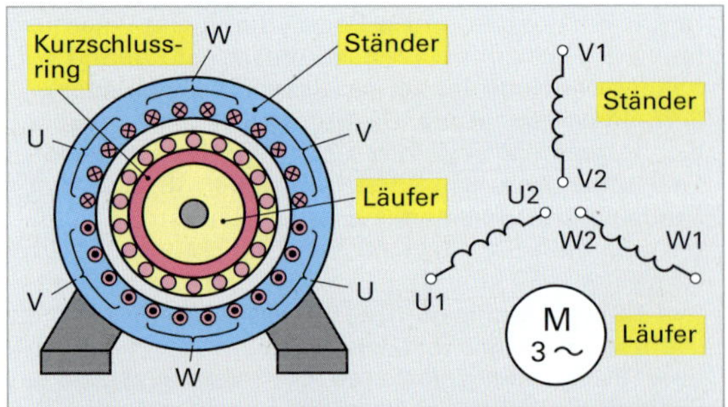

Bild 2: Drehstromasynchronmotor (ASM)

Wirkungsweise. Die Aluminium- bzw. Kupferfüllung bildet eine geschlossene Leiterschleife (Läuferkreis) und wird von dem magnetischen Wechselfluss der Ständerwicklung im Sinne eines Transformators durchflutet. Dabei entsteht in diesem Läuferkreis durch Induktion (wie bei einem Transformator) eine Spannung, die Läuferspannung. Man spricht deshalb auch von *Induktionsmotoren*. Da der Läuferkreis geschlossen ist, was für die Läuferspannung einen Kurzschluss bedeutet (man spricht auch von *Kurzschlussläufermotoren*), kann in den ausgegossenen Nuten ein großer Läuferstrom fließen. Dieser bewirkt wegen stets vorhandenen Ständermagnetfeldes eine Kraft (*Lorentz*-Kraft) und verursacht ein Drehmoment.

Da im Aluminium bzw. Kupfer in den Läufernuten bei Betrieb ein sehr starker Wechselstrom fließt, wird der metallische Läufer von einem starken magnetischen Wechselfeld durchflutet. Um entstehende induzierte Ströme und eine damit verbundene Erwärmung mit hohen Verlusten zu verhindern, erfolgt die Aufnahme dieser Aluminiumleiter bzw. Kupferleiter in einem Blechpaket mit einer Blechanordnung quer zur Stromausbildung. Die Bleche sind durch eine Oxidschicht gegeneinander isoliert. Sie sind schlecht stromleitend aber sehr gut magnetisierbar (wie auch die Bleche der Transformatoren). Die Motorausführung mit Kupfer verringert gegenüber Aluminium wegen des geringeren ohmschen Widerstandes deutlich die elektrischen Verluste.

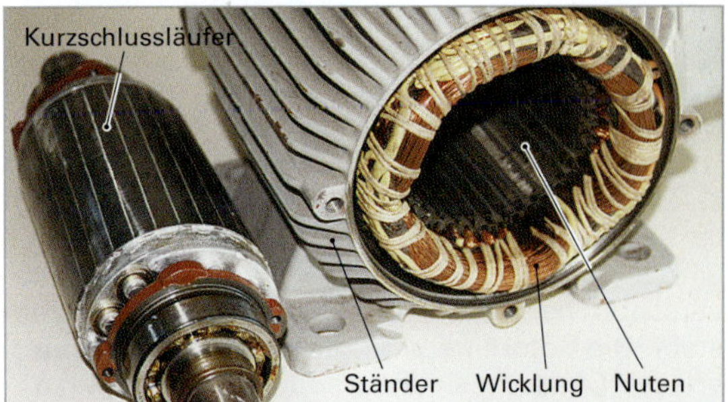

Bild 3: Kurzschlussläufer und Motorständer

Bild 4: Läuferblechpaket

Bild 5: Kupferläufer

[1] Die Herstellung mit Kupfer gelang früher nur durch Einlegen von Kupferstäben in die Läufernuten oder durch Einbringen einer Wicklung. Das Ausgießen mit Aluminium im Druckgießverfahren hat die Kupferläufer verdrängt. Erst in jüngster Zeit ist es gelungen auch Kupfer (mit der wesentlich höheren Schmelztemperatur von ca. 1200 °C, statt 560 °C bei Al) im Druckgießverfahren zu verwenden.

2.3.5.2 Das Drehfeld

Mit dem Dreiphasenwechselstrom, auch Drehstrom genannt, kann man sehr einfach ein magnetisches Drehfeld erzeugen.

Schließt man die 3-teilige Ständerwicklung an das Drehstromnetz an, so wechselt nacheinander periodisch mit der Netzfrequenz das Magnetfeld an jeder Wicklung seine Richtung, also 50-mal pro Sekunde beim 50-Hz-Drehstromnetz. Da die 3 Wicklungen U, V, W um 120° versetzt angeordnet sind und durch den Drehstromanschluss mit den Strömen I_U, I_V, I_W in den Wicklungen das Magnetfeld wechselnd reihum die Richtung ändert, entsteht im Innern des Ständers ein sich drehendes Magnetfeld (Drehfeld) **(Bild 1)**.

Es besteht aus einem am Ständerumfang umlaufenden Nordpol und Südpol (2-polige Maschine). Dieses Drehfeld bewirkt (induziert) in den Läuferstäben oder Läuferwicklungen einen Strom und damit ein Läufermagnetfeld, wodurch der Läufer in Richtung des Drehfeldes mitgezogen wird. Die Drehzahl des Drehfeldes wird jedoch vom Läufer nie ganz erreicht, sondern ist, je nach Belastung, einige Prozente niedriger (asynchron, griech. = nicht gleichlaufend).

Das Drehfeld läuft, bei einer Wicklungsanordnung nach **Bild 1** und bei Betrieb am 50-Hz-Netz, 50-mal in der Sekunde, 3000-mal in der Minute oder 1-mal in 20 ms um. Teilt man jede der 3 Wicklungen in 2 Wicklungsstränge und ordnet die ersten drei in der oberen Ständerhälfte und die zweiten drei Wicklungsstränge in der unteren Hälfte an, so erhält man zwei Drehfelder (4-polige Maschine). Jedes durchläuft in 20 ms den halben Ständerumfang. Die Drehfelddrehzahl ist 1500 min^{-1}.

Der Dreiphasenwechselstrom erzeugt an 3, um 120° versetzten Ständerwicklungen ein rotierendes Magnetfeld.

Die 3-teilige Drehstromwicklung kann mehrfach aufgeteilt längs des Ständerumfangs angebracht werden. So entstehen unterschiedliche Drehfelddrehzahlen und dementsprechend unterschiedliche Motordrehzahlen **(Tabelle 1)**.

Tabelle 1: Drehfelddrehzahlen

Polzahl	2	4	6	8	10	12	24
Zahl der Wicklungen	3	6	9	12	15	18	36
Drehfelddrehzahl (min−1) beim 50-Hz-Netz							
	3000	1500	1000	750	600	500	250
Drehfelddrehzahl (min−1) beim 60-Hz-Netz							
	3600	1800	1200	900	720	600	300

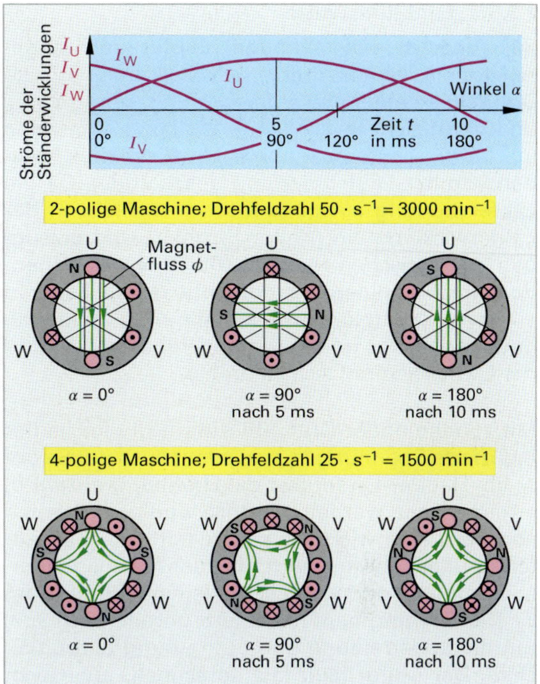

Bild 1: Entstehung des Drehfeldes

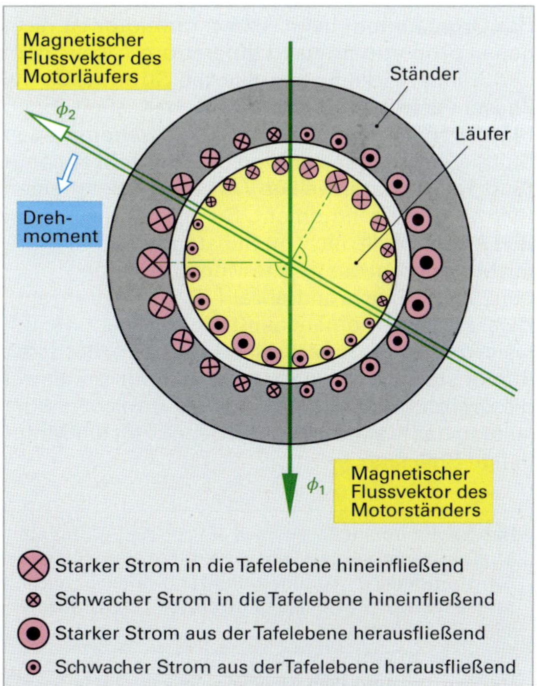

Bild 2: Magnetischer Fluss im Motorständer und im Motorläufer

2.3.5.3 Funktionsweise

Bei zunächst stillstehendem Läufer und eingeschaltetem Motor dreht sich das magnetische Drehfeld relativ zur Läuferwicklung sehr schnell und verursacht in der Läuferwicklung eine hohe induzierte Läuferspannung U_2 (Feldlinien werden von der Läuferwicklung geschnitten). Da die Läuferwicklung kurzgeschlossen ist, fließt in der Läuferwicklung ein großer Strom I_2 und erzeugt den magnetischen Fluss Φ_2 **(Bild 2, vorhergehende Seite)**. Auf einen stromdurchflossenen Leiter in einem Magnetfeld wird aber eine Kraft ausgeübt, und so entsteht im Läufer ein Drehmoment, und der Läufer beginnt sich zu drehen.

Mit zunehmender Drehzahl nimmt die im Läufer induzierte Spannung U_2 und somit auch der Strom I_2 ab. Hat der Läufer fast die Drehfelddrehzahl n_s erreicht, dann werden nur noch wenige Feldlinien von der Läuferwicklung pro Zeiteinheit geschnitten, und es gibt nur noch eine sehr kleine Läuferspannung U_2 und einen sehr kleinen Läuferstrom I_2. Das Drehmoment reicht jetzt gerade noch aus, um die Lagerreibung und Luftreibung auszugleichen. Der Motor läuft fast so schnell, aber nicht ganz so schnell, wie das Drehfeld. Der Motor läuft nicht synchron, sondern **asynchron** zum Drehfeld und zwar immer etwas langsamer.

Das Drehmoment beim Asynchronmotor ist nicht genau proportional zum Läuferstrom I_2 bzw. dem der Ständerwicklung zugeführten Strom I, da die Phasenverschiebung zwischen der speisenden Ständerspannung und dem aufgenommenen Ständerstrom sehr stark von der Drehzahl abhängt **(Bild 1)**. Nur der jeweilige Wirkstrom leistet einen Beitrag zum Drehmoment. So erhält man, wie in **Bild 2** dargestellt, nicht im Stillstand bei dem größten Motorstrom das größte Moment, sondern etwa bei 2/3 der Synchrondrehzahl (Drehfelddrehzahl). Dieses größte Moment heißt Kippmoment M_k. Belastet man einen zunächst leerlaufenden Motor mit immer stärkerem Widerstandsmoment, so nimmt die Drehzahl bis etwa um 20 % ab. Erreicht die Belastung das Kippmoment M_k, dann kippt der Motor in den Stillstand.

Das Nennmoment M_n ist etwa 1/3 des Kippmoments M_k. Die Nenndrehzahl liegt etwa 5 % unterhalb der Synchrondrehzahl (Drehfelddrehzahl). Man bezeichnet die relative prozentuale Abweichung der Drehzahl auch als Schlupf s.

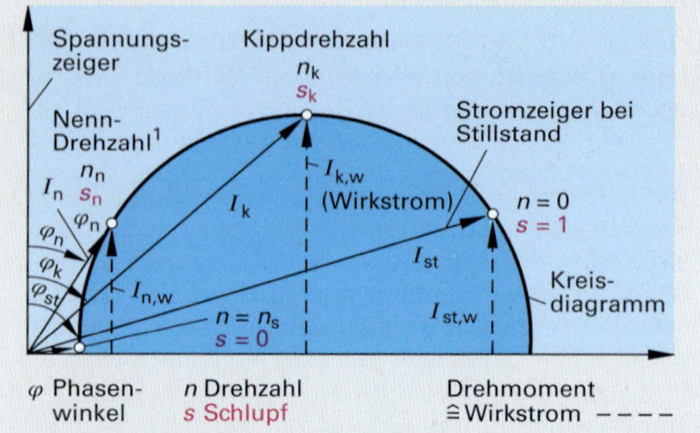

Bild 1: Stromzeiger und Spannungszeiger in Abhängigkeit von der Motordrehzahl

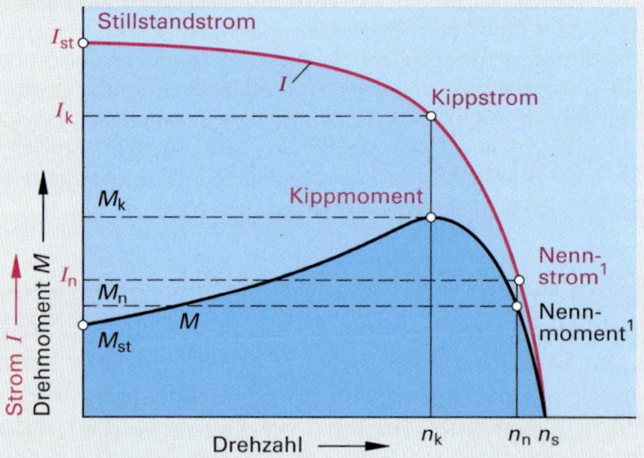

Bild 2: Strom und Drehmoment in Abhängigkeit von der Drehzahl

Tabelle 1: Typische Kenngrößen

Kenngrößen		kleiner Motor	großer Motor
Nennleistung[1]	P_n	1,1 kW	110 kW
Synchrondrehzahl	n_s	3000 min^{-1}	3000 min^{-1}
Nenndrehzahl	n_n	2850 min^{-1}	2980 min^{-1}
Nennschlupf[1]	s_n	5 %	0,6 %
Kippschlupf	s_k	ca. 20 %	ca. 10 %
Wirkungsgrad	η_n	77 %	95 %
Nennmoment[1]	M_n	3,7 Nm	353 Nm
Kippmoment	M_k	2,3 · Mn	2,8 · Mn
Trägheitsmoment	J	0,001 kgm^2	1,3 kgm^2
Gewicht (Masse)	m	9,9 kg	790 kg

Für die Drehzahl-/Drehmoment-Kennlinie gilt folgende Gleichung:

$$\frac{M}{M_n} = \frac{2}{\frac{s}{s_k} + \frac{s_k}{s}}$$

M Drehmoment
M_k Kippmoment
n Drehzahl
n_k Kippdrehzahl
s Schlupf
s_k Kippschlupf

$$s = 1 - \frac{n}{n_s}; \quad s_k = 1 - \frac{n_k}{n_s}$$

[1] Die Nenngrößen heißen auch Bemessungsgrößen, z. B. Bemessungsmoment = Nennmoment

Die Ständerwicklungen können in *Sternschaltung* oder in *Dreieckschaltung* an das Drehstromnetz angeschlossen werden **(Bild 1)**. In der Dreieckschaltung liegen bei einem 400-V-Drehstromnetz an jeder Wicklung 400 V Wechselspannung, bei der Sternschaltung dagegen nur 400 V/√3 = 230 V. Ein Drehstrommotor nimmt in der Dreieckschaltung dreimal mehr Strom auf als in der Sternschaltung und liefert daher auch ein dreimal größeres Drehmoment und damit eine dreimal höhere Leistung.

Drehstromasynchronmotoren werden meist in Dreieckschaltung betrieben

2.3.5.4 Anlasssteuerungen

Drehstromasynchronmotoren nehmen beim direkten Einschalten einen 3-fach bis 6-fach höheren Strom auf als bei Nennbetrieb.

Motoren über 4 kW Leistung dürfen bei üblichen Stromnetzen nicht direkt eingeschaltet werden, da die hohen Ströme zu übergroßen Spannungsschwankungen im Netz führen würden. Man schaltet daher Drehstromasynchronmotoren von 4 kW bis 12 kW zuerst in Sternschaltung und nach dem Hochlauf in Dreieckschaltung um. In der Sternschaltung nimmt ein 12-kW-Motor (für Dreieckschaltung) etwa so viel Strom auf wie ein 4-kW-Motor (12 kW : 3 = 4 kW).

Stern-Dreieck-Anlassschaltung. Die Stern-Dreieck-Umschaltung geschieht meist durch eine Schützschaltung **(Bild 2)**. Für die Sternschaltung (Y) werden mit dem Schütz Q1 die 3 Wicklungsenden U1, V1, W1 an das Netz angeschlossen und die 3 anderen Enden U2, V2, W2 zum Sternpunkt durch das Schütz Q2 kurzgeschlossen. Dies geschieht durch Betätigung des Tasters S1. Ebenfalls mit dem Schütz Q1 wird durch S1 und den Selbsthaltekontakt Q1 auch das Zeitrelais K1 an Spannung gelegt. Nach einer einstellbaren Verzögerungszeit, wenn der Motor angelaufen ist, schaltet K1 und damit Q2 ab und Q3 an. Mit dem Schütz Q3 werden die Wicklungsenden U1-U2, V1-V2, W1-W2 miteinander verknüpft, also die Dreieckschaltung (Δ) hergestellt. Das Motorschutzrelais F1 mit thermischem Auslöser schützt den Motor vor Überlastung. Sein Öffner schaltet die Schütze aus.

Die Stern-Dreieck-Anlassschaltung vermindert den Anlassstrom und das Einschaltmoment auf ein Drittel.

Anlassteuerung mit reduzierter Spannung. Durch Absenken der Drehstromspannung wird die Stromaufnahme beim Anlassen vermindert. Das Absenken der Spannung erfolgt mit *U/f*-Steuerungen (Seite 205).

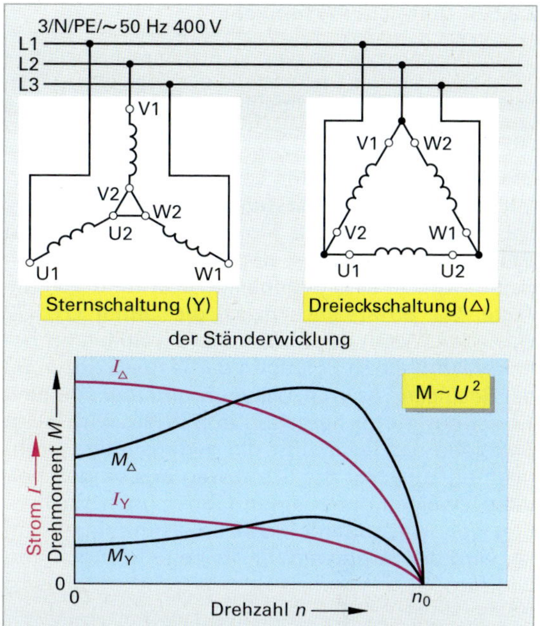

Bild 1: Sternschaltung und Dreieckschaltung

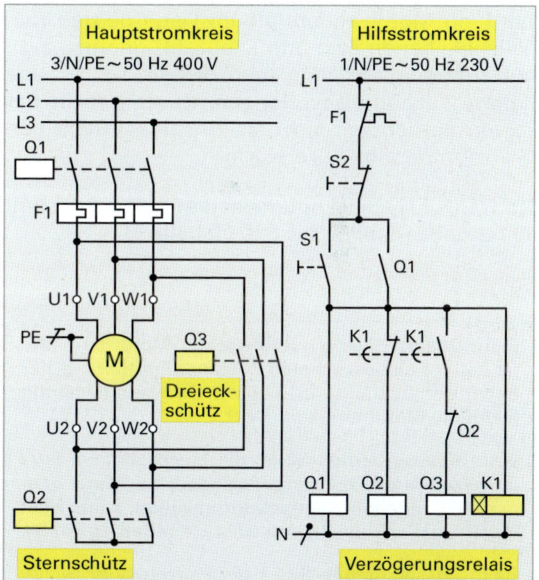

Bild 2: Schützschaltung für einen Stern-Dreieck-Anlauf

Sanftanlauf. Bei vielen Anwendungen, z. B. bei Textilmaschinen will man einen sanften Anlauf. Auch dies erreicht man mit einer reduzierten Drehstromspannung mittels *U/f*-Steuerung. In einfachen Fällen wird nur eine der drei Drehstromphasen in der Spannung reduziert (früher machte man das mit einem Widerstand).

2.3.5.5 Drehrichtungsumkehr

Durch Vertauschen von zwei der drei Anschlussleitungen kehrt sich die Drehrichtung des Drehfeldes und damit die Läuferdrehrichtung um.

Das Vertauschen zweier Leiteranschlüsse erfolgt mit der **Wendeschützsteuerung (Bild 1)**. Das Schütz Q1 schaltet den Motor für Rechtslauf und das Schütz Q2 schaltet den Motor für Linkslauf. Beide Schütze sind gegenseitig sowohl durch die Taster S2, S3 als auch durch die Öffner Q1, Q2 verriegelt. Wenn der Motor sich im Stillstand befindet, wird durch Betätigen der Taster S2 bzw. S3 der Rechtslauf bzw. Linkslauf unmittelbar eingeleitet. Ist der Motor hingegen in Betrieb, wird beim Betätigen des Tasters für die gegensinnige Drehrichtung zunächst der Stromweg des eingeschalteten Zweiges durch einen Öffner unterbrochen. Erst wenn das zugehörige Stromschütz abgefallen ist, wird der Stromweg für die neue Drehrichtung wirksam.

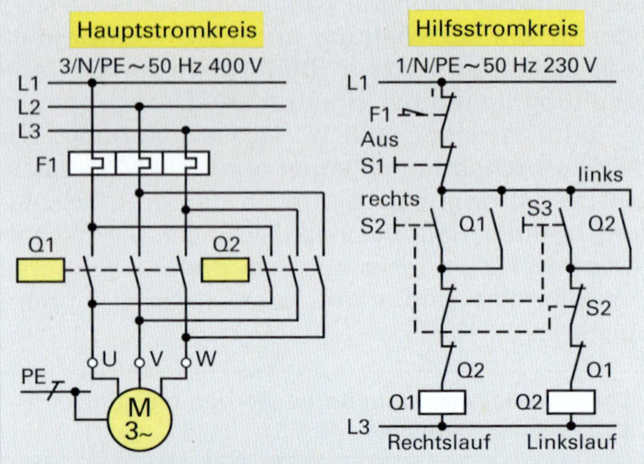

Bild 1: Wendeschützsteuerung zur Drehrichtungsumkehr

2.3.5.6 Betriebsarten und Fahrprofile

Wird ein Motor anders als im Dauerbetrieb (S1, gleichbleibende Last und Drehzahl) genutzt, z. B. nur kurzzeitig, so kann man diesem Motor eine höhere Leistung abverlangen, da er sich in der kurzen Betriebszeit nicht bis zu seiner zulässigen Grenztemperatur ϑ_{zul} erwärmt.

Nach DIN EN 60034 unterscheidet man insgesamt 10 Betriebsarten: S1 bis S10 **(Tabelle 1)**.

Beim **Dauerbetrieb S1** verbleibt der Motor eine lange Zeit im eingeschalteten Zustand. Ein thermischer Beharrungszustand wird erreicht. Bei Nennbelastung bleibt die Motortemperatur < ϑ_{zul}.

Beim **Kurzzeitbetrieb S2** ist die Einschaltdauer kurz im Vergleich zur Pausendauer, sodass der Motor wieder auf Umgebungstemperatur abkühlen kann. Man darf ihn daher höher belasten als in der Betriebsart S1.

Beim **Aussetzbetrieb S3** ist die Pausendauer relativ kurz. Ein Temperatureinfluss auf Grund der Beschleunigung träger Massen ist noch vernachlässigbar. Man bezieht zur Motorgrößenermittlung die Einschaltdauer auf die Spieldauer und unterscheidet die Fälle 15 %, 25 %, 40 % und 60 %.

Beim **Aussetzbetrieb S4** sowie der weiteren Betriebsarten ist der Beschleunigungsvorgang mit einzubeziehen und das erfordert die Berechnung der effektiven Motorbelastung. Notwendig ist dies bei den Servoantrieben.

Tabelle 1: Motorbetriebsarten

Leistungsverlauf Temperaturverlauf	Bemerkung
Dauerbetrieb S1 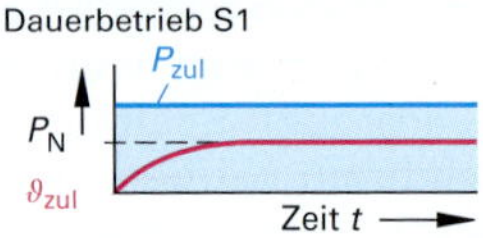	Der Motor wird mit der Bemessungsleistung P_n betrieben. Die zulässige Grenztemperatur wird nach einiger Zeit erreicht.
Kurzzeitbetrieb S2 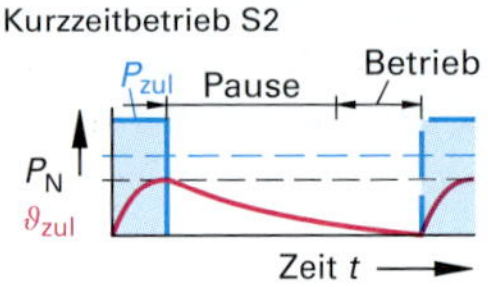	Der Motor wird kurzzeitig mit $P_{zul} > P_N$ betrieben. Ein erneuter Betrieb erfolgt erst nach Abkühlung.
Periodischer Aussetzbetrieb S3, S4[1], S5[2] 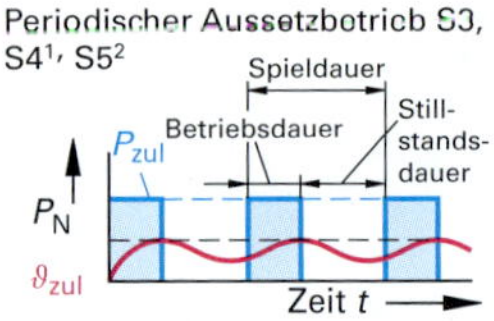	Der Motor wird kurzzeitig belastet, kühlt sich in der kurzen Pause nicht mehr ganz ab. $P_{zul} \approx P_N$ oder $< P_N$.
Unterbrochener periodischer Betrieb S6, S7[3], S8[4] 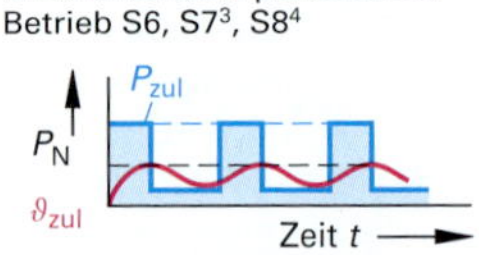	Der Motor läuft durch und kühlt in der Belastungspause besser ab als beim Aussetzbetrieb, da er belüftet wird. $P_{zull} > P_N$, auch $\approx P_N$, auch $< P_N$
Betrieb mit nicht periodischer Last- und Drehzahländerung S9 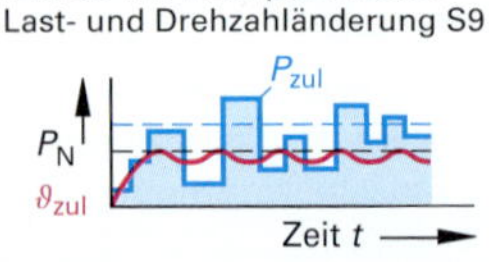	Der Motor wird nach einer bestimmten Gesetzmäßigkeit betrieben. Er ist so zu bemessen, dass seine durchschnittliche Verlustleistung kleiner als bei S1 bleibt.

[1] S4 Betriebsart wie bei S3, nur mit Beachtung der erhöhten Verlustleistung beim Anlauf. [2] S5 Betriebsart wie bei S4, nur mit Beachtung der Verlustleistung beim Bremsen. [3] S7 Betriebsart wie bei S6, nur mit Beachtung der erhöhten Verlustleistung beim Bremsen. [4] S8 Betriebsart wie bei S6. Die Verlustleistung muss für eine Spieldauer ermittelt werden und darf die Verlustleistung bei Nennbetrieb nicht überschreiten, S10 Betrieb mit einzelnen konstanten Belastungen.

2.3.5.7 Drehzahlsteuerung und Drehzahlregelung

Allgemeines und Einteilung

In vielen Anwendungen benötigt man eine Motordrehzahl, die nicht der Motordrehzahl bei Netzbetrieb entspricht, insbesondere kann man meist sehr viel Energie einsparen, wenn man die Drehzahl, z. B. einer Pumpe, eines Lüfters oder eines Transportbandes an die Erfordernisse anpasst.

Bei vielen Maschinen ist auch der schnelle Anlauf eines Drehstromasynchromotors unerwünscht, z. B. zur Schonung der angetriebenen Mechanik oder zur Vermeidung hoher Einschaltstromspitzen, also zur Schonung des Versorgungsnetzes.

Abhängig vom Prozess ist also ein bestimmtes Fahrprofil einzuhalten **(Bild 1)**.

Ein solches Fahrprofil ist meist gekennzeichnet:

- durch eine Anfahrrampe, der Phase konstanter Beschleunigung,
- einer Bewegungsphase mit konstanten Drehzahlen bzw. konstanter Geschwindigkeiten und
- einer Abbremsphase mit z. B. konstanter Verzögerung.

Sodann kann sich ein Fahrprofil mit umgekehrter Richtung, d. h. umgekehrtem Vorzeichen anschließen. In manchen Fällen soll der Anlauf sehr sanft erfolgen, d. h. mit einer Ruckbegrenzung. Dies erreicht man durch einen S-förmigen Übergang von einer Drehzahl zu einer anderen.

Auch wird häufig eine weit über die Nenndrehzahl hinausgehende Drehzahl (bei vermindertem Drehmoment) gefordert. Dies ist möglich durch eine Reduzierung des Magnetisierungsstroms (Feldschwächung) und einem Motorbetrieb mit einer weit erhöhten Stromfrequenz.

Die frühere Art der Drehzahlbeeinflussung über ohmsche Widerstände, z. B. Läuferwiderstände, ist sehr aufwändig und sehr unwirtschaftlich. Widerstände im Energiebereich bedeuten stets hohe Verlustwärme und zusätzliche Verlustenergie zum Abführen der Verlustwärme.

Zur Drehzahlveränderung verwendet man Umrichter **(Bild 2)** mit Leistungstransistoren, sogenannten IGBTs (Insulated Gate Bipolar Transistor, = Bipolartransistor mit isolierter Steuerelektrode).

Zunächst wird Wechselstrom gleichgerichtet und dann mit IGBTs in Dreiphasendrehstrom veränderbarer Frequenz und veränderbarer Spannung umgerichtet **(Bild 3)**.

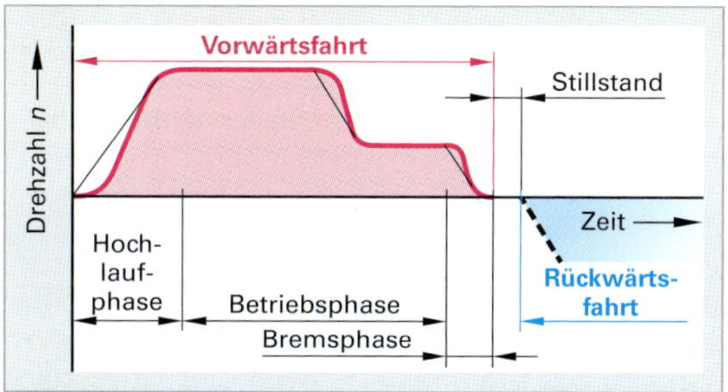

Bild 1: Fahrdiagramm

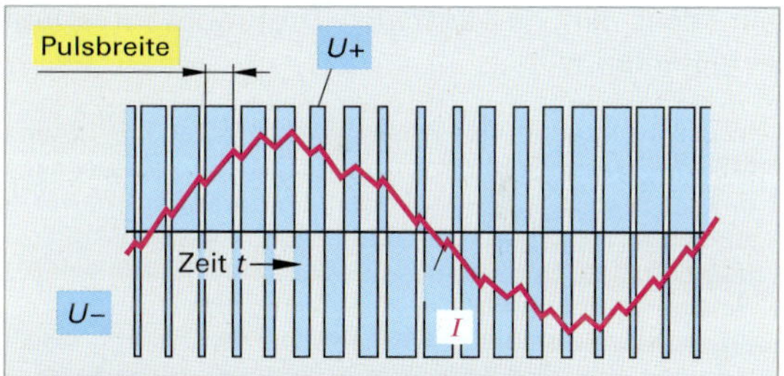

Bild 3: Pulsweitenmodulation (PWM)

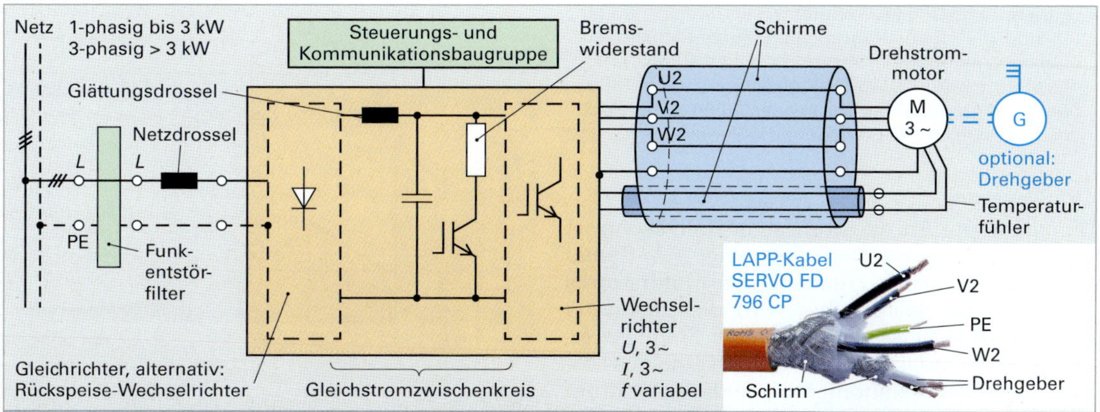

Bild 2: Struktur und Anschlüsse eines Frequenzumrichters

Bei kleinen Leistungen bis etwa 3 kW verwendet man die Netzwechselspannung (230 V AC). Bei großen Leistungen und in Industrieanlagen wird der Umrichter an das 400-V-Drehstromnetz angeschlossen. Die Niederspannungs-Umrichter gibt es für Leistungen von 0,5 kW bis über 250 kW. Beim elektrischen Abbremsen entsteht Bremsenergie. Diese kann teilweise im Gleichstromkreis des Umrichters zwischengespeichert werden. Überschussenergie wird in Wärme an einem Widerstand umgewandelt oder vermehrt, als Drehstromenergie ins Drehstromnetz zurückgeführt.

Zur Drehzahlveränderung von Drehstromasynchronmotoren unterscheidet man:

- **Drehzahlsteuerung** durch Spannungs-Frequenzsteuerung (*U/f*-Steuerung),
- **Drehzahlregelung** durch Vektorregelung der Motorströme ohne Geber,
- **Drehzahlregelung** durch *U/f*-Steuerung mit Geber und
- **Drehzahlregelung** durch Vektorregelung der Motorströme mit Geber **(Bild 1)**.

Bei manchen Anwendungen ist nicht die Drehzahl nach einem gewissen Fahrprofil zu steuern sondern das Drehmoment. Auch dies ist möglich durch eine **Drehmomentregelung** bzw. Stromstärkeregelung. Dabei stellt sich die Drehzahl so ein, dass ein gewünschter Drehmomentverlauf eingehalten wird.

In praktisch allen Fällen ist der Umrichter mit einer Mikroprozessorsteuerung ausgestattet und besitzt eine Kommunikationsschnittstelle zur Parametrierung und zur Steuerung über ein Bussystem sowie den Direktanschluss eines Drehgebers. Die Parametrierung ist notwendig zur Anpassung des Umrichters an den zu betreibenden Motor, zur Einstellung von Grenzwerten, von Fahrprofilen und von Sicherheitsfunktionen. Die Kommunikation über ein Bussystem, z. B. über PROFIBUS oder PROFINET ermöglicht die Antriebssteuerung im Verbund mit anderen Aggregaten und die Überwachung mit Diagnosefunktionen über ein Leitportal. Die erforderlichen Leistungsdaten des Motors, wie z. B. Motorbemessungsstrom, Motorbemessungsspannung, Stern- oder Dreieckschaltung, cos *f* werden dem Motortypenschild entnommen.

U/f-Steuerung

Die einfachste Art der Drehzahlbeeinflussung ist die Spannungs-Frequenzsteuerung (*U/f*-Steuerung). Je höher die Frequenz des Motorstroms gewählt wird, desto höher wird die Spannung gemacht **(Bild 2)**. Mit zunehmender Frequenz erhöht sich der induktive Strangwiderstand des Motors. Damit der drehmomentbildende Motorstrom konstant bleibt muss auch die Spannung erhöht werden.

Das Verhältnis *U/f* bleibt im Drehzahlbereich bis zur Bemessungsdrehzahl n_N des Motors konstant. Von $n = 0{,}1\ n_N$ bis n_N kann man den Motor mit M_N belasten und auch kurzzeitig überlasten bzw. im Aussetzbetrieb mit Lastspitzen betreiben. Für höhere Drehzahlen $n > n_N$ bzw. $f > f_N$ wird die Spannung nicht weiter erhöht (Feldschwächebereich). Das verfügbare Motormoment (Grenzdrehmoment) reduziert sich. Den Drehzahlbereich durch Feldschwächung kann man bis über die 3-fache bis 4-fache Motorbemessungsdrehzahl ausweiten. Die Stromfrequenz liegt dann für 50-Hz-Drehstromasynchronmotoren über 200 Hz.

Im Bereich des konstanten Drehmoments kann kurzzeitig über das Bemessungsdrehmoment belastet werden. Das ist wichtig für Beschleunigungsvorgänge oder bei Aussetzbetrieb.

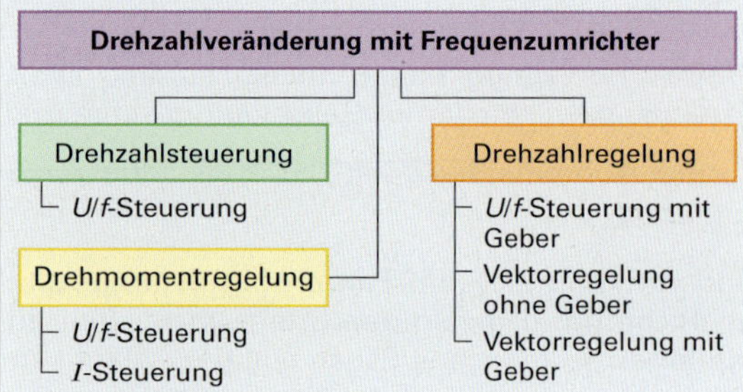

Bild 1: Varianten zu Steuern und Regeln eines Drehstromasynchronmotors

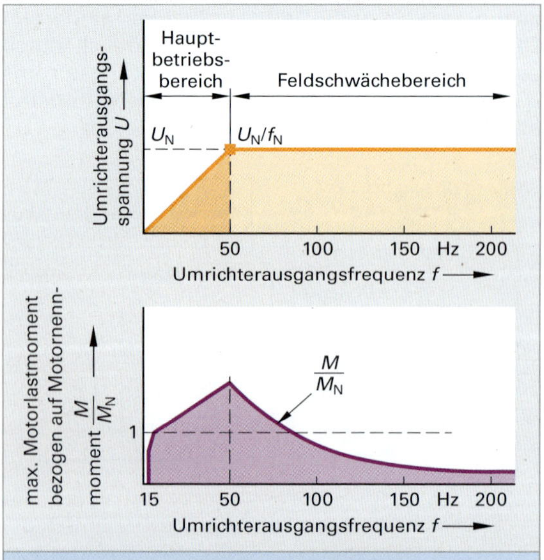

Bild 2: Spannungs-Frequenzkennlinie und Drehmoment-Frequenzkennlinie

Bei sehr kleinen Drehzahlen und entsprechend kleiner Frequenz und Spannung macht sich der ohmsche Wicklungswiderstand bemerkbar und führt zu einer Drehmomentabsenkung. Dies kann man mit einer Spannungsanhebung im unteren Drehzahlbereich ($I \times R$-Kompensation) kompensieren **(Bild 1, oben)**. Zur Verbesserung des Anlauf- und Abbremsverhaltens kann man auch die Motorspannung im gesamten Hauptbetriebsbereich anheben **(Bild 1, unten)**. Sind die Belastungen bekannt, so kann für einen einzelnen Lastfall, z. B. M_2 in **Bild 2**, die Kennlinie um den zu erwartenden Schlupf bzw. Drehzahlabfall Δn nach rechts verschoben werden. Man bezeichnet dies als *Schlupfkompensation*.

Die Mikroprozessorsteuerung des Umrichters erlaubt bei beliebigen Frequenzen die *U/f*-Kennlinie durch Stützpunktvorgaben zu verändern. So kann man z. B. dem typisch parabolischen Momentenverlauf bei Lüftern **Bild 3** auch einen parabolischen *U/f*-Kennlinienverlauf zuordnen. So steigt mit zunehmender Frequenz des Umrichters die Lüfterdrehzahl auch etwa proportional an.

Häufig beobachtet man in bestimmten Drehzahlbereichen bzw. Frequenzbereichen durch die wechselnde Magnetisierung Resonanzschwingungen in Verbindung starker Geräusche des Motors. Man kann nun die Kennlinie so manipulieren, dass diese Drehzahlen nicht im Dauerbetrieb eingestellt werden können.

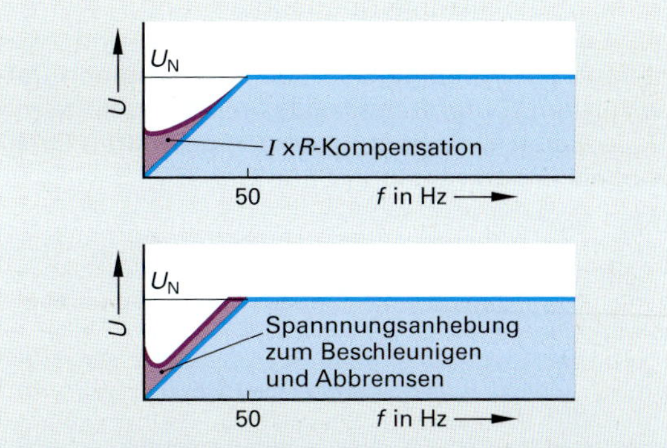

Bild 1: IxR-Kompensation und Spannungsanhebung

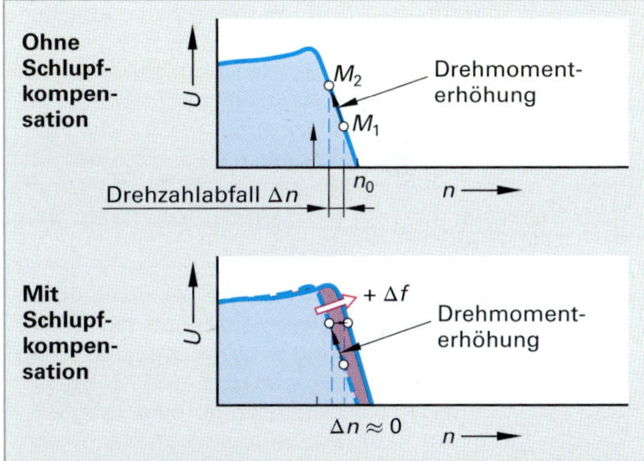

Bild 2: Schlupfkompensation

Vektorregelung

Umrichter mit vektorieller Regelung (Vektorregelung) der Dreipasenwechselströme ermöglichen bei einem Drehstromasynchronmotor die getrennte Regelung von Wirkstrom i_d und von Blindstrom (Magnetisierungsstrom) i_q und zwar dadurch, dass für einen, mit der gewollten Drehzahl umlaufenden, fiktiven Stromvektor, die fiktiven Stromvektorkomponenten i_a und i_b, für ein Motormodell berechnet werden **(Bild 4)**.

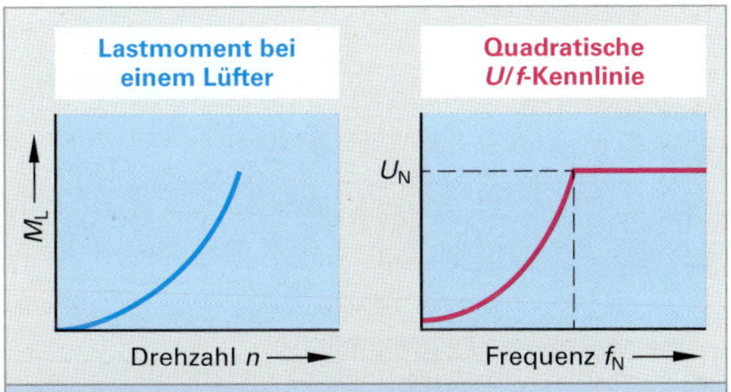

Bild 3: Quadratische *U/f*-Kennlinie

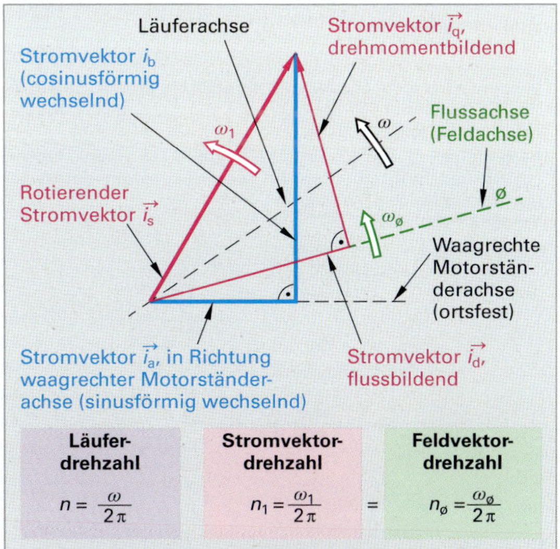

Bild 4: Vektoren für Ströme und Magnetisierung in einem Antriebsmodell

Diese Stromvektorkomponenten i_a und i_b werden mit Software-Reglern geregelt **(Bild 1)** und zwar laufend in Abhängigkeit des momentanen tatsächlichen Läuferdrehwinkels (Vektorregelung mit Geber) oder in Abhängigkeit des gewollten Drehwinkels (Vektorregelung ohne Geber).

Diese nur rechnerisch vorliegenden Ströme i_a und i_b werden in zu verwirklichende 3-Phasen-Wechselströme umgerechnet (Clarke-Transformation[1]/Park-Transformation[2]) und zwar in Kenntnis der wirklichen physikalischen elektrischen Motoreigenschaften, gegeben durch Induktivitäten, magnetische Kopplungen und ohmsche Widerstände. So setzt die Vektorregelung ein genaues Motorersatzschaltbild **(Bild 2)** mit dessen Parameter voraus. Die Ersatzschaltbildparameter sind entweder durch den Motorlieferanten bekannt und können als Parameter dem Umrichter eingegeben werden oder sie werden durch den „intelligenten" Umrichter in einer ca. 20-minütigen Testprozedur automatisch bei blockiertem und kaltem Läufer ermittelt. Das Motordrehmoment entspricht dem Produkt aus Wirkstrom i_b und Magnetisierungsstrom i_q ($M - i_b \cdot i_q$). Da sowohl i_b als auch i_q von einander unabhängig geregelt werden können sind neben dem Normalbetrieb auch ein „Feldschwächebetrieb" möglich und damit Überdrehzahlen bis zum 5-fachen der Nenndrehzahl.

Gegenüber der *U/f*-Steuerung hat die Vektorregelung erhebliche Vorteile: kurze Reaktionszeiten bei Drehzahl-Sollwertänderungen und Drehzahlstabilität auch bei Laständerungen. Beschleunigen und Bremsen sind mit wählbarem Maximaldrehmoment möglich. Das Drehmoment kann unabhängig von der Drehzahl geregelt werden (Drehmomentregelung). Bei der Drehzahl Null ist Nennmoment möglich.

Der interne programmtechnische Aufwand der Vektorregelung ist erheblich, bezüglich der Kosten aber unerheblich, da die erforderliche Software ohnehin meist integriert ist.

[1] benannt nach *Edith Clarke*, 1883 bis 1959 US-amerik. Ingenieurin. Die Transformation überführt dreiphasige Drehstromsysteme in zweiphasige Systeme.

[2] benannt nach *Robert H. Park*, 1902 bis 1994 US-amerik. Ingenieur. Die Transformation überführt zweiphasige Drehstromsysteme in dreiphasige Systeme.

Die Vektorregelung mit Drehgeber

An einen Umrichter für Vektorregelung kann stets auch ein Drehgeber angeschlossen werden, da alle wesentlichen Komponenten ohnehin vorhanden sind. Der Drehgeber und dessen Anbau an den Motor und dessen Verkabelung ist ein zusätzlicher Aufwand. Der Drehgeber **(Bild 3)** liefert winkelgenau die Motordrehlage und korrigiert so den rechnerisch ermittelten Drehwinkel.

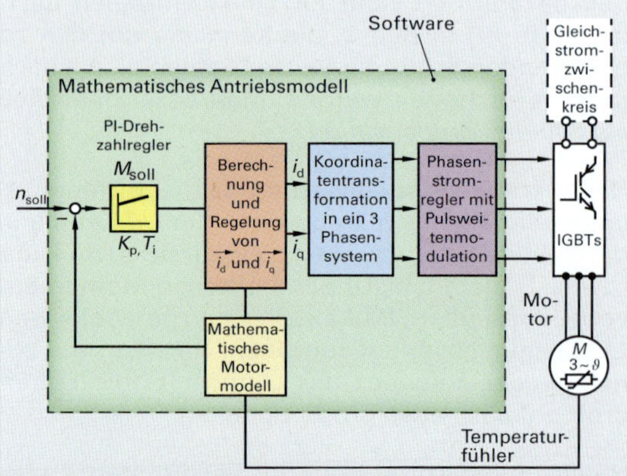

Bild 1: Blockschaltbild der Wirkstromregelung und der Magnetisierungsstromregelung

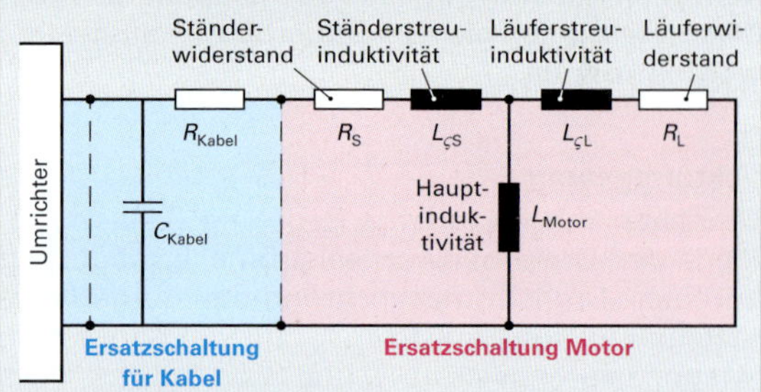

Bild 2: Motorersatzschaltbild und erforderliche Motorkenngrößen

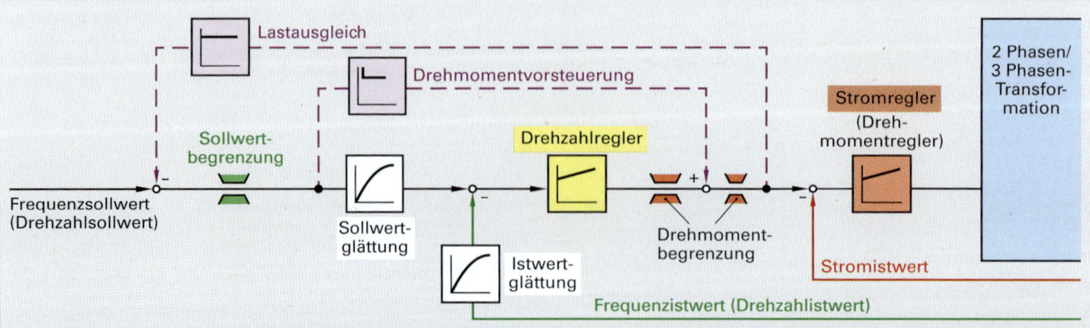

Bild 3: Blockschaltbild der Regelung

Damit wird ein genaueres, insbesondere gleichmäßigeres Drehen des Motors bei kleinen Drehzahlen erreicht. Selbst das ruhige Halten einer Last ist bei Stillstand möglich.

Bei Verwendung eines Drehgebers kann der Umrichter mit Hilfe einer automatisierten Frequenzgangmessung von Motor mit angehängter Last die Regelkreisparameter in einer Testprozedur messen und es können automatisch günstige Parameter (Proportionalverstärkung K_P und Nachstellzeit T_i) für den PI-Drehzahlregler bestimmt werden.

Ohne Drehgeber sind die Reglerparameter manuell nach Erfahrung einzugeben oder mit Hilfe von Einstellregeln, z. B. nach Ziegler-Nichols. Die Vorsteuerung zum Drehmomentregler stellt das zu erwartende Drehmoment sofort durch, bis dann der PI-Drehzahlregler die Feinregelung wahrnimmt. Die Tiefpassfilter im Drehzahlsollwertzugang und im Drehzahlistwertzugang mindern die Regelkreisdynamik, machen aber die Regelung unempfindlicher auf vibrierende Störungen oder Digitalisierungssprünge. Als Drehgeber verwendet man optische oder magnetische inkrementelle Drehgeber, z. B. mit 1024 Impulsen pro Umdrehung oder auch Drehmelder.

Bei mechanisch gekoppelten Mehrmotorenantrieben, z. B. bei Motoren die an einer gemeinsamen Welle arbeiten, ist ein **Lastausgleich** erforderlich, sodass sich die Motorbelastungen etwa gleich auf die einzelnen Motoren verteilen. Hierzu wird mit zunehmendem Lastmoment der Drehzahlsollwert herabgesetzt (Bild 1, vorhergehende Seite). Damit verschiebt sich die Last auf die anderen Antriebe.

Ausgangsgröße des Drehzahlreglers ist bei der Vektorregelung der Drehmomentsollwert bzw. der Sollwert für die Wirkstromkomponente des Motorstroms. So enthält jede Vektorregelung auch eine **Drehmomentregelung**. Diese kann auch, abhängig vom Anwendungsfall für sich allein, d. h. ohne Drehzahlvorgabe genutzt werden oder auch zu einer Drehmomentstörgrößenaufschaltung, wenn ein Messglied für das Drehmoment vorhanden ist. Eine Drehmomentregelung ist z. B. für einen Haspelantrieb praktisch um beim Drahtziehen eine konstante Ziehkraft zu bekommen. Hier ist nicht die Drehzahl die zu steuernde Größe, sondern das Drehmoment bzw. die Zugkraft.

2.3.6 Drehstromsynchronmotor

Bringt man einen Läufer mit **Permanentmagneten (Bild 1)** in ein rotierendes Drehfeld, so richten sich die Läufermagnete in Feldrichtung aus und der Läufer rotiert mit derselben Drehzahl wie das Drehfeld. Bei Belastung mit dem Lastmoment M_W hängt der Läufer um den Lastwinkel α_w dem Läuferfeldvektor nach. Verwendet man statt eines Läufers mit Permanentmagneten einen Läufer aus **Weicheisenmaterial (Reluktanzprinzip)** mit feldkonzentrierender Geometrie **(Bild 2)**, so folgt auch ein solcher Läufer synchron dem Ständerdrehfeld.

In beiden Fällen muss sichergestellt werden, dass der Lastwinkel α_w nicht zu groß wird, d. h. dass er bei der 2-poligen Maschine geringer als 90° und bei der 4-poligen Maschine geringer als 45° bleibt. Man erreicht dies durch eine Lastwinkelregelung als Bestandteil der Drehzahlregelung, d. h. das Ständerdrehfeld darf sich nur in dem Maße in der Drehgeschwindigkeit ändern wie der Läufer folgen kann.

2.3.6.1 Servoantriebe

Servoantriebe realisiert man mit permanenterregten Drehstromsynchronmotoren **(Bild 3)**. Sie dienen der hochgenauen und schnellen Positionierung von Maschinentischen und Werkzeugen, sowie der hochgenauen Ausführung von Lagesollwertfolgen zur Bahnerzeugung, meist im gekoppelten Verbund mit anderen Maschinenachsen.

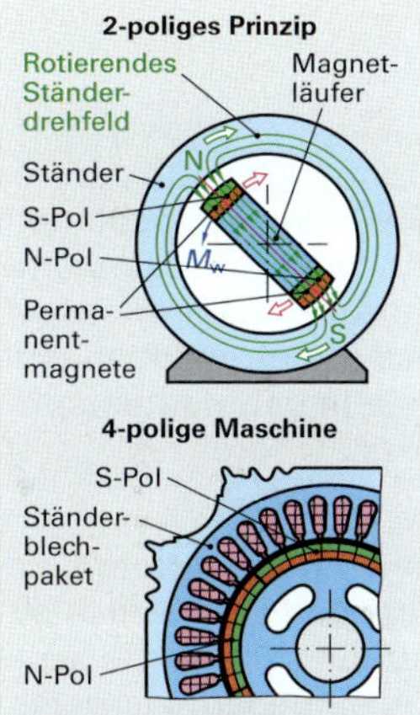

Bild 1: Permanentmagnetläufer

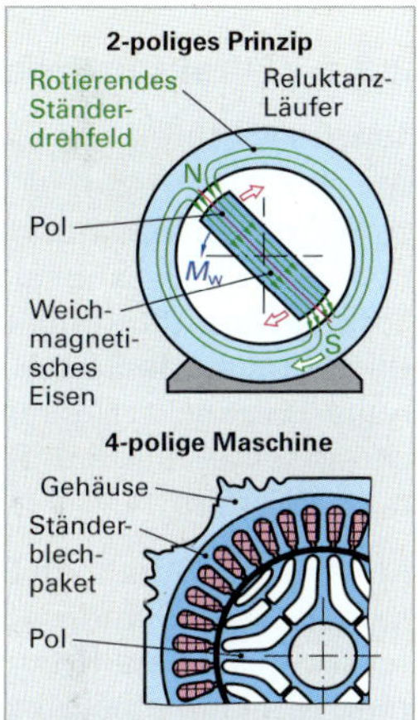

Bild 2: Reluktanzläufer

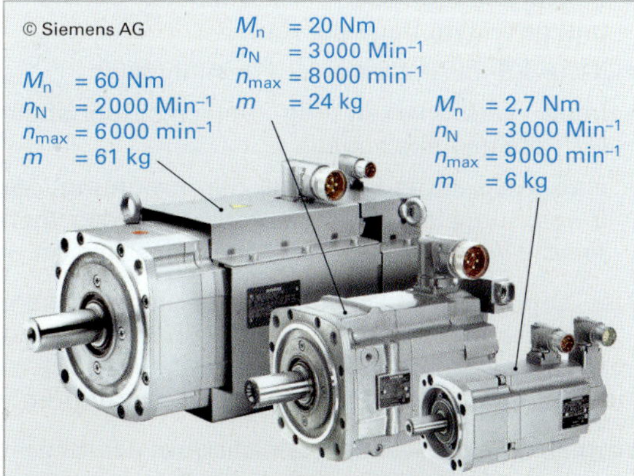

Drehstromsynchronmotoren mit Haltebremse und sin/cos-Drehgeber mit 2048 Zyklen, Schutzart IP65

Bild 3: Drehstromsynchronmotoren (Beispiele)

In einer solchen Zusammengehörigkeit bestimmt die dynamisch trägste Maschinenachse die Gesamtdynamik. Bestimmend ist dabei diejenige Maschinenachse mit dem größten Massenträgheitsmoment bzw. der niedersten mechanischen Eigenfrequenz. Die Massenträgheitsmomente hängen ab von der Maschinenkonstruktion. Wesentlich sind sie abhängig von den zu bewegenden Massen in Verbindung mit den Getrieben. Getriebeuntersetzungen reduzieren im Quadrat die Massenträgheitsmomente. Für die Antriebsmotoren ist es wichtig, dass diese, sofern sie bis zu hohen Drehzahlen genutzt werden, sehr kleine Trägheitsmomente haben.

Die Servo-Normalmotoren sind meist 4-polig bis 8-polig **(Bild 1 und Tabelle 1)**. Die Motorläufer sind z. T. hohl und damit trägheitsarm. Der Drehzahlbereich liegt für die Bemessungsdrehzahl etwa bei n_N = 3000 min^{-1} und kann genutzt werden bis über n_{max} = 9000 min^{-1}.

Tabelle 1: Kenngrößen (Beispiele)

Kenngrößen		kleiner Motor	großer Motor
Bemessungsmoment	M_N	2,2 Nm	55 Nm
Impulsmoment	M_I	10 Nm	200 Nm
Bemessungsdrehzahl	n_n	3000 min^{-1}	1200 min^{-1}
mechanische Zeitkonstante	T_m	4 ms	2 ms
elektrische Zeitkonstante	T_{el}	4 ms	22 ms
Strangstrom bei M_n und U = 210 V	I_{Str}	5 A	50 A
Beschleunigung	W_{max}	3500 Umdr/s^2	3500 Umdr/s^2
Gewicht (Masse)	m	5 kg	51 kg
Trägheitsmoment	J	0,5 · 10^{-3} kgm^2	29 · 10^{-3} kgm^2
Strangstrom bei M_n und U = 500 V	I_{Str}	2,1 A	21 A
Leistung	P	0,69 kW	6,9 kW

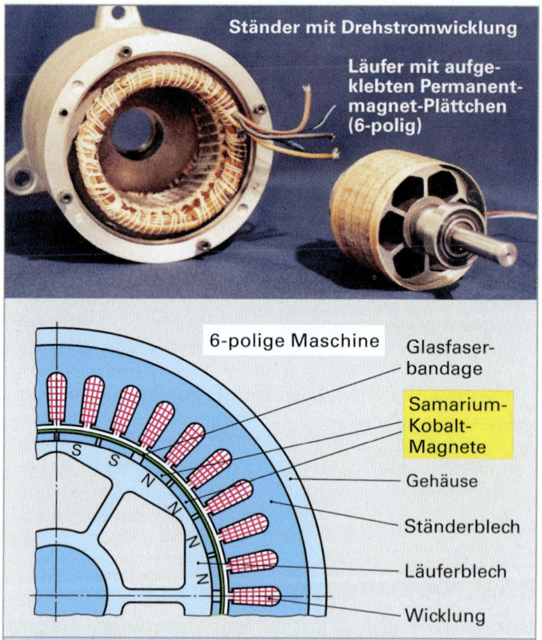

Bild 1: Drehstromsynchronmotor (Beispiel)

2.3.6 Direktantriebe

Torque-Motoren

Als Direktantriebe, d. h. ohne Getriebe, direkt zum Antrieb von Rundtischen, Werkzeugspindeln und auch Vorschubspindeln gibt es sogenannte **Torque-Motoren** (englisch torque = Drehmoment, **Bild 1, folgende Seite**). Diese Motoren haben eine hohe Polzahl, z. B 98 und sie haben dementsprechend eine niedere Bemessungsdrehzahl, z. B. n_N = 100 min^{-1}.

Meist verwendet man **Einbau-Torquemotoren**, bestehend aus Ständer (Stator) und Hohlwellenläufer (Rotor). Diese Komponenten können platzsparend direkt in eine Maschine eingebaut werden.

Sie zeichnen sich aus durch:

- sehr hohe Leistungsdichte,
- hohes Drehmoment bei kompakter Bauweise und geringem Bauvolumen,
- hohe 1,6- bis 2,2-fache Überlastfähigkeit,
- hohe Verfügbarkeit, da verschleißbehaftete Getriebebauteile entfallen,
- eine Wasserkühlung dient der Erhöhung der Bemessungsleistung und verbessert das thermische Verhalten der Maschinenkonstruktion.

Der Umrichter ist häufig baugleich zu einem *U/f*-Umrichter. Er bekommt nur eine andere Parametrierung. So ist der Schaltungsaufbau ähnlich zu den Antrieben mit Drehstromasychnronmotoren.

Antriebsprinzip. Aus dem Gleichstrom des Gleichstromzwischenkreises wird durch Pulsweitenmodulation (PWM) ein frequenzvariabler Drehstrom gebildet wird. Dieser erzeugt im Motorständer einen magnetischen Drehfeldvektor, welcher in weitem Rotationsgeschwindigkeitsbereich vorwärts und rückwärts gedreht werden kann **(Bild 2, folgende Seite)**. Der Permanentmagnetläufer stellt sich in Richtung des Drehfeldvektors ein. Die Steuerung verstellt den magnetischen Drehfeldvektor nur in dem Maße, wie der Läufer mit seinem Feldvektor in der Lage ist zu folgen.

Die aktuelle Drehlage wird über einen Drehgeber erfasst, die Drehwinkeldifferenz von Ständerdrehfeldvektor und Läufer-Feldvektor wird als Winkelregeldifferenz (Lageregeldifferenz) ausgeregelt und beträgt im Stillstand null.

Der Antrieb bringt auch im Stillstand ein Haltemoment auf **(Bild 3)**. Für Beschleunigungen kann der Motor etwa 4-fach erhöhtes Drehmoment abgeben.

Für Vorschubantriebe bei NC-Maschinen und Robotern werden die Servomotoren stets mit hochauflösenden Drehgebern verwendet, meist sind es optische sin/cos-Drehgeber mit bis 10 000-facher Interpolation sodass die Drehwinkelauflösung als Wegmesseinheit in den Bereich von Nanometern kommt. Damit kann man dann sehr kleine ruckfreie Geschwindigkeiten erzielen.

Das ist für die Maschinengenauigkeit wichtig, wenn z. B. bei der Herstellung einer flachen Schräge 1:1000 die langsame Maschinenachse sich 1000 mal langsamer bewegen muss als die vorschubbestimmende Achse.

Die Geschwindigkeit berechnet sich aus der Impulszahl pro Zeiteinheit. Da man zur hochdynamischen Regelung etwa alle 10 µs einen Geschwindigkeits-Istwert benötigt und dieser etwa 1 % genau sein sollte, ist die kleinste gut geregelte Verfahrgeschwindigkeit 100 Wegeinheiten/10 µs.

Bei 10 nm als Wegeinheit erhält man 1000 nm/10 µs $\Rightarrow 10^{-12}$ m/10^{-6} s $\Rightarrow 10^{-6}$ m/s $\Rightarrow$ 1 µm/s.

Die Motoren können *selbstgekühlt*, *fremdgekühlt* oder auch *wassergekühlt* sein. Bei Fremdkühlung und bei Wasserkühlung vergrößert sich der zulässige Überlastbereich bzw. Leistungsbereich bis um den Faktor 2,5 bzw. man kann bei Wasserkühlung kleinere Motoren verwenden.

Bei der Selbstkühlung wird die entstehende Verlustwärme über die Oberfläche abgeleitet.

Die Motorwicklung darf bis 100 °C Übertemperatur haben. Hierbei kann die Motoroberflächentemperatur gut 140 °C erreichen (Achtung, beim Berühren kann man sich verbrennen). Die Wicklungstemperatur wird laufend erfasst und zwar meist mit einem Kaltleiter R_{20} = 500 Ω oder R_{100} = 1000 Ω.

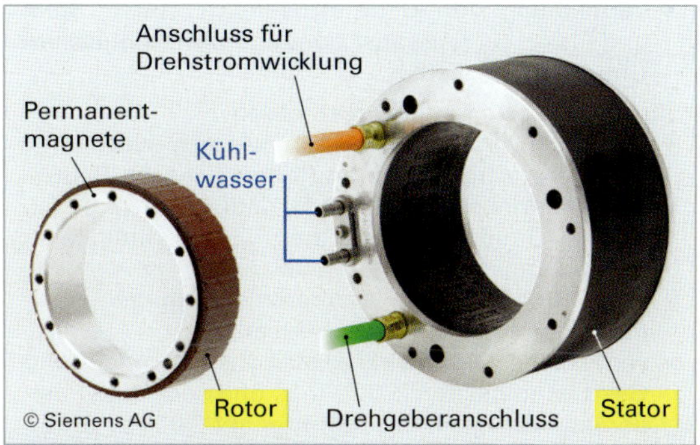

Bild 1: Einbau-Torque-Motor

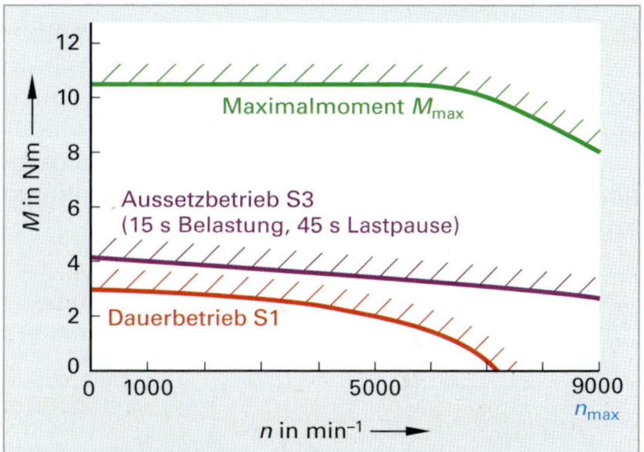

Bild 3: Motor-Grenzkennlinien (Beispiel)

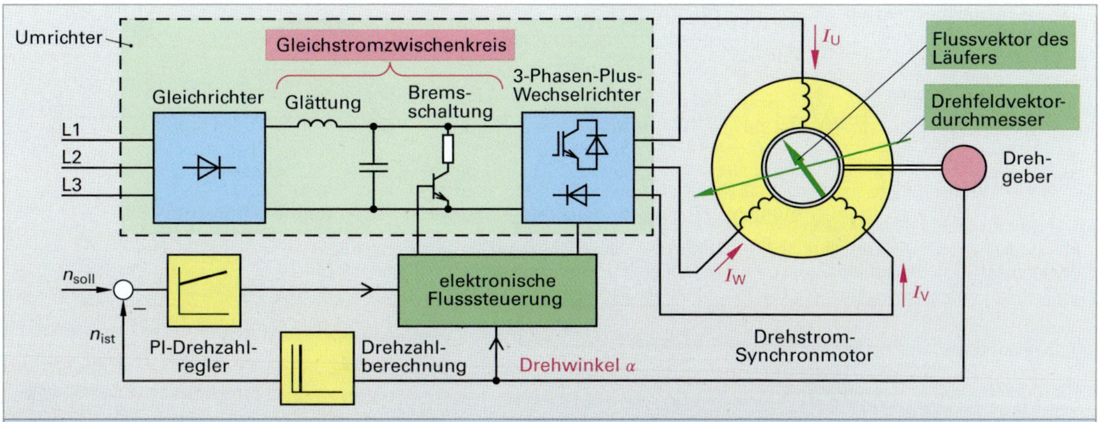

Bild 2: Drehlagenabhängige Drehfeldsteuerung

Die Vorteile der Direktantriebe sind:

- Einsparung mechanischer Übertragungsglieder, wie z. B. Spindel/Spindelmutter, Getriebe, Kupplung, Lager für Spindeln. Das bedeutet auch die Einsparung von Montagearbeiten, Fehlerquellen, Ersatzteilhaltung,
- Einsparung von Einbauraum, da mechanische Übertragungsglieder entfallen,
- Vermeidung von Geometriefehlern, durch Spiel und Elastizität der sonst benötigten mechanischen Übertragungsglieder.

Zusätzlich erbringt der Direktantrieb

- erheblich verbesserte Dynamik durch wesentlich weniger Nachgiebigkeiten (federelastische Bauteile) im Antriebsstrang **(Bild 1)**, dadurch etwa 5-fach höhere Grenzfrequenzen bzw. Geschwindigkeitsverstärkungen der Lageregelkreise,
- erheblich höhere Schlittenbeschleunigungen, auch durch geringere bewegte Massen,
- verbesserte Geschwindigkeitskonstanz und hohe Geschwindigkeiten (> 120 m/s) und sehr gute Positioniergenauigkeit (bis herunter auf 0,005 µm),
- weniger Konstruktionsaufwand,
- kürzere Positionierzeiten.

Darüber hinaus gibt es erweiterte Betriebsmöglichkeiten, z. B. man kann mehrere Vorschubschlitten auf einem gemeinsamen Maschinenbett anbringen und diese unabhängig von einander bewegen. Die Vorschubkräfte können durch Aneinanderreihen von mehreren Motoren (fast) beliebig erhöht werden.

Direktantriebe benötigen keine Getriebe und haben meist wesentlich günsigere dynamische Antriebseigenschaften als konventionelle Servomotoren.

Linearmotoren

Linearmotoren lassen sich grundsätzlich nach den *gleichen Prinzipien* wie *Gleichstrommotoren*, *Drehstromsynchronmotoren* und auch *Drehstromasynchronmotoren* verwirklichen. Man „wickelt" dabei den Ständer und Läufer auf die Ebene ab **(Bild 2** und **Bild 3)**.

Beim Asynchron-Prinzip trägt der bewegliche Schlitten eine 3-phasige „Ständerwicklung" und das Maschinenbett hat ein Kurzschlussgitter aus Aluminiumstäben, die in ein Stahlbett eingelegt sind, ähnlich wie der Kurzschlusskäfig bei einem drehenden Motor gemacht ist.

Beim meist verwendeten Synchron-Prinzip sind anstelle des Kurzschlussgitters Permanentmagnetstäbe in das Maschinenbett eingelegt (Bild 3). Die Kommutierung, d. h. die Stromsteuerung für die Wicklungen erfolgt über einen Magnetfeldsensor der an der Stirnseite des beweglichen Läufers angebracht ist und die Feldrichtung der Dauermagnete abtastet.

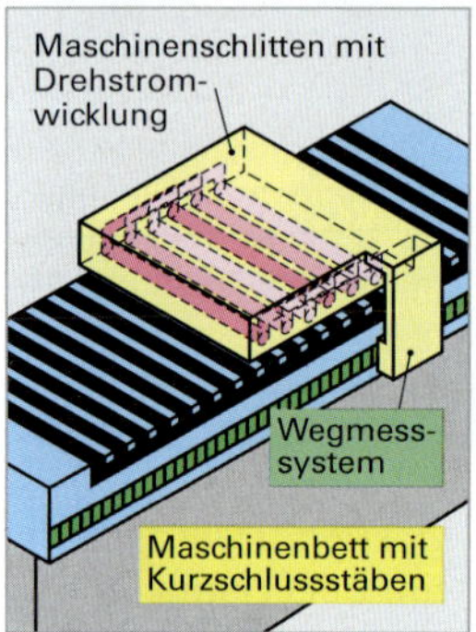

Bild 2: Asynchron-Prinzip

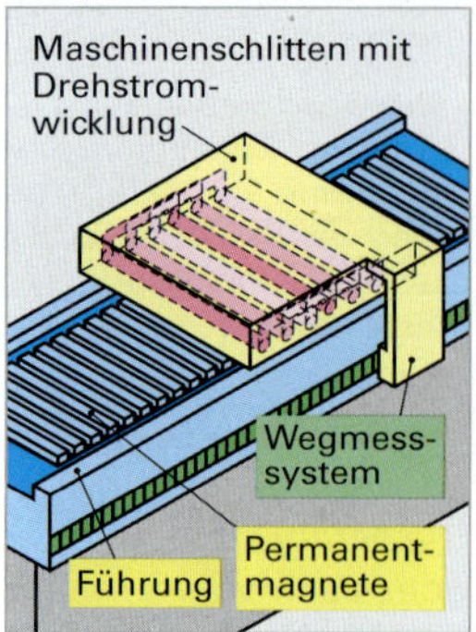

Bild 3: Synchron-Prinzip

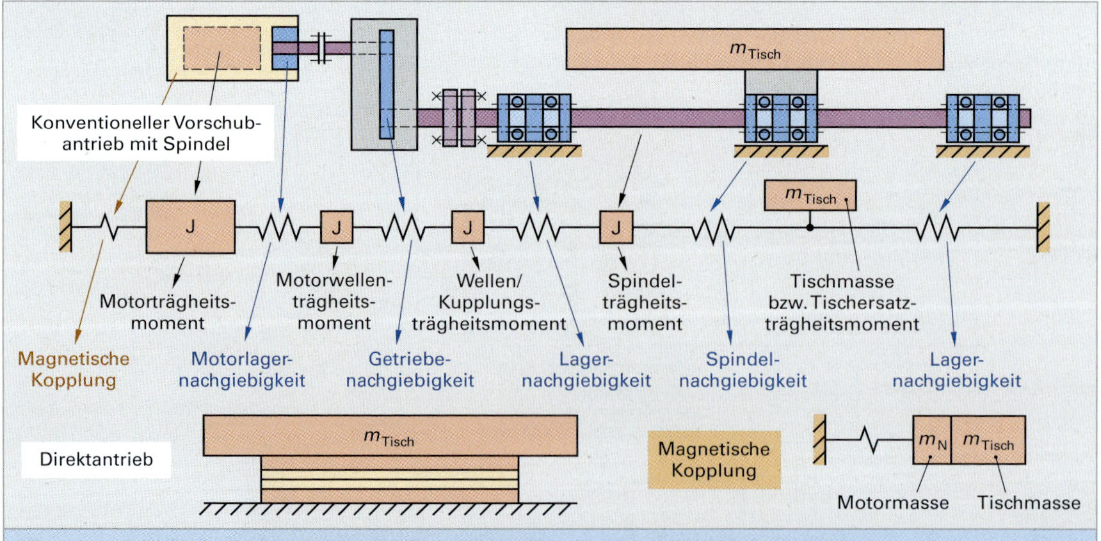

Bild 1: Elastizitäten im Antriebsstrang bei konventionellem Antrieb und bei Direktantrieb

2.3.7 Kühlung und Bauformen

Die Bemessungsleistung (Nennleistung) eines Motors bestimmt sich in der Hauptsache nach der zulässigen Wicklungsübertemperatur. Diese zulässige maximale Wicklungsübertemperatur richtet sich nach der Art der Wicklungsisolierung (Isolierstoffklasse, **Tabelle 1**). So ermöglichen Motoren gleicher Baugröße der Isolierstoffklasse F ca. 15 % höhere Leistung als bei Isolierstoffklasse E. Die Motorerwärmung ist abhängig von der erzeugten Verlustleistung und der Art der Kühlung.

Neuere Motoren gehören zur Isolierstoffklasse F mit einer Grenztemperatur von 155 °C.
Vorsicht: Verbrennungsgefahr beim Berühren des Motorgehäuses **(Bild 1)**.

Die Verlustleistung ist besonders hoch, wenn ein Motor in kurzer Folge häufig ein- und ausgeschaltet wird, sodass er dazwischen nicht abkühlt (Aussetzbetrieb).

Bei der Kühlung unterscheidet man zwischen

- **Selbstkühlung** (ohne Kühleinrichtung)
- **Eigenkühlung** (durch Luft und mit, auf der Motorwelle angetriebenem, Lüfterrad),
- **Fremdkühlung** (mit Luft und zusätzlichem fremdangetriebenem Lüfter) und
- **Wasserkühlung (Bild 2)**.

Die Nennleistung (Bemessungsleistung) eines Motors gilt üblicherweise für einen Betriebstemperaturbereich von –15 °C bis +40 °C. Bei der Luftkühlung reduziert sich die zulässige Motorleistung bei Aufstellungshöhen über 1000 m deutlich wegen der geringer werdenden Luftdichte.

Fremdkühlung (Fremdbelüftung) ist erforderlich bei drehzahlgesteuerten Motoren, wenn diese bei vollem Moment in den unteren Drehzahlen laufen.

Zum Motorschutz wird meist die Wicklungstemperatur mit Sensoren überwacht. Bei wassergekühlten Motoren unterscheidet man solche mit geschlossenem Kühlkreislauf (unbedingt vorzuziehen) und Motoren mit offenem Kühlkreislauf. Das Kühlmittel ist genau spezifiziert.

Wasserkühlung ermöglicht eine etwa um das 2-fache erhöhte Motorleistung gegenüber der Eigenkühlung bei gleicher Größe des Motorläufers.

Bauformen

Die elektrischen Maschinen sind unterschiedlich gestaltet, je nach dem sie aufgestellt, angebaut oder eingebaut werden **(Tabelle 2)**. Die Antriebsseite wird mit DE (Drive End, früher A-Seite) bezeichnet, die Gegenseite mit NDE (Non Drive End, früher B-Seite).

Bild 1: Verbrennungsgefahr bei Berührung

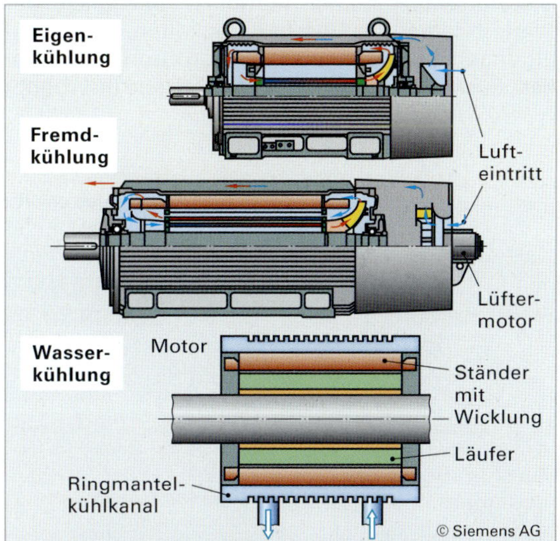

Bild 2: Kühlungsvarianten

Tabelle 1: Isolierstoffklassen, max. Temperatur

Klasse	°C	Klasse	°C
Y	90	F	155
A	105	H	180
E	120	N	200
B	130	R	220

Tabelle 2: Motorbauformen, IM-Code, IEC 60034-7

Ohne Flansch	Mit Flansch	Mit Normalflansch
IM B3	IM B5 Motorflansch	IM B14 Anlagenflansch
IM B6, IM B7, IM B8	IM V1	IM V19
IM V6	IM V3	IM V18
IM V5	IM B35	IM B34

2.3.8 Antriebsprojektierung

Die Motor*bemessungs*leistung (frühere Bezeichnung: Motornennleistung) gilt, wenn nichts anderes vereinbart ist, für den Dauerbetrieb. Die elektrisch aufgenommene Leistung ist dem Wirkungsgrad η_n entsprechend höher.

$$P_{el,N} = \frac{P_N}{\eta_N}$$

η_N Wirkungsgrad
$P_{el,N}$ el. Motorbemessungsleistung
P_N Motorbemessungsleistung

Zur Projektierung geregelter Antriebe ist die Motorauswahl relativ komplex. Bezüglich der Wunschdaten für Geschwindigkeiten, Beschleunigungen usw. ist meist ein Kompromiss zu finden, auch dahingehend ob ein Getriebe überhaupt zweckmäßig ist oder ob besser ein Direktantrieb zu verwenden ist **(Bild 1)**. Für das Projektieren bieten viele Hersteller spezielle Software an.

Die Bemessungsleistung ist so berechnet, dass der Motor im Dauerbetrieb seine *Bemessungstemperatur* erreicht, d. h. er wird nicht wärmer als es zulässig ist. Wenn man nun den Motor nur *kurzzeitig* betreibt, dann erreicht er diese Grenztemperatur nicht, auch wenn während des *Kurzzeitbetriebs* die Bemessungsleistung abverlangt wird. Dies bedeutet, dass man auch für diese Betriebsart eine kleinere Motorbemessungsleistung wählen kann.

Man unterscheidet die Betriebsarten nach Tabelle 1, Seite 214 und ermittelt die notwendige Motorbemessungsleistung so, dass in der jeweiligen Betriebsart die maximal zulässige *Motorgrenztemperatur* ϑ_{zul} nicht überschritten wird.

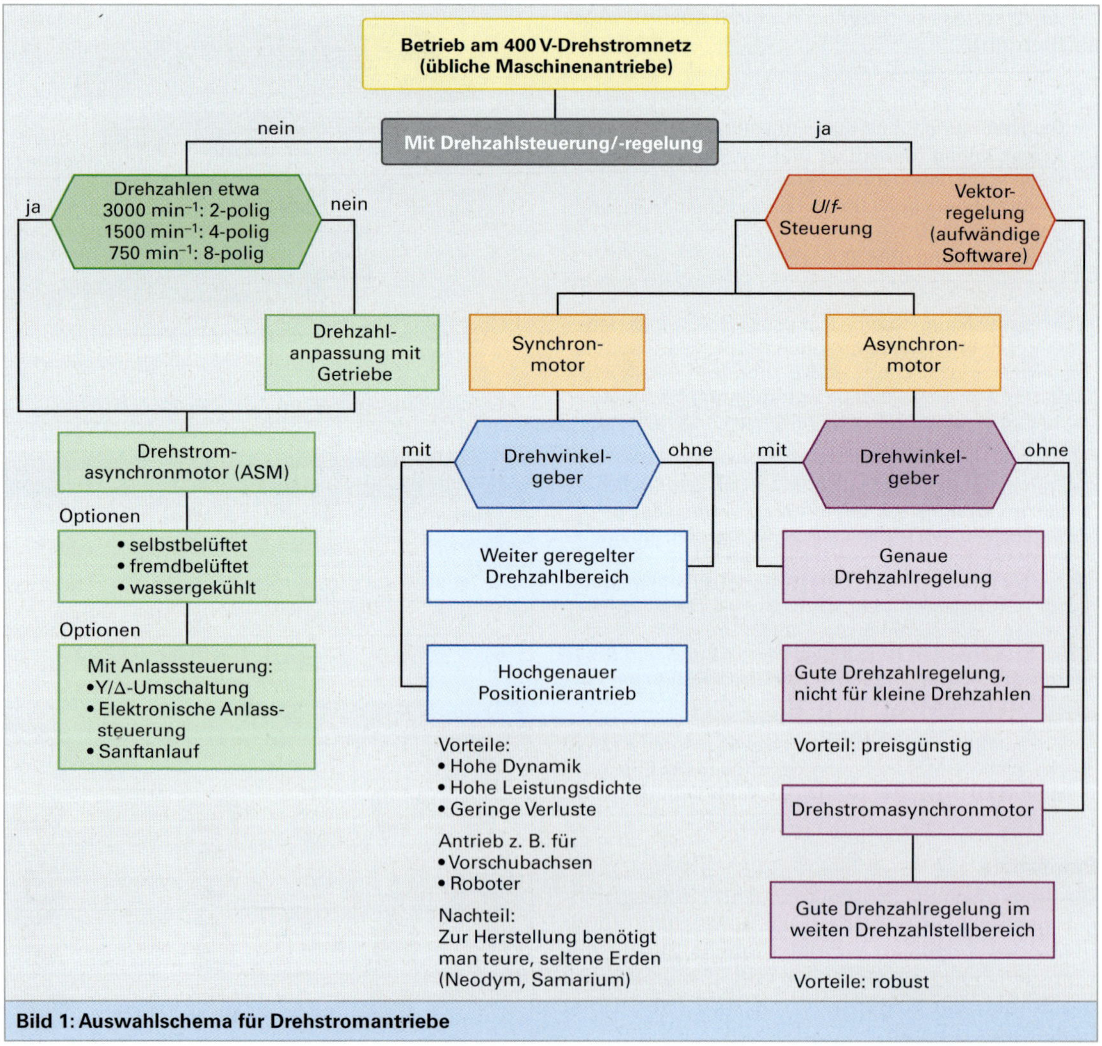

Bild 1: Auswahlschema für Drehstromantriebe

2.3.9 EMV-Maßnahmen

EMV (Elektromagnetische Verträglichkeit) bedeutet, dass elektrische Anlagen störungsfrei arbeiten, dabei auch andere Anlagen nicht stören und nicht durch andere Anlagen gestört werden.

Elektrische Antriebssysteme (**P**ower **D**rive **S**ystems, kurz PDS) sind mit Stellern ausgestattet, mit welchen elektrische Ströme gepulst oder zumindest geschaltet werden. Damit sind elektromagnetische Störaussendungen (Emissionen) grundsätzlich vorhanden.

Beim Abschalten von Induktivitäten (Motorwicklungen sind Induktivitäten!) entstehen sehr hohe Abschaltspannungen und dadurch:

- hochfrequente, leitungsgebundene Störungen am Netzanschlusspunkt (Funkstörspannungen) sowie
- hochfrequente, elektromagnetisch abgestrahlze Störungen (Funkstörstrahlung).

Die von den Störquellen erzeugten Störungen können über unterschiedliche Koppelstrecken (Pfade) in die Störsenken eingekoppelt werden **(Bild 1)**.

Man unterscheidet galvanische, kapazitive, induktive und elektromagnetische Störeinkopplungen.

Die **galvanische Kopplung** entsteht, wenn mehrere Stromkreise einen Leiter gemeinsam nutzen, wie z. B. eine gemeinsame Masseleitung. Der Strom I_1, z. B. einer Antriebsbaugruppe **(Bild 2)** erzeugt an der Impedanz Z des gemeinsamen Leiters einen Spannungsabfall ΔU_1 an einer Schnittstellenbaugruppe.

Maßnahmen zur Reduktion galvanischer Kopplungen:

- Die Länge gemeinsam genutzter Leiter verschiedener Stromkreise ist möglichst klein zu halten,
- Verwendung großer Leitungsquerschnitte mit kleinem Leitungswiderstand, damit der Spannungsabfall klein bleibt,
- Verwendung eines eigenen Hin- und Rückleiters für jeden Stromkreis.

Die **kapazitive Kopplung** tritt zwischen isolierten Leitern auf. Die Leiter selbst wirken auch als Kondensatoren (parasitäre Kapazitäten). **Bild 3** zeigt eine Störquelle, die durch kapazitive Kopplung einen Störstrom I_S in die Störsenke einkoppelt. Der Störstrom I_S erzeugt an der Impedanz Z_i der Störsenke einen Spannungsabfall und somit eine Störspannung.

Sind z. B. eine Motorleitung und eine ungeschirmte Signalleitung in geringem Abstand parallel verlegt, so ergibt sich durch den geringen Abstand eine sehr große Koppelkapazität C_K. Der als Störquelle wirkende motorseitige Wechselrichter des Frequenzumrichters koppelt mit jeder Schaltflanke einen impulsförmigen Störstrom über die Kapazität C_K in die Signalleitung ein.

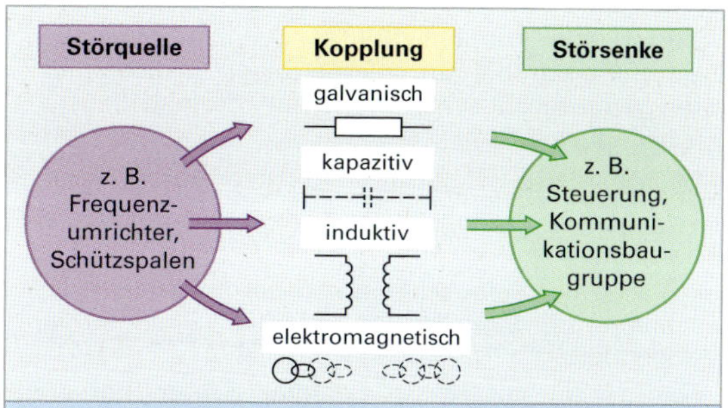

Bild 1: Darstellung der möglichen Koppelstrecken zwischen Störquellen und Störsenken

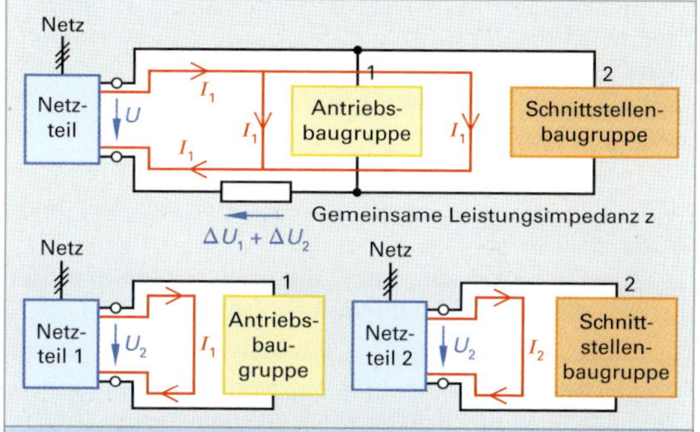

Bild 2: Galvanische Kopplung zweier Stromkreise über die Impendanz eines gemeinsam genutzten Leiters

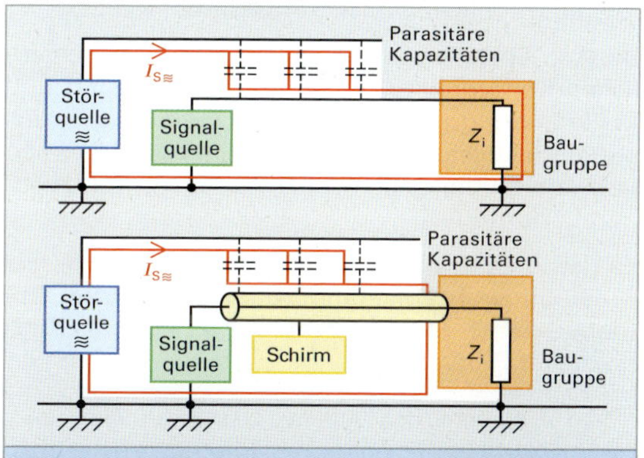

Bild 3: Kapazitive Einkopplung eines Störstromes in eine Signalleitung

Maßnahmen zur Reduktion kapazitiver Kopplungen:

- Abstand zwischen der Leitungen so groß wie möglich wählen,
- parallele Leitungsführung vermeiden,
- geschirmter Signalleitungen verwenden.

Der Störstrom I_S wird in den Schirm eingekoppelt und fließt über Schirm und Gehäuse des Gerätes bzw. Umrichters zur Erde ohne die internen Stromkreise zu stören.

Die **induktive Kopplung (Bild 1)** entsteht zwischen den Stromkreisen bei Stromänderungen insbesondere bei gepulsten Strömen mit hoher Stromanstiegsgeschwindigkeit d*i*/d*t*.

Maßnahmen zur Reduktion induktiver Kopplungen:

- Möglichst großer Abstand zwischen den Leiterschleifen,
- Fläche der Leiterschleifen so gering wie möglich halten, bei Signalleitung verdrillte Leitungen verwenden,
- Beidseitig auf Masse gelegter Schirm bei den Signalleitungen.

Die **elektromagnetische Kopplung oder Strahlungskopplung** wird über elektrische Funken, z. B. schaltende Schütze, Schweißgeräte erzeugt. Die Störfelder sind hochfrequent.

Maßnahmen zur Reduktion elektromagnetischer Kopplungen:
Man erreicht eine schützende Wirkung durch

- metallische Schaltschränke bzw. Gehäuse und durch
- Verwendung geschirmter Leitungen mit feindrähtig geflochtenen, gut leitenden Schirmen.

Die sichere Funktionsweise elektronischer Steuerungen, auch der elektronischen Antriebssteuerung, darf weder durch Fremdeinwirkung noch durch Eigenstörung beeinträchtigt werden.

Für die EMV-gerechte Ausführung kompakter Geräte sorgt üblicherweise der Gerätehersteller.

Bei Antriebsanlagen, die vielfach aus unterschiedlichen Komponenten zusammengesetzt sind und in Verbindung mit den Motoren weitläufig örtlich verteilt installiert werden, sind EMV-Maßnahmen bzw. die Einhaltung von EMV-Grenzwerten zwingend erforderlich.

Es ist eine EMV-Planung notwendig nach EN 61800-3: Drehzahlveränderbare elektrische Antriebe – Teil 3: EMV-Anforderungen einschließlich spezieller Prüfverfahren.

Zum EMV-gerechten Aufbau fasst man man die Antriebsanlage in Zonen mit etwa gleichrangigen Störquellen und Störsenken zusammen **(Bild 2)**.

Diese Zonen werden elektromagnetisch entkoppelt: Man sieht entweder separate Metallgehäuse oder großflächige Trennbleche vor. Kabel werden innerhalb einer Zone verlegt. Beim Übergang in eine andere Zone werden Filter oder Koppelbausteine verwendet. Man vermeidet Öffnungen im Schaltschrank bzw. deckt diese mit einer Metallhaube ab (Öffnungen mit der Größe der halben Störfrequenzwellenlänge wirken wie strahlende Antennen!). Alle metallischen Teile werden mit Potenzialausgleichsleitungen verbunden **(Bild 3)**.

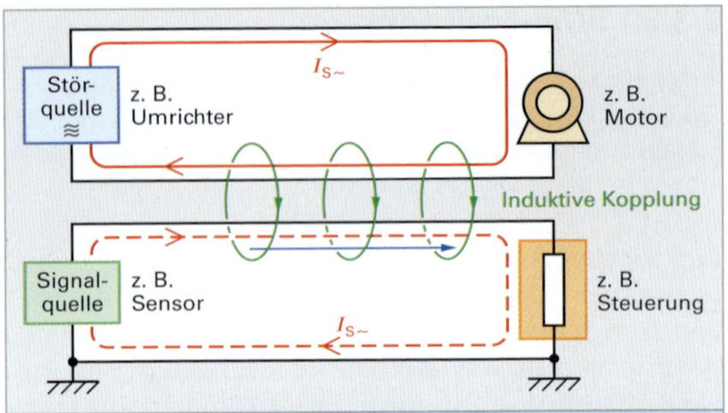

Bild 1: Induktive Einkopplung einer Störspannung in einen Signalstromkreis

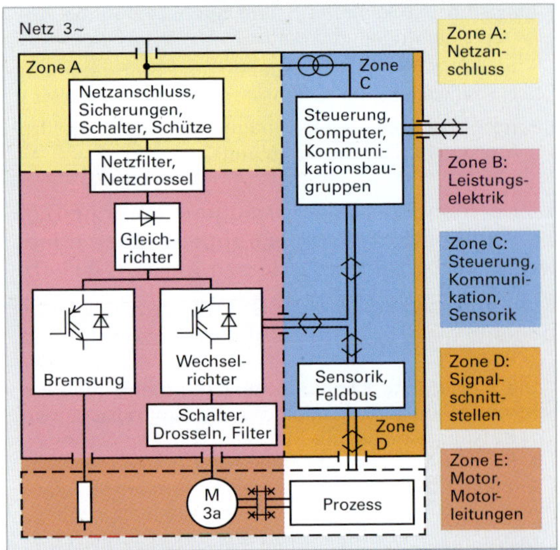

Bild 2: EMV-Zonen

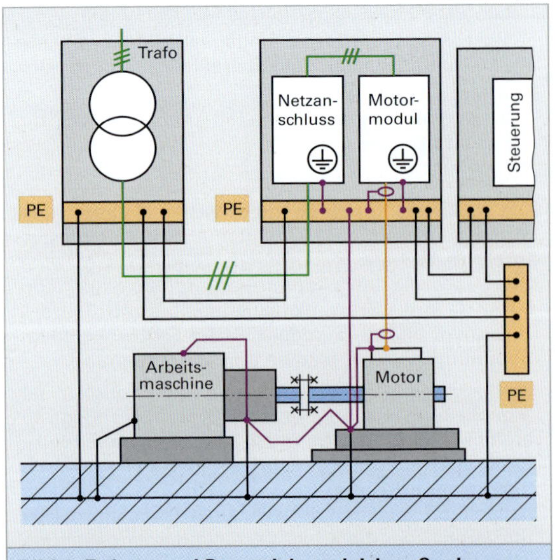

Bild 3: Erdung und Potenzialausgleichmaßnahmen

2.3.10 Kleinmotoren

2.3.10.1 DC-Kleinmotoren

Elektrische Kleinmotoren, 0,15 W bis etwa 150 W Antriebsleistung sind häufiger Bestandteil z. B. in Spielzeugen, Kraftfahrzeugen, medizinischen Geräten. Zunehmend gibt es batteriebetriebene Handwerkzeuge, z. B. Schrauber, Schleifspindeln und Gartengeräte, z. B. Scheren mit Kleinmotoren. Die Stromversorgung erfolgt bei diesen Geräten über elektrische Batterien bzw. Akkumulatoren (Sekundärelemente). Durch die stets sich verbessernde Speicherfähigkeit der Sekundärelemente **(Bild 1)** werden netzunabhängig Geräte zunehmend mit Kleinmotoren ausgestattet.

Kleinmotoren werden oft mit Gleichstrom, bei Spannungen < 50 V versorgt. Häufig verwendet man als Kleinmotoren auch konventionelle Gleichstrommotoren (DC-Motoren). Durch kleine kompakte elektronische Umrichter, häufig in den Motor integriert (EC-Motoren), können Kleinmotoren auch wie Drehstromsynchronmotoren, nämlich bürstenlos aufgebaut (BLDC-Motoren, Brushless DC-Motor) sein, z. B. für Hochfrequenzspindeln. Dies ist sehr vorteilhaft, da die mechanische Kommutierung mit (Graphit-)Bürsten oder Edelmetallbürsten entfällt, die Lebensdauer sich erhöht und Bürstenfeuer ausschließt.

Kleinmotoren werden oft mit **Kleinspannung** (< 50 V) betrieben und sind dadurch elektrisch ungefährlich **(Bild 2)**.

Hohe Drehzahlen bis z. B. 100 000 min^{-1} erreicht man mit kleinen Drehstromsynchronmotoren.

Für **große Drehmomente** werden hochtourige Kleinmotoren mit Getrieben, z. B. Planetenradgetrieben **(Bild 3)**, Harmonic-Drive-Getrieben oder mehrstufigen Stirnradgetrieben ausgestattet.

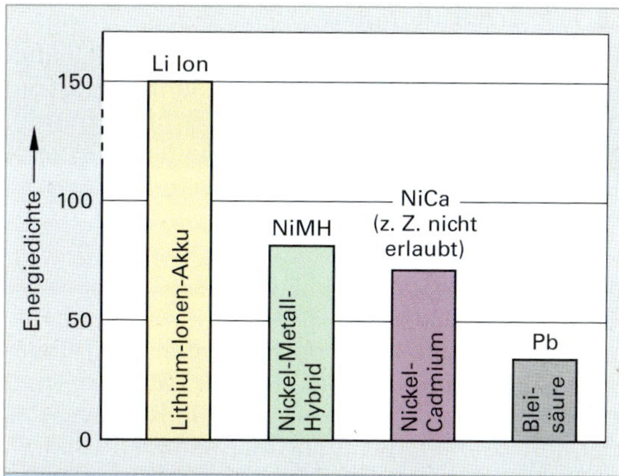

Bild 1: Energiedichte bei Akkumulatoren

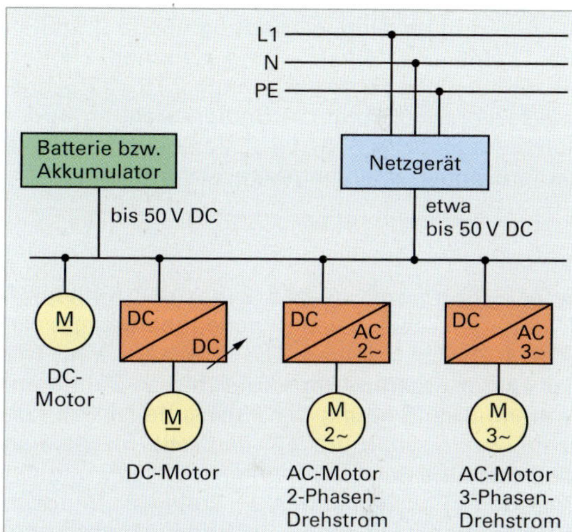

Bild 2: Betriebsvarianten

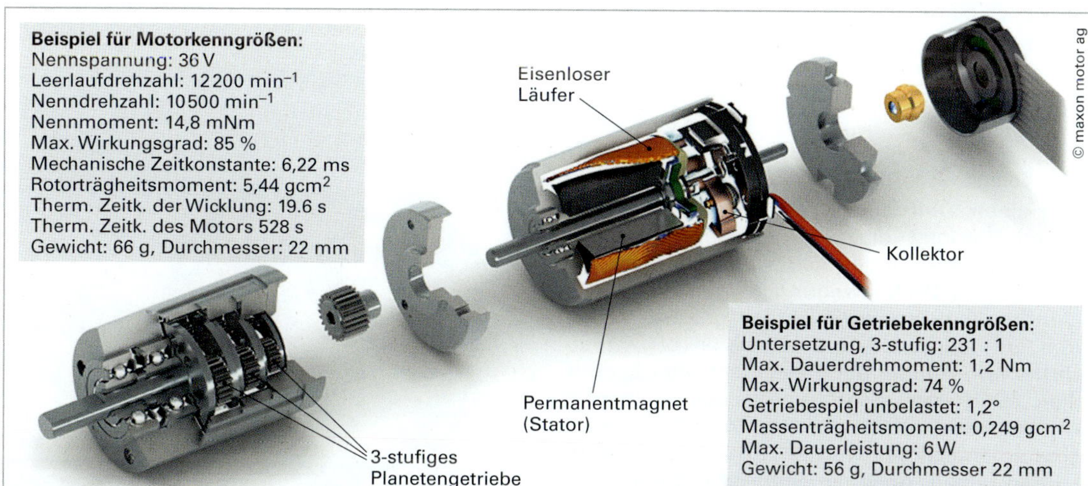

Bild 3: Aufbau eines DC-Kleinmotors

2.3.10.2 Schrittmotoren

Als Stellantrieb, z. B. bei der Schreibkopfeinstellung an Druckern oder zum Papiertransport an Plottern verwendet man häufig Schrittmotoren. Der Schrittmotor dreht sich mit jedem Ansteuerimpuls um einen kleinen *Winkelschritt*.

Wirkungsweise

Werden die Spulen des Schrittmotors in der Reihenfolge 1, 2, 3, 1, 2... nacheinander von einem Strom durchflossen, stellt sich der Läufer mit seinen beiden Zähnen nacheinander in Richtung des magnetischen Feldes jeder Magnetspule **(Bild 1)**. Er dreht sich bei 3 Schritten um 180° bzw. bei 6 Schritten um eine ganze Umdrehung. Erregt man die Spulen in der Reihenfolge 1, 1+2, 2, 2+3, 3 usw., dann nimmt bei Doppelerregung von je 2 Spulen der Läufer eine Mittelstellung zwischen 2 Polen ein. Es sind jetzt für 1 Umdrehung 2 · 6 = 12 Schritte erforderlich. Erfolgt die Spulenerregung in der Reihenfolge 1, 1 + 3, 3, 3 + 2, 2 usw., erfolgt eine Läuferdrehung in entgegengesetzter Richtung.

Aufbau

Beim Schrittmotor in **Bild 2** hat der Ständer 8 Wicklungen, die, jeweils gegenüberliegend erregt, 4 Phasen ergeben. Die Polschuhe sind wie der Läufer gezahnt. Der Läufer hat 50 Zähne am Umfang. Die Zahnung der Polschuhe ist von Polschuh zu Polschuh um 7,2° verdreht. Erregt man die Polschuhe durch schrittweise Ansteuerung der Wicklungen nacheinander, so dreht der Motor in 7,2°-Schritten bzw. mit 50 Schritte je Umdrehung. Durch die Zweiteilung der Polschuhe mit einem Versatz der Zähne um eine Zahnbreite (3,6°) erhält man eine Verdoppelung der Schrittzahl. Bei zusätzlicher Anwendung der Doppelerregung (Halbschrittverfahren) erhält man 200 Schritte je Umdrehung.

Betriebseigenschaften

Bei kleinen Drehzahlen (bis etwa 20 Schritte/Sekunde) erfolgt die Drehbewegung merklich schrittweise. Wegen der Schwungmasse des Läufers wird die Drehbewegung mit zunehmender Schrittfrequenz immer gleichförmiger. Schrittmotoren ermöglichen Schrittfrequenzen bis 40 000 Schritte je Sekunde. Bei dieser schnellen Schrittfolge kann der Schrittmotor wegen seiner Schwungmasse nicht mehr von einem Schritt zum nächsten abgestoppt werden, ohne dass Schritte verloren gehen. Auch ein Start ist mit einer hohen Frequenz nicht möglich. Die maximale Start/Stoppfrequenz liegt bei ca. 2 000 Schritte/Sekunde.

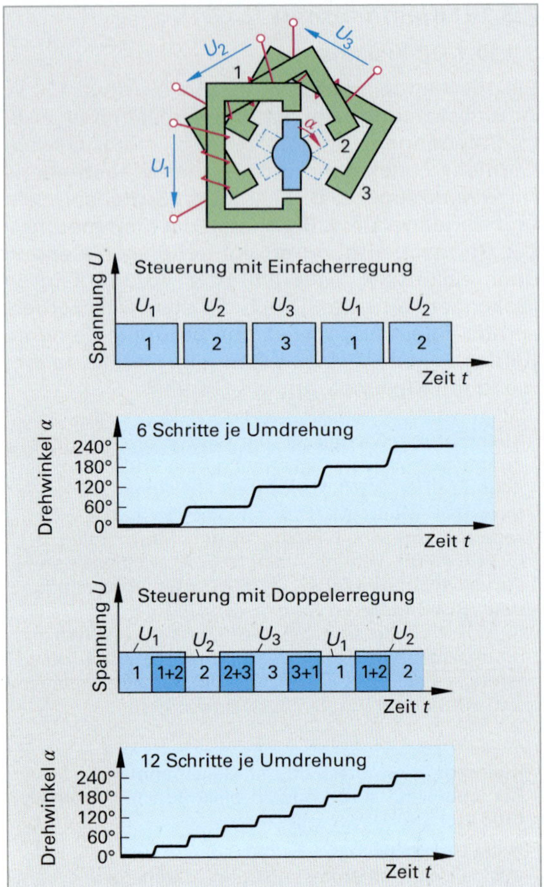

Bild 1: Prinzip des elektrischen Schrittmotors

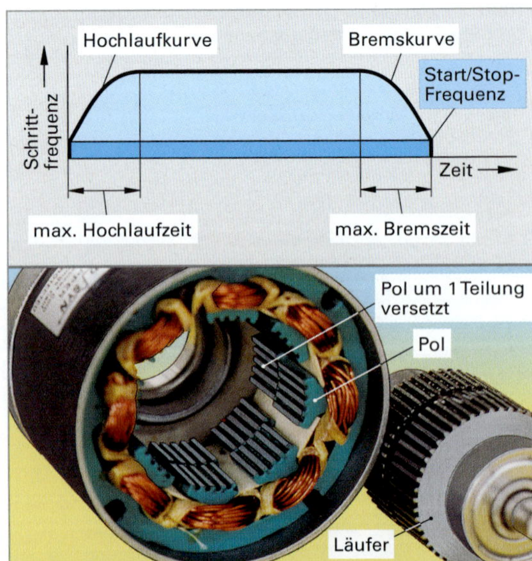

Bild 2: Elektrischer Schrittmotor

2.4 Mechatronische Aktoren

2.4.1 Piezoaktoren

Piezoaktoren basieren auf dem Piezoeffekt[1]. Bei Quarzkristallen und speziellen polykristallinen Keramiken, z. B. PZT (Blei-Zirkonat-Titanat), beobachtet man eine Kristallverformung *S*, wenn ein elektrisches Feld wirkt *E* **(Bild 1)**.

Man unterscheidet, abhängig von der Feldrichtung (Polarisationsrichtung) und der Kristallorientierung Verformungen nach dem *Longitudinaleffekt*, dem *Transversaleffekt* und dem *Schereffekt* **(Bild 2)**. Die Verformungen sind umso stärker, je höher die elektrische Feldstärke bzw. angelegte Spannung ist und je größer die Kristallabmessungen sind. Für starke Wirkungen setzt man mehrere Aktoren als Stapel zusammen.

Die **Längung** Δl ist beim Longitudinaleffekt proportional zur Basislänge l_0, zur Feldstärke *E* und zum Deformationskoeffizient d_{33} (in Längsrichtung) sowie zur Anzahl der Scheiben *n*.

Für *eine* Scheibe gilt **(Bild 3)**:

$\Delta l = l_0 \cdot E \cdot d_{33}$ mit $E = \frac{U}{l_0}$

Für *n* Scheiben:

$\Delta l = n \cdot l_0 \cdot E \cdot d_{33}$

Beispiel für Längung:

Stapelhöhe 100 mm

Anzahl der Scheiben: $n = 100 \rightarrow l_0 = 1$ mm

Spannung: $U = 1000\,\text{V} \rightarrow E = 1000\,\frac{\text{V}}{\text{mm}}$

Deformationskoeffizient (längs):

$d_{33} = 0{,}7 \cdot 10^{-6}\,\frac{\text{mm}}{\text{V}}$

$\Delta l = 100 \cdot 1\,\text{mm} \cdot 1000\,\frac{\text{V}}{\text{mm}} \cdot 700 \cdot 10^{-9}\,\frac{\text{mm}}{\text{V}} = 70\,\mu\text{m}.$

Die **Stellkraft** *F* wird maximal, wenn die gesamte Längung durch die elastische Verformung mit der Federsteifigkeit c in eine Kraft umgesetzt wird: $\Delta l = 0$ **(Bild 3, links)**. Der Elastizitätsmodul (E-Modul) beträgt etwa 25 % im Vergleich zu Stahl.

$F_{max} = \Delta l \cdot c$ — *c* Federsteifigkeit

$c = (E\text{-}Modul) \cdot \frac{A}{n \cdot l_0}$ — A Querschnittsfläche

Beispiel für Kraft:

$\Delta l = 70\,\mu\text{m}$, $E\text{-}Modul = 50\,\text{kN/mm}^2 \rightarrow$

Steifigkeit: $c = 50\,\frac{\text{kN}}{\text{mm}^2} \cdot \frac{100\,\text{mm}^2}{100\,\text{mm}}$

$F_{max} = 70\,\mu\text{m} \cdot 50\,\frac{\text{kN}}{\text{mm}} = 3{,}5\,\text{kN}.$

Die Längung des Piezo-Aktors durch das elektrische Feld ist hysteresebehaftet und nichtlinear **(Bild 3, rechts)**.

[1] von griech. piezein = drücken

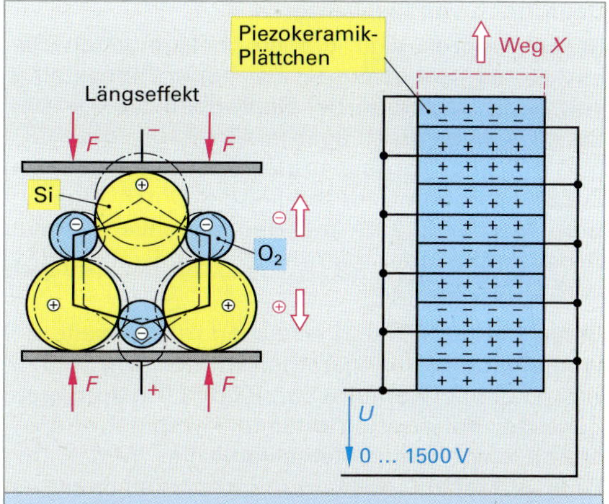

Bild 1: Prinzip und Aufbau eines Piezo-Stapelaktors

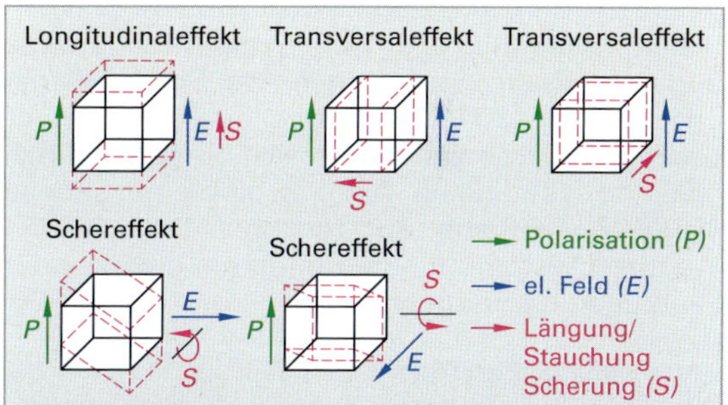

Bild 2: Die Piezoeffekte

Längung:

$\Delta l = l_0 \cdot d_l \cdot E$

$E_{max} \approx 2$ kV/mm
$d_l = 0{,}25 \cdot 10^{-6}$ mm/V bis $0{,}7 \cdot 10^{-6}$ mm/V
$d_q \approx 1/3\, d_l$
$\Delta D = D_0 \cdot d_q \cdot E$

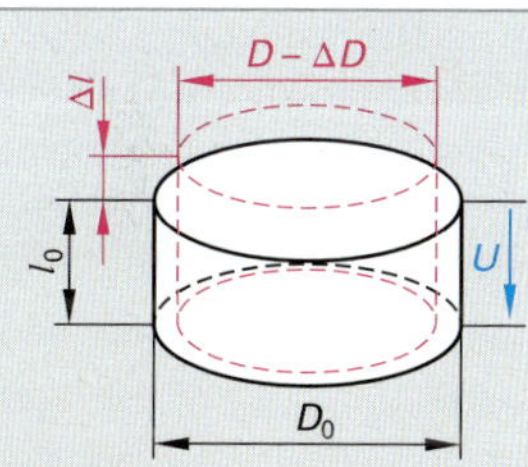

E Feldstärke U/l_0
d_l Deformationskoeffizient (längs)
d_q Deformationskoeffizient (quer)

Bild 3: Longitudinaleffekt

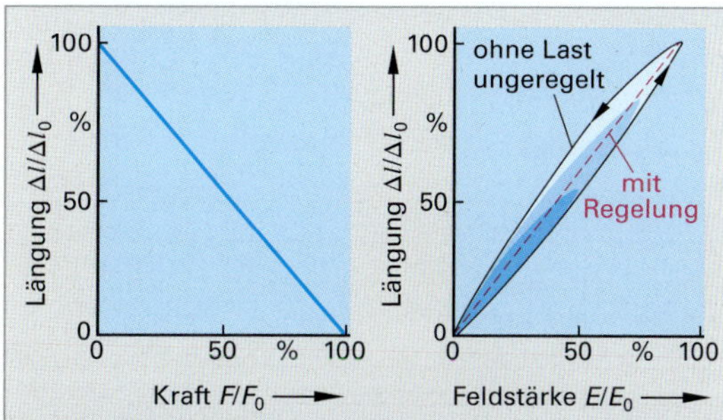

Bild 4: Kennlinien

Bauformen von Piezoaktoren

Stapel-Aktoren sind die am bekanntesten Piezo-Aktoren. Sie erzeugen bei hoher Eigensteifigkeit hohe Stellkräfte bei Stellhüben bis 0,5 mm. Sie sind meist durch ein Metallgehäuse geschützt und mit einer vorgespannten Feder versehen um Zugbelastungen auszuschließen. Durch eine äußere Mechanik, z. B. mit Hebelgelenken können Arbeitskräfte oder Aktorarbeitsbereiche **(Bild 1)** vergrößert werden.

Biege-Aktoren (Bild 2) erreichen relativ weite Bewegungsräume bei geringen Kräften. Sie sind *bimorph* d. h. in Kombination PZT/PZT in entgegengesetzter Polarisation oder in Kombination PZT/Metall aufgebaut. unterschiedlichen (Metall und PZT) aufgebaut oder *multimorph* mit weiteren Schichten. Durch die Längung des PZT verbiegen sich die Streifen.

Scheraktoren (Bild 3) erreichen relativ lange Wege und hohe Kräfte. Stapelt man zwei Scher-Aktoren über Kreuz, dann erhält man einen X/Y-Kreuztisch im Mikrometerstellbereich. Ergänzt durch einen longitudinalen Aktor ergibt eine serielle 3D-X/Y/Z-Kinematik. Zur Hysterese-Freiheit sind Wegmesssysteme zu integrieren mit ergänzender Lageregelung zu integrieren.

Anwendungen bei Druckern

Zur Tröpfchenbildung bei Tintenstrahldruckern und bei 3D-Druckern werden Piezoaktoren in unterschiedlichen Ausführungen genutzt:

- als Biegeelement,
- als Kontraktions-Röhrchen,
- als lineares Druckelement oder
- als Scherelement **(Bild 4)**.

Zum Ansaugen der Druckflüssigkeit wird der jeweilige Piezo-Aktor an eine umgepolte Spannung gelegt.

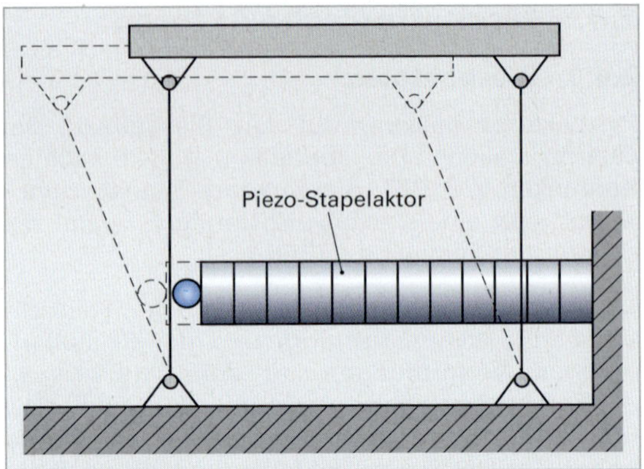

Bild 1: Stapelaktor mit Hebelübersetzung

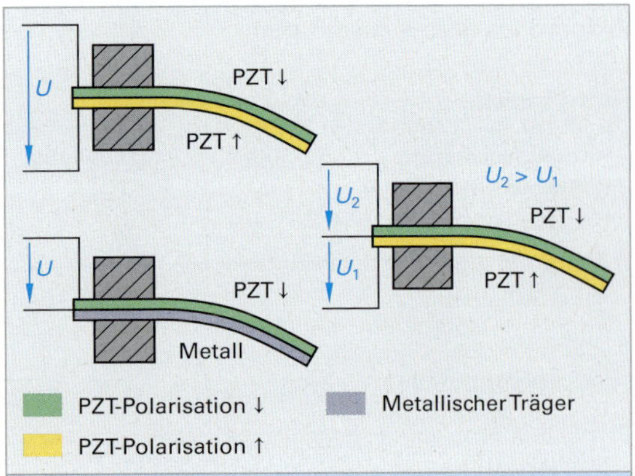

Bild 2: Biegeaktoren

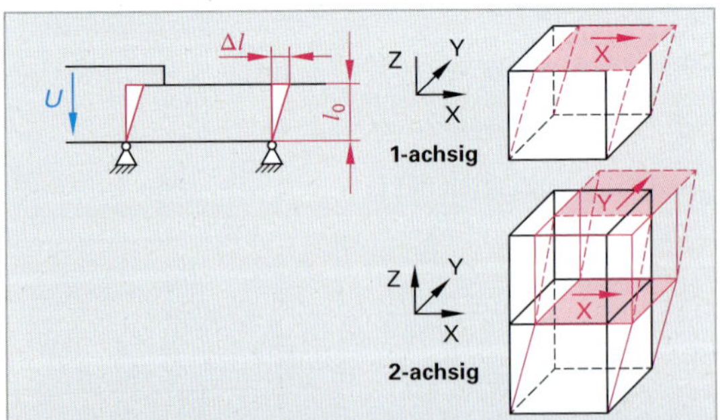

Scher-Aktoren (Beispiele*)			
	Abmessungen in mm	max. Hub in µm	max. Last in N
1-achsig	16 × 16 × 12	10	300
2-achsig	16 × 16 × 23	10 × 10	100

* Physik Instrumente (PI) GmbH & Co. KG

Bild 3: Scheraktor

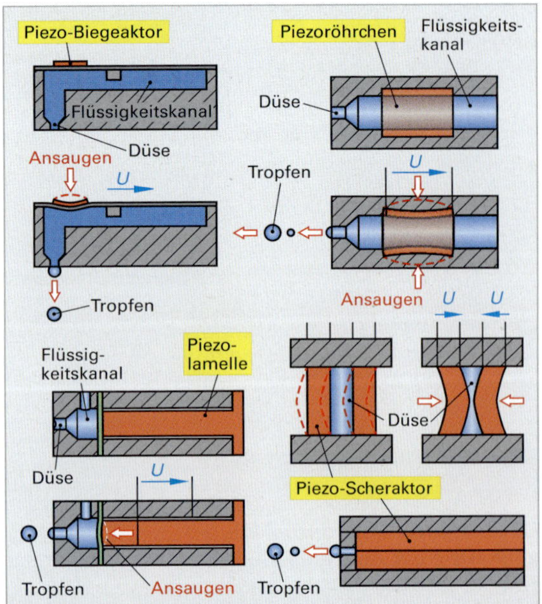

Bild 4: Piezoaktoren in Druckköpfen

Piezo-Motoren

Piezo-Motoren gibt es als Linearmotoren und als Rotationsmotoren. Man kann sie für relativ große Arbeitsbereiche zur Positionierung verwenden, meist in Verbindung mit einer Positionsmessung und Lageregelung.

Man unterscheidet Ultraschall-Piezomotoren und schreitende Motoren (Walker).

Beim **schreitenden Linearmotor (Bild 1)** bewegen im Wechsel jeweils zwei Beine mit Schuhen beidseitig einer Schiene durch Reibkraft diese vorwärts. Die Vorwärtsbewegung verwendet man den Piezo-Schereffekt und für den Beinhub und das Klemmen der Schiene den Piezo-Longitudinaleffekt. Der Ablauf geschieht taktweise in schneller Folge. Die Rückstellung erfolgt durch Umpolen der Piezospannung. Auf Aktivphasen folgen im Wechsel Passivphasen. Die Wegauflösung liegt im Subnanobereich, die Verfahrlänge ist unbegrenzt. Die Verfahrgeschwindigkeit beträgt bis etwa 300 µm/s. Die Vorschubkräfte und die Haltekräfte liegen über 100 N. Im Ruhezustand ist der Antrieb selbsthemmend[1]. Für einen **rotatorischen Antrieb** setzt man die Schreitwerke an eine kreisrunde Scheibe.

Beim **Ultraschall-Linearmotor**[2] **(Bild 2)** wird eine piezoelektrische Platte mit einem Stoßdorn zu einer *unsymmetrischen* mechanischen Stehwelle mit über 100 kHz angeregt (Dauerschwingung bei der Resonanzfrequenz, **Bild 3**). Dabei erzeugt die Schwingbewegung des Stoßdorns neben einer Anpresskraftkomponente auch eine reibungsbedingte Vorschubkraft an der Vorschubstange. Beim Rückhub ist keine Reibung vorhanden, so dass sich die Vorschubstange stoßweise in kleinsten Hüben vorwärts bewegt. Durch Umschalten des Oszillators auf die andere Elektrode erhält die unsymmetrische stehende Welle die spiegelbildliche Form und die Vorschubbewegung kehrt sich um.

Technische Daten für Ultraschallmotoren sind z. B.: Haltekraft bis 15 N, Haltemomente bis 0,3 Nm, Geschwindigkeit bis 500 mm/s, Positionierauflösung bis 2 nm. Auflösung des Wegmesssystems 1 nm[3].

Einen **rotatorischen Ultraschall-Antrieb** erhält man wenn die Vorschubstange durch eine kreisrunde Scheibe oder einen kreisrunden Ring ersetzt wird.

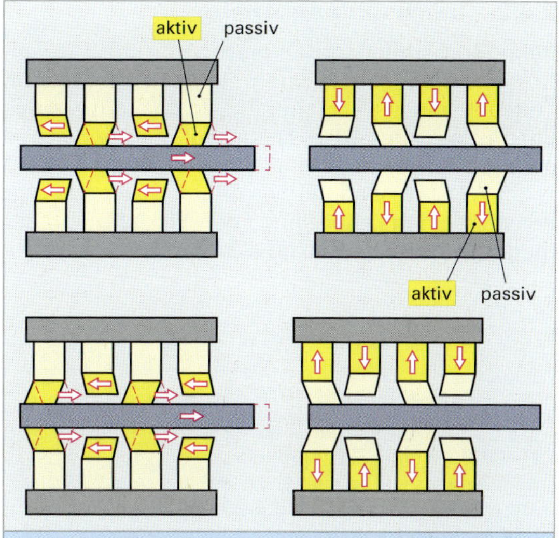

Bild 1: Prinzip eines Schreitmotors mit Hub-Scher-Elementen

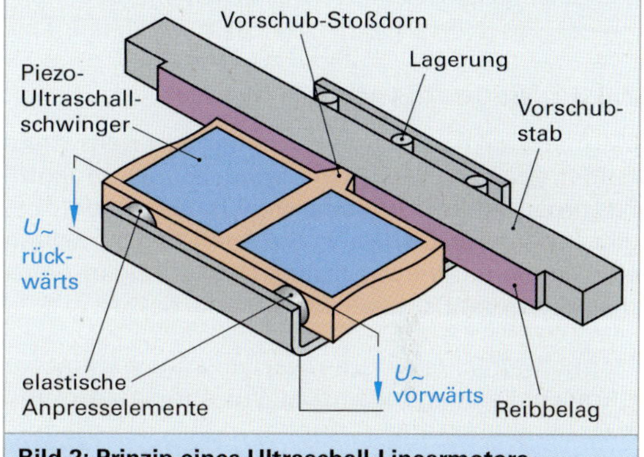

Bild 2: Prinzip eines Ultraschall-Linearmotors

[1] vgl. Motortype PiezoWalk® Schreitantriebe (PI)

[2] vgl. Patent EP 1 747 594 B1

[3] vgl. Mototype PILine® Ultraschall-Piezomotor (PI), Physik Instrumente GmbH & Co. KG, Karlsruhe

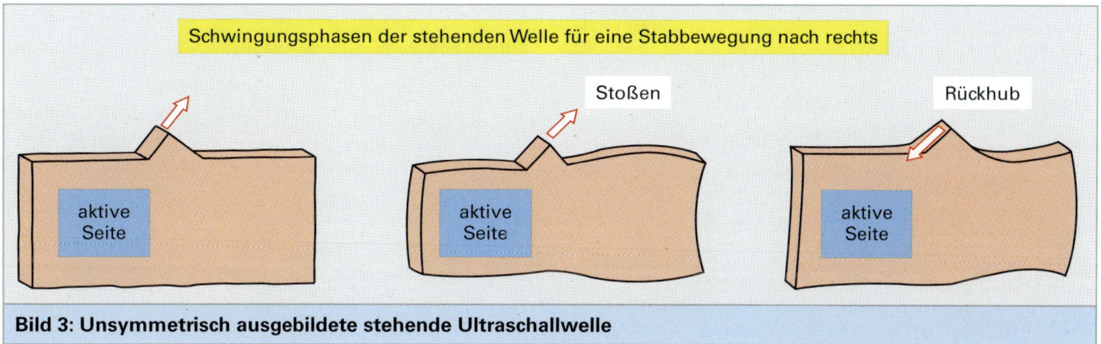

Bild 3: Unsymmetrisch ausgebildete stehende Ultraschallwelle

2.4.2 Tauchspulenantriebe

Beim Tauchspulenantrieb taucht eine stromdurchflossene Spule, auf leichtem Spulenkörper, in den Luftspalt eines Permanentmagneten oder eines Elektromagneten **(Bild 1)** ein. Auf die Windungen einer Spule in einem Magnetfeld wirkt die Lorentzkraft *F*. Diese ist abhängig von der Stromstärke I, der wirksamen Leiterlänge *l* der Wicklung und der magnetischen Flussdichte *B* im Luftspalt.

Lorentzkraft:

$$F = I \cdot l \cdot B$$

Die Doppel-Anordnung in **Bild 2** wird meist im *Push-Pull-Betrieb* eingesetzt, d. h. die beiden Spulen wirken gegeneinander. Die eine zieht, die andere schiebt. In Mittelstellung ist die resultierende Kraft gleich Null und sie nimmt nahezu linear mit dem Weg *x* zu. Der Tauchspulenantrieb ist hochdynamisch, da seine Masse relativ gering ist. Man verwendet Tauchspulenantriebe z. B. bei optischen Geräten zur schnellen Verschlusssteuerung oder Spiegelverstellung, meist in Verbindung mit einer Positionsregelung.

2.3.3 Magnetostriktive Aktoren

Magnetostriktive Aktoren beruhen auf dem *magnetostriktiven*[2] *Effekt*, auch *Joule-Effekt* genannt. Ferromagnetische Werkstoffe, insbesondere Legierungen von Eisen mit seltenen Erden, zeigen eine Längenänderung unter dem Einfluss eines magnetischen Feldes.

Magnetostriktive Aktoren werden angewendet zur Ultraschallerzeugung und zur Vibrationsdämpfung z. B. bei Werkzeugmaschinen, indem der magnetostriktive Aktor im Gegentakt zur vorhandenen Vibrationsschwingung bewegt wird.

Magnetostriktive Aktoren werden als zylindrische Stäbe oder als Rohre meist mit Längen von 10 mm bis 100 mm und Durchmessern von 4 mm bis 50 mm hergestellt. Der Werkstoff ist *Terfenol* (TbDyFe). Bei einer Stablänge von 100 mm beträgt die Längung 0,25 mm. Die erforderliche magnetische Feldstärke ist hierfür 2000 kA/m **(Bild 3)**.

Für große Hubbewegungen verwendet man Terfenolhülsen bzw. Terfenolrohre in Verbindung mit zwei Klemmeinrichtungen als *Wurm-Motor* **(Bild 4)**. Die Terfenolhülse wird im Wechsel links geklemmt, magnetisiert (gedehnt), rechts geklemmt, entmagnetisiert, links geklemmt, magnetisiert usw. Auf diese Weise bewegt sich die Hülse schrittweise von links nach rechts.

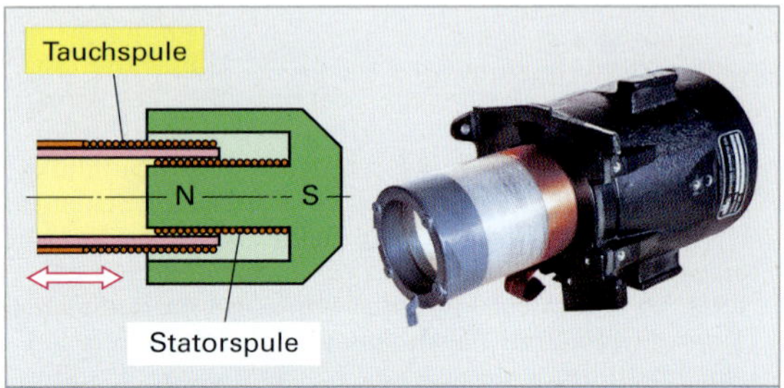

Bild 1: Großer Tauchspulenaktor

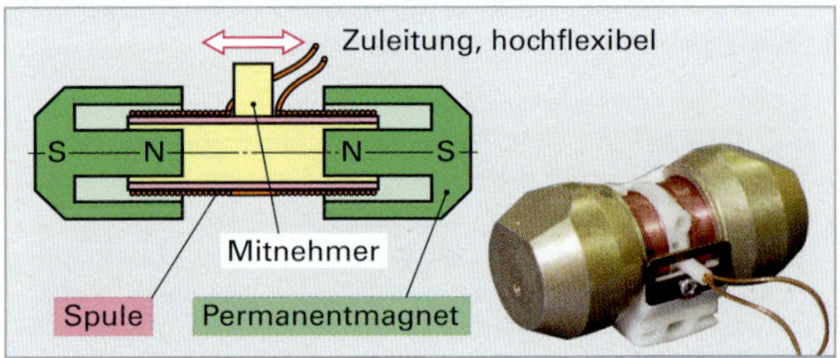

Bild 2: Tauchspulen-Tandemantrieb

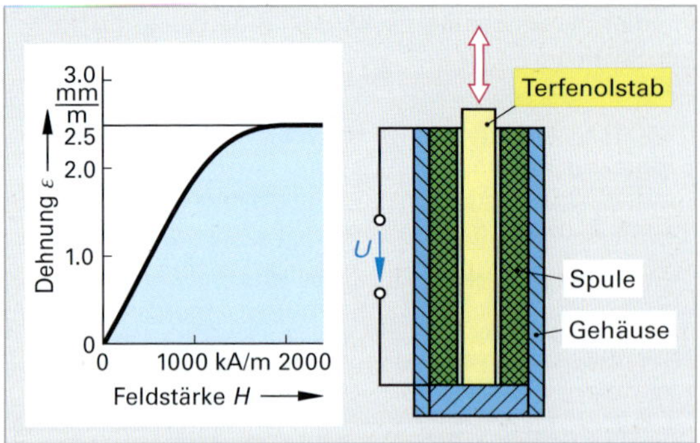

Bild 3: Magnetostriktiver Aktor

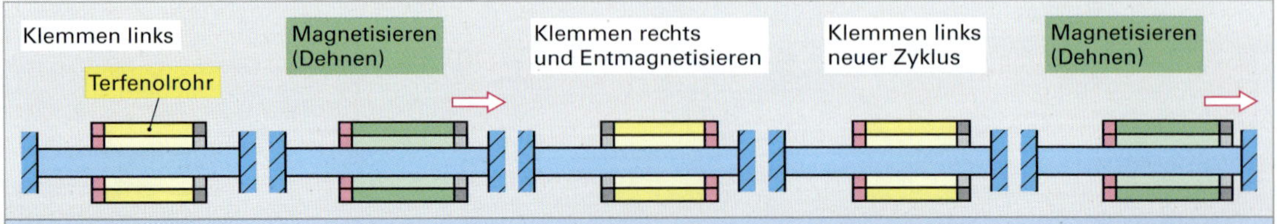

Bild 4: Wurmmotor

2.4.4 Kapazitive Mikroaktoren

Das physikalische Prinzip beruht auf der Anziehungskraft ungleicher elektronischer Ladungen, bekannt als *Coulombsches*[1] *Gesetz*.

Bei Punktladungen ist die Kraft *F* proportional zur Ladung *Q* und umgekehrt proportional zum Quadrat des Abstands *d*. Die Ladung eines Kondensators ist proportional der Spannung und der Kondensatorplattenfläche. Bekannt für die Nutzung elektrostatischer Kräfte und Antriebe sind die Elektrometer aus der der Frühzeit der Elektrotechnik **(Bild 1)**.

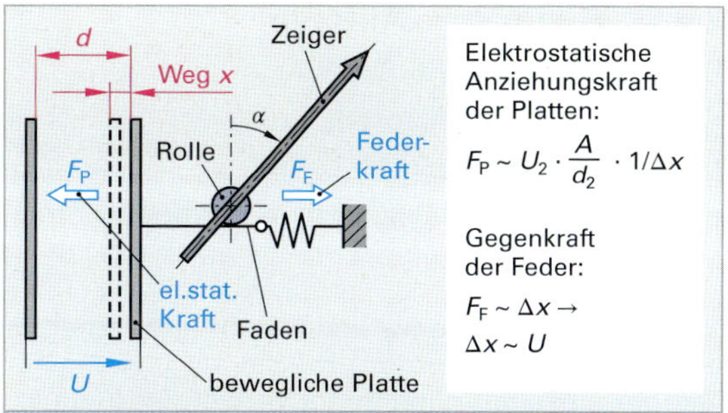

Bild 1: Elektrostatische Kraft beim Elektrometer (Prinzip)

Bei den elektrostatischen Aktoren wird durch die Mikrotechnologie MEMS[2] die Kondensatorplattenfläche mittels vieler Kondensatorelemente erhöht und gleichzeitig werden zur Erzielung relativ großer Kräfte die Plattenabstände klein gehalten. Man unterscheidet die *serielle Kaskadierung* zur Erweiterung des Bewegungsbereichs und die *parallele Kaskadierung* zur Erhöhung der Kraft. Derartige Mikrostruktursysteme können nach außen Kräfte im makroskopischen Bereich erzeugen.

Die Aktorkraft arbeitet meist gegen eine Blattfeder, welche ebenfalls in Mikrotechnologie hergestellt wird. Die Erweiterung des Arbeitsbereichs geschieht z. B. mit mechanischen Hebelübersetzungen. Im statischen Betrieb ist keine Energiezufuhr erforderlich. Die Spannungen im Mikroaktor sind aufgrund der geringen Abstände relativ klein.

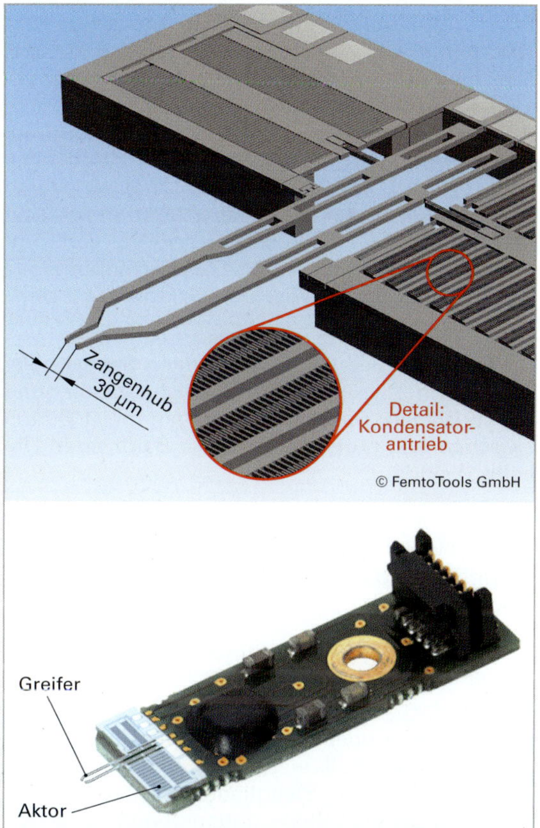

Bild 2: Nanogreifer

Der **Mikrogreifer (Bild 2)** hat eine 3 mm lange Greifzange mit einer Zangenweite von nur 30 µm. Der Zangenantrieb erfolgt kaskadiert elektrostatisch durch elektrisches Laden, von in Reihe geschalteten Kondensator-Elementen. Der Herstellungsprozess für den Greifer mit dem integriertem Kondensator-Antrieb (Bild 2, oben) ähnelt dem Herstellungsverfahren von Chips auf einem Wafer.

Das **Digital Micromirror Device (DMD, Bild 3)** ist ein flächiger Lichtmodulator, z. B. in der Verwendung bei DLP[3]-Projektoren (Beamer) und bei 3D-Druckern. Es besteht aus einem Chip mit matrixförmig angeordneten Mikrospiegel-Aktoren, z. B. mit 4096 x 1920 = 7 864 320 Spiegeln. Die Spiegel können in schneller Folge, elektrostatisch angetrieben, einzeln gekippt werden. Die maximale Schaltfrequenz beträgt etwa 5 kHz.

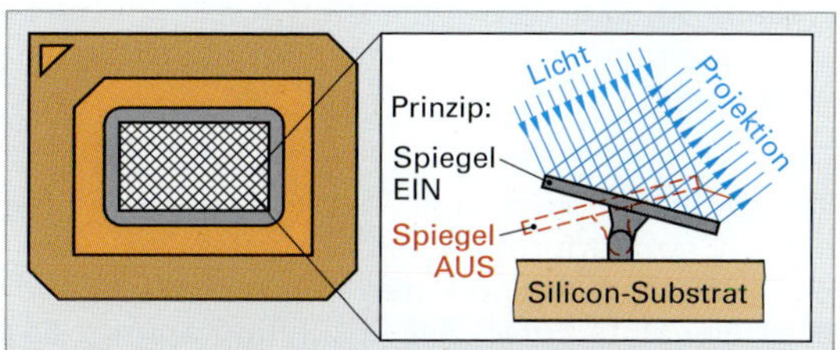

Bild 3: Digital Micromirror Device

[1] Das coulombsche Gesetz ist benannt nach seinem Entdecker *Charles Augustin de Coulomb*, franz. Physiker, 1736 bis 1806

[2] MEMS von Micro Electro Mechanical System, vgl. Seite 279

[3] DLP™, Digital Light Processing, eingetragene Marke von Texas Instruments

2.4.5 Thermische Aktoren

Die wichtigsten thermischen Aktoren sind:

- Thermobimetall-Aktoren,
- Dehnstoff-Aktoren und
- Memory-Metall-Aktoren (mit Formgedächtnislegierungen).

Thermische Aktoren wandeln thermische Energie in mechanische Energie um. Sie sind häufig für Temperaturregelungen in der Verwendung, da sie sowohl Steller als auch Sensor sein können.

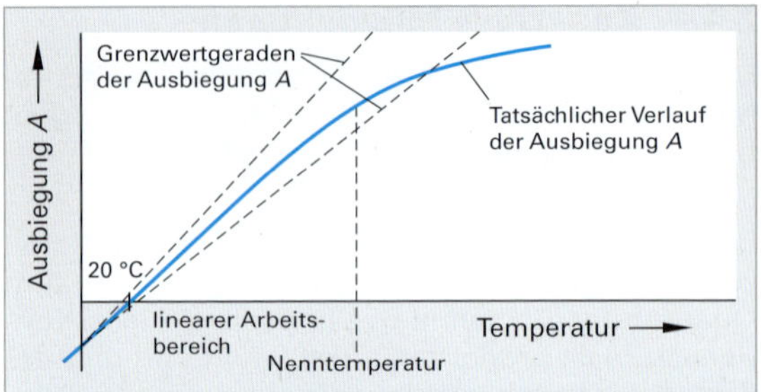

Bild 1: Ausbiegungskennlinie

2.4.5.1 Thermobimetall-Aktoren

Thermobimetalle bestehen aus zwei oder drei Schichten mit unterschiedlichen Wärmeausdehnungskoeffizienten. Sie werden meist durch Walzplattieren hergestellt. Durch Erwärmung, z. B. *direkt* durch einen elektrischen Strom, wie bei Motorschutzschaltern oder *indirekt* durch Wärmeleitung oder Wärmestrahlung, verursacht die unterschiedliche Ausdehnung eine Verkrümmung des Thermobimetalls. Die Thermobimetalle haben meist Dicken zwischen 0,08 mm bis 2 mm.

Die Thermobimetall-Aktoren können Schnappelemente sein oder eine kontinuierliche Ausbiegung haben **(Bild 1)**. Die Bimetalle haben meist Dicken zwischen 0,08 mm bis 2 mm. Die Bauformen **(Tabelle 1)** sind:

- Gerade oder U-förmige Streifen für nahezu geradlinige Bewegungen.
- Spiralen und Wendeln für Kreisbewegungen,
- Formstanzteile und Sprungelemente,
- Kreisförmige Scheiben für kleine geradlinige Bewegungen verbunden mit einer hohen Richtkraft.

Wegänderung oder Kraftwirkung am freien Ende des Thermobimetalls werden als Auslöseelemente (Sensoren) und als Stellglieder in Thermostaten, Schaltern sowie in Steuerungen und in Regelkreisen genutzt. Die Thermobimetallarten sind nach DIN 1715 bzw. nach ASTM Standard spezifiziert **(Tabelle 2)**. Die Werkstoffe sind meist Eisen-Nickel-Legierungen und Mangan-Kupfer-Nickel-Legierungen.

Thermobimetall-Sprungelemente erreichen bei einer Grenzverformung einen instabilen Spannungszustand und springen in eine entgegengesetzt gewölbte Form. Bei Abkühlung springt das Sprungelement mit deutlicher Hysterese in die Ausgangslage zurück.

Tabelle 1: Ausführungsarten von Thermobimetall-Aktoren

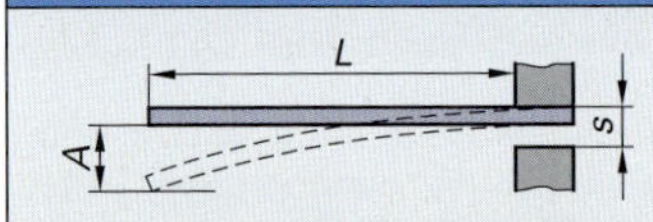	**Einseitig eingespannter Streifen** Ausbiegung: $A = \alpha \cdot \Delta T \cdot L^2/s$
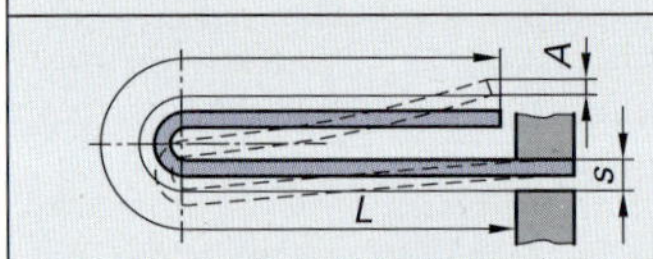	**U-förmiger Streifen** Ausbiegung: $A = \alpha \cdot \Delta T \cdot L^2/2s$
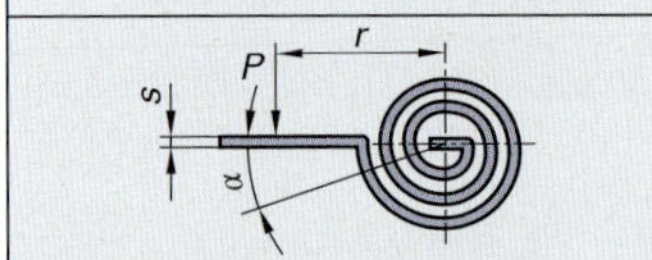	**Spirale** Drehwinkel α: $\alpha = \frac{360/\pi}{s} \cdot \alpha \cdot \Delta T \cdot L$
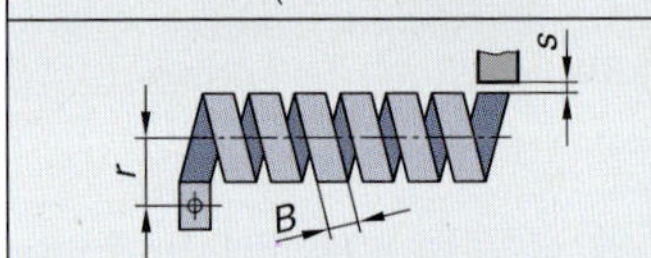	**Wendel** Drehwinkel α: $\alpha = \frac{360/\pi}{s} \cdot \alpha \cdot \Delta T \cdot L$
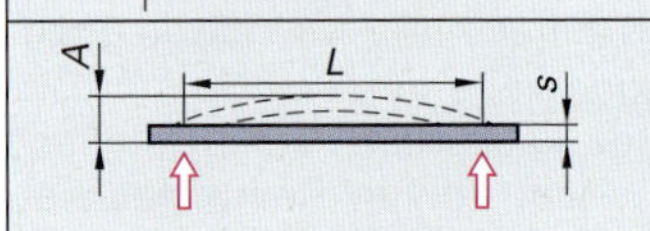	**Beidseitig gelagerter Streifen** Ausbiegung A: $A = \alpha \cdot \Delta T \cdot L^2/4s$
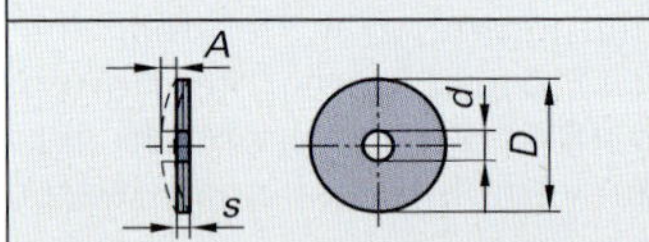	**Schnappscheibe** $A = \alpha \cdot \Delta T \cdot (D^2 - d^2)/5s$

A: Ausbiegung in mm, α: Drehwinkel in Grad, ΔT: Temperaturdifferenz in K, α: spez. thermische Ausbiegung in 10^{-6}/K, s: Dicke in mm, L: freibewegliche Länge in mm

Tabelle 2: Werkstoffkennwerte, Beispiele

Thermobimetall	spez. Ausbiegung A in 10^{-6}/K	Anwendungsbereich in °C	Temperatur-Grenze in °C	Widerstand µ in Ω/m
TB 20110	21,1	–70 bis +260	350	1,12
TB 1577	15,5	–70 bis +370	450	0,78
TB 1303	13,1	–70 bis +350	350	0,05
TB 1555	15	–70 bis +260	450	0,55

2.4.5.2 Dehnstoff-Aktoren

Ein Kolben in einem mit Dehnstoff gefüllten Behälter wird durch die thermische Volumendehnung des Dehnstoffes ausgetrieben. Die Rückstellung erfolgt durch Federkraft. Als Dehnstoffe kommen z. B. Wachse, Silikonöle oder Aceton in Frage. Üblich sind Dehnstoff-Aktoren bei Thermostatventilen an Heizkörpern **(Bild 1)**, bei Thermostat Brausearmarturen und Fensterhebern bei Kleingewächshäusern.

Zur sicheren Abdichtung von Dehnstoffbehälter und Kolben wird bei Heizkörperthermostatventilen der Kolben mittelbar über ein hermetisch abdichtendes Wellrohr betätigt (Bild 1). Kraftwirksam ist die Innen-Querschnittsfläche des Wellrohrs. Beim Fensterheber **(Bild 2)** nimmt mit zunehmender Außentemperatur Wachsvolumen im Rippenzylinder des Aktor zu und treibt den Kolben aus. Das Fenster wird automatisch geöffnet. Kraftwirksam ist bei den Kolbendehnstoff-Aktoren der Querschnitt der Kolbenstange.

2.4.5.3 Memory-Metall-Aktoren

Memory[1]-Metall-Aktoren nutzen den Memory-Effekt (Formgedächtnis-Effekt) der Formgedächtnislegierungen (FGL, engl. shape memory alloy, SMA). Es sind Metalllegierungen, die in unterschiedlichen Kristallstrukturen und dadurch mit unterschiedlichen Eigenschaften, z. B. mit unterschiedlichen E-Moduln existieren können. Der Formgedächtnis-Effekt ist bis etwa $20 \cdot 10^6$ Zyklen stabil.

Das Memory-Metall Cu-Zn-Al, ändert in einem sehr engen Temperaturbereich das Gefüge und damit Länge und Elastizität. Bei dem Memory-Metall-Aktor in **Bild 3** wechselt zwischen 70 °C und 90 °C das Martensitgefüge in ein Austenitgefüge (Bild 3, links). Die Memory-Metalle haben im Austenit-Zustand eine hohe Steifigkeit und im Martensit-Zustand eine hohe Nachgiebigkeit (Bild 3, rechts). Die Erwärmung erzielt man z. B. unmittelbar über einen elektrischen Gleich- oder Wechselstrom im Memory-Metall-Draht. Bei Erwärmung über 70 °C wird der Aktor um ca. 25 mm kürzer und erzeugt dabei eine Kraft von etwa 5 N. Sein Eigengewicht beträgt nur 10 g.

Mit diesen Aktorelementen kann man bei sehr kleinem Eigengewicht relativ hohe Kräfte erzeugen. Sie arbeiten allerdings relativ langsam (ca. 1 Hub/s). Anwendung finden diese Aktoren zum Antrieb von Stellklappen, Ventilen, Kupplungen und versuchsweise bei Robotergreifern.

[1] engl. memory = Gedächtnis. Memory-Metalle haben u. a. die Eigenschaft, auch nach einer plastischen Verformung in die Ursprungsform zurück zu kehren: sie können sich scheinbar an „früher erinnern".

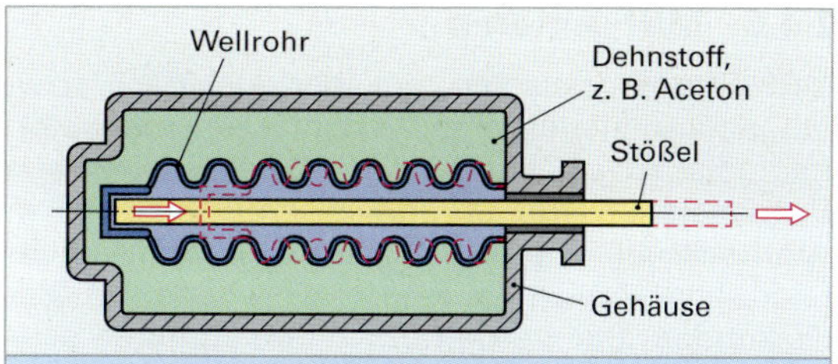

Bild 1: Dehnstoff-Aktor bei einem Heizkörperthermostat

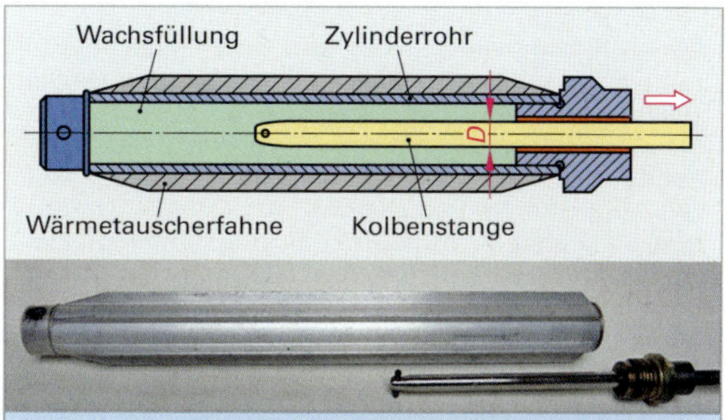

Bild 2: Dehnstoff-Aktor bei einem Fensterheber

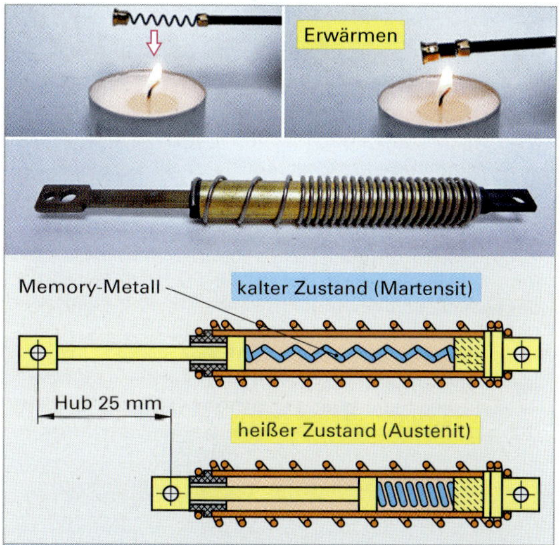

Bild 3: Memory-Metall-Aktor

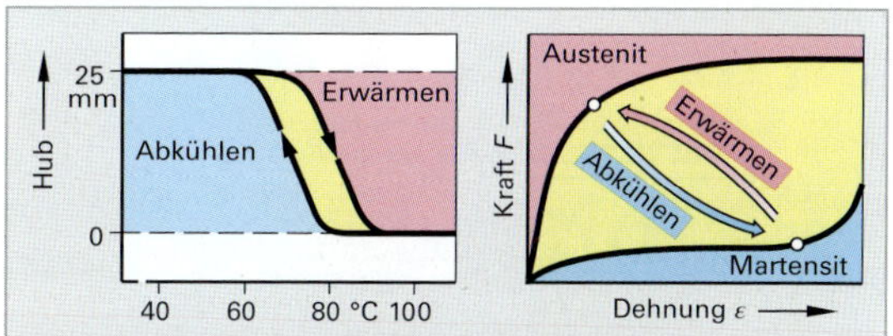

Bild 4: Weg-Temperatur-Kennlinie und Spannungs-Dehnungs-Diagramm

2.4.6 MRF-Aktoren

MRF-Aktoren basieren auf der elektrisch bzw. magnetisch steuerbaren Viskosität der *magnetorheologischen Flüssigkeit* MRF. Diese besteht aus Suspensionen von *Carbonyleisenpulver* (CIP) in synthetischen Ölen. Im Einfluss eines Magnetfelds, ändern sich die Fließeigenschaften in Millisekunden. Sie werden durch Verkettungen sehr zäh oder sogar fest. Damit können z. B. elektrisch steuerbare Kupplungen, Bremsen und Dämpfer relativ einfach realisiert werden **(Bild 1)**.

Die Schubspannung setzt sich aus einem New-ton'schen Anteil und einen feldinduzierten Anteil zusammen **(Bild 2)**. Der feldinduzierten Anteil nimmt nichtlinear, etwa quadratisch mit zunehmender magnetischer Feldstärke zu, geht dann aber in einen Grenzwert über. Bei Feldreduzierung ergibt sich durch Hysterese ein anderer Verlauf. Die Schergeschwindigkeit ist das Verhältnis zwischen dem Geschwindigkeitsunterschied du zweier benachbarter Flüssigkeitsschichten und deren Abstand d*y*. Zur Anwendung kommen das elektrisch bzw. magnetisch steuerbare *Fließverhalten, Scherverhalten und Quetschverhalten* **(Bild 3)**.

Das Fließverhalten wird durch Magneteinwirkung zäher, die Drosselwirkung an Engstellen stärker und so können Fließgeschwindigkeiten gesteuert werden, z. B. in Dämpfern. Das steuerbare Scherverhalten ermöglicht die Übertragung unterschiedlicher Kräfte, z. B. in der Anwendung bei Kupplungen und Bremsen.

Die höhere Zähigkeit bei Magneteinwirkung erschwert das Ausquetschen der MRF-Flüssigkeit aus einem Spalt und ermöglicht so, z. B. eine steuerbare Dämpfung bei Führungen.

Bei der **MRF-Kupplung** (Bild 1, oben) befindet sich die magnetorheologische Flüssigkeit im Spalt zwischen der abtriebsseitigen innenliegenden Trommel und der antriebsseitigen äußeren Trommel. Durch Magnetisierung verkettet sich das Carbonyleisenpulver (CIP) und stellt eine kraftschlüssige Verbindung her. Die Magnetisierungsspule befindet sich im Gehäuse und ist ortsfest. Konstruktionsvarianten sind scheibenförmige Ausprägungen der Kupplungshälften.

Eine **MFR-Bremse** (Bild 1, mitte) kann ähnlich aufgebaut werden wie die MFR-Kupplung.

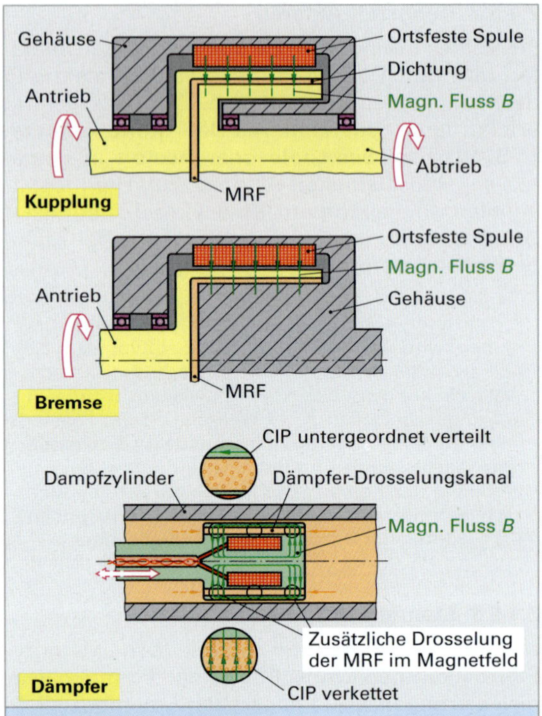

Bild 1: MRF-Anwendungen

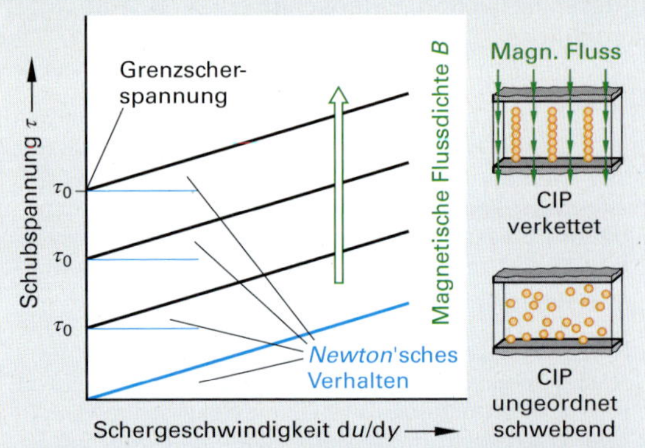

Bild 2: Schubspannung – Scherspannungs-Diagramm

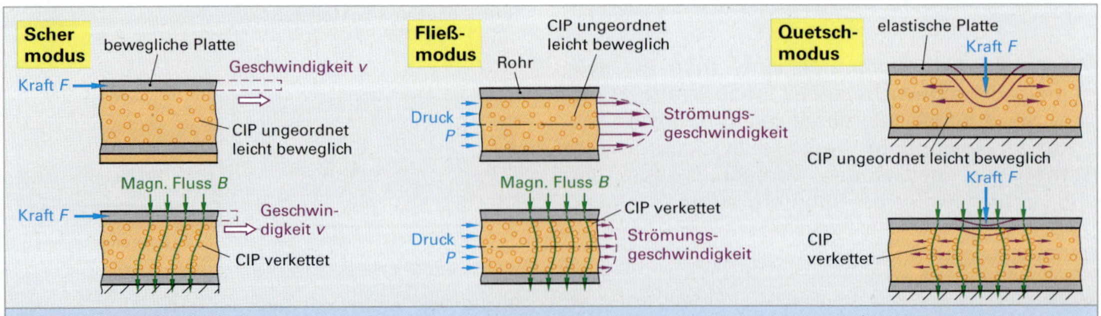

Bild 3: MRF-Effekte

Bei einem **MFR-Dämpfer** strömt bei Bewegung die Dämpferflüssigkeit, hier die MFR-Flüssigkeit, von einer Zylinderseite über Drosselkanäle im Kolben auf die andere Seite (Bild 1, vorhergehende Seite unten). Die Drosselwirkung kann durch Magnetisierung verstärkt werden.

2.5 CNC-Achsantriebssysteme

2.5.1 Struktur

CNC-Achsantriebssysteme sind Bewegungssysteme mit Lageregelung bei denen die Lagesollwerte als **Wegsollwerte** oder **Drehwinkelsollwerte** durch die numerische Steuerung (CNC) ermittelt werden, im Antrieb in eine Bewegung unter Kraftausübung umgesetzt werden, und schließlich den Arbeitsprozess in der Maschine bewirken **(Bild 1)**.

Sie bestehen allgemein aus einer Lageregelung mit **digitalem Lageregler**, mit einem elektrischen oder hydraulischen oder pneumatischen **Antrieb** mit zugehörigem Stellglied, mit einem **Wegmesssystem** bzw. **Winkelmesssystem** und aus **mechanischen Übertragungsgliedern (Bild 2)**.

2.5.2 Art der Wegmessung

Indirekte Wegmessung

Bei der meist angewandten indirekten Wegmessung bei konventionellen Antrieben werden die Verfahrwege der Linearachsen bzw. die Drehwinkel der Rotationsachsen nicht direkt über einen Linearmaßstab gemessen, sondern indirekt über den Drehwinkel einer Antriebswelle.

Das Wegmesssystem ist ein Drehwinkelsensor, welcher meist mit der Motorwelle verbunden ist **(Bild 3)** oder aber auf einem Wellenende der Vorschubspindel sitzt (Bild 3).

Die Vorteile der indirekten Wegmessung sind:

- Die kompakte Bauform von Antriebsmotor mit Drehwinkelsensor
- Einsatz der kostengünstigeren Drehwinkelsensoren anstelle linearer Wegmesssysteme
- einfache Montage, da die Drehwinkelgeber meist mit dem Motor vormontiert sind
- einfache Reglerjustage, da die dynamischen Eigenschaften der mechanischen Antriebselemente die Lageregelung nur unwesentlich beeinflussen.

Der Nachteil der *indirekten* Wegmessung ist, dass Fehler in den mechanischen Übertragungsgliedern sich ohne steuerungstechnische Kompensation voll als Bearbeitungsfehler der CNC-Maschine auswirken. Bei *Kompensation* verbleiben Restfehler. Werkzeugmaschien mit Direktantrieben haben Linearmaßstäbe.

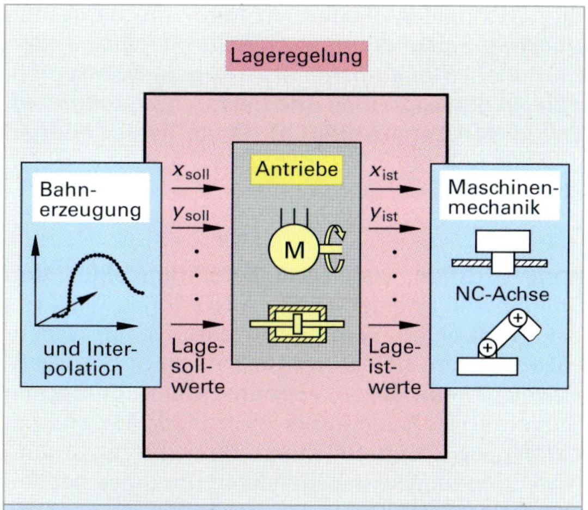

Bild 1: Bewegungserzeugung bei NC-Maschinen und Robotern

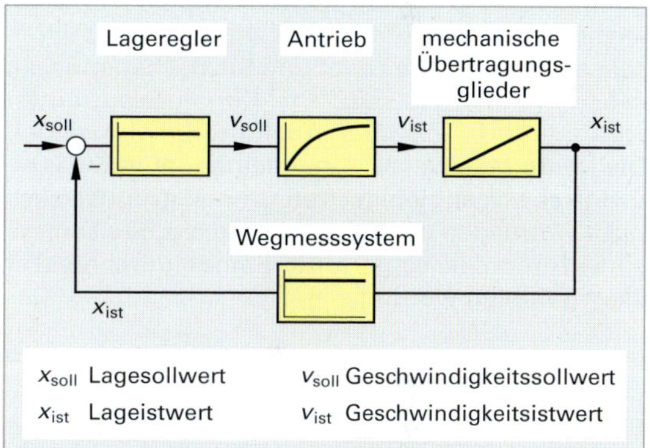

Bild 2: Übliche Lageregelkreiselstruktur

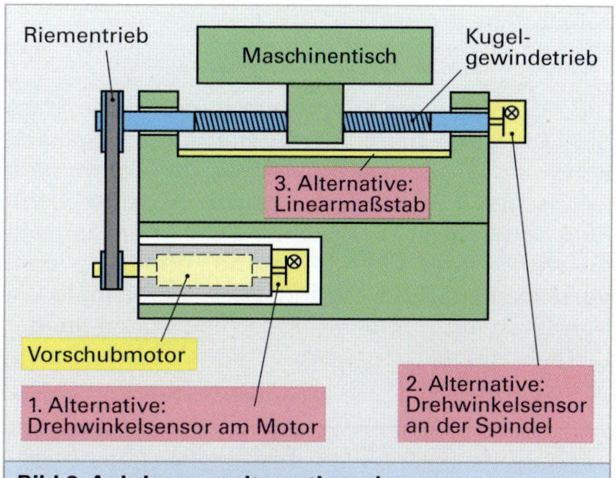

Bild 3: Anbringungsalternativen der Lagemess-Systeme

Die wichtigsten Fehler in den mechanischen Übertragungsgliedern sind *Teilungsfehler* in den Getrieben, *Steigungsfehler* im Kugelgewindetrieb, *Spiel* in den Getrieben und elastische *Nachgiebigkeit* in den Lagern **(Bild 1)**. Diese Fehler können bedingt und nur mit erheblichem Aufwand durch die CNC-Steuerung kompensiert werden.

Kompensation von Getriebeteilungsfehler und Spindelsteigungsfehler. Die CNC-Achse wird mit einem direkten Wegmesssystem, z. B. einem Laserinterferometer, vermessen und die Maßabweichungen (Bild 1) werden in der numerischen Steuerung als **Fehlerkurve** in Form von *Maschinendaten* gespeichert. Bei einem Bewegungsvorgang wird der gemessene Lageistwert um diese gespeicherten Maßabweichungen verändert.

Kompensation von Spiel und Elastizität. Bei CNC-Achsen müssen die mechanischen Übertragungsglieder grundsätzlich sehr spielarm konstruiert sein. Dies bedeutet, dass Zahnräder geschliffen sein sollten und alle Lager und Sitzflächen müssen sehr eng toleriert sein. Die Kugelumlaufmutter wird meist in *geteilter* Ausführung verwendet. Die Mutterteile werden gegeneinander verspannt. **Elastische Nachgiebigkeiten** können grundsätzlich nicht vermieden werden, aber durch große Dimensionierung der Lager und Spindeldurchmesser klein gehalten werden.

Spiel und *Elastizität* in den mechanischen Übertragungsgliedern wirken sich gleichartig aus. Der belastete Antrieb bleibt gegenüber der gewünschten Position um die Größe des Spiels bzw. um die Größe der elastischen Nachgiebigkeit zurück. Spiel und Elastizität stellen regelungstechnisch ein **Hystereseglied** dar **(Bild 2)**. Kenngröße ist die Umkehrspanne 2 Δx.

Die *Kompensation* erfolgt nun in der Weise, dass die Steuerung beim Vorwärtsfahren die Sollwerte um die Größe des Spiels bzw. der vermuteten elastischen Verformung vergrößert und beim Rückwärtsfahren verkleinert. Die Kompensation wird in der CNC-Steuerung, abhängig vom Vorzeichen der Geschwindigkeit, berechnet. Die Korrekturwerte sind als Maschinendaten in der CNC abgelegt.

Beim Fahren kleiner Kreise **(Bild 3)** wirkt sich ein Spiel bzw. eine elastische Nachgiebigkeit besonders deutlich aus. Kleine Kreise verformen sich zu Quadraten.

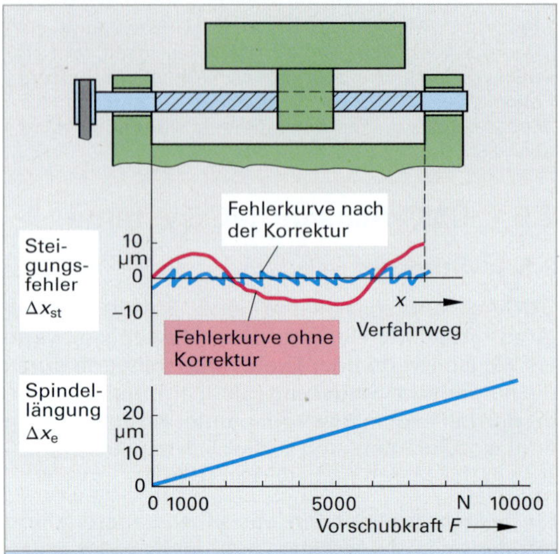

Bild 1: Einfluss von Steigungsfehler und Belastungskräfte

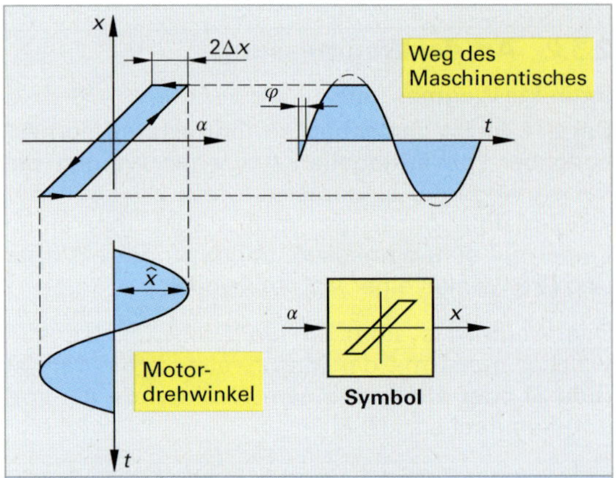

Bild 2: Wirkung von Spiel und Elastizität

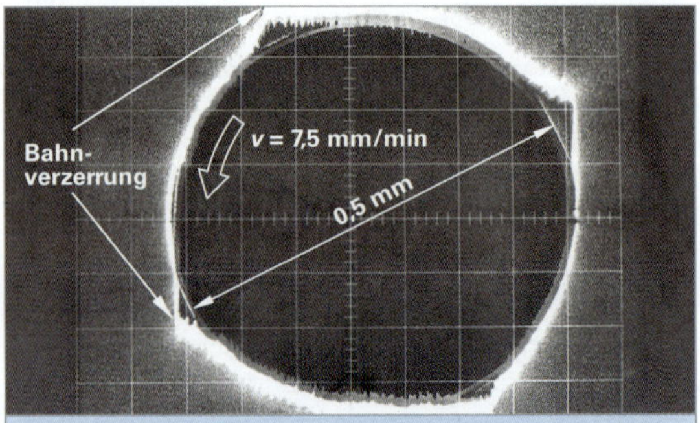

Bild 3: Wirkung von Spiel und Elastizität auf die Bahn beim Fahren eines kleinen Kreises

Die *Umkehrspanne* auf Grund von Spiel und Nachgiebigkeit verlängert den Positioniervorgang und verursacht beim Bahnfahren Fehler. Z. B. entstehen beim Fahren kleiner Kreise an den Umkehrpunkten starke Abweichungen von der *Kreisform*. Bei starker elastischer Nachgiebigkeit führt das mechanische Übertragungssystem *Eigenschwingungen* niederer Frequenz und erheblicher Amplitude aus. Diese Eigenschwingungen lassen nur kleine K_v-Werte in der Lageregelung zu.

Direkte Wegmessung

Die Wegmessung erfolgt hier direkt durch ein Messsystem für den Verfahrweg einer Linearachse bzw. für den Drehwinkel bei einer Rotationsachse **(Bild 1)**. Als Wegmesssystem verwendet man meist einen *Strichmaßstab* (Inkrementalgeber) oder ein *Linearinductosyn*, seltener ein Codelineal und ein *Interferometer* (siehe Abschnitt Sensoren). Für die direkte Winkelmessung kommen Strichscheiben, Rundinductosyne und Winkelcodierer zum Einsatz. Der Vorteil der direkten Wegmessung ist, dass Fehler der mechanischen Übertragungsglieder die Positioniergenauigkeit nicht beeinflussen. Die CNC-Achse erreicht immer die vorgegebene Position.

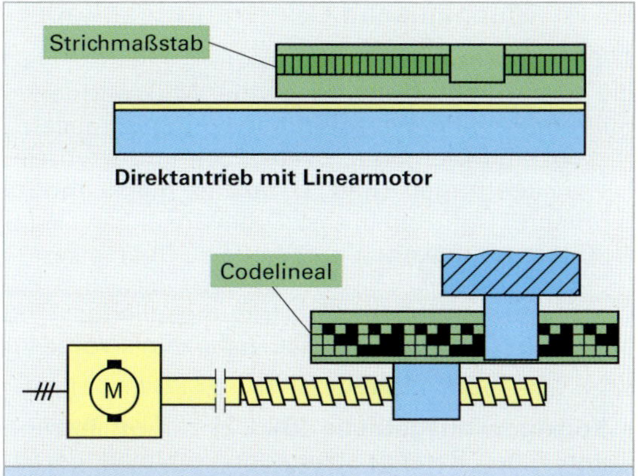

Bild 1: Direkte Wegmessung

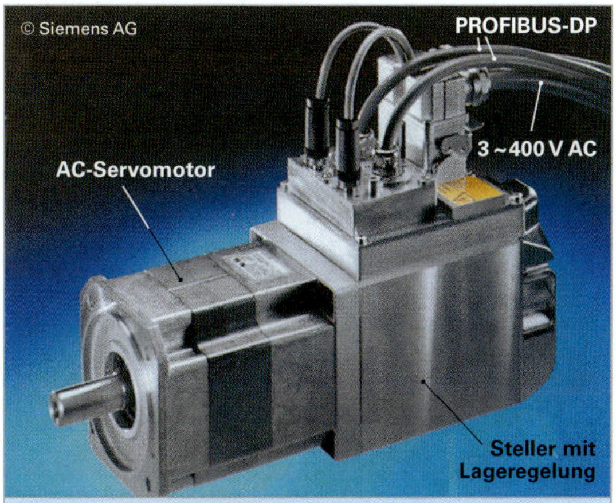

Bild 2: Kompaktantrieb

2.5.3 Antriebsarten

Die Antriebsmotorenm **(Tabelle 1)** sind meist **Drehstromsynchronmotoren**. Für das Positionieren in einer Einzelachse gibt es **Kompaktantriebe** mit integriertem Leistungsteil (Steller), Antriebsregelung, Motor und Lagemess-System **(Bild 2)**. In den Fällen, in denen sehr hohe Reaktionsschnelligkeit verlangt sind, verwendet man **Hydraulikantriebe** und zwar sowohl als Motoren wie auch als Zylinder mit Kolben. Beispiele hierfür sind Zusatzachsen von Robotern oder auch Achsantriebe bei Robotern für extrem große Lasten. Ferner werden Hubbewegungen an großen Tiefziehpressen hydraulisch gesteuert. **Pneumatische CNC-Achsen** kommen fast nur bei Positionieraufgaben, z. B. bei Montagevorgängen in Frage. Die Kompressibilität der Luft bereitet erhebliche Schwierigkeiten, wenn der Positioniervorgang schwingungsarm ablaufen muss.

Schrittmotorantriebe verwendet man nur selten, da man mit Schrittmotoren nur bei kleinen Zusatzträgheitsmassen eine befriedigend gute Reaktionsschnelligkeit erreicht. In Verbindung mit **hydraulischen Kraftverstärkern** werden jedoch Schrittmotore vorteilhaft eingesetzt.

Direktantriebe, wie z. B. elektrische Linearmotore, werden noch selten aber zunehmend verwendet.

Tabelle 1: Antriebe bei Werkzeugmaschinen

Anwendung	Motorart	Bemerkung
Vorschubantriebe (Servoantrieb)	Drehstromsynchronmotor (AV-Motor)	meist verwendet, zunehmend auch als Linearmotor
	Gleichstrommotor (DC-Motor)	konventioneller Antrieb
	Drehstromasynchronmotor (AC-Motor)	zunehmende Bedeutung auch als Linearmotor
Hauptantriebe	Drehstromasynchronmotor mit elektronischer Kommutierung	meist verwendet bei neueren Werkzeugmaschinen
	Gleichstrommotor (DC-Motor)	konventioneller Antrieb
	netzbetriebener ASM	bei einfachen Werkzeugmaschinen

2.5.4 Mechanische Übertragungsglieder

Mit den mechanischen Übertragungsgliedern wird die Motordrehbewegung in die Werkzeugbewegung oder in die Werkstückbewegung umgesetzt. Hierbei sind Momente, Drehzahlen und Drehwinkel zu übertragen **(Bild 1)** und in meist andere Momente, Drehzahlen und Drehwinkel bzw. Kräfte, Geschwindigkeiten und Wege zu übersetzen.

Diese mechanischen Übertragungsglieder sind allgemein *Getriebe*. Für CNC-Achsen als Vorschubachsen verwendet man meist:

- **Kugelgewindegetriebe (Bild 2)** zur Umsetzung von einer Rotationsbewegung in eine geradlinige Bewegung;
- **Untersetzungsgetriebe (Bild 3)** zur Drehmoment/Drehzahlanpassung, z. B. bei Roboterarmantrieben.
- **Zahnriemengetriebe** zur Umlenkung der Drehbewegung und zur Drehmoment/Drehzahlanpassung **(Bild 4)**.

> Die allgemeinen Forderungen an die mechanischen Übertragungsglieder sind:
> - Kein Spiel,
> - hohe Steifigkeit,
> - möglichst geringe Massen und Trägheitsmomente,
> - möglichst geringe Reibungskräfte.

Nur so erzielt man eine genaue, schwingungsarme, ruckfreie und gut regelbare Achsbewegung.

Bei dem Kugelgewindetrieb (Bild 2) ist im Unterschied zur normalen Gewindespindel nur Rollreibung vorhanden. Die Kraftübertragung wird dadurch sehr leichtgängig und durch die genau auf die Kugeln eingeschliffenen Gewindegänge erhält man eine spielarme Übertragung. *Spielfreiheit* erzielt man mit einer Doppelgewindemutter, deren beide Hälften gegeneinander verdreht und damit verspannt werden.

Als Untersetzungsgetriebe eignen sich besonders, aufgrund der kleinen Bauweise und hohen Steifigkeit, **Planetenradgetriebe, Cycloid-Getriebe und Harmonic-Drive-Getriebe.**

Beim Planetenradgetriebe (Bild 3) wälzen sich die Planetenräder auf dem antreibenden *Sonnenrad* ab und drehen ihre Achse dabei durch Eingriff in die Innenverzahnung um das Sonnenrad. Diese Achsdrehung ist gegenüber der Drehgeschwindigkeit des Sonnenrades stark untersetzt.

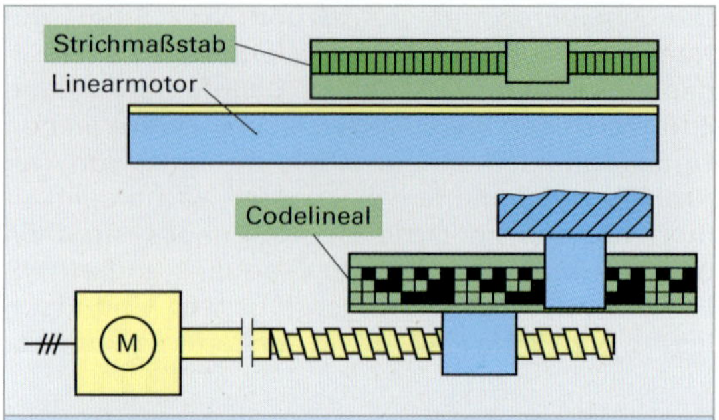

Bild 1: Mechanische Übertragungsglieder und ihre Ersatzbilder

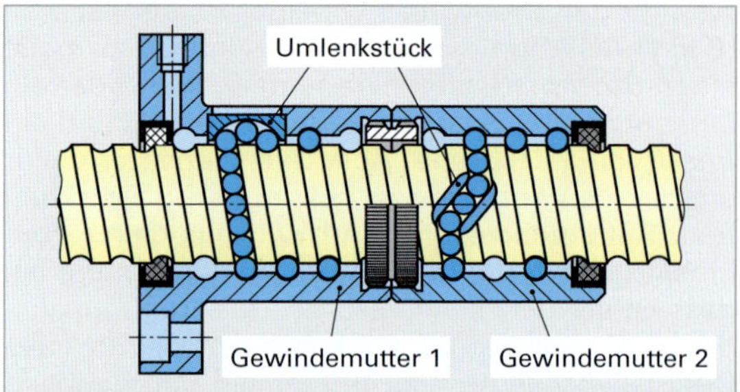

Bild 2: Kugelgewindetrieb

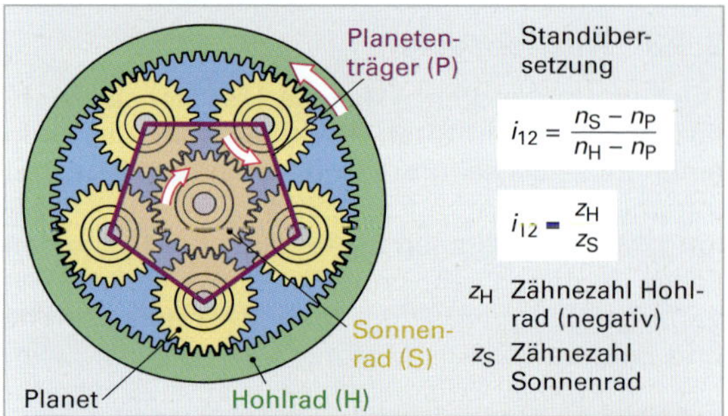

Antrieb/Abtrieb	P/S	S/P	H/P	P/H	S/H	H/S
Fixierung	H	H	S	S	P	P
Übersetzung i	$\frac{1}{1-i_{12}}$	$1-i_{12}$	$1-\frac{1}{i_{12}}$	$\frac{i_{12}}{i_{12}-1}$	i_{12}	$-\frac{1}{i_{12}}$

$z_{Hohlrad}$ ist eine negative Zähnezahl!

Bild 3: Planetenradgetriebe

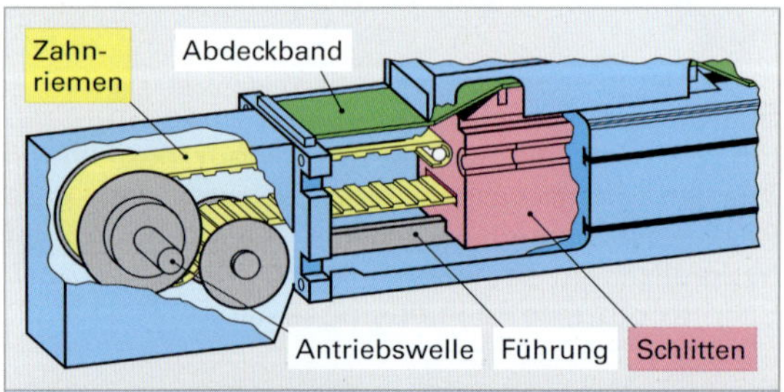

Bild 4: Zahnriementrieb

Beim **Cycloid-Getriebe (Bild 1)** wälzt sich die exzentrisch gelagerte, innere Wellenscheibe über eine Rollenunterstützung auf der Innenseite der äußeren Wellenscheibe ab.

Die innere Scheibe führt bei der Drehbewegung eine *zykloidische*[1] Pendelbewegung aus. Da die innere Scheibe einen geringeren wirksamen Kreisradius hat, entsteht eine Relativdrehzahl hoher Untersetzung zwischen i = 1 : 9 bis 1 : 71 bei *einstufigen* Getrieben.

Zweistufige Getriebe ermöglichen Übersetzungsverhältnisse von 1 : 9 × 9 bis 1 : 71 × 71.

Die Cycloidengetriebe zeichnen sich durch besonders hohe Belastbarkeit, Drehsteifigkeit, geringes Spiel und einem sehr hohen Wirkungsgrad (besser als 95 %) aus.

Das **Harmonic-Drive-Getriebe**[2] **(Bild 2)** arbeitet mit ähnlichem Prinzip wie das Cycloidengetriebe und besteht aus einer ovalen Antriebsscheibe, die, über Kugeln geführt, eine flexible außenverzahnte Hülse in einen innenverzahnten feststehenden Ring presst (Bild 2).

Durch die ovale Form der Antriebsscheibe berührt die flexible außenverzahnte Hülse den feststehenden innenverzahnten Ring nur an 2 gegenüberliegenden Punkten **(Bild 3)**.

Die Zähnezahl der außenverzahnten Hülse ist z. B. um 2 Zähne kleiner als die Zähnezahl des innenverzahnten Außenrings.

Beträgt die Zähnezahl der außenverzahnten Hülse z. B. 200 und die des innenverzahnten Außenrings 202, dann wird beim Abwälzen der Hülse auf dem Ring bei einer Umdrehung der ovalen Antriebsscheibe die Hülse um 2 Zähne, also um 1/100 einer Umdrehung, gedreht. Das Untersetzungsverhältnis beträgt also 1 : 100.

Harmonic-Drive-Getriebe sind sehr einfach aufgebaut, sind leicht, haben einen guten Wirkungsgrad (besser als 80 %), sind spielfrei und beanspruchen nur einen sehr kleinen Einbauraum.

Die **Zahnriemengetriebe (Bild 4**, vorhergehende Seite) zeichnen sich gegenüber Zahnradgetrieben durch besonders hohe Steifigkeit, Spielfreiheit, kleine Massenträgheitsmomente und konstruktive Einfachheit aus.

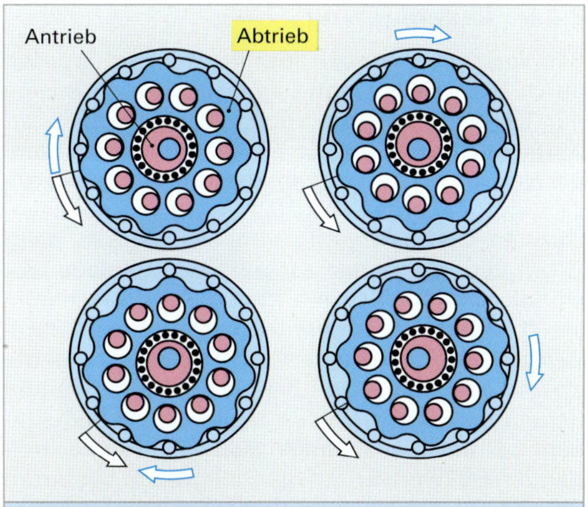

Bild 1: Cycloid-Getriebe

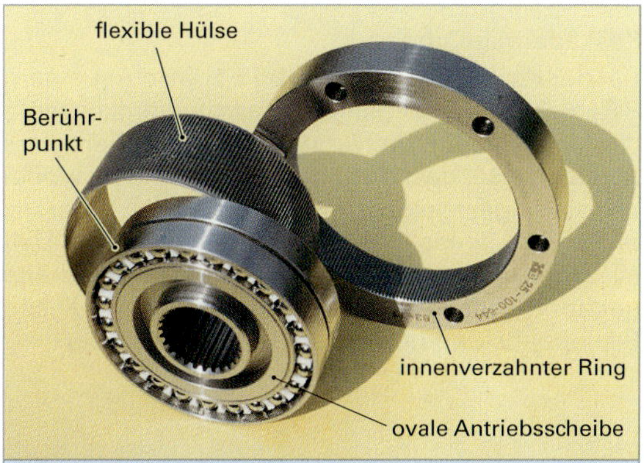

Bild 2: Harmonic-Drive-Getriebe

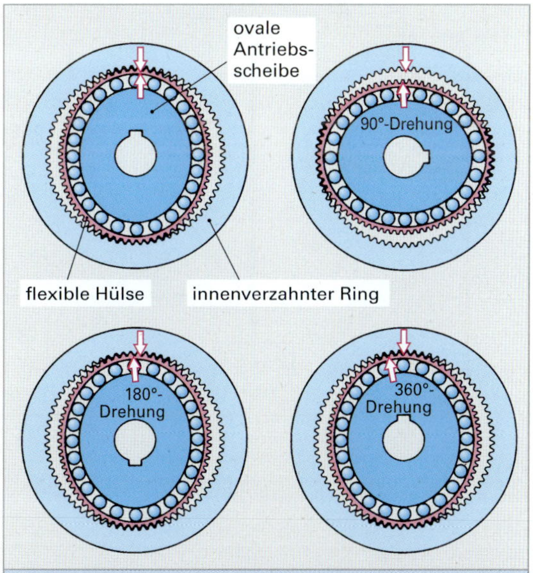

Bild 3: Wirkungsweise des Harmonic-Drive-Getriebes

[1] zykloidisch = periodisch wiederholen (griech. kyklos = Ring)
[2] Harmonic Drive Inc. = Firmenname

2.4.5 Lageregelung

Bei *Vorschubantrieben* (Servoantrieben) werden durch die Vorgabe von Lagesollwerten mit Hilfe der Lageregelung die Vorschubbewegungen erzeugt und vorgegebene Positionen angefahren. Bei *Hauptantrieben* verwendet man Lageregelkreise als sogenannte C-Achse, z. B. zur vorschubsynchronen Drehbewegung von Werkstücken beim Gewindedrehen oder zur exakten Drehlagenpositionierung von Spannfuttern in Drehmaschinen. Meist erfolgt die Lageregelung mit einer *Kaskadenregelung*[1], in selteneren Fällen als sogenannte *Zustandsregelung*. Darüber hinaus gibt es weitere Regelungsverfahren, wie z. B. prädictive[2] Regelungen, bei denen aus dem Wissen über den nachfolgenden Sollwertverlauf die Stellgrößen bestimmt werden.

Kaskadenregelung

Bei der Kaskadenregelung **(Bild 1)** wird mit einem P-Regler als Lageregler der Geschwindigkeitssollwert v_{soll} erzeugt. Die Verstärkung des Lagereglers K_v stellt also das Verhältnis v_{soll}: Δx dar, wobei Δx die Lageregeldifferenz, nämlich die Differenz zwischen Lagesollwert und Lageistwert ist. Diese Lageregeldifferenz wird auch *Schleppabstand* genannt. Der Maschinentisch läuft um diesen Schleppabstand hinter dem Lagesollwert her.

Der Geschwindigkeitssollwert v_{soll} entspricht bei Antrieben mit Motoren einem Drehzahlsollwert n_{soll}. Dieser wird über den unterlagerten Drehzahlregelkreis von einem PI-Regler geregelt. Der PI-Drehzahlregler liefert ein Stellsignal für das notwendige Antriebsdrehmoment, wobei das Antriebsdrehmoment bei Gleichstrommotoren unmittelbar dem Strom entspricht.

Der Strom wird nun mit einem weiteren unterlagerten PI-Regler geregelt. (Bei Drehstromantrieben wirkt der Stromregler nicht nur auf die Stromstärke, sondern auch auf die Phasenlage bzw. Stromfrequenz.)

Verändert man bei einem zunächst stillstehenden Antrieb den Lagesollwert, so wird durch die Lageregeldifferenz Δx ein Drehzahlsollwert n_{soll} erzeugt. Die Drehzahlregeldifferenz Δn sorgt, verstärkt mit zunehmender Zeit (durch den I-Anteil), für einen anwachsenden Stromsollwert I_{soll} und die Regeldifferenz ΔI sorgt schließlich für die Ansteuerung des Stellers bzw. Umrichters. Sobald der Motor sich bewegt, vermindert sich die Lageregeldifferenz und die Drehzahlregeldifferenz. Ist die Sollposition erreicht, wird Δx und n_{soll} zu Null. Die Ausgangsgröße des Drehzahlreglers (I_{soll}) bleibt durch die Integration im PI-Drehzahlregler auf einem Stromwert stehen, der dem Lastmoment des Motors entspricht.

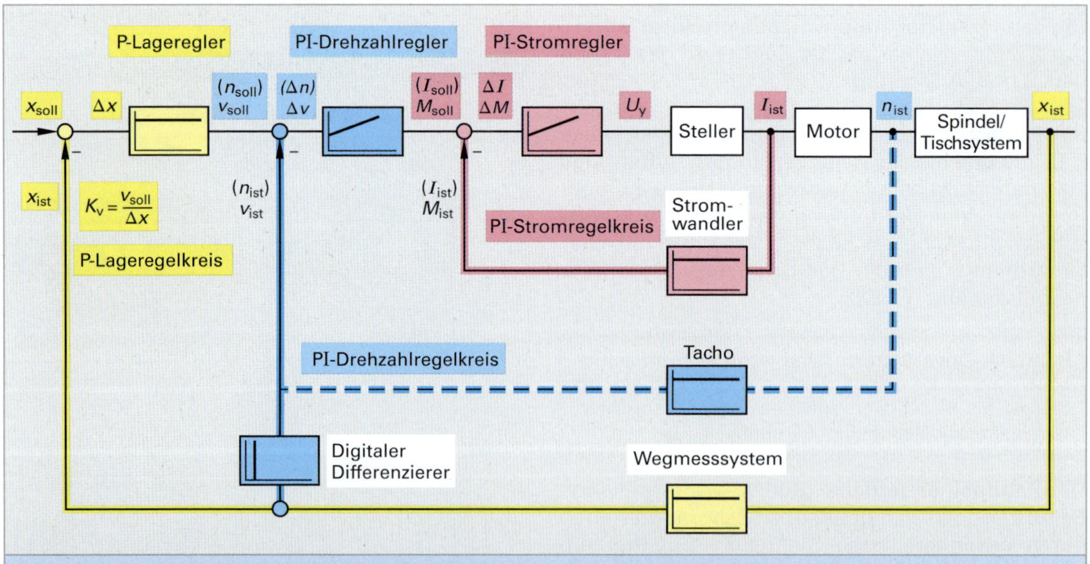

Bild 1: Kaskadenregelung in konventioneller Ausführung mit Tacho

[1] Kaskade von franz. cascade = stufenförmiger Wasserfall, hier: Regelung in ineinandergeschachtelten Stufen;

[2] prädictiv von lat. prae-dicere = vorausbestimmen;

Je *größer* die *Geschwindigkeitsverstärkung* K_v gewählt wird, um so *reaktionsschneller* ist der Antrieb. Die Lageregeldifferenz ist dann klein ($\Delta s = v_{soll}/K_v$).

Mit zunehmender Geschwindigkeitsverstärkung K_v neigen die Lageregelkreise zum Schwingen und zwar um so mehr, je schlechter die Reaktionsfähigkeit (Dynamik) des Drehzahlregelkreises ist **(Bild 1)**.

Die Dynamik des Drehzahlregelkreises hängt in erster Linie von den Trägheitsmomenten des Antriebs und von dessen maximalem Antriebsmoment ab. Ziel ist es, die Trägheitsmomente so gering wie möglich zu halten und die Überlastfähigkeit des Motors so groß wie möglich zu machen.

Bei der Kaskadenregelung wird zuerst

- der Stromregelkreis eingestellt und zwar mit möglichst großer P-Verstärkung, dann wird
- der Drehzahlregelkreis eingestellt (K_{PR} und T_i sind zu optimieren, siehe Abschnitt Grundlagen der Regelungstechnik) und dann wird
- der Lageregelkreis optimiert, in der Weise, dass bei kleinen Sollwertsprüngen (0,1 mm) ein schnelles Positionieren mit geringem Überschwingen erfolgt.

Die Kaskadenregelung justiert und optimiert man also von innen nach außen bei jeweils abgeschaltetem äußeren Regelkreis.

Geschwindigkeitsvorsteuerung

Den Nachteil der Kaskadenregelung, nämlich dass erst die Regeldifferenz des jeweils übergeordneten Regelkreises zu einer Wirkung im unterlagerten Regelkreis führt, kann man dadurch umgehen, dass die unterlagerten Regelkreise *vorgesteuert* werden. Man ermittelt aus dem Lagesollwertverlauf die Sollgeschwindigkeit v_{soll} und gibt diese direkt auf den Geschwindigkeitsregelkreis (Drehzahlregelkreis) **(Bild 2)**.

Dadurch steuert der Geschwindigkeitsregler sofort den Stromregler an. Diese Technik der Regelung führt aber bei schnellen Änderungen im Lagesollwertverlauf zu starken Schwingungen, da der Lageregler mit zunehmender Lageregeldifferenz zusätzlich noch ein Geschwindigkeitssignal auf den Geschwindigkeitsregler überträgt. Nach Abklingen der Einschwingvorgänge stimmt bei der Anstiegsantwort der Lageistwertverlauf mit dem Lagesollwertverlauf exakt überein **(Bild 3)**. Es gibt im stationären Bereich keinen Schleppabstand.

Durch Geschwindigkeitsvorsteuerung erzielt man bei der Lageregelung eine verbesserte Dynamik und kleinere Schleppabstände.

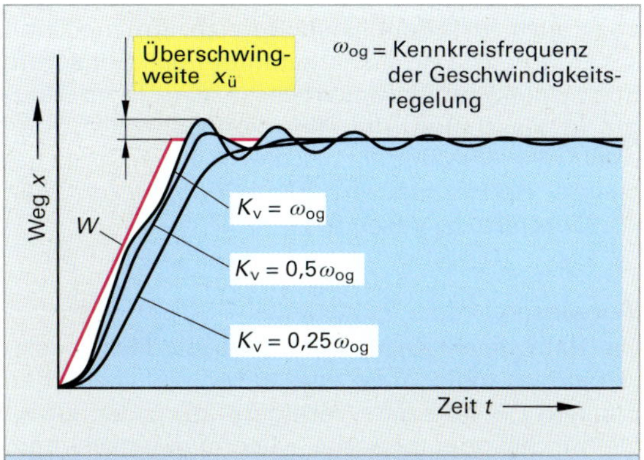

Bild 1: Anstiegsantwort des Lageregelkreises mit P-Regler bei verschiedenen K_v-Faktoren

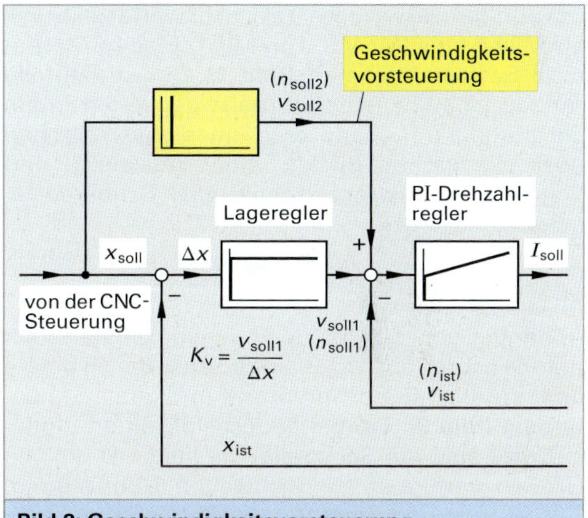

Bild 2: Geschwindigkeitsvorsteuerung

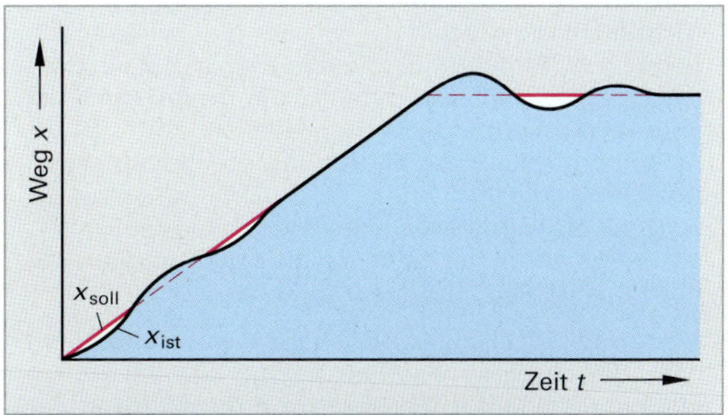

Bild 3: Anstiegsantwort bei P-Lageregelung mit Geschwindigkeitsvorsteuerung

3 Sensoren

3.1 Allgemeines

Zum Steuern, Regeln, Leiten, Überwachen und Sichern benötigt man bei Produktionsanlagen aber auch im öffentlichen Bereich, im medizinischen Bereich und im privaten Bereich Sensoren. So werden Produktionsprozesse, z. B. Temperaturen in Maschinen, mit Hilfe von Sensoren überwacht. Verkehrsampeln werden über Sensoren gesteuert, Herzfrequenzen erfasst oder Herdplatten vor Überhitzung geschützt.

Bauweisen

Die Bauweisen sind sehr unterschiedlich, basieren jedoch meist auf elementaren physikalischen Effekten z. B. für Kräfte, Verlagerungen oder nutzen elektrische oder optische Materialeigenschaften. Ziel der Sensortechnik ist stets auch die Miniaturisierung. Waren früher Messanlagen in großen Abmessungen nötig, so werden heute selbst sehr komplexe Systeme, wie z. B. mehrachsige Beschleunigungssensoren inkl. Auswerteelektronik als Mikrochips (MEMS, von Micro-Electro-Mechanical Systems) geliefert **(Bild 1)**. Der strukturelle Aufbau eines Sensors ist meist gegliedert in ein Basismodul mit Ausnutzung eines physikalischen oder chemischen Effekts, einer Auswerte- und Verstärkungselektronik sowie einer Schnittstellenelektronik **(Bild 2)**.

Ausgangssignale

Abhängig von der Art der Ausgangssignale teilt man Sensoren auch in analoge Sensoren, in binäre bzw. schaltende Sensoren und in digitale Sensoren ein **(Bild 3)**. Einmal angeschlossen an digitale Netze sind die Sensorsignale stets als digitale Größen verfügbar zur weltweiten Übertragung, Auswertung und Speicherung (Archivierung).

Eigenschaften elementarer Sensoren

Nichtlinarität. Abhängig von der zu erfassenden Größe, z. B. Temperatur, erwartet man meist ein Sensorsignal, das dieser Eigenschaft proportional ist und als Messgröße verwendet werden kann. Durch Kalibrieren erfolgt die Zuordnung von Sensorsignal zur Messgröße. Bei einem Cu-CuNi-Thermoelement wächst z. B. die Thermospannung um etwa 0,05 mV/K, allerdings nur in der Nähe der Raumtemperatur. Die Kennlinie ist also nichtlinear **(Bild 4a)**.

Hysterese. Viele Sensoren haben bei zunehmendem Signal einen anderen Verlauf als bei einem abnehmenden, z. B. Sensoren mit der Nutzung der Werkstoffmagnetisierung. Das Sensorsignal ist nicht mehr eindeutig. Man spricht von Hysterese **(Bild 4b)**.

Drift. Häufig verändern sich physikalische Effekte auf Grund von Temperaturänderungen, so verändert sich z. B. das elektrische Leitvermögen. Da sich die Temperaturen meist langsam verändern, sind auch die Einflüsse eher allmählich. Man spricht von Drift und unterscheidet die Nullpunktdrift **(Bild 4c)** und die **Verstärkungsdrift (Bild 4d)**.

Bild 1: Kapazitiver Beschleunigungssensor in MEMS-Technologie

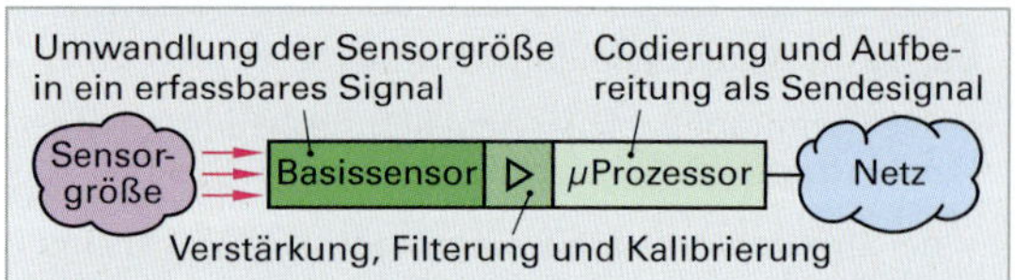

Bild 2: Aufbau eines Sensors

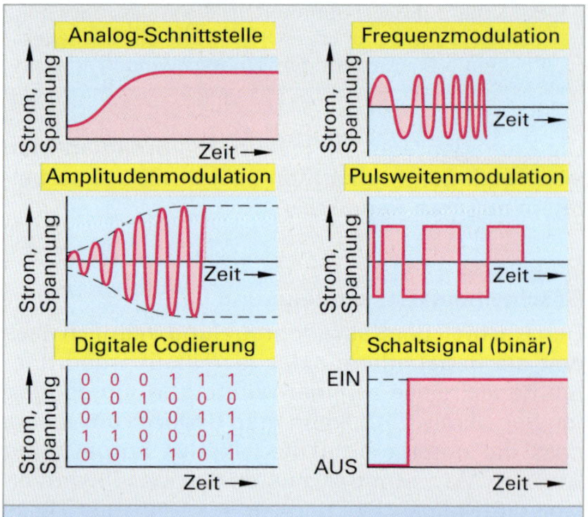

Bild 3: Einteilung nach Art der Ausgangssignale

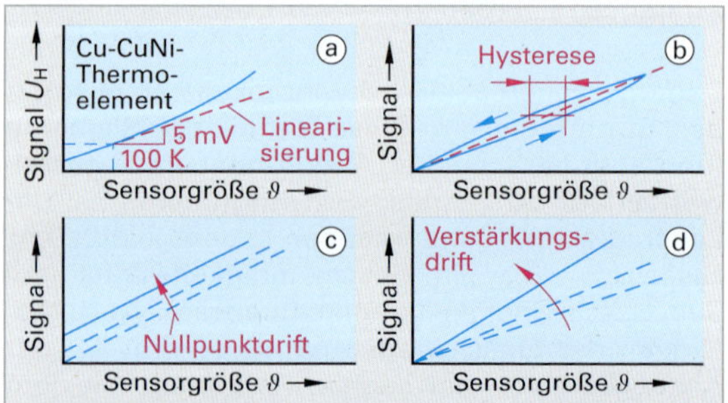

Bild 4: Eigenschaften elementarer Sensoren

3.2 Sensoren für Wege, Winkel und Abstände

3.2.1 Sensorsignale durch Widerstandsänderung

Potenziometer

Durch Verschieben des Schleifers bei einem *Schiebepotenziometer* oder durch Verdrehen bei einem *Drehpotenziometer* verändert sich der Potenziometerwiderstand **(Bild 1** und **Bild 2).** Betreibt man das Potenziometer als Spannungsteiler, erhält man ein Spannungssignal U_x, das analog zur Schleiferstellung x und damit zum Weg bzw. Drehwinkel ist **(Bild 3).** Ist das Potenziometer unbelastet oder wird es nur wenig belastet ($R_L \gg R$), z. B. durch Anschluss an ein Digitalvoltmeter oder an einen Messverstärker, dann ist das abgegebene Spannungssignal proportional zum Verschiebeweg bzw. zum Drehwinkel. Bei Belastung ist der Zusammenhang zwischen Weg und Sensorsignal nicht linear.

Die Potenziometerspannung U_x wird meist über einen *Spannungsfolger* abgegriffen **(Bild 4).** Damit bleibt das Potenziometer praktisch unbelastet.

Messpotenziometer haben eine Widerstandsschicht aus leitendem Kunststoff. Diese ist sehr abriebfest und ermöglicht ca. 10^8 Schleiferspiele. Die Schleifer sind Edelmetall-Mehrfingerschleifer und mit Elastomer schwingungsgedämpft. Die typische Auflösung ist besser als 0,1 % und die Linearität besser als 1 %. Die Nennwertlängen reichen bei Linearpotenziometern von 10 mm bis 2 m. Messdrehpotenziometer sind meist durchdrehbar mit einem Messbereich von 0° bis 360°.

Anwendung. Linearpotenziometer verwendet man z. B. als Messtaster und zur Wegmessung bei Maschinentischen. Drehpotenziometer verwendet man zur Drehwinkelmessung, z. B. zum Erfassen der Gelenkwinkel bei einem Industrieroboter.

Potenziometrische Sensoren dürfen nur gering belastet, also nur mit hohem Lastwiderstand, betrieben werden.

Den Nennwidertstand eines potenziometrischen Sensors wählt man meist zu 5 kΩ oder 10 kΩ und die Betriebsspannung im Bereich zwischen 1 V und 10 V. Damit liegt der Betriebsstrom im Bereich um 1 mA und die aufgenommene Leistung bei einigen mW. Diese geringe Leistung ist so klein, dass noch keine merkliche Erwärmung eintritt. Der Widerstand ist ebenfalls so klein, dass Spannungsfolger oder Messgeräte ohne Verfälschung die Sensorspannung abnehmen können.

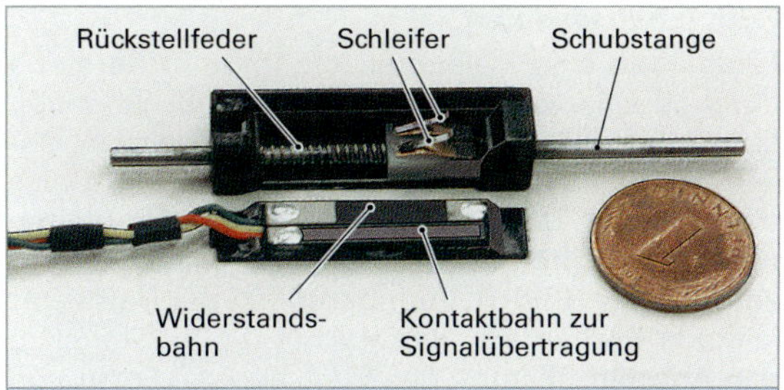

Bild 1: Schiebepotenziometer zur Wegmessung

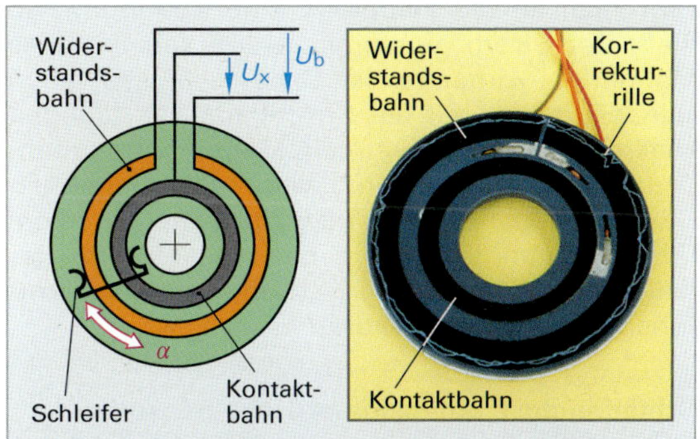

Bild 2: Drehpotenziometer zur Winkelmessung

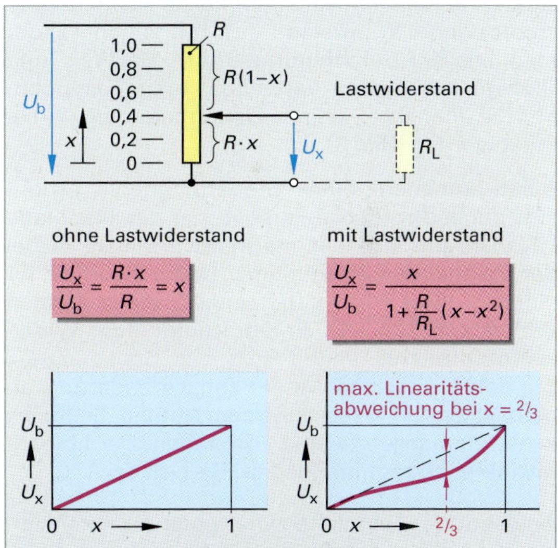

Bild 3: Potenziometer als Spannungsteiler

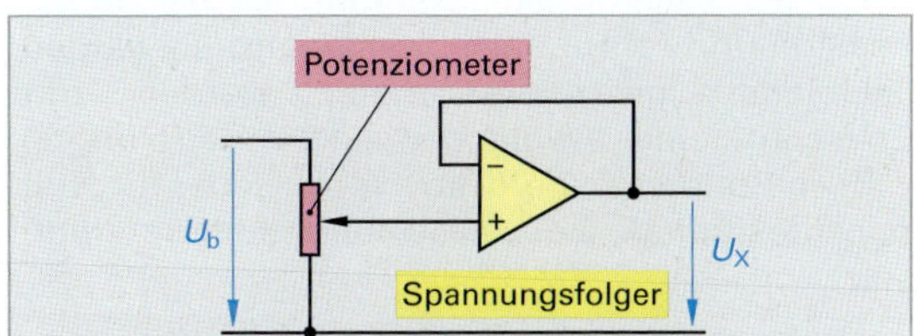

Bild 4: Potenziometer mit Spannungsfolger

Feldplattensensoren

Feldplatten sind Halbleiter, die ihren Widerstand durch die Einwirkung eines magnetischen Feldes ändern. Bei der *Feldplatte* ist auf einem isolierten Keramikplättchen von etwa 0,5 mm Dicke die ungefähr 20 µm dicke Schicht des Halbleiterwerkstoffes (Indium-Antimonid) in Mäanderform aufgetragen **(Bild 1)**. Im Inneren hat der Halbleiter leitende Bezirke aus Nickel-Antimonid parallel zu den Anschlusskanten des Plättchens in Form von nadelförmigen Einschlüssen.

Legt man an die Feldplatte eine Spannung, so fließt der Strom geradlinig, wenn kein äußeres Magnetfeld vorhanden ist. Die Einschlüsse haben keinen Einfluss auf die Strombahn. Ist dagegen senkrecht zur Strombahn ein Magnetfeld vorhanden, so ändert der Strom zwischen den leitenden Bezirken durch die *Lorentzkraft*[1] seine Richtung. Diese Richtungsänderung bewirkt aufgrund der längeren Stromwege im Halbleiter eine beträchtliche Widerstandserhöhung.

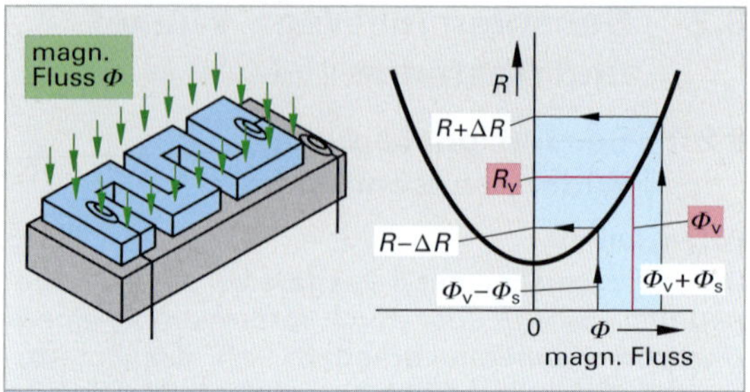

Bild 1: Feldplatte

Schleifringlose potenziometrische Sensoren

Schleifringlose Potenziometer haben als Widerstandselement ein *Differenzialfeldplattenelement* **(Bild 2)**. Feldplatten sind sehr kleine Halbleiterelemente, deren Widerstand sich mit zunehmender magnetischer Durchflutung erhöht. Bei Weg- und Drehwinkelsensoren verwendet man 2 Feldplatten, die über einen kleinen Dauermagneten durchflutet werden **(Bild 3)**.

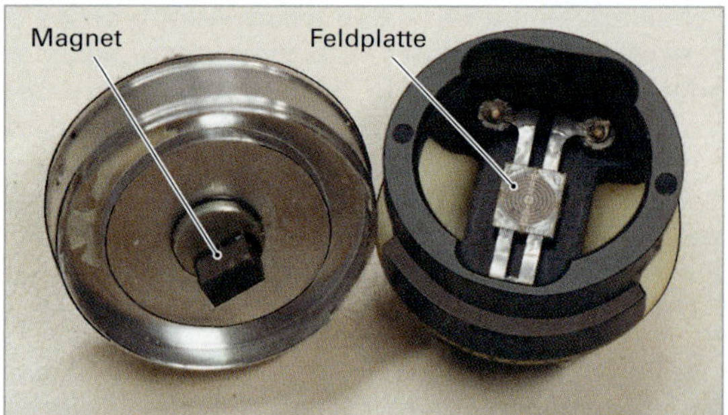

Bild 2: Feldplattenpotenziometer

Durch Annähern eines Steuermagneten erhöht sich der magnetische Fluss Φ bei der Feldplatte R1, während sich der magnetische Fluss Φ bei der Feldplatte R2 verringert. Dadurch erhält R1 einen großen Widerstand und R2 einen kleinen Widerstand (Bild 1). Entsprechend dem Widerstandsverhältnis ändert sich das Sensorsignal. Die berührungslose Widerstandsveränderung ermöglicht einen verschleißfreien Aufbau. Lediglich Lagerreibungskräfte sind vorhanden. Der Linearitätsfehler beträgt im linearen Bereich ca. 2 %.

Anwendung. Feldplatten-Drehpotenziometer verwendet man zur Schwingungsmessung, zum Erfassen der Lage bei Tänzerwalzen, als Drehwinkelgeber bei Nachformsteuerungen und bei Bremspedalen und Fahrpedalen von Elektrofahrzeugen. Feldplatten-Linearpotenziometer werden zum Erfassen kleiner Weglängen und Verlagerungen, z. B. an Robotergreifern, sowie als Geber für Nullpunktpositionen bei Maschinenschlitten eingesetzt.

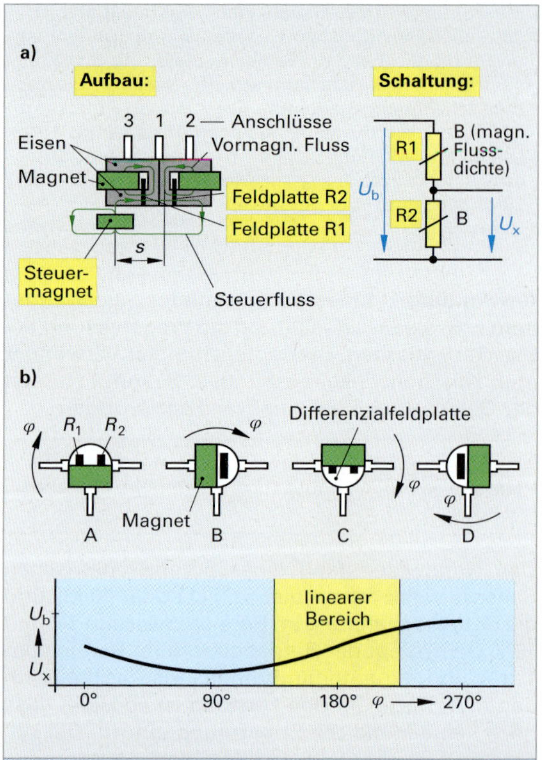

Bild 3: Feldplatten-Sensor
a) linear, b) rotatorisch

[1] *Lorentz, Hendrik, A.*, niederländischer Physiker (1853 bis 1928)

Induktive Wegsensoren mit Ferritkern

Induktive Wegsensoren haben als Fühlerelement eine Doppelspule (Differenzialspule) mit Eisenkern **(Bild 1)**. Befindet sich der Eisenkern in der Sensormitte, sind die Wechselstromwiderstände beider Spulenteile gleich groß. Verschiebt man den Eisenkern nach links, dann erhöht sich die Induktivität der linken Spulenhälfte, und es vermindert sich die Induktivität der rechten Spulenhälfte. Entsprechend verhalten sich die Wechselstromwiderstände der beiden Spulenteile.

Die Auswertung der Widerstandsänderung erfolgt mit einer Wechselstrommessbrücke, der sogenannten *Trägerfrequenz-Messbrücke* (Bild 1). Diese besteht aus einer Widerstandshalbbrücke zur Ergänzung der Sensorspulenwiderstände zu einer Vollbrücke, dem Wechselstromgenerator (meist 5 kHz) zur Stromspeisung der Brückenschaltung, dem Betrag- und Phasenabgleich zur Nullpunkteinstellung, einem Verstärker und einem Demodulator für eine phasenrichtige Gleichrichtung.

Durch Verschieben des Eisenkerns wird die Brückenschaltung verstimmt, und es entsteht eine Brückenquerspannung U_x. Um die Verschieberichtung aus der Spannung $U_{x\sim}$ zu ermitteln, ist die phasenrichtige Gleichrichtung erforderlich. Hierzu wird elektronisch jede 2. Halbschwingung umgepolt **(Bild 2)**.

Induktive Wegsensoren gibt es mit Zugstab oder als Taster für Weglängen von 1 mm bis etwa 1 m. Beim Taster sorgt eine Schraubenfeder für die Tasterauslenkung. Die Auflösung des Messsignals liegt bei etwa 0,1 %, d. h. mit einem Wegtaster mit 10 mm Nennweglänge können Wegverschiebungen von 10 µm noch erfasst werden. Die Linearität ist etwa 1 %, d. h. die Messgenauigkeit beträgt etwa 100 µm bei 10 mm Nennweglänge.

Anwendung. Induktive Wegsensoren verwendet man als Taster zur Dickenmessung von Werkstücken, als Weggeber bei kleinen Maschinentischen, in Greifern von Robotern zum Erfassen der Greiferbewegung, zur Kontrolle von Verlängerungen bei Maschinenanlagen und zum Erfassen von Schwingungen, z. B. bei Prüfständen. Im letztgenannten Fall muss die Brückenspeisefrequenz (Trägerfrequenz) wesentlich höher sein als die zu messende Schwingfrequenz.

Die Trägerfrequenz sollte etwa 10 Mal höher sein als die zu messende Schwingfrequenz.

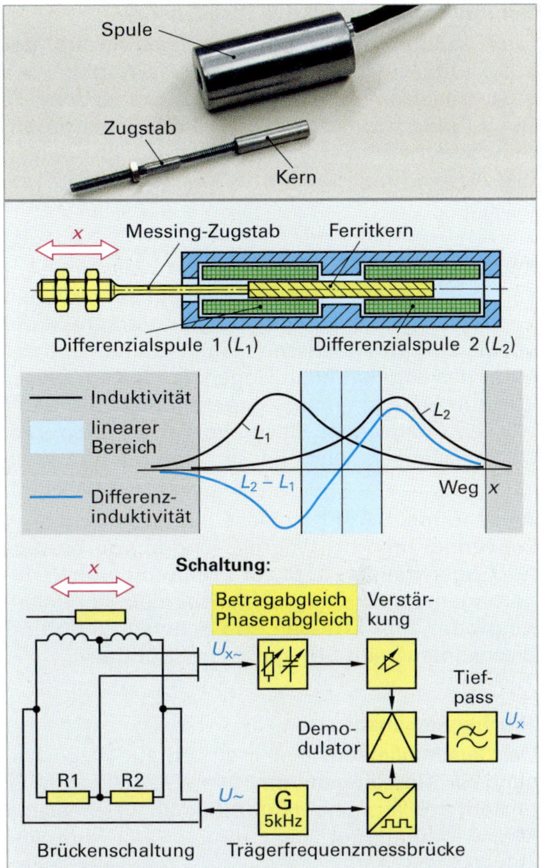

Bild 1: Induktiver Wegsensor und Auswerteschaltung

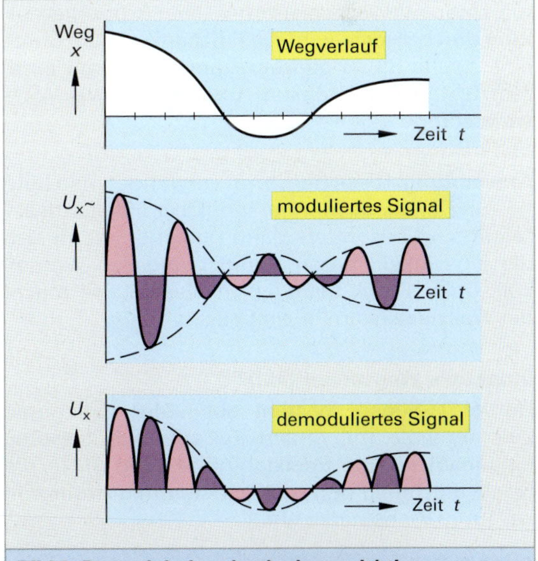

Bild 2: Demodulation durch phasenrichtige Gleichrichtung

Berührungslose induktive Wegsensoren

Die Funktion dieser Sensoren beruht auf der Induktivitätsänderung einer Spule bei Annäherung an einen ferromagnetischen Gegenstand, wie z. B. Stahl **(Bild 1)**. Eine zweite Spule mit justierbarem Stahlplättchen im Innern des Sensors ermöglicht die Auswertung über eine Wechselstrommessbrücke.

Kenngrößen. Der Zusammenhang zwischen Sensorsignal und Weglänge ist nur bei sehr kleinen Veränderungen linear und hängt in starkem Maße von den ferromagnetischen Eigenschaften und der Form des angenäherten Gegenstandes ab. Dieser Zusammenhang muss experimentell ermittelt werden. Man nennt diesen Vorgang *Kalibrieren*. Die Messlängen liegen bei ca. 1 mm.

Anwendung. Berührungslose induktive Sensoren verwendet man bei Wegmessungen von bewegten Gegenständen, z. B. zur Ermittlung von Verlagerungen von Drehmaschinenspindeln bei Belastung oder zum Erfassen von Schweißfugen und Blechkanten beim Schweißen mit Robotern.

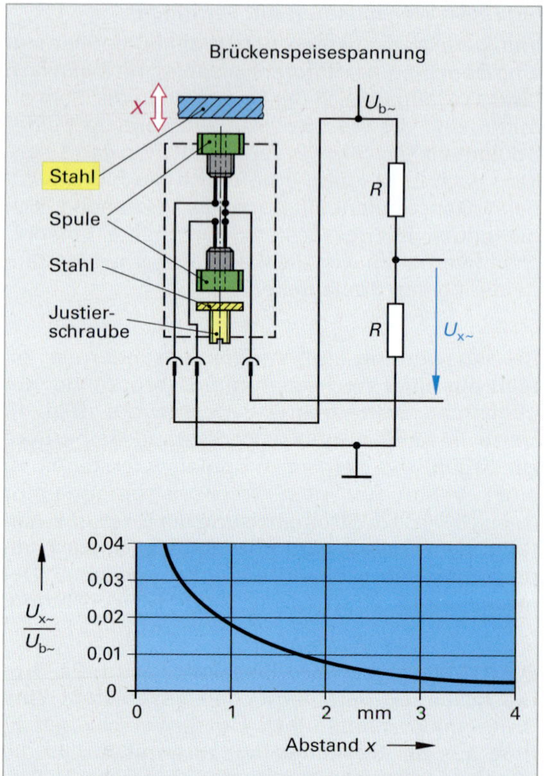

Bild 1: Berührungsloser induktiver Wegsensor

Tauchankersensor

Der **Tauchankersensor** eignet sich zur Wegerfassung für Messlängen von 50 mm ... 1500 mm. Er besteht z. B. aus einem Rohr **(Bild 2)**, welches eine Messwicklung trägt.

Ein Rundstabkern aus magnetisch weichem Eisen kann in das Rohr eingetaucht werden. Dabei verändert sich die Induktivität der Spule. Die Messung führt man mit Wechselstrom in einer Brückenschaltung durch. Hierzu wird die Tauchankerspule durch eine zweite Spule gleicher Abmessung mit innerem festen Rundstabkern und durch zwei Wirkwiderstände ergänzt.

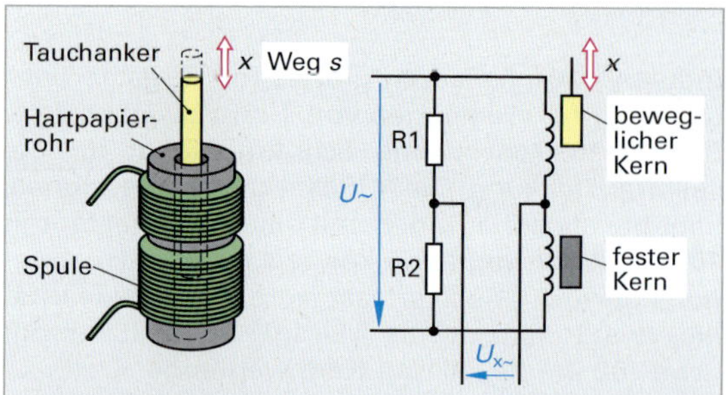

Bild 2: Tauchankersensor

Anwendung. Diese Sensoren verwendet man häufig zur *Füllstandsanzeige*. Induktive Füllstandsanzeiger sind besonders dann geeignet, wenn sich die Flüssigkeit, deren Stand gemessen werden soll, unter Druck befindet. In diesem Fall taucht der Weicheisenkern in ein Druckrohr ein.

Induktiver Wegsensor (FLDT[1])

Der FLDT-Sensor besteht aus einer einlagigen Zylinderspule mit einem äußeren Ferritmantel, eingebaut in eine Edelstahlhülse **(Bild 3)**. In die Spule taucht ein bewegliches Aluminiumrohr von ca. 1 mm Wandstärke ein.

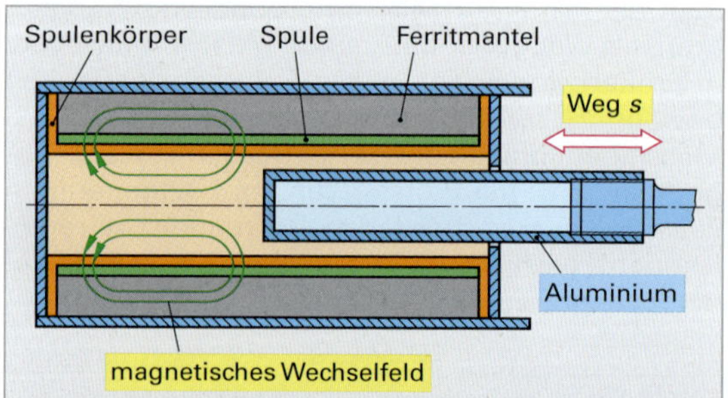

Bild 3: FLDT-Sensor

[1] FLDT Abk. für engl. Fast Linear Displacement Transducer = schneller linearer Wegaufnehmer.

Die Spule wird über eine Konstantstromquelle mit einer Wechselspannung von etwa 100 kHz betrieben. Das erzeugte hochfrequente Magnetfeld kann, wegen den in Aluminium entstehenden Wirbelströmen, in den Aluminiumkern nicht eindringen. Somit ergibt sich die Spuleninduktivität nur aus dem Teil der Spule, in dem das Magnetfeld vorhanden ist. Eine Verlagerung des Aluminiumkerns bewirkt daher eine Änderung des induktiven Widerstandes ωL_x.

Da die Spule mit einem Konstantstrom (etwa 20 mA) betrieben wird, ist der Spannungsabfall an der Spule gleichzeitig das Sensorsignal. Dieses muss für eine Anzeige nur gleichgerichtet und gefiltert werden. Die Linearität der FLDTs ist besser als 0,2 %. Die Grenzfrequenz für Schwingungsmessungen liegt bei etwa 10 kHz.

Anwendung. Der robuste Sensoraufbau erlaubt praktisch alle Anwendungen der Wegmesstechnik, sogar den Einbau in Hydraulikzylinder.

Kapazitive Wegsensoren

Zur Wegerfassung auch längerer Wege bis 2 m verwendet man *Rohr-Sensoren* **(Bild 1)**.

Schiebt man den Kolben, der isoliert gelagert ist, in das Rohr, verändert sich die Kapazität des Sensors. Mit einer Wechselstrommessbrücke wird die sich ändernde Kapazität in ein Messsignal umgewandelt.

Kapazitive Differenzialsensoren verändern beim Verschieben bzw. Verdrehen der mittleren Elektrode **(Bild 2)** die Kapazitätswerte von zwei Kondensatoren gegensinnig.

Beim kapazitiven Sensor **(Bild 3)** ändert sich der *kapazitive Widerstand* aufgrund einer Änderung des *Dielektrikums*.

Wird das Dielektrikum, bestehend aus einem Kunststoff mit einer Permittivitätszahl[1] $\varepsilon_r > \varepsilon_{Luft}$, in den Kondensator eingeschoben, so vergrößert sich der kapazitive Leitwert kontinuierlich.

Anwendung. Kapazitive Sensoren sind mechanisch sehr robust. Sie eignen sich daher sehr gut zur Signalerfassung im rauhen Werkstattbetrieb, z. B. für die Stempelwegerfassung bei Druckgießmaschinen.

[1] Die Permittivität ε (lat. permittere = erlauben, durchlassen) gibt die Durchlässigkeit von Werkstoffen für elektrische Felder an. Die relative Permittivitätszahl ε_r kennzeichnet den Effekt gegenüber Luft.

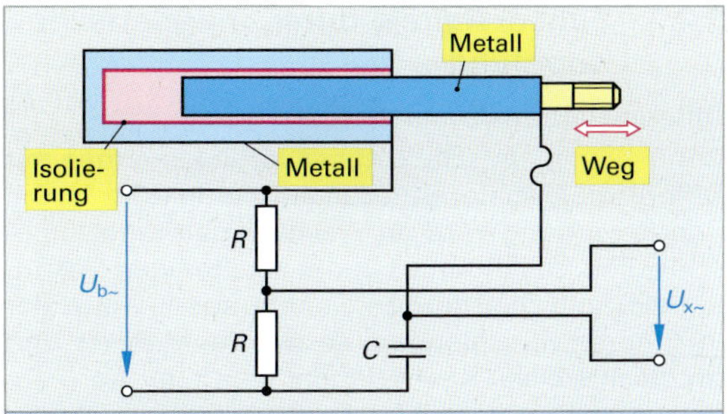

Bild 1: Kapazitativer Wegsensor

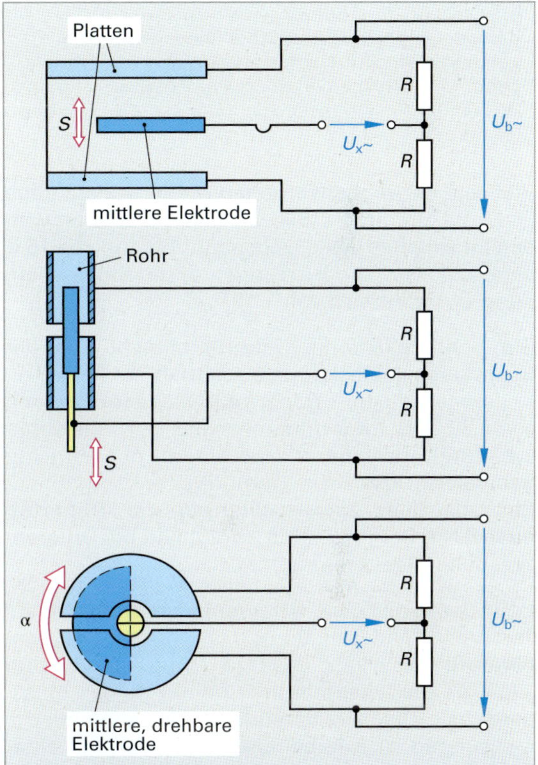

Bild 2: Kapazitative Differentialsensoren (verschiedene Bauformen)

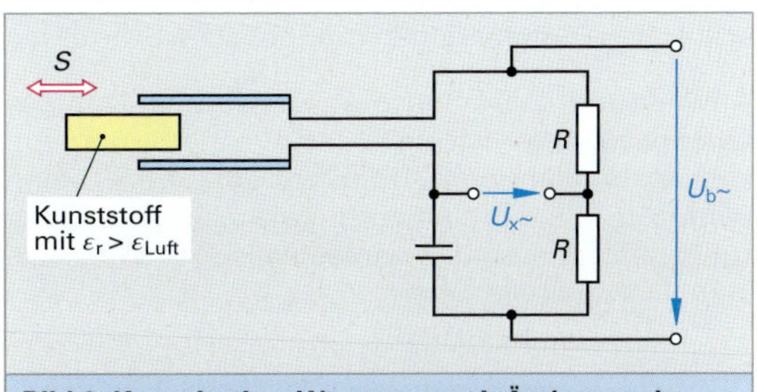

Bild 3: Kapazitativer Wegsensor mit Änderung des Dielektrikums

3.2.2 Sensorsignale durch magnetische Kopplung

Differenzialtransformator (LVDT[1])

Robuste und einfache Wegsensoren kann man mit Differenzialtransformatoren aufbauen **(Bild 1)**. Die Primärwicklung wird an Wechselspannung angeschlossen. Sie induziert in der zweiteiligen Sekundärwicklung gleichgroße Spannungen, wenn der im Inneren verschiebbare Kern in der Mitte ist, und unterschiedliche Spannungen, wenn der Kern außermittig ist.

Bei einer sehr einfachen Auswerteschaltung werden über je eine Gleichrichterbrückenschaltung die Sekundärspannungen gleichgerichtet und gegeneinander geschaltet. Im Brückenquerzweig liegt das Anzeigegerät. Man erhält einen Ausschlag entsprechend der Verlagerung des Transformatorkerns aus seiner Mittellage.

Vielfach ist im Sensorgehäuse die vollständige Elektronik integriert **(Bild 2)**. Diese Sensoren werden an eine Betriebsgleichspannung, meist ± 15 V, angeschlossen und erzeugen eine Signalspannung U_x im Bereich von ± 10 V.

Die Sensorelektronik **(Bild 3)** besteht aus der Spannungsstabilisierungsschaltung mit Verpolungsschutz, dem *Trägerfrequenzgenerator* mit etwa 20 kHz Trägerfrequenz und der Auswerteschaltung, bestehend aus einem phasenrichtigen Gleichrichter als Demodulator und einem Bandsperrfilter zur Ausfilterung der Trägerfrequenz. Die Demodulation erfolgt wie bei Differenzialspulen-Sensoren.

LVDT-Sensoren sind nur wenig empfindlich auf Temperaturänderungen (< 0,08 % je K). Der Temperaturbereich liegt etwa zwischen –50 °C und +100 °C. Die Linearität liegt bei 0,2 % des Messbereichs. Die Grenzfrequenz für dynamische Messungen ist, wie bei allen Sensoren mit einer Trägerfrequenzmodulation, etwa 10 % von der Trägerfrequenz. Hier bei 20 kHz Trägerfrequenz ist die Grenzfrequenz ca. 2 kHz. Eine Metallkapselung aus MUMETALL[2] (75 % Ni, 8 % Fe, 5 % Cu, 2 % Cr) schützt den Sensor gegen magnetische Störfelder.

Anwendung: LVDT-Sensoren verwendet man bevorzugt zur Überwachung und zur Steuerung von kleinen Weglängen (0 mm bis 200 mm), wenn kompakte Sensorelemente einschließlich Elektronik gefordert sind, beispielsweise zur Wegmessung in Positioniertischen.

[1] LVDT Abk. für engl. Linear Variable Differential Transformer = linearer veränderbarer Differenzialtransformator;

[2] Handelsname der Vakuumschmelze Hanau

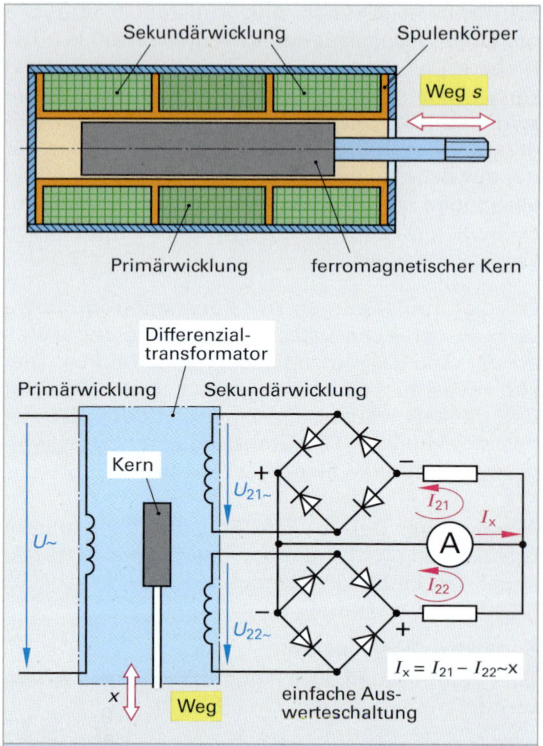

Bild 1: Differenzialtransformator (LVDT)

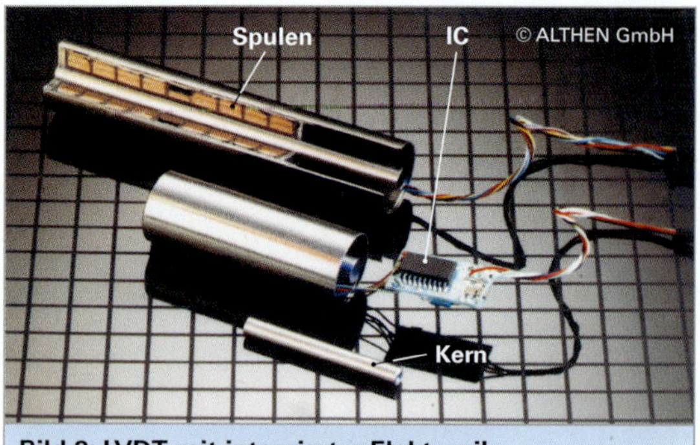

Bild 2: LVDT mit integrierter Elektronik

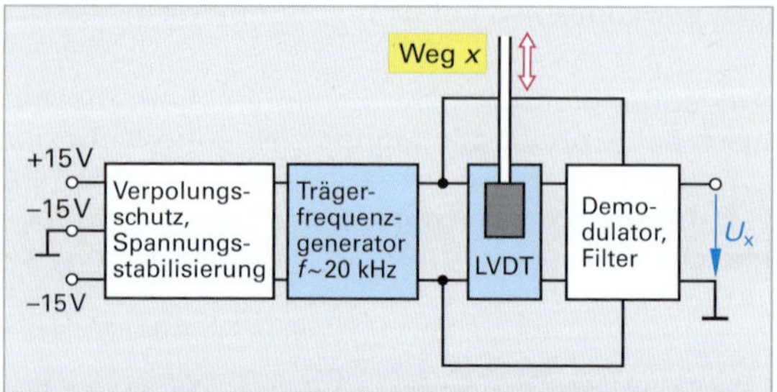

Bild 3: Auswerteschaltung für einen LVDT mit integrierter Elektronik

Wirbelstrom-Abstandssensor

Wirbelströme entstehen in allen Metallen, wenn diese durch hochfrequente Magnetfelder durchflutet werden. Die Wirbelstrombildung ist um so stärker, je besser die Kopplung an den Magnetfelderzeuger ist. Die Kopplung wird durch Annäherung des metallischen Gegenstandes an die Spule des Sensors **(Bild 1)** verbessert. Die Spule ist Teil eines Schwingungskreises (Oszillator). Mit zunehmender Wirbelstrombildung wird zunehmend Energie übertragen und dem Oszillator entzogen. Dadurch vermindert sich seine Schwingungsamplitude **(Bild 2)**. Diese wird als Messsignal U_x ausgewertet.

Anwendung. Wirbelstrom-Wegsensoren werden bevorzugt dann verwendet, wenn man relativ kleine Abstände (bis etwa 5 mm) berührungslos messen will und das Messobjekt metallisch ist. Wirbelstrom Abstandssensoren eignen sich z. B. zur Spaltmessung drehender Wellen in Gleitlagern.

3.2.3 Sensorsignale mittels magnetischer und elektrischer Felder

Hall[1]-Sonden zur Wegerfassung

Aufgrund der *Lorentzkraft*[2] werden Elektronen durch ein Magnetfeld in ihrer Bewegungsrichtung abgelenkt. Diese Eigenschaft wird bei Hall-Sonden ausgenützt.

Hall-Sonden sind Halbleiterplättchen, z. B. aus Indiumantimonid (In_5Sb_3). Bei diesem Werkstoff besteht der Strom aus relativ wenigen, dafür schnell bewegten Elektronen. Dadurch ist die Ablenkungswirkung durch ein Magnetfeld besonders stark.

Die Hall-Sonde hat vier Elektroden **(Bild 3)**. An die Anschlüsse S1, S2 wird eine Hilfsgleichspannung angelegt. Diese erzeugt einen Elektronenstrom im Halbleiterplättchen. Ohne äußeres Magnetfeld entstehen Äquipotenziallinien quer zur Elektronenströmung. Durch ein Magnetfeld werden die Elektronen in ihrer Bahn abgelenkt und die Äquipotenziallinien verlaufen schräg. Zwischen den Elektroden S3 und S4 entsteht eine Potenzialdifferenz: die Hallspannung U_H (Bild 3).

Bauformen. Die Hall-Sonden haben ein Längen-Breitenverhältnis von 2 und sind nur wenige Millimeter lang. Häufig enthält der Chip mit der Hall-Sonde zugleich die vollständige Verstärkerschaltung **(Bild 4)**.

Anwendung. Mit Hall-Sonden kann man die Annäherung eines Dauermagneten erfassen und damit auch Bauteilbewegungen, wenn an den Bauteilen ein kleiner Magnet befestigt wird.

[1] *Edwin Herbert Hall*, amerik. Physiker (1855 bis 1938)
[2] *Hendrik Antoon Lorentz*, niederländ. Physiker (1853 bis 1928)

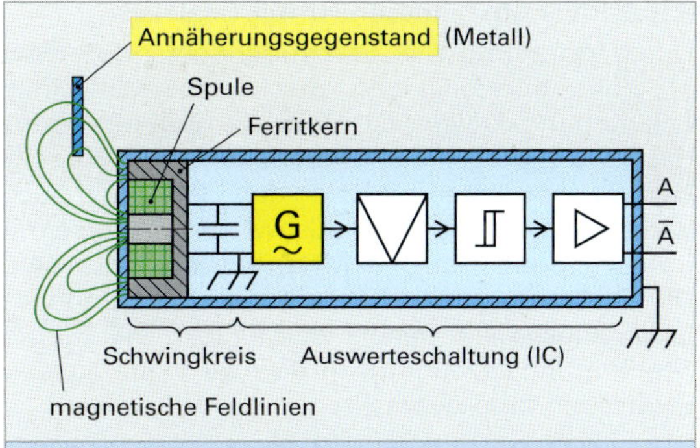

Bild 1: Wirbelstromsensor

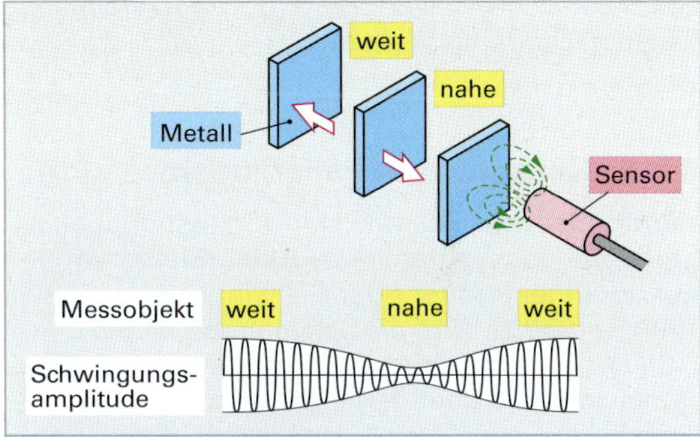

Bild 2: Signal des Schwingkreises

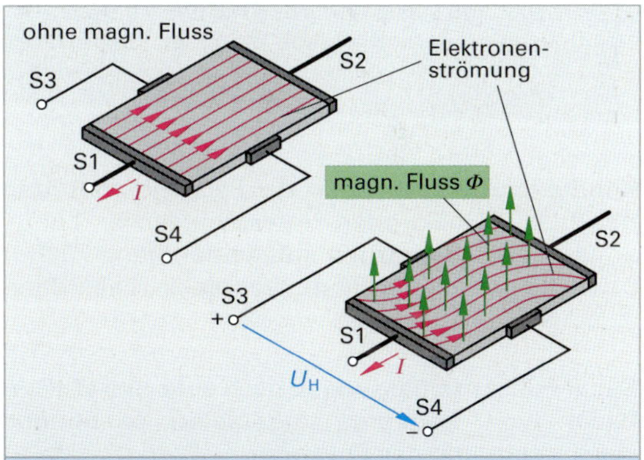

Bild 3: Hall-Sonde

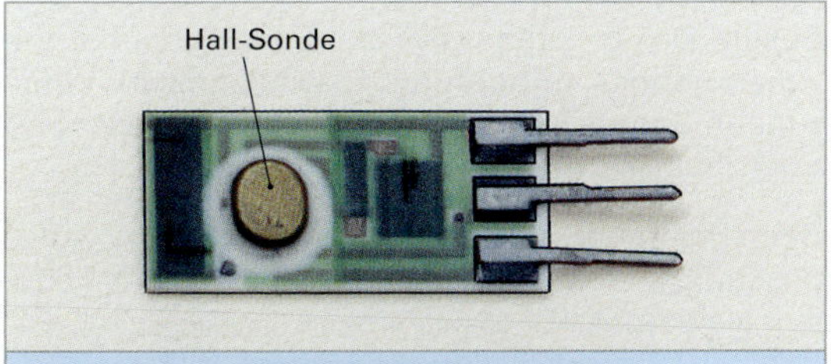

Bild 4: Hall-Sonde mit Verstärkerelektronik (2-fach vergrößert)

Kapazitiver Abstandssensor mit Oszillator

Durch Änderung des Elektrodenabstandes **(Bild 1)** eines Kondensators, der Bestandteil eines Schwingungskreises ist, wird die Eigenfrequenz des Schwingungskreises verändert. Damit die sehr kleinen Kapazitäten zwischen den Elektroden noch wirksam sind, müssen die Schwingungskreise mit hohen Frequenzen (> 1 MHz) betrieben werden. Damit Leitungskapazitäten keinen besonderen Störeinfluss mehr haben, ist die Elektronik für die Schwingungserzeugung in direkter Nähe zu den Elektroden untergebracht.

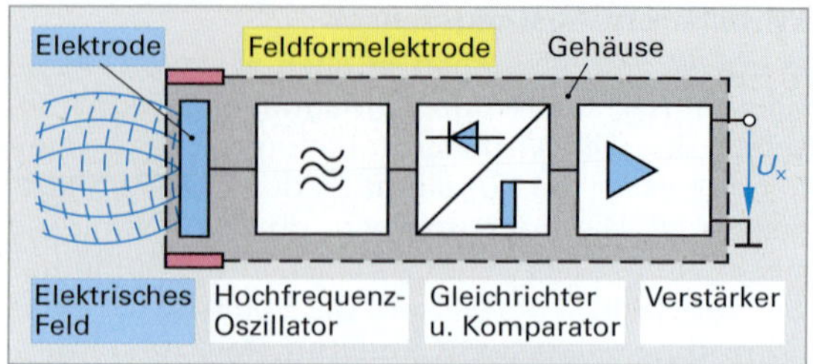

Bild 1: Kapazitiver Sensor mit Änderung der Schwingfrequenz

Anwendung. Diese Sensoren verwendet man z. B. beim Laserschneiden **(Bild 2)**. Hier muss der Fokuspunkt des Laserstrahls der Werkstückoberfläche nachgeführt werden.

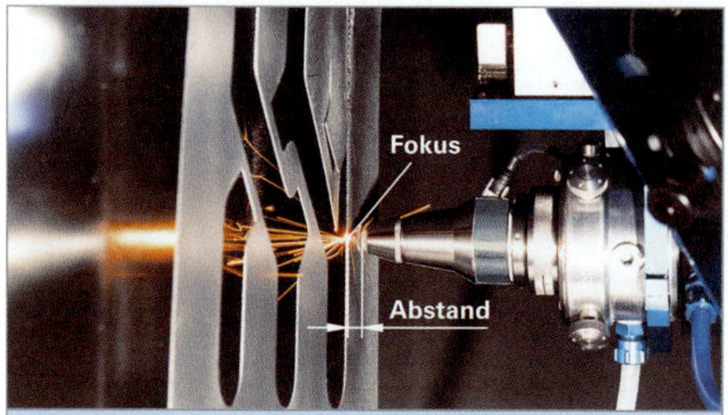

Bild 2: Abstandsmessung beim Laserschneiden

3.2.4 Sensoren zur Füllstandsmessung

Vibrationssensoren haben eine Schwinggabel, angetrieben durch einen Piezo-Aktor. Sie schwingen mit der Eigenfrequenz der Schwinggabel bei etwa 1200 Hz **(Bild 3)**. Wird die Schwinggabel mit Füllgut bedeckt, ändert sich die Schwingfrequenz. Diese Änderung wird über den Piezo-Aktor erfasst.

Vibrationssensoren eignen sich zum Erfassen von Füllständen bei nahezu allen Flüssigkeiten (Viskositäten von 0,2 ... 10 000 m · Pa · s und Dichten > 0,5 g/cm^3). Zum sicheren Betrieb werden extremer Materialabtrag an der Schwinggabel und Bruch der Schwinggabel überwacht.

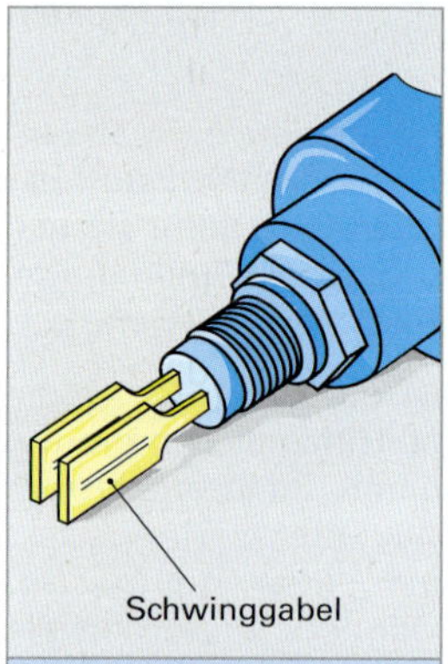

Bild 3: Vibrationssensor

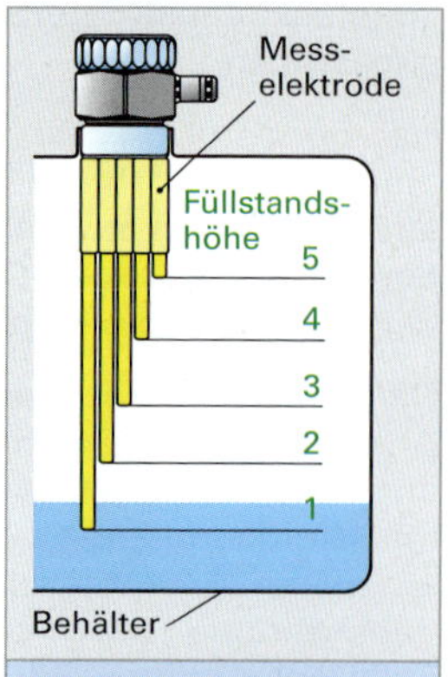

Bild 4: Konduktive Messsonde

Konduktive[1] Messsonden zur Fülstandsmessung mit z. B. 5 Elektroden unterschiedlicher Länge erfassen die Benetzung mit leitfähigem Füllgut bzw. Flüssigkeiten **(Bild 4)**. Der elektrische Widerstand wird ausgewertet.

Radar-Füllstandmessung. Üblich sind das FMCW-Radar (von frequency modulated continuous wave radar) und das Pulsradar.

Beim FMCW-Verfahren wird das Sendesignal zyklisch zwischen den Frequenzen f_1 und f_2 moduliert. Das Empfangssignal = Echosignal hat mit zunehmender Entfernung (Signallaufzeit) einen zunehmenden Frequenzhub f_d **(Bild 5)**. Dieser Frequenzhub wird ausgewertet.

Beim Pulsradar werden intervallweise Radarpulse gesendet und es wird die Impulslaufzeit des Echosignals gemessen.

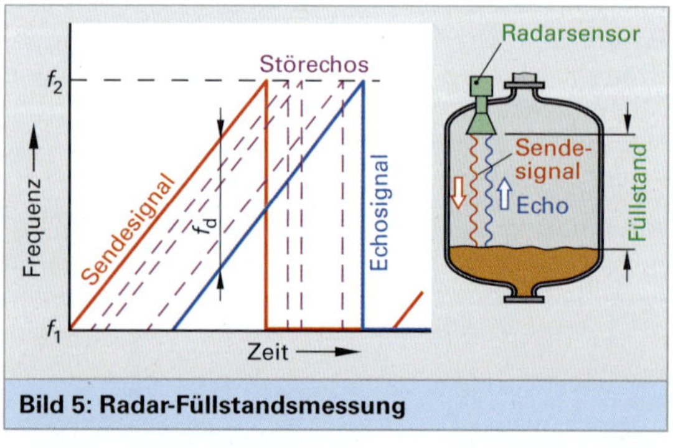

Bild 5: Radar-Füllstandsmessung

[1] lat. conducere = leiten, lenken

3.2.5 Optische Sensoren

Fotodiode, Fotoelement, Fototransistor

Die **Fotodiode (Bild 1)** wird in Sperrichtung betrieben. Der Sperrstrom I ändert sich bei Beleuchtung von wenigen µA bis zu einigen 100 µA. Das **Fotoelement** (Bild 1) entspricht im Aufbau einer Diode. Bei Beleuchtung entsteht zwischen dem N-Halbleiter und dem P-Halbleiter eine Spannung bis 0,3 V bei Germaniumelementen und bis 0,7 V bei Siliciumelementen. Das Fotoelement wird also durch Lichteinwirkung zu einer Spannungsquelle. Beim **Fotowiderstand** ändert sich der Widerstand in dem weiten Bereich zwischen einigen MΩ und wenigen Ω. **Fototransistor** und **Fotothyristor** werden bei Beleuchtung stromleitend. Anstelle eines Stromimpulses an einer Steuerelektrode wird mit Licht geschaltet.

Positionsdiode (PSD)[1]

Die PSD besteht aus einem ebenen, ca. 1 cm² großen, Halbleiterplättchen mit einem *p-Leiter* als Oberfläche auf einem *n-Leitersubstrat* **(Bild 2)**. Die p-Leiteroberfläche ist mit 4 Elektroden versehen. Je nach Auftreffpunkt x,y eines Lichtstrahls auf die PSD entsteht eine Differenzspannung $U_{x1} - U_{x2} \triangleq x$ und $U_{y1} - U_{y2} \triangleq y$. Damit können Abweichungen in x-Richtung und in y-Richtung zu einem gebündelten Lichtstrahl, z. B. HeNe-Laserstrahl erfasst werden.

Charge-Coupled Device (CCD)[2]

Der CCD-Chip **(Bild 3)** ist ein Analogsignal-Schieberegister und besteht aus einer Fläche (Array) mit kleinen Kondensatorelektroden. Die Ladungen in den einzelnen Kondensatorelementen werden durch das absorbierte Licht gebildet und können taktweise von einem Kondensatorelement zum nächsten weitergeschoben werden. Durch eine schnelle Taktfolge kann an der Chipausgangselektrode ein Videosignal abgegriffen werden.

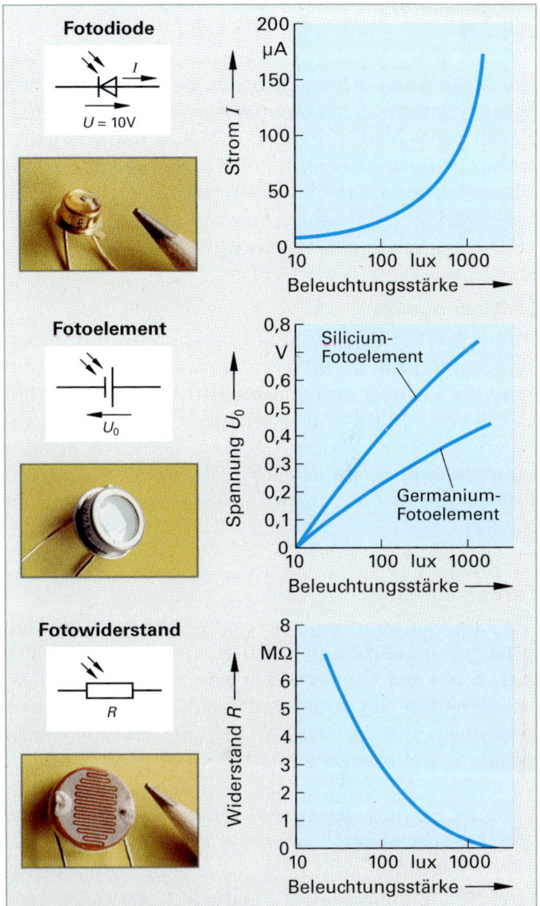

Bild 1: Fotosensoren

1 PSD, engl. Position Sensitiv Diode = positionsempfindliche (Foto-)Diode

2 CCD, engl. Charge Coupled Device = Ladungsgekoppelter Schaltkreis

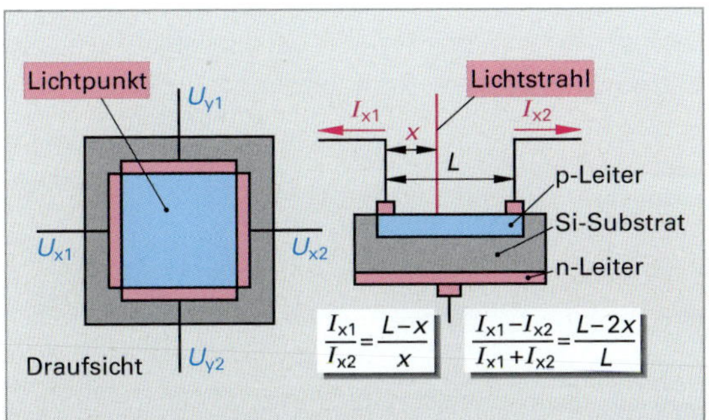

Bild 2: Positionsdiode (PSD)

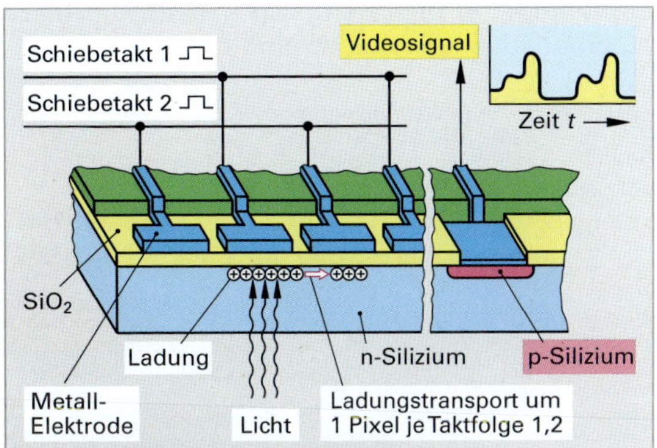

Bild 3: Aufbau eines CCD-Chip

Strahlquellen

Als Lichtsender verwendet man rot strahlende LED (LED von Light Emitting Diode = Licht aussendende Diode), grün strahlende LED, Infrarot-LED, Laser im sichtbaren Wellenbereich, Laser im Infrarotbereich, Infrarot LED und Glühlampen **(Bild 1)**.

Die Strahlquellen im sichtbaren Bereich haben den Vorteil, dass man die Lichtschranke leichter einjustieren kann. Man sieht den reflektierenden Lichtstrahl. Die Infrarot-Strahler ermöglichen sehr große Messabstände. Die Laserlichtquellen ermöglichen sehr kleine Strahldurchmesser und damit eine sehr genaue Objekterfassung.

Lichtschranken

Man unterscheidet Reflexionssensoren und Lichtschranken **(Bild 2)**. Mit Hilfe eines Reflektors kann man bei Lichtschranken den Empfängerteil in den Sender integrieren. Der Reflektor ist ein Kunststoffteil mit vielen kleinen Prismen. Dadurch entfällt eine genaue Justage. Der reflektierte Strahl hat immer die gleiche Richtung wie der einfallende Strahl.

Farberkennung

Zur Objekterkennung nach Farben nützt man das Absorptionsverhalten **(Bild 3)** gefärbter Objekte aus. Ein rotes Objekt absorbiert rotes Licht, d. h. es reflektiert das rote Licht nicht und ein Reflexionssensor mit rot strahlender LED erkennt einen solchen Gegenstand nicht. Durch Kombination von einer blau strahlenden LED, einer grün strahlenden LED und einer rot strahlenden LED können alle Farben erzeugt werden, auch diejenige die erkannt werden soll. Wird diese nun vom zu prüfenden Gegenstand nicht reflektiert, so hat dieser Gegenstand gerade diese Farbe.

Damit kann man Objekte auf bestimmte Farben abprüfen, z. B. die Adern von Kabeln, um diese automatisch an die Steckerpins anzuklemmen.

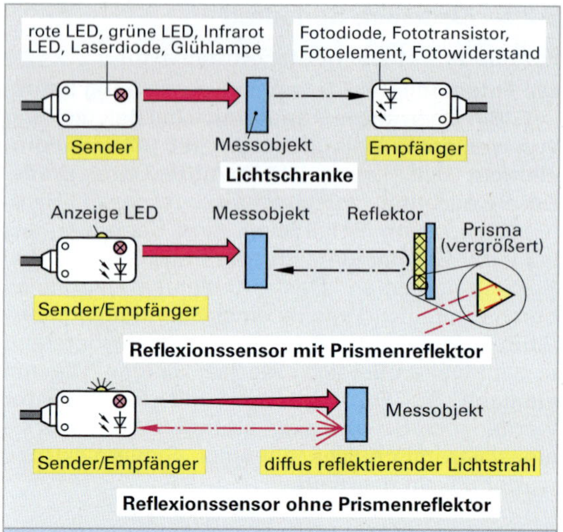

Bild 2: Lichtschranken, Bauarten

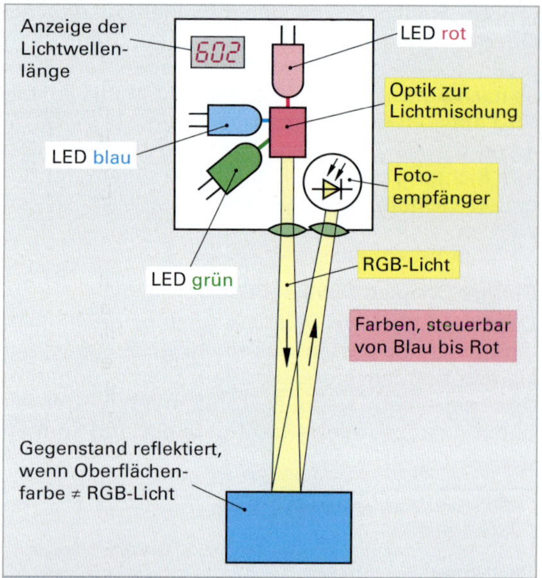

Bild 3: Farbsensor

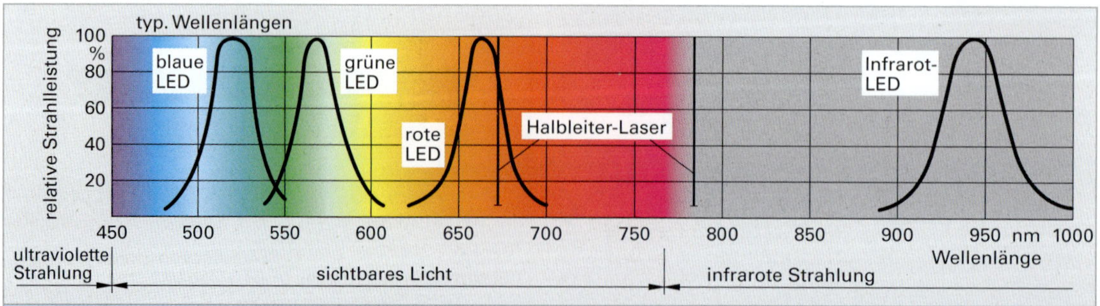

Bild 1: Wellenlänge optischer Strahlquellen

Lichtschranken mit **mikrometerfeinem Lichtstrahl** ermöglichen in Verbindung mit Längenmesssystemen das genaue Erfassen von Längen und Dicken. Genutzt wird dieses Prinzip z. B. bei Werkzeugmaschinen zur automatischen *Werkzeuglängenkorrektur* und *Werkzeugradiuskorrektur* **(Bild 1)**.

Hier fährt jeweils vor Arbeitsbeginn die Werkzeugmaschine mit der Werkzeugschneide die Lichtschranke an und ermittelt durch optisches Antasten in z-Richtung die aktuelle Werkzeuglänge und durch optisches Antasten in x-Richtung bei rotierendem Werkzeug den aktuellen Fräserradius und gegebenenfalls einen „Schlag" im Werkzeug. Dies muss in der Hochgeschwindigkeitszerspanung (HSC-Bearbeitung, von High-Speed-Cutting = Hochgeschwindigkeitszerspanung) sicherheitshalber stets vorgenommen werden.

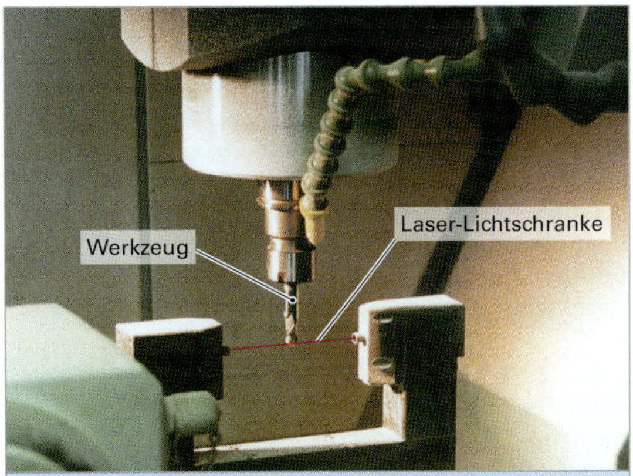

Bild 1: Ermitteln von Werkzeuglänge und Werkzeugradius durch Antasten an eine Lichtschranke

Lichtvorhänge

Der **Lichtvorhang (Bild 2)** dient dem *Unfallschutz* z. B. bei Pressen, und zum Erfassen von der Dicke z. B. bei Stangenmaterial. Das Licht gelangt von der Lampe über eine Kondensorlinse durch einen halbdurchlässigen Spiegel auf einen Polygon-Drehspiegel, welcher sich beständig dreht. Vom Polygonspiegel geht ein dünner Lichtstrahl zum Parabelspiegel und zum Reflektor.

Durch den Reflektor wird das Licht auf den Parabelspiegel zurückgeworfen und gelangt über den Polygonspiegel, den halbdurchlässigen Spiegel zu einer Fotodiode. Bei schneller Drehung des Polygonspiegels wandert der Lichtstrahl zwischen Parabelspiegel und Reflektor in schneller Folge von oben nach unten. Wird der Lichtstrahl unterbrochen, so wird dies durch die Fotodiode erkannt.

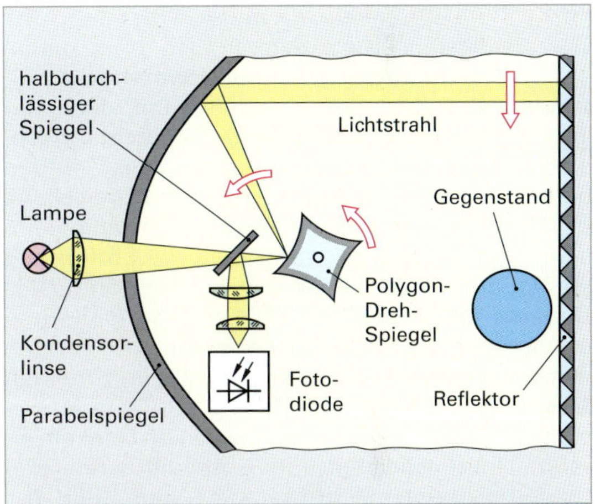

Bild 2: Lichtvorhang

Beim **Laser-Scan-Mikrometer** wird wie beim Lichtvorhang ein dünner Laserstrahl mit einem Polygonspiegel bewegt **(Bild 3)** und es entsteht ein „Lichtvorhang". Dieser trifft auf einen Empfänger mit einer CCD-Zeile. Ist ein Objekt im Lichtvorhang, so wird die Abschattung auf der CCD-Zeile erkannt. Durch Zählen der nicht beleuchteten Pixel im CCD-Element erhält man die Messobjektdicke.

Das Videosignal des CCD-Elements kann man auch durch Interpolation zwischen zwei Pixeln auswerten und erhält so eine erhöhte Ablesegenauigkeit. Diese liegt dann bei etwa 2 µm. Die Zahl der Abtastungen beträgt z. B. 1200 pro Sekunde (12 Spiegelflächen bei einer Drehzahl von 6000 min^{-1} = 100 s^{-1}).

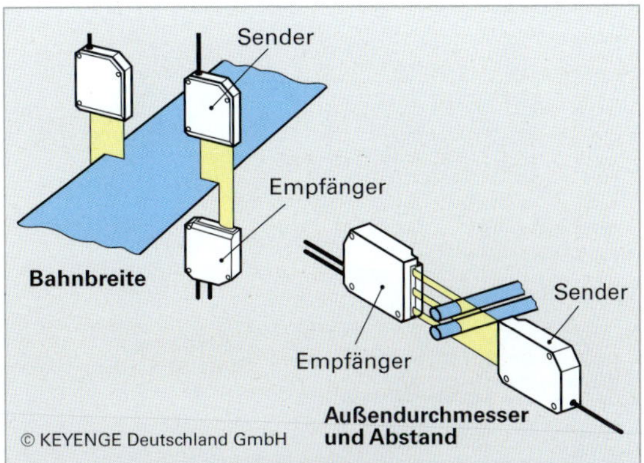

Bild 3: Laser-Scan-Mikrometer

Entfernungsmessung

Beim **Triangulations-Entfernungssensor**[1] **(Bild 1)** trifft je nach Entfernung des Werkstücks die Abbildung des rückstreuenden Lichtpunktes auf unterschiedlichen Stellen der PSD oder des CCD auf. Aus den Sensorsignalen und dem Abstand *d* lässt sich der Winkel und somit die Entfernung *s* bestimmen. Mit Triangulationssensoren können Abstandsänderungen im Bereich von 0,01 mm in Entfernungen von bis zu 20 cm erfasst werden.

Linearitätsmessung

Befestigt man einen solchen Positionssensor an Maschinen oder Robotern und richtet einen feinen Laserstrahl in seine Mitte, können Lageabweichungen lateral[2] (seitlich) zum Laserstrahl genau erfasst weren **(Bild 2)**.

3D-Positionsmessung

Zur 3D-Positionsmessung erfasst man einen „leuchtenden Messpunkt" mit zwei hochauflösenden CCD-Kameras und bestimmt nach der Triangulationsmethode aus den Abbildungspositionen des „leuchtenden Messpunktes " in den beiden Kameras die Winkel α, β, γ des Dreiecks *A*, *B*, *C* **(Bild 3)**. Da die Länge AB als Basislänge konstant und bekannt ist, kann man die Entfernung als Höhe *h* einfach berechnen. Die Neigung δ des Dreiecks ABC gegenüber der Kameraorientierung erfasst man auch aus der Lage der Abbildungen des „leuchtungen Messpunktes". Als „leuchtenden Messpunkt" könnte eine kleine Glühlampe verwendet werden (sofern das Messen im Dunkeln erfolgt). Üblich sind Messungen von diffus-reflektierenden diamantsplitterbesetzten Kugeln **(Bild 4)**.

[1] von. lat. triangulare = zu einem Dreieck machen

[2] lat. lateralis = seitwärts (gelegen)

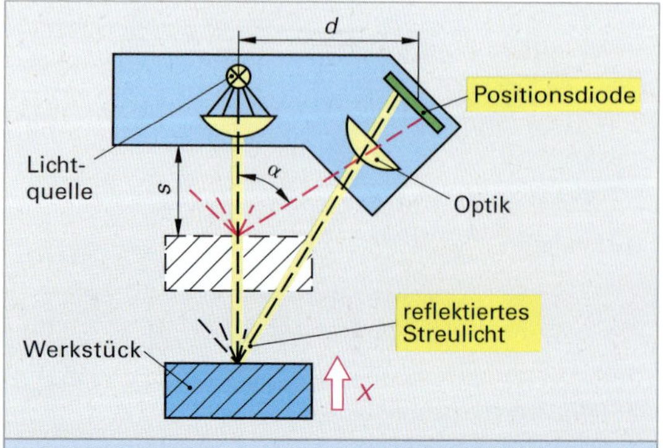

Bild 1: Triangulationssensor mit PSD

Die Kameras enthalten Infrarot-Leuchtdioden zur Infrarotbeleuchtung. Damit können Messungen auch bei Tageslicht ausgeführt werden.

Mit 3 Messkugeln kann man die Position *und* die Orientierung (Ausrichtung) z. B. eines Roboterwerkzeuges bestimmen (Bild 4).

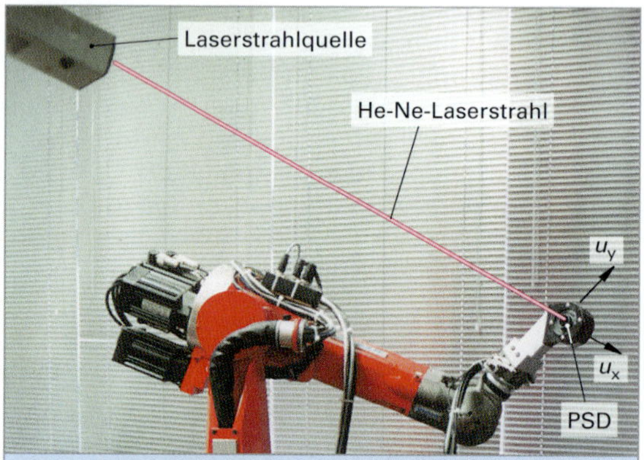

Bild 2: Ermittlung der Lineargenauigkeit bei Robotern mit PSD

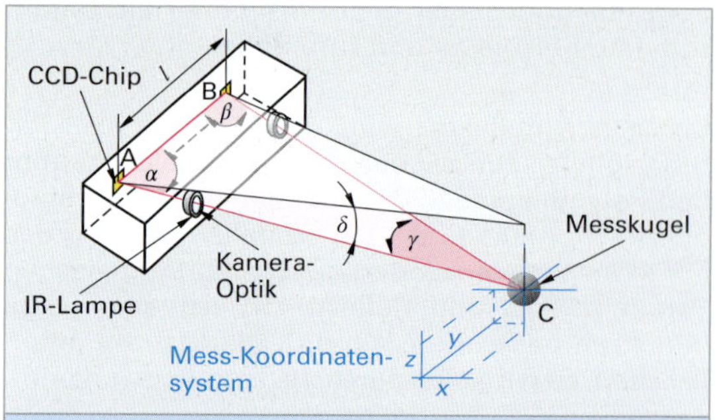

Bild 3: Triangulationsmessung mit zwei IR-Kameras und Infrarot-Beleuchtung

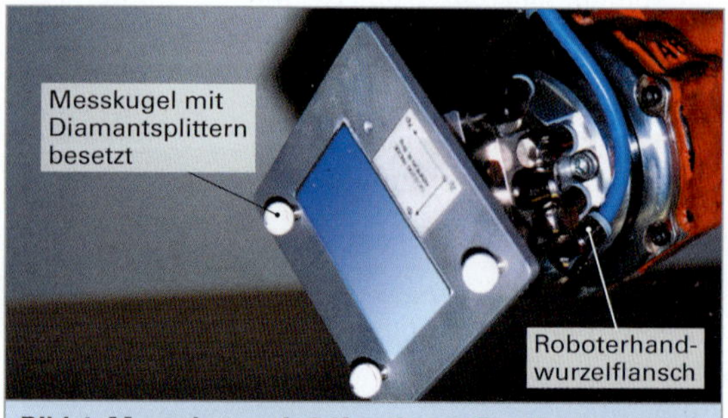

Bild 4: Messplatte mit 3 Kugeln zur Bestimmung von Position und Orientierung

3.2.6 Sensorsignale durch Laufzeitmessung

Die Laufzeit von Lichtwellen, elektromagnetischen Wellen oder von Schallwellen ist abhängig von der Entfernung zwischen dem zu erfassenden Objekt und dem Sender/Empfänger.

> Für Abstandsmessungen gibt es Ultraschall-Sensoren, Körperschallsensoren, Laserlaufzeitsensoren und Radar-Sensoren.

Ultraschall-Sensoren, Ultraschall-Scanner

Ultraschallwellen werden mit den Schwingungen eines Piezokristalls **(Bild 1)** erzeugt. Für Sensoren zur Abstandsmessung in Luft **(Bild 2)** verwendet man Schallfrequenzen von etwa 200 kHz bis 400 kHz, im Bereich der Medizintechnik zur Weichteileuntersuchung **(Bild 3)** im Frequenzbereich von etwa 1 MHz bis 40 MHz und für metallische Bauteiluntersuchungen im Bereich von 200 kHz bis 50 MHz. In Geweben und bei Bauteilen gibt es an Stoffgrenzen Reflexionen. Diese reflektierten Schallwellen laufen zum Sende/Empfangskopf zurück. Aus der Schalllaufzeit ermittelt man die Entfernungen zu den verursachenden Stoffgrenzen, z. B. an denTrennstellen Metall : Hohlraum : Metall bei einem Lunker in einem Bauteil **(Bild 4)**.

Je höher die Frequenz ist, umso häufiger können Ultraschallpulspakete gesendet werden und umso kleiner können in Geweben bzw. Werkstoffen die Veränderungen erfasst werden. Die Schalllaufzeit begrenzt jedoch die Zahl der Sendepulspakete je Zeiteinheit und damit auch die Auflösung bei den bildgebenden Auswertedarstellungen.

Bei **Abstandssensoren** in Luftumgebung ist die Auflösung etwa 2 mm, die Reichweite geht bis etwa 10 m und die Wiederholfrequenz für die Pulspakete liegt – je nach Ausführung – im Bereich von ca. 10 Hz bis 140 Hz.

Bei **Bauteilprüfsensoren** liegt die Auflösung materialabhängig bei etwa 0,5 mm, in besonderen Anlagen bei auch im µm-Bereich. Zur Schalleinkopplung in Bauteile wird der Prüfkopf auf eine Gelschicht (Bild 1) aufgesetzt, sodass kein echoverursachender Luftzwischenraum da ist und die Ultraschallwelle ungehindert eingeleitet wird.

In der **Medizintechnik** sind die bildgebenden Darstellungen (Sonographie) wichtig. Hierzu benötigt man eine hohe Wiederholfrequenz der Pulspakete. Sie liegt etwa im Bereich von 1 kHz bis 5 kHz. Die Auflösung ist im Halbmillimeterbereich.

Körperschall-Wegsensor

Der Körperschall-Wegmesssensor besteht aus einem Massivdraht, geschützt in einem druckdichten Metallrohr und einer angebauten Auswerteelektronik **(Bild 1, folgende Seite)**. Durch den Draht werden kurze Stromimpulse geschickt. Durchläuft

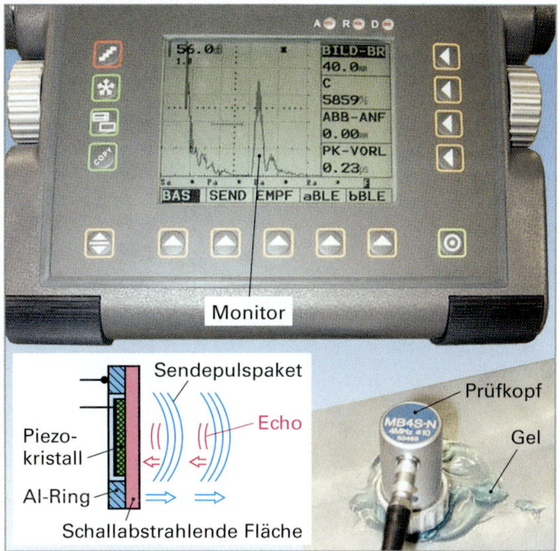

Bild 1: Ultraschallmesstechnik

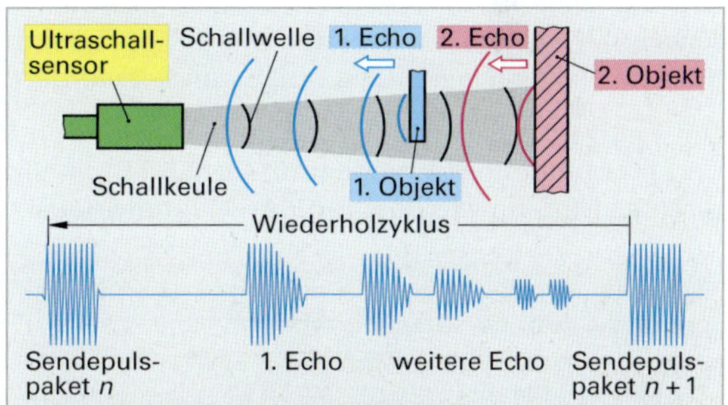

Bild 2: Abstandsmessung in Luft

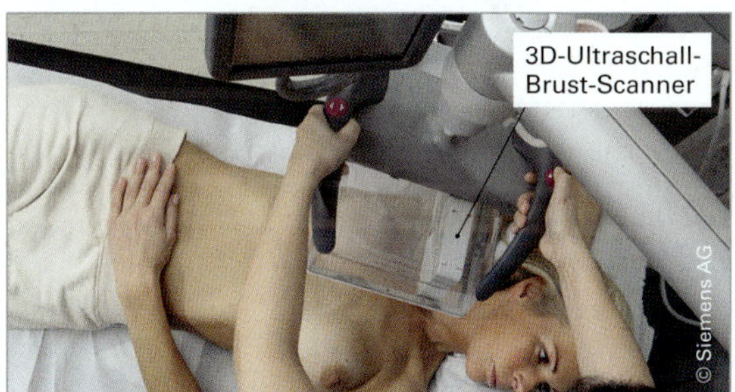

Bild 3: 3D-Ultraschall-Scanner in der Medizin

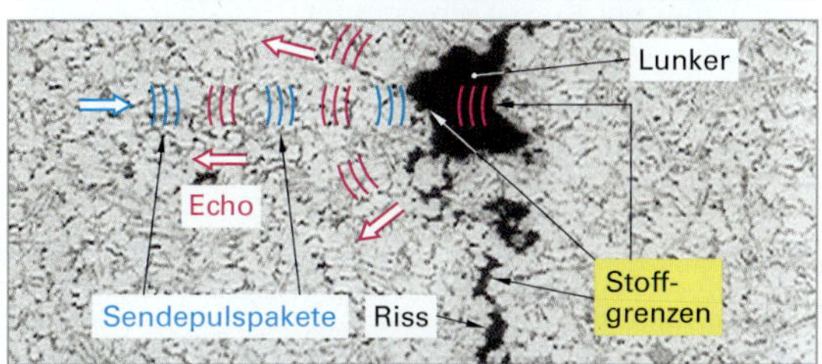

Bild 4: Ultraschall-Werkstoffprüfung

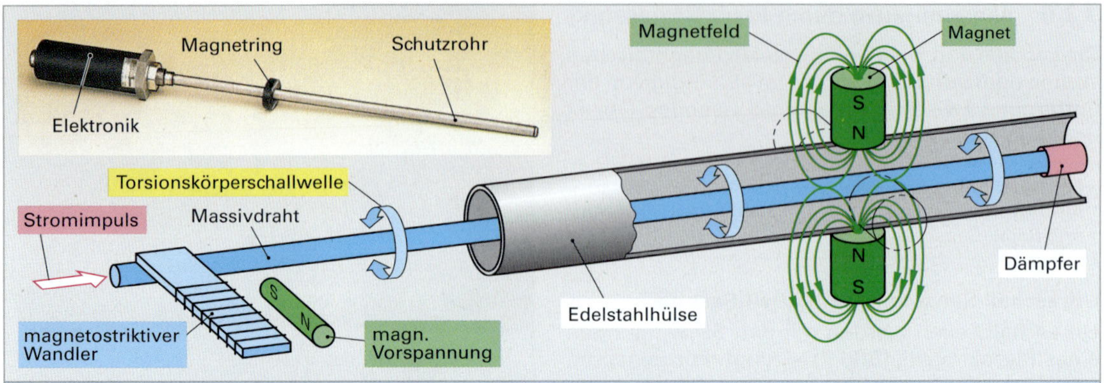

Bild 1: Aufbau des Körperschall-Wegsensors

der Stromimpuls den Magnetring **(Bild 1)**, entsteht im Metalldraht ein Kraftimpuls in radialer Richtung (Torsionsimpuls). Dieser pflanzt sich als eine *Torsions-Körperschallwelle* in beiden Richtungen im Draht fort. Auf der Seite der Elektronik befindet sich ein magnetostriktiver Sensor (siehe magnetostriktive Aktoren), mit dem die ankommenden Torsionsimpulse in elektrische Impulse umgewandelt werden.

Die Laufzeit zwischen gesendetem Stromimpuls und empfangenem Torsionsimpuls **(Bild 2)** ist ein direktes Maß für die Position des Magnetringes.

Diese Sensoren gibt es für Messlängen von 150 mm bis 2500 mm, bei einer Messgenauigkeit von etwa 0,5 ‰. Die Messfrequenz beträgt etwa 2000 Messungen pro Sekunde.

Anwendung. Wegmessung in rauher Umgebung, z. B. auch im Innern von Hydraulikzylindern für Zylinderpositioniersysteme.

Laser-Laufzeitsensor

Der Sensor besteht aus einer Pulslaserdiode zur Erzeugung von Infrarot-Strahlungsimpulsen, einem Fotodiodenempfänger und einer hochgenauen Zeitmesselektronik **(Bild 3)**.

Die Laufzeit des Infrarot-Strahlungsimpulses ist bei der Lichtgeschwindigkeit von 300 000 km/s = $3 \cdot 10^8$ m/s für eine Strecke von $2 \cdot 10$ m $\Rightarrow t = 20$ m : $3 \cdot 10^8$ m/s = $6{,}6 \cdot 10^{-8}$ s. Will man eine solche Strecke auf $l = 1$ mm genau messen, so muss die Zeitmesseinrichtung Laufzeitverschiebungen zwischen dem Sendeimpuls und dem Empfangsimpuls, bzw. zwischen dem Referenzimpuls und dem Empfangsimpuls von 6,6 ps = $6{,}6 \cdot 10^{-12}$ s erfassen können.

Anwendung. Laser-Laufzeitsensoren eignen sich besonders zur Abstandsmessung von Objekten im weiten Entfernungsbereich $l > 10$ m, und zwar auch bei bewegten Objekten und zur dreidimensionalen Objekterfassung durch zeilenweises Abtasten der Objektentfernung **(Bild 4)**.

Laufzeitsensoren erfassen die Zeit zwischen Sendesignal und reflektierenden Signal.

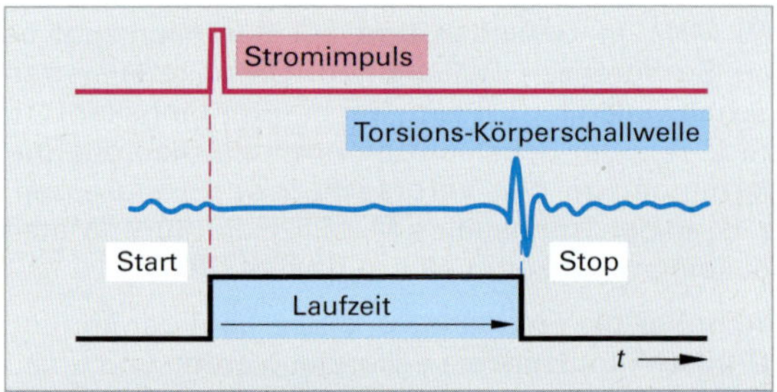

Bild 2: Pulsdiagramm

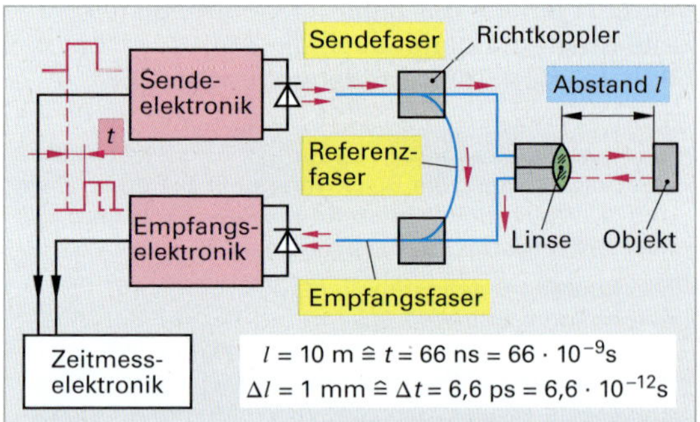

Bild 3: Aufbau des Laser-Laufzeitsensors

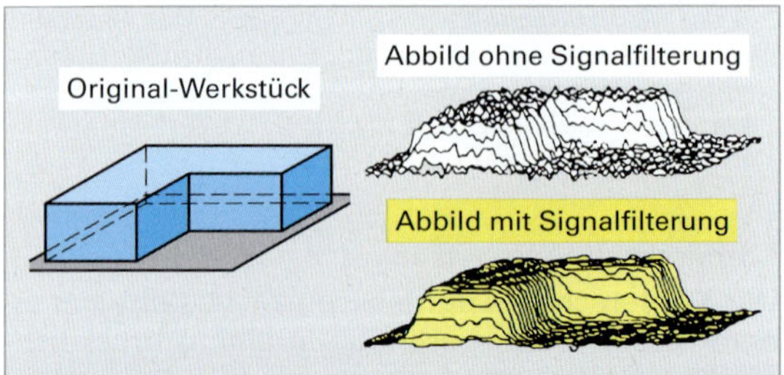

Bild 4: Erfassung räumlicher Strukturen durch zeilenweise Abtasten der Entfernung

3.2.7 Näherungsempfindliche Schalter (binäre Sensoren)

Näherungsempfindliche Schalter bestehen aus einem Abstandssensor (induktiv, kapazitiv, optisch, akustisch) und der Auswerteelektronik **(Tabelle 1)**. Solche Schalter werden gegenüber mechanisch betätigten Schaltern bevorzugt verwendet, da sie keinem Verschleiß unterliegen und durch die berührungslose Arbeitsweise den zu erfassenden Prozess nicht stören.

Tabelle 1: Eingänge von Flipflop (Auswahl)

Bennenung, Schaltzeichen	Aufbau, Prinzip	Erklärung	Eigenschaften
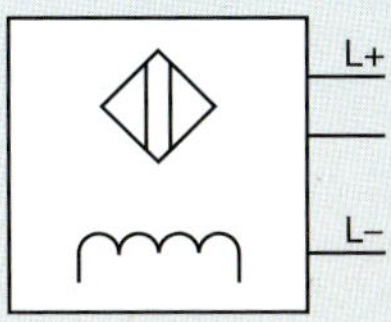 **induktiver Näherungsschalter**	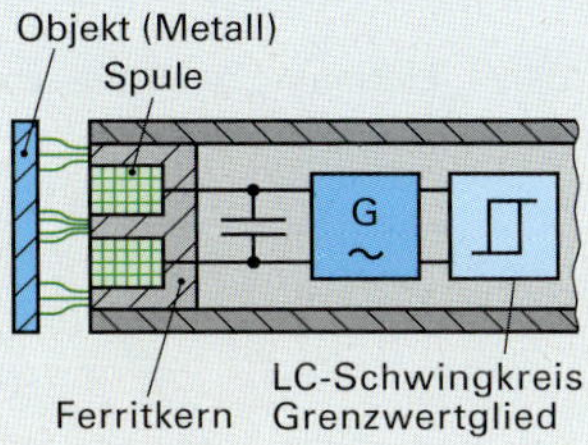	Bei Annäherung eines metallischen Objekts wird der Schwingkreis des Näherungsschalters durch *Wirbelstrombildung im Objekt* stark gedämpft.	Bemessungsschaltabstand s_n = 1 mm bis 150 mm Spulendurchmesser: $d \approx 0{,}3 \times s_n$ Schaltfrequenz: f = 100 Hz bis 3 kHz Schaltdifferenz: $\Delta s \approx 0{,}1 \times s_n$
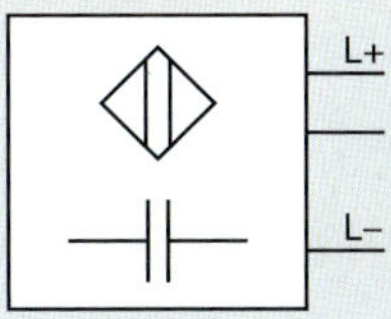 **kapazitiver Näherungsschalter**	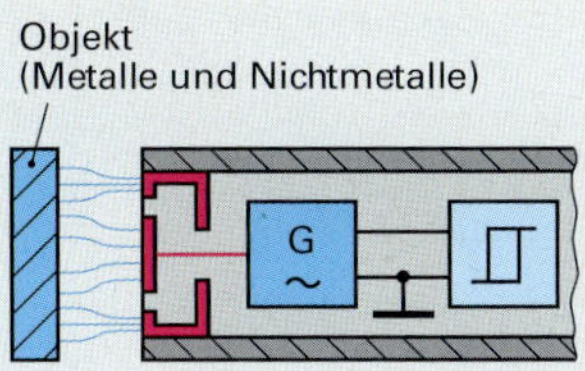	Bei Annäherung eines metallischen oder auch nicht metallischen Objekts verändert sich das *Dielektrikum* eines Kondensators und somit seine Kapazität. Bei Überschreiten eines eingestellten Kapazitätswertes schwingt der Oszillator an.	Bemessungsschaltabstand s_n = 20 mm bis 40 mm Arbeitsabstand: Metalle: $s_a \approx 1 \times s_n$ Glas: $s_a \approx 0{,}5 \times 2\ s_n$ H_2O: $s_a \approx 1 \times s_n$ Öl: $s_a \approx 0{,}1 \times s_n$ Schaltdifferenz: $\Delta s \approx 0{,}25 \times s_n$
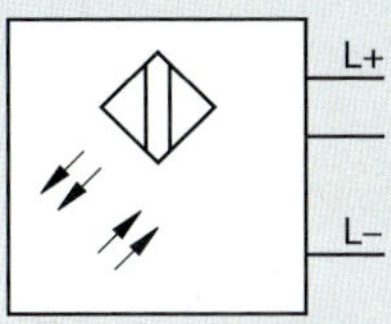 **optoelektronische Näherungsschalter**	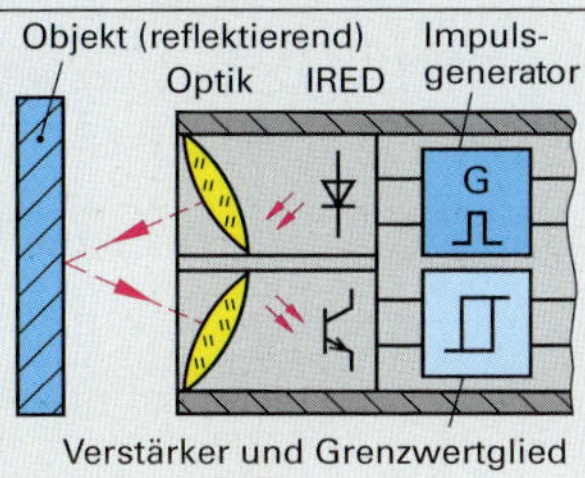	Über eine IRED (Infrarot-LED) wird pulsierende Infrarotstrahlung abgestrahlt und bei Annhäherung eines Objekts von diesem *reflektiert*. Über einen Fototransistor wird die refelktierte Infrarotstrahlung erfasst. Infrarotstrahlung anderer Frequenz bleibt unberücksichtigt.	Bemessungsschaltabstand ohne Reflektor: $s_n \approx$ 100 mm mit Reflektor: $s_n \approx$ 2000 mm Schaltdifferenz: $\Delta s \approx 0{,}2 \times s_n$ Schaltfrequenz: $f \approx$ 5 Hz
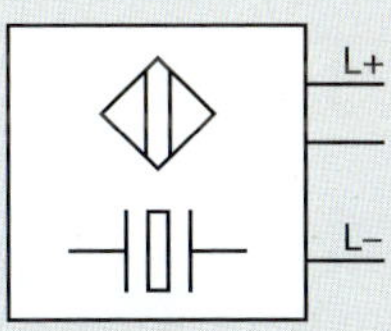 **Ultraschall-Näherungsschalter**	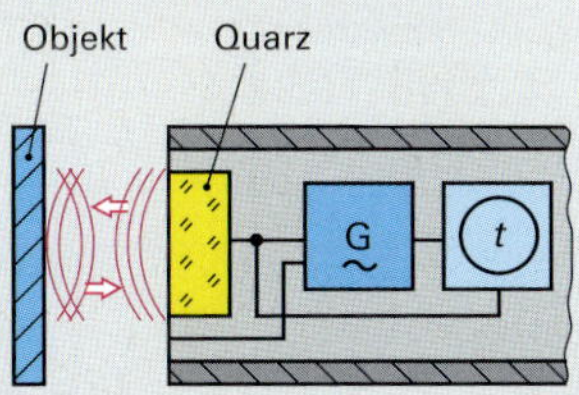	Mit einem Schwingungsquarz werden Ultraschallschwingungen mit etwa 200 kHz erzeugt und als Pulspakete abgestrahlt. Das *Echo* wird über denselben Quarz aufgenommen. Die Schalllaufzeit wird mit einer einstallbaren Zeit verglichen.	Bemessungsschaltabstand: $s_{n\,min} \approx$ 50 mm $s_{n\,min} \approx$ 10 000 mm Schaltdifferenz: $\Delta s \approx 0{,}02 \times s_n$ Schaltfrequenz: $f \approx$ 4 Hz bei kleinem Schaltabstand und $f \approx$ 2 Hz bei großem Schaltabstand

Kenngrößen für induktive Sensoren

Bemessungsschaltabstand

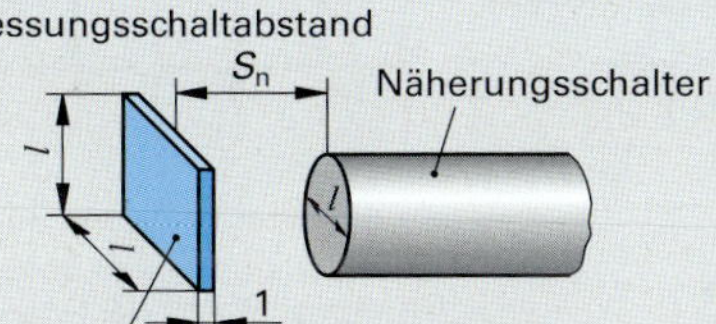

Normmessplatte aus Fe 360 (ISO 630)

s_n	Bemessungsschaltabstand:	Schaltabstand bei Annäherung mit Messplatte
s_a	Arbeitsabstand:	Schaltabstand bei Annäherung mit Gegenständen des gewählten Werkstoffs
Δs	Schaltdifferenz: (Schalthysterese)	Wegdifferenz zwischen Einschaltpunkt und Ausschaltpunkt bei Annäherung mit Messplatte
f	Schaltfrequenz:	Maximal mögliche Anzahl von Impulsfolgen je Sekunde

3.2.8 Digitale Weg- und Winkelmessung

Digitale Weg- und Winkelmesssysteme **(Bild 1)** werden eingeteilt in:

- **inkrementale**[1] Weg- und Winkelmesssysteme,
- **absolute** Weg- und Winkelmesssysteme,
- **zyklisch analoge** Weg- und Winkelmesssysteme mit anschließender Digitalisierung.

Bei der **inkrementalen Weg- und Winkelmessung** werden **Zuwachswerte** (Inkremente) eines Weges oder Winkels erfasst und in Form elektrischer Impulse einem Zähler zugeführt. Zur absoluten Bestimmung eines Weges oder Winkels muss der Zähler an einer vorgesehenen Weg- oder Winkelstellung, dem *Referenzpunkt*, auf Null gesetzt werden.

Bei den **absoluten Weg- und Winkelmesssystemen** wird der Weg bzw. Winkel, wie bei einem Maßstab, direkt elektronisch abgelesen.

Bei der **zyklisch analogen Messtechnik** werden mit Inductosyn oder Drehmelder die Wege bzw. Winkel in **kleinem Bereich absolut** durch einen Phasenverschiebungswinkel erfasst. Die jeweiligen Zyklen werden gezählt.

3.2.8.1 Inkrementale Weg- und Winkelmessung

Optisch-inkrementale Weggeber. Beim Durchlichtverfahren verwendet man einen Strichmaßstab aus Glas mit lichtundurchlässigen Strichen und lichtdurchlässigen Lücken von z. B. 4 µm Breite **(Bild 2)**. Die Abtasteinrichtung besteht aus einer Lichtquelle, einer Abtastplatte und einer elektronischen Auswerteschaltung. Die Abtastplatte ist ebenso wie der Maßstab mit lichtundurchlässigen Strichen und lichtdurchlässigen Lücken versehen. Stehen sich die Maßstabslücken und die Lücken der Abtastplatte genau gegenüber, kann Licht von der Lichtquelle zu den lichtempfindlichen Fotodioden gelangen und elektronisch ausgewertet werden. Ist der Maßstab gegen die Abtastplatte um eine Strichbreite versetzt, gelangt kaum Licht zu den Fotodioden. Verschiebt man den Glasmaßstab gegenüber der Abtastplatte, dann wechselt die Lichtstärke des durchgelassenen Lichtes periodisch mit dem Strichabstand **(Bild 3)**. Um die Bewegungsrichtung des Maßstabs erkennen zu können, wird die Abtastplatte zweigeteilt.

[1] lat. incrementum = Zuwachs

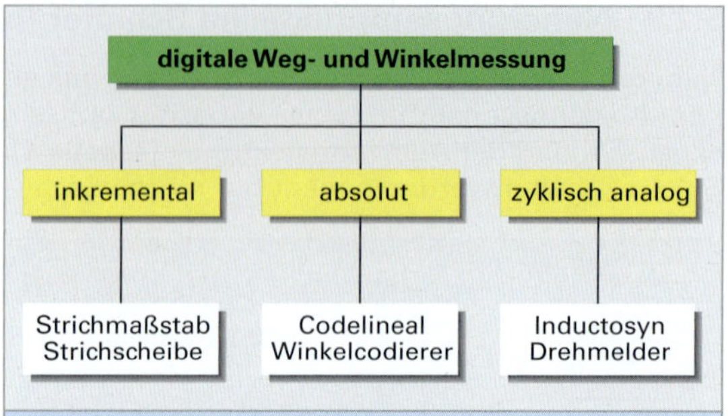

Bild 1: Einteilung der Weg- und Winkelmesssysteme

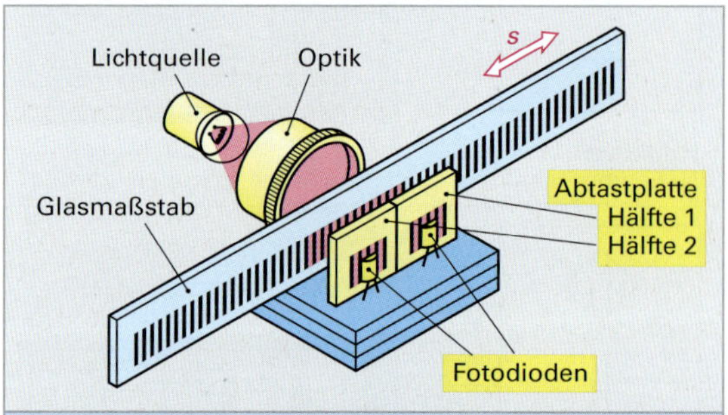

Bild 2: Durchlichtmaßstab

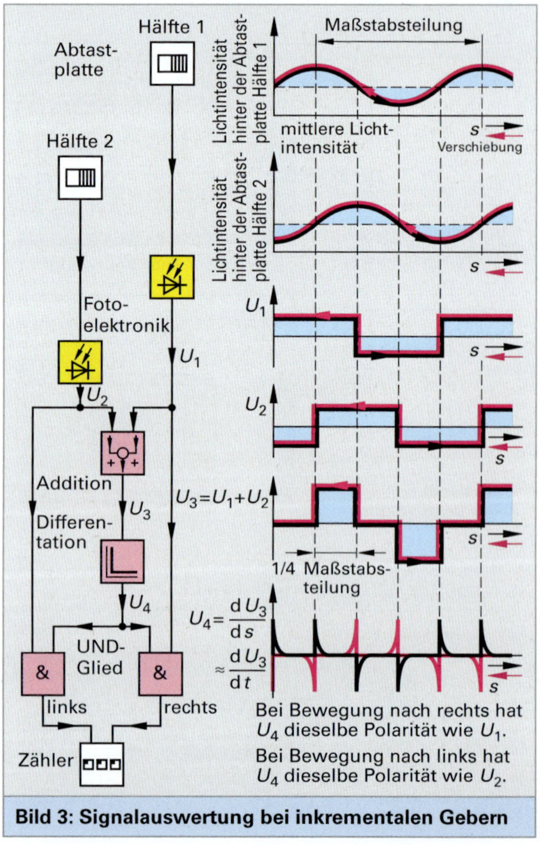

Bild 3: Signalauswertung bei inkrementalen Gebern

Die Striche auf der *einen* Hälfte der Abtastplatte sind um eine *halbe Strichstärke* (1/4 Periode) gegenüber der *anderen* Hälfte versetzt. Nun wechselt die Lichtstärke hinter der 2. Hälfte der Abtastplatte um 1/4 Periode versetzt gegenüber der ersten. Wird nun der Maßstab nach rechts verschoben, erreicht die Lichtintensität hinter der ersten Abtastplattenhälfte zuerst das Maximum, dann folgt, 1/4 Periode versetzt, das Maximum der Lichtintensität hinter der 2. Hälfte. Bei einer Maßstabsbewegung nach links kommt umgekehrt das Lichtmaximum der 2. Abtastplattenhälfte zuerst.

Mit den lichtempfindlichen Fotodioden werden entsprechend der Lichtintensität elektrische Spannungen erzeugt und so verstärkt, dass bei Überschreiten der Lichtintensität über den Mittelwert eine gleichbleibende positive Spannung und bei Unterschreiten der Lichtintensität unter den Mittelwert eine gleichbleibende negative Spannung entsteht.

Die beiden Spannungen U_1 und U_2 werden addiert, und man erhält bei einer Maßstabsbewegung die Impulsspannung U_3. Für jede Spannungsänderung bei U_3 erhält man mit einem elektronischen Differenzierer (D-Glied) einen Impuls (Spannung U_4) und zwar einen positiven Impuls für eine Spannungsänderung in positiver Richtung und einen negativen Impuls bei einer Änderung in negativer Richtung.

Die Zahl dieser Impulse ist 4-fach größer als eine Strichperiode. Man gewinnt auf diese Weise eine Vervierfachung der Maßstabsteilung und somit eine Messfeinheit von 2 µm bei einer Strichperiode von 8 µm bzw. einer Strichbreite von 4 µm. Die Spannung U_4 unterscheidet sich durch ihre Polarität von den Spannungen U_1 und U_2.

Bewegt sich der Maßstab nach rechts (Schwarzdruck), haben die Impulse von U_4 dieselbe Spannungsrichtung (Polarität) wie U_1.

Bei einer Maßstabsbewegung nach links (Rotdruck) hat U_4 dieselbe Polarität wie U_2. So lässt sich die Bewegungsrichtung des Maßstabs elektrisch eindeutig erkennen.

Beim Auflichtmaßstab sind auf einen Stahlstab lichtreflektierende und lichtabsorbierende Striche aufgebracht **(Bild 1)**.

Zum Abtasten verwendet man wie bei den Durchlichtmaßstäben eine zweigeteilte Abtastplatte aus Glas, welche lichtundurchlässige Striche und lichtdurchlässige Lücken gleichen Abstandes wie der Maßstab enthält.

Die Striche der beiden Abtastplattenhälften sind um 1/4 der Strichbreite gegeneinander versetzt.

Das reflektierte, durch die Abtastplatte hindurchgehende Licht wechselt in der Intensität ebenso wie beim Durchlichtmaßstab (Bild 3, vorhergehende Seite).

Diese Maßstäbe werden häufig auch nicht gekapselt **(Bild 2)** an Werkzeugmaschinen angebaut. Als Stahlmaßband ermöglicht diese Technik Messlängen bis 30 m bei Inkrementgrößen von z. B. 5 µm.

Referenzmarken. Bei Inkrementalmaßstäben geht bei Spannungsverlust (und sofern auch die Pufferbatterie ausfällt) der Absolutwert des Maßes verloren. Eine Referenzmarke liefert beim sogenannten Referenzieren, nämlich dem langsamen Überfahren der Referenzmarke aus immer derselben Fahrrichtung den „Nullimpuls" zur Zählernullung.

Bei großen Messstrecken ist dies ungünstig bzw. relativ lange dauernd und so haben Maßstäbe häufig abstandscodierte Referenzmarken **(Bild 1, folgende Seite)**, d. h. Referenzmarken mit unterschiedlichen Abständen und so kann der Messcomputer die jeweilige Referenzmarke mit ihrer absoluten Position eindeutig identifizieren.

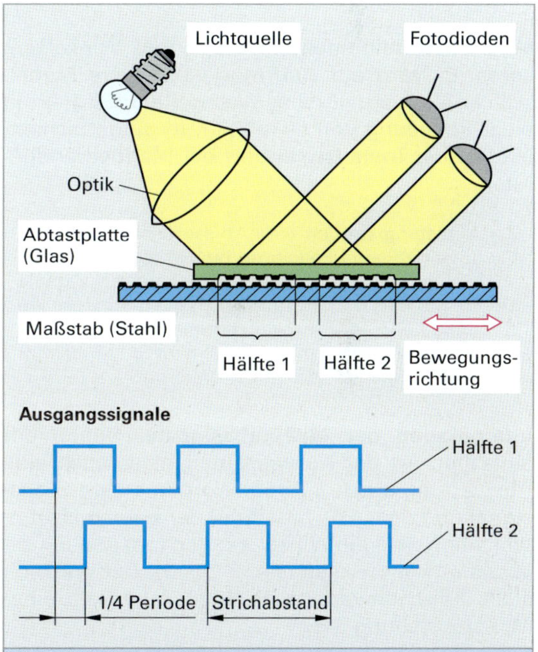

Bild 1: Auflichtmaßstab

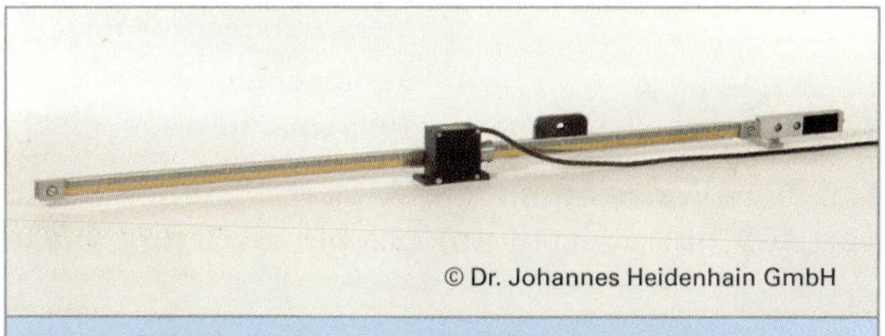

Bild 2: Offenes inkrementales Längenmesssystem

Serielle Codierung. Diese Messsysteme haben neben einer feinen Strichspur, z. B. mit einer Maßstabsteilung von 8 µm, eine weitere Spur mit serieller Codierung **(Bild 2)**. Letztere wird in breiterem Bereich gelesen, ähnlich wie die Zentimeterangaben bei einem üblichen Meterstab.

Optisch-inkrementale Winkelgeber. Für die Winkelmessung gibt es inkrementale Winkelgeber **(Bild 3)**. Hier sind die Striche am Rand einer Scheibe aufgetragen. Die Strichabtastung erfolgt über eine Abtastplatte mit 2 Strichmuster, die um $^1/_4$ Skalenteilung gegeneinander versetzt sind. Die Zahl der Striche beträgt z. B. 250 000, sodass $^1/_{1000000}$ Umdrehung direkt gemessen werden kann.

Winkelgeber verwendet man auch zusammen mit einer Präzisions-Kugelgewindespindel für die Längenmessung. Bei einer Spindelsteigung von $P = 10$ mm erreicht man bereits mit einem Drehwinkelgeber mit 250 Strichen am Umfang, also 1000 elektrischen Impulsen für eine Umdrehung, eine Wegauflösung von 10 mm/1000 = 10 µm.

Magnetisch-inkrementale Weg- und Winkelsensoren. Es wird auf eine magnetisierbare Metallschicht ein magnetisches Wechselfeld **(Bild 4)** mit einer Polteilung von etwa 0,2 mm aufgezeichnet, ähnlich der Tonaufzeichnung bei Magnetbandgeräten.

Zur Abtastung werden zwei Ableseköpfe verwendet, die um eine viertel Polteilung ($\lambda/4$) versetzt sind und so zwei phasenverschobene, sinusähnliche Signale liefern. Mit Hall-Sonden tastet man die magnetischen *Streufeldlinien* ab. Die Zahl der Inkremente ist vom Durchmesser des Magnetrades abhängig und beträgt z. B. 2048 Sinusperioden je Umdrehung.

Interpolation der Maßstabssignale. Neben der einfachen Art der Auswertung gibt es auch eine Auswertung durch *Interpolation*. Aus dem Sinussignal und dem Cosinussignal der beiden Lichtintensitäten wird ein Winkel α berechnet ($\tan \alpha = \sin \alpha : \cos \alpha \Rightarrow \alpha = \arctan (\sin \alpha : \cos \alpha)$). Der Winkel α stellt Zwischenwerte, z. B. 1000, innerhalb einer Maßstabsteilung dar.

Die Abtastzeit zur Abtastung von 1 Inkrement beträgt:

$$T_A = 1/f_A$$

$$f_A = v \cdot A$$

T_A Abtastzeit
f_A Abtastfrequenz
v Vorschubgeschwindigkeit
A Auflösung (Inkremente/Wegeinheit)

Auf diese Weise erhält man Maßstabsauflösungen von 100 nm oder 10 nm bis hin zu 1 nm. Diese hohen Auflösungen sind zur digitalen Geschwindigkeitsregelung bei Vorschubantrieben, insbesondere bei Linearantrieben erforderlich.

[1] von lat. interpolatio = umgestalten, math.: Errechnen von Zwischenwerten

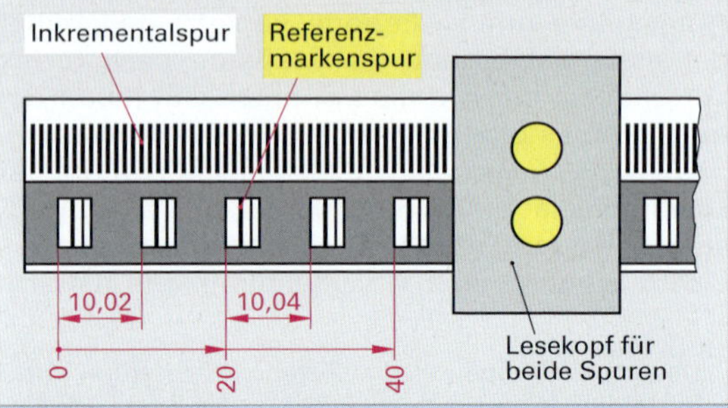

Bild 1: Abstandscodierte Referenzmarken (Beispiel)

Bild 2: Serielle Codierung

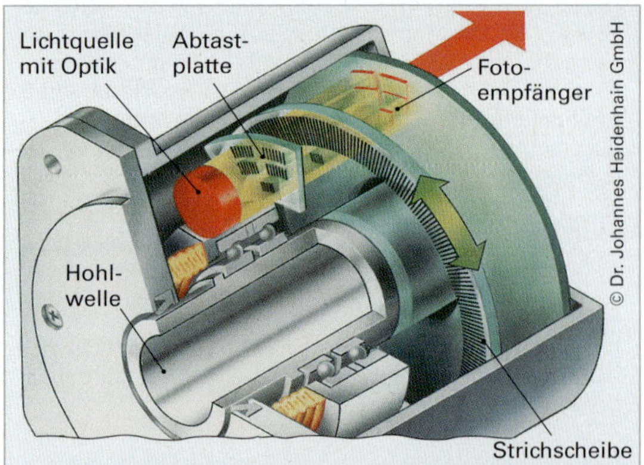

Bild 3: Inkrementaler optischer Winkelgeber

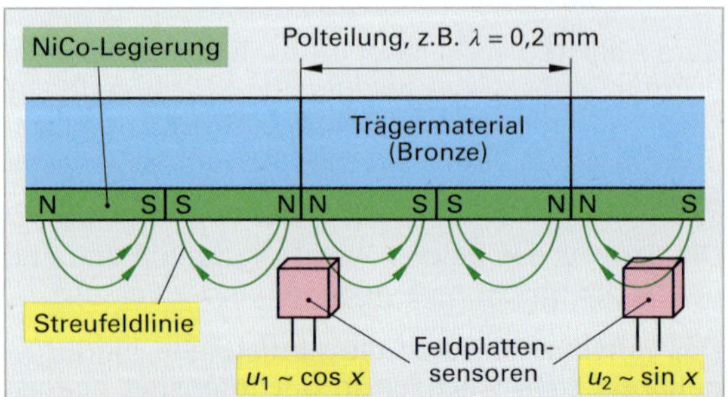

Bild 4: Magnetischer Inkrementalsensor

Beispiel:
Ein Vorschubantrieb soll im Geschwindigkeitsregelkreis bei einer Geschwindigkeit von v = 1 mm/s (600 mm/min) mit 1 % Genauigkeit geregelt werden. Welche Maßstabsauflösung ist erforderlich, wenn die Signalabtastzeit T_A = 1 ms beträgt?

Lösung:
Man benötigt bei 1 % Genauigkeit alle 1 ms 100 Inkremente. f_A = 100 Inkr./ms = 100 000 Inkr./s

$$A = f_A/v \Rightarrow f_A = \frac{100\,000\ \text{Inkr.}}{\text{s} \cdot 1\ \text{mm/s}}$$

$$= \frac{100\,000\ \text{Inkr}}{\text{mm}} = \frac{1\ \text{Inkr.}}{10\ \text{nm}}$$

Die notwenige Maßstabsauflösung beträgt 1 Inkrement pro 10 nm Weg.

Die Interpolation der Sinus/Cosinus Maßstabssignale erfolgt auf der Reglerkarte der numerischen Steuerung. Würde die Interpolation in der Maßstabselektronik erfolgen, so müsste eine Signalübertragung mit sehr hoher Bitrate zur numerischen Steuerung erfolgen, was fehlerfrei nur über Lichtleiter möglich ist.

Beispiel:
Wie groß ist die Abastfrequenz bei einer Maßstabsauflösung von A = 1 Inkr./10 nm und einer Vorschubgeschwindigkeit von v = 120 m/min?

Lösung:

$$f_A = A \cdot v \Rightarrow f_A = \frac{1\ \text{Inkr.}}{10\ \text{nm}}$$

$\Rightarrow f_A = 2 \cdot 10^8$ Inkr./s $\triangleq$ **0,2 GHz**

Die notwendige Übertragungsfrequenz ist 0,2 Gigahertz.

Laserinterferometer. Beim Laserinterferometer **(Bild 1)** führt man *gleichphasig schwingendes Licht* über einen festen Reflektor (Spiegel oder Prisma) und ferner über einen, an einem beweglichen Objekt, angebrachten Reflektor. Man überlagert beide Strahlen. Bei dieser Überlagerung entstehen *Interferenzen*[1] bezüglich der Lichtintensität.

Die Lichtstrahlen können sich bei der Überlagerung verstärken oder, wenn sie um eine halbe Wellenlänge $\lambda/2$ phasenverschoben aufeinandertreffen, auch auslöschen. Bewegt man nun das Objekt, so entsteht ein Wechsel von Hell und Dunkel beim Fotodetektor im Abstand von $\lambda/2$. Die Lichtwellenlänge beträgt bei einer Infrarot-Laserdiode etwa λ = 770 nm. Somit kann man Abstände, beginnend von einem Referenzpunkt, durch Zählen der Hell-Dunkel-Impulse, mit extrem hoher Genauigkeit, von etwa 0,01 µm bestimmen.

[1] Interferenz = Überlagerung

Durch zusätzliche optische Phasenverschiebung eines Teilstrahls und die Aufnahme über 2 Fotodektoren kann man wie bei Inkrementalgebern auch die Bewegungsrichtung erfassen. Die gesamte optische Anordnung ist als flacher integriert optischer Chip realisiert. Damit werden Laserinterferometer sehr klein.

Anwendung: Längenmessung, Linearitätsmessung, Winkelmessung in Verbindung mit Spiegeln und Prismen, Messung von Bauteilschwingungen, Dickenmessung **(Bild 2** und **Bild 3)**.

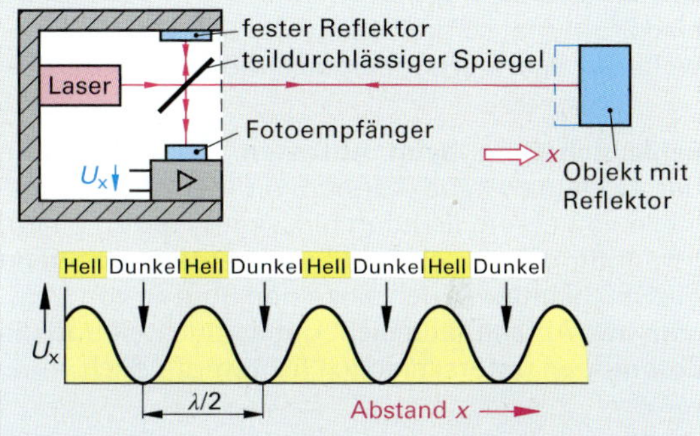

Bild 1: Prinzip des Laserinterferometers

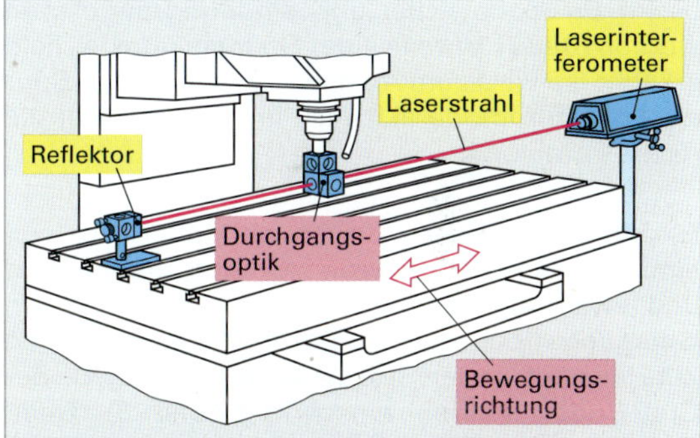

Bild 2: Linearitätsmessung

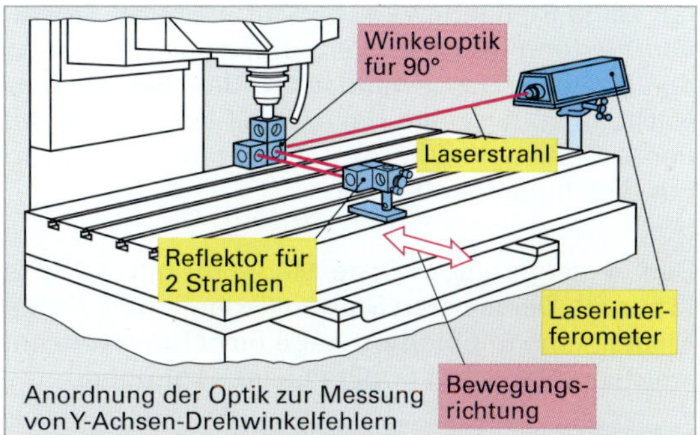

Bild 3: Winkligkeitsmessung

3.2.8.2 Absolute Weg- und Winkelmessung

Codemaßstäbe. Maßstäbe mit binärer Codierung sind durch ein Muster, z. B. schwarzer und weißer oder lichtdurchlässiger und lichtundurchlässiger Felder so gekennzeichnet, dass jede Position auf dem Maßstab eindeutig dem Wert einer Zahl zugeordnet werden kann. Häufig erfolgt eine **Dual-Codierung.** In der 0. Code-Spur sind dann lichtdurchlässige und lichtundurchlässige Striche *gleicher Breite*, wie beim Inkrementalgeber, angeordnet **(Bild 1)**. In der 1. Spur sind die Strichbreiten gerade doppelt so breit wie in der 0. Spur. In der 2. Spur sind sie doppelt so breit wie in der 1. Spur, also $2^2 = 4$ mal so breit wie in der 0. Spur. Mit jeder weiteren Spur verdoppelt sich die Strichbreite.

Fehlersicherung beim Abtasten. Beim Abtasten der Codemaßstäbe können an der Übergangsstelle von einem lichtdurchlässigen Feld zu einem lichtundurchlässigen Feld Fehler entstehen, wenn die Strichkanten in den einzelnen Spuren von Maßstab und Abtastplatte nicht genau fluchten und die Fotodioden unterschiedlich lichtempfindlich sind.

Fehler beim Ablesen wiegen um so schwerer, je höher die Stellenbewertung der betreffenden Spur ist. Mit einer **V-Abtastung** können Codemaßstäbe im *Dualcode* sicher und eindeutig abgetastet werden **(Bild 2)**. Wird in einer Spur ein dunkles Feld erkannt, so wird zum Ablesen der folgenden Spur die linke Fotodiode aktiviert, im anderen Fall die rechte Fotodiode.

Es gibt Maßstäbe mit Codes, bei denen sich von einer Position zur anderen nur eine Spur ändert und zwar so, dass sich der Ablesewert beim Übergang über die Strichkante nur um einen Ziffernschritt ändert. Diese Codes, wie z. B. der **Gray-Code**[1], heißen *einschrittig* **(Bild 3)**. Beim Gray-Code benötigt man zum sicheren Abtasten keine V-Abtastung, da der abgelesene Wert höchstens um eine Position unsicher ist. Der Gray-Code hat keine Stellenbewertung. Zur weiteren Signalverarbeitung müssen die Abtastsignale erst in den Dualcode umgewandelt werden. Ein weiterer Nachteil ist, dass alle Hell/Dunkel-Übergänge mit hoher Genauigkeit hergestellt sein müssen, nicht nur diejenigen der 0. Spur.

Bild 4 zeigt einen Code-Maßstab mit 17 Bits (Spuren). Die feinsten Spuren liegen innen. Deren Muster kann mit bloßem Auge nicht mehr erkannt werden. (Man sieht farbige Lichtbeugungen.)

[1] *Frank Gray*, amerikanischer Wissenschaftler (1887 bis 1969)

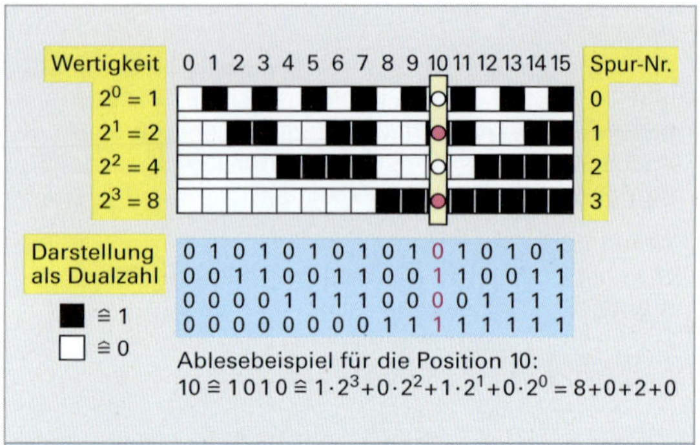

Bild 1: Codemaßstab mit Dualcode

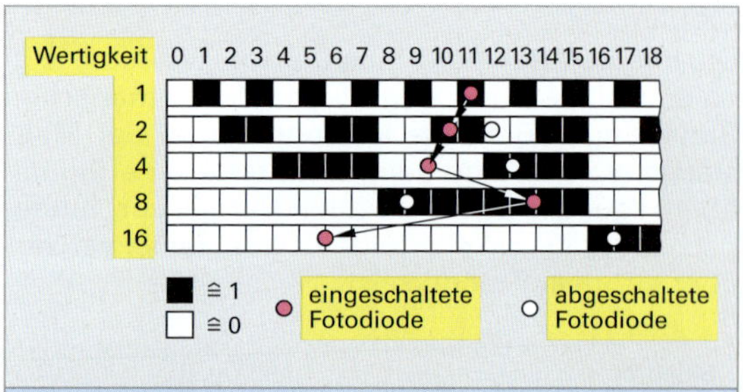

Bild 2: V-Abtastung

Bild 3: Codemaßstab mit Gray-Code

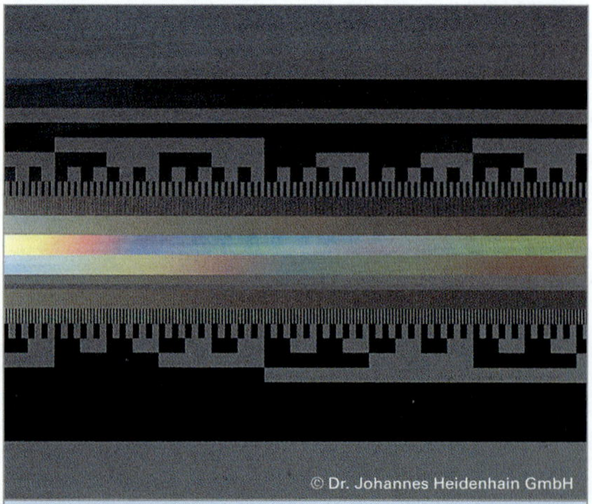

Bild 4: Codemaßstab

Winkelcodierer

Zur Winkelmessung oder zur Längenmessung mit einer Schraubenspindel oder mit einer Zahnstange und einem Ritzel verwendet man Winkelcodierer. Bei den Winkelcodierern sind die Codemuster auf einer Scheibe aufgetragen **(Bild 1)**. Winkelcodierer haben 10 Bits (Spuren) bis 17 Bits und somit 2^{10} = 1024 bis 2^{17} = 131 072 Winkelwerte je Umdrehung.

Damit man Zuleitungen zu den Winkelcodierern mit nur wenigen Adern bekommt und nicht für jede Spur einen Leiter benötigt, befindet sich häufig im Winkelcodierergehäuse eine Sendeeinrichtung zur seriellen Signalübertragung **(Bild 2)**.

Multiturn-Winkelcodierer

Um mit Winkelcodierern auch Winkel über 360°, also mehrere Umdrehungen (engl. multiturn), messen zu können, werden durch Untersetzungsgetriebe zwei oder mehrere Codescheiben angetrieben **(Bild 3)**.

Die erste Codescheibe trägt z. B. einen 3-Tetraden-BCD-Code für 1000 Winkelwerte. Über ein Untersetzungsgetriebe 1 : 100 wird eine zweite Codescheibe mit 2-Tetraden-BCD-Code angetrieben. So sind 100 Umdrehungen mit je 1000 Winkelwerten, also insgesamt 100 000 Positionswerte eindeutig codiert.

Winkelcodierer übertragen die codierten Winkelwerte auch seriell.

3.2.8.3 Zyklisch analoge Weg- und Winkelmessung

Nach dem Prinzip der zyklisch analogen Messung arbeiten der Drehmelder und das Inductosyn. Innerhalb eines Winkelsegments oder Wegsegments (Zyklus) ist die Messung analog. Die Zyklen werden sodann gezählt.

Der **Drehmelder** hat als Winkelgeber im Stator eine Zweiphasenwicklung und im Rotor eine Einphasenwicklung **(Bild 4)**. Speist man die eine Statorwicklung mit einer Sinusspannung und die andere mit einer Cosinusspannung so erhält man im Rotor, transformatorisch übertragen eine Sinusspannung mit einer Phasenverschiebung α_x, welche identisch mit dem Rotordrehwinkel α_x ist. Diese Phasenverschiebung wird nun hochauflösend digital als Winkelgröße ausgewertet. Drehmelder sind sehr robuste Winkelmessgeber und werden bei Robotern und Maschinen in Warmbetrieben verwendet.

Der Drehmelder wandelt einen mechanischen Drehwinkel in einen elektrischen Phasenwinkel um.

Bild 1: Winkelcodierer (Ausschnitt)

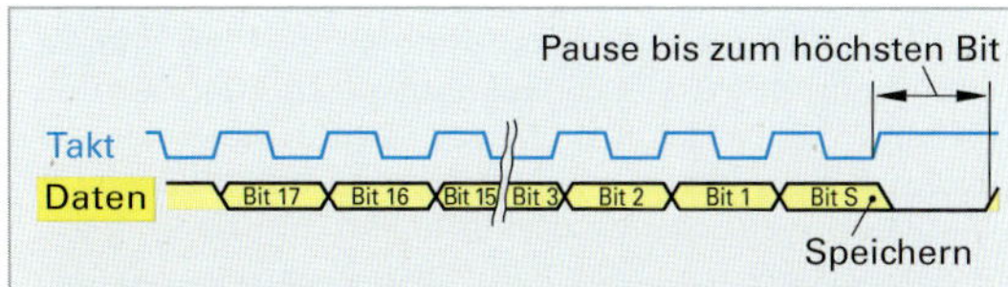

Bild 2: Ansteuerzyklus zur Datenübertragung

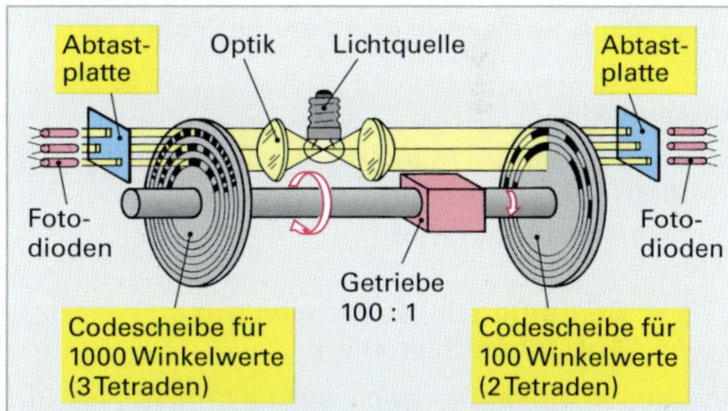

Bild 3: Winkelcodierer zur Messung von 100 Umdrehungen zu je 1000 Winkelwerten

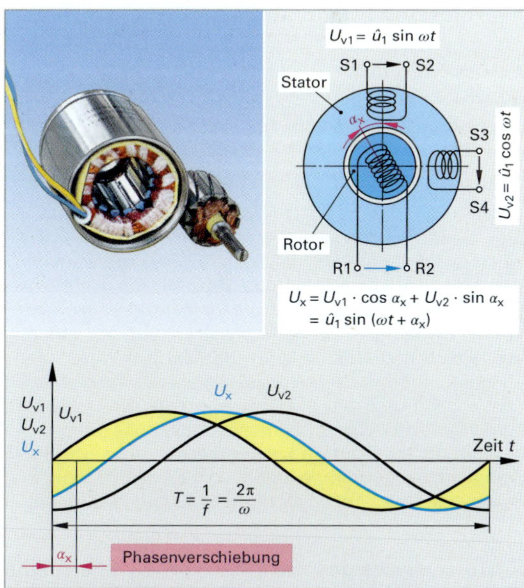

Bild 4: Drehmelder

Inductosyn. Der Gleiter des Inductosyn **(Bild 1)** trägt zwei getrennte, mäanderförmige Leiterbahnen mit einem Windungsabstand (Zyklus) von 2 mm.

Beide Leiterbahnen sind gegeneinander um 0,5 mm (1/4 Zyklusabstand) versetzt. Der Maßstab trägt auf seiner gesamten Länge eine mäanderförmige Leiterbahn mit dem gleichen Windungsabstand.

Verschiebt man den Gleiter gegenüber dem Maßstab, liegt in zyklischem Wechsel die eine und die andere Leiterbahn des Gleiters deckungsgleich über der Leiterbahn des Maßstabs. Da der Gleiter die zwei, um 360°/4 = 90° versetzten, Leiterbahnen hat, werden im Maßstab zwei Spannungen induziert und überlagert.

An den Maßstabklemmen erhält man dann die Messspannung $u_x = \hat{u}_1 \cdot \sin(\omega t + \alpha_x)$, also die gleiche Messspannung wie beim Drehmelder, nur dass die Phasenverschiebung α_x keinem Drehwinkel, sondern einer Länge x entspricht (α_x: 360° ≙ x : 2 mm).

Anwendung

Drehmelder und Inductosyn sind häufig verwendete Winkel- und Wegmesssysteme bei NC-Maschinen und Robotern.

3.2.8.4 Berührungsloses Messen mit Autofokus-Systemen

Bei diesen Verfahren wird ein Laserlichtfleck auf das Objekt projiziert und die Projektionsoptik durch automatisches Verschieben fokussiert.

Der Verschiebeweg wird digital erfasst und so der Objektabstand bestimmt.

Fokussierung durch Abbildungsschärfe.

Auf Grund der Abbildungsschärfe = Minimum des abgebildeten Lichtflecks im Fokusdetektor **(Bild 2)** wird das Objektiv im Abstand automatisch nachgeregelt.

Fokussierung durch Lichtfarbdetektion (Weißlichtsensor).

Bei dieser Technik werden die von der Lichtfarbe (Lichtwellenlänge) abhängigen Fokussierbrennweiten erfasst und nachgeregelt **(Bild 3)**. Ein Lichtfleck wird mit weißem Licht auf die Objektoberfläche projiziert. Dabei wird in der Rückstrahlung bei einem weitem Brennpunktabstand das langwellige (rote Licht) an anderer Stelle fokussiert als das kurzwellige blaue Licht. Über ein Spektrometer wird die Lichtwellenlänge erfasst und liefert ein Abstandssignal. Der Gesamtabstand kann in weitem Bereich über eine Servoeinheit nachgeführt werden, so dass z. B. immer der rotwellige Anteil im Spektrometer ein Maximum hat.

Durch zweiachsiges Scannen erhält man eine 3D-Abbildung des Objekts **(Bild 4)** bzw. Oberflächen-3D-Daten

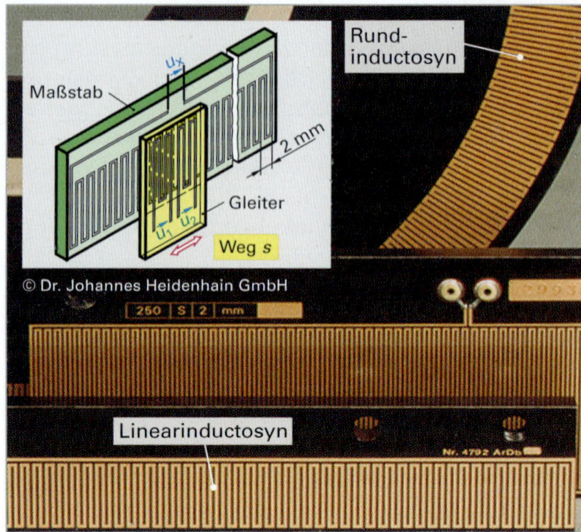

Bild 1: Inductosyn

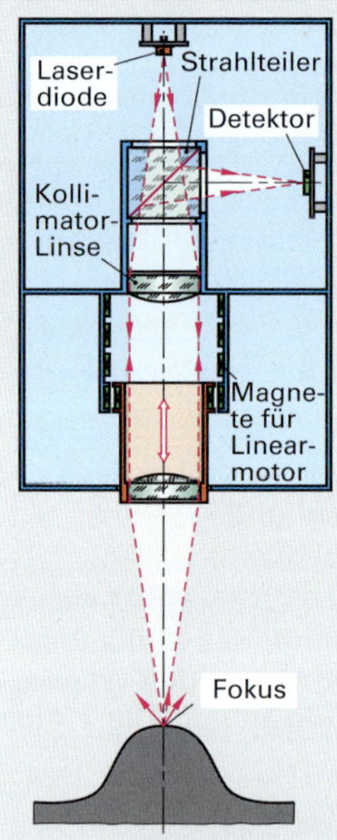

Bild 2: Autofokussierung mit Lichtfleck

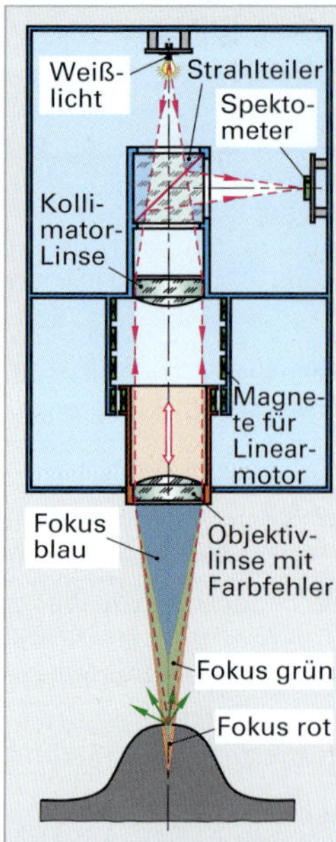

Bild 3: Autofokussierung mit Lichtfarbe

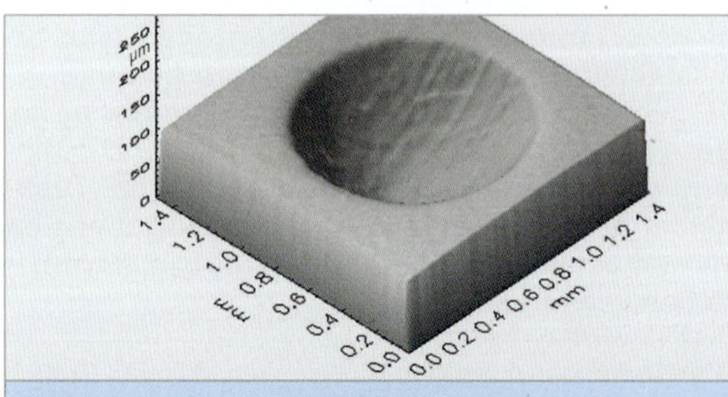

Bild 4: Aufnahme mit Weißlichtsensor

3.3 Geschwindigkeitssensoren

Tachogeneratoren[1]

Zum Erfassen von Winkelgeschwindigkeiten verwendet man kleine Gleichstromtachogeneratoren **(Bild 1)**. Sie liefern eine Gleichspannung, die der Drehzahl proportional ist. In einem starken Magnetfeld, erzeugt durch einen Dauermagneten, ist ein Anker mit einer Wicklung drehbar gelagert. Bei Drehung entsteht eine Gleichspannung. Diese ist proportional zur Drehzahl. Typische Kenngrößen sind 0,012 V/min^{-1} bis 0,06 V/min^{-1}, d. h. man erhält bei einer Drehzahl von 1000 min^{-1} eine Spannung von 12 V bis 60 V je nach Generatortyp.

Induktive Sensoren für Lineargeschwindigkeiten

Zum Erfassen der Schwinggeschwindigkeit schwingender Maschinenteile verwendet man Tauchmagnetsensoren. Ein stabförmiger Dauermagnet erzeugt beim Eintauchen in eine Spule eine induzierte Spannung **(Bild 2)**. Diese ist um so größer, je schneller die Feldlinien des Magneten die Spulenwindungen schneiden; d. h. die Spannung ist proportional zur Eintauchgeschwindigkeit.

Wiegand-Sensoren[2]

Wiegand-Sensoren beruhen auf dem physikalischen Effekt der plötzlichen Änderung der *Magnetisierungsrichtung* bei Drähten aus Vicalloy[3] (10 % Vanadium, 52 % Kobalt, 38 % Eisen), wenn man diese in ein magnetisches Feld bringt. Unabhängig von der Änderungsgeschwindigkeit des äußeren Feldes wird dabei in einer Spule, welche den Wiegand-Draht umhüllt, ein Spannungsimpuls erzeugt. Mit einem Wiegand-Sensor können z. B. Umdrehungsfrequenzen durch wechselweises Ummagnetisieren mit zwei rotierenden Magneten **(Bild 3)** erfasst werden.

Radar-Geschwindigkeitssensor[4]

Mit einem Radarsender extrem hoher Frequenz (etwa 25 GHz = 25 · 10^{9} Hz) werden kurze Impulspakete über eine kleine Hornantenne ausgesendet und das Echo von Gegenständen wieder aufgenommen **(Bild 4)**. Die Frequenzveränderung (*Doppler*[5]-Effekt) wird ausgewertet. Bewegt sich der Gegenstand, z. B. ein Auto, auf den Radarsender zu, dann erhöht sich die Radarfrequenz des Echos. Bewegt sich der Gegenstand vom Sender weg, dann vermindert sich die Frequenz.

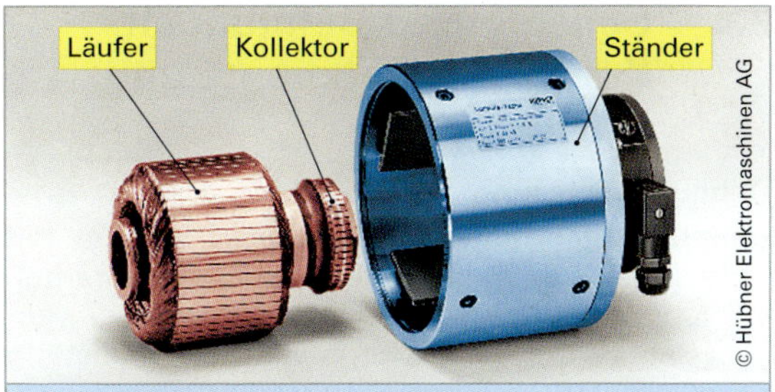

Bild 1: Gleichstromtachogenerator

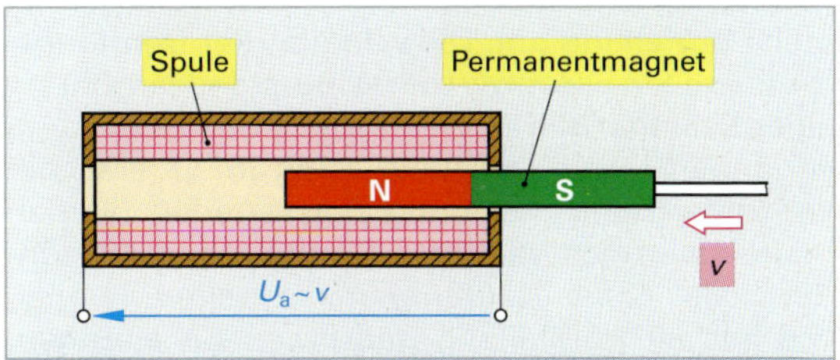

Bild 2: Induktiver Geschwindigkeitssensor

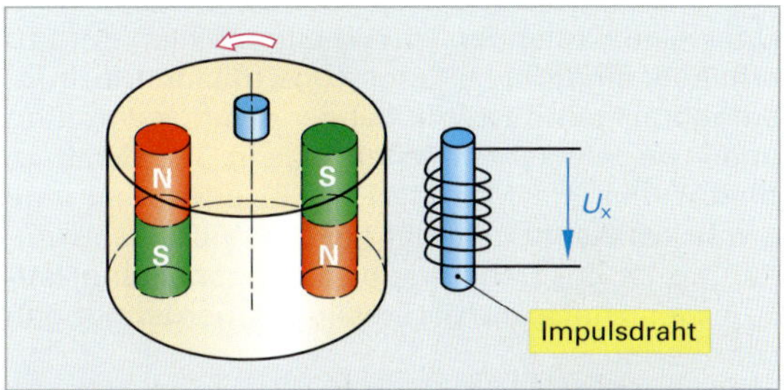

Bild 3: Drehzahmessung mit Wiegand-Sensor

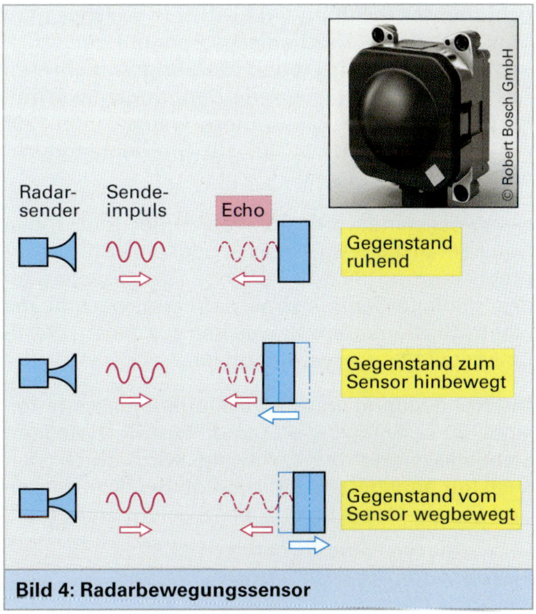

Bild 4: Radarbewegungssensor

[1] griech. tachos = Geschwindigkeit, lat. generator = Erzeuger
[2] *Wiegand*, dt. Erfinder
[3] Vicalloy ist ein Handelsnahme der Krupp AG in Essen
[4] Radar, Kunstwort für engl. radio detecting and ranging = Funkortung
[5] *Chr. Doppler*, österr. Physiker (1803 bis 1853)

3.4 Sensoren für Dehnungen, Kräfte, Drehmomente und Drücke

Dehnungsmessung

Dehnungsmessungen an Bauteilen werden mit **Dehnungsmessstreifen (DMS)** oder Reckdrähten vorgenommen **(Bild 1)**. Sie haben den Zweck das Bauteil bei ruhender (statischer) Belastung zu überprüfen oder den Einfluss bei wechselnder (dynamischer) Belastung zu erfassen. Die Längenänderungen (Dehnungen) sind dabei sehr gering, meist nur einige µm. Die Wirkung der Dehnungsmessstreifen beruht auf der Widerstandserhöhung eines Drahtes **(Bild 2)**, wenn dieser durch Dehnung verlängert und dabei gleichzeitig im Querschnitt verkleinert wird. Dehnungsmessstreifen werden heute meist nicht mehr mit Draht hergestellt, sondern als *Folien-Dehnungsmessstreifen*, wobei, wie bei der Herstellung gedruckter Schaltungen, ein metallisches Messgitter in einem galvanischen Verfahren auf eine Trägerfolie aufgetragen wird.

Um kleine Baulängen von wenigen Millimetern zu erhalten, sind die Leitungswege mäanderförmig[1] aufgebracht und zwar in Längsrichtung sehr dünn und in den Umkehrschleifen, also in Querrichtung, breit. Durch die Mäanderform erreicht man eine große wirksame Leiterlänge. Die Widerstandsänderung ist bei Dehnungen in Längsrichtung entsprechend hoch und bei etwaigen Querdehnungen sehr gering.

Die Dehnungsmessstreifen werden auf das Messobjekt so aufgeklebt, dass die Messgitterlängsrichtung der Richtung entspricht, in welcher man Dehnungen bzw. mechanische Spannungen erfassen will. Zur gleichzeitigen Messung in mehreren Richtungen gibt es spezielle Dehnungsmessstreifen **(Bild 3)**, z. B. mit Messgittern, welche unter 120° zueinander oder unter 45° zur Streifenlängsrichtung ausgerichtet sind.

Als Widerstandswerkstoff verwendet man meist Konstantan (60 % Cu, 40 % Ni) oder eine Chrom-Nickel-Legierung (80 % Cr, 20 % Ni). Das Messelement des Halbleiterdehnungsmessstreifens besteht aus einem Siliciumstreifen, welcher aus einem Siliciumkristall herausgeschnitten ist.

Die Nennwiderstände der Dehnungsmessstreifen sind 120 Ω, 350 Ω, 600 Ω und 1000 Ω. Die Widerstandsänderung bei Dehnung wird durch den *k*-Faktor angegeben. Er beträgt bei Konstantan und Chrom-Nickel etwa 2, bei Silicium etwa 150.

[1] Mäander (nach dem Fluss in Kleinasien) = geschlängelter Flusslauf

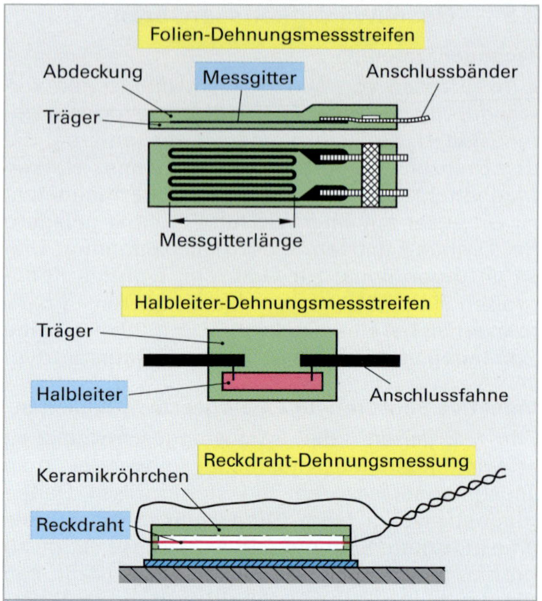

Bild 1: Sensoren zur Dehnungsmessung

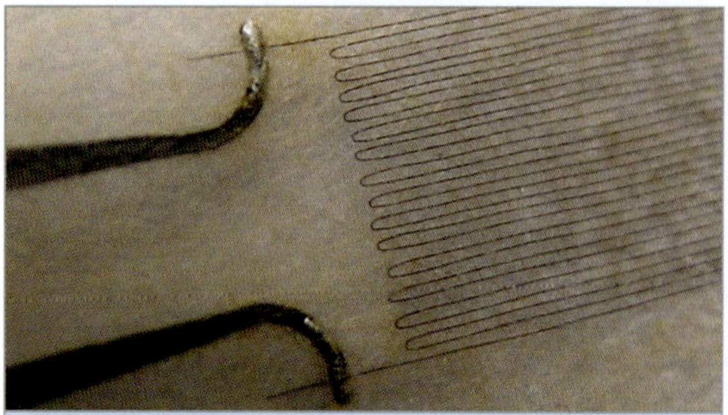

Bild 2: Draht-DMS für hohe Temperaturen

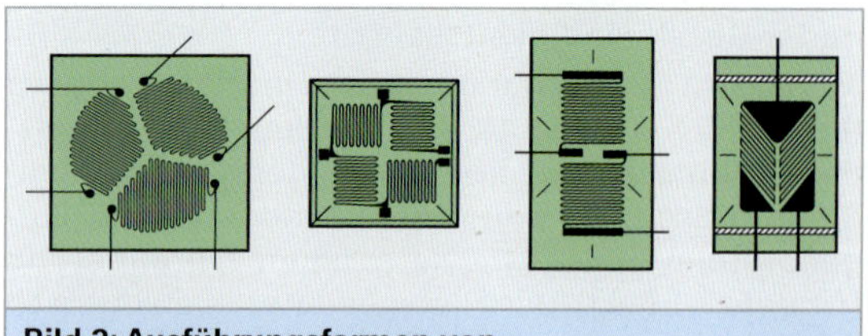

Bild 3: Ausführungsformen von Dehnungsmessstreifen

ΔR Widerstandsänderung
R Nennwiderstand
k Faktor
Δl Längenänderung
l Nennlänge des Dehnungsmessstreifens
ε Dehnung

$$\frac{\Delta R}{R} = k \cdot \varepsilon$$

$$\varepsilon = \frac{\Delta l}{l}$$

Messschaltungen

Bei den Messschaltungen unterscheidet man die *Viertelbrückenschaltung* mit *einem* aktiven Dehnungsmessstreifen, welcher der Dehnung des Messobjekts unterworfen ist, die *Halbbrückenschaltung* mit *zwei* aktiven Dehnungsmessstreifen und die *Vollbrückenschaltung* mit *vier* aktiven Dehnungsmessstreifen **(Tabelle 1)**.

Die **Brückenschaltungen** können mit **Gleichstrom** oder auch mit Wechselstrom gespeist werden. Gleichstrom-Brückenschaltungen **(Bild 1)** sind leichter abzugleichen als Wechselstrom-Brückenschaltungen. Sie enthalten einen driftarmen Gleichspannungsverstärker sowie bei einem Sechs-Leiter-Brückenanschluss zwei Prüfleiter für die Spannung U_b der Brücke.

Dehnungsmessstreifen müssen mit großer Sorgfalt auf das Messobjekt geklebt werden. Auf eine dünne Klebefuge ist zu achten, damit der Dehnungsmessstreifen die Dehnungen oder auch Stauchungen des Messobjekts in gleicher Weise mit ausführt. Als Kleber werden hart-elastische Einkomponentenkleber oder Zweikomponentenkleber verwendet.

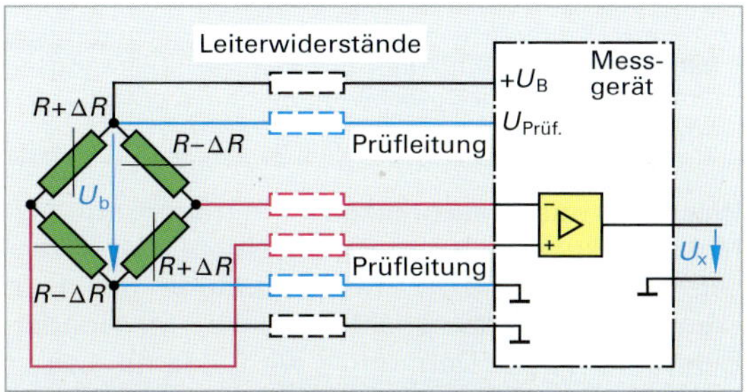

Bild 1: Gleichstrom-Messbrückenschaltung

Die **Viertelbrückenschaltung** hat nur ein Viertel der Empfindlichkeit der **Vollbrückenschaltung**. Sie wird meist nur in Verbindung mit einem Kompensations-Dehnungsmessstreifen verwendet (Tabelle 1). Dieser hat die Aufgabe der Temperaturkompensation. Der aktive Dehnungsmessstreifen erfährt außer durch Dehnung auch durch Temperaturänderungen eine Widerstandsänderung. Zur Kompensation dieses Temperatureinflusses bringt man in die Nähe des aktiven Dehnungsmessstreifens einen weiteren Dehnungsmessstreifen, klebt diesen aber nicht auf das Messobjekt auf, sondern lässt auf ihn nur dieselbe Temperatur einwirken.

Der Kompensations-Dehnungsmessstreifen wird in der Brückenschaltung in den gleichen Zweig wie der aktive Dehnungsmessstreifen geschaltet.

Die beiden übrigen Brückenwiderstände sind konstante Widerstände im Messgerät. Die **Halbbrückenschaltung** lässt sich vorteilhaft verwenden, wenn zugleich eine Dehnung (Widerstandserhöhung um + ΔR) und eine Stauchung (Widerstandsverminderung um – ΔR) vorliegt, z. B. bei einer Biegemomentmessung an einem Biegestab (Tabelle 1). Das zu messende Biegemoment wirkt im Gegentakt auf die Brückenschaltung. Etwaige Temperaturänderungen als auch Zugkräfte wirken im Gleichtakt und werden daher unterdrückt. Eine günstige Auswerteschaltung ist die **Vollbrückenschaltung** mit zwei gedehnten und zwei gestauchten Dehnungsmessstreifen. Diese Schaltung verwendet man z. B. zur Messung des Torsionsmoments und bei speziellen Sensoren, wie z. B. bei Kraftmessdosen, Drucksensoren und Drehmomentmessnaben

Tabelle 1: Schaltung mit Dehnungsmessstreifen

Vollbrückenschaltung	Halbbrückenschaltung	Viertelbrückenschaltung
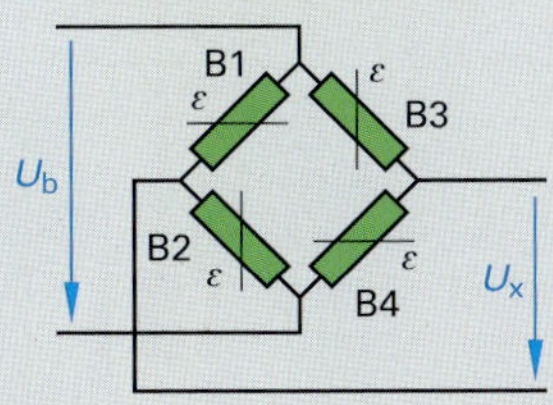	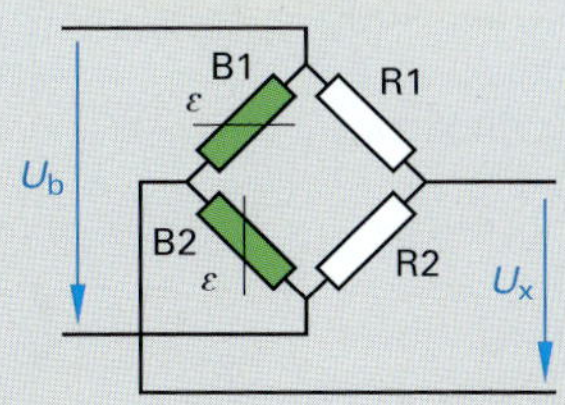	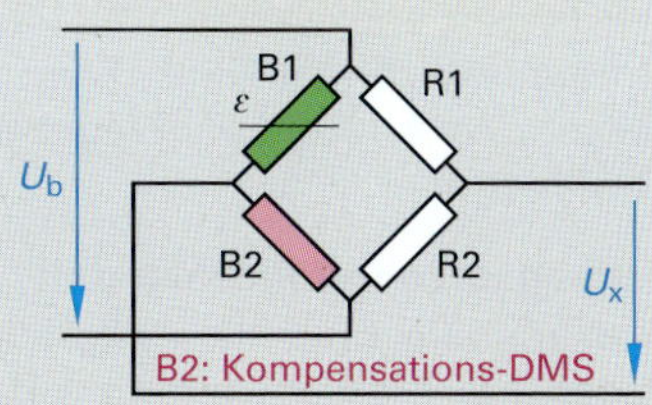
$U_x = k \cdot \varepsilon \cdot U_b$	$U_x = \frac{1}{2} k \cdot \varepsilon \cdot U_b$	$U_x = \frac{1}{4} k \cdot \varepsilon \cdot U_b$
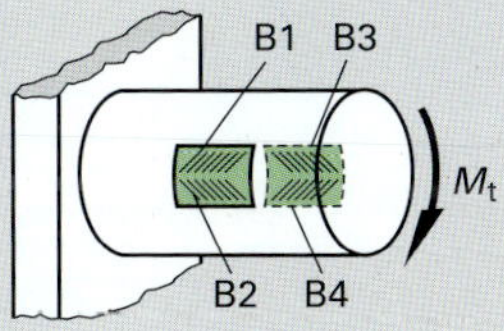	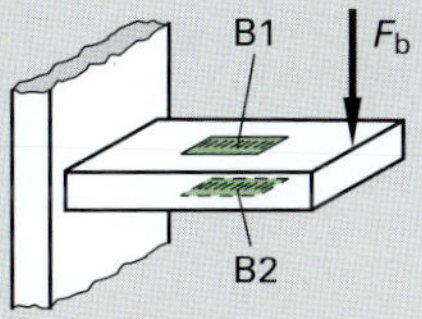	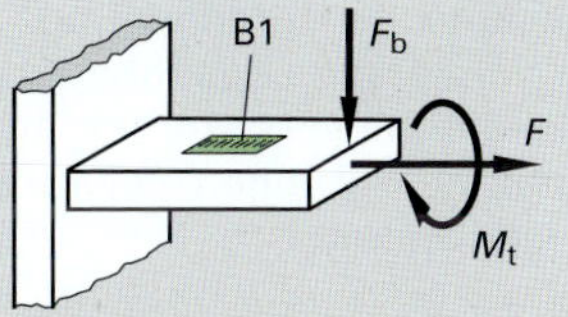

Für genaue Messungen muss die Brückenspannung U_b unabhängig von Leitungslänge und Umgebungstemperatur konstant gehalten werden. Mit den Prüfleitern für die Brückenspannung wird der Spannungsabfall in den Brückenspeiseleitungen erfasst und die Brückenspeisespannung soweit erhöht ($U_B > U_b$), dass U_b den vorgesehenen Wert von z. B. 10 V erreicht.

Mit *Gleichspannungsmessbrücken* für Dehnungsstreifen sind Dehnungsschwingungen bis etwa 50 Hz erfassbar.

Wechselstrom-Messbrücken (Trägerfrequenz-Messbrücke) arbeiten meist mit einer 5-kHz-Wechselspannung **(Bild 1)**. Die Amplitude der Brückenspannung entspricht der zu messenden Dehnung. Die Dehnung wird damit einer 5-kHz-Träger-Wechselspannung aufmoduliert. Diese Dehnungsmessbrücken nennt man Trägerfrequenzmessbrücken. Aufgrund von Leitungskapazitäten ist die Wechselspannungs-Messbrücke keine reine Wirkwiderstandsmessbrücke und muss nach Betrag (R-Abgleich) und Phase (C-Abgleich) abgeglichen werden. Ein vorzeichenrichtiges Ausgangssignal, das dem Wechsel der Dehnung entspricht, erhält man durch eine phasenrichtige Gleichrichtung **(Bild 2)**. Hierbei wird im gleichen Takt mit der 5-kHz-Generatorspannung jede zweite Halbschwingung der amplitudenmodulierten Brückenspannung umgeklappt.

Mit der 5-kHz-Messbrücke können mechanische Schwingungen nur bis 500 Hz erfasst werden

Kraftmessdosen mit **Dehnungsmessstreifen** enthalten je zwei Dehnungsmessstreifen, die auf Stauchung und auf Zug beansprucht werden **(Bild 3)** und auf einen speziellen Druckkörper aufgeklebt sind. Kraftmessdosen dieser Art erlauben Kräftemessungen von wenigen Newton bis über 1000 kN. Man verwendet sie z. B. zur Kraftmessung an Pressen, Walzen und als Wägezellen für elektronische Waagen.

Kraftsensoren mit Piezokristall[1]

Quarzkristalle und Blei-Zirkonat-Titankristalle erzeugen bei Krafteinwirkung auf ihrer Oberfläche eine geringe elektrische Ladung **(Bild 1, folgende Seite)**. Schichtet man mehrere Kristallplättchen aufeinander, erhält man eine Ladungsaddition und eine Sensorspannung. Mit Hilfe hochwertiger Verstärker, sogenannten Ladungsverstärkern, wird die Sensorspannung in ein belastbares und damit für Anzeigen verwendbares Sensorsignal umgewandelt.

[1] von griech. piezein = drücken

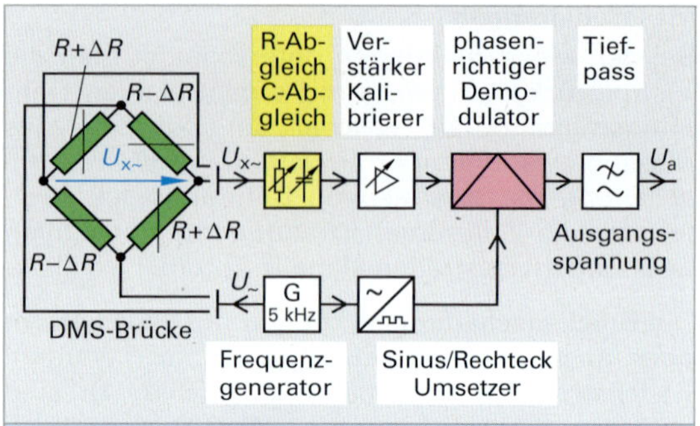

Bild 1: Trägerfrequenz-Messbrücke

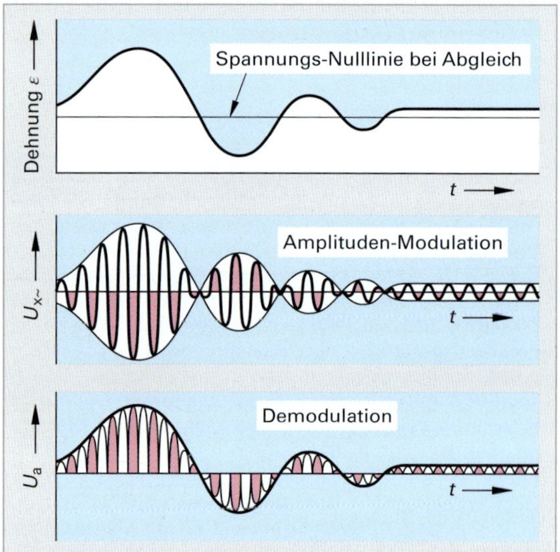

Bild 2: Signalmodulation und Demodulation

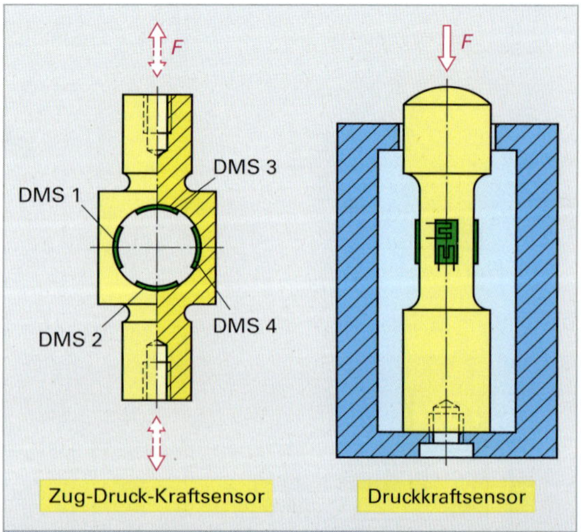

Bild 3: Kraftsensoren

Anwendung. Piezo-Kraftsensoren werden zur Überwachung zulässiger Belastungen in Maschinen eingebaut, z. B. in die Hauptspindellager bei Drehmaschinen. Zur Ermittlung von Zerspanungskräften verwendet man z. B. eine 4D-Schnittkraft-Messscheibe. Sie enthält für die 3 Messachsen X, Y und Z Piezo-Kraftsensoren sowie einen Piezo-Drehmomentsensor **(Bild 2)**.

Bei **Drehmomentsensoren** mit DMS wird das Drehmoment als Torsionsmoment erfasst **(Bild 3)**. Über Schleifringübertrager oder berührungslos über induktive Übertrager (Transformatorprinzip) werden die Versorgungsspannung der DMS-Brückenschaltung und das Sensorsignal übertragen.

Anwendung. Drehmomentsensoren benötigt man vor allem in der Montagetechnik bei Schraubvorgängen. Die Schraubung geschieht solange dis das eingestellte Anzugs-Drehmoment erreicht ist. Zusätzlich wird dabei der Drehwinkel überwacht. Beide Größen müssen bei einwandfreier Schraubung im „grünen" Bereich, d. h. im Sollbereich sein.

Sensoren für Drücke

Bei Drucksensoren sind meist **Dünnfilm-DMS (Bild 4)** auf eine Membrane aus Silicium durch Metallbedampfung im Hochvakuum aufgebracht. In vielen Fällen ist auch die zugehörige Auswerteelektronik mit auf der Membran integriert. Die Temperaturabhängigkeit der DMS-Brücke wird elektronisch kompensiert. So erreicht man Genauigkeiten besser als 0,1 % und eine Nullpunktdrift von weniger als 0,05 %.

Man unterscheidet Sensoren für die

- Relativdruckerfassung **(Bild 1, folgende Seite)**,
- Absolutdruckerfassung und
- Differenzdruckerfassung.

Bei der Relativdruckerfassung wirkt das Druckmedium, z. B. Druckluft oder Wasser, auf die eine Seite der Membran, während die zweite Seite unter natürlichem Luftdruck steht. Für die Absolutdruckerfassung ist auf der zweiten Seite ein Vakuum. Damit können auch Unterdrücke bis zum Vakuum erfasst werden. Für die Differenzdruckerfassung bringt man die Sensormembran zwischen den beiden Druckmedien an.

Anwendung. Drucksensoren verwendet man in der Fertigungstechnik z. B. als Messwertgeber für die Druckregelung in Hydraulikanlagen und als Wandler zwischen pneumatischen Sensoren und elektrischen Steuerungen.

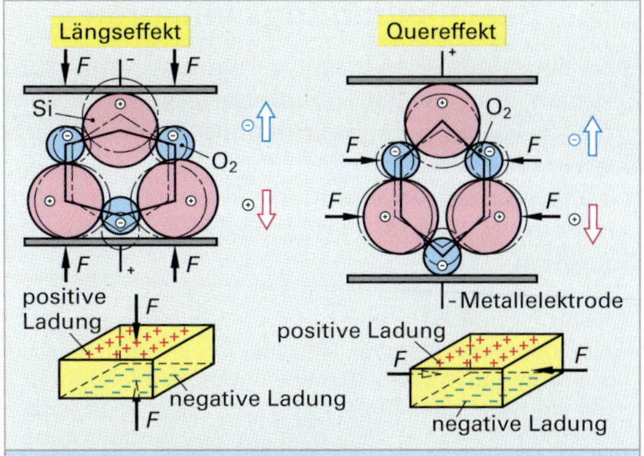

Bild 1: Piezoeffekt bei Quartz

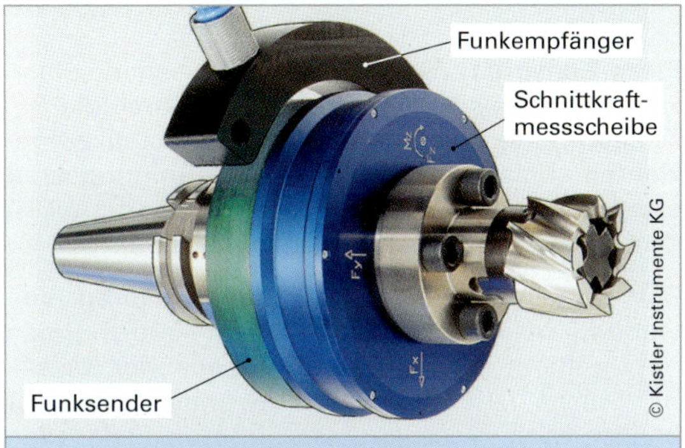

Bild 2: Schnittkraft-Messscheibe

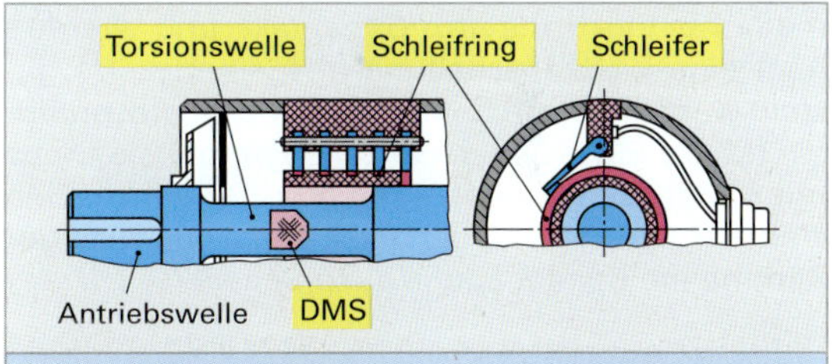

Bild 3: Drehmomentsensor mit Schleifringübertrager

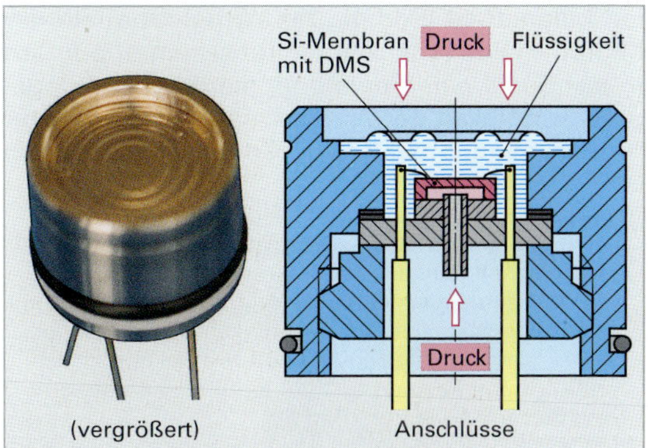

Bild 4: Drucksensor mit Dünnfilm-DMS

3.5 Beschleunigungssensoren

Beschleunigungssensoren verwendet man zum Erfassen von Beschleunigungen, speziell zum Erfassen von Schwingbeschleunigungen. Aus den Schwingbeschleunigungen kann man die Resonanzfrequenzen schwingender Maschinenteile ermitteln, ebenso die kritischen Drehzahlen von Getrieben.

In Verbindung mit einem Integrierer liefert der Beschleunigungssensor ein *Geschwindigkeitssignal* und in Verbindung mit zwei in Reihe geschalteten Integrierern ein *Wegsignal*. Die Methode der Integration nützt man häufig, wenn, wegen fehlenden Einbauraums oder fehlender Abstützung an einem Bezugspunkt, Geschwindigkeitssensoren oder Wegsensoren nicht verwendbar sind.

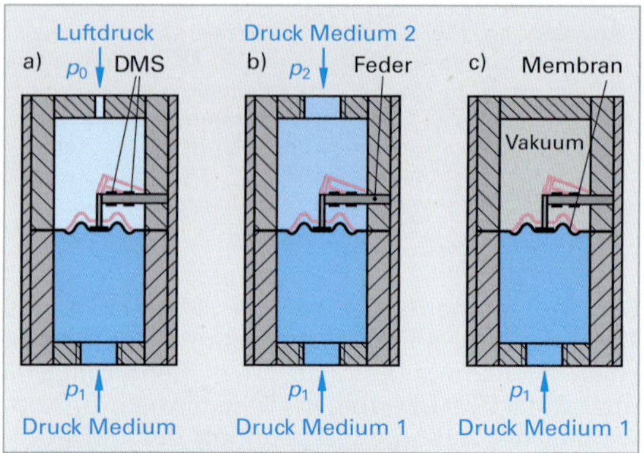

Bild 1: Drucksensoren für a) Relativdruck, b) Differenzdruck, c) Absolutdruck

Piezo-Sensoren. Diese Sensoren haben einen **Piezokristall** als Kraftmesselement. Durch die Beschleunigung einer, auf den Piezokristall aufgeklebten, Masse wird eine Beschleunigungskraft erzeugt, die der Beschleunigung proportional ist (Kraft = Masse × Beschleunigung) **(Bild 2)**.

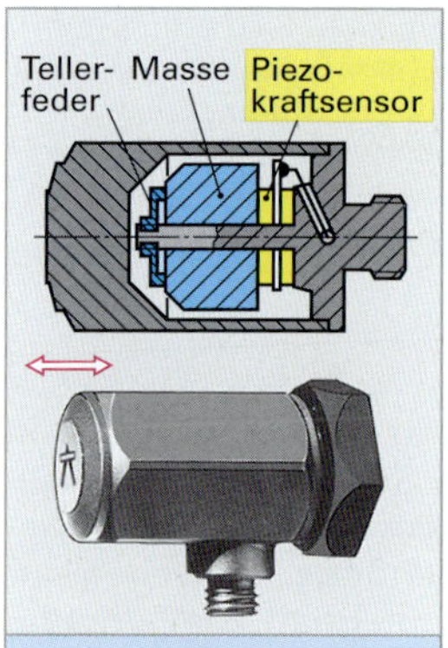

Bild 2: Piezo-Beschleunigungssensor

Bei **kapazitiven Beschleunigungssensoren** verwendet man Doppelkondensator-Anordnungen mit mittlerer beweglicher Elektrode der Masse *m*, welche federelastisch, z. B. einer Blattfeder ähnlich, sich zwischen zwei äußeren Elektroden befindet **(Bild 3)**. Die Kapazitäten der beiden Kondensatoren ändern sich mit der Bewegung der mittleren Elektrode im *Gegentakt* und werden über eine Brückenschaltung ausgewertet. Hergestellt werden solche Sensoren in MEMS-Technologie (Micro-Electro-Mechanical Systems) als Chips mit Baugrößen von wenigen mm. Die Elektroden sind in Reihe angeordnet und greifen wie winziger Kämme ineinander (siehe auch Seite 279).

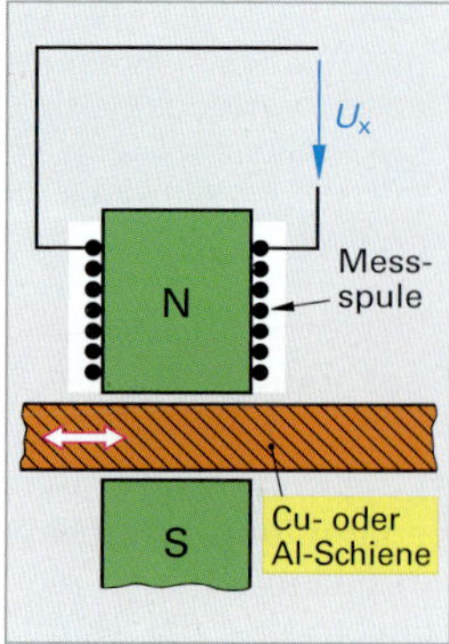

Bild 4: Wirbelstrombeschleunigungssensor

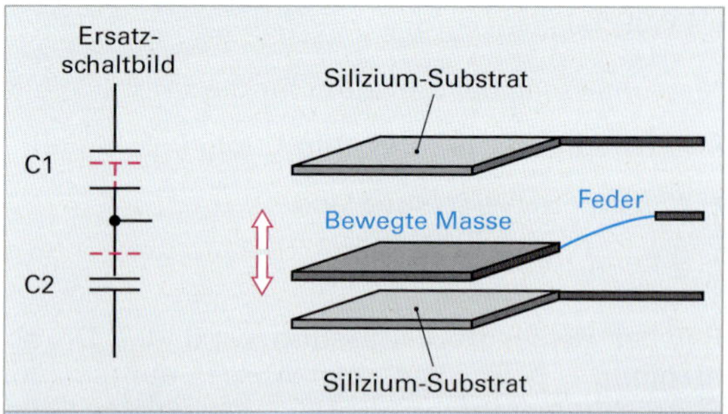

Bild 3: Kapazitiver Beschleunigungssensor in MEMS-Technologie

Wirbelstrom-Sensoren. Diese Sensoren erfassen die Beschleunigung zwischen einer Kupferscheibe oder Aluminiumscheibe und einem konstanten Magnetfeld **(Bild 4)**. Das Wirbelstromfeld der Kupferscheibe (oder Aluminiumscheibe) *induziert in der Spule eine Spannung*, die der Änderungsgeschwindigkeit der Wirbelströme und damit der Beschleunigung der Kupferplatte verhältnisgleich ist.

Anwendung finden Sensoren dieser Bauart bei hochdynamischen Linearantrieben an Werkzeugmaschinen. Aus dem Beschleunigungssignal berechent man durch Integration die Geschwindigkeit und erreicht bei kleinen bzw. kleinsten Geschwindigkeiten eine gleichmäßig ruhige Bewegung. Man nennt diese Sensoren auch *Ferraris*-Sensoren **(Bild 5)**.

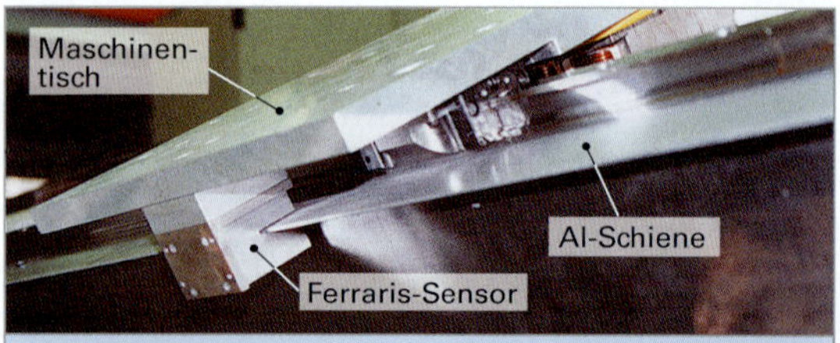

Bild 5: Ferraris-Sensor[1]

[1] Erfinder ist *Erminio Ferraris* (Italien, um 1883)

3.6 Temperatursensoren

Thermoelemente

Thermoelemente wandeln Wärmeenergie in elektrische Energie um.

Sie bestehen aus zwei Drähten unterschiedlicher Metalle, z. B. Eisen und Konstantan. Die Drähte sind an einem Ende miteinander verlötet **(Bild 1)**. Besteht zwischen dieser Verbindungsstelle und den freien Drahtenden ein Temperaturgefälle, dann stellt man an den freien Drahtenden eine elektrische Spannung, die sogenannte Thermospannung, fest. Über die Thermospannung ermittelt man die Temperaturdifferenz zwischen Messstelle und Vergleichsstelle. Für genaue Messungen legt man die Vergleichsstelle in eine Dose mit schmelzendem Eis (0 °C, Eispunktreferenz). Meist wird jedoch eine Warmpunktreferenz von 50 °C, mit Widerstandsthermometer geregelt, verwendet.

Mantelthermoelemente sind mit einem korrosionsfesten dünnen Stahlmantel umgeben und können dadurch unter schwierigsten Umweltbedingungen eingesetzt werden **(Bild 2)**. Die Manteldurchmesser sind häufig kleiner als 0,5 mm. Zur Kontrolle der inneren Messstelle überprüft man die Mantelthermoelemente mit Hilfe von Röntgenaufnahmen.

Da die Thermospannung sehr klein ist, wird die Temperatur über elektronische Messverstärker erfasst. Diese sind für die häufigsten Thermoelementpaare kalibriert und berücksichtigen in der Anzeige die geringfügige, nichtlineare Kennlinie zwischen Thermospannung und Temperatur.

Thermoelemente **(Tabelle 1)** verwendet man zur genauen Temperaturmessung z. B. in Reaktoren der chemischen Industrie, in Motorenprüfständen und in der Gießereitechnik an Druckgießmaschinen. Zur Messung von Oberflächentemperaturen erfasst man mit Thermoelementen die Wärmestrahlung heißer Oberflächen, z. B. flüssiger und glühender Metalle, von Gläsern und keramischen Werkstoffen. Messgeräte, mit denen man berührungslos die Temperatur über die Wärmestrahlung erfasst, nennt man *Pyrometer*[1].

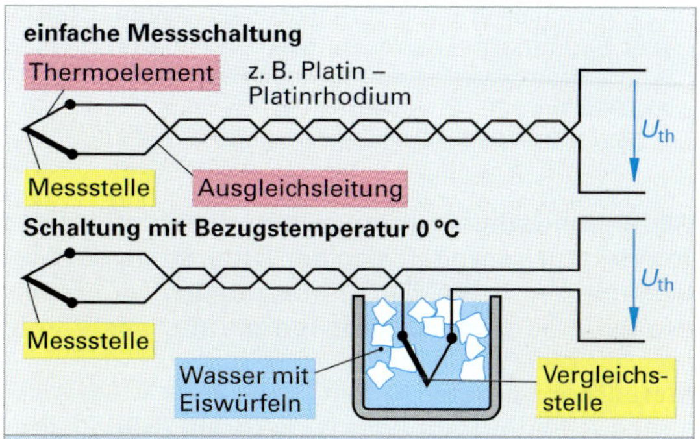

Bild 1: Thermoelement

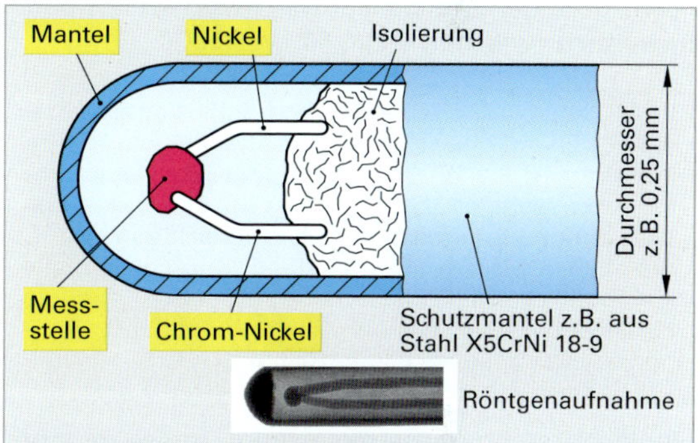

Bild 2: Mantelthermoelement

[1] von griech. pyros = Feuer, Hitze

Tabelle 1: Thermoelemente

Typ/IEC-Farbcode	Werkstoff	Temperaturbereich in °C (Skala −500 … 2000)
K	Ni–CrNi	−180 bis +1300
J	Fe–CuNi	−180 bis +800
N	NiCrSi–NiSi	−270 bis +1300
R	Pt13Rh–Pt	−50 bis +1700
S	Pt10Rh–Pt	−50 bis +1750
B	Pt30Rh–Pt6Rh	0 bis +1820
T	Cu–CuNi	−250 bis +400
E	NiCr–CuNi	−40 bis +900

Strahlungspyrometer. Mit ihnen erfasst man berührungslos über relativ weite Distanz (mehrere Meter) die Temperatur von Werkstücken, z. B. in der Schmiedeindustrie.

Pyrometer erfassen über Thermoelemente die Strahlungstemperatur der Werkstücke. Die Wärmestrahlung wird hierfür mit einer Linse aus Silicium, Quarz oder Glas auf eine Thermokette gebündelt **(Bild 1)**. Der Temperaturmessbereich reicht bei der Siliciumlinse von 0 °C bis 900 °C, bei der Quarzlinse von 400 °C bis 1200 °C und bei der Glaslinse von 600 °C bis 2000 °C.

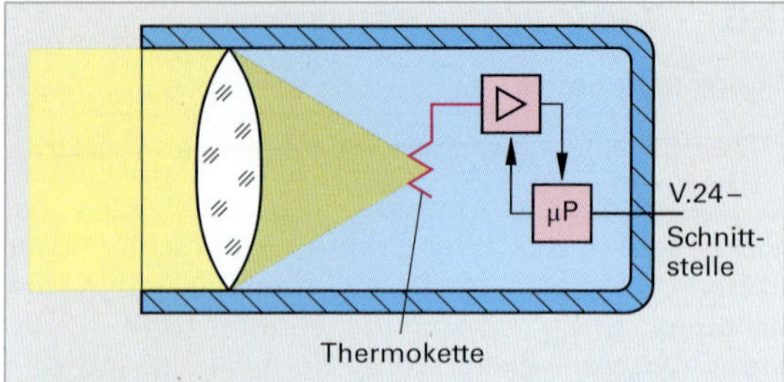

Bild 1: Strahlungspyrometer

Widerstandsthermometer. Unter dem Einfluss der Temperatur verändert sich der Widerstand der Metalle und Halbleiter. Durch Messen des Widerstandes wird die zu erfassende Temperatur bestimmt.

Metallthermometer haben meist eine Messwicklung aus Platindraht oder Nickeldraht **(Bild 2)**. Platinwiderstandsthermometer Pt 100 haben einen Nennwiderstand von 100 Ω bei 0 °C und ermöglichen sehr genaue Messungen in einem Temperaturbereich zwischen – 220 °C und 1000 °C.

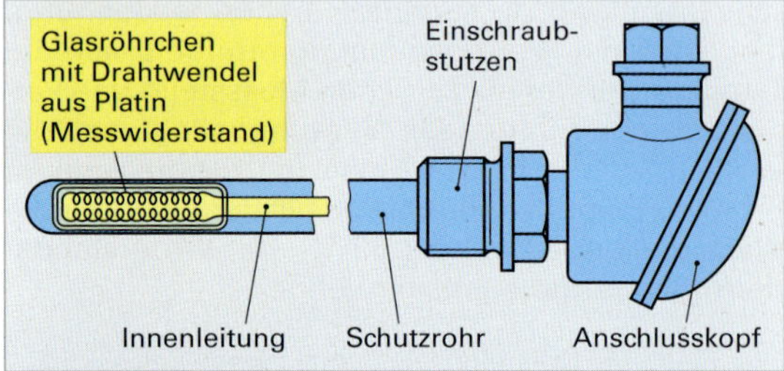

Bild 2: Metallthermometer Pt 100

Im Messbereich zwischen 0 °C und 200 °C können Messungen bis auf 1/100 K genau durchgeführt werden. Im Messbereich bis 1000 °C beträgt der Messfehler immer noch weniger als 0,5 % ≙ 5 K. Bei den Nickel-Metallthermometern reicht der Messbereich von –60 °C bis +200 °C. Der Nennwiderstand beträgt ebenfalls 100 Ω bei 0 °C. Die Widerstands-Temperatur-Kennlinie bei Nickel ist nicht so linear wie die Widerstands-Temperatur-Kennlinie bei Platin **(Bild 3)**.

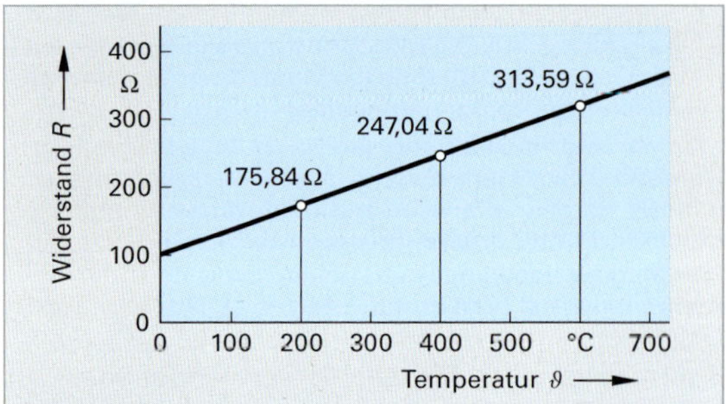

Bild 3: Kennlinie von Platinsensoren

Die Widerstandsmessung erfolgt meist in einer *Dreileiter-Brückenschaltung* **(Bild 4)**. Das Widerstandsthermometer liegt in einem Brückenzweig. Der Abgleich der Brückenschaltung geschieht durch Veränderung eines Brückenwiderstandes. Die Dreileiter-Brückenschaltung hat gegenüber der Zweileiter-Brückenschaltung große Vorteile, da die Widerstandsänderung der Zuleitung durch eine Temperaturänderung das Messergebnis nicht beeinflusst.

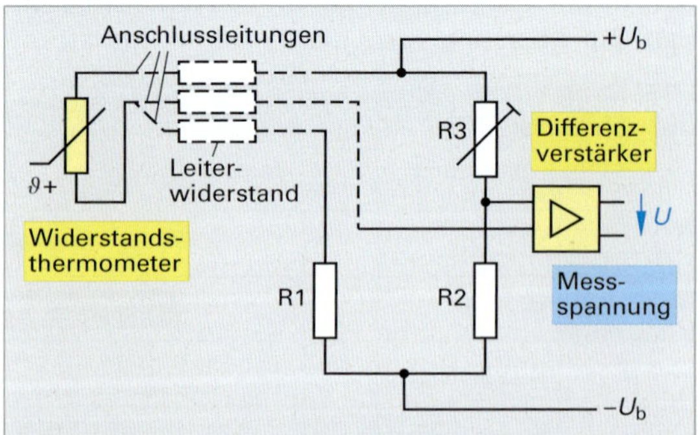

Bild 4: Dreileiter-Brückenschaltung

Bei Temperaturmessungen hat das Messobjekt gegenüber der Messbrücke meist eine unterschiedliche Temperatur und liegt häufig mehrere Meter von der Messbrücke entfernt. So erfährt auch die Kupferzuleitung zu dem Thermometer Temperaturunterschiede und damit Widerstandsänderungen, die bei der Zweileiter-Brückenschaltung zur Widerstandsänderung des Messfühlers als Fehlergröße hinzutreten. Bei der Dreileiter-Schaltung liegt eine Leiterader im Brückenzweig des Thermometers, die zweite Leiterader im Brückenzweig des Brückenfestwiderstandes R1. Bei gleichsinniger Widerstandsänderung der Leiterwiderstände wird die Messbrücke nicht verstimmt (Bild 4). Die auch vorhandene Widerstandsänderung in der mittleren Leiterader für die Erfassung der Brückenquerspannung und damit für die Erfassung des Messsignals ist unerheblich, da in diesem Leiter bei einem hochohmigen Messgerät bzw. Messdifferenzverstärker fast kein Strom fließt und damit auch kein Spannungsabfall entsteht.

Heißleiter (NTC-Sensoren)

Heißleiter, auch NTC-Widerstände genannt (NTC von Negative Temperature Coeffizient), bestehen aus polykristalliner Metalloxidkeramik und haben einen negativen Temperaturkoeffizient. Dies bedeutet, dass ihr elektrischer Widerstand mit zunehmender Temperatur abnimmt **(Bild 1)**. Mit 2 % bis 6 % Widerstandsänderung je K (Kelvin) ist ihr Temperaturkoeffizient etwa 10 mal größer als er bei Metallwiderständen ist.

Anwendung. Die Heißleiter-Temperatursensoren gibt es als kleine Bauelemente **(Bild 2)** mit unterschiedlichem Gehäuse, z. B. in Metallgehäuse zur Temperaturerfassung von aggressiven Flüssigkeiten oder in Kunststoffgehäusen zur Erfassung der Wicklungstemperatur von Motoren.

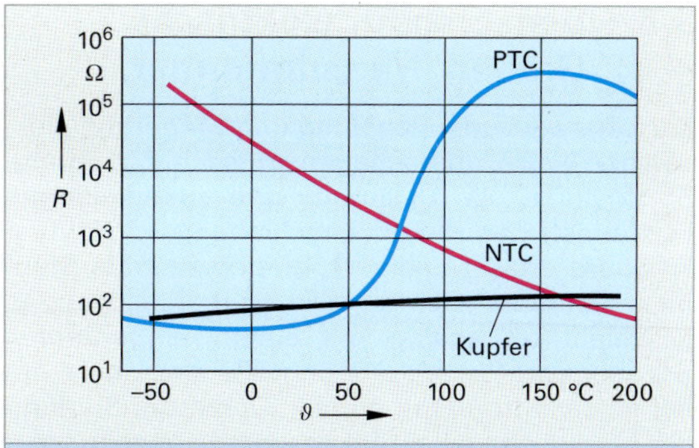

Bild 1: NTC-Sensoren und PTC-Sensoren

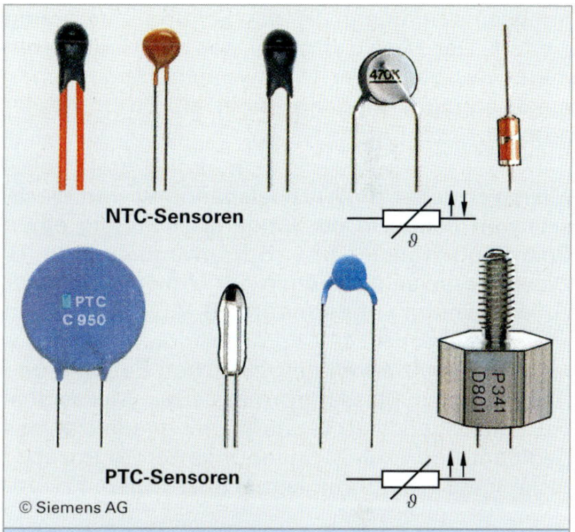

Bild 2: Bauformen von NTC-Sensoren und PTC-Sensoren

Kaltleiter (PTC-Sensoren)

Kaltleiter haben einen positiven Temperaturkoeffizient (PTC von Positive Temperatur Coeffizient).

Ihr Widerstand ändert sich bei der Schalttemperatur fast sprunghaft (Bild 1). Kaltleiter bestehen aus dotiertem Bariumtitanat, einem Keramikwerkstoff. Die Schalttemperatur liegt je nach Zusammensetzung des Keramikwerkstoffes zwischen – 30 °C und 340 °C.

Leistungskaltleiter verwendet man als Heizelemente. Bei Kälte fließt ein hoher Strom und bewirkt ein Aufheizen. Ist die Schalttemperatur erreicht, dann erhöht sich ihr Widerstand sprunghaft und das Heizelement erwärmt sich nicht mehr weiter. So erhält man eine sehr einfache Temperaturregelung.

Anwendung. Mit Kaltleitern kleiner Leistung erfasst man Füllstände von Flüssigkeiten. Solange die Flüssigkeit den Sensor umgibt, wird seine Eigenerwärmung verhindert und er hat einen kleinen Widerstand. Wird der Sensor hingegen von Luft umgeben, erwärmt er sich selbst und hat einen hohen Widerstand.

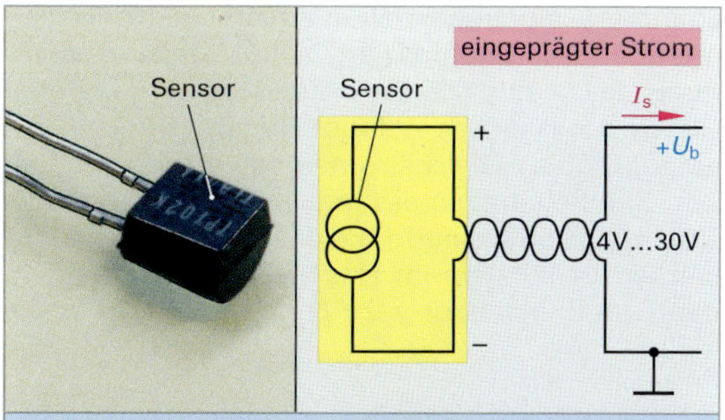

Bild 3: Halbleitertemperatursensor

Halbleitertemperatursensoren

Der Halbleitertemperatursensor besteht aus einem integrierten Schaltkreis und liefert in Abhängigkeit von der Temperatur einen eingeprägten Strom **(Bild 3)**. Eingeprägter Strom bedeutet, dass das Stromsignal weitgehend unabhängig von der Versorgungsspannung und dem Lastwiderstand des Sensors ist, also auch unabhängig von der Länge der Anschlussleitung. Die Sensoren sind z. B. auf die absolute Temperatur abgestimmt und liefern pro K (Kelvin) 1 µA Strom, also bei 25 °C (298,2 K) einen Strom von 298,2 µA. Der Messbereich liegt etwa zwischen – 60 °C und + 150 °C, die Messunsicherheit beträgt etwa 1%.

Anwendung. Halbleitertemperatursensoren werden zur Temperaturanzeige, Temperaturüberwachung und Temperaturregelung an Maschinenanlagen eingesetzt.

3.7 Sensoren für elektrische Größen (Messumformer)

Zur Überwachung, Regelung und Steuerung elektrischer Netze und Anlagen müssen Spannung, Stromstärke, Wirkleistung und Blindleistung, Leistungsfaktor, Phasenverschiebungswinkel und Frequenz erfasst und z. B. in eine zentrale Station übertragen werden. Die Signalübertragung geschieht oft analog mit einem *eingeprägten Gleichstrom*. Die Messnenngröße entspricht dabei einem Strom von 20 mA. Durch die Bindung der Messgröße an ein Stromsignal entstehen keine Signalverfälschungen durch Spannungsfälle in den Übertragungsleitungen. Ferner wird das Stromsignal durch kapazitive oder induktive Spannungseinstreuungen in die Leitung nur wenig gestört. Der Messwertgeber hat einen niederohmigen Ausgang, der Messwertempfänger einen niederohmigen Eingang, da er als Strommesser arbeitet.

Messwertgeber für Wechselspannung und Wechselstrom haben in der Eingangsschaltung einen Spannungswandler bzw. Stromwandler **(Bild 1)**. Diese Messwandler dienen der Umwandlung der zu messenden Größen von z. B. AC 230 V in ein Messsignal von AC 10 V. Ferner ermöglichen Wandler eine *Potenzialtrennung* zwischen Eingang und Ausgang des Messumformers. Das Messsignal wird gleichgerichtet, verstärkt, mit einem Tiefpass geglättet und mittels Spannungs-Stromumsetzer als eingeprägtes Stromsignal übertragen.

Leistungsmesswertgeber haben für Stromstärke und Spannung je einen Wandler um eine Potenzialtrennung und Signalanpassung zu erreichen **(Bild 2)**. Das Wechselstromsignal und das Wechselspannungssignal werden in einem elektronischen Multiplizierer multipliziert. Die Ausgangsspannung des Multiplizierers entspricht der Leistung. Sie wird mit einem Tiefpass geglättet und in ein eingeprägtes Gleichstromsignal umgewandelt. Zur Blindleistungsmessung wird die Eingangsspannung mit einer Phasenschieberbrücke zusätzlich um 90° gedreht. Das Messsignal entspricht dann der Blindleistung $Q = U \cdot I \sin \varphi = U \cdot I \cos(\varphi + 90°)$.

Messwertgeber für Phasenverschiebungswinkel sind z. B. Signalgeber für Leistungsfaktoren. Die Eingangsspannung und der Eingangsstrom werden über Spannungswandler bzw. Stromwandler je einem Komparator für die *Nulldurchgänge* zugeführt. Mit dem Nulldurchgang der Spannung wird ein Flipflop gesetzt und mit dem Nulldurchgang des Stromes rückgesetzt. Das Flipflop liefert im zeitlichen Mittel eine Ausgangsspannung, welche dem Phasenverschiebungswinkel proportional ist.

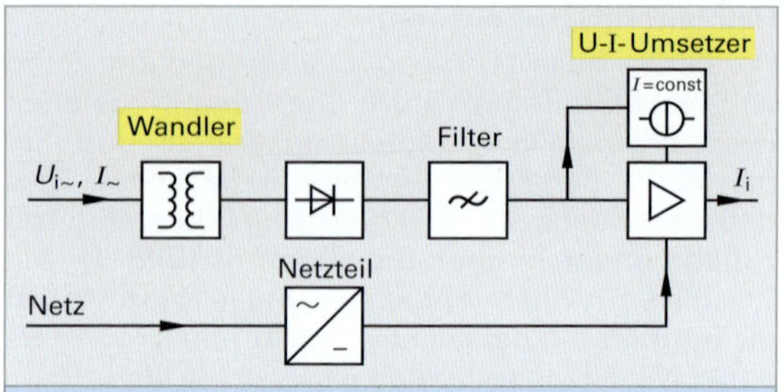

Bild 1: Messwertgeber (Prinzip) für Wechselstrom oder Wechselspannung

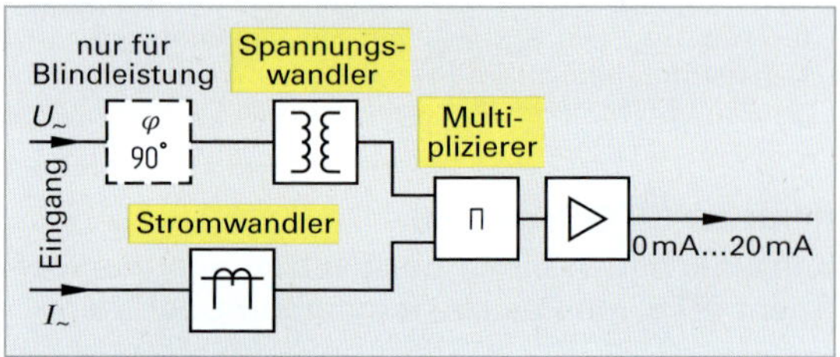

Bild 2: Messwertgeber für Wirkleistung bzw. Blindleistung

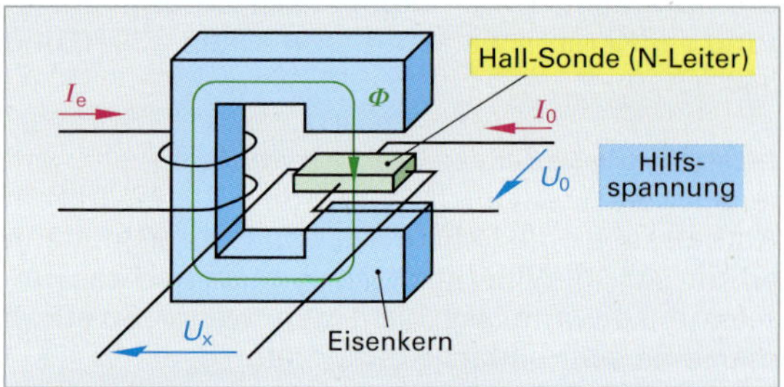

Bild 3: Gleichstrom-Messwertgeber

Gleichstrom-Messwertgeber haben zur Potenzialtrennung *Hall-Sonden* **(Bild 3)**. Der Gleichstrom erzeugt durch die Eingangsspule einen magnetischen Fluss Φ in der Hall-Sonde. Diese liefert eine Messspannung U_x, welche dem magnetischen Fluss und damit dem Gleichstrom I_e proportional ist. Die Messspannung U_x wird mit einem Verstärker in ein eingeprägtes Gleichstromsignal umgewandelt. Mit dem Gleichstrommessgeber können auch sich ändernde Gleichströme und auch Wechselströme erfasst werden.

Gleichstrom-Messwertgeber erzeugen mit einer Hall-Sonde eine, dem Strom proportionale, Gleichspannung

3.8 Sensoren zur Sicherheitstechnik

Mit Sensoren werden Personen, Maschinen, Fahrzeuge und Gebäude vor Gefahren, Missbrauch und Schäden geschützt. Es sind meist sehr komplexe Sensorsysteme mit Basissensoren zur Erfassung der Zielgröße, einer analogen oder digitalen Auswerteelektronik zur Filterung der Signalgröße und zur Bildung des Alarmsignals bzw. Schaltsignal sowie einer Einheit zur Alarmierung **(Bild 1)**.

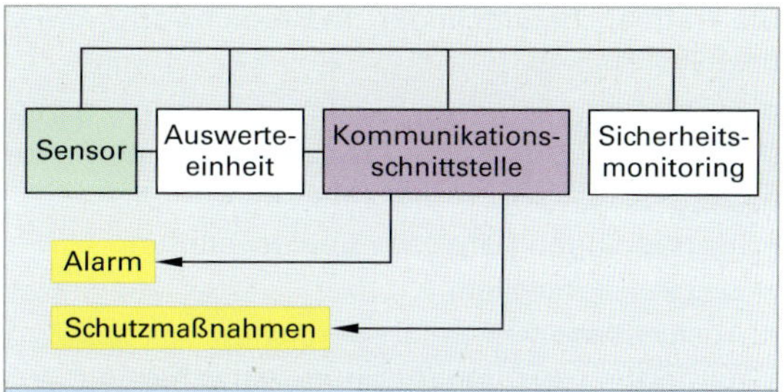

Bild 1: Aufbau von Sicherheitssensoren

Sensoren der Sicherheitstechnik alamieren
• optisch, • über Funk, • akustisch, • greifen ein

Bewegungsmelder (PIR)

Bewegungsmelder (PIR, von passive infrared) nutzen Infrarotstrahlung oder Radarsignale oder Ultraschallsignale oder Laserstrahlung oder Verwerten Kamerabilder, z. T. werden auch mehrere Verfahren gebündelt.

Infrarot-Bewegungsmelder. Der meist genutzte Bewegungsmelder basiert auf der kurzzeitlichen Veränderung von Infrarotstrahlung und erfasst bewegende Personen und Tiere. Menschen und Säugetiere weisen gegenüber ihrer Umgebung eine andere Temperatur auf und geben Wärmestrahlung ab. Eingesetzt wird dieser Bewegungsmelder vor allem zum Einschalten einer Beleuchtung oder zum Auslösen eines Alarms. Basis ist ein zweiteiliger **Pyrosensor**[1], z. B. zwei Pyrokristalle oder einer pyrosensitiven PVDF-Folie (PVDF von Polyvinylidenfluorid) mit zwei Sensorelementen **(Bild 2)**.

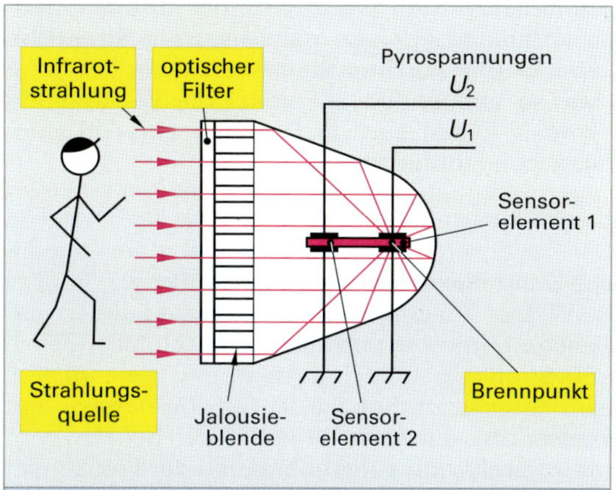

Bild 2: Bewegungsmelder

Im Pyrosensor entsteht bei Wärmeeinstrahlung ein Temperaturunterschied, der die Polarisation der Strahlung ändert und damit eine Ladungstrennung auslöst und eine Spannung erzeugt. Vor dem Sensor sind Jalousieblenden mit kleinen Sammellinsen aus visuell weißlich-trübem Kunststoff, der jedoch im Infraroten klar durchsichtig ist. Sichtbares Licht wird mehr zurückgestreut. Ein Bandpass **(Bild 3)** sorgt dafür, dass sehr niederfrequente Strahlungsänderung, z. B. durch Sonnenlicht oder sehr hochfrequente Änderungen, z. B. durch Einschalten einer Glühlampe fast ohne Einfluss sind.

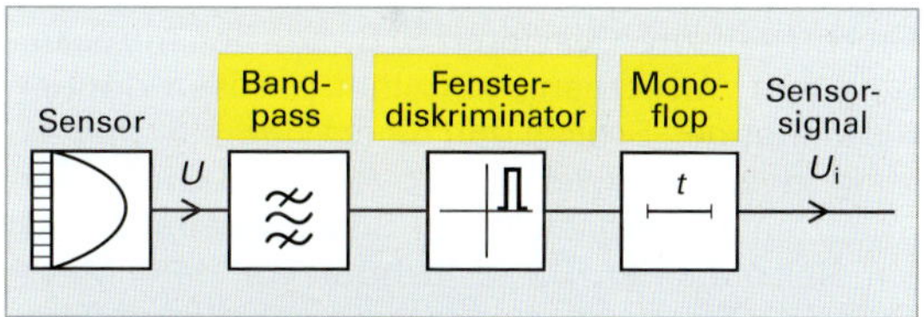

Bild 3: Signalbildung

Radar-Bewegungsmelder

Radarsensoren senden hochfrequente Radiowellen aus und empfangen die reflektierte Strahlung. Aus der Signallaufzeit beim Impulsradar ermittelt man Abstände zu Objekten und Personen. Aus der Phasenverschiebung (Dopplereffekt, siehe Seite 252) ermittelt man die Reativgeschwindigkeit zwischen Objekt und Sensor.

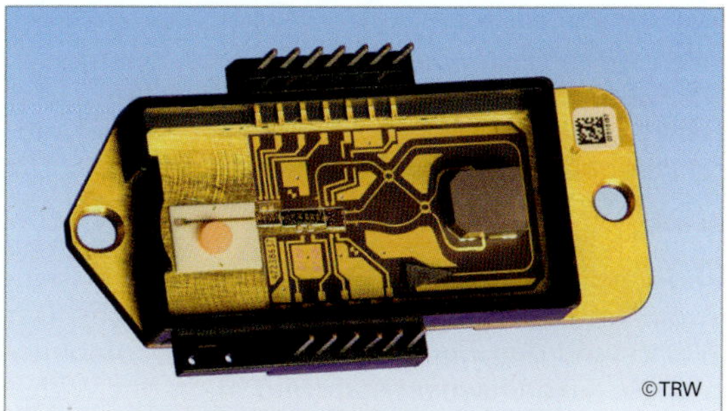

©TRW

Bild 4: 77-GHz-Radarsensor

[1] griech. pyrein = brennen

Die Frequenzbänder liegen im Bereich von 2,4 GHz bis 246 GHz.

Typische Sicherheitsanwendungen mit Radar sind neben der Nutzung für Assistenzsysteme im Kfz-Bereich **(Bild 4, vorhergehende Seite)**:

- Alarmanlagen (Einbruchmeldesysteme),
- Zugangskontrollen,
- Absicherung von Gefahrbereichen,
- Raumüberwachung (Perimeterabsicherung).

Rauchmelder

Optische Rauchmelder verwendet man häufig als Brandmelder. Ausgenutzt wird die Infrarot-Streulichtstrahlung in einer mattschwarzen Streulichtkammer **(Bild 1)**. Sind Rauch-Partikel in der Kammer, so streuen diese Partikel die IR-Strahlung (*Tyndall*[1]-Effekt) auch in Richtung einer IR-empfindlichen Empfänger-Fotodiode.

Regensensor

Der Regensensor **(Bild 2)** nutzt die unterschiedliche Lichtreflexion von Glas zu Luft bzw. von Glas zu Wasser (Regen) aus. Bei Wasser-Luft an der Sensoroberfläche wird die schräg einfallende IR-LED-Strahlung total reflektiert und gelangt voll zum Fotosensor. Sobald die Sensoroberseite mit Wasser bzw. einzelnen Regentropfen benetzt, wird die Totalreflexion aufgehoben und der Fotosensor erhält weniger IR-Strahlung. Die integrierte Heizung vermeidet eine Kondenswasserbildung.

Feuchtesensor – Hygrometer

Feuchtesensoren basieren z. B. auf der Anreicherung von Wasserdampf in einer porösen dünnen nichtleitenden Schicht und einer Widerstandsmessung zwischen zwei Elektroden **(Bild 3)**. Isoliert unter der feuchtesensitiven Schicht befindet sich ein Heizmäander. Dieser erhöht vor dem Messzyklus die Temperatur, sodass die sensitive Schicht sicher trocken ist. Danach nimmt die sensitive Schicht die Umgebungsfeuchte an. Der elektrische Widerstand wird als Feuchtesignal erfasst.

Alkoholsensor

Der Sensor **(Bild 4)** dient zur Feststellung von Blutalkohol, insbesondere für Fahrer von Kraftfahrzeugen auf der Grundlage der Atemluft. Die Sensorik basiert auf einer temperierten gassensitiven Halbleiterschicht aus Galliumoxid (Ga_2O_3), und vergleicht ein Testgas das in einem Nebenstrom am Gassensorelement vorbeistreicht. Der Widerstand des Elements ist stark alkoholabhängig. Die Alkoholsensitivität (Bild 4) ist das Widerstandsverhältnis von R_a/R_e (R_a bei Luft mit Alkohol im Blut und R_e bei Luft ohne Alkohol).

[1] *John Tyndall*, irischer Physiker (1820 bis 1893)

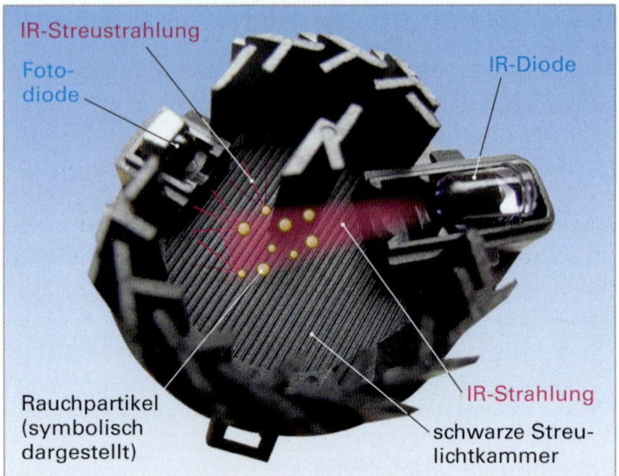

Bild 1: Rauchmelder

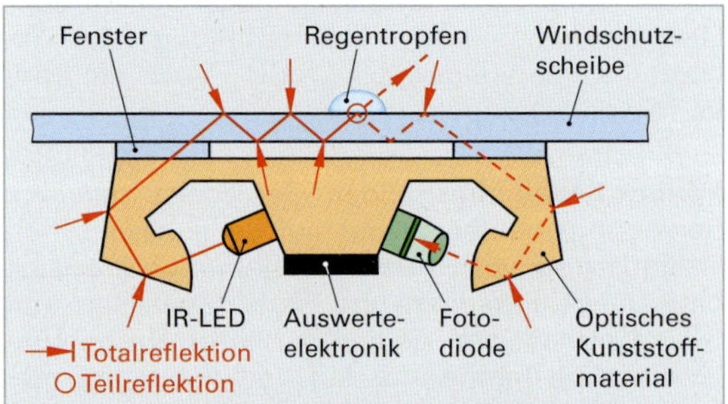

Bild 2: Regensensor

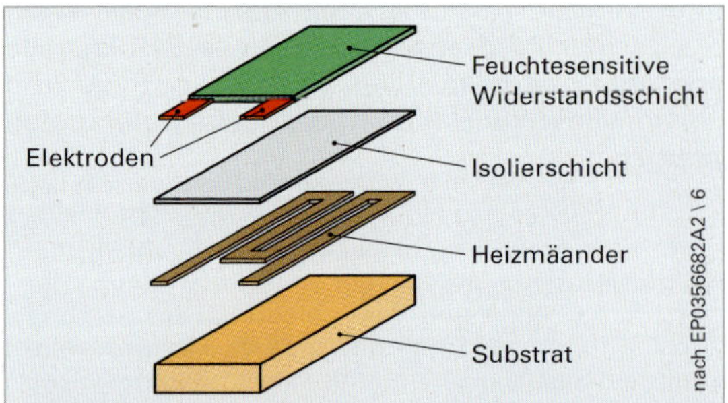

Bild 3: Feuchtesensor

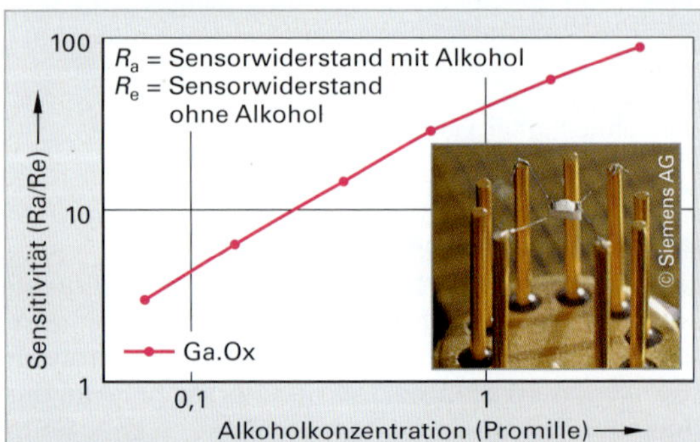

Bild 4: Alkoholsensor

Anemometer[1] zur Windmessung

Die einfachsten Windsensoren sind die **Schalenanemometer (Bild 1)** mit meist drei halbkugelförmigen Schalen oder mit Spitzhutschalen. Der Wind treibt auf der offenen Seite stärker an als dass er auf der geschlossenen Seite bremst. Es ergibt sich eine zur Windgeschwindigkeit abhängige Drehzahl.

Die Drehgeschwindigkeit wird mit einem kleinen optischen oder magnetischen Inkrementalsensor in ein elektrische Sensorsignal umgesetzt. Der Betriebsbereich reicht von 0,3 m/s bis 75 m/s (270 km/h) Windgeschwindigkeit.

Ultraschall-Anemometer (Bild 2). Die Schallgeschwindigkeit ist in Windrichtung höher als gegen den Wind und das umso mehr, je höher die Windgeschwindigkeit ist. Die elektronisch erfassten Schalllaufzeiten für Schallimpulse verhalten sich gerade umgekehrt zur Windgeschwindigkeit.

Der Ultraschall-Anemometer hat z. B. drei Ultraschallsender/-empfänger die abwechselnd senden und empfangen. Die Elektronik errechnet aus den 6 Laufzeiten zyklisch (z. B. 200 mal/s) die Windgeschwindigkeit und die Windrichtung. Der Einfluss von Luftfeuchte und Temperatur wird bei der Differenzbildung kompensiert. Der Messbereich reicht z. B. von 0,01 m/s bis 74 m/s für die Windgeschwindigkeit und für die Windrichtung 360° bei einer Auflösung von +2°.

MEMS – Sensoren für Sicherheit und Komfort

MEMS (Micro-Electro-Mechanical Systems) sind mikromechanische Systeme, aufgebaut ähnlich wie integrierte Schaltkreise **(Bild 3)** und hergestellt in großen Stückzahlen[2]. Sie enthalten u. a. mechanisch elastisch bewegliche Massen im Mikrometerbereich, um z. B. Linear-Beschleunigungen und Drehbeschleunigungen zu erfassen **(Bild 4 oben)**.

Verwendung finden MEMS mit Anordnungen für alle Raumachsen z. B. in ESP®-Systemen (Elektronisches Stabilitäts-Programm von Bosch) für Fahrzeuge, zur Drehlagenerkennung von Smartphones und für Navigationsysteme von Flugzeugen.

Die MEMS sind so strukturiert, dass bewegliche Teile als seismische Masse wirken. An diesen sitzen filigrane Stege und bilden elastische Federn. Bei Beschleunigung oder Verzögerung verlagert sich die seismische Masse. Die seismische Masse entsteht durch Ätzen der Silizium-Funktionsschicht. Sie hat eine Kammstruktur und ist etwa 20 µm dick. Der sich verändernde Abstand der seismischen Masse zur umgebenden Kammstruktur bewirkt eine signalbildende Kapazitätsänderung. Die gesamte Sensormechanik wird mit einer Siliziumkappe abgedeckt. Damit erreicht man Unabhängigkeit von atmosphärischen Einflüssen.

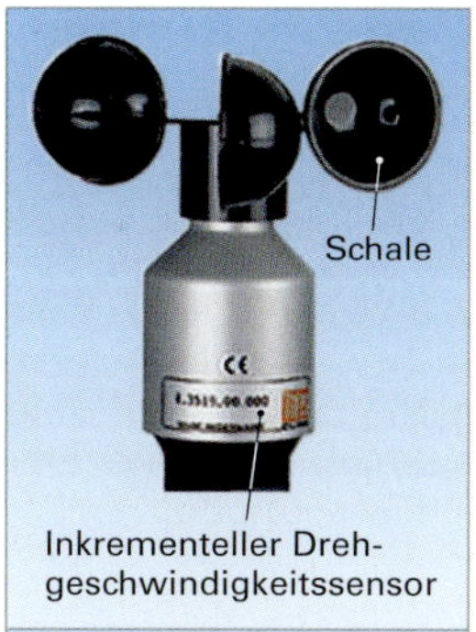

Bild 1: Schalenanemomenter

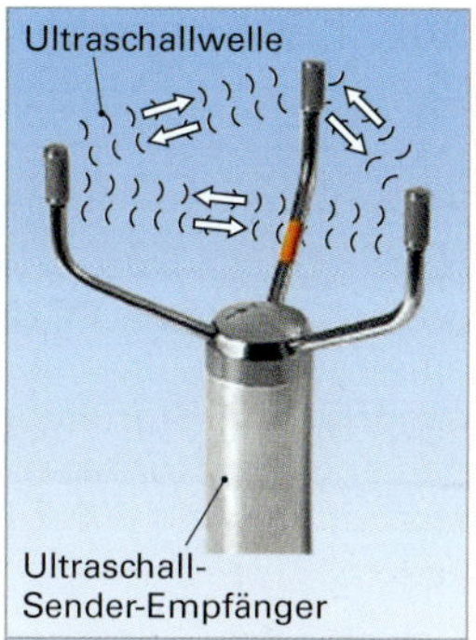

Bild 2: Ultraschall-Anemometer

Bild 3: MEMS-Chip

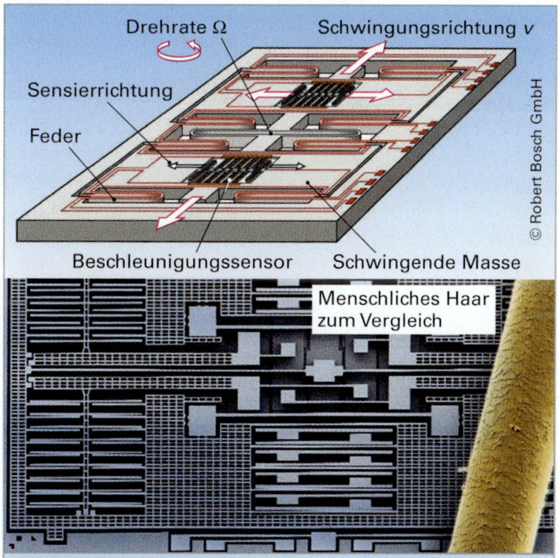

Bild 4: MEMS-Mikrostruktur

Mit einer hoch integrierten Auswerteschaltung, erfolgt die Signalbildung und Signalübertragung.

[1] griech. anemos = Wind und metron = Maß
[2] Die Firma Robert Bosch GmbH hat in der Zeit von 1995 bis 2015 mehr als 5 Milliarden MEMS produziert.

3.9 Störungen in Sensorleitungen

Die Übertragung der Signale zwischen den Messwertgebern bzw. den Sensoren und den Messverstärkern, den Anzeigeeinrichtungen, z. B. einem Oszilloskop, oder der Messdatenverarbeitung, z. B. einem PC, kann so gestört sein, dass eine Messung überhaupt nicht mehr möglich ist. Ursache für Störungen in Signalleitungen sind galvanische Störbeeinflussungen, kapazitive Einstreuungen und induktive Einstreuungen.

Galvanische Störbeeinflussungen entstehen durch gemeinsame Stromwege eines Messstromkreises mit anderen Stromkreisen, z. B. anderen Messstromkreisen, Steuerstromkreisen oder Leistungsstromkreisen **(Bild 1)**. Durch den gemeinsamen Bezugsleiter verschiedener Sensoren oder anderer elektronischer Baugruppen entstehen durch den Leitungswiderstand und durch den Übergangswiderstand in den Anschlüssen oder Steckverbindungen *Spannungsfälle*, die sich direkt dem Messsignal überlagern. Falls kein eigenes Netzteil für jeden Messstromkreis oder jede Elektronikbaugruppe vorhanden ist, fasst man alle Bezugsleiter (Masseleiter) sternförmig zu einem Bezugspunkt zusammen (Bild 1).

Neben der direkten Störbeeinflussung durch gemeinsame Leitungs-Wirkwiderstände verursachen induktive und kapazitive Leitungswiderstände Störungen, und zwar um so stärker, je höher die Frequenz der Signalspannungen bzw. je steiler die Impulsflanken bei Impulssignalen sind.

Beispiel:

Bei einer Leitung der Länge l = 2 m beträgt die längebezogene Induktivität $\Delta L/\Delta l$ = 1 µH/m. Es wird ein Strom von I = 500 mA mit einer Stromanstiegszeit von t = 1 µs geschaltet. Welche Spannungsstörung erhält man bei gemeinsam verwendetem Bezugsleiter für das Sensorsignal und das Schaltsignal?

Lösung:

Leitungsinduktivität: $L = \frac{\Delta L}{\Delta l} \cdot l = \frac{1\,\mu\text{H}}{\text{m}} \cdot 2\,\text{m} = 2\,\mu\text{H}$

Stromänderung des Schaltsignals: $\frac{\Delta I}{\Delta t} = \frac{500\,\text{mA}}{1\,\mu\text{s}}$

induzierte Spannung: $u_i = L \cdot \frac{\Delta I}{\Delta t} = 2\,\mu\text{H} \cdot \frac{500\,\text{mA}}{1\,\mu\text{s}} = 1\,\text{V}$

Galvanische Störbeeinflussungen vermeidet man durch *galvanische Entkopplung*. Dies geschieht durch Vermeiden gemeinsamer Bezugsleiter, auch innerhalb eines Schaltschrankes, und durch Potenzialtrennung der Stromkreise. Eine Potenzialtrennung erfolgt elektromagnetisch durch

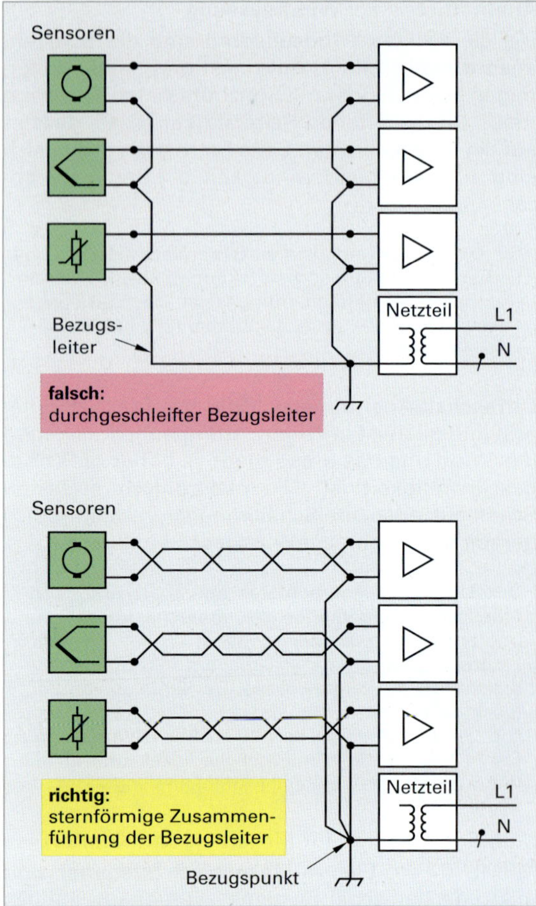

Bild 1: Falscher und richtiger Anschluss des Bezugsleiters

Transformatoren für jeden Stromkreis, elektromechanisch über Relais oder optoelektronisch durch Optokoppler.

Bezugsleiter elektronischer Sensoren und Baugruppen werden sternförmig zu einem Bezugspunkt zusammengefasst.

Induktive Einstreuungen entstehen durch *induktive Kopplung* zweier Stromkreise oder durch andere *elektromagnetische Felder*. Die induktive Kopplung entsteht durch eine Leiterschleife, z. B. gebildet aus Signalleiter und Bezugsleiter **(Bild 1, folgende Seite)**. Verdrillt man beide Leiter, dann verringern sich der Flächeninhalt der Leiterschleife und damit die Wirkung eines magnetischen Störflusses **(Bild 2, folgende Seite)**. Wegen der Verdrillung ändert sich in kurzen Längenabständen die Richtung des austretenden Störflusses. Entsprechend induziert der eintretende magnetische

Störfluss in jeder Teilschleife gleiche Teilspannungen entgegengesetzter Polung, die sich gegenseitig aufheben.

> Induktive Einstreuungen verhindert man durch verdrillte Messleiter.

Messleitungen sollen wegen den Einstreuungen in möglichst weitem Abstand von anderen Leitungen und nicht parallel zu diesen verlegt werden. Gemeinsame Kabelkanäle sind zu vermeiden. Sind mehrere Leitungen zu einer Messstelle verlegt, kann es bei Blitzeinschlägen zu hohen Induktionsspannungen kommen. Diese können die Messgeräte zerstören. Abhilfe leisten Überspannungsableiter.

Durch *Schirmung* der Messleitungen, der Sensoren und der magnetischen Störquellen, z. B. Thyristorsteller, vermindert man magnetische *Einstreuungen*. Magnetische Störungen können durch magnetische Leiter aus ferromagnetischem Werkstoff abgeschirmt werden oder durch *Wirbelstromschirme* in ihrer Wirkung vermindert werden. Die Abschirmung besteht z. B. aus einem Kupferdrahtgeflecht (Bild 2).

> Hochfrequente magnetische Felder verursachen im gut leitenden Schirm Wirbelströme und werden dadurch für die innenliegenden Messleitungen stark gedämpft.

Stahlblechgehäuse und das Verlegen der Leitungen in Stahlrohren oder in Kabeln mit Stahlgeflechtummantelung ermöglichen eine Abschirmung, insbesondere der Störquellen. Mit hochpermeablen Werkstoffen, z. B. MUMETALL[1] (75 % Ni, 8 % Fe, 5 % Cu, 2 % Cr), erreicht man eine besonders gute Abschirmwirkung.

Kapazitive Einstreuungen entstehen durch ungewollte Kapazitäten zwischen verschiedenen Stromkreisen, z. B. durch die Leitungskapazität parallel verlaufender Leitungen zweier verschiedener Stromkreise. Zur Verringerung kapazitiver Einstreuungen sind wie zur Verringerung induktiver Einstreuungen durch andere Leitungen gemeinsame Kabelkanäle zu vermeiden. Störquellen wirken um so stärker, je kürzer die Spannungsanstiegszeit in den störenden Stromkreisen ist und je hochohmiger der gestörte Stromkreis ist. Messwertgeber mit niederohmigen Ausgangswiderständen und Messverstärker mit niederohmigen Eingangswiderständen sind daher weniger empfindlich gegenüber kapazitiven Einstreuungen als solche mit hochohmigen Widerständen.

[1] Handelsname der Vakuumschmelze Hanau

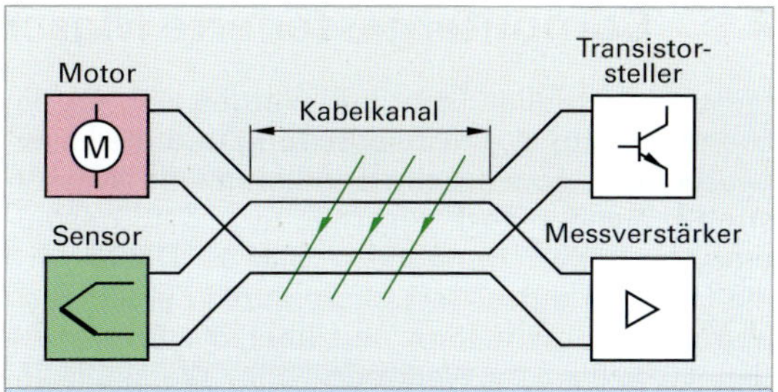

Bild 1: Induktive Einstreuung

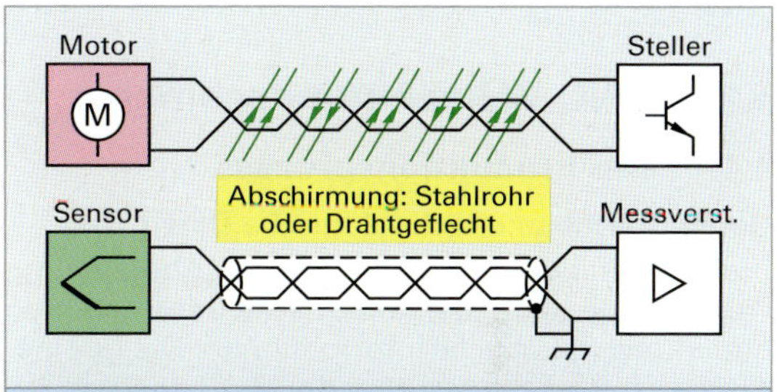

Bild 2: Schutzmaßnahmen gegen induktive Einstreuungen

Kapazitive Einstreuung vermindert man ferner durch *Schirmung* mit Schirmen aus gut leitendem Werkstoff. Bei abgeschirmten Messleitungen schließt man den Schirm nur auf einer Seite an den Bezugsleiter an (Bild 2).

> Niederohmige Messsysteme sind weniger störempfindlich als hochohmige Messsysteme.

Eine **Verringerung der Störungen** beim elektronischen Messen mechanischer Großen erreicht man meist auch durch Filter, z. B. mit RC-Gliedern. Die Messsignale sind Gleichspannungssignale oder niederfrequente Wechselspannungen, z. B. entsprechend den mechanischen Schwingungen, während die eingestreuten Spannungen meist hochfrequent bzw. impulsförmig sind. Mit Tiefpässen erreicht man in diesen Fällen eine starke Verringerung der Einstreuung.

Potenzialausgleich. Bei Anlagen mit elektronischen Steuerungen, mit Sensoren und mit elektrischen Antrieben ist für das zuverlässige Zusammenwirken ein sicherer Potenzialausgleich bis in den hohen Frequenzbereich von ca. 10 MHz notwendig.

> Zum Potenzialausgleich werden alle metallischen Bauteile und Schranksegmente, auch Schranktüren großflächig gut leitend mit einander verbunden, sodass diese Teile einen einzigen Äquipotentialbereich bilden.

4 Computergesteuerte Maschinen

In der industriellen Fertigung werden z. B. für die Drehbearbeitung, Fräsbearbeitung und die Laserbearbeitung sowie beim Erodieren und Wasserstrahlschneiden fast ausschließlich CNC-gesteuerte Maschinen[1] verwendet **(Bild 1)**. Dabei wird die Geometrie des Werkstücks durch Zahlen, also numerisch beschrieben und über die Steuerung der NC-Achsen in Werkzeug- oder Werkstückbewegungen umgesetzt. Auch Roboter und Messmaschinen sind numerisch gesteuert.

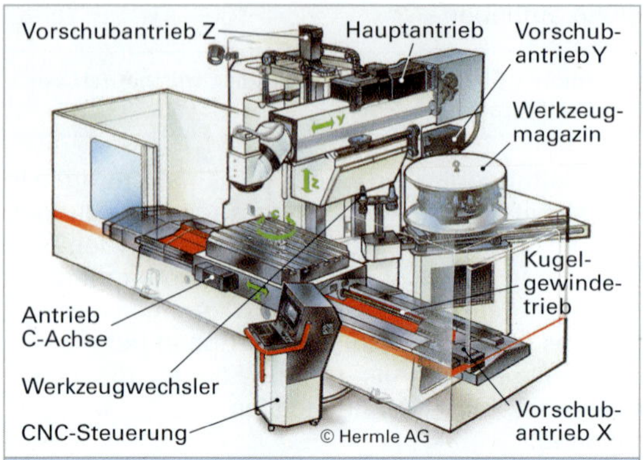

Bild 1: CNC-Fräsmaschine

4.1 CNC-Werkzeugmaschinen

4.1.1 Der Produktionsprozess

Geometrische und technologische Daten

Die Informationen für die Werkstückherstellung werden eingeteilt: in *geometrische* Informationen und in *technologische* Informationen. Die geometrischen Informationen sind die Maßangaben und die Toleranzangaben **(Bild 2)**. Die technologischen Informationen sind die Angaben zum Werkstoff und zur Qualität der Werkstückoberfläche.

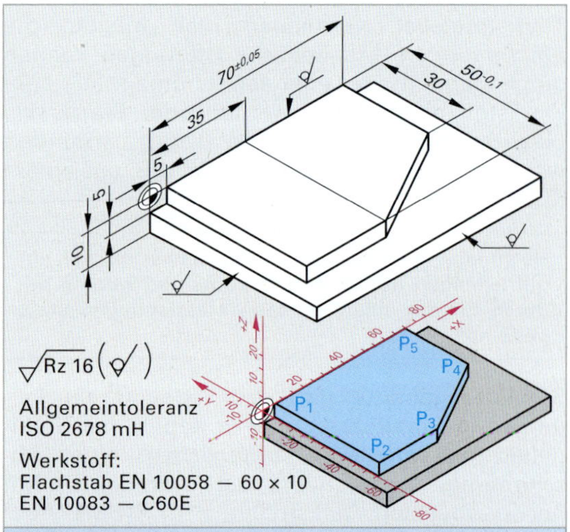

Bild 2: Werkstückzeichnung und Einpassung in ein Koordinatensystem

Fertigungsplanung

Gesamtbedarf, Fertigungslosgröße und der Wert des Werkstücks bestimmen den weiteren Fertigungsablauf. Liegt das Herstellungsverfahren fest, wählt man die geeignete Maschine, die Werkzeuge, die Vorrichtungen und die Prüfmittel aus. Die Reihenfolge der erforderlichen Bearbeitungsschritte wird festgelegt und mit den Schnittdaten (Schnittgeschwindigkeit, Vorschub und Zustellung) im Arbeitsplan dokumentiert.

Programmierung

Die *Geometrie* der Fertigkontur wird nun in eine numerische Darstellung übertragen.

Schritt 1: Dem Werkstück wird ein rechtwinkliges Koordinatensystem zugeordnet, damit jeder Punkt der Kontur mit den Koordinatenwerten (X... Y... Z...) beschrieben werden kann (Bild 2).

Schritt 2: Die Koordinatenwerte werden nun um die Wegbefehle wie z. B. G00 (Fahre im Eilgang) oder G01 (Fahre im Vorschub) ergänzt **(Tabelle 1)**.

Tabelle 1: CNC-Programm (Beispiel)

%		*(öffne Speicher)*
N214		*(Programmnummer)*
N10	G17	*(Ebenenwahl, Werkzeuglänge in Z-Richtung)*
N20	G55	*(Nullpunktspeicher)*
N30	G90	*(Absolutbemaßung)*
N40	T01 M06	*(Werkzeug 1 einwechseln)*
N50	D01 S1200 F200 M03	*(Technologie)*
N60	G00 X22 Y20 Z100	*(Fahre im Eilgang)*
N70	G00 Z-5	
N80	G42	*(berücksichtige Fräserradius)*
N90	G01 X5 Y0 M08	*(Fahre im Vorschub nach P1)*
N100	G01 X5 Y-49. 950	*(P2; Toleranzmitte)*
N110	G01 X35 Y-49. 950	*(P3)*
N120	G01 X70 Y-30	*(P4)*
N130	G01 X70 Y1 M09	*(P5)*
N140	G40	*(abwählen des Fräserradius)*
N150	G00 Z100	
N160	T00 M06	*(Werkzeug zurückwechseln)*
N170	M30	*(Hauptprogrammende)*

[1] CNC Kunstwort für engl. Computerized Numerical Control = mit Computer numerisch gesteuert.

Die *Technologiedaten* für die Bearbeitung werden nach einem, der Maschine entsprechenden, Code (Programmieranleitung) im Programm ergänzt. Diese sind z. B. die Werkzeugnummern (T01), die Schnittwerte F und S (F200 = Vorschubgeschwindigkeit 200 mm/min, S1200 = Drehzahl 1200 min^{-1}) und die Spindeldrehrichtung (rechts = M03). Das CNC-Programm ist um den Programmanfang, die Nullpunktverschiebung (siehe Rüsten) und das Programmende noch zu ergänzen.

Einrichten der Maschine (Rüsten)

Entsprechend dem *Werkzeugplan* werden die Werkzeuge ins Werkzeugmagazin eingelegt und die Werkzeugmaße in den Werkzeugspeicher eingegeben. Weiterhin ist die Lage des Werkstücks im Arbeitsraum bezüglich des Koordinatensystems der Maschine **(Maschinennullpunkt)** zu ermitteln und in die Speicher für die Nullpunktverschiebung einzutragen. Hierzu wird ein 3D-Taster, durch manuelle Achssteuerung oder einen Messzyklus, zum Nullpunkt des aufgespannten Werkstücks **(Werkstücknullpunkt)** geführt. Die gezeigten Koordinatenwerte auf dem *Display*[1] der Maschine entsprechen der Differenz von Maschinennullpunkt zum Werkstücknullpunkt. Diese wird als **Nullpunktverschiebung** bezeichnet. Berücksichtigt die Steuerung diese Werte, können die obigen Werkstückkoordinatenwerte unverändert zur Bearbeitung verwendet werden **(Bild 1)**.

Der Informationsfluss zur CNC-Steuerung

Die Programmzeilen werden über die Tastatur des Bedienfeldes eingegeben.

Das **Bedienfeld (MMC**[2]**)** ist die Kommunikationsschnittstelle zur CNC-Maschine. Es ist meist in vier Bereiche unterteilt: Monitor[3], Betriebsartenwahl, Maschinenfunktionen und Tastatur **(Bild 2)**.

- **Der Monitor** visualisiert[4] die Positionen der Achsen und die Daten im Speicher, wie z. B. das Programm, die Werkzeugdaten und die Nullpunktverschiebung. Während der Bearbeitung erhält der Bediener die Prozessdaten und Fehlermeldungen angezeigt.
- **Die Wahl der Betriebsart**

  Dateneingabe, *von Hand od. über Datenleitung.*

  Manuell[5], *Maschinenfunktionen werden von Hand eingestellt.*

  Teach-In, *Lernprogrammierung, Punkt für Punkt wird manuell angefahren und anschließend im Programm jeweils ergänzt.*

  Automatik, *Programmgesteuerter Bearbeitungsprozess. Hierbei kann auch zum Einfahren des Programmes Einzelsatz angewählt werden, d. h. jede Programmzeile wird durch Tastendruck einzeln freigegeben.*

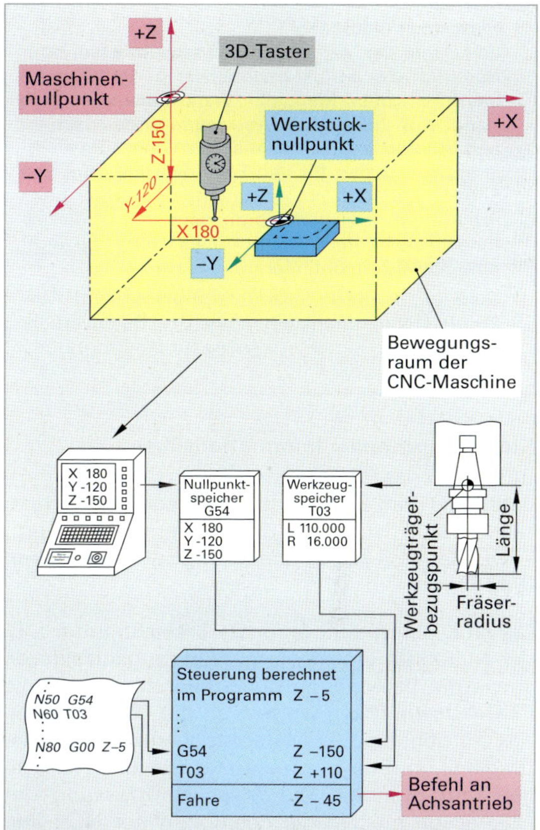

Bild 1: Rüsten der CNC-Maschine

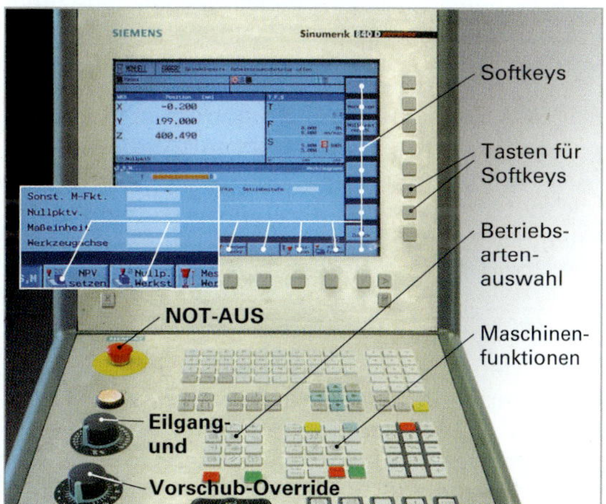

Bild 2: Bedieneinheit einer CNC-Maschine

[1] engl. display = Anzeige;
[2] MMC von engl. Man Machine Communication = Mensch-Maschine-Kommunikation;
[3] engl. monitor = Anzeigefenster;
[4] von engl. to visualize = veranschaulichen;
[5] manuell von lat. manus = Hand

- **Maschinenfunktionen**
  Verfahren der Achsen mit Vorschubtasten oder Handrad oder in Inkrementen (z. B. 1/1000 mm) beim Einrichten. Manueller Werkzeugwechsel von Hand, z. B. bei großen Werkzeugen oder nach einer Störung des automatischen Werkzeugwechslers. Drehschalter für den Feed-override[1], um den Eilgang bzw. den programmierten Vorschub beim Programmtest zu reduzieren oder beim Bearbeitungsprozess ohne Programmänderung die Technologiewerte zu optimieren.
- **Tastatur** für die Programmierung und zum Ausführen weiterer Funktionen wie den Datenverkehr mit externen Computern sowie für die Programmsimulation.

Steuerungsinterner Informationsfluss

Beim Start des Programms werden die Programmdaten aus dem Speicher gelesen und der Rechnereinheit **NCK** (Numerical Control Kernel = NC-Kern) sowie der SPS-Anpasssteuerung[2] weitergegeben **(Bild 1)**.

Die NCK übernimmt unter Berücksichtigung, z. B. der Nullpunktverschiebung, Werkzeugkorrekturen sowie die Berechnung der Steuersignale für die CNC-Achsen. Diese werden an die Lageregelung des Antriebsmoduls weitergegeben und im Leistungsteil in Starkstromsignale für die NC-Achsen umgewandelt. Die *Messwerterfassung* der NC-Achsen melden die Positionen der NCK und dem Antriebsmodul zurück.

Durch einen SOLL-IST-Vergleich werden neue Steuerdaten berechnet. Diese Positionsdaten werden von der NCK aus auf dem Display sichtbar.

Die SPS-Anpasssteuerung übernimmt die Übersetzung der Steuerbefehle auf die weiteren Maschinenkomponenten und stellt sicher, dass alle notwendigen Bedingungen zur Ausführung erteilt sind, z. B. die Abfrage: *ist das Werkzeug in der Spindel?* oder *ist die Kabinentür verriegelt?*

Externe Kommunikation

Um ein teures Einfahren von Programmen und den damit verbundenen Materialkosten zu verhindern, werden NC-Teileprogramme unter realistischen Bedingungen simuliert. Dazu stehen virtuelle NCK zur Verfügung, mit deren Hilfe eine exakte Simulation mit voller Steuerungs-Funktionalität möglich ist. So entstehen keine Maschinenkosten.

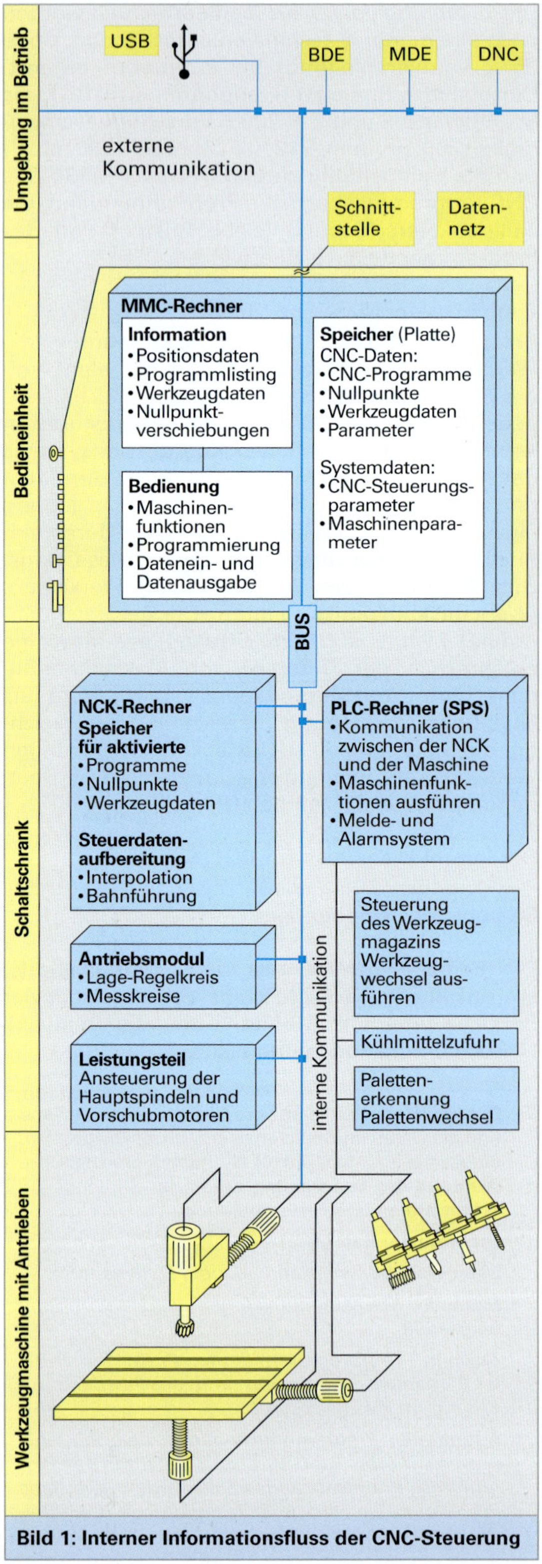

Bild 1: Interner Informationsfluss der CNC-Steuerung

[1] engl. feed = Vorschub (Futter, Material), engl. to override = sich hinwegsetzen über (den progr. Wert);

[2] SPS Abk. für Speicherprogrammierte Steuerung, auch PLC genannt, von engl. Programmable Logic Controller = programmierbare Steuerung

4.1.2 NC-Achsen und deren Steuerung

Achsen von CNC-Maschinen

Zur Bezeichnung der Bewegungsachsen geht man von einem *rechtwinkligen, rechtshändigen* und *rechtsdrehenden Koordinatensystem* mit den Bezeichnungen X, Y, Z aus. Die positive Achsbezeichnung kann man aus der Fingerstellung ableiten. Dabei nimmt man an, dass sich das Werkzeug bewegt und dass das Werkstück stillsteht **(Bild 1).**

Die Z-Achse (Mittelfinger) liegt in Richtung der Arbeitsspindel. Die positive Richtung der Z-Achse verläuft vom Werkstück zum Werkzeug. Das Werkzeug bewegt sich vom Werkstück bei wachsenden (positiven) Z-Werten weg.

Die X-Achse (Daumen) ist die Hauptachse. Sie liegt horizontal und parallel zum Maschinentisch. Bei Senkrechtfräsmaschinen verläuft die positive X-Achse nach rechts, wenn man vor der Maschine steht und auf das Werkzeug schaut (Bild 1). Bei der Waagrechtfräsmaschine zeigt die positive X-Achse nach rechts, wenn man von der Arbeitsspindel auf das Werkstück blickt **(Bild 2)**. Die Y-Achse (Zeigefinger) ist durch die Lage der X- und Z-Achse bestimmt.

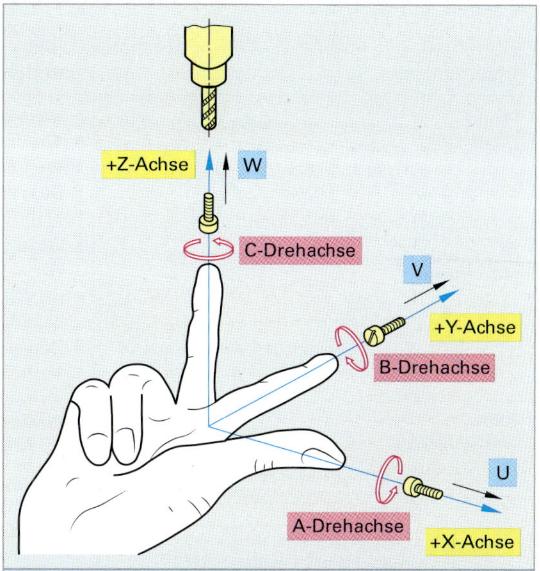

Bild 1: Rechtshändiges, rechtswinkliges und rechtsdrehendes Koordinatensystem bei einer Senkrechtfräsmaschine

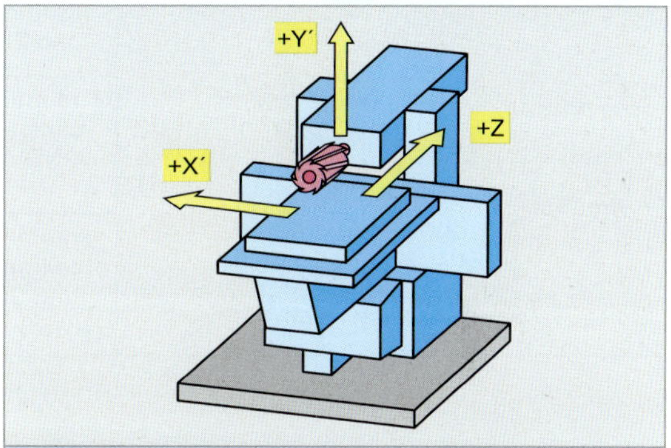

Bild 2: Achsbezeichnung bei Waagrechtfräsmaschine

Rotationsachsen zur Werkzeug- oder Werkstückdrehung haben die Bezeichnungen A, B und C und zwar A für eine Drehung um die X-Achse, B für eine Drehung um die Y-Achse und C für eine Drehung um die Z-Achse. Weitere NC-Achsen erhalten die Bezeichnung U (parallel zu X), V (parallel zu Y) und W (parallel zu Z).

Bewegt man statt dem Werkzeug das Werkstück, so werden die Achsen mit X′, Y′, Z′, A′, B′, C′, U′, V′ und W′ bezeichnet. Diese Bewegungen sind den Bewegungen des Werkzeugs entgegengerichtet **(Bild 3).**

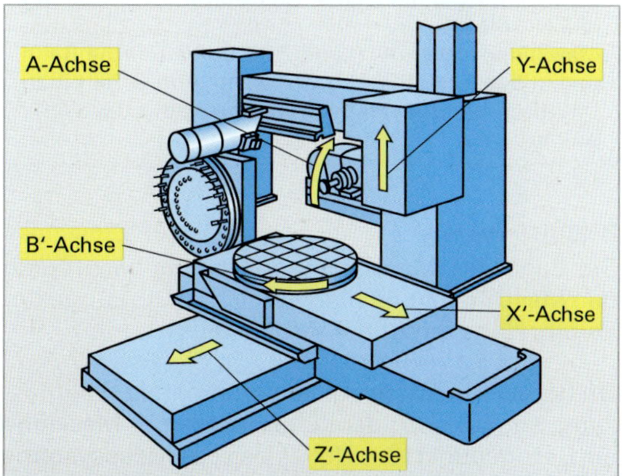

Bild 3: Achsbezeichnungen bei 5 Achsen-Bearbeitungszentrum

Steuerungsarten

Man unterscheidet zwischen einer *Punktsteuerung*, einer *Streckensteuerung* und einer *Bahnsteuerung* **(Tabelle 1,** folgende Seite).

Bei der **Punktsteuerung** wird nur der Zielpunkt kontrolliert, nicht aber der Verfahrweg dorthin und nicht die Verfahrgeschwindigkeit. Punktsteuerungen gibt es z. B. im Zusammenhang mit Bohrmaschinen.

Bei der **Streckensteuerung** handelt es sich um Steuerungen einzelner NC-Achsen. Dabei wird das Erreichen der Zielposition kontrolliert und auch die Verfahrgeschwindigkeit jeder Einzelachse.

Bei der **Bahnsteuerung** werden Zielpunkt, Bahnverlauf und Bahngeschwindigkeit numerisch gesteuert.

Tabelle 1: Einteilung numerischer Steuerung

Steuerungsart	Bahnführung	Anwendung
Punktsteuerung 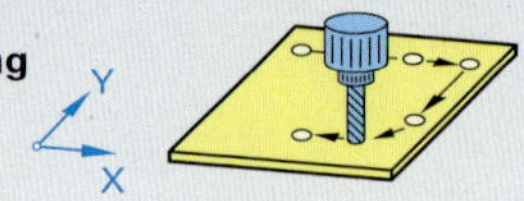	• Verfahrweg nur im Eilgang • Kein Funktionszusammenhang zwischen den NC-Achsen • Bearbeitung nur im Zielpunkt mögl.	• Punkteschweißen • Bohren • Montageanlagen mit Greifrobotern
Streckensteuerung 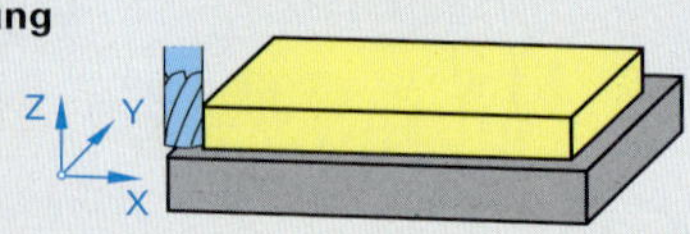	• Verfahrweg im Eilgang und im Vorschub • nur Geraden parallel zu den NC-Maschinenachsen • Bearbeitung währens des Verfahrweges möglich	• Nachrüstung für manuelle Maschinen • Montageanlagen • Metallbau
Bahnsteuerung	**Funktionszusammenhang zwischen zwei oder mehreren CNC-Maschinenachsen**	
2 D 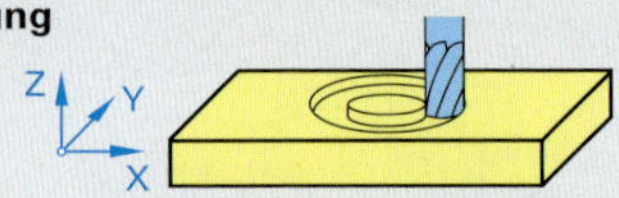	• beliebig ebene Bahn durch gleichzeitiges Verfahren von zwei CNC-Achsen	• Drehen • Laserschneiden • Nibbeln
2½ D 	• Wahlmöglichkeit, welche zwei CNC-Achsen gemeinsam verfahren (X und Y oder X und Z oder Y und Z)	• einfache Fräsmaschinen
3 D 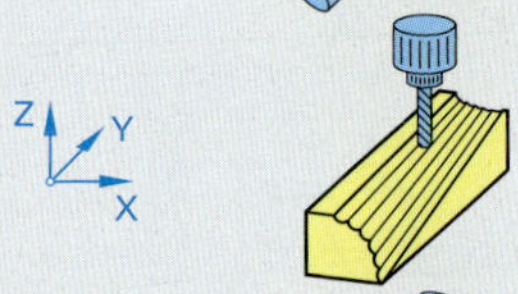	• räumliche Bahn, durch gleichzeitiges Verfahren von drei CNC-Achsen	• Fräsen von Gesenken und Spritzgussformen
5 D-Simultan 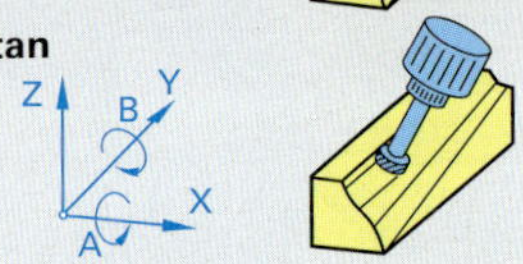	• räumliche Bahn und gleichzeitiges Ausführen einer Dreh- und Schwenkbewegung	• Freiformflächen wie z. B. Propeller oder Turbinenschaufeln • Gesenke

Die 5-Achsenbahnsteuerung **(Bild 1)** gestattet die gleichzeitige, aufeinander abgestimmte Bewegung in 5 NC-Maschinenachsen, nämlich in den 3 linearen Maschinenachsen X', Y' und Z für die räumliche Bahn und in den 2 rotatorischen Achsen A und C' für einen Drehtisch und für die Schwenkbewegung des Werkzeugs.

Bild 1: 5-Achsen-Fräsmaschine

Bezugspunkte

Die Lage des **Maschinennullpunktes** wird durch den Maschinenhersteller festgelegt. Die Länge der Verfahrwege ergibt den Arbeitsraum.

Oft haben die Achsen eine inkrementale Wegmessung, sodass nach dem Einschalten der Maschine ein Bezugspunkt zum Nullsetzen des Messsystems überfahren werden muss. Dieser *Bezugspunkt* heißt **Maschinenreferenzpunkt.** Das Anfahren des Referenzpunktes nennt man Referenzieren.

4.1.3 CNC-Programmierung

4.1.3.1 DIN-Programmierung

Die Norm DIN 66025 legt die wichtigsten Grundfunktionen fest. Die CNC-Steuerungshersteller können diese mit ihren eigenen Funktionen ergänzen. Dadurch ergeben sich bei der Programmierung von CNC-Steuerungen verschiedener Steuerungshersteller im Detail Unterschiede.

Programmaufbau

Die Codierung erfolgt durch alphanumerische **Zeichen,** also Buchstaben, Ziffern und Sonderzeichen. Nach dem Programmstart werden diese Zeichen entschlüsselt (interpretiert), um die CNC-Maschine zu steuern. Das Programm besteht aus *Programmeröffnungszeichen*, z. B. % oder MPF[1], aus *Programmnamen*, z. B. NUTPLATTE_1 und aus *Programmsätzen* mit dem Satzendezeichen. Jeder Satz **(Bild 1)** besteht aus **Wörtern** und jedes Wort aus einem Adressbuchstaben mit nachfolgenden Ziffern. Programmworte werden innerhalb eines Programmsatzes in einer bestimmten Reihenfolge angeordnet **(Bild 2).**

Die Satzendezeichen ermöglichen eine zeilenweise Darstellung der Programmsätze. Als Satzendezeichen werden die Steuerzeichen LF (LINE FEED, ASCII-Code 10 = Zeilenvorschub) und CR (CARRIAGE RETURN, ASCII-Code 13 = Wagenrücklauf) verwendet.

Im Programm werden die Sätze numeriert. Die Satznummer besteht aus dem Adressbuchstaben N und einer fortlaufenden Zahl. Die Satznummer dient zum Auffinden eines Satzes im Speicher. Mit Hilfe der Satznummer ist ein Neubeginn, z. B. nach einem Werkzeugbruch möglich, oder das Auffinden von Fehlern bei der Programmsimulation. Die Satznummern dienen der Bestimmung der Reihenfolge beim Programmablauf und der Ablauffolge.

Maschinenfunktionen. Maschinenfunktionen **(Tabelle 1)** werden entweder am Satzanfang oder, wenn alle anderen Befehle im Satz abgearbeitet sind, am Satzende ausgeführt. Man unterscheidet zwischen *gespeichert wirksamen* Funktionen (modal, selbsthaltend) und *satzweise wirksamen* Funktionen. Gespeichert wirksam heißt, nach dem Aufruf im Programm bleibt diese Funktion erhalten bis eine Gegenfunktion oder Aufhebung programmiert wird.

[1] MPF Main Program File (Siemens)

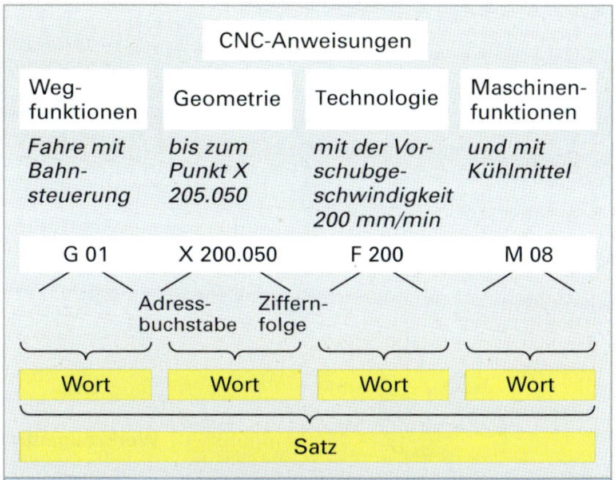

Bild 1: Aufbau eines CNC-Satzes (Programmzeile)

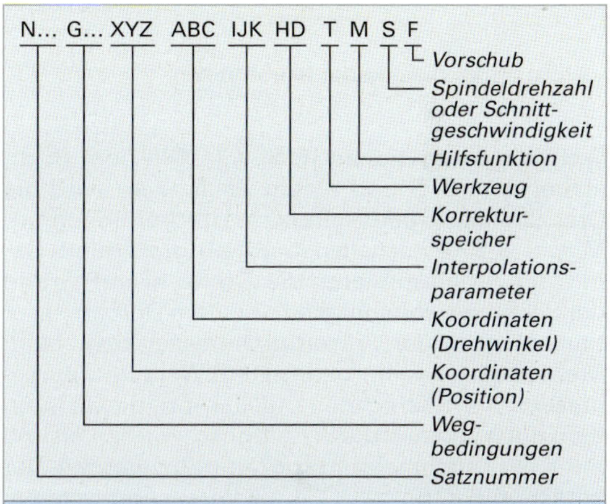

Bild 2: Anordnung von Programmworten in einem Programmsatz

Tabelle 1: Maschinenfunktionen (Auszug aus DIN 66025)

Wort			Maschinenfunktion	Wirksamkeit
M00		•	Programmierter Halt z. B. zum Umspannen des Werkstückes	am Satzende
M03	*		Spindel im Uhrzeigersinn	am Satzanfang
M04	*		Spindel im Gegenuhrzeigersinn	am Satzanfang
M05	*	•	Spindel halt	am Satzende
M06			Werkzeugwechsel	–
M07	*		Kühl(schmier)mittel Nr. 1 ein, z. B. Hochdruck 6 bar	am Satzanfang
M08	*		Kühl(schmier)mittel, z. B. Niederdruck 1,5 bar	am Satzanfang
M09	*	•	Kühl(schmier)mittel aus	am Satzende
M30			Programmende mit Rücksetzen	am Satzende
M40-45	*		Getriebeschaltung	am Satzanfang

• Einschaltzustand
* gespeichert wirksam (modal), andernfalls satzweise wirksam

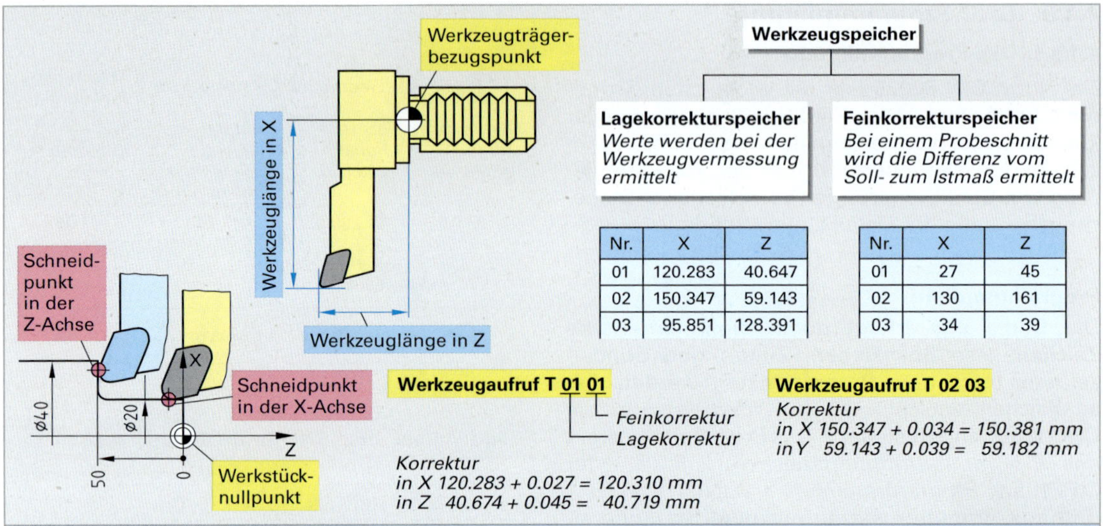

Bild 1: Werkzeugkorrektur beim Drehen

Technologiefunktionen (F, S, V, T). Mit dem Buchstabensymbol **S** und einem Zahlenwert wird die Drehzahl der Arbeitsspindel in Umdrehungen pro Minute (G97 Einschaltzustand) programmiert. Damit der Programmierer die Drehzahl auf Grund der Schnittgeschwindigkeit und dem Durchmesser (beim Fräsen der Fräserdurchmesser bzw. beim Drehen der jeweilig bearbeitete Werkstückdurchmesser) nicht berechnen muss, kann mit G97 und dem Buchstaben **V** die Schnittgeschwindigkeit und mit **X** der Durchmesser programmiert werden. Der Vorschub **F** kann mit G94 als Vorschubgeschwindigkeit in mm/min bzw. mit G95 als Vorschub in mm programmiert werden. Haben die CNC-Maschinen Rotationsachsen, z. B. Achse A und Achse B, so kann die Vorschubgeschwindigkeit dafür auch in Grad pro Minute angegeben werden.

Bei automatischem Werkzeugwechsel beinhaltet das **T**-Wort die Werkzeugnummer. Der Werkzeugwechselvorgang wird z. B. durch M06 automatisch ausgelöst. Für übergroße Werkzeuge wird z. B. mit M66 ein manueller Werkzeugwechsel programmiert. Der Speicher mit den Werkzeugabmessungen wird mit D codiert oder direkt durch das T-Wort benannt. Bei Drehmaschinen wird dem Werkzeugspeicher meist noch ein Feinkorrekturspeicher beigeordnet, z. B. für Verschleißausgleich **(Bild 1)**.

Geometriefunktion (X, Y) und Wegfunktionen (G). Die Wegfunktionen **(Tabelle 1)** dienen der Bahnführung unter Berücksichtigung von Korrekturdaten (Werkzeugabmessungen und Bezugspunktverschiebungen) und von Bemaßungsarten.

Tabelle 1: Wegfunktion nach DIN 66025

Wort			Wegfunktion
G00		*	Positionieren im Eilgang
G01	•	*	Fahre Gerade mit progr. Vorschub
G02		*	Fahre Kreis im Uhrzeigersinn
G03		*	Fahre Kreis im Gegenuhrzeigersinn
G04			Verweilzeit
G17	•	*	Ebenenauswahl XY
G18		*	Ebenenauswahl X Z
G19		*	Ebenenauswahl Y Z
G40	•	*	Abwahl der Werkzeugkorrektur
G41		*	Werkzeugbahnkorrektur, links
G42		*	Werkzeugbahnkorrektur, rechts
G53			Abwählen der gesp. Nullpunktversch.
G54	•	*	Anwahl der gespeicherten
- G57		*	Nullpunktverschiebung
G58		*	Inkremental programmierbare Nullpunktverschiebung
G59		*	Programmierbare Nullpunktverschiebung
G60	•	*	Genauhalt bei Richtungsänderungen
G64		*	Ohne Genauhalt bei Richtungsänderungen
G80	•	*	Abwahl des angewählten Zyklus
G81		*	Bohrzyklen
- G89		*	
G90	•	*	Absolutmaßprogrammierung
G91		*	Zuwachsmaßprogrammierung
G94	•	*	Vorschubgeschwindigkeit (mm/min)
G95		*	Vorschub (mm)
G96		*	Konstante Schnittgeschwindigkeit
G97	•	*	Konstante Drehzahl

Weitere Funktionen können frei belegt werden

• Einschaltzustand; * gesp. wirksam (modal), sonst satzweise wirksam

Nach dem Einschalten der Steuerung sind gewisse Funktionen voreingestellt. So ist z. B. G17 (X/Y-Ebene) bei einer Fräsmaschine aktiv, wenn keine andere Ebenenauswahl programmiert wird.

Bahnführung (G00, G01, G02 und G03). Im Eilgang (G00) wird das Werkzeug meist mit der maximalen Verfahrgeschwindigkeit aller Achsen zum Zielpunkt bewegt **(Bild 1).**

Neuere Steuerungen verfahren aber auch mit Linearinterpolation. Bei 3D-Steuerungen[1] können im Eilgang, z. B. wegen der Gefahr einer Kollision mit Spannmitteln, eine Positionierlogik mit vorgegebener Reihenfolge der Verfahrbewegungen hinterlegt werden.

Diese löst z. B. bei einem CNC-Satz *N150 G00 X20 Y40 Z10*, bei einer Senkrechtfräsmaschine, beim Fahren zum Werkstück zuerst die Fahrbewegung in X-Richtung und in Y-Richtung aus und anschließend in Z-Richtung.

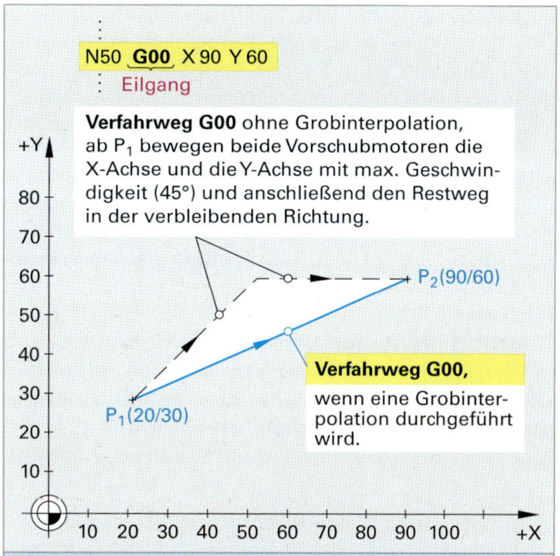

Bild 1: Fahrbewegung im Eilgang

Tabelle 1: Programmierung einer Kreisbahn

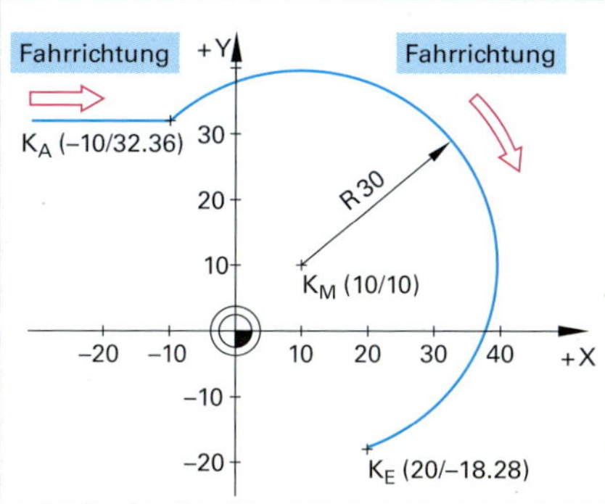

K_A = Kreisanfangspunkt
K_E = Kreisendpunkt
K_M = Kreismittelpunkt

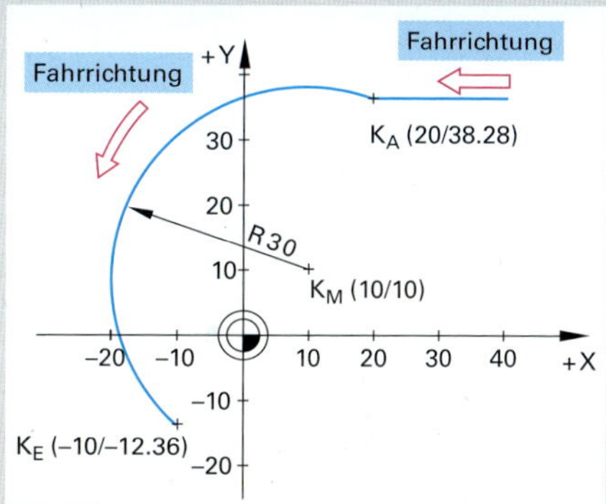

Kreisprogrammierung mit Kreismittelpunkt (I und J) inkremental auf den Kreisanfangspunkt (K_A) bezogen	
N110 G01 X -10 Y 32.36 (K_A) N120 G02 X 20 Y -18.28 (K_E) I 20 J -22.36 (K_M)	N110 G01 X 20 Y 38.28 (K_A) N120 G03 X -10 Y -12.36 (K_E) I -10 J -28.28 (K_M)
Kreisprogrammierung mit Kreismittelpunkt (I und J) absolut auf den Werkstücksnullpunkt bezogen [1]	
N110 G01 X -10 Y 32.36 (K_A) N120 G02 X 20 Y -18.28 (K_E) I 10 J 10 (K_M)	N110 G01 X -20 Y 38.28 (K_A) N120 G03 X -10 Y -12.36 (K_E) I 10 J 10 (K_M)
Kreisprogrammierung mit der Angabe des Kreisradius R	
nicht möglich, da Kreis größer als 180°	N120 G03 X -10 Y -12.36 R30

[1] 3D von dreidimensional: die Werkzeugspitze bewegt sich auf einer räumlichen Bahn, im Unterschied zur Bahn in einer Ebene bei 2D.

Linearinterpolation G01. Die Programmierung von G01 bewirkt, dass das Werkzeug sich vom jeweiligen Standpunkt auf einer ständig kontrollierten geraden Linie, mit dem programmierten Vorschub, zum nächsten programmierten Punkt bewegt.

Zirkularinterpolation G02/G03. Bei der Wegbedingung G02 bewegt sich das Werkzeug auf einem *Kreisbogen im Uhrzeigersinn* und bei *G03 im Gegenuhrzeigersinn.* Zur Beschreibung eines Kreises sind neben dem Anfangspunkt und dem Endpunkt noch der Kreismittelpunkt oder der Radius nötig **(Tabelle 1, vorherige Seite)**. Die Programmierung mit Radius ist nur zulässig bei Kreisen mit einem Öffnungswinkel gleich oder kleiner 180° (manche Steuerungen ermöglichen die Programmierung für Kreisbögen > 180° mit negativen Wertangaben).

Wird der Kreismittelpunkt programmiert, so werden für dessen Koordinaten die Interpolationsparameter I, J und K verwendet. Der Interpolationsparameter I ist der X-Achse, der Interpolationsparameter J ist der Y-Achse und der Interpolationsparameter K ist der Z-Achse zugeordnet. Die Koordinaten der Interpolationsparameter werden je nach Steuerung auf den Kreisanfangspunkt (nach DIN) oder auf den Werkstücknullpunkt bezogen.

Bemaßung. Es wird zwischen der *Bezugsbemaßung* und der *Zuwachsbemaßung*, auch Kettenbemaßung genannt, unterschieden und zwar mit der Wegbedingung G90 für die Bezugsbemaßung und mit G91 für die Kettenbemaßung **(Bild 1)**.

Für das Verfahren mit Zuwachsbemaßung können auch einzelne Koordinaten absolut programmiert werden. Für die Bezugsbemaßung verwendet man die Buchstabensymbole X,Y und Z und für die Zuwachsbemaßung z. B. XI, YI und ZI. Dies hat den Vorteil, dass innerhalb eines Satzes sowohl Bezugsmaße als auch Zuwachsmaße verwendet werden können. Beim Drehen wird mit X der Drehdurchmesser programmiert. Der notwendige Verfahrweg ist jedoch der Drehradius, den die Steuerung durch Halbieren des X-Wertes selbst errechnet **(Bild 2)**.

Manche Steuerungen verwenden für die inkrementelle Angabe unter G90, z. B. für einen Verfahrweg von 20 mm in X, die Angabe X=IC(20)[1] oder L IX20[2]. Für die inkrementelle Bemaßung unter G91 werden für die X- und die Z-Adresse jeweils die tatsächlich zurückgelegten Wege angegeben. Dann ist es auch möglich bei der eingestellten inkrementellen Maßangabe einzelne Koordinaten mit z. B. XA und ZA absolut anzugeben.

Die Bezugsbemaßung nennt man auch *absolute Bemaßung* und die Zuwachsbemaßung *inkrementelle*[3] *Bemaßung*.

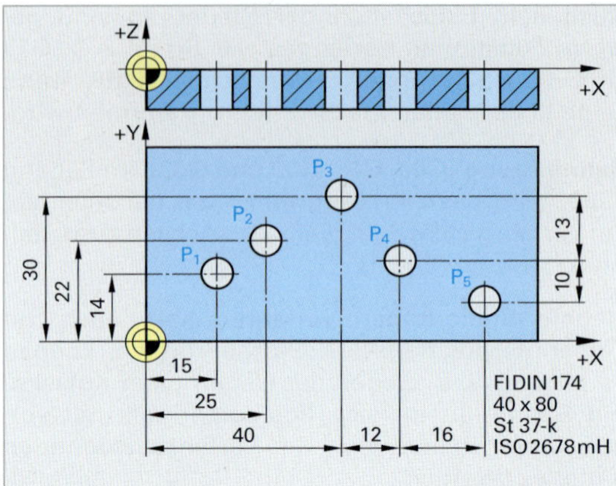


```
  :
N170 G90 G00 X15 Y14     (P1) ⎫ da G90 wie G00
  : Bohren                    ⎪ modal wirksam
N210 G90 G00 X25 Y22     (P2) ⎬ sind, würde die
  : Bohren                    ⎪ Programmierung
N250 G90 G00 X40 Y30     (P3) ⎭ bei P1 genügen.
  : Bohren
N290 G91 G00 X12 Y-13    (P4)
  : Bohren
N330 G91 G00 X16 Y-10    (P5)
  : Bohren
N370 G90
  :
```

Bild 1: Zeichnungsmaße programmieren – Fräsmaschine –

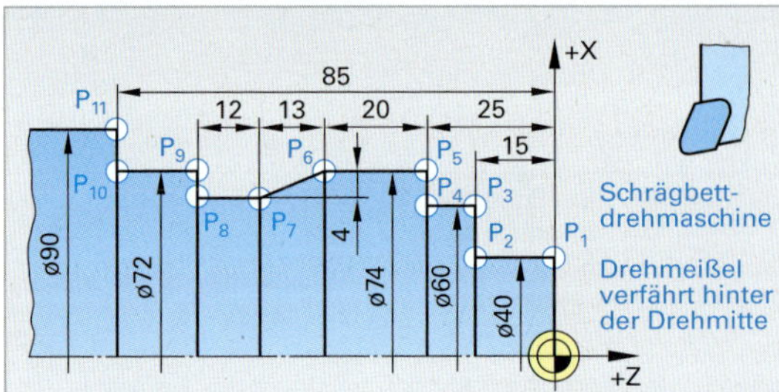


```
  :
N210 G01 X40  Z0                                (P1)
N220 G01 X40  Z-15        oder N220 Z-15        (P2)
N230 G01 X60  Z-15        oder N230 X60         (P3)
N240 G01 X60  Z-25        oder N240 Z-25        (P4)
N250 G01 X74  Z-25        oder N250 X74         (P5)
N260 G01 X74  Z=IC(-20)   oder N260 Z=IC(-20)   (P6)
N270 G01 X=IC(-4) Z=IC(-13)                     (P7)
N280 G01 X=IC(0) Z=IC(-12)                      (P8)
N290 G01 X72  Z=IC(0)                           (P9)
N300 G01 X72  Z-85        oder N300 Z-85        (P10)
  :
```

Bild 2: Zeichnungsmaße programmieren – Drehmaschine –

[1] Steuerung SIEMENS 840D

[2] Steuerung HEIDENHAIN iTNC 530

[3] inkrementell (gleichbedeutend zu inkremental) von lat. incrementum = Wachstum, Zunahme

Ebenenwahl (G17 G18 G19). Bei einer Senkrecht-Fräsmaschine mit schwenkbarem Werkzeugkopf kann die Arbeitsspindel bei der Bearbeitung in der Z-Richtung oder in der Y-Richtung sein. Die Lage der Arbeitsspindel wird der Steuerung mit der Ebenenwahl G17, G18, G19 mitgeteilt. Dadurch wird bei der Programmausführung die Fräserlänge, jeweils in der Zustellrichtung, bei G17 also in Richtung der Z-Achse, und der Werkzeugradius in der jeweiligen Bearbeitungsebene, bei G17 also in der X/Y-Ebene, berücksichtigt **(Bild 1)**.

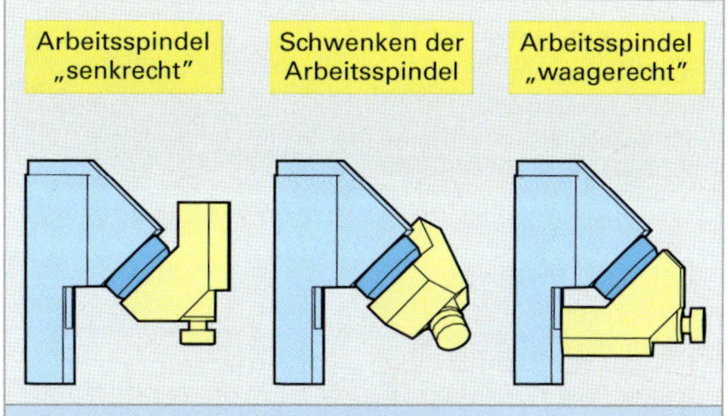

Bild 1: Funktion der Ebenenwahl

Nullpunktverschiebung (G54 bis G59). Die Nullpunktverschiebung bezieht das gültige Werkstückkoordinatensystem (Maße im Programm) auf das Maschinenkoordinatensystem. Man unterscheidet zwischen der gespeicherten *Nullpunktverschiebung* und der *programmierbaren Nullpunktverschiebung.*

Bei der gespeicherten Nullpunktverschiebung werden die Koordinatenwerte in den Nullpunktspeichern, die mit G54, G55, G56 und G57 bezeichnet werden, eingetragen.

Ein Nullpunktspeicher wird mit seiner jeweiligen Bezeichnung im Programm aktiviert. Die gespeicherten Nullpunktverschiebungen werden für die auszumessenden Nullpunktverschiebungen beim Einrichten der Maschine verwendet. Die programmierbaren Nullpunktverschiebungen ergeben sich aus der gewählten Bemaßung auf der Zeichnung. Die Koordinatenwerte der programmierbaren Nullpunktverschiebungen (G58 und G59) beziehen sich immer additiv auf die jeweilig aktivierte gespeicherte Nullpunktverschiebung. Wobei G59 als absolut programmierbare Nullpunktverschiebung nach dem Aufruf den jeweiligen Wert überschreibt und G58 als inkremental programmierbare Nullpunktverschiebung den Wert jeweils zum vorher geltenden Nullpunkt addiert **(Bild 2)**.

Fräserbahnkorrektur (FBK)

Beim Bearbeiten muss die Fräsermitte von der Werkstückkontur den Abstand des Fräserradius haben. Die Fräsermittelpunktbahn ist also um den Fräserradius gegenüber der Werkstückkontur versetzt. Sie ist zur Werkstückkontur äquidistant[1]. Der Programmierer muss diese Äquidistante nicht berechnen.

[1] äquidistant = gleicher Abstand

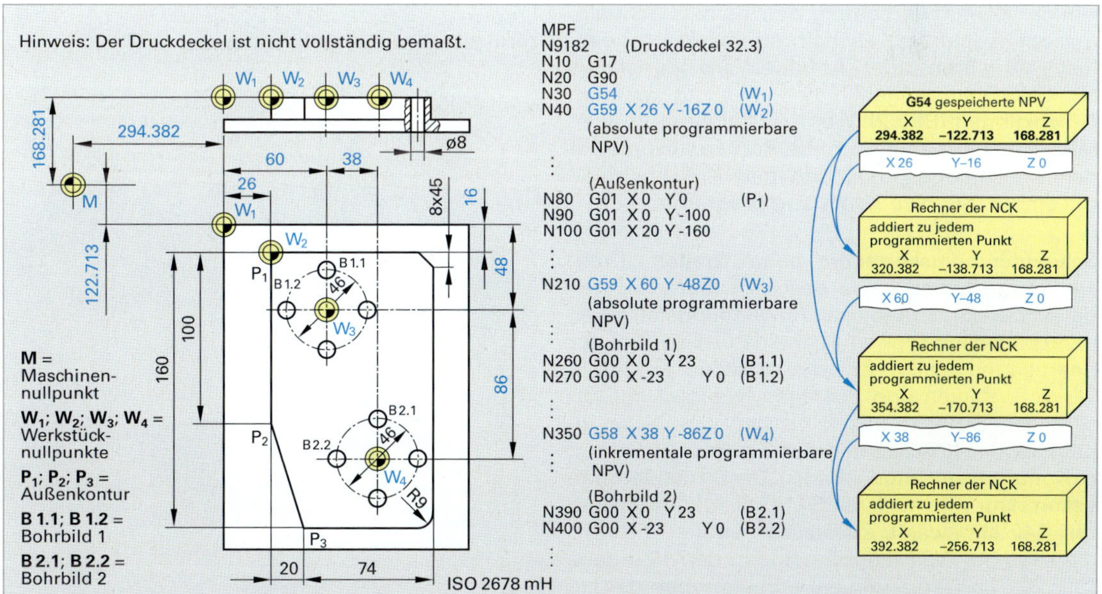

Bild 2: Gespeicherte und programmierbare Nullpunktverschiebung

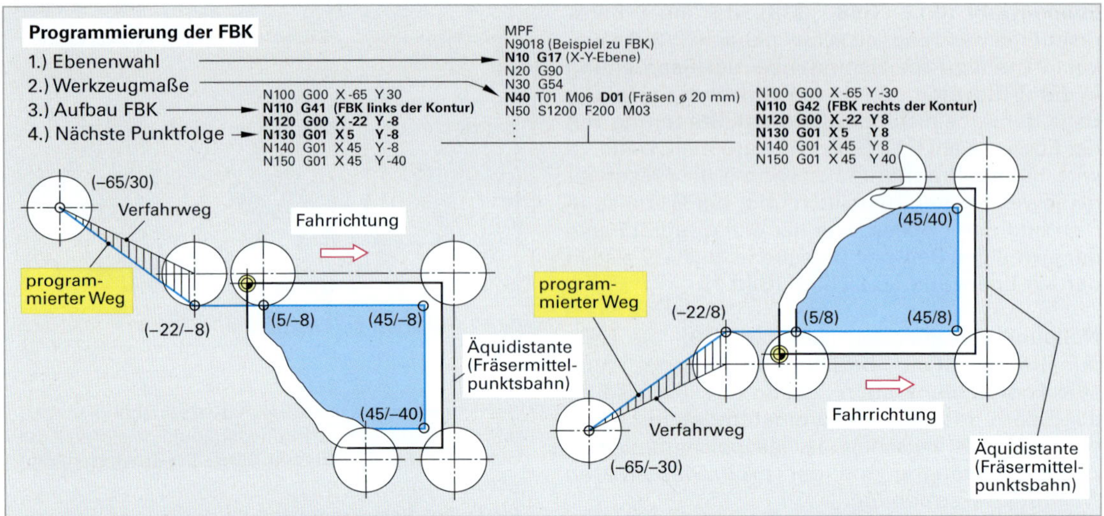

Bild 1: Aufbau der Fräserbahnkorrektur (FBK)

Mit den Wegfunktionen G41 und G42 wird die FBK aufgerufen und mit G40 abgewählt. G41 wird verwendet, wenn die Fräsermittelpunktsbahn bei Blick in Verfahrrichtung links von der Werkstückkontur verläuft. G42 ergibt die Fräsermittelpunktsbahn rechts von der Kontur. Der Verfahrweg und der programmierte Weg sind nicht identisch **(Bild 1)**. Um Kollisionen, z. B. mit dem Spannmittel, zu vermeiden, sollte der Aufbau der FBK über kurze Wege und nahe am Werkstück erfolgen.

Anfahrstrategien. Beim Anfahren und beim Verlassen der Konturbearbeitung möchte man Schneidmarken vermeiden, deshalb strebt man tangentiales Anfahren oder Anfahren im Viertelkreis an. CNC-Steuerungen bieten dies mit weiteren G-Funktionen **(Bild 2)**. Weiches Anfahren im Viertelkreis kann man auch ohne Rechenaufwand für den Kreisanfangspunkt und den Kreisendpunkt mit einem *3-Punkte-Konturzug* programmieren.

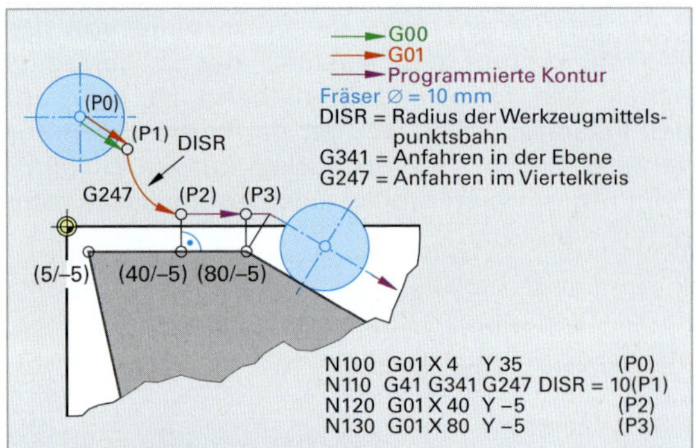

Bild 2: Weiches Anfahren an Kontur

Schneidenradiuskorrektur beim Drehen. Drehwerkzeuge haben keine absolut scharfe Schneidenspitze, sondern je nach Anwendungsfall einen unterschiedlich großen Schneidenradius. Bei der Bearbeitung von nicht achsparallelen Konturen, wie z. B. Radien und Schrägen, wandert der tatsächliche Schneidpunkt zwischen den Schneidpunkten der X-Achse und der Z-Achse. Es kommt zu Konturverzerrungen **(Bild 3)**. Die Schneidenradiuskorrektur wird auch mit G41/G42 aufgerufen und mit G40 abgewählt. Zusätzlich benötigt die CNC die Lage der Werkzeugschneide in der X/Z-Ebene (Bild 3). Die Werkzeugdatei enthält neben der Lagekorrektur in X und Z, den Schneidenradius und eine Codezahl für die Lage der Werkzeugschneide.

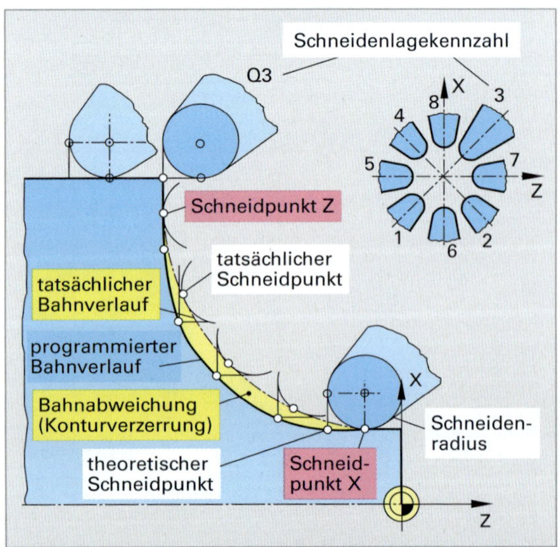

Bild 3: Konturverzerrung beim Drehen

Erweiterte Wegfunktionen. Neben der Bahnführung (Interpolation) mit G00, G01 und G02/G03 haben CNC-Steuerungen Wegfunktionen für **Gewindeschneiden, Schraubenlinieninterpolation** (Helixinterpolation), **Zylinderinterpolation.**

Zum **Gewindeschneiden** wird die Vorschubbewegung mit der Spindelbewegung synchronisiert, sodass eine Schraubenlinie (Gewinde) entsteht. Gewinde werden in mehreren Durchläufen geschnitten, deshalb muss die Steuerung gewährleisten, dass der Anschnitt jeweils bei der gleichen Winkelstellung erfolgt. Mit G33 wird ein Gewinde mit konstanter Steigung **(Bild 1),** mit G34 ein Gewinde mit linear abnehmender Steigung und mit G35 ein Gewinde mit linear zunehmender Steigung programmiert.

Durch die **Schraubenlinieninterpolation** erhält man eine Schraubenlinie **(Bild 2).** Anwendung findet diese Funktion beim Zirkular-Gewindefräsen.

Bei der **Zylinderinterpolation** wird die Bewegung einer Rotationsachse (Drehtisch) und einer Linearachse überlagert. Anwendung findet dies z. B. bei der Schneckenfertigung **(Bild 3).**

Erweiterte Geometrieumsetzungen. Neben kartesischen[1] Koordinaten (rechtwinklige Koordinaten) können auch **Polarkoordinaten** (Länge einer Strecke und Drehwinkel) programmiert werden oder ein X/Y-Wertepaar (kartesisch) und ein Winkel (polar). Bei den Winkelangaben entspricht die positive X-Richtung der Null-Grad-Linie und davon ausgehend wird der Winkel im Gegenuhrzeigersinn positiv gezählt **(Bild 4).**

[1] Benannt nach *René Descartes* (Renatus Cartesius), franz. Philosoph und Mathematiker (1596 – 1650).

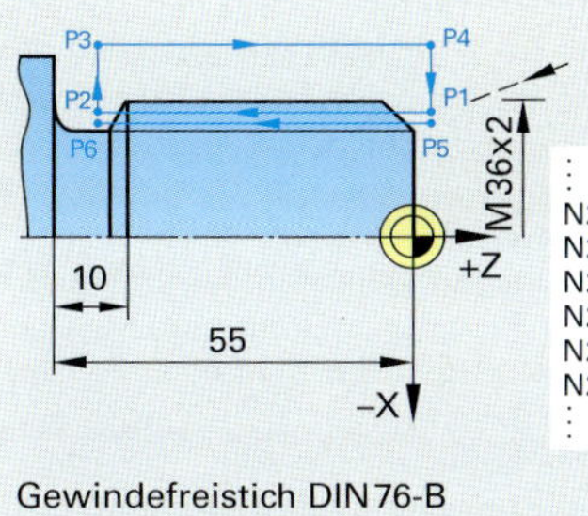

Feingewinde M36x2

```
:
N200 G00 X34.7  Z3    (P1)
N210 G33 X34.7  Z-50  (P2)
N220 G00 X38    Z-50  (P3)
N230 G00 X38    Z3    (P4)
N240 G00 X33.55 Z3    (P5)
N250 G33 X33.55 Z-50  (P6)
:
```

Bild 1: Gewindeschneiden G33

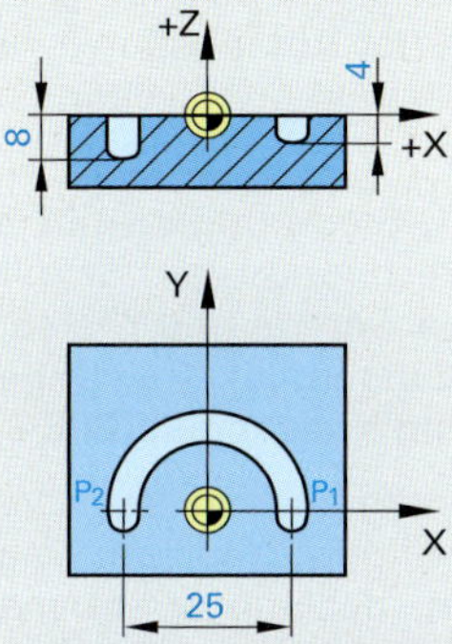


```
:
N100 G00 X12.5 Y0
N110 G00 Z1
N120 G01 Z-4                (P1)
N130 G03 X-12.5 Y0 Z-8
         I-12.5 J0          (P2)
```

Schraubenlinie
(I und J inkremental vom Kreisanfangspunkt P_1)
:

Bild 2: Schraubenlinieninterpolation

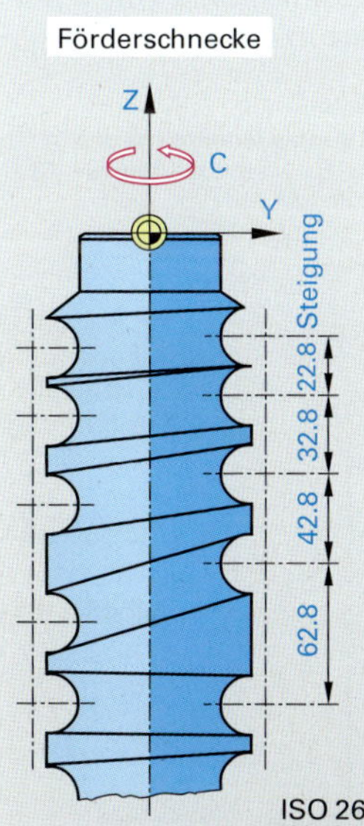


```
:
N50  T05  M06
N60  F200 S1200 M03
N70  G00  Y50
N80  G01  Y42
N90  F360 R42
     (Vorschub in Grad/min.
     da zusätzlich R im Satz)
N100 G91
     (inkrementale Maße)
N110 G01  Z-22.8 C360
     (Fahre gleichzeitig die
     Z-Achse und C-Dreh-
     achse)
N120 G01  Z-32.8 C360
N130 G01  Z-42.8 C360
N140 G01  Z-62.8 C360
:
```

ISO 2678 mH
Werkstoff POM (Delrin)

Bild 3: Zylinderinterpolation auf Fräsmaschine

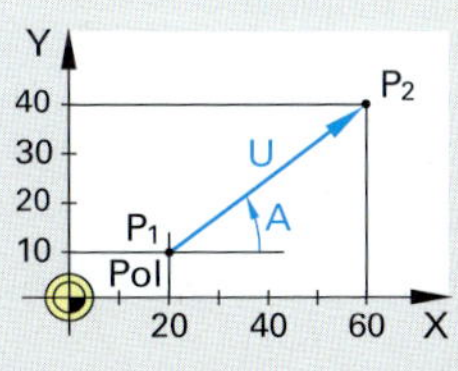

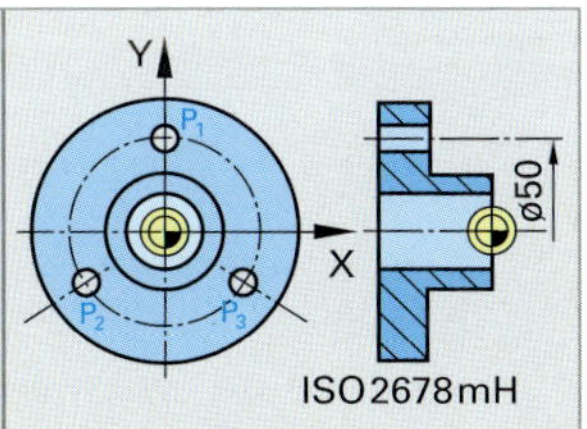

P_1 = Pol des Polarkoordinatensystems
P_2 = Endpunkt
A = Drehwinkel
U = Länge

```
G01 X20 Y10
G91
G01 U50 A36.87
```

```
:
N50  G90
N60  G00 U25 A90  (P1)
:
N80  G00 U25 A210 (P2)
:
N100 G00 U25 A330 (P3)
:
```

Bild 4: Programmierung mit Polarkoordinaten

Konturzugprogrammierung. Durch die Konturzugprogrammierung[1] ist es möglich Winkel und die Übergangselemente Radien oder Fasen direkt einzugeben.

Bei den Übergangselementen wird die theoretische Ecke **(Bild 1)** und das Übergangselementsymbol, z. B. R8 = Radius 8 mm, im Programm eingegeben. Die theoretische Ecke entsteht aus dem Schnittpunkt der beiden Geraden für die der Übergang, entweder ein Radius oder eine Fase, erstellt werden soll. Ein Radius kann nur tangential an die beiden Geraden angelegt werden. Für nicht tangentiale Übergänge muss eine Kreisinterpolation programmiert werden.

Es ist möglich einen **3-Punkte-Konturzug** zu programmieren, wenn zwischen 2 Geraden der Schnittpunkt nicht bemaßt ist, jedoch für beide Geraden die Winkel sowie der Anfangspunkt der ersten Gerade und der Endpunkt der zweiten Geraden bemaßt sind **(Bild 2)**.

Geometriepakete. Bei CNC-Steuerungen gibt es Geometriepakete zur Berechnung von Schnittpunkten und zwar zwischen Gerade und Kreisbogen (tangential oder nicht tangential), Kreisbogen und Gerade, Kreisbogen und Kreisbogen **(Bild 3)**.

Anfahrstrategien. Beim Anfahren und beim Verlassen der Konturbearbeitung möchte man Schneidmarken vermeiden, deshalb strebt man tangentiales Anfahren oder Anfahren im Viertelkreis an.

CNC-Steuerungen bieten dies mit weiteren G-Funktionen. Weiches Anfahren im Viertelkreis kann man auch ohne Rechenaufwand für den Kreisanfangspunkt und den Kreisendpunkt mit einem *3-Punkte-Konturzug* programmieren.

[1] PAL Kunstwort für Prüfungsaufgaben- und Lehrmittelentwicklungsstelle. In einigen deutschen Bundesländern werden in den schriftlichen Abschlussprüfungen zu Metallberufen die CNC-Aufgaben durch die PAL erstellt. Die PAL hat dazu eigene an die DIN angelehnte Programmierzyklen entwickelt. Literatur: Tabellenbuch, Verlag Europa-Lehrmittel.

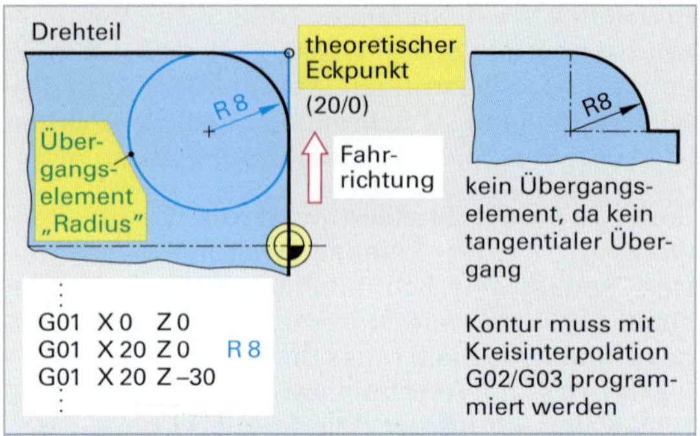

Bild 1: Programmierung bei Übergangselementen

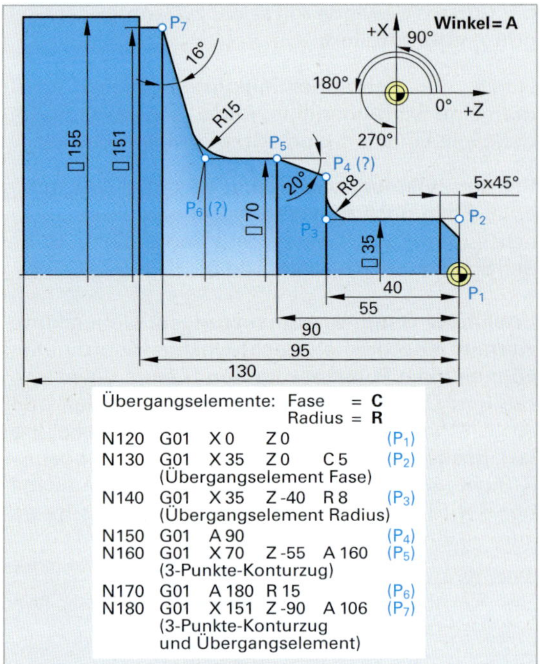

Bild 2: Programmierung bei Konturzügen

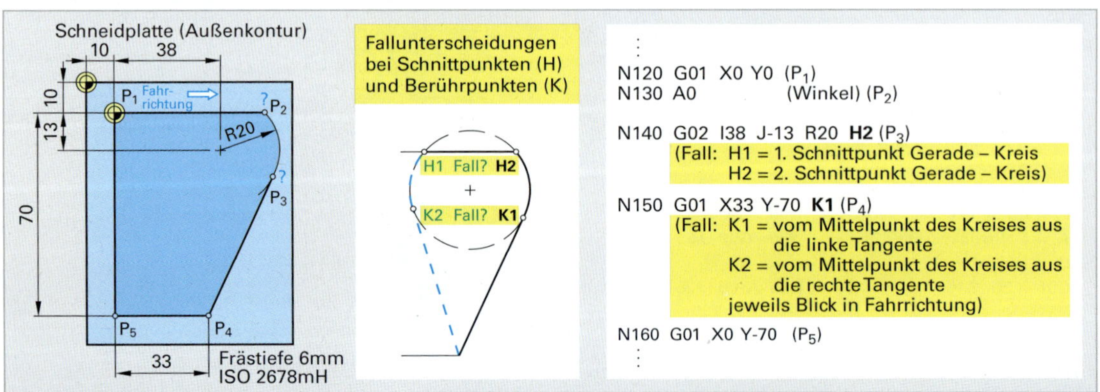

Bild 3: Schnittpunktberechnungen

Programmstrukturen

Werden neben den Hauptprogrammen auch Unterprogramme und Zyklen verwendet, sind kürzere Programmierzeiten sowie übersichtliche, leicht nachvollziehbare und änderungsfreundliche Programmstrukturen möglich.

Unterprogramme. Wiederkehrende gleiche Programmabschnitte können als *Unterprogramme* mit dem Adressbuchstaben L und einer Programmnummer gespeichert werden und innerhalb des Hauptprogrammes wieder mit der gleichen Programmnummer aufgerufen werden. Für die Anzahl der Programmdurchläufe kann hinter der Programmnummer noch eine Zahl ergänzt werden.

Im Beispiel sind 4 gleiche Längsnuten in eine Unterlagsschiene zu fräsen **(Bild 1)**. Hier bietet es sich an, die Nut als Unterprogramm zu programmieren. Im Hauptprogramm kann dann das Unterprogramm beliebig oft aufgerufen werden.

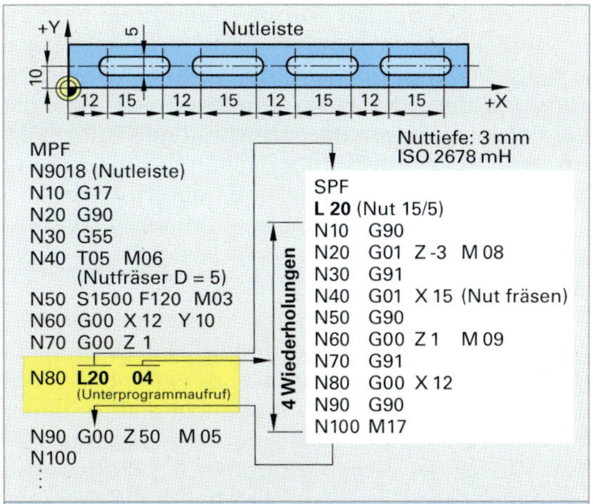

Bild 1: Festes Unterprogramm

Parametrisierte Unterprogramme. Kommen z. B. Längsnuten der gleichen Art mit veränderten Maßen im Produktionsprogramm vor, so kann man die Zahlenwerte im Unterprogramm durch Parameter bzw. Symbole (Variable, Platzhalter) wie R30, R31... ersetzen **(Bild 2)**. Im Hauptprogramm werden vor dem Unterprogrammaufruf den Parameterspeichern jeweils die Maße der nächsten Nut zugewiesen.

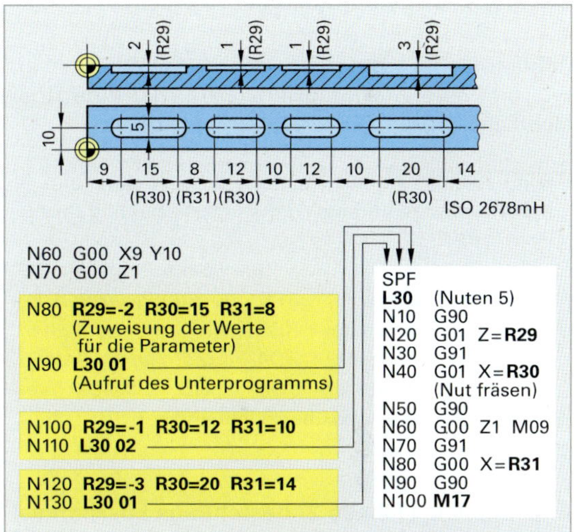

Bild 2: Parametrisierte Unterprogramme

Programmteilwiederholungen. Die gleichen Funktionen wie mit den Unterprogrammen können mit *Programmwiederholungen* aufgebaut werden. Über die Satznummer können Programmteile zwischen benannten Satznummern wiederholt werden. Eine typische Anwendung ist z. B., wenn eine Kontur sowohl geschruppt als auch geschlichtet werden soll **(Bild 3)**. Damit die Geometrie der Fertigkontur in beiden Fällen unverändert verwendet werden kann, wird der Durchmesser des Schruppfräsers im Werkzeugspeicher um das Aufmaß erhöht. Programmwiederholungen haben den Vorteil, dass nicht zusätzlich Unterprogramme verwaltet werden müssen. Der Nachteil ist, dass nicht von anderen Hauptprogrammen aus zugegriffen werden kann.

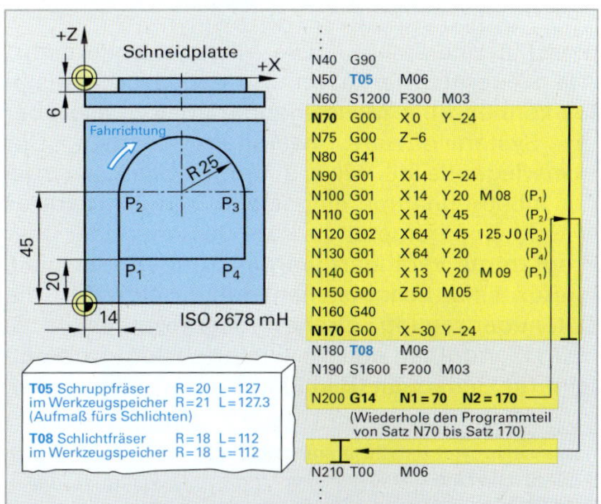

Bild 3: Programmwiederholung G14

Zyklen. Für typische Arbeitsabläufe in der Zerspantechnik, wie z. B. für Bohren (L81), oder für Schruppbearbeitungen beim Drehen (L77), sind in der DIN 66025 parametrisierte Unterprogramme festgelegt.

Diese Zyklen werden von den Maschinenherstellern individuell festgelegt und können im Hauptprogramm aufgerufen werden **(Bild 1)**. Voraussetzung ist, dass der Programmierer sich über die vereinbarten Parameterbezeichnungen informiert und vor dem Aufruf entsprechende Zahlenwerte zuweist. Die Zyklen, wie z. B. der Tieflochbohrzyklus (L83), enthalten Berechnungen für die Anzahl der Entspanungen und Verzweigungen.

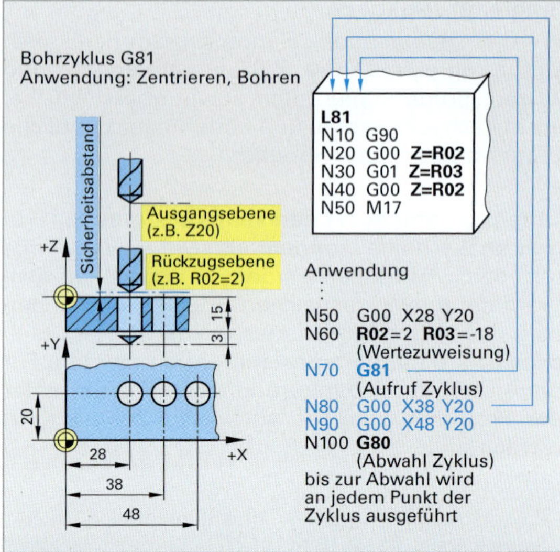

Bild 1: Bohrzyklus G81

Programmierregeln. Neben dem eigentlichen Programm (Syntax-Vereinbarungen[1]) ist es sinnvoll Programmierregeln **(Tabelle 1)** zu vereinbaren um Flüchtigkeitsfehler vorzubeugen und Rückfragen zu vermeiden. Auch sollte die Archivierung[2] der vom Maschinenbediener optimierten Programme nicht vergessen werden. Wird bei der Werkstückbearbeitung der Override benutzt, sollten die Overrideeinstellungen protokolliert werden.

Joblisten. Bei modernen CNC-Maschinen ist ein PC mit Festplatte integriert. Damit ist eine übersichtliche Programmverwaltung möglich.

Mit Joblisten[3] (Ladeanweisung) können vollständige Arbeitsaufträge für eine Werkstückbearbeitung bestehend aus:

- Hauptprogrammen MPF *(Main Program File)*
- Unterprogrammen SPF *(Sub Program File)*
- Programmparameter RPA *(R-Parameter Active)*
- Nullpunktverschieb. ZOA *(Zero Offset Active)*
- Werkzeugkorrekturen TOA *(Tool Offset Active)*

an die CNC-Steuerung übergeben und von ihr gesteuert werden.

Eine Jobliste **(Tabelle 2)** besteht aus **Löschanweisungen** (CLEAR..), **Ladeanweisungen** (LOAD..) und der **Startvorbereitung** (SELECT..).

Maschinenparameter. Die Maschinendynamik, das Steuerungsverhalten und der Maschinenstatus können über Maschinenparameter, also über die Systemsoftware, beeinflusst werden. Der überwiegende Teil, wie z. B. der K_v-Faktor, wird bei der Inbetriebnahme eingestellt. Daneben gibt es Maschinenparameter die vom Bediener oder über Programme verändert werden können. Beispiele hierfür sind Schnittstellenkonfiguration für die Datenübertragung, Drehzahlbegrenzungen, z. B. beim Plandrehen und die Fehlerfenster (grob und fein) für Genauhalt **(Bild 2)**.

Tabelle 1: Allgemeine Programmierregeln

- **Kommentare**
  N 40 T01 (Fräser R=20)
  N 90 L0101 (Bohrbild 1)
- **Programmabschnitte visualisieren**
  N150 G00 Z5
  N1000 (Innenkontur schruppen)
  N1010 G59 X20 Y-20
- **kurze CNC-Sätze**
  N50 F300 S1200 M03
  N60 G90
  N70 G01 X50 Y100
- **am Ende von Haupt- und Unterprogrammen Einschaltzustand programmieren**
  z. B. G17/G54/G90
- **vermeiden von 3D-Bewegungen im Eilgang**
- **Zeichnungsmaße programmieren**
  (G90/G91)

Tabelle 2: Jobliste

CLEAR
(Alle Teilprogramme im NCK-Speicher werden gelöscht)

LOAD
LOCAL/W-BO MPF 0815
Lädt das Hauptprogramm MPF 0815 vom Hauptpfad „LOCAL" und vom Unterpfad „W-BO" des MMC-Speichers

LOAD
LOCAL/W-BO SPF [3,5]
Lädt die Unterprogramme 3 bis 5 vom Hauptpfad „LOCAL" und Unterpfad „W-BO"

SELEKT MPF 0815 CH = 1
Anwahl des Hauptprogrammes 0815 im Kanal 1

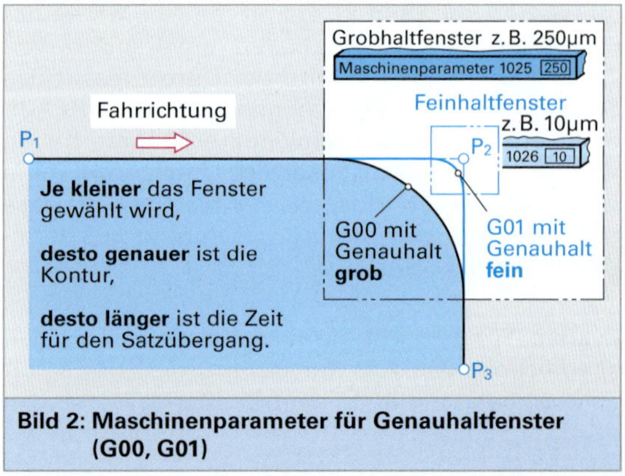

Bild 2: Maschinenparameter für Genauhaltfenster (G00, G01)

[1] lat.-griech. syntaxis = Zusammenstellung, Satzbau bei Sprachen

[2] griech. archeion = Amtsgebäude für die Aufbewahrung von Urkunden, archivieren = aufbewahren von Dokumenten, z. B. von Programmen

[3] engl. job = vorübergehende Beschäftigung, hier: Arbeitsaufgabe

4.1.3.2 Werkstattorientiertes Produzieren (WOP)

Durch die Änderungen der Struktur und der Ablauforganisation der Produktionsstätten mit der Zielsetzung wie Prozessorientierung, Segmentierung[1], autonome[2] Fertigungsinseln und fraktaler[3] Fabrik gewinnt die Programmierung an der Maschine zunehmend an Bedeutung. Durch die vorgenannten Zielsetzungen wird die CNC-Maschine um die Komponenten zum werkstattorientierten Produzieren erweitert **(Tabelle 1).** Wird an der Maschine programmiert, sind dem Facharbeiter angepasste Programmiersysteme an der Maschine zur Verfügung zu stellen. Ein Gesichtspunkt hierzu ist: das Vermeiden der abstrakten DIN-Programmierung durch eine grafisch interaktive[4] Programmierung, d. h. bei der Eingabe wird dem Bediener die Auswirkung sofort grafisch sichtbar.

Programmaufbau: Das Programm besteht aus 3 Teilen: Programmkopf, Programmsätze und Programmende **(Bild 1).** Diese Teile bilden den Arbeitsplan. Die Grundlage für die Programmierung ist die Programmiergrafik **(Bild 2).**

[1] lat. segmentum = Abschnitt, Teil;
[2] griech. autonomos = selbstständig;
[3] fraktal = abgeteilt, von lat. fragmentum = Bruchstück;
[4] interaktiv = zwischendurch handelnd

Tabelle 1: Werkstattorientiertes Produzieren

Direkt an der CNC-Maschine

Funktionen zur Programmierung	Funktionen zur Fertigungssteuerung
• grafisch interaktive Programmerstellung	• Auftragsverwaltung
• Übernahme der CAD-Geometrie (DXF, IGES)	• Werkzeugverwaltung (Maße, Standzeiten)
• Technologieprozessoren (Schnittwerte)	• Spannmittelverwaltung
• Programmsimulation (Geometrie, Kollision)	• Qualitätssteuerung

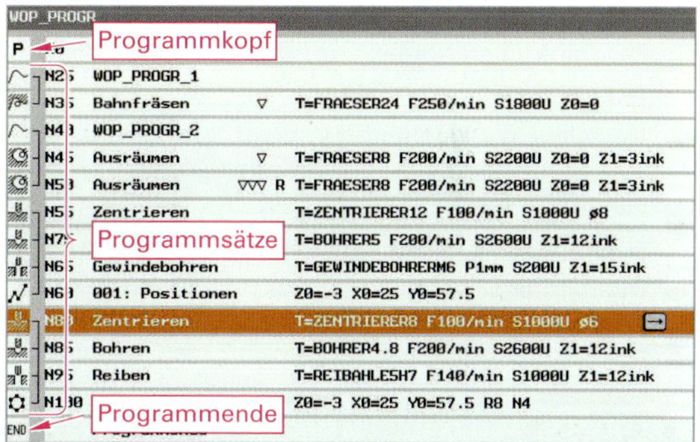

Bild 1: Arbeitsplan

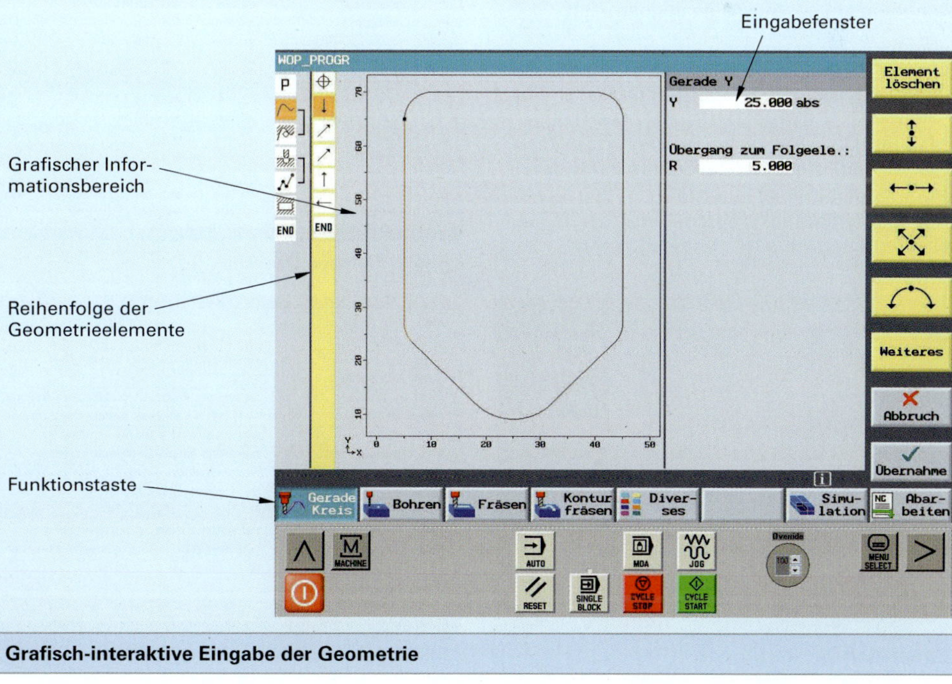

Bild 2: Grafisch-interaktive Eingabe der Geometrie

Programmierung

1. Programmkopf

Ein neues Programm wird im Programm-Manager angelegt und erhält dort einen Programmnamen. Im Programmkopf **(Bild 1)** werden Parameter, die über das gesamte Programm wirken eingegeben. Sie werden z. B. für die Simulation verwendet.

2. Geometrie

Für die einzelnen Bearbeitungsschritte zeichnet der Programmierer die Geometrie mit Hilfe der Geometrie-Elemente (Kreis, Punkt, Gerade) über die Eingabemaske interaktiv nach **(Bild 2, vorhergehende Seite)**. Im Gegensatz zu CAD-Anlagen, die eine ungerichtete Geometrie nutzen, wird hier eine gerichtete Geometrie verwendet. Die Elemente müssen in ihrer Reihenfolge eingegeben werden. Selbst erstellte Geometrien werden unter einem frei wählbaren Namen abgespeichert, für vorgefertigte Geometrielemente, wie z. B. Lochkreis gibt das Programm den Namen vor.

3. Bearbeitung

Nachdem die Geometrie vorliegt, erfolgt nun die Programmerstellung für die Bearbeitung. Dazu steht ein Parametereingabefenster mit der erstellten Programmiergrafik zur Verfügung **(Bild 2)**. Alternativ kann anstelle der Programmiergrafik auch ein Hilfebild angezeigt werden. Das Werkzeug **(Bild 3)** wird im Parametereingabefenster des jeweiligen Bearbeitungsschrittes ausgewählt und parametriert.

4. Arbeitsplan

Durch die Steuerung werden die Technologiesätze automatisch mit den Positionssätzen (Geometrie) verkettet **(Bild 4)**. Das Programm wird ohne weitere Umwandlung auf der Maschine abgearbeitet.

5. Simulation

Die Simulation **(Bild 5)** zeigt neben den Verfahrwegen auch mögliche Kollisionen. Weiterhin ist eine Beurteilung nach wirtschaftlichen Kriterien gegeben: dadurch kann das Programm durch den Facharbeiter vor Beginn der Fertigung optimiert werden.

Die Programmierung an der Maschine hat insbesondere bei einfachen Programmen oder in der Einzelteilfertigung Vorteile.

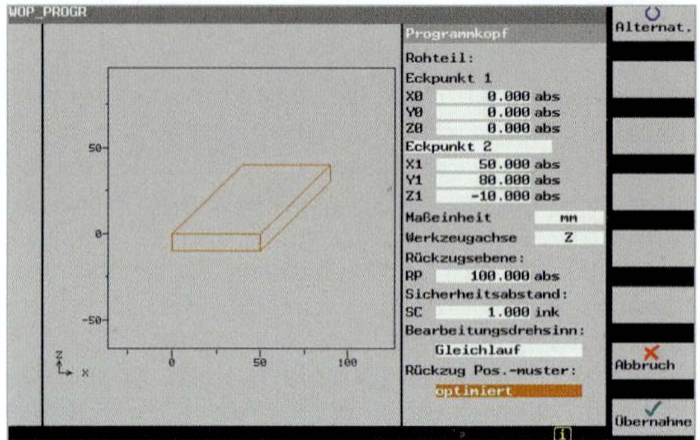

Bild 1: Programmkopf

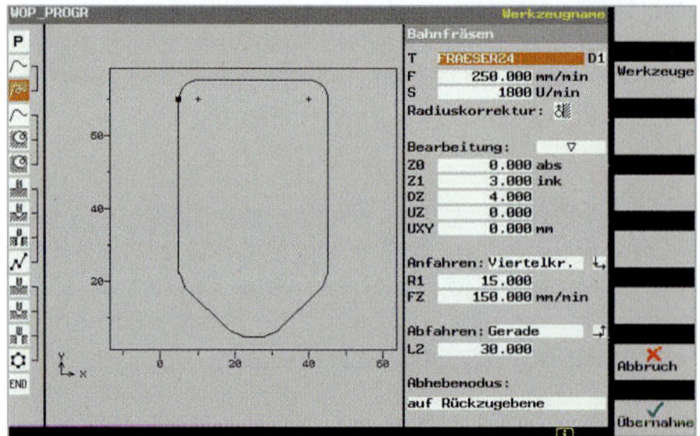

Bild 2: Parametereingabe

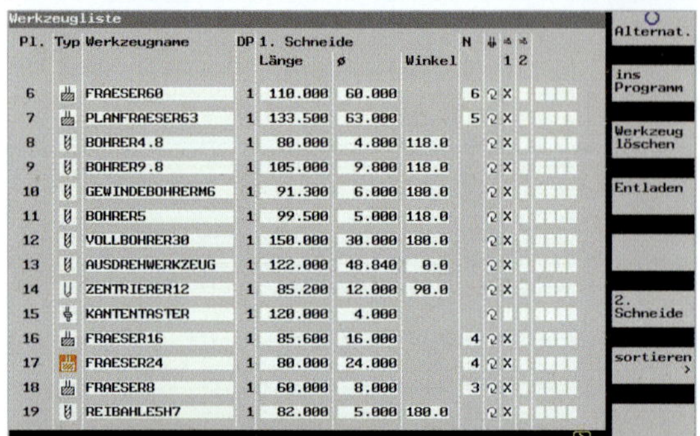

Bild 3: Werkzeugspeicher

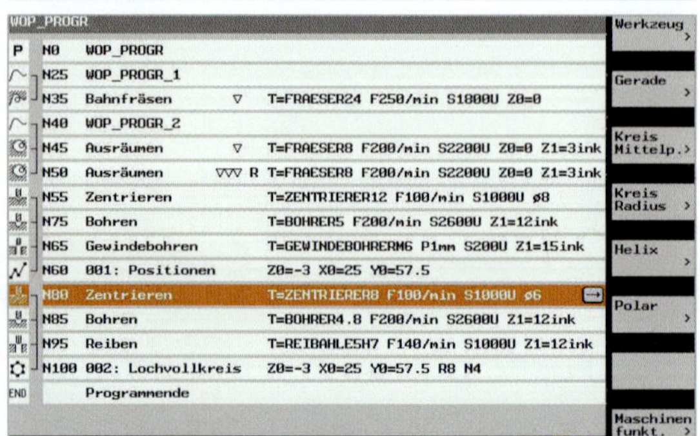

Bild 4: Arbeitsplan

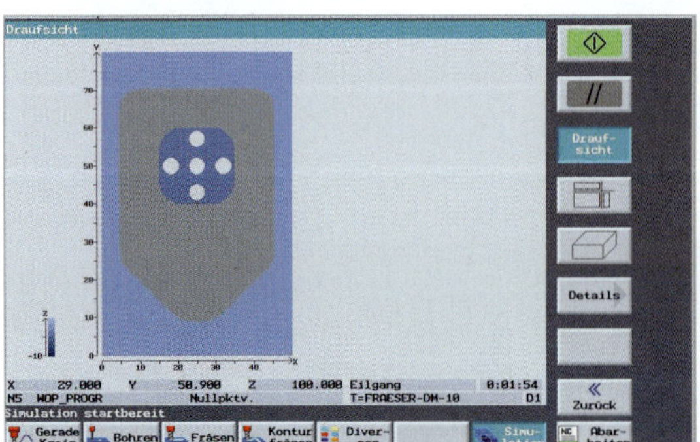

Bild 5: Simulation

4.1.4 Interpolation

Durch Interpolation[1] ermittelt die CNC-Steuerung eine dichte Folge von Bahnstützpunkten **(Bild 1)**.

Analytisch bestimmte Geometrie

Analytisch bestimmte Geometrien sind solche, die sich aus *Geradenstücken, Kreisbögen, Ellipsenabschnitten* und *Parabelbögen* zusammensetzen. Sie können exakt, d. h. analytisch durch eine mathematische Formel beschrieben werden. Wichtigste Interpolationsarten sind die **Linearinterpolation** (Geradeninterpolation) und die **Kreisinterpolation**.

Linearinterpolation

Die Interpolationszeit *T* wird in gleiche Zeitabschnitte (Interpolationstakt), z. B. hier gewählt in 10 Abschnitte, aufgeteilt **(Tabelle 1)**. Entsprechend wird jeweils die Wegstrecke in der X-Achse und in der Y-Achse in die gleiche Anzahl Wegabschnitte zerlegt (Einheit in 1/1000 mm):

in X-Richtung $8 - 1 = 7 \quad 7 : 10 = 0{,}7$

in Y-Richtung $6 - 2 = 4 \quad 4 : 10 = 0{,}4$

Eine Vorschubbewegung erfolgt nur, wenn nach einem Rechenschritt die Addition der Wegabschnitte mindestens 1 Inkrement (1/1000 mm) ergibt. Die Messfeinheit der Wegmesssysteme ermöglicht Inkremente von 0,001 mm Länge. Dies bedeutet, dass die Wegabschnitte hiervon Teile sein müssen. Im Beispiel sind dies bei der X-Achse 0,0007 mm.

Freie Geometrie

Ausgehend von Messpunkten, z. B. bei Karosserieteilen, soll die *Freiformfläche* gefertigt werden. Hierbei ist aus den Messpunkten im *1. Schritt* eine *Sollfläche* zu bestimmen und diese ist in einem *2. Schritt* in *Bearbeitungsbahnen* zu übersetzen. Den Bahnverlauf nähert man durch einen **Polygonzug**[2] an.

Polygonzüge

Die Bahnkurve wird in kleine Geradenstücke zerlegt, d. h. mit G01 Wegbedingungen abgearbeitet **(Bild 2)**. Damit sind folgende Probleme verbunden:

- An kantigen Übergängen der Geradenstücke gibt es Bahnfehler. Zu ihrer Umgehung erzeugen manche Steuerungen anstatt der Geraden kleine Kreise.
- Werden Genauigkeiten von 1/100 mm erwartet, muss man die Geradenstücke sehr klein wählen. Damit kommen auch leistungsstarke Steuerungen an die Grenze ihrer Rechenleistung (Blockzykluszeit).

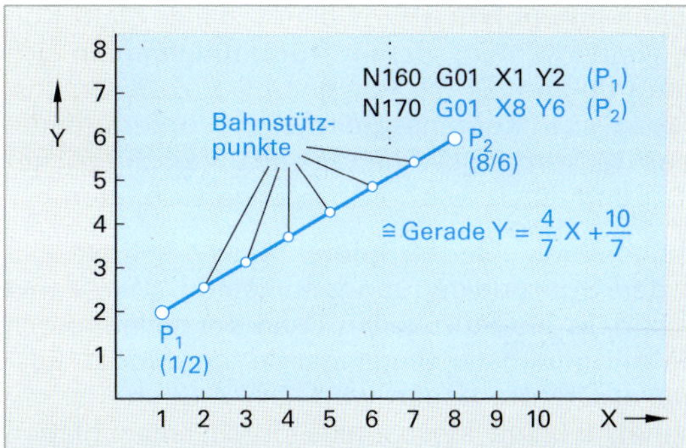

Bild 1: Linearinterpolation

Tabelle 1: Linearinterpolation

Rechenschritte	X-Achse Summe	X-Achse Inkremente	Y-Achse Summe	Y-Achse Inkremente
1	0.7	–	0.4	–
2	1.4	1	0.8	–
3	1.1	1	1.2	1
4	0.8	–	0.6	–
5	1.5	1	1.0	1
6	1.2	1	0.4	–
7	0.9	–	0.8	–
8	1.6	1	1.2	1
9	1.3	1	0.6	–
10	1.0	1	1.0	1

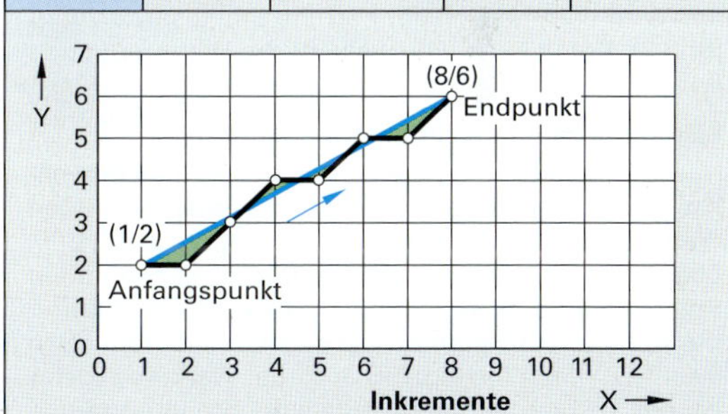

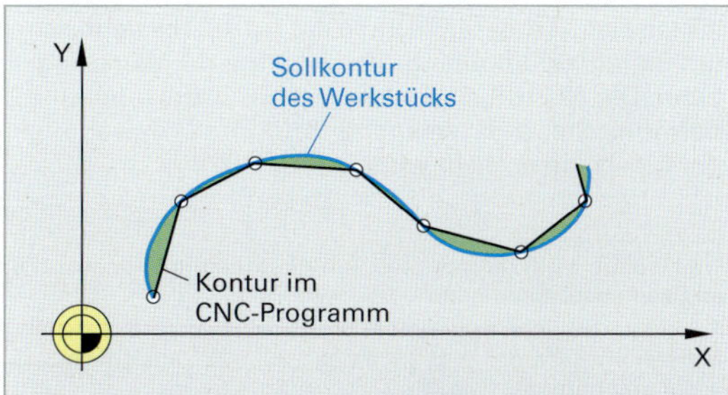

Bild 2: Polygonzug

[1] Interpolation = Berechnung von Zwischenwerten aus lat. interpolatio = Umgestaltung;

[2] Polygon = Vieleck, aus griech. poly = viel und gonia = Ecke

Spline-Interpolation. Ein Spline[1] ist eine glatte Kurve (keine Kanten), deren Krümmungsradien sich stetig ändern. Durch Polynome[2], z. B. 3. Grades, lassen sich Kurvensegmente mit unterschiedlichem Krümmungsverhalten und unterschiedlicher Steigung durch weiche Übergänge verbinden.

Spline-Arten. Der **A-Spline** (Akima-Spline[3]), ist in den Stützpunkten tangentenstetig. Man denkt sich, dass die Stützstellen Ösen darstellen, durch die mit minimaler Biegeenergie ein dünner elastischer Draht gezogen wird. Der A-Spline ist geeignet, wenige Messpunkte durch einen glatten Kurvenverlauf zu verbinden **(Bild 1)**.

Beim **B-Spline** (Basic Spline oder Bézier-Bernstein-Spline[4]) geht im Gegensatz zu dem A-Spline die Kurve nur annähernd durch die Stützpunkte. Die Annäherung wird durch eine interne Gewichtung der Stützpunkte gesteuert. Diese Form ist geeignet für digitalisierte Freiformflächen mit vielen Messpunkten. Die Anwendung hat den Vorteil einer wesentlichen Datenreduktion **(Bild 2)**. Der B-Spline kann andere Splinearten und auch Kreis, Ellipse und Parabel nachbilden.

Umsetzung der Spline-Interpolation:

Schritt 1: Ermitteln der Sollkurve

Neben den Messpunkten müssen zur Bestimmung der Spline-Ketten die Achskonfiguration und die Werkzeugabmessungen und der Werkzeugtyp bekannt sein. Um die Sollkurve wird nach einem Toleranzwert ein Toleranzschlauch gelegt. Wird bei der Berechnung des Splines der Toleranzwert überschritten, wird automatisch der nächste Splinesatz erzeugt **(Bild 3)**. Damit kann eine wesentliche Datenreduktion erreicht werden.

Schritt 2: Steuerungsinterne Bahnführung

Nachdem die Sollkurve als Kette aus Splines berechnet ist, werden die Splinesätze mit der entsprechenden Wegfunktion für die Spline-Interpolation, z. B. G06, übernommen. Die steuerungsintern verwendeten Splines sind z. B. sogenannte **NURBS** (Nicht Uniforme Rationale B-Splines). Neben der Datenreduktion lässt sich durch die NURBS auch der Werkzeugvektor bei der 3D-Bearbeitung direkt an die Steuerung übergeben. Die Bearbeitungsqualität sowie die Produktivität (höherer Vorschub und Schnittgeschwindigkeit) lassen sich verbessern. Durch die NURBS bezieht sich die Regelung auf eine größere Länge der Werkzeugbahn. Die NURBS sind stetig, sodass insgesamt eine harmonische, d. h. weitgehend ruckfreie Bewegung der Maschine erreicht wird.

[1] engl. spline = ein dünner Stab, um gleichmäßige Kurven, z. B. im Schiffsbau, zu erhalten

[2] Polynom = vielgliederiger math. Ausdruck; hier eine Gleichung höherer als 2. Grades, z. B. $y = a + ax + ax^2 + ax^3$, aus griech. poly = viel und nomos = Gesetz

[3] *J. H. Akima*, amerik. Mathematiker;

[4] *P. Bézier*, franz. Wissenschaftler, *Bernstein*, dt. Mathematiker

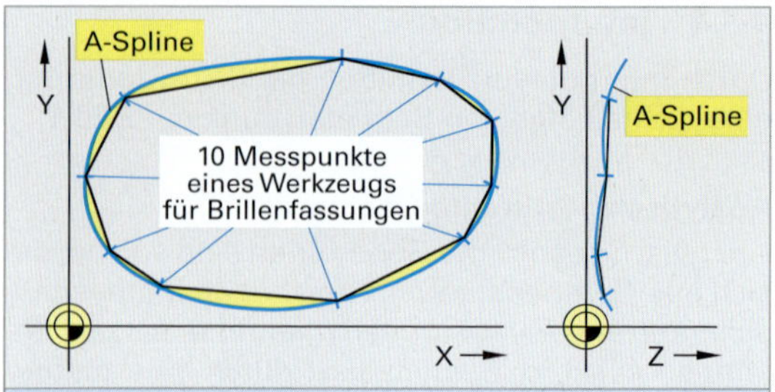

Bild 1: Spline-Interpolation

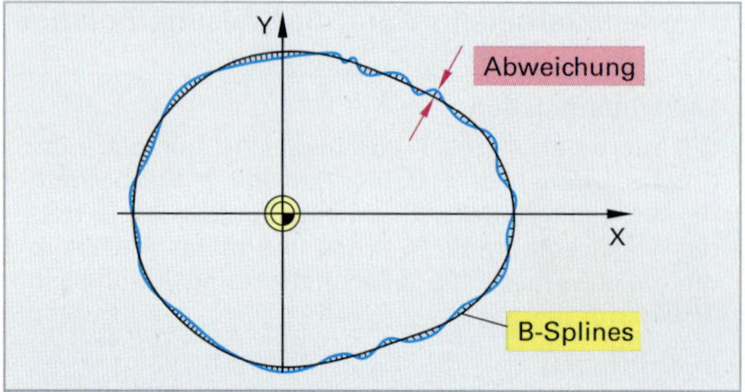

Bild 2: B-Spline-Interpolation für eine Nockenkontur

Tabelle 1: CNC-Sätze für Nocken (Bild 2)

Polygon-Interpolation 360 CNC-Sätze	Spline-Interpolation 18 CNC-Sätze
N01 B94.0 Y38.494	N1 G6 X38.420 B98.000 I4.001
N02 B95.0 Y38.492	K7479172 K-24872128
N03 B96.0 Y38.495	K13544407 K138283
N04 B97.0 Y38.460	K-494686 K-268164648
N05 B98.0 Y38.420	N2 G6 X38.009 B115.00 I17.011
N06 B99.0 Y38.375	K-1092658 K-1255846
N07 B110.0 Y38.325	K18516670 K-13440 K-174386
N08 B111.0 Y38.269	K-267781410
N09 B112.0 Y38.209	N3 G6 X37.745 B118.000 I3.607
N10 B113.0 Y38.144	K1982335983 K-2245320190
N11 B114.0 Y38.075	K239699980 K-151548408
N12 B115.0 Y38.009	K309309875 K-300711934
N13 B116.0 Y37.092	N4 G6 X31.034 B167.000 I51.515
	K-168507 K3586647
	K25742689 K584696
	K-14891629 K-207929854
	N5 G06

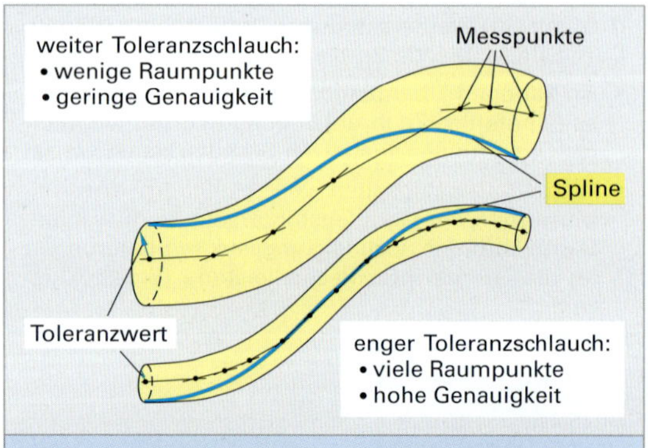

Bild 3: Spline-Interpolation mit Toleranzschlauch

Interpolationsart und CAD

Besitzt eine CNC-Steuerung die Spline-Interpolation, dann kann die Prozesskette zwischen CAD und CNC in enger Weise geschlossen werden.

Bei CAD-Systemen lassen sich zwei Produktlinien feststellen: CAD-Systeme für Freiformflächen, die mit B-Splines arbeiten und CAD-Systeme, die mit geometrischen Primitiven, also mit Quadern, Kugeln, Kegeln, Ellipsoiden die gewünschten Körper, mit der Durchdringung dieser Grundkörper, erzeugen.

Durch NURBS lassen sich beide Linien auf eine einheitliche Datenbasis bringen. Baut die CNC-Steuerung ebenfalls auf NURBS auf, ist die gesamte Prozesskette CAD-CAM-CNC, auf die Geometrie bezogen, geschlossen. Dieser Weg ermöglicht auch das Messen und Digitalisieren von komplexen Flächen mit der Maschine und die Rückführung der Messdaten in das CAD-System.

4.1.5 Leistungsfähigkeit

Die Leistungsfähigkeit einer CNC-Maschine ist maßgeblich von der Steuerung (NCK, PLC), den Antrieben und der Bedienschnittstelle (MMC) abhängig **(Tabelle 1)**.

Leistungsmerkmale

Die Leistungsmerkmale beziehen sich auf die Bewegungsführung, auf die Achsfunktionen und auf die Antriebe neben den mechanischen Maschinenkenngrößen, wie z. B. Verfahrwege und Spindelleistung.

Tabelle 1: Leistungsmerkmale

Leistungsmerkmale			
Technische Leistung	**Bedienkomfort**	**Technologische Anpassung**	**Integration in die Produktionsstruktur**
• kurze Auftragszeit – Leistung – Bahngeschwindigkeit – Werkzeugwechselzeit – Rüstzeit • hohe Qualität – Bahnführung – Zuverlässigkeit • bei geringen fixen und variablen Kosten	• Programmierung – Hilfe als Text und Grafik – Dialog-programmierung – Simulation • Bearbeitungsprozessvisualisierung für Optimierung der Einflussparameter • Diagnose und Fehler beseitigung im Dialog • Ergonomie Einrichten, Spannen, Service	• Bearbeitungszyklen • Technologieprozessoren und Schnittwerkdateien • Sensorik – Schnittkräfte – Spannung • Messzyklen • Digitalisierung	• Materialfluss Handhabung und Transport – Werkstücke – Werkzeuge – Spannmittel – Prüfmittel • Informationsfluss Integration in – DNC – MDE – BDE – Netze

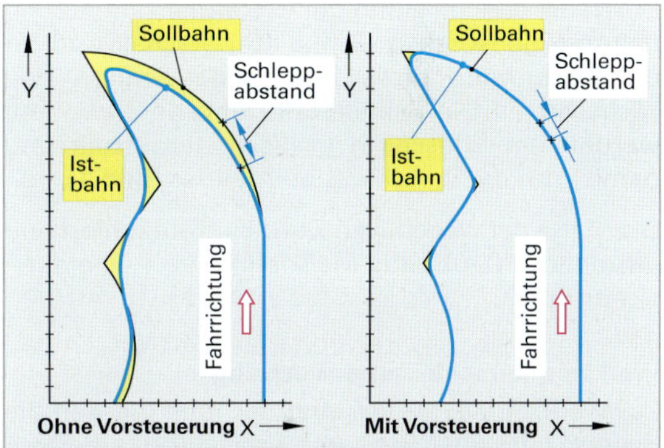

Bild 1: Bahnabweichungen bei Lageregelung mit und ohne Vorsteuerung

Bewegungsführung

- **Spline-Interpolation**, z. B. NURBS.
- **Transformation**, z. B. 5D-Werkzeugkorrektur in Maß und Lage.
- **Look-Ahead-Funktion**[1]. Dies ist eine vorausschauende Geschwindigkeitsführung, damit durch die Blockzykluszeit und bei geringen Richtungsänderungen ein gleichförmiger Vorschub realisiert wird und Beschleunigungen begrenzt bleiben.
- **Bahngeschwindigkeiten**, nicht auf die Mittelpunktbahn bezogen, sondern auf den Werkzeugeingriffspunkt.
- **Ruckbegrenzung** bei Beschleunigungen des Antriebs und bei der Bahnberechnung des Interpolators.
- **Framesystem**[2]. Das Werkstück-Koordinatensystem kann verschoben, gedreht, skaliert und gespiegelt werden.
- **Arbeitsfeldbegrenzung** zur Kollisionsvermeidung.
- **Kompensationen** für den Schleppabstand durch Vorsteuerung **(Bild 1)**, Kompensation von Temperatureinflüssen, Kompensation der Bahnabweichungen durch Reibung (Quadrantenfehler bei Kreisen), durch Umkehrspannen und durch Steigungsfehler der Vorschubspindel.

Achsfunktionen und Antrieb

- **Erweiterung um Synchronachsen** innerhalb der NCK und um Positionierachsen innerhalb der PLC.
- **Kanalstruktur**. Ein Kanal ist eine vollständige Regelung von mindestens 5 Achsen, einschließlich der Programmcodierung und Interpolation. Eine NCK besitzt mehrere Kanäle um bei Mehrschlittenmaschinen und bei Mehrspindelmaschinen simultane oder auch asynchrone Bearbeitungen auszuführen.
- **Digitale Antriebskonzepte**. Die Regelung erfolgt über Software und ist damit einfach zu verändern und es gibt keine Driftprobleme.

[1] engl. to took ahead = vorausschauen; [2] engl. frame = Rahmen, hier: Koordinatensystem

Bedienkomfort

Eine übersichtliche Gestaltung der Bildschirmmasken (Window) signalisiert ständig den *Maschinenstatus*, die *Verfahrpositionen* und den *Programmablauf*.

Bei der Programmierung und Programmoptimierung gewährleisten Helpfunktionen, *Dialogfunktionen* und *Grafiken* bis hin zur Bearbeitungssimulation eine optimale Unterstützung.

Eine Fehlerermittlung (Diagnose) ist im Dialog möglich.

Bearbeitungsprozessvisualisierung

Bei der Fertigung mit konventionellen[1] Werkzeugmaschinen sind die Wirkkräfte, Bearbeitungsgeräusche und Vibrationen am Werkstück, am Werkzeug und an der Maschine direkt erfahrbar.

Durch die Verkapselung der CNC-Maschinen übernehmen Sensoren, z. B. für Körperschall und für die Temperatur, diese Rückmeldungen an den Facharbeiter. Die Schnittkräfte und deren Verlauf werden am Bildschirm grafisch dargestellt und damit wird der Verschleiß beurteilbar **(Bild 1)**.

Die Maße der Werkstücke werden protokolliert und ermöglichen frühzeitig Maßnahmen zur Qualitätssicherung.

Werkzeugverschleißüberwachung

Zur Werkzeugverschleißüberwachung werden die Schnittkräfte über Sensoren erfasst (oder stellvertretend die Ströme bzw. Drehmomente der jeweils relevanten Antriebe) und kontinuierlich mit dem Referenzwert der gleichen Bearbeitung mit einem neuen Werkzeug verglichen **(Bild 2)**. Hierzu wird eine *gleitende Hüllkurve* erzeugt. Beim Erreichen der Hüllkurve wird mit dem nächsten Werkzeugaufruf ein Ersatzwerkzeug eingewechselt.

Integration

Zur Einbindung in den Informationsfluss haben CNC-Maschinen genormte oder zumindest bekannt gemachte Hardwareschnittstellen und Softwareschnittstellen. Realisiert werden DNC, MDE und BDE über Netzwerke (LAN[2]). Am häufigsten wird das Ethernet-Netz verwendet.

MDE und BDE sind heute nicht nur auf Datenrückmeldungen beschränkt, sondern führen ständig einen Datenaustausch zwischen Fertigungsebene und Leitebene aus.

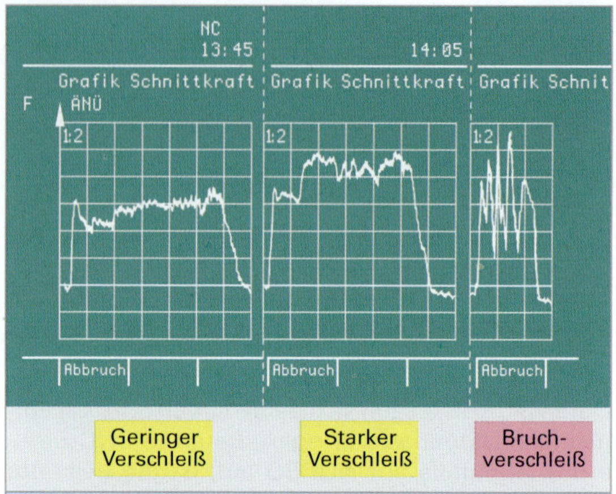

Bild 1: Schnittkräfte visualisieren

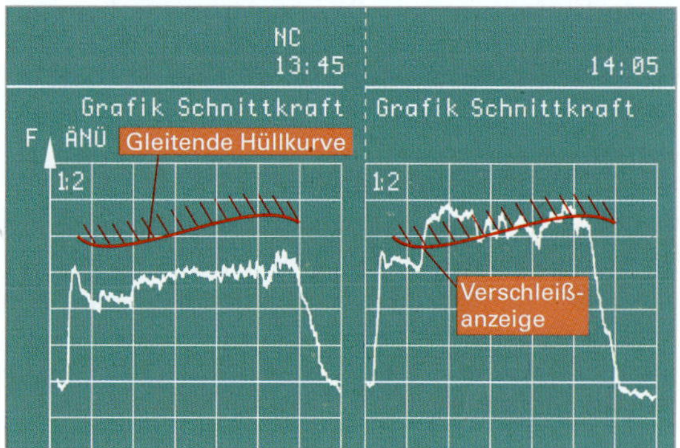

Bild 2: Verschleißüberwachung

DNC (engl. Direkt Numerical Control = direkte numerische Steuerung)

- CNC-Programm, Werkzeugdaten und Nullpunktverschiebungen können zur Maschine und optimiert zurück zum Rechner (Leitrechner) übertragen werden.
- Automatisches Nachladen von Programmen, die länger sind als es der Teilespeicher an der Maschine aufnehmen kann.
- Datenübertagung während der Bearbeitung.
- Hohe Übertragungsgeschwindigkeiten.

MDE (Maschinendatenerfassung)

- Rückmeldung und Protokollierung des Bearbeitungsablaufes wie z. B.
  - Hauptnutzung, Nebennutzung, Rüsten,
  - Störung *technisch* (Werkzeug-Bruch, Späne, Kollision) oder *organisatorisch* (Programm, Material, Werkzeug fehlt),
  - Wartungshinweise.

BDE (Betriebsdatenerfassung)

- Auftragsübersicht (Warteschlange), Interpolation
- Rückstandsliste, Materialflussdaten
- An- und Abmelden des Auftrags
- gefertigte Stückzahl, Ausschuss.

[1] lat. conventionalis = herkömmlich, hier Werkzeugmaschine ohne elektronische Steuerung

[2] LAN engl. Local Area Network = lokales Datennetz

Zusatzfunktionen

Durch Interrupts[1] der NCK und PLC können Zusatzfunktionen integriert und über das CNC-Programm gesteuert werden. Ein Beispiel sind die Schreib- und Leseköpfe für die Speicher-Chips in den Werkzeugaufnahmen. Damit können Werkzeuge automatisch erkannt und Werkzeugabmessungen oder Reststandzeiten gespeichert und gelesen werden. Weiterhin können in Verbindung mit Schnittkraftmessungen automatische Werkzeugüberwachungen installiert werden.

Durch modulare Zusatzbausteine zur NCK kann die CNC-Maschine als Messmaschine arbeiten. Die Messzyklen **(Bild 1)** können programmiert oder von Hand ausgeführt werden. Digitalisieren und anschließendes Fertigen von Freiformflächenkonturen sind weitere Module **(Bild 2)**.

4.1.6 Offene CNC-Steuerung

CNC-Steuerungen haben für den Anwender einen geschlossenen und einen offenen Teil. Offen bedeutet, dass auch der Maschinenhersteller Eingriffe vornehmen kann, und geschlossen bedeutet, dass dies nur für den Steuerungshersteller möglich ist. Der geschlossene Teil enthält die Hauptfunktionen einer CNC-Steuerung. Im offenen Teil werden den Maschinenherstellern (OEM[2]) standardisierte Schnittstellen und Entwicklungsumgebungen zur Verfügung gestellt, um schnelle und wirtschaftliche Anpassungen zu realisieren.

Die Komponenten MMC, Antriebsmodule und die Steuerungsteile PLC und NCK sind auf Grund der modularen Aufbauweise und der klaren Schnittstellen beliebig kombinierbar, auch zwischen unterschiedlichen Herstellern. CNC-Steuerungen mit dieser Aufbaukonzeption werden als **„offene Steuerungen"** bezeichnet **(Bild 3)**.

Offenheit bei der MMC. Die Gestaltung des Bildschirms kann z. B. mit X-Windows beliebig geändert werden.

Offenheit bei der PLC. Mit Entwicklungsumgebungen der SPS-Technik, wie z. B. die Sprachen Step 7, High Graf oder C++ können Zusatzfunktionen bzw. Änderungen erreicht werden.

Offenheit bei der NCK. Mit der Programmiersprache C++ und einer CNC-Hochsprache können compilierte Zyklen zusätzlich in die NCK eingebracht werden.

[1] engl. interrupt = Unterbrechung

[2] OEM von engl. Original Equipment Manufacturer = Originalausstatter

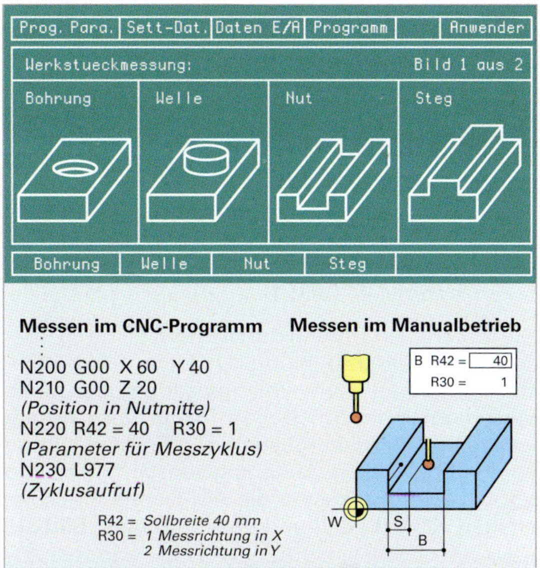

Bild 1: Messen mit der CNC-Maschine

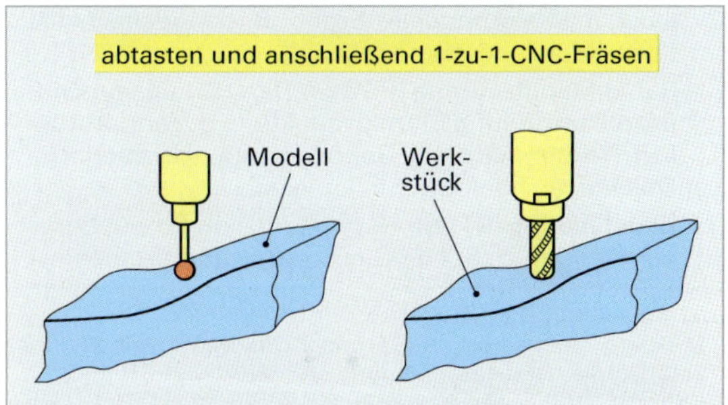

Bild 2: Digitalisieren und Fräsen von Freiformflächen

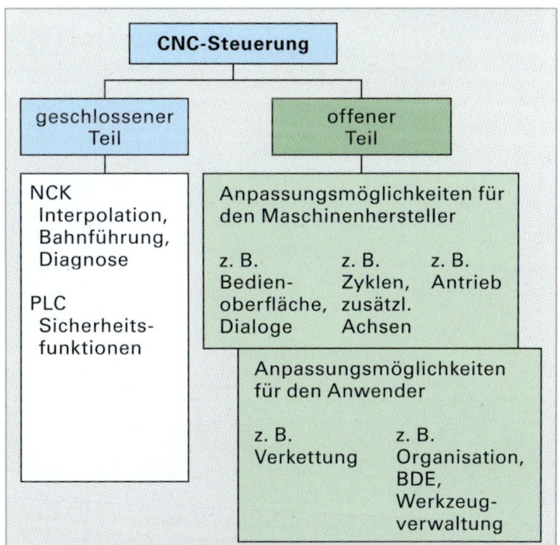

Bild 3: Offene CNC-Steuerung

4.2 3D-Druckverfahren

4.2.1 Allgemeines

Bei der 3D-Drucktechnik, Normbegriff: Additive Fertigung, engl. *Additive Manufacturing* **(AM)** werden körperliche Objekte dadurch erzeugt, dass in kleinsten Einheiten Volumenelemente, meist in Form dünner Schichten[1] aufeinandergesetzt werden. Ausgangswerkstoffe sind Flüssigkeiten, Pulver, Laminate oder Fäden/Drähte aus unterschiedlichen Materialien **(Bild 1)**.

Die Materialien werden durch Energieeintrag über Strahlung (Laserstrahlung, UV-Licht, Elektronenstrahlung) oder durch Polymerisation oder durch Verkleben verfestigt. Der Aufbauprozess erfolgt vollständig computergesteuert, z. T. in Anlehnung an Printer (Drucker). Abhängig vom Verfahren und der Objektgröße kosten die AM-Geräte zwischen einigen 100 € **(Bild 2)** und über 100 000 € **(Bild 3)**.

Die Nutzung wird eingeteilt in die Kategorien:

- **Rapid Prototyping (RP)** zur Herstellung von Modellen, z. B. Designmodelle, Ergonomie-Modelle, Funktionsmodelle, Gießmodelle,
- **Rapid Manufacturing (RM)** zur Herstellung von Endprodukten, häufig Einzelprodukte, z. B: Zahnprothesen, Hüftimplantate, Gehörkapseln, künstlerische Objekte, archäologische Repliken,
- **Rapid Tooling (RT)** zur Herstellung von Produktionswerkzeugen, z. B. von Gießformen und Stempeln.

[1] Die erste Patentanmeldung, Erfinder *Charles W. Hull*, zu dieser Technologie hat die Bezeichnung „APPARATUS FOR PRODUCTION OF THREE-DIMENSIONAL OBJECTS BY STEREOLITHOGRAPHY" U.S. Patent 4,575,330, Mar. 11, 1986.

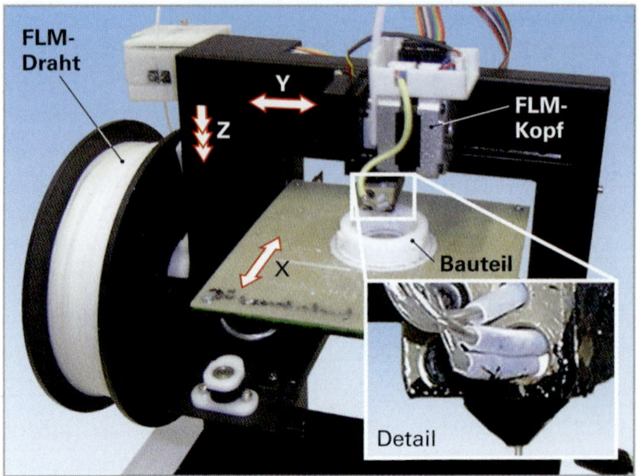

Bild 2: Personal-3D-Printer

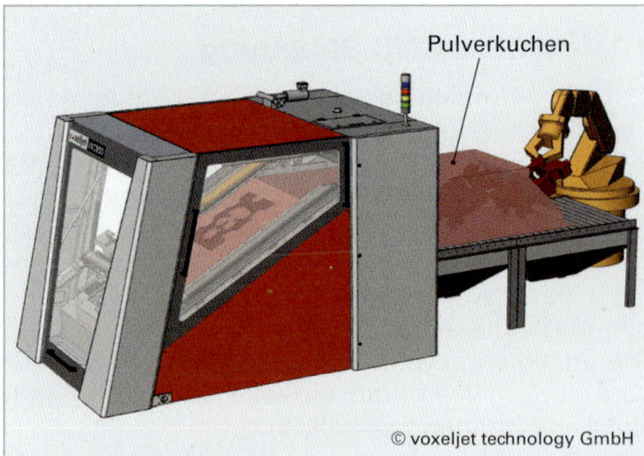

Bild 3: Großer 3D-Printer (Fabrikat voxeljet)

Werkstoffe	Polymere	Metalle, Polymere, Minerale	Polymere, Papiere, Metalle	Polymere, Metalle
Ausgangszustand	Flüssigkeiten	Pulver	Laminate	Fäden, Drähte
Ablauf und Prozess	• in Linie oder • zeilenweise oder • flächig durch • Laserstrahl • Belichtung • Wärmestrahlung	• in Linie • zeilenweise • flächig durch • Stromschmelzen • Sintern • Drucken	• flächig durch • Verkleben • Verbacken	• in 2D-Linie • in 3D-Linie durch • Verschweißen • Verbacken
Verfahren	• Stereolithography **SL** • Micro Light Switching **MLS** • Digital Light Processing **DLP** • Multi Jet Modeling **MJM** • Poly Jet Modeling **PJM**	• Selective Laser Melting **SLM** • Mask Sintering **MS** • Laser-Sintering **SLS** • 3D-Printing **3DP**	• Layer Laminated Manufacturing **LLM**	• Fused Layer Modeling **FLM**

Bild 1: Übersicht über AM-Prozesse

4.2.2 AM-Verfahren

Die wichtigsten Verfahren[1] sind das selektive Verfestigen von Flüssigkeiten (Harze) und Pulvern mittels Laserstrahlung, das Drucken von Flüssigkeiten und das Schmelzen von Fäden (Bild 1, vorhergehende Seite).

Stereolithography (SL)

Bei der Stereolithography verwendet man photosensitives Harz (Polymer) und verfestigt dieses schichtweise mit Hilfe eines numerisch lenkbaren UV-Laserstrahls an der Oberfläche eines Harzbades **(Bild 1)**. Nach der Verfestigung der Bauteilschicht wird der Bauteilträgerboden um eine Schichtstärke abgesenkt und es erfolgt die Verfestigung der darauf aufbauenden Objektschicht. Für überhängende Objekteile und der Objektunterseite werden Stützkonstruktionen (Supports) generiert **(Bild 2)**. Nach Abschluss des Bauprozesses wird das Objekt gereinigt, die Supports mit den Sollbruchstellen werden abgebröselt, zur „Nachvernetzung" wird mit UV-Licht bestrahlt, ggf. geglättet und koloriert (siehe Detail in Bild 2).

3D-Printing (3DP)

3D-Drucker basieren auf einer Technologie die sich aus den Tintenstrahldruckern entwickelt hat. Ähnlich wie dort bewegt sich ein Druckkopf: Hier über einer schichtweise absenkbaren Bauplattform.

Man unterscheidet:

- Direktdruckverfahren und
- Pulververarbeitende Systeme.

Bei den **Direktdruckern** wird entweder erwärmtes flüssiges Wax (3DWax Printing) verdruckt oder UV-sensitives Polymer (Poly-Jet-Modeling, PJM oder Multi Jet Modeling MJM). Im ersten Fall entsteht beim Abkühlen der Wachströpfchen ein Wachsmodell hoher Genauigkeit. Es kann z. B. direkt als Urmodell im Feinguss verwendet werden (Wachsausschmelzverfahren). Im zweiten Fall entsteht während der gleichzeitigen UV-Belichtung ein Kunststoffmodell. Die Stützstrukturen werden automatisiert erzeugt **(Bild 4)**.

Bei den pulververarbeitenden Systemen wird in ein Pulverbett eine pulververklebende Binderflüssigkeit verdruckt. So können Objekte aus fast allen festen Pulvermaterialien (Metalle, Minerale, Polymere) hergestellt werden. In einem Postprozess kann das Bauteil zur Erhöhung der Festigkeit gesintert und infiltriert werden. Stützstrukturen sind nicht erforderlich, das Objekt liegt im Pulverbett. Man produziert damit z. B. Gießformen **(Bild 5)**.

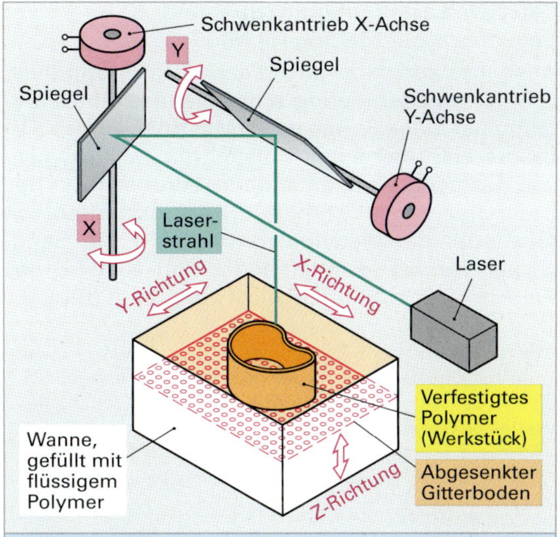

Bild 1: SL-Prozess

Bild 2: Stereolithography einer Replik des Löwenmenschen (um 30 000 v. Chr.)

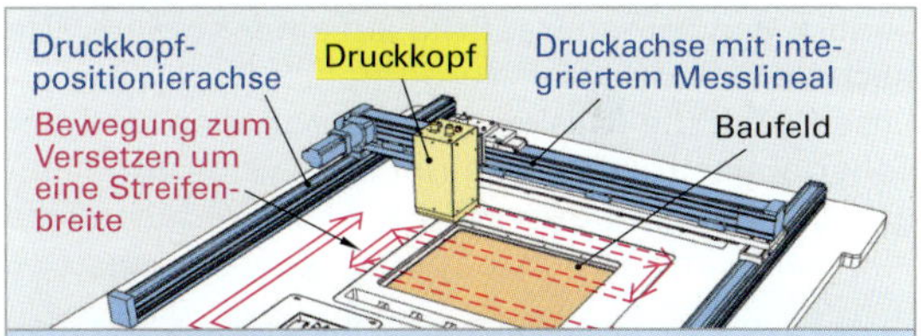

Bild 3: SLM-Process und SLM-Process

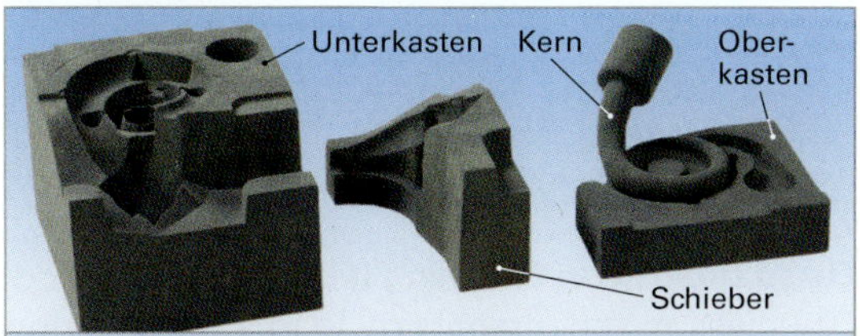

Bild 4: SLM-Bauteil (Realizer GmbH)

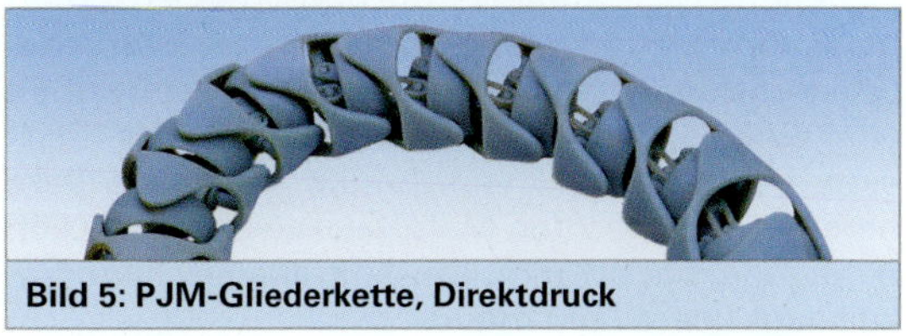

Bild 5: PJM-Gliederkette, Direktdruck

[1] Eine ausführliche Darstellung aller gängigen Verfahren findet man in „3D-Druck Additive Fertigungsverfahren – Rapid Prototyping, Rapid Tooling, Rapid Manufacturing", Verlag Europa-Lehrmittel, Haan.

Selective Laser-Sintering (SLS) und Selective Laser Melting (SLM)

Ausgangswerkstoff ist feines Kunststoffpulver, z. B. Nylon oder niedrig schmelzendes feines Metallpulver oder Formsande. Mit Hilfe eines CO_2-Lasers, der über einen Spiegel mit zwei NC-Achsen gesteuert wird, entsteht im Auftreffpunkt des Laserstrahls eine Schmelze. Die Kunststoffpulverteile oder die Metallpulverteile oder die Sandkörner verbacken miteinander und so wird das Werkstück Schicht um Schicht aufgebaut **(Bild 1)**.

Entsprechend dem Zuwachs in Z-Richtung wird Pulver nachgeschüttet und der Werkstückboden abgesenkt. Von Vorteil bei diesem Verfahren ist, dass auch metallische Werkstücke hergestellt werden können sowie Formwerkstücke zum Gießen. Die Schichtdicke liegt bei etwa 0,1 mm. Die Beweglichkeit des Laserstrahls bei etwa 1 m/s.

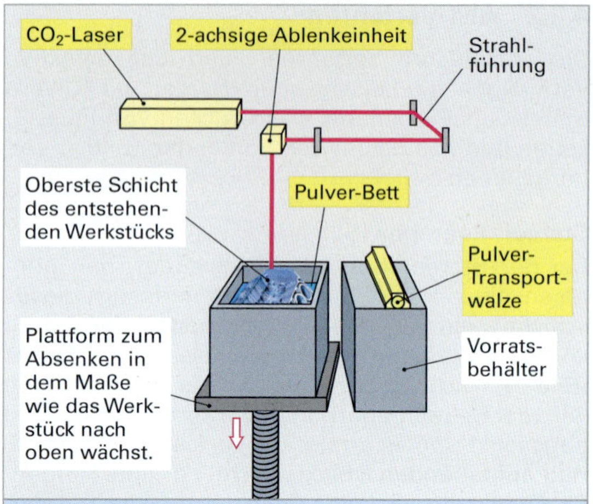

Bild 1: Laser-Sintern

Selektives Maskensintern (SMS)

Wiederholt aufgetragene Schichten aus Kunststoffpulver werden selektiv verschmolzen und bilden das Bauteil. Das nicht verschmolzene Pulver stützt das Bauteil. Es kann nach dem Fertigungsprozess abgeschüttelt werden. Die Erwärmung erfolgt durch eine starke Infrarotstrahlung. Die Bauteilschichten werden nacheinander als Negativbilder, ähnlich einem Scherenschnitt, aus einem hitzebeständigen reflektierenden Tonerpulver (Aluminiumoxid) auf eine Glasplatte übertragen und dort elektrostatisch fixiert. Das geschieht ähnlich wie der Tonerauftrag auf einer Kopierwalze nach dem Prinzip der Xerographie. Nach dem Erhitzen wird die Maskenscheibe entladen und der Toner abgestreift. Es beginnt der Zyklus von Neuem. Die Bauplattform wird um eine Schichtdicke abgesenkt und Kunststoffpulver aufgezogen.

Die Kunststoffpulver sind Thermoplaste, z. B. Polyamide, Polyethylene, Polykarbonate. Auch Wachspulver kommen in Frage. Dies führt dann zu Wachsmodellen, welche dann z. B. beim Gießen im Wachsausschmelzverfahren Verwendung finden. Zur verbesserten Wärmeabsorption können sie schwarz eingefärbt sei, z. B. mit Rußstäuben.

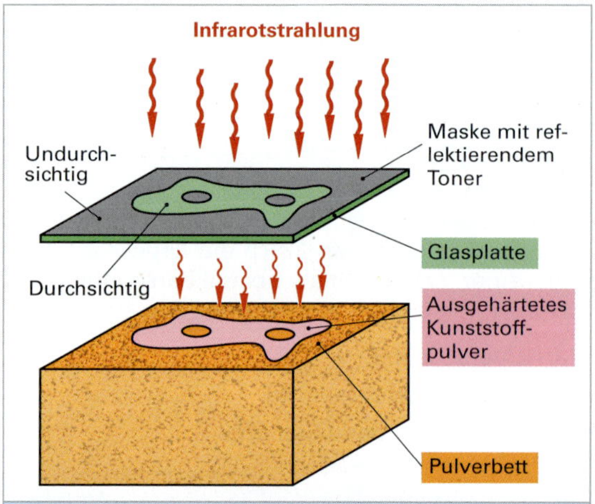

Bild 2: Selektives Maskensintern

Fused Deposition Modeling (FDM)

Bei diesem Verfahren wird Wachs oder Nylon (Thermoplast) über eine feine 2-achsig numerisch gesteuerte Düse unter Wärme und Druck extrudiert (ausgedrückt) und zwar entlang der Werkstückkonturlinie **(Bild 3)**. Ähnlich dem Auftragsschweißen wird eine Lage über die andere gesetzt. Das frisch extrudierte Material verschmilzt dabei mit dem bereits aufgebrachten Material. Die Schichtdicken betragen etwa 0,1 mm. Die Auftragsgeschwindigkeit liegt bei ca. 250 mm/s.

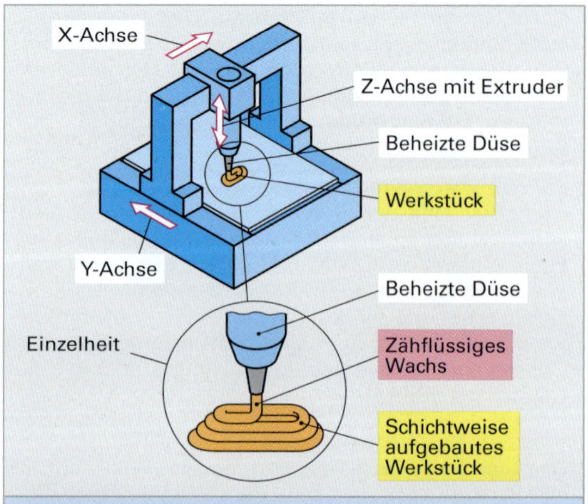

Bild 3: FDM-Verfahren

Laser Laminated Manufacturing (LLM)

Bei diesem Verfahren werden mittels eines Laserstrahls dünne Laminate oder auch beschichtete Papiere ausgeschnitten und schichtweise aufeinander geklebt **(Bild 1)**. Damit die ausgeschnittenen Objektschichten zum Aufeinanderkleben gehandhabt werden können, verbleiben dünne Stege zu einem quadratischen Raster. So entsteht ein Objekt, das in einer Würfelumgebung liegt.

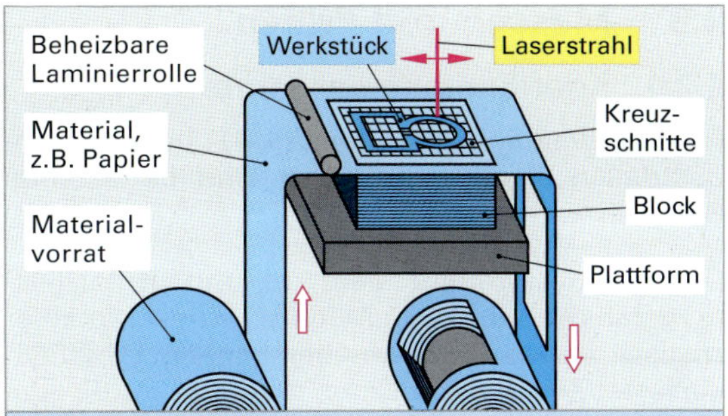

Bild 1: LLM-Prozess

4.2.3 Die Informationskette und die Prozesskette

Der Werdeprozess von der *Bauteil-Idee* bis zum *fertigen Bauteil* wird von einer mitlaufenden Informationskette begleitet **(Bild 2)**. Gestartet wird der Prozess als Idee und stellt sich im menschlichen Gehirn dar. Die Art der Daten sind noch nicht erforscht. Nun verzweigt sich die *Prozesskette* in zwei alternative Pfade:

- CAD-Modell;
- körperliches Modell.

Beim **CAD-Modell** folgt nach mehreren Optimiervorgängen und Variantenkonstruktionen der Slicing-Prozess (to slice = in Scheiben schneiden). Hier wird das 3D-Volumenmodell vom jeweiligen CAD-System „gecliced", d. h. in Scheiben zerlegt und in STL-Daten (Stereolithographie-Language = Stereolithographiesprache) umgesetzt. Diese STL-Dateien stellen die Eingabeinformation für den RP-Prozess dar. Die *verfahrensspezifischen* Daten, wie sie die jeweilige RP-Anlage benötigt, werden mit der *firmenspezifischen RP-Software* aus den STL-Daten erzeugt.

Der Weg über das **körperliche Modell** geht so, dass entsprechend der Idee mit einfachen Mitteln z. B. Modellschaum als Werkstoff, Raspel und Säge oder z. B. mit Knetwachs ein Modell hergestellt wird. Dieses tastet man mit einem *3D-Scanner* ab und bekommt eine *Punktewolke* der Modelloberfläche (siehe Seite 281). Die Punktewolke muss nun in Flächen bzw. Flächenelemente mit einem geeigneten CAD-System umgewandelt werden. Dies ist mit z. T. großem Zeitaufwand verbunden. Man nennt diese Aufgabe *Flächenrückführung*. Nach erfolgter Flächenrückführung kann der Slicing-Prozess beginnen.

> Die Rapid-Prototyping-Anlage erzeugt je nach Verfahren ein:
> - Wachsmodell;
> - Modell zum Abformen;
> - eine gießfähige Negativform;
> - ein fertiges Werkstück.

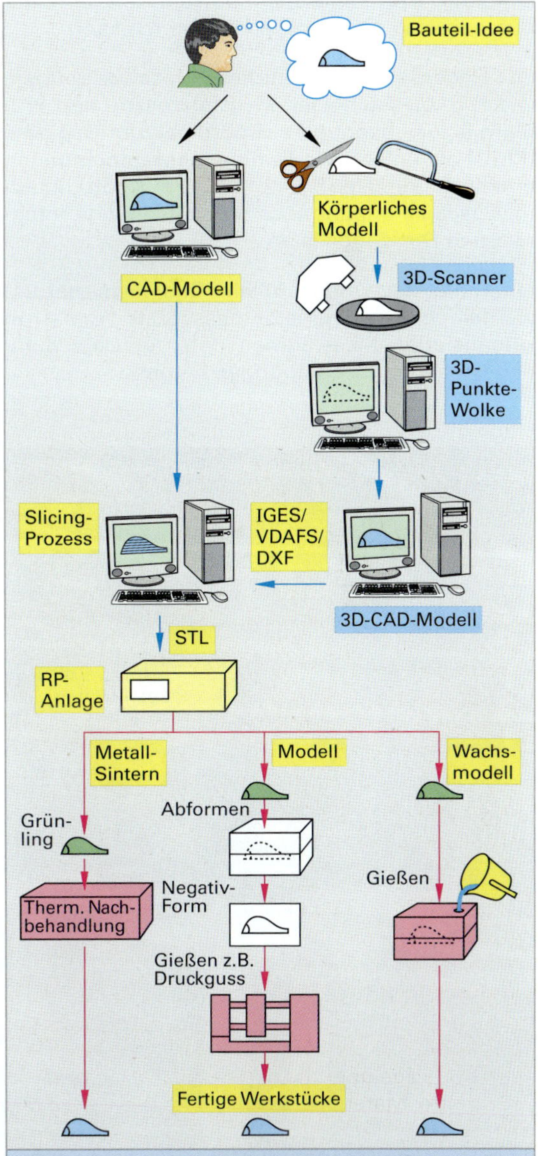

Bild 2: Informationskette und Prozesskette

4.3 Messen und Prüfen

4.3.1 Koordinatenmessgeräte

Die **Koordinatenmesstechnik (KMT)** hat in der industriellen Qualitätssicherung eine bedeutende Rolle.

Dies beruht darauf, dass es mit Hilfe leistungsfähiger Rechner möglich wurde, mathematisch exakte **Geometrieberechnung** innerhalb kürzester Zeit durchzuführen. Dadurch wurde eine technische Voraussetzung dafür geschaffen, dass man *Maße*, *Form* und *Lage* der geometrischen Elemente von einfachen Werkstücken in **einer Aufspannung** erfassen und auswerten kann.

Im Gegensatz zu einfachen Messwerkzeugen, wie z. B. Messschieber, Messmikroskop und Profilprojektor benötigen Koordinatenmessgeräte **(KMG)** als **universelle flexible Messeinrichtungen** erheblich kürzere Prüfzeiten. Die Koordinatenmesstechnik erlaubt auch die vollständige Integration in Fertigungslinien.

Innerhalb der industriellen Qualitätssicherung werden die Koordinatenmessgeräte meist in klimatisierten Messräumen unter gleichbleibenden Umgebungsbedingungen betrieben.

Beispiele für Messaufgaben:

- Prüfungen von Musterteilen, Bemusterung,
- Abnahme von Erstteilen vor Beginn der Serienproduktion,
- Stichprobenprüfungen aus der laufenden Fertigung,
- Überwachung von Prüfmitteln, Einstellehren und Längennormalien.

Trotz der für das Messen schlechten Umgebungsbedingungen wie Temperatur- und Luftfeuchtigkeitsänderungen, Schwingungen, Staub und Ölnebelgehalt in der Luft, werden **Koordinatenmessgeräte direkt in der Fertigung** eingesetzt **(Bild 1)**.

Im Vergleich zum Messen im Messraum bringt das Messen in der räumlichen Nähe der Fertigung folgende Vorteile:

- **kurze Transportwege** zwischen Fertigung und Messung,
- **kurze Liegezeiten**,
- **kurze Reaktions-** und **Eingriffszeiten** für qualitätsregelnde Maßnahmen,
- **kurze Prüfzeiten** mit sofortiger Auswertung der Prüfergebnisse.

Bild 1: Koordinatenmessgerät, integriert in ein flexibles Fertigungssystem

Diese Vorteile bedeuten eine Steigerung der Produktivität des Fertigungsprozesses durch kleinere Ausschussquoten und kürzere Stillstandszeiten von teuren Fertigungs- und Produktionsanlagen.

Nachteilig wirken sich allerdings die „rauen" Umgebungsbedingungen im Produktionsbetrieb auf die Messgenauigkeiten aus, insbesondere Vibrationen, Temperaturänderungen und Schmutz.

4.3.1.1 Aufbau und Wirkungsweise

Beim klassischen Aufbau eines Mehrkoordinatenmessgeräts bilden die drei Messgeräteschlitten (Längsführungen) ein *rechtwinkliges* Koordinatensystem **(Bild 1)**.

Durch Kombination von Längs- und Drehführungen lassen sich auch Sonderkonstruktionen realisieren.

Beim Messen und Prüfen mit Koordinatenmessgeräten wird die Oberfläche des Werkstücks mittels **optischer** oder **mechanischer Antastung** durch das *Tastelement* punktweise erfasst **(Bild 2)**. Aus den gemessenen Positionswerten (Koordinaten X, Y, Z) berechnet der Computer die, anhand der Messaufgabe geforderten, geometrischen Größen zur Beurteilung der *Gestalt* eines Werkstücks.

Dabei darf das Werkstück *beliebig* im Messbereich angeordnet sein, solange die gewünschten Antastpunkte vom Tastelement am Werkstück **ohne Kolision** erreicht werden können.

Eine mechanische Ausrichtung des Werkstücks ist nicht erforderlich, da der Computer das Werkstückkoordinatensystem der jeweiligen Werkstücklage anpasst.

Die Systemkomponenten einer Koordinatenmessanlage bestehen im Wesentlichen aus Koordinatenmessgerät, Steuerung, netzwerkfähigem Computer und Drucker zur numerischen Ausgabe und grafischen Darstellung der Messergebnisse.

Über lokale Datennetze und das Internet können Messprogramme und Messergebniss z. B. zur Arbeitsvorbereitung, Fertigung oder zum Kunden übertragen werden.

Eine körperliche Ausrichtung der zu messenden Werkstücke ist entbehrlich. Die Ausrichtung erfolgt durch den Computer in dem er das Messkoordinatensystem der Werkstücklage anpasst.

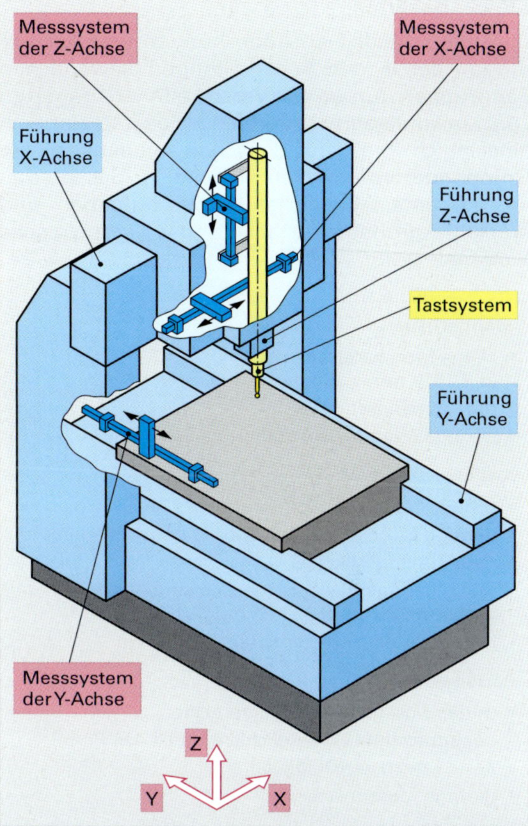

Bild 1: Anordnung der Achsen und Messsysteme bei einem KMG in Portalbauweise

Bild 2: Antastung am Werkstück mit einer Tastkugel

4.3.1.2 Bauarten

Die unterschiedlichen Anordnungen und Ausführungen der in den Achsrichtungen beweglichen Baugruppen führen zu verschiedenen Bauarten von Koordinatenmessgeräten. Diese lassen sich hinsichtlich ihres mechanischen Ausbaus in vier **Grundbauarten** einteilen **(Tabelle 1)**. Sie werden für die unterschiedlichsten Messaufgaben und Werkstückgrößen eingesetzt und weisen typische Merkmale auf.

Ständerbauart:

- kleine Messbereiche (z. B. 500 mm × 200 mm × 300 mm),
- gute Zugänglichkeit,
- geringe Messunsicherheit.

Auslegerbauart (Messroboter):

- große Messlängen im Bereich des Messtisches,
- geringe Messlängen in Richtung des Auslegers,
- gute Zugänglichkeit,
- durch geringe bewegte Massen sind hohe Verfahrgeschwindigkeiten möglich,
- größere Messunsicherheiten.

Portalbauart:

- mittlere bis größere Messbereiche,
- beeinträchtigte Zugänglichkeit durch das Portal,
- hohe Maschinensteifigkeit,
- geringe Messunsicherheit.

Brückenbauart:

- sehr große Messbereiche (bis ca. 20 m × 6 m × 4 m),
- eingeschränkte Zugänglichkeit,
- mittlere Messunsicherheit.

Tabelle 1: Bauarten

Ständerbauart

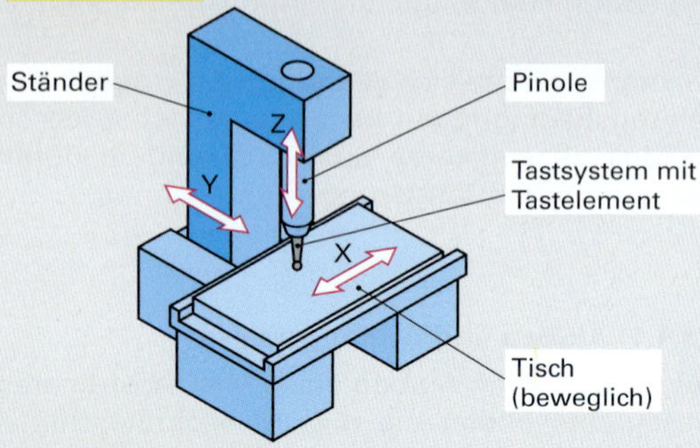

Auslegerbauart

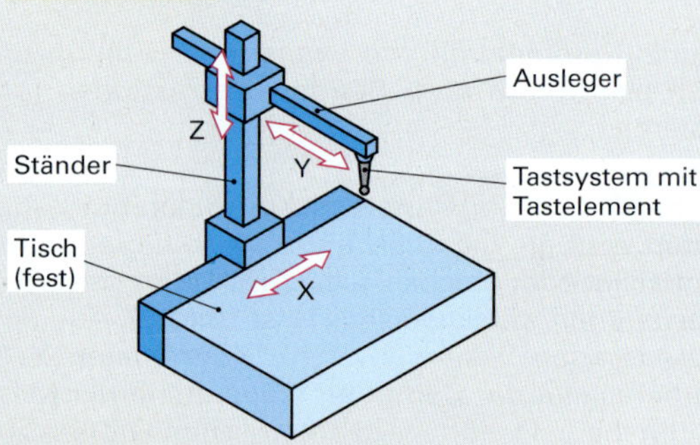

Portalbauart

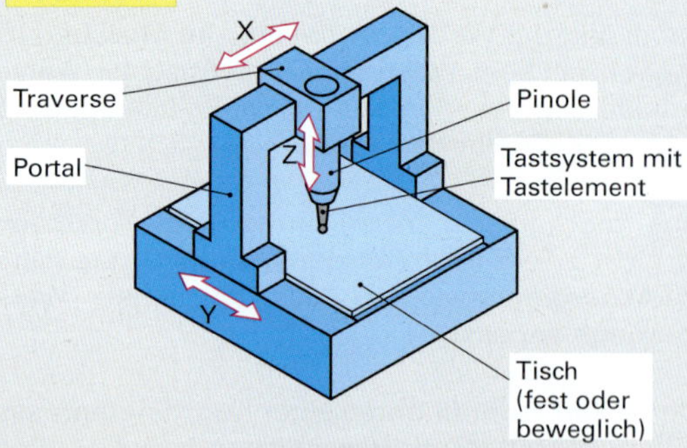

Brückenbauart

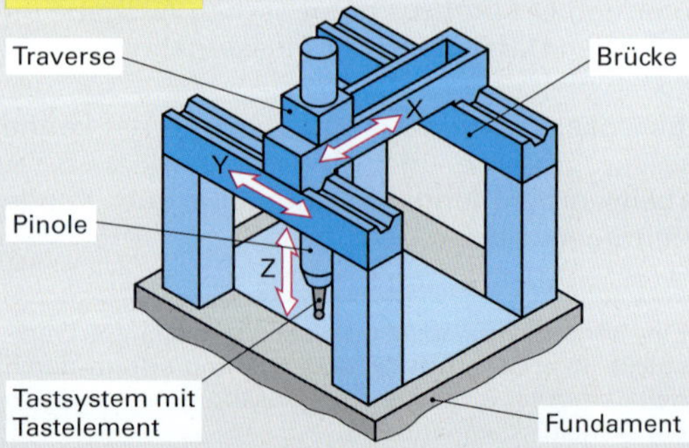

4.3.1.3 Messsysteme

Auf den drei senkrecht zueinander stehenden Messgeräteschlitten sind **inkrementale Längenmesssysteme** angeordnet. Sie bestehen aus einer **Maßverkörperung** und einem Ablesesystem. Die Maßverkörperung (Maßstab) wird dabei meist am feststehenden Teil der Verschiebeschlitten angebracht und das Ablesesystem durch die Verschiebung am Maßstab vorbeibewegt. Das am häufigsten eingesetzte Längenmessverfahren ist das optische Längenmesssystem mit einem Strichgitter. Mit diesem System kann eine Gesamtauflösung bis zu 0,1 µm und eine Messlänge von mehreren Metern erreicht werden. Dabei wird meist ein Glasmaßstab mit einer Gitterteilung von ca. 20 µm verwendet.

4.3.1.4 Tastsysteme

Mit dem Tastsystem des Koordinatenmessgerätes wird zwischen den Antastpunkten der Werkstückoberfläche und dem Gerätekoordinatensystem ein Bezug hergestellt. Es werden meist zwei- oder dreidimensional schaltende oder messende Tastsysteme eingesetzt.

Elektromechanische Tastsysteme

Bei elektromechanischen Tastsystemen tritt beim Antastvorgang eine Relativbewegung (Tasterauslenkung) zwischen dem in der Pinole befestigten Teil des Tastsystems und des Tastelementes auf **(Tabelle 1)**.

Bei **messenden Tastsystemen** wird diese Relativbewegung durch Wegmesssysteme, meist analoge Induktivtaster, erfasst und zur Ermittlung der Koordinaten des Antastpunktes den, mit den Messsystemen der Verschiebeschlitten ermittelten Koordinaten, überlagert. Je nach Ausführung des Tastsystems kann diese Relativbewegung bis zu 1 mm und bei Spezialkoordinatenmessgeräten für die Zahnradmessung bis zu 10 mm betragen.

Solange das Tastelement das Werkstück berührt, herrscht zwischen Tastelement und Werkstück eine konstante Antastkraft von ca. 0,1 N bis 0,5 N. Mit einem solchen Tastsystem kann eine **Werkstückkontur** mit **stetiger Messwertübernahme** in vorgegebener Schrittweite abgefahren werden. Dieses Verfahren nennt man das Scanning-Messverfahren (engl. to scan = abtasten).

Bei **schaltenden Tastsystemen** wird beim Erreichen einer definierten Auslenkung durch **Kontakte** oder durch zug- bzw. druckempfindliche Sensoren ein Signal zum Übernehmen der Koordinaten der Messgeräteschlitten ausgelöst. Nach der Messwertübernahme muss das Tastelement entgegen der Antastrichtung vom Werkstück wegbewegt werden. Dabei wird der bewegte Teil des Tastsystems über Federn wieder in seine Ausgangslage gezogen. Erst danach kann die nächste Antastung vorgenommen werden. Aufgrund des geringeren mechanischen Aufwandes von schaltenden Tastsystemen gegenüber messenden Systemen können diese wesentlich kleiner gebaut werden und lassen durch ihre geringere Masse auch höhere Verfahrgeschwindigkeiten zu.

Tabelle 1: Funktion und Aufbau elektromechanischer Tastsysteme

<table>
<tr><th>Art</th><th>Messendes Tastsystem</th><th>Schaltendes Tastsystem</th></tr>
<tr><td>Funktionsprinzip</td><td>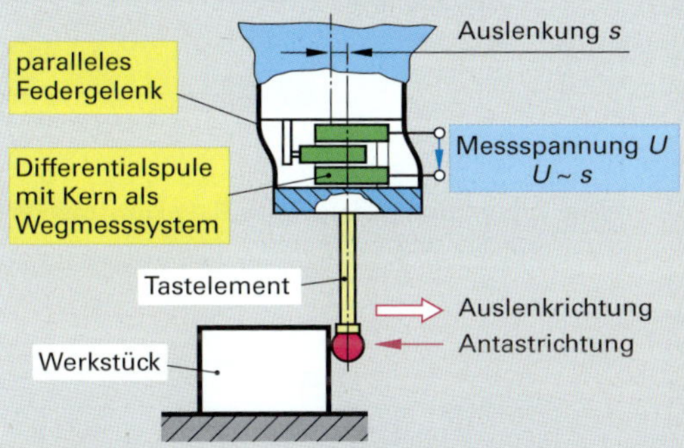
</td><td>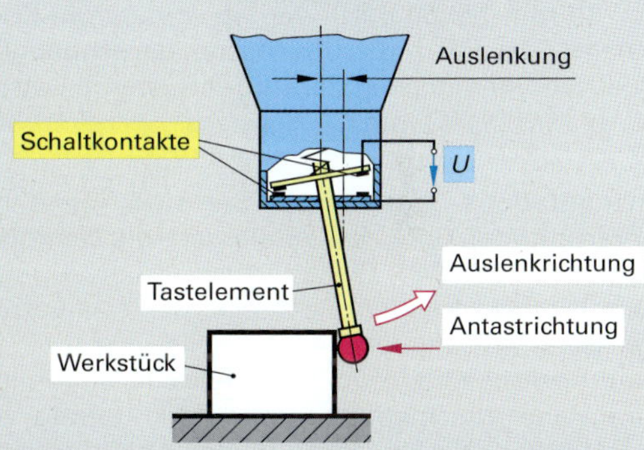
</td></tr>
<tr><td>Aufbau</td><td>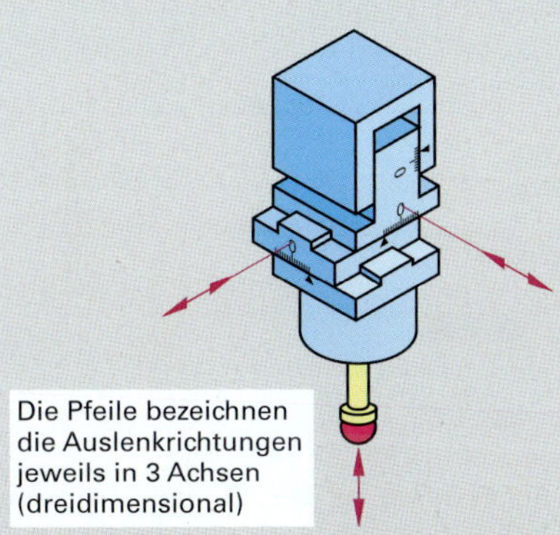
</td><td>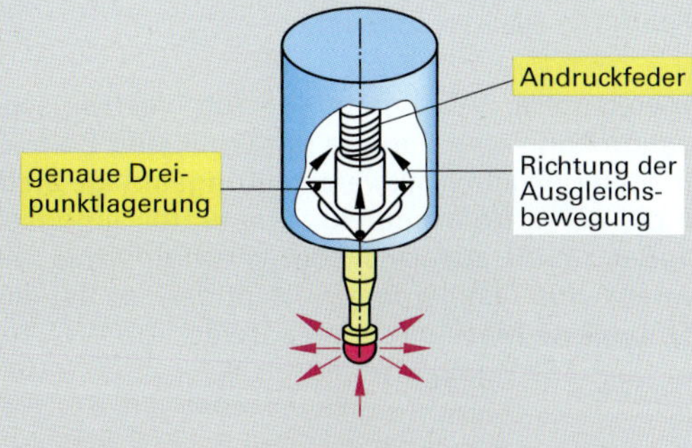
</td></tr>
</table>

Optoelektronische Tastsysteme

Im Gegensatz zu elektromechanischen Tastsystemen arbeiten optoelektronische Tastsysteme **berührungslos** und damit **verschleißfrei (Bild 1)**.

Mit diesen Systemen können auch empfindliche, weiche und nachgiebige Werkstücke, wie z. B. dünne Blechteile, dünnwandige Kunststoffteile, Schaumstoffteile und Modelle aus Plastilin vermessen werden. Die Funktionsweise von optoelektronischen Tastsystemen erfolgt durch Auswertung von Lichtreflexionen des auf die Werkstückoberfläche projizierten Lichtes. In der Koordinatenmesstechnik kommen meist schaltende Tastsysteme auf der Basis des Reflexionsverfahrens und messende Tastsysteme unter Anwendung des Triangulationsverfahrens[1] zum Einsatz.

Optoelektronische Reflextaster. Beim Annähern des Tastsystemes an die Werkstückoberfläche verändert der reflektierte Lichtstrahl seine Position auf der Empfängerdiode **(Bild 2)**. Diese Diode liefert der Auswerteschaltung eine analoge Ausgangsspannung. Erreicht bei der Annäherung des Tastsystems an das Werkstück diese Ausgangsspannung einen vorgegebenen Schwellenwert, so wird ein Signal erzeugt, welches dann die Übernahme der Koordinaten der Verschiebeschlitten veranlasst. Über den bekannten Schaltabstand (ca. 30 mm bis 50 mm) werden daraus die Koordinaten der Werkstückoberfläche berechnet. Die Wiederholgenauigkeit derartiger Systeme beträgt ca. 30 mm bis 50 mm.

Triangulations-Tastsysteme. Sie sind meist mit Infrarotdioden oder Halbleiterlasern als Lichtquelle bestückt **(Bild 3)**. Diese Lichtquelle erzeugt auf dem Werkstück einen Lichtfleck, welcher von einer unter 45° angeordneten Abbildungsoptik auf eine Positionsdiode oder Diodenzeile abgebildet wird. Über die mathematische Verknüpfung von 2 Dreiecken, die im Zentrum der Abbildungsoptik einen gemeinsamen Punkt haben, wird der Abstand des Werkstückes vom Tastsystem berechnet.

Videokamera. Als weiteres optoelektronisches System kann eine Kamera mit Optik und Beleuchtungseinheit einer **Bildverarbeitungsanlage** an der Pinole eines Koordinatenmessgerätes eingesetzt werden. Wird zusätzlich ein mechanisches Tastsystem mit Tastelement verwendet, so ist eine kombinierte Messung ohne aufwendigen Wechsel der Sensorik durchführbar.

[1] Triangulation, von lat. triangulare = zu einem Dreieck machen

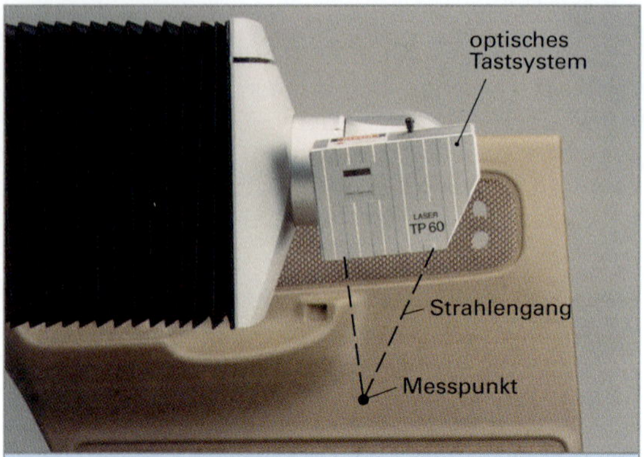

Bild 1: Optoelektronisches Tastsystem beim Vermessen eines Karosserieteils

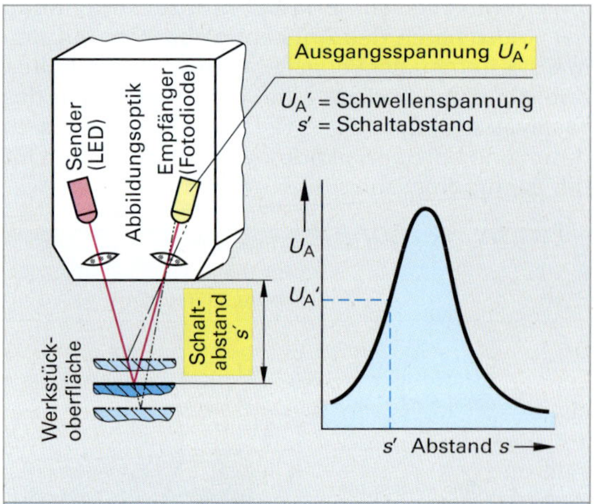

Bild 2: Funktionsweise eines Reflexionstastsystems (schaltendes System)

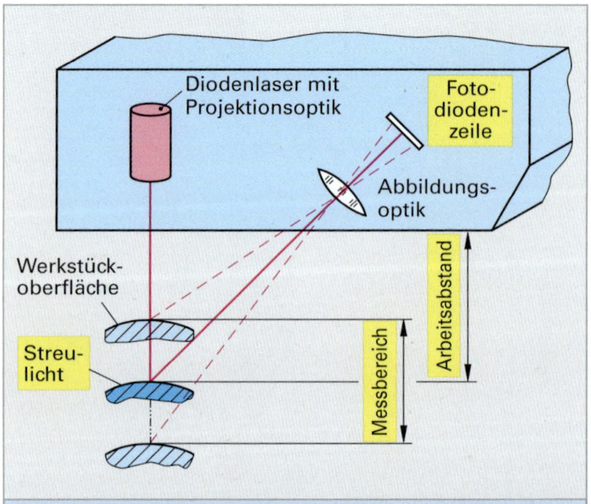

Bild 3: Funktionsweise des Triangulationstastsystems (messendes System)

4.3.1.5 Zusatzausstattungen

Wesentliches Zubehör bzw. Zusatzeinrichtungen von Koordinatenmessgeräten sind:

- Verschiedenartige Tastelemente,
- Dreh- und schwenkbare Tastsysteme,
- Tasterwechseleinrichtungen,
- Drehtische für die Werkstücke,
- Palettenzuführsysteme.

Verschiedenartige Messaufgaben und die Zugänglichkeit des Werkstückes erfordern die unterschiedlichsten Abmessungen und Anordnungen von Tastelementen. Dabei finden vor allem harte **Rubinkugeln** oder **Keramikkugeln** von ca. 0,3 mm bis 30 mm Durchmesser sowie Standardelemente aus legierten Stählen und Hartmetall wie **Zylinder** z. B. zur Antastung an Kanten, **Kegel** z. B. für zentrierende Antastung in Bohrungen, **Kreisscheiben** und **Kugelscheiben** Verwendung. Diese Tastelemente sind meist über Gewindeverbindungen und leichten aber biegestabilen Verlängerungselementen in allen Richtungen miteinander zu kombinieren. Eine derartige Zusammenstellung von Tastelementen nennt man Taststiftkombination **(Bild 1)**.

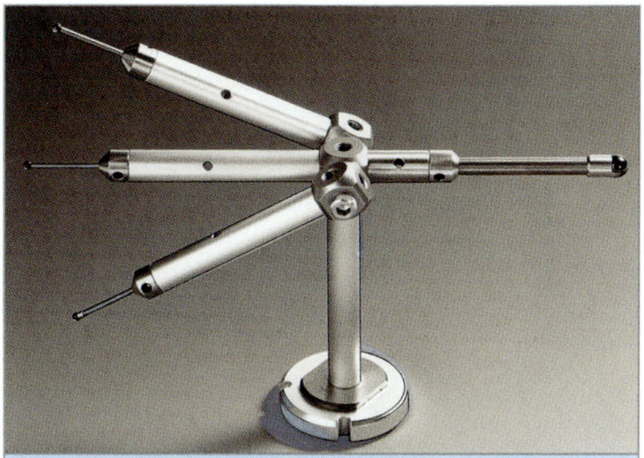

Bild 1: Taststiftkombination bestehend aus vier Tastelementen (Tastkugeln)

Dreh- und schwenkbare Einrichtungen (Bild 2) können sowohl mit optoelektronischen als auch elektromechanischen Tastsystemen bestückt sein. Mit dieser Einrichtung kann das eingesetzte Tastsystem motorisch um 360° gedreht und meist um 270° geschwenkt werden. Das Koordinatenmessgerät wird mit diesem Zubehör zu einem Fünf-Achsen-Messgerät. Dadurch kann in den meisten Fällen das Tastelement senkrecht zur Werkstückoberfläche eingestellt werden. Mit dem Einsatz eines dreh- und schwenkbaren Tastsystemes erreicht man mit nur einem Tastelement dieselben Eigenschaften wie mit der in Bild 1 dargestellten Taststiftkombination.

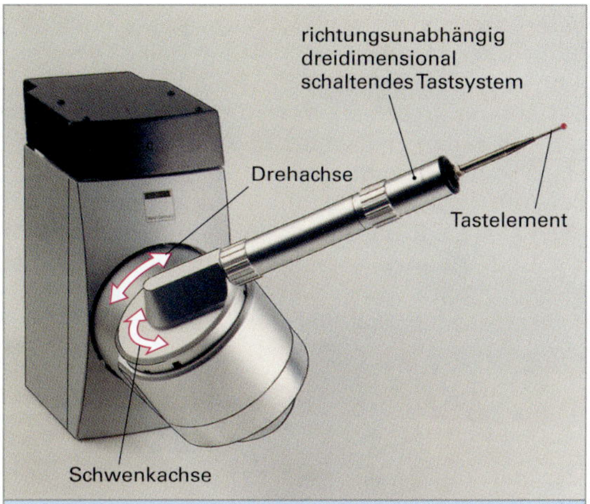

Bild 2: Dreh- und Schwenkeinheit

Die **Tasterwechseleinrichtung** dient zum schnellen Auswechseln vorbereiteter Taststiftkombinationen. Der Wechsel kann manuell oder automatisch erfolgen. Dazu verfügen die Tastsysteme im Anschlussbereich über eine genaue Dreipunktaufnahme mit pneumatisch oder magnetisch betätigter Klemmvorrichtung. Außerdem bietet diese Wechseleinrichtung in Verbindung mit einem Tastermagazin **(Bild 3)** die Möglichkeit, unterschiedliche Werkstücke in beliebiger Folge und ohne Unterbrechung zu messen. Dies eröffnet den verstärkten Einsatz von Koordinatenmessgeräten direkt in der Fertigung.

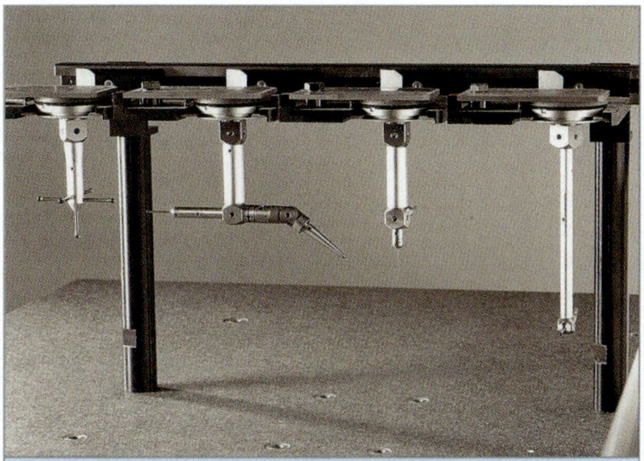

Bild 3: Tastermagazin bestückt mit vier Taststiftkombinationen

Drehtische werden auf Koordinatenmessgeräten hauptsächlich für Messaufgaben an rotationssymmetrischen Werkstücken eingesetzt **(Bild 1)**.

> Mit einem Drehtisch ergeben sich folgende Vorteile:
> - Vereinfachung der Messung,
> - Verkürzung der Messzeit,
> - Vergrößerung des nutzbaren Messbereiches,
> - Vereinfachung der Taststiftanordnungen.

Drehtische werden als separate oder als fest in den Messtisch eingebaute Einrichtungen am Koordinatenmessgerät verwendet. Zur vollen Ausnutzung der Vorteile dieser zusätzlichen Bewegungsachse ist die Einbindung des Drehtisches in die Gerätesoftware und in die Steuerung notwendig.

Die Werkstückzuführung zum Koordinatenmessgerät erfolgt z. B. von Robotern aus einem Magazin oder Teilelager in die auf dem Koordinatenmessgerät befestigte Aufnahmevorrichtung. Bei unterschiedlichen Werkstücken werden diese z. B. auf codierten Paletten gespannt und mit Hilfe eines **Palettenzuführsystems (Bild 2)** dem Koordinatenmessgerät zugeführt. Nach dem Fixieren der Palette auf dem Koordinatenmessgerät wird die Codierung gelesen und das entsprechende Messprogramm einschließlich der erforderlichen Taststiftkombination für die Messung bereitgestellt.

Bild 1: Vermessen einer Nockenwelle

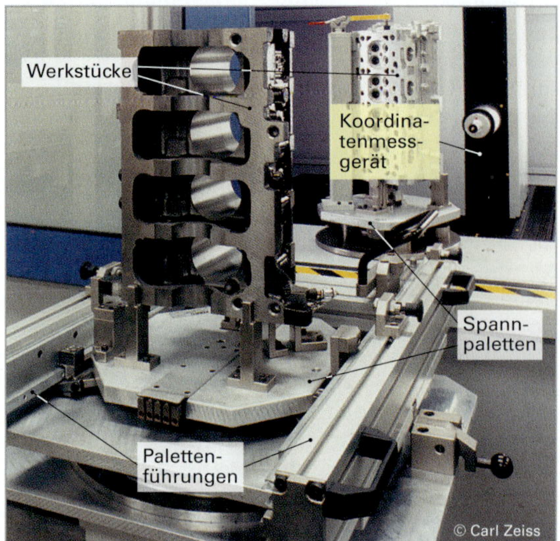

Bild 2: Beschickung durch ein Palettenzuführsystem

4.3.1.6 Steuerungen und Antriebe

Koordinatenmessgeräte gibt es in folgenden Automatisierungsstufen:

- handgeführte Koordinatenmessgeräte ohne motorischen Antrieb – das Tastsystem wird von Hand bewegt,
- motorgeführte Koordinatenmessgeräte über Steuerknüppel bedient,
- CNC-betriebene Koordinatenmessgeräte.

Mit Koordinatenmessgeräten der letzten Gruppe ist ein vollautomatischer Betrieb möglich.

Die von NC-Werkzeugmaschinen her bekannten numerischen Steuerungen, wie Punktsteuerung und Bahnsteuerung finden bei CNC-betriebenen Koordinatenmessgeräten ebenso Verwendung.

4.3.1.7 Messwertverarbeitung und Messwertauswertung

Die Verarbeitung und Auswertung der gemessenen Koordinaten wird mit Hilfe leistungsfähiger Programme (Software) durchgeführt. Im Zeitpunkt der Messwertübernahme werden die 3 Koordinaten der Verschiebeschlitten und bei messenden Tastsystemen deren Auslenkwege vom Rechner übernommen. Durch die nachfolgende rechnerische Korrektur der Koordinaten werden Gerätefehler ausgeglichen.

Solche Fehler sind z. B. Führungsabweichungen der Messgeräteschlitten, Teilungsfehler der Maßstäbe und Fehler durch Unterschiede zwischen Maßstab-, Werkstück- und Gerätetemperatur.

Danach werden die korrigierten Gerätekoordinaten in das vorhandene Werkstückkoordinatensystem umgerechnet. Beim Einsatz von elektromechanischen Tastsystemen beziehen sich diese Koordinaten bei der Verarbeitung im Rechner immer auf den Mittelpunkt des verwendeten Tastelements. Bei der Protokollausgabe der Koordinaten des Berührpunktes auf der Werkstückoberfläche wird dann der Tastkugelradius berücksichtigt.

Standardformelemente und Ausgleichsrechnung

Die wichtigste Aufgabe der Koordinatenmesstechnik ist die festgelegte **Sollgeometrie** des Werkstückes mit der **Istgeometrie** zu **überprüfen**. Dazu ist es notwendig, dass nicht nur einzelne Antastpunkte als Oberflächenpunkte am Werkstück beschrieben werden, sondern es müssen mehrere dieser Punkte zu geometrischen Elementen, sogenannten **Standardformelementen (Tabelle 1)** verarbeitet werden. Für jedes dieser Formelemente ist eine **Mindestantastpunktzahl** notwendig.

Die Berechnung der Formelemente aus den Koordinaten vorhandener Antastpunkte wird durch eine Ausgleichsrechnung durchgeführt. Auf Grund der zu lösenden Messaufgabe wird das entsprechende Formelement vom Bediener gewählt oder beim Antasten vom Rechner vorgeschlagen. Bei der Messung einer Bohrung ist der Kreis das entsprechende Formelement, die Antastung erfolgt z. B. durch 6 Messpunkte. Danach werden die Mittelpunktskoordinaten (X_0, Y_0), der Radius R bzw. der Durchmesser D des Formelementes Kreis sowie die Spannweite (Differenz) der Punkte mit maximalem Radius (R_{max}) und mit minimalem Radius (R_{min}) mittels einer Ausgleichsrechnung berechnet und protokolliert **(Bild 1)**.

Tabelle 1: Beispiele für Standardformelemente

Standardformelement	Mindestpunktzahl	Antastpunkt und Ausgleichselement
Punkt	1	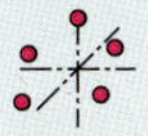
Gerade	2	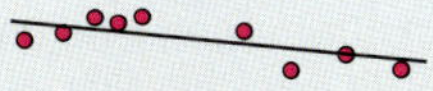
Ebene/Fläche	3	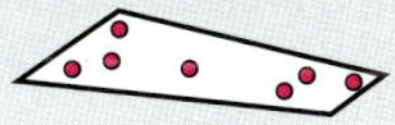
Kreis	3	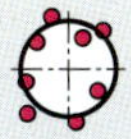
Kugel	4	
Ellipse	5	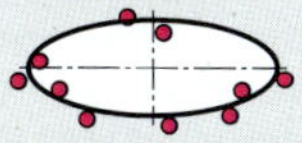
Zylinder	5	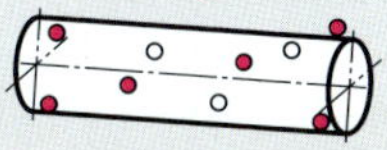
Kegel	6	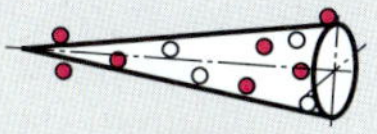
Torus	7	

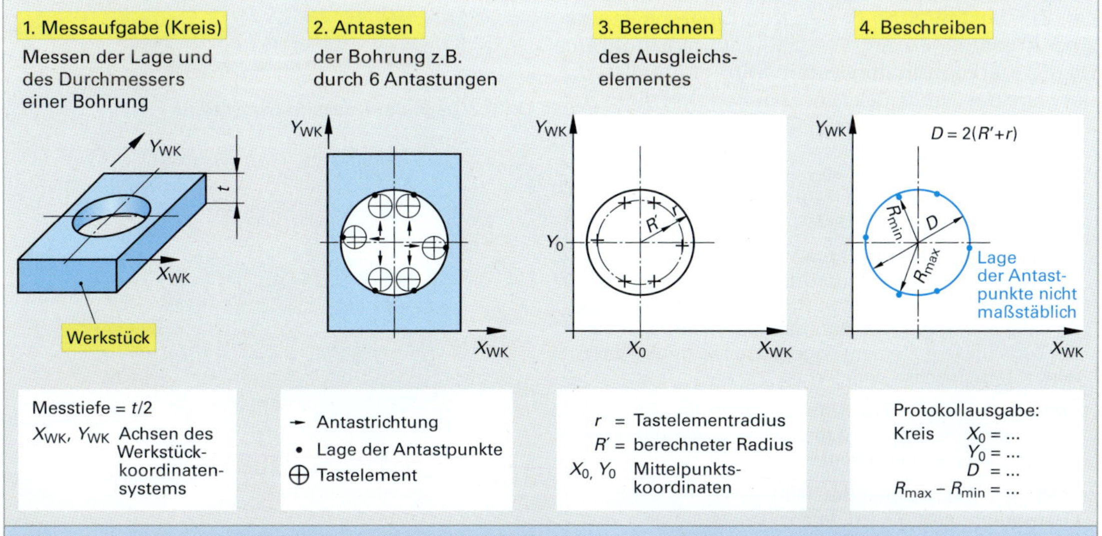

Bild 1: Reihenfolge der Schritte beim Messen einer Bohrung

Bei einer hohen Anzahl von Antastpunkten kann zusätzlich eine *Formprüfung* der Elemente nach DIN ISO 1101 durchgeführt werden.

Formprüfung auf:
- **Rundheit** bei Kreisen (Zapfen oder Bohrungen)
- **Geradheit** bei Geraden (Körperkanten, Achsen)
- **Ebenheit** bei Flächen bzw. Ebenen (Anlage- und Dichtflächen)
- **Zylinderform** bei Zylindern (Zapfen und Bohrungen mit großer Höhe)

Verknüpfungen

Verknüpfungen sind *berechnete* Standardformelemente, welche sich nicht direkt antasten lassen. Es gibt Verbindungen, Schnitte und Symmetrien **(Bild 1)**.

Koordinatensysteme

In der Koordinatenmesstechnik sind grundsätzlich drei Koordinatensysteme verfügbar. Es sind dies das **Gerätekoordinatensystem** X_G, Y_G, Z_G, das **Werkstückkoordinatensystem** X_{WK}, Y_{WK}, Z_{WK} und bei CNC-betriebenen Koordinatenmessgeräten das **Steuerkoordinatensystem** X_{St}, Y_{St}, Z_{St} **(Bild 2)**. Das Gerätekoordinatensystem wird in der Richtung durch die Führungen der Verschiebeschlitten und seine Lage durch einen Referenzpunkt (Nullpunkt) definiert. Das Werkstückkoordinatensystem orientiert sich in Richtung und Lage am aufgespannten Werkstück und dient als Basis für den Vergleich der Sollgeometrie (Maße in der Zeichnung) mit der Istgeometrie (Messergebnisse). Zur Bestimmung dieses Koordinatensystems sind Antastungen am Werkstück durchzuführen. Das Steuerkoordinatensystem wird ebenfalls von der Lage des Werkstücks vorgegeben und dient zur kollisionsfreien Steuerung der Tastelemente.

Die Bestimmung eines Werkstückkoordinatensystems erfolgt in drei Schritten **(Bild 3)**.

Festlegen einer Hauptrichtung (HR). Dabei wird das Koordinatensystem aufgrund der gemessenen Lage eines räumlich definierten Standardformelements durch *Drehung um zwei Koordinatenachsen* räumlich der Lage diesem Element angepasst. Die dritte Achse wird als Raumachse definiert.

Festlegen einer Nebenrichtung (NR). Bei diesem Schritt wird das Koordinatensystem um die zuvor definierte Raumachse *gedreht*.

Festlegen des Nullpunktes (NP) durch *Verschieben* (Translation) des Koordinatensystems in den *drei* Achsrichtungen.

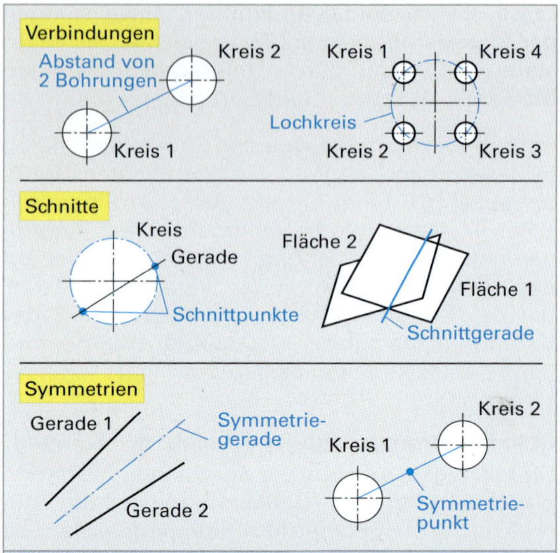

Bild 1: Beispiele für Verknüpfungen

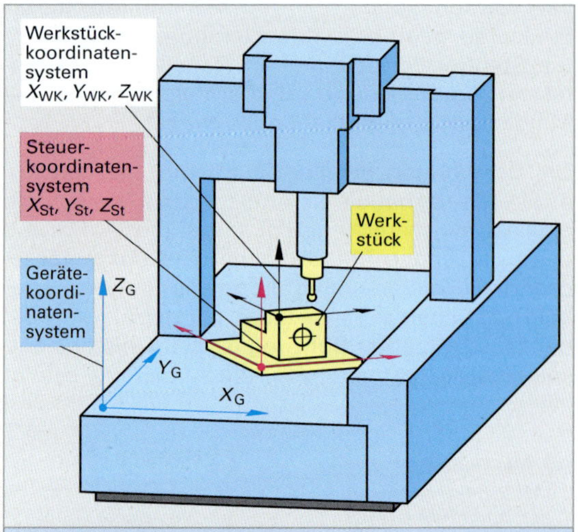

Bild 2: Lage der Koordinatensysteme

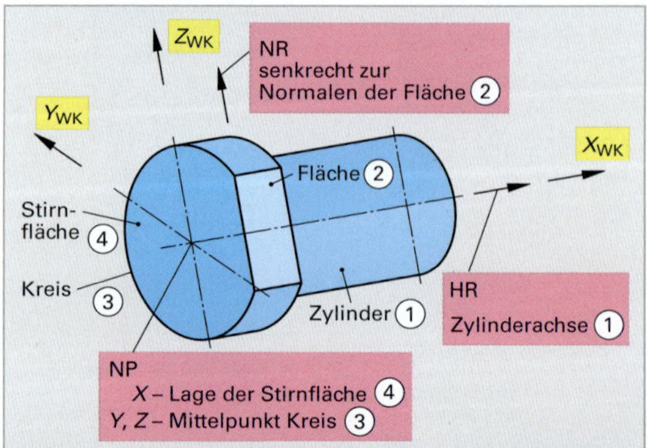

Bild 3: Lage eines Werkstückkoordinatensystems

4.3.1.8 Tastelementkalibrierung

Verschiedenartige Tastelemente werden vor der Messung zu **Taststiftkombinationen** zusammengebaut und die Abmessungen, Kugeldurchmesser und die Lage der Kugelmittelpunkte zueinander, bestimmt (kalibriert).

Dieses Kalibrierverfahren erfolgt an einer **Kalibrierkugel**, welche eine geringe Formabweichung aufweist und deren genauer Durchmesser im Rechner gespeichert ist **(Bild 1)**.

In Abhängigkeit von der Messaufgabe, der Art der Antastung und der Messgenauigkeit können bei einem Kalibriervorgang auch Biegeparameter der Tastelemente bestimmt werden.

Dazu ist eine große Anzahl von Antastpunkten an der Kalibrierkugel erforderlich.

Die Biegeparameter werden bei der Messung zur Korrektur der messkraftabhängigen Tastelementbiegung verwendet.

Für jedes Tastelement lässt sich eine Schaftachse und dazu senkrecht eine *Äquatorebene*, sowie ein *Pol* an der Kalibrierkugel definieren **(Bild 2)**.

Findet als Tastelement eine Kugel Verwendung, dann werden vier Punkte mit möglichst vier verschiedenen Antastrichtungen in der Äquatorebene und ein oder zwei Punkte am Pol der Kalibrierkugel angetastet.

Den Vorgang wiederholt man für alle Tastelemente einer Taststiftkombination. Aus der Lage und Größe der berechneten Hüllkugel wird der jeweilige Tastelementradius R sowie die Koordinaten X_M, Y_M, Z_M der Mittelpunktsabstände zum Bezugstastelement berechnet.

Mit den kalibrierten Tastelementen können in den nachfolgenden Messungen die Messpunkte am Werkstück angetastet werden.

4.3.1.9 Durchführung eines Messauftrags

Die Bearbeitung eines Messauftrags beginnt mit der Messplanung. Ihre Aufgabe besteht darin, dass nach dem Vorliegen eines **Messauftrags** die vorbereitenden Maßnahmen festgelegt und durchgeführt werden **(Bild 3)**.

Dadurch ist es möglich, die anfallenden Prüfkosten so gering wie möglich zu halten sowie bei auftretenden Fehlern in der Fertigung durch kurze Reaktionszeiten die Ausschussquoten und damit Ausschusskosten zu reduzieren.

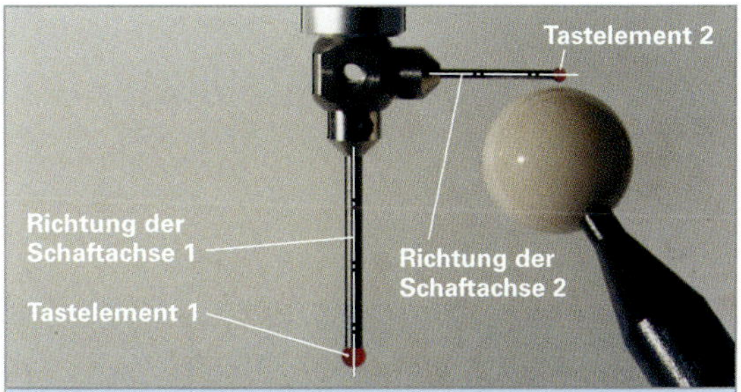

Bild 1: Kalibriervorgang einer Taststiftkombination

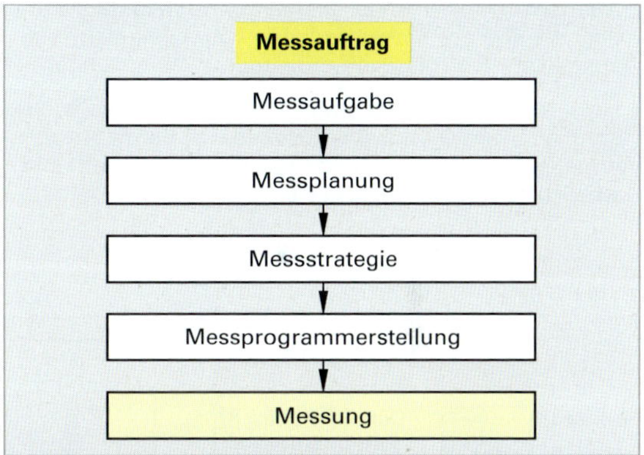

Bild 3: Gliederung eines Messauftrages

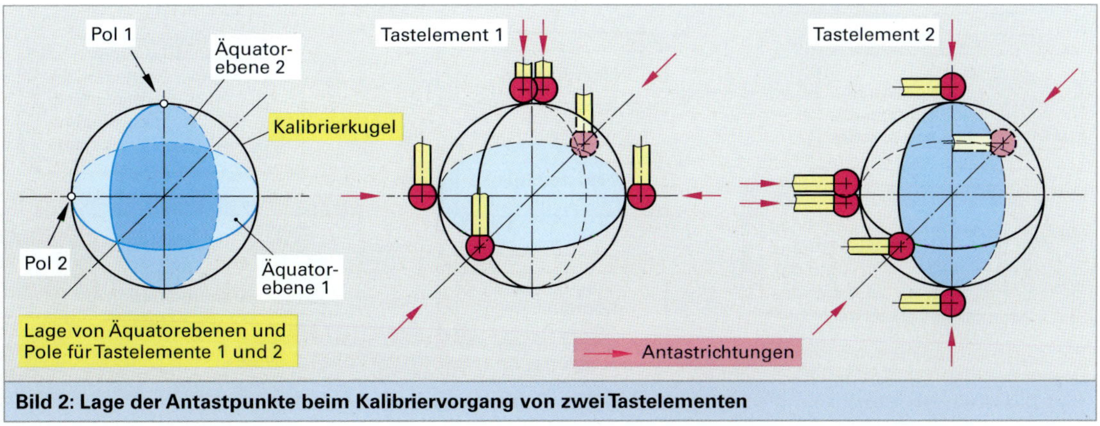

Bild 2: Lage der Antastpunkte beim Kalibriervorgang von zwei Tastelementen

Umfang eines Messauftrages. Jedes technische Gerät besteht meist aus mehreren Einzelteilen. Durch die Konstruktion, mit der Festlegung der geometrischen Abmessungen und der Toleranzen der Einzelteile, soll nach der Montage der Einzelteile das Gerät eine vorgegebene definierte Funktion erfüllen.

Messaufträge innerhalb der industriellen Qualitätssicherung werden bis auf wenige Ausnahmen mit Einzelteilen durchgeführt. Ein Messauftrag beginnt meist bereits in der Konstruktionsphase des Gerätes oder spätestens mit dem Vorliegen der Zeichnungen für die zu prüfenden Einzelteile. Beendet wird der Messauftrag nach Durchführung der Messung mit dem Vorliegen der Messergebnisse.

Messplanung. Bei der **Messplanung (Bild 1)** wird aufgrund der im Betrieb vorhandenen Messgeräte und Messmittel das Messverfahren ausgewählt. Dann erfolgt die Festlegung der Anzahl der zu prüfenden Werkstücke sowie die Festlegung des Prüfumfangs. Dieser wird, z. B. in Form von numerierten Markierungen als Merkmalskennung, direkt in die Zeichnung eingetragen.

Der Umfang der Protokollierung und die Speicherung der Messergebnisse für spätere statistische Auswertungen wie z. B. für Trendanalysen und Maschinenfähigkeitsuntersuchungen werden festgelegt.

Aus dem vorhandenen **Tastelementbaukasten** werden die für die Messung geeigneten Tastelemente ausgewählt und zusammengestellt.

Nach erfolgter **Kalibrierung** stehen die für die Messung erforderlichen **Tastelementedaten** bereit. Anordnung, Lage und Art der vorgesehenen Tastelemente werden dokumentiert **(Bild 2)**.

Messaufgabe

Die **Messaufgabe** wird durch die geometrische **Festlegung der Werkstückform** sowie durch **Maß- und Toleranzangaben** einer technischen Zeichnung beschrieben. Sie kann in Form eines Blatt Papiers oder als gespeicherte Daten eines CAD-Systems vorliegen.

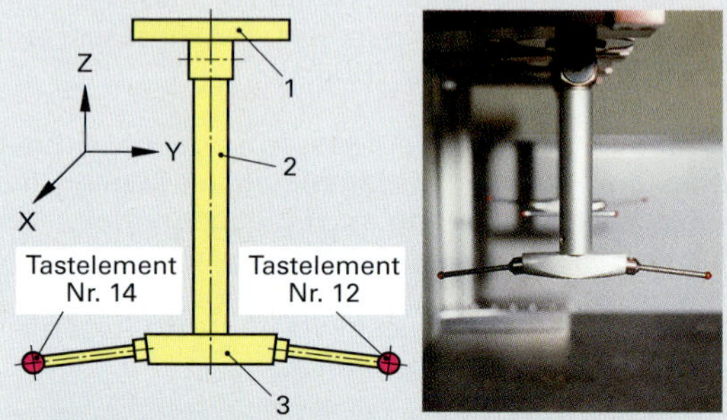

Bezeichnung	Beschreibung der Anschlusselemente
1	Ankerscheibe
2	Alu-Verlängerung ø 20 x 100
3	Taststiftaufnahme (15 x 15 x 65 mit 7° schrägen Stirnflächen)

Tastelement-Nr.	Tastkugel ø	Tasterlänge	Verbindungselement ø / Länge	Bemerkung
12	10 mm	65,5 mm		Taststifte
14	10 mm	65,5 mm		Pos. Nr. 14

Bild 2: Dokumentation einer Taststift-Kombination

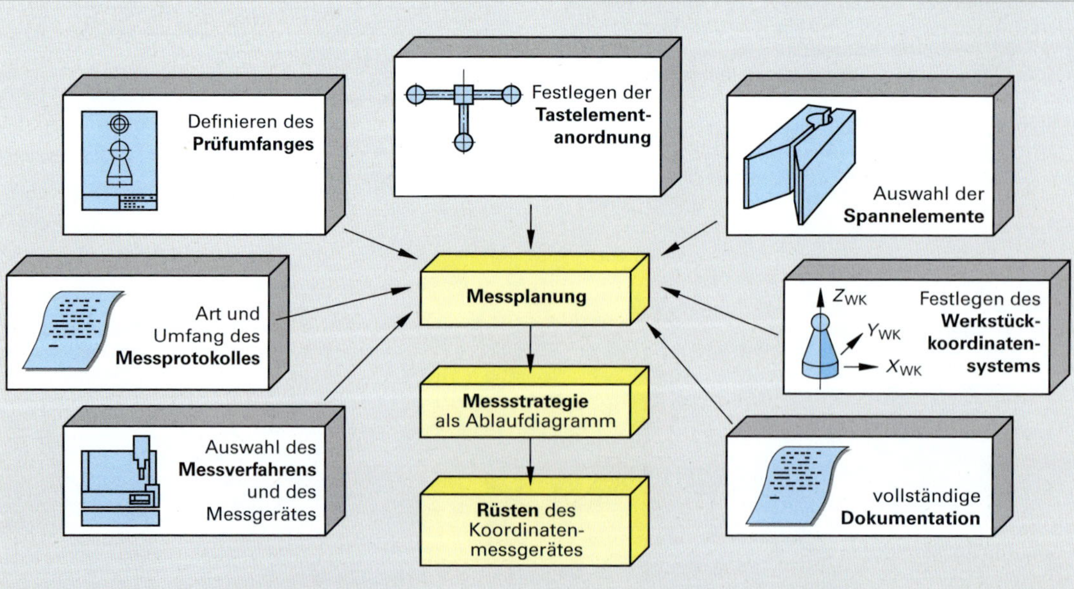

Bild 1: Umfang der Messplanung beim Einsatz von Koordinatenmessgeräten

Auf Grund des vereinbarten Prüfumfanges und der zur Messung erforderlichen Zugänglichkeit des Werkstückes legt man geeignete Spannmittel, wie z. B. Magnetprisma, Messschraubstock oder dem Werkstück angepasste Mehrfachspannvorrichtungen fest. Die mit dem **Prüfumfang** festgelegten **Prüfmerkmal**e erfordern bei der nachfolgenden Messung die Festlegung entsprechender Werkstückkoordinatensysteme. Die Anzahl und die Reihenfolge wird festgelegt.

Messstrategie. Die Messstrategie wird auf der Grundlage der Festlegungen der *Messplanung* als **Ablaufdiagramm** zusammengestellt. Dieses Ablaufdiagramm enthält alle für die Durchführung der Messung erforderlichen Schritte, wie z. B. Eingabe von **Nennmaßen** und **Toleranzen**, Anzahl und Lage der vorgesehenen Antastpunkte, Art der Messelemente und Koordinatentransformationen.

Messprogrammerstellung. Zur Durchführung automatischer Messungen ist ein Messprogramm erforderlich. Es enthält alle notwendigen Befehle und Steuerparameter. Das Messprogramm wird auf der Basis eines Ablaufdiagramms erstellt.

Bei der **Lernprogrammierung** (Teach-in-Programmierung) erfolgt die Programmerstellung am Koordinatenmessgerät. Der Ablauf entspricht in der Regel einer manuellen Messung mit dem Unterschied, dass zusätzlich Zwischenpunkte vor den Antastpunkten zum sicheren kollisionsfreien Umfahren des Werkstückes mit dem Tastelement angefahren werden müssen **(Bild 1)**. Der **Nachteil** dieser Methode ist die **große Belegzeit** des Koordinatenmessgerätes für die Programmerstellung und für die Programmoptimierung.

Die **geräteferne Programmierung** (off-line-Programmierung) erfolgt an einem PC. Die Koordinaten von Antast- und Umfahrpunkten werden über die Rechnertastatur eingegeben. Das Messprogramm wird mit Unterstützung leistungsfähiger grafischer Hilfsmittel offline erstellt. Spannvorrichtungen für Werkstücke und die zur Messung erforderlichen Tastelemente lassen sich direkt in den Ablauf integrieren. Durch die grafische Simulation des Messablaufes können vorab Programmfehler und Kollisionen der Tastelemente am Werkstück visuell kontrolliert werden **(Bild 2)**.

Bild 1: Teach-in-Programmierung

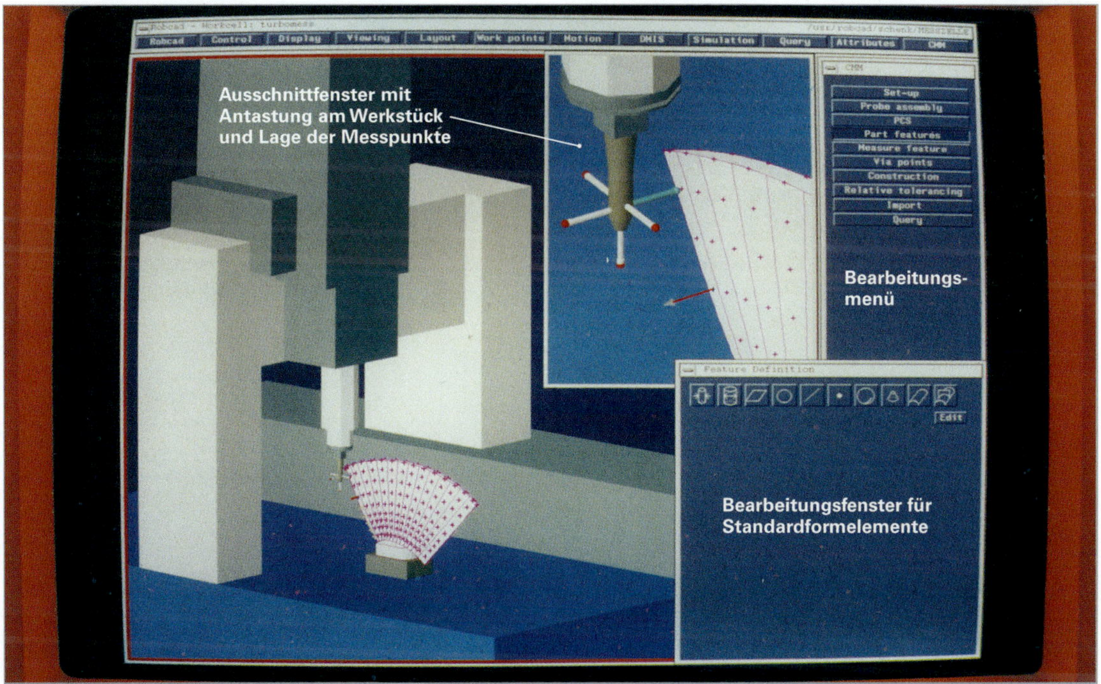

Bild 2: Off-line-Programmierung mit grafischer Simulation und Animation

Beispiel eines Messauftrages

Die wichtigsten Schritte der Messplanung werden am Beispiel des Messauftrages „Kugelaufnahme“ nachfolgend beschrieben. Die Messaufgabe ist in der Zeichnung **(Bild 1)** vorgegeben.

Messverfahren. Das Werkstück soll mit einem CNC-betriebenen Koordinatenmessgerät und messendem mechanischen Tastsystem vermessen werden. Mit diesem Messgerät können die Messpunkte als Einzelpunkte oder im Scanningverfahren (englisch to scan = abtasten) kontinuierlich am Werkstück aufgenommen werden. Die Messung wird als Stichprobe von 25 Stück aus einer Losgröße von 400 Teilen durchgeführt.

Prüfumfang und Protokollierung. Die Istmaße werden den Zeichnungsnennmaßen numerisch gegenübergestellt. Für die **Formprüfung** der Kugel reicht die Messung eines Kreisschnittes im Bereich der Rotationsachse. Das Ergebnis ist grafisch und numerisch zu dokumentieren. Die Gewindebohrung ist nicht zu vermessen. Die entsprechenden Merkmalskennungen der zu prüfenden Maße sind in der Einzelteilzeichnung (Bild 1) eingetragen.

Aufspannung. Als Spannmittel ist ein Magnetprisma mit seitlichen, für die Messung abnehmbaren, Anschlägen vorgesehen. Um auch im Bereich der Stirnfläche Antastungen vornehmen zu können, liegt das Werkstück nur teilweise auf den magnetischen Spannflächen auf **(Bild 2)**.

Tastelemente. Damit der Kegel über seine gesamte Länge und die Kugel über ihre gesamte Oberfläche angetastet werden können, sind mindestens zwei Tastelemente vorzusehen. Gewählt wurde die sogenannte **Sterntaststiftkombination** mit fünf, in verschiedenen Richtungen angeordneten Tastkugeln vom Durchmesser 5 mm (Bild 2). Die bei der Tastelementkalibrierung ermittelten Werte werden in einer Liste **(Bild 3)** ausgegeben.

Koordinatensysteme. Das **Werkstückkoordinatensystem (WK)** als stabile und reproduzierbare Basis für die nachfolgende Messung wird mit den drei rotatorischen Freiheitsgraden (Drehen um drei Koordinatenachsen) und den drei translatorischen Freiheitsgraden (Verschieben in Richtung der drei Koordinatenachsen) am Werkstück festgelegt.

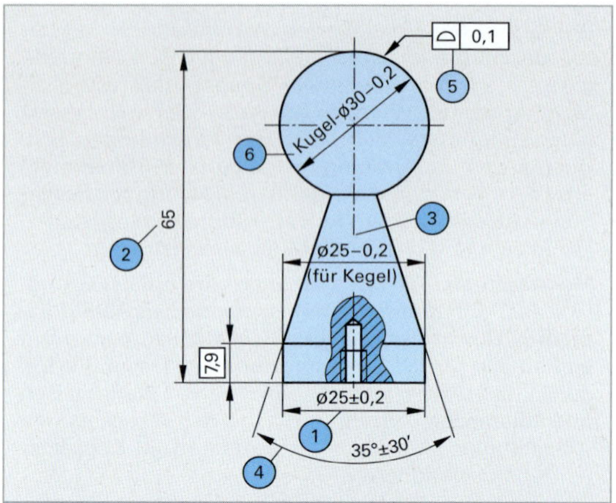

Bild 1: Einzelteilzeichnung der Kugelaufnahme

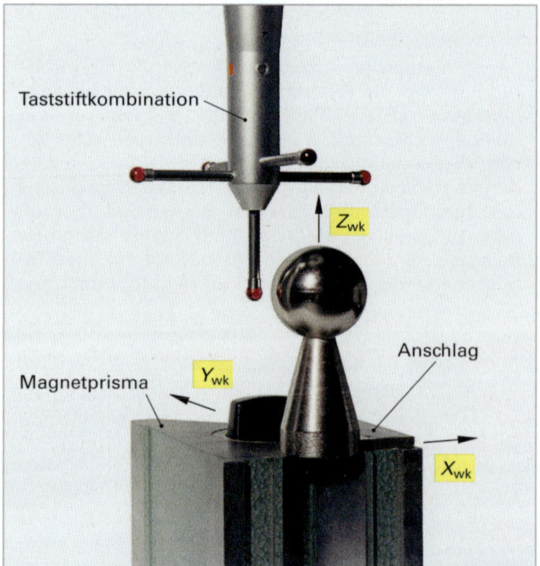

Bild 2: Werkstückaufspannung, Taststiftkombination und Lage des Werkstückkoordinatensystems

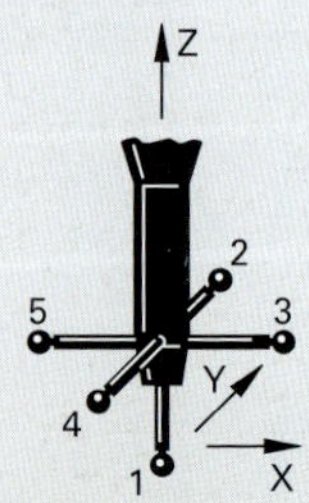

Nr.1 = Bezugstaststift

Kontroll-Liste Taststift-Kombination 1

Taststift Nr.	Radius R	Abstände der Kugelmittelpunkte XM	YM	ZM
1	2.4984	0.0000	0.0000	0.0000
2	2.4985	-0.0015	-37.3756	-40.1750
3	2.4987	-37.7368	0.2595	-36.2775
4	2.4984	-0.0953	37.7935	-40.3058
5	2.4987	37.6684	0.2463	-36.1738

Bild 3: Ausgabe der Kontrollliste der Sterntaststiftkombination

Festlegen der Hauptrichtung (HR). Die Z-Achse des WK ist räumlich an der Rotationsachse auszurichten. Dazu muss das WK eine Drehung um die Y-Achse und die X-Achse erfahren (2 Rotationen). Bei dieser Operation erfährt die Z-Achse eine räumliche Drehung und wird deshalb als Raumachse bezeichnet.

Festlegen der Nebenrichtung (NR). Die Drehung des WK um die Z-Achse (Raumachse) kann entfallen, da es sich um ein rotationssymmetrisches Werkstück handelt.

Festlegen des Nullpunkts (NP). Nach der Zeichnung stellt der räumliche Durchstoßpunkt der Rotationsachse (Z-Achse) mit der Stirnfläche den Bezug für die Messung dar. Dazu ist der Ursprung des WK durch Verschieben in den drei Achsrichtungen in diesen Durchstoßpunkt zu legen. Das Steuerkoordinatensystem für die Messung ist mit dem WK identisch (Bild 2, vorhergehende Seite).

Messstrategie. Die Vorgehensweise bei der Messung und damit der gesamte Messablauf wird mit einem Ablaufdiagramm dargestellt **(Bild 1, folgende Seite)**. Dieses Diagramm beinhaltet alle durchzuführenden Schritte und stellt damit die Grundlage für die folgende Messprogrammerstellung dar.

Messung. Nach dem Rüsten des Koordinatenmessgerätes, dem Bereitstellen und Kalibrieren der Taststiftkombination, dem Festlegen des Steuerkoordinatensystems am aufgespannten Werkstück wird die CNC-gesteuerte Messung am Rechner gestartet.

Bei der Messung wird das gewählte Messprogramm Schritt für Schritt abgearbeitet und das Werkstück vermessen.

Nach dem Antasten der vorgesehenen Elemente werden daraus als Ersatzelemente die Standardformelemente berechnet und im Messprotokoll (Bild 1, folgende Seite) unter der Spalte „AUFGABE" unter Zuordnung einer laufenden Adresse (Spalte „ADR") beschrieben.

In der letzten Zeile jedes gemessenen Elementes wird die Anzahl der Messpunkte, der Streuwert der Messpunkte und die Ausgabe der beiden Extremwerte (S/MIN/MAX) dokumentiert.

Bei eingegebenen Nennmaßen mit entsprechender Merkmalskennung (Spalte „BEZ") erfolgt eine Differenzberechnung zwischen Nennmaßen und Istmaßen. Diese Abweichung wird im Messprotokoll in der Spalte „ABW" eingetragen.

Die Spalte „UEB" beschreibt in einem Histogramm die Lage des Istmaßes im Toleranzfeld oder bei Überschreiten der Toleranz den Wert der Überschreitung.

Elemente, deren Form nach DIN EN ISO 1101 überprüft werden, müssen mit einer hohen Anzahl von Antastpunkten vermessen werden. Für die Aufnahme dieser Messpunkte eignet sich das sogenannte Scanningverfahren.

Bei diesem Verfahren wird das Tastelement berührend auf einer vorgegebenen Bahn über die Werkstückoberfläche geführt und dabei kontinuierlich Messpunkte erfasst. Im Anschluss an die Berechnung des Standardformelementes und der numerischen Protokollausgabe kann außerdem das Messergebnis **grafisch** dargestellt werden **(Bild 1)**. Bei dieser Darstellung werden die Abweichungen aller Messpunkte von der idealgeometrischen Form (im Beispiel ist es der eingezeichnete Kreis) aufgetragen.

Der Überhöhungsfaktor (Vergrößerungsfaktor) der Abweichung kann frei gewählt werden. Die Lage der beiden Extremwerte der Messpunkte (min, max) werden in der Darstellung markiert und die Koordinaten dokumentiert.

Als Ergänzung zum numerischen Ergebnis ist es somit möglich, die Form und die Größe der Formabweichung auf einen Blick zu erkennen.

Literatur

- **DIN EN ISO 1101:**
  Geometrie Produktspezifikation – Geometrische Tolerierung – Tolerierung von Form, Richtung, Ort und Lauf.
- **Weckenmann, A; Gawande, B:**
  Koordinatenmesstechnik,
  2. Auflage München: Carl Hanser Verlag 2012.
- **Neumann H.J.:**
  Koordinatenmesstechnik im industriellen Einsatz, 1. Auflage, Landsberg/Lech: verlag moderne industrie, 2000.
- **Roithmeier, R.:**
  Messstrategien in der taktilen Koordinatenmesstechnik, 2. Auflage, Aalen: Opferkuch GmbH Verlag; 2008.

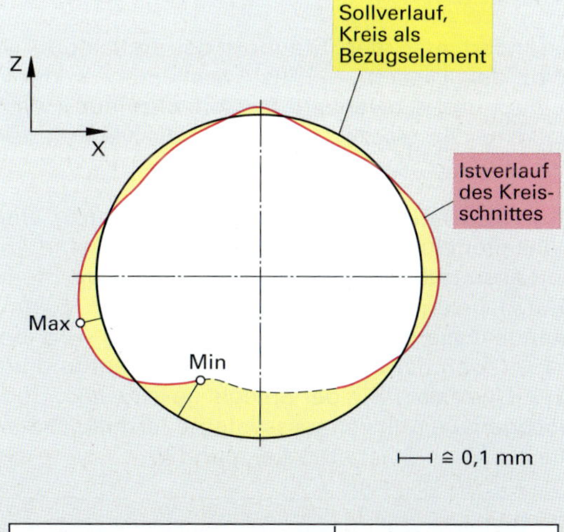

o = Extremwerte	X	Y	Z	Vergrößerung	100
Min	–7,17	0	29,42	v_{max}	2 mm/s
Max	–14,12	0	37,63	Taststift-ø	5,00

Bild 1: Formabweichung der Kugel (Kreisschnitt)

4.3.2 Laser-Tracking

Laser-Trackingsysteme[1] **(Bild 1)** sind Koordinatenmessgeräte, die

- optisch und damit berührungslos arbeiten,
- mobil sind, d. h. auch zu großvolumigen Bauteilen gebracht werden können, wie z. B. zu Flugzeugen,
- eine hohe Genauigkeit haben (besser als 1/100 mm pro Meter Objektgröße, **Tabelle 1**),
- mit einer Zusatzkamera außer den *x*-, *y*-, *z*-Messpositionsparametern auch Orientierungsparameter (Orientierungswinkel α, β, γ) erfassen.

Funktionsweise:

Der Lasertracker ermittelt mit Hilfe eines Laser-Interferometers (laufende Genaumessung) und einem Laufzeitlaser-Abstandsmesser (Absolute Distance Meter, ADM) den Abstand *D* zwischen seinem Aufstellungsort und einem speziellen, am Messort befestigten, Reflektor **(Bild 2)**.

Der Laserstrahl wird über einen horizontal drehbaren und einen vertikal schwenkbaren Spiegel auf den Reflektor gerichtet. Damit werden 3 geometrische Größen, nämlich der *Horizontalwinkel* α, der *Vertikalwinkel* β und die *Entfernung D* bestimmt. Hieraus kann man die Positionswerte x, y, z des Reflektorspiegels bezüglich des Laser-Tracker-Standortes berechnen. Aus diesen Reflektorkoordinaten werden dann durch Koordinatentransformation (Kugelkoordinaten in kartesische Koordinaten) die Werkstückpositionswerte bestimmt.

Verändert man den Standort des Reflektors, so folgt der Laserstrahl des Laser-Trackers durch drehen und schwenken des Ablenkspiegels dem Reflektor. Es werden so laufend die veränderten Koordinaten des Reflektors erfasst.

Das Nachstellen des Spiegels erfolgt durch eine Winkelregelung. Hiezu wird der zurückkommende Laserstrahl auf eine positions-sensitive Diode (PSD[2]) gelenkt **(Bild 3)**. Kommt der zurückkommende Laserstrahl nicht mittig an, so wird bei $\Delta x = Ux$ an der PSD der Spiegel gedreht und bei $\Delta y = Uy$ an der PSD, der Spiegel geschwenkt. Über hochgenaue Winkelmesssysteme ermittelt man die aktuellen Spiegelwinkel α und β.

> Laser-Tracker sind genaue Koordinatenmesssysteme für großvolumige Bauteile und Maschinen.

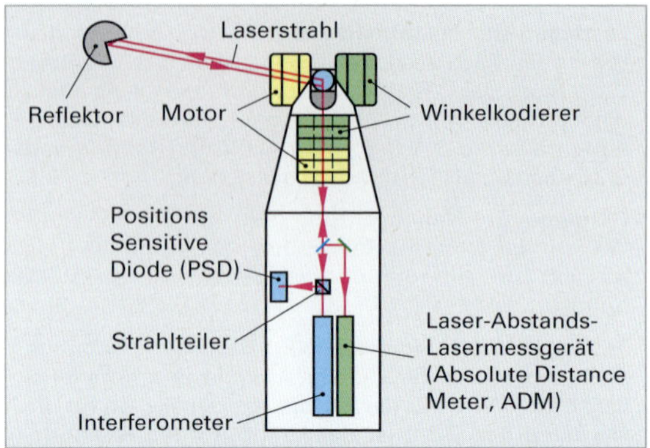

Bild 1: Laser-Tracker

Tabelle 1: Typische Kenngrößen

Messvolumen		**Auflösung**	
Messbereich:	0 mm bis 40 mm	Entfernung:	ca. 1 µm
Messwinkel, horizontal:	± 235°	Winkel:	ca. 0,14′
Messwinkel, vertikal:	± 45°	**Genauigkeit**	
		ruhende Objekte:	ca. 25 µm
		bewegte Objekte:	ca. 25 µm
Tracking		**Laserspezifikation**	
Messpunkte:	bis 3000 $\frac{\text{Punkte}}{\text{s}}$	Interferometer:	λ = 633 nm, 0,3 mW, CW
Folgegeschwindigkeit:	bis 6000 $\frac{\text{mm}}{\text{s}}$	ADM:	λ = 780 nm, 0,5 mW, 2s
Folgebeschleunigung:	bis 20 $\frac{\text{mm}}{\text{s}}$		

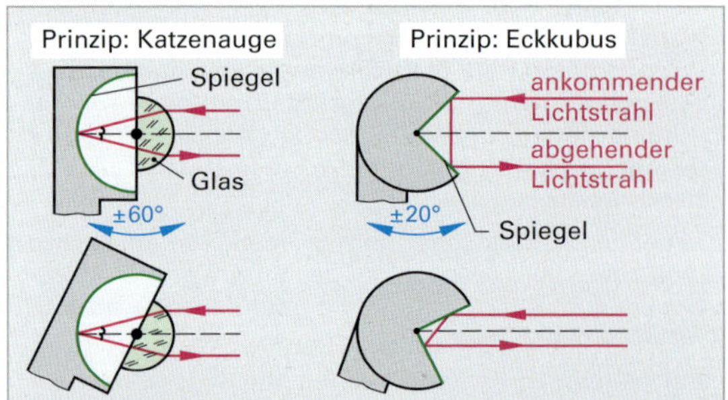

Bild 2: Reflektoren

Bild 3: Laser-Tracker und Reflektor

[1] engl. to track = folgen

[2] siehe Seite 234

4.3.3 Optisches 3D-Scannen

4.3.3.1 Räumlichen Wahrnehmung und Triangulation

Das optische Erfassen räumlicher Strukturen ist seit langem Ziel in der 3D-Photographie oder dem 3D-Fernsehen. Ansatzpunkt ist ein Nachvollziehen der räumlichen Sehfähigkeit des Menschen. Diese Fähigkeit beruht auf einer gleichzeitigen Aufnahme der Objektszene von zwei Standorten aus, respektive über die zwei Augen und eine – wie auch immer vollzogene – Korrelation der beiden Bilder im Gehirn **(Bild 1)**.

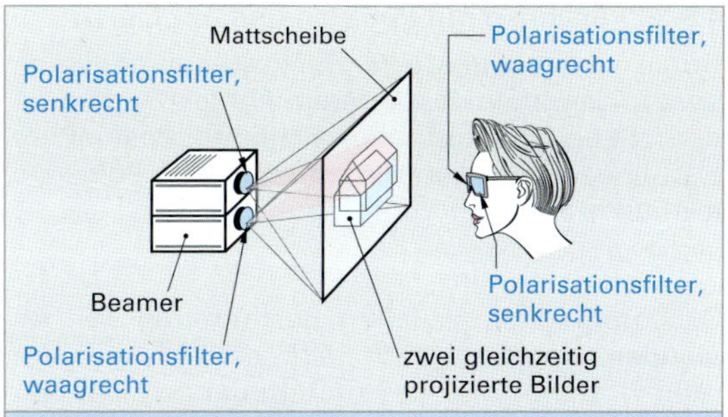

Bild 1: Räumliches Sehen

Zum räumlichen Sehen von Bildern und animierten virtuellen Szenarien muss man dafür sorgen, dass das rechte Auge des Betrachters ein Bild sieht, das dem Standort und der Blickrichtung des rechten Auges entspricht und entsprechend für das linke Auge ein Bild, das dem des linken Auges entspricht (Bild 1).

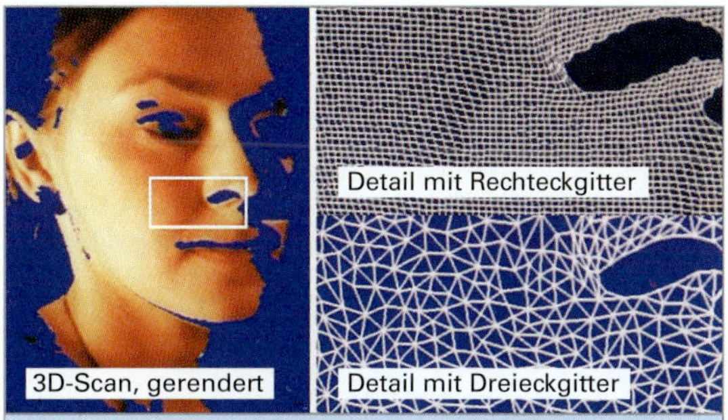

Bild 2: Digitale Darstellung von Oberflächen

Unmittelbares Ziel der technischen Aufnahme von räumlichen Objekten ist deren Darstellung durch eine Vielzahl von Oberflächeneinzelpunkten mit deren Raumkoordinaten. Die Folgeschritte sind die Bildung von Netzlinien, z. B. mit Dreieckgittern **(Bild 2)** und ggf. die Rückführung in CAD-handhabbare Flächen, z. B. über die VDAFS-Schnittstelle oder STEP **(Bild 3)**. Aus solchen Modellen können dann, z. B. die für die additiven Fertigungsverfahren erforderlichen Schichtumrisslinien gebildet werden.

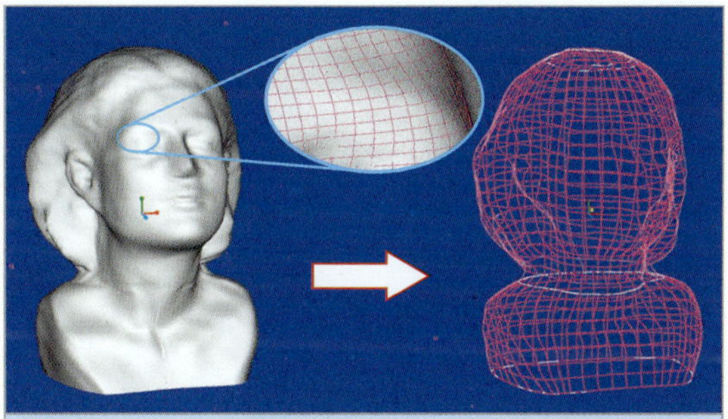

Bild 3: Flächenrückführung

Triangulations-Technologie

Die meisten optischen Aufnahmetechniken zur mathematischen Objektmodellierung beruhen auf der Basis der *Triangulation*[1]. Bereits in der Antike befasste man sich zur rechnerischen Ermittlung von Distanzen der Bestimmung zweier Winkel und einer Schenkellänge eines Dreiecks **(Bild 4)**. Besonders einfach ist hierfür eine Messanordnung mit einem rechten Winkel zwischen Ankathete und Gegenkathete.

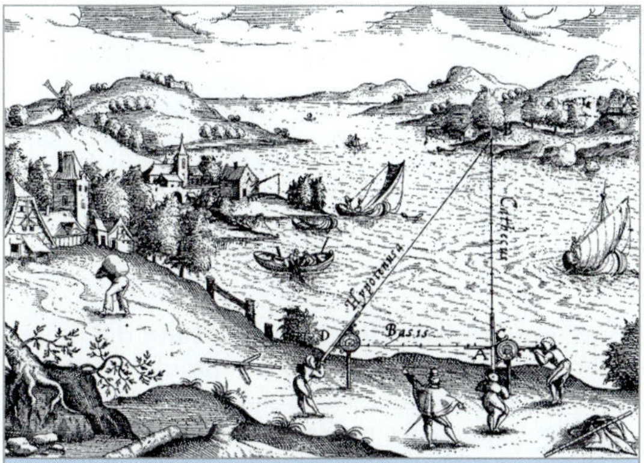

Bild 4: Triangulation, 16th Century

[1] Die Triangulation, von triangulare = dreieckig machen, wurde bereits in der Antike genutzt, um Ortsbestimmungen durchzuführen. Im Mittelalter ermittelte *Snellius* (1580 bis 1626) damit z. B. Länge eines Meridianbogens.

4.3.3.2 Scannen mit Punkten und mit Linien

Durch eine **sequentielle Punktaufnahme** (Scannen) in dem man das Aufnahmeobjekt gegenüber dem Sensor in diskreten Schritten Positioniert, z. B. linear verschiebt erhält man eine Folge objektbeschreibender Koordinaten.

Sensoren zur punktuellen Bestimmung von Abständen beruhen auch auf der Triangulation **(Bild 1)**. Dabei wird das rückstreuende Licht vom Objekt optisch fokussiert und auf einer CCD-Zeile oder Positionsdiode (PSD) abgebildet.

Aus der Distanz des Abbildungspunkts zur optischen Mitte berechnet sich die Distanz des Objekts, bezogen auf den Lichtauftreffpunkt. Voraussetzung für die Funktionsweise ist allerdings, dass ein Streulicht entsteht. Dies ist bei weißer und rauer Objektoberfläche besonders ausgeprägt. Schwarzmatte Oberflächen oder spiegelnd glänzende Oberflächen hingegen sind schwierig zu erfassen bzw. sie bedürfen einer Vorbehandlung durch Einstäuben, z. B. mit Kreidestaub.

Je nach Entfernung des Werkstücks trifft das Maximum des rückstreuenden Lichtpunkts auf unterschiedlichen Stellen der der CCD Zeile auf **(Bild 2)**. Aus den Sensorsignalen und dem Basisabstand *d* im Dreieck ABC lässt sich der Winkel und somit die Entfernung *s* bestimmen. Der Triangulationswinkel *α* liegt meist zwischen 15° und 35°. Mit Triangulationssensoren können Abstände mit einer Messunsicherheit von weniger als 0,01 mm bei Entfernungen z. B. 20 cm erfasst werden.

Ermittlung der Abstände s_1, s_2 und Δs im rechtwinkligen Dreieck (Bild 1):

$$\tan \alpha_1 = \frac{s_1}{d} \quad \rightarrow \quad s_1 = d \cdot \tan \alpha_1$$

$$\tan \alpha_2 = \frac{s_2}{d} \quad \rightarrow \quad s_2 = d \cdot \tan \alpha_2$$

$$\Delta s = s_1 - s_2 = d \cdot (\tan \alpha_1 - \tan \alpha_2)$$

Die Werte für die Winkelfunktionen $\tan \alpha_1$, $\tan \alpha_2$ ermittelt man aus den Bildpunktabständen auf dem CCD-Element mit Hilfe einer hinterlegten Wertetabelle.

Durch **strukturierte Objektbeleuchtung** mit Einzellinien, mit Streifenlicht oder Linienmustern **(Bild 3)** können die Koordinaten der Lichtpunkte eines Linienmusters durch Triangulation erfasst werden und es kann schnell ein digitales Objektmodell erzeugt werden.

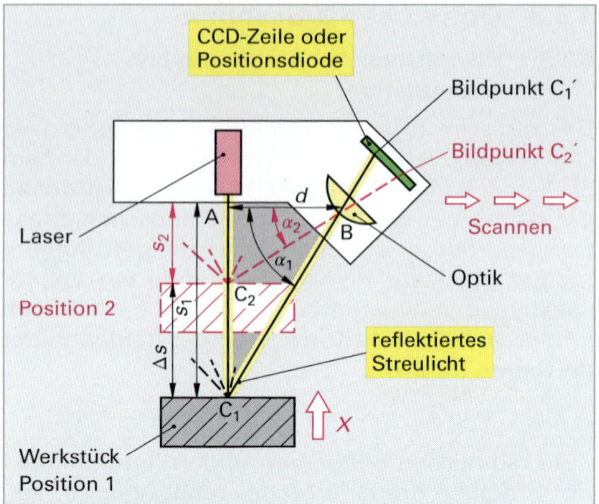

Bild 1: Triangulation zur Abstandsermittlung eines Lichtpunktes

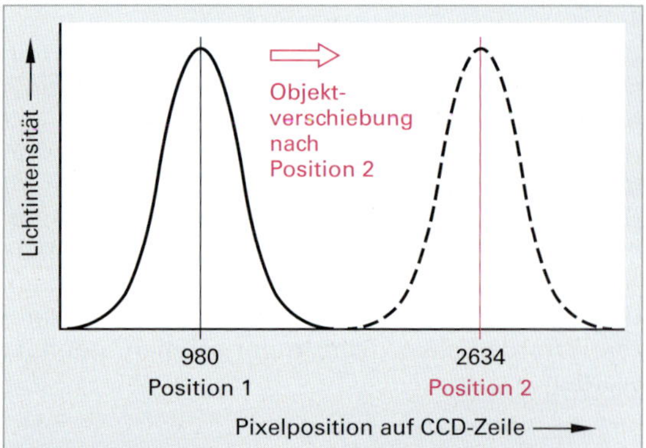

Bild 2: Intensitätsverlauf bei Objektverschiebung

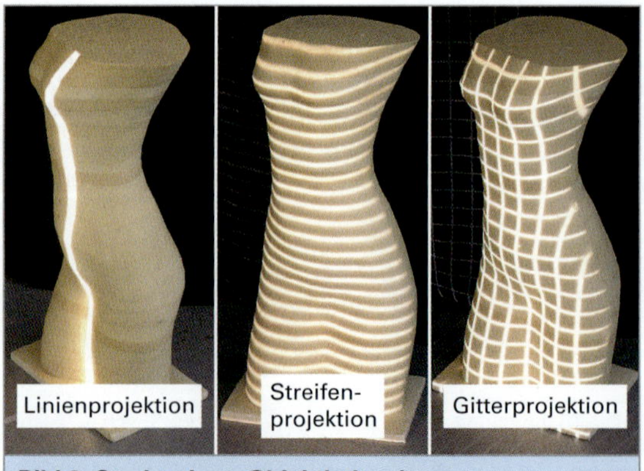

Bild 3: Strukturierte Objektbeleuchtung

7.2.3.3 Streifenlichtscanner

Bei Scannern mit einer Einzellinie erzeugt man einzelne Lichtschnitte. Durch Relativbewegung von Scanner oder Objekt **(Bild 1)** in orthogonaler Richtung zur Linie erhält man die 3D-Objektin-formation. Einzelpunkte der Linien werden durch Triangulation in Ihrer räumlichen Lage erfasst.

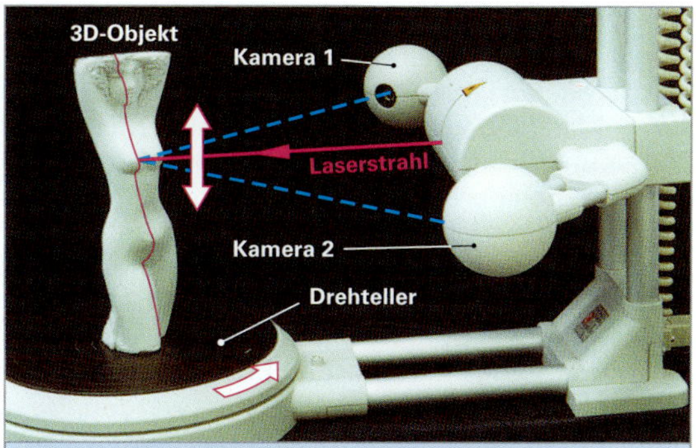

Bild 1: Scannen mit Einzellichtschnitt und Objektdrehung

Projektionstechnik

Die Lichtlinien werden mittels

- bewegtem Laserlichtpunkt gebildet oder mit
- Linienblende und Projektor, ähnlich einem Diaprojektor oder mit
- einer Zylinderlinse.

Scannen mit Einzellichtpunkt

Bei vielen Systemen wird ein Laserlichtpunkt (meist HeNe-Laser) hochfrequent durch ein rotierendes Spiegel-Polygonrad auf die Objektfläche abgelenkt und erscheint als Linie **(Bild 2)**.

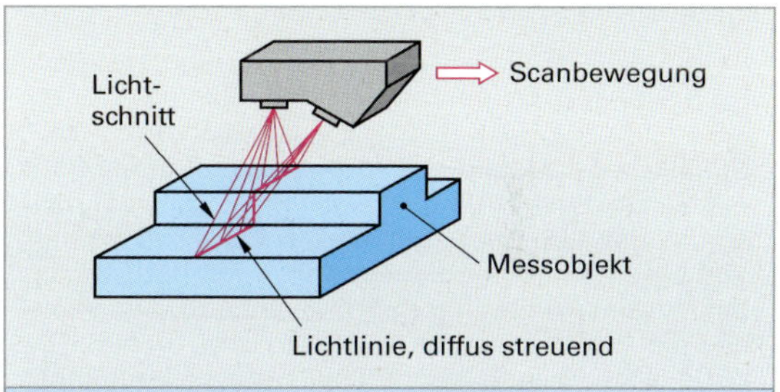

Bild 2: Lichtschnitt und Scanvorgang

Diese Linie ist dünn, von hoher Intensität und sie hat eine großeTiefenschärfe. Im aufgenommenen Streulicht erkennt man das Höhenprofil des Objekts **(Bild 3)**.

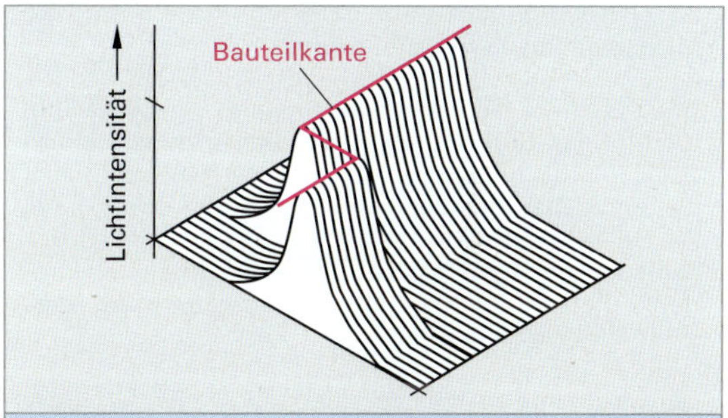

Bild 3: Intensitätsverlauf an einer Höhensprungstelle

Zum räumlichen Scannen wird die Laserlinie über einen zweiten Spiegel, z. B. schrittmotorangetrieben und damit orthogonal versetzt **(Bild 4)**.

Besonders kurze Scanzeiten erzielt man mit einer Zylinderlise zur Linienerzeugung in Verbindung mit einer elektrodynamischen Spiegelauslenkung für die Scanbewegung der Linie, ähnlich der Strahlablenkung bei einem Spiegelgalvanometer.

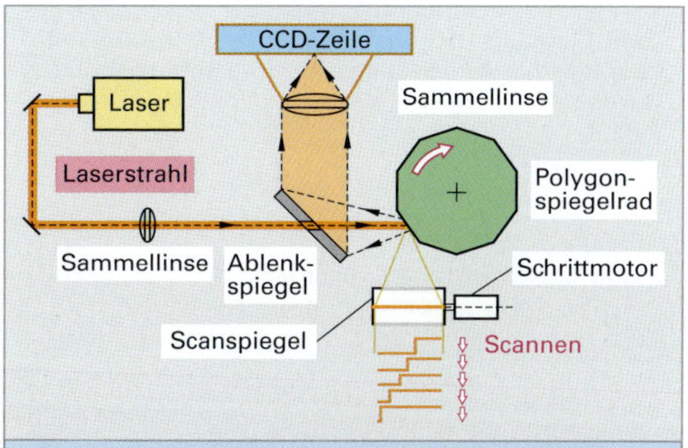

Bild 4: Erzeugung der Laserlinie mit Polygonrad

Typische Scannerdaten (Beispiel): Konica Minolta 3D-Scanner VIVID 910	
Auflösung in der Tiefe Z	0,05 mm
Auflösung in der Fläche X/Y	0,175 mm
Anzahl der Punkte/Scan	307200
Zeit/Scan, schnell	0,5 s
Zeit/Scan, höchste Präzision	2,5 s
Objektabstand	0,6 m bis 2,5 m
Scanfenster, min	111 mm × 84 mm
Scanfenster, max	1300 mm × 1100 mm

Linienprojektionsverfahren

Durch die flächenhafte Objektausleuchtung mit einer parallelen Linienschar erhält man eine flächenhafte Messung der Objektoberfläche mit hoher Messpunktdichte ohne bewegte Elemente **(Bild 1)**. Entstehen durch starke Krümmungen im Objekt in den Linien Sprungstellen und Lücken, so sind Liniensegmente nicht mehr eindeutig zuordenbar **(Bild 2)**. Das Linienmuster ist nicht *homolog*[1]. Für eine eindeutige Zuordnung der Linien werden das Graycode-Verfahren und das Phasenshift-Verfahren verwendet. Die Linienmuster werden über ein lichtdurchlässiges LCD-Element (Liquid Crystal Device = Flüssigkristallschaltkreis) oder ein DLP-Element (Digital Light Processing) und einer Projektionslampe oder mit Projektionsgittern mit Liniendichten von z. B. bis zu 40 Linien.

Durchlicht-LCD-Element. Die Linienerzeugung erfolgt mit einem Linien-Transmissionsgitter. Dabei durchstrahlt das Licht zwei gekreuzten Polarisationsfilter und eine dazwischen liegende Flüssigkristallschicht. Die Flüssigkristalle sind elektrisch steuerbar und können die Polarisationsrichtung des Lichts drehen. Die LCD-Fläche ist in Pixel unterteilt welche unabhängig voneinander angesteuert werden können. Dazu ist jedem Pixel eine Elektronik, welche jedem Pixel lokal zugeordnet ist, erlaubt nur einen Füllfaktor von etwa 50 %, wodurch sich das LCD-Element erwärmt. Die Messgenauigkeit leidet darunter.

DMD-Element (Digital Mirror Device). Der DMD-Chip (vergl. Seite 144) besteht aus einem Array von bis zu 2048 x 1152 mechanisch kippbaren Mikrospiegeln, die im Raster Abstand von 1 µm angeordnet sind. Die Spiegel selbst sind federelastisch gelagert. Durch Aufladen der einzeln adressierbaren Spiegelelektrode können die Mikrospiegel elektrostatisch um etwa ± 10° ausgelenkt werden.

Der DMD-Chip wird im Strahlengang so justiert, dass die Spiegel das Licht in der einen Position durch die Projektionsoptik, in der anderen auf einen Absorber lenken. Die Schaltzeit der Spiegel liegt im Bereich weniger µs. Der optische Gesamtwirkungsgrad des DMD-Elements beträgt etwa 60 %. Der Chip wird über die Rückseite gekühlt. Zur Graustufenerzeugung werden die binären Spiegelpositionen pulsweitenmoduliert.

[1] griech. homologos = übereinstimmend

Graycode-Projektion. Zur Herstellung eindeutiger Zusammenhänge wird das Objekt zu nächst mit nur einer Lichtschnittlinie beleuchtet und dann mit jeweils einer Verdoppelung der Lichtschnitte. Damit erhält man ein Codemuster, das dem Dualcode oder dem Gray-Code entspricht **(Bild 3)**.

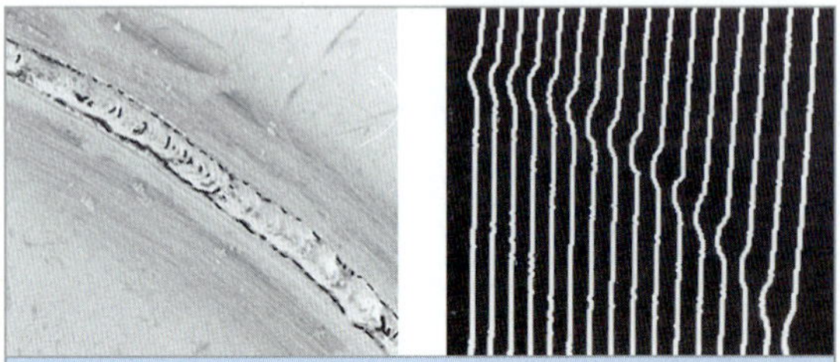

Bild 1: Beleuchtung mit Linienschar

Bild 2: Mehrdeutigkeit bei Sprungstellen

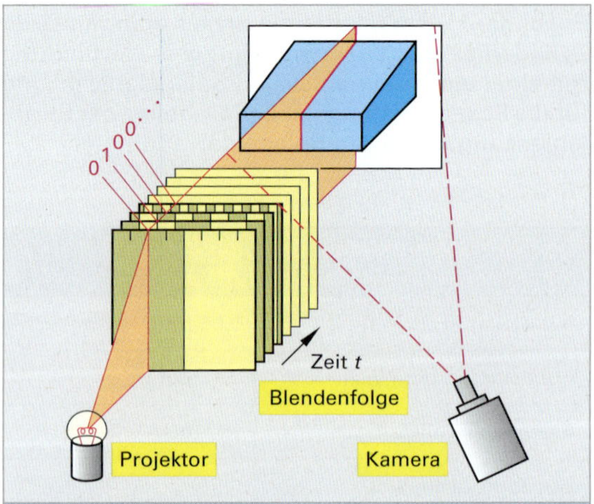

Bild 3: Graycode-Projektion

Phasenshiftprojektion. Im Phasenshift-Verfahren werden mit relativ breitem Streifenmuster Linien projiziert. Man unterscheidet:

- Optische Streifenverschiebung
- Sinusförmige Lichtintensität des Streifenquerschnitts
- Mehrstufige, z. B. 4-stufige Streifenteilung.

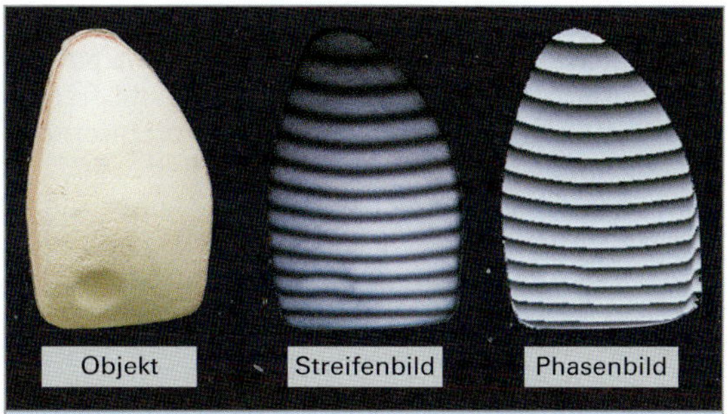

Bild 1: Sinusförmige Lichtintensität

Optischer Streifenshift. Durch Verschieben des Streifengittters, quer zur Streifenschar verschieben sich die Streifen und man erhält eine höhere Punktauflösung.

Sinusförmige Lichtintensität des Streifenquerschnitts. Bei Projektion mit Lichtstreifen, deren Helligkeit im Linienquerschnitt sinusförmig zunimmt bzw. abnimmt **(Bild 1)**, können viele Linien zusammenhängender Intensität ermittelt werden: Der sinusförmige Helligkeitsverlauf wird in Phasenwinkel umgerechnet und in neue Helligkeitswerte umgesetzt. Damit entsteht nun ein linear ansteigen der Helligkeitsverlauf, der sich periodisch wiederholt und zwar entsprechend der Anzahl der projizierten Linien.

Mehrstufige, z. B. 4-stufige Streifenteilung. Man kann auch mehrere aufeinanderfolgende Projektionen mit Linienverschiebung vornehmen, z. B. vier (90-Grad-Verschiebungen) innerhalb einer Streifenperiode. Dadurch kann die Phasenlage an jedem Punkt innerhalb eines Streifens eindeutig bestimmt werden und man erhält eine Vervielfachung der Auflösung, z. B. um den Faktor vier.

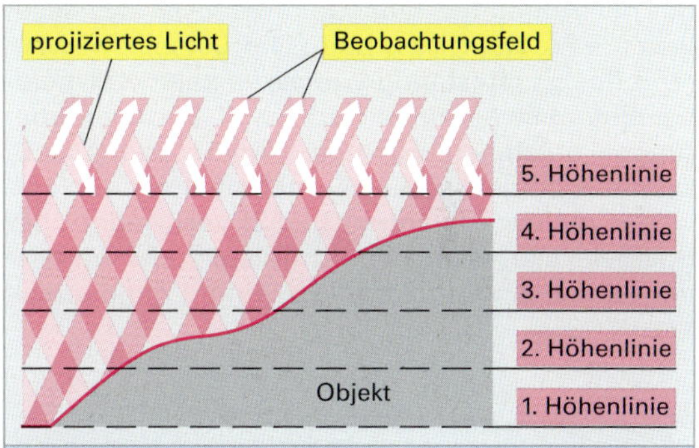

Bild 2: Prinzip der Moiré-Technik

Das Phasenshiftverfahren hat neben der Erhöhung der Auflösung auch den Vorteil, dass Fehlereinflüsse durch unterschiedliche Reflexionscharakteristik der Objektoberfläche stark reduziert werden können.

Eine Eindeutigkeit von Streifen zu Streifen ist allerdings nicht gegeben.

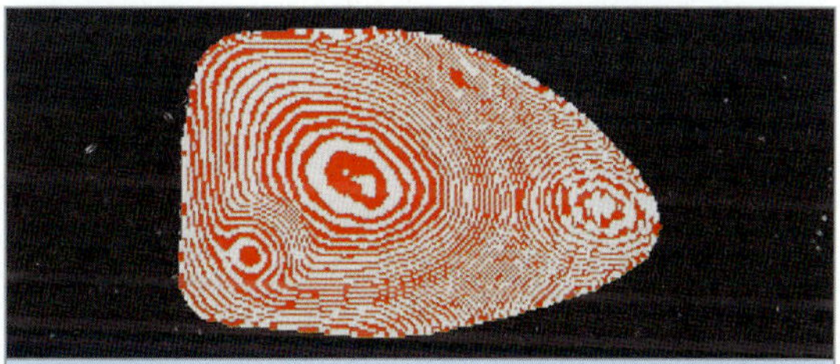
Bild 3: Messobjekt mit Moiré-Streifen als Höhenlinien

Moiré-Technik. Es gibt bei dieser Technik sehr unterschiedliche Methoden, solche, die zur Ermittlung feinster Ungenauigkeiten geeignet sind, aber nur geringe Profilhöhen zulassen, und solche, die ähnlich dem Lichtschnittverfahren das Messen von stark profilierten Werkstücken ermöglichen. Moiré-Streifen[1] entstehen durch die Überlagerung von zwei periodischen Helligkeitsverteilungen, wie z. B. bei zwei übereinanderliegenden Webstoffen. Streifenmuster, die über eine Kamera beobachtet werden, führen zusammen mit den Kamerazeilen zum Moiré-Effekt. Beobachtet man ein mit Streifen beleuchtetes Bildfeld **(Bild 2)** über eine Gitterblende, so erhält man in periodisch wechselnden Höhenlagen helle Zonen. Wird eine Szene mit einem Streifenmuster beleuchtet, so ergeben sich helle und dunkle Höhenlinien **(Bild 3)**. Diese werden über einen Computer ausgewertet.

[1] Das franz. Wort *moiré* kommt vom arabischen *muhayyar* und dieses bedeutet feiner Ziegenhaarstoff. Beim Übereinanderlegen von dünnen Webstoffen entstehen schillernde Linienmuster, sogenannte *Moiré*-Streifen.

Besonderheiten und Beispiele

Für Vollformaufnahmen muss freie Sicht zu der Objektoberseite und der Objektunterseite hergestellt werden (sofern diese Bereiche von Interesse sind). Hierzu ist häufig ein Umrüsten erforderlich. Entweder ist das Objekt oder der Scanner mehrfach neu zu platzieren, und zwar so, dass alle Abschattungen eliminiert werden können **(Bild 1)**.

Man erhält dadurch eine Vielzahl an Aufnahmefragmenten, die dann für die Gesamtpräsentation zusammengefügt werden müssen (engl. merging).

Bei der Aufnahme lebender Wesen ist das insoweit ein Problem, dass beim Umrüsten bzw. während des Gerätestandortwechsels kaum vermeidbar Eigenbewegungen und damit Formveränderungen entstehen. Für das Körperscannen, z. B. zu anthropometrischen[1] Aufnahmen, werden entweder mehrere Scanner **(Bild 2)** verwendet oder Spiegelsysteme, die ohne Umrüsten oder Wechsel der Pose z. B. 4 Aufnahmen in einem Zuge erstellen.

Artefakte

Bei optischen Systemen stellen spiegelnde Partien oft ein großes Problem dar: Licht wird abgelenkt und nicht diffus reflektiert und ist damit für den Scanner nicht mehr erfassbar. Durch Spiegelungen kann der Scanner – je nach Verfahren – sogar getäuscht werden, da er z. B. ein Spiegelbild zu verwerten versucht, das am „gesehenen" Ort gar nicht existiert. Für das menschliche Gehirn ist es meist kein Problem Sinneseindrücke von gespiegelten und von wahren Objekten aus dem Kontext und der Erfahrung heraus zu trennen. Beste Scan-Ergebnisse erzielt man mit mattweißen Oberflächen. Man stellt diese einfach durch Besprühen mit Kreidestaub her **(Bild 3)**.

Problematich ist die Situation bei durchsichtigen „glasklaren", nicht lichtbeugenden Objekten. Auch bei schwarzen, insbesondere mattschwarzen Körpern ist mit Artefakten zu rechnen. Die schwarze Oberfläche absorbiert das Licht des Scanners und hinterlässt einen nicht gescannten Bereich. Man spricht von einem Loch. Bei Aufnahmen von Personen sind das häufig die Augenpartien **(Bild 4)** oder z. B. schwarze Haare (Bild 4). Diese Partien müssen dann zur Materialisierung mit additiven Prozessen erst geschlossen werden.

[1] Die Anthropometrie (gr. anthropos = Mensch, gr. metrein = messen) ist die Technik der Ermittlung der Maße des menschlichen Körpers, z. B. in der Verwendung bei der Gestaltung von Arbeitsplätzen und der Festlegung von Kleidergrößen.

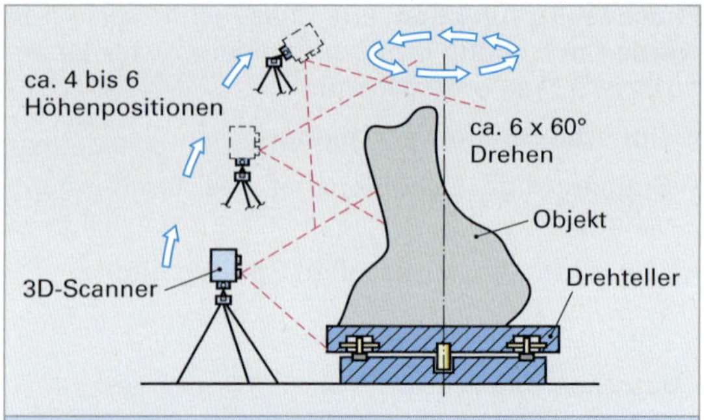

Bild 1: Vollformaufnahmen mit räumlich verteilten Aufnahmestandorten

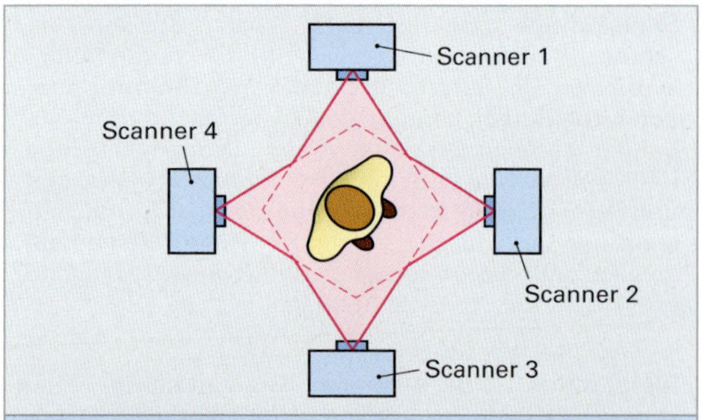

Bild 2: Anthropometrisches Scannen mit mehreren 3D-Scannern

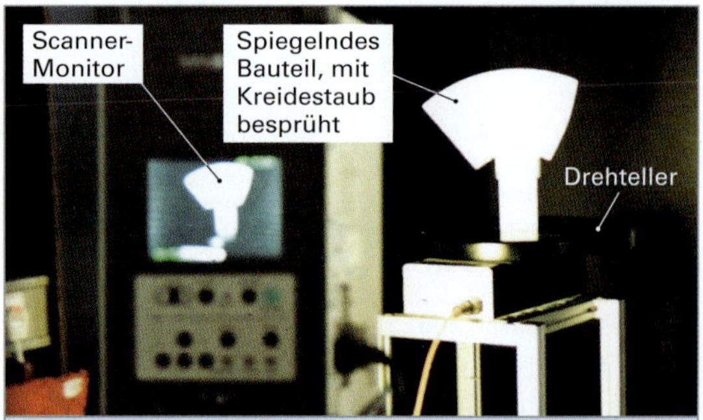

Bild 3: Spiegelnde Teile mit Kreide eingestaubt

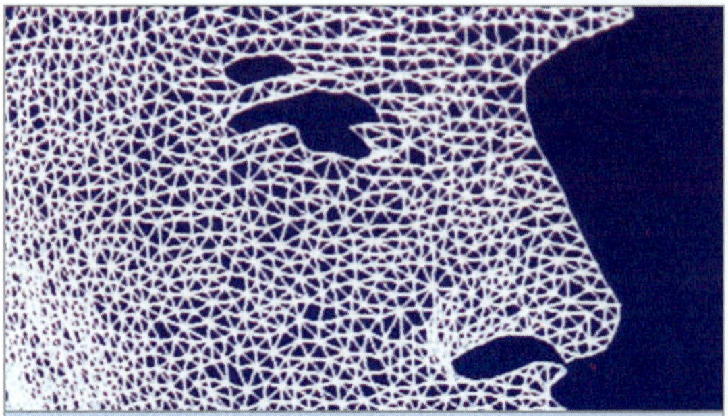

Bild 4: Schwarz verursacht „Löcher"

Beispiel: Zahnabformung

Die digitale Zahnabformung verlangt einen miniaturisierten Handscanner **(Bild 1)**, welcher im Mund eines Patienten leicht und sicher gehandhabt werden kann. Zum Scannen wird schrittweise eine Folge von Einzelaufnahmen zu einem Zahnkiefermodell verrechnet. Das System erkennt z. B. selbsttätig den günstigsten Aufnahmemoment und löst automatisch aus. Durch sensorische Überwachung wird bei ruhiger Kameraführung eine Aufnahme ausgelöst. Wichtig sind eine parallele Ausrichtung des Strahlengangs und die hohe Schärfentiefe.

Mit Hilfe des Strichgitters im Beleuchtungsstrahlengang (Streifenprojektion) werden Mehrfachlichtschnitte auf das Messobjekt projiziert [vgl. DE 102008040947 B4] **(Bild 2)**. Das Messobjekt wird nacheinander beleuchtet. Der Bildsensor erfasst die Lichtschnitte, so dass bei errechnetem Triangulationswinkel und bekannter Triangulationsbasis für jeden Bildpunkt der Lichtschnitte eine zeitliche Folge unterschiedlicher Helligkeitswerten vorliegt. Damit kann die räumliche Lage von mehreren Messpunkten simultan ermittelt werden. Die Mehrfachmessung mit unterschiedlichen Triangulationswinkeln führt zu einer Vergrößerung des Eindeutigkeitsbereiches und erlaubt daher die Tiefenmessung über einen erweiterten Tiefenbereich. Zum Zusammenführen von mehreren Aufnahmen (Matching) in ein gemeinsames Koordinatensystem dienen mindestens drei punktförmige Marker auf dem Messobjekt bzw. charakteristische Merkmale.

Im Strahlengang des Projektionsstrahlengangs liegt ein Gitter mit parallel angeordneten Schlitzen, senkrecht zur linearen Ausrichtung der drei LEDs. Bei der Auswertung der Bildinformation des Bildsensors in Form von zeitlicher Folge unterschiedlicher Helligkeitswerte muss jeder Aufnahmestrahl dem jeweiligen Lichtstreifen bzw. Schlitz des Gitters zugeordnet werden. Die diskrete Zuordnung kann über ein Graycode-Verfahren erfolgen, indem jeder Lichtstreifen einen Binärcode aus verschiedenen Helligkeitswerten enthält, der die Nummer des Streifens kennzeichnet (s. Seite 326). Eine höhere Genauigkeit kann mit dem Phasenschiebeverfahren erreicht werden, da es die Zuordnung einer nicht diskreten Koordinate erlaubt.

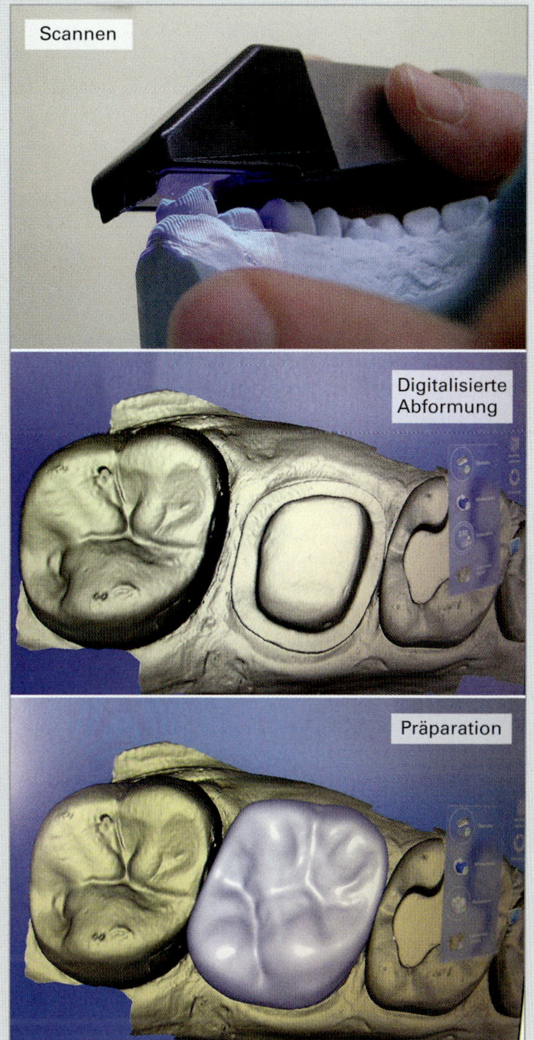

Bild 1: Scannen im Dentalbereich

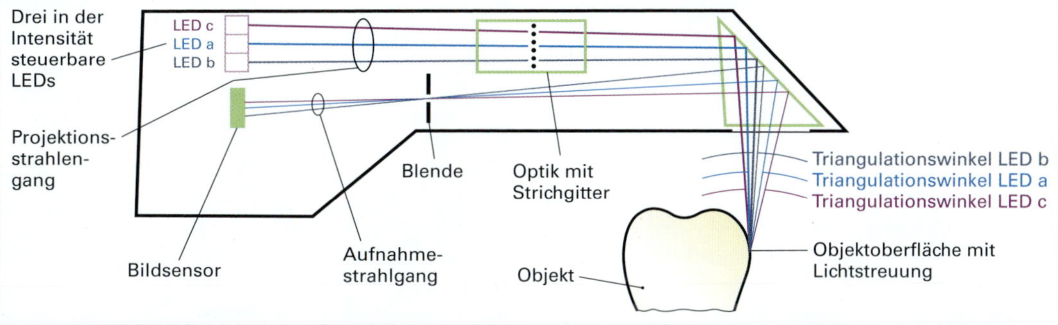

Bild 2: Aufbau eines Dental-3D-Scanners

4.3.3.4 Photogrammetrie

Zur Koordinatenbestimmung einer Objektoberfläche wird von zwei oder mehr Standpunkten aus der gleiche Punkt anpeilt und durch Triangulation dessen dreidimensionale Position berechnet **(Bild 1)**.

Man unterscheidet

- Luftbild-Photogrammetrie für Landschaften und Großobjekte
- Nahbereichs-Photogrammetrie für Objekte von etwa 100 mm bis 50 m **(Bild 2)**.

Die Richtlinie VDI 2634.Blatt 3: Optische 3-D-Messsysteme – Bildgebende Systeme mit flächenhafter Antastung in mehreren Einzelansichten beschreibt die erzielbaren Genauigkeiten, z. B. kann man mit Photogrammmetrie Längenmessabweichungen von weniger als 0,03 mm in einem Volumenbereich von 1m^3 erreichen.

Oberflächenpositionen werden zunächst für besonders markante Objektausprägungen, z. B. Spitzen ermittelt. Meist werden aber im Nahbereich Objektmarken, z. B. vier bis fünf im Blickfeld der Kamera gesetzt.

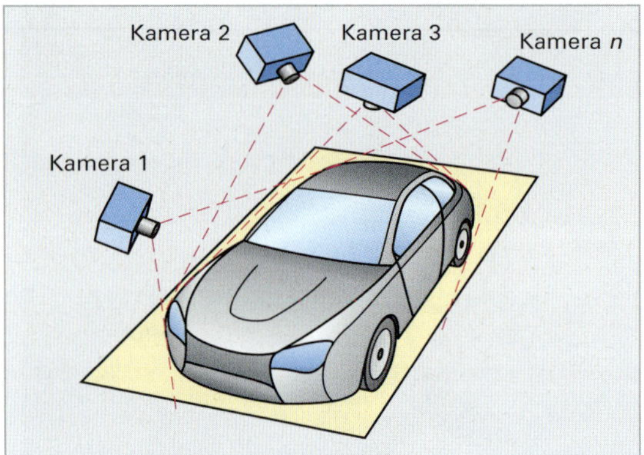

Bild 2: Nahbereichs-Photogrammetrie

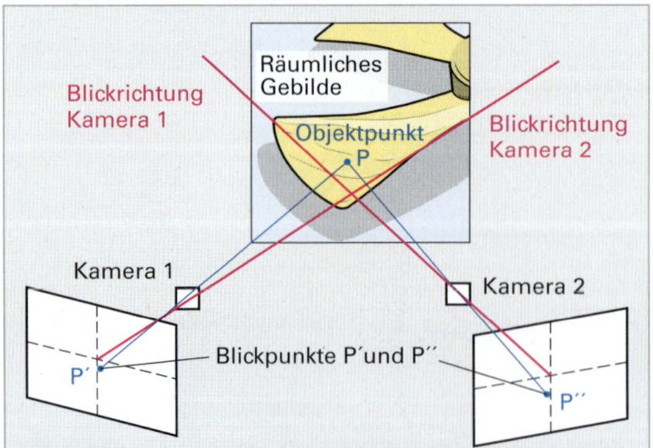

Bild 1: Prinzip einer photogrammetrischen Positionsbestimmung

Beim **Markieren** wird das zu vermessende Objekt mit selbstklebenden oder magnetisch haftenden Marken und einem Längenmaßstab versehen **(Bild 3)**. Die Mittelpunkte der Marken, der Maßstab und die Orientierungskreuze dienen dem Photogrammetrie-System zur genauen Orts-Orientierungs- und Größenbestimmung.

Zum *Matching* (Zusammenbau und Ausrichtung) der aufgenommenen Fotos durch die Photogrammetrie-Software werden diese Markierungen genutzt. Die Orientierungskreuze mit codierten Punkten vereinfachen das Matching. **Fotografiert** werden danach je nach Größe und Komplexität des Objekts zwischen zwanzig und mehreren Hundert Fotos aus verschiedenen Perspektiven **(Bild 1, folgende Seite)**. Gleiche Messpunkte müssen auf mehreren Bildern sein. Die markierten Messpunkte werden aus den Bildern zunächst in ihren Koordinaten bestimmt. Alle Einzelmessungen werden in ein gemeinsames Koordinatensystem transformiert (Referenzpunktmethode). Das Ergebnis ist eine 3D-Punktewolke. Durch Flächenrückführung kann diese Punktewolke in gängige CAD-Datenformate, STL oder AMF überführt werden.

Die Leistungsfähigkeit eines Photogrammmetrie-Systems wird durch die zur Verfügung gestellten **Bildverarbeitungsalgorithmen** definiert. Vorteilhaft sind vollautomatische Auswerteverfahren.

Bild 3: Anbringen von Markierungen und Auflegen eines Referenzmaßstabs

Photogrammetrie-Erweiterung mit Streifenlicht-Scanner

Hochauflösende Optische 3D-Koordinatenmessmaschine nutzt einerseits die Photogrammetrie-Technologie und andererseits eine hochauflösende Streifenlichttechnik in Verbindung mit zwei 6-achsigen Robotern in der Messzelle[1] **(Bild 2)**. Diese Technologie bewährt sich sowohl bei der vollständigen Vermessung von Blech-Einzelteilen und ganzen Fahrzeugen als auch im Werkzeugbau und bei der Überprüfung von Werkzeugen.

An den zwei Längsachsen der optischen Messzelle ist je ein Roboter auf Schienen angebracht und kann mit der Scanoptik frei beweglich das Messobjekt, z. B. ein Fahrzeug, im gesamten Raum erfassen. Die Scanner können aus allen Richtungen das Fahrzeug erfassen. Die Roboter sind mit einer Photogrammetrie-Kamera und einem Streifenlichtscanner ausgestattet. Der Streifenlichtscanner arbeitet mit zwei Kameras und einem schmalbandigen LED-Blaulicht-Projektor zur Streifenbildung.

Zunächst werden photogrammetrisch Referenzpunkte und ein Maßstab **(Bild 3)** erfasst und dann einzelne Flächenfelder von je ca. 80 cm x 80 cm mit dem Streifenlicht-Scanner aufgenommen **(Bild 4)**.

Die einzelnen Messflächen werden automatisch von der Scan-Software zu einem vollständigen Gebilde zusammengefügt. So ist es möglich, dass ein komplettes Fahrzeug 5-seitig automatisch in kurzer Zeit gescannt wird und ein 3D-Datenmodell erstellt wird. Die erzielbare Messunsicherheit ist besser als 100 μm. Abweichungen von Bauteilen bzw. Karosserien werden damit frühzeitig sichtbar und trägt maßgeblich zur Qualitätssicherung bei.

Das dreidimensionale Erfassen eines Fahrzeugs kann auch zu Randzeiten oder nachts durchgeführt werden. Die Messzelle wird damit optimal ausgelastet. Durch die schnelle Verfügbarkeit der Ergebnisse werden Änderungszyklen kürzer oder entfallen komplett. Die Messdaten und Analyseergebnisse werden innerhalb des Produktionsnetzwerks online bereitgestellt und stehen auch dem späteren Serienwerk für die Produktionsvorbereitung zur Verfügung.

[1] BMW Group, Presse-Information 28. Juli 2016, „Der virtuelle neue BMW 5er: Hochpräzise, vollautomatisierte Messtechnik generiert 3D-Datenmodell der kommenden Fahrzeug-Generation"

Bild 1: Fotografieren aus vielen Richtungen

Bild 2: Optische 3D-Messzelle

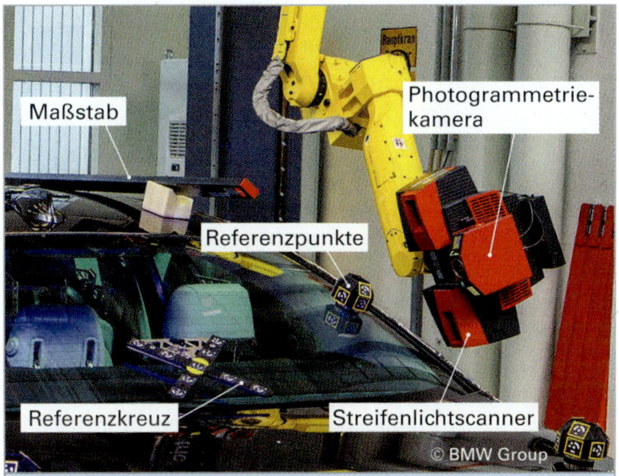

Bild 3: Referenzpunkte und Maßstab für die Photogrammetrie

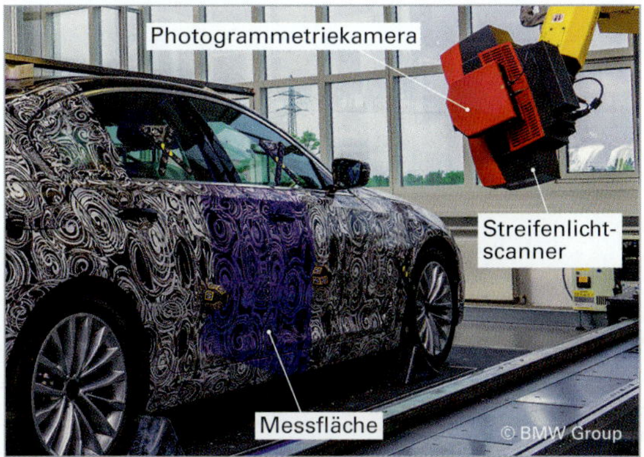

Bild 4: Messflächen der Streifenlichtprojektion

4.3.4 Röntgen-Computertomographie (CT)

4.3.4.1 Allgemeines

Die Röntgen-Computertomographie[1] ist eine Technologie zur 3D-Datenermittlung von Körpern. Voraussetzung ist, dass diese Körper für Röntgenstrahlung durchstrahlbar sind. Problematisch bzw. ausgeschlossen sind somit dickwandige Metallobjekte, insbesondere gilt dies für Vollform-Metallkörper aus Eisen, Bronze und Stahl. Gut geeignet sind Körper aus Kunststoffen, Steinen, Keramiken und aus biologischen Substanzen, z. B. Knochen.

Man unterscheidet

- **Industrielle CT-Anlagen** zur Mess- und Prüftechnik **(Bild 1)**. Sie bieten die Möglichkeit einer besonders hohen und genauen Aufnahmetechnik, da die Objekte auch ganz nah an die Röntgenstrahlquelle herangefahren werden können.
- **Medizinische Geräte (Bild 2)** zur Rundumaufnahme des liegenden Patienten.

4.3.4.2 CT in der industriellen Messtechnik

Die CT-Anlagen zur industriellen Mess- und Prüftechnik arbeiten nach dem Prinzip der Kegelstrahl-Tomographie (Bild 1). Hierbei wird der gesamte konusförmige Röntgenstrahl genutzt, der das Messobjekt durchdringt und auf einen Flächendetektor trifft. Der Detektor misst die Abschwächung der Röntgenstrahlung beim Durchdringen des Objektes, und es entsteht ein Radiographiebild bzw. eine Projektion. Während der Messung wird das Objekt im Röntgenkonus einmal um 360° gedreht und es werden dabei Bilder in mehreren hundert Winkelpositionen aufgenommen. Aus den zweidimensionalen Projektionen wird mit Hilfe mathematischer Algorithmen die dreidimensionale Rekonstruktion **(Bild 3)** berechnet. Damit steht mit einer Umdrehung die dreidimensionale Struktur des Objektes bei gleicher Auflösung in allen Raumrichtungen als dreidimensionale Rekonstruktionsmatrix zur Verfügung.

CT-Anlagen bestehen im Wesentlichen aus dem Manipulatorsystem, der Röntgenröhre, dem Detektor und dem Computersystem sowie den zugehörenden Softwarepaketen. Die Qualität der Ergebnisse hängt außerdem davon ab, wie gut das gesamte System aufeinander abgestimmt ist. Die Anforderungen an eine industrielle CT-Anlage unterscheiden sich je nach Anwendungsfall.

Maßgeblich für die Anlagetechnik ist die Röntgenabsorption, die von der Bauteilgeometrie und dem Bauteilwerkstoff abhängt, sowie die geforderte Detailerkennbarkeit und die Messzeit. Mit einer 450-kV-Röntgenröhre können Aluminiumlegierungen bis zu 300 mm und Stahl bis zu 30 mm maximaler Durchstrahlungslänge durchstrahlt werden. Die Brennfleckgröße einer solchen Röhre beträgt ca. 1,0 mm.

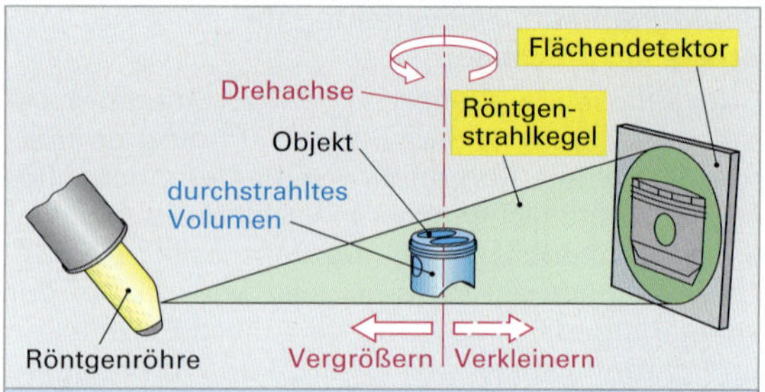

Bild 1: Prinzip der Kegelstrahl-Computertomographie

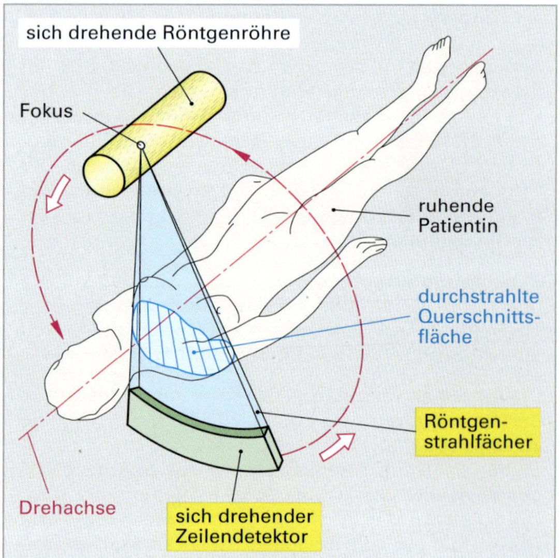

Bild 2: Prinzip der medizinischen CT

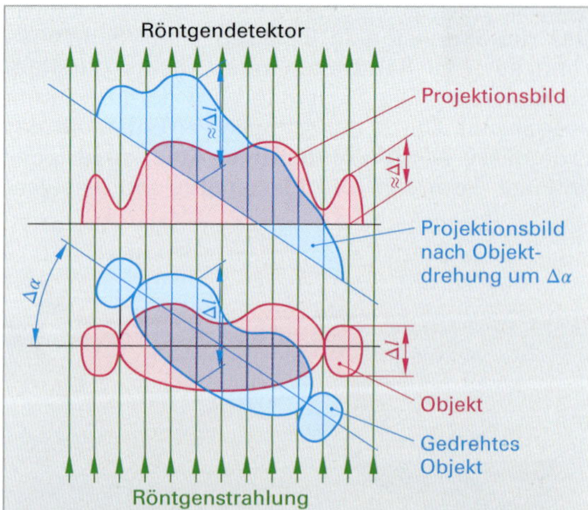

Bild 3: 3D-Rekonstruktion aus Projektionsaufnahmen (Prinzip)

[1] *Röntgen, Wilhelm Conrad*, dt. Physiker (1845 bis 1923), Entdecker der Röntgenstrahlen (X-Rays); CT von Computer-Tomographie = Computer-Schicht-Zeichnungen

Mikrofokusröhren **(Bild 1)** haben einen kleinen Brennfleck von 0,1 mm und weniger, aber auch eine geringe Arbeitsspannung (bis 225 kV) und somit geringere Durchdringungsfähigkeit. Je kleiner der Brennfleck ist, je höher ist die Detail-erkennbarkeit.

Auf Grund der geringeren Durchdringungsfähigkeit einer 225 kV-Mikrofokusröhre können Aluminiumlegierungen bis ca. 150 mm und Stahl bis ca. 15 mm maximaler Durchdringungslänge untersucht werden. Die Messzeit ergibt sich u. a. aus den technischen Daten der Röntgenröhre und des Detektors und den Qualitätsanforderungen der Messungen.

Eine typische Anlage ist aus folgenden Komponenten aufgebaut: ein Präzisions-Manipulatorsystem, eine Mikrofokus-Röntgenröhre, ein Flächendetektor **(Bild 2)** und ein Computersystem.

4.3.4.3 Auflösung

Bei der Computertomographie wird generell zwischen zwei Arten der Auflösung unterschieden:

- Ortsauflösung und
- Dichteauflösung.

Ortsauflösung. Die Ortsauflösung bzw. die Detailerkennbarkeit kann annähernd mit der Voxelgröße gleichgesetzt werden. Die Voxelgröße kann abgeschätzt werden, indem der maximale Bauteildurchmesser durch die Anzahl der Detektorpixel in der jeweiligen Raumrichtung dividiert wird.

Dichteauflösung. Die Dichteauflösung beschreibt die Fähigkeit einer CT-Anlage, Dichteunterschiede im Material auflösen zu können. Dies wird häufig auch als Kontrast bezeichnet. Bei der Untersuchung eines Objektes, das aus verschiedenen Materialien unterschiedlicher Dichte besteht, zeigt sich die jeweilige Dichte im Grauwert des Voxels **(Bild 3)**.

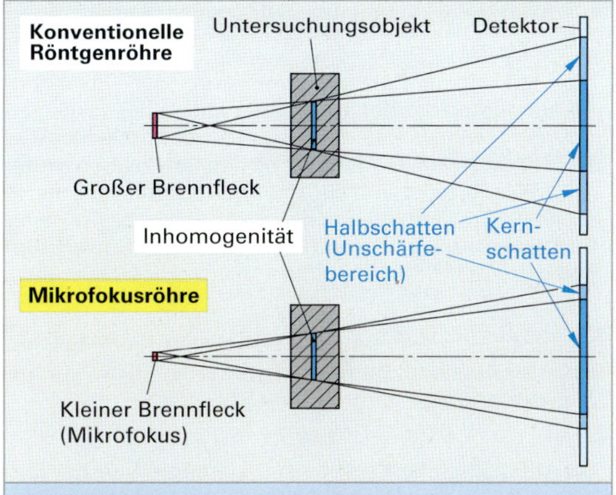

Bild 1: Abbildung und Unschärfe

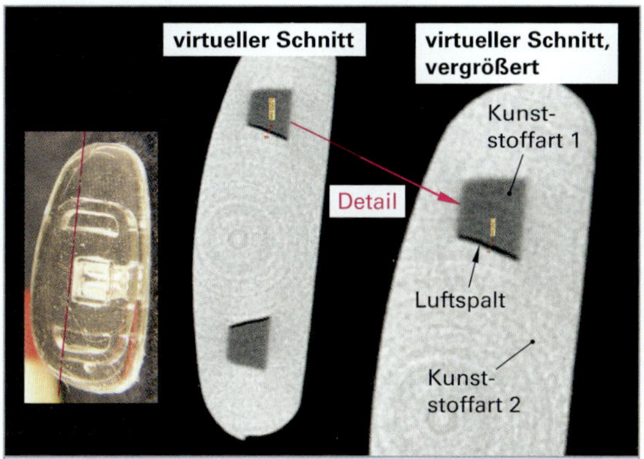

Bild 3: Brillenpad mit unterschiedlich dichtem Silikon

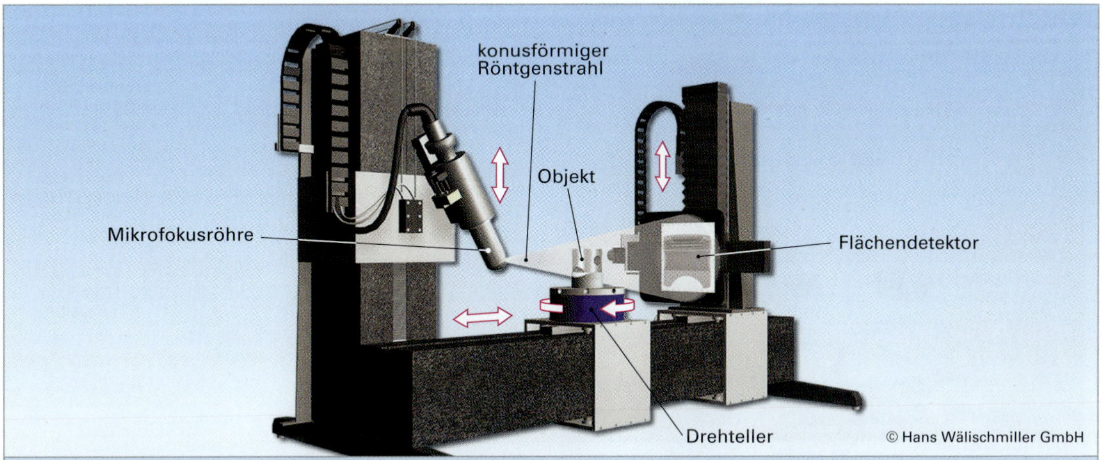

Bild 2: Industrielle CT-Mess- und Prüfanlage

Der **Präzisions-Manipulator** besteht in seiner Grundkonstruktion aus geschliffenen Granitbalken, auf denen Schlitten über Luftlager laufen. Die Linearmesssysteme und die Präzisionssteuerung gewährleisten eine Führungs- und Positionsgenauigkeit von ca. 1 µm.

Die **Mikrofokus-Röntgenröhre** und der Flachbett-Röntgendetektor **(Bild 1)** können entlang der vertikalen Achsen bewegt werden, damit kann der vertikale Ausschnitt festgelegt werden. Zur optimalen Positionierung des Messobjektes und zur Bestimmung der geometrischen Vergrößerung kann der Drehtisch in horizontaler Richtung zwischen Röntgenröhre und Detektor verschoben werden.

Kleine Objekte werden nahe bei der Röntgenröhre positioniert, wodurch ihr Bild vergrößert auf den Flächendetektor projiziert wird (Mikro-CT).

Die Ortsauflösung liegt hierbei abhängig von der Objektgröße im Bereich von 0,005 mm bis 0,05 mm. Große Objekte bis 300 mm Durchmesser werden hingegen nahe beim Detektor positioniert, um seine volle Fläche auszunutzen. Die übliche Ortsauflösung beträgt je nach Objektgröße normalerweise 0,05 mm bis 0,3 mm. Durch die horizontale Messkreiserweiterung können Bauteile gemessen werden, die breiter als die Detektorbreite sind.

Die Mikrofokus-Röntgenröhre kann zwischen 10 kV und 225 kV und 0,01 mA und 3 mA betrieben werden. Sie bietet den Vorteil, dass sowohl ein kleiner Brennfleck vorliegt als auch mit hohen Leistungen gemessen werden kann.

Der **Flachbett-Röntgendetektor** mit einer Auflösung von 1024 × 1024 Pixel besteht aus amorphem Silizium **(Bild 2)**. Die nutzbare Fläche des Detektors beträgt 300 mm × 300 mm. Der Detektor wandelt in einer ersten Stufe die einfallenden Röntgenstrahlen durch *Szintillation* in Licht (Lichtblitze) um. Ein lichtempfindliches Dioden-Array detektiert diese Lichtblitze und erzeugt elektrische Signale. Mit einem TFT (Thin Film Transistor-Array) werden diese Signale aufgezeichnet und als Videobild dem Computer übertragen. Das Computersystem besteht aus drei Einzelsystemen. Das erste Computersystem dient zur Anlagensteuerung und Datenerfassung und hilft dem Benutzer über ein integriertes Expertensystem die optimalen Messeinstellungen auszuwählen. Das zweite Computersystem, der Rekonstruktions-Cluster, berechnet die Rekonstruktion parallel zur Messung und stellt die fertige Rekonstruktionsmatrix dem Visualisierungsrechner zur Verfügung. Das dritte Computersystem dient zur Visualisierung und Weiterverarbeitung der Rekonstruktionen und ermöglicht die graphische Darstellung des Rekonstruktionsergebnisses.

In einer Datenbank werden alle Parameter, Einstellungen, Messungen und Rekonstruktionen verwaltet und können vom Benutzer jederzeit eingesehen und für Folgemessungen herangezogen werden.

Das **visualisierte Rekonstruktionsergebnis** wird als **Tomogramm** bezeichnet. Das dreidimensionale Tomogramm beinhaltet sowohl die Geometriedaten der Außenkontur des Objekts als auch die Geometrie interner, dreidimensionaler Strukturen.

Es können innere Inhomogenitäten bezüglich Art, Größe, Zahl und Verteilung mit hoher Detailerkennbarkeit dreidimensional erfasst werden. Weiterhin sind Informationen über verschiedene Materialien innerhalb des Objekts erkennbar. Luft zeigt sich im Tomogramm als schwarze Bereiche bzw. Voxel, Material ist am hellen Grauwert zu erkennen.

[1] lat. szintillare = funkeln, mit Blitzen sprühen

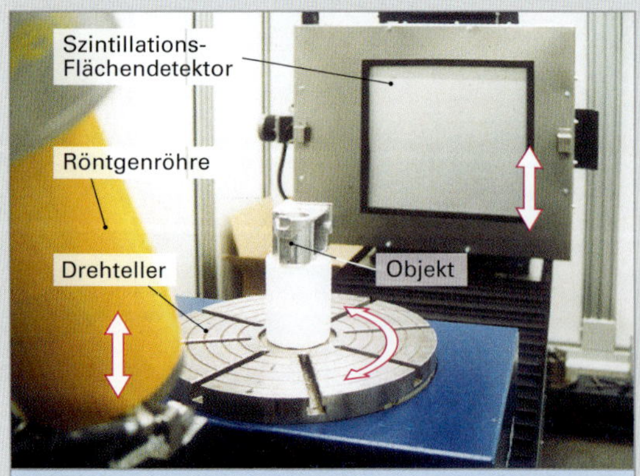

Bild 1: Blick in die CT-Anlage

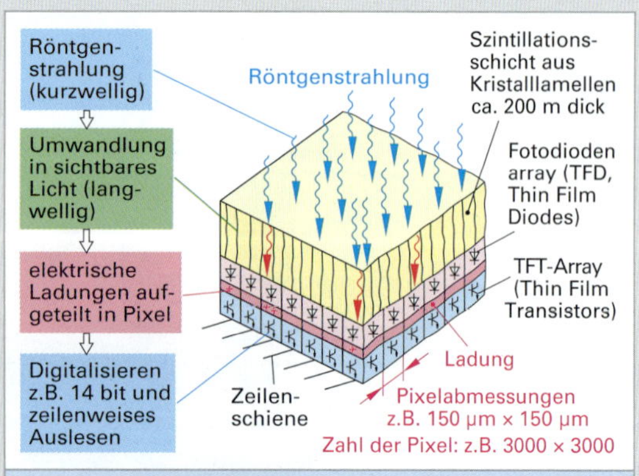

Bild 2: Aufbau des Detektors

4.4 Robotertechnik

4.4.1 Einführung

Den Begriff „Roboter" prägte der tschechische Schriftsteller *Karel Capek*. Das war 1921. Capek beschrieb für das Theaterstück R.U.R. (Rossums Universal Robots) als Vision einer Zukunftsgesellschaft *menschenähnliche Maschinen*, die er *Roboter* und *Roboterinnen* nannte (tschech. robota = Schwerarbeit leisten). Sie haben die Aufgabe, Fronarbeit, also schwere Arbeit, zu leisten.

Aus der Anschauung der Produktionsverhältnisse jener Zeit entstand die Vision der Robotergesellschaft. Die 20er Jahre des letzten Jahrhunderts stehen für eine Zeit mit breit einsetzender Massenproduktion. *Arbeitsteilige* Fertigung wird bis heute in konsequenter Weise betrieben. Arbeitsinhalte reduzieren sich häufig auf flinke *monotone Handlungen*, welche an den Takt der Maschine oder an das Fließband gebunden sind.

Kennzeichen dieser „Fließbandgesellschaft" sind die Arbeitsbelastungen durch:

- Monotonie in der Arbeit,
- Stress, Lärm, Staub, Hitze,
- physische Schwere der Arbeit.

Roboter sind geeignet solche Arbeiten zu verrichten.

Roboter sind überwiegend als *Gelenkroboter* mit „Schultergelenk", „Armgelenk" und „Handgelenk" aufgebaut **(Bild 1)**. Der Arbeitsraum entspricht bei Geräten mittlerer Größe etwa dem eines stehenden Werkers. Das Handhabungsgewicht liegt meist bei etwa 300 N. Es gibt aber auch Roboter für 10 000 N. Die Arbeitsgeschwindigkeiten sind meist deutlich höher als bei manueller Arbeit und betragen etwa 1 m/s.

Damit das Zusammenspiel der einzelnen Gelenkbewegungen zu einer zielgerichteten, z. B. *geradlinigen*, Roboterhandbewegung führt, sind sehr schnell rechnende Mehrprozessorsteuerungen notwendig, wobei mehrere Millionen Rechenschritte pro Sekunde auszuführen sind **(Bild 2)**.

Roboter verwendet man zu Handhabungsaufgaben, wie z. B. zur Entnahme von Werkstücken aus einer Druckgießmaschine oder zum Einlegen von Teilen bei der Montage und zu Bearbeitungsaufgaben, wie z. B. zum Entgraten und Lackieren **(Bild 3)**. Die prozentuale Verteilung hat sich in den letzten Jahren zugunsten der Montagetechnik verändert. Der Bereich der Werkstückbearbeitung ist jetzt stark zunehmend.

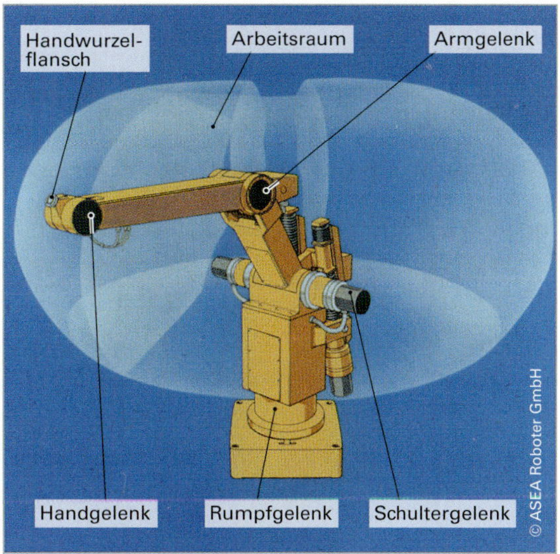

Bild 1: Industrieroboter

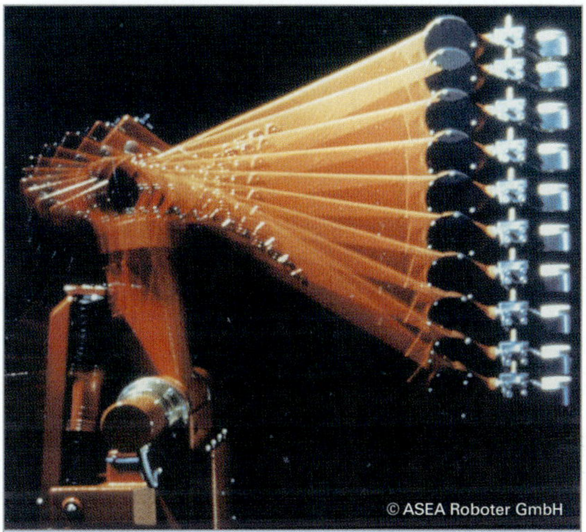

Bild 2: Zusammenspiel mehrerer Bewegungsachsen zum Erzeugen einer geraden Linie

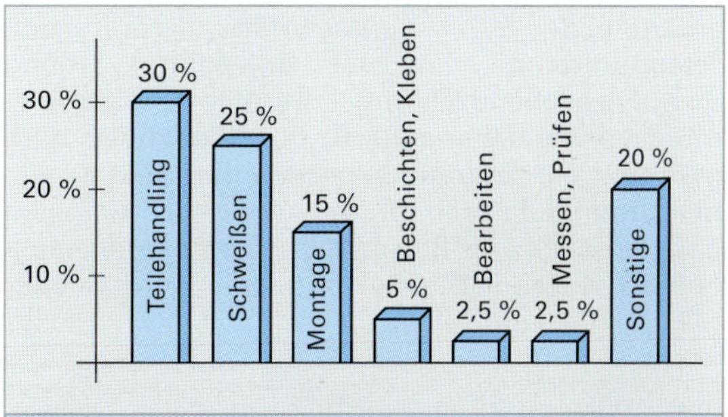

Bild 3: Anwendungsbereiche der Industrieroboter

4.4.2 Einteilung

Handhabungsgeräte sehen sich äußerlich häufig sehr ähnlich, unterscheiden sich aber bezüglich der Steuerung, der Programmierung und Anwendung. Man unterscheidet zwischen den **Manipulatoren**[1], den **Pick-and-Place-Geräten**[2] und den eigentlichen **Industrierobotern (Bild 1)**.

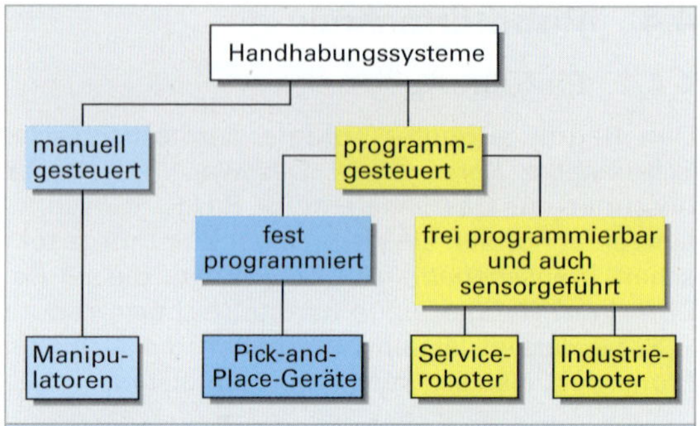

Bild 1: Einteilung der Handhabungssysteme

> **Roboter** sind universell einsetzbare Bewegungsautomaten mit mehreren Achsen.

Die Bewegungen sind hinsichtlich der Bewegungsfolge und der Bewegungsbahnen **frei programmierbar**. Ein mechanischer Eingriff, z. B. ein Verstellen von Grenzschaltern ist nicht notwendig. Darüber hinaus können die Bewegungsbahnen und die Bewegungsfolgen über Sensoren gesteuert werden.

> **Serviceroboter** sind meist selbstfahrende Automaten für Transportaufgaben oder Arbeitsaufgaben.

Beispiele sind fahrerlose Transportfahrzeuge in Krankenhäusern zur Essensausgabe oder Kletterroboter zur Fassadenreinigung und zur Inspektion **(Bild 2)**.

Bild 2: Kletterroboter mit Vakuum-Saugnäpfen an einer Fassade

> **Festprogrammierte Handhabungsautomaten** verwendet man für immer gleich bleibende Bewegungsvorgänge, z. B. zum Beschicken einer Presse oder zur Montage von Serienfabrikaten.

Diese Geräte sind oft mit pneumatisch betriebenen Hub- und Drehzylindern ausgerüstet. Geräte dieser Art bezeichnet man auch als Pick-and-Place-Geräte, da sie zum Aufnehmen und Ablegen von Werkstücken in gleich bleibender Reihenfolge Verwendung finden.

Manipulatoren sind Bewegungsgeräte, die von **Hand unter Sichtkontrolle gesteuert** werden. Beispiele sind Handhabungsgeräte zum Bewegen schwerer Schmiedewerkstücke an Schmiedepressen **(Bild 3)** oder großer Meißel bei Abbrucharbeiten. Bei *fernbedienten* Manipulatoren, den **Teleoperatoren**, wird der Bewegungsvorgang über Fernsehbildschirme kontrolliert. Teleoperatoren verwendet man z. B. in radioaktiven Räumen und bei Weltraumexperimenten **(Bild 4)**. Mit **Mikromanipulatoren** können Arbeiten an kleinsten Bauelementen, z. B. an Mikroprozessoren, ausgeführt werden. Die Bewegungen werden über Mikroskope kontrolliert.

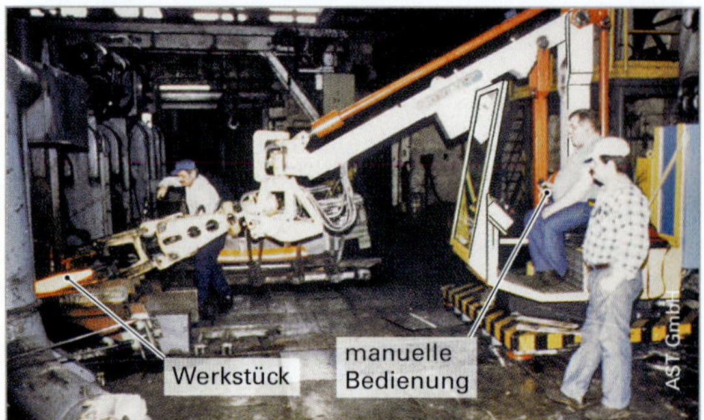

Bild 3: Manipulator für Schmiedearbeiten

Bild 4: Roboter zur Erkundung des Planeten Mars

---
[1] lat. manus = die Hand

[2] engl. to pick = aufnehmen; engl. to place = ablegen

4.4.3 Kinematischer Aufbau

Art, Anordnung und Zahl der Bewegungseinheiten (Achsen) bestimmen bei einem Roboter die äußere Gestalt, den Arbeitsraum, die Verwendbarkeit und den steuerungstechnischen Aufwand. Die Bewegungseinheiten sind *Drehgelenke* (rotatorische Achsen, *R-Achsen*) oder *geradlinige* Führungen (translatorische Achsen, *T-Achsen*).

Um verschiedene *Punkte im Raum* erreichen zu können, sind *drei Achsen* erforderlich. Diese Achsen nennt man **Hauptachsen**. Sie bilden den **Roboterarm**. Zur Einstellung eines Greifers oder Werkzeugs in beliebiger räumlicher *Richtung* (Orientierung) sind *weitere drei Achse*n erforderlich **(Bild 1)**. Diese nennt man **Handachsen**. Handachsen sind stets rotatorische Achsen.

Zur Einstellung des Roboters auf eine Position im Roboterarbeitsraum sind insgesamt 6 Achsen, entsprechend den 6 Freiheitsgraden der Bewegung eines Körpers im Raum, erforderlich.

Man unterscheidet 3 Freiheitsgrade für die Position, z. B. mit den Koordinaten X, Y, Z, und 3 Freiheitsgrade für die Orientierung mit den Drehachsen D für die **Rollbewegung**, E für die **Nickbewegung** und P für die **Gierbewegung (Bild 2)**.

Die Roboter werden nach ihrer **Kinematik**[1], d. h. nach der Art ihrer Bewegungen, unterteilt.

Bei der **TTT-Kinematik** folgen, beginnend bei der Roboteraufstellfläche, *drei translatorische* Hauptachsen aufeinander **(Bild 3)**. Diese Art von Robotern verwendet man z. B. als **Portalgeräte** zum Beladen und Entladen von Paletten und zur Montage. Ihr Arbeitsraum ist quaderförmig; die Kantenlängen entsprechen den Längen der X-, Y- und Z-Achse. Für geradlinige Bewegungen im Arbeitsraum müssen die einzelnen Achsen mit unterschiedlichen, aber konstanten Achsengeschwindigkeiten verfahren werden. Die Steuerung ist der einer NC-Fräsmaschine ähnlich. Steuert man im Handbetrieb die Achsen einzeln an, ergeben sich geradlinige Teilbewegungen in einem **kartesischen Koordinatensystem**.

Portalroboter ermöglichen sehr große Arbeitsräume.

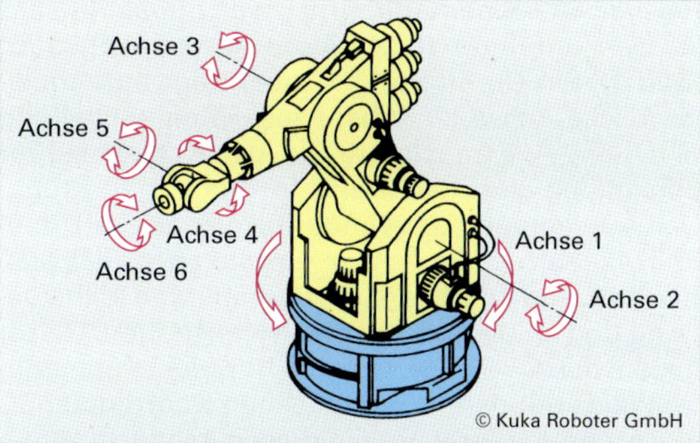

Bild 1: Die 6 Achsen eines Roboters zur Einstellung der Position und zur Orientierung

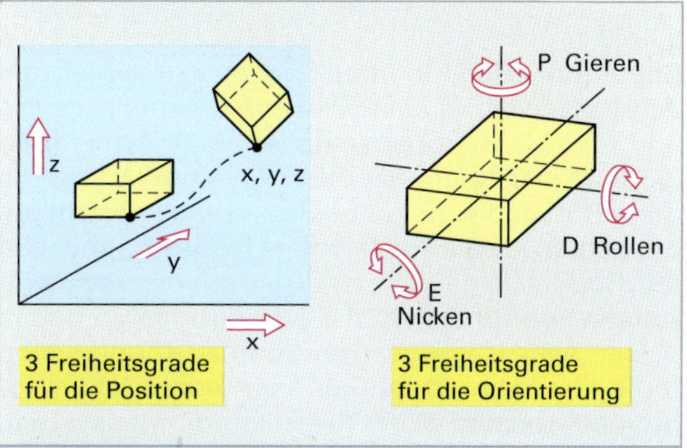

Bild 2: Die 6 Freiheitsgrade der Bewegung

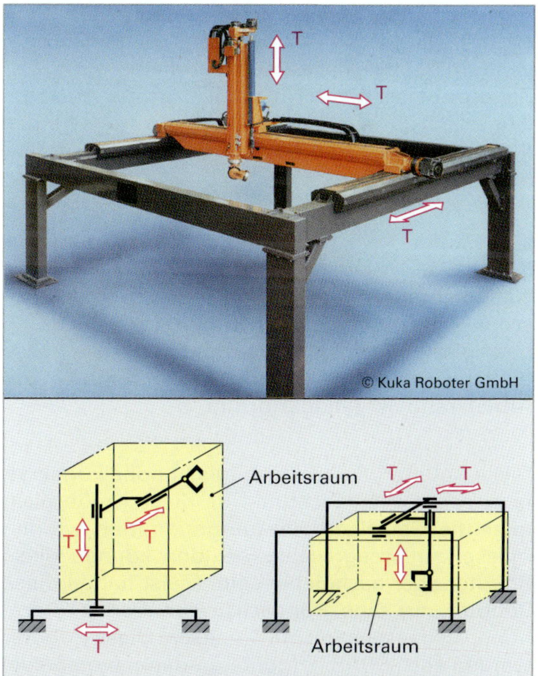

Bild 3: Roboter mit TTT-Kinematik

[1] griech. kinema = das Bewegte, Kinematik = Beweglichkeitslehre, Bewegungsart

Bei der **RTT-Kinematik** sind *zwei translatorische Achsen* auf *eine rotatorische Achse* aufgesetzt **(Bild 1)**. Ein Drehturm (1. Achse) trägt eine translatorische Achse (2. Achse) zur Höheneinstellung und diese eine translatorische Achse (3. Achse) zur Einstellung der Reichweite in radialer Richtung. Der Arbeitsraum ist zylinderförmig. Steuert man im Handbetrieb die Achsen einzeln an, erhält man für die 2. und 3. Achse je eine geradlinige Teilbewegung und für die 1. Achse einen Kreisbogen. Dieser liegt in der X/Y-Ebene. Um den Roboter in gewohnter Weise mit den rechtwinkeligen Koordinaten X, Y, Z programmieren und in diesen Achsrichtungen bewegen zu können, sind in der Robotersteuerung fortlaufend Umrechnungen von kartesischen Koordinaten in **Polarkoordinaten** vorzunehmen.

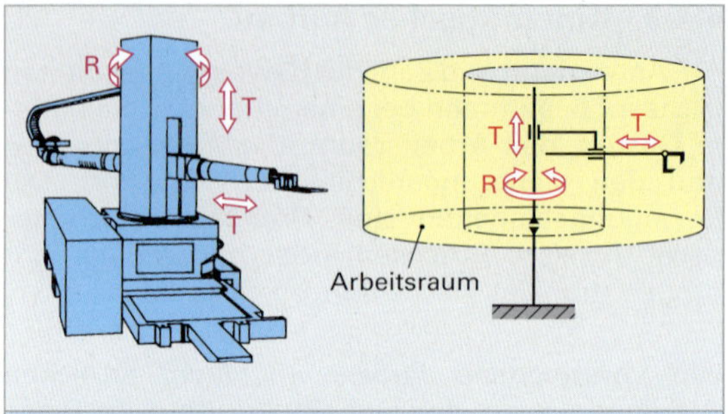

Bild 1: Roboter mit RTT-Kinematik

Roboter mit **RRT-Kinematik** haben z. B. *eine Drehachse* als 1. Achse, *eine Schwenkachse* als 2. Achse und *eine translatorische Achse* als 3. Achse **(Bild 2)**. Der Arbeitsraum hat die Form einer Halbkugel. Steuert man die ersten beiden Achsen einzeln an, erhält man je eine kreisförmige Teilbewegung. Um den Roboter in gewohnter Weise mit den rechtwinkeligen Koordinaten X, Y, Z programmieren und in diesen Achsrichtungen bewegen zu können, sind fortlaufend Umrechnungen vom kartesischen Koordinatensystem in ein **Kugelkoordinatensystem**, das Roboterkoordinatensystem, vorzunehmen.

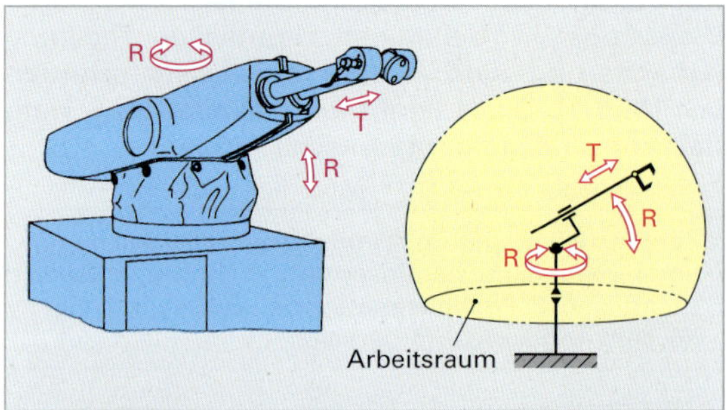

Bild 2: Roboter mit RRT-Kinematik

Auch der Roboter in der Bauform nach **Bild 3** hat als translatorische Achse keine Linearführung, sondern Gelenke nach einem Parallelogramm. Der Roboter dieser Bauform erreicht große Auskraglängen mit dünnem Arm und ist besonders für das Punktschweißen von Karosserien mit Hilfe einer Schweißzange geeignet.

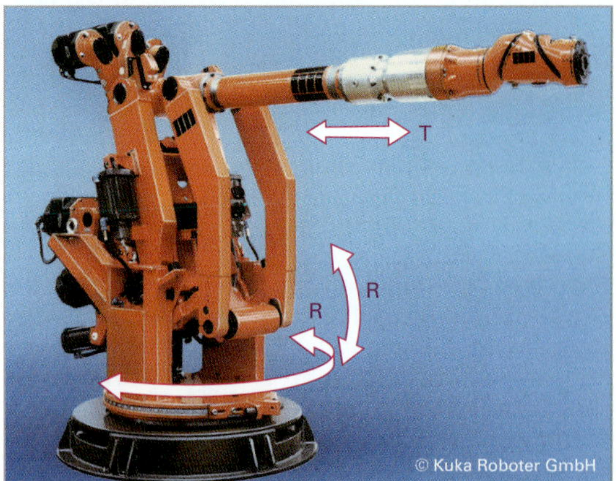

Bild 3: Beispiel für einen Roboter in RRT-Kinematik mit Parallelogrammgelenk

Eine häufige Achsenanordnung, insbesondere für Roboter zur Montage ist die **RRT-Kinematik mit waagrechtem Arm**. Aufbauend auf zwei rotatorischen Achsen für einen in waagrechter Richtung beweglichen Arm folgt eine translatorische Achse für eine senkrechte Hubbewegung **(Bild 4)**. Der Arbeitsraum ist zylinderförmig.

Diese Roboterbauform ermöglicht hohe Fügekräfte in senkrechter Richtung, da diese Kräfte nicht über die Gelenkantriebe aufgenommen werden müssen. In waagrechter Richtung können diese Roboter aber nachgiebig sein. Meist haben diese Roboter nur eine Handachse zur Werkstückdrehung, also insgesamt nur 4 Achsen. Diese Roboter werden auch SCARA-Roboter genannt (von Selective Compliance Assembly Robot Arm = Montageroboterarm mit ausgewählter Nachgiebigkeit).

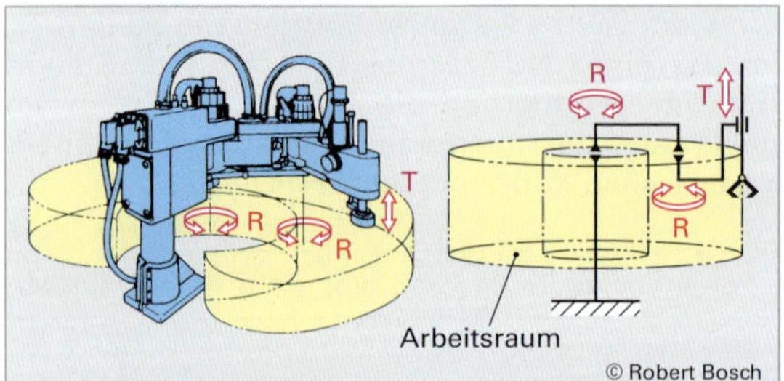

Bild 4: Roboter mit RRT-Kinematik und waagerechtem Arm (SCARA)

Bei der **RRR-Kinematik** werden alle Bewegungen über Drehgelenke ausgeführt. Man spricht hier auch von **Gelenkrobotern (Bild 1)**. Gelenkroboter haben bezüglich ihres Arbeitsraums den geringsten Platzbedarf und brauchen für schnelle Bewegungen die kleinsten Beschleunigungskräfte. Sie sind bei gleichen Beschleunigungsmassen bzw. Trägheitskräften steifer und robuster als Roboter anderer Kinematik.

Die Mehrzahl der Roboter haben einen Aufbau entsprechend der RRR-Kinematik.

Diese Roboter gibt es in sehr unterschiedlichen Größen als Leichtroboter mit Handhabungsmassen von 1 kg bis über 500 kg bei Schwerlastrobotern. Die Antriebe für die Handachsen befinden sich am „Ellenbogengelenk". Die Kraftübertragung zu den Handgelenken erfolgt meist über Gelenkwellen und Zahnriemen.

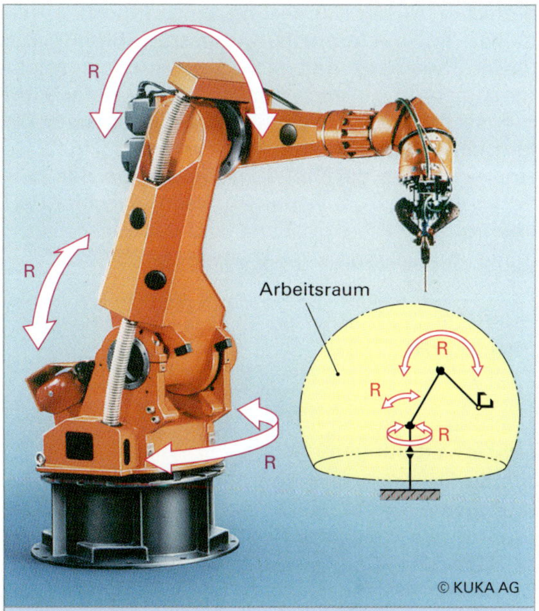

Bild 1: RRR-Kinematik des Gelenkarm-Roboters

Parallelkinematiken

Bei einer Parallelkinematik wird das Werkzeug bzw. der Endeffektor des Roboters durchs Achsen bewegt, welche *parallel* zueinander auf den Endeffektor einwirken und sich dabei einerseits an diesem und andererseits am Boden bzw. einer ortsfesten Wandung abstützen. Z. B. erreicht man mit den drei „Beinen" eines Fotostativs sowohl unterschiedliche Höhen als auch seitliche Verschiebungen der Fotoplattform, wenn man diese in ihrer Länge verstellt.

Als Vorteile für Parallelkinematiken gelten:

- geringe zu bewegende Massen,
- hohe Beschleunigungen,
- Belastung der Bauteile nur auf Zug und Druck,
- hohe Steifigkeit.

Neben der reinen Parallelkinematik, z. B. beim Hexapod gibt es auch Mischformen mit paralleler Kinematik und serieller Kinematik, z. B. beim Tripod.

Beim **Hexapod** (griech. Hexapode = Sechsfüßler) werden 6 Stäbe in der Länge verändert **(Bild 2)**. Die notwendige Rechenleistung zur richtigen Steuerung der 6 Stäbe ist bei dieser Kinematik sehr erheblich.

Anwendung finden diese Hexapod-Roboter z. B. in der Medizin. Hier wird ein Werkzeug zur Operation im Gehirn genau positioniert und bewegt (nachdem der Krankheitsherd durch Computertomographie[1] in seiner geometrischen Lage bestimmt worden ist).

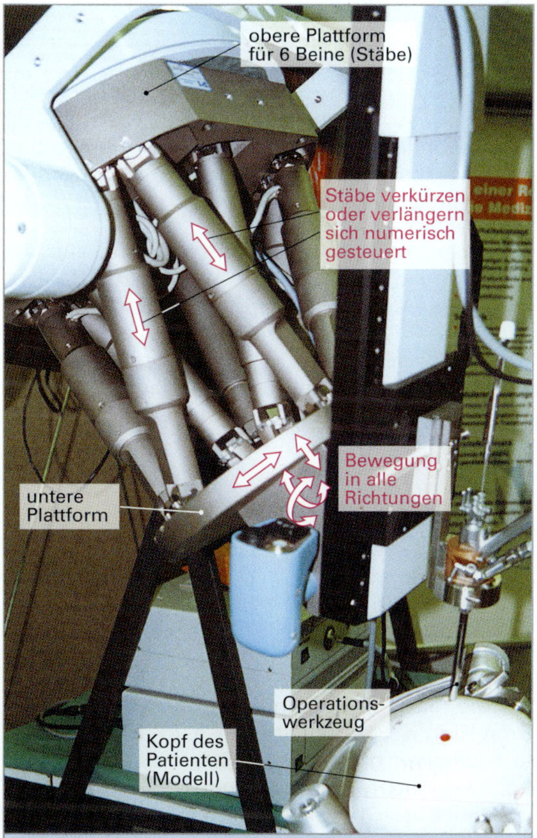

Bild 2: Hexapod

[1] Bei der Computertomographie werden schichtweise Röntgenbilder erzeugt und zu einem räumlichen Gebilde zusammengesetzt; griech. tome = Schnitt; graphein = schreiben

Einfacher in der Steuerung sind **Tripods** (Dreibeiner) mit mittlerem Führungsstab **(Bild 1)**. Bei dieser Kinematik hält sich die Endeffektorplattform stets in gleicher Ausrichtung wie der Führungsstab. Diese Kinematik ist sehr trägkeitsarm und daher hochdynamisch. Anwendungsgebiete sind vor allem die Bauteilmontage und das Sortieren von Teilen, z. B. das Auflesen einzelner Pralinen oder Kekse vom Band und das Einsortieren in die Verpackung.

Hexapods und Tripods sind hochdynamische Handhabungsgeräte.

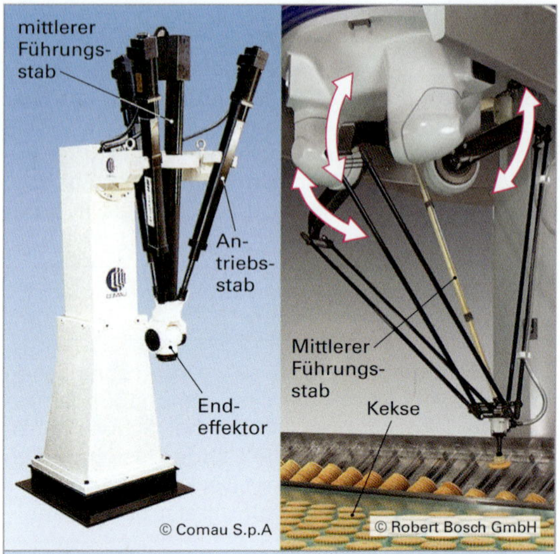

Bild 1: Tripodbeispiele mit mittlerem Führungsstab

Achserweiterungen

Häufig werden den 6 Roboterachsen noch weitere Achsen zur *Arbeitsraumerweiterung* hinzugefügt, indem man den Roboter auf eine Schiene setzt **(Bild 2)** oder an ein zweiachsiges Portal hängt. So können Werkstücke, z. B. für den Flugzeugbau mit über 30 m Länge hergestellt werden.

Mit einer 7. Achse kann der Roboterarbeitsraum stark erweitert werden.

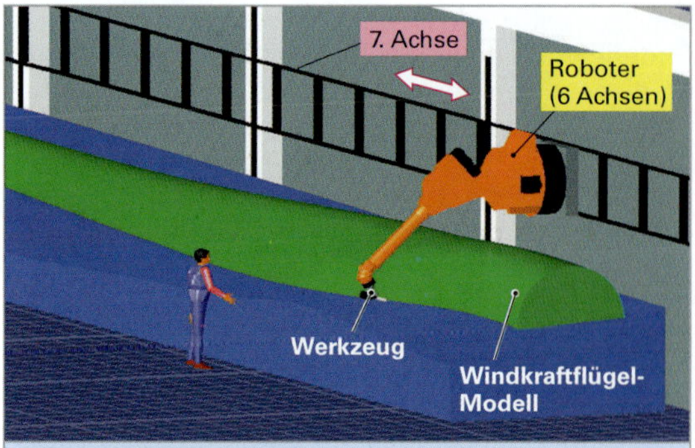

Bild 2: Roboter mit Arbeitsraumerweiterung durch eine 7. Achse für Windkraftflügel

Die Erweiterung mit einem **Dreh-Kipptisch**, also mit einer 7. Achse und **8. Achse (Bild 3)** ermöglicht eine besonders günstige Zuordnung vom Bearbeitungswerkstück zu dem vom Roboter bewegten Bearbeitungswerkzeug.

Bei einer solchen Achserweiterung müssen die Bewegungen der Zusatzachsen bei der Bahnerzeugung in der Steuerung mitberücksichtigt werden. Alle 7 oder 8 Achsen können gleichzeitig in Bewegung sein, z. B. in der Weise, dass beim Schweißen von räumlich gewundenen Werkstücken stets ein waagerecht liegendes Schmelzbad zustande kommt.

Mit einem Dreh-Kipptisch erreicht man beim Schweißen ein waagrechtes Schmelzbad.

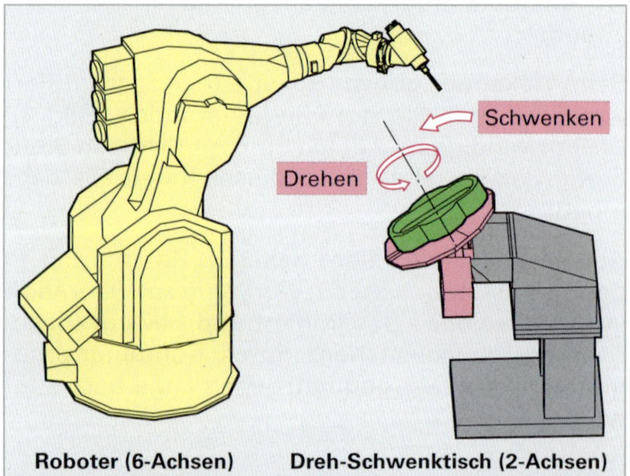

Bild 3: Roboter mit Dreh-Kipptisch

Man kann damit das Werkstück dem Roboter immer von der günstigsten Richtung zur Bearbeitung präsentieren **(Bild 3)**.

Für die Teach-in-Programmierung kann man den Dreh-Kipptisch abschnittsweise in einzelne feste Positionen bringen, den Roboter mit seinen 6 Achsen üblich programmieren und sodann den Dreh-Kipptisch in kontinuierlicher Bewegung „laufen lassen". Jetzt folgt der Roboter dem bewegten Dreh-Kipptisch.

4.4.4 Greifer

Roboter für Handhabungsaufgaben sind mit Greifern ausgestattet.

> Die Greifer sind z. B. pneumatisch betätigte **Zangengreifer**, die über ein Kniehebelgetriebe große Greifkräfte aufbringen können **(Bild 1, links)**. Zangengreifer mit Kulissenantrieb können sich besonders weit öffnen **(Bild 1, rechts)**.

Die Greifbacken werden häufig im Rahmen des üblichen Werkzeugbaus der Handhabungsaufgabe speziell angepasst. Zylindrische Werkstücke werden oft auch mit 3-Fingergreifern gehandhabt.

Hydraulikgreifer. Zur Handhabung schwerer Werkstücke, z. B. von Motorblöcken verwendet man meist hydraulische Spannzylinder mit werkstückangepassten Formelementen **(Bild 2)**.

> Greifsysteme müssen so konstruiert sein, dass der Greifer auch bei Energieabschaltung die Werkstücke sicher hält.

Nadelgreifer. Zur Handhabung von Textilien gibt es Greifer, die mit Nadeln ausgestattete Greifbacken haben.

Sauggreifer. Zum Handhaben von glatten und ebenen Werkstücken, wie z. B. von Glasplatten und von Kunststoffteilen, verwendet man Sauggreifer **(Bild 3)**. Das dazu erforderliche Vakuum wird über eine Vakuumpumpe mit Pufferspeicher erzeugt oder aber durch Druckluft mit einem Ejektor[1]. Das ist eine kleine Venturi[2]-Düse, unmittelbar am Saugnapf.

[1] Ejektor von lat. eiaculare = hinausschleudern

[2] Benannt nach *Giovanni Battista Venturi* (1746 bis 1822), ital. Physiker. Durch die Querschnittsverengung des Venturirohrs entsteht eine hohe Strömungsgeschwindigkeit mit Unterdruck an der engsten Stelle.

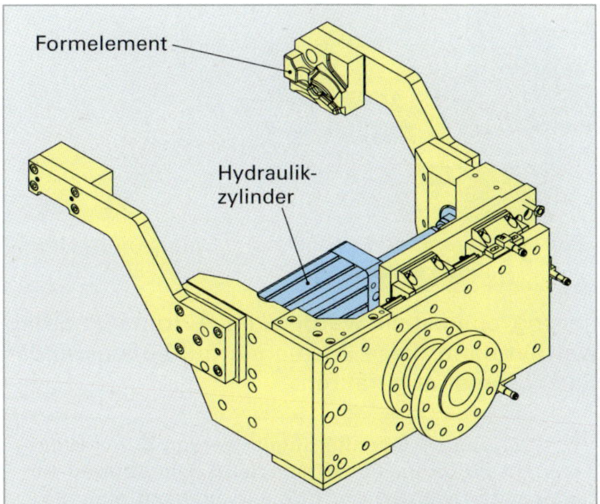

Bild 2: Hydraulikgreifer für Motorblöcke

Greifer- und Werkzeugwechselsysteme

Zum Handhaben sehr unterschiedlicher Werkstücke und Werkzeuge werden die Greifer bzw. Werkzeuge über einen **Wechselflansch** am Roboterarm befestigt. Es gibt mechanisch betätigte Wechselsysteme, aber auch solche mit pneumatischem oder elektrischem Kupplungsantrieb. Die Wechselsysteme ermöglichen die Übertragung elektrischer und pneumatischer Energie.

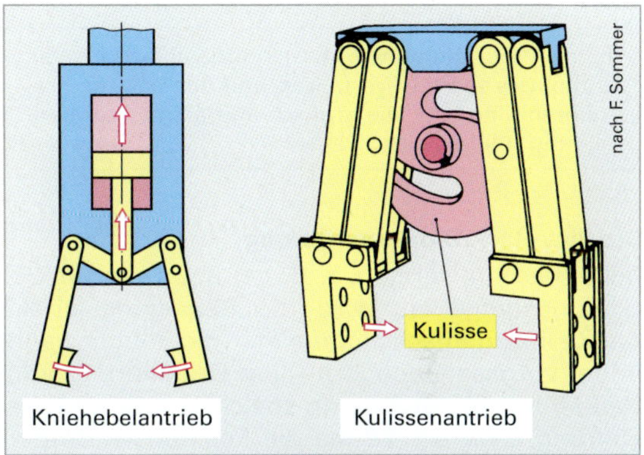

Bild 1: Pneumatisch betätigte Zangengreifer

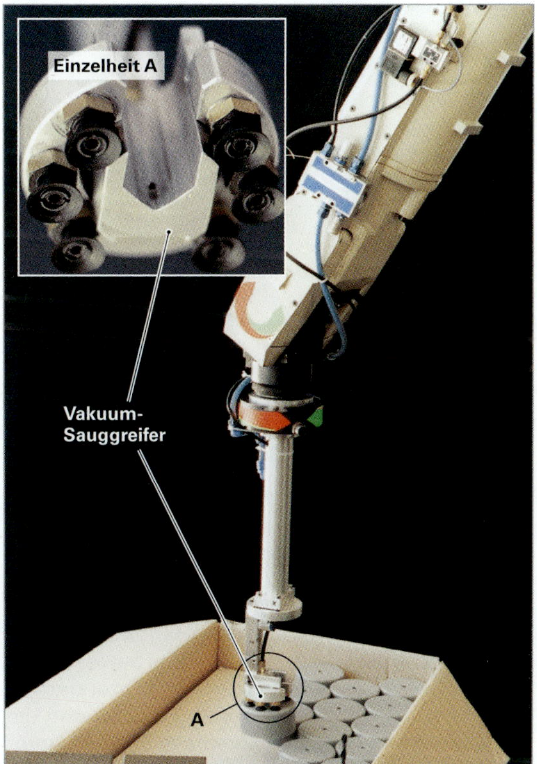

Bild 3: Roboter mit Sauggreifer

4.4.5 Roboterprogrammierung

Die Programmierung von Robotern ist im Vergleich zur Programmierung von NC-Maschinen wesentlich schwieriger, da neben Positionspunkten auch Werkzeugorientierungen bzw. Greiferorientierungen zu programmieren sind. Werkzeugorientierungen, z. B. die Orientierung eines Schweißbrenners beim Bahnschweißen gekrümmter Fahrwerksteile, können meist nicht aus Werkstückzeichnungen abgeleitet werden.

Übliche Programmierverfahren sind das Play-Back-Verfahren, das Teach-In-Verfahren und die Off-Line-Programmierung bzw. die grafisch-interaktive Programmierung **(Bild 1)**.

Die Play-Back-Programmierung

Bei einfachen Geräten, z. B. bei Robotern für Lackierungsaufgaben, wird die Bewegung direkt manuell vorgemacht, indem man die Roboterhand in der vorgesehenen Bahn und Orientierung von Hand führt. Die Steuerung speichert während der Führung etwa alle 20 ms die Positionswerte der einzelnen Roboterachsen. Im nachfolgenden Programmablauf wird die von Hand geführte Bahn wiederholt. Die bei der Programmierung gespeicherten Positionswerte dienen dabei als Sollwerte. Man spricht von der Play-Back-Programmierung (to play back = wiederabspielen).

Diese Programmiertechnik ist weniger genau als die Teach-In-Programmierung, da der Roboterarm beim Programmieren durch die Handführung ganz anders belastet wird als beim automatischen Arbeitsablauf. Bei der Handführung wird z. B. der Arm durch die Handbewegung gezogen, während im automatischen Ablauf der Antrieb den Roboterarm vorschiebt. Ein weiterer Nachteil der Play-Back-Programmierung ist, dass sich der Programmierer gemeinsam mit dem Roboter im Roboterarbeitsraum bewegen muss. Diese Tätigkeit ist häufig aufgrund räumlicher Enge, z. B. beim Innenbeschichten von Karosserien, außerordentlich schwierig und belastend.

Die Teach-In-Programmierung

Bei der Teach-In-Programmierung (to teach in = einlernen) wird der Roboter durch den Bediener mit Hilfe der Bedientasten oder mit einem Steuerknüppel (joy stick = Steuerknüppel) des Programmierhandgeräts (PHG) zu den Handhabungspositionen oder Bearbeitungspunkten bewegt **(Bild 2)**. Dabei wird auch die gewünschte Orientierung eingestellt. Sind die gewünschte Position und die Orientierung eingestellt, kann diese Position unter der Adressnummer eines Bewegungssatzes abgespeichert und die nächste Position und Orientierung eingestellt werden. Im Automatikbetrieb werden dann diese Positionen mit aufsteigender Satznummer abgefahren.

Bild 1: Roboter-Programmierverfahren

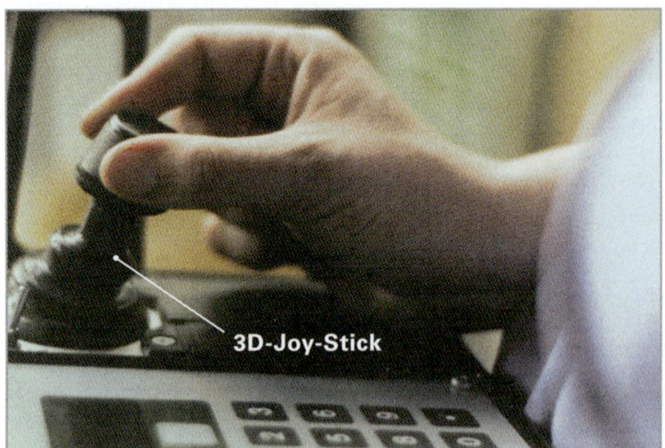

Bild 2: Programmierhandgerät mit Steuerknüppel zur Roboterbewegung

Positionen und Orientierungen werden durch Handsteuern Punkt für Punkt eingelernt. Die übrigen Anweisungen werden am Roboter oder mit einem PC editiert.

Die Programmierung ist bei Robotern nicht so einheitlich wie bei NC-Maschinen. Roboter können meist wahlweise in einer PASCAL-ähnlichen Hochsprache oder in einer Anwendersprache mit *Makros* programmiert werden. Die Makros werden vom Roboterhersteller oder dem Systemlieferanten für den Anwender passend zusammengestellt.

Programmieren mit einer Hochsprache

Die Programmierung mit einer Hochsprache ist *strukturiert*, d. h. gegliedert in Hauptprogramme (HP) und Unterprogramme (UP) **(Bild 1)** und erfolgt bis auf die Eingabe der Positions- und Orientierungsdaten meist an einem PC, seltener direkt über das Roboterbedienfeld. So gegliederte Programme führen zu einem übersichtlichen Programm. Dieses ist abschnittsweise testbar bzw. ablauffähig.

Im **Hauptprogramm** werden alle allgemein gültigen Funktionen definiert, z. B. die maximale Geschwindigkeit, die maximale Beschleunigung, die Nullpunktkorrektur, das Koordinatensystem, die Startposition.

In den **Unterprogrammen** werden die einzelnen Arbeitsaufgaben mit all den vielen Positions- und Orientierungsdaten beschrieben. Die Ausgänge werden gesetzt und die Eingänge abgefragt.

Alle **Programme** sind streng gegliedert in einen **Vereinbarungsteil** und in einen **Anweisungsteil (Bild 2** und **Tabelle 1)**. Im Vereinbarungsteil steht der Programmname und beim Hauptprogramm die Namen der globalen Unterprogramme sowie die vereinbarten Variablen. Im Anweisungsteil stehen die durchzuführenden Anweisungen. Die globalen Unterprogramme wirken während des gesamten Programmablaufs. Dagegen sind die lokalen Unterprogramme nur im betreffenden Arbeitsabschnitt aktiviert.

Beispiel:

Im Satz 3 und 4 (Tabelle 1) werden externe Unterprogramme vereinbart und im Satz 5 eine Integervariable. Im Anweisungsteil, Satz 6 bis 16, werden über globale Unterprogramme Variable gesetzt. In Satz 12 fährt der Roboter in die Startposition. Mit den Anweisungen 13 bis 16 wird die Schweißbewegung gesteuert. Geschweißt wird im UP-Schweißen mit 4 Schweißpunkten, entsprechend der Datenliste.

Die Roboterprogrammierung erfolgt in einer Hochsprache oder in einer Anwendersprache mit *Makros*.

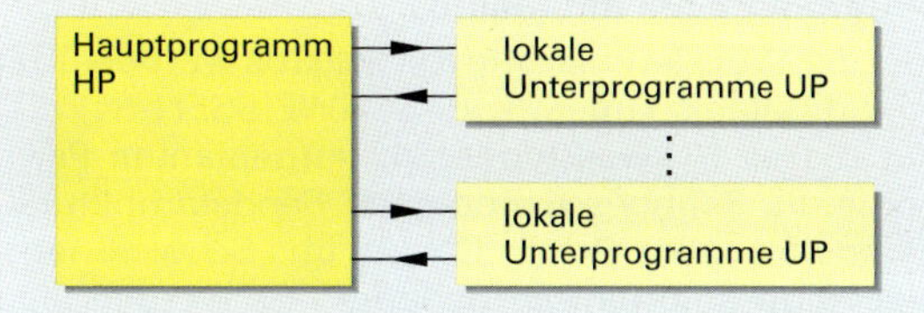

Bild 1: Programmgliederung

Vereinbarungsteil	Name Definition der Variablen
Anweisungsteil	Anweisung Anweisung ⋮

Bild 2: Programmstruktur

Tabelle 1: Programmbeispiel

```
1  DEF EUROPA BSP ()
2  ; Beispiel Schweißen
3  EXT GESALL (INT)  ; globales UP für Achsgeschw.
4  EXT BESALL (INT)  ; globales UP für Achsbeschl.
5  INT I
6  GESALL (50)       ; UP-Aufruf Geschw. 50%
7  BESALL (50)       ; UP-Aufruf Beschl. 50%
8  $ BASE = {X 0.0, Y 0.0, Z 0.0, A 0.0, B 0.0 C 0.0}
9  ; Nullpunktkorrektur
10 $TOOL = {X0, Y0, Z100, A0, B0, C0}
11 ; Werkzeugkorrektur 100 mm in Z-Richt.
12 PTP START
13 FOR I = 1 TO 4
14   PTP PUNKT (I)
15   SCHWEISSEN ()
16 END FOR
17 PTP {X 100.0, Y 100.0, Z 100.0}; Home-Pkt
18
19 ; Lokales UP Schweißen
20 DEF SCHWEISSEN ()
21 $ OUT [13] = TRUE; Ausg. 13 setzen = Zange zu
22 WAIT FOR $ IN [31]; Eing. 31 = ? Zange zu?
23 $ OUT [14] = TRUE; Ausg. 14 setzen = Schweißen
24 WAIT FOR $ IN [41]; Eing. 41 = ? Schweißen Ende
25 $ OUT [13] = FALSE; Ausg. 13 rücksetzen = Zange auf
26 END
```

```
1 DEF DATA EUROPA BSP
2 POS PUNKT [4]; Positionswerte von 4 Schweißpunkten
3 PUNKT [1] = {X220.0, Y230.0, Z200.0, A10.1, B20.0, C30.0}
4 PUNKT [2] = {X230.0, Y240.0}
5 PUNKT [3] = {X240.0}
6 PUNKT [4] = {X250.0}
7 ENDDAT
```

```
1 DEF GESALL; globales UP Geschw.Achsen 1 bis 6
2 INT I
3 FOR I = 1 TO 6
4   $VEL_AXIS [I] = 50%
5 END FOR
6 END
```

```
1 DEF BESALL; globales UP Beschl.Achsen 1 bis 6
2 INT I
3 FOR I = 1 TO 6
4   $ACC_AXIS [I] = 50
5 ENDFOR
6 END
```

Programmieren mit Makros

Bei der Programmierung mit Makros werden über einen Befehlsnamen, z. B. SCHWEISSEN S1, die, für diesen Schweißtypus S1, vorgeplanten Parameter für Bahngeschwindigkeit, Pendelamplitude, Pendelfrequenz, Schweißstrom und Schweißnahtvorschub automatisch generiert. Es werden also sowohl Bewegungsanweisungen als auch Ein-/Ausgabeanweisungen für die Peripherie, nämlich die Schweißstromquelle, erzeugt.

Beispiel:
Mit dem zugehörigen Makrobefehl LICHTBOGEN EIN wird die Gasvorströmzeit und die Zündzeit als Wartezeiten erzeugt sowie das Gasventil über einen Ausgabebefehl geöffnet und kurze Zeit danach der Zündvorgang über einen weiteren Ausgabebefehl eingeleitet. Ebenso werden mit dem Befehl LICHTBOGEN AUS passende Wartezeiten im Roboterprogramm erzeugt, damit der Schweißprozess richtig mit entsprechender Nachbrennzeit und Gasnachströmzeit abgeschlossen werden kann.

Mit Hilfe solcher Makrobefehle erhält man dann ein sehr einfaches Roboterprogramm **(Bild 1)**. Diese Art der Roboterprogrammierung ist *werkstattgerecht*, da sie auf die Aufgabe zielt. Die Prozessparameter, wie Schweißstrom und Pendelamplitude, sind in einer Tabelle eingetragen und können vom Werker verändert und damit optimiert werden.

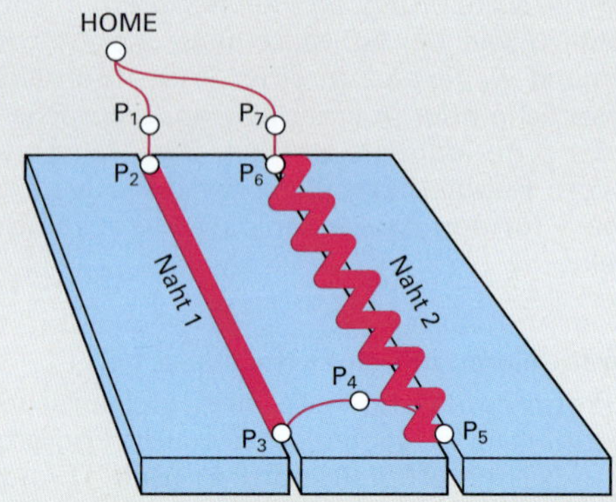


```
001 LICHTBOGEN INITIALISIEREN
023 PTP HOME
024 PTP P1 C PTP
025 LIN P2
026 LICHTBOGEN EIN (START 1,
    SCHWEISSEN S1); NAHT 1
029 LIN P3
030 LICHTBOGEN AUS (END 1); NAHT 1
033 CIRC P4, P5
034 LICHTBOGEN EIN (START 1,
    SCHWEISSEN S2); NAHT 2
039 LIN P6
040 LICHTBOGEN AUS (END 1); NAHT 2
044 LIN P7
045 PTP HOME
046 END
```

Bild 1: Programmieren mit Makros

Grafisch-interaktive Programmierung

Hierbei werden grafisch-interaktiv neben den Programmablaufanweisungen und den Bewegungsanweisungen auch die Positions- und Orientierungsdaten am Programmierarbeitsplatz erzeugt **(Bild 2)**. Dieser Programmierarbeitsplatz ist ein sehr komfortabler CAD-Arbeitsplatz, welcher eine *farbschattierte Simulation* der Roboterzelle mit beweglichem Roboter ermöglicht. Die Roboteraufgabe wird vollständig am Bildschirm in Form einer **virtuellen Realität (VR)** durchgeführt und dabei wird das Roboterprogramm automatisch erstellt. Zur Bewegungssteuerung des „Bildschirmroboters" verwendet man entweder dieselben Befehle wie für den realen Roboter, also z. B. die Programmiersprache ACR, oder eine steuerungsneutrale Sprache, z. B. die Simulationssprache TDL des Simulationssystems.

Die grafisch-interaktive Programmierung erfolgt mit CAD-ähnlichen Systemen durch Simulation der Roboterbewegung in der simulierten Roboterarbeitszelle.

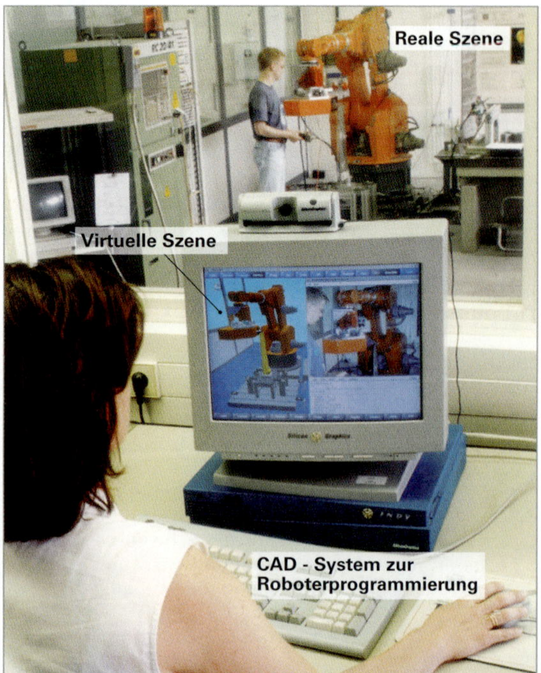

Bild 2: Grafisch-interaktive Programmierung

4.4.6 Koordinatensysteme

Zur Bewegungssteuerung eines Roboters ist eine exakte Beschreibung des Roboters in seinem Arbeitsraum und in Bezug zu den Werkstücken die vom Roboter bearbeitet oder gehandhabt werden erforderlich. Man beschreibt die Zuordnung des Roboters zu seiner Umgebung und zu den Werkstücken mit rechtwinkligen, d. h. kartesischen[1] Koordinatensystemen[2] **(Bild 1)**. Die Koordinatensysteme, die dem Anwender zur Bewegungssteuerung und zur Programmierung der Roboter zur Verfügung gestellt werden, nennt man **Programmierkoordinatensysteme** oder **Anwenderkoordinatensysteme**.

Das Weltkoordinatensystem

Das Weltkoordinatensystem ist das Ursprungskoordinatensystem. Es ist fest zugeordnet zum Betriebsbereich des Roboters. Bei nichtortsbeweglichen Robotern beschreibt das Weltkoordinatensystem die Roboterarbeitszelle mit den Koordinatenachsen X_{WE}, Y_{WE}, Z_{WE}. Dabei zeigt die Z-Achse senkrecht nach oben. Dieses Koordinatensystem bleibt, einmal festgelegt, unverändert.

Das Roboterbasiskoordinatensystem

Das Roboterbasiskoordinatensystem ist ein Koordinatensystem, das sich auf den Roboter bezieht und meist so definiert ist, dass die Aufstellfläche in der X_{RB}- Y_{RB}-Ebene liegt und die Z_{RB}-Achse sich in der Robotermitte befindet.

Wird der Roboter auf einer ebenen Fläche aufgestellt und waagerecht bzw. senkrecht ausgerichtet, dann besteht zwischen dem Weltkoordinatensystem und dem Roboterbasiskoordinatensystem nur eine Verschiebung und um die Z-Richtung eine Verdrehung.

Das Roboterbasiskoordinatensystem ist bei manchen Robotern in allen 6 Freiheitsgraden durch Maschinendatum änderbar, sodass man auch bei schief aufgestelltem Roboter eine lotrechte Z_{RB}-Achse bekommen kann.

Ein besonderes Problem ist häufig die korrekte Ausrichtung des Roboterbasiskoordinatensystems, da im Unterschied zur Werkzeugmaschine oft keine Anlageflächen für das Anlegen einer Wasserwaage vorhanden sind und auch die Robotermitte mit Messmitteln nicht zugänglich ist.

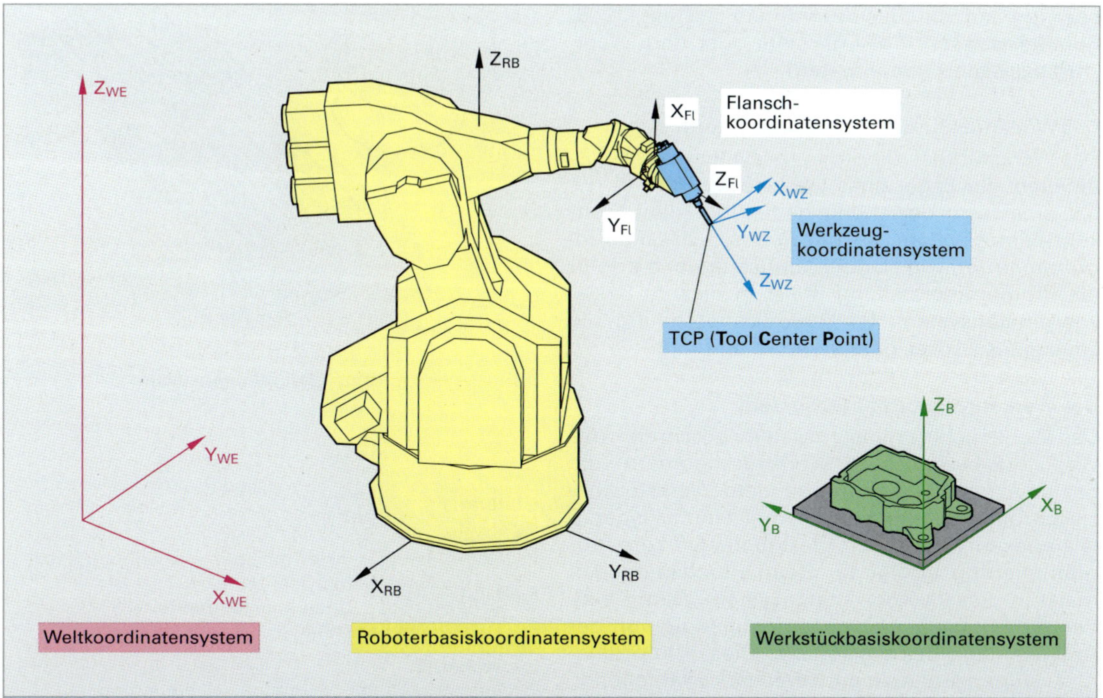

Bild 1: Koordinatensysteme in einer Roboterarbeitszelle

[1] *René Descartes* (Renatus Cartesius), franz. Philosoph (1596 bis 1650)

[2] lat. ordinare = ordnen. Mit Koordinaten werden Punkte im Raum festgelegt.

Das Flanschkoordinatensystem

Das Flanschkoordinatensystem bezieht sich auf die letzte Roboterachse mit den Koordinatenachsen X_{Fl}, Y_{Fl} und Z_{Fl}. Bezüglich dieses Koordinatensystems werden Werkzeuge und Greifer ausgerichtet. Durch das Bohrbild des Flansches ist die Lage der X_{Fl}-Achse und Y_{Fl}-Achse festgelegt. Die Z_{Fl}-Achse liegt zentrisch im Flansch und in Richtung der 6. Roboterachse. Das Flanschkoordinatensystem wird durch Maschinendaten bei der Roboterinbetriebnahme festgelegt. Dabei werden etwaige Roboterarmverlängerungen berücksichtigt.

Das Werkzeugkoordinatensystem und der TCP

Das Werkzeugkoordinatensystem kreuzt sich im Werkzeugbezugspunkt (Tool Center Point ⇒ TCP). Es bezieht sich bezüglich seiner räumlichen Ausrichtung auf das Flanschkoordinatensystem **(Bild 1)**. Der Wegverlauf des TCP wird als Roboterbewegungsbahn und die räumliche Ausrichtung des Werkzeugkoordinatensystems wird als Roboterorientierung bezeichnet. Die Geschwindigkeit des TCP ist die Roboterbahngeschwindigkeit. Die Roboterkoordinatenwerte X, Y, Z mit den Orientierungswinkeln A, B, C sind die Koordinaten bezogen auf ein Basiskoordinatensystem, z. B. Roboterbasiskoordinatensystem oder dem Werkstückbasiskoordinatensystem.

Das Werkstückbasiskoordinatensystem

Das Werkstückbasiskoordinatensystem X_B, Y_B, Z_B definiert die Lage eines Werkstücks **(Bild 2)**. Es hat eine feste Beziehung gegenüber dem Weltkoordinatensystem. Bei der *Roboter-Off-Line-Programmierung* von Handhabungsaufgaben erfolgt die Programmerstellung meist in diesem Basiskoordinatensystem. Es kennzeichnet häufig die Lage eines Tisches oder einer Spannplatte.

Das Werkstückkoordinatensystem

Das Werkstückkoordinatensystem beschreibt das Werkstück bezüglich der Werkstückgeometrie. Es hat eine feste Beziehung zu dem Werkstückbasiskoordinatensystem und ist meist nur achsparallel zu diesem verschoben. Die Roboter-Off-Line-Programmierung erfolgt für Bearbeitungsaufgaben meist in diesem Koordinatensystem. Damit werden die Roboterprogramme unabhängig von der Aufspannlage des Werkstücks. Dieses Koordinatensystem nennt man auch Werkstückframe (engl. frame = Rahmen).

> Die Koordinatenangaben der Roboterprogramme beziehen sich günstigerweise auf das Werkstückkoordinatensystem.

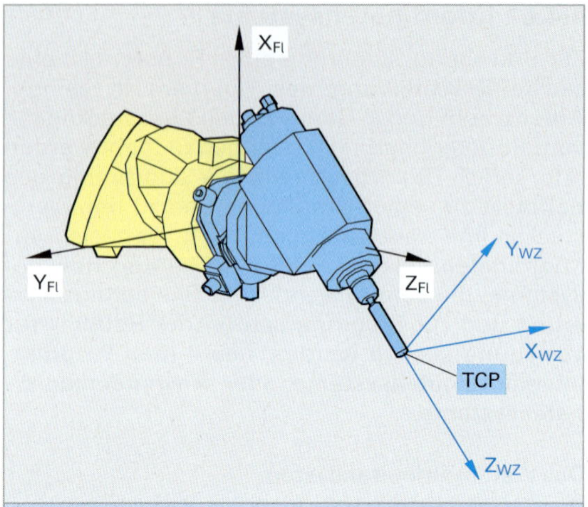

Bild 1: Werkzeugkoordinatensystem mit TCP

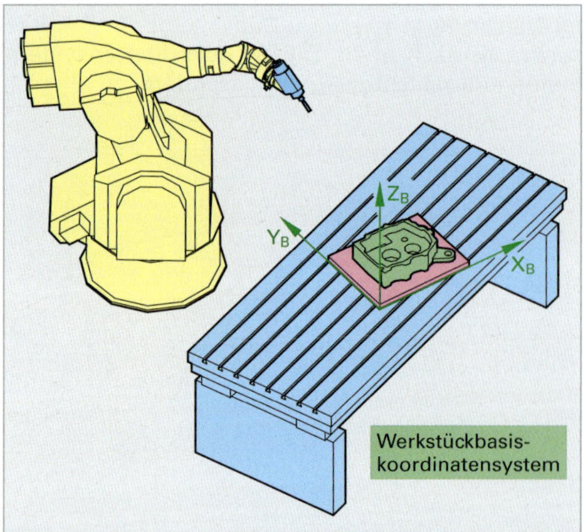

Bild 2: Werkstückbasiskoordinatensystem

Literatur

- **Globke, W.:** Koordinaten, Transformationen und Roboter, Institut für Algebra und Geometrie, Arbeitsgruppe Differentialgeometrie, Universität Karlsruhe.
- **Weber, W.:** Industrieroboter, Methoden der Steuerung und Regelung. Carl Hanser Verlag, München Wien, 2009.
- **Craig, J.J.:** Introduction to Robotics, Mechanics and Control. Pearson Prentice Hall, NJ 07458, 2005.

Roboterachswinkel und Maschinenkoordinaten

Zur Roboterbewegung werden die einzelnen Roboterachswinkel α, β, γ, δ, ε, φ durch die Drehbewegung der zugehörigen Motoren verändert **(Bild 1)**. Die Drehbewegung der Motoren wird, beginnend vom Roboterachsnullpunkt, mit kleinen Zuwachswerten (Inkrementen) durch Drehwinkelmesssysteme, meist Drehmelder, gemessen. Es entsprechen z. B. 4096 Inkremente einer Umdrehung der Motorwelle und 100 Umdrehungen der Motorwelle entsprechen einer Umdrehung einer Roboterachse.

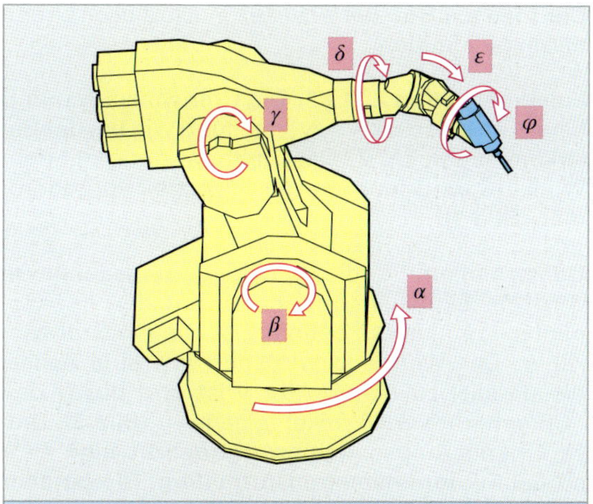

Bild 1: Roboterachswinkel α, β, γ, δ, ε, φ

Definitionen für die Orientierungswinkel

Die Werkzeugorientierung, d. h. die räumliche Ausrichtung des Werkzeugkoordinatensystems, wird als *Orientierung* bezeichnet. Diese Werkzeugorientierung definiert man meist mit 3 Orientierungswinkeln, die die Bezeichnung A, B, C haben. Dabei verwenden die Roboterhersteller sehr unterschiedliche Definitionen.

Der Anwender muss sich mit diesen Definitionen meist nicht befassen, es sei denn, er schreibt ein eigenes Editiersystem zur Off-Line-Programmierung oder er will die Koordinatensysteme verschieben und verdrehen, oder er will die Koordinatenanzeigen A, B, C im Display verstehen.

Eulerkonvention[1] Z Y′ Z″. Der Winkel A beschreibt eine Drehung des Werkzeugs um eine zur Z-Achse parallele und durch den TCP verlaufende Achse **(Bild 2)**. Es entsteht das Koordinatensystem X′, Y′, Z′. Der Winkel B beschreibt eine Drehung des Werkzeugs um die jetzt vorhandene Achse Y′. Es entsteht das Koordinatensystem X″, Y″, Z″. Mit dem Drehwinkel C wird nun das Werkstück um die nun vorhandene Achse Z″ gedreht. Es ensteht das Koordinatensystem X‴, Y‴, Z‴ **(Bild 3)**.

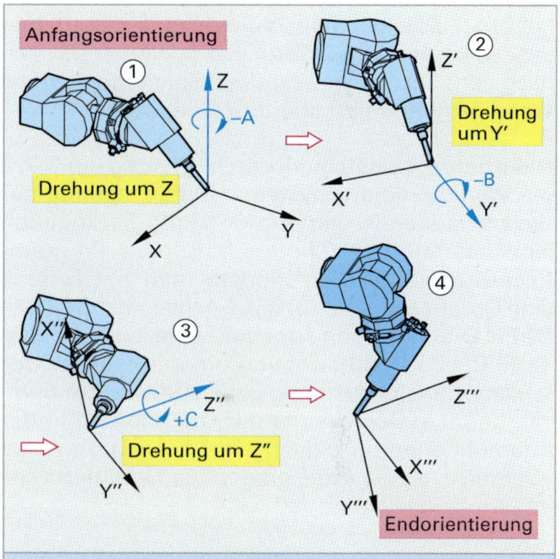

Bild 2: Orientierung nach der Eulerkonvention Z Y′ Z″

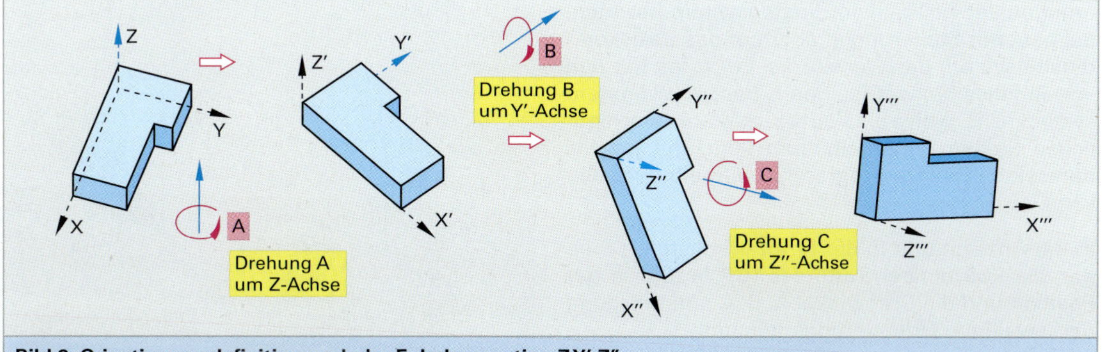

Bild 3: Orientierungsdefinition nach der Eulerkonvention Z Y′ Z″

[1] *Leonhard Euler*, Mathematiker (1707 bis 1783), lat. conventio = Übereinkunft

Die meisten Roboter arbeiten nach dieser Orientierungsdefinition.

Eulerkonvention Z Y' X". Die Drehwinkel A und B bewirken dieselbe Achsverstellung wie bei der Eulerkonvention ZY' Z". Die Drehbewegung mit dem Winkel C wird hier um die X"-Achse vorgenommen **(Bild 1)**.

Quaternionen. Bei dieser Orientierungsdefinition wird ein Einheitsraumvektor $\vec{v}$ mit den Komponenten ΔX, ΔY, ΔZ definiert, sowie ein Drehwinkel φ. Das Werkzeug wird nun um eine Achse, die parallel zu dem Vektor $\vec{v}$ ist und durch den TCP geht, um den Winkel φ gedreht **(Bild 2)**. Diese Orientierungsdefinition ermöglicht eine sehr schnelle Koordinatentransformation. Sie ist aber für den Anwender ziemlich unanschaulich und wird daher nur steuerungsintern verwendet. Im Unterschied zur Eulerkonvention werden hier 4 Größen benutzt. Für den Einheitsraumvektor benötigt man tatsächlich aber nur 2 Werte. Der 3. Wert ergibt sich nach dem Satz des *Phytagoras*. So werden wohl 4 Werte programmiert aber nur 3 benötigt.

Orientierungseinstellung durch Drehung um X,Y,Z des Weltkoordinatensystems. Die Einstellung der Werkzeugorientierung erfolgt häufig bei manueller Steuerung des Roboters, z. B. beim Programmieren durch Teachen[1], indem man mit Taste A eine Drehbewegung um die Z-Achse, mit der Taste B eine Drehbewegung um die Y-Achse und mit der Taste C eine Drehbewegung um die X-Achse des Weltkoordinatensystems auslöst **(Bild 3)**. Zur Speicherung und Berechnung der Orientierung in der Robotersteuerung eignen sich diese Drehwinkel aber nicht, da sie keine eindeutige Orientierungsangabe darstellen.

Koordinaten des TCP

Die Koordinaten des TCP werden bei vielen Steuerungen auf ein Weltkoordinatensystem bezogen, bei neueren Steuerungen aber auf das Basiskoordinatensystem des Werkstücks. Letzteres hat den Vorteil, dass bei wechselndem Basiskoordinatensystem, z. B. wenn ein Werkstück an unterschiedlichen Stellen im Arbeitsraum liegt, mit jeweils demselben Roboterprogramm bearbeitet werden kann.

In der Anzeige und in der Programmliste erscheinen die Koordinatenwerte des TCP bezüglich der Position und die Drehwinkel A, B, C entsprechend der jeweiligen Orientierungsdefinition.

[1] engl. to teach = lehren, einlernen

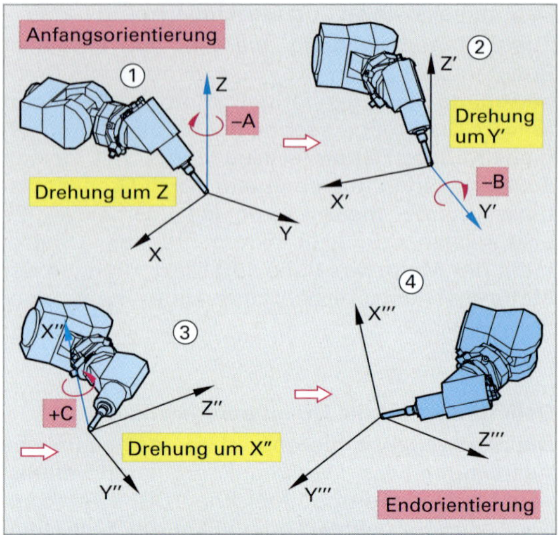

Bild 1: Orientierung nach Eulerkonvention Z Y' X"

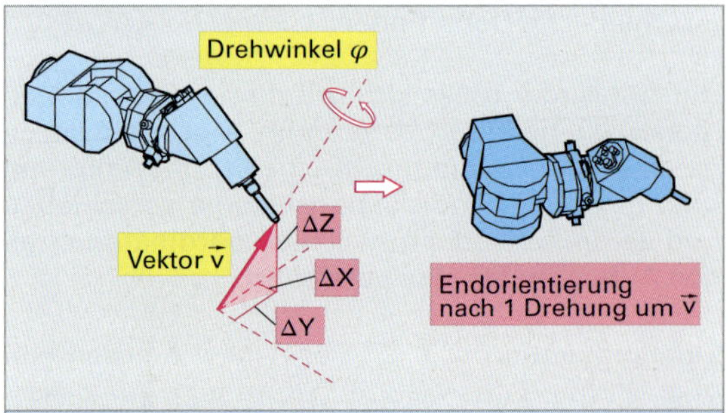

Bild 2: Orientierung mit Quaternionen

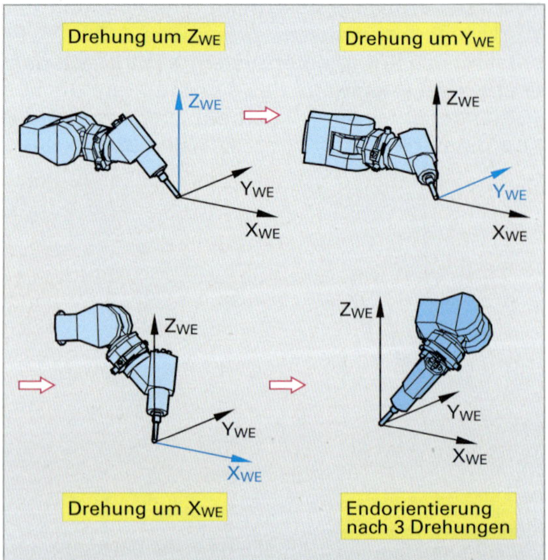

Bild 3: Orientierungseinstellung durch Drehung um die Achsen des Weltkoordinatensystems

4.4.7 Die Bewegungserzeugung

Die Erzeugung der Roboterbewegung erfolgt wie bei einer NC-Maschine durch Interpolation zwischen einem Anfangspunkt der Bewegung und dem Endpunkt einer Bewegung. Anfangs- und Endpunkt verbinden bei der *Linearinterpolation* einen Geradenabschnitt im Raum. Bei der *Kreisinterpolation* ist ein Hilfspunkt im mittleren Bereich erforderlich. Durch die Interpolation **(Bild 1)** werden fortlaufend, etwa alle 10 ms bis 20 ms, Bahnzwischenpunkte berechnet. Im Unterschied zur NC-Maschine können diese Bahnzwischenpunkte aber noch nicht direkt als Sollwerte an die Lageregelkreise ausgegeben werden.

Bei Robotern ist wegen der rotatorischen Achsen eine Koordinatentransformation von der rechnerischen Bewegung in einem rechtwinkligen Koordinatensystem (Weltkoordinaten) **(Bild 2)** in das bewegungserzeugende Roboterkoordinatensystem notwendig **(Bild 3)**.

Die Berechnung der Roboterbewegung bezieht sich auf den Tool-Center-Point (TCP) (Bild 2). Der TCP ist der Werkzeugbezugspunkt des Roboterwerkzeugs, z. B. die Drahtspitze des Schweißbrenners oder der Berührpunkt der Fräserschneide bei Fräsbearbeitungen mit einem Roboter. Die **Position und Orientierung** des TCP heißt **Pose**. Diese ist abhängig von den Gelenkwinkeln $\alpha, \beta, \gamma, \delta, \varepsilon, \varphi$ und den jeweiligen Roboterarmlängen sowie von der Geometrie des Werkzeugs. Will man den TCP, z. B. unter Beihaltung der Orientierung geradlinig verschieben, so sind im Allgemeinen alle 6 Roboterachsen simultan, d. h. gleichzeitig mit sich ändernden Drehgeschwindigkeiten zu bewegen.

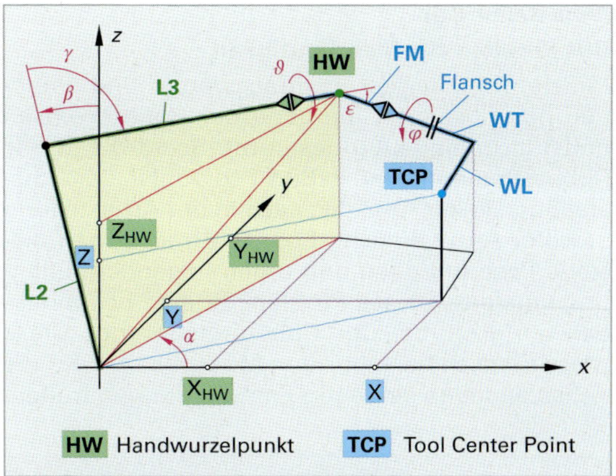

Bild 2: Kartesisches Koordinatensystem

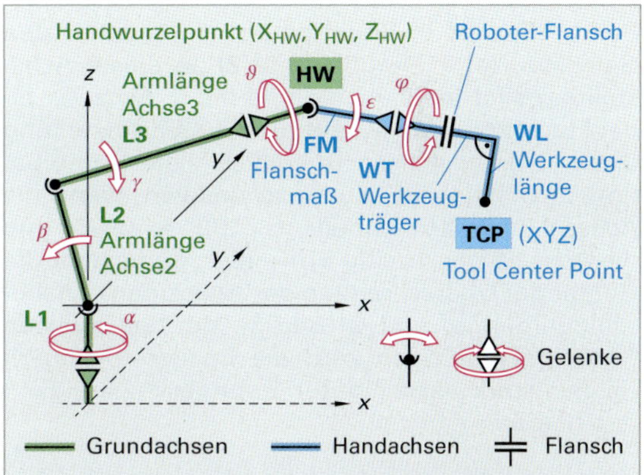

Bild 3: Kinematik des 6-achsigen Gelenkroboters

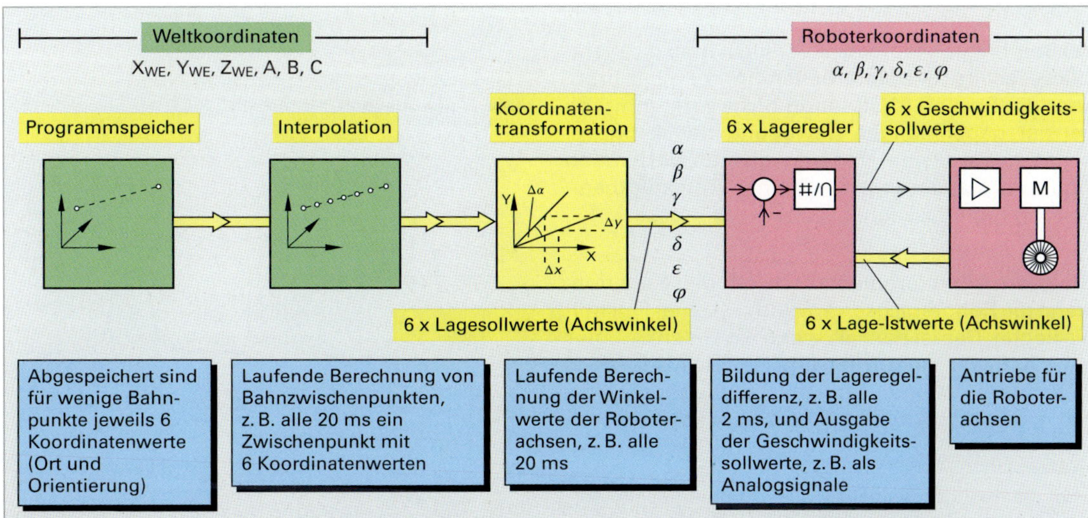

Bild 1: Informationsfluss bei einer Robotersteuerung

Achsstellungen

Das Problem der Mehrdeutigkeit

Mit der Angabe von Positionswerten und Orientierungswinkeln ist die Lage der Roboterachsen meist nicht eindeutig bestimmt. So wird z. B. die Roboterhandposition in **Bild 1** sowohl in der Achsstellung „linker Arm" als auch in der Achsstellung „rechter Arm" erreicht. Ebenso erreicht man dieselbe Pose mit oben und unten liegendem Ellenbogengelenk. Dieses Problem ist eine besondere Schwierigkeit bei der Robotersteuerung. Diese muss nämlich bei mehreren Möglichkeiten für die Achsstellungen eindeutig Entscheidungen treffen.

> Für *eine* Roboterpose gibt es meist 4 verschiedene Gelenkstellungen.

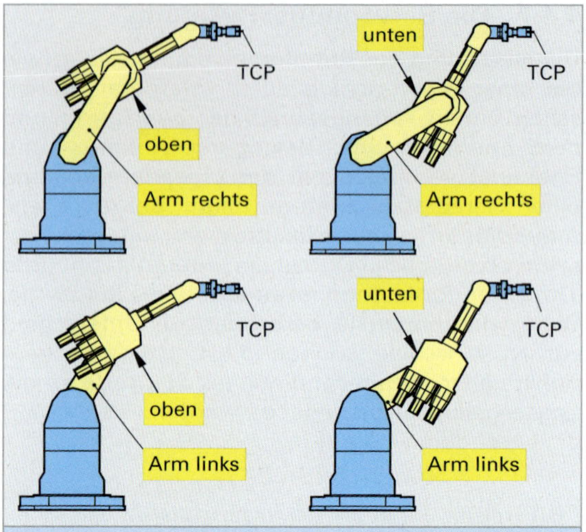

Bild 1: Mehrdeutigkeiten beim Gelenkarmroboter

Bei der **Epsilon-0°-Situation** hat die 5. Achse den Gelenkwinkel 0° ($\varepsilon = 0°$) **(Bild 2)**. In dieser Achsstellung sind die 4. Achse und die 6. Achse in einer Fluchtlinie, und es gibt für die Achseinstellung dieser beiden Achsen unendlich viele Kombinationen. Dabei wäre es wünschenswert, wenn die Achse 4 unendlich schnell um + 180° schwenkt und die Achse 6 gleichzeitig um – 180°. Es besteht die Gefahr der Überschreitung der zulässigen Achsbeschleunigung $\ddot{\delta}$ und $\ddot{\varphi}$ **(Bild 3)**. Bei den meisten Robotersteuerungen wird die Epsilon-0°-Situation mit stark verminderter Bahngeschwindigkeit durchlaufen.

> In der Epsilon-0°-Situation rotieren die 4. und 6. Roboterachse gegenläufig.

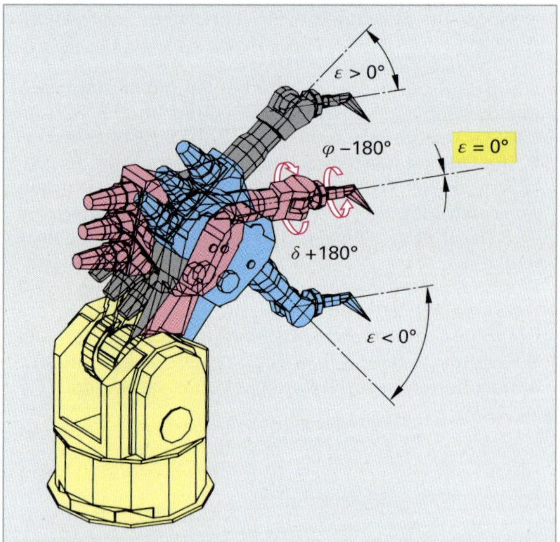

Bild 2: Die Epsilon-0°-Situation

Bei Bearbeitungsaufgaben versucht man die Werkstücke so im Roboterarbeitsraum zu platzieren, dass die Epsilon-0°-Situation nicht vorkommt, da bei der gegenläufigen Bewegung der 4. und 6. Achse meist kleine Ungenauigkeiten vorhanden sind und Markierungen bei einer Werkstückbearbeitung hinterlassen.

Gleichermaßen problematisch ist die Situation, wenn die Roboterachsen α, δ und φ in einer Fluchtlinie liegen. Das ist der Fall, wenn ein Gelenkroboter ganz aufrecht steht. Hier gibt es auch unendlich viele Kombinationen der Achsstellung für die Achsen α, δ und φ zum Erreichen dieser Position.

> Bei Bearbeitungsaufgaben sind Roboterpositionen mit waagrecht oder senkrecht gestrecktem Arm (Epsilon 0°) zu vermeiden.

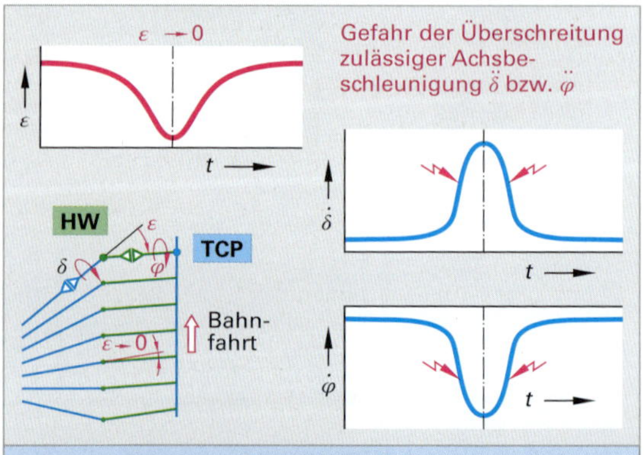

Bild 3: Problematik bei Epsilon 0°

4.4.8 Koordinatentransformation

Rücktransformation

Für die Erzeugung der Roboterbewegung auf Grund eines gespeicherten Programms im Weltkoordinatensystem sind entsprechend der Roboterkinematik die Achswinkel der einzelnen Roboterachsen bzw. die Drehwinkel der einzelnen Roboterantriebsmotoren fortlaufend im sogenannten Interpolationstakt (IPO-Takt), etwa alle 10 ms bis 20 ms, zu berechnen. Man spricht von der Rücktransformation **(Bild 1)**.

Die Berechnung der Achsdrehwinkel α, β, γ, δ, ε, φ ist außerordentlich komplex, da je nach Achsstellung der 6 Roboterachsen für eine geplante Bewegung, z. B. in X-Richtung, gleichzeitig alle 6 Roboterachsen sich bewegen müssen.

Bei dem einfachen Beispiel einer Bewegung in X-Richtung eines „2-achsigen Roboters" um Δx müssen die Roboterarme sich um $\Delta\alpha$ und $\Delta\beta$ drehen **(Bild 2)**.

Vorwärtstransformation

Bewegt man den Roboter durch Handsteuerung im Roboterkoordinatensystem, also durch direkte Bewegung der Roboterachsen, und möchte man diese Bewegung später als Roboterprogramm wiederholen, so werden nicht die einzelnen *Roboterachswinkel* im Programmspeicher abgelegt, sondern die zugehörigen *kartesischen Positionswerte.*

Es müssen also die aktuellen Roboterachskoordinaten in die zugehörigen kartesischen Weltkoordinaten umgerechnet werden. Man spricht von der Vorwärtstransformation (Bild 1).

Für das einfache Beispiel einer Drehbewegung von nur einer Roboterachse um den Drehwinkelzuwachs $\Delta\alpha_z$ ergibt sich eine Positionsverschiebung sowohl in X-Richtung wie auch in Y-Richtung **(Bild 3)**.

Für die Vorwärtstransformation aller 6 Roboterkoordinaten gibt es eine allgemeingültige Lösungsmatrix, die sogenannte Hardenberg-Denavit-Matrix[1] (HD-Matrix).

> Zur Bewegungserzeugung müssen laufend *Weltkoordinaten* in *Roboterkoordinaten* umgerechnet werden.

[1] *Hardenberg* und *Denavit* sind amerik. Wissenschaftler

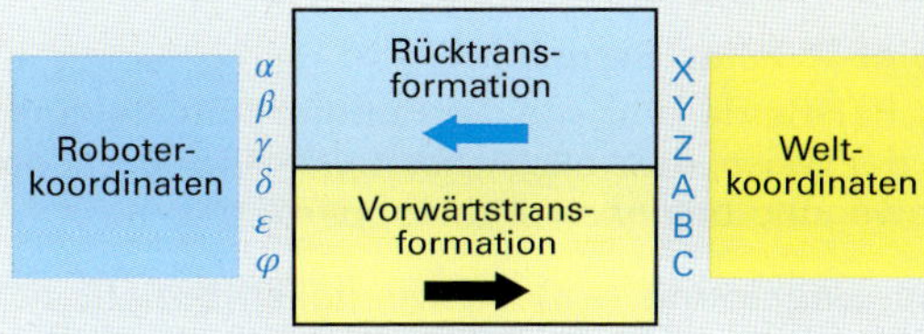

Bild 1: Rücktransformation und Vorwärtstransformation

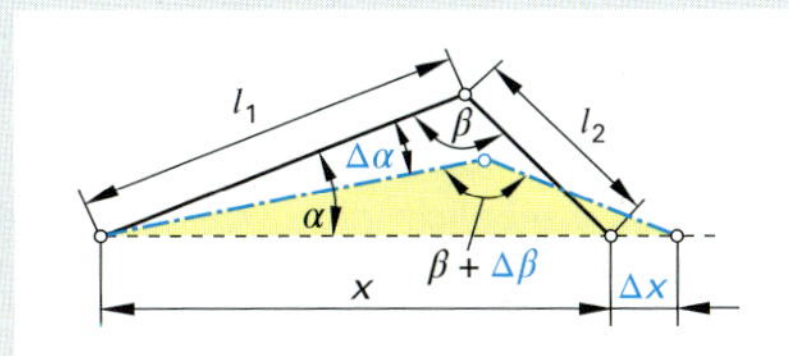

Kosinussatz:

$$l_2^2 = l_1^2 + x^2 - 2l_1 x \cos\alpha$$

$$\Longrightarrow \quad \alpha = \arccos \frac{l_1^2 + x^2 - l_2^2}{2l_1 x}$$

$$\alpha + \Delta\alpha = \arccos \frac{l_1^2 + (x + \Delta x)^2 - l_2^2}{2l_1 x}$$

$$\Longrightarrow \Delta\alpha = \arccos \frac{l_1^2 + (x + \Delta x)^2 - l_2^2}{2l_1 x} - \alpha$$

$$x^2 = l_2^2 + l_1^2 - 2l_1 l_2 \cos\beta$$

$$\Longrightarrow \quad \beta = \arccos \frac{l_1^2 + l_2^2 - x^2}{2l_1 l_2}$$

$$\Longrightarrow \quad \text{analog zu oben: } \Delta\beta = \arccos \frac{l^2 + l_2^2 - (x + \Delta x)^2}{2l_1 l_2} - \beta$$

Bild 2: Beispiel für eine einfache Rücktransformation bei einer Verschiebung um Δx

$$x_p = R \cdot \cos(\alpha + \alpha_z) = R(\cos\alpha \cdot \cos\alpha_z - \sin\alpha \cdot \sin\alpha_z) = x \cdot \cos\alpha_z - y \cdot \sin\alpha_z$$

$$y_p = R \cdot \sin(\alpha + \alpha_z) = R(\sin\alpha \cdot \cos\alpha_z + \cos\alpha \cdot \sin\alpha_z) = y \cdot \cos\alpha_z + x \cdot \sin\alpha_z$$

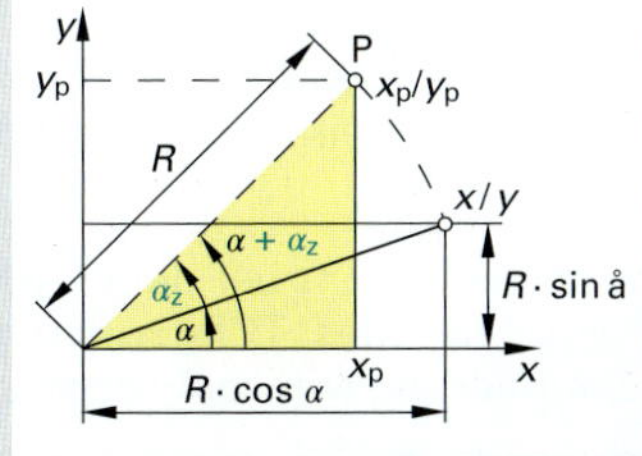

Bild 3: Beispiel für eine einfache Vorwärtstransformation bei einer Drehbewegung um α_z

4.4.9 Interpolation und Betriebsarten

Point-To-Point[1]-Betrieb (PTP)

Im PTP-Betrieb verfährt der Roboter zum Zielpunkt in der Weise, dass alle Achsen *gleichzeitig* mit der Bewegung *beginnen* und *stoppen*.

Die programmierte Geschwindigkeit bezieht sich auf die Achse mit der größten Weg- bzw. Winkeldistanz. Es findet in der Steuerung eine Linearinterpolation[2] bezogen auf die Roboterachsen statt. Im Falle einer TTT-Kinematik ergeben sich geradlinige Bewegungsbahnen, sonst komplizierte Raumkurven, da keine Koordinatentransformation für die Bahnzwischenpunkte erfolgt **(Bild 1)**.

> Der PTP-Betrieb ermöglicht die *kürzesten Verfahrzeiten* zwischen zwei programmierten Punkten.

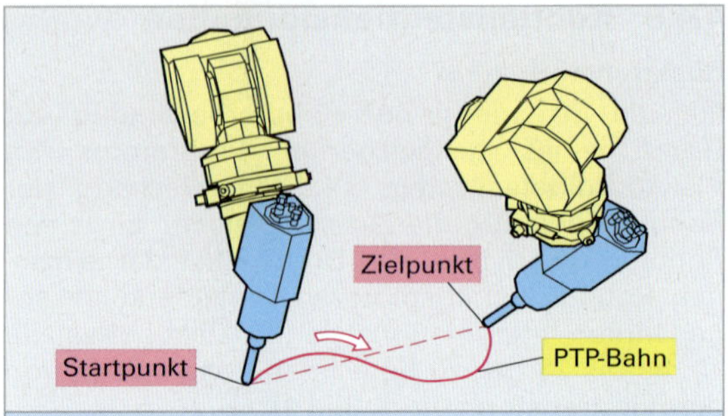

Bild 1: PTP-Bewegung

Continuous-Path[3]-Betrieb (CP)

Die CP-Bahnerzeugung erfolgt in einem rechtwinkligen Koordinatensystem, meist im Weltkoordinatensystem oder im Basiskoordinatensystem.

> Im CP-Betrieb werden Zwischenpunkte so berechnet, dass der TCP auf einer geraden Linie **(Linearinterpolation)** oder einer Kreisbahn **(Zirkularinterpolation[4])** liegt **(Bild 2)**.

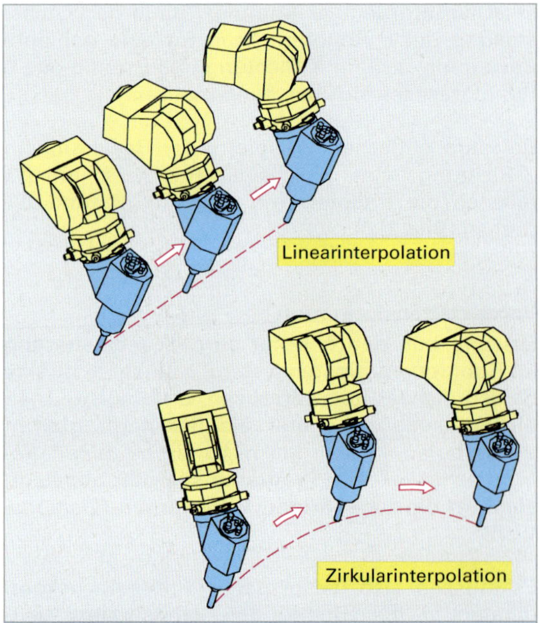

Bild 2: Linearinterpolation und Zirkularinterpolation mit konstanter Orientierung

Im Unterschied zur Interpolation bei NC-Maschinen kann der Kreisbogen auch schief im kartesischen Koordinatensystem liegen. Die Projektion auf die X/Y-Ebene ist dann ein elliptischer Kurvenabschnitt.

Die universellste Interpolationsart für *ruckfreie* Roboterbewegungen ist die **Spline-Interpolation**[5]. Hier werden die programmierten Bahnstützpunkte durch eine Bahn, entsprechend der Biegelinie eines Stahldrahtes, verbunden.

In die Interpolation wird nicht nur die Bahn des **Werkzeugbezugspunktes (TCP)**, sondern auch die **Werkzeugorientierung** eingeschlossen. Die Werkzeugorientierung ist die räumliche Ausrichtung des Werkzeugs. Die Werkzeugorientierung kann dabei *konstant* gehalten oder *kontinuierlich* von einer Anfangsorientierung in eine Endorientierung überführt werden **(Bild 3)**.

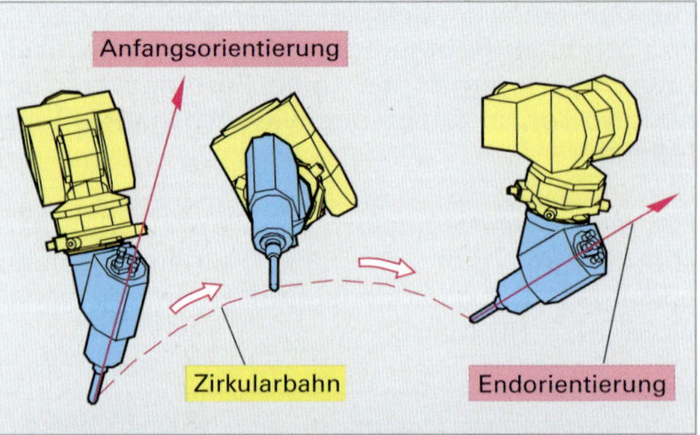

Bild 3: Zirkularinterpolation mit zusätzlicher Orientierungsinterpolation

Es gibt z. B. Roboterbewegungen, bei denen die Werkzeugposition bezüglich des TCP konstant bleibt und nur die Orientierungswinkel verändert werden.

---

[1] engl. point to point = Punkt zu Punkt; [2] linear = geradlinig, Interpolation = Berechnung von Zwischenwerten; [3] engl. continuous path = stetige Bahn (lat. continuus = zusammenhängend); [4] lat. circularis = kreisförmig; [5] engl. spline = Straklatte, Kurvenlineal

Überschleifen und Pendeln

Die Roboterbewegungsbahn setzt sich je nach gewählter Interpolationsart aus Geradenstücken, Kreissegmenten oder bei Spline-Interpolation aus Splines zusammen. Die Bahnstützpunkte sind die Endpunkte dieser interpolierten Linien. Meist strebt man eine harmonisch kontinuierliche Bewegung des Roboters an und nicht das exakte Anfahren der Bahnstützpunkte. Man *verrundet* bei zusammengesetzten Bewegungsabschnitten die Roboterbahn in den programmierten Stützpunkten und spricht vom „Überschleifen" **(Bild 1)**.

Durch Überschleifen ergibt sich eine harmonische Roboterbewegung.

Die einfachste Überschleifart kommt dadurch zustande, dass man unabhängig vom Erreichen der programmierten Bahnstützpunkte die Bahn fortlaufend interpoliert und die interpolierten Zwischenpunkte fortlaufend den Lageregelkreisen der Roboterachsen als Sollwerte zuführt. Beim Umfahren von Ecken (ohne Halt in den Eckpunkten) entsteht, unbeeinflussbar, durch den *Schleppabstand* der Lageregelung eine *Eckenverrundung*, die abhängig von der Bahngeschwindigkeit mehr oder weniger groß ausfällt **(Bild 2)**. Bei Lageregelkreisen mit kleinerem K_v-Faktor ergeben sich stärkere Verrundungen, als bei solchen mit großem K_v-Faktor.

Bei neueren Steuerungen wird der Überschleifvorgang durch eine *rechnerische Verrundung* der Roboterbahn an den Eckpunkten erzeugt. Dies hat den Vorteil, dass der Bahnverlauf unabhängig von der Bahngeschwindigkeit immer gleich ist. Die Steuerung berechnet eine parabelförmige Bahn zwischen dem Beginn des Überschleifens (Überschleifpunkt 1) und dem Ende des Überschleifens (Überschleifpunkt 2) **(Bild 3)**.

Das Überschleifen in den Eckpunkten erfolgt durch das Nachschleppen der Lageregelung oder durch interpolierte Bahnverrundungen.

Die **Pendelfunktion** überlagert der programmierten Bewegung eine Pendelung **(Bild 4)**. Dabei kann die Pendelebene, der Pendelhub, die Pendelfrequenz und die Pendelform, ob sinusförmig oder dreieckförmig oder rechteckförmig, programmiert werden. Liegt die Pendelebene am Bahnanfangspunkt in einer anderen Richtung als im Bahnendpunkt, dann wird die Pendelebene während des Abfahrens des Bahnabschnittes kontinuierlich gedreht.

Die Pendelfunktion ist vor allem beim Bahnschweißen vorteilhaft einsetzbar.

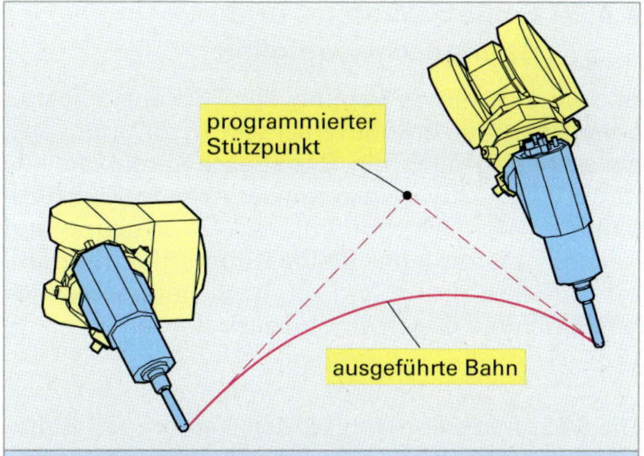

Bild 1: Bahnüberschleifen

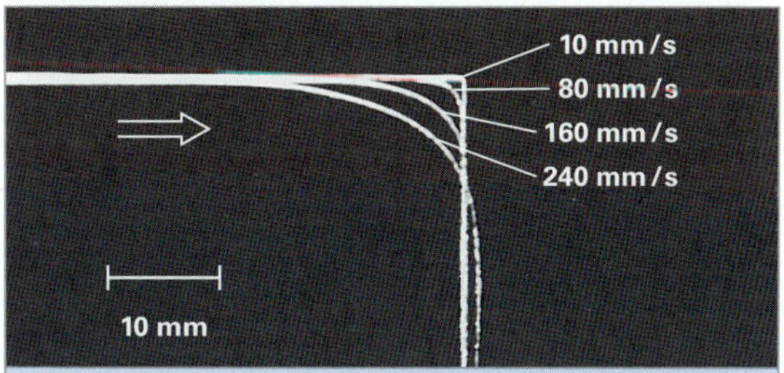

Bild 2: Eckenverrundungen durch Lageregelung bei unterschiedlichen Bahngeschwindigkeiten

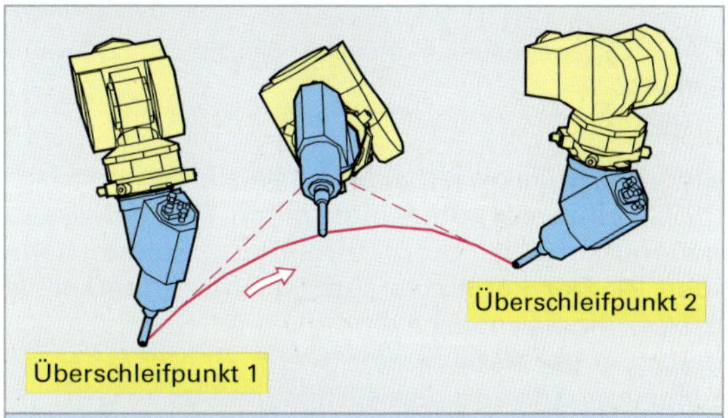

Bild 3: Die Werkzeugorientierung im Überschleifbereich

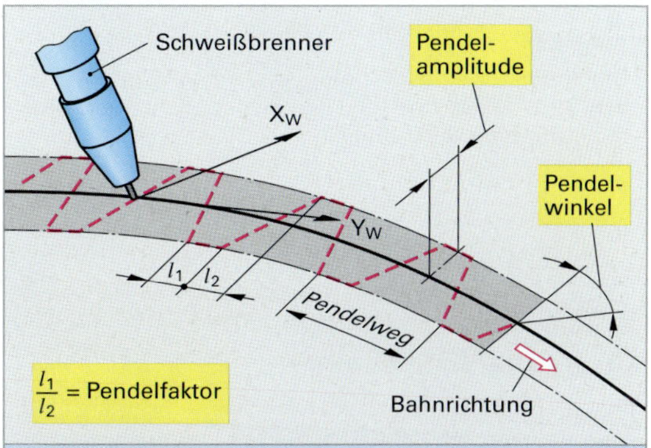

Bild 4: Pendelbewegung

4.4.10 Schleppabstand und Bahngeschwindigkeit

So wie sich die Bewegung des TCP aus 6 Teilbewegungen der 6 Roboterachsen zusammensetzt, so setzt sich auch die Bahngeschwindigkeit aus den 6 Teilgeschwindigkeiten der Achsen 1 bis 6 zusammen. Je nach momentaner Achsstellung und nach programmierter Zielrichtung erhält man unterschiedlich große und räumlich unterschiedlich ausgerichtete Geschwindigkeitsvektoren $\vec{v}_\alpha$, ..., $\vec{v}_\varphi$ **(Bild 1)**.

Die Vektoraddition ergibt den Vektor der Bahngeschwindigkeit $\vec{v}_B$. Erzeugt wird die Bewegung der einzelnen Achsen durch jeweils einen Lageregelkreis **(Bild 3)**. Jeder Lageregelkreis verursacht bei Bewegung, proportional zur Achsgeschwindigkeit, einen Schleppabstand ($\Delta\alpha$, ..., $\Delta\varphi$). Bei, in allen Achsen, gleich gewählten Geschwindigkeitsverstärkungen $K_{v\alpha} = K_{v\beta} = K_{v\gamma} = K_{v\delta} = K_{v\varepsilon} = K_{v\theta} = K_v$ *folgt der Bahnistpunkt dem Bahnsollpunkt auf derselben Bahnkurve* (sofern die Bahnkrümmungen gering bleiben) mit dem Schleppabstand Δs (Bild 1).

$$K_v = \frac{v_B}{\Delta s} \quad \Rightarrow \quad \Delta s = \frac{v_B}{K_v}$$

Alle Lagerregelkreise müssen gleiche K_v-Faktoren haben.

Sind die K_v-Faktoren aller Achsen nicht identisch gleich gewählt, erhält man einen *Parallelversatz* gegenüber der programmierten Roboterbahn **(Bild 2)**. Der Parallelversatz ist um so stärker, je größer die Bahngeschwindigkeit ist. Sehr deutlich erscheint der Bahnversatz, wenn eine geradlinige Bahn vorwärts und rückwärts durchfahren wird, da der Bahnversatz immer in derselben Richtung zur Fahrrichtung auftritt.

Aufgabe:

Der K_v-Faktor eines Roboters beträgt in allen Achsen $K_v = 20\ s^{-1}$. Berechnen Sie den Schleppabstand Δs bei einer Bahngeschwindigkeit

a) von $v_B = 20$ mm/s und

b) von $v_B = 2$ m/s.

Lösung:

a) $\Delta s = \frac{v_B}{K_v} \Rightarrow \frac{20\ \text{mm}}{20\ s^{-1}} = \mathbf{1\ mm}$

b) $\Delta s = \frac{v_B}{K_v} \Rightarrow \frac{2000\ \text{mm}}{20\ s^{-1}} = \mathbf{100\ mm}$

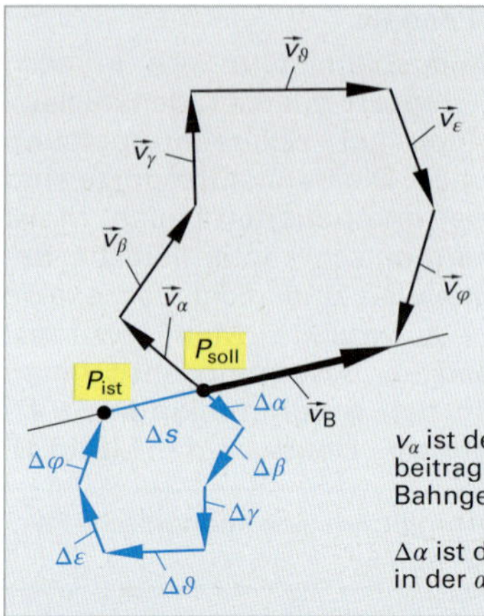

$\Delta\alpha = \frac{v_\alpha}{K_v}$ $\Delta\beta = \frac{v_\beta}{K_v}$ $\Delta\gamma = \frac{v_\gamma}{K_v}$ $\Delta\vartheta = \frac{v_\vartheta}{K_v}$ $\Delta\varepsilon = \frac{v_\varepsilon}{K_v}$ $\Delta\varphi = \frac{v_\varphi}{K_v}$

Bild 1: Geschwindigkeitsvektoren und Schleppabstände bei gleichen K_v-Faktoren

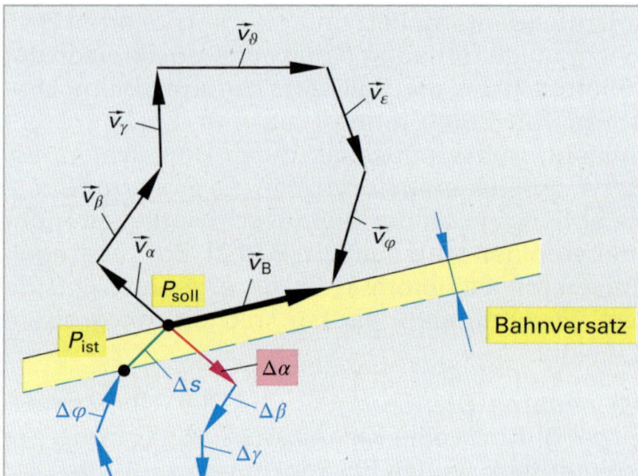

$K_{v\alpha} = 0{,}5\ K_v \rightsquigarrow \Delta\alpha$ verdoppelt sich

$K_{v\beta} = K_{v\gamma} = K_{v\vartheta} = K_{v\varepsilon} = K_{v\varphi} = K_v$

$K_{v\alpha}$ Geschwindigkeitsverstärkung der α-Achse

Bild 2: Geschwindigkeitsvektoren und Schleppabstände bei ungleichen K_v-Faktoren

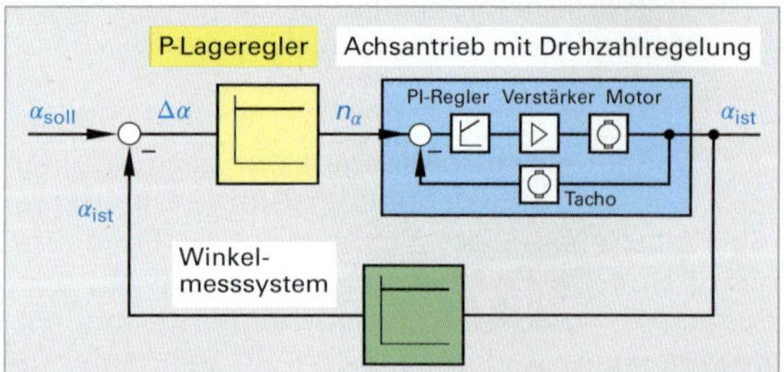

α_{soll} Solldrehwinkel
α_{ist} Istdrehwinkel
$\Delta\alpha$ Schleppabstand
n_α Drehzahl
v_α Geschwindigkeitsbeitrag der α-Achse zur Bahngeschwindigkeit

$v_\alpha \sim n_\alpha \sim \Delta\alpha$

Bild 3: Lageregelung der α-Achse

Override[1]

Zur Optimierung der Roboterbewegung, insbesondere bei Bearbeitungsaufgaben, wie z. B. beim Schweißen, kann die Bahngeschwindigkeit durch Betätigen des *Override-Drehknopfes*, bzw. durch Override-Tasten kontinuierlich verändert werden **(Bild 1)**. Ein Override-Faktor (meist in %-Angabe) kann auch programmiert werden und durch ein Kommando aktiviert werden, z. B. beim Einrichten.

Beschleunigungsbegrenzung

Die Übergabe der interpolierten Zwischenpunkte als Sollwerte an die Lageregelkreise erfolgt im Startbereich einer Bahn und im Zielbereich, sowie in Bereichen hoher Bahnkrümmung mit *reduzierter* Geschwindigkeit. Dies führt zu einem ruhigeren, schwingungsarmen und verschleißarmen Arbeiten des Roboters. Die Geschwindigkeit wird als Trapezrampe oder durch einen zusätzlichen digitalen Filter, als *S-förmige* Rampe ausgeführt **(Bild 2)**.

Im Zielpunkt oder beim Umfahren von Ecken und Kurven starker Krümmung wird die Bahngeschwindigkeit in gleicher Weise reduziert. **Bild 3** zeigt den Bahnverlauf durch *Motographie*[2]. Hier werden in gleichem Zeittakt die Bahnpunkte durch ein Blinklicht aufgenommen. Man erkennt die reduzierten Geschwindigkeitsbereiche durch die dichtere Punktfolge. Ebenso erkennt man die Eckenverrundungen.

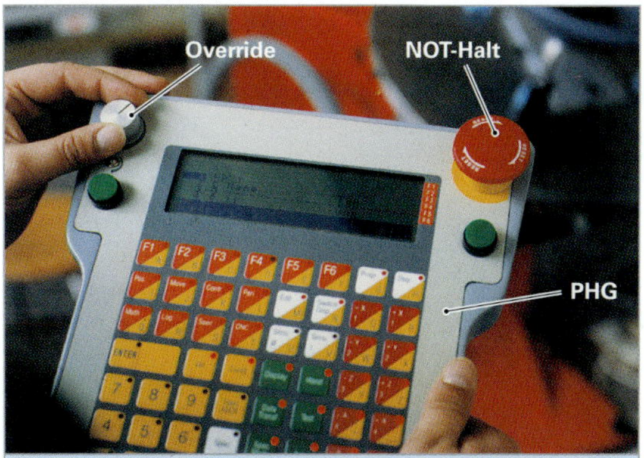

Bild 1: Override-Knopf am Programmierhandgerät

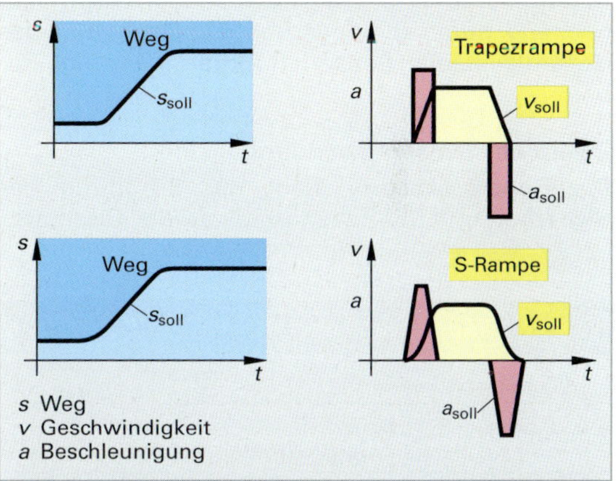

Bild 2: Geschwindigkeitsrampe

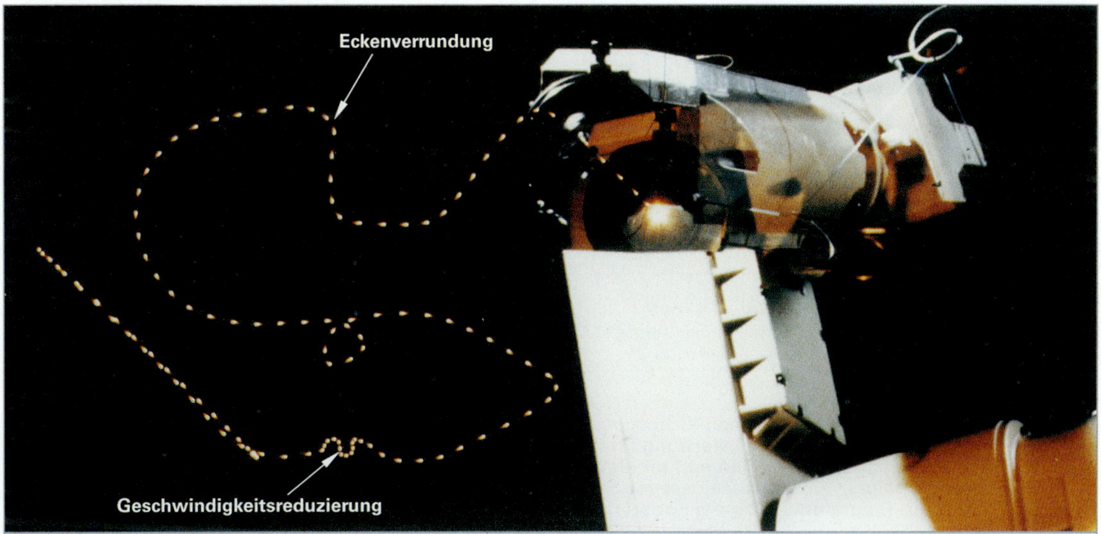

Bild 3: Bahn und Bahngeschwindigkeit, motographisch dargestellt

[1] engl. to override = sich hinwegsetzen über (den programmierten Wert); [2] lat. motio = Bewegung, griech. graphein = schreiben

4.4.11 Sensorführung von Robotern

Seitdem man Roboter zu Handhabungs- und Fertigungsaufgaben einsetzt, besteht der Wunsch, diese nicht nur eine starr programmierte Bewegung vollziehen zu lassen, sondern sie mit eigener „Intelligenz" auszustatten, was ein eigenständiges Anpassen an Gegebenheiten der Roboterumwelt erlaubt. Über Sensoren erfasst man diese Gegebenheiten. Mit Hilfe einer hierfür vorbereiteten Robotersteuerung wird der Roboter intelligent reagieren.

Die Problematik für eine breite Anwendung liegt im Mangel an Sensoren, im Fehlen einer intelligenten Sensorsignalverarbeitung und im Fehlen passender Schnittstellen zwischen Sensoren und Robotersteuerung, aber auch in den nicht hinreichend guten dynamischen Eigenschaften des Gesamtsystems: Sensor, Robotersteuerung, Roboter.

Zweck der Sensoranwendung

Die Robotersensorik dient der Erhöhung der **Sicherheit** und der **Zuverlässigkeit**, der **Qualitätssicherung**, der **Leistungssteigerung**, dem Ausgleich von **Positionierungsungenauigkeiten** bzw. der Erhöhung der **Flexibilität**, der **Vereinfachung** der **Programmerstellung**, der selbsttätigen **Feinprogrammierung** bei off-line erstellten Programmen, dem Ersatz von manuell auszuführenden Programmkorrekturen oder dem stückweisen Ersatz der Programmierung selbst **(Tabelle 1)**. Mit Sensoren zur **Überwachung des Roboterarbeitsraums** werden mögliche **Kollisionen** vermieden. Mit einem Videosensor wird der Roboter „sehend" und kann Werkstückdefekte erkennen und Aufgaben des Prüfens und des Sortierens erfüllen.

Mit Hilfe von Leistungssensoren kann die Bewegungsgeschwindigkeit der Belastung angepasst und so eine optimale Bearbeitungszeit erreicht werden. Hier dient die Sensorik der Produktivitätssteigerung und dem Schutz vor Überlastung.

Sensoren verwendet man zum Ausgleich von Lagetoleranzen, z. B. beim Schweißnahtverschleifen. Der Roboter passt sich damit zwangsläufig vorkommenden Veränderungen in der Geometrie seiner Umwelt an.

Tabelle 1: Morphologischer[1] Kasten zur Sensortechnik

Gliederung	Zielsetzung, Lösungswege					
Zweck der Sensoranwendung	Sicherheit Zuverlässigkeit (1a)	Qualitätssicherung (1b)	Leistungssteigerung	Ausgleich von Lagetoleranzen	Programmierhilfe	Ergänzung zur off-line-Programmierung
Art der Sensorgrößen	Skalare Größen z. B. Leistung (2)	Vektorielle Größen z. B. Kräfte	Einfache Setzungen z. B. binäre Zustände	Komplexe Setzungen z. B. Bildpunkte in Videoaufnahmen		
Wirkung der Sensorsignale auf	Ablauffolge	(3) Geschwindigkeit	Position	Orientierung	Bahnverlauf	
Anbringungsort des Sensors	im TCP des Werkzeugs (4)	dem Werkzeug vorlaufend	ortsfest in der Roboterzelle	mit eigener Kinematik		
Art der Steuerungstechnik	schaltend	steuernd	suchend	(5) regelnd	lernend	leitend
Schnittstelle Sensor/Roboter	analog z.B. 0 ... ± 10 V (6)	binär z. B. TTL-statisch	seriell z. B. V.24	Feldbus z. B. PROFIBUS	Internet TCP/IP, www	
Parametrierung	manuell (7)	programmiert	einmalige oder zyklische oder ständige selbsttätige Adaption			
Hemmnisse	keine (8)	Mangel an leistungsfähigen Sensoren	Mangel an leistungsfähigen Sensorfunktionen	Dynamik der Robotersteuerung	Dynamik der Roboterantriebe	

Beispiel: Entgraten

Zur Erhöhung der Prozesssicherheit (Schutz des Werkzeugs) (1a) und zur besseren Anlagennutzung (1b) soll durch Messen der Spindelantriebsleistung (2) die Robotergeschwindigkeit (3) dem Prozess angepasst werden. Das Sensorsignal reagiert erst mit Berührung des Werkstücks durch das Werkzeug im TCP (4).
Der Vorgang erfolgt in einem geschlossenen Regelkreis (5), durch Regelung mit analogen Sensorsignalen (6) und wird durch Programmierung am Roboter vorgenommen (7). Weitere Hemmnisse gibt es keine.

[1] Morphologie von griech. morpho = die Gestalt betreffend, vergleichende Darstellung

Als **Programmierhilfe** dienen z. B. *taktile* Sensoren mit optischer oder akustischer Anzeige, wenn beim Programmieren in der Roboterszene ein Kontakt zwischen Roboter und Werkstück vorliegt. Eine **automatische Feinprogrammierung** der Schweißbahn gelingt z. B. mit einem taktilen Nahtsensor der an Stelle der Gasdüse in einer vorhergehenden **Lernphase** auf den Schweißbrenner gesteckt wird. Der exakte Bahnverlauf wird damit erfasst und das vorbereitete Schweißprogramm automatisch korrigiert. Mit Hilfe intelligenter Sensoren kann eine manuelle Roboterprogrammierung zumindest stückweise entfallen. z. B. kann man durch Abtasten einer Kontur folgen, ohne dass hierfür eine Bahnprogrammierung im Sinne von Stützpunktvorgaben vorgenommen wird.

Sensorgrößen

Bei den Sensorgrößen unterscheidet man zwischen **skalaren**[1] **Größen, vektoriellen**[2] **Größen**, einfachen **Setzungen** und komplexen Setzungen. Skalare Sensorgrößen sind z. B. die Antriebsleistung, das Antriebsdrehmoment, der aufgenommene Strom des vom Roboter gehaltenen Bearbeitungswerkzeugs.

Vektorielle, also gerichtete, Sensorgrößen sind z. B. Kräfte und Momente, mit denen der Roboter Tätigkeiten ausführt. Man zählt hierzu aber auch Verschiebungen und Verdrehungen von Gegenständen der Roboterumwelt sowie die zugehörenden Geschwindigkeiten, so z. B. wenn es darum geht, einem bewegten Gegenstand zu folgen. Bei vektoriellen Sensorgrößen erwartet man meist auch ein gerichtetes Reagieren des Roboters, z. B. eine Roboterbewegung in Richtung der wirkenden Kraft. Die Sensorsignale müssen daher gemäß ihrer Richtungskomponenten zur Wirkung gebracht werden.

Mit Sensoren können im einfachsten Fall **binäre Zustände**, z. B. „Werkstück vorhanden"/„nicht vorhanden", erfasst werden. Dies ist eine einfache Setzung. Dabei können auch mehrere Zustandsanzeigen zu einer Binäraussage verknüpft werden und eine bestimmte Roboterbewegung herbeiführen. Mit **bildverarbeitenden Sensorsystemen** werden sehr **komplexe Setzungen**, nämlich viele in einem bestimmten Zusammenhang stehende Bildpunkte, analysiert und bewertet. Man unterscheidet dabei die Binärbildverarbeitung, die Grauwertbildverarbeitung, die Farbbildverarbeitung und die Stereobildverarbeitung mit jeweils zunehmender Komplexität.

Die Wirkung der Sensorsignale

Mit Hilfe der Sensorsignale kann der Roboter selbsttätig die **Ablauffolge**, die **Bewegungsgeschwindigkeit**, die anzusteuernden Positionen oder **Orientierungen** und die **Bahnen** des Handhabungsgegenstands bestimmen. Darüber hinaus ist eine Wirkung auf andere Bereiche der Produktion – außerhalb des unmittelbaren Roboterbereichs – möglich, z. B. ein Eingriff in die zentrale Fertigungssteuerung.

Anbringungsort der Sensoren

Die Sensoren können im Werkzeug oder dem Werkzeug vorlaufend oder ortsfest in der Roboterzelle angebracht sein oder aber an einem kooperierenden Roboter **(Tabelle 1)**.

[1] lat. scalar = zur Leiter gehörend, math. Größe die allein durch einen Zahlenwert bestimmt ist.

[2] lat. vector = Fahrer, math. Größe die durch Angriffspunkt, Richtung und Betrag festgelegt ist.

Tabelle 1: Anbringungsort des Sensors

im TCP	dem TCP vorlaufend	ortsfest	an kooperierendem Roboter
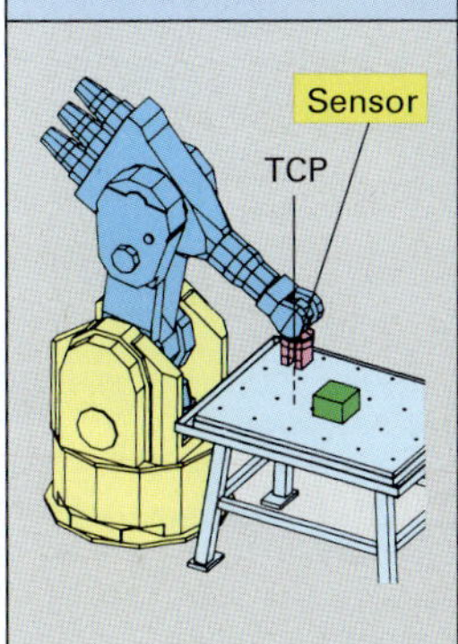	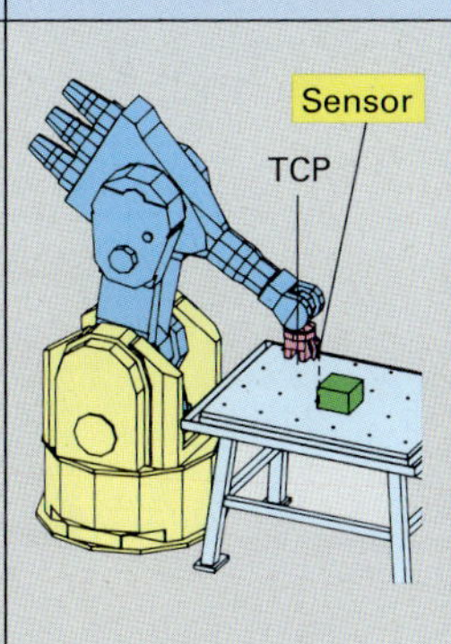	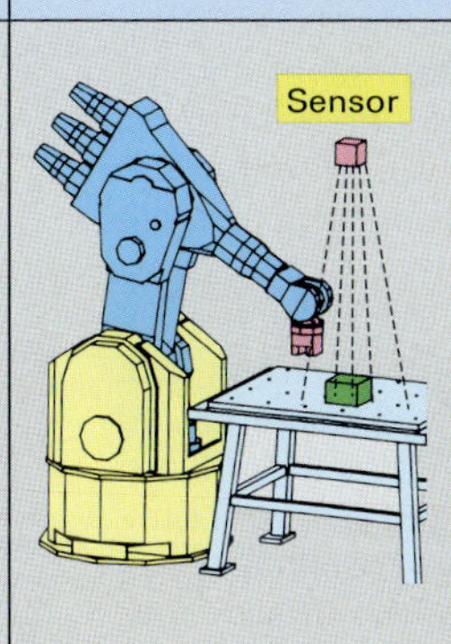	

Sensoren die sich *im Werkzeug* befinden oder die physikalische Größen, wie z. B. Kräfte, am Berührpunkt (TCP) des Werkzeugs mit dem Werkstück erfassen, melden das zu erfassende Ereignis meist zu spät. Es bleibt dem Roboter sehr wenig Zeit zu reagieren bzw. der Roboter darf sich sensorgeführt nur sehr langsam bewegen.

Sensoren die *dem Werkzeug vorangestellt* sind und sich zusammen mit dem Werkzeug bewegen, können Unvorhergesehenes frühzeitig erfassen und der Roboter ist in der Lage darauf noch zu reagieren. Die Schwierigkeiten liegen darin, dass diese Sensoren sperrig sind und daher die Arbeitsbewegungen des Roboters behindern, dass sie bei Arbeitsbewegungen um Ecken herum die Bearbeitungslinie nicht mehr erfassen können, und dass die Roboterbahnkorrektur relativ schwierig ist, da bei der Korrekturbewegung sich die Sensorposition auch verändert.

Sensoren die *ortsfest* sind haben oft nur ein kleines Beobachtungsfeld oder arbeiten relativ ungenau. Es gibt aber Videokameras mit eigener Beweglichkeit (zu vergleichen mit den Augen des Menschen). Diese können ferngesteuert neigen, schwenken und zoomen **(Bild 1)**. Sie stellen sich automatisch scharf. Objekte können zur „Verfolgung" programmiert werden, z. B. das Roboterwerkzeug. Damit ist stets das Bearbeitungsgeschehen im Kamerabild bzw. auf dem Monitor. Auch kann die Bewegung numerisch gesteuert werden und zum Prozessablauf synchronisiert werden.

Art der Steuerungstechnik

Die **Steuerungstechnik** ist je nach Grad der Intelligenz **schaltend**, **steuernd**, **suchend**, **regelnd**, **lernend** oder **leitend**. Über das Sensorsignal z. B. eines Näherungssensors kann der Robotergreifer für eine Betätigung geschaltet werden. Ein steuernder Eingriff liegt vor, wenn z. B. über einen bildverarbeitenden Sensor eine Werkstückverlagerung erfasst wird und die abgespeicherten Positionen im Roboterprogramm entsprechend korrigiert werden. Beim **Suchen** wird der Roboter in einer oder nacheinander in mehreren Richtungen bewegt, bis das gesuchte Ereignis auftritt, z. B. ein Gegenstand berührt wird.

Eine **sensorgeführte Regelung** liegt vor, wenn z. B. beim Schweißnahtfolgen fortlaufend Abstand und Seitenversatz zur Schweißnaht erfasst und auf Sollabstand und Nahtmitte geregelt werden. Eine lernende Eigenschaft erreicht man z. B. indem von Arbeitszyklus zu Arbeitszyklus automatisch optimiert wird.

Schnittstellen

Meist sind die Sensorsignale elektrische Signale und als Abbild der Umwelt auch **analoge Signale**. Je stärker der Roboter z. B. in seiner Arbeit belastet wird, um so größer ist das Sensorsignal des Leistungssensors, der die Werkzeugleistung erfasst. Die Sensorsignalverarbeitung in der Robotersteuerung ist stets digital. Bei den intelligenten Sensoren, z. B. bei Bildverarbeitungssystemen, werden die Sensorsignale durch einen Rechner vorverarbeitet und stehen dann als **digitale Signale** zur Verfügung.

Parametrierung

Die Sensoren müssen justiert, die zugehörigen Verstärker müssen eingestellt, die Zuordnung zwischen Sensorsignalstärke und Reaktionsgeschwindigkeit des Roboters muss richtig gewählt werden. Es müssen also die **Parameter der Sensorik** bestimmt werden.

Dieses **Parametrieren** kann *manuell* erfolgen oder *automatisch*, z. B. durch adaptive, d. h. selbsteinstellende Regler. Für einen weitgehend wartungsfreien und störungsfreien Betrieb ist bei Verwendung analoger Sensoren ein automatisch arbeitender Driftabgleich unerlässlich. Ist bei Fertigungsaufgaben mit Roboter der Fertigungsvorgang Teil einer Regelstrecke, z. B. beim leistungsgeregelten Entgraten, so verändern sich die Regelstreckenparameter sehr stark. Sie variieren mit dem zu bearbeitenden Werkstoff, der Grathärte, der Gratdicke, der Grathöhe, der Bearbeitungsgeschwindigkeit, dem Werkzeug und dem momentanen Werkzeugverschleiß und verändern sich damit nicht selten im Verhältnis 1 : 1000, da diese Eigenschaften meist multiplikativ wirken.

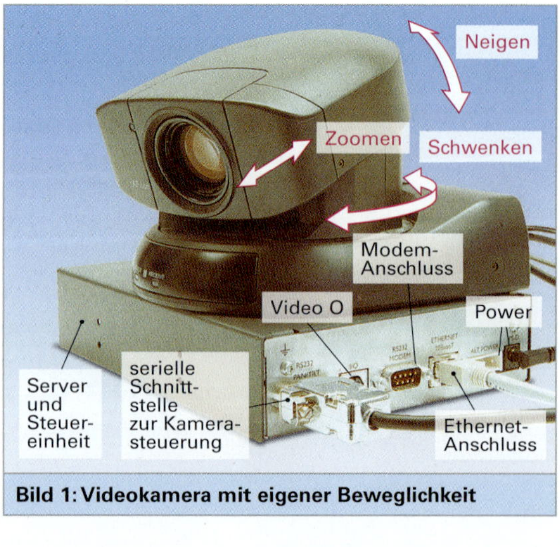

Bild 1: Videokamera mit eigener Beweglichkeit

Die Robotersensorik dient:
- der Erhöhung der Sicherheit,
- der Qualitätssicherung,
- der Leistungssteigerung,
- dem Ausgleich von Positionierungsungenauigkeiten,
- der Erhöhung der Flexibilität,
- der Vereinfachung der Programmerstellung,
- dem Ersatz von Programmkorrekturen,
- dem stückweisen Ersatz der Programmierung.

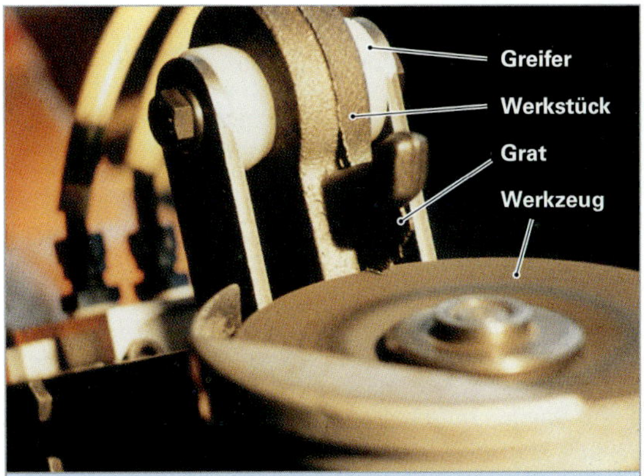

Bild 1: Entgraten mit sensorischer Beeinflussung der Bahngeschwindigkeit

Zehn Beispiele zur Sensoranwendung

Mit **Leistungssensoren** kann die Bearbeitungsgeschwindigkeit dem Bearbeitungswerkzeug angepasst und so eine minimale Bearbeitungszeit erreicht werden.

Hier dient also die Sensorik der Produktivitätssteigerung. Erfasst wird dabei die Leistung des Bearbeitungswerkzeugs. Die Vorteile dieses Verfahrens sind die geringe Störempfindlichkeit des Sensors und dass der Sensor relativ weit vom Bearbeitungswerkzeug entfernt (im Schaltschrank) installiert werden kann.

Beispiel 1:

Entgraten. Beim Entgraten verändern sich Gratstärke, Gratbreite, Werkstoffhärte und Werkzeugzustand sehr häufig. Ein Indiz für „schwerer gehende Bearbeitung" ist das Ansteigen der **elektrischen Antriebsleistung (Bild 1)**. Bei einer elektrisch angetriebenen Schleifscheibe wird dann die elektrische Leistung durch Strom-Spannungs-Multiplikation (Leistungssensor) ermittelt und bei zunehmender Entgratleistung die Roboterbahngeschwindigkeit so reduziert, dass die aufgenommene Leistung etwa konstant bleibt **(Bild 2)**. Auf diese Weise können Teile mit geringer Gratausprägung schneller bearbeitet werden als Werkstücke mit starker Gratausprägung, und zugleich wird das Werkzeug vor Überlastung geschützt.

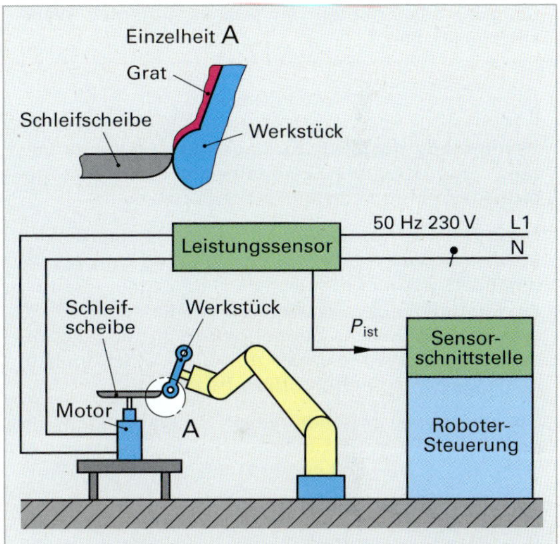

Bild 2: Anpassen der Bearbeitungsgeschwindigkeit mit Leistungssensor

Beispiel 2:

Ausgleich von Lagetoleranzen mit induktivem Näherungssensor. Das Palettieren und auch das Entpalettieren von Werkstücken organisiert man sehr flexibel mit sensorgeführtem Suchen. Durch Einlernen einer Fahrstrecke mit Anfangspunkt und Endpunkt wird eine Suchstrecke im Roboterprogramm definiert. Mit dem Eintreffen eines Sensorsignals wird, relativ zur momentanen Position, eine neue Bewegung, z. B. eine Werkstückgreifbewegung, ausgeführt. Auf diese Weise gelingt die Aufnahme von Werkstücken, die in einer Linie aufgereiht sind, ohne dass deren Position innerhalb der Linie im Programm fixiert ist **(Bild 3)**.

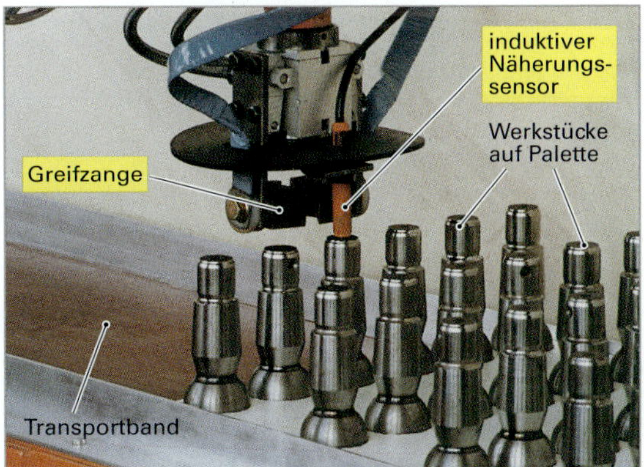

Bild 3: Ausgleich von Lagetoleranzen durch eine Suchbewegung mit induktivem Sensor

Die Roboterhand mit **Näherungssensor** wird zunächst über dem Förderband positioniert, und das Förderband dann in Bewegung gesetzt. Meldet der Sensor ein Werkstück, setzt die Steuerung des Industrieroboters den Förderbandantrieb still, und der Industrieroboter entnimmt das Werkstück aus der Palettenreihe. Die Werkstückposition innerhalb einer Reihe wird ebenfalls über den Näherungssensor erfasst.

Ist die erste Palettenreihe abgeräumt, wird die Roboterhand in die Warteposition für die zweite Werkstückreihe gebracht. Dabei wird das Förderband so lange in Gang gehalten, bis die nächste Werkstückreihe vom Sensor erfasst wird. Die Zahl der Reihen und Spalten innerhalb einer Palette können beliebig variieren.

Der Vorteil dieser Sensortechnik liegt in der Vereinfachung der Programmierung und in der Anpassfähigkeit des Roboters an sich verändernde Werkstückpositionen.

Beispiel 3:

Bestimmung der Werkstücklage durch Bildverarbeitung. Eine beondere Schwierigkeit bereitet das geordnete Zuführen von Werkstücken.

Das auf hellem Untergrund liegende Werkstück wird durch eine Videokamera aufgenommen und als Binärbild im Rechner gespeichert. Der Rechner ermittelt die Konturlinien des Werkstücks und seinen Flächenschwerpunkt **(Bild 1)**. Sodann wird um den Flächenschwerpunkt ein Kreis gelegt und die Schnittpunkte des Kreises mit der Konturlinie bestimmt.

Die Drehwinkel zwischen diesen Schnittpunkten und dem Schwerpunkt charakterisieren die Drehlage des Werkstücks. Der Schwerpunkt bestimmt die Werkstückposition.

Bei Verwendung von Bildsensoren sind das Herstellen guter Kontraste zwischen dem Werkstück und seinem Hintergrund, das Beleuchten mit konstanten Lichtverhältnissen und das Vermeiden von Schattenbildungen und von Spiegelungen auf der Werkstückoberfläche besonders schwierig.

Beispiel 4:

Sensoren für Programmkorrektur beim Bahnschweißen. Anstelle der Gasdüse wird ein kleiner tastender Sensor auf den Brenner aufgesteckt und mit ihm die Schweißfuge abgefahren **(Bild 2** und **Bild 3)**. Dabei werden der Abstand und der Seitenversatz geregelt und die grob vorprogrammierten Bahnpunkte mit aktuellen Bahndaten überschrieben. Man erzielt damit eine Automatisierung der von Zeit zu Zeit erforderlichen Nachprogrammierung.

Diese Sensoranwendung findet also nicht bei jedem Werkstück, sondern nur intervallweise statt, z. B. nach dem Austausch eines Roboters im Falle einer Störung.

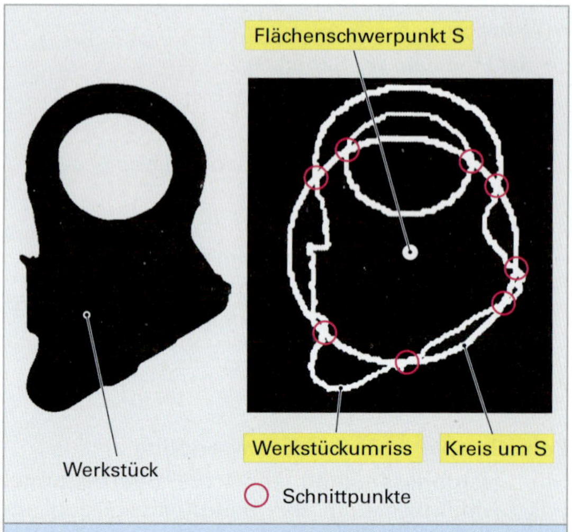

Bild 1: Bestimmung der Werkstücklage

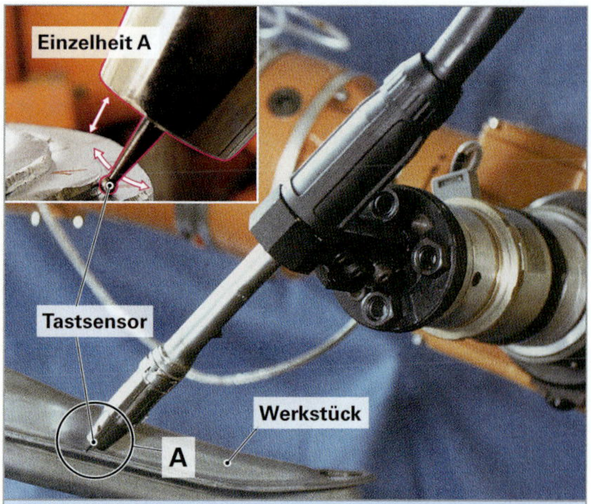

Bild 2: Tastender Schweißnahtsensor

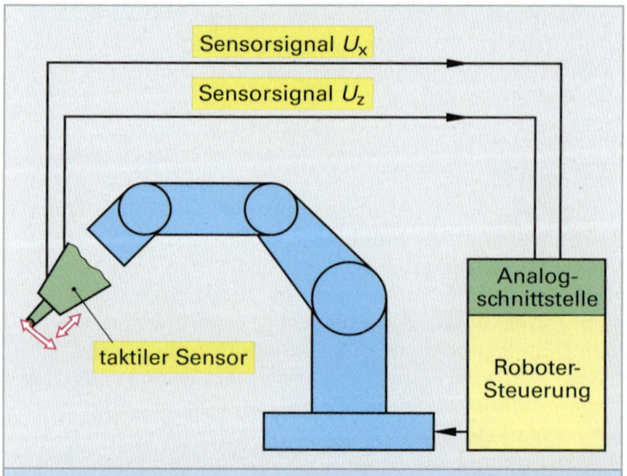

Bild 3: Nahtfolgen mit tastendem zweidimensionalem Sensor

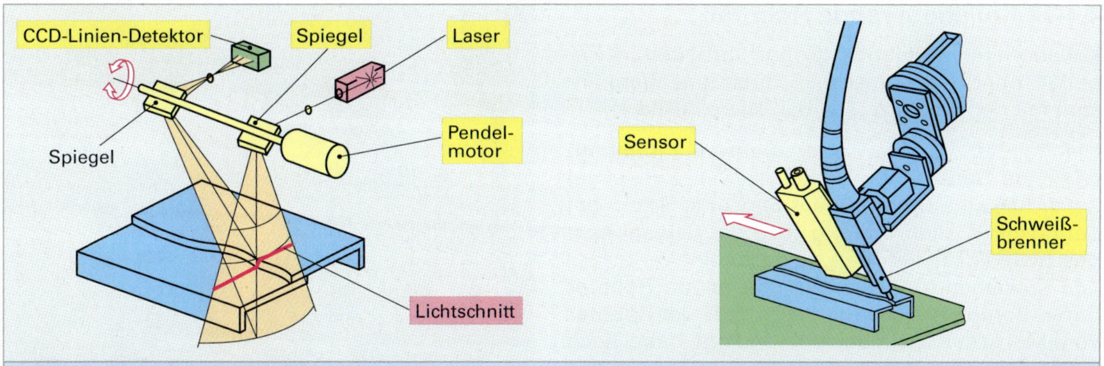

Bild 1: Laserscanner zur Nahtverfolgung

Beispiel 5:

Schweißfugenverfolgung mit Laser-Scan-Sensor. Mit einem pendelnden Laserabstandssensor **(Bild 1)** wird nach dem Triangulationsverfahren das Werkstückprofil dem Schweißbrenner vorlaufend erfasst und mittels Rechner bezüglich Seitenversatz und Abstand analysiert. Das Verfahren ist sehr aufwändig. Der Sensorvorlauf muss bei der Roboterkorrekturbewegung laufend miteingerechnet werden. Das Verfahren eignet sich nur für relativ lange und wenig verwundene Schweißnähte. Problematisch ist häufig auch der relativ große Platzbedarf bzw. der notwendige Kollisionsraum für den sperrigen Sensor.

Bild 2: Lichtschnittprojektion für das Schweißen von Überlappnähten

Beispiel 6:

Schweißfugenverfolgung mit Mehrfach-Lichtschnittprojektion und Videokamera. Bei diesem Verfahren werden vor der Bearbeitung über einen ortsfest angebrachten Mehrfach-Lichtschnittprojektor mehrere Lichtschnitte auf das Werkstück mit der Schweißfuge projiziert **(Bild 2)** und über eine oder mehrere ortsfeste Videokameras die Lichtschnitte aufgenommen und in einem Rechner ausgewertet.

Beispiel 7:

Schweißfugenverfolgung mit Brennerpendelung. Durch eine Pendelbewegung des Schweißbrenners ändert sich periodisch an den Schweißfugenrändern der Strom. Die Phasenlage dieser Stromschwankung zur Brennerpendlung ermöglicht die Ermittlung der Schweißfugenseitenlage. Das Abstandssignal wird aus dem mittleren Stromsignal gebildet. Der Vorteil dieses Verfahrens ist neben den relativ geringen Sensorkosten, dass kein vergrößerter Kollisionsraum notwendig ist. Der Nachteil liegt im Einsatzbereich des Sensorsystems. Nur für Bleche dicker als 1 mm lässt sich dieses Verfahren verwenden.

Besonders vorteilhaft ist eine Pendelung und Brennernachstellung über Zusatzachsen **(Bild 3)** am Roboterhandwurzelflansch. Die schlecht kalkulierbaren Phasenverschiebungen zwischen Roboterantriebsmotor und Brennerposition entfallen hierbei.

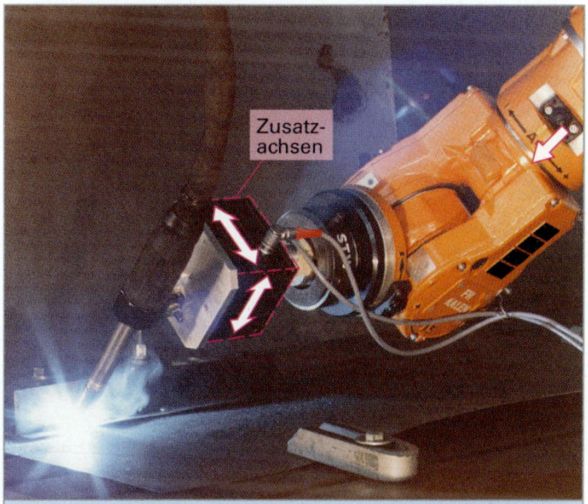

Bild 3: Schweißen mit Pedalsensor und und Zusatzachsen

4.4.12 Kollaborierende Roboter

Kollaborierende Roboter (Cobot[1]) arbeiten im Regelfall ohne mechanische Schutzzäune gemeinsam mit den Werkern „Hand in Hand" **(Bild 1)**.

Die Roboter verfügen über mehrere redundant wirkende Sensor-Sicherheitssysteme, z. B. in jeder Achse eine Drehmoment-Sensorik. Schon bei geringster Krafteinwirkung wird die Bewegungsgeschwindigkeit reduziert, so dass keine Verletzungen entstehen. Andererseits gibt es am Roboter Servo-Berührbereiche mit deren Hilfe der Roboter vom Menschen leicht bewegt (und ggf. dabei auch programmiert) werden kann.

Zur Kommunikation mit dem Roboter verwendet man neben der direkter Roboterarmberührung auch Tastenfelder, Touchpad mit Hand-Gestik, Spracheingaben und die Eingaben durch Körper-Gestik (z. B. mit Kinect, Microsoft). Die Sicherheit für kollaborierende Roboter wird durch die Normen ISO 10218 -1, -2 definiert.

Bild 1: Fügen von Kegelradgetrieben für Achsgetriebe

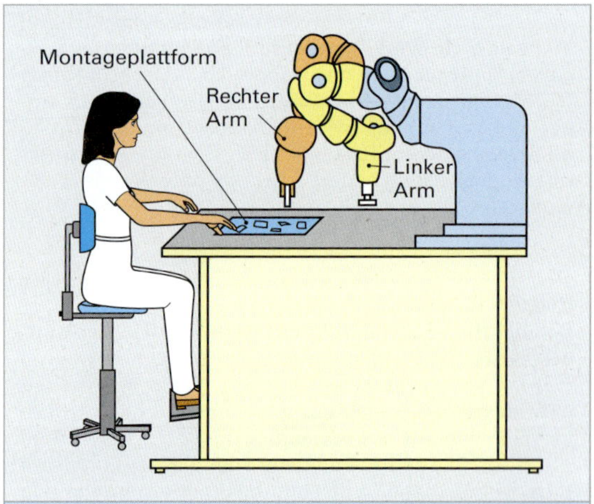

Bild 2: Zweiarmiger kollaborierender Roboter zur Kleinteilmontage

Leichtbauroboter

Kollaborierende Roboter sind als Leichtbauroboter ausgeführt. Ein Leichtbau-roboter ist gekennzeichnet durch geringes Eigengewicht und damit auch durch eine vergleichsweise geringe kinetische Energie. Je geringer die kinetische Energie bei einer Kollision ist, umso geringer ist eine Gefährdung oder Schädigung. Die Relation von Robotereigengewicht zu seinem Handhabungsgewicht liegt bei etwa 2 kg.

Eine Achsgestaltung mit runden Übergängen von einer Achse zur nächsten vermindert ein Einklemmen und oder „Hängenbleiben". Meist hat ein Roboterarm eine Sieben-Achsen-Kinematik. Sie ermöglicht Tätigkeiten in engen Montagesituationen und führt darüber hinaus zu harmonischen kraftsparenden und zeitsparenden Bewegungen.

Zweiarmige Roboter

Dem Menschen und seinen haptischen Fähigkeiten kommen zweiarmige Roboter schon sehr nahe (Bild 2). Ihr Einsatz ist vor allem in der Serienmontage für kleine Teile und im Zusammenspiel mit dem Menschen geeignet. Die Zweiarmigkeit ermöglicht eine schnelle „Inhandmontage" (wie das der Mensch auch macht): Die eine Hand hält, die andere fügt.

Kollaboration mit Industrieroboter

Auch die Kollaboration mit herkömmlichen Industrierobotern ist möglich. Der Roboter kann durch geringe Berührkraft mehrachsig bewegt werden und führt auf diese Weise handgeführte Fügeoperationen mit schweren Werkstücken und mit großer Kraft an einer Verschraubstation **(Bild 3)** aus.

Bild 1: Sensorgeführtes Polieren

[1] engl. collaborative robot

4.4.13 Schutzmaßnahmen

Der Roboterarbeitsplatz ist wegen der schnellen Armbewegungen grundsätzlich ein Gefahrenbereich und muss vom allgemeinen innerbetrieblichen Verkehrsbereich und von menschlichen Arbeitsbereichen durch Schutzmaßnahmen gesichert werden. Die sicherste Abtrennung ermöglicht eine **Umzäunung** mit starkem Metallgitter **(Bild 1)**, sodass auch bei schneller Roboterbewegung Werkstücke, die bei Störungen im Robotergreifer weggeschleudert werden könnten, keine Gefahr darstellen. Häufig muss der Roboterarbeitsplatz manuell mit Werkstücken versorgt werden. Dies geschieht vorteilhaft über einen **Drehtisch** (Bild 1).

Vorsichtsmaßnahmen:

- Vor Beginn und während der gefahrbringenden Roboterbewegung muss die Schutzeinrichtung zwangsläufig wirksam sein.
- Bei Entfernen oder bei Störung der Schutzeinrichtung muss der Roboter zwangsweise stillgesetzt werden.

Beim Programmieren im üblichen Teach-in-Modus muss meist der Arbeitsraum des Roboters und damit der Gefahrenbereich betreten werden. Die Schutzeinrichtungen, wie z. B. die Türverriegelung oder die Schaltmatten, sind in ihrer Funktion aufgehoben. In diesem Fall darf der Programmierer nur solche Standorte einnehmen, in denen er vom Roboter, auch bei dessen Fehlverhalten, nicht eingeklemmt werden kann, d. h. ein Rückwärtsausweichen muss möglich sein **(Bild 2)**.

Das mitgeführte Programmierhandgerät muss einen

- **NOT-HALT-Schalter (Bild 3)** haben und sollte einen
- **Zustimmungsschalter** besitzen.

Literatur

- **DIN EN ISO 13849-1:**
  Sicherheit von Maschinen – Sicherheitsbezogene Teile von Steuerungen –
  Teil 1: Allgemeine Gestaltungsleitsätze.
- **Sicherheitsfunktionen nach DIN EN ISO 13849-1 bei überlagerten Gefährdungen.**
  Fachausschuss-Informationsblatt Nr. 047, Ausgabe 5/2010. Hrsg.: Fachausschuss Maschinenbau, Fertigungssysteme, Stahlbau, Mainz www.bghm.de, Webcode 796.
- **DIN EN 61508-5:**
  Funktionale Sicherheit sicherheitsbezogener elektrischer/elektronischer/ programmierbarer elektronischer Systeme –
  Teil 5: Beispiele zur Ermittlung der Stufe der Sicherheitsintegrität

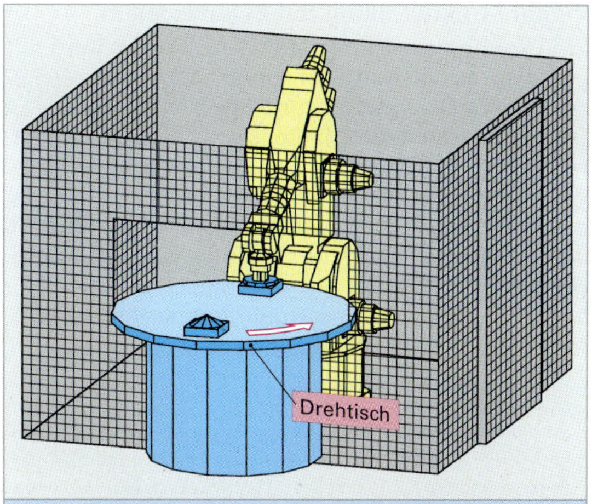

Bild 1: Abtrennung des Gefahrenbereichs durch einen Schutzraum und Werkstückübergabe mit Drehtisch

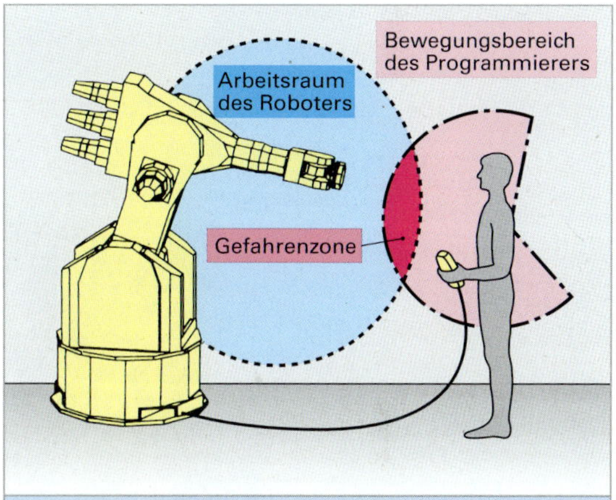

Bild 2: Standortwahl beim Programmieren

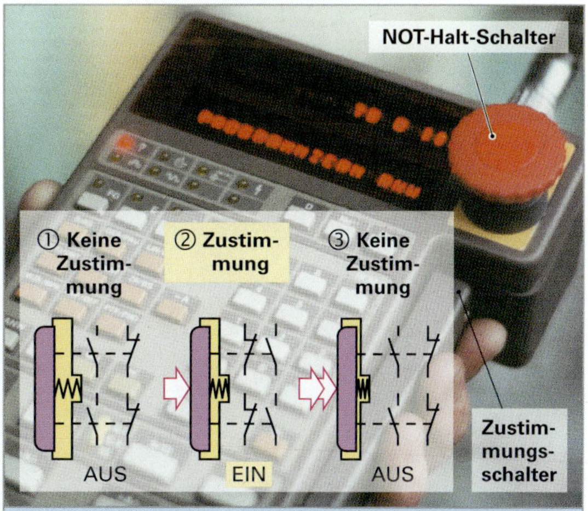

Bild 3: NOT-HALT-Schalter am Programmierhandgerät

Kamera-Überwachung mit Schutzsystem

Ein Drei-Kamerasystem **(Bild 1)** in Verbindung mit einem Hochleistungscomputer dient zur sicheren Raumüberwachung und zur Absicherung von Schutzräumen **(Bild 2)**. Der zu sichernde Schutzraum wird dabei dreidimensional abgebildet, d. h. das System hat wie ein 3D-Scanner die Geometrie, der im Sichtbereich liegenden Objekte, laufend als 3D-Gebilde zur Kollisionsprüfung zur Verfügung. So kann das Eindringen von Personen oder von weiteren Objekten in virtuell abgesicherte Warnräume und Schutzräume erkannt werden.

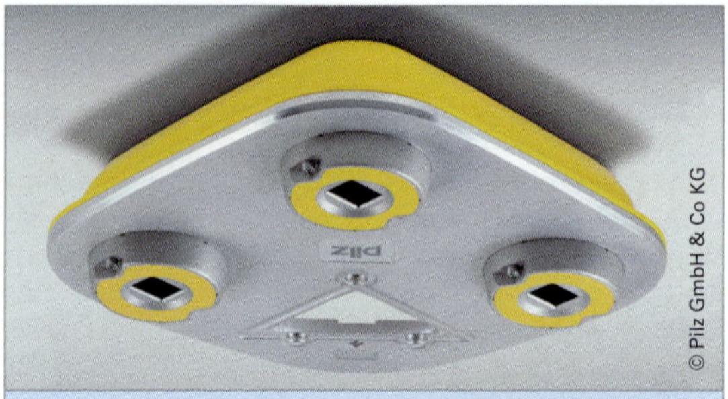

Bild 1: Drei-Kamera-Überwachungsauge SafteyEYE

Die virtuellen Warnräume (im Bild orangetransparent) und die virtuellen Schutzräume (im Bild rottransparent) können frei programmiert werden. Bei Eindringen von Personen oder Objekten werden unterschiedliche Maßnahmen ausgelöst, z. B. Not-Halt, Warnmeldung, Langsamfahrt u. a. Dabei werden prozessabhängig diese Warn- und Schutzräume dynamisch freigeschaltet oder zugeschaltet, z. B. wenn die Maschine in Stand-by-Zustand ist oder wenn raumübergreifend mehrere Roboter sich bewegen. Der reale Überwachungsbereich wirkt völlig offen. Die erforderliche Szenenbeleuchtung beträgt nur 300 Lux. Die Norm DIN EN ISO 13849-1: Sicherheit von Maschinen – Sicherheitsbezogene Teile von Steuerungen wird erfüllt.

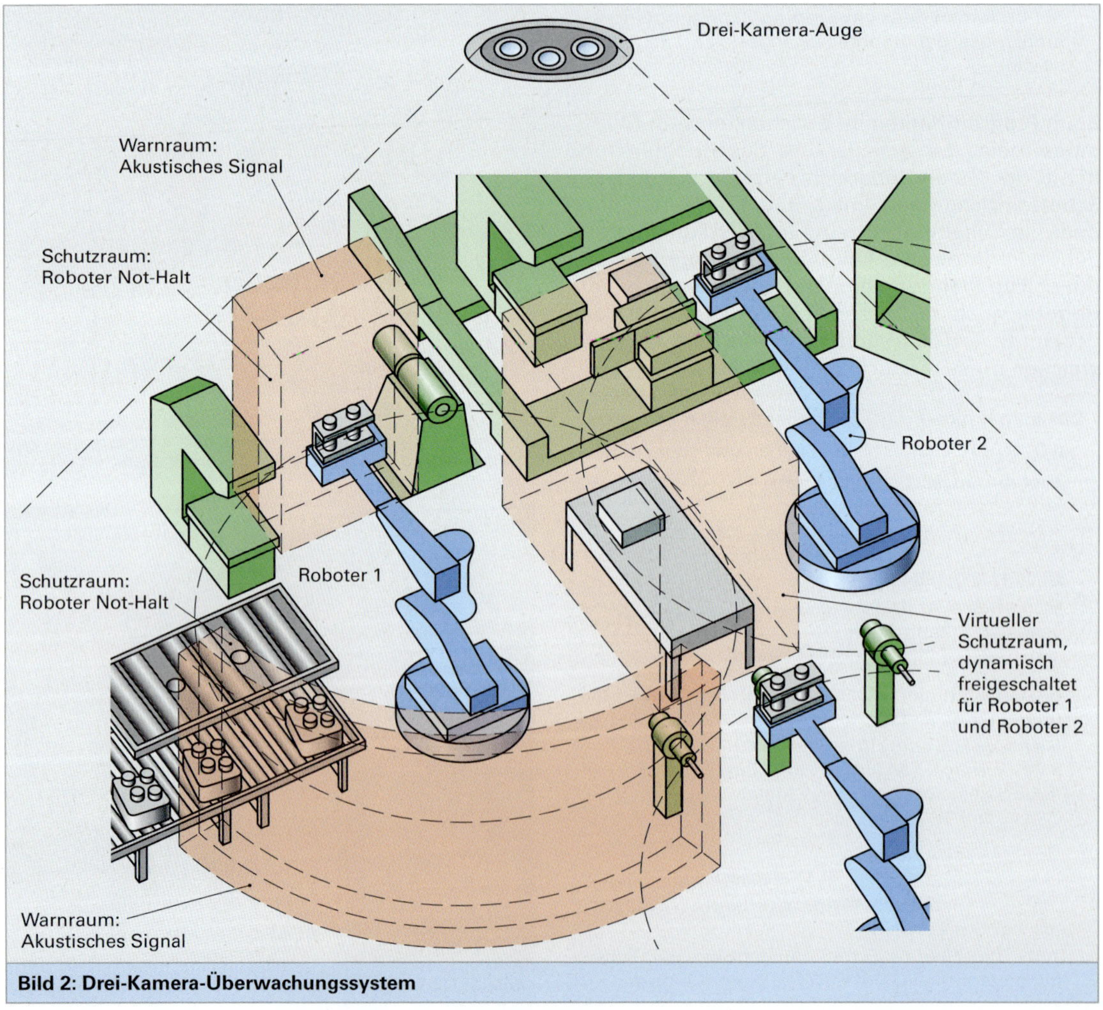

Bild 2: Drei-Kamera-Überwachungssystem

4.5 Sicherheit von Maschinen und Anlagen

Maschinen müssen so gebaut werden, dass Menschen, Tiere und Sachwerte ebenso wie die Umwelt vor Schäden geschützt sind. Prävention vor physischen Schäden jeder Art ist das Ziel. Bei den meisten Aufgaben ist es relativ einfach, Gefahren ohne allzu hohe Anforderungen an die Automatisierungssysteme zu vermeiden. Es gibt aber auch Systeme mit hohem Gefahrenpotential, wie z. B. Werkzeugmaschinen, Roboter und Fördereinrichtungen. Solche bedürfen besonderer Aufmerksamkeit und Vorsorge.

Maschinen sind generell konform zu den Maschinenrichtlinien und Sicherheitsvorschriften **(Bild 1)** aufzubauen und zu betreiben.

Für den Maschinenbau und die Elektrotechnik gilt die Maschinenrichtlinie[1]. Oberstes Ziel der Maschinenrichtlinie ist die grundlegende Sicherheits- und Gesundheitsschutzanforderung in Bezug auf die Konstruktion und den Bau von Maschinen festzulegen.

Die Einhaltung der Maschinenrichtlinie wird durch die CE-Kennzeichnung der Maschine angezeigt. Eine Möglichkeit, die Maschinenrichtlinie einzuhalten, ist die Anwendung harmonisierter Normen. Harmonisierte Normen **(Bild 2)** sind im EU-Amtsblatt gelistet. Ihre Anwendung bringt die sogenannte „Vermutungswirkung", die die Rechtssicherheit von Betreiber und Hersteller verstärkt.

Für Maschinen ist eine Gefährdungsanalyse und Risikobeurteilung nach der Maschinenrichtlinie vorgeschrieben.

Sicherheitskritische Steuerungen mussten bis vor wenigen Jahren „festverdrahtet" ausgeführt werden **(Bild 3)**.

Die heutige allgemeine Verwendung von Computern und SPS in der Automatisierungstechnik hat eine sicherheitsgerechte Digitaltechnik und eine Anpassung der Normen erforderlich gemacht.

[1] Die Maschinenrichtlinie: RICHTLINIE 2006/42/EG DES EUROPÄISCHEN PARLAMENTS UND DES RATES vom 17. Mai 2006 finden Sie sowohl im vollständigen Wortlaut als auch in illustrierter Form mit den wichtigsten Aussagen auf der dem Buch beigefügten CD unter der Rubrik Gesetzestexte.

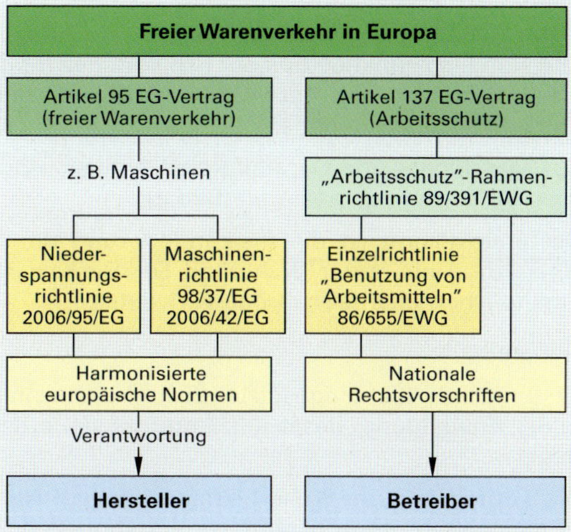

Bild 1: Richtlinien

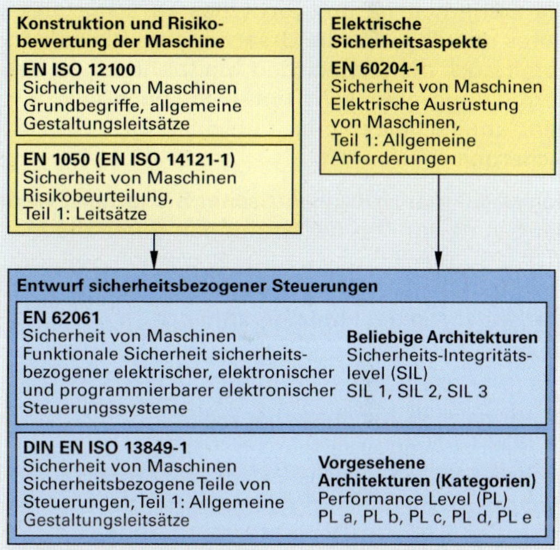

Bild 2: Wichtige Normen

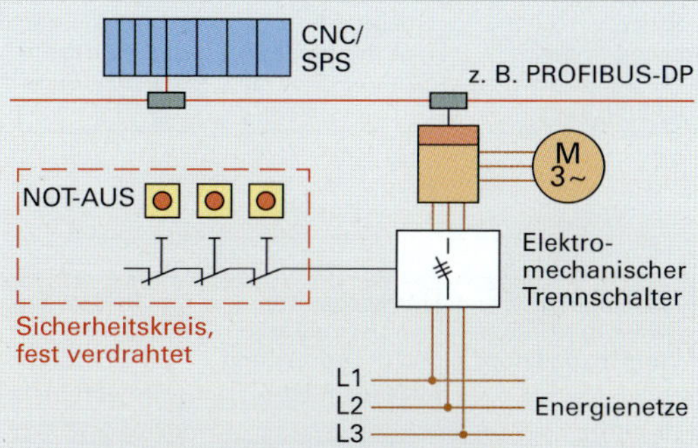

Bild 3: Festverdrahteter Sicherheitskreis

Risiko

Risiken **(Bild 1)** ergeben sich aus Gefährdungen und sind eine Funktion aus der Schwere des möglichen Schadens und der Wahrscheinlichkeit des Entstehens des Schadens.

Der Maschinen- und Gerätehersteller muss mögliche Gefährdungen abklären **(Bild 2)**.

Der erste Schritt ist die Risikominderung durch Umsetzung inhärenter[1] Sicherheit. Das Risiko wird durch Sicherheitsmaßnahmen verkleinert.

Generell gilt:

Je einfacher die eingesetzte Sicherheitstechnik in der Anwendung, desto effizienter ist sie in der Regel.

Die Komplexität der Sicherheitstechnik liegt eher in der Vielzahl von Zustandskombinationen und Zustandsübergängen.

Funktionale Sicherheit

Die Sicherheit ist aus Sicht des zu schützenden Gutes unteilbar. Da die Ursachen von Risiken und damit auch die technischen Maßnahmen zu ihrer Vermeidung aber sehr unterschiedlich sein können, unterscheidet man verschiedene Arten der Sicherheit.

So spricht man von „elektrischer Sicherheit", wenn der Schutz vor den Gefährdungen durch die Elektrizität zum Ausdruck gebracht werden soll, oder von „funktionaler Sicherheit", wenn die Sicherheit von der korrekten Funktion abhängt.

Es gelten die Ziele:
- Vermeidung systematischer Fehler
- Beherrschung systematischer Fehler
- Beherrschung zufälliger Fehler oder Ausfälle.

[1] von lat. inhaerere = an etwas haften, innewohnen

Der Hersteller ...	Beispiele
... ermittelt die Grenzen der Maschine bei bestimmungsgemäßer Verwendung,	z. B. aufblasbarer Luftsack zum Heben von Lasten bis 100 kg
... ermittelt die vorhersehbaren Fehlanwendungen,	z. B. Verwendung als Kindertrampolin
... ermittelt die Gefährdungen und die Gefähdungssituationen,	z. B. Platzen des Luftsacks und Umstürzen des Hebeguts
... schätzt ab: die Risiken unter Berücksichtigung der Schwere von Verletzungen oder Gesundheitsschäden und deren Wahrscheinlichkeit,	z. B. Risiko ist gering, da Luftsack mit Nylongewebe und Metallgewebe geschützt ist. Verletzungsgefahr durch Umstürzen des Hebeguts ist groß.
... bewertet die Risiken und ermittelt ob eine Risikominderung erforderlich ist,	Risiko durch Umstürzen des Hebeguts ist groß, wenn dieses nur eine kleine Standfläche hat.
... löst das Problem durch: a) Beseitigung oder Minimierung der Risiken oder b) Schutzmaßnahmen gegen die Risiken oder c) Unterrichtung der Benutzer über Restrisiken.	Lösung durch b): • Markierung für Mindeststandfläche • Integrierte Messschlaufe für max. Hebeguthöhe • Hinweisschild: – Nicht für Personen – Kein Spielzeug

Bild 2: Abklärung von Gefährdungen und Risiken

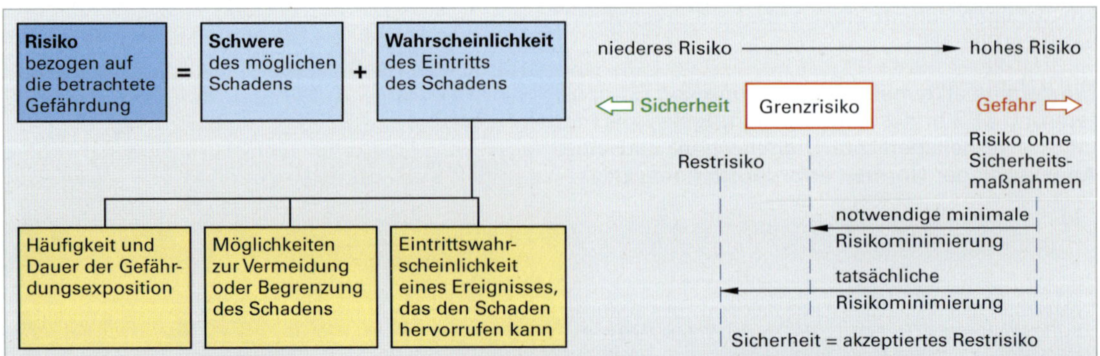

Bild 1: Sicherheit und Risiko

Das Maß für die erreichte funktionale Sicherheit ist die Wahrscheinlichkeit gefährlicher Ausfälle, die Fehlertoleranz und die Qualität, durch die die Freiheit von systematischen Fehlern gewährleistet werden soll.

Dies wird in den Normen durch unterschiedliche Begriffe ausgedrückt:

- „Safety Integrity Level" (SIL) in DIN EN 62061[1]
- „Performance Level" (PL) in DIN EN ISO 13849

Sicherheitsbezogene Funktionen

Die sicherheitsbezogenen Funktionen umfassen klassische und komplexe Funktionen.

Klassische sicherheitsbezogene Funktionen

- Stillsetzen, z. B. Sofortabschaltung der Energie oder gesteuertes Stillsetzen,
- Handlungen im Notfall, z. B. Stillsetzen, Ingangsetzen, Ausschalten, Einschalten,
- Verhindern eines unbeabsichtigten Anlaufs.

Komplexe sicherheitsbezogene Funktionen

- Zustandsabhängige Verriegelungen,
- Geschwindigkeitsbegrenzungen,
- Positionsbegrenzungen,
- kontrolliertes Stillsetzen bzw. Halten.

[1] Die Norm enthält Hinweise zur Risikoabschätzung und Festsetzung des Sicherheits-Integritätslevels (SIL), für sicherheitsbezogene Steuerungsfunktionen für Maschinen. Es werden Anforderungen für den sicheren Gebrauch von sicherheitsbezogenen elektrischen, elektronischen und programmierbaren elektronischen Steuerungssystemen (SRECS, Safety-Related Electrical Control System) in Maschinen beschrieben.

Sicherheitssteuerungen

Sicherheit muss auch auf der Steuerungsseite gewährleistet sein **(Bild 1)**.

Abgesehen von sicherheitstechnischen Besonderheiten unterschieden sich Sicherheitssteuerungen nur unwesentlich von Standardsteuerungen. Im Kern besteht eine Sicherheits-SPS aus zwei Steuerungen, welche das Anwendungsprogramm parallel abarbeiten. Beide benutzen dasselbe Prozessabbild der Eingänge bzw. der Ausgänge. Diese werden ständig abgeglichen. Dies ist jedoch im Detail recht komplex. Es werden Quervergleiche angestellt, gemeinsame gültige Ergebnisse ermittelt und die Taktsignale verglichen. Es erfolgt eine Spannungs- und Zeitüberwachung sowie eine sichere Abschaltung im Fehlerfall.

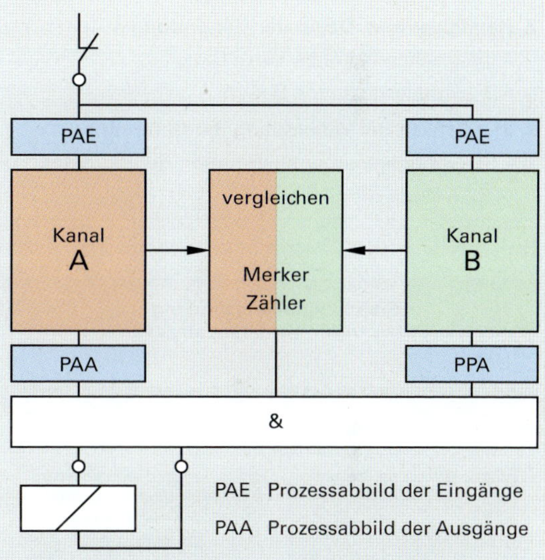

Bild 1: Prinzip eines sicheren Steuerungssystems

Bedingt durch DIN EN ISO 13849-1 müssen sicherheitsbezogenen Steuerungsstrukturen erstellt werden.

Das erfolgt in einzelnen Schritten.

Schritt 1: Sicherheitsfunktionen festlegen

Die einzelnen Sicherheitsfunktion sind zu benennen und zu beschreiben, z. B. gilt für eine Schutztürabsicherung an einer Roboterzelle dass gefahrbringende Bewegungen abgeschaltet werden.

Schritt 2: Bestimmung des erforderlichen Performance Levels PL

Je höher das Risiko, desto höher sind die Anforderungen an die Steuerung.

Die Gefährdungssituation wird in fünf Stufen von Pla bis Ple eingeteilt (Bild 2, folgende Seite).

Schritt 3: Realisierung der Sicherheitsfunktionen

Die unter Schritt 1 festgelegte Sicherheitsfunktion, z. B. Schutztürabsicherung wird steuerungstechnisch umgesetzt, z. B. mit einem zertifiziertem nicht manipulierbarem Verriegelungssystem.

Schritt 4: Bewertung der Sicherheitsfunktion

Zur Bestimmung des erreichten Performance Levels wird die Sicherheitsfunktion in die Teilfunktionen aufgelöst und bewertet. Ggf. stellt der Komponentenhersteller die Kennwerte zur Verfügung.

Schritt 5: Beurteilung

Zu prüfen ist ob der erzielte Performance Level auch dem geforderten Performance Level entspricht. Ist das nicht der Fall müssen die sicherheitsrelevanten Teile geändert und der Beurteilungsprozess erneut durchgeführt werden.

Risikobeurteilung

Die Bedeutung der Risikobeurteilung für die Maschinensicherheit nimmt international zu, da Betreiber und Konstrukteure von Maschinen zu einer strukturierten Beurteilung verpflichtet sind. Nur durch eine Systematik können sie die verschiedenen nationalen und internationalen Normen und geltenden Gesetze eingehalten werden. Der Risikograf **(Bild 1)** ermöglicht eine systematische Ermittlung des Risikos. Hiernach wird der erforderliche (engl. required) Performance Level (PLr) ermittelt.

Es werden folgende drei Aspekte bewertet:

1. **Schwere der Verletzung (S)**
   - S1 = leichte Verletzung,
   - S2 = schwere Verletzung, bis Tod.
2. **Häufigkeit bzw. Dauer der Gefährdung**
   - F1 = selten bis öfter, kurze Dauer,
   - F2 = dauernd, lange Dauer.
3. **Möglichkeit der Vermeidung der Gefährdung**
   - P1 = möglich unter bestimmten Bedingungen,
   - P2 = kaum möglich.

Performance Level required (PLr)

Nach diesen Beurteilungen wird der Performance Level PLr mit der Kennung a, b, c, d, e bestimmt **(Bild 2)**. Nach Abschluss einer Risikobeurteilung **(Bild 3)** wird eine Prüfung der Maschine durchgeführt und Bereiche definiert, welche geändert werden müssen. Sodass die Sicherheit der Maschine erreicht werden kann. Diese Prüfung erfolgt dabei immer in Übereinstimmung mit den relevanten Normen und Richtlinien.

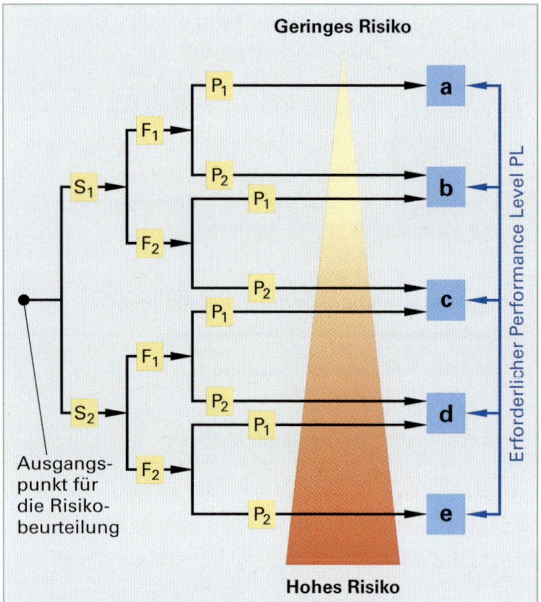

Bild 1: Risikograf nach EN ISO 13849-1

Performance Level	Wahrscheinlichkeit gefahrbringender Ausfälle je Stunde
PLa	$\geq 10^{-5}$ bis 10^{-4} (ca. 10 Jahre)
PLb	$\geq 3 \times 10^{-5}$ bis 10^{-5} (ca. 30 Jahre)
PLc	$\geq 10^{-6}$ bis 3×10^{-5} (ca. 100 Jahre)
PLd	$\geq 10^{-7}$ bis 10^{-6} (ca. 1000 Jahre)
PLe	$\geq 10^{-8}$ bis 10^{-7} (ca. 10000 Jahre)

Bild 2: Performance Level required (PLr)

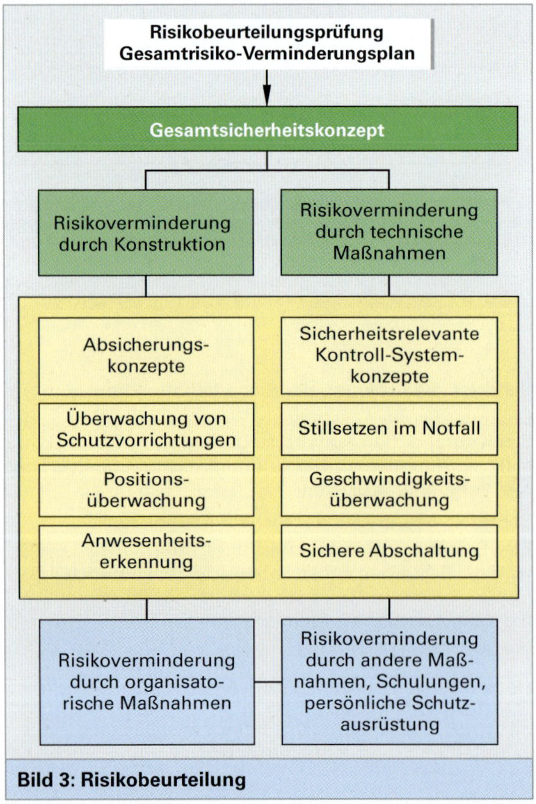

Bild 3: Risikobeurteilung

5 Montageautomatisierung

5.1 Grundlagen

Die Montage[1] von Bauteilen zu Baugruppen und von Baugruppen zu fertigen Geräten, Maschinen und Anlagen erfolgt vielfach in Handarbeit. Die Serienmontage, d.h. die Montage von Serienteilen erfordert *„flinke Hände"* und ist wegen der Monotonie der Tätigkeit und der ständig gleichartigen Arbeitsbelastung eine für den Menschen sehr belastende Arbeit.

Diese Serienmontage erfolgt als Fließmontage und wird zunehmend mit Robotern und speziellen Montagemaschinen automatisiert ausgeführt **(Bild 1)**. Sofern eine nicht automatisierbare Montagearbeit übrig bleibt, ist darauf zu achten, dass diese Montage-Restarbeitsplätze nicht in den Maschinentakt der Montagelinie ohne hinreichende Teilepufferung eingeplant werden.

Die Hauptfunktionen der Montage sind:

- Fügen;
- Justieren und Prüfen;
- Handhaben;
- Fördern und
- Sondertätigkeiten.

Montagegerechte Produkte

Der Montageaufwand und die Montagequalität, besonders bei Serienfabrikaten sind entscheidend für die Kosten und die Qualität des fertigen Fabrikats und somit entscheidend für den Erfolg eines verkaufsfähigen Produkts.

Die Kosten eines Produkts werden zu etwa 75 % im Rahmen der Konstruktion festgelegt und dabei wird auch festgelegt wie hoch der Montageaufwand ist.

Demontage

Demontageaufgaben gibt es bei Wartungs- und Reparaturarbeiten und zunehmend zum Recycling von Wertstoffen oder bei Austauschteilen.

Die Kosten der Demontage schlagen sich erst im weiteren Produktlebenszyklus nieder und werden beim Kauf eines Produkts oft nicht beachtet. Produkte mit leichter Demontage ermöglichen:

- Kostengünstigen Austausch von Bauteilen und Baugruppen,
- Wiederverwendung gebrauchter Bauteile und Baugruppen,
- Einfache Fehlersuche durch Bauteiltausch,
- Recycling wertvoller Werkstoffe,
- Trennung von Schadstoffen.

[1] franz. le montage = der Aufbau, das Zusammensetzen

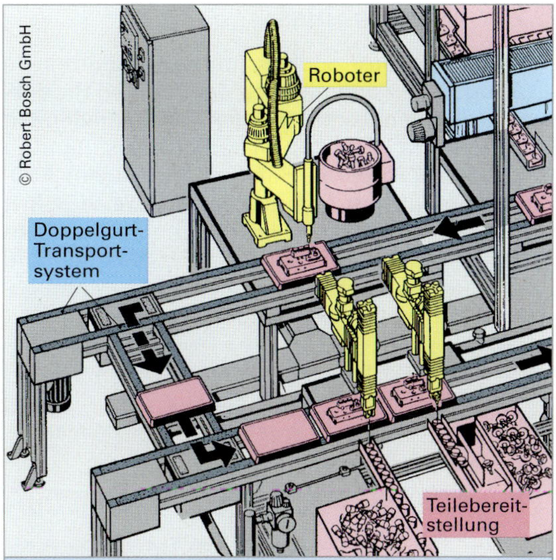

Bild 1: Serienmontage mit Robotern

Grundregeln montage- und demontagegerechter Produktgestaltung:

- Ein Produkt sollte aus möglichst wenigen Teilen zusammengesetzt werden; also je weniger Teile um so günstiger ist i. a. die Montage. Die Produktkomplexität wird meist durch die Zahl der Bauteile bestimmt.
- Komplexe Produkte, wie z. B. Fahrzeuge müssen in Baugruppen (Fahrwerk, Motor, Lenkung usw.) aufgegliedert werden und diese Baugruppen wiederum in Unterbaugruppen, die vormontiert werden können bevor sie getestet und geprüft werden.
- Jede Unterbaugruppe sollte möglichst wenige weitere Verbindungen zu anderen Unterbaugruppen haben.
- Produktvarianten sollten sich in den Unterbaugruppen unterscheiden und nicht in der produktneutralen Baugruppenmontage.
- Soweit wie möglich sollten die Unterbaugruppenmontagen der Produktvarianten etwa gleich viele Arbeitsschritte enthalten.
- Die Bauteile sollten möglichst symmetrisch sein.
- Wenn die Bauteile unsymmetrisch sind, so sollten sie sich deutlich unsymmetrisch zeigen.
- Die Zuführbarkeit der Bauteile sollte einfach automatisierbar sein. Biegeschlaffe Teile sollten vermeiden werden, also möglichst keine Teile aus Textilien u. ä.
- Die Montagerichtungen bzw. Fügerichtungen sollten möglichst einheitlich und minimal sein, z. B. nur senkrechtes Fügen.
- Verbundwerkstoffe sollten vermieden werden, damit Werkstoffe sortenrein rückgewonnen werden können.

5.2 Materialfluss

Zur Montage von Produkten müssen die Einzelteile zu Baugruppen und diese zu den fertigen Produkten zusammengesetzt werden. Die anfallenden Aufgaben des gesamten Materialflusses, nämlich des Lagerns, Förderns, Handhabens, Fügens, Prüfens kann auf sehr unterschiedliche Weise gelöst werden. Dabei ist meist im Sinne einer flexiblen Montage zu beachten, dass Produktvarianten und auch neue Produkte auf vorhandenen Montagelinien/Montageplätzen montiert werden können.

Die Funktionsbereiche für den Materialfluss sind:
- Speichern,
- Bewegen,
- Mengen verändern,
- Sichern,
- Messen und Prüfen.

5.2.1 Lagern

Lager haben die Aufgabe Rohstoffe, Vorprodukte, Zwischenprodukte und Fertigwaren zeitweilig aufzunehmen. Damit können Schwankungen in der Beschaffung und Lieferung ausgeglichen, durch größere Lose günstige Beschaffungs- und/oder Produktionspreise erzielt werden und Transporte kosten- und/oder zeitoptimal realisiert werden.

Bei den Lagern unterscheidet man zwischen

- Zentrallager,
- dezentraler Lagerung und
- Umlauflager.

Zentrallager werden meist als **Regalzeilenlager** (Hochregallager) gebaut **(Bild 1)**. Die Teilelagerung erfolgt in den Regalfächern unmittelbar bei Großteilen **(Bild 2)** oder in Behältern, in den Regalfächern bei Kleinteilen.

Über manuell gesteuerte oder über automatisch arbeitende Regalförderzeuge (RFZ) werden die Lagerteile ein- und ausgelagert **(Bild 3)**. Die RFZ fahren auf Schienen am Boden und stützen sich an Führungsschienen ab. Gesteuert werden die RFZ meist über eine SPS oder einen Lagerverwaltungsrechner (LVR).

Die Kommissionierung[1], d. h. die Zusammenstellung von Artikeln zu einem Auftrag erfolgt in Kommissionierstationen. Diese befinden sich meist vor den Gängen der Regallager. Die Kommissionierarbeitsplätze werden oft über Rollenförderer miteinander verbunden (Bild 1).

Gelagert werden sollte so wenig wie möglich und so kurzzeitig wie möglich.

[1] lat. commissio = Auftrag

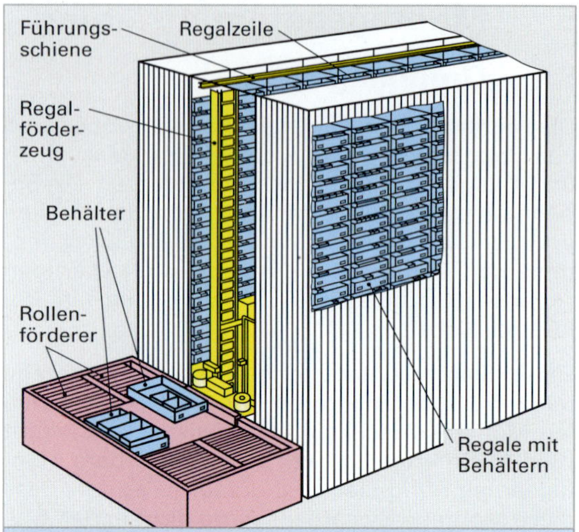

Bild 1: Automatisches Regalzeilenlager

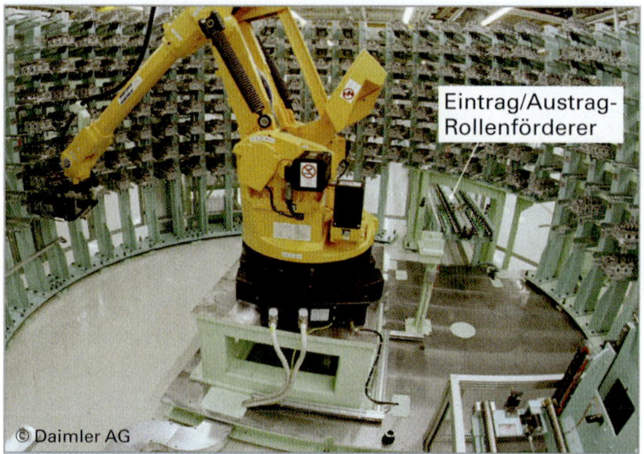

Bild 2: Regallager mit Roboterzugriff

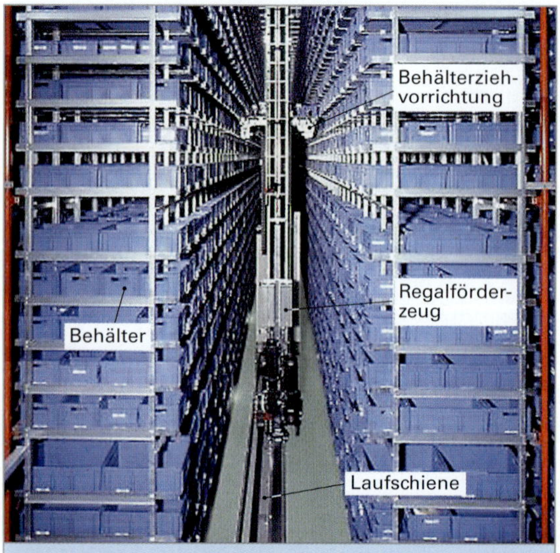

Bild 3: Blick in den Regalgang

Bei zentraler Lagerung werden die Güter konzentriert in einem Lagergebäude untergebracht mit dem Risiko, dass bei einer Zerstörung, z. B. durch Brand die gesamte Produktion in schwerste Mitleidenschaft gezogen wird.

Geringere Risiken, gegebenenfalls auch günstigere Transportbedingungen, z. B. geringere Transportwege liegen bei *dezentralen Lagern* vor. Bei den **Umlauflagern** erfolgt die Lagerung im Transportmittel. Man spart sich Lagerräume, hat nur geringes Risiko und hohe Lieferbereitschaft. Es gibt nur Umschlagplätze und Abnahmestellen (z. B. bei der Gemüseversorgung. Die Lager befinden sich in den LKWs auf der Straße). Im industriellen Bereich organisiert man Zentrallager häufig als Hochregallager mit selbstfahrenden Regalförderzeugen und automatisierter Einlagerung und Auslagerung. Dabei können die Waren bestimmten Lagerplätzen zugeordnet werden oder in regelloser Weise gelagert werden. Der Computer merkt sich die Einlagerposition.

5.2.2 Puffern

Pufferspeicher dienen zum Überbrücken von Störungen bei automatisierten Montageanlagen und zur Ermöglichung von Pausen bei manuellen Montagen sowie zur Vermeidung einer strengen Taktbindung.

Man unterscheidet:
- Durchlaufpuffer **(Bild 1)**,
- Rücklaufpuffer **(Bild 2)**,
- Umlaufpuffer **(Bild 3)**,
- Direktzugriffpuffer **(Bild 4)**.

Als **Durchlaufpuffer** bieten sich fast alle Transporttechniken an, z. B. Gurtförderer, Hängebahnförderer, Rollenbahnen (Bild 1). Ist zwischen den Arbeitsstationen kein größerer Abstand, so verwendet man **Rücklaufpuffer** (Bild 2), die nur gefüllt werden wenn die Teileaufnahmekapazität zeitweilig nicht ausreicht. Eine Umlaufpufferung wird vor allem bei manuellen Montagearbeitsplätzen eingerichtet, wenn mehrere Arbeitsplätze damit versorgt werden müssen und wenn dabei sehr unterschiedliche Montagezeiten anfallen sowie wenn eine hohe Fluktuation in der Platzbesetzung vorliegt (Bild 3).

Durch Puffer wird eine starre Verkettung von Arbeitsstationen vermieden. Sie führen zur *Entkopplung* von einem Maschinentakt, ermöglichen Pausen und vermindern Produktionsausfälle bei Störungen.

Mit Puffern gelingt eine Anpassung an unterschiedliche Arbeitsgeschwindigkeiten.

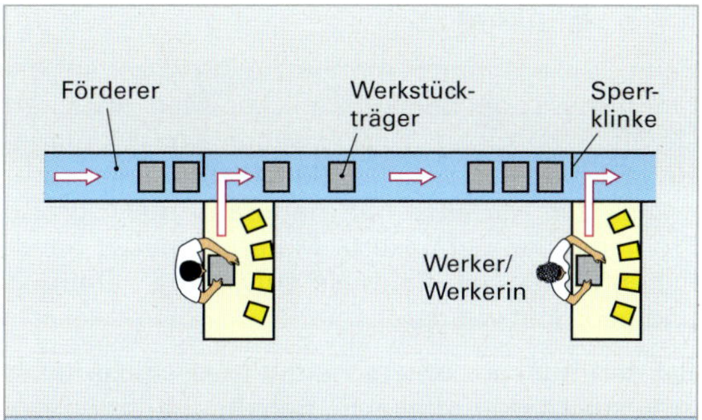

Bild 1: Durchlaufpuffer

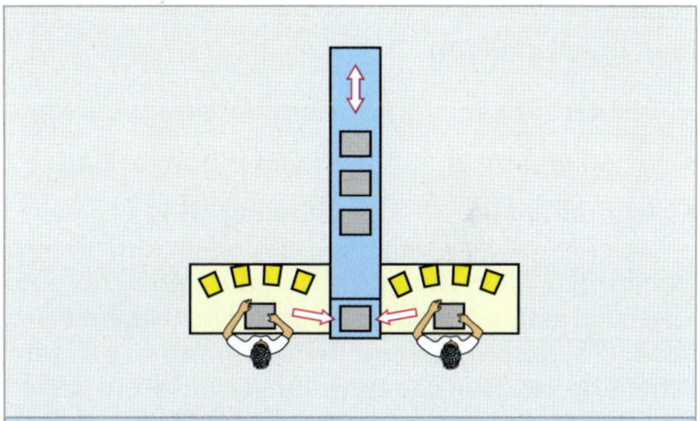

Bild 2: Rücklaufpuffer

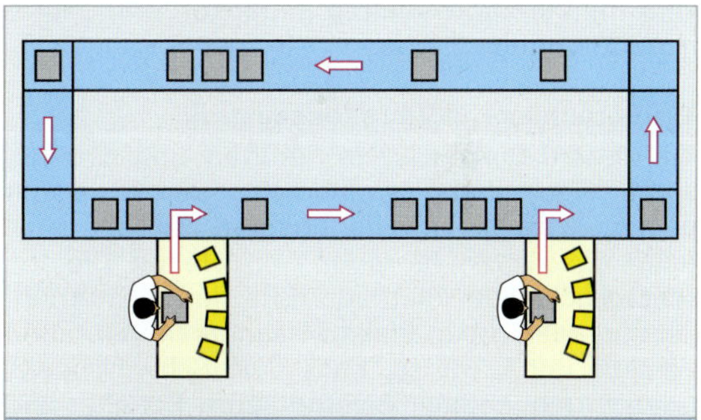

Bild 3: Umlaufpuffer

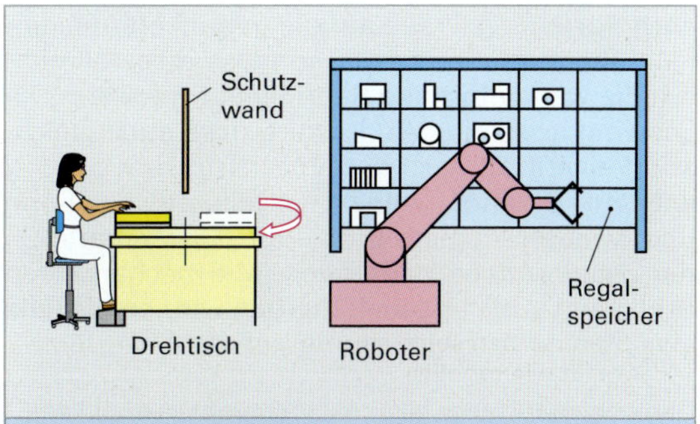

Bild 4: Direktzugriffpuffer

5.2.3 Bunkern

Beim Bunkern nimmt man keine Rücksicht auf die räumliche Lage der Werkstücke. Man speichert sie als *Schüttgut*, z. B. Schrauben und Montagekleinteile oder Gussteile **(Bild 1)**. Bei einer automatisierten Montage hat man dann meist große Probleme das gebunkerte Material wieder handhaben zu können. Es muss aufwändig vereinzelt und geordnet werden.

Bei den Bunkern unterscheidet man solche *ohne Werkstückbewegung*, z. B. Behälter, Gitterboxen, (Schäfer-)Kästen und solche mit *Werkstückbewegung*. Letztere ermöglichen häufig auch das **Entwirren,** das **Vereinzeln** und das **Ordnen**.

Man unterscheidet:

- Trichterbunker,
- Schaukelbunker,
- Schöpfbunker,
- Kettenaustragsbunker,
- Nachfüllbunker und
- Behälter **(Bild 2)**.

Der Vorteil des Bunkerns ist die einfache und kostengünstige Einspeicherung. Der Nachteil ist, dass die automatisierte Teileentnahme oft sehr schwierig ist. Der sogenannte „Griff in die Kiste" mit Robotern ist nur in wenigen Fällen gelöst. Schüttgut, insbesondere Kleinteile aus Metall und Kunststoff können aber vorteilhaft in Trichterbunkern mit Vibrationsaustrag gebunkert und geordnet entnommen werden.

Trichterbunker mit Vibrationsaustrag

Bei diesem Bunker ist an der Wandung eine gestufte Wendelbahn angebracht **(Bild 3)**. Damit gelangen bei jedem Füllungsgrad die Teile auch auf die nach oben führende Wendelbahn. Die drei schräg gestellten Blattfederfüße des Trichterbunkers werden über Elektromagnete in Vibration versetzt und zwar so, dass eine Schwingbewegung in tangentialer Richtung zum Behälterrand entsteht. Die Schwingamplitude ist weniger als 1 mm, die Schwingfrequenz liegt bei etwa 25 Hz bis 100 Hz. Durch die Schwingbewegung werden auch Bewegungskräfte auf die gebunkerten Kleinteile übertragen und zwar so, dass diese allmählich die wendelförmige Bahn hinauf wandern. Die Schwingrichtung ist so justiert, dass auch gleichzeitig eine Kraft nach außen zur Trichterwandung entsteht. Dadurch bleiben die Teile auf der Bahn und wandern vereinzelt (wie im „Gänsemarsch") der Wand entlang nach oben. Mit mechanischen Schikanen und mit Leitelementen können die Teile auch in eine Vorzugsrichtung gebracht werden.

> Mit einem Trichterbunker mit Vibrationsaustrag kann man bunkern, fördern, ordnen und vereinzeln.

Bild 1: Bunkern von Gussteilen in einer Gitterbox

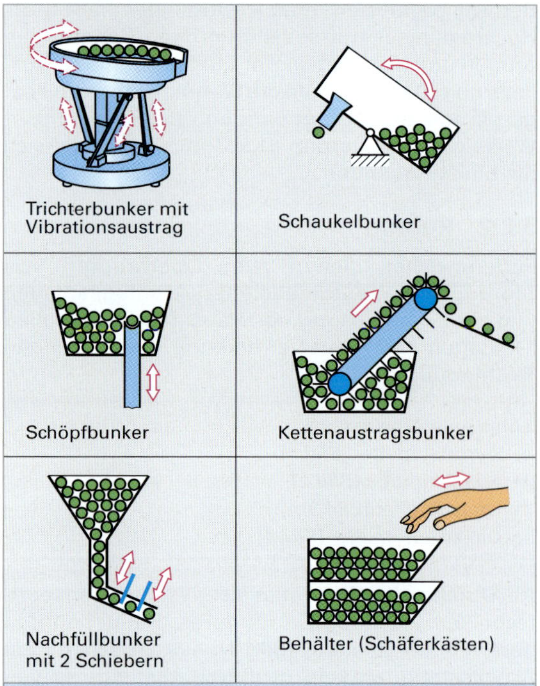

Bild 2: Bunkersystem

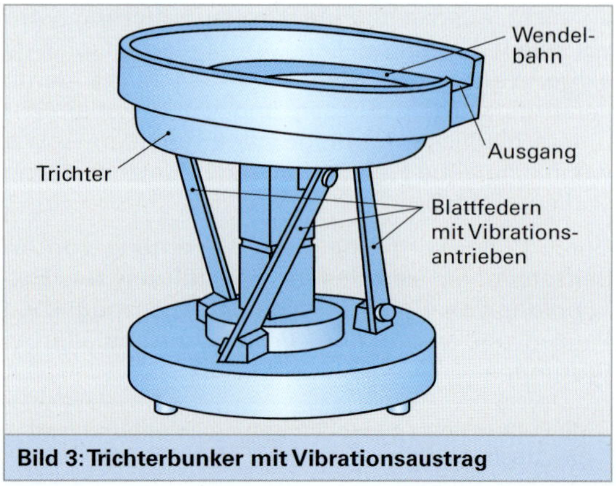

Bild 3: Trichterbunker mit Vibrationsaustrag

5.2.4 Magazinieren

Magazine[1] sind Speicher für die geordnete Zwischenaufnahme von Werkstücken, z. B. auf einer Palette **(Bild 1)**. Man benötigt Magazine **(Bild 2)** sowohl bei manueller Montage als auch bei maschineller Montage, vor allem, wenn der Montageprozess räumlich auseinandergerissen ist. Wir unterscheiden:

- Trichtermagazine,
- Schachtmagazine,
- Stufenmagazine,
- Rollbahnmagazine,
- Gleitbahnmagazine,
- Kanalmagazine,
- Förderbandmagazine,
- Hubmagazine,
- Kettenmagazine,
- Revolvermagazine,
- Trommelmagazine,
- Palettenmagazine.

Günstig ist es, wenn sich in die Transportaufgabe bzw. in die Magazinier- bzw. Pufferaufgabe ein Teilprozess der Fertigung einbeziehen lässt, z. B. ein Trocknungsprozess oder ein Abkühlprozess. Die Pufferstrecke bzw. Pufferzeit wird dann häufig auf diesen Prozess abgestimmt, sodass dieser nach der Durchlaufzeit sicher abgeschlossen ist. Beispiele sind Montageprozesse von Gussteilen und Schmiedeteilen.

Häufig müSsen zur Montage unterschiedliche Teile aus mehreren Magazinen zusammengeführt werden. **Bild 3** zeigt die Zusammenführung von zwei verschiedenen Rundteilen (blau und grün) aus zwei Kaskadenmagazinen. Das Zellenrad mit einem Aufnahmeprofil für die Montageteile wird synchron zur Transportkette angetrieben. So liefert die Transportkette im Wechsel beide Teile.

[1] Das Wort Magazin entstammt dem Arabischen *al mahzan* und bedeutet Kammer. Im militärischen Sprachgebrauch hat es einerseits die Bedeutung einer allgemeinen Lagervorratshaltung und andererseits bezeichnet man damit die schussbereite Vorratshaltung von Munition in Schusswaffen. Hierbei wurden viele Magazinarten entwickelt, wie sie ähnlich in der Montagetechnik genutzt werden. Am bekanntesten ist das Revolvermagazin (Trommelmagazin) das dem (Trommel-)Revolver den Namen gab. Weitere Magazinarten in der Waffentechnik sind: Stangenmagazin, Kurvenmagazin, Trapezmagazin, Tellermagazin, Röhrenmagazin, Schneckenmagazin.

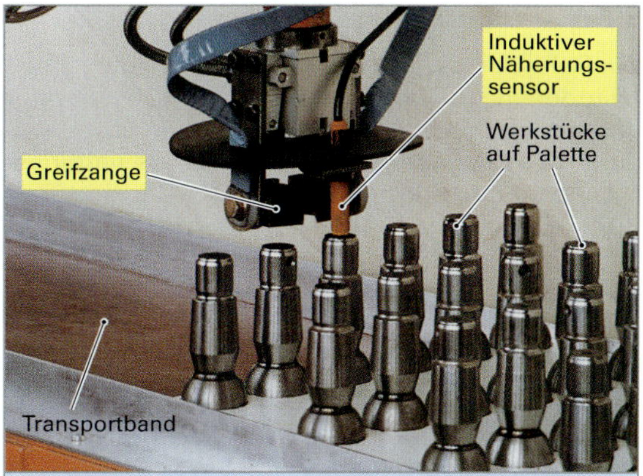

Bild 1: Palettenmagazin auf einem Förderband

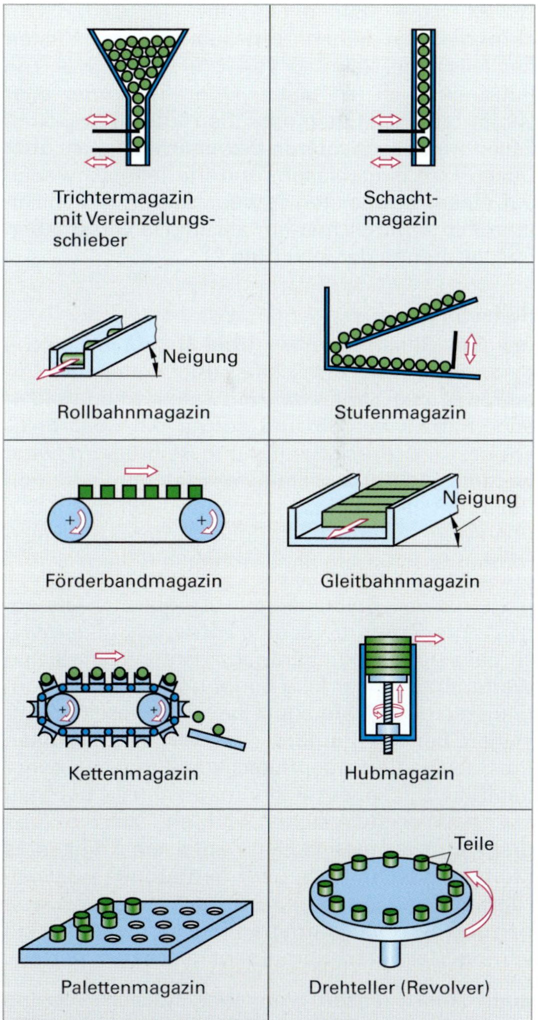

Bild 2: Magazinbauarten

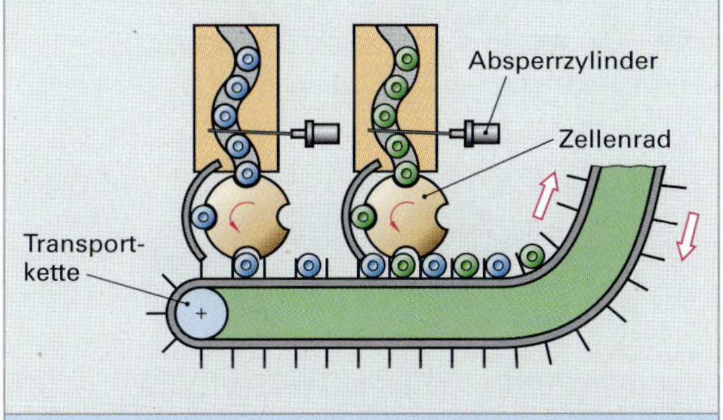

Bild 3: Kaskadenmagazine mit Teilezusammenführung

5.2.5 Fördersysteme

Zur Beförderung von Werkstücken von einer Bearbeitungs- bzw. Montagestation zur nächsten oder von einem Speicher zu den Montageplätzen werden Flurfahrzeuge oder fördernde Bewegungssysteme verwendet.

Die wichtigsten Fördersysteme sind:

- Rutschen, Transporttische,
- Rollenförderer,
- Bandförderer,
- Kettenförderer,
- Hängebahnförderer und
- Fahrerlose Transportsysteme (FTS).

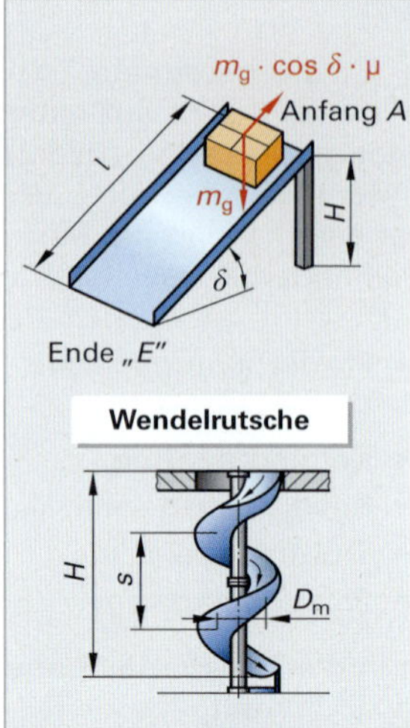

δ^0 Neigungswinkel in Grad
μ Gleitreibungszahl $\mu = 0{,}2$ Belag mit Kunststoff
ϑ_A Anfangsgeschwindigkeit in m/s (gering)
ϑ_E Endgeschwindigkeit in m/s
m Masse des Fördergutes in kg
D_m Mittlerer Durchmesser

Aus der Energiebilanz

$$m \cdot g \cdot H = m \cdot g \cdot \cos\delta \cdot \mu \cdot l + \frac{m}{2} \cdot (\vartheta_E^2 - \vartheta_A^2)$$

mit $\vartheta_A << \vartheta_E$

ergibt sich die Endgeschwindigkeit

$$\vartheta_E = \sqrt{2 \cdot g \cdot H \cdot (1 - \mu \cdot \cos\delta)}$$

Bild 1: Gerade Rutsche Wendelrutsche

Bild 2: Transporttische mit Allseitenrollen

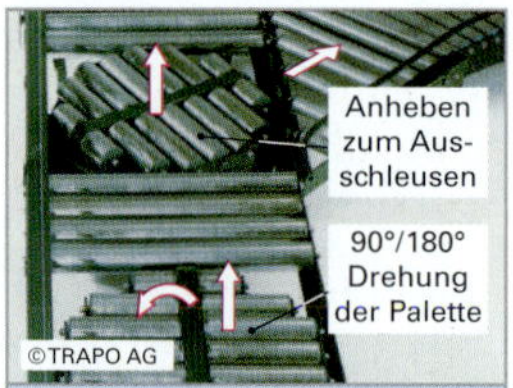

Bild 3: Rollenförderer mit Ausschleuseweiche und Palettendrehung

Transporttische und Rutschen

Die Rutschen **(Bild 1)** sind die einfachsten Fördermittel. Sie haben zum selbsttätigen Gleiten der Teile eine Neigung von 2 % bis ca. 7 %. Die Rutschbahn ist mit glatter Oberfläche oder aber sie ist mit Tragkugeln versehen und in manchen Fällen wird zur leichteren Beweglichkeit auch über Düsen Luft eingeblasen, und die Teile schweben auf einem Luftpolster. Transporttische mit Allseitenrollen ermöglichen ein allseitiges Verschieben und Verdrehen der Teile **(Bild 2)**.

Rollenförderer

Bei den Rollenförderern **(Bild 3)** gibt es solche deren Rollen mit Formschluss über Ketten und Kettenräder oder Zahnräder und Zahnriemen **(Bild 4)** angetrieben werden und solche die über Reibschluss, z. B. durch Bänder und Reibräder bewegt werden. Die Antriebskräfte werden entweder von Rolle zu Rolle oder insgesamt auf sämtliche Rollen übertragen. Es gibt auch Rollenförderer mit elektromotorisch einzeln angetriebenen Rollen.

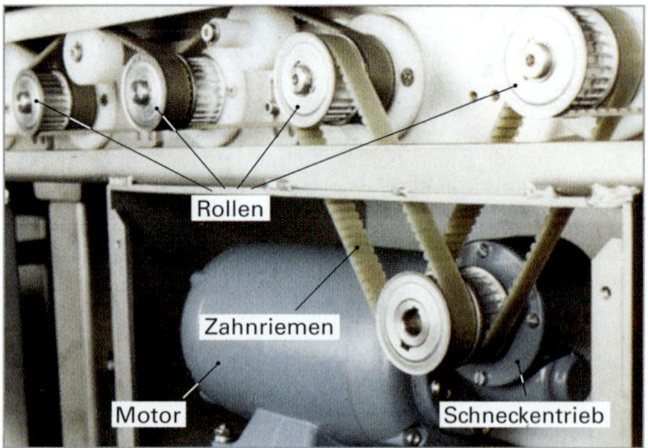

Bild 4: Rollenantrieb über Zahnriemen

Angetriebene Rollenbahnen ermöglichen als sogenannte *Stauförderer* eine Förderung in der Weise, dass sich vor einer Entnahmestation eine kleine Warteschlange der Teile bildet und so bei diskontinuierlicher Teileabnahme keine Wartezeiten entstehen. Bei den Stauförderern werden z. B. Rollen mit Rutschnaben oder Rutschkupplungen verwendet **(Bild 5)**, d. h. der Rollenmantel bleibt bei Stau mit dem Werkstück stehen, während sich die Nabe dreht und auf den Rollenmantel ein konstantes Moment ausübt. Auch über berührende oder berührungslose Sensoren kann der Stau erfasst werden und die Rollenantriebe stillgesetzt oder auf ein verringertes Vorschubmoment geschaltet werden.

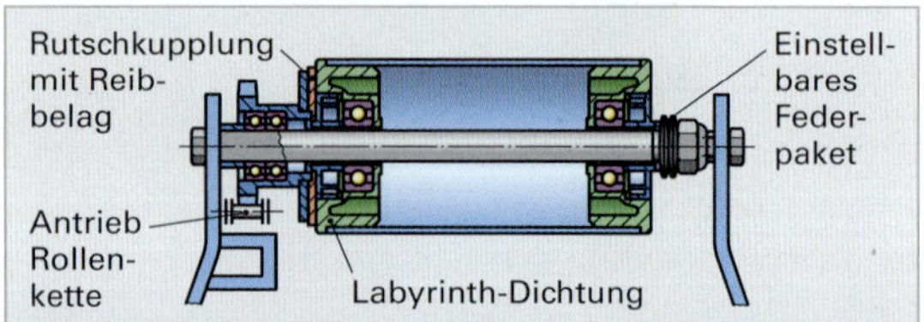

Bild 5: Rollen mit Rutschkupplung

Zum Ausschleusen von Werkstücken werden schräg gestellte Rollen angehoben und angetrieben (Bild 3).

Staurollenkette

Ähnlich dem Doppelgurtförderer ist der Förderer mit **Doppelstaurollenketten** aufgebaut. Anstelle der Gurte kommt eine Kette mit Rollen an die Kettenglieder **(Bild 1)**. Diese Rollen sind drehbar gelagert und tragen den Werkstückträger. Kommt es zum Stau, dann läuft die Kette weiter, die Rollen drehen sich in den Kettengliedern, sodass nur geringe Antriebskräfte auf die Werkstückträger wirken.

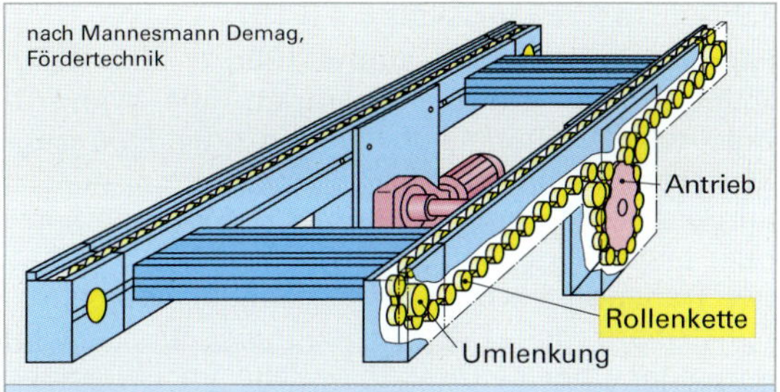

Bild 1: Doppelstaurollenkette

Staurollenförderer dienen auch als Puffer zwischen den zwei Maschinen M1, M2 **(Bild 2)**. Die Pufferkapazität ist abhängig von der Stückgutgröße und Staustreckenlänge. Durch Parallelschalten mehrerer Staurollenstrecken kann sie erweitert werden.

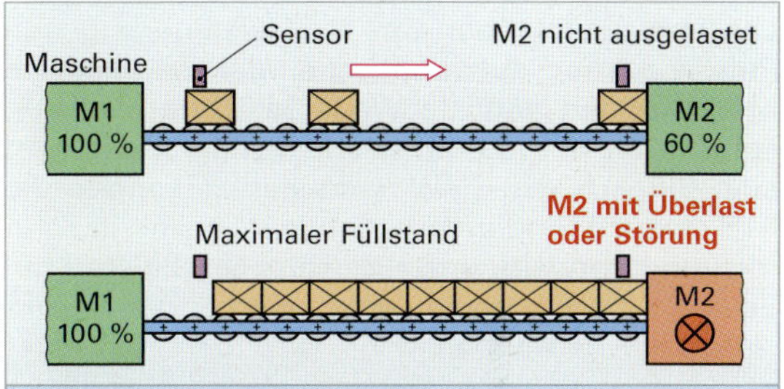

Bild 2: Staurollenkette als Puffer

Bandförderer

Nach DIN 15201 sind Bandförderer Stückgutförderer und Schüttgutförderer für waagerechte oder geneigte und geradlinige Förderung mit Bändern als Trag- und Zugorgan (Gummigurte, Stahlbänder, Drahtgurte, Seile, Riemen). Bandförderer können ortsfest, fahrbar, verschiebbar klappbar sein.

Gurtförderer fördern über Gurte bzw. Bänder. Diese umschlingen zwei Rollen. Dabei wird eine Rolle elektromotorisch angetrieben. Häufig werden zum Transport von Werkstückträgern Doppelgurtförderer verwendet.

Beim Doppelgurtförderer kann man durch die mittlere Freizone zusätzliche Operationen vornehmen, z. B. durch einen Hubzylinder ein Teil bzw. den Werkstückträger anheben und ausschleusen. Die Gurte gibt es in unterschiedlichen Ausführungsformen, z. B. glatt, mit Kunststoffbelag, mit Gummi oder auch mit Stollen um bei Schrägen ein Abrutschen zu verhindern.

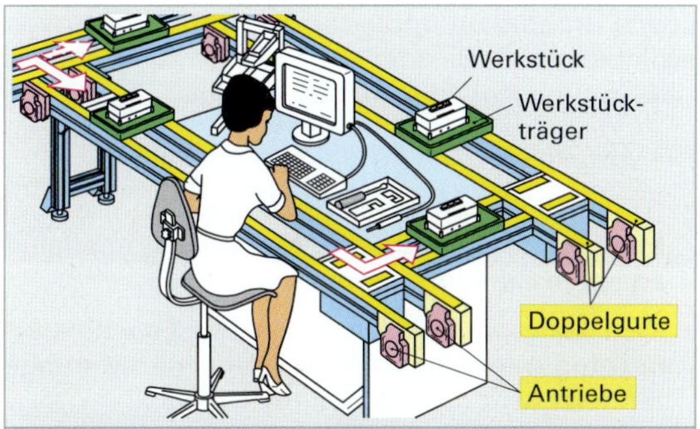

Bild 3: Prüfarbeitsplatz mit Doppelgurtförderer

Mit Doppelgurtförderern lassen sich praktisch alle Formen von *Montagetopologien* z. B. mit Linienstruktur oder Karreestruktur in beliebigen Verschachtelungen verwirklichen **(Bild 3)**.

Für rechtwinklige Richtungsänderungen gibt es relativ einfache Lösungen, da beim Doppelgurt in der freien Mitte ein Querantrieb eingebracht werden kann.

Hängebahnförderer

Hängebahnförderer gibt es mit Kettenantrieben, Seilantrieben (ähnlich Skilift) und mit Laufschienen in denen bei etwa 3 % Gefälle Laufkatzen mit einer Werkstückhängevorrichtung rollen.

Hängebahnförderer dienen in dieser Form auch als Puffer **(Bild 4)**.

Bild 4: Hängebahnförderer

Fahrerlose Transportsysteme (FTS)

Fahrerlose Transportsysteme **(Bild 1)** sind Fahrzeuge, meist mit Elektroantrieb, die Werkstücke und Werkzeuge auf Paletten oder Fahrzeugkarosserien automatisch aufnehmen und an vorbestimmte Abgabestellen, z. B. Montageplätze oder Läger abgeben. Der Zielort wird über induktive Transponder, über Infrarotsender oder durch Funk übertragen. Die Fahrzeugnavigation erfolgt entweder über Leitdrähte, welche im Flurboden der Fertigungshallen verlegt sind oder über Funknavigationssysteme, ähnlich der Satellitennavigationstechnik bei Kraftfahrzeugen (GPS) oder abschnittsweise über eine Kreiselsteuerung und Referenzierung durch optische oder magnetische Markierungen längs der Wege. Mit Ultraschallsensoren, welche rund um das Fahrzeug angebracht sind (ähnlich den PKW-Parkhilfen) erkennen die FTS etwaige Hindernisse. Schließlich sind in Fahrtrichtung vorwärts und rückwärts Stoßleisten mit Schaltkontakten angebracht, welche bei Berührung das FTS stoppen.

Die Lastaufnahme muss der Transportaufgabe angepasst werden. Häufig gibt es eine Aufnahmeplattform, die individuell höhenverstellbar **(Bild 2)** sowie drehbar ist und/oder die horizontal zu verschieben ist, z. B. quer zur Fahrtrichtung sodass das Ab- und Aufladen seitlich erfolgt.

Die Vorteile von FTS für die Montage sind:

- Größtmögliche Verkettungsflexibilität in einem Montagewerk. Alle Teile können automatisiert an jeden Standort gebracht werden.
- Kein Taktzwang. Die Abfolge der Fahrziele ist beliebig individualisierbar. Wenn die Montage fertig ist wird das FTS weggeschickt.
- Fördert die Bildung von Montageinseln.
- Ermöglicht die Montage im Typenmix.
- Kann bei Verfügbarkeit von zusätzlichen Flächen/Hallen beliebig erweitert werden.

Nachteilig sind die relativ hohen Kosten und der relativ große Platzbedarf für Fahr-, Rangier- und Ausweichbewegungen.

Bei der Montage mit FTS als Transportmittel sind folgende Aufgaben zu lösen:

1. **Fahrzeugoperationen:** Fahrkurs mit Fahrzeiten, Ausweichstrategien, Zeiten für Andockvorgänge, Lastaufnahme, Lastabgabe, Batterieaufladen, FTS-Inspektion/Wartung **(Bild 3)**.
2. **Einsatzorganisation:** Zielvorgabe, Zuordnung von Transportaufgaben zu frei werdenden oder freien Fahrzeugen, Zielvorgabe für leere Fahrzeuge.

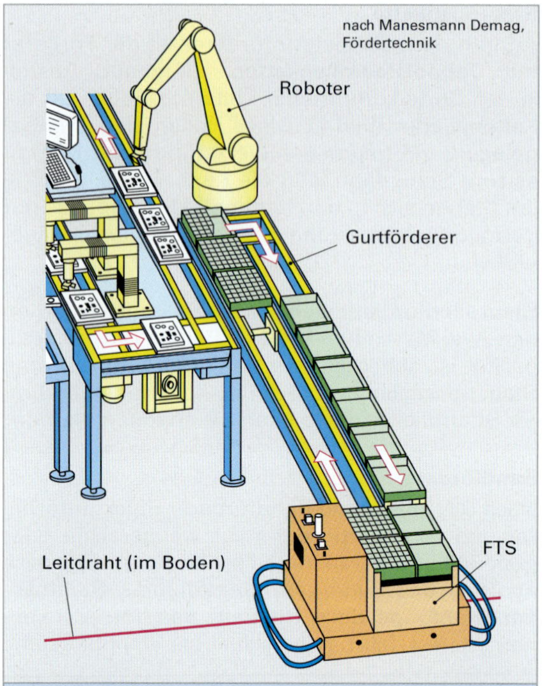

Bild 1: Materialfluss mit FTS

Bild 2: FTS mit Übergabe einer Gitterbox

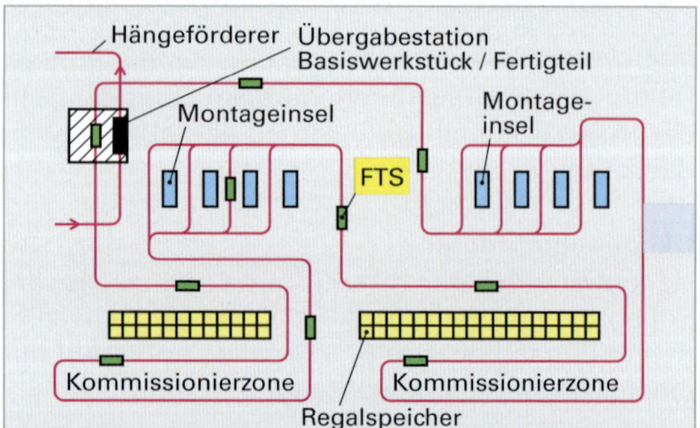

Bild 3: Flexible Montageverkettung mit FTS

5.3 Maschinelle Montage

5.3.1 Montageautomaten

Zur automatisierten Montage von Aggregaten und Geräten ist eine Anordnung zu treffen, dass der Teilezusammenbau vorzugsweise nur in senkrechter oder in waagerechter Fügerichtung erfolgt. Lediglich Hilfsbewegungen, wie z. B. das Verriegeln über einen Bajonettverschluss kann auch in anderen Richtungen geschehen.

Bei einer solchen Montage bietet sich eine Lösung gemäß **Bild 1** an. Die Montagebasisplatte wird über ein Transportsystem zugeführt. Die Aufbauteile werden in *Vibrationsbunkern* oder *Magazinen* um ein Handhabungssystem herum platziert und stehen diesem *vereinzelt, geordnet* und *lagerichtig positioniert* zur Handhabung zur Verfügung. Einfache Kleinstteile, wie Blechwinkel, Drahtfedern u. ä. werden gegebenenfalls erst an der Montagestation vom Band hergestellt. So entfällt eine aufwändige Ordnungseinrichtung.

Bei der **Montage mit Roboter** eignen sich besonders 4-achsige Waagrechtarmroboter vom Typ SCARA (von Selective Compliance Assembly Robot Arm = Montageroboter mit ausgewählter Nachgiebigkeit). Diese Geräte sind von der Konstruktion her sehr steif und genau in der senkrechten Fügerichtung und sie sind nachgiebig quer dazu.

In senkrechter Richtung werden alle Kräfte von den Gelenkscharnieren aufgenommen, während quer dazu die motorischen Antriebe die Kräfte bereitstellen und somit auch steuerbar sind. Dies hat den Vorteil, dass bei Fügeoperationen ein Verklemmen vermieden wird.

Nachteilig bei einer Montagestation mit Roboter ist, dass nur an einer Stelle, nämlich da wo die Roboterhand gerade ist, gearbeitet wird.

Rundtaktmontagemaschinen drehen mit jedem Takt das Montageteil um eine Station weiter. Jede Montagestation „arbeitet" bei jedem Takt **(Bild 2)**. Entsprechend den Montagearbeiten werden die Montagewerkzeuge an den Ständer des Rundtaktdrehtellers angeflanscht.

Es sind Rundtaktmontagemaschinen mit 8, 12, 16 und 24 Stationen üblich. Das Layout richtet sich nach der Aufgabe und den Platzverhältnissen. Als Speicher verwendet man hierbei oft Vibratonstrichterspeicher **(Bild 3)**.

Fügeoperationen sollten möglichst von oben nach unten erfolgen oder in waagerechter Richtung.

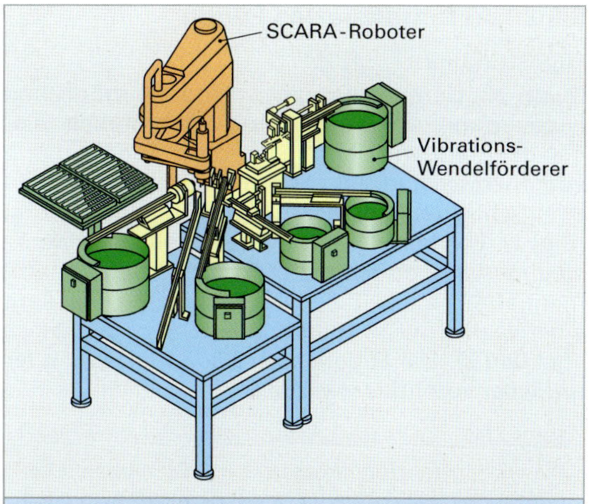

Bild 1: Flexible Montagestation mit SCARA-Roboter

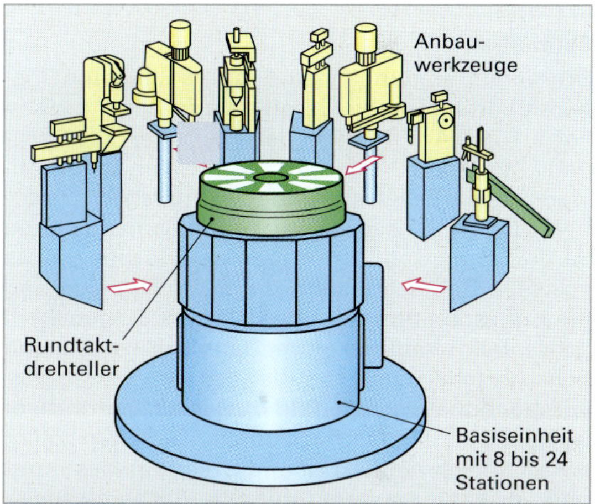

Bild 2: Rundtaktmontage, Drehteller mit Anbauflansch für 16 Stationen

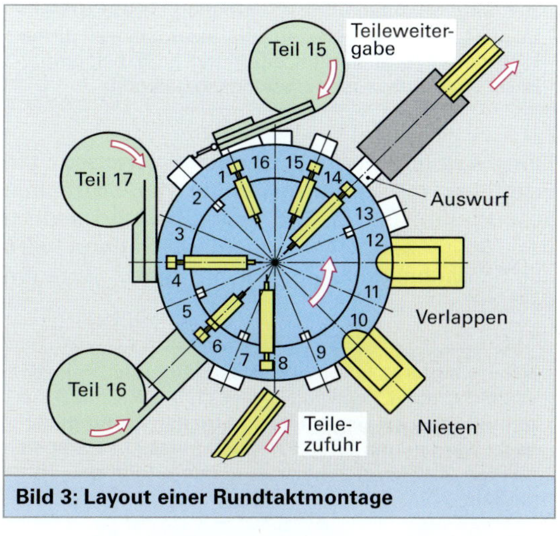

Bild 3: Layout einer Rundtaktmontage

5.3.2 Automatisiertes Fügen

Fügestrukturen

Durch die Gerätekonstruktion sind die möglichen Fügeverfahren und ihre Automatisierbarkeit festgelegt. Stets wird ein senkrechter Fügevorgang von oben nach unten angestrebt. Häufig hat man eine **Schachtelbauweise** mit Basisteil und Deckel **(Bild 1)**. Hierbei werden die Teile meist verwechselungssicher durch eine *Formpaarung* zusammengebracht. Fehlt die Deckelfunktion, so liegt eine *Nestbauweise* **(Bild 2)** oder *Schichtbauweise* vor **(Bild 3)**. Die Fügepartner können *lösbar* oder *unlösbar* verbunden werden.

Die wichtigsten Fügeprozesse sind: Schrauben, Umformen, Kleben, Löten Schweißen, Zusammenlegen und Schrumpfen.

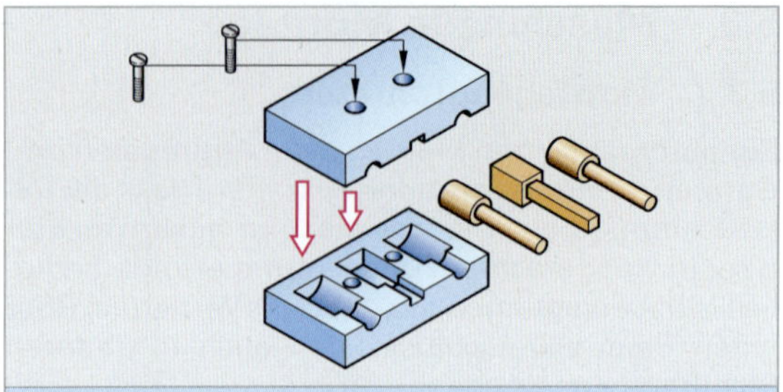

Bild 1: Schachtelbauweise

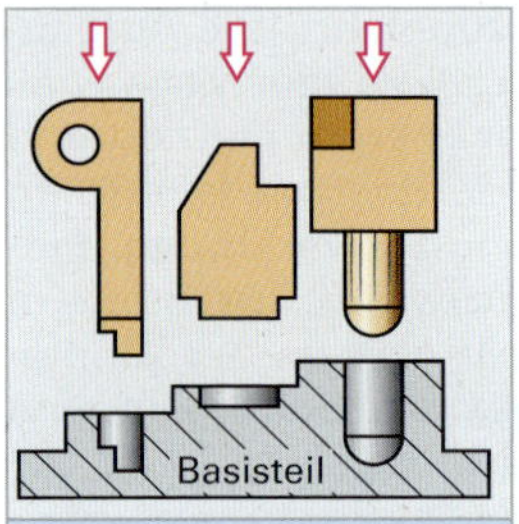

Bild 2: Nestbauweise

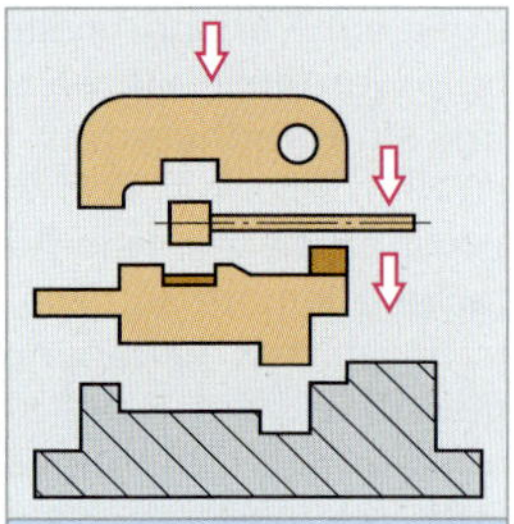

Bild 3: Schichtbauweise

Schrauben

Schraubverbindungen sind die wichtigsten lösbaren Verbindungen. Es gibt sie in einer großen Form- und Artenvielfalt bezüglich der Kopfform und des dafür erforderlichen Schraubendrehwerkzeugs (Schlitzschraube, Kreuzschlitzschraube, Innen/Außensechskantschraube) mit und ohne Verdrehsicherung. Zum Fügen von Blechen gibt es spezielle Bohrschrauben, die beim Fügevorgang die Bohroperation mit übernehmen. Eine sichere Schraubverbindung kommt dann zustande, wenn beim Anziehen der Schraube auch eine Schraubenvorspannung entsteht **(Bild 4)**. Das Anziehmoment wird jedoch hauptsächlich durch das Reibmoment zwischen Schraubenkopf und Unterlage bestimmt und ist damit stark von der Oberflächenbeschaffenheit der zu fügenden Bauteile abhängig.

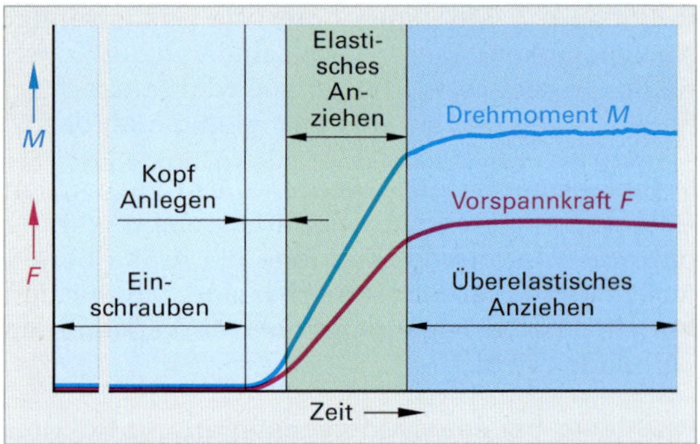

Bild 4: Phasen beim Schrauben

Achtung: Handgeführte Schrauber, insbesondere Schlagschrauber, belasten die Armgelenke durch Vibrationen und Kraftimpulse und sind bei langer Beschäftigungsdauer gesundheitsbelastend.

Zum *automatisierten* Schrauben werden die Schrauber mit Zuführungen für die Schrauben ausgestattet **(Bild 5)**. Die Schraube wird seitlich zum Schraubendreher zugeführt. Sodann wird der Schraubendreher zugestellt und in Rotation versetzt.

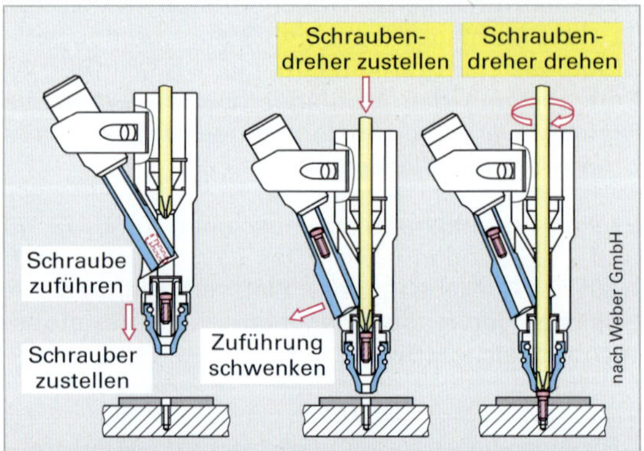

Bild 5: Automatisiertes Schrauben

Für ein sicheres automatisiertes Schrauben müssen alle Schrauben geprüft werden (100 %-Prüfung), in kleine Verpackungseinheiten nach der Prüfung verpackt werden und diese Päckchen müssen versiegelt werden. Erst am Schraubautomaten erfolgt das Entpacken.

Schraubverbindungen sind sicher und im Reparaturfalle wieder ohne Zerstörung lösbare Verbindungen.

Schraubfälle

Eine wichtige Eigenschaft der Schraubenverbindung ist die „Härte". Es gibt weiche, mittlere, und harte Schraubfälle **(Bild 1)**. Die Härte ist abhängig von der Schraubenlänge und den zu verbindenden Materialien. Zahlenmäßig wird dies in Drehwinkeln angegeben. Bei **harten Schraubfällen** sind die Drehwinkel kleiner als 90°, gemessen ab dem Schwellmoment (Kopfauflage). Sind dann die Drehwinkel größer als 720° so spricht man von **weichen Schraubfällen**. Weiche Schraubfälle sind z. B. Verbindungen von Kunststoff, weichen Metallen, Holz oder wenn weiche Dichtungen zwischen den zu verbindenden Teilen sind. Harte Schraubfälle liegen dann vor, wenn Stahl oder andere harte Stoffe verbunden werden. Lange Schraubenschäfte oder Verbindungen mit weichen Dichtungen ergeben weichere Verbindungen. Die verschiedenen Schraubfälle weisen beim Anziehprozess unterschieliches Verhalten auf.

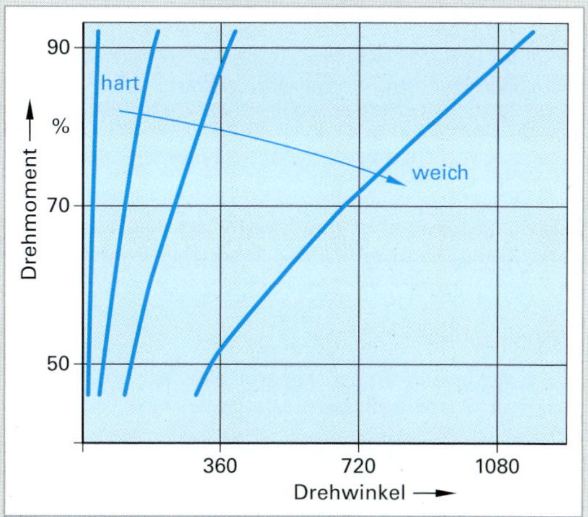

Bild 1: Schraubfälle

Schraubprozess

Schrauben werden in der Regel mit elektromotorisch angetriebenen Werkzeugen nach ISO 5393 angezogen. Dort ist festgelegt wie jede Schraubeinrichtung zu prüfen ist: Die Grundreibung muss kleiner als 5 % des Prüfdrehmoments sein. Beim harten Schraubfall muss der Drehmomentanstieg von 10 % bis 100 % innerhalb eines Drehwinkels von 27° erfolgen. Der weiche Schraubfall hat einen Drehmomentanstieg von 10 % bis 100 % bei einem Drehwinkel von mindestens 650°. Die Steuerung der Schrauber muss für jeden Schraubfall eingestellt werden. Hierzu dienen Einstellmenüs **(Bild 2)**. So sind die Sollwinkel, die Solldrehmomente und die Schwellwerte einzustellen. Während der Verschraubung werden der Drehwinkel und das Drehmoment gemessen und aufgezeichnet. Beim Erreichen des Sollwerts (Steuergröße: Drehmoment oder Drehwinkel) wird abgeschaltet. Sind beide Werte innerhalb der Toleranz wird die Verschraubung von der Steuerung als „IO" (in Ordnung) gewertet **(Bild 3)**.

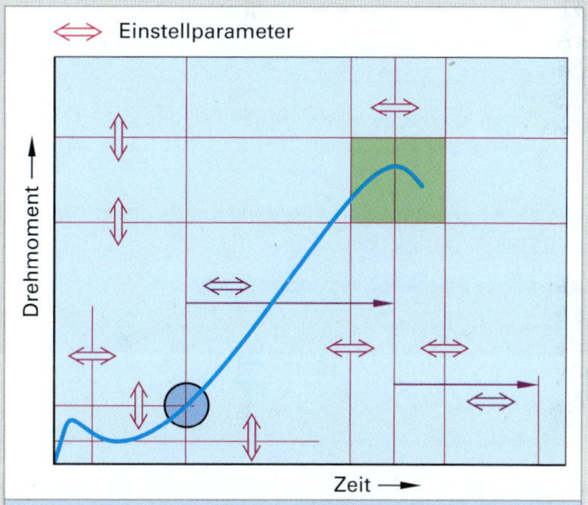

Bild 2: Einstellen der Schraubersteuerung

Beschädigte Gewinde:

Das Anziehmoment allein bietet keine sichere Aussage dafür, dass die gewünschte Klemmkraft erreicht wurde. So erhöht z. B. ein beschädigtes Gewinde die Reibung und die gewünschte Klemmkraft wird nicht erreicht.

Fehlende Verbindungsteile:

Wenn eine Dichtung oder eine Unterlagscheibe vergessen wird führt dies zu einem anderen Schraubverhalten. Moderne Schraubersteuerungen erkennen den Fehler anhand der Drehmoment-/Drehwinkelauswertung.

Setzerscheinungen:

Setzerscheinungen und damit ein Absinken der Klemmkraft beginnen schon nach weniger als 30 Millisekunden. In der Regel lässt sich dies durch ein zweistufiges Anziehen erkennen und beheben.

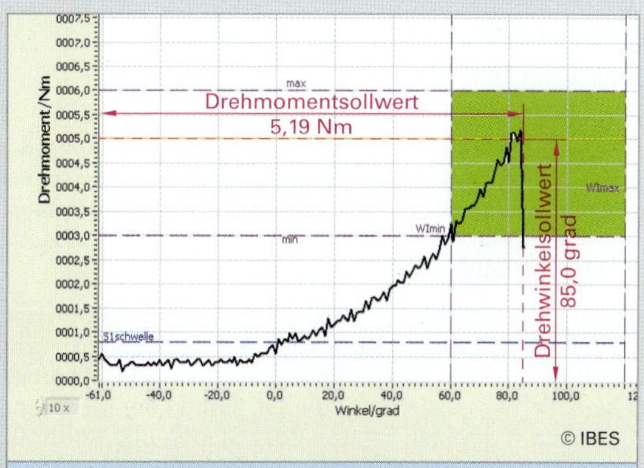

Bild 3: Datenaufnahme einer Verschraubung

Schraubmontagestationen

Bei einer sicheren Verschraubung darf keine fehlerhafte Schraubverbindung unentdeckt bleiben.

Die Schraubtechnik muss in das betriebliche Produktionsleit- und Qualitätssicherungssystem eingebunden sein.

Alle Schrauber stehen mit diesem über ein Netzwerk in Verbindung. Der Leitrechner sendet nach dem Erkennen der zu verschraubenden Teile durch ein Identifikationssystem den erforderlichen Parametersatz an die Schraubersteuerung.

Bei handgeführten Schraubspindeln kann dies auch durch ein Barcode-System erfolgen.

Die Steuerung führt den Werker, oft auch mit visuellen Mitteln **(Bild 1)**, durch den Schraubzyklus. Er wird damit zum richtigen Werkzeugsatz geführt. Das Anziehergebnis wird optisch dem Werker zurückgemeldet. Das System erkennt auch, ob eine Schraube vergessen wurde oder ob eine Schraube z. B. zweimal angezogen wurde.

Sind alle Verschraubungen korrekt ausgeführt worden, gibt die Schraubersteuerung ein Gesamt-IO, z. B. durch eine grüne Anzeige.

Die Verschraubungsdaten werden dann im Datenserver archiviert **(Bild 2)**.

Über eine Visualisierungssoftware können zur Auswertung und als Nachweis die Verschraubungen grafisch angezeigt werden (Bild 2).

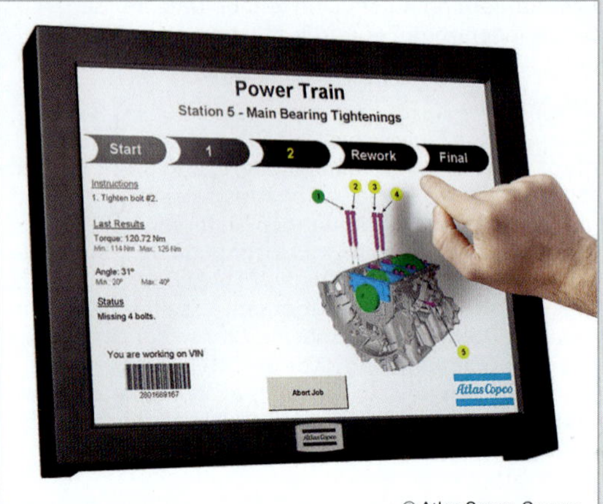

© Atlas Copco Gruppe

Bild 1: Bildschirmführung

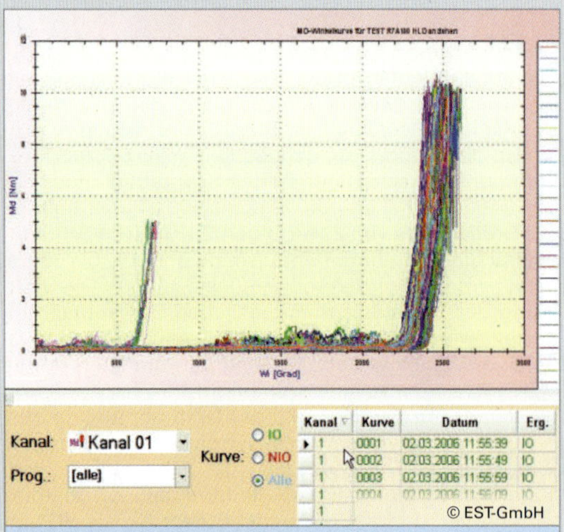

© EST-GmbH

Bild 2: Visualisierung durchgeführter Verschraubungen

Einsatz von Schraubsystemen

Die Richtlinie VDI 2862 legt die Grundlage für die Klassifizierung der Schraubsysteme.

Sie umfasst die Themen:

- Definition der Kategorien,
- Technische Mindestanforderungen an Schraubsystemen,
- Anforderungen an die Überwachung,
- Anforderungen an die IO- bzw. NIO-Aussagen.

Schraubfallklassen bei Fahrzeugen

Kategorie A („Gefahr für Leib und Leben")

Eine Schraubverbindung wird in diese Klasse eingestuft, wenn das Versagen dieser Schraubverbindung mit hoher Wahrscheinlichkeit zum sicherheitstechnischen Versagen bzw. zur Zerstörung des Gesamtfahrzeugs führen kann und damit eine Gefahr für Leib und Leben gegeben ist.

Hier ist es notwendig, dass das Drehmoment und der Drehwinkel sicher überwacht werden. Die Anziehresultate müssen dokumentiert werden und abrufbar sein. Ferner ist ein redundanter Aufbau der Messsensorik zum direkten Erfassen der Steuer- und Kontrollgrößen erforderlich.

Kategorie B („Liegenbleiber")

Eine Schraubverbindung wird in diese Klasse eingestuft, wenn das Versagen der Schraubverbindung zu einer Funktionsstörung des Fahrzeugs führt, die ein selbstständiges Erreichen der nächstgelegen Servicewerkstatt nicht erlaubt. Hier sind eine direkt oder indirekt gemessene Steuergröße und eine Kontrollgröße erforderlich.

Kategorie C („Unkritisch")

Es wird vom Schraubsystem oder vom Schraubwerkzeug zumindest eine direkt oder indirekt gemessene oder wirkende Steuergröße verlangt. Bei manuellem Anziehen wir auch darauf verzichtet. Es gibt in dieser Klasse keine Mindestanforderung an die Bewertung IO. bzw. NIO.

Schraubmontage mit WLAN und RFID

Wenn ein Werkstück in den Arbeitsbereich der Montage einfährt, werden über RFID[1] die Montagedaten (Werkzeugdaten, Schrauberparameter) gelesen und über WLAN an den Leitrechner gesendet. Über das Hallennetz wird die Schraubersteuerung parametriert, sodass die Schraubspindeln mit den für diese Verschraubung notwendigen Parametern versorgt werden. Umgekehrt meldet die Schraubersteuerung die Montagedaten der durchgeführten Verschraubung an den Leitrechner **(Bild 1)**.

Prüfung der Schraubwerkzeuge

Die Maschinenfähigkeit von Schraubwerkzeugen muss regelmäßig auf rückführbar kalibrierten Messeinrichtungen überprüft werden. Es wird nach festgelegten und anerkannten Prüfverfahren (z. B. VDI/VDE 2646) geprüft. Eine DKD-Kalibrierung (DKD, Deutscher Kalibrierdienst) erfolgt nach definierten Standards mittels validierter Messverfahren, die nur DKD-akkreditierte Unternehmen durchführen dürfen. Jedes geprüfte Gerät erhält einen Prüfschein und eine Prüfplakette.

Einbindung von Schraubstationen in die Montage

Schraubstationen **(Tabelle 1)** müssen komplett in die Fertigung und in die Datenbank einer Firma integriert sein. Das Angebotspaket derartiger Montagestationen muss von der mechanischen Konstruktion bis zum Datenaustausch mit den im Werk vorhandenen Datennetzen reichen. Die Verschraubungs-Solldaten und die Verschraubungs-Istdaten müssen wegen Garantieansprüchen und der Rückverfolgbarkeit teilegenau archiviert werden können.

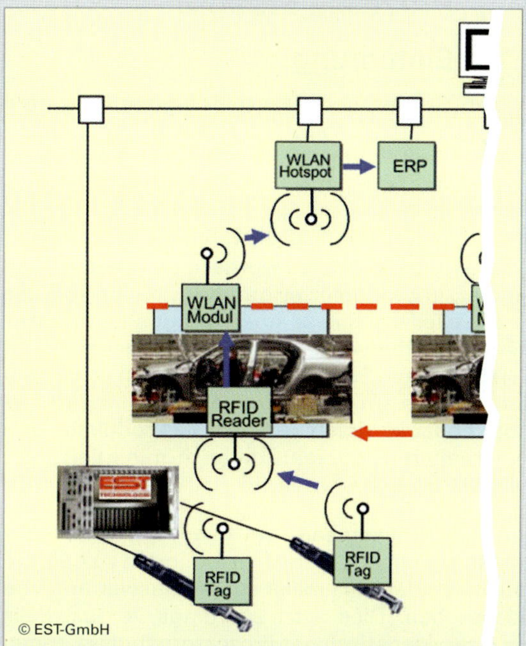

Bild 1: Montage mit automatischer Erkennung

[1] Kunstwort für Radio-Frequency Identification = Identifikation mit elektromagnetischen Wellen

Tabelle 1: Einbindung der Schraubstationen

Ablauf	1	2	3	4
Konstruktive Umsetzung	Konzeptarbeit und Erstellung der Gesamtstruktur	Mechanische Konstrukton	Auslegung der Steuerung	Software Einbindung in betriebliche Steuerung
Fertigung	Terminplan	Beschaffung und Bearbeitung der Komponenten	mechanische Montage	Transport ins Kundenwerk
Installation, Montage beim Kunden	Aufbau der Mechanik	Elektrische Installation	Software Installation	Aufnahme und Betriebsbereite Übergabe (BÜ)
Einweisung und Schulung	Einweisung während der Inbetriebnahme	Schulung der beim Kunden Verantwortlichen	Übergabe der Schulungsunterlagen	
After-Sales-Service	Bildung eines Stützpunktes vor Ort	Ferndiagnose über Modem und Internet	Übertragen von Updates	

6 Prozesse steuern

6.1 Einführung

In der Serien- und Massenfertigung erfordern es die wirtschaftlichen Verhältnisse immer mehr, Qualität und Produktivität ständig zu verbessern. Fehlerhafte Teile am Ende des Fertigungsprozesses durch Prüfungen festzustellen und auszusortieren genügt heute nicht mehr und verursacht zudem hohe Kosten. Es wurde in den letzten Jahrzehnten immer mehr erforderlich, die Ergebnisse bzw. die Teilergebnisse eines Fertigungsprozesses ständig zu überwachen. Zeigt sich dabei ein Trend zu fehlerhaften Ergebnissen oder treten schon fehlerhafte Teile auf, kann rechtzeitig der Prozess gestoppt oder korrigiert werden. Die Produktion von fehlerhaften Teilen kann dadurch minimiert oder ganz vermieden werden.

Um den Prüfaufwand und damit auch die Prüfkosten auf ein erforderliches Minimum zu begrenzen stützt man sich meist auf die Auswertung von Stichproben. Dies setzt allerdings voraus, dass die Charakteristiken der Prozessergebnisse genau untersucht und bekannt sind.

Durch die Überwachung der Prozesse mit statistischen Methoden werden auch wertvolle Informationen gesammelt, die die Grundlage für ständige Prozessoptimierungen bilden. Ausschuss und Nacharbeit werden immer weniger. Ist der Fertigungsprozess genügend bekannt und beherrscht, kann der Prüfaufwand verringert werden. Dies wiederum hat eine Kostensenkung zur Folge.

Die gesammelten Daten bilden auch die Grundlage für eine Prozessdokumentation, die häufig von Kunden verlangt wird oder zur Erfüllung gesetzlicher Pflichten nach dem Produkthaftungsgesetz erforderlich ist.

Qualitätsüberwachung und Prozessreglung

Bei der Qualitätsüberwachung wird nach erfolgter Prüfung das geprüfte Teil mit „gut" oder „schlecht" durch einen Prüfer oder Prüfautomat beurteilt. Dabei kann eine 100 %-Prüfung (Kontinuierliche Qualitätsüberwachung) oder Stichprobenprüfung angewendet werden (Statische Qualitätsüberwachung). Wird nach der erfolgten Prüfung eine sofortige Prozesskorrektur bei Unregelmäßigkeiten vorgenommen, so redet man von kontinuierlicher Prozessregelung bei der 100 %-Prüfung und von statischer Prozessregelung bei der Stichprobenprüfung. **Bild 1** veranschaulicht diese Arten der Prozesslenkung.

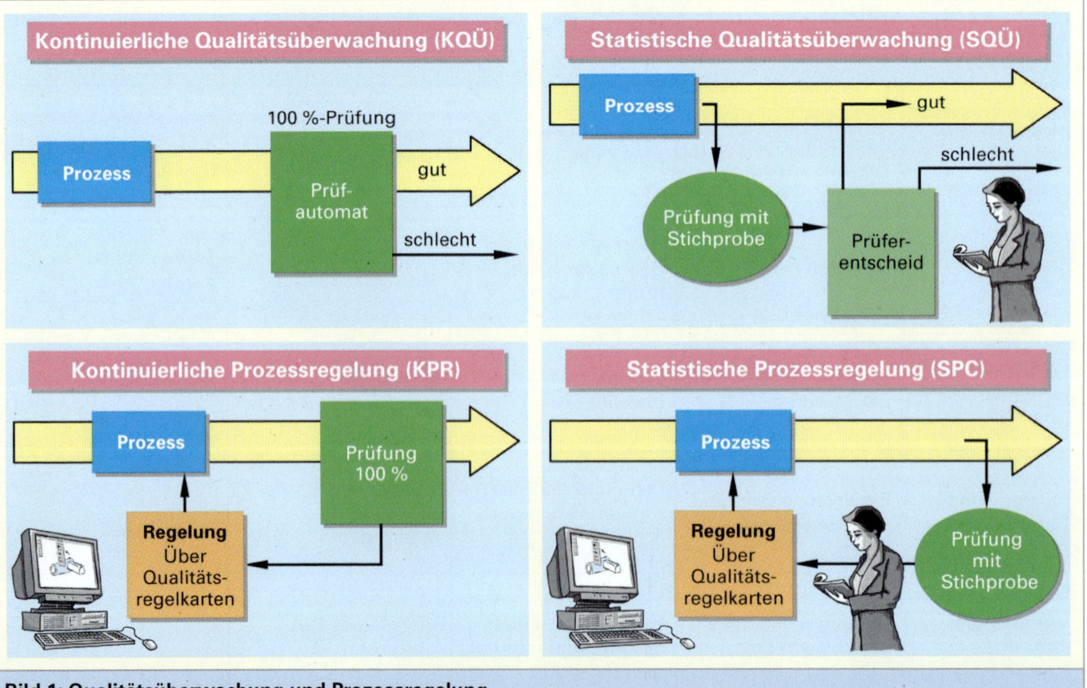

Bild 1: Qualitätsüberwachung und Prozessregelung

6.2 Statistische Prozessregelung (SPC)

Wird bei großen Produktionsstückzahlen in der Serien- und Massenfertigung ein hoher Qualitätsstandard verlangt, gleichzeitig aber eine wirtschaftliche Fertigung, so werden in der Qualitätsprüfung häufig statistische Methoden angewendet.

Mit regelmäßigen Stichproben und der Auswertung statistischer Kennwerte lässt sich mit wenigen Messwerten ein relativ genaues Bild eines Fertigungsprozesses machen.

Mit Hilfe einer **Qualitätsregelkarte**, die schon in den 20er Jahren von *W.A. Shewart*[1] in den USA entwickelt wurde, werden die Kennwerte laufend grafisch dargestellt. Entwicklungen im Prozessverlauf können so recht frühzeitig entdeckt werden. Noch bevor ein Merkmalswert aus der Toleranz läuft, kann in den Prozess eingegriffen und somit Fehler vermieden werden. Ein Qualitätsregelkreis ist damit geschlossen, man verwendet dafür den Begriff **SPC – Statistical Process Control** (statistische Prozessregelung). Für die statistische Auswertung stehen heute komfortable Computerprogramme zur Verfügung. Gute Kenntnisse in den Grundlagen der Statistik sind Voraussetzung für die Beurteilung der statistischen Kennwerte.

6.2.1 Prüfdaten

Beispiel:
Ein Wellendurchmesser 32 mm soll statistisch überwacht werden. Dabei werden im Rahmen einer Fähigkeitsuntersuchung in der Fertigung alle 30 Minuten Stichproben vom Umfang $n = 5$ entnommen und an jedem Werkstück der Durchmesser gemessen.

Die gesammelten Prüfdaten werden dargestellt und ausgewertet. Es soll festgestellt werden, welche Charakteristik die Streuung der Messwerte zeigt.

Die reinen Zahlenwerte werden zunächst in der **Urliste (Bild 1)** aufgelistet. Da sie nur einen schlechten Überblick über die Charakteristik des Fertigungsprozesses bietet, werden die Messwerte grafisch dargestellt. Als einfachste Form bietet sich die **Strichliste (Bild 2)** an, die sehr leicht von Hand erstellt werden kann. Der häufigste Messwert und die Charakteristik der Streuung sind hier schon deutlich erkennbar. Noch bessere Bilder ergeben das **Stabdiagramm** und das **Histogramm**[2] (Balkendiagramm der Verteilung) **(Bild 3** und **Bild 4)**.

Urliste

Stichprobe	1	2	3	4	5	6 ··· 22
Messwerte						
X_1	32,015	32,014	32,016	32,016	32,016	32,018... 32,017
X_2	32,016	32,020	32,020	32,017	32,017	32,017... 32,019
X_3	32,015	32,017	32,019	32,014	32,015	32,017... 32,018
X_4	32,017	32,018	32,015	32,016	32,017	32,020... 32,019
X_5	32,016	32,017	32,018	32,013	32,020	32,017... 32,018

Bild 1: Urliste

Strichliste

Messwert	Anzahl
32,022	0
32,021	2
32,020	8
32,019	12
32,018	20
32,017	29
32,016	18
32,015	11
32,014	7
32,013	2
32,012	1

Bild 2: Strichliste

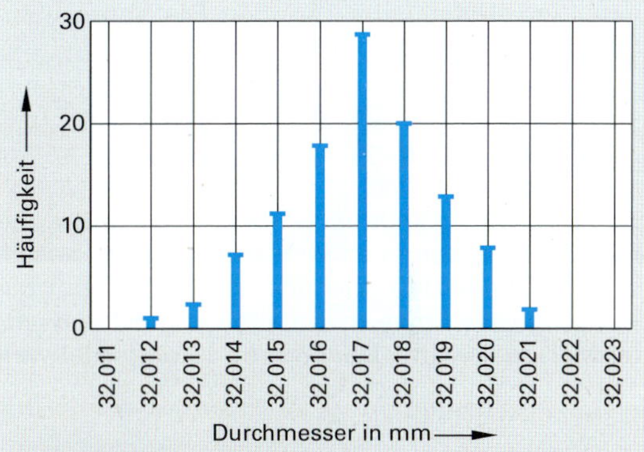

Bild 3: Stabdiagramm

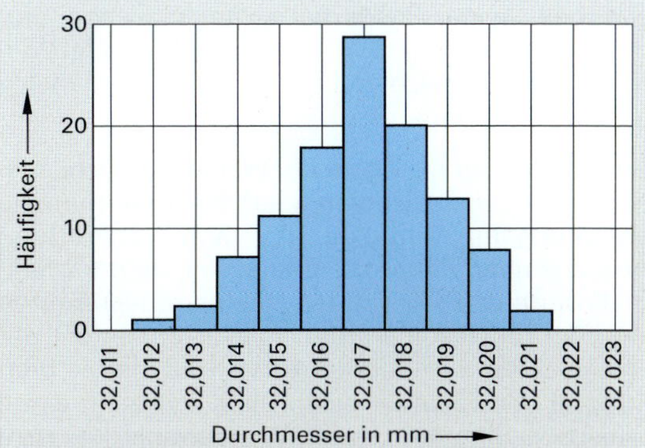

Bild 4: Balkendiagramm (Histogramm)

[1] *Walter Andrew Shewart* (1891 bis 1967), amerik. Wissenschaftler

[2] griech. histion = Gewebe, hier: grafische Darstellung für den Zusammenhang

6.2.2 Normalverteilung

Zeigt die Verteilung von Messwerten die in dem Stab- und Balkendiagramm (Bild 3 und 4, vorhergehende Seite) erkennbare Charakteristik, so lässt sich diese Verteilung auch mit dem Modell der **Gauß'schen Normalverteilung**[1] näherungsweise mathematisch beschreiben.

Geht man von unendlich vielen Einzelwerten und von immer schmaler werdenden Balken (= kleiner werdende Klassenbreiten) aus, so entsteht die für die Normalverteilung typische **Glockenkurve**, eine symmetrische und stetige Verteilung. Wurde im Histogramm an der senkrechten Achse (Ordinate) die absolute Häufigkeit (absolute Wertanteile) oder die relative Häufigkeit (prozentuale Wertanteile) aufgetragen, so wird daraus jetzt die Wahrscheinlichkeitsdichte $g(x)$ mit der folgenden Definition.

$$g(x) = \frac{\textit{Wahrscheinlichkeit, dass ein Messwert eine Klasse belegt}}{\textit{Breite der Klasse}}$$

Durch die zwei Parameter **Mittelwert μ** (My) und **Standardabweichung σ** (Sigma) wird die Normalverteilung eindeutig beschrieben. Die Wahrscheinlichkeitsdichtefunktion **(Bild 2)** ist:

$$g(x) = \frac{1}{\sigma \cdot \sqrt{2 \cdot \pi}} \cdot e^{-\frac{1}{2}\left(\frac{x-\mu}{\sigma}\right)^2}$$

Der Mittelwert μ liegt beim **Kurvenmaximum** und bestimmt die Lage der Verteilung auf der x-Achse. Die Standardabweichung σ kennzeichnet die **Streuung** (das Abweichverhalten vom Mittelwert) der Merkmalswerte. Der Wert der Standardabweichung entspricht dem Abstand der Wendepunkte der Kurve vom Mittelwert.

Mathematisch berührt die Glockenkurve die x-Achse im Unendlichen. Die Fläche unterhalb der gesamten Glockenkurve entspricht der Grundgesamtheit. In der Praxis betrachtet man aber nur den Bereich von $\mu \pm 3 \cdot \sigma$, in dem 99,73 % aller Werte oder den Bereich von $\mu \pm 4 \cdot \sigma$ in dem 99,99 % aller Werte liegen.

Summiert man die Werte der Wahrscheinlichkeitsdichte mit zunehmendem x auf, so erhält man die **Verteilungsfunktion $G(x)$**. An ihrer senkrechten Achse können die prozentualen Anteile der Merkmalswerte von $x = -\infty$ bis zu einem bestimmten Wert x_n abgelesen werden (dieser entspricht der Fläche unter der Glockenkurve und damit dem Integral in diesem Bereich). Die Kurve zeigt einen typischen S-Verlauf, deren Wendepunkt bei dem Wert $x = \mu$ und damit bei 50 % der Merkmalswerte liegt.

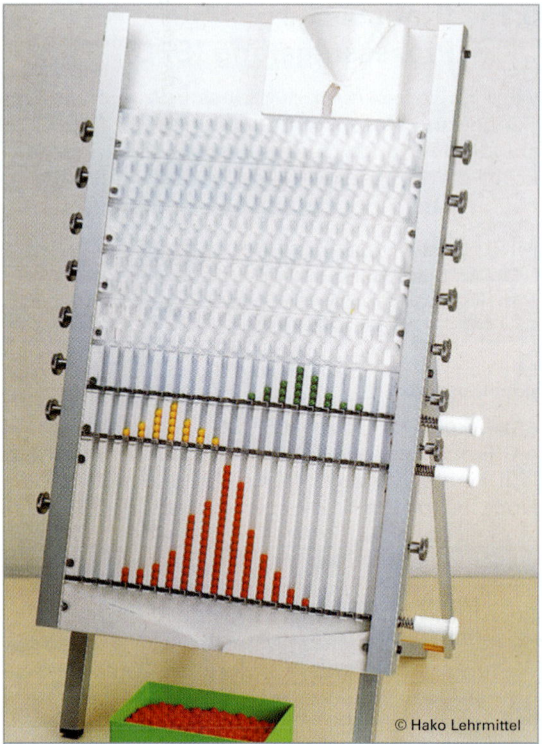

Bild 1: Simulationsmodell für Normalverteilungen

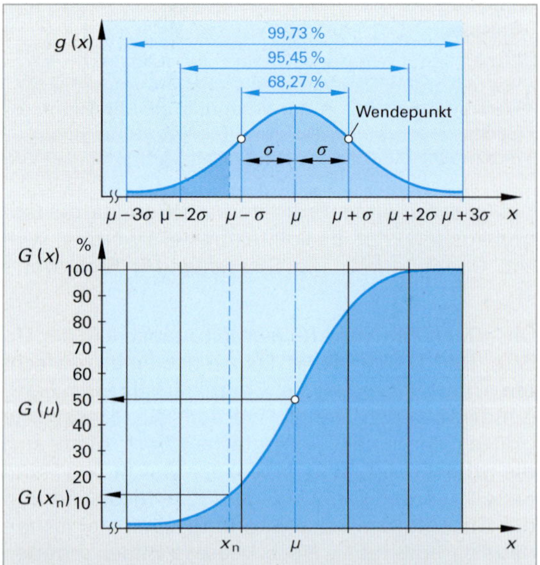

Bild 2: Wahrscheinlichkeitsdichtefunktion und Verteilungsfunktion der Normalverteilung

[1] *Gauß, Karl Friedrich*, Mathematiker und Astronom (1777 bis 1855)

6.2.3 Wahrscheinlichkeitsnetz

Das Wahrscheinlichkeitsnetz stellt im Grunde die Verteilungsfunktion der Normalverteilung dar. Der Maßstab der senkrechten Achse (Ordinate) wurde durch Logarithmieren so verändert, dass aus dem S-förmigen Verlauf eine Gerade wird.

Dieser Maßstab beginnt bei 0,05 % mit großen Abständen, die bis zu 50 % immer kleiner werden. Ab 50 % werden sie in umgekehrter Weise wieder größer bis zu dem maximalen Wert 99,95 % **(Bild 1)**.

Auf einer parallelen Achse ist die **standardisierte Normalverteilungsvariable *u*** abgetragen. Mit deren Hilfe lassen sich bei einer Stichprobenauswertung sofort der Mittelwert und die Werte für die Standardabweichung ablesen.

Auf der waagerechten Achse (Abszisse) wird der zu betrachtende **Bereich der Merkmalswerte** aufgetragen. Mit dem Wahrscheinlichkeitsnetz kann man schnell und einfach Stichproben auf **Normalverteilung untersuchen** und **auswerten**.

Nach Ermittlung der relativen (prozentualen) Summenhäufigkeiten lassen sich diese als Punkte in das Wahrscheinlichkeitsnetz einzeichnen.

Liegen die Punkte annähernd auf einer Geraden, so kann man davon ausgehen, dass der Prozess normalverteilt ist. Anhand der Geraden kann man weiterhin den Mittelwert ablesen und mit Hilfe des *u*-Maßstabes die Standardabweichung ermitteln.

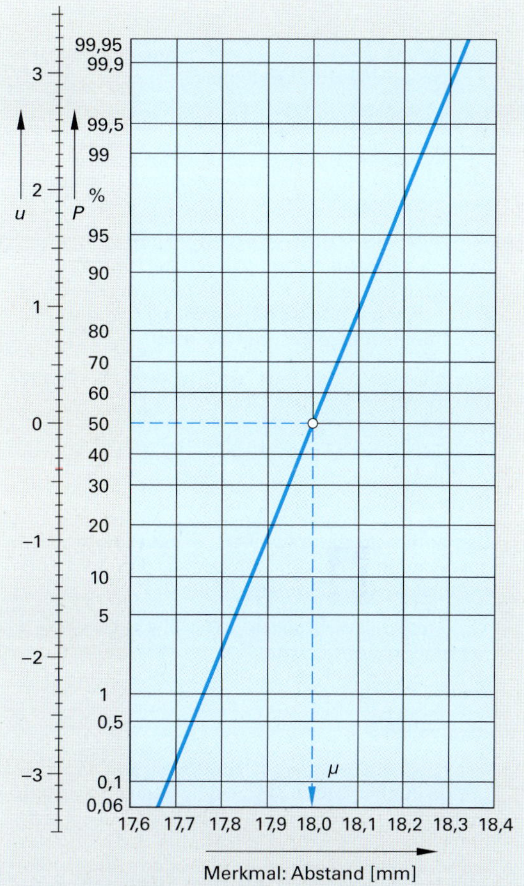

Bild 1: Wahrscheinlichkeitsnetz für das Merkmalsbeispiel „Abstand in mm" mit einem Mittelwert von 18,0 mm

6.2.4 Auswertung einer Stichprobe

Zur Beurteilung eines Fertigungsprozesses kann nur selten auf die Gesamtheit aller Merkmalswerte für eine Auswertung aufgebaut werden. Es können nur Stichproben genommen werden. Meist muss auch ein Prozess schon beim Anlauf beurteilt werden.

Mit den aus der **Stichprobe** gewonnenen **Kennwerten** der Verteilung werden dann die **Parameter** der **Grundgesamtheit** geschätzt.

Damit Stichprobenkennwerte klar von den Parametern der Grundgesamtheit unterschieden werden können, werden unterschiedliche Kurzbezeichnungen verwendet **(Tabelle 1)**.

Tabelle 1: Kurzbezeichnungen bei Grundgesamtheit und Stichprobe

	Grundgesamtheit	Stichprobe
	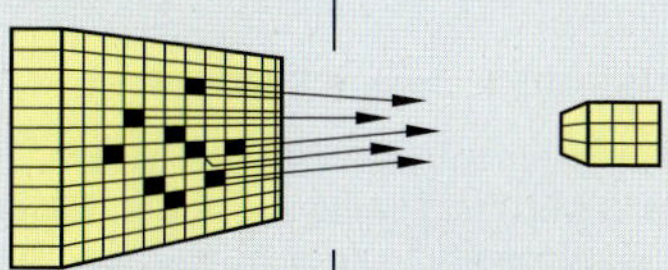	
	Parameter	**Kennwerte**
Werteumfang	N	n
Mittelwert	μ	$\bar{x}$[1]
Standard-abweichung	σ	s

[1] sprechweise: x quer

Aufgabe:

Die Härte von Gelenkbolzen soll mindestens 60 HRC und höchstens 62 HRC betragen.

Mit einer Stichprobe vom Umfang $n = 50$ soll im Rahmen einer Prozessfähigkeitsuntersuchung

a) Mittelwert und Standardabweichung rechnerisch bestimmt werden,

b) mit Hilfe des Wahrscheinlichkeitsnetzes beurteilt werden, ob eine Normalverteilung vorliegt und weiterhin soll mit Hilfe des Wahrscheinlichkeitsnetzes Mittelwert, Standardabweichung und die Überschreitungsanteile bestimmt werden.

Die ermittelten Messwerte sind in nebenstehender Urliste zusammengestellt **(Tabelle 1).**

Lösung:

a) Rechnerische Ermittlung von $\bar{x}$ und s

Der arithmetische Mittelwert $\bar{x}$ und die Standardabweichung s der Stichprobe werden nach den nebenstehenden Formeln ermittelt.

Setzt man die Werte aus dem Beispiel ein, so errechnet man folgende Werte:

$\bar{x} = 61{,}24$ HRC

$s = 0{,}58$ HRC

Mit diesen beiden Werten lässt sich schon das zugehörige mathematische Modell der Gauß'schen Normalverteilung aufzeichnen **(Bild 1).** Da die Fläche unter der Glockenkurve die Menge der Merkmalswerte darstellt, kann man nach dem Einzeichnen der Toleranzgrenzen (OGW und UGW) erkennen, dass die Anteile, die diese Grenzen überschreiten, relativ groß sind.

Obwohl sich in der Urliste kein Wert befindet, der unter dem unteren Grenzwert von 60 HRC liegt, zeigt uns das mathematische Modell auch hier einen erheblichen Überschreitungsanteil.

b) Auswertung im Wahrscheinlichkeitsnetz

Bevor man mit der Auswertung im Wahrscheinlichkeitsnetz beginnen kann, sind noch einige Vorarbeiten erforderlich.

Klassenanzahl und Klassenweite

Zunächst müssen die Messwerte in Klassen eingeteilt werden. Hierzu muss die **Klassenanzahl** und die **Klassenweite** festgelegt werden. Bei Stichprobenumfängen von $n = 30$ bis 400 berechnet man diese beiden Größen nach den nebenstehenden Formeln.

Wertet man von Hand aus (wie im Beispiel gefordert), so rundet man hier auf gut teilbare und übersichtliche Größen auf oder ab. Wird die Auswertung über SPC-Softwareprogramme vorgenommen, so übernehmen diese Programme die genauen Werte.

Tabelle 1: Urliste

Messwerte in Rockwell-Härte (HRC)				
10	20	30	40	50
61,1	61,5	60,7	60,1	60,3
61,4	61,1	61,9	61,7	60,8
61,6	61,5	60,9	61,4	60,7
60,5	62,0	61,8	61,2	61,2
60,9	61,2	61,4	62,0	61,7
61,7	61,2	61,2	62,4	61,4
61,5	61,8	61,2	61,0	60,7
61,1	61,0	61,3	61,9	60,6
60,3	60,0	61,3	62,2	61,7
61,8	61,4	60,8	60,3	61,7

$$\bar{x} = \frac{\sum \bar{x}_i}{n} = \frac{\bar{x}_1 + \bar{x}_1 + \ldots\ \bar{x}_n}{n}$$

$$s = \sqrt{\frac{\sum(\bar{x}_i - \bar{x})^2}{n-1}}$$

$x_i = x_1, x_2 \ldots x_n$ (einzelne Merkmalssysteme)

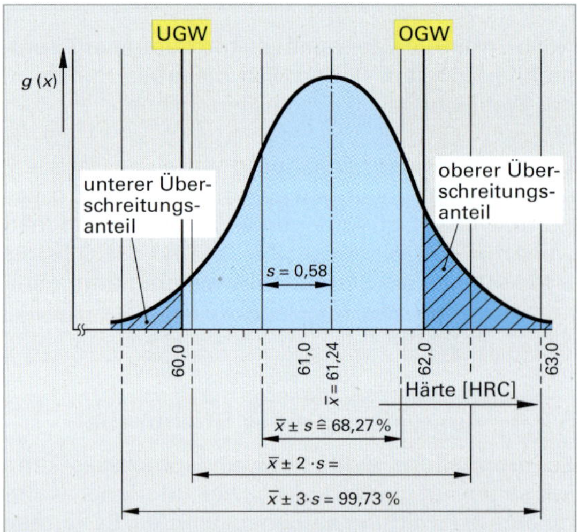

Bild 1: Normalverteilung, berechnet aus $\bar{x}$ und s

Klassenanzahl $k \approx \sqrt{n}$

Klassenweite $w \approx \frac{R_n}{k}$

$R_n = x_{i\,max} - x_{i\,min}$

R_n = Spannweite der Stichprobe vom Umfang n
$x_{i\,max}$ = größter Merkmalswert
$x_{i\,min}$ = kleinster Merkmalswert

Tabelle 1 zeigt die für das Beispiel gewählten Klassen und die zugehörige Strichliste.

Häufigkeit und Summenhäufigkeit

Als Vorarbeit für die Auswertung im Wahrscheinlichkeitsnetz ist die relative Summenhäufigkeit in den einzelnen Klassen zu ermitteln.

Hierzu ermittelt man zuerst die **absolute Häufigkeit,** bei der in jeder Klasse die Anzahl der Messwerte ermittelt wird. Bezieht man jede Anzahl auf den Stichprobenumfang n und drückt diesen in Prozentanteilen aus, so erhält man die **relative Häufigkeit.**

Summiert man die Werte von Klasse zu Klasse auf, so ergibt sich die **absolute**, bzw. die **relative Summenhäufigkeit**. In Tabelle 1 sind die Ergebnisse in den letzten vier Spalten aufgetragen.

Histogramm der Häufigkeit und Summenhäufigkeit

Mit Tabelle 1 lassen sich nun auch sehr schnell Histogramme für die Häufigkeiten und Summenhäufigkeiten aufzeichnen (siehe **Bild 1**).

Übertragung in das Wahrscheinlichkeitsnetz

Nachdem der Maßstab und die Klassen auf die waagerechte Achse (Abszisse) übertragen wurde, werden die relativen Summenhäufigkeiten an den Werten der oberen Klassenenden senkrecht aufgetragen **(Bild 1, folgende Seite).**

Ergeben die Punkte annähernd eine Gerade, so kann man davon ausgehen, dass die Streuung des Fertigungsprozesses normalverteilt ist, d. h. der Fertigungsprozess lässt sich bei der weiteren Fertigung durch Stichproben mit der Ermittlung und dem Vergleich der Stichprobenkennwerte Mittelwert und Standardabweichung sehr leicht beobachten und analysieren.

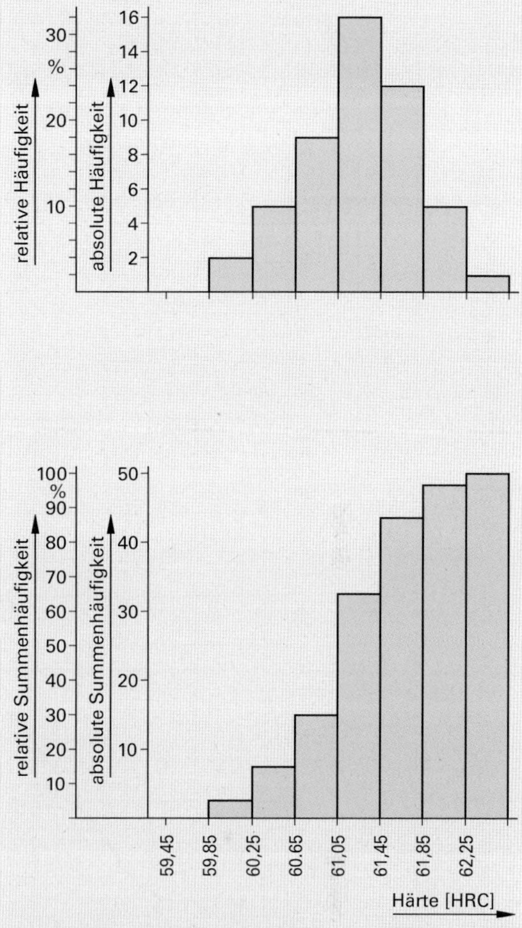

Bild 1: Histogramme der Häufigkeiten und Summenhäufigkeiten

Tabelle 1: Strichliste und Häufigkeiten

Klasse		Strichliste	Häufigkeit		Summenhäufigkeit	
Nummer	von . . . bis [HCR]		absolut (Anzahl)	relativ (in %)	absolut (Anzahl)	relativ (in %)
1	59,45 - 59,85		0	0	0	0
2	59,85 - 60,25	II	2	4	2	4
3	60,25 - 60,65	~~IIII~~	5	10	7	14
4	60,65 - 61,05	~~IIII~~ IIII	9	18	16	32
5	61,05 - 61,45	~~IIII~~ ~~IIII~~ ~~IIII~~ I	16	32	32	64
6	61,45 - 61,85	~~IIII~~ ~~IIII~~ II	12	24	44	88
7	61,85 - 62,25	~~IIII~~	5	10	49	98
8	62,25 - 62,65	I	1	2	50	100

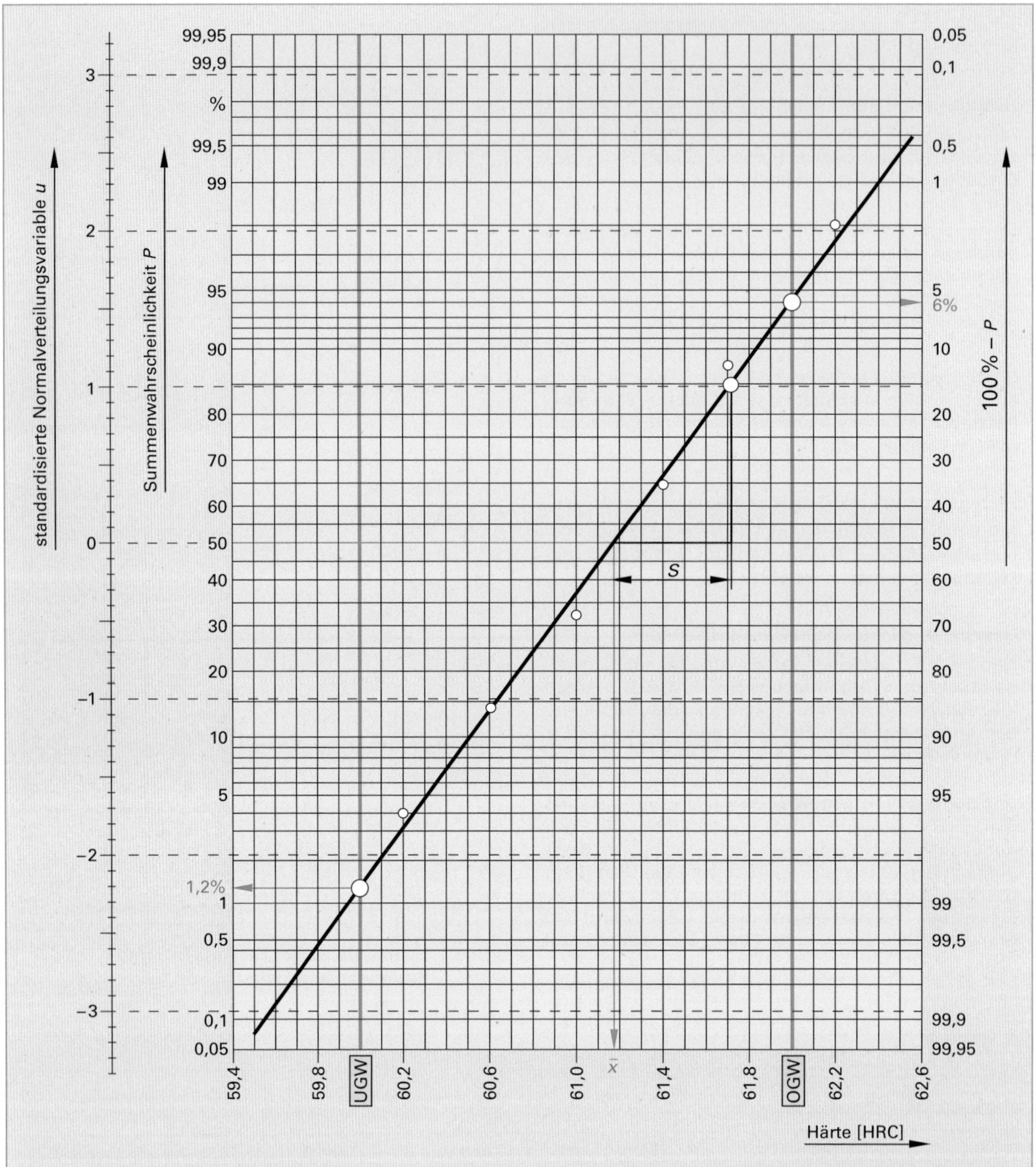

Bild 1: Wahrscheinlichkeitsnetz des Beispiels

Nach dem Einzeichnen der Summenhäufigkeiten des Beispiels ist zu erkennen, dass die Werte im Wahrscheinlichkeitsnetz annähernd auf einer Geraden liegen. Es kann also von einer Normalverteilung ausgegangen werden.

Bei dem Wert 50 % findet man am Schnittpunkt mit der Geraden den Mittelwert auf der Merkmalswert-Achse. Zeichnet man zwischen den Werten 0 und 1 der standardisierten Normalverteilungsvariablen ein Steigungsdreieck ein, so erhält man auf dem waagerechten Abstand die Standardabweichung.

In diesem Beispiel ergeben sich folgende Werte:

$\bar{x}$ **= 61,15 HRC** s **= 0,54 HRC**

Die kleinen Differenzen zur rechnerischen Lösung ergeben sich aus der Zeichenungenauigkeit und dem geschätzten Einzeichnen der Geraden zwischen die leicht streuenden Konstruktionspunkte.

Nichtnormalverteilte Prozesse

Stellt sich heraus, dass die Summenhäufigkeitspunkte im Wahrscheinlichkeitsnetz nicht auf einer Geraden liegen, so können anhand der Punktelage auch andere Verteilungen erkannt werden.

Eine Mischverteilung aus zwei Normalverteilungen liegt vor, wenn die Punkte der unteren Hälfte und die Punkte der oberen Hälfte je auf einer Geraden liegen, dazwischen aber ein Versatz ist. Liegen die Punkte auf einem Bogen, so liegt eine unsymmetrische Verteilung vor. **Bild 1** zeigt die beiden Fälle im Wahrscheinlichkeitsnetz und ihr Funktionsschaubild $g(x)$.

Überschreitungsanteile

Bei einer Prozessbeurteilung ist es auch noch wichtig, den Anteil zu kennen, der die Toleranzgrenzen überschreitet. Diese Überschreitungsanteile (u) können nach dem Einzeichnen der Toleranzgrenzen UGW und OGW im Wahrscheinlichkeitsnetz direkt abgelesen werden.

In dem gezeigten Beispiel ergibt sich für den unteren Überschreitungsanteil u_{un} = 1,2 % und für den oberen Überschreitungsanteil u_{ob} = 6 %. 7,2 % der Merkmalswerte sind also bei dieser Verteilung und diesen Toleranzgrenzen als fehlerhaft zu erwarten.

Damit ohne Rechenaufwand der obere Überschreitungsanteil direkt abgelesen werden kann, befindet sich am rechten Rand des Wahrscheinlichkeitsnetzes der Summenwahrscheinlichkeitsmaßstab in umgekehrter Reihenfolge (100 % – P).

6.2.5 Qualitätsregelkarten

Mit Qualitätsregelkarten werden die **Kennwerte** für die Verteilung der Merkmalswerte laufend überwacht. In regelmäßigen Abständen werden Stichproben dem Prozess entnommen, ausgewertet und die Kennwerte dokumentiert. Im Wareneingang lassen sich mit diesen Karten auch die Liefererqualitäten überwachen. **Bild 2** zeigt den Aufbau einer solchen Karte am Beispiel einer Mittelwertkarte.

Um frühzeitig auf Änderungen des Prozesses zu reagieren, setzt man den Prozesskennwerten Grenzen. Erreichen die Kennwerte die **Warngrenzen,** so weisen die Überschreitungsanteile zwar noch ein erträgliches Maß auf, es besteht aber die Gefahr, dass der Prozess noch weiter abdriftet. Meist wird in solch einem Fall der Prozess noch schärfer, d. h. in kürzeren Abständen beobachtet. Wird eine **Eingriffsgrenze** erreicht, so muss der Prozess angehalten, Ursachen erforscht und Maschineneinstellungen korrigiert oder Werkzeuge gewech-

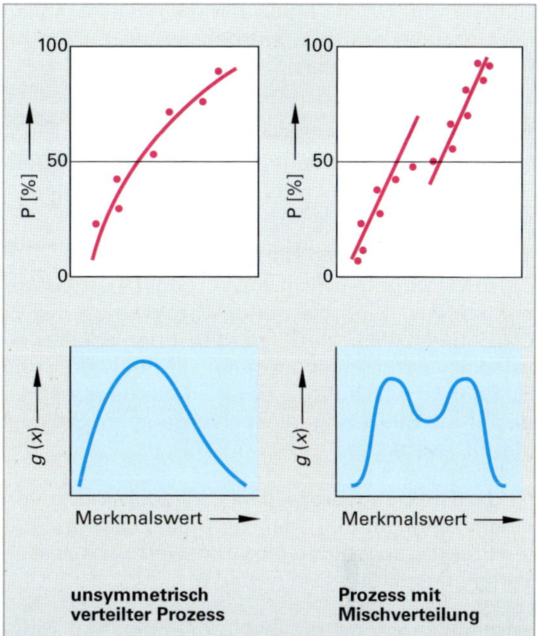

Bild 1: Nicht normalverteilte Prozesse

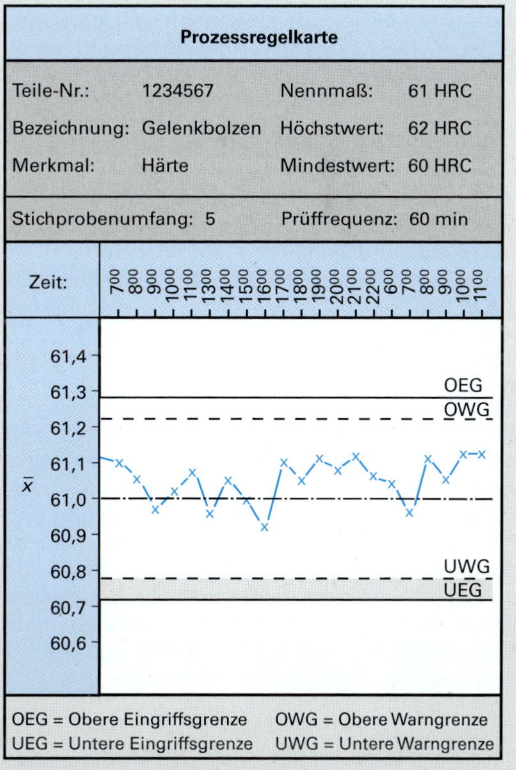

Bild 2: $\overline{x}$-Prozessregelkarte

selt werden. Welche Maßnahmen in diesen Fällen im einzelnen ergriffen werden müssen, wird im **Prüfplan** dokumentiert.

Arten von Qualitätsregelkarten

Man unterscheidet bei *kontinuierlichen* Merkmalen (= Messwerten) zwei Arten von Regelkarten:

1. Prozessregelkarten (Shewartkarten[1])

Diese Karten gehen nicht von vorgegebenen Grenzwerten aus. Eingriffs- und Warngrenzen (OEG, OWG und UWG, UEG) werden über Schätzwerte der Verteilungsparameter (Mittelwert und Standardabweichung) einer Grundgesamtheit bestimmt. **Bild 1** zeigt diesen Vorgang am Beispiel einer *Urwertkarte*.

Ist der Fertigungsprozess eine Wiederholung von einem schon einmal oder mehrmals durchgeführten Prozess, so werden die Grenzwerte aus dessen Verteilungsparametern gebildet.

Wird ein Fertigungsprozess zum ersten Mal angefahren, so schätzt man die Verteilungsparameter der Grundgesamtheit über einen Vorlauf (z. B. 25 Stichproben mit Stichprobenumfang $n = 5$). Da bei fortschreitendem Verlauf des Prozesses ständig weitere Messwerte gewonnen werden, können diese in erneute Grenzwertberechnungen mit einbezogen werden.

2. Annahmeregelkarten

Hier werden die Eingriffs- und Warngrenzen über die Toleranzgrenzwerte berechnet. Als Grundlage für die Berechnung der Eingriffs- und Warngrenzen dient eine Verteilung, deren Streuung zwischen den Toleranzgrenzen $\pm 4\,\sigma$ (manchmal auch $\pm 5\,\sigma$) beträgt.

In **Bild 2** wird dieser Vorgang am Beispiel einer Urwertregelkarte verdeutlicht.

Prozess- und Annahmeregelkarten gibt es für die Einzelmesswerte (Urwerte) und für die Kennwerte von Lage und Streuung einer Stichprobe **(Tabelle 1).** Um die Lage und die Streuung eines Prozesses gleichzeitig zu überwachen, werden vorzugsweise $\bar{x}$-Karten und *R*-Karten[2] oder $\bar{x}$- und *s*-Karten kombiniert. Führt man Regelkarten von Hand, wird die $\bar{x}$- und *R*-Karte bevorzugt, da die Spannweite *R* wesentlich einfacher von Hand zu ermitteln ist als die Standardabweichung *s*.

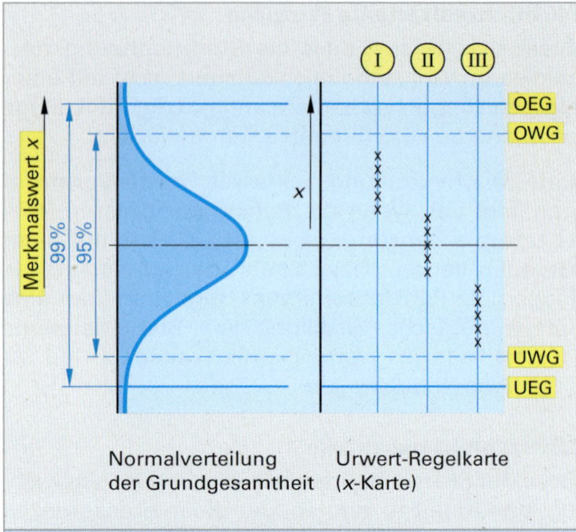

Bild 1: Prozessregelkarte (Shewartkarte) – von der Grundgesamtheit zur Regelkarte am Beispiel einer Urweltkarte

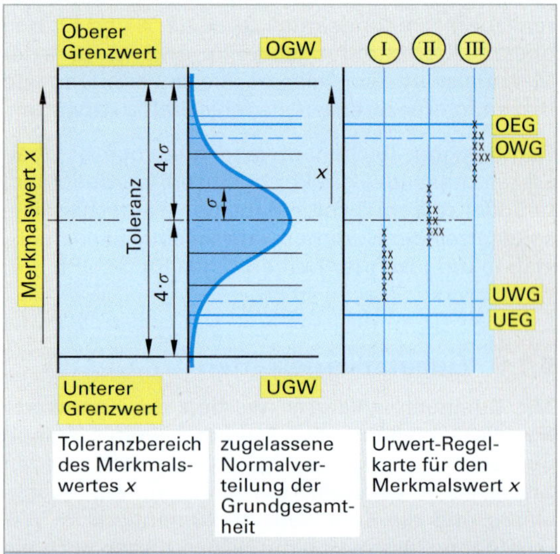

Bild 2: Annahmeregelkarte – vom Toleranzbereich zur Regelkarte am Beispiel einer Urwertkarte

Tabelle 1: Regelkarten

Urwerte (*x*-Karte)	
Kennwerte der Lage	**Kennwerte der Streuung**
Median[3] ($\tilde{x}$-Karte)	Spannweite (*R*-Karte)
arithmetischer Mittelwert ($\bar{x}$-Karte)	Standardabweichung (*s*-Karte)

[1] *Walter Andrew Shewart* (1891 bis 1967), amerik. Wissenschaftler
[2] R von engl. range = Reichweite
[3] lat. medius = in der Mitte befindlich

Zufallsstreubereiche einer Normalverteilung

Eingriffs- und Warngrenzen werden nach den 99 %- und 95 %-Zufallsstreubereichen der Normalverteilung der Grundgesamtheit ermittelt. Der Zufallsstreubereich gibt den Merkmalswertebereich an, in dem 99 % bzw. 95 % der Merkmalswerte der Grundgesamtheit liegen.

Die zugehörigen Merkmalsgrenzwerte können mit dem Wahrscheinlichkeitsnetz oder einer $G(u)$-Tabelle ermittelt werden. **Bild 1** zeigt die Ermittlung des 95 %-Zufallsstreubereichs mit Hilfe des Wahrscheinlichkeitsnetzes.

Bestimmung von Warn- und Eingriffsgrenzen am Beispiel einer **Mittelwert-Prozessregelkarte.**

Sind die Parameter Mittelwert μ und Standardabweichung σ einer Grundgesamtheit bekannt (aus einem vorausgegangenen Prozess oder einem Vorlauf), so können die Warn- und Eingriffsgrenzen für eine Mittelwert-Regelkarte bestimmt werden.

Beispiel:
Durch einen Vorlauf bei der Herstellung von elektrischen Widerständen wurden folgende Parameter ermittelt:

μ = 100 Ohm, σ = 2 Ohm. In **Bild 1a**, folgende Seite, ist zunächst dieser Vorlauf durch ein Histogramm dargestellt und **Bild 1b**, folgende Seite, zeigt das zugehörige mathematische Modell der Normalverteilung.
Aufgabenstellung und Lösung siehe folgende Seite.

6.3 Maschinenfähigkeit und Prozessfähigkeit

Unter **Maschinenfähigkeit** versteht man die Fähigkeit einer Maschine, die Werte *eines Merkmals* mit *genügender Wahrscheinlichkeit* innerhalb der vorgegebenen Merkmalsgrenzwerte zu fertigen. Hierzu wird im Rahmen einer Maschinenfähigkeitsuntersuchung eine fortlaufende Stichprobe vom Umfang $n \geq 50$ entnommen. Alle Einflussgrößen, z. B. Prüfmittel, Bedienungspersonal, Rohmaterial, Maschineneinstellung auf den Fertigungsprozess bleiben während der Fertigung der Stichprobe konstant. Der Mittelwert und die Standardabweichung dieser Stichprobe charakterisieren die Fertigungsgenauigkeit der Maschine.

Aus den Kennwerten der Stichprobe werden die beiden Kennzahlen c_m und c_{mk} nach folgenden Formeln gebildet:

Die Maschine gilt als fähig, wenn die Toleranz mindestens den 10fachen Wert von s beträgt (**Bild 2**).

$$c_m = \frac{T}{6 \cdot s}$$

$$c_{mk} = \frac{|\Delta_{krit}|}{3 \cdot s}$$

Die Maschinenfähigkeitskennzahl c_m nimmt dann einen Wert gleich oder größer 1,66 an. Gleiches gilt für die Prozessfähigkeit c_p.

$$c_p = \frac{T}{6 \cdot \hat{\sigma}}$$

$$c_{pk} = \frac{|\Delta_{krit}|}{6 \cdot \hat{\sigma}}$$

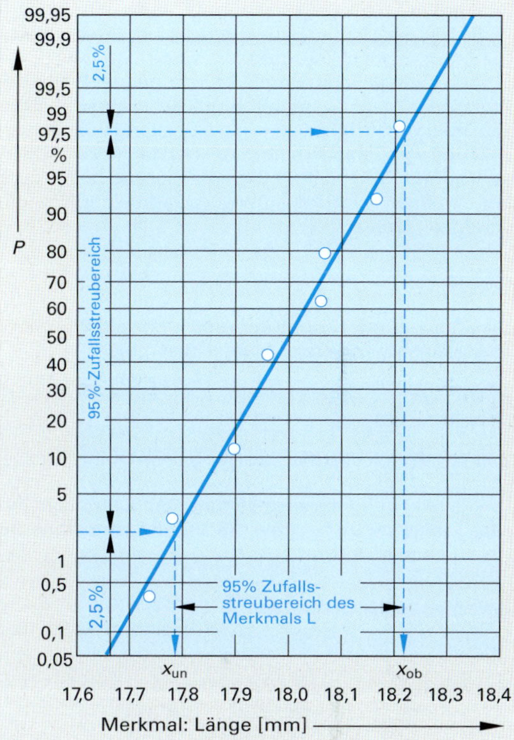

Ergebnis: Der 95%-Zufallsstreubereich liegt zwischen x_{un} = 17,88 mm und x_{ob} = 18,22 mm.

Bild 1: Ermittlung eines 95 %-Zufallstreubereichs mit dem Wahrscheinlichkeitsnetz

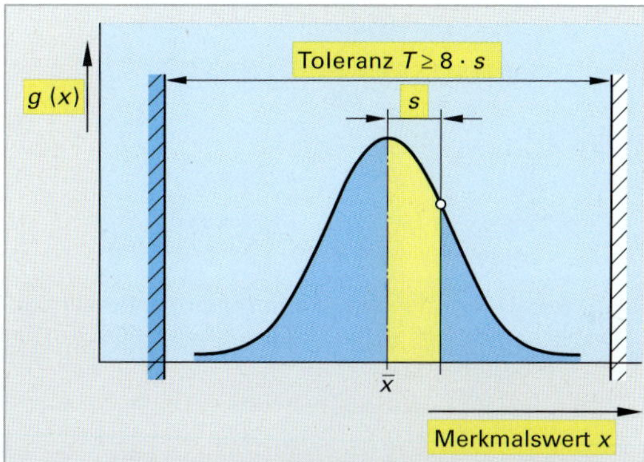

Bild 2: Normalverteilung einer Maschinenfähigkeitsuntersuchung im geforderten Toleranzfeld

Aufgabe: Ermittlung einer Stichprobe

Der folgende Fertigungsprozess soll mit regelmäßigen Stichproben vom Umfang $n = 10$ überwacht werden. Die Bilder c und d zeigen drei Histogramme und ihre zugehörigen Schaubilder der Normalverteilung von Stichproben, die alle von dem Histogramm des Vorlaufs stammen können.

Stichprobe I liegt ganz links im Streubereich des Vorlaufs, II in der Mitte und III ganz rechts im Streubereich. Die Wahrscheinlichkeit, dass die beiden extremen Stichproben I und III vorkommen, ist sehr gering. Bleibt der Prozess konstant, werden mit größter Wahrscheinlichkeit ähnliche Stichproben wie die Stichprobe II mit gleicher oder größerer Streuung zu erwarten sein. Aus dieser Erkenntnis kann man folgern, dass die Mittelwerte der einzelnen Stichproben wiederum in einer Normalverteilung streuen.

Lösung:

Die Standardabweichung der Verteilung der Mittelwerte lässt sich nach folgender Formel bestimmen:

$$\sigma_{\bar{x}} = \frac{\hat{\sigma}}{\sqrt{n}} = \frac{2\,\Omega}{\sqrt{10}} = 0{,}632\,\Omega$$

Bild 1e zeigt die Normalverteilung der Mittelwerte $\bar{x}$.

Die Regelkartengrenzen bestimmt man über die in Europa üblichen 99 %- bzw. 95 %-Zufallsstreubereiche (Bild 1e und Bild 1f).

Berechnung der Grenzwerte:

$$\text{OEG} = \hat{\mu} + u_{0{,}995} \cdot \frac{\hat{\sigma}}{\sqrt{n}}$$

$$= 100\,\Omega + 2{,}5758 \cdot \frac{2\,\Omega}{\sqrt{10}} = \mathbf{101{,}63\,\Omega}$$

$$\text{UEG} = \hat{\mu} - u_{0{,}995} \cdot \frac{\hat{\sigma}}{\sqrt{n}}$$

$$= 100\,\Omega - 2{,}5758 \cdot \frac{2\,\Omega}{\sqrt{10}} = \mathbf{98{,}371\,\Omega}$$

$$\text{OWG} = \hat{\mu} + \mu_{0{,}975} \cdot \frac{\hat{\sigma}}{\sqrt{n}}$$

$$= 100\,\Omega + 1{,}96 \cdot \frac{2\,\Omega}{\sqrt{10}} = \mathbf{101{,}24\,\Omega}$$

$$\text{UWG} = \hat{\mu} - \mu_{0{,}975} \cdot \frac{\hat{\sigma}}{\sqrt{n}}$$

$$= 100\,\Omega - 1{,}96 \cdot \frac{2\,\Omega}{\sqrt{10}} = \mathbf{98{,}76\,\Omega}$$

Die Werte der standardisierten Normalverteilungsvariable u (hier: 2,5758 und 1,96) werden einer $G(u)$-Tabelle entnommen.

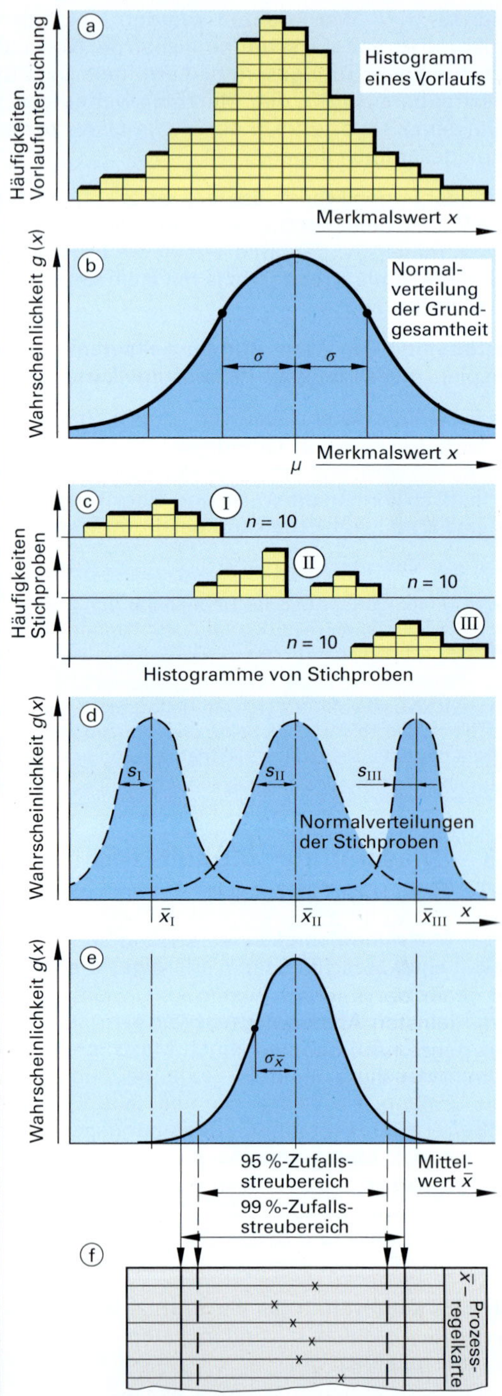

Bild 1: Vom Histogramm eines Vorlaufs über die geschätzte Normalverteilung der Grundgesamtheit zur Verteilung der Mittelwerte $\bar{x}$ und der $\bar{x}$-Regelkarte

---

$\hat{\sigma}$ geschätzte Standardabweichung,
$\hat{\mu}$ geschätzter Mittelwert

Der grundsätzliche Ablauf einer solchen Fähigkeitsuntersuchung zur Qualitätsabnahme z. B. einer Werkzeugmaschine ist in **Bild 1** dargestellt.

Als vorbereitende Maßnahmen können ein Dauerlauf zur Überprüfung der Zuverlässigkeit der Mechanik und der Steuerung, ein Kaltstarttest zur Ermittlung der Auswirkungen des Wärmegangs und eine Überprüfung der Teilehandhabung vereinbart werden.

Bei der eigentlichen Betrachtung der Maschinenfähigkeit für die Abnahme soll der Wärmegang in der Regel nicht berücksichtigt werden. Daher muss in einer Warmlaufphase die Maschine ihre Betriebstemperatur erreicht haben, bevor die Bearbeitung der zu vermessenden Werkstücke beginnt. Zunächst werden in einem Vorlauf eins bzw. fünf Werkstücke bearbeitet. Anschließend wird überprüft, ob die erzeugten Maße in der Mitte der Toleranzzone liegen, und gegebenenfalls werden Maschinenparameter korrigiert. Im nun folgenden Schritt wird die festgelegte Anzahl von Werkstücken (oft 50, je nach Vereinbarung auch mehr) in Folge und möglichst ohne Unterbrechung bearbeitet.

Gemäß dem vorher festzulegenden Prüfplan werden dann die Werkstücke vermessen. Dabei werden einzelne Stichproben gebildet, die meistens einen Umfang von 5 Teilen haben. Jedes Merkmal wird einzeln statistisch ausgewertet. Zunächst wird geprüft, ob der Prozess stabil bzw. beherrscht ist **(Bild 2)**. Dabei wird überprüft, ob Mittelwert und Standardabweichung der Stichproben zu sehr variieren.

In der Automobilproduktion geht man häufig dazu über einen Wert für $s \leq \frac{1}{12}$ der Toleranz zu fordern. Eine Maschine ist demzufolge fähig, wenn ein c_m-Wert von 2 oder größer vorliegt.

Da der c_m-Wert nichts über die Lage der Verteilung innerhalb der Toleranz aussagt, bildet man mit dem kleinsten Abstand vom Mittelwert zur Toleranzgrenze nach obenstehender Formel den c_{mk}-Wert. Bildet diese Kennzahl ebenfalls einen Wert gleich oder größer 1,66, so ist auch nach dieser Zahl die Maschine fähig **(Bild 3)**.

Bei der **Prozessfähigkeit** wird auf ähnliche Weise ein Fertigungsprozess mit seinen sämtlichen Einflussgrößen (Personal, Maschine, Rohmaterial, Umwelteinflüsse, Prüfmethode usw.) untersucht.

Grundlage der Bestimmung der Verteilungsparameter bilden dabei mindestens 25 Stichproben mit einem Umfang von mindestens $n = 5$, die in regelmäßigen Abständen dem Prozess entnommen werden. Aus den geschätzten Parametern Standardabweichung und Mittelwert werden dann die Prozessfähigkeitskennzahlen c_p und c_{pk} auf die gleiche Weise wie die c_m und c_{mk} gebildet und ausgewertet.

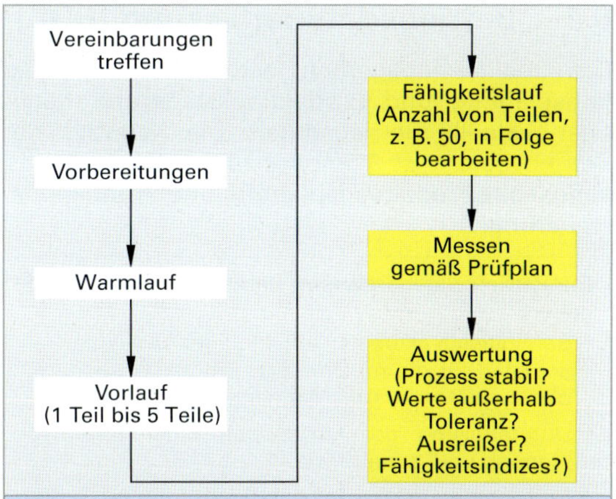

Bild 1: Ablauf einer Fähigkeitsuntersuchung

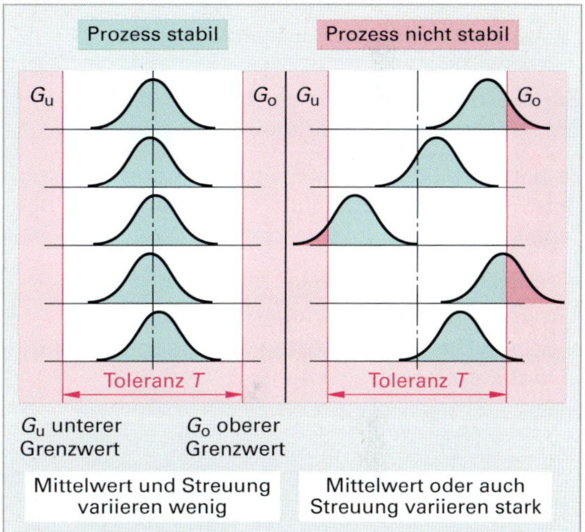

Bild 2: Prozessstabiliät bzw. Beherrschtheit, Histogramme zur Verdeutlichung von Stabilität

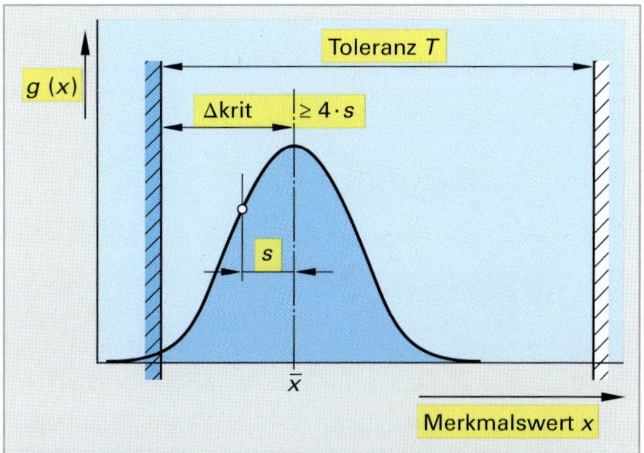

Bild 3: Normalverteilung mit außermittiger Lage im Toleranzfeld

6.4 Betriebsdatenerfassung (BDE)

Das Qualitätmanagement wie auch die Produktionsplanung und Produktionssteuerung benötigen aktuelle Betriebsdaten. Die Kenntnis der Betriebsdaten ist Voraussetzung für eine wirkungsvolle Produktionsplanung und Produktionssteuerung.

> Die Betriebsdatenerfassung hat damit folgende Aufgaben:
> - Bereitstellen aktueller, vollständiger und fehlerfreier Daten für die mittelfristige Produktionsbedarfsplanung (Termin- und Mengenplanung),
> - Unterstützung der kurfristigen Eigenfertigungsplanung und -steuerung,
> - Bereitstellen exakter Informationen
>   - für die Kostenrechnung und
>   - für die Lohnabrechnung,
> - Verringerung des Belegvolumens und
> - Verringerung des personellen Aufwandes.

Zur aktuellen Erfassung des Ist-Zustandes werden Betriebserfassungsgeräte eingesetzt **(Bild 1)**.

Je nach Gestaltung der Systemkomponenten und ihrer Kopplung zu einem Gesamtsystem unterscheidet man:

- zentrale oder dezentela Datenerfassung,
- manuelle oder automatische Dateneingabe,
- Datenerfassung an festen Stationen oder mit moblien Datenträgern.

Funkterminals

Zur Wareneingangskontrolle, Materialausgangskontrolle und Materialflusssteuerung sowie zu Zwecken der Inventur und des Qualitätsmanagements verwendet man geschickterweise Hand-Terminals mit Funkverbindung und integriertem Scanner. Das Funkterminal **(Bild 2)** hat ein großes, grafikfähiges Display, Funktionstasten, eine numerische Tastatur und durch Doppelbelegung auch Alphatasten. Die Datenübertragung in ein Festnetz erfolgt z. B. als Funk-LAN-Verbindung mit 2,4 GHz (entsprechend IEEE 802.11) mit einer Bitrate von 11 Mbit/s.

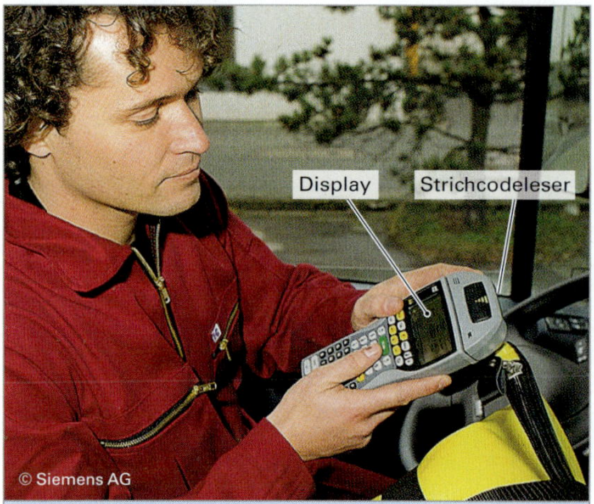

Bild 2: Funkterminal

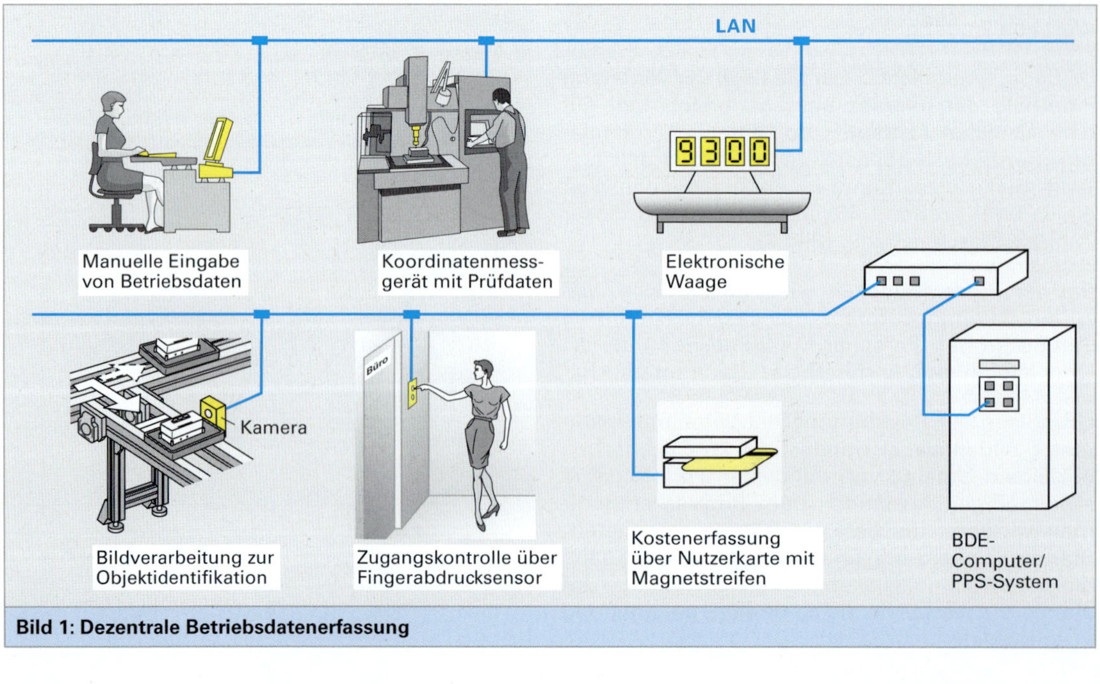

Bild 1: Dezentrale Betriebsdatenerfassung

6.4.1 Codeleser

Das Lesen der Codes erfolgt mit Lesestiften, Laserscanner, Schlitzleser oder mit einer Videokamera (Matrixkamera oder Zeilenkamera).

Lesestift

Die Lesestifte **(Bild 1)** haben eine *rotleuchtende* Lichtquelle (Wellenlänge 660 nm) oder eine *infrarotstrahlende* Lichtquelle (Wellenlänge 900 nm). Die Lesefläche wird beim Überstreichen des Codemusters *diffus* beleuchtet. Das reflektierte Licht gelangt über eine Linse auf den Fototransistor und es entsteht ein Impulszug, der dem Strich-Lücken-Muster der Codierung entspricht.

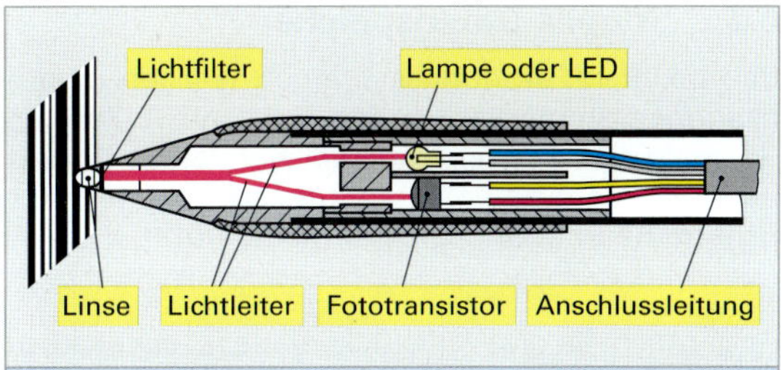

Bild 1: Lesestift

Scanner[1]

Der feine Lichtstrahl eines He-Ne-Lasers wird über einen rotierenden Polygonspiegel (Vieleckspiegel) abgelenkt und auf das Strichcodemuster projiziert **(Bild 2)**. Dabei läuft der Laserstrahl über das Strichcodemuster hinweg. Das reflektierte Licht wird ebenfalls über den Polygonspiegel[2] reflektiert und einer Fotodiode mit Verstärker zugeführt (Bild 2). Beim *Mehrstrahlscanner* sitzen die einzelnen Spiegelfacetten nicht achsparallel, sondern verschränkt auf dem Polygonspiegelrad, und so erzeugt jeder Spiegel eine andere Linie auf dem Leseobjekt.

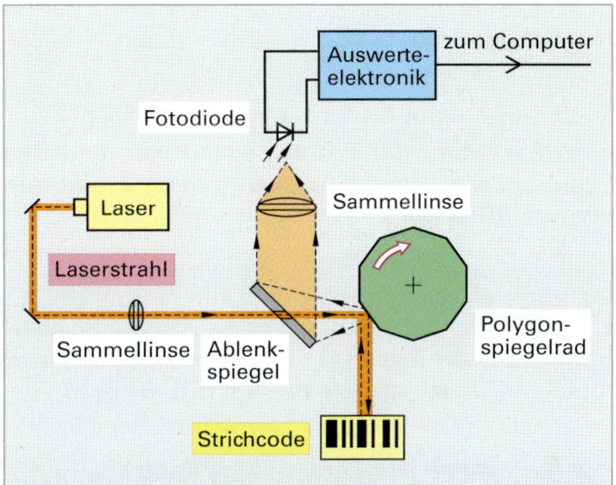

Bild 2: Prinzip des Laserscanners

Der *Gitterscanner* besteht aus zwei, um 90° zueinanderversetzten, Mehrstrahlscannern. Hiermit ist es möglich, Strichcodierungen in beliebiger Drehlage zu erfassen. Der typische Leseabstand für Laserscanner liegt zwischen 100 mm und 3 m. Die Objekte dürfen sich bewegen mit Geschwindigkeiten bis 2,5 m/s. Die Lesegeschwindigkeiten reichen bis 1600 scan/s. Durch entsprechende Decodiersoftware können alle Strichcodes gelesen werden.

Kameralesegerät

Die Kameralesegeräte sind Linienvideokameras **(Bild 3)** und enthalten einen *CCD-Chip* mit z. B. 2048 Pixel zur Bildaufnahme. Das Strichmuster wird als eine einzige Bildzeile etwa 500 mal/s erfasst. Zum sicheren Lesen werden meist mehrere Bilder nacheinander ausgewertet und auf Übereinstimmung geprüft. Die Leseabstände sind abhängig vom gewählten Objektiv und betragen z. B. 3 m. Es gibt auch Handlesegeräte **(Bild 4)** die vom Strichcodemuster ein Linienbild mit einem CCD-Chip erzeugen. Das Strichcodemuster wird über LED's (lichtemittierende Dioden) beleuchtet. Für Flächencodes werden CCD-Arrays mit z. B. 1024 × 1024 Pixel verwendet.

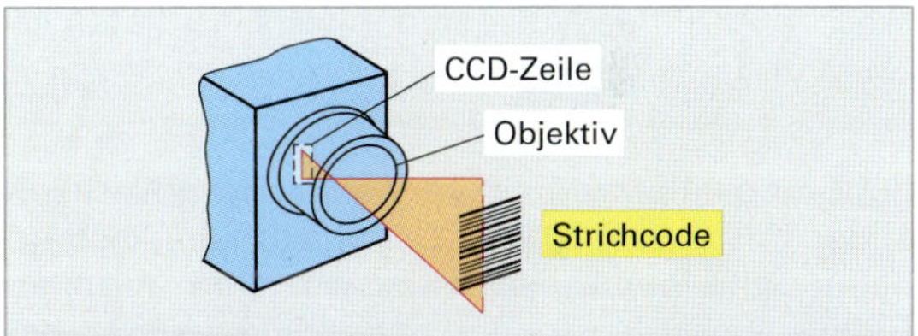

Bild 3: Kameralesegerät

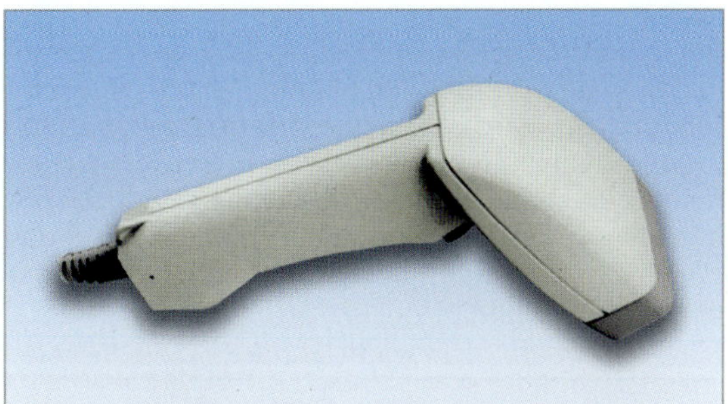

Bild 4: Handlesegerät

---
[1] engl. to scan = abtasten
[2] griech. polygon = Vieleck

6.4.2 Mobile Datenspeicher

Bei flexiblen Fertigungssystemen werden Identifikationssysteme verwendet, z. B. zum Erkennen welche Werkstücke sich auf welcher Palette **(Bild 1)** befinden, damit die Werkzeugmaschine das dafür richtige Bearbeitungsprogramm ausführt.

Angebracht an die Werkstückpalette ist ein elektronischer Speicher, der ohne elektrischen Anschluss am Vorbeifahren an einem Lesegerät oder Schreib-/Lesegerät abgefragt bzw. auch neu beschrieben werden kann (mobiler Speicher). Das Lesegerät bzw. Schreib-/Lesegerät wird an eine SPS oder einen PC angeschlossen.

Über eine induktive Kopplung wird bei manchen Systemen der Datenspeicher während des Schreib- oder Lesezyklus auch meist mit Energie versorgt **(Bild 2)**.

Bei anderen Systemen ist eine kleine Batterie mit z. B. 10 Jahren Lebensdauer in den Datenspeicherblock mit eingegossen. Die Speicherkapazität eines mobilen Datenspeichers beträgt z. B. 8 kByte.

Zur Signalübertragung wird eine Pulscodemodulation verwendet **(Bild 3)**. Dabei ist das Trägersignal ein magnetisches Wechselfeld mit einer Frequenz von etwa 2 MHz. Die Daten werden bei jeder Übertragung auf ihre Richtigkeit geprüft. Hierzu werden ergänzend zu den Nutzdaten jeweils Prüfdaten erzeugt und übertragen.

Zur Energieübertragung verwendet man Wechselfelder mit etwa 200 kHz. Der maximale Abstand beim Schreiben/Lesen zwischen dem mobilen Datenspeicher und dem Schreib-/Lesegerät beträgt ca. 50 mm. Die Gehäuseformen sind kubisch oder zylindrisch, z. B. auch mit Einschraubgewinde und sind völlig dicht abgeschlossen.

Bei jeder Werkstückbearbeitung wird die durchgeführte Arbeit im mobilen Datenspeicher vermerkt **(Bild 4)**. So wird eine *dezentrale Datenhaltung* möglich. Dies führt zu einer hohen Betriebssicherheit, da auch nach einem Ausfall des Zentralrechners bzw. der zentralen Datenbank, die für das Werkstück aktuellen Daten am Werkstückträger gespeichert bleiben.

Mobile Datenspeicher ermöglichen eine dezentrale und sichere Datenhaltung.

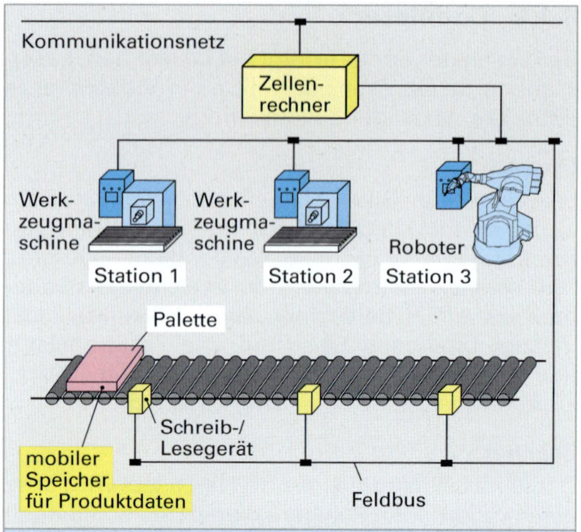

Bild 1: Identifikationssystem beim Werkstücktransport

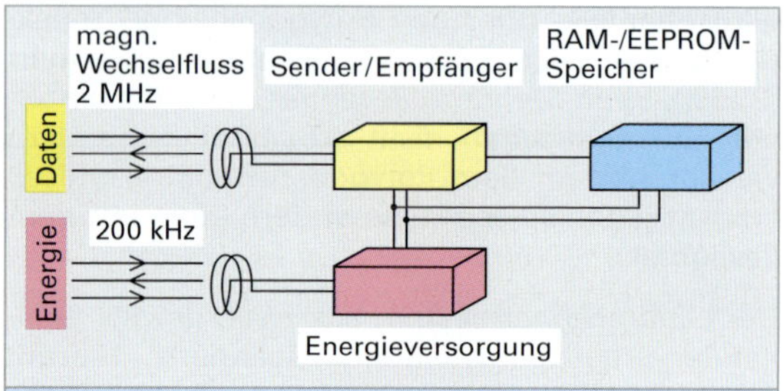

Bild 2: Prinzipschaltbild des mobilen Speichers

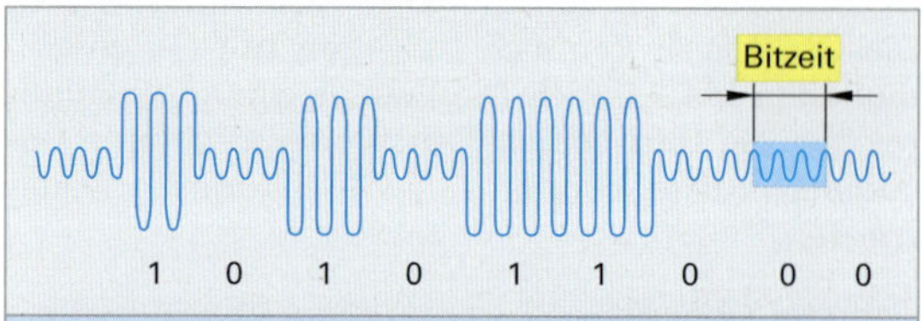

Bild 3: Pulscodemodulation für die Dualzahl 101011000

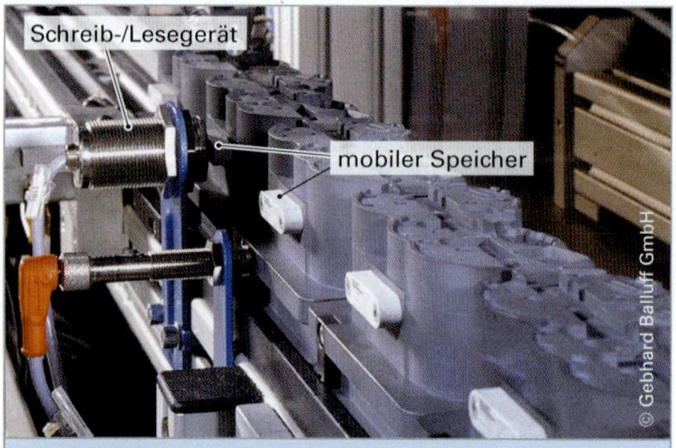

Bild 4: Mobile Speicher an Bauteilträgern

6.4.3 Chipkarten, Chipmünzen, RFIDs

Die Chipkarte (Smart Card, Electronic Card) enthält einen Chipmodul meist mit Speicher- und Prozessorfunktionalität. Man unterscheidet die kontaktbehaftete und kontaktlose Chipkarte bzw. Chipmünze. Die Chipkarte enthält den Chip in einer kunststofflaminierten Karte **(Bild 1)**. Bei der Chipmünze (Coin) ist der Chip in Form einer Münze mit Kunststoff vergossen. Die Chipkarten/Chipmünzen dienen der Zugangskontrolle, des bargeldlosen Zahlungsverkehrs und der Betriebsdatenspeicherung.

Die Abmessungen der Chipkarte und der Kontaktflächen sind genormt. Neben der großen Chipkarte im Scheckkartenformat gibt es auch eine kleinere Ausführung **(Bild 2)**, z. B. zur Verwendung in Mobiltelefonen (SIM-Karte, von Subscriber Identity Module[1]).

Bei den kontaktlosen Chipkarten und den elektronischen Preisschildern (RFID, Radiofrequenzidentifikation, **Bild 3**) erfolgt die Kommunikation über Tranponder (Sender/Empfänger). DerTransponder überträgt mittels elektromagnetischer Wellen die Signale zu einem Lesegerät mit Entfernungen von wenigen Millimetern (man muss die Karte über den Lesekopf halten) bis hin zu einigen Metern (z. B. bei Fahrzeugen für das „keyless go"). Die Stromversorgung erfolgt bei diesen Karten ebenfalls elektromagnetisch. Hierzu befindet sich auf der Karte eine Spule und Antenne. Als Speicher kommen alle Arten elektronischer Speicher vor: ROM, RAM, EEPROM. Über das EEPROM können z. B. wechselnde Betriebsdaten gespeichert und abgefragt werden.

Chipkarten dienen häufig der Zugangskontrolle und haben die Fuktionalität eines Schlüssels.

Die meist verwendete Funkfrequenz ist 13,56 MHz. Der Sende-/Empfangsabstand ist unterschiedlich spezifiziert **(Tabelle 2)** und liegt zwischen wenigen Zentimetern und mehreren Metern. Die hauchdünnen RFIDs können in verschiedenen Formen appliziert werden. Sie können z. B. auch als Klebeetiketten auf Waren aufgeklebt werden.

Tabelle 2: Kenngrößen für RFIDs (Beispiele)

Speichergröße	2048 Bytes	128 Bytes
ISO Standard	ISO 14443 A	ISO 15693
Reichweite	bis 10 cm	70 cm
Cryptografische Authentifikation	64 Bit	96 Bit
Max. mögl. Applikationen	z. B. 123	z. B. 8
Speicher-Segmentierung	dynamisch	dynamisch

Bild 1: Kreditkarte und Parkmünze mit Chip

Tabelle 1: Kontakte von Chipkarten

Kontakt	Name	Funktion	Ansicht
1	VCC	Betriebsspannung	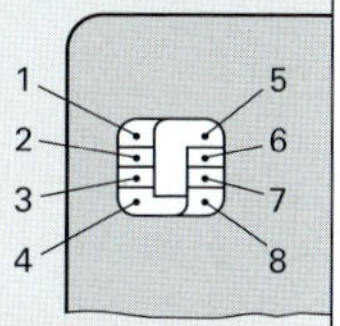
2	RST	Reset (Rücksetzen)	
3	CLK	Takt	
4	–	nicht definiert	
5	GND	Ground (Masse)	
6	VPP	Programmierspannung	
7	I/O	Input/Output Eingang/Ausgang	
8		nicht definiert	

Bild 2: SIM-Karte

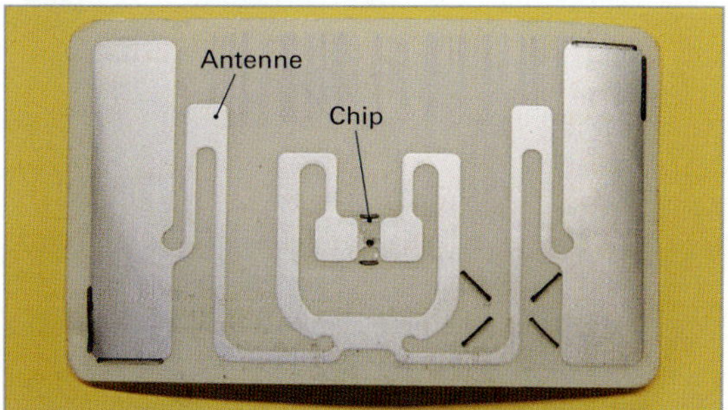

Bild 3: Transponder

[1] engl. Subscriber Identity Module = Teilnehmer-Identitätsmodul

RFIDs im Warenverkehr

Produkte mit RFIDs, als Aufkleber oder Etiketten **(Bild 1)** können mit RFID-Schreib/Lesegeräte berührungslos, zum Teil auch über Distanzen von mehreren Metern erfasst werden. Damit wird eine lückenlose Überwachung des Warenverkehrs und eine individualisierte Produkt-Rückverfolgung möglich[1]. Die Systeme arbeiten im ultrahochfrequenten Bereich (UHF-RFID) und bieten hohe Reichweiten und eine hohe Lesegeschwindigkeit.

Die zentrale Komponente eines RFID bildet der Transponder[2] **(Bild 2)**. Dieser speichert die Daten des zu identifizierenden Objektes. Die Daten werden ausgelesen, indem zwischen dem Lesegerät (Reader) und dem Transponder Radiowellen ausgetauscht werden. Je nach Gerät ist ein unterschiedlicher Abstand möglich (Luftschnittstelle). Transponder welche über keine eigene Energiequelle verfügen beziehen die notwendige Energie aus den Radiowellen des Lesegerätes. RFID-Schreib/Lesesysteme sind immer mit einem Datennetz verbunden.

In **Bild 3** wird die innere Struktur dargestellt. Das Lesegerät, welches auch häufig Daten an den Transponder schreiben kann, bekommt den Auftrag über die Kommunikationsschnittstelle. Sollen Daten gelesen werden, dann sendet das Lesegerät die Anforderung über die Antenne an den Transponder. Normalerweise werden die Daten des Speichers jeweils komplett gelesen. Der Transponder kann äußerlich viele Gestalten haben. Im Prinzip besteht er immer aus einer Wicklung (Draht oder gedruckte Leiterbahn), welche als Antenne dient und einem Chip, welcher die Logik und die Daten vorhält.

Der EPC-Code (Elektronischer Produktcode, ISO/IEC 18000-6) ist wesentlicher Bestandteil des Transponders. Im einfachen Fall besitzen Transponder nur eine Identifikationsnummer. Andere haben einfachen Datenspeicher, z. B. 64 Byte oder besitzen eine komplexe Speicherstruktur mit Sicherheitsmerkmalen. Bezüglich der Energieversorgung gibt es Transponder, welche über das elektromagnetische Feld versorgt werden, andere habe eine Batterie. Transponder werden je nach Ausführung in vier Klassen eingeteilt **(Tabelle 1)**.

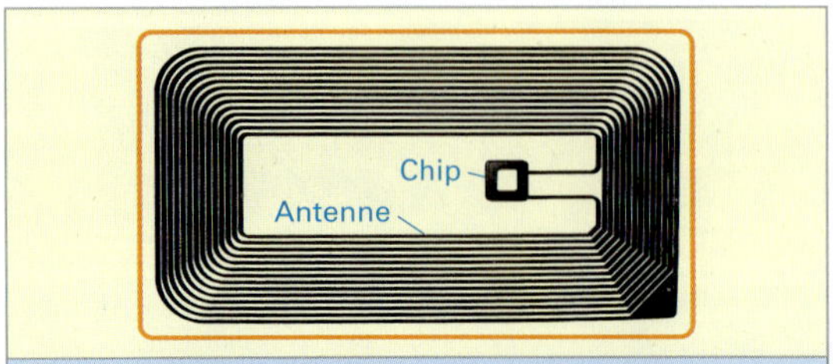

Bild 3: Transponder, Beispiel

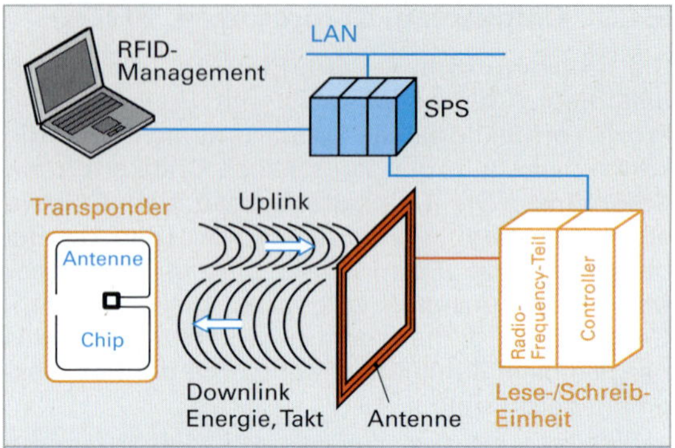

Bild 1: RFID-Systemstruktur

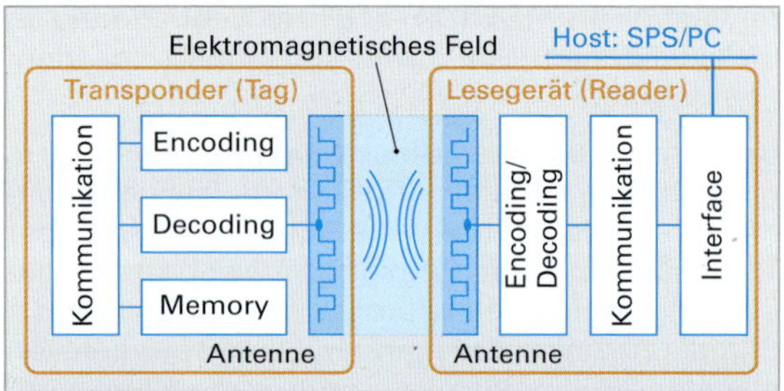

Bild 2: RFID-Funktion

Tabelle 1: Transponderklassen

Klasse	Mindestfunktionen	Energie-versorgung
1	• EPC-Identifikation • Tag-Identifizierung • Deaktivierungsfunktion • Passwort Sicherung (optional) nicht beschreibbar (read only)	passiv
2	• Erweiterung zu Klasse 1 • erweiterte Tag-Identifizierung • erweiterter Speicher • einmal beschreibbar	passiv
3	• Erweiterungen zu Klasse 2 • Energiequelle • Sensoren	semi-aktiv
4	• EPC-Identifikation • erweiterte Tag-Identifizierung • Lesekontrolle • Energiequelle • Datenaustausch über einen autonomen Transmitter	aktiv

[1] Das Anbringen bzw. Einnähen von RFIDs in die Arbeitskleidung von Beschäftigten zur Ermittlung deren Bewegungsdaten ist in Deutschland nicht erlaubt.

[2] Das Wort Transponder ist ein Kunstwort und setzt sich aus den Worten *Transmitter* (Übertrager) und *Responder* (Beantworter) zusammen.

Die Übertragungszeiten nehmen mit der Datenmenge stark zu (Beispiel: S7 und Transponder/Reader, Siemens, **Tabelle 1**) und liegen im Sekundenbereich. Bei Taktstraßen werden deshalb die Datenmengen so gering wie möglich gehalten.

In der industriellen Umgebung müssen die Geräte robust und geschützt aufgebaut sein (Schutzklasse IP 65) **(Bild 1)**.

Der Datenspeicher im Transponder ist byte-orientiert. Der Datenpuffer wird in der Software *TIA-Portal* als Variable vom Typ Datenbaustein, als *Array of Byte* geführt **(Bild 2)**. In **Bild 3** ist der Quellcode in der Sprache *Strukturierter Text* im *TIA-Portal* auszugsweise dargestellt. Bei jedem Zugriff werden jeweils alle Daten gelesen bzw. werden alle Daten geschrieben. In **Bild 4** ist der Aufruf des Funktionsbausteins zum Lesen und Schreiben der Daten dargestellt. Die Daten werden als Zeigervariable (Pointer) ausgelesen. Der Baustein liefert ein TRUE-Signal wenn die Übertragung fertig ist. Erst dann kann der Fertigungsprozess weiterlaufen. In der Software ist es günstig, wenn das Lesen und Schreiben zu einem Zeitpunkt erfolgt, welcher den Prozess nicht unterbricht. Die Hersteller von RFID-Systemen bieten die notwendigen Funktionsbausteine für unterschiedliche SPS-Typen an.

Tabelle 1: Übertragungszeiten für Daten

Befehl	Länge der Daten	Übertragungszeit
LESEN	10 Byte	0,5 s bis 0,55
	100 Byte	4,25 s
	1024 Byte	45 s
SCHREIBEN	10 Byte	0,5 s bis 0,6 s
	100 Byte	4,75 s
	1024 Byte	48 s

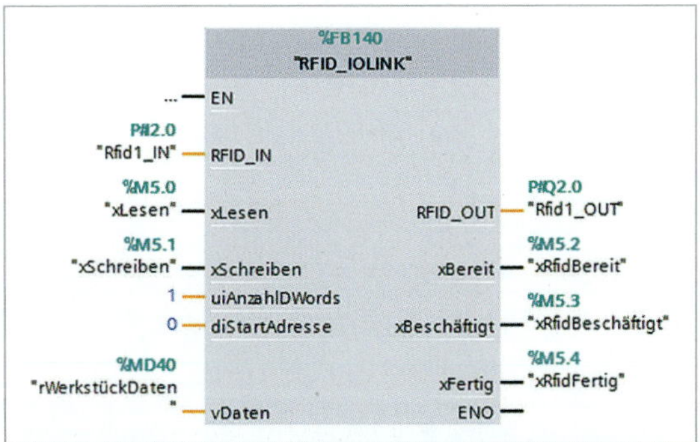

Bild 4: Aufruf des Lese/Schreib-Funktionsbausteins

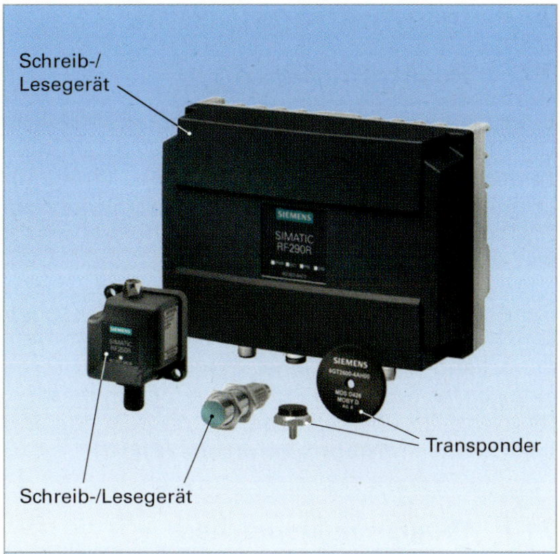

Bild 1: Technische Ausführung einer Anlage

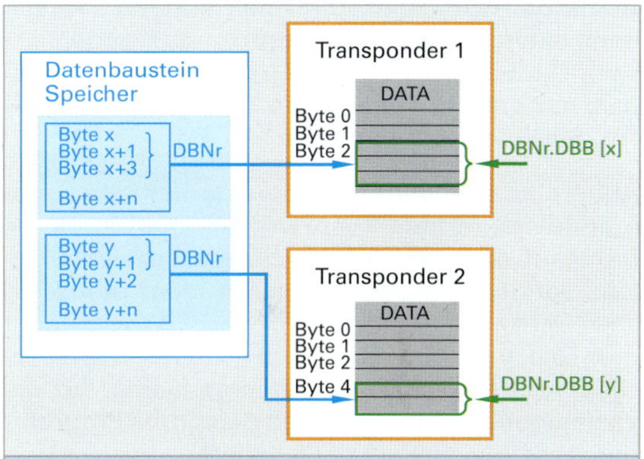

Bild 2: Datenstruktur der RFID Daten

```
200:// ######################
    // ##  WRITE RFID-TAG  ##
    // ######################
    // Set state flags
    #xBereit := False;
    #xBeschäftigt := True;
    #xFertig := False;
    // copy complete Data to internal Array aTagData
    // Set Loop-Counter to 0
    #iRetVal := BLKMOV(SRCBLK := #vDaten, DSTBLK => #aTagData);
    //#iRetVal := MOVE_BLK_VARIANT(SRC := #vData, COUNT := 1,
    #uiCnt := 0;
    #iStep := 210;
210:// Write 4 Bytes
    #RFID_OUT.wAdr := DINT_TO_WORD(#diStartAdresse * 4 + #uiCnt * 4);
    #RFID_OUT.dwData := #aTagDataDW[#diStartAdresse + #uiCnt];
    #RFID_OUT.xWrite := true;
    // Wait until write start
    IF NOT #RFID_IN.xReady THEN
        #RFID_OUT.xWrite := false;
        #iStep := 220;
    END_IF;
```

Bild 3: Quellcode RFID Lesen (Siemens S7)

7 Informationstechnik

7.1 Programmierung

Programme werden mittels **Programmiersprachen (Bild 1)** erstellt. Mit Hilfe der Programmiersprachen ist es möglich, eine Aufgabe (Problem) in einer „verständlichen" Sprache zu beschreiben. Die Umsetzung in den Mikroprozessorcode erfolgt von einem **Übersetzungsprogramm**.

Dieses Übersetzungsprogramm wird auch **Compiler**[1] genannt. Soll z. B. $x = 2 \cdot 5$ berechnet werden, dann kann mit Hilfe einer Programmiersprache einfach der Text *„x = 2*5;"* geschrieben werden. Der Compiler übersetzt den Text dann in den entsprechenden **Mikroprozessorcode (Bild 2)**.

7.1.1 Programmiersprachen

Man unterscheidet **maschinenorientierte Programmierprachen** und **höhere Programmiersprachen**. Maschinenorientierte Sprachen heißen meist **Assembler-Sprachen**[2]. Die Anweisungen müssen dem entsprechenden Mikroprozessor angepasst sein. Die entstandenen Programme können deshalb nicht auf einem anderen Mikroprozessor laufen. Sie sind nicht **portierbar**[3].

Anders ist dies bei den problemorientierten Programmiersprachen. Hier werden die Probleme nicht auf dem Niveau der Prozessorbefehle gelöst, sondern auf einer höheren, dem menschlichen Denken angenäherten Ebene. Deshalb nennt man die problemorientierten Programmiersprachen auch *höhere* Programmiersprachen. Für die vielfältigen Aufgaben wurden geeignete Programmiersprachen entwickelt **(Tabelle 1)**.

Da man in der Technik oft mit wenig Aufwand ganz spezielle Probleme lösen will, sind weitere Programmiersprachen entstanden. Mit Hilfe von höheren Programmiersprachen wurden Systeme entwickelt, mit welchen z. B. sehr leicht CNC-Maschinen nach DIN 66025 programmiert werden können. Diese Systeme heißen auch Anwenderprogrammiersprachen oder Adaptionssprachen.

Genauso ist dies bei Steuerungen mit SPS. Hier wird z. B. die *Anwendersoftware* mit Hilfe der Programmiersprache C++ entwickelt.

[1] Compiler, von lat. compilare = ausplündern, zusammenraffen, eigentlich „der Haare berauben" (pilus = Haar), hier: Inhalte zu einer neuen Software zusammentragen

[2] Assembler, von franz. assembler = zusammenstellen, versammeln

[3] franz. porter = übertragen, tragen

[4] lat. editor = Erzeuger, Veranstalter;

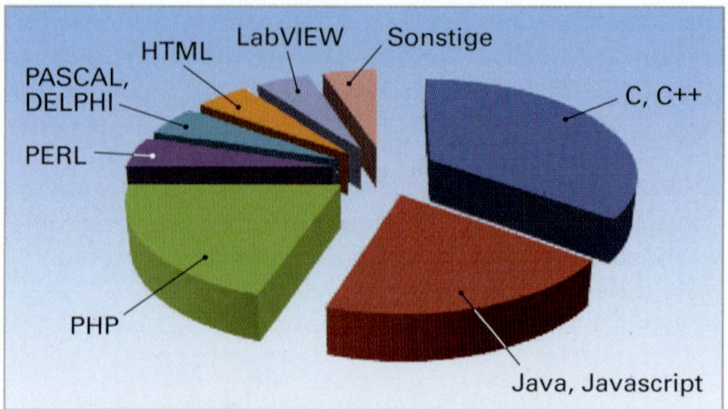

Bild 1: Einsatz der Programmiersprachen

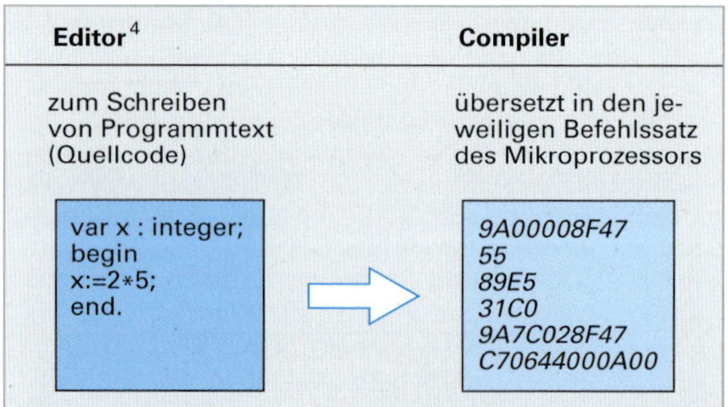

Bild 2: Beispiel für Editor[4] und Compiler

Tabelle 1: Programmiersprachen

Name	Eigenschaften, Anwendung
C, C++	Universelle, sehr kompakte Programmiersprache. Ging aus UNIX hervor. Bedieneroberfläche wird grafisch erstellt, Programmcode mit Text.
Java, Javascript	Java-Technik kommt von Sun-Microsystems. Es ist ein textuelles Entwicklungssystem. Java-Programme werden in einen byteorientierten Code übersetzt und in einer Java-Laufzeitumgebung ausgeführt. Javascript dient vor allem zur Steuerung einer Web-Seite mittels eines Browsers.
PHP	PHP bedeutet „Hypertext Preprocessor", ursprünglich „Personal Home Page Tools". PHP ist eine Skriptsprache mit einer, an C angelegten, Syntax, die zur Erstellung von dynamischen Webseiten verwendet wird. PHP zeichnet sich besonders durch die Datenbankunterstützung und Internet-Protokolleinbindung aus.
Perl	Perl ist eine plattformunabhängige Skriptsprache. Sie basiert auf C. Der Einsatz ist bei Systemadministratoren und Webanwendungen.
Pascal, DELPHI	PASCAL ist eine textuelle Sprache und als Lernsoftware entwickelt. Für die Entwicklungen in Windows wurde die Sprache zu DELPHI weiterentwickelt.
HTML, XHTML	HTML bedeutet „HyperTextMarkup Language". Das erweiterte HTML ist XHTML. HTML ist eine textbasierte Sprache zur Erstellung von Internetseiten.
LabVIEW	LabVIEW ist ein vollgrafisches Programmiersystem der Fa. National Instruments. LabVIEW wird vor allem im Bereich der Autoatisierungstechnik für das Messen, Steuern und Regeln eingesetzt.

7.1.2 Software Engineering

Software Engineering[1] umfasst den gezielten Einsatz von Beschreibungsmitteln, Methoden und Werkzeugen für die systematische Entwicklung und Wartung von Software. Softwareentwicklung umfasst den gesamten Prozess der Planung, Erstellung und Einführung des Computersystems. **Software** muss **planvoll** und **systematisch entwickelt** werden. Hierzu stehen *Prinzipien*, *Methoden* und *Werkzeuge* (engl. tools) zur Verfügung.

Ein Prinzip ist z. B. die Gliederung des Entwicklungsprozesses in **einzelne Phasen (Bild 1)**. Ein weiteres Prinzip ist das **Arbeiten in Projekten**. Hier arbeiten Programmierer, Organisationsfachleute und Anwender zusammen. Ein anderes Prinzip ist die ständige *Dokumentation* in allen Phasen der Softwareentwicklung.

Eine wichtige **Methode**, welche zur Entwicklung von Software angewendet wird, ist die **Modultechnik**[2] **(Bild 2)**. Hier teilt man die zu lösende Aufgabe in *Teilprobleme* auf und unterteilt diese solange, bis man sinnvolle, überschaubare Einzelprobleme hat. Für jedes formulierte Einzelproblem wird ein **Programmbaustein** entworfen. Solche Bausteine nennt man auch **Module**. Der Ablauf eines Programms beginnt immer mit dem höchstwertigen Modul **(Bild 3)**. Dieser ruft bei Bedarf einen, ihm untergeordneten, Modul auf. Es kann aber nur *vertikal gesprungen* werden, *niemals horizontal*. Man muss dann eben solange zurückspringen, bis man über die entsprechende Verzweigung wieder vertikal abwärtsspringen kann.

Für alle Phasen der Softwareentwicklung gibt es Werkzeuge (engl. tools). Diese Softwaretools selbst sind ebenfalls Computerprogramme, welche vom Programmierer in seine Software mit eingebunden werden, so z. B.

- Grafikprogramme,
- Hilfsprogramme zur Menüerstellung,
- Hilfsprogramme zur Bedienung von seriellen Schnittstellen,
- mathematische Programme,
- Fehlertestprogramme,
- Treiber für Messkarten und Schnittstellen.

Der Einsatz dieser Werkzeuge ermöglicht ein schnelles, überschaubares und fehlerarmes Programmieren.

Bild 1: Gliederung in einzelne Phasen

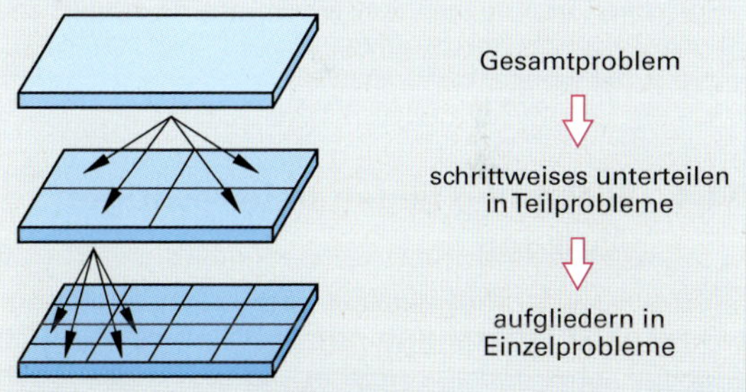

Bild 2: Aufgliedern in Module

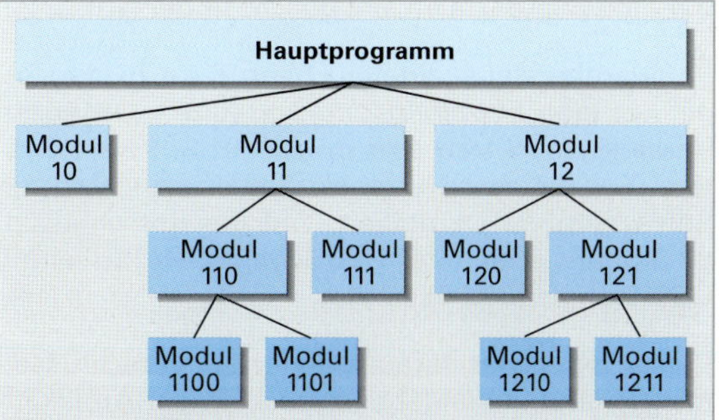

Bild 3: Modulstruktur

[1] engl. engineering = Ingenieurwesen

[2] Modul, von lat. modus = Maß

7.1.3 Qualität der Software

Die Herstellung von Software ist vergleichbar mit der Entwicklung eines Prototyps im Bereich der Technik. In beiden Fällen wird alle Sorgfalt auf die Konstruktion und Fertigung des Originals verwendet. Die Vervielfältigung des einmal entwickelten Produkts ist dann relativ problemlos.

Software hat dann eine hohe **Qualität**, wenn sie sich durch folgende Merkmale auszeichnet:

1. Zuverlässigkeit: Die Software muss gegen Falscheingaben und Fehlbedienung abgesichert sein.

2. Bedienungskomfort: Für ungeübte Bediener muss eine geeignete Bedienerführung vorhanden sein. Bildschirmtexte müssen eindeutig sein. Überflüssige Meldungen sollen vermieden werden. Die Software soll sich an den üblichen Standard halten **(Bild 1)**. Auf der obersten Zeile sind die Menüpunkte angegeben, auf der untersten Zeile sind die Statusmeldungen. Es sollen zur Bedienung die üblichen Tasten belegt sein **(Bild 2)**.

3. Portabilität[1]: Die entwickelte Software sollte sich ohne große Mühe auf andere Computersysteme mit anderen Betriebssystemen übertragen lassen.

4. Adaptierbarkeit[2]: Die Software muss sich leicht an geänderte Aufgabenstellungen anpassen lassen. Deshalb ist der modulare Aufbau unerläßlich. Es muss dann nur der entsprechende Modul geändert werden.

5. Effizienz[3]: Die Software sollte sehr sparsam mit Speicherplatz umgehen. Außerdem ist eine möglichst kurze Zykluszeit anzustreben.

7.1.4 Sicherung gegen unberechtigte Nutzung

Oft muss verhindert werden, dass nichtberechtigte Personen Programme nutzen. Dies kann durch Abfrage eines *Passwortes*[4] erfolgen. Es gibt auch Software die nur benutzt werden kann, wenn ein USB-Stick mit Freigabecode vorhanden ist. Für Netzwerke gibt es Netzwerklizenzen. Diese lassen nur eine begrenzte Anzahl gleichzeitiger Nutzer zu.

Softwarehersteller erteilen beim Kauf in der Regel nur eine *Einzelberechtigung* (Lizenz). Manche Hersteller schützen sich durch ein Software-System. Für die zu schützende Applikation wird ein Softwaremodul compiliert, welches verschlüsselte Signale über eine DLL-Schnittstelle an einen USB-Dongle **(Bild 3)** sendet.

Dieser berechnet daraus wieder ein verschlüsseltes Signal und sendet es zurück. In der Applikation werden die Signale verglichen. Im Fehlerfalle bricht die Applikation ab.

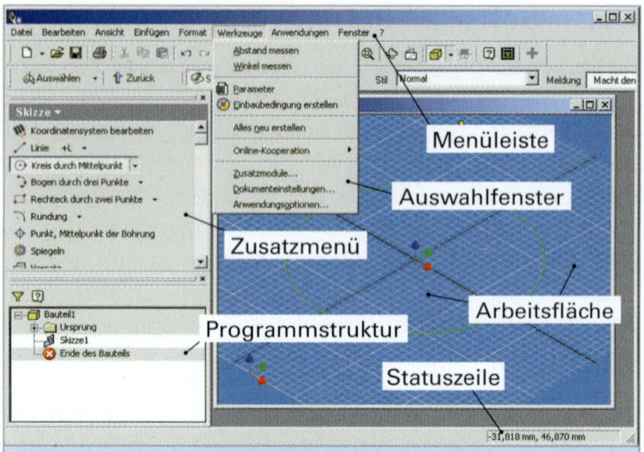

Bild 1: Bildschirmansicht

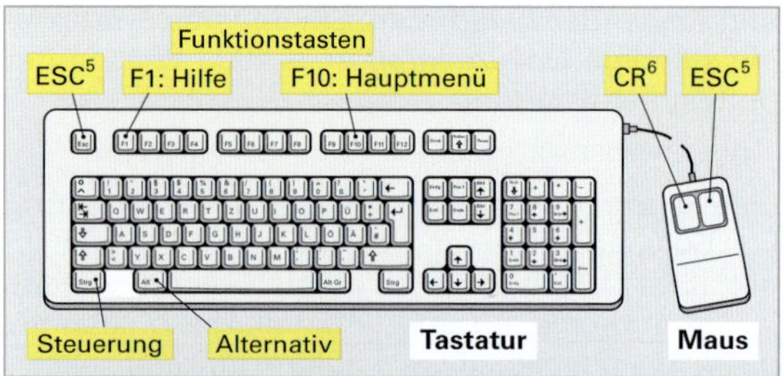

Bild 2: Übliche Tastaturbelegung

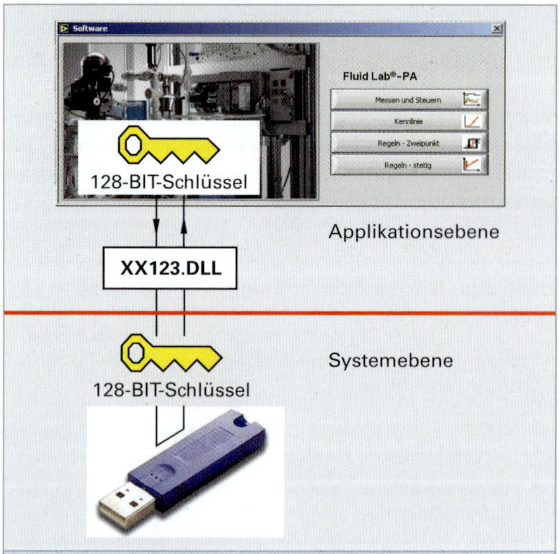

Bild 3: Sicherungssystem mit USB-Dongle

[1] Portabilität, von engl. portable = tragbar
[2] Adaptierbarkeit, von engl. to adapt = anpassen
[3] effizient, von lat. efficere = hervorbringen, hier wirtschaftlich erzeugen
[4] Passwort, von franz. passer = gehen lassen
[5] ESC von engl. to escape = umschalten
[6] CR von engl. carriage return = Wagenrücklauf, hier auch neue Zeile

7.1.5 Betriebssystem Windows

Das Betriebssystem *Windows*[1] besitzt eine grafische Nutzeroberfläche. Windows kann mehrere Programme gleichzeitig ausführen *(Multitasking)*. Die grafische Multitasking-Benutzerschnittstelle (GUI; Graphical User Interface) ermöglicht das Erstellen *interaktiver* Programme. Die wichtigste Eigenschaft von Windows ist das ereignisgesteuerte Programmiermodell. Dies bedeutet, dass Windows auf Grund der *Interaktionen* (Tastatureingaben, Mausaktionen, Zeit usw.) Botschaften versendet. Diese informieren das entsprechende Programm über Ereignisse oder den Zustand eines Elements, z. B. die Maus **(Bild 1)**.

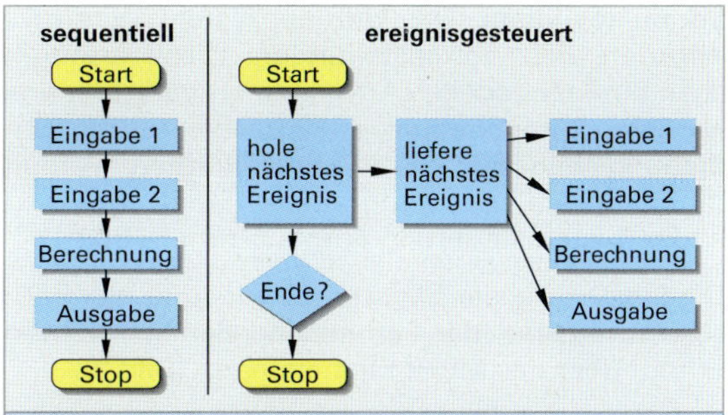

Bild 1: Abarbeitungsweise von Programmen

Botschaften und Fenster. Alle Botschaften werden über *Fenster* abgearbeitet. Es ist eigentlich ein rechteckiger Bereich, für den es eine Botschaftsverarbeitung gibt. Im Speicher können mehrere Fenster aktiv sein. Das heißt für den Anwender, dass er mehrere Programme aktiv im Speicher halten kann. Das Fenster besteht aus *zwei* Teilen. Der eine Teil bestimmt das *Standard-Verhalten*, also die Erzeugung, die Verwaltung und die Anzeige, der andere Teil ist die *Fensterprocedur*. Alle Botschaften richten sich an diesen Teil. Der Aufbau ist bei allen Fenstern gleich **(Bild 2)**. Es können mehrere Fenster geöffnet werden. Hierbei ist aber nur eines aktiv **(Bild 3)**.

Bild 2: Aufbau eines Fensters

Meldungen und Programm-Scheduling[2]. Die CPU des Rechners kann nicht mehrere Programme gleichzeitig bearbeiten. Die Aufgaben werden in kleine Einheiten aufgeteilt. Jedem Programm wird eine sogenannte *Zeitscheibe* zugeteilt. Nach jedem Zeitintervall wird das Programm unterbrochen und ein anderes ausgeführt. Bei Windows geschieht der Wechsel der Programme nach dem Meldeprinzip. So unterbricht z. B. ein Mausklick das laufende Programm. Die grundsätzliche Verteilung kann über die Systemsteuerung eingestellt werden. Es laufen ineinandergeschachtelt mehrere Prozesse (engl. *tasks*) ab. Im *Taskmanager* können diese angeschaut werden. Man kann ferner die Belastung der CPU (engl. Central Processing Unit = zentrales Rechenwerk) ersehen **(Bild 4)**.

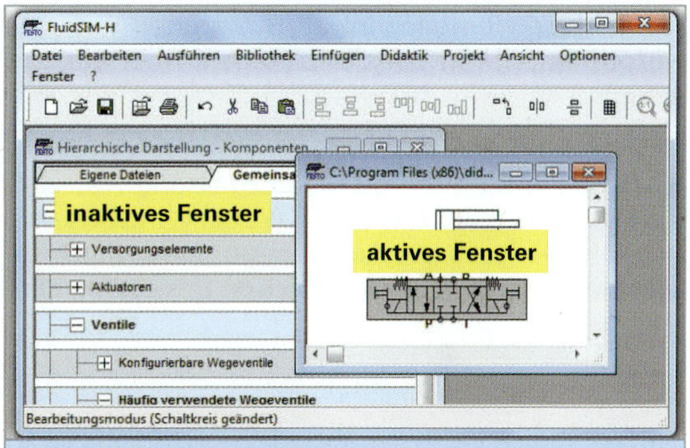

Bild 3: Passives und aktives Fenster

Gerätekontext. Ein Gerätekontext[3] ist die Verbindung zwischen einem Windows-Programm und einem Gerätetreiber, der seinerseits ein Ausgabegerät ansteuert. Es gibt vier Gerätetypen: Bildschirme, Hardcopygeräte (Drucker), Bitmaps und Metadateien. Die Gerätetreiber haben die Aufgabe, die neutralen Daten so umzuformen, dass die Hardwaregeräte bedient werden.

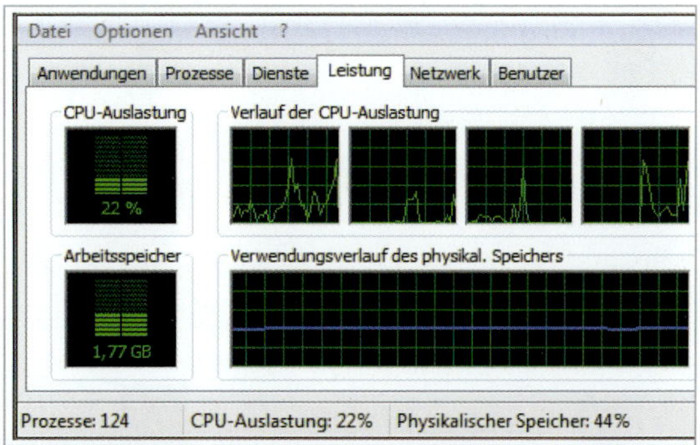

Bild 4: Prozess und CPU-Auslastung

---

[1] Windows ist ein eingetragenes Warenzeichen der Microsoft Inc., engl. window = Fenster

[2] Scheduling von engl. to schedule = aufzeichnen

[3] lat. contextus = enge Verbindung

Voreinstellungen. Das Betriebssystem Windows erfordert viele Voreinstellungen. Diese ermöglichen ein individuelles Anpassen an verschiedene Hardwarekomponenten, an Sprachen und an Bedienungswünsche. Die Voreinstellungen werden durch Anwahl von *Piktogrammen* (Bildsymbolen) in der Systemsteuerung vorgenommen **(Bild 1)**.

Die Einstellung der Bildschirmauflösung, der Bildschirmfrequenz, der Farben und der Schriftarten erfolgt über das Menü Einstellungen **(Bild 2)**.

Plug & Play. Bei der Plug & Play-Technologie konfigurieren sich Geräte bei der Installation selbst. Es ist zusätzlich möglich selbst Adressen und Interrupt-Nummern[1] zu vergeben. Mit dem Geräte-Manager kann die Konfiguration der PC-Anlage ermittelt und verändert werden.

Beispiel:
Bei der Neuinstallation einer Interfacekarte für die Messtechnik wird diese in die Geräteliste eingetragen. Eine freie Interrupt-Nummer und der freie E/A-Bereich wird selbstständig gesucht und vergeben. Das Ergebnis wird gezeigt **(Bild 3)**.

Alle Voreinstellungen von Software und Hardware werden in **.INI-Dateien* und *Registry-Dateien* abgelegt.

Netzwerkfunktionen. Die Systemsteuerung bietet die Möglichkeit den PC an verschiedene Netzwerke anzubinden, so z. B. an NOVELL, Windows- NT und LINUX. Nach der Auswahl der Netzwerkkarte können verschiedene Dienste und Protokolle aktiviert werden.

[1] engl. to interrupt = unterbrechen

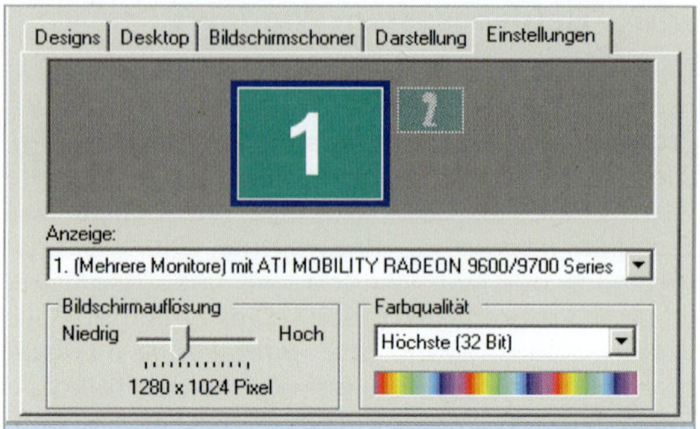

Bild 2: Anpassung des Bildschirms

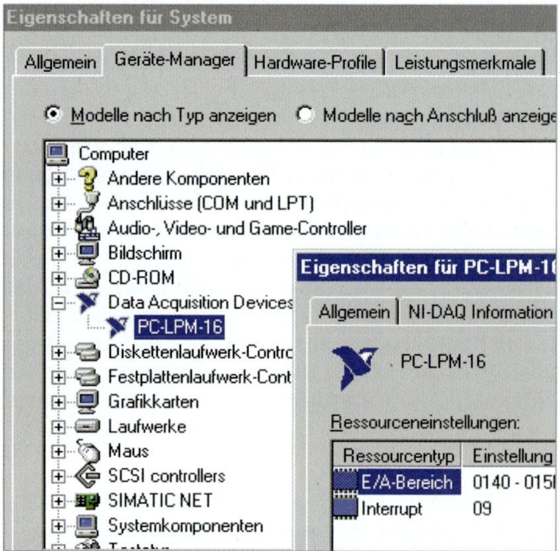

Bild 3: Gerätemanager

Bild 1: Systemsteuerung

Windows-Fenster

Das Windows-Fenster besteht aus einem visuellen Teil und aus einem Programmteil. Ein Programm kann grundsätzlich nur in einem Fenster laufen.

Beispiel: Erstellen eines Window-Fensters

Zum einfachen Programmieren werden vordefinierte Klassen verwendet, so z. B. die Klassenbibliothek *MFC* von *Microsoft* oder *OWL* von *Borland*. Es sind dort Klassen für Fenster, Dialogfelder und Fehlerroutinen vorhanden. **Tabelle 1** zeigt die wichtigsten Klassen, ohne die ein normales Windowsprogramm nicht auskommt. Die Klasse *CW* in *App* besorgt die gesamte Programmabarbeitung. Es gibt also keine Funktion WinMain() oder eine sonstige Hauptfunktion mehr. Die Klasse CWnd ist die Basisklasse aller Fenster. Von ihr leiten sich alle Fensterklassen ab. Die Klasse *CFrameWnd* besitzt alle Eigenschaften eines Popup-Fensters und kann somit als Hauptfenster einer Anwendung dienen. Zur Erzeugung von Dialogen und zur Verwaltung von Dialogen wird die Klasse *CDialog* benutzt. Über diese Klasse werden Benutzerdialoge aufgebaut. Eine abgeleitete Klasse davon ist beispielsweise die Klasse *MessageBox()* für Nachrichten an den Benutzer. Für Texteditoren wird die Klasse *CEditView* verwendet.

Im **Beispiel 1** soll das Fenster entsprechend **Bild 1** erzeugt werden. Das Programmgerüst erzeugt automatisch alle erforderlichen Dateien und legt hierfür im Beispiel die Make-Datei MFC01.MAK an **(Bild 2)**. Der Programmierer schreibt nur die Datei MFC01.CPP. In **Bild 3** ist das gesamte Programm dargestellt. In Zeile 1 wird die *Header-Datei afxwin.h* eingebunden. Hierin sind alle Deklarationen. In Zeile 2 wird die Hauptklasse Beispiel 1 von *CWinApp* abgeleitet. Für die abgeleiteten Klassen von *CWinApp* muss immer die Mitgliedsfunktion InitInstanz überschrieben werden. In Zeile 3 wird sie deklariert und in den Zeilen 6 – 9 wird sie definiert.

In Zeile 4 und in Zeile 5 wird die Klasse *CHauptfenster* von der Klasse *CFrameWnd* abgeleitet und erbt somit deren Intelligenz.

In Zeile 7 wird ein Zeiger gespeichert der vom Operator new geliefert wird, wenn er den Konstruktor der Klasse *CHauptFenster* aufruft.

In Zeile 8 wird ein Zeiger für die Fensterkonfiguration erzeugt. Er legt die Art des Fensters fest, z. B. als Icon, Vollbild, Fenster.

In Zeile 10 und 11 wird der Konstruktor für das Hauptfenster deklariert. In Zeile 11 wird mit der Funktion *Create* die Art der Darstellung und die Überschrift des Fensters bestimmt. In Zeile 12 wird das Objekt Anwendung der Klasse *CBeispiel 1* erzeugt. Das Objekt startet den Konstruktor und damit das gesamte Programm.

Tabelle 1: Auswahl Klassenbibliothek MFC

Name der Klasse	Beschreibung
CWinAPP	Klasse für die gesamte Anwendung (mit WinMain)
CFrameWnd	Programmfenster-Klasse für das Hauptprogramm
CView	Klasse für Fensterinhalt (Darstellung der Daten)
CEditView	Klasse für Texteditor
CDialog	Klasse für Dialogfenster und Nachrichtenfenster

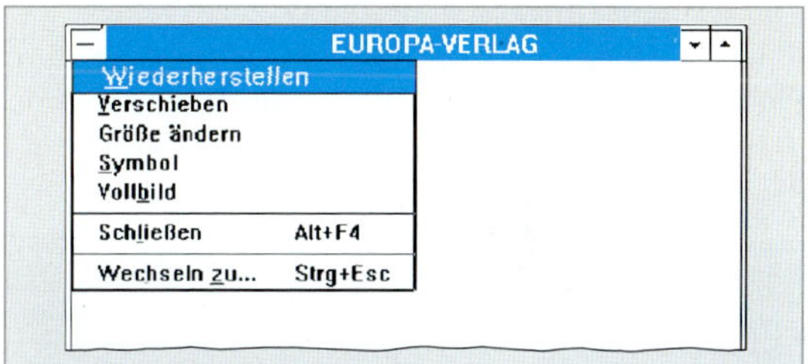

Bild 1: Grundfenster

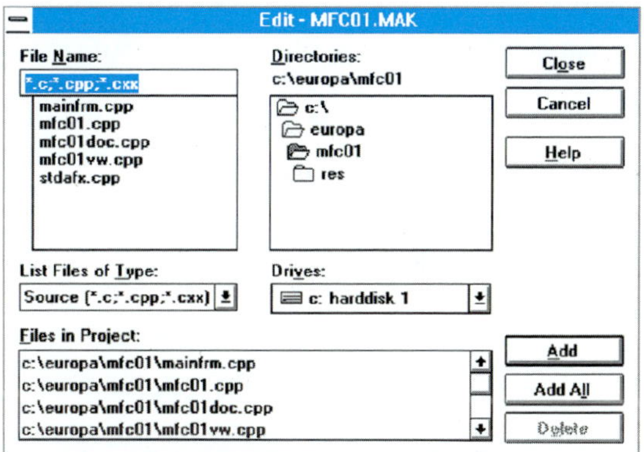

Bild 2: Erstellen der Make Datei

<1> C:\EUROPA\MFC01.CPP*

```
/* 1*/ #include <afxwin.h>

/* 2*/ class CBeispiel1 : public CWinApp
/* 3*/ { public: BOOL InitInstance();          };

/* 4*/ class CHauptfenster : public CFrameWnd
/* 5*/ { public: CHauptfenster();              };

/* 6*/ BOOL CBeispiel1::InitInstance()
/* 7*/ { m_pMainWnd = new CHauptfenster;
/* 8*/   m_pMainWnd->ShowWindow(m_nCmdShow);
/* 9*/   return TRUE;                          }

/*10*/  CHauptfenster::CHauptfenster()
/*11*/ { Create(NULL," EUROPA-VERLAG ");       }

/*12*/  static CBeispiel1 Anwendung;
```

Bild 3: C++Programm für Grundfenster

7.1.6 Objektorientierte Programmierung (OOP)

Diese Technik erlaubt es universell wiederverwendbare Programmteile zu schreiben. Wichtige Programmiersprachen sind **Smalltalk** und **C++**. Mit der OOP wird versucht, Bedienung und Programmierung von Computern näher an die tägliche Erfahrung des Menschen heranzubringen. Ein weiteres Ziel der OOP ist es, die Fehleranfälligkeit zu mindern. In der Anwendung tauschen die einzelnen Objekte Daten aus **(Bild 1)**. Die OOP wird im nachfolgenden Beispiel unter Verwendung eines C++-Compilers erläutert.

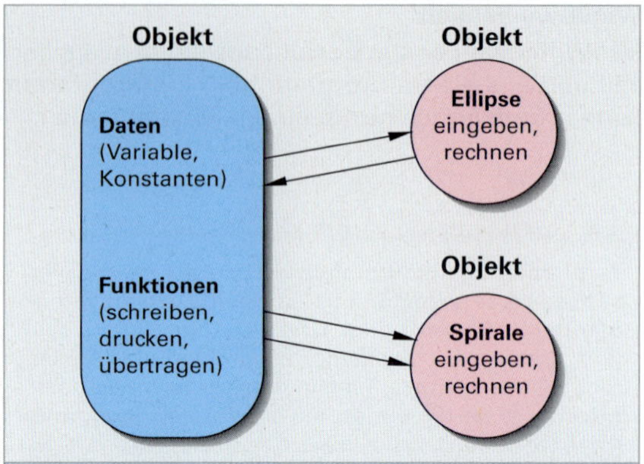

Bild 1: Objekte

Klassen und Objekte

Eine Klasse ist ein *anwenderdefinierter* Datentyp. Ein Objekt entsteht, wenn man dem Datentyp eine Variable zuweist. Ein Objekt bezeichnet man auch als Instanz dieses Datentyps.

Im Beispiel **Tabelle 1** Zeile 5 bis 14 wird die Klasse definiert. Sie besteht aus Funktionen und Daten. In Zeile 34 wird das Objekt *Insta* erzeugt. *Insta* ist die Instanz der Klasse *CNC_Daten*.

Eine Klasse wird in einen *privaten* (private:) und in einen *öffentlichen* (public:) Bereich aufgeteilt. Beim öffentlichen Teil kann eine Komponente der Klasse von überallher und im privaten Teil nur von Funktionen innerhalb der Klasse angesprochen werden.

Der Konstruktor im Beispiel Zeile 15 bis 18 wird für die Variable daten einen Speicher mit 20 000 Zeichen zuweisen. Die ersten Zeichen werden mit dem String *TEST\r\n* belegt. Der Destruktor in Zeile 19 bis 21 gibt den Speicher wieder frei.

Konstruktor und Destruktor

Der Konstruktor hat die Aufgabe Objekte bei Ihrer Erzeugung zu initialisieren. Der Destruktor muss beim Verlassen die Objekte wieder aufräumen.

Zugriff auf Datenelemente (Methoden)

Auf die Variablen einer Klasse kann nur über Funktionen, auch Methoden genannt, zugegriffen werden.

In den Zeilen 22 bis 24 wird der String *daten* dem Objekt *cout* übergeben. Dieses schreibt den Inhalt von *daten* an den Bildschirm. Mit der Funktion *Drucken* wird der Inhalt von *daten* auf den Drucker ausgegeben (Zeilen 25 – 32). Der Aufruf erfolgt im Hauptprogramm in Zeile 33 bis 36.

Tabelle 1: Aufbau eines Programms

```
#pragma argsused
#pragma hdrstop
#include <condefs.h>
#include<fstream.h>
/* 1*/ #include<iostream.h>
/* 2*/ #include<process.h>
/* 3*/ #include<stdio.h>
/* 4*/ #include<string.h>
/* 5*/ class CNC_Daten
/* 6*/ { public:
/* 7*/   CNC_Daten(char *txt);
/* 8*/   void Anzeigen(void);
/* 9*/   void Drucken(void);
/*10*/   void Datei_schreiben(void);
/*11*/   ~CNC_Daten();
/*12*/   private:
/*13*/   char *daten;
/*14*/ };

/*15*/ CNC_Daten::CNC_Daten(char *txt)
/*16*/ { daten= new char[20000];
/*17*/   strcpy(daten,txt);
/*18*/ }

/*19*/ CNC_Daten::~CNC_Daten()
/*20*/ {  delete (daten);
/*21*/ }

/*22*/ void CNC_Daten::Anzeigen()
/*23*/ { cout <<  daten;
/*24*/ }

/*25*/    void CNC_Daten::Drucken()
/*26*/  { ofstream Druck;
/*27*/    Druck.open("LPT1",ios::out);
/*28*/    if(Druck.good()) { Druck<<"\r\n";
/*29*/                       Druck<<daten;
/*30*/                       Druck<<"\xc";
/*31*/                       Druck.close();
/*32*/  }}
/*33*/ int main(int argc, char* argv[])
/*34*/ {CNC_Daten Insta("TEST\r\n");
/*35*/   Insta.Anzeigen();
/*36*/   Insta.Drucken();
         return 0;
       }
```

Vererbung (Ableitung)

Häufig bestehen Ähnlichkeiten oder Zusammenhänge zwischen den verschiedenen Klassen. Diese werden durch die Methode der Ableitung dargestellt.

Bei einer Vererbung beinhaltet die neue Klasse automatisch alle Daten und Methoden (Schnittstellenfunktionen) der Vorlage, ohne dass diese erneut definiert werden müssen. Sie *erbt* diese Elemente **(Bild 1)**.

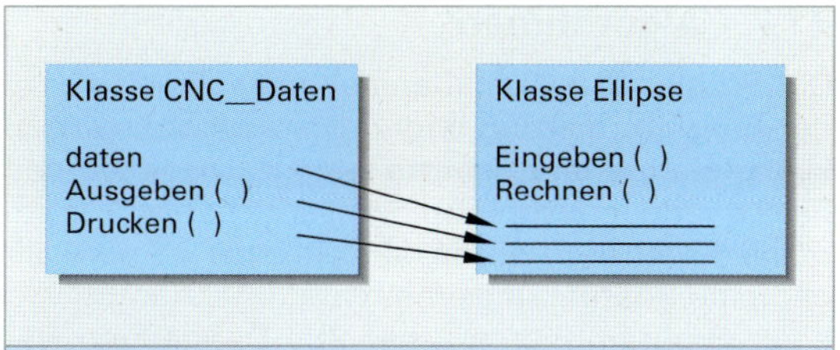

Bild 1: Vererbung

Beispiel:

Für eine Ellipsen-Bahn sollen die CNC-Daten erstellt werden **(Bild 2)**. Das Programm ist in **Tabelle 1** dargestellt.

Lösung:

Das Programm auf der vorherigen Seite wird ohne Hauptprogramm als OOP1.H gespeichert. In Zeile 1 wird es mit der Include-Funktion eingelesen. In Zeile 3 wird eine Klasse *Ellipse* erzeugt. Diese erbt alle Eigenschaften der Klasse *CNC_Daten* des vorherigen Programms. Diese Klasse wird um die Methoden *Eingegeben()* und *Rechnen()* erweitert (Zeile 6 und 7). Bei der Methode *Eingegeben()*, Zeilen 21 bis 25, werden die Anzahl der Bahnpunkte, die große und die kleine Halbachse eingeben. Zum Einlesen der Daten wird das Objekt cin mit dem Einleseparameter >> verwendet (Zeilen 27 bis 29). Die Methode *Rechnen()* berechnet die x-Werte und die y-Werte der Ellipsenbahn. Bei der Zeile 36 werden die Zahlenwerte in einen String eingetragen und in Zeile 37 in den String daten kopiert.

Im Hauptprogramm wird in Zeile 42 das Objekt Bahn erzeugt und in die 1. Stringzeile der Text *Test\r\n* kopiert. In den Zeilen 43 bis 47 werden die Methoden *Eingeben()*, *Rechnen()*, *Anzeigen()* und *Drucken()* des Objekts Bahn aufgerufen. Die Variable daten und die Methoden *Anzeigen()* und *Drucken()* wurden geerbt. In **Bild 3** wird die Bildschirmausgabe dargestellt.

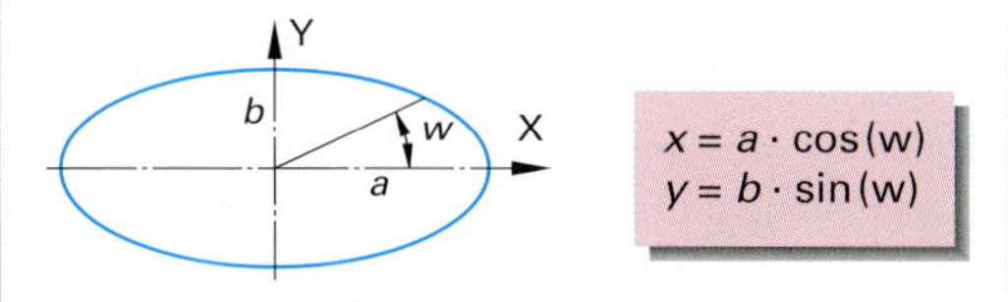

Bild 2: Berechnungsformel für eine Ellipse

	Stdin/Stdout/Stderr
Eingabe der Daten	Anzahl =5 a =100 b =200
Ausgabe der errechneten Daten	%1 N 1 X100.000 Y0.000 N 2 X30.902 Y190.211 N 3 X-80.902 Y117.557 N 4 X-80.902 Y-117.557 N 5 X100.000 Y-0.001

Bild 3: Bildschirmausgabe

Tabelle 1: Beispiel für die Vererbung

```
#pragma argsused
#pragma hdrstop
#include <condefs.h>
#include<fstream.h>
/* 1*/ #include<iostream.h>
/* 2*/ #include<process.h>
/* 3*/ #include<stdio.h>
/* 4*/ #include<string.h>
/* 5*/ class CNC_Daten
/* 6*/ { public:
/* 7*/   CNC_Daten(char *txt);
/* 8*/   void Anzeigen(void);
/* 9*/   void Drucken(void);
/*10*/   void Datei_schreiben(void);
/*11*/   ~CNC_Daten();
/*12*/   private:
/*13*/   char *daten;
/*14*/ };

/*15*/ CNC_Daten::CNC_Daten(char *txt)
/*16*/ { daten= new char[20000];
/*17*/   strcpy(daten,txt);
/*18*/ }

/*19*/ CNC_Daten::~CNC_Daten()
/*20*/ {  delete (daten);
/*21*/ }

/*22*/ void CNC_Daten::Anzeigen()
/*23*/ { cout <<  daten;
/*24*/ }

/*25*/    void CNC_Daten::Drucken()
/*26*/  { ofstream Druck;
/*27*/    Druck.open("LPT1",ios::out);
/*28*/    if(Druck.good()) { Druck<<"\r\n";
/*29*/                       Druck<<daten;
/*30*/                       Druck<<"\xc";
/*31*/                       Druck.close();
/*32*/  }}
/*33*/ int main(int argc, char* argv[])
/*34*/ {CNC_Daten Insta("TEST\r\n");
/*35*/   Insta.Anzeigen();
/*36*/   Insta.Drucken();
         return 0;
       }
```

7.1.7 Algorithmen[1]

Das Problem der Aufgabenstellung spiegelt sich in der Programmierung wider. Die Aufgabe wird in **kleine elementare Schritte** zerlegt. Diese werden nacheinander ausgeführt. Man spricht hier von serieller Arbeitsweise. Ein Algorithmus ist eine allgemeine Bearbeitungsvorschrift, unabhängig von einer Programmiersprache. Zur Darstellung der benötigten Daten (Objekte) werden, wie in einer Programmiersprache, Variable und Konstanten verwendet.

Ein Algorithmus muss
- von einer Maschine durchgeführt werden können,
- allgemeingültig sein,
- schrittweise durchlaufen werden können,
- eine Abbruchbedingung haben.

Zur Darstellung verwendet man **Struktogramme**. Das Grundelement der Struktogramme sind **Strukturblöcke (Bild 1)**. Sie können aneinandergereiht werden. In einem Strukturblock können weitere untergeordnete Strukturblöcke definiert werden. Jeder Strukturblock hat einen Eingang (Oberkante) und einen Ausgang (Unterkante). Die Bearbeitung erfolgt immer von oben nach unten. Dies wird am Beispiel einer Kreisberechnung verdeutlicht **(Bild 2)**.

- Der **Elementarblock** beschreibt nur eine einzelne Anweisung. Oft sind aber mehrere Programmschritte zur Umsetzung eines Elementarblockes notwendig.
- Ein **Modulblock (Bild 3)** beschreibt einen Algorithmus im Sinne einer Makrodefinition. Im oberen Teil können allgemeine Angaben über den Inhalt sowie die benötigten Daten gemacht werden. Ein Modulblock enthält eine Menge von Strukturblöcken, die aneinandergereiht sind. Man nennt dies auch eine Strukturblocksequenz.
- Mit einem **Selektionsblock**[2] **(Bild 4)** kann man Entscheidungen treffen. Es kann aus zwei Alternativen gewählt werden. Der Selektionsblock besteht aus einem Bedingungsteil und zwei Strukturblöcken. Man nennt den Selektionsblock auch bedingte Verzweigung.

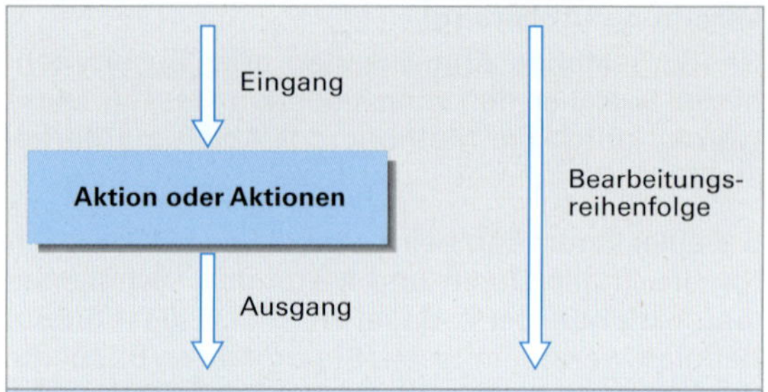

Bild 1: Strukturblock

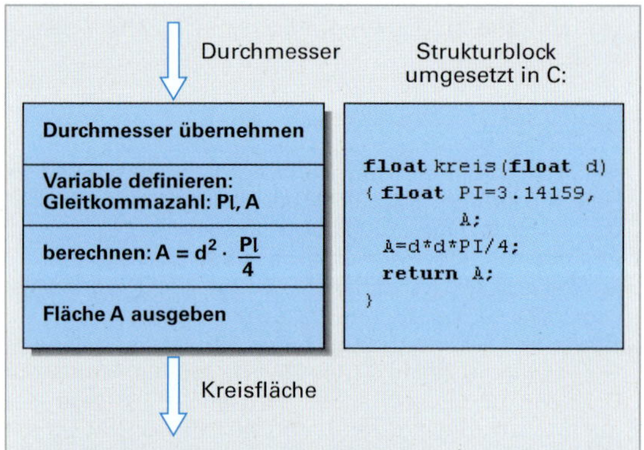

Bild 2: Strukturblock für Kreisfläche

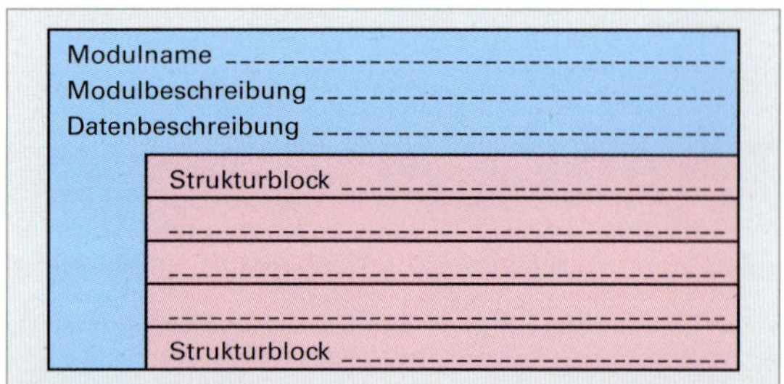

Bild 3: Modulblock

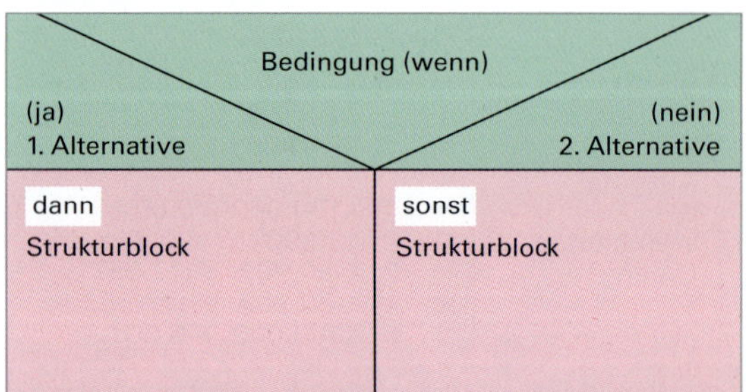

Bild 4: Selektionsblock

[1] Algorithmen, in Anlehnung an griech. algorithmos = Rechenvorgang, der nach einem Schema abläuft, dies aus arab. al-chwärismi = der (Mann) aus Chwarism, nämlich ein pers. Mathematiker: Muhammad Ibn Musa al-Chwarismi (gest. 847 n. Chr.)

[2] Selektion, von lat. selectio = Auswahl

- Wenn es nur eine Möglichkeit gibt, dann nennt man dies **bedingte Anweisung**. Eine Auswahl mit mehr als zwei Alternativen bezeichnet man als **Fallunterscheidung (Bild 1)**.

  Unterhalb des Bedingungsteils werden so viele Blöcke nebeneinander angeordnet, wie Alternativen vorhanden sind. Oft ist es notwendig, zusätzlich einen *Fehlerfall* mit aufzunehmen. Dieser wird durchlaufen, wenn keiner der aufgeführten Fälle zutrifft.
- Ein **Iterationsblock**[1] **(Bild 2)** wird dann verwendet, wenn Strukturblöcke mehrmals durchlaufen werden müssen.

  Bei der *kopfgesteuerten Schleife* wird zuerst die Wiederholungsbedingung geprüft. Wenn die Bedingung erfüllt ist, also *wahr* ist, dann wird der Block abgearbeitet.

  Wird dagegen zuerst der Strukturblock abgearbeitet, und dann die Wiederholungsbedingung geprüft, dann spricht man von einer *fußgesteuerten Schleife*.

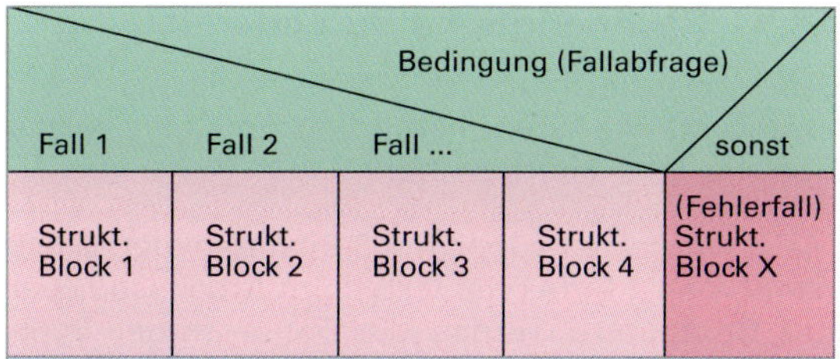

Bild 1: Falluntersuchung

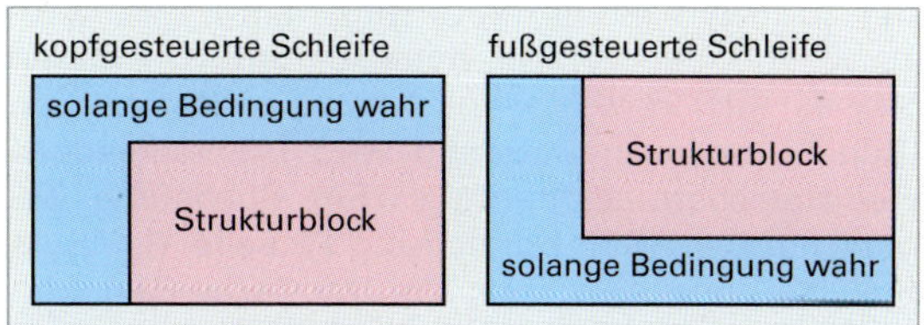

Bild 2: Interationsblöcke

7.1.8 Strukturierte Programmierung

Die strukturierte Programmierung basiert auf der **Bausteintechnik**. Die Problemlösung wird zu-nächst grob umrissen und dann immer mehr verfeinert. Dieses Vorgehen von oben nach unten nennt man **Top-Down**[2]**-Methode**.

Eine weitere Grundregel ist die Beschränkung auf Algorithmen. Durch Zusammensetzen der **Strukturblöcke** entsteht die gesamte Programmstruktur **(Bild 3)**.

Der fertige Programmentwurf besteht aus mehreren Struktogrammen. Die gegenseitigen Beziehungen sind durch Überordnungen und Unterordnungen geregelt. Diese Beziehungen werden durch ein Baumdiagramm bzw. **Moduldiagramm (Bild 4)** dargestellt. Jedes Struktogramm wird später in einen **Programmbaustein** umgesetzt.

Nachdem die Struktogramme fertiggestellt sind, werden die Algorithmen in eine Programmiersprache umgesetzt. Den Vorgang nennt man **codieren**. Die Codierung erfolgt in Funktionen und in Proceduren.

Funktionen übernehmen mehrere Parameter und liefern einen Wert zurück. Sie haben keine lokale Datenhaltung. Z. B. Aufruf der Funktion

P-Regler: *y:=P_Regler(w,x,kpr);*

Proceduren übernehmen mehrere Parameter und können mehrere Parameter zurückliefern. Sie haben eine lokale Datenhaltung. In der SPS-Programmierung werden Proceduren auch Funktionsbausteine genannt. Z. B. Aufruf des Funktionsbausteins I_Regler: *I-Regler(w,x,Ti);*

Auslesen der Rückgabeparameter:

Stellgroesse:=I_Regler.y;

Regeldifferenzen:=I_Regler.e_sum.

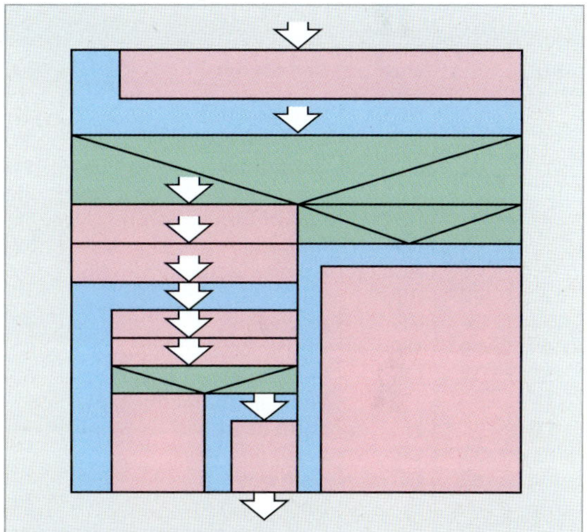

Bild 3: Zusammengesetzte Programmstruktur

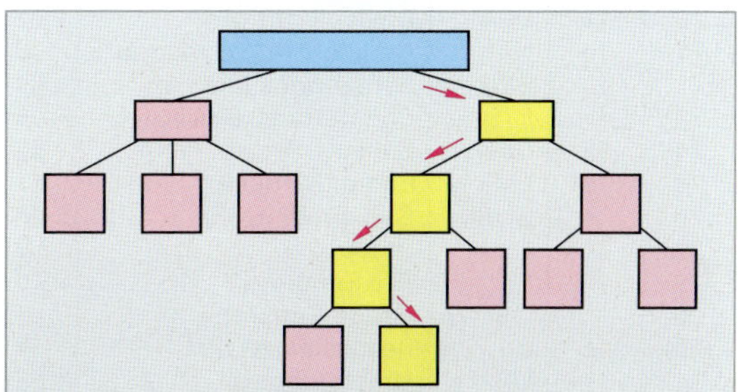

Bild 4: Aufbau eines Modul-Diagramms

[1] Iteration, von lat. iteratio = Wiederholung

[2] engl. top = oben, engl. down = unten

7.1.9 Rechnerinterne Datendarstellung

Jede Speicherzelle des Arbeitsspeichers kann **zwei Zustände** haben, nämlich 0 und 1. Eine solche Speicherzelle speichert 1 bit[1].

Meist wird eine Gruppe mit 8 Bits[1] gebildet. Diese nennt man **1 Byte** oder Oktett. Im Arbeitsspeicher des Computers werden die Daten immer **byteweise** abgelegt. Damit die Daten angesprochen werden können, hat jedes Datenbyte eine **Adresse**.

Die Adresse besteht mindestens aus 2 Byte. Entsprechend der verschiedenen Arten von Daten gibt es auch verschiedene Arten von Datentypen **(Bild 1)**. Je nach Datentyp wird unterschiedlich viel Speicherplatz benötigt. Ein Buchstabe benötigt in der ASCII-Darstellung **(Tabelle 1)** 1 Byte Speicherplatz, *eine ganze Zahl* (einfache Genauigkeit) 2 Byte **(Bild 2)**.

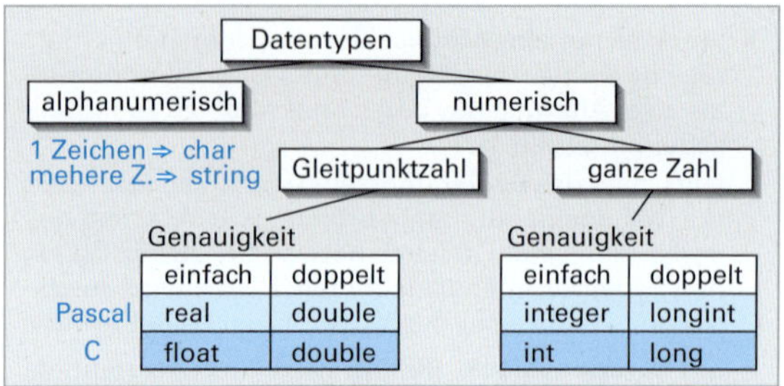

Bild 1: Einfache Datentypen

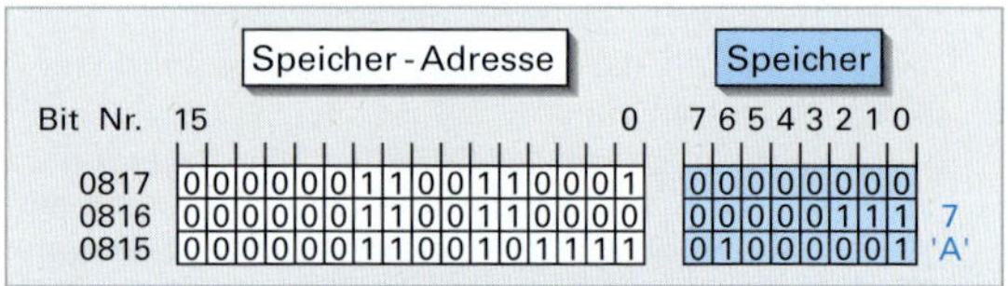

Bild 2: Darstellung von Daten im Speicher

Tabelle 1: ASCII-Code[2]

Dez.	Hex.	char	Bedeutung	Dez.	Hex.	char	Dez.	Hex.	char	Dez.	Hex.	char
0	00	NUL	Null (Nichts)	32	20	SP	64	40	@	96	60	'
1	01	SOH	Start of Heading	33	21	!	65	41	A	97	61	a
2	02	STX	Start of Text	34	22	"	66	42	B	98	62	b
3	03	ETX	End of Text	35	23	#	67	43	C	99	63	c
4	04	EOT	End of Transmission	36	24	$	68	44	D	100	64	d
5	05	ENQ	Enquiry	37	25	%	69	45	E	101	65	e
6	06	ACK	Acknowledge	38	26	&	70	46	F	102	66	f
7	07	BEL	Bell	39	27	'	71	47	G	103	67	g
8	08	BS	Backspace	40	28	(	72	48	H	104	68	h
9	09	HT	Horizontal Tabulation	41	29	)	73	49	I	105	69	i
10	0A	LF	Line Feed	42	2A	*	74	4A	J	106	6A	j
11	0B	VT	Vertical Tabulation	43	2B	+	75	4B	K	107	6B	k
12	0C	FF	Form Feed	44	2C	,	76	4C	L	108	6C	l
13	0D	CR	Carriage Return	45	2D	–	77	4D	M	109	6D	m
14	0E	SO	Shift out	46	2E	.	78	4E	N	110	6E	n
15	0F	SI	Shift in	47	2F	/	79	4F	O	111	6F	o
16	10	DLE	Data Link Escape	48	30	0	80	50	P	112	70	p
17	11	DC1	Device Control 1	49	31	1	81	51	Q	113	71	q
18	12	DC2	Device Control 2	50	32	2	82	52	R	114	72	r
19	13	DC3	Device Control 3	51	33	3	83	53	S	115	73	s
20	14	DC4	Device Control 4	52	34	4	84	54	T	116	74	t
21	15	NAK	Negative Acknowledge	53	35	5	85	55	U	117	75	u
22	16	SYN	Syncronous Idle	54	36	6	86	56	V	118	76	v
23	17	ETB	End of Trans. Block	55	37	7	87	57	W	119	77	w
24	18	CAN	Cancel	56	38	8	88	58	X	120	78	x
25	19	EM	End of Medium	57	39	9	89	59	Y	121	79	x
26	1A	SUB	Substitute (EOF)	58	3A	:	90	5A	Z	122	7A	z
27	1B	ESC	Escape	59	3B	;	91	5B	[	123	7B	{
28	1C	FS	File Separator	60	3C	<	92	5C	\	124	7C	|
29	1D	GS	Group Separator	61	3D	=	93	5D	]	125	7D	}
30	1E	RS	Record Separator	62	3E	>	94	5E	^	126	7E	~
31	1F	US	Unit Separator	63	3F	?	95	5F	_	127	7F	DEL

[1] Bit als Kunstwort für engl. binary digit = Binärziffer, wird großgeschrieben (Mehrzahl: Bits). Die *Einheit* für die Speichergröße ist bit (kleingeschrieben, ohne Mehrzahlbildung).

[2] ASCII, Abk. für American Standard Code for Information Interchange = amerik. Standardcode für Informationsaustausch

Es gibt folgende Datentypen:

- **char** (von engl. charakter = Zeichen)
  Daten dieses Typs belegen 1 Byte im Speicher. Damit alle Zeichen (Buchstaben, Ziffern, Steuerzeichen) dargestellt werden können, wird zur Umsetzung in den Binärcode der ASCII-Code **(Tabelle 1, vorhergehende Seite)** verwendet. (ASCII von American Standard für Coded Information Interchange.)
- **integer** (lat. integer = ein Ganzes)
  Mit diesem Datentyp werden *ganze Zahlen* dargestellt. Es werden dafür meist 2 Bytes verwendet. Es können damit Zahlen im Bereich von – 32 768 bis + 32 767 dargestellt werden **(Bild 1)**. Bei 32-Bit-PCs werden für den Datentyp *integer* 4 Bytes verwendet **(Tabelle 1)**.
- **float** (engl. to float = schwanken)
  Dieser Datentyp stellt Gleitkommazahlen dar. Diese Zahlen werden in der Regel in 4 Bytes dargestellt. Der Wert setzt sich aus $m \cdot 2^e$ zusammen. Wobei für *m* 7 Bits belegt werden und für *e* 24 Bits. Das höchste Bit ist wieder für die negativen Zahlen. Bei diesem Datentyp gibt es ebenfalls verschieden große Wertbereiche **(Tabelle 2)**.
- **string** (engl. to string = zusammenziehen)
  Wenn eine Anzahl von Zeichen zusammen dargestellt werden sollen, so nennt man diesen Datentyp *Zeichenkette* oder string. Ein string besteht also aus einzelnen char's. In C wird ein string mit dem ASCII-Zeichen *NUL* abgeschlossen. In DELPHI steht bei einem String am 0. Platz die Anzahl der Zeichen, aus denen der String besteht.
- **Verbundtypen**
  Hier werden unter einem Begriff verschiedene Variable zusammengefasst. Man nennt diese Datentypen auch strukturierte Datentypen. Sie werden verwendet, wenn unter einem Begriff mehrere Variable angesprochen werden müssen. So z. B. besteht ein Bahnpunkt bei einem Roboter aus einem Namen und den Koordinatenwerten X, Y, Z **(Bild 2)**. Auf die einzelnen Elemente kann durch Angabe der Variablen, einem Dezimalpunkt als Trennung und der Angabe des Elements zugegriffen werden.
- **Array-Typ** (engl. array = Feld)
  Dieser Typ dient zur Aufnahme von Elementen gleichen Typs in einem Datenobjekt. Man nennt diese Variable auch *indizierte Variable*. In der Programmiersprache C werden diese Variablen auch Vektoren genannt. Bei der Deklaration[1] der Variablen wird die maximale Anzahl der Elemente angegeben.

  Der Gesamtspeicherbedarf entspricht der Summe des Speicherbedarfs der angegebenen Elemente. Die Elemente werden zusammenhängend, aufsteigend gespeichert. Die einzelnen Elemente werden über den [ ]-*Operator* angesprochen. So werden z. B. Messdaten zur weiteren Auswertung in einem Array abgespeichert **(Tabelle 3)**.

[1] Deklaration, von lat. declaratio = Kundmachung, Offenbarung

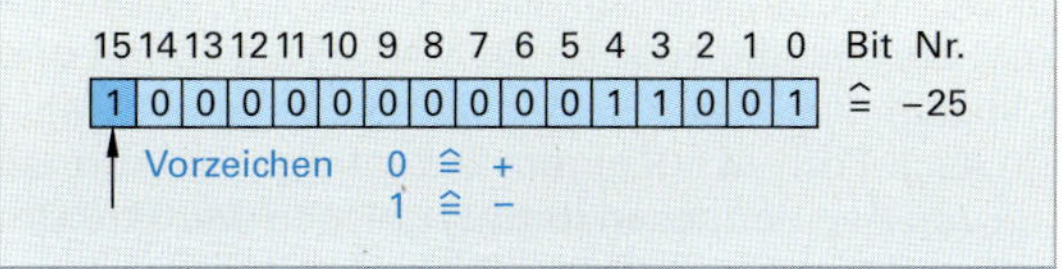

Bild 1: Integer-Zahl (Beispiel – 25)

Tabelle 1: Integer-Datentypen

DELPHI	C++	Byte	Zahlenbereich
shortint	short	1	– 128..127
integer	int	2	– 32768..32767
longint	long	4	+ – 2147483648
word	unsigned int	2	0 .. 65535

Tabelle 2: Float-Datentypen

DELPHI	C++	Byte	Zahlenbereich
real	float	4	$3{,}4 \cdot 10^{+-38}$
double	double	8	$1{,}7 \cdot 10^{+-308}$

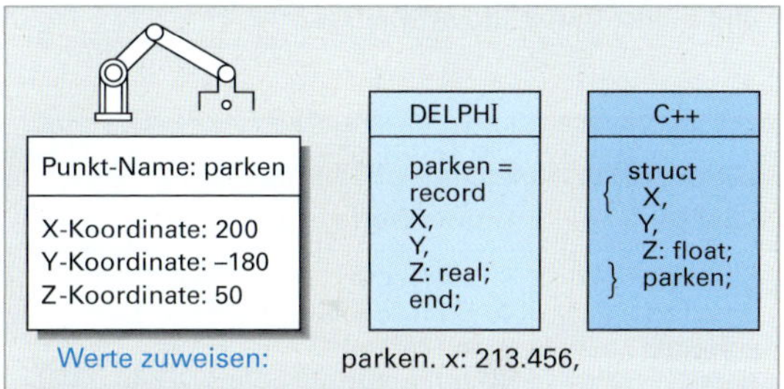

Bild 2: Strukturierte Variable

Tabelle 3: Darstellung eines Array

DELPHI	C++
Deklarieren:	
mess:array[0..99] of real;	float mess[100];
Werte zuweisen:	
mess[0]: = 123.456;	mess[0] = 123.456;
mess[0]: = 123.000;	mess[1] = 123.000;
Interne Darstellung am Rechner;	

Speicheradresse	Bezeichnung	Inhalt	
4711	mess[0]		123.456
4715	mess[1]		123.00
4718	mess[2]	....	....

In der Technik werden viele Daten im ASCII-Format dargestellt, so z. B. alle CNC-Programme und Messdaten von einem Messgerät. Liegen die Daten im Ascii-Format auf einem Datenträger, so können sie von Ascii-Editoren **(Bild 1)** gelesen werden. Um die nicht darstellbaren Zeichen (Steuerzeichen) wie z. B. CR, EOT, LF zu ermitteln ist ein Hex-Auszug (Hexadezimale Darstellung) notwendig **(Bild 2)**.

Die für das Betriebssystem Windows verwendeten Compiler benutzen die in **Tabelle 1** dargestellten Datentypen.

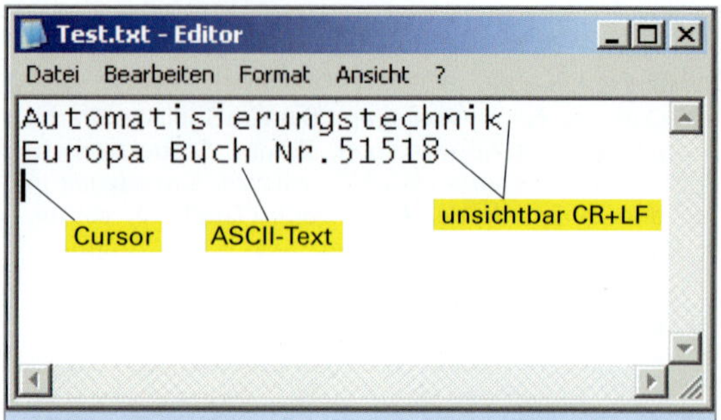

Bild 1: ASCII-Datei

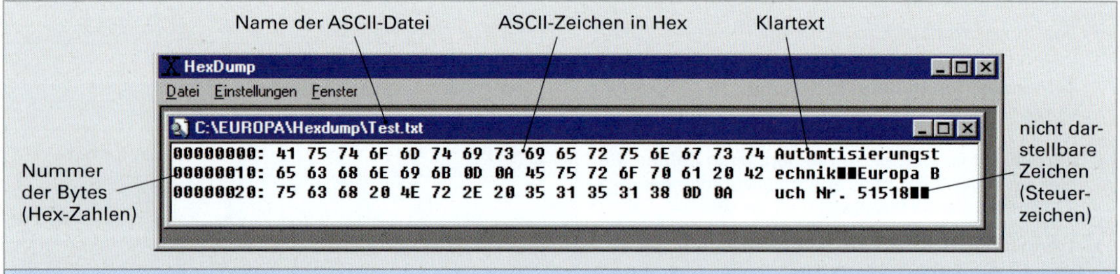

Bild 2: Hex-Dump[1] der ASCII-Datei

Tabelle 1: Datentypen für 32-Bit-Betriebssystem

DELPHI	Größe/Werte	C++	Implementierung
ShortInt	8-Bit-Integer	signed char	typedef
SmallInt	16-Bit-Integer	short	typedef
LongInt	32-Bit-Integer	int	typedef
Byte	8-Bit-Integer ohne Vorzeichen	unsigned char	typedef
Word	16-Bit-Integer ohne Vorzeichen	unsigned short	typedef
Integer	32-Bit-Integer	int	typedef
Cardinal	32-Bit-Integer ohne Vorzeichen	unsigned int	typedef
Boolean	true/flase	bool	typedef
ByteBool	true/false oder 8-Bit-Integer ohne Vorzeichen	unsigned char	typedef
WordBool	true/false oder 16-Bit-Integer ohne Vorzeichen	unsigned short	typedef
LongBool	true/false oder 32-Bit-Integer ohne Vorzeichen	BOOL (WinAP)	typedef
AnsiChar	8-Bit-Zeichen ohne Vorzeichen	char	typedef
Widechar	Unicode-Zeichen mit Word-Größe	wchar_t	typedef
Char	8-Bit-Zeichen ohne Vorzeichen	char	typedef
AnsiString	Delphi-AnsiString	AnsiString	class
String[n]	Delphi-String im alten Stil, n = 1..255 Bytes	SmallString<n>	template class
ShortString	Delphi-String im alten Stil, 255 Bytes	SmallString<255>	typedef
String	Delphi-AnsiString	AnsiString	typedef
Single	32-Bit-Gleitkommazahl	float	typedef
Double	64-Bit-Gleitkommazahl	double	typedef
Extende	80-Bit-Gleitkommazahl	long double	typedef
Real	32-Bit-Gleitkommazahl	double	typedef
Pointer	32-Bit-Zeiger (generisch)	void*	typedef
PChar	32-Bit-Zeiger auf Zeichen	unsigned char*	typedef
PAnsiChar	32-Bit-Zeiger auf Ansi-Zeichen	unsigned char*	typedef
Comp	64-Bit-Gleitkommazahl	Comp	class
OleVariant	OLE-Variantwert	OleVariant	class

[1] engl. to dump = auskippen, abladen

7.1.10 Programmaufbau und Programmkomponenten

Aufgrund der nachrichtenorientierten Arbeitsweise von *Windows* haben die Hauptprogramme einen einfachen Grundaufbau. In **Bild 1** ist der Aufbau eines *C++Builder*-Programms dargestellt. Wenn das Programm gestartet werden kann (engl. to try)= versuchen, probieren) werden folgende Funktionen ausgeführt:

- die Applikation wird initialisiert,
- danach wird das Windowsfenster geöffnet und
- dann wird das Programm gestartet. Es wird in die Nachrichtenschleife von Windows aufgenommen.

Kann das Programm nicht gestartet (engl. to catch) werden, dann wird es verworfen.

Das dargestellte Programm kann lediglich ein Fenster öffnen und schließen. Jede weitere Funktion wird mit vorgefertigten Komponenten programmiert. Die Programmierumgebungen *DELPHI* und *C++Builder* bieten viele derartige Komponenten an. Zusätzlich können weitere zugekauft werden, z. B. zum Bedienen der seriellen Schnittstelle.

Mit den *Kartenreitern* können Gruppen von Komponenten ausgewählt werden **(Bild 2)**. Jede Komponente stellt eine Klasse dar. Wird sie im Programm verwendet, so wird diese vererbt und mit einem Namen versehen wird sie zum *Objekt* **(Tabelle 1)**.

Project1.cpp

```
#include <vcl.h>
#pragma hdrstop
USERES("Project1.res");
USEFORM("Unit1.cpp", Form1);
WINAPI WinMain(HINSTANCE, HINSTANCE, LPSTR, int)
{ try
 { Application->Initialize();
   Application->CreateForm(__classid(TForm1),&Form1);
   Application->Run();
 }
 catch (Exception &exception)
 {
   Application->ShowException(&exception);
 }
 return 0;
}
```

Bild 1: Windows-Hauptprogramm

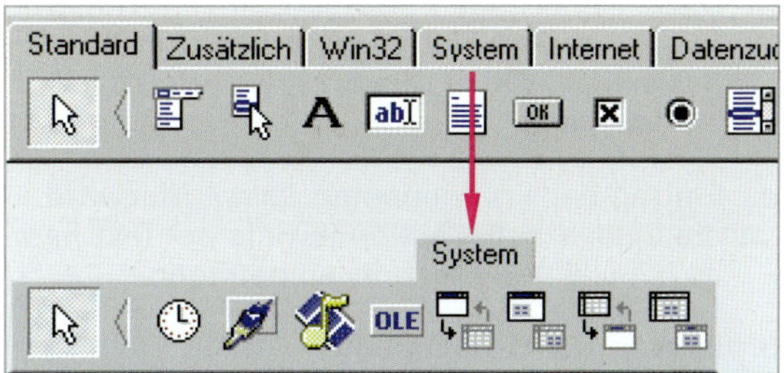

Bild 2: Komponenten zu Windows-Programmierung

Tabelle 1: Komponenten-Auswahl

Typ		Erklärung	Beispiel DELPHI	Beispiel C++Builder
Label	Name z. B. MeinLabel	Anzeige eines Textes auf Formular	Im Objektinspektor Caption Text festlegen oder MeinLabel Caption:='Hallo';	Im Objektinspektor Caption Text festlegen oder MeinLabel->Caption:"Hallo";
Edit	Name z. B. Eingabe	Eingabe und editieren einer Textzeile	Im Objektinsp.: vorbesetzen Im Programm: EingabeText:='123.45'; einlesen: st:=Eingabefeld.Text;// st:String	Im Objektinsp.: vorbesetzen Im Programm: EingabeText:="123.45"; einlesen: st=Eingabefeld.Text;// st:String
Memo	Name z. B. MeinMemo	Anzeige und editieren mehrerer Textzeilen	Im Objektinsp.: vorbesetzen MeinMemo.Lines:='Hallo'; MeinMemo.Lines.Add('1234'); MeinMemo.Clear();	Im Objektinsp.: vorbesetzen MeinMemo->Lines="Hallo"; MeinMemo->Lines->Add("1234"); MeinMemo->Clear();
Button	Name z. B. Knopf	Ereignis aufrufen	Doppelklick auf den Button erzeugt den Rumpf für den EreignisQuellcode OnClick	Doppelklick auf den Button erzeugt den Rumpf für den EreignisQuellcode OnClick
CheckBox	Name z. B. Eingang 1	Ankreuzen, ein/aus	Im Objektinsp.: Checked vorbesetzen Eingang1.Checked:=True; Eingang1.Checked:=False;	Im Objektinsp.: Checked vorbesetzen Eingang1->Checked =True; Eingang1->Checked =False;
ListBox	Name z. B. MyBox	Mehrere Textzeilen mit sortieren, elektieren, tauschen, löschen	Im Objektsinsp. die Eigenschaft Items vorlegen. MyListBox.Itemindex; (akt. Zeilenindex) MyListBox.Items.Count; (Anzahl der Zeilen) MyListBox.Sorted; MyListBox.Items.Add('Hallo');	Im Objektsinsp. die Eigenschaft Items vorlegen. MyListBox->ItemIndex; (akt. Zeilenindex) MyListBox->Items.Count; (Anzahl der Zeilen) MyListBox->Sorted; MyListBox.Items.Add("Hallo");

Timer	Name z. B. Zyklus	ruft zur eingegebenen Intervallzeit die Funktion auf	Im Objektinsp.:
			Eigenschaft Intervall festlegen
			Zyklus.Intervall:=10; //Zykluszeit=10ms
			Doppelklick auf den Button erzeugt den Rumpf
			für den Ereignis QuellcodeTimer
				Im Objektinsp.:
				Eigenschaft Intervall festlegen
				Zyklus.Intervall=10; //Zykluszeit=10ms
				Doppelklick auf den Button erzeugt den Rumpf
				für den Ereignis QuellcodeTimer

Beispiel:

In der CNC-Technik müssen häufig aus den Polarkoordinaten (Radius und Winkel) eines Punktes die kartesischen Koordinaten (*x* und *y*) berechnet werden **(Bild 1)**. Es handelt sich hier von der Struktur her um ein lineares Programm mit folgender Ablaufstruktur:

1. Starten, wenn eine Startnachricht eingeht.
2. Einlesen von Radius und Winkel
3. Berechnen von $x = Radius \cdot \cos(Winkel)$
   $y = Radius \cdot \sin(Winkel)$.
4. Ausgeben des Ergebnisses.

Umsetzung mit der Programmiersprache DELPHI:

1. Eintrag der Komponenten *Edit*. Änderung des Names auf *Edit1_r, Edit2_wi* und *Edit3_Erg*. Diese Änderungen erfolgen im Objektinspektor. Bei jedem Eintrag wird der Quelltext für das aktuelle Objekt *Form1* erweitert (Zeile 5 ... 12, **Tabelle 1**).

2. Eintrag der Komponenten *Label*. Hier wird in die Eigenschaft *Caption* jeweils der Text Radius, Winkel und Ergebnis eingetragen.

3. Eintrag der Komponenten *Image*. Dort kann mit *Picture* eine *Bitmapdatei* geladen werden. In unserem Fall ist das die Zeichnung.

4. Eintrag des *Button* und Änderung des *Caption* auf Rechnen. Mit Doppelklick auf den Button wird der *Quelltextrumpf* für die Nachricht *OnClick* erzeugt (Zeile 20, Tabelle 1).

5. Schreiben des eigentlichen Quellcodes. In die Typendeklaration des Objekts *Form1* werden die Variablenvereinbarungen mit der *Eigenschaft privat* eingetragen. Es handelt sich dann um Variable, welche nur innerhalb des Objekts *Form1* bekannt sind. In den Funktionsrumpf von *Button1* wird nun der eigentliche Programmcode eingetragen. In Zeile 22 wird der *Zahlenwert-String* eingelesen, in eine Gleitkommazahl gewandelt und der Variablen *r* zugewiesen. Dasselbe erfolgt mit der Variablen *wi* für den Winkel. In Zeile 24 und 25 werden die Zahlenwerte von *x* und *y* berechnet. Die Winkel werden in allen Programmiersprachen im Bogenmaß eingeteragen. In Zeile 26 und 27 werden die Zahlenwerte mit Hilfe der Funktion *FormatFloat* in Strings umgewandelt und zu einem *String txt* addiert. In Zeile 28 wird der Ergebnisstring dann ausgegeben.

6. Nach dem Start des Programms zeigt sich die Oberfläche wie in **Bild 3** dargestellt.

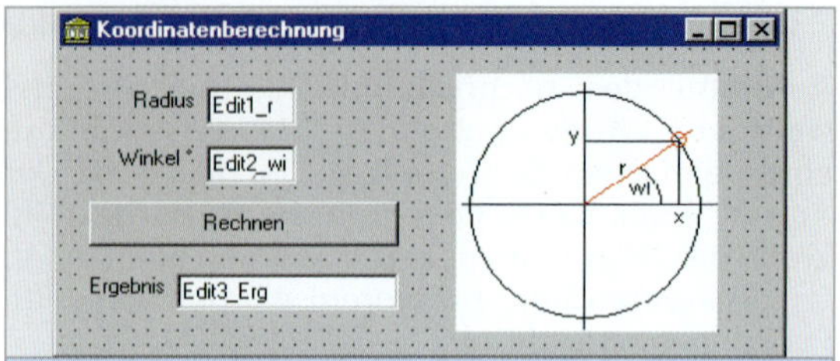

Bild 1: Bildschirmaufbau

Tabelle 1: Quellcode DELPHI

```
{ 1} unit Unit1;
{ 2} interface
{ 3} uses Windows, Messages, SysUtils, Classes, Graph
{ 4} type    TForm1 = class(TForm)
{ 5}      Edit1_r: TEdit;
{ 6}      Edit2_wi: TEdit;
{ 7}      Label1: TLabel;
{ 8}      Label2: TLabel;
{ 9}      Edit3_Erg: TEdit;
{10}      Label3: TLabel;
{11}      Button1: TButton;
{12}      Image1: TImage;
{13}      procedure Button1Click(Sender: TObject);
{14}    private r,wi,x,y:real; { Private-Deklarationen
{15}      txt:String;
{16}    end;
{17}  var  Form1: TForm1;
{18}  implementation
{19}  {$R *.DFM}
{20}  procedure TForm1.Button1Click(Sender: TObject);
{21}  begin
{22}  r :=StrToFloat(Edit1_r.Text);
{23}  wi:=StrToFloat(Edit2_wi.Text);
{24}  x:=r*cos(wi*PI/180);
{25}  y:=r*sin(wi*PI/180);
{26}  txt:= ' X='+FormatFloat('##.###',x)
{27}       +' Y='+FormatFloat('##.###',y);
{28}  Edit3_Erg.Text:=txt;
{29}  end;
{30} end.
```

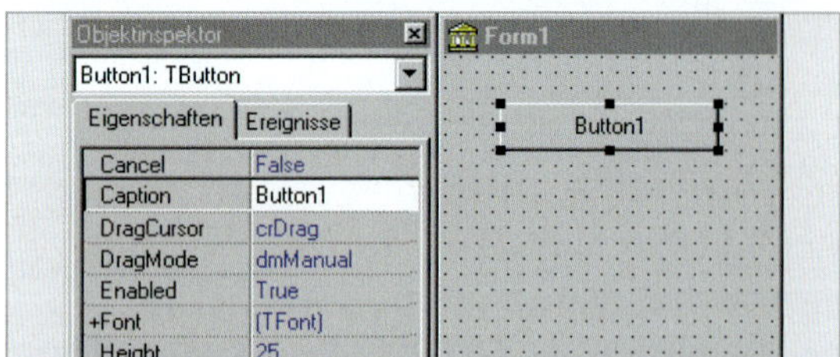

Bild 2: Objektinspektor

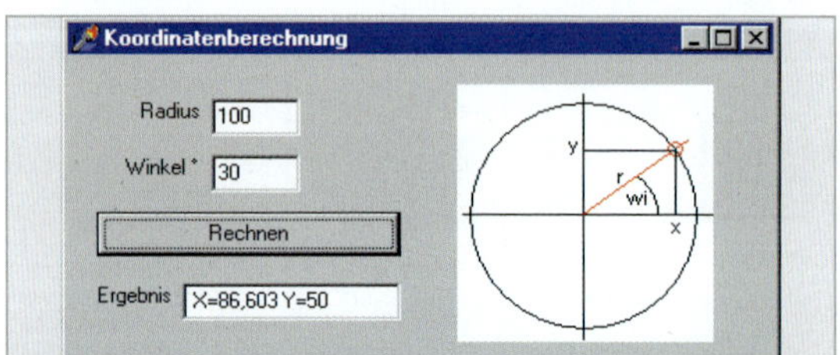

Bild 3: Aktives Programm

7.1.11 Strukturierte Anweisungen

Strukturierte Anweisungen sind zusammengesetzte Anweisungen. Sie helfen die Algorithmenstruktur zu gliedern und ermöglichen die Bildung von Kontrollstrukturen für Entscheidungen und Wiederholungen.

Tabelle 1: Bedingte Verzweigung

DELPHI	C++
if gewicht < 100 then Edit1.Text:='füllen' else Edit1.Text:='voll'	if (gewicht < 100) Edit1->Text="füllen"; else Edit1->Text="voll";

- **Bedingte Verzweigung (if-Anweisung)**

  Die Struktur von *if* ist:

  if (Bedingung) Anweisung1 else Anweisung2

  Ist die Bedingung ≠ 0, also wahr, dann wird die Anweisung 1 ausgeführt, ist die Bedingung = 0, also falsch, dann wird die Anweisung 2 ausgeführt.

  Beispiel: Auf einer Waage werden Schrauben in einen Behälter abgefüllt. Wenn das Gewicht unter 100 g ist, dann soll am Bildschirm das Wort *füllen* erscheinen, sonst das Wort *voll* **(Tabelle 1)**. Sind bei einer Bedingung mehrere Zweige möglich, dann wird entsprechend der Bedingung eine Auswahl aus mehreren Möglichkeiten getroffen. Eine typische Anwendung hierfür ist die Erstellung eines Auswahlmenüs. Es wird z. B. ein Zeichen von der Tastatur eingelesen. Danach wird entsprechend ausgewählt. Das Zeichen wird oft *Selektor* genannt (von engl. selection = Auswahl) **(Tabelle 2)**.

Tabelle 2: Mehrfachverzweigung

Beschreibung	DELPHI	C++
Einlesen eines Editfeldes	ch:Edit1.Text;	ch=Edit1->Text;
Selektor aufrufen	case ch of	switch (ch)
Wenn Text='1' dann schreibe:Teil1 Wenn Text='2' dann schreibe:Teil2 Wenn Text='3' dann schreibe:Teil3	'1':Edit2.Text:='Teil1'; '2':Edit2.Text:='Teil2'; '3':Edit2.Text:='Teil3';	{case '1' : Edit2->Text="Teil1"; case '2' : Edit2->Text="Teil2"; case '3' : Edit2->Text="Teil3";
Wenn keines zutrifft (sonst) dann schreibe: falsch	else Edit2.Text:='falsch'	default : Edit2->Text="falsch";
Ende der Anweisung	end;	}

- **Wiederholungsanweisungen**

  In der Regel werden drei verschiedene Wiederholungsanweisungen verwendet. Man bezeichnet diese auch als *iteration statements* (lat. iteratio = wiederholen). Ist die Anzahl der Wiederholungen bekannt, dann wird die *for*-Schleife verwendet (engl. for = für). Die Struktur ist:

  for <Startwert> <Endebedingung> <Zählbedingung>

  Einer ganzzahligen Variablen wird ein Startwert zugewiesen. Bei jedem Durchlauf wird diese Variable entsprechend der Zählbedingung verändert. Die Schleife wird sofort durchlaufen, bis die Endebedingung nicht mehr erfüllt ist. Als Beispiel sollen die *ASCII-Zeichen* von 32 bis 127 am Bildschirm erstellt werden. Hierzu wird eine einfache for-Schleife verwendet. Damit ein direkter Vergleich zwischen DELPHI und C++ möglich ist, wird als Zählvariable ein *Integer-Typ* gewählt **(Tabelle 3)**. Im Beispiel wird ein komplettes Programm dargestellt.

Tabelle 3: Mehrfachverzweigung

Beschreibung	DELPHI	C++
Deklaration der Laufvariablen	var I:integer;	{ int i; char ch [2];
Beginn der Funktion	begin	
Wiederhole von i:=32 bis 127	for i:=32 to 127 do	for(i=32;i<=127;i++)
Beginn		{ sprintf(ch,"%c",i);
Addiere das Zeichen von i in einem Memofeld	Memo1.Lines.Add(char(i));	Memo1->Lines->Add(ch);
	end;	}

Ist die Anzahl der Wiederholungen nicht bekannt und soll die Wiederholungsbedingung am Anfang abgefragt werden, dann wird die **kopfgesteuerte while-Schleife** verwendet. Diese Schleife wird so lange wiederholt, so lange die Bedingung *wahr* ist. Es gilt folgende Struktur:

while <Bedingung> do Anweisung

Diese Schleife wird z. B. verwendet um Daten auszugeben. Als Beispiel sollen die einzelnen ASCII-Zeichen eines Strings am Bildschirm dargestellt werden. Es werden so lange Zeichen ausgegeben, bis das Zeichen 0 kommt **(Tabelle 1)**.

Tabelle 1: Kopfgesteuerte Schleife (while-Schleife)

Beschreibung	DELPHI	C++
Deklaration der Variablen		
String mit max. 255 Zeichen	`var p:string;`	`char p[255];`
Laufvariable als ganze Zahl	`i:integer;`	`int i;`
Beginn des Hauptprogramms	`begin`	`strcpy(p,"CNC-Maschine");`
Text an String zuweisen und	`i:=1;`	`i=0;`
ASCII-Zeichen NUL anhängen	`p:='CNC-Maschine'+#0;`	
Laufvariable eine Startwert geben	`while p[i]<>#0 do`	`while (p[i]!=0)`
Wiederhole solange Ergebnis "wahr"	`begin Memo1.Text:=Memo1.Text+p[i];`	`{ Memo1->Text0Memo1->Text+p[i];`
Schreibe das Zeichen an Bildschirm		
Erhöhe die Variable um 1	`inc(i);`	`i++;`
Schleifenende	`end;`	
Programmende	`end;`	`}`

Wird die Abbruch-Bedingung erst in der Schleife bestimmt, dann wird eine fußgesteuerte Schleife verwendet. In DELPHI heißt die Schleife *repeat-until-Schleife*. Sie wird so lange wiederholt bis die Bedingung *wahr* wird. In C wird die Schleife *do-while-Schleife* genannt. Die Wiederholung erfolgt so lange wie die Bedingung *wahr* ist. Diese Art von Schleife wird mindestens einmal durchlaufen.

DELPHI : repeat <Anweisungen> until <Bedingung>
C : do <Anweisungen> while <Bedingung>

Als Beispiel soll der Inhalt eines *Arrays* durchlaufen werden. Der Vorgang soll beendet werden, wenn der Inhalt eines Arrayplatzes kleiner Null ist. Für jeden durchlaufenen Platz soll ein Punkt in ein *Memofeld* eingetragen werden **(Tabelle 2)**. Es wird jeweils der Block zwischen Schleifenkopf und Schleifenende durchlaufen. In *C++* muss dieser Block in geschweifte Klammern gesetzt werden. Achten Sie unbedingt darauf, dass es ein Endekriterium gibt, sonst bleibt das Programm in der Schleife hängen und die *Task* muss abgebrochen werden.

Tabelle 2: Fußgesteuerte Schleife

Beschreibung	DELPHI	C++
Deklarieren der Variablen	`var mess: array[0…10] of integer =(1,2,5,6,7,5,3,5,3,1,-1);`	`int mes={2,4,5,6,8,4,2,-1};`
	`i :integer;`	`int i ;`
Beginn der Funktion	`begin`	`{`
Laufvariable auf 0 setzen	`i:=0`	`i=0;`
Beginn der Schleife	`repeat`	`do{`
Schreiben Punkt in Memo	`Memo1.Text:=Memo1.Text+'.';`	`Memo1->Text=Memo1->Text+".";`
Erhöhe i	`inc(i);`	`i++;`
Ende Bedingung	`until mess[i]<0;`	`}while(mes[i]>0);`
Ende der Funktion	`end;`	`}`

7.1.12 Strukturierung mit Funktionen

Funktionen sind Bausteine zur Modularisierung von Programmen. Mit Hilfe der Funktionen ist es möglich, ein Problem im Sinne der Strukturierung in kleine Teilprobleme zu zerlegen. Für jedes Teilproblem wird eine Funktion erstellt. Die Programmiersprachen DELPHI und C bestehen eigentlich nur aus Funktionen. Die Hauptfunktion (Hauptprogramm) ruft die einzelnen Funktionen der Reihe nach auf. Zu den vorhandenen Funktionen entwickelt der Programmierer eigene Funktionen. Die Funktionen können einzeln getestet werden. Jede *Funktion* erhält einen Namen. *Funktionen* bestehen aus einem *Deklarationsteil* und einem *Definitionsteil*. Im Deklarationsteil wird dem Compiler der *Typ* mitgeteilt. Der Definitionsteil enthält den eigentlichen Programmcode. Die Funktionen können beliebig oft aufgerufen werden **(Bild 1)**. Nach jedem Aufruf erfolgt der Rücksprung ins Hauptprogramm. Im einfachsten Fall werden an die Funktionen keine Variablen übergeben, und die Funktion liefert keinen Wert zurück. Solche Funktionen sind z. B. Bildschirm löschen (*clrscr*, von engl. clear screen = lösche Bildschirm). Andere Funktionen übernehmen Variable und liefern Ergebnisse zurück. Alle Funktionen, welche kein Ergebnis zurückliefern, nennt man in DELPHI *proceduren*. Variable, die nur in der Funktion benötigt werden, werden auch in der Funktion deklariert. Sie haben auch nur dort Gültigkeit. Man nennt sie auch *lokale Variable*.

Programmcode (Auszug)

```
int x,a,b; //Deklaration der globalen Varablen

//--"leere"-Funktion (übernimmt keine Werte liefert --
//   keine Werte zurück (void = leer)     -----------
void rechnen()
{ x=a*b; }

//----Aufruf der Programmteils-------
void __fastcall TForm1::Button1Click(TObject *Sender)
{Memo1->Clear();                      //Memofeld löschen
 Memo1->Lines->Add("1.Aufruf");       //Text an Memofeld
 a=5;b=10;  rechnen();                //1. Funktionsaufruf
 Memo1->Lines->Add(x);                //Ergebnis an Memofeld
 Memo1->Lines->Add("2.Aufruf");       //Text an Memofeld
 a=12;b=20;  rechnen();               //2. Funktionsaufruf
 Memo1->Lines->Add(x);                //Ergebnis an Memofeld
}
```

Bildschirmaufbau

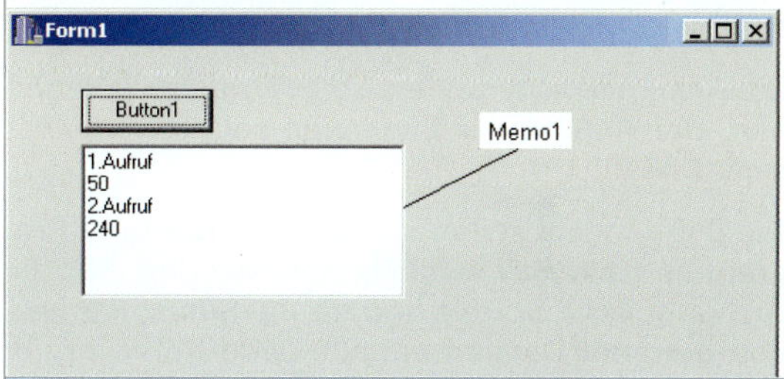

Bild 1: Programmstruktur mit Funktionen

Als **Beispiel** soll eine Funktion erstellt werden, welche die Fallgeschwindigkeit beim freien Fall berechnet. Die Funktion übernimmt die Variable *hoehe* und liefert als Ergebnis die Fallgeschwindigkeit zurück **(Bild 2)**.

Die Funktion FALL übernimmt eine Variable und benutzt intern nur lokale Variable. Eine solche Funktion kann problemlos auf andere Programme übertragen werden, weil die Funktion keine, im Hauptprogramm definierten Variablen, also *globale Variablen* benutzt.

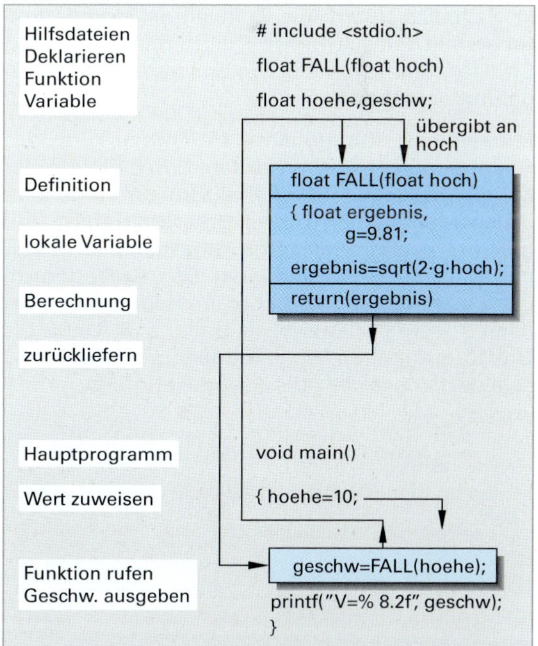

Bild 2: Arbeitsweise einer Funktion in C

Zusammenfassung:

- Alle Programme bestehen aus einer Sammlung von Funktionen.
- Das Hauptprogramm ruft die Funktionen auf. Funktionen rufen andere Funktionen.
- Funktionen bestehen aus einem Funktionsnamen, der Parameterliste, dem Codeblock (Liste der Anweisungen) und der Rückgabeanweisung.
- Funktionen sollten nur lokale Variable benutzen.

7.1.13 Fallbeispiel: Steuerkurve

Eine mechanische Steuerkurve soll auf einer CN-CMaschine gefertigt werden. Zur Erstellung des CNC-Programms wird Software entwickelt.

Technologische Beschreibung

Für eine Vorschubeinheit sind Stirnkurven zu fertigen. Das Bewegungsdiagramm sieht folgende Bewegungen vor: Vorfahren mit konstantem Vorschub – Verweildauer (Rast) – Schnelles Rückwärtsfahren – Verweildauer **(Bild 1)**. Bei der Übertragung auf eine Stirnkurve entstehen folgende Kurvenarten:

- Vorschub wird zur *Archimedischen*[1] Spirale
- Rast wird zum zentrischen Kreisbogen
- sinusförmiger Hub wird zur *Sinusoide.*

Die Archimedische Spirale soll immer bei 0 beginnen. Der Anfang der Sinusoide soll frei wählbar sein **(Bild 2)**.

Die Bahnpunkte sollen im Format eines CNC-Programms nach *DIN 66025* erstellt werden. Für die Archimedische Spirale und für die Sinusoide werden getrennt Dateien erstellt. Jede Kurve ergibt ein CNC-Unterprogramm. Das Hauptprogramm wird mit einem *ASCII-Editor* erstellt. Die Unterprogramme beginnen mit der Programmnummer und enden mit *M02.* Die Satznummern sollen in Einer-Schritten sein **(Bild 3)**.

Gesamtstruktur der Software

Im Fallbeispiel wird die Software in **Modulstruktur** erstellt. Für schwierige Programmteile werden Struktogramme erstellt. Die Software wird menügeführt aufgebaut.

Mit Hilfe der Komponente *MainMenu* kann das Hauptmenü entworfen werden. Durch Eintrag der Manünamen wird intern eine Struktur aufgebaut. Jedem Menünamen wird ein Unterprogramm, Unit genannt, zugeordnet. Jedes Unit stellt ein Fenster dar. Dieses besteht aus einer *Oberfläche* (Form) und einem *Quellcode* (*.cpp). Im Hauptprogramm (Unit1) werden dann diese Units, z. B. Unit2 bis Unit10, aufgerufen. Wenn immer nur ein Unit aktiv sein darf, muss der Aufruf modal erfolgen.

```
Aufruf für Unit2 (Beispiel):
void__fastcall
THauptprogramm::Dateieingabe1Click(TObject *Sender)
{
Form2->ShowModal();
}
```

Zum Schließen einer Unit wird die Funktion *Form2->Close();* aufgerufen.

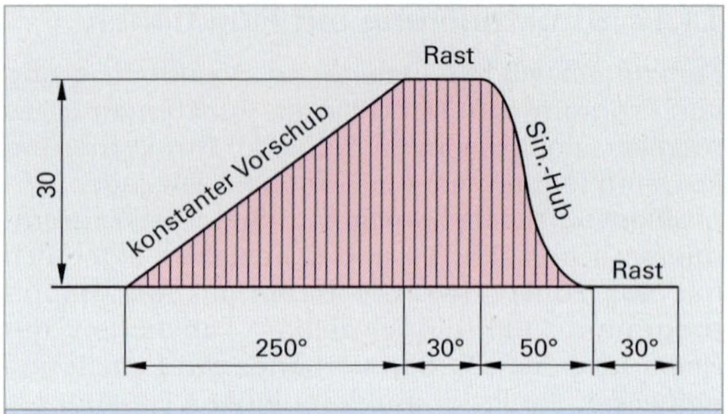

Bild 1: Bewegungsdiagramm

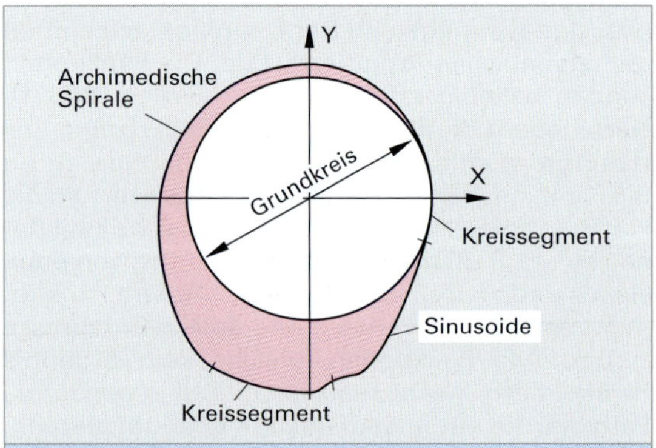

Bild 2: Stirnkurve

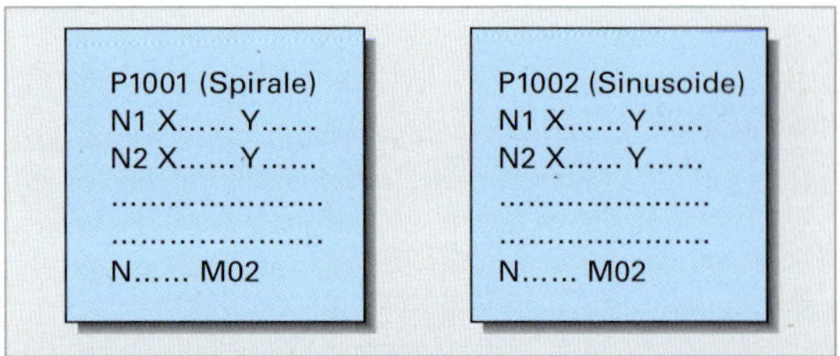

Bild 3: Aufbau der CNC-Datei

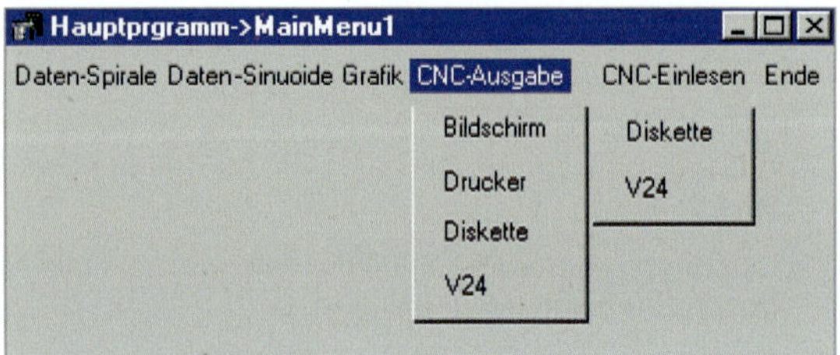

Bild 4: Menüaufbau

[1] *Archimedes*, Mathematiker und Astronom, gestorben 212 v. Chr. in Syrakus (Sizilien)

Codierung in C++Builder

Hauptprogramm. Jedes Programm wird in einem Projektmanager verwaltet **(Bild 1)**. Das ausführbare Programm heißt im Standardfall *Project1.exe*. Beim Eintrag der einzelnen Menüpunkte wird die Datei *Unit1*.h generiert. Es werden alle Objekte eingetragen. Unter *public* wird die *globale Zeigervariable char*cnc* deklariert. Dort wird das CNC-Programm abgespeichert **(Bild 3)**.

In *Unit1.cpp* wird dann die Menüverwaltung programmiert.

Der Aufruf der einzelnen Unterprogramme ist in **Bild 2** dargestellt. Mit der Methode *FormCreate()* werden für die Variable cnc 10 000 Speicherplätze reserviert. Das *Ende-Button* wird direkt programmiert.

Mit der Funktion *Application->Terminate()* wird das Programm beendet.

Hier wird auch noch der reservierte Speicher freigegeben. Bild 1 zeigt das gesamte Projekt. Jedes *Unit* besteht aus einer Datei *Unit*.h* und *Unit*.cpp*.

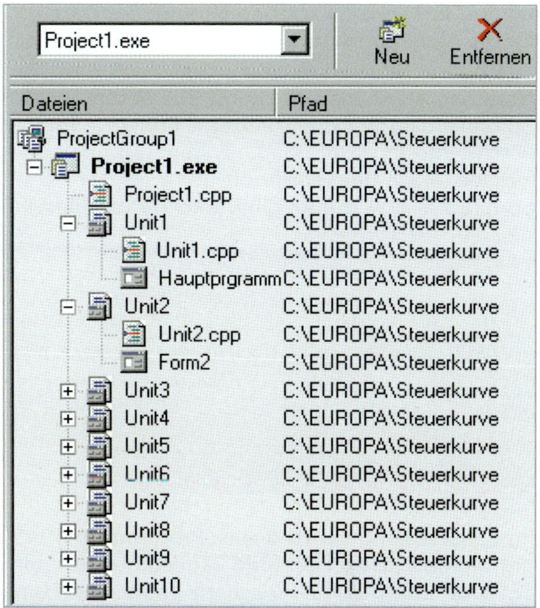

Bild 1: Projektverwaltung

```
#include "Unit1.h"
#include "Unit2.h"
#include "Unit3.h"
#include "Unit4.h"
#include "Unit5.h"
#include "Unit6.h"
#include "Unit7.h"
#include "Unit8.h"
#include "Unit9.h"
#include "Unit10.h"
//---------------------------------------------------------------
#pragma package(smart_init)
#pragma resource "*.dfm"
THauptprgramm *Hauptprgramm;
//---------------------------------------------------------------
__fastcall THauptprgramm::THauptprgramm(TComponent* Owner
        : TForm(Owner)
{  }
//---------------------------------------------------------------
void __fastcall THauptprgramm::FormCreate(TObject *Sender
{ cnc=new char[10000];
}
//---------------------------------------------------------------

void __fastcall THauptprgramm::Ende1Click(TObject *Sender
{ Application->Terminate();
  delete(cnc);
}
//---------------------------------------------------------------
void __fastcall THauptprgramm::Dateneingabe1Click(TObject
{ Form2->ShowModal();
}
//---------------------------------------------------------------
void __fastcall THauptprgramm::DateneingabeSinuoidelClick
{ Form3->ShowModal();
}
```

Bild 2: Unit 1-Programm-Datei

```
//---------------------------------------------------------------
class THauptprgramm : public TForm
{
__published:    // Von der IDE verwaltete Komponenten
        TMainMenu *MainMenu1;
        TMenuItem *Dateneingabe1;
        TMenuItem *DateneingabeSinuoidel;
        TMenuItem *Grafik1;
        TMenuItem *CNCAusgabe1;
        TMenuItem *Bildschirm1;
        TMenuItem *Drucker1;
        TMenuItem *Diskette1;
        TMenuItem *V241;
        TMenuItem *CNCEinlesen1;
        TMenuItem *Diskette2;
        TMenuItem *V242;
        TMenuItem *Ende1;
        void __fastcall Ende1Click(TObject *Sender);
        void __fastcall Dateneingabe1Click(TObject *S
        void __fastcall FormCreate(TObject *Sender);
        void __fastcall DateneingabeSinuoidelClick(TO
        void __fastcall Grafik1Click(TObject *Sender)
        void __fastcall Bildschirm1Click(TObject *Sen
        void __fastcall Drucker1Click(TObject *Sender
        void __fastcall Diskette1Click(TObject *Sende
        void __fastcall V241Click(TObject *Sender);
        void __fastcall Diskette2Click(TObject *Sende
        void __fastcall V242Click(TObject *Sender);
private:            // Anwenderdeklarationen
public:             // Anwenderdeklarationen
       char *cnc;   // Variable wird in mehreren Units
                    // benötigt
        __fastcall THauptprgramm(TComponent* Owner);
}:
```

Bild 3: Unit 1-Header-Datei

Aufbau des Objekts zur Berechnung der Daten für die Archimedische Spirale

CNC-Steuerungen arbeiten meist nach dem kartesischen Koordinatensystem. Zur Fertigung der Spirale muss die Bahn in einzelne Punkte aufgelöst und in dieses Koordinatensystem umgerechnet werden. Nach der Gleichung der archimedischen Spirale $r = a \cdot \varphi$ erfolgt die Berechnung **(Bild 1)**.

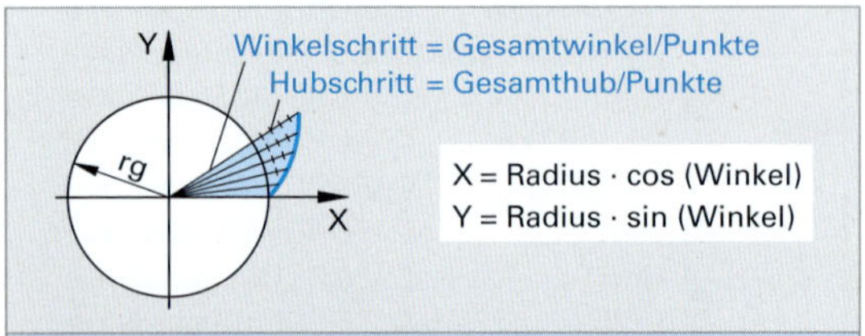

Bild 1: Auflösung der Archimedischen Spirale

Im Fenster Unit 2 wird dieser Programmteil programmiert. Das Fenster **(Bild 2)** besteht aus einem *„Zurück"-Button,* mit welchem man das Fenster mit der Funktion *close()* schließt. Alle Variablen, welche in dieser Funktion notwendig sind werden hier lokal deklariert (**Bild 3**, Zeilen 6...9). Der eigentliche CNC-String ist im Unit-Hauptprogramm deklariert. Hier wird nur ein *Zeiger* auf den String deklariert *(*cncString).*

Mit dem *Button „Berechnen"* wird der Rechenvorgang ausgelöst.

Zur Eingabe der Werte werden *Edit-Felder* verwendet. In den Edit-Feldern können nur Strings stehen. Falls Zahlen im Programm notwendig sind, müssen die Edit-Strings mit der Funktion *StrToInt()* oder *StrToFloat()* in die Zahlenwerte umgewandelt werden (Bild 2, Zeilen 11 – 14).

In den Zeilen 16 und 17 muss der Operator (*float*) vorangestellt werden. Damit wird eine Gleitkommaberechnung erzwungen.

In Zeile 18 und 19 wird die erste Stringzeile in den String kopiert. In der *for-Schleife* (Zeile 21...27) erfolgt die Berechnung der Bahnpunkte. Hierbei muss das Gradmaß in das Bogenmaß umgerechnet werden Es gilt:

*Bogenmaß = Gradmaß * PI/180.*

In Zeile 25 werden die errechneten Daten zu einem String zusammengefügt und in Zeile 26 zum Hauptstring addiert. In Zeile 28 wird dann der Abschluss-CNC-Satz angehängt. Am Ende wird der String dann in einem Memofeld ausgegeben. Damit auch sehr lange CNC-Programme dargestellt werden können, wird über den Objektinspektor die Bildaufleiste aktiviert. Dies erfolgt über die Eigenschaft *ScrollBars.*

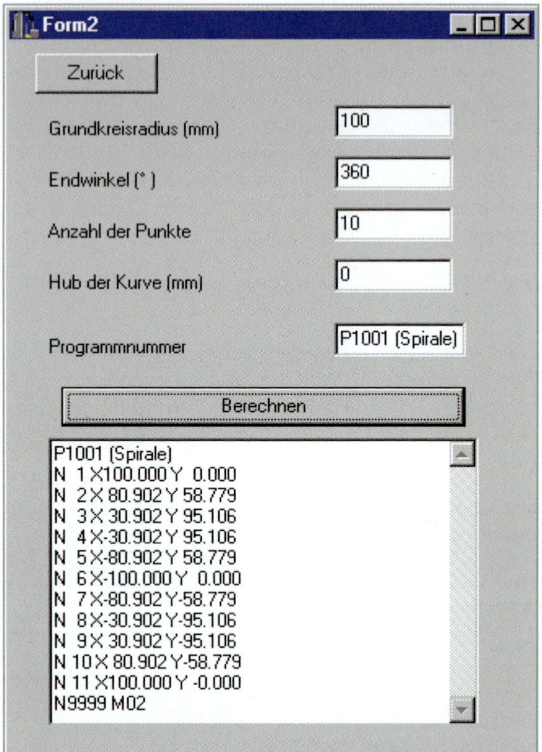

Bild 2: Eingabefenster für Spirale

```
}
//--------------------------------------------------------------
/*01*/ void __fastcall TForm2::Button1Click(TObject *Sender
/*02*/ {
/*03*/ Form2->Close();
/*04*/ }
//--------------------------------------------------------------
/*05*/ void __fastcall TForm2::Button2Click(TObject *Sender)
/*06*/ { float rg,wi,hub,hubschritt,winkelschritt,x,y;
/*07*/   char  *cncString,puffer[100];
/*08*/   String ProgNr;
/*09*/   int i,anzahl;
/*10*/   cncString=Hauptprogramm->cnc;
/*11*/   rg     =StrToFloat(Edit1->Text);
/*12*/   wi     =StrToFloat(Edit2->Text);
/*13*/   anzahl=StrToFloat(Edit3->Text);
/*14*/   hub    =StrToFloat(Edit4->Text);
/*15*/   ProgNr=Edit5->Text.c_str();
/*16*/   winkelschritt=(float) wi/anzahl;
/*17*/   hubschritt   =(float) hub/anzahl;
/*18*/    strcpy(cncString,ProgNr.c_str());
/*19*/   strcat(cncString,"\r\n");
/*20*/   Memo1->Text="";
/*21*/   for (i=0;i<=anzahl;i++)
/*22*/   { x=rg*cos(winkelschritt*i*M_PI/180);
/*23*/     y=rg*sin(winkelschritt*i*M_PI/180);
/*24*/     rg=rg+hubschritt;
/*25*/     sprintf(puffer,"N%3d X%7.3f Y%7.3f\r\n",i+1,x,y);
/*26*/     strcat(cncString,puffer);
/*27*/   }
/*28*/   strcat(cncString,"N9999 M02\r\n");
/*29*/ Memo1->Lines->Add(cncString);
       }
```

Bild 3: Quellcode Unit 2.Cpp

Aufbau des Objekts zur Berechnung der Daten für die Sinusoide

Diese Funktion überlagert der Kreisbahn eine Sinusfunktion. Damit erreicht man Bewegungsänderungen ohne Beschleunigungsspitzen. Zum besseren Verständnis ist der Sachverhalt in **Bild 1** dargestellt. Hier wird beispielsweise ein Sinusstück (90° – 270°) auf die Kreisbahn umgerechnet. In *Unit3* wird dies programmtechnisch umgesetzt. Für die Berechnung der Sinusoide müssen, ergänzend zu den Grunddaten, der Sinusstartwinkel und der Sinusendwinkel eingegeben werden **(Bild 2)**. Die Variablen werden wieder lokal deklariert. In Bild 2, Zeile 6 wird die Adresse der globalen Variablen *cnc* an die lokale Variable *cncString* übergeben. Sodass mit dieser weitergearbeitet werden kann. Ergänzend zum normalen Winkelschritt wird der Sinuswinkelschritt berechnet (Bild 2, Zeile 16). In Zeile 20 wird der jeweils aktuelle Radius berechnet. Dieser setzt sich aus dem Grundkeisradius und dem Sinusanteil zusammen. Danach können die kartesischen Koordinaten *x* und *y* berechnet werden (Zeilen 21 und 22).

Das weitere Programm ist identisch mit dem Objekt zur Archimedischen Spirale. Die Ergänzung der Bahnpunkte zu einem CNC Programm erfolgt in Zeile 17. Hier wird der Programmkopf maschinenspezifisch in den String kopiert. So z. B. *P1002*. Weil die Daten vom *Edit8* eingelesen werden, können alle Arten von Maschinenprogrammen erzeugt werden. Das Programmende wird in Zeile 26 angefügt. Das Programm ist auf einer CNC-Maschine lauffähig.

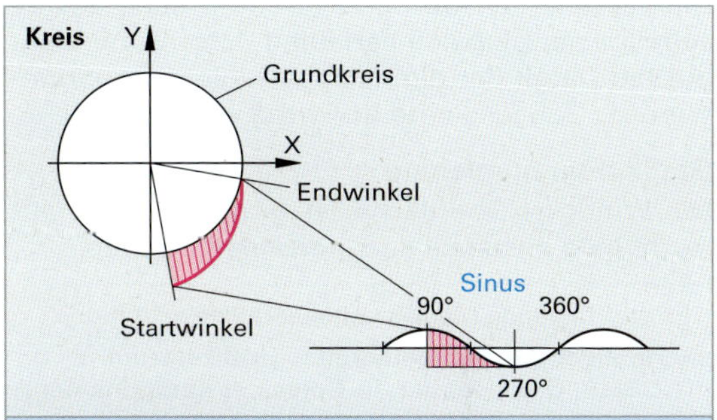

Bild 1: Sinuskurve

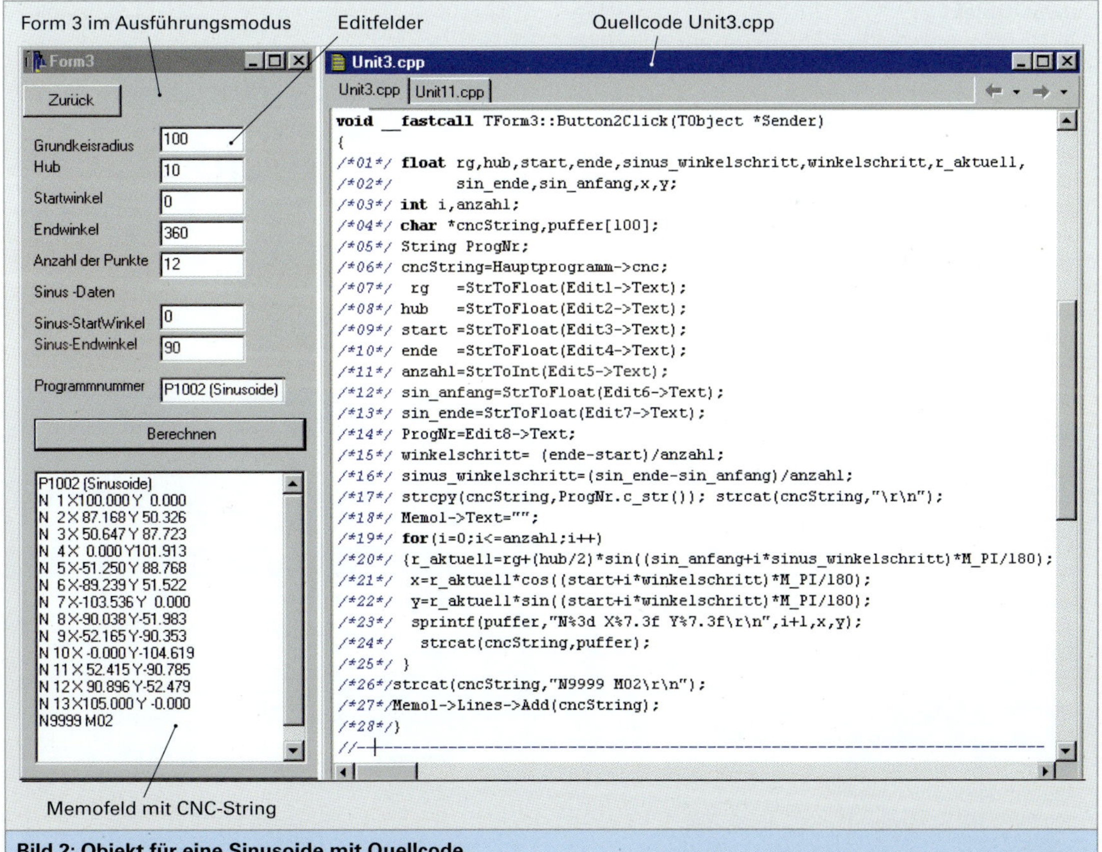

Bild 2: Objekt für eine Sinusoide mit Quellcode

Struktur der Variablen für den „cnc"-String

In der *Form1* wird im *Unit1.h* die Zeigervariable **cnc* deklariert. Beim Erzeugen des Fensters wird dann Speicherplatz reserviert und die Startadresse dem Stringzeiger **cnc* zugewiesen **(Bild 1)**. Dieser zeigt beispielsweise auf die Adresse 004711. In der *Form2* wird eine lokale Zeigervariable erzeugt.

Dieser wird mit der Anweisung:

cncString=cnc, der Adresse der Variablen **cnc* zugewiesen.

Die Variable **cncString* zeigt somit auch auf die Adresse der globalen Variablen **cnc*. Damit kann auf die Daten der globalen Variablen zugegriffen werden. Genauso wird in *Form3* verfahren.

Grafikprogrammierung

Die Windows-Oberfläche ist grafisch aufgebaut. Auch Texte bestehen aus grafischen Zeichen.

> Es gibt folgende Möglichkeiten Grafik einzubinden:
> - Anzeigen von vorgefertigten Grafikdateien, z. B. **.BMP*. Diese werden in Container-Komponenten, z. B. *Image, PaintBox* dargestellt.
> - Einsatz von Grafikmethoden z. B. *LineTo,Ellipse*.

Canvas-Objekt

Alle Grafikmethoden beziehen sich auf eine Bildschirmkomponente, z. B. *Image*. Mit Hilfe des *Canvas-Objekts* kann die Bildschirmkomponente beschrieben werden. Es stehen viele untergeordnete Objekte zur Verfügung **(Bild 2)**. Pen ist der Zeichenstift. Mit ihm kann man mit Canvas zeichnen und man kann die Eigenschaften *Width* (Linienstärke), *Color* (Farbe) und *Style* (Linienart) einstellen. Mit *Brush* (Bürste) stellt man eine geschlossene Fläche mit Farben und Mustern dar.

Image-Komponente

Über das Komponentenfeld wird die Image-Komponente augerufen. Mit der Maus wird das Feld auf die gewünschte Größe aufgezogen. So z. B. auf 100 x 100 Pixel **(Bild 3)**. Links oben sind dann die Koordinaten *x = 0, y = 0*, rechts unten die Koordinaten *x = 100, y = 100*. Im folgenden Beispiel wird ein Koordinatenkreuz in das Feld eingezeichnet und anschließend ein Kreis. Kreise werden mit der Funktion Ellipse gezeichnet. Die Koordinaten entsprechen dem umschreibenden Rechteck bzw. Quadrat.

Beispiel zu Bild 3:

```
/*18*/Image1->Canvas->Pen->Color=clBlack;
/*19*/Image1->Canvas->MoveTo(0,50);
/*20*/Image1->Canvas->LineTo(100,50);
/*21*/Image1->Canvas->MoveTo(50,0);
/*22*/Image1->Canvas->LineTo(50,100);
/*23*/Image1->Canvas->Pen->Color=clRed;
/*24*/Image1->Canvas->Ellipse(40,40,60, 60);
```

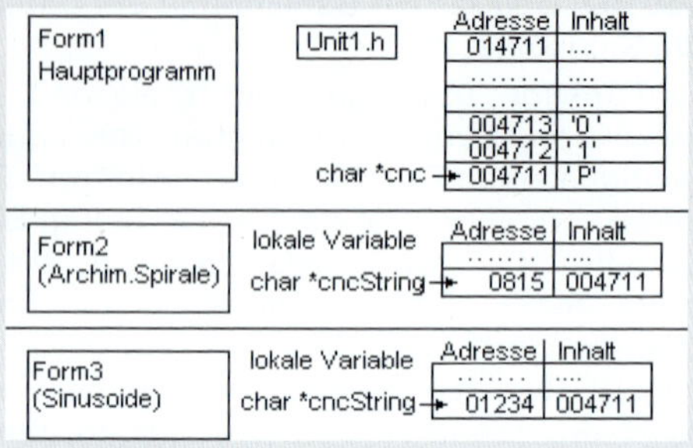

Bild 1: Variable für CNC-Daten

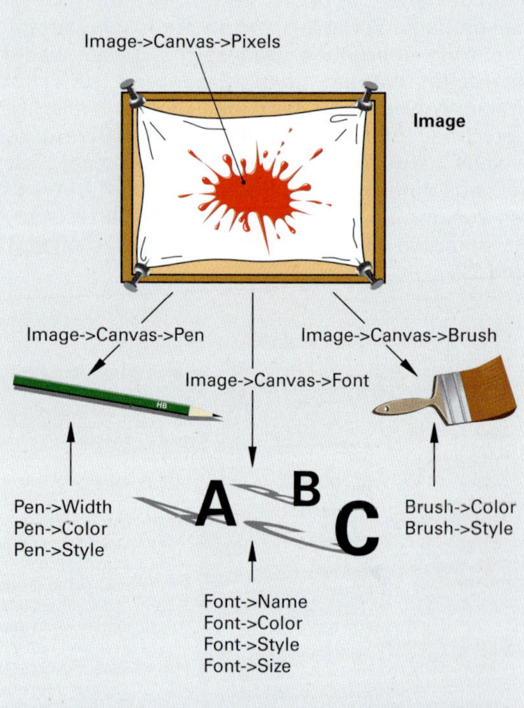

Bild 2: Canvas und untergeordnete Objekte

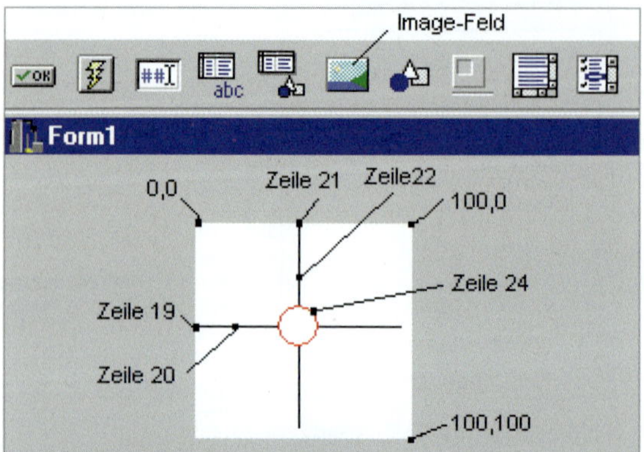

Bild 3: Beispiele für Image-Komponenten

Zeichnen der Archimedischen Spirale

Im Hauptmenü wird die *Form4* generiert. Das *Image1-Objekt* in der Größe 400 × 400 Pixel wird eingezeichnet **(Bild 1)**. Mit dem Button Zeichnen wird die Funktion **(Tabelle 1)** aufgerufen. In Zeile 1 wird die lokale Zeigervariable **lauf* generiert. Mit der Zuweisung der Adresse der globalen Variablen *Hauptprogramm->cnc* wird die Adresse dieser Variablen übergeben. Damit wird der CNC-String erzeugt **(Bild 2)**.

In Zeile 6 Tabelle 1 wird die Zeichenfläche mit der zuvor zugewiesenen Farbe gefüllt.

In Zeile 5 bis 10 wird das Koordinatensystem eingezeichnet. Zum Zeichnen wird nun der gesamte String mit den CNC-Daten durch Hochzählen des Zeigers **lauf* durchlaufen. Immer wenn das ASCII-Zeichen *'X'* bzw. *'Y'* erscheint, wird der Reststring mit Hilfe der Funktion *atof* in eine Gleitkommazahl umgewandelt. Es werden hierzu alle Zeichen verwendet, bis ein Nichtzahlenzeichen kommt. Ist ein Koordinatenpunkt (X-Wert und Y-Wert) komplett, dann wird dieser als Linie dargestellt (Zeile 20, Tabelle 1). Es muss hierzu eine kleine Nullpunktverschiebung in die Mitte des Zeichenfeldes erfolgen. Also in beide Richtungen je 200 Pixel.

Textausgabe im Zeichenfeld

Die Textausgabe wird mit der Methode *TextOut* realisiert. Die Syntax lautet:

Canvas->TextOut (xPos,yposText:String);

Wobei *xPos* und *yPos* die linke obere Ecke des *Textausgabe-Rechtecks* bestimmen. Die Änderung der Schriftart wird über den Standarddialog Font-Dialog erreicht. Die Aktivierung erfolgt über die Anweisung: *fontDialog1->Execute*.

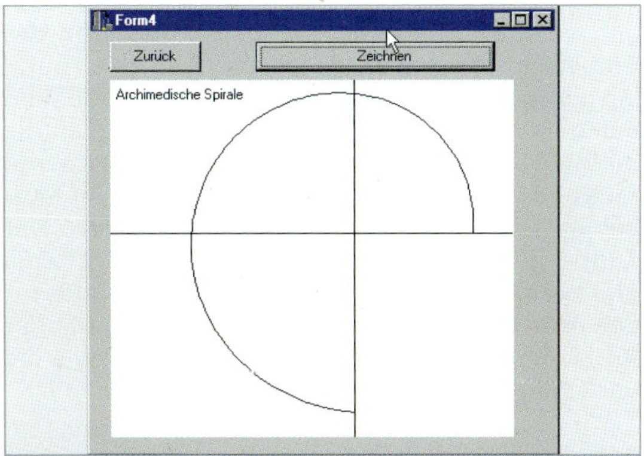

Bild 1: Archimedische Spirale

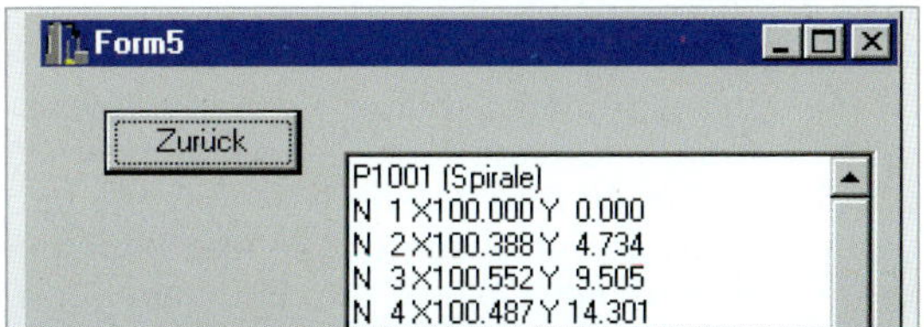

Bild 2: Ausgabe, CNC-String

Tabelle 1: Quellcode zur Analyse des CNC-Strings

Beschreibung	Quellcode C++ Builder
Funktionsknopf	void_fastcall TForm4::Button2Click(TObject *Sender)
	/* 1*/{char *Lauf;
	/* 2*/ float z_x,z_y;
Deklaration der Zeichenfläche	/* 3*/ TRect zeichenflaeche = Rect(0,0,400,400);
Zuweisung der Adresse der globalen Variable cnc	/* 4// Lauf=Hauptprogramm->cnc;
Farbe für Zeichenfläche festlegen	/* 5*/ Image1->Canvas->Brush->Color = clWhite;
Zeichenfläche mit Farbe füllen	/* 6*/ Image1->Canvas->FillRect(Zeichenflaeche);
Koordinatensystem zeichnen:	
Zeichencursor auf Position 0,200 setzen	/* 7*/ Image1->Canvas->MoveTo(0,200);
Linie vom Zeichencursor nach 400,200 ziehen	/* 8*/ Image1->Canvas->LineTo(400,200);
Zeichencursor auf Position 200,0 setzen	/* 9*/ Image1->Canvas->MoveTo(200,0);
Linie vom Zeichencursor nach 200,400 ziehen	/*10*/ Image1->Canvas->LineTo(200,400);
Zeichencursor auf Mitte des Koordinatensystems setzen	/*11*/ Image1->Canvas->MoveTo(200,200);
CNC-Daten zeichnen:	
Solange wiederholen, bis String Ende	/*12*/ while(*Lauf)
Wenn das Zeichen, auf das gerade gezeigt wird, identisch 'X' ist, dann Zeiger erhöhen	/*13*/ { if(*Lauf=='X')
	/*14*/ {Lauf++;
Den Reststring in Float-Zahl wandeln und z_x zuweisen	/*15*/ z_x=atof(Lauf);
	/*16*/ }
Der selbe Vorgang mit Y-Wert	/*17*/ { if(*Lauf=='Y')
	/*18*/ {Lauf++;
	/*19*/ z_y=atof(Lauf);
Zeichnen des analysierten Wertepaares X,Y	/*20*/ Image1->Canvas->LineTo(200+z_x,200-z_y);
	/*21*/ }
Erhöhen des Zeiger zur nächsten Adresse	/*22*/ Lauf++;
	/*23*/ }
	}

7.1.14 Einsatz von Smartphone, Tablet und iPad

Mobile Endgeräte können mittels einer App (Application software) Daten von Steuerungen lesen und schreiben. Diese Programme werden (meist kostenlos) vom Internet geladen, z. B. von Google *PlayStore*. Der Weg der Daten geht von der Steuerung über einen Accesspoint zu den mobilen Endgeräten, welche das entsprechende App geladen und konfiguriert haben **(Bild 1)**. Weil die mobilen Endgeräte nur mit WLAN kommunizieren muss dessen Accesspoint mit einem Ethernet-Kabel mit der Steuerung verbunden werden. Der Zugriff auf eine App muss in der SPS (Siemens) erst freigeschaltet werden. Es wird zudem noch für den Aufruf ein Passwort vergeben **(Bild 2)**. Mit der App können dann die Betriebszustände sowie die Variablen beobachtet werden.

Zum Betreiben des *EasyPort* (Festo) wird auf einem PC bzw. Notebook eine Kommunikationssoftware eingesetzt. Dieses sendet und liest die Daten über den Accesspoint.

NI (Nation Instruments) bietet für das Betriebssystem *Android* (Smartphone, Tablet) und für *iOS* (iPad) das App *NI Data Dashboard* zum Steuern und Überwachen von Steuerungen und Messkarten an. Die einzelnen Objekte zum Bedienen (Controls) und Beobachten (Indikators) werden auf die App Oberfläche gezogen und mit der IP-Adresse und dem Variablennamen versehen. **Bild 3** zeigt Beispiele.

In **Bild 4** wird ein kleines Programm dargestellt, welches Daten an das App sendet und Daten vom App liest. In der Projektstruktur wird die Umgebungsvariable deklariert und in das Diagramm gezogen. Beispielhaft senden ein Schalter und ein Schieberegler Signale an das App und diese werden dargestellt. Rechts im Bild wird das App, welches dann auf dem Tablet läuft, gezeigt.

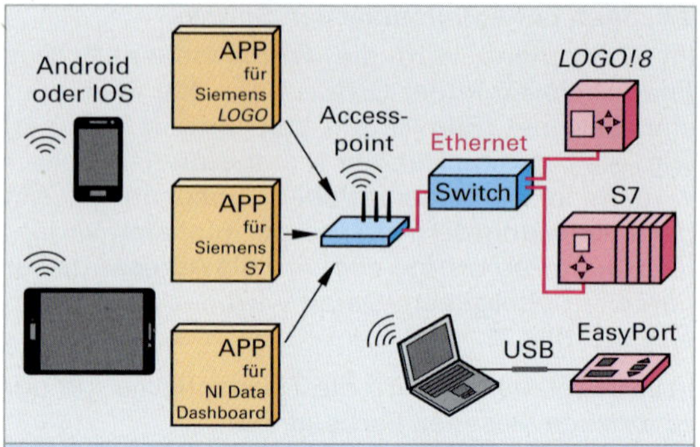

Bild 1: Von der Steuerung zum App

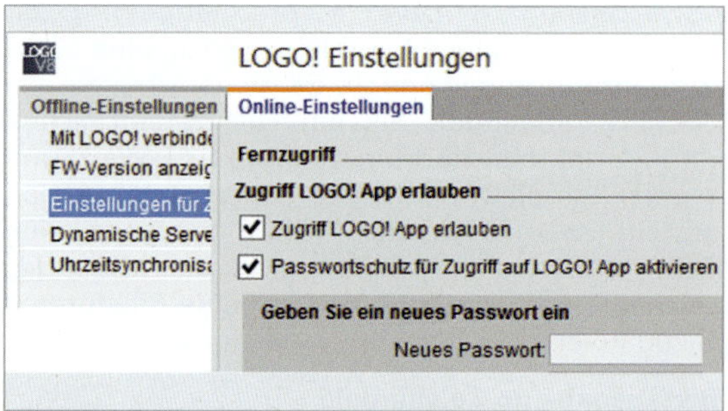

Bild 2: Freischalten von LOGO!8 App

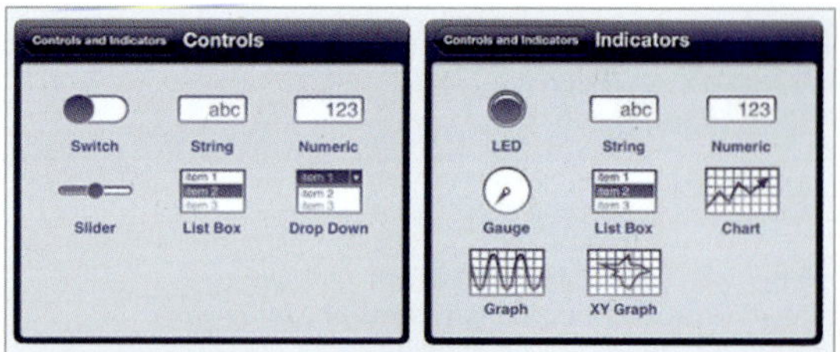

Bild 3: Objekte, Beispiel NI App

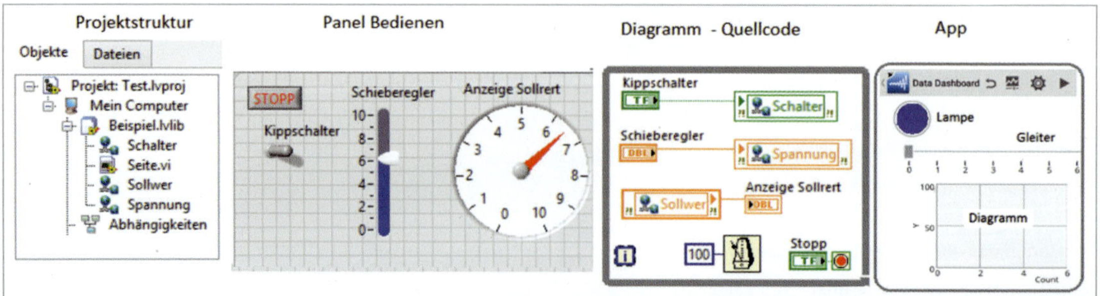

Bild 4: Programmbeispiel

7.1.15 Grafische Programmierung

Im Bereich der *Datenerfassung*, der *Regelungstechnik* und der *Robotertechnik* werden vermehrt grafische Programmiersprachen eingesetzt. Im Prinzip werden hier grafische Elemente (Objekte) aufgerufen und miteinander verbunden. Diese Elemente können x-y-Diagramme, Schiebeschalter, Druckschalter oder Texteingabeteile sein. Alle Elemente zusammen gestalten die sogenannte Frontplatte der Anwendung. Das Programm wird komplett mit grafischen Elementen entwickelt. Es wird als Blockdiagramm bezeichnet. Ein nachfolgender Compiler erzeugt daraus den Objektcode für das PC-System. Zur Datenerfassung und Datenausgabe wird der PC mit Hardware erweitert **(Bild 1)**. In der Regel laufen diese Systeme unter dem Betriebssystem Windows.

Beispiel 1:

Mit einem grafischen Programmiersystem soll die Drehfrequenz einer Bohrmaschine berechnet werden.

Vorgang: Nach dem Starten der Programmiersoftware erscheint am Bildschirm das Fenster für die grafische Bedieneroberfläche **(Bild 2)** und das Fenster für die Programmlogik **(Bild 3)**. Auf der Bedieneroberfläche werden die Objekte zur Dateneingabe und Datenausgabe platziert. Es können auch einfache Bitmap-Bilder eingefügt werden. Während dieses Prozesses entstehen auf der Logikseite die Variablen. Im zweiten Programmierabschnitt werden nun die Variablen mit den notwendigen mathematischen bzw. logischen Funktionen verknüpft. Dies geschieht mit einer symbolischen Drahtrolle (Wiringtool). Wie in anderen Programmiersprachen sind alle Variablentypen, mathematische und logische Funktionen als Grafiksymbole vorhanden. Es wird keine Programmzeile textuell erstellt. Nach dem Verknüpfen kann das Programm gestartet werden. Beim Start läuft automatisch der Compilerlauf an. Das Programm kann sofort verwendet werden.

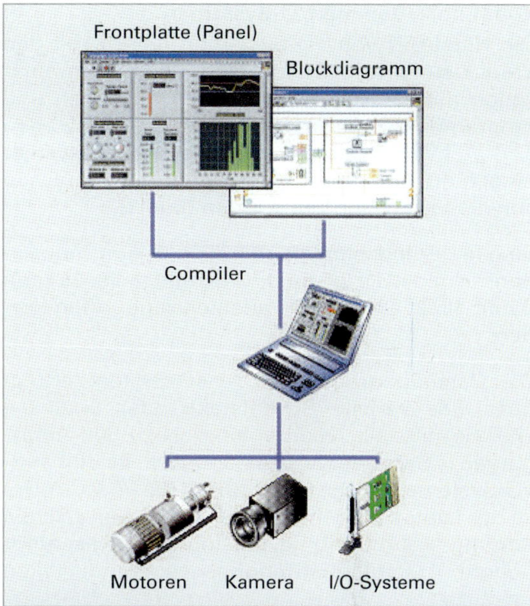

Bild 1: Aufbau des PC-Systems

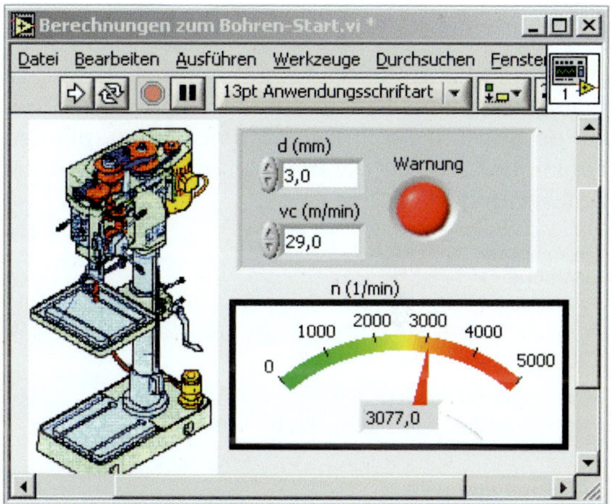

Bild 2: Beispiel 1 „Frontpanel"

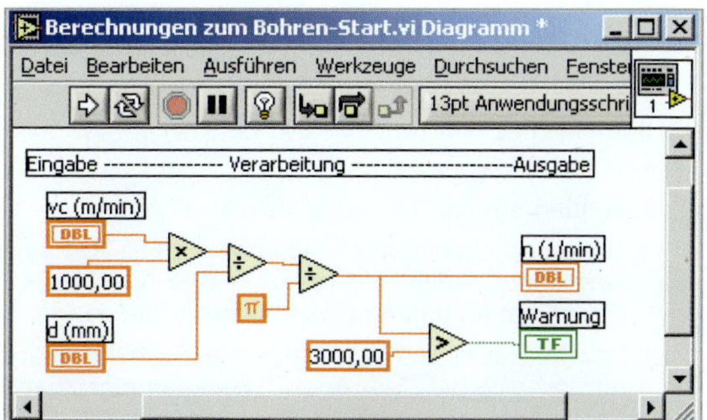

Bild 3: Blockdiagramm (Beispiel 1)

Programmstrukturen

Zur Entwicklung von Programmen sind folgende Elemente grafisch umgesetzt:

- Ablaufstrukturen
- For-Schleifen
- *While*-Schleifen
- Case-Strukte
- Sequenzen
- *boole*sche Funktionen
- mathematische Funktionen
- Strings
- Dateiverarbeitung
- mehrdimensionale Felder (Arrays)

Jedes in sich geschlossene Programmteil kann als Unterprogramm abgelegt werden. Es wird dann davon ein **Icon** (Bild) erzeugt. Dieses kann dann beliebig oft wieder aufgerufen werden.

Kommunikation mit I/O-Systemen

Die Hersteller von I/O-Systemen liefern mit den Produkten Funktionen mit, damit eine Kommunikation mit verschiedenen Betriebssystemen und Programmiersprachen möglich ist. So werden z. B. ActiveX-Programme in das Betriebssystem eingefügt. Auf diese kann dann mit einfachen Funktionen zugegriffen werden **(Bild 1)**.

Eine in der Industrie standardisierte Kommunikationsschnittstelle ist die OPC-Schnittstelle. Es kann damit direkt auf die I/O-Variablen zugegriffen werden.

Die Datenübertragung PC – I/O-System erfolgt über eine serielle Schnittstelle oder über die USB-Schnittstelle. Hierbei sind bis zu 500 Abtastungen je Sekunde (Scans/s) möglich. Es gibt auch I/O-Systeme, welche z. B. direkt in die PCMCIA-Dose des Laptop eingefügt werden. Dann entfällt die Kommunikationsleitung. Es sind dann wesentlich höhere Datenübertragungsgeschwindigkeiten möglich.

Für das EasyPort von Fa. FESTO werden die notwendigen Funktionen als ActiveX-Datei z. B. für die Programmiersprache LabVIEW geliefert **(Bild 2)**.

Die grafische Entwicklungsumgebung LabVIEW bietet komplette Pakete für die Datenkommunikation und für die Prozessvisualisierung, ebenso Funktionen für die Datenanalyse und statistische Auswertungen.

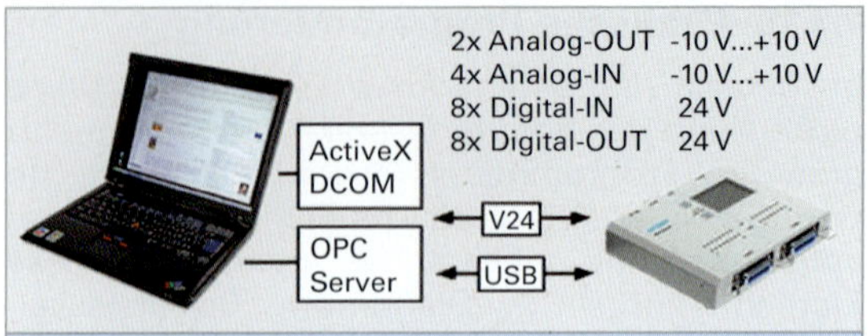

Bild 1: I/O-System

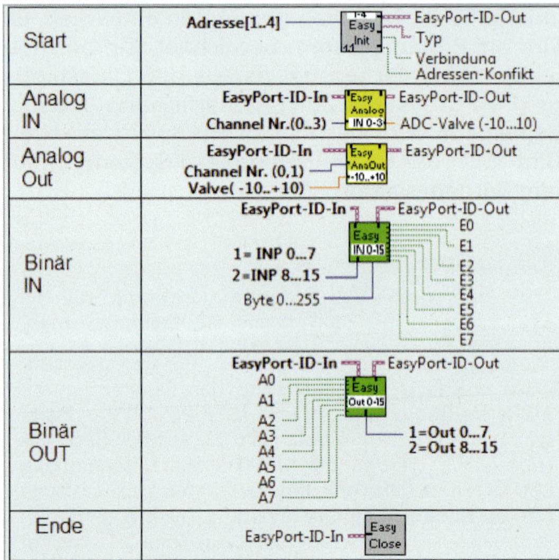

Bild 2: Funktionen für EasyPort

Beispiel 1:

Es soll ein Programm erstellt werden, welches eine Spannung von 0 V ... 10 V einliest und als Zeitdiagramm darstellt.

Es werden die binären Ausgänge A0 und A1 mit einem Button angesteuert, eingelesen und angezeigt.

Arbeitsfolge:

1. Erstellen des Frontpanel (Bild 3)

- Anwählen des y-t-Graphen, Einstellen der Eigenschaften,
- Anwählen der Button,
- Anwählen der binären Eingänge.

2. Erstellen des Blockschaltbildes (Bild 4)

- While-Schleife erzeugen,
- Sequenzstruktur mit drei Feldern anlegen,
- Funktionen aus der Bibliothek „FESTO-EasyPort_dt.llb" laden und die Elemente anschließen (links immer Eingänge, rechts immer Ausgänge),
- Das Programm soll alle 50 ms einen Scan durchführen, deshalb die „Metronom"-Funktion eintragen.

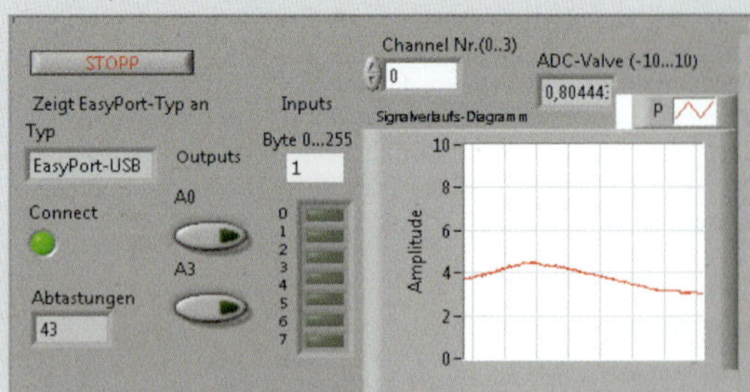

Bild 3: Frontpanel

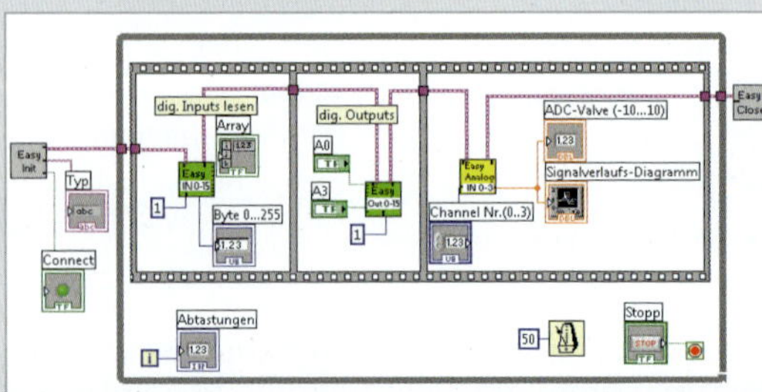

Bild 4: Blockschaltbild

Digitaltechnik

In der grafischen Programmierspache stehen alle notwendigen *booleschen* Funktionen als grafische Symbole zur Verfügung **(Bild 1)**. Auf der Bedieneroberfläche sind die Eingabebuttons E0 und E1 als Schalter konfiguriert und die Button E2 und E3 als Taster. Als Ausgang wird die Lampe A0 und A1 verwendet. Bei der einfachen UND-Verknüpfung wird A0 = TRUE, wenn E0 = TRUE und E1 = TRUE ist, ansonsten ist A0 = FALSE.

Soll der Ausgang speicherndes Verhalten haben, dann erfolgt eine *bedingte* Zuweisung. Nur wenn E2 = TRUE, dann wird A1 = TRUE gesetzt, Wenn E3 = TRUE, dann wird A1 = FALSE gesetzt. Um dies zu erreichen, wird die Zuweisung in eine *CASE*-Struktur gesetzt. Meist wird bei digitalen Eingängen und Ausgängen jeweils mit ganzen Bytes gearbeitet. Oft benötigt man nur den Zustand eines einzelnen Bits.

Dieses wird aus dem Byte berechnet, z. B. mit der Umwandlung in ein *8-Bit-Array* vom Datentyp *BOOL* **(Bild 2)**. Hierzu ist ein Objekt vorhanden. Auf die einzelnen Plätze dieses Arrays kann über eine Funktion zugegriffen werden. In der Bedieneroberfläche wird das Eingabeobjekt für das Array vom Datentyp BOOL und 3 Lampen eingegeben.

Im Programm werden die einzelnen Objekte verbunden. Sollen 8 Bits analysiert werden, verlängert man das Array und entsprechend mehr Index-Funktionen werden aufgerufen. Alternativ können die Bits auch durch *Ausmaskieren* gewonnen werden **(Bild 3)**. Man legt hierzu über das Byte eine *AND-Maske* mit der Wertigkeit des jeweiligen Bits gelegt. Im anschließenden Vergleich mit der Wertigkeit wird das Ergebnis TRUE oder FALSE und damit der Zustand des Bits gewonnnen. Dieses Verfahren wird auch angewendet, wenn man mit einer bestimmten Bitzahl arbeiten will. Sollen z. B. nur Bit 0 bis Bit 2 verwendet werden, dann wird eine *AND-Maske* mit dem Wert 7 verwendet.

Bild 4 zeigt weitere Funktionen und Operatoren. Die Booleschen Grundfunktionen stehen vollständig zur Verfügung. Bei den Funktionen UND, ODER stehen Multifunktionen zur Verfügung, so dass beliebig viele Eingänge aufgeschaltet werden können. Die Operatoren können meistens auch Variablentypen verarbeiten. So kann z. B. der Operator *Gleich* sowohl Zahlen vergleichen als auch Strings. Hier werden die ASCII-Werte bzw. die Summe der ASCII-Werte verglichen. Die Schaltungen setzt man durch Mehrfachaufruf und durch Kombination der Elemente zusammen.

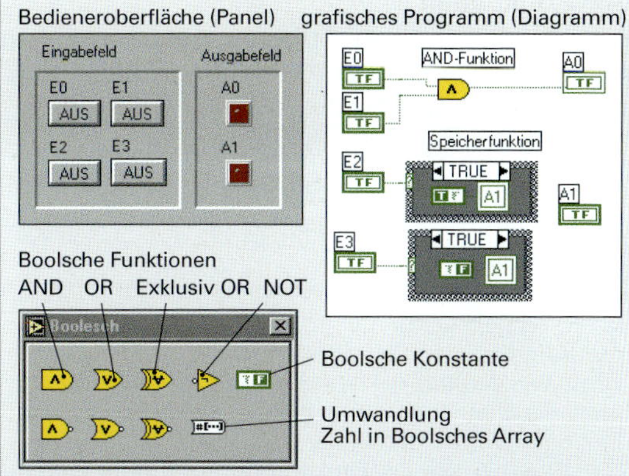

Bild 1: Boolesche Funktionen

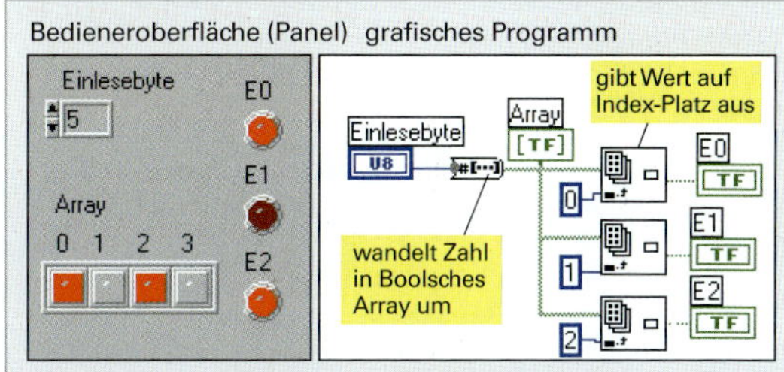

Bild 2: Umwandlung eines Eingangsbytes

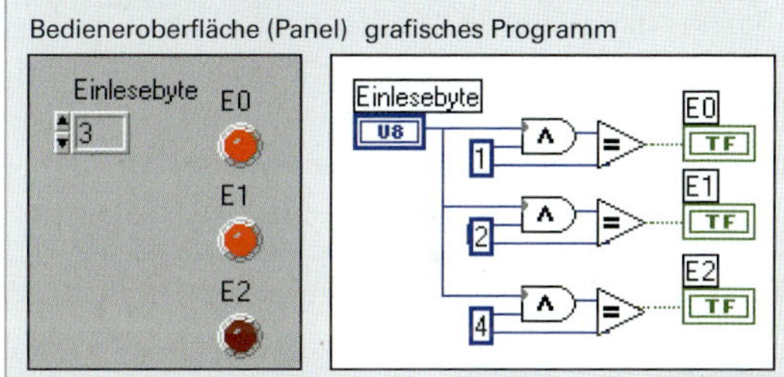

Bild 3: Ausmaskieren

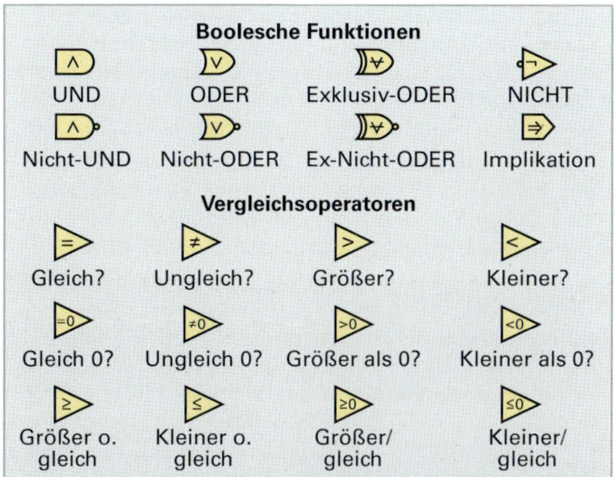

Bild 4: Logische Funktionselemente

Stringfunktionen

Für alle notwendigen Stringoperationen stehen mächtige Funktionen zur Verfügung. **Bild 1** zeigt eine kleine Auswahl:

- Bestimmen der Länge eines Strings,
- Zusammensetzen von Strings,
- Analysieren von Strings,
- Umwandeln in Zahlen.

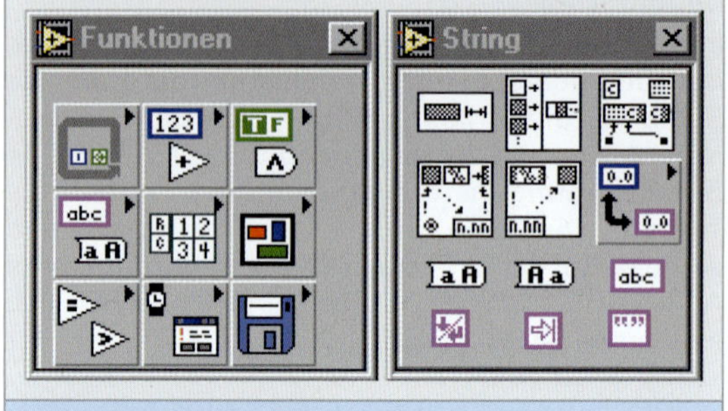

Bild 1: Stringfunktionen

In der Technik werden üblicherweise die Maschinenprogramme, z. B. CNC-Programme oder Messwerte von Messgeräten in Stringform dargestellt. **Bild 2** zeigt die Erstellung eines kleinen CNC-Programms. Eingegeben wird der Zahlenwert als Gleitkommazahl (Typ *Double*). Mit der Funktion *In String formatieren* wird ein Start-String übergeben und das Format mit angegeben. Die Struktur ist genau wie in der Programmiersprache *C*. Weil CNC-Maschinen immer einen Dezimalpunkt benötigen, wird mit einer Funktion das Dezimalkomma in einen Dezimalpunkt gewandelt.

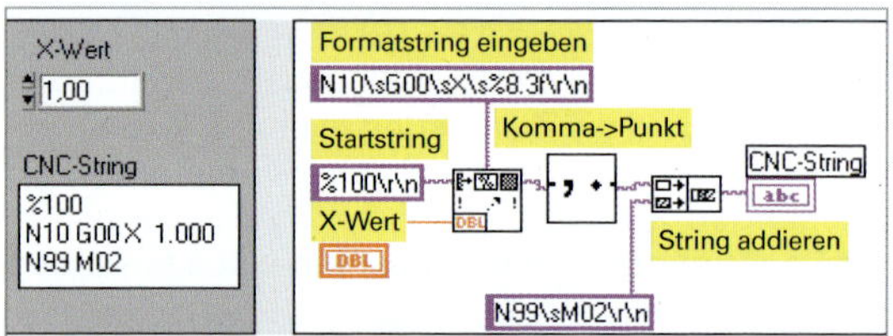

Bild 2: Erstellen des CNC-Strings

Beispiel für die Umwandelfunktion Komma in Dezimalpunkt:

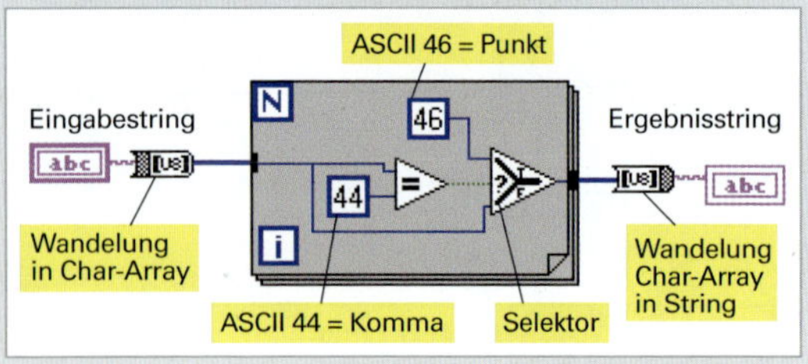

Nach der Wandelung wird ein weiterer String als Endesatz angehängt. Nach jedem CNC-Satz müssen die Satzendezeichen *\r\n = ASCII 13* (CR) und *ASCII 10* (LF) folgen.

Bedieneroberfläche

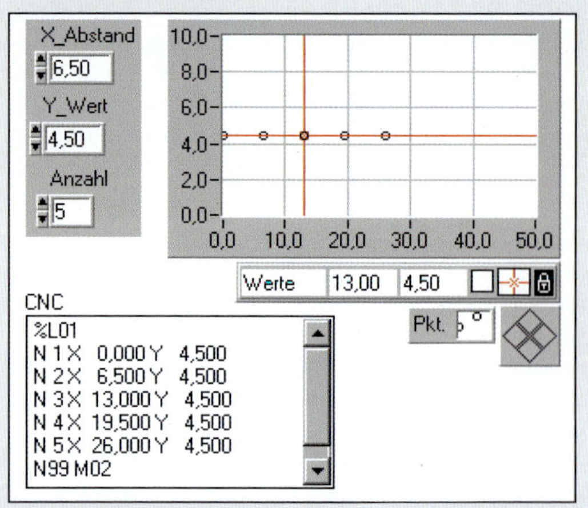

Bild 3: CNC-Programm

Beispiel:

Programmstellung zur Generierung von CNC-Daten für eine Bohrreihe.

In der Bedieneroberfläche **(Bild 3)**, werden der X-Abstand, der Y-Abstand und die Anzahl der Bohrungen eingegeben. Das Programm **(Bild 4)** generiert dann das komplette CNC-Programm als String und stellt diesen in dem Stringobjekt CNC auf dem Bildschirm dar.

Zur grafischen Darstellung der Bohrkoordinaten wird ein XY-Diagramm verwendet. Hier kann zusätzlich eine Cursorlinie eingeblendet werden, welche beim Verschieben die aktuellen Werte in X und Y anzeigt.

Von der Programmstruktur her wird eine For-Schleife verwendet. Die Anzahl der Durchläufe entspricht der Bohrungszahl. Als Startstring wird *%L01\r\n* übergeben. In der Schleife werden die Koordinaten berechnet. Wobei die Variable *i* der Schleifenzähler ist. Im Formatstring wird der CNC-Satzaufbau angegeben. Es werden jeweils die 3 Zahlenwerte (i,X,Y) in den String übergeben. Nach dem Schleifendurchlauf wird der Endesatz angehängt.

grafisches Programm

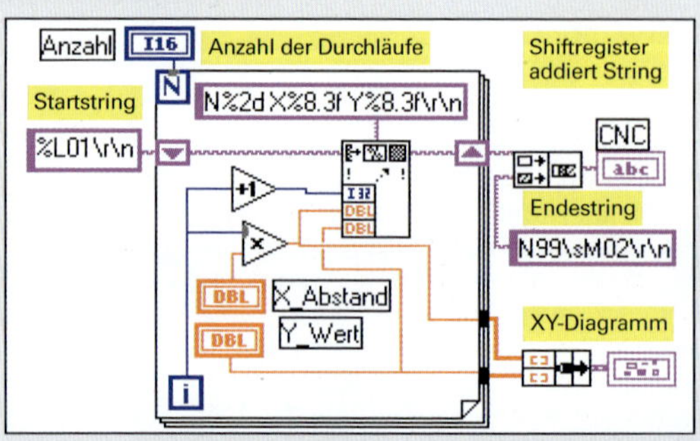

Bild 4: Programmstruktur

Diagramme mit mehreren Kurven

Bei einem **Kurvendiagramm** werden die Daten für die jeweilige Kurve mit der Funktion *Bundle* (bündeln) zusammengeführt und dem Diagramm zugewiesen. In **Bild 1** werden zwei Kurven mit Daten aus einem Zufallsgenerator (Symbol *Würfel*) erzeugt. Die Zykluszeit ist auf 10 ms eingestellt (Symbol *Metronom*). Mit einem *EIN-Button* (Taster) wird die While-Schleife gestartet. Es werden die Daten solange generiert, bis mit dem *AUS-Button* (Taster) abgeschaltet wird. Damit die X-Achse zur Zeitachse wird, muss das Diagramm entsprechend eingestellt werden. Wird das Diagramm mit der rechten Maustaste angeklickt, so gelangt man in das Menü *Formatierung X-Achse* **(Bild 2)**. Die X-Achse wird vom Parameter *dX* bestimmt. *dX* gibt den X-Abstand an, mit welchem die ankommenden Messwerte in das Diagramm eingetragen werden. Bei einer Zykluszeit von 10 ms (Metronom) ist X = 0,01. In diesem Menü können weitere Parameter eingestellt werden, so z. B.: Achsenstil, Gitternetze, Farben der Gitternetze, Skalierungsart (linear oder logarithmisch), Darstellungsarten der Zahlen (dezimal, hexadezimal, dual).

Bei einem **XY-Diagramm** werden die Daten im Normalfall zuerst gerechnet und einem *Array*[1] zugewiesen. Danach erfolgt die Übertragung auf das Diagramm. Falls schon während der Datenerfassung die Darstellung erfolgen soll, müssen die Daten in einem Array gepuffert werden.

Beispiel für das Puffern von Daten:

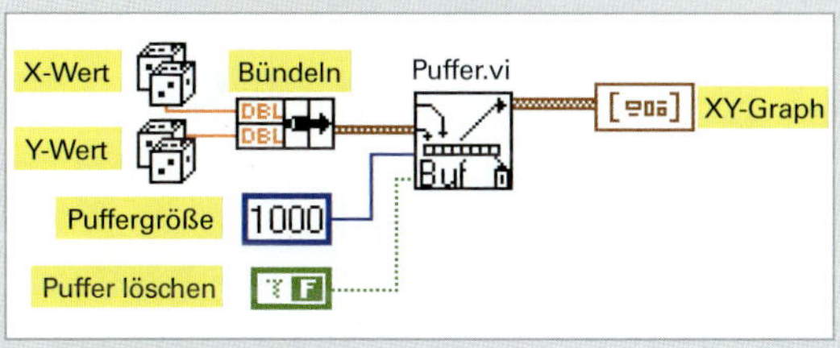

Beispiel: Messdatenauswertung

In einem Fertigungprozess werden die Messdaten in ein Array eingetragen und ausgewertet **(Bild 3)**. Die Auswertung soll die Daten, sowie Mittelwert, max. Wert und min. Wert grafisch darstellen. Es wird hierzu ein XY-Diagramm verwendet. Für die Aufbereitung der Daten werden die Objekte MAX-MIN und STATISTIK verwendet. Die Ergebnisse werden über eine For-Schleife in ein Array umgewandelt, sodass alle Daten als Array vorliegen. Am Ausgang der For-Schleife werden alle Daten jeweils als X-Array und Y-Array gebündelt. Die X-Achse ist dabei jeweils das Array aus den Daten des Schleifenzählers *i*. Die einzelnen Arrays werden zu einem Gesamtarray zusammengebunden und an das XY-Diagramm gesendet **(Bild 4)**.

[1] engl. array = Feld

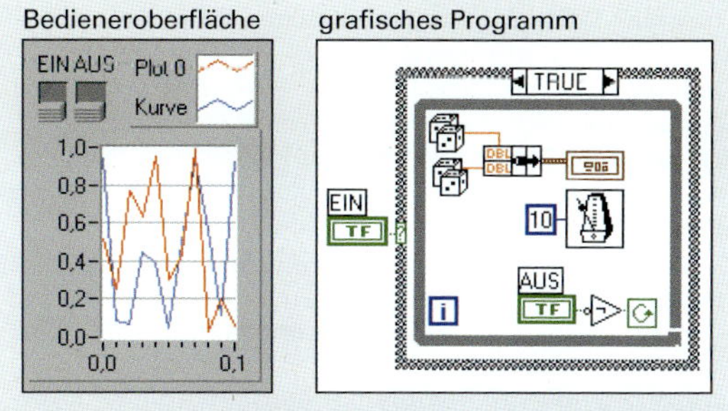

Bild 1: Diagramm mit 2 Kurven

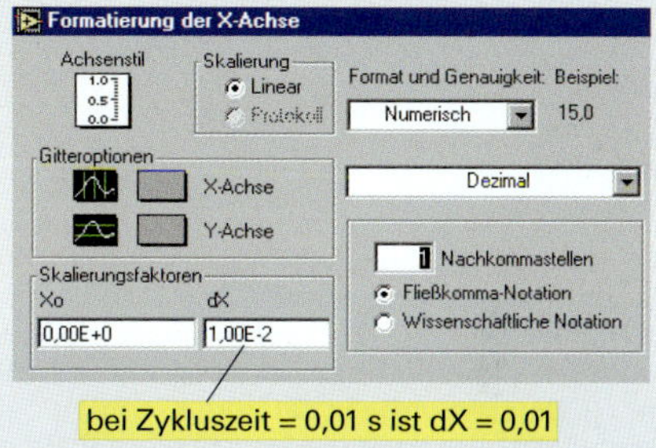

Bild 2: Diagramm einstellen

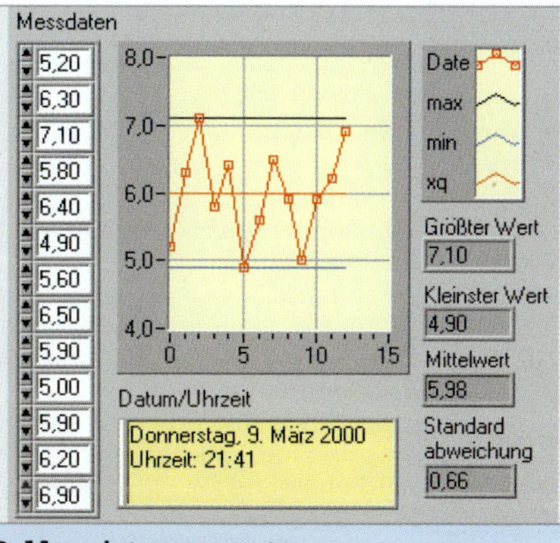

Bild 3: Messdatenauswertung

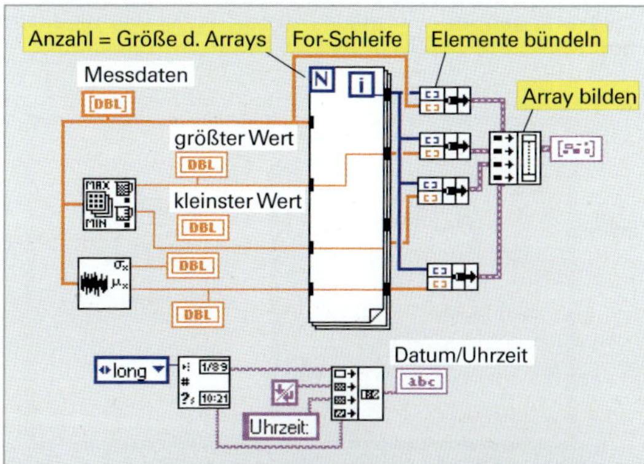

Bild 4: Programm zur Messdatenauswertung

Beispiel: Software zur dynamischen Prüfung von Proportionalventilen

Bei der dynamischen Prüfung wird das Ventil mit einem Sinussignal unterschiedlicher Frequenz beaufschlagt und die Antwort mit aufgezeichnet. Der Versuch ist die Basis für die Erstellung eines *Bode-Diagramms* für ein Ventil.

In **Bild 1** wird eine mögliche Versuchsanordnung dargestellt. Zur Messdatenerfassung und zum Senden des Analogsignals an das Proportionalventil wird eine Interfacekarte verwendet. Es wird generell mit ±10-V-Signalen gearbeitet. Für das Erzeugen eines Sinus-Signals steht eine Funktion zur Verfügung **(Bild 2)**.

Hierbei wird ein Array erzeugt, welches die Sinuswerte enthält. Eingegeben werden **(Bild 3)**:

- Anzahl der Abtastwerte (Gesamtzahl der Werte),
- Amplitute,
- Phase,
- Zyklenzahl.

Zur grafischen Darstellung wird ein XY-Diegramm verwendet, welches die Sollwerte (Sinuswerte) und die Antwortwerte des Ventils enthält. Die X-Achse ist als Zeitachse aufgebaut. Zur besseren Auswertung **(Bild 4)** können Cursorlinien über das Diagramm gezogen werden. Im Display wird die aktuelle X- und Y-Position angezeigt. Zusätzlich kann die Farbe geändert werden. Mit dem *Lupen*-Symbol können *Zoom*-Funktionen aktiviert werden. Somit können Details besser analysiert werden. Mit dem *Hand*-Symbol kann der gesamte Diagramminhalt verschoben werden.

Programmerstellung (Bild 5):

Es wird davon ausgegangen, dass die Zykluszeit 10 ms beträgt (Metronom = 10) und 10 Sinusschwingungen erzeugt werden. Somit muss als Abtastwert 1000/Frequenz Hz) eingegeben werden. Zu dem entstandenen Sinus-Array wird noch ein Offset addiert, damit für ein Druckventil nur im positiven Bereich gearbeitet wird. Bei Eintritt in die For-Schleife erkennt diese am Array die Anzahl der Durchläufe. In der Schleife werden die Werte des Sinus-Array über eine Funktion (Digital-Analog-Umsetzer) an das Prop-Ventil gesendet. Gleichzeitig wird über eine zweite Funktion (Analog-Digital-Umsetzer) der aktuelle Druck am Ventil gemessen. Alle Werte werden in einem Array am rechten Rand der Schleife gesammelt. Anschließend werden die Werte gebündelt und als Gesamt-Array wieder verbunden, und danach an das XY-Diagramm gesendet.

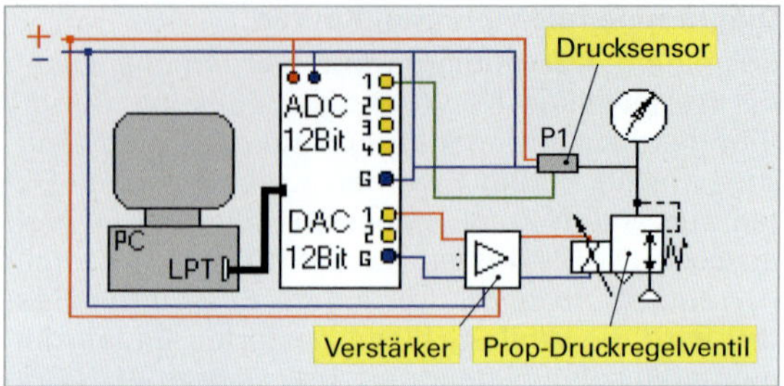

Bild 1: Versuchsanordnung für dynamische Prüfung eines Ventils

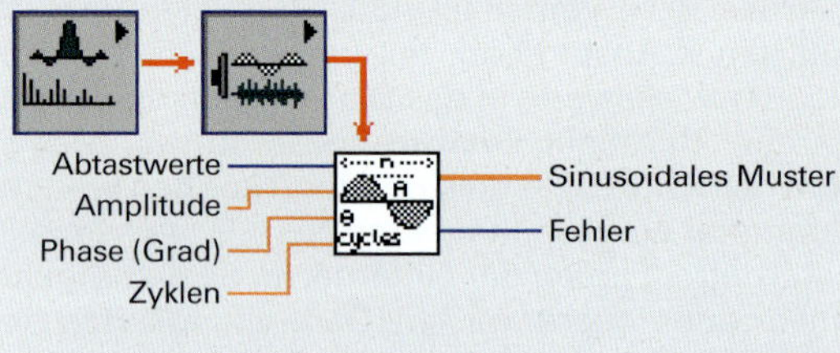

Bild 2: Erstellung eines Sinus-Arrays

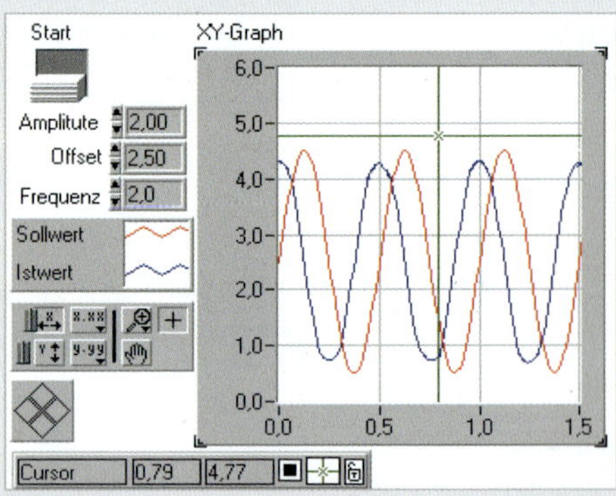

Bild 3: Bedieneroberfläche für ein Testprogramm

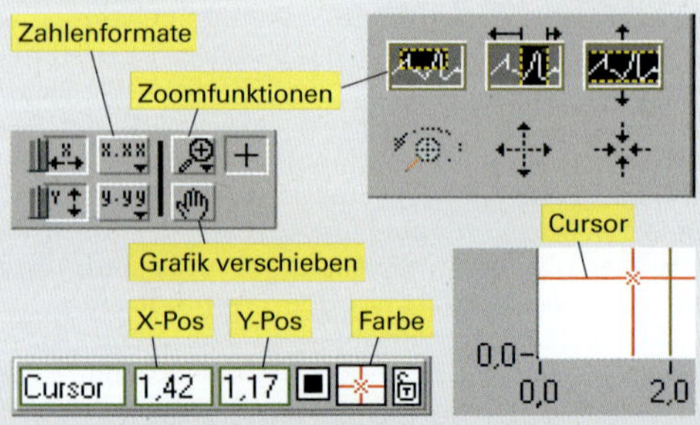

Bild 4: Auswertemöglichkeiten des XY-Diagramms

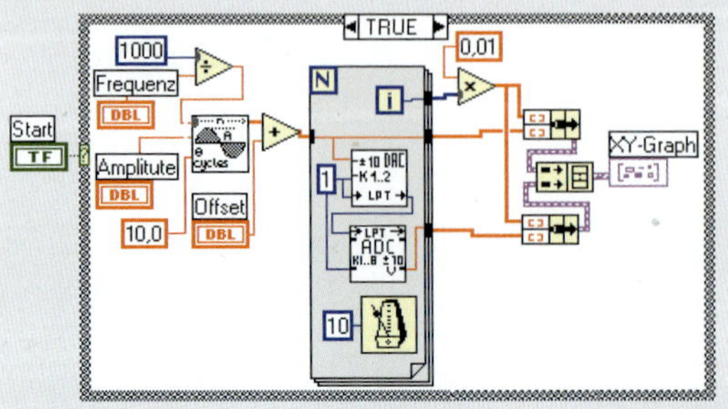

Bild 5: Programm

7.2 Steuern mit Computer

7.2.1 Zusatzbaugruppen

PCs werden je nach Anwendung mit Zusatzmodulen ausgerüstet. Auf den internen Bus können Zusatzkarten gesteckt werden **(Bild 1)**. Oftmals haben die Baugruppen eigene Prozessoren und Betriebssysteme. Über Feldbus-Systeme, z. B. PROFIBUS oder PROFINET werden Sensoren und Aktoren oder SPS-Steuerungen angeschlossen.

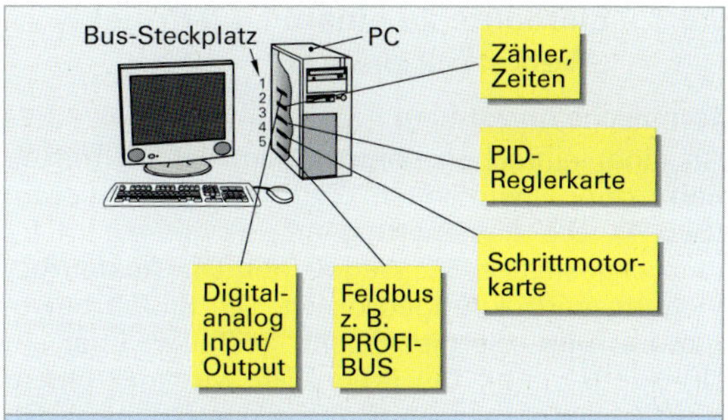

Bild 1: PC mit Zusatzbaugruppen

EasyPort. Kleine IO-Systeme, wie z. B. der EasyPort (Festo Didactic) haben nur eine USB Schnittstelle. Damit dieses System im Netz betrieben werden kann wird ein USB-LAN Umsetzer (www.Silexeurope.com, Typ DS-50) angeschlossen **(Bild 2)**. Nach der Installation der *Silex-Software* auf den PCs kann der EasyPort auf den einzelnen PCs im Netz ohne Geschwindigkeitsverlust betrieben werden. Technische Daten:

16 digitale Eingänge 24 V

16 digitale Ausgänge 24 V, Relais 5 A

4 analoge Eingänge –10 V ... + 10 V (12 Bit AD-Umsetzer),

2 analoge Ausgänge –10 V ... + 10 V (12 Bit AD-Umsetzer),

Abtastrate über USB bis 500 Samples/s (Update-Rate).

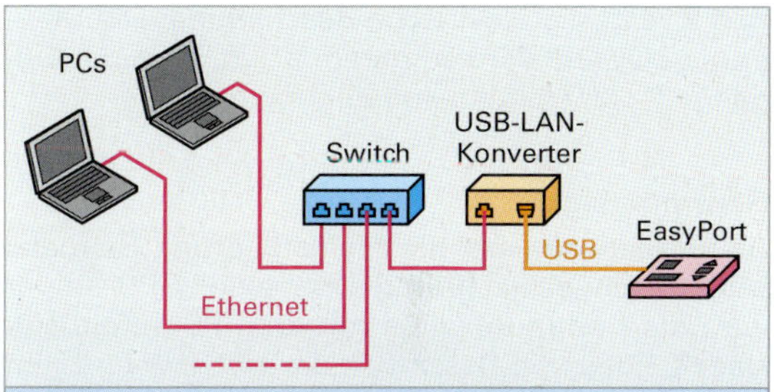

Bild 2: Umsetzung von EasyPort auf LAN

NI myDAQ. NI (National Instruments) ist Hersteller von PC-basierten Messsystemen. Das NI myDAQ ist das kleinste System. Es ist als Multimeter geeignet und wird über USB an den PC angeschlossen **(Bild 3)**. Technische Daten:

2 analoge differentielle Eingänge oder 1 Stereoeingang –10 V ... 10 V (16 Bit-AD-Umsetzer) 200 000 Samples/s (Update-Rate),

1 Audio-Eingang –2 V ... 2 V,

2 analoge Ausgänge gegen Masse oder 1 Stereoausgang –10 V ... 10 V (16-Bit AD-Umsetzer), max. 2 mA,

1 Audioausgang –2 V ... +2 V,

8 Digitale Eingänge/Ausgänge 5 V, TTL können softwaremäßig umgeschaltet werden,

1 universeller Zähler, Auflösung 32 Bit, 100 MHz.

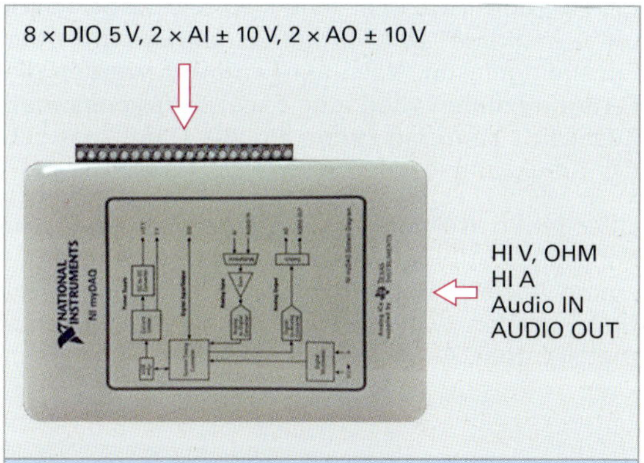

Bild 3: National Instruments myDAQ-Interface

Multifunktionskarte (Bild 4). Diese Karte (Fa. IBES, Aalen) hat einen RJ45-Anschluss und wird über Ethernet betrieben. Als Zubehör gibt es eine Zusatzkarte mit 4-mm-Laborbuchsen. Da ein einfaches Ethernet-Protokoll zugrunde liegt, kann die Kommunikation mit allen Programmiersprachen betrieben werden. Technische Daten:

8 digitale Eingänge 24 V,

8 digitale Ausgänge 24 V, Relais 5 A,

8 analoge Eingänge –10 V ... + 10 V (12 Bit AD-Umsetzer),

2 analoge Ausgänge –10 V ... + 10 V (12 Bit AD-Umsetzer),

500 Samples/s (Update-Rate).

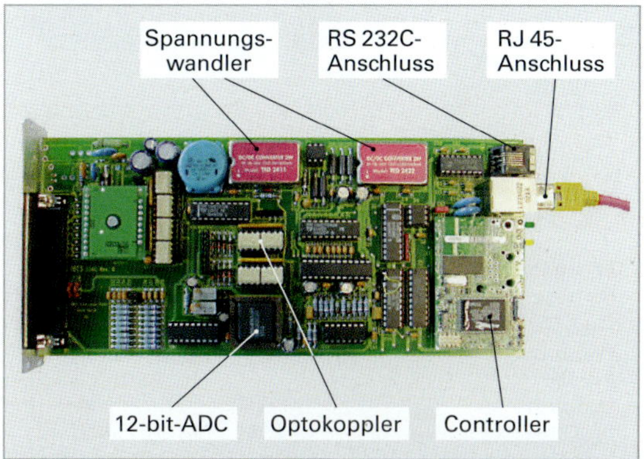

Bild 4: Multifunktionskarte

7.2.2 Elemente zu einem i 4.0 Projekt „Werkstück prägen“

Technische Anordnung

An einer einfachen Prägestation werden mit einem doppeltwirkenden Zylinder Teile geprägt **(Bild 1)**. Die Ansteuerung erfolgt mit einem federrückgestellten 5/2 Wegeventil. Die Ausfahrbewegung wird zuluftgedrosselt. Die Einfahrbewegung erfolgt energieeffizient, gesteuert über ein Druckregelventil. Die Prägekraft wird mit einem Kraftsensor gemessen. Ein Drucksensor misst den Systemdruck.

Bild 2 zeigt die elektrische Beschaltung. Die Steuerung LOGO!8 wird so parametriert, dass die Eingänge I1, I2, I7 ,I8 Analogeingänge sind.

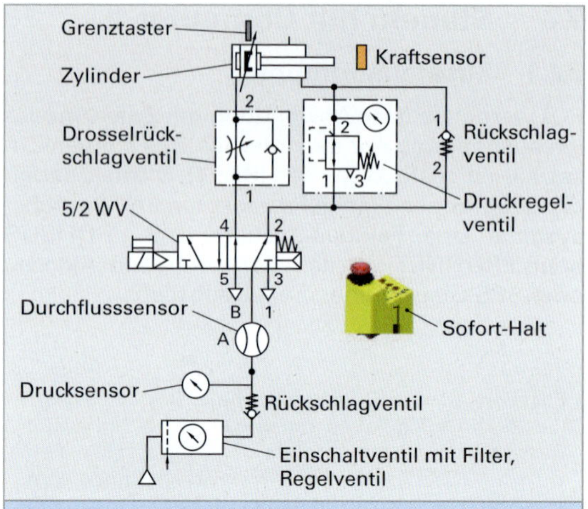

Bild 1: Technische Anordnung

Gesamtanlage

Als Steuerung wird die Kleinsteuerung Siemens LOGO!8 eingesetzt **(Bild 3)**. Über einen OPC-Server wird die Kommunikation mit dem PC aufgebaut. Der PC1 liest die Daten von der LOGO!8 und gibt sie an das LAN-Netz. Ebenso holt er vom LAN-Netz Daten und leitet diese an die LOGO!8 weiter. Auf dem PC2 läuft eine kleine MES-Software unter LabVIEW. Der Fertigungsauftrag wird über Excel eingelesen. Nach der Fertigung werden die Fertigungsdaten wieder an Excel zurückgesendet. Zusätzlich kann ein dritter PC die Daten der LOGO-Steuerung lesen.

Über einen Webserver kann eine Fernsteuerung der Anlage erfolgen. Hierzu wird der PC2 wird mit einem Accesspoint verbunden, so dass man mit Mobilgeräten (Smartphone, Tablet) mit dem Betriebssystem *Android* oder *iOS* die Daten lesen kann.

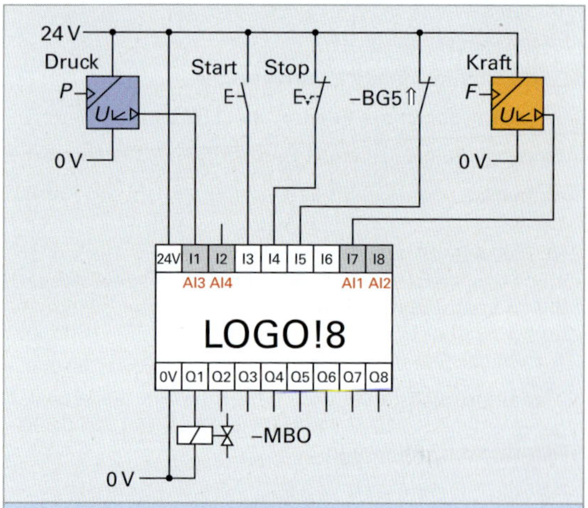

Bild 2: Schaltplan für LOGO!8

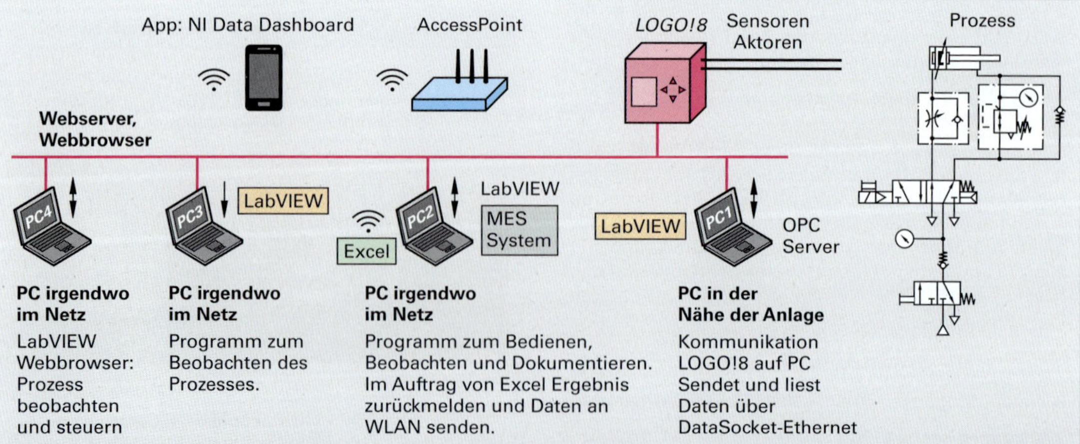

Bild 3: Gesamtordnung der Anlage

Programm LOGO!

Das Programm wird mit der Software *LOGO! Comfort* in der Sprache *Funktionsplan* erstellt.

Logik des Programms:

Kolben ausfahren und ausgefahren bleiben, wenn der Starttaster kurz betätigt wird oder wenn ein Signal von externem PC oder vom Funktionstaster F1 über den Webserver kommt und gleichzeitig der Kolben in Grundstellung ist. Es wird der Speicher RS gesetzt und das Ventil geschaltet.

Kolben einfahren, also den RS Speicher zurücksetzen, wenn der Stop-Schalter = 0 (Öffner), oder die Meldung „Kraft erreicht" (von PC2) oder der Funktionstaster F4 (von Webserver) Signal bringt.

Der Analogeingang AI1 (Kraftsensor) liefert einen Integerwert. Die Eingangspannung 0 V...10 V ergibt einen Wert von 0...1000. Der Sensor hat den Signalbereich 0 V...10 V → 0 N...1000 N, folglich entspricht der Integerwert einer Kraft in N.

Der Analogeingang AI3 (Drucksensor) liefert einen Integerwert. Die Eingangsspannung 0 V...10 V ergibt einen Wert von 0...1000. Der Drucksensor hat den Signalbereich 0 V...10 V → 0 bar... 10 bar. Also entspricht der Integerwert dem 100-fachen des Druckwerts in bar. Das Icon B008 ist nur notwendig, damit im Display der Druck dargestellt werden kann.

Im Steuerungsprogramm kann ein *Icon* aufgerufen werden um einen Meldetext zu gestalten. Mit Hilfe des *Icon* „High" wird eine dauernde Anzeige des Displays erreicht. **Bild 2** zeigt die Parametrieroberfläche. In der Software kann eingestellt werden, dass das Display sowohl mit der LOGO!8-Steuerung als auch mit dem Webserver dargestellt wird.

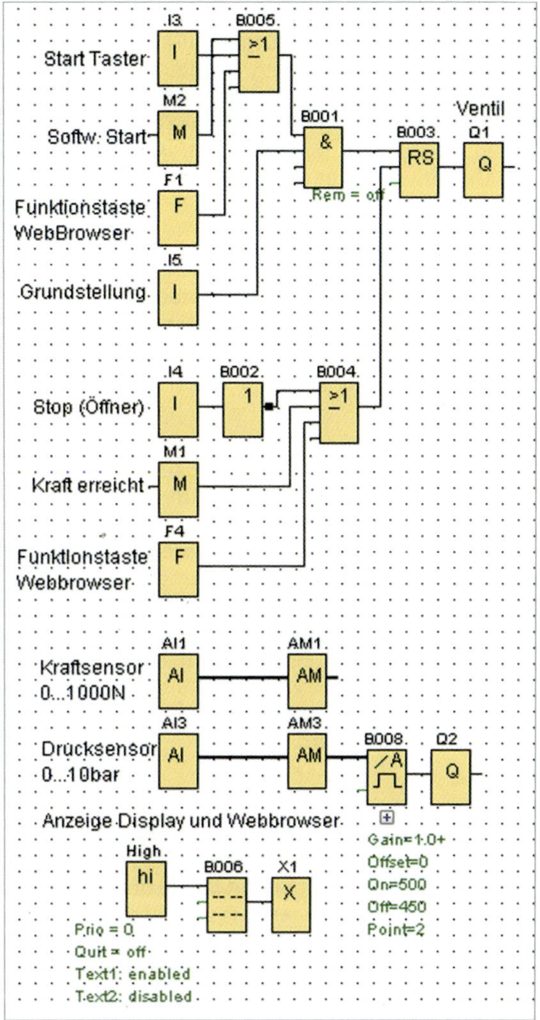

Bild 1: Steuerungsprogramm

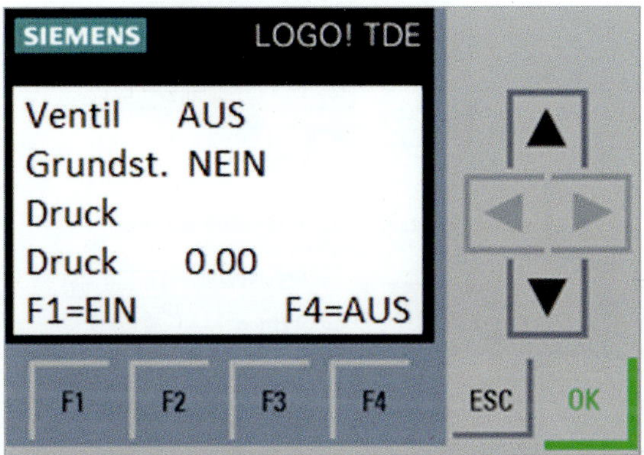

Bild 3: Display auf Webserver

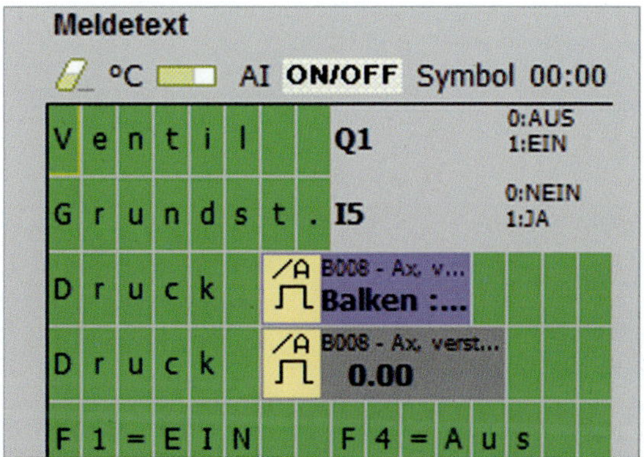

Bild 2: Panel-Bild auf LOGO!

Kommunikation: LOGO! mit PC

Das Programm hat die Aufgabe die Kommunikation mit der Kleinsteuerung LOGO! zu bewerkstelligen und die Daten mit dem LAN-Netz zu kommunizieren. Die Bedienoberfläche **(Bild 1)** zeigt die Daten aus der SPS. Man gibt die IP-Adresse des PC ein. Dieser verwaltet die Auftragsdaten.

Zu diesem Programm wird ein OPC-Server zur Kommunikation mit der Kleinsteuerung LOGO! gestartet und zusätzlich ein DataSocket-Server für die Kommunikation mit einem anderen PC, im Beispiel mit PC2 **(Bild 2)**.

Bild 3 zeigt das Öffnen der Kanäle für den OPC-Server und das Bestimmen der ID-Adressen. Der Aufrufstring besteht aus dem Namen des OPC-Servers und dem Namen bzw. der Adresse der Variablen. Analoge Variablen werden über den Datenbaustein DB1 ausgelesen. Die Eingänge und Ausgänge werden mit der absoluten Adresse angegeben. Der Ausgang A1 bei LOGO! hat die Adresse A0.0. Also hier eine Angabe wie bei S7 Steuerungen. Außerdem wird angegeben ob die Variable gelesen oder geschrieben wird.

Bild 4 beinhaltet den Quellcode zur Kommunikation mit einem externen PC. Die Daten werden vom OPC-Server gelesen (Icon mit Brille) und danach in einer Struktur zusammengefasst. Diese wird über das Datasocket-Protokoll in den Datasocketbereich des PC 1 geschrieben (Icon mit Stiftsymbol).

Im unteren Teil von Bild 3 werden die Daten (*Boole'sche Variablen*) von dem Datasocket-Bereich gelesen und über den OPC-Server an die Kleinsteuerung LOGO! gesendet.

Bild 1: Panel des Kommunikationsprogramms

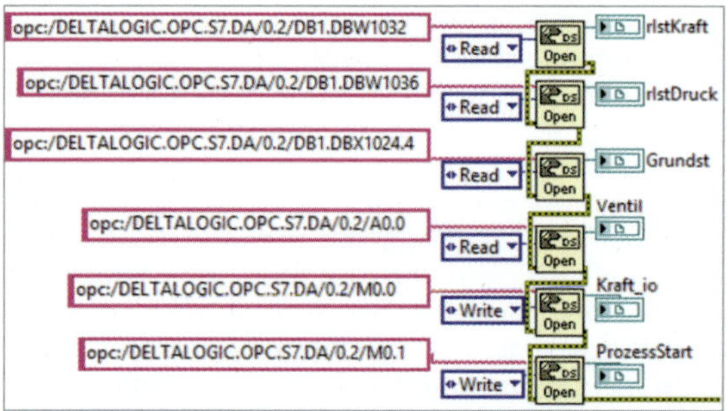

Bild 3: Quellcode: OPC-ID-Adressen erstellen

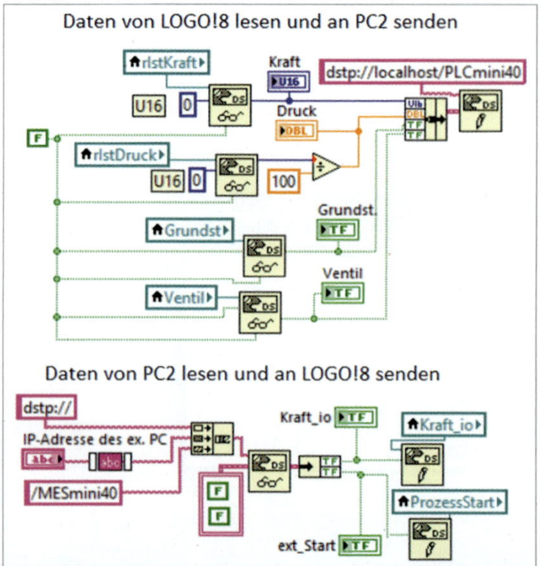

Bild 4: Quellcode: Kommunikation

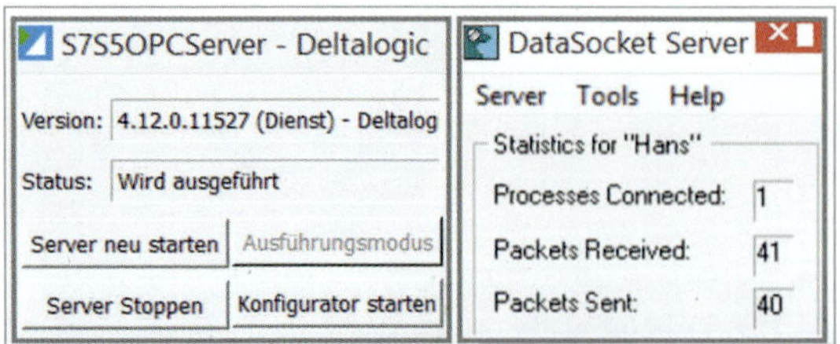

Bild 2: OPC-Server und Datasocket-Server

Software: Prozesse bedienen, beobachten und dokumentieren

Die Software **(Bild 1)** tauscht die Prozessdaten mit dem PC (der an der Steuerung angeschlossen ist) aus. Es werden dauernd die Zustände an der Steuerung, wie z. B. der Systemdruck, die Kolbenposition und die Ist-Kraft angezeigt. Im Ablauf wird hier von einer Excel-Datei **(Bild 2)** ein Auftrag (Auftragsnummer und Soll-Prägekraft) eingelesen. Mit dem Start des Prozesses (von diesem Programm) erfolgt das Prägen eines Werkstücks.

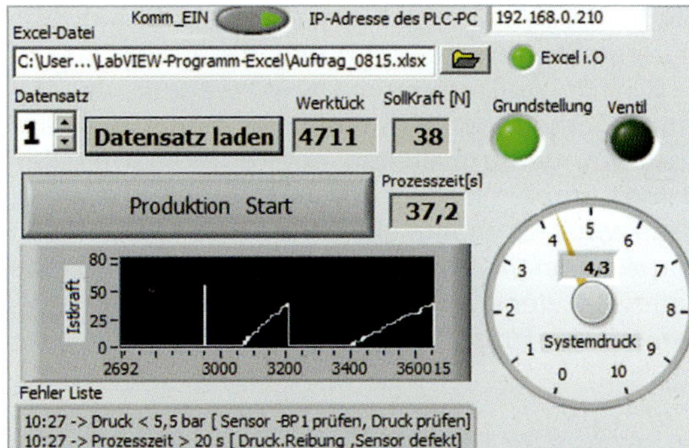

Bild 1: Panel des Bedien- und Beobachtungsprogramms

Nach dem Prägen trägt das System die Fertigungszeit, die aufgebrachte Kraft und die Produktionszeit in die gelben Felder des Auftragsformulars ein **(Bild 2)**.

DATEI START EINFÜGE SEITENL FORMEL DATEN ÜBERPR ANSICHT ENTWIC ADD-INS

	A	B	C	D	E	F	G
1	Aufrag Nr.	#0815			Produktion Anlage X 15		
2			Prägekraft[N]		Datum : Uhrzeit	IstKraft[N]	Produk.Zeit[s]
3	Pos 1	4711	38		10.09.2016 : 01:41	40	9,7
4	Pos 2	4712	56				
5	Pos 3	4713	70				
6	Pos 4	4714	25				
7	Pos 5	2010	50				

Bild 2: Auftrag als Excel-Datei

In **Bild 3** wird der Quellcode (Diagramm) dargestellt. Im oberenTeil wird die Referenznummer des DDE-Bereichs ermittelt. Im unterenTeil werden die Daten ausgelesen. Hierzu wird jeweils die Zeile und Spalte der Excel-Tabelle angegeben und es werden vom Eingabefeld-Datensatz die Ziele in der Excel-Datei festgelegt, welche gelesen werden sollen. Weil die Daten im String-Format gelesen werden, müssen diese Daten noch in das Zahlenformat umgewandelt werden.

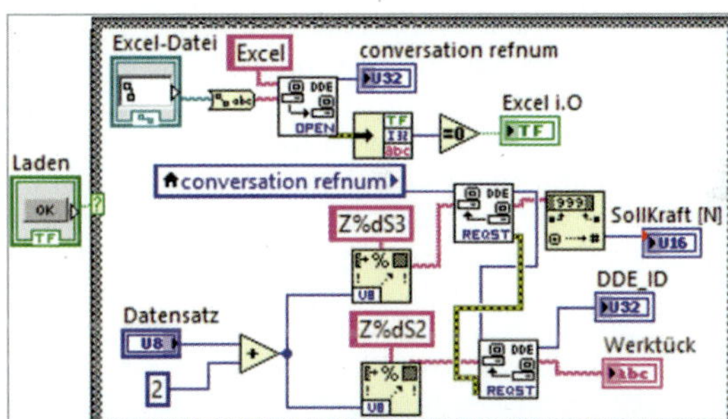

Bild 3: Quellcode für das Lesen der Excel-Daten

In **Bild 4, links** werden die Daten (Ist-Kraft, Ist-Druck, Grundstellung, Ventil) vom PC1 über Datasocket gelesen und sofort als Umgebungsvariable an das Netz gesendet, so dass sie z. B. über WLAN gelesen werden können.

In **Bild 4, rechts** wird die Fertigungszeit des Werkstücks berechnet. Weil die Zykluszeit 0,1 s beträgt, werden ab dem Zeitpunkt, bei welchem der Kolben die Grundstellung verlässt, mit jedem Zyklus 0,1 s addiert.

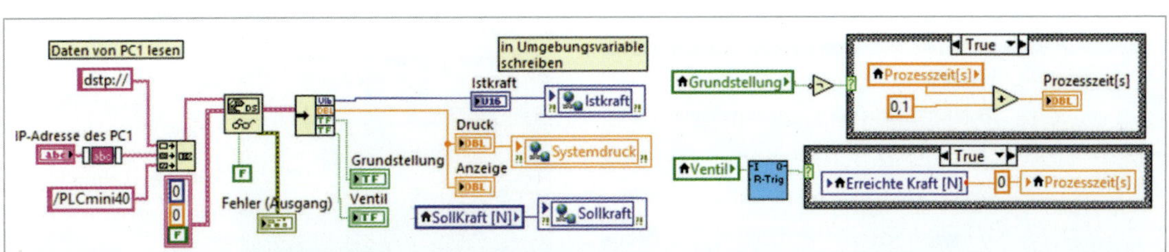

Bild 4: Quellcode für Daten lesen und Fertigungszeit ermitteln

Die Fehlerliste wird außerhalb der SPS, auf dem PC erstellt und belastet daher die Zykluszeit der SPS nicht. Außerdem ist die Verwaltung der Daten außerhalb der SPS einfacher. **Bild 1** zeigt das Programm zum Erstellen der Fehlerliste (Fehlerstring). Immer wenn der Druck kleiner 5,5 bar wird, dann wird einmalig ein String mit Uhrzeit und Klartext erstellt. Wenn ein Fehler auftritt wird eine neue Zeile generiert. Es wird immer die Uhrzeit des Fehlers mit aufgezeichnet.

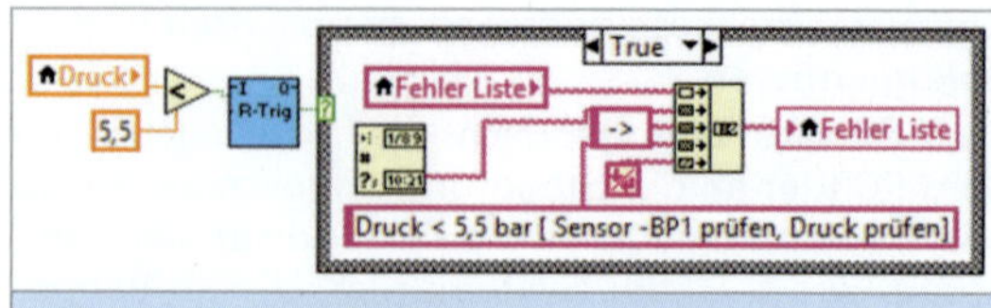

Bild 1: Fehlerliste erstellen

In **Bild 2** werden immer nach Fertigstellung eines Werkstücks, in diesem Fall, wenn der Kolben wieder die Grundstellung erreicht, die Uhrzeit, die gemessene maximale Prägekraft und die errechnete Fertigungszeit in die Excel-Zeile des angewählten Auftrags eingetragen. Die Kommunikation mit Excel läuft über die standardmäßige Windows-DDE Schnittstelle.

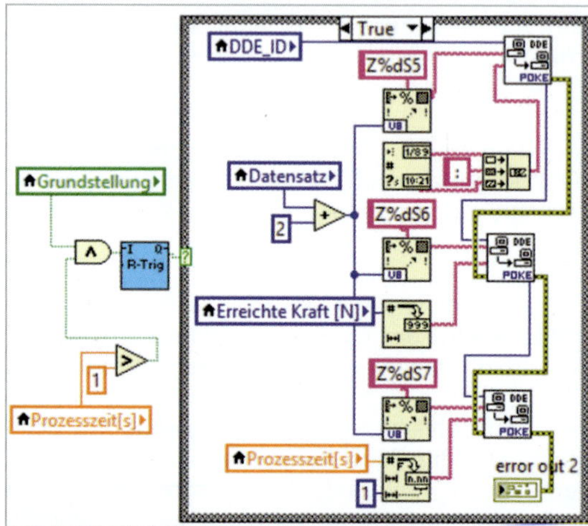

Bild 2: Daten auf Excel-Datei schreiben

LOGO! – Webserver

Von jedem in diesem Netz befindlichen Windows-PC kann der Webserver verwendet werden. Im Betriebssystem der LOGO! ist ein Webserver integriert. Somit kann mit einem Browser eine Bedien- und Beobachtungssoftware gestartet werden. In der Programmiersoftware *LOGO! Soft Comfort* muss der Server freigeschaltet werden **(Bild 3)**. Der Aufruf erfolgt durch Eingabe der IP-Adresse der LOGO!-Steuerung **(Bild 4)**. In diesem Fall http://192.168.0.1. Dann wird der Server gestartet. Nach Eingabe des Passworts können die Menüs angewählt werden. **Bild 5** zeigt beispielhaft die Zustände der Variablen.

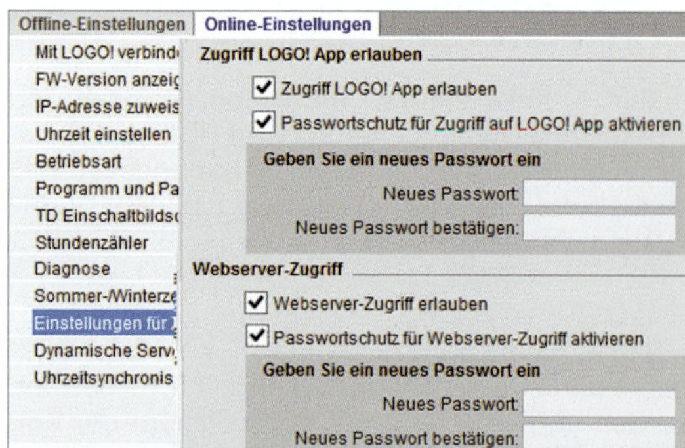

Bild 3: Webserver freigeben

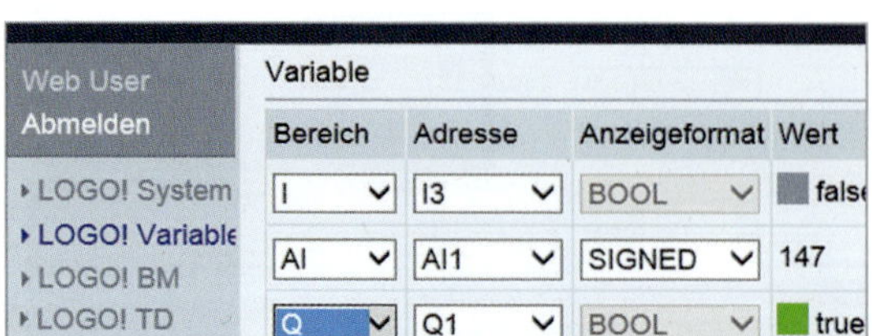

Bild 5: Anzeige der Variablen im Webserver

Bild 4: Aufruf des Webservers

Verwendung mobiler Endgeräte

Mit dem *Data Dashboard* können anwenderdefinierte, portable Ansichten von Anwendungen in LabVIEW erstellt werden. Mit einer solchen Anwendung kann man Dashboards erstellen, welche Werte von Netzwerk-Umgebungsvariablen und LabVIEW-Webdiensten auf Anzeigeelementen wie z. B. Diagrammen, Rundinstrumenten, Textfeldern und LEDs darstellen.

Für LabVIEW gibt es das kostenlose App „Data Dashboard" für die Betriebssysteme *Android* und *iOS*. Die Kommunikation geht dann über einen Accesspoint mit WLAN. Auf dem PC2 sendet und liest das Lab VIEW-Programm die Umgebungsvariablen **(Bild 1)**. Nach dem Start der LabVIEW-Software kann mit Hilfe des DOS-Fensters auf dem PC die IP-Adresse von WiFi ausgelesen werden **(Bild 2)**. Hier ist dies z. B. die IP-Adresse 192.168.0.101. Diese Adresse wird dann nach Aufruf der App **(Bild 3)** als „Sheared Variable" eingegeben. Somit wird die Verbindung der Anzeigeelemente (Indicators) beziehungsweise der Steuerelemente (Controls) mit der Umgebungsvariablen hergestellt.

Das App wird vom Anwender passend gestaltet. Läuft das App auf einem Tablet oder einem iPad, dann können auch Daten geschrieben werden. So können z. B. Ventile, Lampen, Motoren geschaltet werden.

Auslesen der Umgebungsvariablen mit PC

Wenn der PC über ein WLAN kommuniziert, dann können die Umgebungsvariablen auch auf einem Windows-PC ausgelesen werden **(Bild 4)**. LabVIEW benutzt hier ein eigenes Protokoll (Publish-Subscribe Protocol, PSP). In dieser Software wird dann die Variable so angewählt wie bei den Apps. Danach wird in einer *While*-Schleife zyklisch ausgelesen. So kann ein PC bzw. Laptop genauso wie ein mobiles Endgerät benutzt werden.

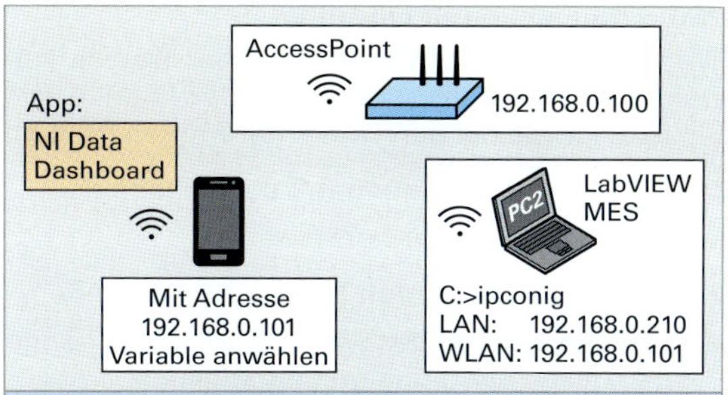

Bild 1: Anordnung für WLAN

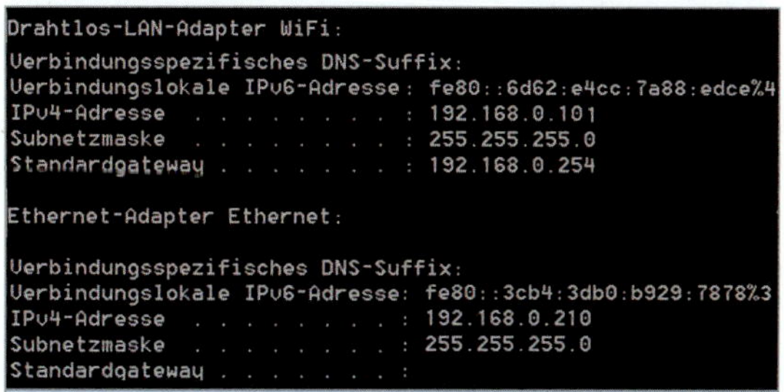

```
Drahtlos-LAN-Adapter WiFi:
Verbindungsspezifisches DNS-Suffix:
Verbindungslokale IPv6-Adresse : fe80::6d62:e4cc:7a88:edce%4
IPv4-Adresse . . . . . . . . . : 192.168.0.101
Subnetzmaske . . . . . . . . . : 255.255.255.0
Standardgateway . . . . . . . . : 192.168.0.254

Ethernet-Adapter Ethernet:

Verbindungsspezifisches DNS-Suffix:
Verbindungslokale IPv6-Adresse: fe80::3cb4:3db0:b929:7878%3
IPv4-Adresse . . . . . . . . . : 192.168.0.210
Subnetzmaske . . . . . . . . . : 255.255.255.0
Standardgateway . . . . . . . . :
```

Bild 2: DOS-Fenster: Adressen mit Hilfe *ipconfig*

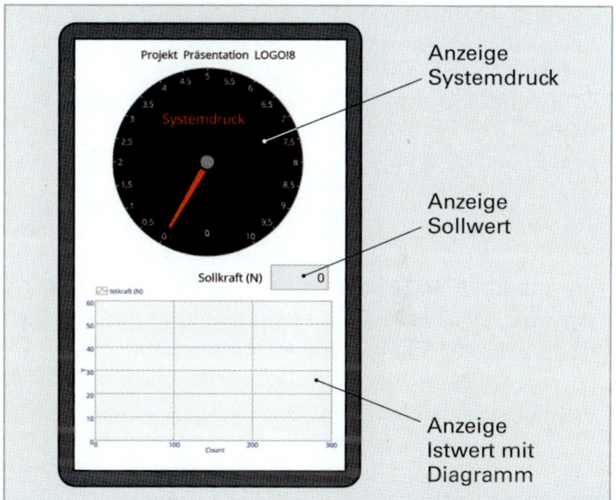

Bild 3: Prozessdaten auf dem Tablet (*Android*)

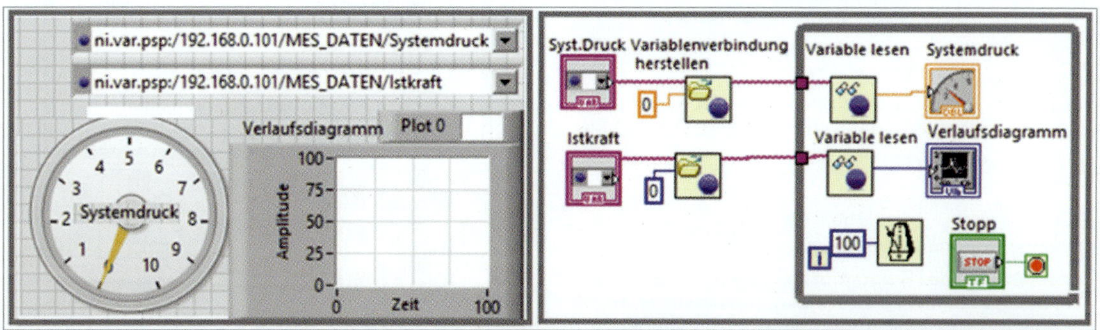

Bild 4: Umgebungsvariablen mit WLAN in PC einlesen

Programmierung mit LabVIEW

Die Software LabVIEW verfügt über Treiber, mit welchen TCP/IP angesprochen werden können. Die Struktur ist wie bei den C++-Programmen **(Bild 1)**:

1. **Öffnen** der Verbindung mit der Angabe der IP-Adresse und der Portnummer.
2. **Datenkommunikation** in der While-Schleife

   Beispiel: Senden des Wertes 7 an die Ausgänge *D07*, lesen der digitalen Eingänge.

   Hier sind die ergänzenden Angaben notwendig: z. B. max. 100 Byte, 20 ms Timeout und Stringende ist *CRLF*. Die Daten kommen als String an z. B. *D1003*, wenn E0 = 1 und E1 = 1 ist.
3. **Schließen** der Kommunikation.

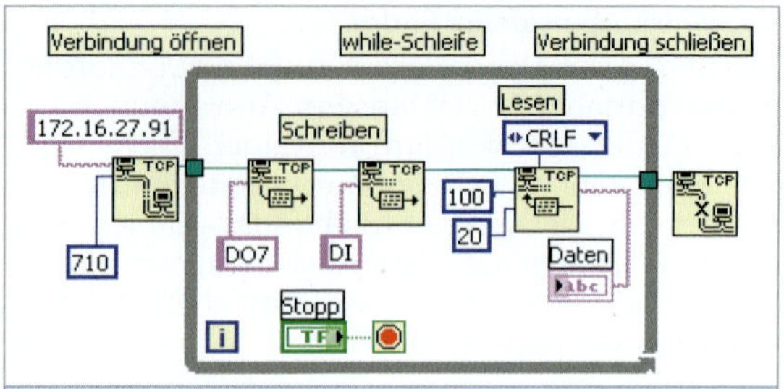

Bild 1: Prinzip der Kommunikation

Beispiel: Hydraulische Eilgang-Vorschubsteuerung (Bild 2)

Die Eilgang-Vorschubsteuerung soll als Schrittkette verwirklicht werden. In LabVIEW wird hierzu der Formelknoten verwendet. Im diesen werden am Rand die Variabeln, hier Eingangsbyte und das Ausgangsbyte, sowie die Schrittnummer übergeben. Im Formelknoten wird normaler ANSI-C Code verwendet. Somit ist die Struktur genau wie bei der Programmierung mit *Strukturiertem Text (ST)* bei SPS-Programmierung nach IEC1131.

Beschreibung der Programmstruktur:

Beim Eintritt in den Formelknoten wird das Eingangsbyte PAE übergeben. Nach dem Bearbeiten wird das Ausgangsbyte PAA an das Objekt zum Schreiben auf das Ethernet-Netz gegeben.

Position 1: Deklaration der Variablen und Zuweisung der Wertigkeit bei den Ausgängen A0 bis A3.

Position 2: Ausmaskieren des Eingangsbytes und Zuweisen an die Eingangsvariablen E0 bis E5.

Position 3: Wenn die Stopp-Taste 0-Signal hat, dann ist Schritt=0.

Position 4: Weiterschalten der Schritte entsprechend der Eingangs-Bedingungen.

Position 5: Zuweisen der Ausgangsvariablen entsprechend der Schritte.

Position 6: Fahren des Zylinders in die Grundstellung. Da hierzu der Schritt =0 ist, erfolgt dies im Tipp-Betrieb.

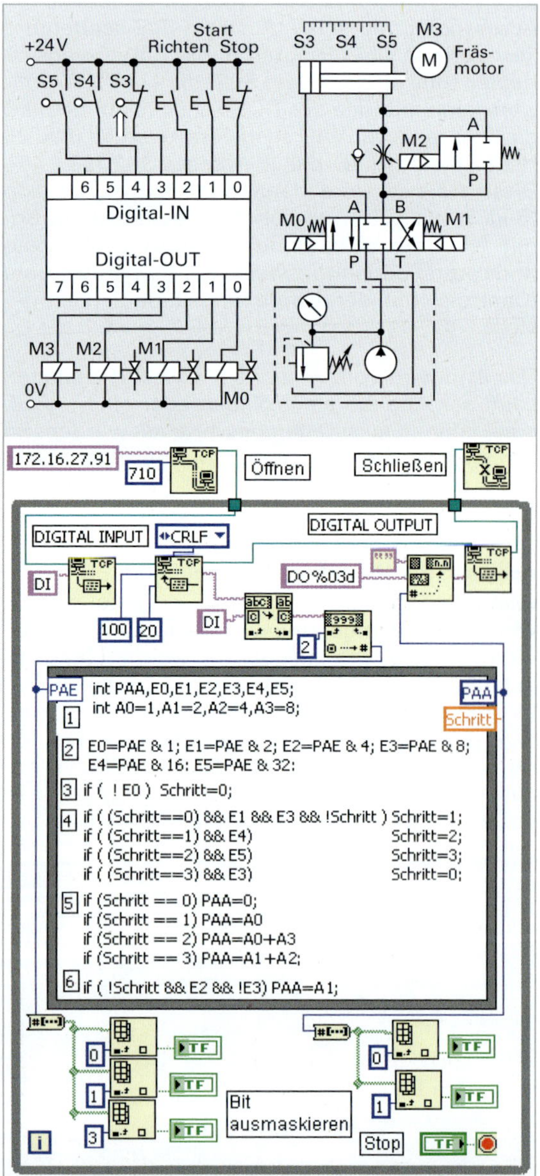

Bild 2: Beschaltung und Code

Übung: Programmerweiterung

Erweitern Sie das Programm so, dass die Grenztaster E3, E4 und E5 überwacht werden, also dass nie mehr als einer 1-Signal hat. Außerdem soll der Zylinder nur laufen, wenn die Schutztüre geschlossen ist.

LabVIEW Umgebungsvariable

Zum Austausch von Daten innerhalb eines Programms bzw. eines PCs werden lokale oder globale Variable eingesetzt. Durch die zunehmende Verbreitung der Netzwerke müssen Daten auf mehrere PCs verteilt werden. Mit der Integration von TCP/IP, Datasocket und FTP-Funktionen sind jedoch umfangreiche Programme notwendig um die Daten zu übertragen. Abhilfe schaffen hier sogenannte *Umgebungsvariable*. Diese Variablen abstrahieren die Netzwerkkommunikationen aus dem Blockdiagramm. Damit lassen sich Daten sehr einfach auf vernetzten Systemen verteilen. Diese Umgebungsvariablen arbeiten mit allen Datentypen.

Die Daten werden mit Hilfe der *Engine für Umgebungsvariablen* (Shared Variable Engine –SVE) übertragen. Die Verwaltung erfolgt über das NI Publish-Subscribe Protokoll – NI-PSP. Um Netzwerkvariable schreiben und lesen zu können müssen die Firewalls konfiguriert oder ausgeschaltet werden.

Die umgebungsvariablen stehen dann im Hardwarenetz (LAN) und im WLAN zur Verfügung **(Bild 1)**.

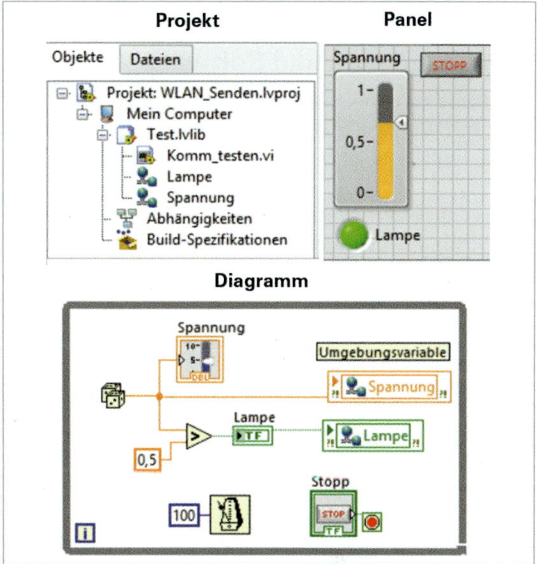

Bild 1: Anordnung für Umgebungsvariable

Daten auf Umgebungsvariable schreiben (Bild 2):

Bild 2 zeigt ein Beispiel. Die Daten, hier eine Gleitkommazahl und eine Boole'sche Variable, werden mit dem Zufallsgenerator erzeugt. Im Projektmanager werden die Variablen erstellt. Dann werden sie in das Diagramm per Drag&Drop gezogen.

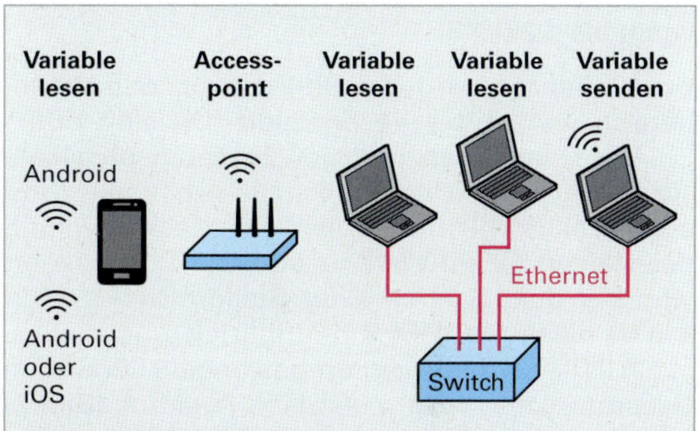

Bild 2: Anlegen Umgebungsvariable

Daten von Umgebungsvariable lesen (Bild 3):

Wenn die Daten über ein LAN-Netz gelesen werden wird eine Referenz erzeugt. Auf demselben PC wird *localhost* eingetragen. Über den Lesen-Button werden die Daten ausgelesen. Diese Umgebungsvariablen können dann mit Smartphone (Android) oder Tablet (Android, iOS) gelesen werden.

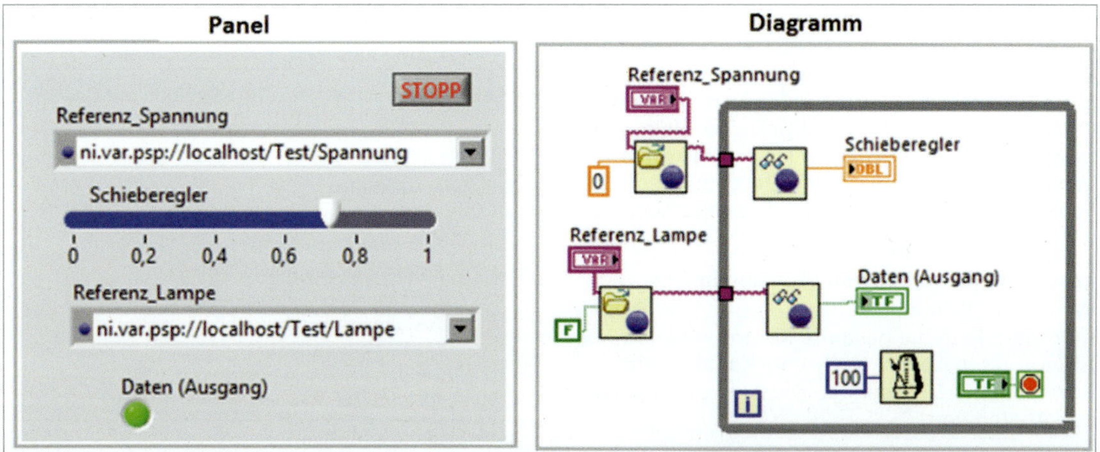

Bild 3: Lesen der Umgebungsvariablen

7.3 Regelung mit PC und SPS

7.3.1 Hardware und Software

Regelungstechnische Vorgänge können sehr einfach mit Software dargestellt werden. Als Hardware dient eine SPS mit einem analogen Eingang (0 V ... ± 10 V) und einem analogen Ausgang (0 V ... ± 10 V). Alternativ kann ein PC mit einer Schnittstellenkarte eingesetzt werden.

Die Auflösung der Eingänge und der Ausgänge sollte mindestens 12 bit betragen. Mit dem PC wird eine ähnliche Zykluszeit (ca. 2 ms) wie mit einer Standard-SPS erreicht.

Bild 1 zeigt eine einfache Anschaltung einer Füllstandsstrecke an die Regelungshardware. Auf der Softwareseite werden die Signale so umgeformt, dass Istwerte, Sollwerte und Stellgrößen immer im Bereich von – 1 bis + 1 sind.

Lesen und Schreiben von Signalen in STEP 7

Die SPS arbeitet mit einer 12-bit-Auflösung. Im Nennbereich 0V ... ± 10V ergibt das einen Bit-Wert von 0 bis ± 27 648.

Beim Einlesen wird der Bit-Wert auf den Wertebereich von –1 bis +1 normiert (Division durch 27648). Damit man den gewünschten physikalischen Wertebereich, z. B. 0 ... 10 erhält, wird mit einem Faktor (10) multipliziert. Oft ist es notwendig noch einen Offset-Wert zu addieren. Umgekehrt wird vor dem Senden einer Stellgröße (–10 V ... +10 V) diese mit 2764,8 multipliziert und danach in ein INT-Ausgangswert umgewandelt. Für diesen Gesamtprozess wird meist eine *Funktion* **(Bild 2)** erstellt.

Lesen und Schreiben von Signalen mit CoDeSys

Bei einer mit CoDeSys programmierbaren SPS kann man Analogwerte z. B. direkt in Volt als Gleitkommazahlen (REAL-Zahlen) deklarieren und programmieren **(Bild 3)**. Die Analogwerte haben eine Größe von 4 Bytes (= 1 Doppelwort). Beim Rechnen mit normierten Größen (–1 ... +1) können die Variablen, z. B. AIN_0 und AOUT_0, direkt mit den Funktionen „MUL" und „DIV" berechnet werden.

Lesen und Schreiben von Signalen in C++

Wenn die Schnittstellenkarte über TCP/IP kommuniziert, läuft die gesamte Kommunikation über Strings. Zum Lesen, z. B. von Kanal 1 wird das Kommando *AI0* gesendet. Die Antwort beinhaltet den Analogwert.

Beim Senden kann der Analogwert direkt als Kommando gesendet werden **(Bild 4)**.

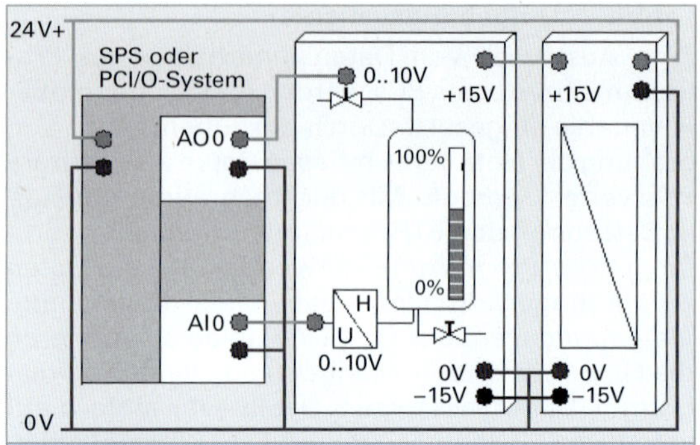

Bild 1: Zuordnungsbeschaltung

```
FUNCTION_BLOCK FB10
VAR_INPUT
X_Wert:INT; faktor,offset:REAL;
Y_Volt:REAL;
END_VAR
VAR_OUTPUT y:REAL;yPAW:INT;END_VAR
y:=INT_TO_REAL(X_Wert)/27648.0*faktor+offset;
yPAW:=REAL_TO_INT(Y_Volt*2764.8);
END_FUNCTION_BLOCK
```

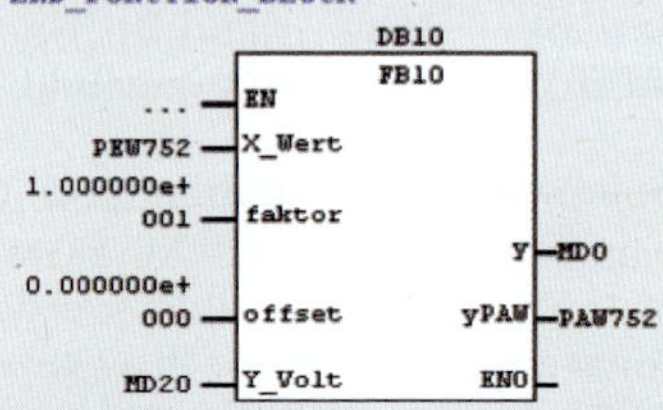

Bild 2: Mit SCL Analogwerte lesen und schreiben

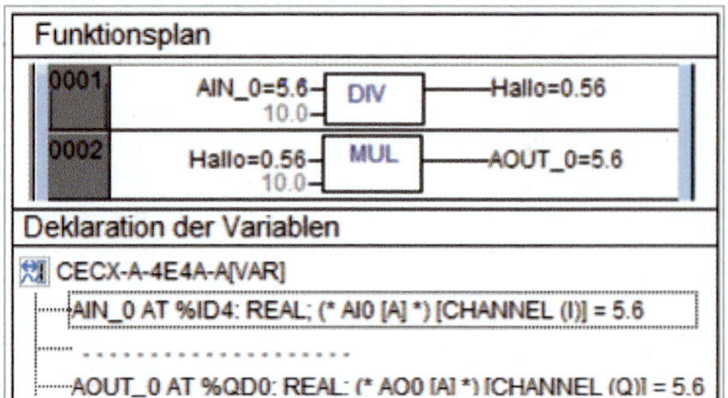

Bild 3: Analogwerte lesen und schreiben mit CoDeSys

IP-Verbindung öffnen

dauernd wiederholen

- Senden des Anforderungsstrings:
  [ClientSocket1->Socket->SendText("AI 0";]
- Empfangen des Antwortstrings:
  [AIText=Socket->ReceiveText().c–str();]
- Text umwandeln in Zahl:
  [AIWert=atoi(AIText)]
- Senden des Analogwertes (z.B. 5 V):
  [ClientSocket1->Socket->SendText("AO 16384");]

IP-Verbindung schließen

Bild 4: Mit C++ lesen und schreiben

7.3.2 Grafische Ausgabe

Im C++-Builder-Standardpaket sind die Grundfunktionen für die grafische Ausgabe vorhanden. Damit die Programme einfach gestaltet werden können, wird die Funktion *Zeichnen()_100(float Lrot, float Lblau, float Lschwarz)* zur Verfügung gestellt. Die Übergabewerte werden in den entsprechenden Farben darstellt. Diese Funktion basiert auf der Komponente Image1 mit folgenden Bedingungen:

- Der Timer wird auf die Intervallzeit 10 ms eingestellt.
- Der darzustellende Y-Bereich ist 0...100.
- Die Rasterung erfolgt in 10-er Schritten.
- Die X-Rasterung erfolgt in 10-er Schritten.
- Die Größe des Image-Feldes kann frei gewählt werden, weil die Daten automatisch umgerechnet werden.

Beispiel: Darstellung einer Sinusschwingung

Es soll eine Sinusschwingung dargestellt werden, bei welcher die Amplitude und die Kreisfrequenz Omega eingestellt werden können **(Bild 1)**.

Der Programmaufbau ist in **Bild 2** dargestellt. In Zeile 2 muss die *Headerdatei Zeichnen.h* eingebunden werden. In dieser befindet sich die Funktion zum Zeichen. Das Programm wird in die Komponente Timer, welcher auf 10 ms eingestellt wird, eingetragen. In Zeile 4 werden die lokalen Variablen deklariert. In Zeile 5 und 6 werden die Variablen *u* und *omega* von den Trackbars eingelesen. In Zeile 7 erfolgt die Berechnung der Ausgangsgröße *v*. In Zeile 8 wird die Zeichenfunktion aufgerufen. Es werden die berechneten Werte *u* und *v* an die Funktion übergeben. In der Funktion werden sie auf die Ausgabegrößen angepasst. In den letzten Zeilen werden die Werte *u* und *omega* als Zahl am Bildschirm ausgegeben.

Alternativ eignet sich das Objekt *Kurvendiagramm* von LabVIEW zur Darstellung der Regelkreisgrößen. Das Diagramm ist durch Einstellen der entsprechenden Attribute sehr universell. Die Attribute werden direkt über Mausklick im Diagramm eingestellt.

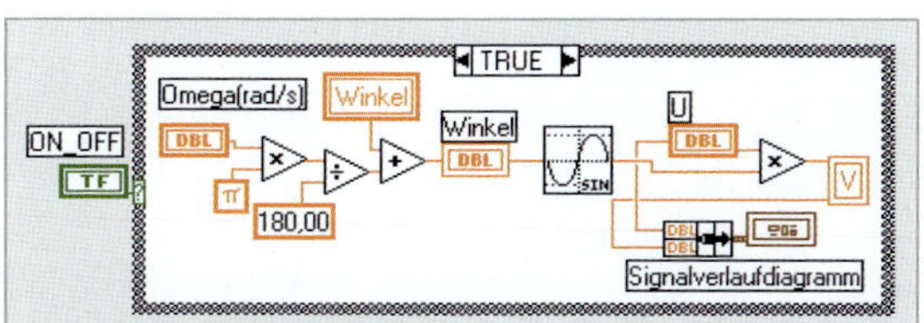

Bild 4: Quellcode für LabVIEW

Beispiel: Sinusschwingung mit LabVIEW

Das Bedienerpanel kann vollgrafisch farbig aufgebaut werden **(Bild 3)**. In **Bild 4** ist der Quellcode für die Sinusschwingung dargestellt.

Übung: Starten Sie das Programm Sinus und testen Sie das Verhalten.

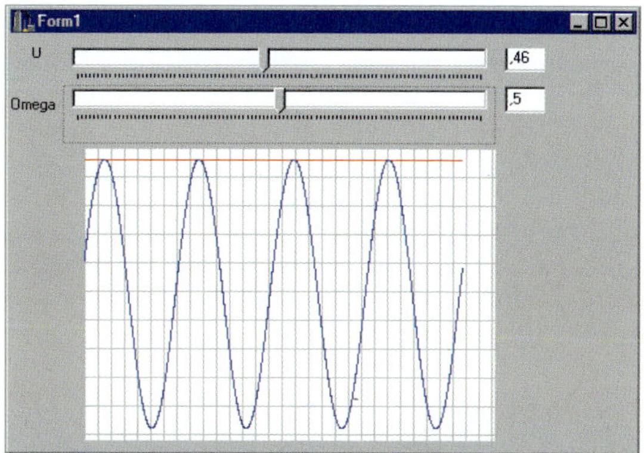

Bild 1: Darstellung der Sinusschwingung

```
#pragma resource "*.dfm"
/* 1*/ TForml *Forml;
/* 2*/ #include"zeichnen.h"
/* 3*/ float winkel=0;
//-----------------------------------------------------
void __fastcall TForml::TimerlTimer(TObject *Sender)
{ //Deklaration der lokalen Variablen
/* 4*/ float u,omega,v;
  //Einlesen der Parameter
/* 5*/ u =(float)TrackBarl->Position/100;
/* 6*/ omega=(float)TrackBar2->Position/100;
 //Berechnen des Ausgangssignals
/* 7*/ v = u*sin(winkel*M_PI/180);
       winkel=winkel+omega;
 //Zeichnen der Werte
/* 8*/ Zeichnen0_100(u*100+50,v*100+50,0);
  //Ausgabe der Editfelder
/* 9*/ Editl->Text=FormatFloat("###.##",u);
/*10*/ Edit2->Text=FormatFloat("###.##",omega);
}
```

Bild 2: Quelltext mit C++-Builder

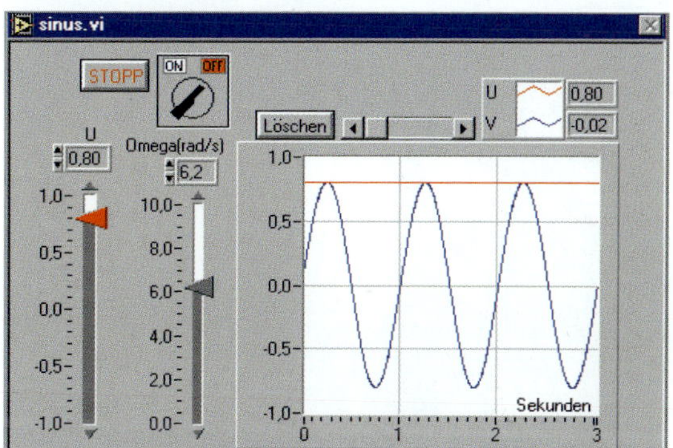

Bild 3: Bildschirmaufbau mit LabVIEW

7.3.3 Regelkreisglieder

7.3.3.1 Proportionalglied ohne Verzögerung (P-Glied)

P-Glieder erzeugen ein Ausgangssignal *v*, welches proportional dem Eingangssignal *u* ist. Der mathematische Zusammenhang wird mit der Funktion P-Glied hergestellt. Die Funktion übernimmt die Eingangsgröße *u* und den Proportionalbeiwert *K*. Zurückgeliefert wird die Ausgangsgröße *v* **(Tabelle 1)**. Es werden u und v in einem *y-t-Diagramm* z. B. mit *LabVIEW* dargestellt **(Bild 1)**. Die Zykluszeit beträgt 10 ms.

Tabelle 1: P-Glied	
Symbol	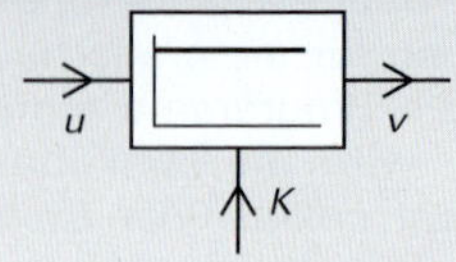
math. Zusammenhang	$v = u \cdot K$ — *u* Eingangssignal, *v* Ausgangssignal, *K* Proportionalwer
Funktion in C++Builder	`float P_Glied(float u, float K)` `{v=u*K;` `return(v);` `}.`

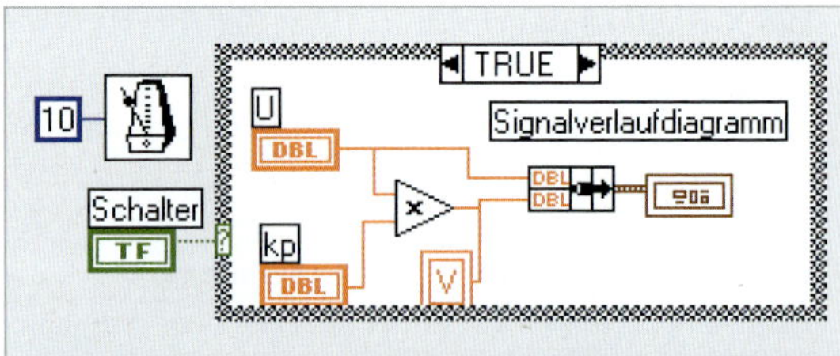

Bild 1: P-Strecke mit LabVIEW modelliert

Sprungfunktion

In **Bild 2** ist eine P-Strecke dargestellt. Es sind die *Sprünge* (rot) 0 – 1 – 0, 1 – 0 – 0,1 mit *Sprungantworten* (blau) dargestellt.

> **Übung 1 Sprungantwort**
>
> Starten Sie das Programm *Simulation*, dann das Programm für die P-Strecke. Verändern Sie die *Eingangsgröße* und den *Proportionalbeiwert*.

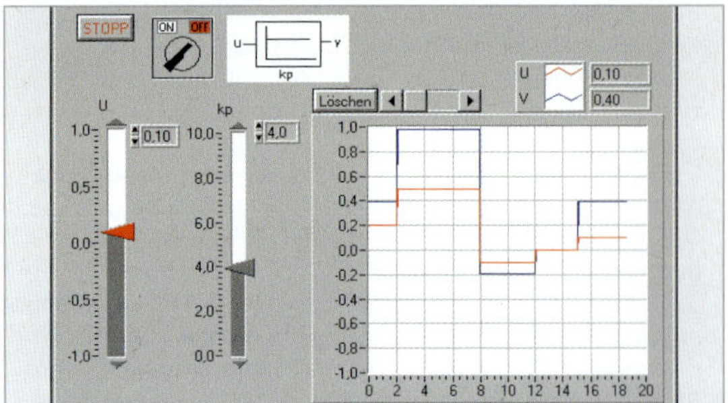

Bild 2: P-Strecke mit unterschiedlichen Eingangsgrößen und Parametern

Sinusfunktion

Wird die P-Strecke mit einer Sinusfunktion beaufschlagt, dann antwortet sie mit einer Sinusfunktion. In **Bild 3** wird eine Sinusfunktion mit der Eingangsamplitude 1 und dem Proponionalbeiwert von kp = 0,6 bei *Omega* = 6,2 dargestellt (in **Bild 4** auf 25,1 erhöht). Die Strecke reagiert ohne Phasenverschiebung.

> **Übung 2 Sinusantwort**
>
> Starten Sie das Programm *Simulation*, dann das Programm für die P-Sinus-Strecke. Verändern Sie die Eingangsgröße, den Proponionalbeiwert und die Kreisfrequenz.

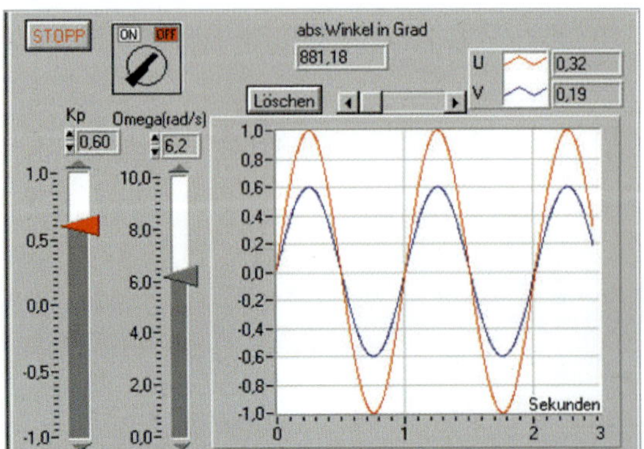

Bild 3: P-Strecke mit sinusförmiger Eingangsgröße

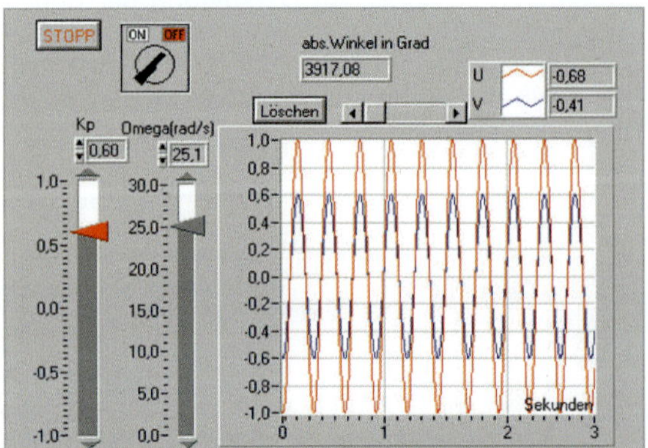

Bild 4: P-Strecke mit sinusförmiger Eingangsgröße

7.3.3.2 Integralglied (I-Glied)

I-Glieder erzeugen ein Ausgangssignal, welches der laufenden Aufsummierung des Eingangssignals entspricht. Wenn das Eingangssignal ungleich Null ist, ist eine ständige Änderung des Ausgangssignals vorhanden.

Berechnungsvorgang **(Tabelle 1)**:

1. $u = 1$, $v = 0$, $dt = 0.1$, $T_I = 10$
2. Wiederholschleife

   neues v = altes $v + u/T_I * dt$

Die Aufsummierung erfolgt jeweils nach der Zeit dt. In den folgenden Beispielen wird *dt* auf 0.1 gesetzt. Die Integrierzeitkonstante TI wird auf 10 gesetzt.

Bei jedem Rechenzyklus wird der Ausgangsgröße v der Wert 1/10*0.1 addiert. Es sind also 100 Rechenzyklen notwendig um den Ausgangswert v = 1 zu erreichen **(Bild 2)**. In **Bild 1** ist die Lösung mit LabVIEW dargestellt. Hier wurde eine Zykluszeit von 0,01 s verwendet.

Sprungfunktion

Im Programm Simulation-I-Strecke kann die Funktion der I-Strecke dargestellt werden (Bild 2). Es ist ersichtlich, dass bei den eingestellte Werten TI = 10 und u = 1 nach 10 Sekunden der Integrationswert auf 1 angestiegen ist. Wird u = 0,5 gewählt, so benötigt die Strecke ebenfalls 10 Sekunden bis die Eingangsgröße erreicht wird.

Merke:

Unter der Integrationszeit T_i versteht man diejenige Zeit, welche von der Ausgangsgröße v benötigt wird um die Eingangsgröße zu erreichen, bei einem Eingangssignal $u = 1$.

Übung 1 Sprungantwort

Starten Sie das Programm Simulation-I-Strecke und verändern Sie die Eingangsgröße u und T_i. Beobachten Sie das Verhalten.

Sinusfunktion

I-Glieder antworten auf ein sinusförmiges Eingangssignal ebenfalls sinusförmig **(Bild 3)**. Die Größe des Ausgangssignals ist von der Frequenz abhängig. Je größer die Frequenz, desto kleiner ist das Ausgangssignal.

Übung 2 Sinusantwort

Starten Sie das Programm Simulation-I-Sinus-Strecke und verändern Sie die Eingangsgröße u, T_i und die Frequenz. Beobachten Sie das Verhalten.

Tabelle 1: I-Glied

Symbol	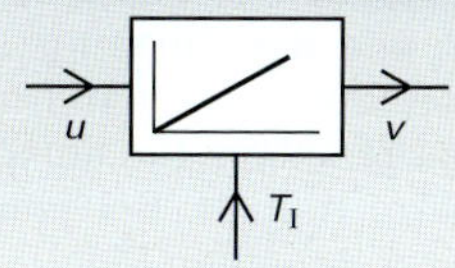

DELPHI	`funktion I_Glied(u, TI:real):real;`
	`begin`
	`    v:=v+u*1/TI*dt;`
	`    I_Glied:=v;`
	`end;`

C++ Builder	`float I_Glied(float u, float TI)`
	`{v=v+u*1/TI*dt;`
	`    return(v);`
	`}`

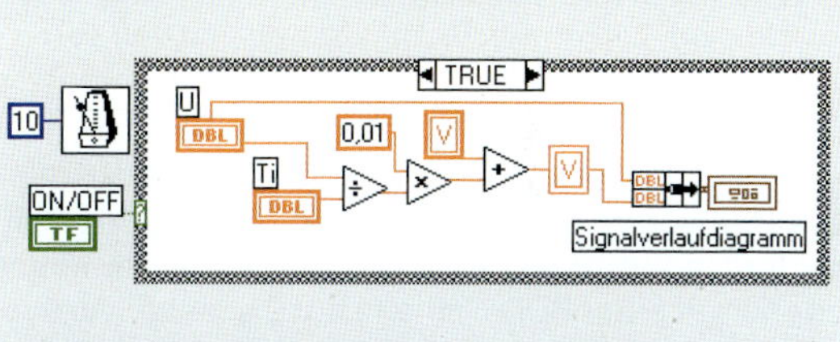

Bild 1: I-Strecke, dargestellt mit LabVIEW

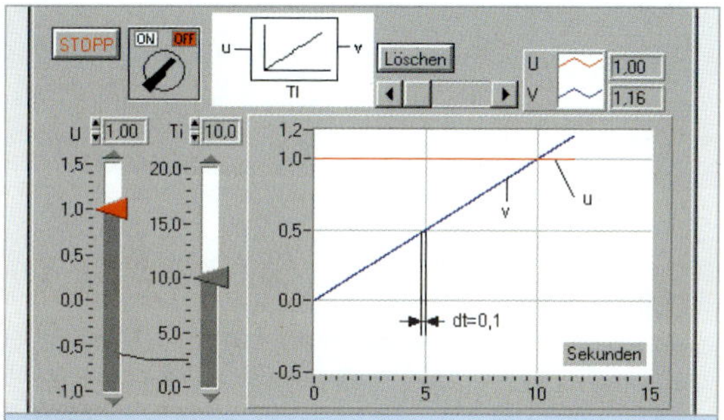

Bild 2: I-Strecke

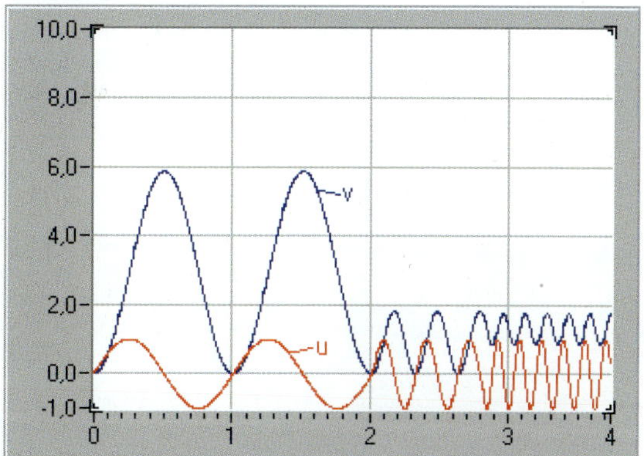

Bild 3: I-Strecke mit sinusförmigem Eingangssignal

7.3.3.3 Totzeitglied (T_t-Glied)

Bei *Totzeitgliedern* hat das Ausgangssignal die gleiche Form wie das Eingangssignal, es ist nur zeitlich um die Totzeit versetzt. Die Totzeit wird als Pufferspeicher realisiert. Sie entspricht der Anzahl der *Pufferplätze* mal d*t*. Bei jedem Zyklus wird der Pufferzeiger um einen Platz weitergesetzt. Die Anzahl der zu durchlaufenden Plätze beträgt also T_t/d*t*.

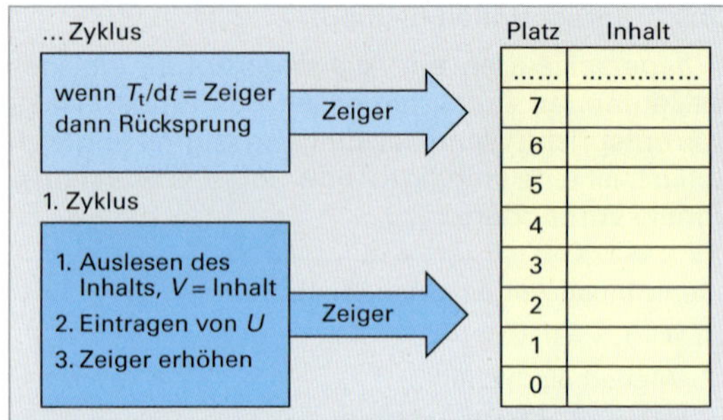

Bild 1: Aufbau des Puffers

Vorgang im Programm:

- Vor der Schleife:
  Inhalte aller Pufferplätze = 0, Zeiger auf 0 setzen.
- In der Schleife:
  Alten Wert aus Puffer auslesen, neuen Wert aus Puffer auslesen, neuen Wert an die Stelle eintragen, Zeiger auf nächsten Platz setzen. Wenn Zeiger = T_t/dt, dann Zeiger wieder auf 0 setzen und von vorne beginnen, alten Wert zurückliefern **(Bild 1)**.

Tabelle 1: T_t-Glied

Symbol	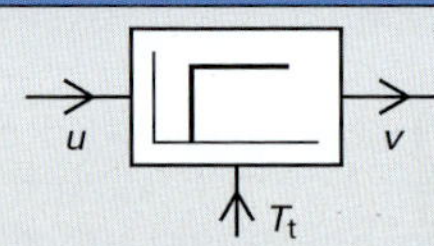

DELPHI	Deklarieren:
	var puffer:array[0..300] of real
	zeiger:integer;
	Funktion:
	function Totzeit(u, Tt:real):real;
	begin
	Totzeit:=puffer[zeiger];
	inc(zeiger);
	if zeiger=round(Tt/dt)
	then zeiger:=0
	end;

C++	Deklarieren:
	float puffer [301];
	int zeiger;
	Funktion:
	float Totzeit(float u, float Tt)
	{
	float alt;
	alt=puffer[zeiger];
	zeiger+=1
	if (zeiger>=(Tt/dt) zeiger = 0;
	return(alt);
	}

Der Puffer wird als Feld deklariert, z. B. mit 300 Plätze. Im Hauptprogramm muss der Inhalt der Plätze zuerst mit einer FOR-Schleife auf 0 gesetzt werden.

Übung 1: Sprungfunktion

Starten Sie das Programm *Simulation-T-Strecke*. Ändern Sie Eingangsgröße und Totzeit und beobachten Sie der Verhalten der Strecke **(Bild 2)**.

Übung 2: Sinusfunktion

Starten Sie das Programm *Simulation-T-Sinus-Strecke*. Ändern Sie die Frequenz und die Totzeit. Beobachten Sie das Verhalten der Strecke. Das **Bild 3** zeigt das Verhalten bei unterschiedlichen Frequenzen. Die Antwortamplitude entspricht immer der Eingangsamplitude aber das Antwortsignal ist phasenverschoben.

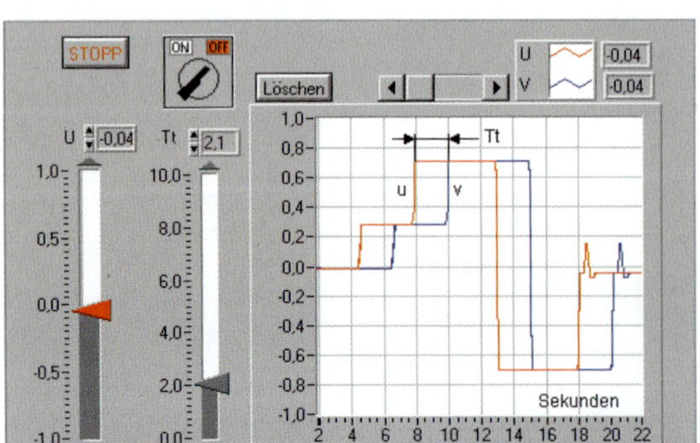

Bild 2: Totzeitglied mit veränderlicher Eingangsgröße

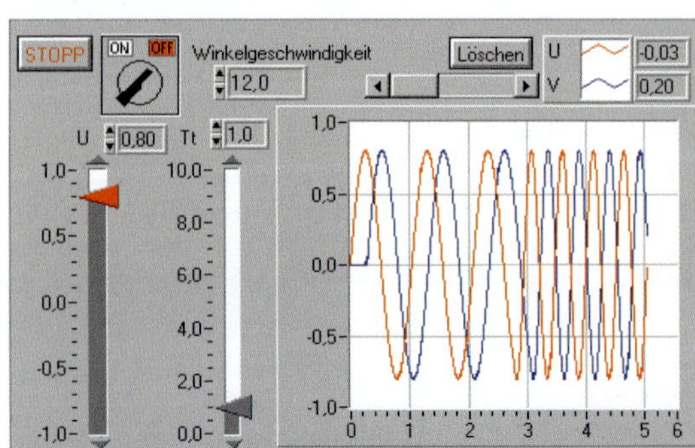

Bild 3: Sinusförmige Eingangsgröße an T_t-Glied

7.3.3.4 Proportionalglied mit Verzögerung 1. Ordnung (P-T_1-Glied)

Das Ausgangssignal eines P-T_1-Gliedes ist erst nach längerer Zeit dem Eingangssignal proportional. Kennzeichnend für das P-T_1-Glied ist der Verstärkungsfaktor bzw. der Proportionalbeiwert *K* und die Zeitkonstante *T*.

Aufbau der mathematischen Funktion:

- Übernehmen der Eingangsgröße *u*
- Berechnen des P-Gliedes *u* * *K*
- Berechnen der internen Differenz d*i* als Eingangsgröße für das Integrierglied
- Das Integrierglied addiert jeweils den Wert von d*i* * d*t*/*T* auf.

Im Programm wird die Funktion durch Hintereinanderschalten eines P-Gliedes und eines rückgekoppelten I-Gliedes dargestellt **(Tabelle 1)**.

Je größer *v* wird, desto kleiner wird die innere Differenz di und damit der Integrieranteil. Die Funktion strebt einem Beharrungswert zu. Wenn z. B. d*t* = 0.1 und *T* = 10 ist, ist nach 100 Rechenzyklen ca. 63 % des Beharrungswertes erreicht.

Tabelle 1: P-T_1-Glied

<table>
<tr><td>Symbol</td><td>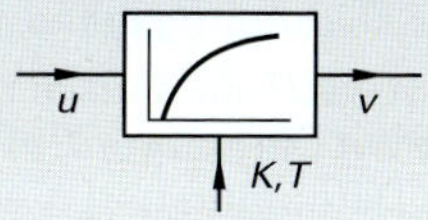
</td></tr>
<tr><td>Darstellung mit einzelnen Blöcken</td><td>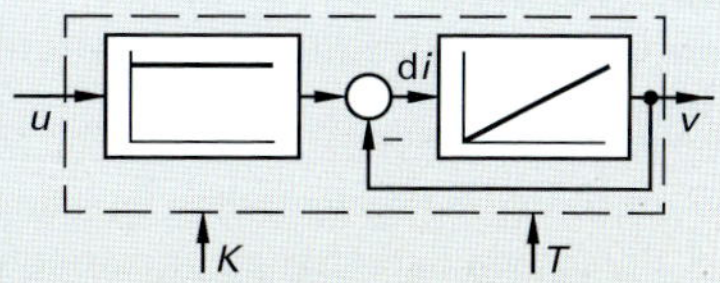
</td></tr>
<tr><td>DELPHI</td><td><pre>function PT1(u,K,T:real):real;
begin
    di   := u*K - v;
    v   := v + di * dt/T;
    PT1   := v;
end;</pre></td></tr>
<tr><td>C++</td><td><pre>C++ float PT1(float u, float K, float
T)
{
    di   = u*K - v;
    v   = v + di * dt/T;
    return(v);
}</pre></td></tr>
</table>

Sprungfunktion

Bei einer Sprungfunktion ist das Verhalten sehr deutlich erkennbar. Wird auf eine P-T_1-Strecke z. B. ein Sprung von 1 gegeben und eine Zeitkonstante *T* = 10, so antwortet die Strecke mit dem in **Bild 1** dargestelltem Diagramm. In der Simulation wird *k* = 1 angenommen.

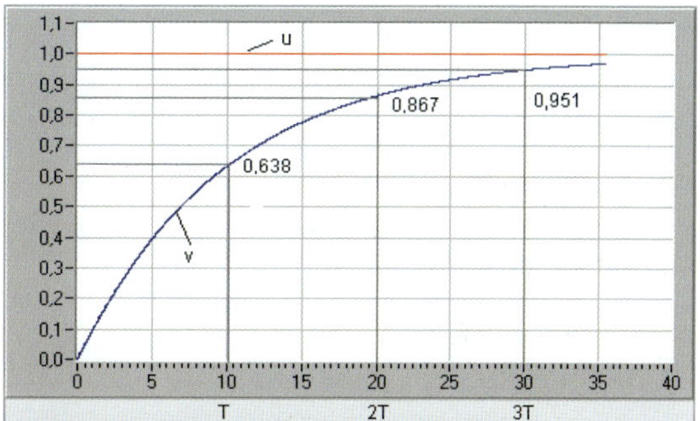

Bild 1: Sprungantwort des P-T_1-Gliedes

Übung 1:

Starten Sie das Programm *Simulation-PT1-Strecke*. Verändern Sie die Eingangsgröße *u* und die Zeitkonstante *T* und beobachten Sie das Verhalten der Strecke.

Sinusfunktion

Wird eine P-T_1-Strecke mit einer Sinusfunktion beaufschlagt, so ist die Antwort wieder eine Sinusfunktion aber mit kleinerer Amplitute und Phasenverschoben. In **Bild 2** ist ein Eingangssignal mit ω = 6,2 und mit einer Zeitkonstanten von *T* = 1 s dargestellt. Man kann deutlich die Abschwächung des Signals und die Phasenverschiebung erkennen.

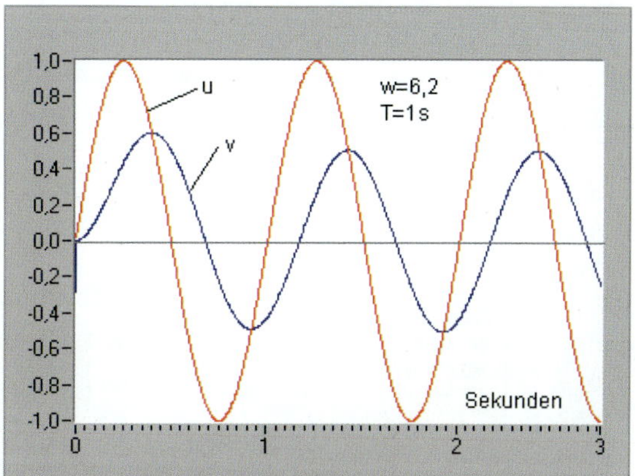

Bild 1: Sinusförmige Eingangsgröße an P-T_1-Glied

Übung 2:

Starten Sie das Programm *Simulation-PT1-Sinus-Strecke*. Verändern Sie die Eingangsgröße *u*, die Zeitkonstante *T* und die Winkelgeschwindigkeit und beobachten Sie das Verhalten der Strecke.

7.3.3.5 Proportionalglied mit Verzögerung 2. Ordnung (P-T_2-Glied) und Schwingungsglied

Das *P-T_2-Glied* ist identisch mit dem Schwingungsglied großer Dämpfung. Es wird T_0 als Zeitkonstante, D als Dämpfung und K als Proportionalbeiwert verwendet. Für $D > 1$ erreicht man die Eigenschaften von zwei in Reihe geschalteter P-T_1-Gliedern **(Tabelle 1)**.

Aufbau der mathematischen Funktion:

- Berechnen der internen Integrationszeitkonstanten T_{i1} aus T_0 und D.
- Berechnen der internen Integrationszeitkonstanten T_{i2} aus D und T_0.
- Berechnen des P-Gliedes $u * K$.
- Berechnen der internen Differenz d*i*.
- Berechnen des Integrationswertes v_1 und v_2.
- v_2 als Antwort zurückliefern.

Sprungfunktion

Bei einer Sprungfunktion reagiert die P-T_2-Strecke je nach Parameter mit gedämpftem Signal oder mit überschwingendem Signal.

Übung 1:
Starten Sie das Programm *Simulation-PT2-Strecke*. Stellen Sie $u = 1$; $T_0 = 1$ ein. Verändern Sie die Dämpfung D schrittweise von 0,1 bis 5. Beobachten Sie die Antwort der Strecke.

Sinusfunktion

Bei einer Sinusfunktion antwortet die Strecke wieder mit einer Sinusfunktion.

Je größer die Frequenz ist, desto kleiner ist die Amplitude.

Übung 2:
Starten Sie das Programm *Simulation-PT2-Sinus-Strecke*. Stellen Sie $u = 1$; $T_0 = 1$; $D = 1$ ein. Verändern Sie die Frequenz Schrittweise von 0,1 bis 10. Beobachten Sie die Antwort der Strecke **(Bild 1)**.

Tabelle 1: P-T_2-Glied

Symbol	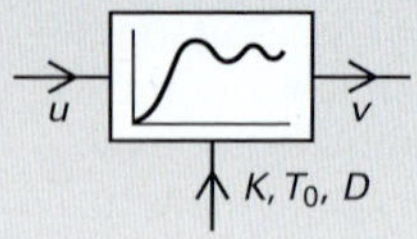
Grafische Darstellung der Funktion	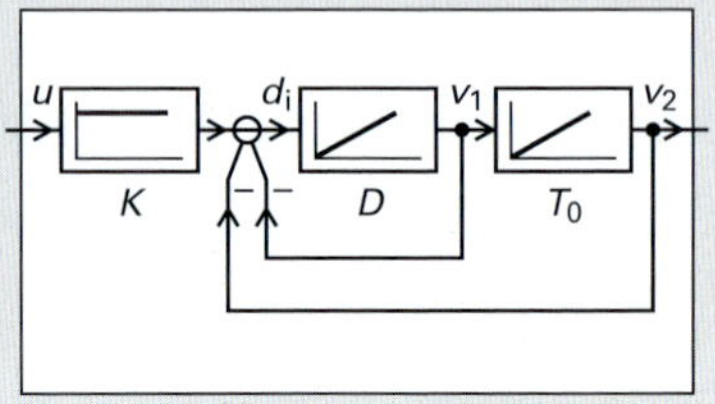

DELPHI	`function PT1(u,K,T0,D:real):real;`
	`var Ti1,Ti2:real;`
	`begin Ti1:= T0/2/D;`
	`      Ti2:= 2*D*T0;`
	`      di := u*K - v1 - v2;`
	`      v1 := v1 + di*dt/Ti1;`
	`      v2 := v2 + v1*dt/Ti2;`
	`      PT2:= v2`
	`end;`

C++	`float PT1(float u, float K, float T, float D)`
	`{float Ti1, Ti2;`
	`      Ti1 = T0/2/D;`
	`      Ti2 = 2*D*T0;`
	`      di  = u*k - v1 - v2;`
	`      v1  = v1 + di*dt/Ti1;`
	`      v2  = v2 + v1*dt/Ti2;`
	`  return(v2);`
	`}`

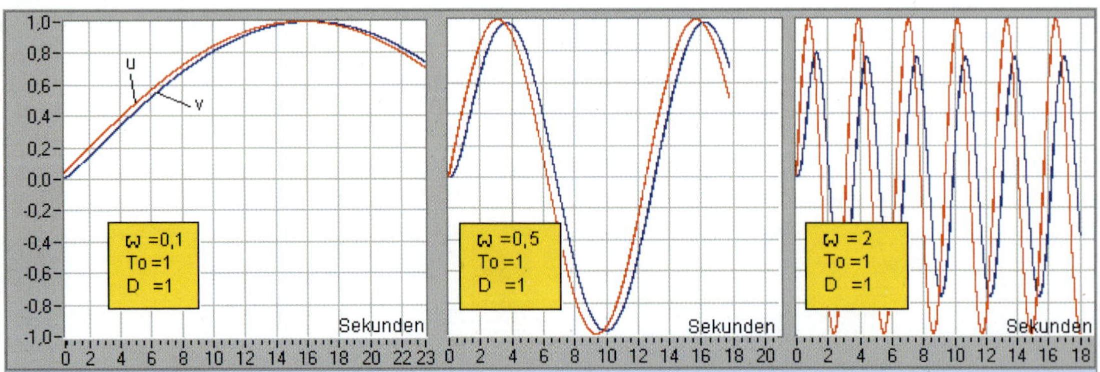

Bild 1: P-T_2-Glied mit unterschiedlicher Frequenz

7.3.4 Regelkreise

7.3.4.1 P-Regelung mit P-T_1-Strecke

Für eine einfache Antriebsregelung kann ein *P-Regler* verwendet werden. Der Regler muss aus der Regelgröße x (Istwert) und der Führungsgröße w (Sollwert) die Regeldifferenz e bilden. Die Stellgröße y errechnet sich aus der Regeldifferenz multipliziert mit dem Verstärkungsfaktor K_{PR}. P-Regler haben eine zur Regeldifferenz proportionale Stellgröße y.

Regelungsvorgang:
- Erfassen des Istwertes x aus der Regelstrecke.
- Berechnung der Regeldifferenz $e = w - x$.
- Berechnung der Stellgröße $y = K_{PR} \cdot e$.
- Stellgröße an Strecke ausgeben.

Dieser Ablauf wird als Funktion programmiert. Die Funktion übernimmt w, x und K_{PR}. In der Funktion wird die Stellgröße berechnet und ausgegeben.

Bei einer Drehzahlregelung hat der Motor näherungsweise ein P-T_1-Verhalten. Der Regelkreis besteht also aus einem P-Regler und einer P-T_1-Strecke. Im Programm übernimmt der P-Regler von der Strecke den Istwert x. Der P-Regler berechnet die Stellgröße y. Die P-T_1-Strecke übernimmt diese Größe als Eingangsgröße und berechnet den jetzt entstandenen Istwert x **(Tabelle 1)**.

Bei sprungartiger Änderung der Regeldifferenz tritt bei einem P-Regler ebenfalls eine sprungartige Änderung der Stellgröße auf. Beim Einsatz des P-Reglers zusammen mit einer P-T_1-Strecke entsteht eine bleibende Regeldifferenz **(Bild 1)**. Je größer K_{PR} gewählt wird, desto kleiner ist die bleibende Regeldifferenz. Die Stellgröße ist die bleibende Regeldifferenz.

Übung 1:
Laden Sie das Programm *Simulation-P-Regler*. Stellen Sie ein: $kpr = 2$, $w = 1$, $T = 1$. Beobachten Sie das Verhalten (Bild 1). Wiederholen Sie den Versuch mit veränderten Parametern, z. B. *kpr* und *T*.

Übung 2:
Laden Sie das Programm *Simulation-P-Sinus-Regler*. Stellen Sie ein: $kpr = 2$, $w = 1$, $T = 1$. Beobachten Sie das Verhalten bei unterschiedlichen Frequenzen **(Bild 2)**, sowie unterschiedlichen Parametern.

Tabelle 1: *P*-Regelung mit P-T_1-Glied

Symbol P-Regler	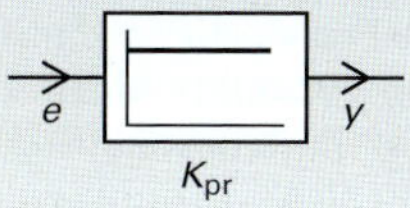
Symbol Regelkreis (P-Regler mit P-T_1-Glied)	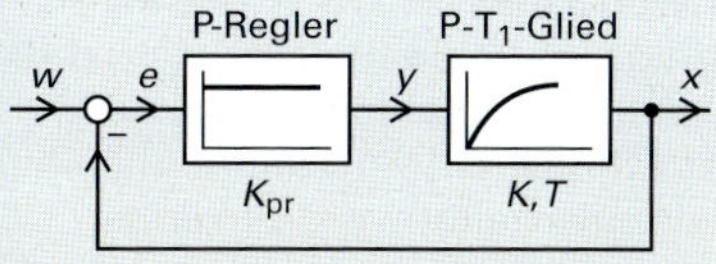

DELPHI	`function P_Regler(w,x,Kpr:real):real;`
	`var e:real;`
	`begin`
	`e := w-x;`
	`y := Kpr*e;`
	`P_Regler:=y;`
	`end;`
	`Ausschnitt aus dem Hauptprogramm`
	`repeat y:=P_Regler(w,x,Kpr);`
	`x:=PT1(y,K,T);`
	`zeichnen;`
	`. . . . . .`
	`until`

C++	`float P_Regler(float w, float x,`
	`float Kpr);`
	`float e;`
	`e = w-x;`
	`y = Kpr*e;`
	`return (y);`
	`)`
	`Ausschnitt aus dem Hauptprogramm`
	`do( y=P_Regler(w, x, Kpr);`
	`x=PT1(y, K, T);`
	`zeichnen;`
	`. . . . . .`
	`} while(. . .);`

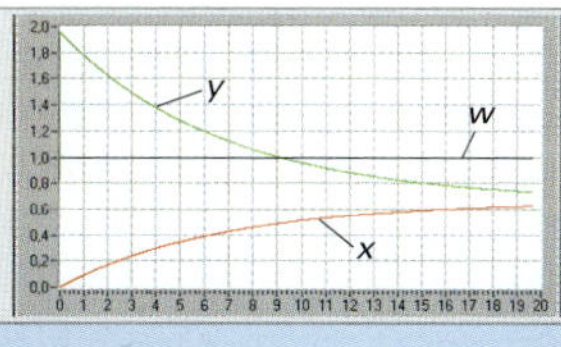

Bild 1: Sprungantwort

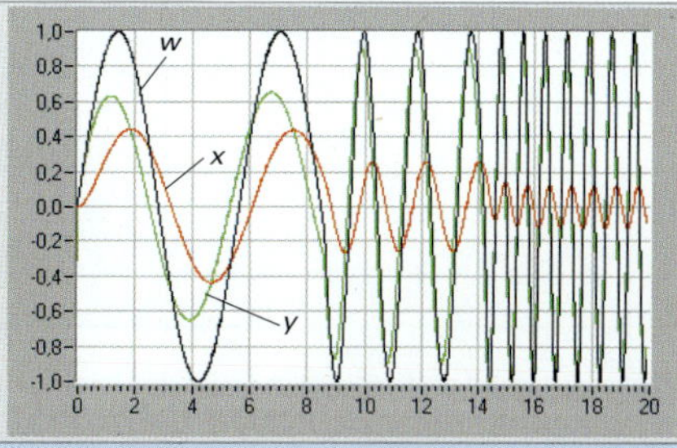

Bild 2: Sinusförmige Führungsgröße

7.3.4.2 P-Regelung und P-T_1-Strecke (SPS-Simulation)

Die Software ProMod-Pro (Fabrikat DELTALOGIC) beinhaltet ein virtuelles Modell einer P-T_1-Strecke in Form einer Füllstandsstrecke **(Bild 1)**. Dieses Modell verhält sich wie eine reale Strecke. Es liefert den Istwert *x* als Word (0 ... 27 648) und übernimmt die Stellgröße *y* ebenfalls als Word (0 ... 27 648). Den Verstärkungsfaktor liefert das Modell als Byte mit dem 10-fachen Wert, damit mit einer Nachkommastelle gearbeitet werden kann.

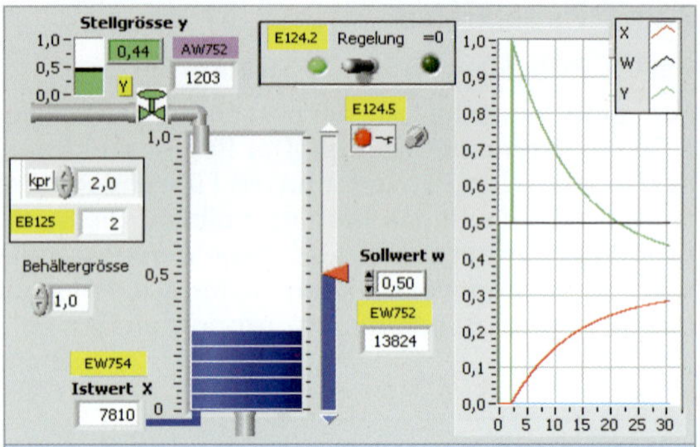

Bild 1: Virtuelle P-T_1-Strecke

Reglerfunktion

Mit STEP7 wird im strukturierten Text (SCL) die Regelungsfunktion geschrieben **(Bild 2)**. Der Istwert *x* und der Sollwert *w* werden eingelesen, danach in Gleitkommazahlen umgewandelt und auf die Werte 0 ... 1 normiert. Ebenso wird *kpr* eingelesen. Danach werden die Regeldifferenzen und die Stellgrößen berechnet. *y* wird auf den Bereich 0 ... 1 begrenzt. Der Regler darf nur Signale liefern, wenn die Freigabe = 1 ist. Am Ende wird die Stellgröße wieder in einen Integerwert von 0 bis 27 648 umgewandelt und kann zurückgeliefert werden.

```
FUNCTION_BLOCK FB23
VAR_INPUT
Freigabe:BOOL;
x_int,w_int,kpr_10:INT; END_VAR
VAR_OUTPUT y_int:INT;
Toleranz:BOOL;            END_VAR
VAR x,y,w,e,kpr:REAL;     END_VAR
x:=INT_TO_REAL(x_int)/27648.0;
w:=INT_TO_REAL(w_int)/27648.0;
kpr:=INT_TO_REAL(kpr_10)/10.0;
e:=w-x;
y:=kpr*e;
IF y>1 THEN y:=1; END_IF;
IF y<0 THEN y:=0; END_IF;
IF NOT Freigabe THEN y:=0; END_IF;
y_int:=REAL_TO_INT(y*27648.0);
END_FUNCTION_BLOCK
```

Bild 2: Funktionen für einen P-Regler

Regleraufruf

Im *OB1* wird die Regelungsfunktion aufgerufen und mit Aktualparametern besetzt **(Bild 3)**. Das EB125 muss zuerst mit der Funktion *MOVE* in ein Merkerwort (MW) übertragen werden, weil mit dem Datentyp BYTE nicht gerechnet werden kann.

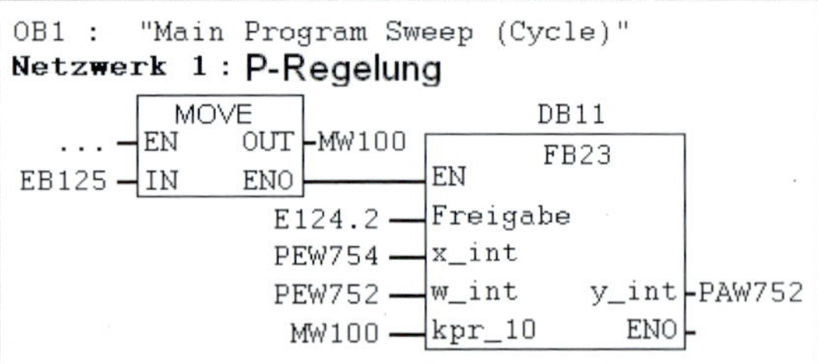

Bild 3: Aufruf der Reglerfunktion

Virtuelle SPS

Das Programm PLCSIM, welches in der Programmierumgebung von STEP 7 vorhanden ist, stellt eine virtuelle SPS dar. Das Programm wird dorthin übertragen. Diese SPS verhält sich nun wie eine reale SPS. Das virtuele Streckenmodell **(Bild 4)** kommuniziert mit der virtuellen SPS. Damit kann das System getestet und beobachtet werden.

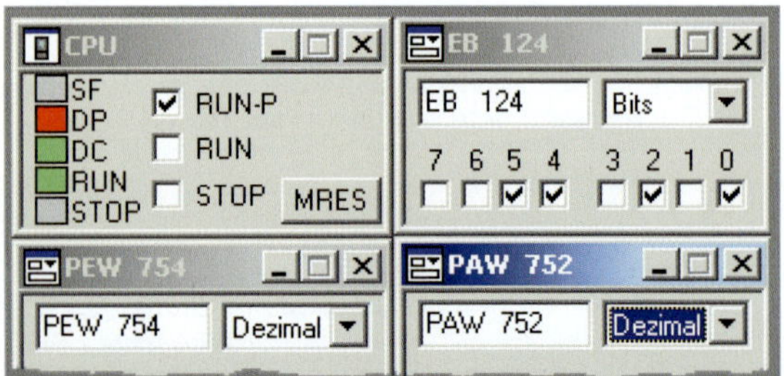

Bild 4: Die virtuelle SPS, S7 PLCSIM

Übung:

Führen Sie die folgenden Versuche durch und beobachten Sie das Ergebnis. Die Reihe sollte mit einem Sollwertsprung von 0 auf 0.3 und mit einem Sollwertsprung von 0 auf 0.6 gefahren werden.

kpr	Behälter-größe	bleibende Regeldifferenz	Zeit bis ausgeregelt
1	1		
2	1		
4	1		
1	5		
2	5		
4	5		

7.3.4.3 I-Regelung und P-T_1-Strecke

I-Regler kann man verwenden, wenn bei Strecken 1. Ordnung oder höherer Ordnung eine bleibende Regelabweichung unerwünscht ist. Beim I-Regler ist die Änderungsgeschwindigkeit der Stellgröße proportional der Regeldifferenz.

Bild 1 zeigt den Regelkreis und ein virtuelles Modell mit einer P-T_1-Strecke (Software: FluidLab process, *Festo*).

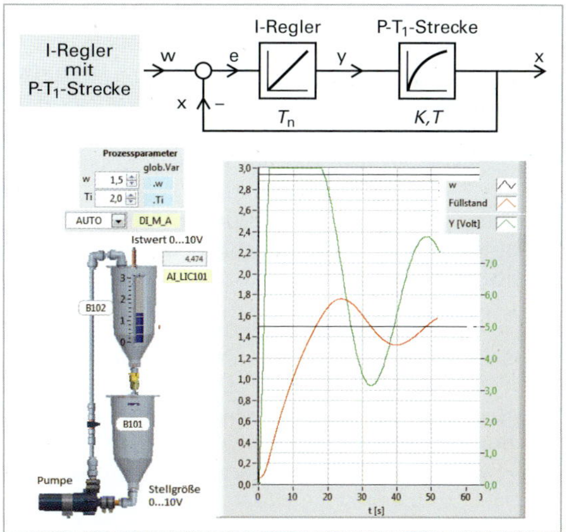

Bild 1: Regelkreis und virtuelle P-T_1-Strecke

Aufbau der Reglerfunktion und Programmieren mit CoDeSys

Die Reglerfunktion wird als FUNCTION_BLOCK programmiert **(Bild 2)**. Es werden die Variablen im normierten Bereich (0 …1) übergeben. Es bedeuten: w = Sollwert, x = Istwert und TA = Abtastzeit (REAL-Zahlen).

Die Freigabe-Variable ist BOOL (Zeilen 3 und 4 in Bild 2). Die Regeldifferenz und die Aufsummierung der Regeldifferenzen sind lokale Variable (Zeilen 10 und 11).

Inhalt der Programmzeilen:

Zeile 1: Bildung der Regeldifferenz e = w – x

Zeile 2: Berechnung der Stellgröße y mit e_sum= Summe der Regeldifferenzen, TA = Abtastzeit bzw. Zykluszeit, Ti = Integrierzeit.

Zeilen 3 und 4:

Eine Aufsummierung erfolgt nur, wenn y = 0 …1 ist.

Zeilen 5 und 6: y wird auf 0 …1 begrenzt.

Zeile 7: Ein y-Wert wird nur ausgegeben, wenn das Freigabesignal = 1 ist.

```
FUNCTION_BLOCK I_Regler
VAR_INPUT
    w,x,Ti,TA:REAL;
    Freigabe: BOOL;
END_VAR
VAR_OUTPUT
    y: REAL;
END_VAR
VAR
    e: REAL;
    e_sum: REAL;
END_VAR

e:=w - x;
y:=e_sum * TA / Ti;
IF(e>0) AND ( y<1) THEN e_sum:=e_sum+e; END_IF;
IF(e<0) AND ( y>0) THEN e_sum:=e_sum+e; END_IF;
IF y>1 THEN y:=1; END_IF;
IF y<0 THEN y:=0;END_IF;
IF NOT Freigabe THEN y:=0;e_sum:=0; END_IF;
```

Bild 2: Funktionsbaustein I-Regler

Aufbau des Hauptprogramms

In diesem Programm werden die Hardware-Adressen mit Namen versehen **(Bild 3)**, z. B. wird dem Istwert x = Adresse %ID4 der Name AI_LIC101 gegeben, die Stellgröße y = Adresse %QD0 erhält den Namen AO_P101. Diese Namen fungieren dann als globale Variable.

Ebenso wird mit den anderen Adressen verfahren. Im Netzwerk 2 wird der Sollwert w auf 0 …1 durch Division mit 3 normiert und dann an den I-Regler übergeben.

Ebenso wird der Istwert normiert und danach an den Regler übergeben. Da die Stellgröße als Spannung 0 V …10 V ausgegeben wird muss y mit dem Faktor 10 multipliziert werden. In der Taskkonfiguration wird die Abtastzeit, z. B. TA=500 ms eingestellt. Der Aufruf des Hauptprogramms PLC_PRG erfolgt dann alle 500 ms.

```
PROGRAM PLC_PRG
VAR
    Regler: I_Regler;
    Stellgr: REAL;
END_VAR
```

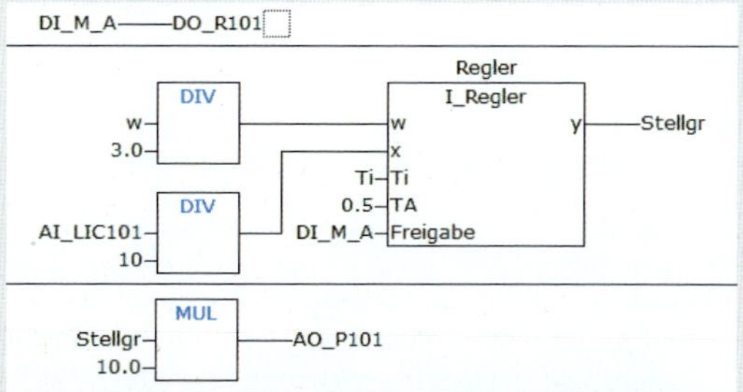

Bild 3: Hauptprogramm mit Aufruf des I-Reglers

7.3.4.4 PI-Regelung einer P-T_1-Strecke mit Störgrößenaufschaltung (Beispiel)

Mit einem Regelventil soll der pneumatische Systemdruck **(Bild 1)** konstant gehalten werden. Ein Drucksensor misst den Istwert x. Der Durchfluss-sensor erfasst die Störgröße z. Das Diagramm (Bild 1) zeigt die Reaktion des Regelkreises bei einer sprungförmigen Störung ohne Störgrößenaufschaltung (grün) und mit Störgrößenaufschaltung (rot).

Die Programmierumgebung ist Step 7 mit PLCSIM als virtuelle SPS. Mit dem Programm ProMod-Pro (DELTALOCIC) wird die Regelstrecke simuliert.

Die Regelstrecke wird mit einem PI-Regler geregelt. Es wird der Geschwindigkeitsalgorithmus verwendet.

Der Geschwindigkeitsalgorithmus wird auch deshalb gewählt, weil dann eine stoßfreie Regelung einfach zu verwirklichen ist. **Bild 2** zeigt den Funktionsblock FB10 mit PI-Regler.

Die Störgrößenaufschaltung wird danach mit Standardfunktionen erstellt.

Dem Reglerbaustein werden die Werte normiert (0...1) übergeben. Diese Normierung erfolgt in Bausteinen, welche hier nicht dargestellt sind. Der Funktionsblock ist wie folgt aufgebaut:

1: Eingabe Übergabevariable,

2: Ausgabe Übergabevariable,

3: Berechnung der Regeldifferenz,

4: Berechnung der Stellgrößenänderung,

5: Rettung der alten Regeldifferenz,

6: Bei Handbetrieb wird y auf die Handgröße gesetzt, ansonsten wird die Stellgrößenänderung dy zu der bisherigen Stellgröße y addiert,

7: Begrenzen der Stellgröße auf 0 ...1,

8: Ein Stellgrößenwert > 0 wird nur bei Freigabe des Reglers ausgegeben.

Bild 3 zeigt einen Auszug aus den verwendeten Funktionsbausteinen.

Netzwerk 4: Aufruf des PI-Reglers. Die Variablen werden als Gleitkommazahlen übergeben. Die Stellgröße (MD50) ist im Bereich 0 ...1.

Netzwerk 5: Eine Störgrößenaufschaltung erfolgt direkt auf die Stellgröße y. Der Durchflusssensor (Bild 1) liefert das Signal für die Störgröße (0 V ...10 V). Dieses wird mit einem Faktor belegt (P-Glied) und multipliziert.

Netzwerk 10: Hier werden der y-Wert des PI-Reglers und das Ergebnis auf die Stellgröße addiert.

Bei der **Störgrößenaufschaltung** wird die erfasste Störung direkt auf das Stellsignal (Reglerausgangssignal) aufgeschaltet und bewirkt unmittelbar (nicht über die Regelung) eine Korrektur der Regelgröße. Der Regler muss dann „nur noch" die Feinabstimmung vornehmen.

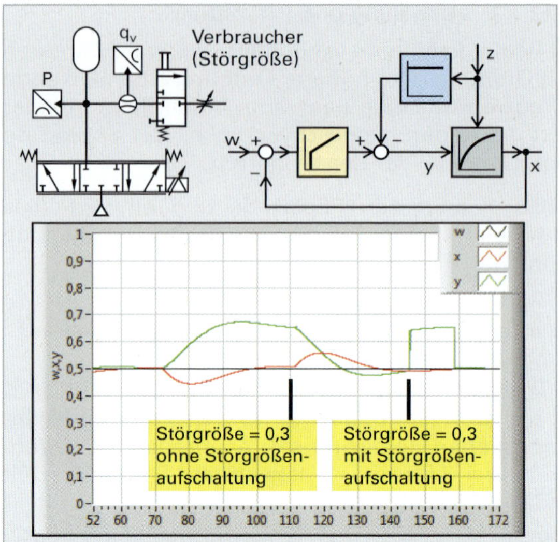

Bild 1: Druckregelung mit Störgrößenaufschaltung

SCL-Quelle(1) -- Test\SIMATIC 300(1)\CPU 314C-2 DP

```
FUNCTION_BLOCK FB10
VAR_INPUT                                          (1)
w,x,kp,Ti,TA:REAL;
yHand:REAL;
Hand,Freigabe:BOOL;   END_VAR
VAR e,e_1:REAL;       END_VAR                      (2)
VAR_OUTPUT
y:REAL; dy:REAL;
END_VAR
e:=w-x;                                            (3)
dy:=kp*((e-e_1)+TA/Ti*e);                          (4)
e_1:=e;                                            (5)
IF Hand THEN y:=yHand;ELSE y:=y+dy;END_IF;         (6)

IF y>1 THEN y:=1.0;END_IF;                         (7)
IF y<0 THEN y:=0.0;END_IF;
IF NOT Freigabe THEN y:=0.0; END_IF;               (8)
END_FUNCTION_BLOCK
```

Bild 2: Funktionsbaustein PI-Regler in Step7

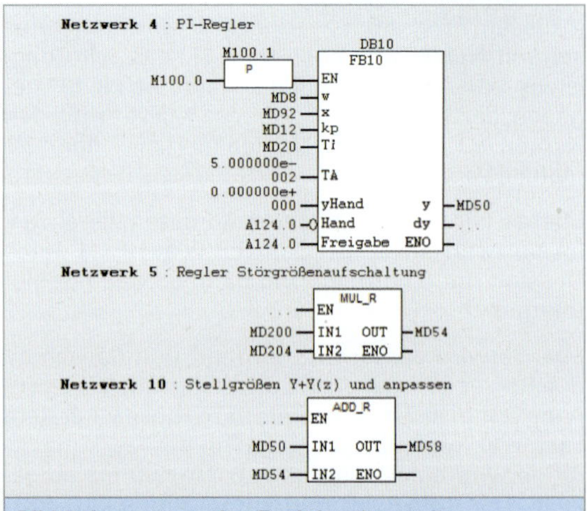

Bild 3: Auszug aus den Funktionsbausteinen

7.3.4.5 Optimierung der Reglerparameter

Bei einer Drehzahlregelung kann der Antrieb auch eine Totzeit aufweisen, so z. B. bei großen Zykluszeiten des Mikrocomputers. Bei ungünstigen Reglerparametern kommt ein solcher Regelkreis mit Totzeitglied ins Schwingen.

Bei der Programmierung wird im Hauptprogramm der x-Wert über das Totzeitglied geführt **(Tabelle 1)**.

Übung 1:

Starten Sie das Programm Simulation *PI-PT1-Tt*. Verändern Sie die Größe der Totzeit und beobachten Sie das Verhalten des Regelkreises.

Um bei **gegebener Strecke mit Totzeit die optimalen Reglerparameter** zu finden, kann man das Programm zyklisch mit verschiedenen Reglerparametern ablaufen lassen. Bei jedem Zyklus wird der Absolutbetrag der Regeldifferenz aufaddiert. Im Beispiel wird nach 639 Zyklen abgebrochen. Die entstandene Summe entspricht der Regelfläche **(Bild 1)**.

Aufgrund der Eigenart eines Antriebs kann dieser auch das Verhalten entsprechend einer P-T_2-Strecke haben. Wenn diese Strecke eine geringe Dämpfung aufweist, neigt die Anlage zum Schwingen.

Übung 2:

Starten Sie das Programm *Simulation – Regler-Optimierung* **(Bild 2)**. Es werden die Sprungantworten immer von 3 verschiedenen K_{PR}-Werten dargestellt und die *Regelfläche* nach dem Rechenlauf angegeben. Verändern Sie die Parameter und beobachten Sie das Verhalten des Regelkreises.

Tabelle 1: Drehzahlregelung mit Totzeitglied

PI-Regler mit PT_1-Glied und Totzeitglied	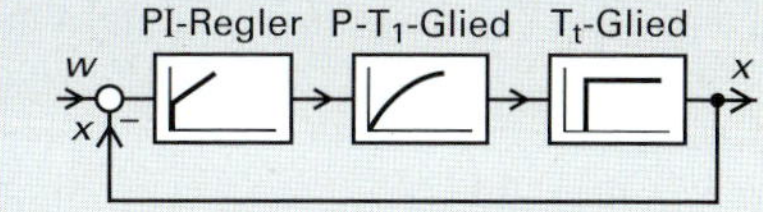

DELPHI Hauptprogramm	*//Timer taktet als 10 ms*
	procedure TForm1.Timer1Timer (Sender: TObject);
	begin
	If Freigabe=TRUE **THEN**
	  begin
	    x:=PT! (y,K,T);
	    x:=Totzeit (x,1);
	    y:=PI_Regler (w,x,kpr,Tn);
	  end
	  else y:=0;
	end

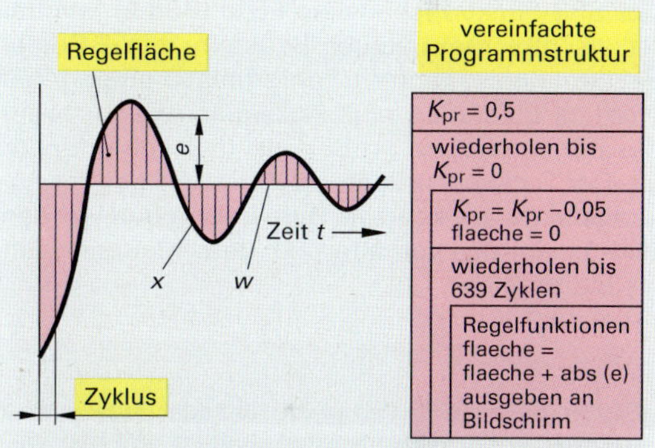

Bild 1: Berechnung der betragslinearen Regelfläche

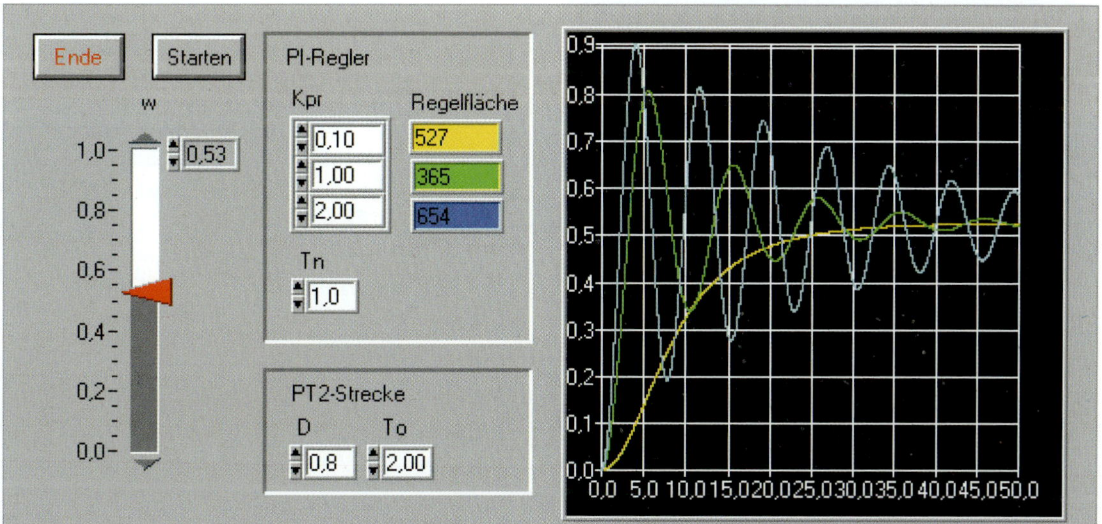

Bild 2: Sprungantwort bei verschiedenen P-Anteilen

7.3.4.6 P-Regler mit P-T_1-I-Strecke (Lageregelung)

Ein einfacher Lageregelkreis besteht aus drei Komponeten:

- *P-Regler*,
- *P-T_1-Glied*, entspricht dem Verhalten des Vorschubantriebs (bewegte Massen),
- *I-Glied*, entspricht dem Gewindetrieb bzw. demHydraulikzylinder.

In der Praxis gibt es hydraulische Systeme mit Regelventilen oder Servoventilen als Stellglieder und elektrische Servorantriebe mit Kugelgewindetrieben. Als Wegmesssystem kann ein Linearpotenziometer dienen, welches über den Weg den Istwert 0 V ... 10 V liefert. **Bild 1** zeigt einen Laboraufbau mit einem Regelventil mit On-Board-Electronic" (OBE).

Festpunktregelung

Der SPS-Funktionsbaustein FB10 **(Bild 2)** beinhaltet als bibliotheksfähiger Baustein den P-Regler. Bei dem Regler kann ein Fehlerfenster eingegeben werden. Es steuert eine Anzeigelampe an, wenn die Regeldifferenz größer als das Fehlerfenster ist. Der Sollwert *w* kann als Wort und der Verstärkungsfaktor *kpr* kann als Byte übergeben werden. **Bild 3** zeigt das Verhalten bei verschiedenen Einstellparametern.

Übung:

Starten Sie das SPS-Programm und das virtuelle Modell. Testen Sie folgende einstellungen und begründen Sie das Verhalten der Anlage. Verändern Sie nur jeweils einen Parameter.

Reihe	Verstärkung	T	Ti
1	0.5, 1, 2, 5	2	2
2	1	2, 10, 40	2
3	1	1	0,2, 2, 8

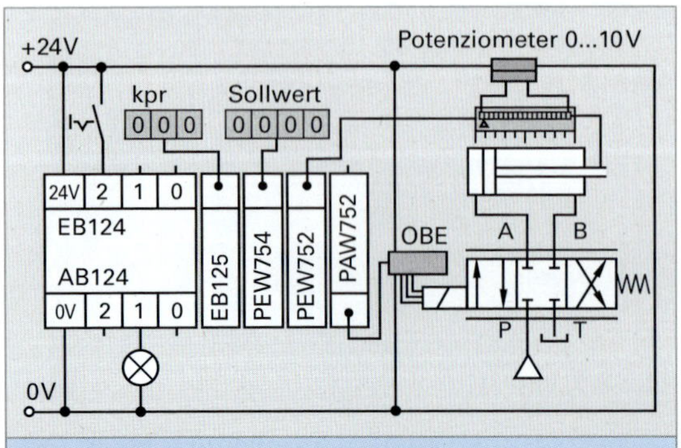

Bild 1: Beschaltung einer hydraulischen Lageregelung

```
FUNCTION_BLOCK FB10
VAR_INPUT
Soll_INT, Ist_INT, kpr_INT :INT;
Fehlerfenster:REAL; Freigabe:BOOL;
END_VAR
VAR
x,w,y,e,kpr:REAL;//statische Variablen
END_VAR
VAR_OUTPUT
Stellgr:INT;  Position:BOOL;
END_VAR
// Anweisungsteil-Einlesen der Variablen
w:=INT_TO_REAL(Soll_int)/27648.0;
x:=INT_TO_REAL(Ist_int)/27648.0;
kpr:=INT_TO_REAL(kpr_int)/10;
e:=w-x; //Regeldifferenz berechnen
y:=kpr*e;
IF y>1.0 THEN y:=1.0; END_IF;
IF y<-1.0 THEN y:=-1.0; END_IF;
IF NOT Freigabe THEN y:=0;END_IF;
Stellgr:=REAL_TO_INT(y*27648.0);
IF ABS(e)<=Fehlerfenster
THEN Position:=1; ELSE Position:=0;END_IF;
END_FUNCTION_BLOCK
```

Netzwerk 1 : Aufruf Lageregelung

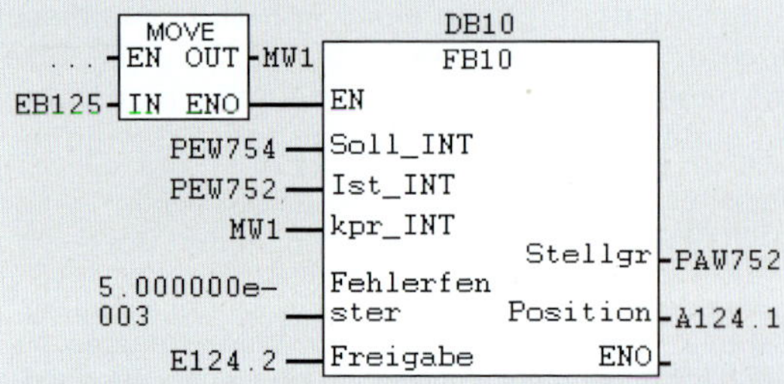

Bild 2: P-Regler (STEP7)

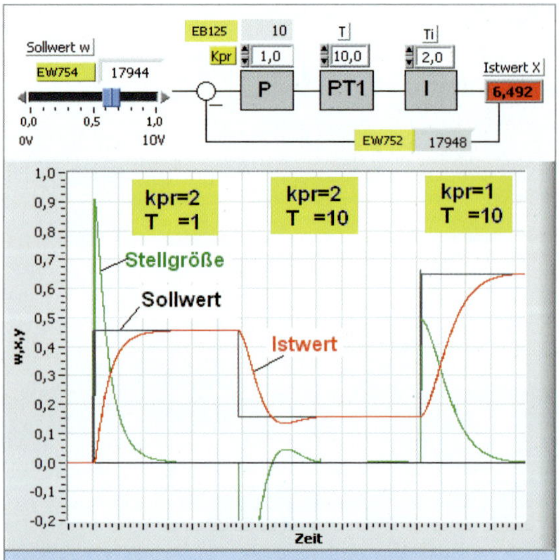

Bild 3: Simulation mit virtuellem Regelkreis

Führungsgrößenregelung

Wenn Bewegungen mit konstanten Geschwindigkeiten erfolgen sollen, dann muss ein Führungsgrößenregler programmiert werden **(Bild 1)**. Es wird ein P-Regler verwendet. Der aktuelle Sollwert *aktW* wird bei jedem SPS-Zyklus um einen kleinen Betrag *dw* verändert, solange bis der eingegebene Sollwert erreicht ist.

In der einfachen Funktion ist *dw* = EB126/10000.0. Dieser Wert könnte für die CNC-Technik bei einer realen Achse in eine Geschwindigkeit, z. B. F = 100 mm/min, umgerechnet werden.

Der P-Regler kann nur eine Stellgröße ausgeben, wenn eine Regeldifferenz vorliegt. Diese Regeldifferenz wird als Schleppabstand bezeichnet. **Bild 2** zeigt den Aufruf des Reglers mit absoluter Adresse. Das Programm funktioniert mit der Hardware nach Bild 1, vorherige Seite. Alternativ kann der Regelkreis mit einem vituellen Modell getestet werden.

Bild 3 zeigt das Verhalten des Regelkreises mit unzerschiedlichen Parametern.

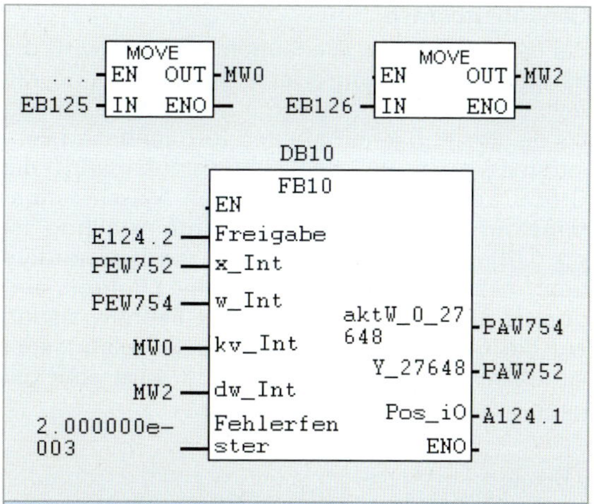

Bild 2: Aufruf des Reglerbausteins

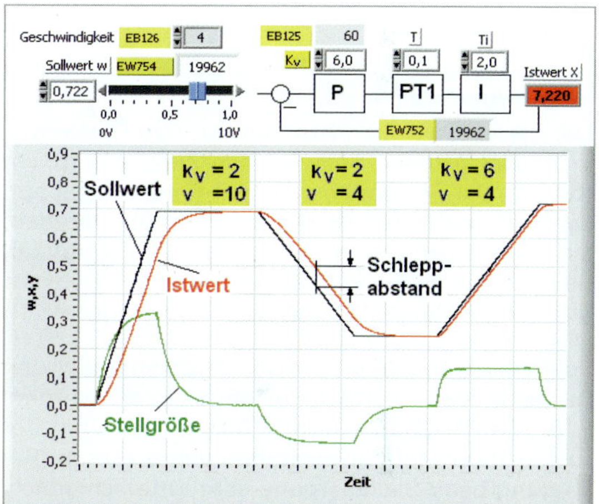

Bild 3: Führungsgrößenregelung

Übung:

Übertragen Sie das SPS-Programm in die virtuelle SPS (PLCSIM) und starten Sie das virtuelle Modell (Pro-Mod-Pro). Beobachten Sie das Verhalten des Regelkreises und begründen Sie es.

Reihe	Geschwindigkeit	kv	T	Ti
1	1, 2, 4, 8	2	0.1	2
2	4	0.5, 2, 4	0.1	2
3	4	1	0.5, 2, 20	2

```
FUNCTION_BLOCK FB10
VAR_INPUT
Freigabe: BOOL;
x_Int, w_Int, kv_Int, dw_Int:INT;
Fehlerfenster:REAL;
END_VAR
VAR
x,w,e,y,kv,dw,aktW:REAL;
END_VAR
VAR_OUTPUT
aktW_0_27648, Y_27648:INT; Pos_iO:BOOL;
END_VAR
x:=INT_TO_REAL(X_Int)/27648.0;
w:=INT_TO_REAL(w_Int)/27648.0;
kv:=INT_TO_REAL(kv_Int)/10.0;
dw:=INT_TO_REAL(dw_Int);
//Berechnung des akt. Sollwertes
e:=w-x; //Berechnung der Regeldifferenz
//Berechnung des akt. Sollwertes
IF(e>0) AND (aktW<w) THEN aktW:=aktW+dw; END_IF;
IF(e<0) AND (aktW>w) THEN aktW:=aktW-dw; END_IF;
//Berechnung der Stellgöße
y:=(aktW-x)*kv;
IF(y>1 ) THEN y:= 1; END_IF;
IF(y<-1) THEN y:=-1; END_IF;
//Ausgabe
Y_27648:=REAL_TO_INT(y*27648.0);
aktW_0_27648:=REAL_TO_INT(aktW*27648.0);
//Vergleich e mit Fehlerfenster
IF ABS(e)<Fehlerfenster
THEN Pos_iO:=1; ELSE Pos_iO:=0;END_IF;
//Reglerfreigabe und zuweisen von aktW
IF NOT Freigabe THEN aktW:=x;Y_27648:=0; END_IF;
END_FUNCTION_BLOCK
```

Bild 1: Quellcode für den Funktionsbaustein zur Führungsgrößenregelung

Genauhaltbetrieb

Bei der Betriebsart „Genauhalt" **(Bild 1)** wird die nächste Fahranweisung erst geladen, wenn die Achse den Schleppabstand soweit abgebaut hat, bis die Position innerhalb des vorgegebenen Fehlerfensters ist. Bei CNC-Steuerungen wird die Größe des Fehlerfensters in den Maschinenparametern abgelegt. Die Standardeinstellung ist oft 0.01 mm. Diese Betriebsart wird besonders bei Umkehrbewegungen, z. B. beim Bohren, eingesetzt. Da die Achse nach jeder Fahranweisung auf die Geschwindigkeit Null herunterfährt, gibt es Freischneidemarken. Im Bild 1 wird eine Eilgang-Vorschubsteuerung gezeigt.

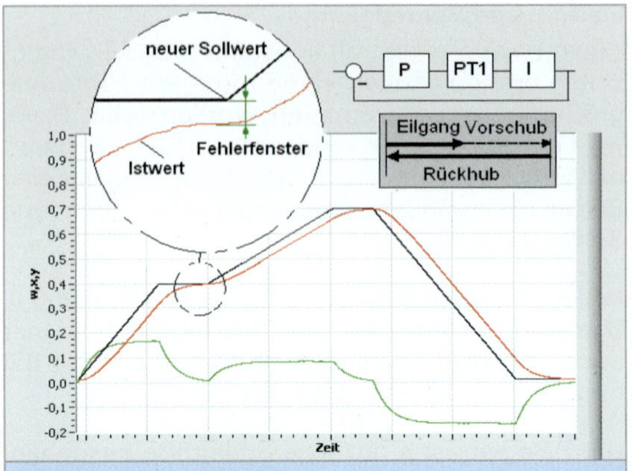

Bild 1: Genauhaltbetrieb

Übung 1:

Laden Sie das SPS-Programm im Ordner „Genauhalt". Starten Sie PLCSIM und die Software ProModPro. Verändern Sie das Fehlerfenster und bestimmen Sie die Fertigungszeiten.

Bahnsteuerbetrieb

Der neue Sollwert wird immer dann geladen, wenn der aktuelle Sollwert den Zielwert erreicht **(Bild 2)**. Der Schleppabstand wird nicht abgebaut. Diese Betriebsart bringt kurze Fertigungszeiten, sie überschleift die Fahrbewegungen. Es gibt keine Freischneidemarken. Diese Betriebsart wird vor allem beim Herstellen von Konturen eingesetzt.

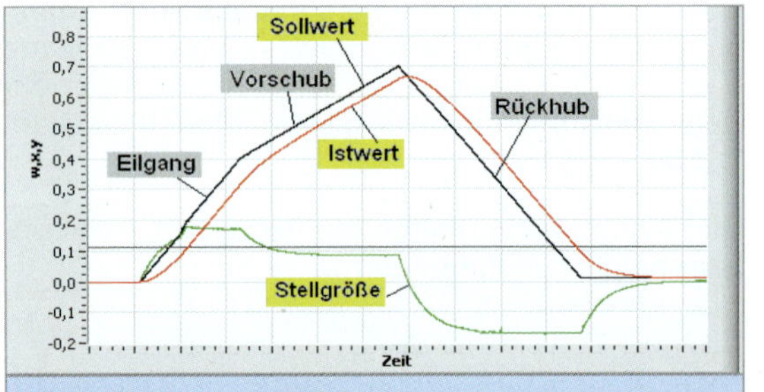

Bild 2: Bahnsteuerbetrieb

Folgebewegungen in zwei Achsrichtungen. Wenn nacheinander zwei Achsen angesteuert werden, z. B. mit der Zielposition X100m danach mit der Zielposition Y100, so gestaltet sich die reale Bewegung beim Satzübergang sehr unterschiedlich. Beim Bahnsteuerbetrieb tritt in den meisten Fällen ein sichtbares Verrunden der Ecke auf. Dies ist natürlich von den Eigenschaften der Strecke und von den Regelparametern abhängig **(Bild 3)**.

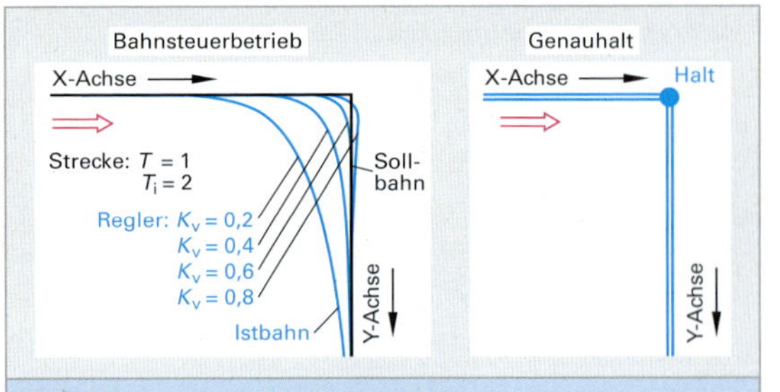

Bild 3: Bahnverlauf bei 90°-Ecke

7.3.4.7 Lageregelung mit Totzeit

Wenn z. B. eine lange Rechenzykluszeit oder lange Signallaufzeiten vorliegen, sind diese Zeiten als eine Totzeit zu berücksichtigen **(Bild 4)**. Die Regelgröße x erreicht in diesem Fall den Regler nach einer Totzeit. Die Totzeit $T_t = 1$ entspricht der Anzahl der T/dt-Zyklen. Wenn $dt = 0.1$ dann ist die Totzeit 10 Zyklen.

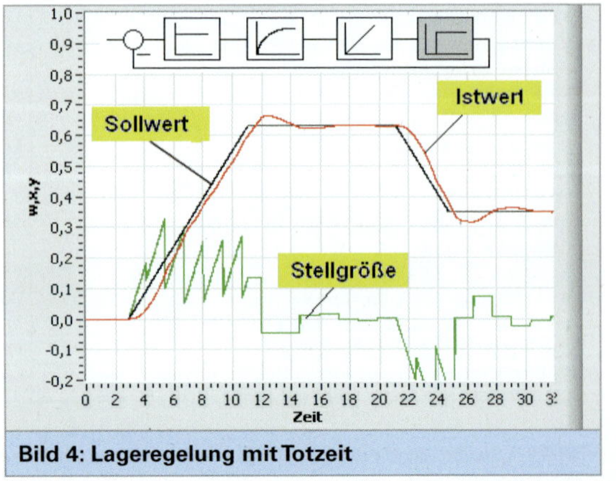

Bild 4: Lageregelung mit Totzeit

Übung 2:

Laden Sie das SPS-Programm im Ordner „Totzeit". Starten Sie PLCSIM und die Software ProMod-Pro. Verändern Sie die Anzahl der Totzeit-Zyklen und beobachten Sie die Auswirkungen.

7.3.4.8 Geschwindigkeitsvorsteuerung

Der Schleppabstand sollte in der Fertigung möglichst klein sein. Die Erhöhung der Kreisverstärkung bringt ein hartes Verhalten des Regelkreises. Eine andere Möglichkeit ist die Vorsteuerung. Man ermittelt aus dem Lagesollwertverlauf die Geschwindigkeit und gibt diese auf die P-T_1-Strecke. In **Bild 1** wird die Wirkung dargestellt. Der Schleppabstand verkleinert sich. Am Ende tritt ein Überschwingen auf. Steuerungshersteller geben in der Grundeinstellung hier oft den Wert 0 an, sodass der Kunde nach seinem Bedarf die Vorsteuerung einstellen kann.

Programm

Der Quellcode kann in LabVIEW erstellt werden. **Bild 2** zeigt den Aufbau der Funktion. Die Logik ist im „Formelknoten" erstellt worden. Links sind die Eingabewerte, rechts die Ausgabewerte. Von der Codierung her ist es ein C-Code. Man kann diesen dann auch einfach in die SCL-Sprache einer SPS umsetzen.

Struktur des Programms:

- Aktuellen Sollwert aktw berechnen
- Regeldifferenz e aus aktw und Istwert x berechnen
- Vorsteuerwert berechnen:

$$v = \frac{\text{aktueller Sollwert} - \text{alter akt. Sollwert}}{\text{Abtastzeit}} \cdot \text{Vorsteuerwert}$$

- alter aktueller Wert auf aktuellen Wert setzen
- Stellgröße berechnen
  $y = kv \cdot e + \textit{Vorsteuerwert}$
- Stellgröße auf – 1 bis + 1 begrenzen

Simulation

Damit das System simuliert werden kann, müssen alle Regelkreisglieder berechnet werden. In **Bild 3** wird im Formelknoten die P-T_1-Strecke und die folgende I-Strecke berechnet. Von außen wird die Zeitkonstante $T = 0.4$, die Abtastzeit $TA = 0.01$ und die Integrierzeit $TI = 0.8$ übergeben. Die Strecken antworten dann mit dem Istwert *x*. Dieser wird dem Regler übergeben. Vom Regler kommt die Stellgröße *y* und geht in die Strecke als Signal *u*. Die Abtastzeit ist am Taktgeber (Symbol: Metronom) auf 10 ms eingestellt. Mit der Software können Diagramme, wie z. B. in Bild 1, erzeugt werden.

Übung:

Laden Sie LabVIEW und das Programm Simulation. Nach dem Starten der Software zuerst mit dem Button „Nullen" die Werte der Strecken auf Null setzen. Erhöhen Sie den Wert für die Vorsteuerung von Null an und Beobachten Sie die Wirkung.

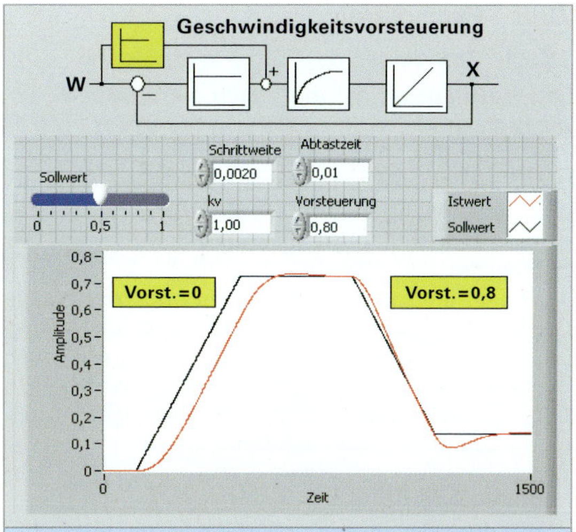

Bild 1: Lageregelung mit Geschwindigkeitsvorsteuerung

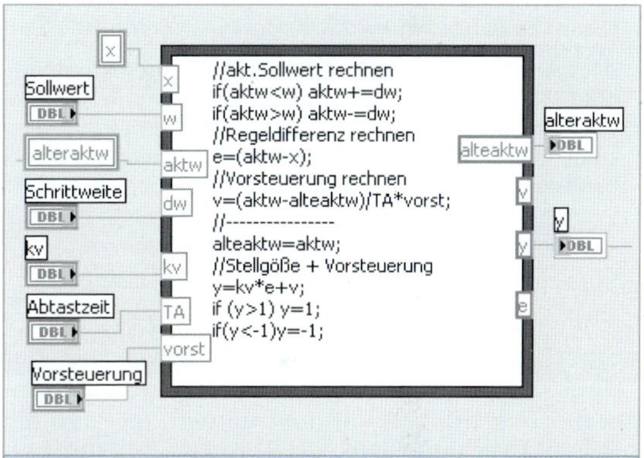

Bild 2: Quellcode der Regelungsfunktion

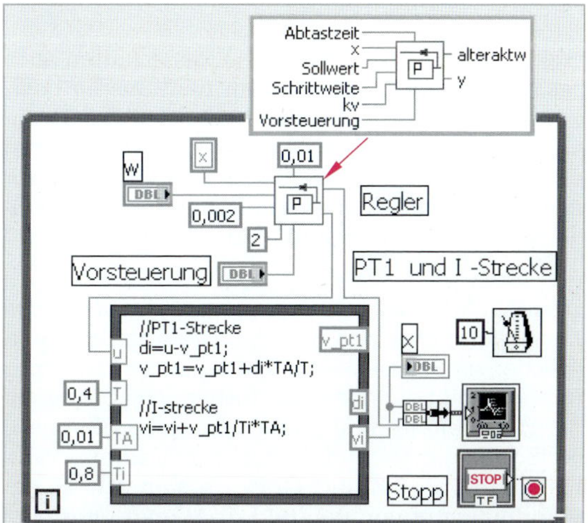

Bild 3: Regelkreis zur Simulation

7.3.5 Fuzzy-Logic

7.3.5.1 Grundlagen der Fuzzy-Technologie

Die *Fuzzy-Logic*[1], die man auch als *unscharfe Logik* bezeichnet, wurde 1965 von Professor Lotfi A. Zadeh an der Universität Berkeley, USA, entwickelt. Dieser mathematischen Methode liegt die unscharfe Mengenlehre (FUZZY-SET-Theory) zugrunde und stellt eigentlich eine Erweiterung der booleschen Algebra dar. Die unscharfe Mengenlehre ist eine mathematische Theorie, welche die Grenzen der zweiwertigen Logik mit den Werten 0 und 1 bzw. wahr und falsch erweitert und auch Zwischenwerte zulässt. Dadurch wird es möglich, Begriffe wie „etwas falsch" und „fast wahr" durch einen Zahlenwert darzustellen.

Soll z. B. die Temperatur eines Raumes mit einer booleschen Variablen *T* dargestellt werden, so muss die Aussage über einen Vergleich hergestellt werden. Der Vergleich könnte lauten:

Wenn die Temperatur > 23 °C, dann T = 1, sonst T = 0.

Der Wert der Variablen T ist damit eindeutig festgelegt **(Bild 1)**. Damit ist z. B. bei einer Temperatur von 22,9 °C *T* = 0 und genauso bei einer Temperatur von 2 °C. Mit einer booleschen Variablen kann man physikalische Größen nur unzureichend beschreiben.

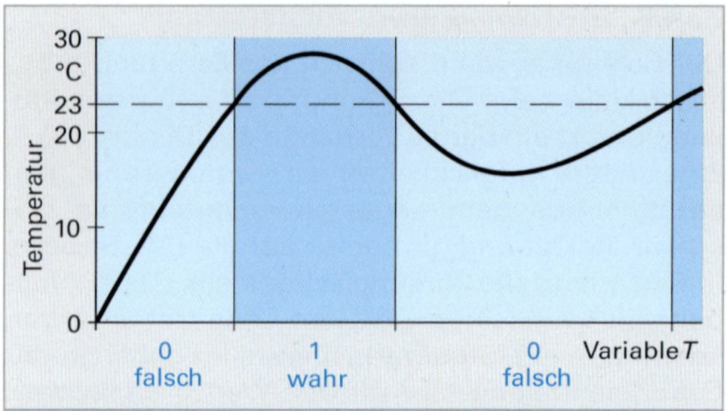

Bild 1: Werte der booleschen Variable *T*

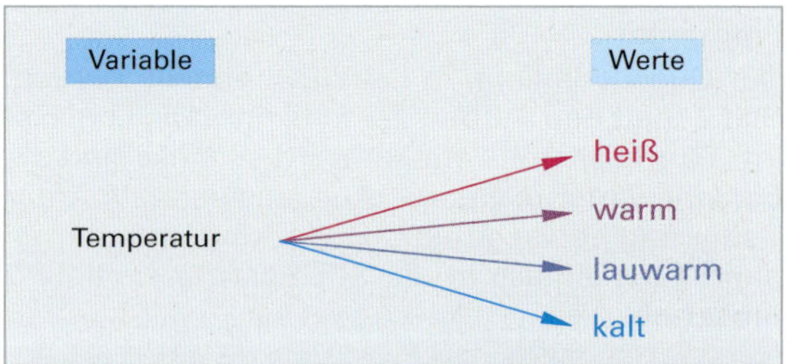

Bild 2: Darstellung der Temperatur mit Eigenschaften

Der Mensch geht umgangssprachlich mit physikalischen Größen auf eine einheitliche Weise um. Er ordnet den physikalischen Größen, wie z. B. der Temperatur, Eigenschaften zu. Soll z. B. eine Temperatur beschrieben werden, verwendet man die Begriffe kalt, lauwarm, warm oder heiß **(Bild 2)**. Die Variable *Temperatur* wird dann linguistische[2] Variable genannt.

Weiter gibt der Mensch diesen Eigenschaften noch zusätzliche Adjektive[3] wie sehr heiß, wenig heiß, oder etwas kalt. Es wird also ein zusätzlicher Wahrheitsgehalt zugeordnet. Ähnlich ist der Ansatz in der Fuzzy-Logic. Hier werden z. B. der Temperatur ebenfalls verschiedene Eigenschaften oder Wahrheitsgrade zugewiesen **(Bild 3)**.

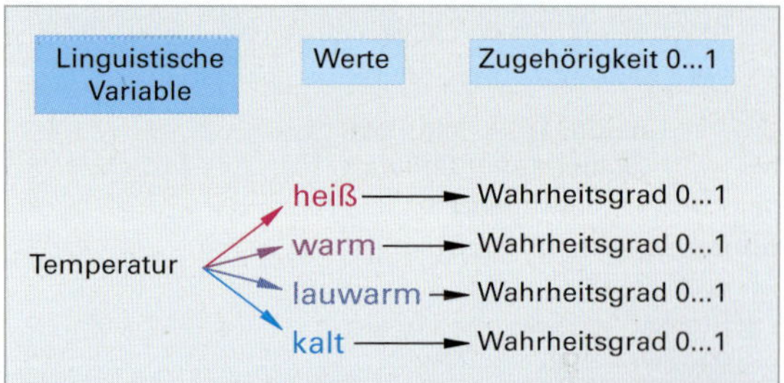

Bild 3: Darstellung der Temperatur in der Fuzzy-Logic

Diese Wahrheitsgrade liegen bei der *normierten Darstellung* zwischen 0 und 1. Die Aussagebereiche der einzelnen Werte überlappen sich in der Regel. Es gibt dann Temperaturbereiche bei denen der *Wahrheitswert* für zwei Aussagen größer als 0 ist. So kann z. B. 20 °C kalt sein mit einem Wahrheitsgrad von 0.2 und *lauwarm* sein mit einem Wahrheitsgrad von 0.3 **(Bild 4)**. Häufig wird eine *lineare Zugehörigkeit* verwendet. Dies ergibt dann eine Dreieckform der Zugehörigkeitsfunktion.

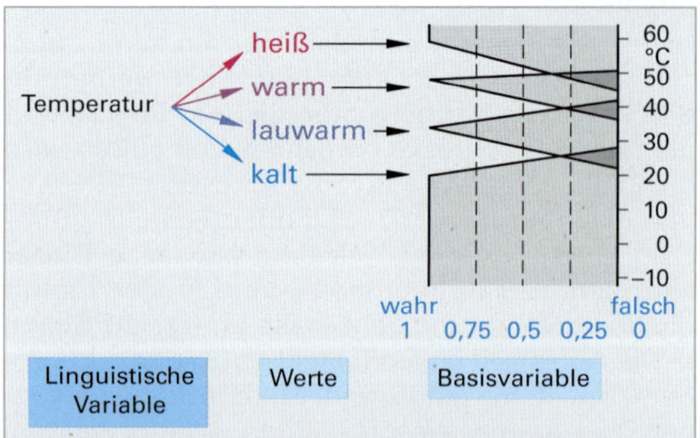

Bild 4: Grafische Darstellung der *Temperatur*

[1] engl. fuzzy (sprich: fassi) = fusselig, unscharf

[2] lat. lingua = Zunge, Sprache, linguistisch = auf die Sprache bezogen

[3] lat. adicere = hinzufügen. Das Adjektiv ist ein beschreibendes Beiwort.

Aufbau der Fuzzy-Logic

Der Aufbau eines Fuzzy-Moduls **(Bild 1)** entspricht einer klassischen Steuerung bzw. einem Regelkreis. Die Eingangsgröße wird aufbereitet (fuzzifiziert). Es entstehen dann unscharfe Informationen. Diese werden nach logischen Regeln (Inferenz[1]) verknüpft. Das Ergebnis wird wieder in eine scharfe Information umgewandelt (defuzzifiziert). Das Ergebnis wird als Stellgröße dem Prozess zugeführt. Das Erstellen der Regeln und Zugehörigkeitsfunktionen erfordert Kenntnisse über den Prozess und das Verhalten der Anlage. Diese Kenntnisse sind häufig Erfahrungen und liegen ebenfalls in unscharfer Form vor.

Bei der Entwicklung sind drei Entwicklungsschritte notwendig:
- Fuzzifizierung,
- Inferenzen,
- Defuzzifizierung.

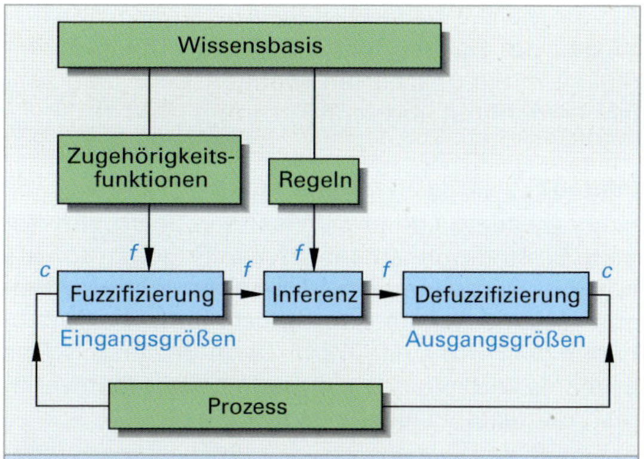

Bild 1: Aufbau eines Fuzzy-Modells

7.3.5.2 Fuzzy-Regelung einer Bandsägemaschine

Die Vorschubgeschwindigkeit an einer Bandsägemaschine wird mit einem Fuzzy-System geregelt. Die Vorschubgeschwindigkeit soll abhängig von der Werkstückdicke und der Härte des Werkstoffs angepasst werden. Die Dicke des Werkstücks wird von einem Sensor erfasst. Die Härte könnte über eine Datenleitung von einem Leitstand kommen **(Bild 2)**.

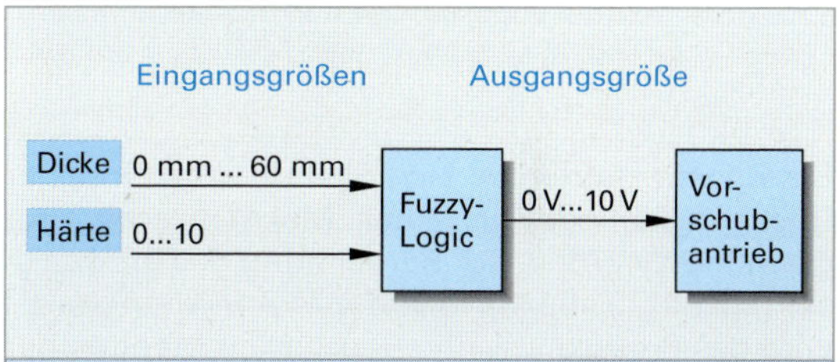

Bild 2: Prinzip der Ansteuerung des Vorschubantriebs

Fuzzifizierung

Für die Verarbeitung linguistischer (sprachlicher) Größen müssen scharfe Eingangswerte, z. B. die Dicke des Werkstücks, über eine *Zugehörigkeitsfunktion* als unscharfe Mengen abgebildet werden. Im Beispiel werden *dreieckförmige* Zugehörigkeitsfunktionen dargestellt. Oft werden auch *trapezförmige* Zugehörigkeitsfunktionen verwendet. Damit eine gute Regelung erreicht wird, müssen sich die Werte der Variablen überlappen **(Bild 3)**. So hat z. B. ein Werkstück mit einer Dicke von 42 mm (Bild 3) die Zugehörigkeitsgrade:

$\mu = 0$ zur Menge *„mitteldick"*

$\mu = 0.8$ zur Menge *„dick"*

$\mu = 0.2$ zur Menge *„sehr dick"*

In gleicher Weise wird die Härte des Werkstoffs über eine Zugehörigkeitsfunktion als eine unscharfe Menge abgebildet **(Bild 4)**.

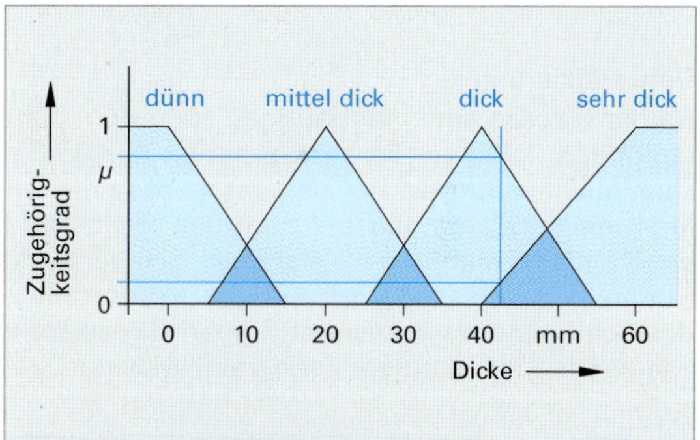

Bild 3: Zugehörigkeitsfunktion für Dicke

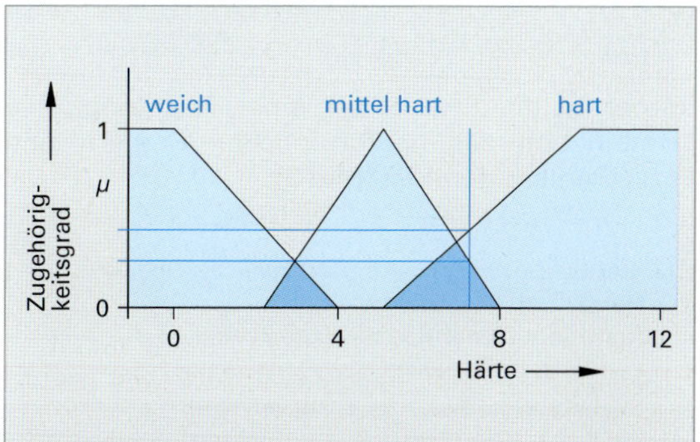

Bild 4: Zugehörigkeitsfunktion für Härte

---

[1] lat. interferire = sich gegenseitig betreffen

[2] engl. crisp = klar

Auf die gleiche Weise wird die Ausgangsgröße fuzzifiziert. Im Beispiel wird die Vorschubgeschwindigkeit in die unscharfen Mengen: sehr langsam, langsam, mittel und schnell zerlegt **(Bild 1)**.

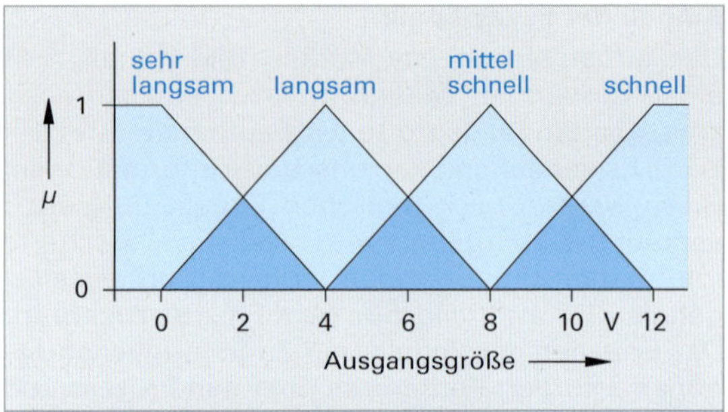

Bild 1: Zugehörigkeitsfunktion für den Vorschubantrieb

Inferenz

Fuzzy-Systeme codieren Wissen in Form von Regeln. Es sind mindestens soviele Regeln erforderlich wie Fuzzyelemente vorhanden sind. Im Beispiel sind 12 Regeln erforderlich. Einfache Regeln haben die Form einer *Wenn-Dann-Beziehung*. Das Ergebnis wird wieder in einer linguistischen Variablen dargestellt **(Tabelle 1)**.

Beispiel:

Wenn das Werkstück dünn ist und der Werkstoff hart ist, dann soll die Vorschubgeschwindigkeit langsam sein. Diese Regeln können in einer Matrix dargestellt werden (Tabelle 1).

Tabelle 1: Verknüpfungsregeln für die Stellgröße

	dünn	mittel-dick	dick	sehr dick
weich	langsam	schnell	mittel	langsam
mittel-hart	langsam	mittel	langsam	sehr langsam
hart	langsam	langsam	sehr langsam	sehr langsam

Die Regeln können je nach System direkt in einer Hochsprache oder in einer Makrosprache programmiert werden. Zur Berechnung des Ergebnisses gibt es z. B. die *Max-Prod-Inferenz-Methode*. Es wird das Produkt aus den unscharfen Mengen der Ausgangsvariablen und dem Erfüllungsgrad der Eingangsvariablen unter Einbeziehung der Regeln gebildet. Hierbei entstehen Dreieckflächen **(Bild 2)**.

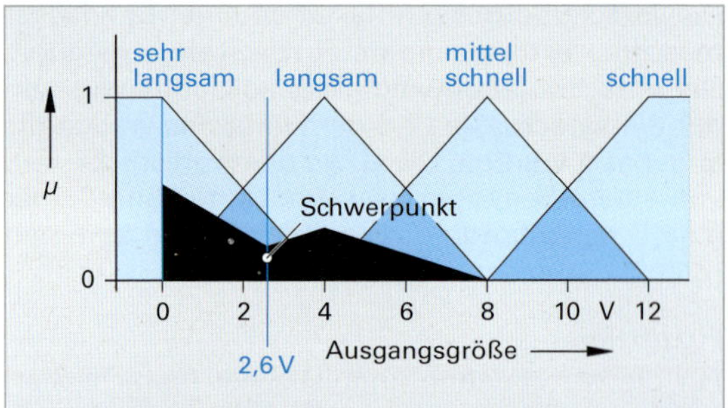

Bild 2: Bildung der Flächen und des Flächenschwerpunktes

Defuzzifizierung

Da die Aktoren einen eindeutigen (scharfen) Wert benötigen, müssen die entstandenen Dreieckflächen ausgewertet werden. Zuerst werden die Teile zu einer Gesamtfläche zusammengesetzt und anschließend deren gemeinsamer Schwerpunkt ermittelt. Im Beispiel wird nur die X-Koordinate des Schwerpunkts berechnet (Bild 2). Diese stellt wieder einen eindeutigen (scharfen) Wert dar.

Übung:

Laden Sie das Programm FUZZYDEM.EXE. Verändern Sie mit den Tasten die Werkstückdicke und die Härte des Werkstücks. Beobachten Sie das Verhalten der Stellgröße!

Immer häufiger wird bei einer Regelung eine Kombination aus herkömmlichen Reglern und Fuzzy-Reglern gebildet **(Bild 3)**.

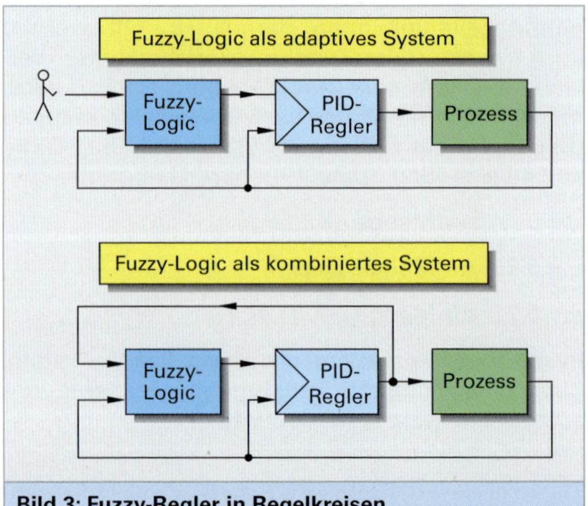

Bild 3: Fuzzy-Regler in Regelkreisen

Literatur
- **Holger Lutz, Wolfgang Wendt:** Taschenbuch der Regelungstechnik, Verlag Harri Deutsch;
- **Michels, Klawonn, Kruse, Nürnberger:** Fuzzy-Regelung. Grundlagen, Entwurf, Analyse. Springer-Verlag

7.4 Programmiersprache Java

7.4.1 Einführung

Sprachmerkmale

Die Programmiersprache Java wurde 1990 bei der amerikanischen Firma SUN-Micro-Systems entwickelt. Die Programme sollten auf möglichst viele unterschiedliche Computersysteme portierbar sein. Java ist eine objektorientierte Sprache. Das bedeutet, dass Programmierer modulare Applikationen (Objekte) schreiben, die sich aus *Attributen*, *Daten* und *Methoden* (Verhaltensweisen) zusammensetzen. Eine Anwendung erzielt ihre Funktionalität durch die Kombination einer Vielzahl dieser Objekte.

Programmaufbau

Java wurde vollständig neu entworfen. Die Designer versuchten, die Syntax und die Sprachstruktur möglichst an die Sprachen C und C++ anzupassen **(Tabelle 1)**. Java-Compiler können kostenlos vom Internet geladen werden. In **Bild 1** wird die Entwicklung eines Java-Programms beispielhaft aufgezeigt. Ein fertiges Javaprogramm wird häufig auch *Applet* genannt. Der Quellcode wird mit einem ASCII-Editor geschrieben. Die Dateiendung muss *.java heißen. Die Übersetzung kann einfach auf DOS-Ebene mit dem Compiler JAVAC. EXE erfolgen. Dieser erzeugt das Applet mit der Dateiendung *.class. Das Programm kann dann direkt oder über das Hilfsprogramm APPLETVIEWER (Bild 1) gestartet werden.

Ausführung des Codes

Der Java-Code, also die **.class-Datei*, wird nicht für einen Typ eines physikalischen Computers geschrieben. Statt dessen wird ein spezieller Computer, auch *virtuelle Maschine* genannt, zum Ablauf des Programms verwendet. Der Java-Code ist also ein neutraler Byte-Code, welcher von Java-virtuellen Maschinen verarbeitet werden kann. Diese virtuelle Maschine interpretiert den Java-Code. Die virtuellen Maschinen gibt es für viele Plattformen, so z. B. für Windows, SUN, UNIX usw. Die Programme müssen also nur einmal geschrieben werden **(Bild 2)**.

Java wurde so entworfen, dass es sich in Netzwerken, wie beispielsweise in das Internet, leicht integrieren lässt. Java beinhaltet eine Reihe von Netzwerkbibliotheken für die Protokolle TCP/IP, HTTP, FTP. Somit können Netzwerkdienste einfach eingesetzt werden.

Tabelle 1: Verknüpfungsregeln für die Stellgröße

Eigenschaft	C/C++	Java
Arrays	Zeiger	echte Arrays
Boolean	muss definiert werden	ist vordefiniert
Kontrollfluss	if, while, for	muss Boolean ergeben, Integer
Sprünge	goto und Label	nur break mit Label
Type char	1 Byte	16-Bit-Unicode
Einbinden	#include<xxx>	import<xxx>
NULL	muss definiert werden	null ist Schlüsselwort
Vererbung	class a: public b;	class a extends b;
Speicher	explizite Anforderung	automatische Verwaltung
Thread-Support	fehlt	vorhanden

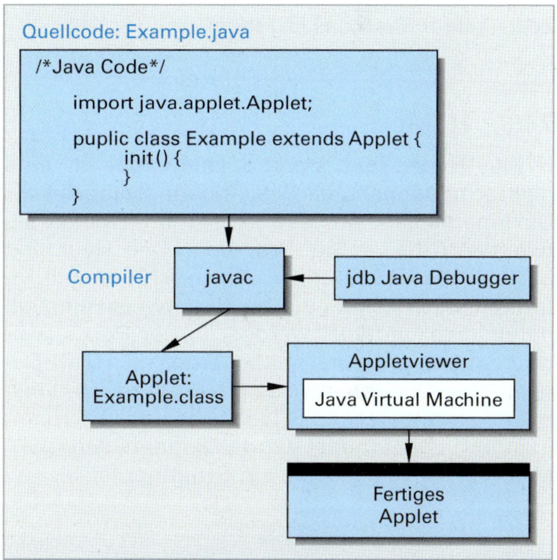

Bild 1: Programmentwicklung Java

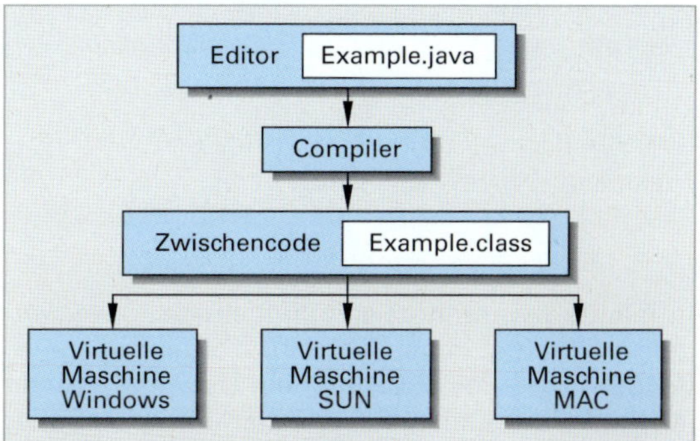

Bild 2: Codeerzeugung

7.4.2 Erstellen einer Applikation

Jede Applikation in Java ist ein eigenständiges Programm, das immer die Methode *main()* benötigt. Diese Stelle ist der Einsprungpunkt, bei dem die Programmausführung beginnt. Ein Applett hingegen ist nur eine Klasse, die in eine HTML-Seite eingebunden wird und keine *main()*-Methode enthält.

Ein einfaches Beispiel zeigt **Bild 1**. Mit einem ASCII-Editor wird der Quellcode erstellt. Die Zeile 1 enthält die Bezeichnung der Klasse, in der 2. Zeile wird die *main()*-Methode definiert, in der 3. Zeile wird die Anweisung zum Schreiben des Textes angegeben. Alle Programmblöcke werden in geschweiften Klammern gebunden. Der Quellcode wird mit dem Dateiattribut „java" gespeichert. Mit dem Javacompiler „javac" erfolgt die Compilierung in den Zwischencode „*.class", **(Bild 2**, Zeile 1). Mit der virtuellen Javamaschine kann das Programm abgearbeitet werden (siehe Zeile 2). In Zeile 3 steht dann das Ergebnis.

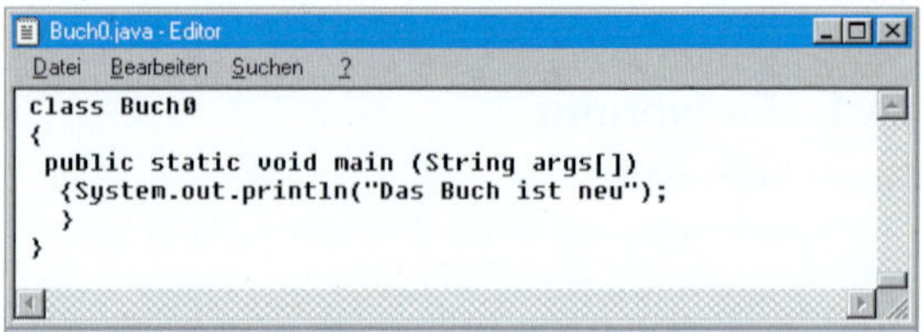

Bild 1: Java Quellcode

Bild 2: Compilierung und Aufruf

7.4.3 HTML

HTML (Hyper Text Markup Language) ist eine plattformunabhängige Beschreibungssprache für Dokumente aller Art. Ziel ist es, mit HTML attraktive WWW-Seiten zu gestalten. Der Hypertext besteht aus einzelnen in sich geschlossenen Informationseinheiten, die durch Verweise sinnvoll miteinander vernetzt werden. In der Praxis werden Javaprogramme häufig direkt in HTML-Dateien eingebunden, sodass die Programme direkt mit einem Browser (z. B. Netscape oder Microsoft Explorer) abgearbeitet werden können. Jedes HTML-Datei hat mindestens ein Grundgerüst:

Quellcode	Erklärung
<html>	*Start der Deklaration*
<head>	*Programmkopf*
<title>Titel (Anwendung)	*Überschrift*
<body>	*Hauptteil*
</html>	*Ende*

Tabelle 1: Beispiele für HTML-Quellcode

HTML-Element	Bedeutung
<Applet......>	Einbindung eines Java-Applets
<NOBR>...</NOBR>	automatischer Zeilenumbruch aus bzw. ein
<BIG>...<Small>	größere bzw. kleinere Schrift
<Blink>...</Blink>	blinkender Text ein bzw. aus
<Center>...</Center>	Elemente zentrieren
<Title>...</Title>	Überschrift
<Name=......>	Bezeichnung des Sprungtitels
<HREF="#......"	Hyperlink auf diese Stelle
<Font Size=..>	Schriftgröße
<BGSound SCR="..."	Hintergrundmusik laden

In **Tabelle 1** werden beispielhaft einige Anweisungen erläutert. Einige Standardprogramme (z. B. WORD, PowerPoint) können ein Dokument direkt in HTML-Code umsetzen und damit internetfähig machen. **Bild 3** zeigt ein Word-Dokument und **Bild 4** den generierten HTML-Code.

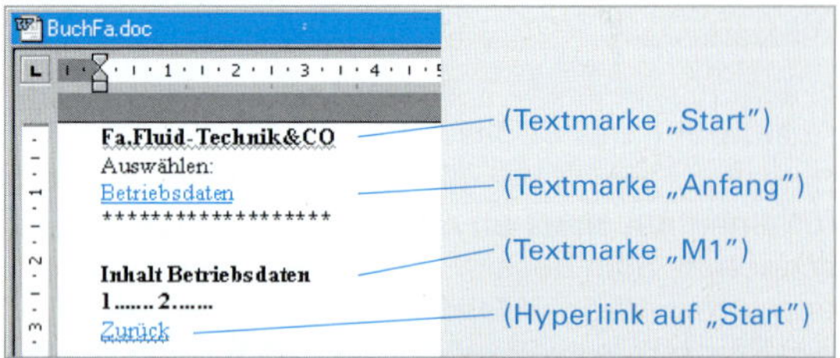

Bild 3: Word-Dokument

```
<HTML>
<HEAD>
<META HTTP-EQUIV="Content-Type" CONTENT="text/html; ">
<META NAME="Generator" CONTENT="Microsoft Word 97">
<TITLE>Fa</TITLE>
</HEAD>
<BODY LINK="#0000ff" VLINK="#800080">

<B><FONT SIZE=2><P><A NAME="Start">Fa.Fluid-Technik&amp;CO</P>
</B><P></A>Ausw&auml;hlen:</P>
<P><A NAME="Anfang"></FONT><A HREF="#M1">Betriebsdaten</FONT>
</A></P>
<B><FONT SIZE=2><P></A>*******************</P>

<P><A NAME="M1">Inhalt Betriebsdaten</P>
<P></A>1....... 2.......</P>
</B><P></FONT><A HREF="#Start"><FONT SIZE=2>Zur&uuml;ck</FONT>
</A></P></BODY>
```

Bild 4: HTML-Code

Einbinden von Java Applets in HTML-Code

Nur Applets beleben eine HTML-Seite, wobei Grafik die wichtigste Darstellungsform ist. Ein Applet ist eigentlich eine Klasse, welche in eine HTML-Seite eingebunden wird. Ein Java-fähiger Browser erkennt am Aufruf, dass ein Applet geladen werden soll und startet dieses. Die HTML-Seite übernimmt dabei die Funktion von *main()*. Hierbei ist zu bemerken, dass das Applet immer vom Server auf den lokalen Rechner geladen wird, auf welchem der Browser läuft und auch nur dort abgearbeitet wird.

Jedes Applet benötigt eine Unterklasse, welche vom Applet abgeleitet sein muss.

Beispiel:

public class test extends
java.applet.Applet
{...
}

Die erste von einem Applet abgeleitete Klasse muss stets *public* sein, alle weiteren können auch *private* sein.

Beispiel:

Es soll ein Applet erstellt werden, welches auf dem Browser den Text *„Hallo Welt"* schreibt.

Vorgang:

1. Mit einem ASCII-Editor wird der Quelltext „HalloWelt.java" für das Java-Programm erstellt **(Bild 1)**. Hierzu muss die Graphic-Bibliothek importiert werden (Zeile 1 im Bild). Danach wird die Unterklasse Applet erzeugt. Die *paint*-Methode bestimmt, was auf dem Bildschirm erscheint (Hintergrund, Zeichensatz, Zeichenattribute). Das Argument Graphics g legt eine Instanz der Klasse Graphics an. In Zeile 4 wird der Text als Grafikstring geschrieben. Die Methode *drawString* ("..",xpos,ypos) hat die Parameter für die Textausgabe und für die Position des Textes. Nach der Compilierung entsteht das Programm „HalloWelt.class".
2. Danach wird das HTML-Programm geschrieben **(Bild 2)**. Dies stellt das absolute Minimum an Umfang dar. Die Zeile zwei macht den Aufruf des Applets und gibt die Größe am Bildschirm an.
3. Mit einem Browser kann das Applet aufgerufen werden **(Bild 3)**.

In **Bild 4** werden die Größenverhältnisse am Bildschirm dargestellt. HTML-Seiten können anstatt mit dem Browser genauso mit dem Appletviewer aufgerufen werden (Beispiel: APPLETVIEWER TEST. HTML). Das Applet wird genauso abgearbeitet.

```
import java.awt.Graphics;

public class HalloWelt extends java.applet.Applet
 { public void paint (Graphics g)
   { g.drawString("Hallo Welt!",50,25);
   }
}
```

Bild 1: Quellcode Java Applet

```
<HTML>
<APPLET CODE="HalloWelt.class"  WIDTH=300 HEIGHT=200>
</APPLET>
</HTML>
```

Bild 2: Quellcode HTML

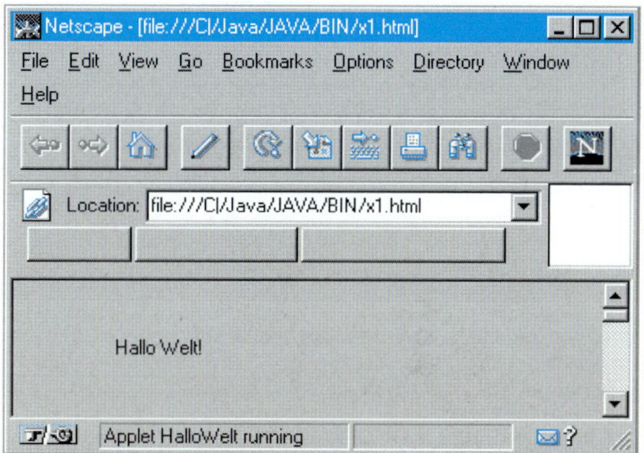

Bild 3: Browser mit ausgeführtem Applet

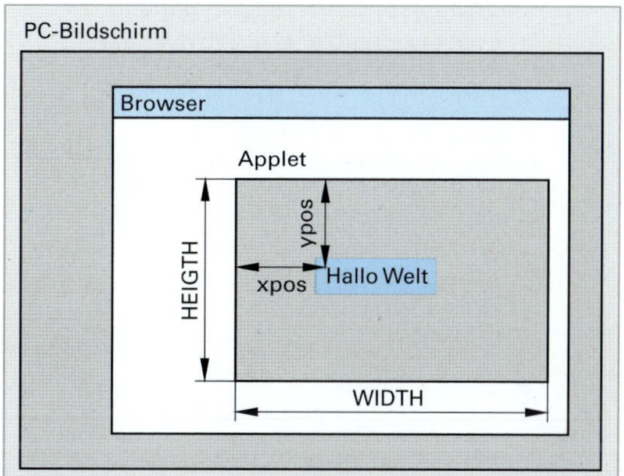

Bild 4: Anordnung am Bildschirm

7.4.4 Erstellen von Grafiken

Durch Importieren von *java.awt.Graphics* stehen zahlreiche Grafikmethoden zur Verfügung. Bei dem zugehörigen Koordinatensystem ist die linke obere Ecke *X* = 0 und *Y* = 0. *X* zählt nach rechts, *Y* nach unten. Gemessen wird wie üblich in Pixel. Die Methode *drawLine(x1,y1,x2,y2)* zieht eine Linie von dem Punkt *x1,y1* zu dem Punkt *x2,y2*. Die Methode *draw.Rect(x,y,w,h)* erzeugt ein Rechteck, wobei die linke obere Ecke in *x,y* ist. Das Rechteck hat die Breite *w* und die Höhe *h*. Sollen die Farben eingestellt werden, so geschieht dies mit der Methode *setColor(Farbe)*.

rot ⇒ Color.red	schwarz ⇒ Color.black
blau ⇒ Color.blue	hellgrau ⇒ ColorlightGray

Darüber hinaus kann jede beliebige Farbe (Farbobjekt) erzeugt werden. Aufruf: *Color farbe = new (Rot, Grün, Blau);* wobei Rot, Grün und Blau die jeweiligen RGB-Farbanteile im Bereich von 0..255 sind. Alternativ können auch Fließkommazahlen von 0 ... 1 eingesetzt werden.

Beispiel: Applets das eine archimedische Spirale zeichnet. In **Bild 1** wird die Spirale, von einem Browser aufgerufen gezeigt. Die dazugehörige HTML-Datei zeigt **Bild 2** und das Listing zeigt **Bild 3**.

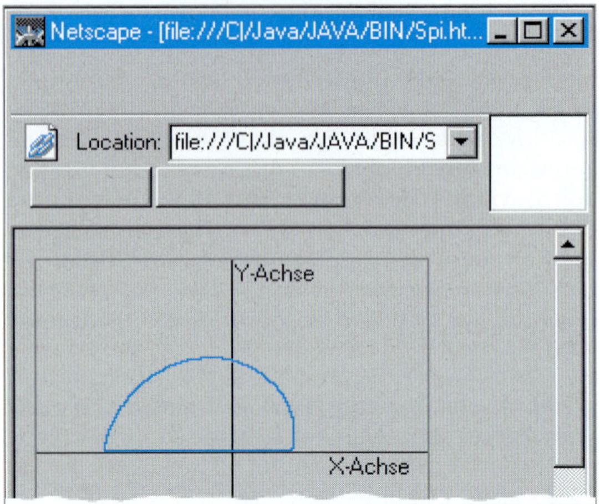

Bild 1: Archimedische Spirale

```
<HTML>
<APPLET CODE="SpiraleApp.class"  WIDTH=500 HEIGHT=400>
</APPLET>
</HTML>
```

Bild 2: HTML-Code

```
import java.awt.*;                                    //Importieren fertiger Programme

public class SpiraleApp extends java.applet.Applet//Klasse erzeugen durch ableiten von Applet
{
  double x, xalt=0, y, yalt=0, R;                    //Deklarieren von lokalen Variablen
  int Anzahl;

  public void paint (Graphics g)                      //aufrufen der Methode Paint
   {
       g.drawLine(100,  0,100,200);                   //senkrechte Linie zeichnen
       g.drawLine(  0,100,200,100);                   //waagrechte Linie zeichnen
       g.drawString("X-Achse",150,112);               //Text an X Achse zeichnen
       g.drawString("Y-Achse",102, 12);               //Text an Y Achse zeichnen
       g.setColor(Color.red);                         //Neue Zeichenfarbe einstellen
       g.drawRect(  0,  0,200,200);                   //Rechteck zeichnen
       g.setColor(Color.blue);                        //Neue Zeichenfarbe einstellen
       R=30;                                          //Radius auf Startwert setzen
    for(Anzahl=0;Anzahl<180;Anzahl++)                 //for-Schleife für 180 Bahnpunkte
     {  x=R*Math.cos(Anzahl*3.14/180);                //Berechnung der X-Koordinate
        y=R*Math.sin(Anzahl*3.14/180);                //Berechnung der Y-Koordinate
                                                      //Linie zeichnen mit Berechung der
                                                      //Nullpunktverschiebung
       g.drawLine((int)xalt+100,100-(int)yalt,(int)x+100,100-(int)yalt);
       xalt=x;yalt=y;                                 //akt. Startpkt. wird alter Startpkt.
       R+=0.2;                                        //neuen Radius berechnen
     }
   }
}
```

Bild 3: Listing für Beispiel „Archimedische Spirale"

7.4.5 Animationen

Animation bedeutet, dass Objekte immer wieder neu abgebildet werden. Dies geschieht oft auch an verschiedenen Stellen am Bildschirm.

Beispiel: Die Uhrzeit soll am Bildschirm angezeigt werden. **Bild 1** zeigt das Java-Programm. Mit der Methode *paint()* wird der String ausgegeben. Die Methode *start()* wird beim 1. Durchlauf automatisch aufgerufen.

Hier werden die aktuellen Daten geladen. Die Methode *repaint()* aktualisiert die Bildschirmausgabe. Bei der HTML-Datei **(Bild 2)** wurde zusätzlich eine Funktion eingebaut, mit welcher man einen Hyperlink[1] auf den Quellcode der HTML erzeugen kann.

Dieses Programm zeigt Datum/Uhrzeit nur beim Start an. Die Daten werden nicht aktualisiert.

```
import java.awt.Graphics;
import java.util.Date;
public class Animation extends java.applet.Applet
{ Date datum;
  public void start()
  {
    for(;;)
    { datum -new Date();
      repaint();
    }
  }
public void paint(Graphics g)
{
  g.drawString(datum.toString(),10,10);
}
}
```

Bild 1: Java-Programm für „Ausgabe der Uhrzeit"

```
<HTML>
<HEAD>
<TITLE>Buch für Automatisierung </TITLE>
</HEAD>
<BODY>
<APPLET CODE="Animation.class"
                WIDTH=500 HEIGHT=80>
</APPLET>
<BR>
Klicken Sie <A HREF="Animation.java">
hier </A> , um den Quelltext zu lesen.
</BODY>
</HTML>
```

Bild 2: HTML-Text mit Hyperlink auf Auelltext

7.4.6 Multithreading

Multithreading[2] bedeutet Nebenläufigkeit. Sie bezeichnet ein System, welches mehrere Vorgänge quasi gleichzeitig ausführen kann. Ein Thread ist ein eigenständiges Programmfragment, das parallel zu anderen Threads laufen kann. Dies ermöglicht, dass mehrere Animationen[3] gleichzeitig ablaufen können. Threads werden in Java durch die Klasse *Thread* und das Interface *Runnable* implementiert. Mit der Methode *start()* wird ein Thread gestartet und die weitere Ausführung der Methode *run()* übertragen. Mit der Methode *stop()* wird ein Thread beendet.

Beispiel:

Datum und Uhrzeit sollen laufend angezeigt werden **(Bild 3)**.

Bei der Erzeugung der Klasse Animation 1 wird Runnable mit implementiert. In der Methode *start()* die der Thread *uhr* erzeugt und in Gang gesetzt. In der Methode *run* wird in einer Dauerschleife das aktuelle Datum geladen und mit *repaint()* die Anzeige aktualisiert. Die Methode Pause aktiviert den Schleifendurchlauf, in unserem Falle alle 1000 ms. Das heißt nur alle 1000 ms, aus der Sicht des Computers eine halbe Ewigkeit, wird die Ausgabe aktualisiert. In der Zwischenzeit kann der Computer andere Programme bedienen. in der Methode *stop* wird der Thread angehalten und mit *uhr = null* der Speicher wieder freigegeben.

```
import java.awt.Graphics;
import java.util.Date;
public class Animation1 extends java.applet.Applet
                        implements Runnable
{ Date datum;
  Thread uhr;
  public void start()
  { if(uhr== null)
    {uhr= new Thread(this);
     uhr.start();
  } }
  public void stop()
  { if(uhr!=null)
    {
     uhr.stop();
     uhr=null;
  } }
  void pause(int dauer)
  { try {Thread.sleep(dauer);}
    catch (InterruptedException e) {}
  }
  public void run()
  { for(;;)
    { datum= new Date();
      repaint();
      pause(1000);
  } }
  public void paint(Graphics g)
  {
  g.drawString(datum.toString(),10,10);
  }
}
```

Bild 3: Uhrzeit mit Thread

[1] griech. hyper = übermäßig, übertreffend (engl. Sprechweise: haiper), engl. link = Verbindung

[2] lat. multi = vielfach, engl. to thread = aufreihen, hier mehrere Funktionen laufen gemeinsam.

[3] belebte oder bewegte Bildelemente, von lat. animatio = Belebung

7.4.7 Java-Script

Java-*Script* stellt insbesondere für die automatische Generierung von Web-Seiten und die Verwendung von Interaktionselementen spezielle Befehle bereit, durch die schnell und einfach die benötigte Funktionalität erreicht werden kann. In solchen Fällen ist die Verwendung von Java-Script bzw. der kombinierte Einsatz von Java und Java-Script sinnvoll. Und auch als Schnittstelle zwischen HTML und Java bietet sich Java-Script an, denn ein direkter Zugriff von Java-*Applets* auf HTML-Elemente ist sonst nur schwer möglich.

Java-Script wird direkt in die HTML-Datei eingebunden, während die Java-Applet-Klasse nur auf eine Referenz im Applet-Tag verweist. Java-Script ist eine objektbasierte Sprache, sie dient besonders zur Gestaltung von Oberflächen.

Auf komplexe objektorientierte Konzepte, wie Vererbung und Polymorphismus, wurde verzichtet. Es werden selbstdefinierte und fertige Objekte eingesetzt. Alle Objekte besitzen *Eigenschaften, Methoden* und *Event-Handler* (Ereignisse). In **Bild 1** sind die in Java-Script definierten Objekte beispielhaft dargestellt.

Java-Script wird zum Erzeugen von Web-Seiten verwendet.

Beispiel:

Umrechnung von Fahrenheit-Grade in Celsius-Grade.

Das Programm wird als HTML-Seite geschrieben **(Bild 2)**. Die Funktion für das Umrechnen wird in Java-Script geschrieben. Der Aufruf erfolgt über <SCRIPT LANGUAGE="Java-Script">. Der Funktion rechne (form) wird das Objekt *form* übergeben, somit stehen alle entsprechenden Methoden zur Verfügung. Die Syntax entspricht Java bzw. C++. Im HTML-Text werden die Methoden *text, radio* und *button* verwendet.

Das Objekt „button" besteht beispielsweise aus:
- Eigenschaften (name, type, value)
- Methoden (click())
- Event-Handler (onClick())

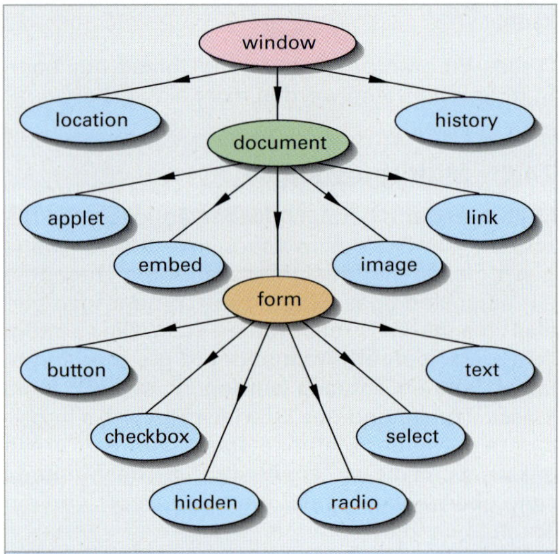

Bild 1: Objekte in Java-Script

```
<HTML>
<HEAD>
<TITLE> Temp-JavaScript</TITLE>
<SCRIPT LANGUAGE="JavaScript">
<!-----Temperaturberechung----->
function rechne(form)
 {  if(form.wahl[0].checked)  // °C
      form.ergebnis.value=form.temp.value *9/5 +32;
    else                      // °F
      form.ergebnis.value=(form.temp.value-32) *5/9;
 }
//-->
</SCRIPT>
</HEAD>
<BODY>
<!--------- Panel-------->
<HR><P><H2><I>Temperatur-Umrechung </I></H2>
<FORM NAME="temperatur">
Eingabe:
<INPUT TYPE="text" NAME="temp" SIZE="8">
<INPUT TYPE="radio" NAME="wahl" VALUE="°C" CHECKED onClick=0> °C
<INPUT TYPE="radio" NAME="wahl" VALUE="°F" onClick=0> °F <P>
Ergebnis:<INPUT TYPE="text" NAME="ergebnis" SIZE="8" onFocus="this.blur()"<P>
===><INPUT TYPE="button" VALUE="Rechne" onClick="rechne(this.form)">
</BODY>
```

Bild 2: Quelltext in Java-Script

7.5 Visual Basic für Excel

Excel wird zusammen mit Visual Basic für Anwendungen (VBA) ausgeliefert. VBA ist eine objektorientierte Programmiersprache mit komplettem Sprachumfang und ist ereignisorientiert aufgebaut. VBA ist von Visual Basic abgeleitet und hat spezielle Funktionen, welche auf Excel und die anderen Office-Produkte angepasst sind. Es ist eine Programmiersprache, die das Arbeiten mit Tabellen, Daten, Diagrammen vereinfacht und beschleunigt.

Die Leistungsmerkmale von VBA sind:

- immer wiederkehrende Arbeiten zu programmieren,
- zu den von Excel zur Verfügung gestellten Funktionen neue hinzufügen,
- für wenig Geübte eine Umgebung mit Menüführung und Bedienbuttons zu schaffen,
- von Excel aus andere Office-Produkte zu starten,
- mit VBA kann auch WORD, PowerPoint und Access programmiert werden,
- Datenkommunikation mit Geräten aufnehmen, so z. B. Messgeräte, Interfacekarten, SPS **(Bild 1)**.

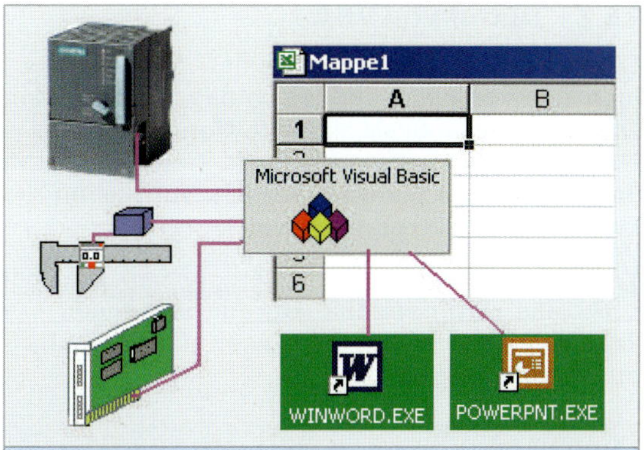

Bild 1: Anwendungen für VBA

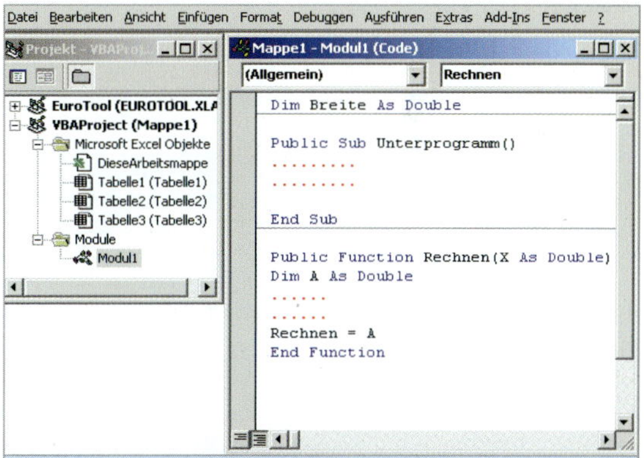

Bild 2: Grundaufbau von VBA

7.5.1 Aufbau eines VBA-Programms

Jedes VBA Programm wird in einem *Modul* entwickelt. In dem Modul können viele *Proceduren* und *Funktionen* sein **(Bild 2)**. Der Grundaufbau von Proceduren und Funktionen ist immer gleich.

Proceduren sind selbständige Einheiten von Anweisungen. Sie beginnen immer mit „sub" gefolgt von dem Procedurennamen. Am Ende steht die Anweisung „End Sub". Der Aufruf erfolgt häufig über die „Call"-Anweisung.

Funktionen können Werte (Argumentliste) übernehmen und liefern einen Wert zurück. In der vorletzten Zeile wird der Funktion der Rückgabewert zugewiesen (Bild 2). Die Funktionen werden in die Funktionenliste von Excel aufgenommen. Damit können sie wie Standartfunktionen behandelt werden.

Bei solider Programmierung sollten alle Variablen deklariert werden. Werden Sie oben am Kopf deklariert, dann sind sie *global* verfügbar. Innerhalb der Funktionen sind sie nur *lokal* vorhanden.

Beim Aufruf von VBA erscheint ein Fenster zur allgemeinen Programmierung. Mit dem Werkzeugbutton wird die *Toolbox* geöffnet **(Bild 3)**. Dort sind viele Werkzeuge zur Gestaltung der Oberfläche vorhanden.

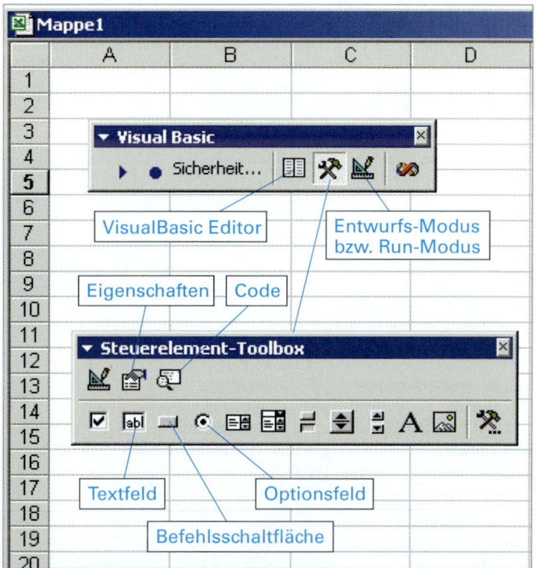

Bild 3: Elemente des Editors

7.5.2 Aufruf von VBA

Durch Anklicken mit der rechten Maustaste im Icon-Feld von Excel öffnet sich das Objektfenster. Dort wird Visual Basic aktiviert. Nun erscheint das Hauptmenü von VBA. Mit dem Werkzeugbutton kann die Toolbox geöffnet werden. Nun stehen alle Werkzeuge zur Verfügung **(Bild 1)**.

Wie bei anderen Programmiersprachen sind bei VBA alle Programmstrukturen vorhanden. In **Tabelle 1** werden die wichtigsten mit der Aufrufstruktur dargestellt.

Beispiel:

Mit einem Button-Klick sollen die Gitterlinien entfernt werden und bei wiederholtem Anklicken sollen die Linien wieder erscheinen. Das Umschalten soll mit einer Meldebox angezeigt werden.

Arbeitsfolge:

1. Die Befehlschaltfläche auf der Oberfläche von Excel platzieren.
2. Doppelklick auf die Befehlschaltfläche geben. Nun öffnet sich der Editor von VBA. Es wird der Rumpf der Methode „CommandButton1_Click" als Unterprogramm erzeugt. Diese Methode ist ein Objekt der Klasse „VBAProjekt.Tabelle1" **(Bild 3)**. Diese wird aufgerufen, wenn der Button angeklickt wird. In dieser Methode wird mit der Call-Anweisung die Procedur „Felderrahmen" und danach die Messagebox mit dem Text aufgerufen.
3. Der Procedurrahmen „Felderrahmen()" wird mit dem Menüpunkt „Einfügen"-> „Procedur"->"Sub" erzeugt. In diesen Rahmen wird die If-Struktur für *Setzen* und *Löschen* der „Gridlines" (Gitterlinien) programmiert **(Bild 2)**.
4. Mit dem Umschaltbutton „Entwurfsmodus" wird Excel in den Run-Betrieb genommen. Beim Betätigen wechselt jeweils die Eigenschaft „Gridlines" auf *sichtbar* bzw. *nicht sichtbar*.

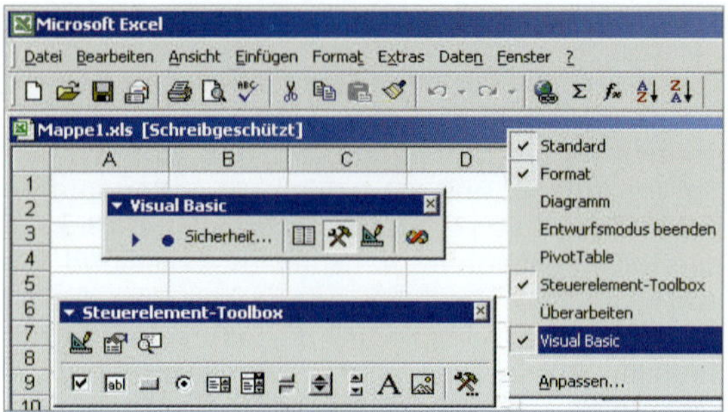

Bild 1: Aufrufen der Werkzeuge

Tabelle 1: Programmstrukturen

Name	Struktur
Verzweigung	**If** *Bedingung* **Then** [*Anweisungen*] [**Else** *elseAnweisungen*] **End If**
For-Schleife	**For** *Zähler* = *Anfang* **To** *Ende* [**Step** *Schritt*] [*Anweisungen*] [**Exit For**] [*Anweisungen*] **Next** [*Zähler*]
While-Schleife	**While** *Bedingung* [*Anweisungen*] **Wend**
Do-Loop-Schleife	**Do** [*Anweisungen*] [**Exit Do**] [*Anweisungen*] **Loop** [{**While** | **Until**} *Bedingung*]

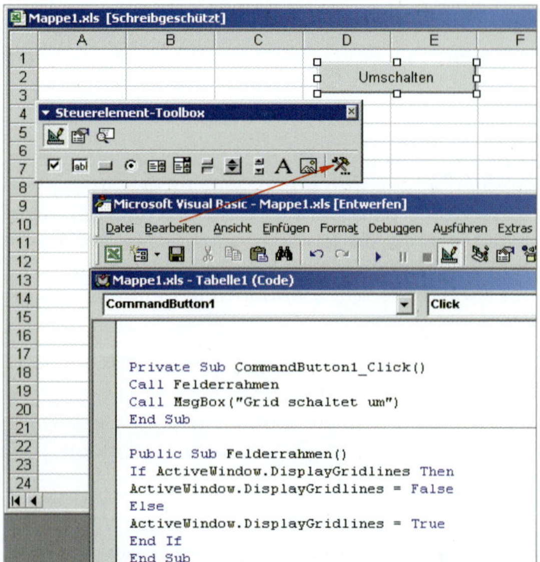

Bild 2: Programmierung: Gitterlinienumschaltung

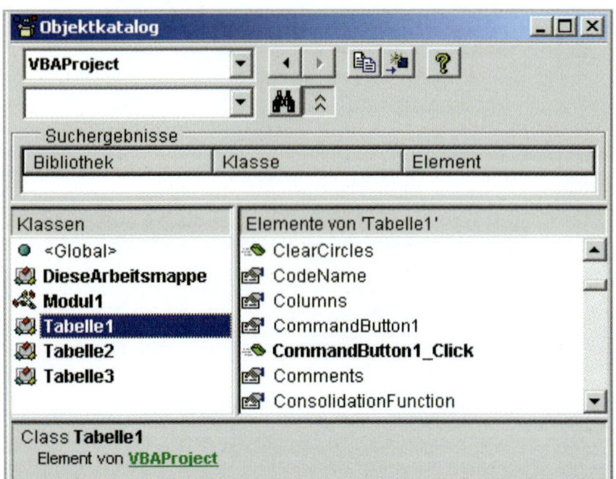

Bild 3: Aufbau eines VBA-Projektes

7.5.3 Erstellen von Funktionen

Nach dem Aufruf des VBA-Editiors wird über „Einfügen"-> „Modul"->"Procedure" der Namen der Funktion eingetragen. Danach muss über das Auswahlfeld die Funktion angewählt werden. Nach dem Bestätigen wird der Funktionskopf erzeugt **(Bild 1)**. In die Übergabeklammern werden die Übergabevariablen eingetragen. In Bild 1 wird als Funktion eine Kreisfläche gerechnet, also muss der Durchmesser übergeben werden. Der Wert der berechneten Fläche wird zurückgegeben. Ist die Syntax der Funktion in Ordnung, dann kann VBA geschlossen werden. Die lauffähige Funktion wird automatisch in die Bibliothek der Standardfunktionen integriert.

Aufruf einer Funktion mit dem „Einfügen"- Menü

Die VBA-Oberfläche wird verlassen. In der Excel-Oberfläche wird eine Zelle angewählt und der Text „=" geschrieben. Nun kann über das Menü „Einfügen" -> „Funktionen" -> „Benutzerdefiniert" die Funktion Kreisfläche angewählt werden **(Bild 2)**. Die Funktion wird dann mit dem jeweiligen Excel-Programm abgespeichert.

Aufruf einer Funktion mit einem Button

Aus dem VBA-Werkzeug-Menü wird ein „Command-Button" auf die Excel-Oberfläche gezogen. Mit Doppelklick auf diesen Button wird ein Procedure-Rumpf erzeugt. Dort kann die Funktion Kreisfläche aufgerufen werden **(Bild 3)**. Das Ergebnis wird in ein vorbestimmtes Ausgabeformat umgewandelt und dann ausgegeben. Die Funktion „Format" ist eine sehr leistungsfähige Funktion. In **Tabelle 1** wird ein Auszug aus der Format-Funktion dargestellt. Die kompletten Formatierungsmöglichkeiten können mit dem Hilfesystem aufgerufen werden.

Übung:

Erstellen Sie eine Funktion, welche die Masse eines Quaders aus Stahl, Aluminium bzw. Kunststoff berechnet. Der Werkstoff soll mit Hilfe von Optionsfeldern ausgewählt werden können. Die Funktion wird mit einem Button aufgerufen.

Tabelle 1: Beispiel für Ausgabeformate

A2	Format(Time, „h:m:s")	21:44:58
A3	Format(Date, „dd-mm-yy")	02.03.2003
A4	Format(Date, „Long Date")	Montag, 3. Februar 2003
A5	Format(334.9, „###0.00")	344,09
A6	Format(123, „##00")	123
A7	Format(„Statistik", „<")	Statistik

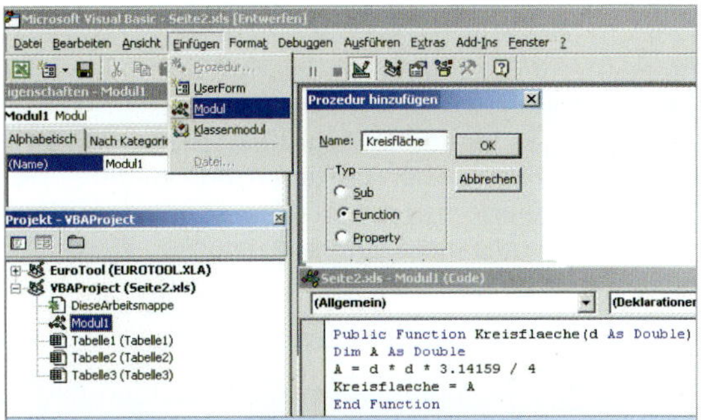

Bild 1: Programmierung einer Funktion

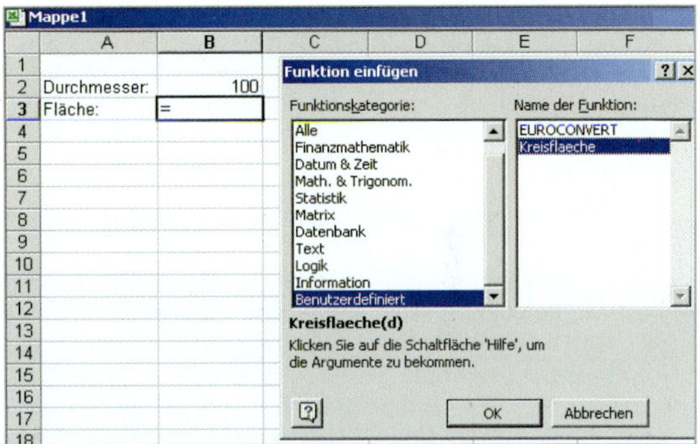

Bild 2: Aufruf einer Funktion in Excel

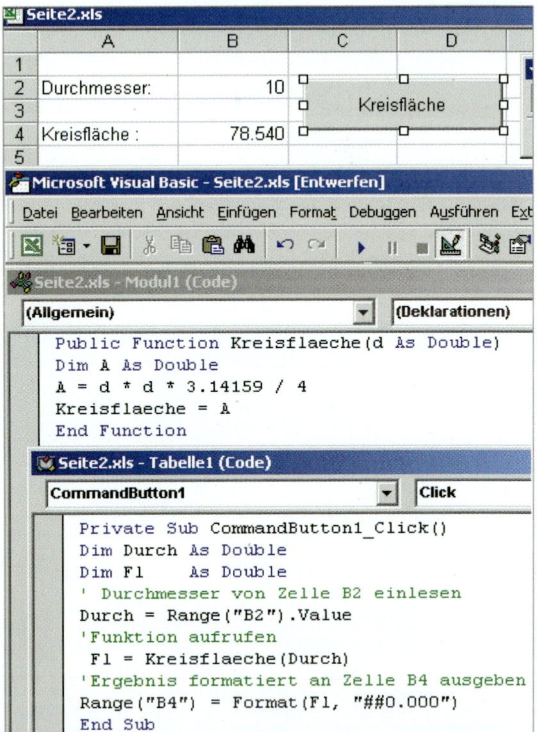

Bild 3: Quellcode einer Procedur und Aufruf in Excel

7.5.4 Variable und Zugriff auf Zellen

Prozeduren, Funktionen und Variable können vom Grundtyp her *Public, Private* oder *Static* sein. Diese Anweisungen legen die Zugriffsarten fest **(Bild 1)**. Lokale Variable werden bei jedem Aufruf der Funktion neu generiert und verlieren somit den alten Wert. Wenn dies nicht sein soll, müssen sie Static deklariert werden.

Beispieldeklaration: *Static var i as Integer*

Die Grundvariablentypen sind wie in anderen Programmiersprachen definiert **(Tabelle 1)**. Es gibt mehrere Möglichkeiten auf Excel-Zellen zuzugreifen.

Beispiel 1:

Der Zahlenwert 10 soll in eine Zelle eingetragen werden.

Lösung: Range(„A1"). Value=10.

Als Kurzform kann auch geschrieben werden: [A1]. Value=10.

Sollen mehrere Zellen gelesen werden, so kann wie in Excel der Bereich angegeben werden: Range („A1:A16"). Man kann auch über „Cells" die Zeile und Spalte direkt angeben. Soll in die 2. Zeile und in die 5. Spalte ein „X" eingetragen werden, so lautet die Anweisung: *Cells(2,5)="X".*

Beispiel 2:

Für Messwerte soll die Summe und der Maximalwert berechnet werden. Es sind jeweils Funktionen zu entwickeln **(Bild 2)**.

Die Musterlösung ist so angelegt, dass 1000 Messwerte verarbeitet werden können **(Bild 3)**. Die Zellen werden ausgelesen und in ein Array eingetragen und von dort aus werden die Berechnungen durchgeführt. Mit dem *For*-Schleifenaufbau: *For Each Cell In Range („A5:A10005")* werden alle Zeilen im Range-Bereich durchlaufen. Wenn eine Zelle leer ist, wird die Schleife abgebrochen.

Tabelle 1: Datentypen

Datentyp	Bedeutung/ zulässige Werte	Typenkennzeichen	Beispiel für die Deklaration
Byte	Binärdaten im Bereich 0 bis 255, 1 Byte Speicherbedarf		Dim Kinderzahl As Byte
Integer	Ganzzahl im Bereich – 32768 bis 32676 (2 Bytes Speicherbedarf)	%	Dim Verkaufsmenge As Integer
Double	Gleitkommazahl (8 Byte lang)	#	Dim Betrag As Double
Array	Datenfeld		Dim x (1 To 9) As Double
String	1 Byte pro Zeichen	$	Dim hallo As String

Übung:

Wenn im Zellbereich A1 bis C10 ein Wert <0,5 ist, soll dieser durch 0 ersetzt werden. Diese Funktion soll durch einen Button ausgelöst werden.

[Public | Private] **[Static]** **Function** *Name* [(*ArgListe*)] [**As** Typ]
  [*Anweisungen*]
  [*Name = Ausdruck*]
End Function

Teil	Beschreibung
Public	Legt fest, dass die **Function**-Prozedur für alle anderen Prozeduren in allen Modulen zugänglich ist.
Private	Legt fest, dass die **Function**-Prozedur nur für andere Prozeduren in dem Modul verfügbar ist, in dem sie deklariert wurde.
Static	Legt fest, dass die lokalen Variablen der **Function**-Prozedur zwischen den Aufrufen erhalten bleiben.

Bild 1: Grundaufbau von Funktionen

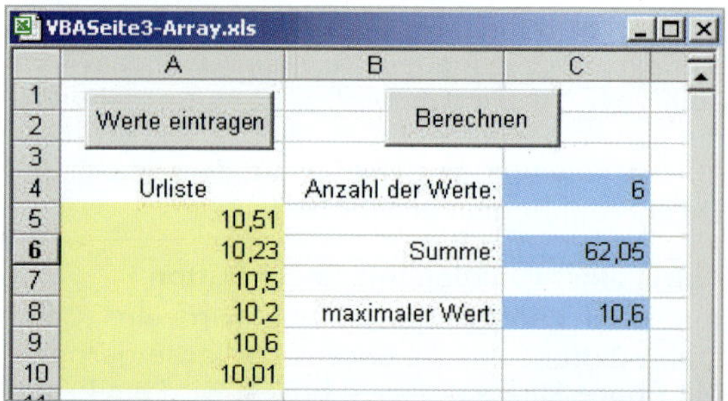

Bild 2: Bildschirmbild zum Beispiel „Messwerte"

```
Dim X(0 To 1000) As Double 'Deklaration des Array
Private Sub CommandButton1_Click()
Dim i As Integer
i = 0
'Durchlaufe alle Zellen von A5 bis A1005
For Each Zelle In Range("A5:A1005")
If Zelle.Value = "" Then Exit For 'Wenn leer dann Abbruch
i = i + 1
X(i) = Zelle.Value   'Trage Wert in Array ein
Next Zelle           'Nexte Zelle
Range("C4").Value = i 'Anzahl der gelesenen Werte
End Sub

Private Sub CommandButton2_Click()
Range("C6").Value = XSumme(X, Range("C4"))
Range("C8").Value = MaxWert(X, Range("C4"))
End Sub
```

Bild 3: Quellcode der Unterprogramme

```
Public Function XSumme(Liste() As Double, anz As Double)
i = 0
Sum = Liste(0)
For i = 1 To anz
Sum = Sum + Liste(i)
Next i
XSumme = Sum
End Function
Public Function MaxWert(Liste() As Double, anz As Double)
i = 0
Maxi = Liste(0)
For i = 1 To anz
If Liste(i) > Maxi Then Maxi = Liste(i)
Next i
MaxWert = Maxi
End Function
```

Bild 4: Funktionen für Mittelwert und für Maximalwert

Beispiel: Einfache statistische Auswertung

Aus der Excel-Oberfläche werden von A5 bis A12 Messdaten eingegeben. Mit einem Button sollen diese Werte ausgelesen werden. Mit einem weiteren Button sollen alle Auswertungen berechnet werden. Zusätzlich soll der aktuelle Bereich des Bildschirms ausgedruckt werden können **(Bild 1)**.

Lösung: Bild 2 und Bild 3

Erläuterung zu den Zeilen in **Bild 2**:

1. Deklaration der Variablen für das Array der Messdaten,
2. Deklaration der Variablen i,
3. die aktuelle Seite aktivieren,
4. wählt in der gerade aktiven Arbeitsmappe die Tabelle 1 aus,
5. es wird angenommen, dass max. 1000 Messwerte eingegeben worden sind, deshalb wird die for-Schleife auf 1000 begrenzt,
6. die Werte der Zellen werden über die Funktion „Cells(Zeile, Spalte)" ausgelesen und dem „aktWert" zugewiesen,
7. wenn der Wert größer 0 ist, wird er in das Array eingetragen,
8. wenn nicht, wird die Schleife verlassen,
9. wenn mehr als 1000 Messwerte eingegeben wurden, wird dies durch ein Meldefenster angezeigt,
10. mit Hilfe der Kurzform [C4].Value wird die aktuelle Anzahl ausgegeben,
11. im Command-Button 2 werden die selbstentwickelten Funktionen ausgerufen,
12. hierbei werden das Array und die Anzahl der Messwerte übergeben, das Ergebnis wird in die Zellen C6 bis C12 eingetragen,
13. hier wird der Druckerdialog aufgerufen, so dass die Druckbedingungen eingestellt werden können,
14. die aktuelle Seite wird gedruckt.

Erläuterung zu den Zeilen in **Bild 3**:

In Bild 3 werden die Funktionen für die Berechnung von *Range* und für die Berechnung der *Standardabweichung* dargestellt. Bei der Deklaration der Kopfzeilen wird jeweils das Array ohne Bereichsangabe als Aufruf bei Referenz übergeben. Außerdem wird die Anzahl der Messwerte übergeben. In der Funktion „xRange" wird dann in einer *for-Schleife* der kleinste und der größte Wert ermittelt. Am Schluss wird die Differenz zur Funktion zurückgegeben. In der Funktion „Sigma" wird zuerst der Mittelwert bestimmt und danach Sigma berechnet.

Übung:

Es werden zusätzlich die Toleranzgrenzen angegeben. Erstellen Sie eine Funktion, welche die Anzahl der Messwerte ermittelt, welche außerhalb der Toleranzgrenzen liegen.

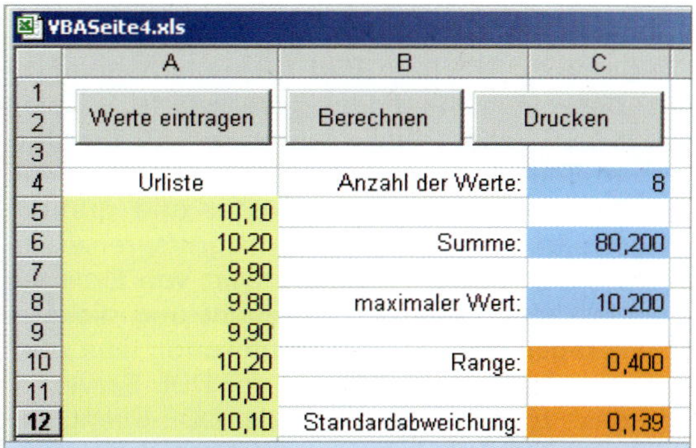

VBASeite4.xls

	A	B	C
1			
2	Werte eintragen	Berechnen	Drucken
3			
4	Urliste	Anzahl der Werte:	8
5	10,10		
6	10,20	Summe:	80,200
7	9,90		
8	9,80	maximaler Wert:	10,200
9	9,90		
10	10,20	Range:	0,400
11	10,00		
12	10,10	Standardabweichung:	0,139

Bild 1: Bildschirmbild zur statistischen Auswertung

```
Dim X(1 To 1001) As Double 'Deklaration des Array
Private Sub CommandButton1_Click()
Dim i As Integer
ThisWorkbook.Activate
Sheets("Tabelle1").Select
For i = 1 To 1000
 aktWert = ActiveSheet.Cells(i + 4, 1)
 If aktWert > 0 Then
  X(i) = aktWert
 Else
   Exit For
 End If
 If i > 1000 Then
 Atw = MsgBox("max.1000 zul.", vbCritical, "Achtung")
 Exit For
 End If
Next i
[C4].Value = i - 1 'Anzahl Werte
End Sub
Private Sub CommandButton2_Click()
[C6].Value = XSumme(X, Range("C4"))
[C8].Value = MaxWert(X, Range("C4"))
[C10].Value = xRange(X, Range("C4"))
[C12].Value = Sigma(X, Range("C4"))
End Sub
Private Sub CommandButton3_Click()
Application.Dialogs(xlDialogPrinterSetup).Show
ActiveSheet.PrintPreview
End Sub
```

Bild 2: Quellcode der Unterprogramme

```
Public Function xRange(Liste() As Double, anz As Double)
groesste = Liste(1)
kleinste = Liste(1)
For i = 2 To anz
If Liste(i) > groesste Then groesste = Liste(i)
If Liste(i) < kleinste Then kleinste = Liste(i)
Next i
xRange = groesste - kleinste
End Function
Public Function Sigma(Liste() As Double, anz As Double)
Sum = Liste(1)
For i = 2 To anz
Sum = Sum + Liste(i)
Next i
xquer = Sum / anz
Sum = 0
For i = 1 To anz
Sum = Sum + (Liste(i) - xquer) * (Liste(i) - xquer)
Next i
Sigma = Sqr(Sum / anz)
End Function
```

Bild 3: Quellcode der Funktionen Range und Sigma

7.5.5 Projekt: SPC-Maschinenregelung

Die Software SPC.EXE **(Bild 1)** simuliert eine Produktionsanlage. Sie sendet Prozesswerte, Sollwerte für OEG (obere Eingriffsgrenze) und für UEG (untere Eingriffsgrenze) an den PC. Dort werden die Daten mit Excel ausgewertet und grafisch dargestellt. Wenn eine Eingriffsgriffsgrenze erreicht wird, wird ein Korrekturwert von Excel an die Maschinensteuerung gesendet und die Maschine regelt nach. Die Kommunikation läuft über Windows-DDE – wobei Excel der DDE-Server ist und das Programm SPC.EXE der DDE-Client. Die Software SPC.EXE sendet die Daten auf folgende Zellen von Excel **(Bild 2)**:

„B2" = Istwert vom Prozess,
„B5:B14" = Die letzten 10 Istwerte
„B16" = OEG (obere Eingriffsgrenze),
„B17" = UEG (untere Eingriffsgrenze),

Excel verarbeitet die Werte und liefert auf die Zelle „B3" den Korrekturwert. Die SPC.EXE holt diesen Wert dann und addiert diesen auf die Stellgröße.

Die Aufgabe von Excel besteht nun darin: aus den X-Werten das *gleitende Mittel* zu berechnen. Wenn dieses an eine Eingriffsgrenze kommt, wird ein Korrekturwert errechnet. Dieser wird solange erhöht bzw. erniedrigt, bis das gleitende Mittel wieder im Bereich von 50 ± 0.1 ist.

Erläuterung der Funktion *„regulator"* **(Bild 3)**:
Die Funktion wird immer dann vom System aufgerufen, wenn die Zelle „B2" von der DDE-Schnittstelle aktualisiert wird.

1: Funktionskopf, welche den Inhalt einer Zelle übernimmt,
2 – 3: Variablen sind als „Static" deklariert, weil diese Inhalte erhalten bleiben müssen,
4 : bei jedem Aufruf Erhöhung der Variablen „i" um 1
5 und 6: bei dem Wert 10 zurücksetzen auf 1,
7: den aktuellen Wert von der Zelle „B2" in das Array eintragen,
8: die Summe für die Berechnung des Mittelwertes auf 0 setzen,
9 – 13: Berechnung des Mittelwertes aus den 10 Messwerten,
14 – 16: wenn der Mittelwert größer ist als OEG, dann ist der Faktor negativ,
17 – 19: wenn der Mittelwert kleiner ist als UEG, dann ist der Faktor positiv,
20 – 22: wenn der Mittelwert innerhalb 50 ± 0.1 ist, wird der Faktor auf 0 gesetzt,
23: Berechnung des Korrekturwertes,
24: Korrekturwert an Funktion übergeben.

Übung:
1. Installieren Sie SPC.EXE
2. Installieren Sie LabVIEW RunTime Engine 6.1
3. Starten Sie SPC.EXE
4. Starten Sie Excel und Programm Mappe1.xls laden

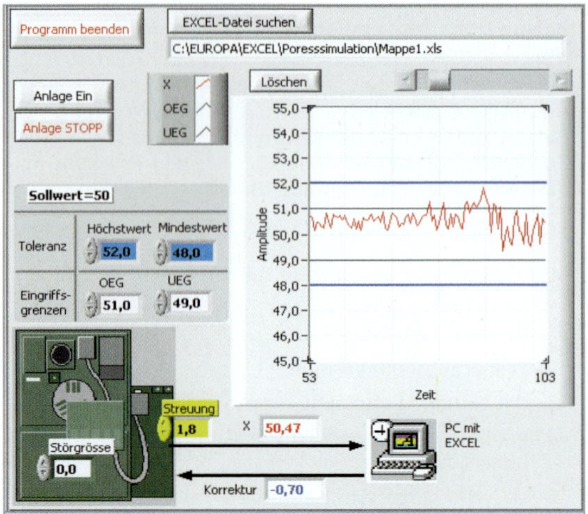

Bild 1: Aufbau der Produktionsanlage

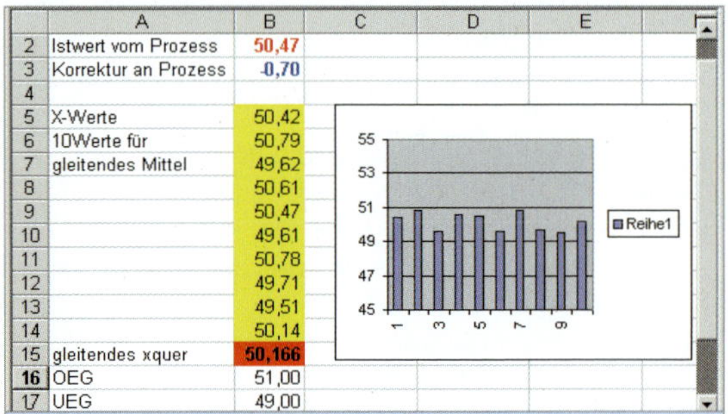

Bild 2: Bildschirmbild zur SPC

```
   Dim Wert(1 To 10) As Double
1  Public Function regulator(X As Range)
2  Static i As Integer
3  Static Korrektur As Double
4  i = i + 1
5  If i > 10 Then
6  i = 1
6  End If
7  Wert(i) = X.Value
8  summe = 0
9  For j = 1 To 10
11 summe = summe + Wert(j)
12 Next j
13 xquer = summe / 10
14 If xquer > [B16].Value Then
15     Faktor = -1
16  End If
17 If xquer < [B17].Value Then
18 Faktor = 1
19  End If
20 If (xquer < 50.1) And (xquer > 49.9) Then
21     Faktor = 0
22  End If
23 Korrektur = Korrektur + 0.1 * Faktor
24 regulator = Korrektur
   End Function
```

Bild 3: Quellcode der Funktion

7.5.6 Erstellen eines Formulars als Unterprogramm

Für viele Anwendungen werden Funktionen auf ein Formular (UserForm) gelegt, welches nur zur Bearbeitung geöffnet wird. Dieses Formular kann viele windowstypische Objekte enthalten.

Im Beispiel **(Bild 1)** wird ein Zellenfeld bearbeitet und wahlweise die Anzahl der Werte ausgegeben, die größer bzw. kleiner als ein eingegebener Grenzwert sind. Aufgerufen wird die UserForm mit dem Commandbutton1 **(Bild 3,** Zeile 1).

Die Anweisung lautet *„UserForm1.Show“*. Die UserForm wird über „Einfügen“ -> „UserForm“ erzeugt. Mit der nun erscheinenden Werkzeugsammlung wird die Oberfläche gestaltet **(Bild 2)**. Im Quellcode **(Bild 4)** muss jeder Optionsbutton abgefragt werden und die Logik programmiert werden.

Erläuterung der Quelltextzeilen von **Bild 3**:

1: UserForm 1 wird geöffnet
2: Nullen der Anzahl der Grenzwerte
3: Deklaration der Variablen *„Zelle“*
5: Es wird jede Zelle des Bereiches durchgegangen.
6, 7: Wenn die Zelle leer ist, dann wird Zähler erhöht und die Zelle selektiert.
11: Anzahl der leeren Zellen wird angezeigt.

Übung:
Erweitern Sie das Programm so, dass nach Aufruf mit einem Button die Zelle mit größtem Wert selektiert, und deren Hintergrund hellrot angelegt wird.

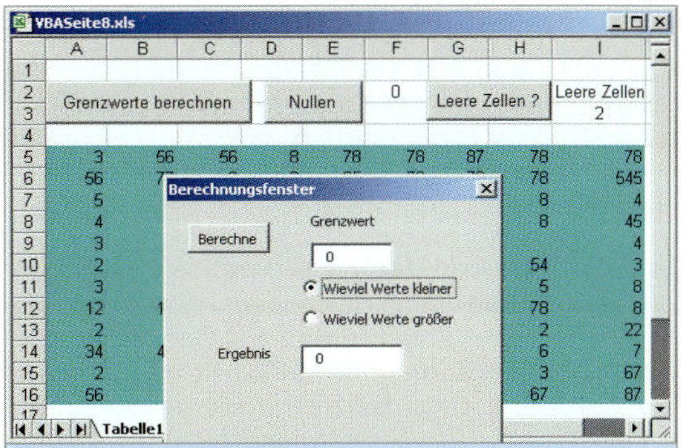

Bild 1: Bildschirmbild mit UserForm

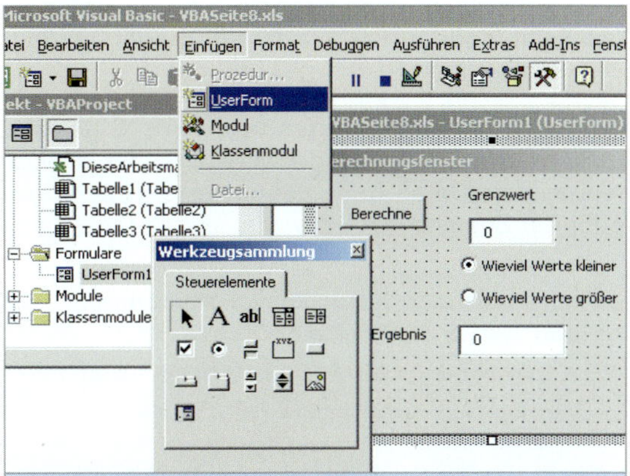

Bild 2: Werkzeuge der UserForm

```
Dim X(1 To 100) As Double
Option Explicit
Private Sub CommandButton1_Click()
Dim Grenzwert As Double
Dim i, Anzahl As Integer
[F2].Value = [F2].Value + 1
Dim Zelle As Object
'Alle Zellen auslesen und in Array speichern
i = 1
For Each Zelle In Range("A5:I15")
X(i) = Zelle.Value
i = i + 1
Next Zelle
Grenzwert = TextBox1.Value
Anzahl = 0
If OptionButton1.Value = True Then
For i = 1 To 100
If X(i) < Grenzwert Then Anzahl = Anzahl + 1
Next i
End If
If OptionButton2.Value = True Then
For i = 1 To 100
If X(i) > Grenzwert Then Anzahl = Anzahl + 1
Next i
End If
TextBox2.Value = Anzahl
End Sub
```

Bild 4: Quellcode der Unterprogramme

```
Option Explicit

Private Sub CommandButton1_Click()
UserForm1.Show
End Sub

Private Sub CommandButton2_Click()
[F2].Value = 0
End Sub

Private Sub CommandButton3_Click()
Dim Zelle As Object
Dim i As Integer
For Each Zelle In Range("A5:I15")
If Zelle.Text = "" Then
i = i + 1
End If
Next Zelle
[I3].Value = i
End Sub
```

Bild 3: Aufruf der UserForm

7.5.7 Kommunikation: Excel mit S7

Das Programm AGLNK.DLL wird in das Excel-Projekt aufgenommen. Mit diesem Treiber kann Excel über MPI-Bus, ProfiBus-DP mit S7-SPS verbunden werden **(Bild 1)**. Über eine Konfigurationssoftware wird die jeweilige Kommunikation angewählt.

In Excel-VBA wird der Treiber wie folgt eingebunden: Aufruf von Visual Basic, dann „Einfügen"->„-Modul"->„Datei importieren"->„AGLnk.BAS". Nun stehen alle Funktionen für die S7-Kommunikation zur Verfügung. Grundsätzlich muss mittels vorgefertigter Treiber zuerst die Kommunikation mit dem Automatisierungsgerät aufgebaut werden und am Ende wieder abgebaut werden. Dies geschieht mit zwei Buttons **(Bild 2)**. **Bild 3** zeigt den jeweiligen Quellcode hierzu. Jede dieser Funktionen liefert einen Fehlercode zurück. Wird 0 zurückgeliefert liegt kein Fehler vor.

Auf diese Art können Daten von der SPS gelesen bzw. an die SPS gesendet werden, so z. B. Datenbaustein-Daten (DB), Zählerwerte, Timerwerte oder der Zustand der SPS.

Erläuterungen der Quellcodezeilen in **Bild 4**:

1: Deklaration der Variablen,
2: Lesen von MB1 bis MB22, die Daten werden im Array „Wert()" gespeichert,
3: Fehlerrückgabewert ausgeben,
4: Ausgabe der Inhalte der Merkerbytes in Spalte „D",
5: MB19 (Highbyte) und MB20 (Lowbyte) werden zu einem Merkerwort, stellen ein Merkerwort dar. Deshalb muss dieses berechnet werden,
6: Es wird der Wert PAA() des SpinButtons an die Ausgänge (Ausgangsbyte AB125) gesendet,
7: Einlesen des Wertes des SpinButtons und an PAA() zuweisen.

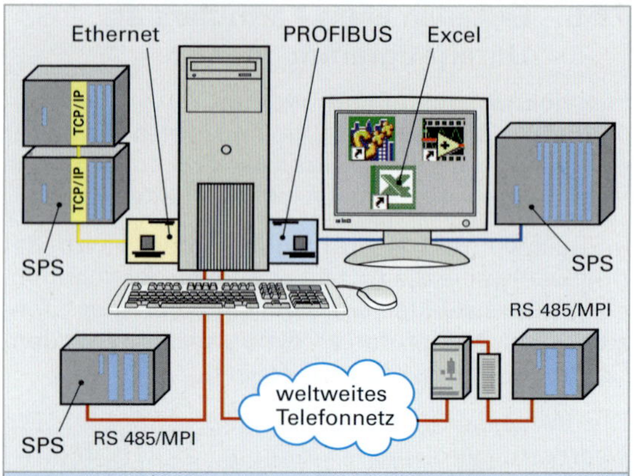

Bild 1: Kommunikation einer SPS mit Excel

	A	B	C	D
1				Prozesswerte
2	Komm.AG aufbauen		0	61
3				57
4				62
5	Komm.AG abbauen		0	56
6				58
7	An AG senden			59
8				60
9				61
10	Lesen o.k	0		59
11				63
12		5		
13				Anzahl
14				1166
15	Schreiben o.k.	0		

Bild 2: Bildschirmbild für Bedienen und Beobachten

TestAGLNK.xls - Tabelle1 (Code) — CommandButton3 / Click

```
Dim PAA(0) As Byte
Private Sub CommandButton1_Click()
Dim R As Integer
R = 0
R = AGLOpenDevice(0)
R = R + AGLInitAdapter(0, 1)
R = R + AGLPLCConnect(0, 2, 1)
[C2].Value = R
End Sub
Private Sub CommandButton2_Click()
Dim R As Integer
 R = AGLPLCDisconnect(0, 2, 1)
 R = R + AGLExitAdapter(0, 1)
 R = R + AGLCloseDevice(0)
 [C5].Value = R
End Sub
```

Bild 3: Quellcode zum Aufbau und Abbau einer Kommunikation

```
  Private Sub CommandButton3_Click()
1 Dim Wert(0 To 24) As Byte
  Dim R As Integer
  Dim Anzahl As Integer
  'MerkerByte Lesen
2 R = AGLReadFlagBytesA(0, 2, 1, 22, Wert(0), 1;
3 [B10].Value = R
4 [D2].Value = Wert(0)
  [D3].Value = Wert(1)
  [D4].Value = Wert(2)
  [D5].Value = Wert(3)
  [D6].Value = Wert(4)
  [D7].Value = Wert(5)
  [D8].Value = Wert(6)
  [D9].Value = Wert(7)
  [D10].Value = Wert(8)
  [D11].Value = Wert(9)
5 Anzahl = Wert(19) * 256 + Wert(20)
  [D14].Value = Anzahl
  'Ausgangsbyte senden auf AB125
6 R = AGLWriteOutBytesA(0, 2, 125, 1, PAA(0), 1;
  [B15].Value = R
  End Sub
7 Private Sub SpinButton1_Change()
  PAA(0) = SpinButton1.Value
  [B12].Value = PAA(0)
  End Sub
```

Bild 4: Quellcode lesen und schreiben

7.6 Relationale Datenbanken

Eine Datenbank (DB) ist ein Programm, dessen Hauptaufgabe die Speicherung großer Datenmengen ist.

Zusätzlich stellt ein Datenbank-Programm Werkzeuge zur Verfügung, die anderen Programmen den Zugriff auf die gespeicherten Daten ermöglichen. Es gibt verschiedene Arten wie die Daten in einer Datenbank strukturiert werden.

> **Relationale Datenbanken** basieren auf dem relationalen Datenbankmodell. Die Daten werden dabei in Tabellen gespeichert, die miteinander verknüpft werden und so eine Beziehung (= Relation) zueinander haben.

Neben den kommerziellen Datenbanken wie z. B. Oracle oder Microsoft SQL Server gibt es auch Open-Source-Datenbanken wie z.B. MySQL.

Die Bestandteile der verschiedenen Datenbank-Produkte sind sehr unterschiedlich. Einige Produkte beschränken sich auf die Kernaufgabe der Datenspeicherung und stellen für die Bearbeitung und Darstellung der Daten die notwendigen Schnittstellen zur Verfügung. Durch die Konzentration auf die wesentlichen Aufgaben können diese Datenbanken auch den gleichzeitigen Zugriff von mehreren Hundert Benutzern verwalten.

Im Gegensatz dazu liefert Microsoft Access vom Datenspeicher über die Datenbearbeitung bis zur grafischen Darstellung der Daten alle notwendigen Werkzeuge **(Bild 1)**. Der große Vorteil von Access ist sicherlich die schnelle Realisierbarkeit von kleinen Anwendungen. Dies aber um den Preis, dass die Geschwindigkeit und Stabilität der DB mit jedem weiteren Benutzer, der mit der DB arbeitet, stark abnimmt.

Es wird für kleinere Anwendungen häufig eine Tabellenkalkulation verwendet. Diese bieten auf den ersten Blick den Vorteil, dass man nach kurzer Einarbeitungszeit sehr schnell zum Ziel kommt. Vergleicht man eine Kundentabelle, die mit einer Tabellenkalkulation erstellt wird, mit der Umsetzung in einer Datenbank so sind optisch nur geringe Unterschiede erkennbar **(Bild 2 und 3)**.

An die Kundentabelle könnten folgende Anforderungen gestellt werden:

- Die Kundennummer soll automatisch als fortlaufende Zahl vergeben werden, wenn ein neuer Kunde angelegt wird.
- Die Kundennummer muss eindeutig sein.
- Es darf kein Kunde ohne Kundennummer, Nachname und Ort eingetragen werden.

Jede dieser Anforderungen kann mit einer Tabellenkalkulation nur schwer realisiert werden – bei einer Datenbank sind dies einfach umzusetzende Standardanforderungen.

An die Kunden sollen Produkte verkauft werden. Dabei ist sicherzustellen, dass die Verkäufe eindeutig den vorher erfassten Kunden zugeordnet werden können. Wenn der Kunde Maier in der Verkaufsliste teilweise als *Meier* geschrieben wird, dann ist eine zuverlässige Rechnungsstellung oder Umsatzauswertung nicht möglich. Auch diese Anforderung kann mit einer Tabellenkalkulation nur umständlich umgesetzt werden, während eine DB die notwendigen Instrumente zur Verfügung stellt.

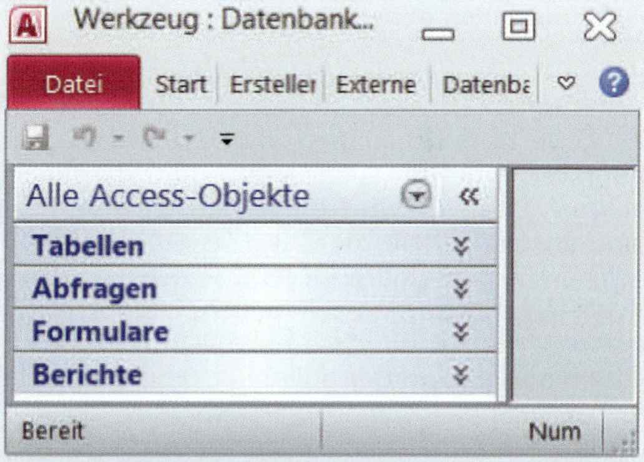

Bild 1: Datenbankfenster (Access)

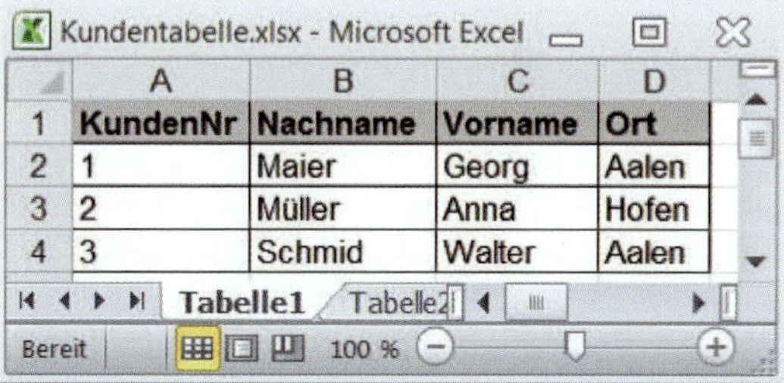

Bild 2: Kundentabelle mit einer Tabellenkalkulation erstellt

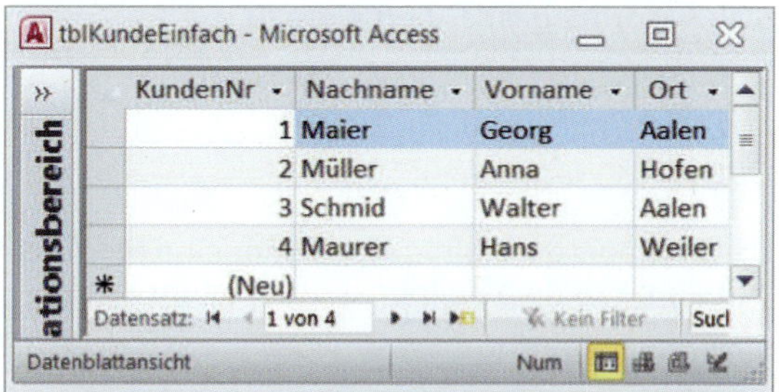

Bild 3: Kundentabelle mit einer Datenbank erstellt

7.6.1 Datenbankobjekte

1. Tabelle

Eine Tabelle besteht aus Datensätzen mit gleicher Struktur. Bei den meisten Datenbanken werden die Datensätze tabellarisch dargestellt. Zum Beispiel werden in einer Kundentabelle die Informationen zu einem Kunden in einem Datensatz (Record, Tupel) gespeichert, der als eine Zeile der Tabelle dargestellt wird. Eine Spalte der Tabelle wird als Datenfeld (Attribut) bezeichnet. Beim Entwurf einer Tabelle wird festgelegt, welche Datenfelder die Tabelle enthalten soll, wobei für jedes Datenfeld ein definierter Datentyp wie z.B. Text, Zahl oder Datum bestimmt wird **(Bild 1)**. Erhält ein Datenfeld den Datentyp Datum, dann kann in jedem Datensatz dieser Tabelle in dieser Spalte ausschließlich ein Datum eingegeben werden.

2. Abfrage

Mit einer Abfrage können die Daten einer oder mehrerer Tabellen ausgewählt und dargestellt werden. Beim Entwurf dieser Auswahlabfragen kann ausgewählt werden, welche Datenfelder in welcher Reihenfolge angezeigt werden und wie die Datensätze sortiert sein sollen. Über Kriterien kann man festlegen, dass nur bestimmte Datensätze angezeigt werden sollen.

Beispiel:
Von der Tabelle Kunde sollen nur die Kunden angezeigt werden, deren Nachname mit M beginnt. Diese sollen nach dem Nachname sortiert angezeigt werden **(Bild 2 und Bild 3).**

Meist verwendet man zur Erstellung von Abfragen die Abfragesprache SQL. Viele Datenbanken unterstützen den Anwender bei der Erstellung durch Assistenten oder grafische Oberflächen (Bild 2).

Auch wenn das Ergebnis einer Abfrage in der Darstellung einer Tabelle sehr ähnlich ist, zeigt dieses Ergebnis lediglich eine Ansicht von in Tabellen gespeicherten Datensätzen. Unabhängig davon wie die Abfrage erstellt wurde, wird lediglich ein SQL-Ausdruck gespeichert wie z. B.:

SELECT Nachname, Vorname FROM tblKunde

ORDER BY Nachname;

Das Ergebnis der Abfrage ist immer eine Momentaufnahme zu dem Zeitpunkt der Ausführung.

Auswahlabfragen werden als Datenquelle für Eingabemasken oder auszudruckende Listen verwendet.

Auswahlabfragen sind der am meisten verwendete Abfragetyp. Mit einer Auswahlabfrage können Datensätze auch gruppiert und Werte aufsummiert oder Durchschnittswerte berechnet werden.

Beispiel:
Mit einer Auswahlabfrage soll für jeden Artikel der Umsatz berechnet werden, indem bei allen Verkaufspositionen jedes Artikels die Menge mit dem Verkaufspreis multipliziert und das Ergebnis je Artikel aufsummiert wird.

Mit Aktionsabfragen ist es möglich, die Daten in der Tabelle zu verändern, neue Datensätze anzufügen, bestimmte Datensätze zu löschen oder eine neue Tabelle zu erstellen. Die zu verändernden Datensätze werden über die Eingabe von Kriterien festgelegt.

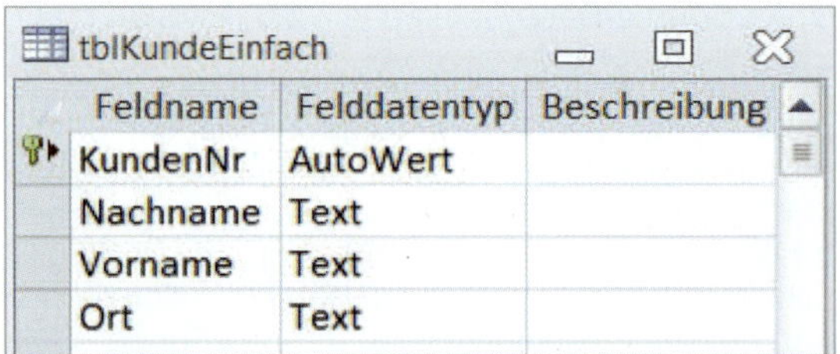
tblKundeEinfach

Feldname	Felddatentyp	Beschreibung
KundenNr	AutoWert	
Nachname	Text	
Vorname	Text	
Ort	Text	

Bild 1: Tabelle *tblKunde* in der Entwurfsansicht

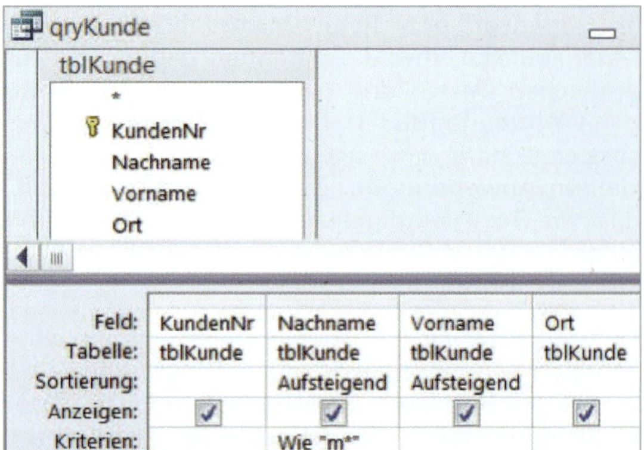

Bild 2: Abfrage *qryKunde* in der Entwurfsansicht

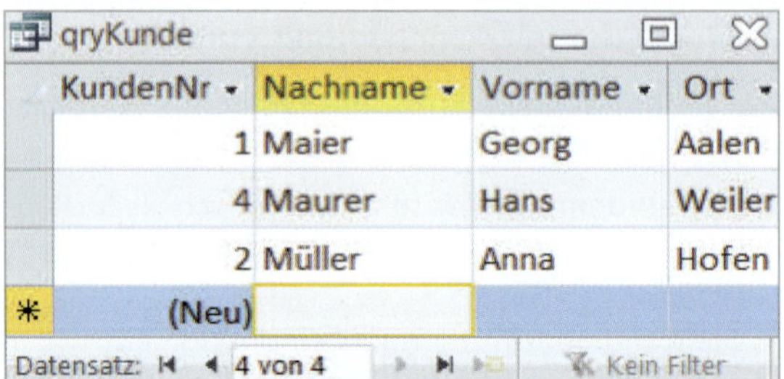
qryKunde

KundenNr	Nachname	Vorname	Ort
1	Maier	Georg	Aalen
4	Maurer	Hans	Weiler
2	Müller	Anna	Hofen
(Neu)			

Datensatz: 4 von 4 Kein Filter

Bild 3: Abfrage *qryKunde* in der Datenblattansicht

Während die bisherigen Datenbankobjekte bei jeder DB-Software vorhanden sind, werden die folgenden nur von einfachen DB-Systemen wie Microsoft Access mitgeliefert. Andere DB-Hersteller ermöglichen den Zugriff auf die Tabellen einer Datenbank über standardisierte Schnittstellen. Z. B. können die verwendeten Eingabemasken bei diesen Systemen anhand der Anforderungen mit entsprechender Software wie z. B. C++ erstellt werden.

Bild 1: Formular zur Bearbeitung von Kundendaten

3. Formular

Ein Formular wird hauptsächlich zur Eingabe, Bearbeitung oder Anzeige von Daten einer Datenbank verwendet **(Bild 1)**. Ein Formular kann auch die Startseite eines Programms sein, von der andere Formulare geöffnet werden können. Eine weitere Anwendung ist ein Dialogfeld, das Benutzereingaben akzeptiert und auf der Grundlage der eingegebenen Daten eine Aktion durchführt.

Beispiel:
Der Anwender kann sich über ein Formular den Inhalt einer auszudruckenden Liste zusammenstellen. Er kann festlegen welche Daten in welcher Sortierung angezeigt werden **(Bild 2)**.

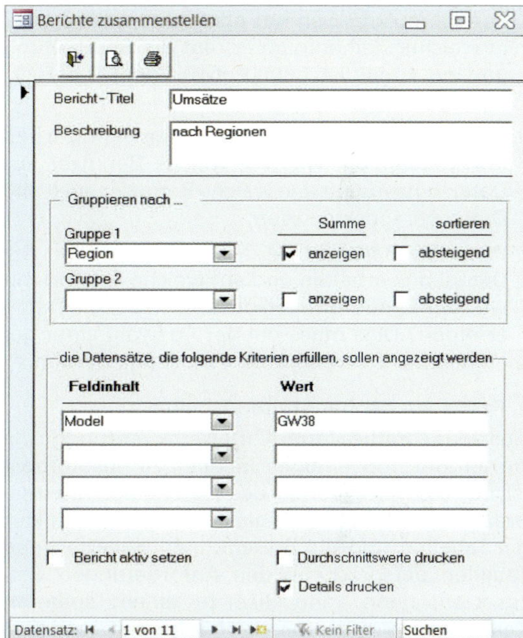

Bild 2: Formular zur Erstellung von flexiblen Listen

Ein Formular zur Datenbearbeitung kann die Daten aus einer oder mehreren Tabellen anzeigen. Die Datenquelle von Formularen kann eine Tabelle oder eine Abfrage sein, die z. B. die Datensätze zur Anzeige im Formular sortiert.

4. Bericht

Ein Bericht oder Report enthält die mit Hilfe einer Abfrage aufbereiteten Daten einer oder mehrerer Tabellen zur Ansicht am Bildschirm oder zum Drucken **(Bild 3)**. Ebenso wie Formulare können Berichte manuell in einem Entwurfsmodus oder mit Assistenten erstellt werden. Ein entscheidender Vorteil von Berichten ist die dynamische Erstellung. Im Moment des Aufrufs fasst die als Datenquelle dienende Abfrage die gewünschten Daten zusammen und übergibt diese an den Bericht. Die gewünschten Summen oder Mittelwerte werden dynamsich gebildet und angezeigt bzw. gedruckt.

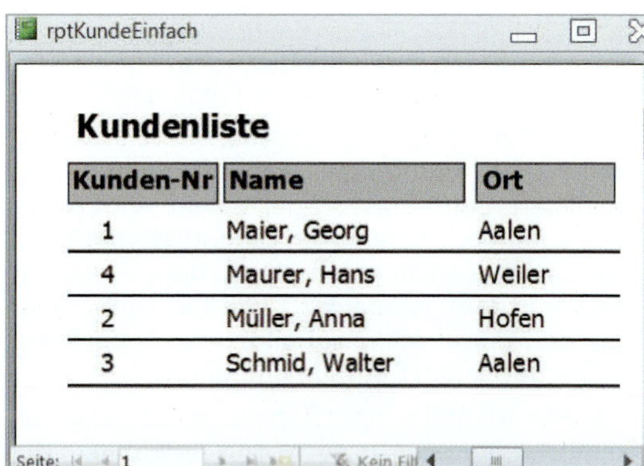

Bild 3: Bericht Kundenliste

Die von den Anwendern eingegebenen oder aus anderen Anwendungen importierten Daten werden in Tabellen gespeichert. Mit Abfragen werden diese Daten so aufbereitet, dass sie in Eingabemasken (Formularen) bearbeitet oder in Listen (Berichten) angezeigt und gedruckt werden können.

7.6.2 Entwerfen einer Datenbank

1. Verwendungszweck der DB festlegen

Zunächst müssen sämtliche Anforderungen an die Datenbank notiert werden. Dieses Pflichtenheft muss die folgenden Fragen beantworten:

- Welche Daten werden mit der DB erfasst und bearbeitet?
- Werden einige dieser Daten bereits innerhalb des Unternehmens erfasst und wie könnte der Datenaustausch funktionieren?
- Welche Auswertungen müssen möglich sein und wie sollen diese dargestellt werden?
- Wie können die künftigen Benutzer der Datenbank ihre Aufgaben am effektivsten erledigen? In welcher Reihenfolge erfolgt die Bearbeitung und wie kann dies beim Entwurf der DB berücksichtigt werden?
- Welche Rechte haben die einzelnen Benutzer? Es muss festgelegt werden, welche Benutzer nur Daten hinzufügen und welche Benutzer auch alte Daten verändern dürfen.
- Wie viele Benutzer werden gleichzeitig mit der Datenbank arbeiten und auf welche Art und mit welcher Bandbreite soll der Zugriff auf die Daten erfolgen? Dies muss bei der Auswahl einer geeigneten DB-Software berücksichtigt werden.

2. Festlegen der benötigten Tabellen

Aus den schriftlich formulierten Anforderungen die Anzahl der notwendigen Tabellen zu bestimmen, ist der schwierigste Teil des Datenbankentwurfsprozesses. Wenn es hier nicht gelingt die Struktur der Tabellen und die Beziehungen zwischen den Tabellen entsprechend den Anforderungen umzusetzen, dann kann dies zu einem späteren Zeitpunkt nur mit sehr viel Nacharbeit korrigiert werden. Beim Entwurf der Tabellen sind folgende Grundsätze zu beachten:

- Jede Tabelle enthält nur Informationen zu einem Thema.
- Eine Änderung in der Realität sollte nur eine Änderung in der Datenbank zur Folge haben.
- Jeder Datensatz einer Tabelle muss eindeutig sein. Dies wird durch einen **Primärschlüssel** realisiert. Beim Entwurf der Tabelle wird dieser aus einem oder mehreren Datenfeldern erstellt. Die DB überwacht automatisch, dass ein Datensatz nur dann gespeichert werden kann, wenn die den Primärschlüssel bildenden Datenfelder keine doppelten Einträge enthalten.
- Jedes Datenfeld einer Tabelle muss eine einheitliche Breite besitzen. In **Bild 1** werden in den Datenfeldern ArtikelNr, Artikelbez und Menge jeweils alle verkauften Artikel einer Rechnung eingetragen. Dies verhindert eine Aufbereitung der Daten mit einer Abfrage zum Drucken der Rechnung oder zur Auswertung der Umsätze je Artikel.
- Alle Datenfelder einer Tabelle, die nicht zum Primärschlüssel gehören, dürfen nicht von einander abhängig sein. In Bild 1 ist die Kundennummer (KdNr) vom Kunde und die ArtikelNr von der Artikelbez abhängig.
- Für Werte, die mit gespeicherten Daten berechnet werden können, dürfen keine Datenfelder vorgesehen werden.

Beispiel 1: Ändert sich die Adresse eines Kunden, dann dürfen nur Änderungen in der Kundentabelle notwendig sein und nicht z. B. Änderungen an jedem Angebot oder jeder Bestellung des Kunden.

Beispiel 2: Wird der Primärschlüssel einer Kundentabelle aus den Spalten Vorname und Nachname gebildet, dann wäre es nicht möglich einen 2. Kunden *Hans Maier* anzulegen, wenn bereits ein Kunde mit dem Vornamen *Hans* und dem Nachnamen *Maier* in der Tabelle gespeichert wurde. Daher bietet es sich in diesem Fall an, ein Datenfeld KundenNr als Primärschlüssel zu verwenden.

Beispiel 3: Der Gesamtpreis für eine Rechnungsposition kann aus dem Produkt des Einzelpreises und der verkauften Menge berechnet werden. Deshalb muss der Gesamtpreis nicht gespeichert werden, sondern er wird mit Hilfe einer Abfrage, wie beschrieben, berechnet.

3. Namen der Datenbankobjekte und Datenfelder

Bei der Benennung von Datenbankobjekten werden oft einheitliche Anfangskürzel verwendet. So beginnen Tabellen oft mit tbl. Sowohl bei der Benennung von Datenbankobjekten als auch Datenfeldern sollte man keine Leerzeichen, Bindestriche, Doppelpunkte und Sonderzeichen verwenden. Werden die Primärschlüssel-Datenfelder einer Tabelle in einer anderen Tabelle verwendet, dann sind sie dort ein sogenannter Fremdschlüssel. Dies kann man verdeutlichen, indem man an den Datenfeldnamen ein F anhängt.

Beispiel 4: In der Tabelle *tblKunde* ist die Kundennummer (Datenfeld KundenNr) der Primärschlüssel. In der Tabelle *tblRechnung* ist die Kundennummer Fremdschlüssel und das zugehörige Datenfeld wird mit KundenNrF benannt.

RechnungOhneFesteBreite

	ReNr	KdNr	Kunde	ArtikelNr	Artikelbez	Menge
	1	3	Schmid	5; 7	HM-Bohrer; Schaftfräser	2; 3
	2	14	Huber	12; 3; 2	Senker; Reibahle; Stift	4; 7; 18
*	(Neu)	0				

Datensatz: 3 von 3 Kein Filter Suchen

Bild 1: Rechnungstabelle ohne feste Breite

4. Beziehungen zwischen den Tabellen der DB festlegen

Ein wesentliches Merkmal von relationalen Datenbanken sind die Beziehungen zwischen den Tabellen. Beziehungen werden zwischen 2 Tabellen definiert und sind u. a. notwendig, damit die Daten aus mehreren Tabellen mit Abfragen zusammengefasst werden können.

Zwischen Tabellen einer DB können die folgenden Beziehungen bestehen:

1 : 1-Beziehung

Zu jedem Datensatz in der ersten Tabelle gehört genau ein Datensatz in der zweiten Tabelle.

Beispiel 1: Eine Mitarbeiter-Tabelle mit allen persönlichen Daten hat eine 1 : 1-Beziehung zu einer Personaldaten-Tabelle mit der Personalnummer des Mitarbeiters und weiteren firmenspezifischen Daten.

1 : *n*-Beziehung

Zu jedem Datensatz der ersten Tabelle kann es in der zweiten Tabelle beliebig viele Datensätze geben.

Beispiel 2: Jeder Kunde kann beliebig viele Rechnungen erhalten. Daher muss zwischen einer Kundentabelle und einer Rechnungstabelle eine 1 : *n*-Beziehung bestehen. Aus **Bild 1** ist ersichtlich, dass der Kunde mit der Kundennummer 1 zwei Rechnungen und der Kunde mit der Kundennummer 3 eine Rechnung erhalten hat.

***m* : *n*-Beziehung**

Zu jedem Datensatz in der ersten Tabelle kann es beliebig viele Datensätze in der zweiten Tabelle geben und umgekehrt.

Beispiel 3: In einer Rechnung können mehrere Artikel aufgelistet sein und ein Artikel kann auch in mehreren Rechnungen stehen. Zwischen den Tabellen *tblArtikel* und der Tabelle *tblRechnung* besteht eine *m* : *n*-Beziehung.

Eine *m* : *n*-Beziehung kann mit einer relationalen Datenbank nicht direkt realisiert werden sondern muss durch mindestens eine weitere Tabelle in 1 : *n*-Beziehungen umgewandelt werden.

In **Bild 2** sind die einzelnen Tabellen und die Beziehungen zwischen den einzelnen Tabellen einer DB abgebildet.

Die *m* : *n*-Beziehung zwischen den Tabellen *tblArtikel* und *tblRechnung* wird durch die weitere Tabelle *tblRechnungsposition* in zwei 1 : *n*-Beziehungen umgewandelt.

In Bild 2 ist zu sehen, dass der Mehrwertsteuersatz (Datenfeld: *MwStSatz*) in der Tabelle *tblRechnung* gespeichert wird. Dadurch wird für alle verkauften Artikel einer Rechnung dieser Mehrwertsteuersatz verwendet. Wenn ein Kunde auch Artikel mit reduziertem Mehrwertsteuersatz wie z. B. ein Buch kauft, dann müsste man ihm eine separate Rechnung erstellen.

Soll bei der Rechnungserstellung für jeden verkauften Artikel ein Mehrwertsteuersatz ausgewählt werden, dann muss das Datenfeld MwStSatz in die Tabelle *tblRechnungsposition* verschoben werden.

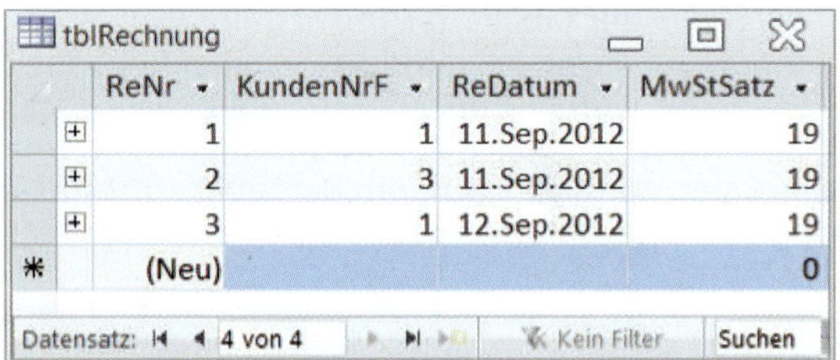
tblRechnung

	ReNr	KundenNrF	ReDatum	MwStSatz
⊞	1	1	11.Sep.2012	19
⊞	2	3	11.Sep.2012	19
⊞	3	1	12.Sep.2012	19
*	(Neu)			0

Datensatz: 4 von 4 | Kein Filter | Suchen

Bild 1: Rechnungstabelle

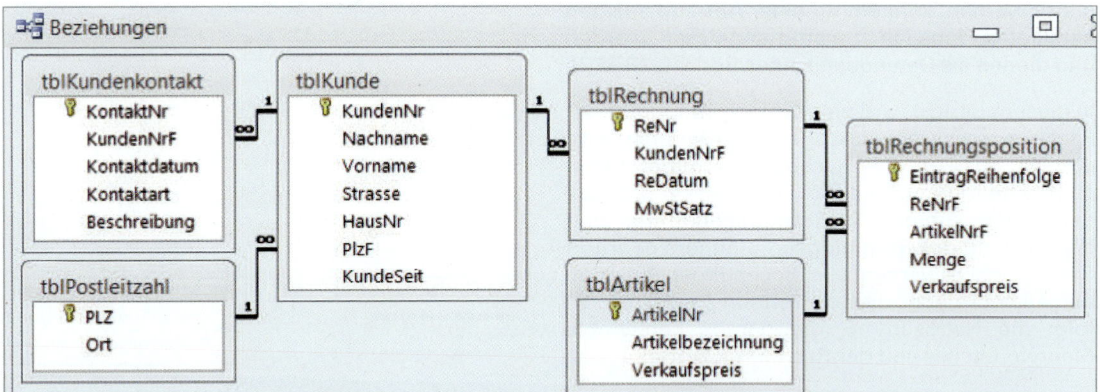

Bild 2: Beziehungen zwischen Tabellen

In **Bild 1** sind die Tabellen *tblArtikel, tblRechnungsposition* und *tblRechnung* in der Datenblattansicht abgebildet. Die Tabelle *tblRechnungsposition* entsteht durch die Auflösung der *m* : *n*-Beziehung zwischen den beiden Tabellen *tblArtikel* und *tblRechnung.* In diese neue Tabelle kommen die Primärschlüssel der beiden anderen Tabellen (ArtikelNr und ReNr) und werden dort als Fremdschlüssel bezeichnet. Aus der Tabelle *tblRechnungsposition* ist ersichtlich, dass die Rechnung Nummer eins aus drei Rechnungspositionen und die Rechnung Nummer zwei aus zwei Rechnungspositionen besteht.

Bei der Erstellung der Beziehung zwischen zwei Tabellen spielt der Name der Datenfelder keine Rolle, entscheidend sind die Datentypen der beiden Datenfelder zwischen denen eine Beziehung erstellt werden soll. Eine Beziehung kann nur zwischen Datenfeldern mit identischem Datentyp hergestellt werden. Die Beziehungsart ergibt sich daraus, ob eines der beiden Datenfelder ein Primärschlüssel ist. Diese Seite der Beziehung erhält dann im Beziehungsfenster bei einer 1 : *n*-Beziehung die Kennzeichnung *1*, die andere Seite das Zeichen für *unendlich.*

Bei der Erstellung der Beziehung kann ausgewählt werden, ob sie mit **referentieller Integrität** angelegt werden soll. Hierbei handelt es sich um einen Kontrollmechanismus, der z. B. sicherstellt, dass kein Artikel aus der Tabelle *tblArtikel* gelöscht werden kann, wenn dieser bei mindestens einer Rechnung verwendet wurde. Ebenso wird überwacht, dass kein Artikel in einer Rechnung eingetragen werden kann, der nicht vorher in der Tabelle *tblArtikel* angelegt wurde.

Dieser Kontrollmechanismus verhindert Dateninkonsistenzen (widersprüchliche Daten).

Alle Daten, die zur Erstellung der Rechnung benötigt werden, können mit einer Abfrage aus den beteiligten Tabellen zusammengefasst werden und dienen als Datenquelle eines Berichts **(Bild 2)**.

In diesem Bericht wird eine Gruppierung nach der Rechnungsnummer durchgeführt. Dadurch wird erreicht, dass für jede Rechnungsnummer zuerst der Rechnungskopf mit den Daten des verkaufenden Unternehmens, die Rechnungsnummer und die Anschrift des Rechnungsempfängers gedruckt wird. Danach werden alle Rechnungspositionen aufgelistet, die zu dieser Rechnung gehören. Es folgt die Nettosumme, die daraus berechnete Mehrwertsteuer und der Rechnungsbetrag.

Nach jeder Rechnung wird vom Berichtsgenerator automomatisch ein Seitenumbruch durchgeführt.

tblArtikel

	ArtikelNr	Artikelbezeichnung	Standard-VK
⊞	1	VHM-Schaftfräser, d = 6	9,30 €
⊞	2	VHM-Schaftfräser, d = 8	12,20 €
⊞	3	VHM-Schruppfräser, d = 10	22,70 €
⊞	4	HSS-Spiralbohrer, d = 4	1,40 €
⊞	5	HSS-Spiralbohrer, d = 6	2,35 €
⊞	6	Drehmeißel 4523	36,80 €
⊞	7	Drehmeißel 4558	32,40 €
*	(Neu)		

Datensatz: 1 von 7 Kein Filter Suchen

tblRechnungsposition

Eintr	ReNrF	ArtikelNrF	Menge	Verkaufspreis
1	1	1	10	9,20 €
2	1	4	5	1,38 €
3	1	6	2	36,80 €
4	2	3	5	22,40 €
5	2	7	1	32,40 €
* (Neu)				

Datensatz: 1 von 5 Kein Filter Suchen

tblRechnung

	ReNr	KundenNrF	ReDatum	MwStSatz
⊞	1	1	11.Sep.2012	19
⊞	2	3	11.Sep.2012	19
⊞	3	1	12.Sep.2012	19
*	(Neu)			19

Datensatz: 1 von 3 Kein Filter Suchen

Bild 1: Auflösung einer m : n-Beziehung mit der zusätzlichen Tabelle *tblRechnungsposition*

Mustermann GmbH Rechnung

E-Mail: info@mustermann.de

Nummer: 2012 / 1
Datum: 11.09.2012
Kunden-Nr: 1

Musterstr. 12, 73430 Aalen
Tel. 07361 / 123456

Seite 1 (1)

Georg Maier
Bahnhofstrasse 12a
73430 Aalen, Württ

Artikel-Nr	Bezeichnung	Menge	Netto-Preis	Endpreis
6	Drehmeißel 4523	2,00	36,80 €	73,60 €
4	HSS-Spiralbohrer, d = 4	5,00	1,38 €	6,90 €
1	VHM-Schaftfräser, d = 6	10,00	9,20 €	92,00 €

Netto-Summe : 172,50 €

vereinbartes Zahlungsziel: zuzüglich 19 % MwSt : 32,78 €

Bitte überweisen Sie den gesamten Rechnungsbetrag bis zum 19.09.2012

Rechnungsbetrag : 205,28 €

Bild 2: Bericht zum Erstellen von Rechnungen (Ausschnitt)

7.7 Bildverarbeitung

Mit Hilfe der Bildverarbeitung können Bilder eines Gegenstandes erfasst und mit dem zugehörenden Computer verarbeitet werden. Die Bildverarbeitung ermöglicht z. B. das automatische Erkennen von Werkstückfehlern. Da die *Bildinformation* im Computer *digital* vorliegt, können durch Anwenden von Rechenoperationen die Bilder verändert und Fehler besonders deutlich herausgestellt und erkannt werden.

Bei der *Binärbildverarbeitung* wird das aufgenommene Bild in Schwarz/Weiß-Punkte zerlegt. Man erhält ein Bild entsprechend einem Scherenschnitt. Bei der *Grauwertbildverarbeitung* werden Bilder mit ihren Grauwertschattierungen und bei der *Farbbildverarbeitung* mit ihren Farben verarbeitet. Ziel der Bildverarbeitung ist es, durch mathematische Operationen bestimmte Merkmale eines Bildes bzw. einer Szene hervorzuheben oder die Bildinformation auf wenige Daten zu reduzieren **(Bild 1)**.

7.7.1 Grauwertbildverarbeitung

Über eine Videokamera[1] wird fortlaufend, z. B. im Takt von 40 ms, ein Bild nach dem anderen aufgenommen (Bild 1). Ein solches Videobild zerlegt man durch *Quantisierung* in z. B. 512 · 512 = 262 144 *Bildpunkte* (Pixel[2]) und durch *Digitalisierung* in 256 *Grauwertstufen*. Der zugehörende Analog-Digital-Umsetzer (AD-Umsetzer) setzt z. B. in 40 ms oder 25 Mal je Sekunde für 512 · 512 = 262144 Bildpunkte das Videosignal in ein 8-Bit-Digitalsignal um. Man erhält ein 8-Bit-Grauwertbild **(Bild 2)**.

Das so digitalisierte Videosignal kann in einer ersten Bildverarbeitungsoperation über Look-up-Tables (Bewertungstabellen) in der Weise verändert werden, dass bestimmte Helligkeitsstufen unterdrückt, andere besonders hervorgehoben oder z. B. auf 8 oder 4 unterschiedliche Werte begrenzt werden. Man kann auch ab einer bestimmten Helligkeit dem Bildpunkt die Farbe Weiß und unterhalb dieser Helligkeit die Farbe Schwarz zuordnen, also ein Binärbild erzeugen **(Bild 3)**.

> Durch mathematische Operationen können Bilder verändert werden und dabei Bildmerkmale hervorgehoben und bewertet werden.

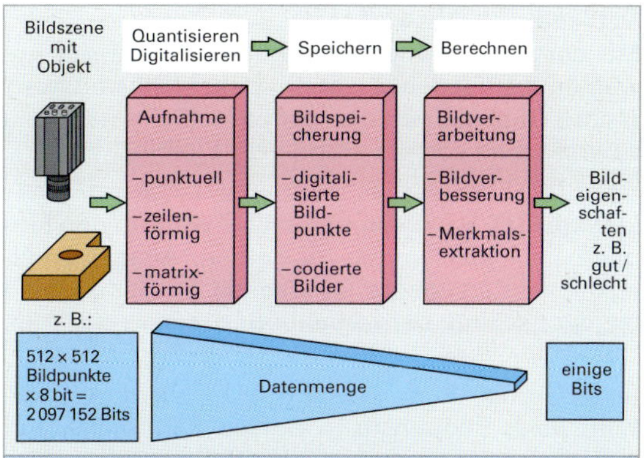

Bild 1: Prinzip der Bildverarbeitung

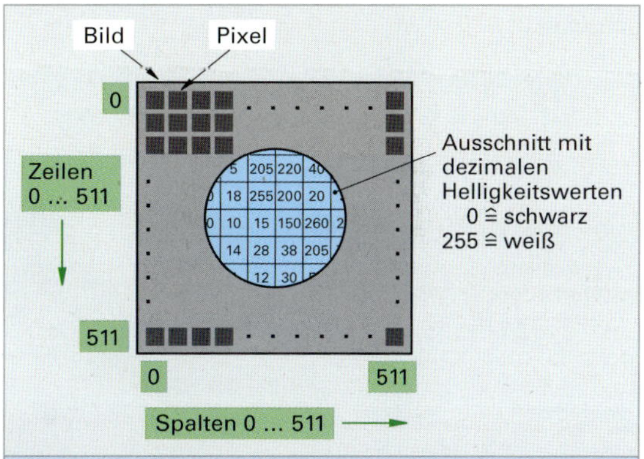

Bild 2: Digitale Bilddarstellung

Bild 3: Bild mit 4 Farben und Bilder mit verschiedenen Graustufen

[1] von lat. videre = sehen

[2] Pixel = Kunstwort für engl. picture element = Bildelement

Die Look-Up-Tabelle (LUT)

Mit der LUT[1] ordnet man, entsprechend der gewählten LUT jedem Pixel mit dem Helligkeitswert H_Q des **Quellbildes** einen neuen Helligkeitswert H_Z zu und erhält so ein verändertes **Zielbild**.

Lineare LUT. Bei der linearen LUT werden den Eingangshelligkeitswerten dieselben Ausgangshelligkeitswerte zugeordnet **(Tabelle 1)**. Das Zielbild ist identisch mit dem Quellbild.

Invertierung. Eine fallende LUT-Funktion überführt helle Bildpunkte in dunkle Bildpunkte und umgekehrt. Aus einem Negativbild wird ein Positivbild und umgekehrt. Bei Binärbildern werden die schwarzen Pixel weiß und die weißen Pixel schwarz.

Kontrastspreizung. Soll ein relativ helles Bild mit geringem Kontrast, z. B. alle Helligkeitswerte befinden sich zwischen 160 und 255, kontrastreicher dargestellt werden, dann programmiert man eine lineare LUT, aber erst beginnend beim Eingangshelligkeitswert 160. Das Zielbild zeigt nun deutliche Kontraste. Die ansteigende Flanke der LUT-Funktion legt man in den interessierenden Helligkeitsbereich.

Binarisierung (Threshold). Hier hat die LUT-Funktion an der Binarisierungsschwelle (threshold = Schwelle) einen Sprung. Helligkeitswerte unterhalb dieser Schwelle werden auf 0 gesetzt und erscheinen schwarz, Helligkeitswerte oberhalb dieser Schwelle werden auf 255 gesetzt und erscheinen weiß. Aus dem Grauwertbild wird ein Binärbild.

Tabelle 1: Bildverarbeitung mit Look-Up-Tabelle

LUT-Funktion	Quellbild	Zielbild
Helligkeitswerte des Zielbildes H_Z Lineare LUT 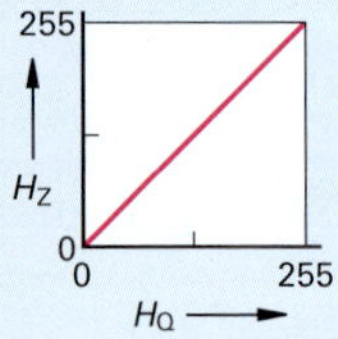		
Invertierung von 0 ... 255 auf 255 ... 0 Invertierung 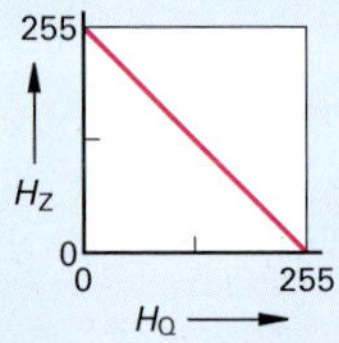	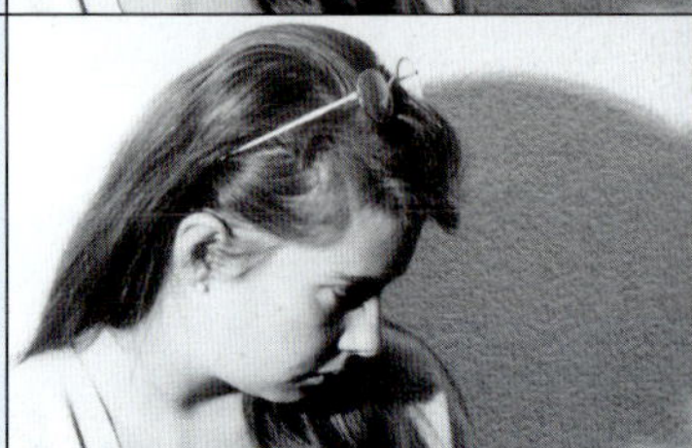	
Spreizung von 100 ... 200 auf 0 ... 255 Kontrastspreizung 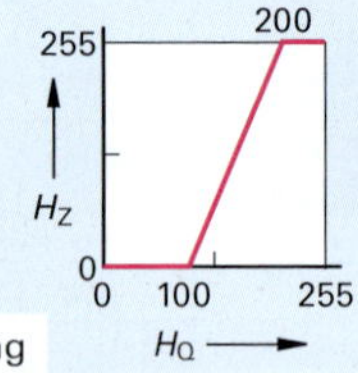	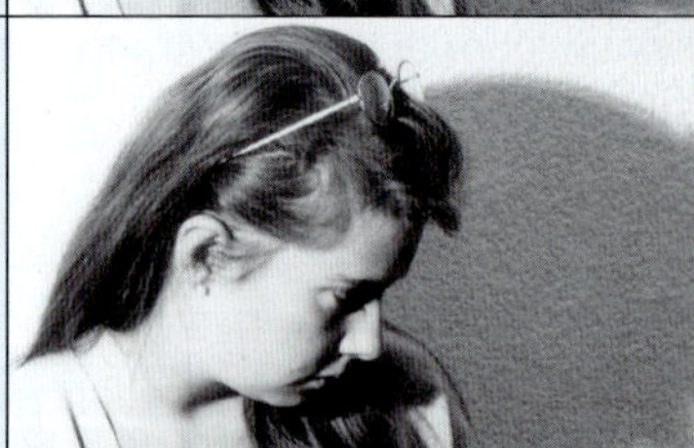	
Binärschwelle ist H_{QB} $H_Q < H_{QB} \Rightarrow 0$ $H_Q > H_{QB} \Rightarrow 255$ Binarisierung 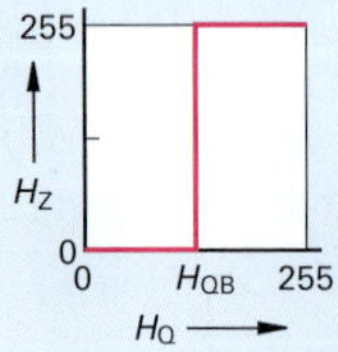		

[1] LUT von engl. Look Up Table = Nachsschautabelle, to look up = nachschauen

Bei den lokalen Filtern berechnet man die neuen Helligkeitswerte des Zielbildpixels in Abhängigkeit von der lokalen Umgebung des Quellbildpixels **(Bild 1)**. Jedes Pixel e im Quellbild hat, abgesehen von den am Rand liegenden Pixeln, *8 Nachbarpixel* a, b, c, d, f, g, h, i mit den Helligkeitswerten H_{Qa}, H_{Qb}, H_{Qc}, H_{Qd}, H_{Qf}, H_{Qg}, H_{Qh}, H_{Qi}. Der Helligkeitswert H_{Qe} gehört zum Quellbildpixel e. Der Helligkeitswert eines jeden Zielbildpixels H_{Ze} wird nun berechnet als Funktion der Helligkeitswerte H_{Qa} ... H_{Qi}. Die Filteroperationen können mehrfach angewendet werden. Hierzu wird das Zielbild erneut als Quellbild definiert.

Lokale Filter berechnen die Helligkeit eines jeden Bildpunktes neu und zwar in Abhängigkeit von den Helligkeitswerten der Bildpunkte aus der ursprünglichen Umgebung.

Tiefpassfilter

Beim Tiefpassfilter errechnet man H_{Ze} als Mittelwert von H_{Qa} bis H_{Qi} und dividiert durch 9 bzw. $2^3 = 8$. Die Division mit $2^3 = 8$ ist bei Integerzahlen eine Stellenverschiebung um 3 Binärstellen und somit weniger rechenintensiv. Das Zielbild wird dadurch geringfügig heller als das Quellbild. Zur vereinfachten Darstellung der Filterfunktion wird eine „lokale Maske" mit den Multiplikatoren für H_a ... H_i aufgestellt **(Tabelle 1)**.

Wirkung: Durch die Tiefpassfilterung wird das Bild „weicher". Scharfe Kanten werden verschwommen. Helle oder dunkle Bildstörungen als Einzelpixel verschwinden. Sie werden der Umgebungshelligkeit angepasst (Tabelle 1).

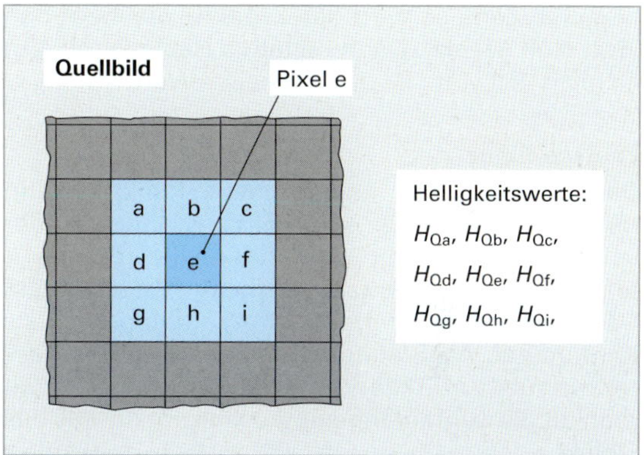

Bild 1: Die lokale Umgebung des Quellbildpixels

Tabelle 1: Tiefpassfilter

Filter-Funktion/Maske	Quellbild	Zielbild
Tiefpass a b c d e f g h i Maske 1 1 1 1 1 1 1 1 1	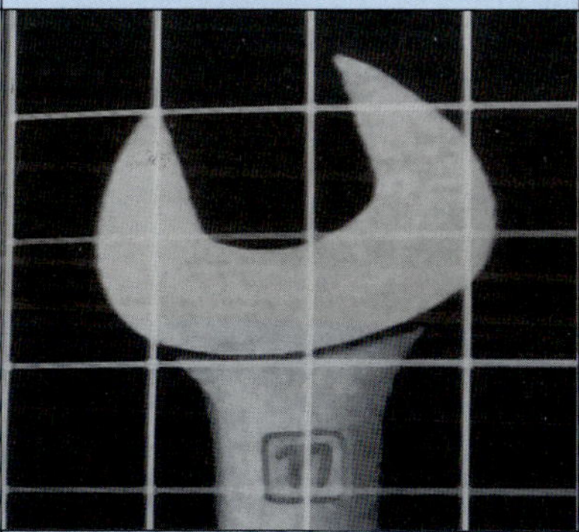	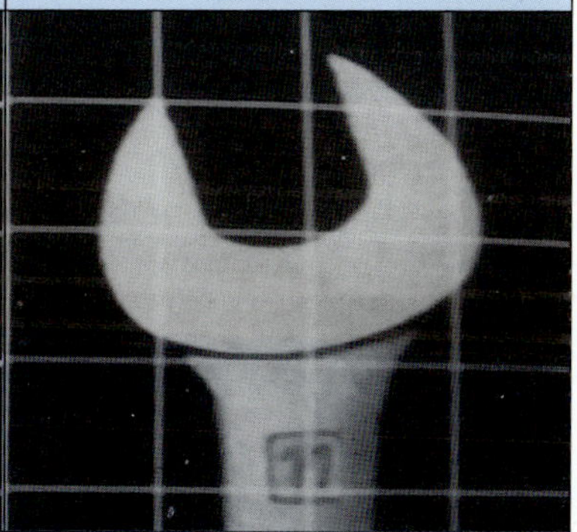
Rechenbeispiel für ▇ : $H_{Ze} = (8 + 0 + 16 + 8 + 8 + 16 + 8 + 8 + 32) : 8 = 13$ Das Tiefpassfilter vermindert lokale Helligkeitsschwankungen	Ausschnitt im Quellbild 8 8 8 16 16 16 8 8 0 16 16 16 8 8 8 16 16 16 8 8 8 32 16 16 8 8 8 16 16 16	Ausschnitt im Zielbild * * * * * * * 8 11 14 18 * * 8 13 16 20 * * 9 14 17 20 * * * * * * *

Hochpassfilter

Bei den Hochpassfiltern errechnet man H_{Ze} aus Differenzhelligkeitswerten der lokalen Umgebung von H_{Qe}. Ist die lokale Umgebung von H_{Qe} gleichermaßen hell, so wird $H_{Ze} = 0$. Der neue Pixelwert wird also schwarz.

Wirkung: Durch ein Hochpassfilter werden Helligketisveränderungen im Quellbild sehr stark hervorgehoben, während gleichermaßen helle Bereiche schwarz werden **(Tabelle 1, folgende Seite)**. Ergibt die Berechnung der Helligkeitswerte eine negative Zahl, so wird das Ergebnispixel auf den Wert Null gesetzt. Denn negative Helligkeiten gibt es nicht. Schwarz ist der dunkelste Wert.

Laplace-Filter

Das Laplace-Filter[1] erzeugt helle Punkte, wenn Helligkeitsdifferenzen von links nach rechts oder von oben nach unten vorhanden sind (Tabelle 1, folgende Seite). Man kann damit Kanten erkennen. Das Laplace-Filter bezeichnet man daher auch als Kantenfilter. An Stelle der Speicherung des Kantenverlaufs zur Erkennung von Objekten ermittelt man oft die Kantenlänge und bestimmt daraus das Objekt.

Sobel-Filter

Das Sobel-Filter[2] ist auch ein Kantenfilter. Im Unterschied zum Laplace-Filter erzeugt das Sobel-Filter eine sehr kräftige Umrisslinie der im Bild vorhandenen Objekte. Zur Objekterkennung wird meist eine Sobel-Filterung durchgeführt. Durch Analyse der Randlinie, z. B. über die Ermittlung von Art und Zahl der Ecken sowie von Schnittpunkten der Randlinie mit Kreisen und Linien werden die Objekte identifiziert **(Bild 1)**.

> Mit dem Sobel-Filter erhält man weiße Objektkanten.

Rangordnungsfilter

Bei den Rangordnungsfiltern ordnet man die Bildpunkte a ... i entsprechend ihrer Helligkeit **(Tabelle 1)**. Beim **Erosionsfilter**[3] erhält H_{Ze} den minimalen Wert aus H_{Qa} ... H_{Qi}. Beim **Dilatationsfilter**[4] erhält H_{Ze} den maximalen Wert aus H_{Qa} ... H_{Qi} und beim **Medianfilter**[5] wird H_{Ze} der fünftgrößte Wert von H_{Qa} ... H_{Qi} zugewiesen. Bei Binärbildern bewirkt die Erosion eine Verkleinerung der hellen Objekte. Kleine helle Störungen fallen ganz weg. Die Dilatation vergrößert alle hellen Objekte.

Kleine dunkle Störungen fallen ganz weg. Das Medianfilter wirkt ähnlich wie ein Tiefpassfilter, sowohl einzelne helle Bildpunkte als auch einzelne dunkle Bildpunkte verschwinden.

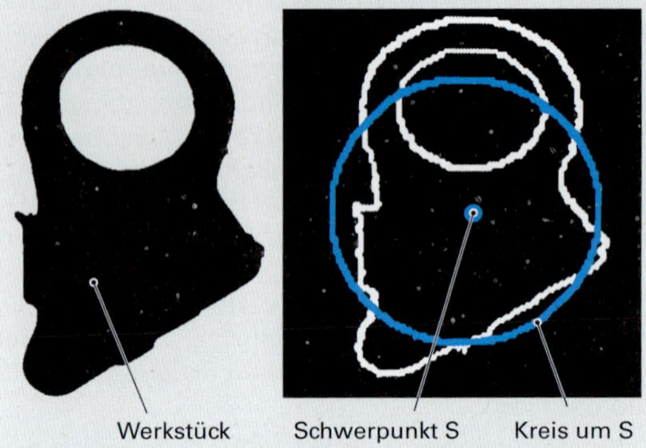

Bild 1: Objekterkennung durch Sobel-Filterung und Schnitt mit Kreis um Flächenschwerpunkt

Tabelle 1: Rangordnungsfilter

Man ordnet die Helligkeitswerte H_{Qa} ... H_{Qi} nach ihrer Größe

a	b	c
d	e	f
g	h	i

Erosion: $H_{Ze} = \min(H_{Qa} \ldots H_{Qi})$ (kleinster Wert)

Meridan: H_{Ze} = fünftgrößter Wert aus (H_{Qa} ... H_{Qi}) (mittlerer Wert)

Dilatation: $H_{Ze} = \max(H_{Qa} \ldots H_{Qi})$ (größter Wert)

Quellbild	Zielbild

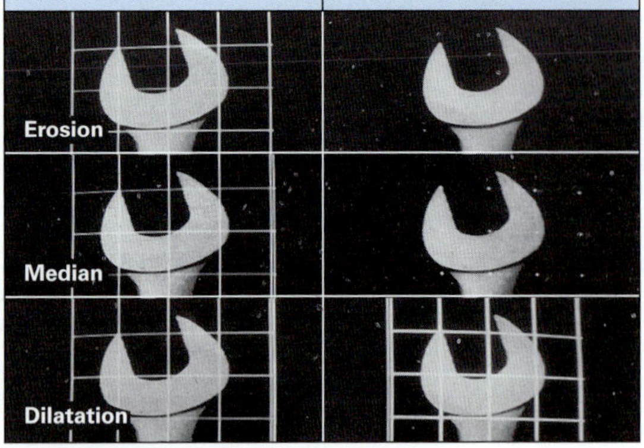

> Durch Erosion entfernt man kleine Störungen und durch Dilatation kleine dunkle Störungen.

[1] *Pierre Simon, Marquis de Laplace* (1749 bis 1829), franz Mathematiker und Physiker

[2] *Sobel*, Erfinder

[3] lat. erodere = wegnagen

[4] lat. dilatare = ausbreiten

[5] lat. medialis = in der Mitte

Tabelle 1: Rangordnungsfilter

Filterfunktion/Maske	Quellbild	Zielbild
Hochpass	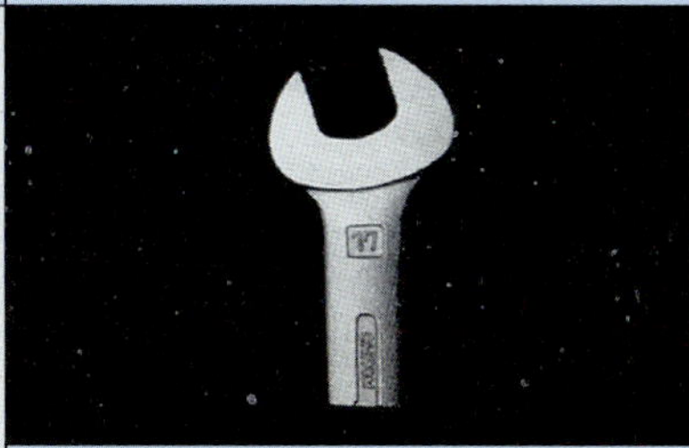	
Laplace-Filter	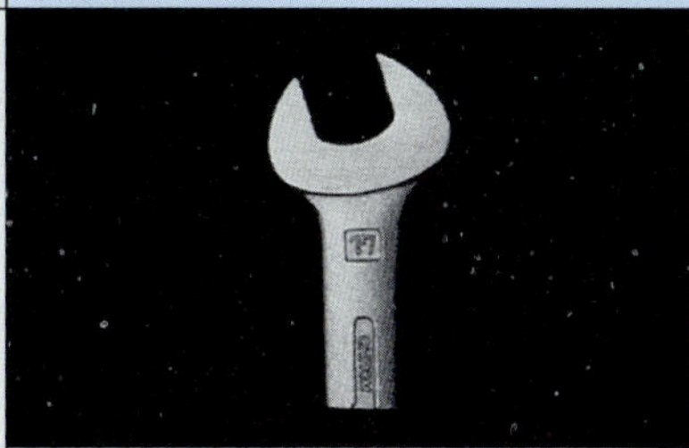	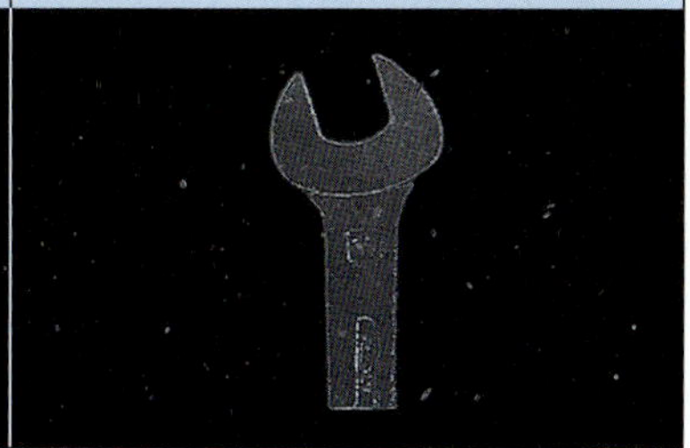
Sobel-Filter	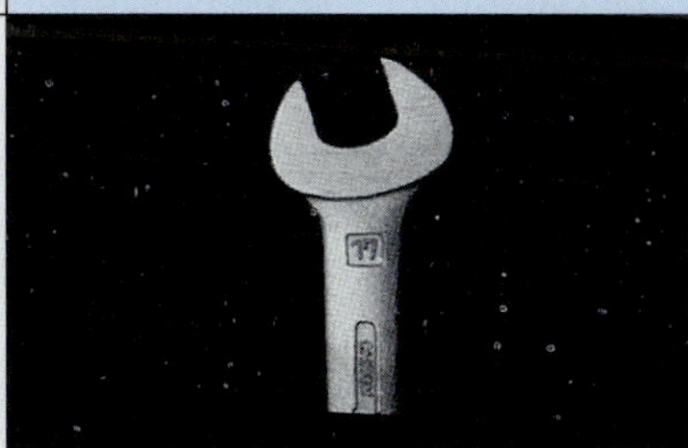	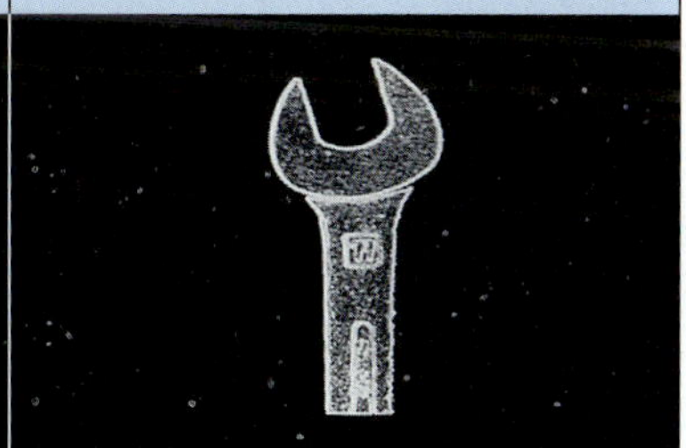

Hochpass

lokale Maske

a	b	c
d	e	f
g	h	i

−1	−1	−1
−1	+8	−1
−1	−1	−1

$H_{Ze} = -1 \cdot H_{Qa} - 1 \cdot H_{Qb} - 1 \cdot H_{Qc}$
$-1 \cdot H_{Qd} + 1 \cdot H_{Qe} - 1 \cdot H_{Qf}$
$-1 \cdot H_{Qg} + 1 \cdot H_{Qh} - 1 \cdot H_{Qi}$

Rechenbeispiel für ■:

$H_{Ze} = (-8) + (-8) + (-16) +$
$(-8) + (8 \cdot 8) + (-16) +$
$(-8) + (-8) + (-16)$
$-24\ 0$

Bemerkung:
H_{Ze}-Werte kleiner null werden auf null gesetzt

Ausschnitt im Quellbild

8	8	8	16	16	16
8	8	**8**	16	16	16
8	8	8	16	16	16
8	8	8	16	16	16
8	8	8	16	16	16

Ausschnitt im Zielbild

*	*	*	*	*	*
*	0	0	24	0	*
*	0	0	24	0	*
*	0	0	24	0	*
*	*	*	*	*	*

Laplace-Filter

a	b	c
d	e	f
g	h	i

*	1	*
1	−4	1
*	1	*

$H_{Ze} = +1 \cdot H_{Qd} - 4 \cdot H_{Qe} + 1 \cdot H_{Qf}$
$+1 \cdot H_{Qb} \quad +1 \cdot H_{Qh}$

Rechenbeispiel für ■:

$H_{Ze} = +8 - 4 \cdot 8 + 16$
$+8 \quad + 8$
$= 8$

Ausschnitt im Quellbild

8	8	8	8	8	8
8	8	8	8	8	8
8	8	**8**	16	16	16
8	8	8	16	16	16
8	8	8	16	16	16

Ausschnitt im Zielbild

*	*	*	*	*	*
*	0	0	8	8	*
*	0	8	0	0	*
*	0	8	0	0	*
*	*	*	*	*	*

Sobel-Filter

$H_{Ze} = |(1 \cdot H_{Qa} + 2 \cdot H_{Qb} + 1 \cdot H_{Qc}) -$
$(1 \cdot H_{Qg} + 2 \cdot H_{Qh} + 1 \cdot H_{Qi})| +$
$|(1 \cdot H_{Qa} + 2 \cdot H_{Qd} + 1 \cdot H_{Qg}) -$
$(1 \cdot H_{Qc} + 2 \cdot H_{Qf} + 1 \cdot H_{Qi})|$

Rechenbeispiel für ■:

$H_{Ze} = |(8 + 16 + 8) -$
$(8 + 16 + 8)| +$
$|(8 + 16 + 8) -$
$(8 + 16 + 16)| +$
$= 16$

Ausschnitt im Quellbild

8	8	8	8	8	8
8	8	**8**	8	8	8
8	8	8	16	16	16
8	8	8	16	16	16
8	8	8	16	16	16

Ausschnitt im Zielbild

*	*	*	*	*	*
*	0	16	32	32	*
*	0	32	48	32	*
*	0	32	32	0	*
*	*	*	*	*	*

Etikettieren

Zur Ermittlung der *Anzahl der Objekte* in einem Bild und zur weiteren Untersuchung der Objekte, z. B. nach Flächeninhalt (Anzahl schwarzer bzw. weißer Pixel), ordnet man den einzelnen Objekten „Etiketten“ zu, z. B. Zahlen oder Farben. Man durchsucht das Bild Zeile für Zeile von oben links nach unten rechts und kennzeichnet den ersten weißen Bildpunkt **(Bild 1)** mit einer 1, den folgenden weißen Bildpunkt auch mit 1, sofern der linke oder obere Nachbarbildpunkt auch das Etikett 1 hat sonst mit 2 usw. Wächst ein Objekt, das zunächst als getrennt ermittelt wurde, im Bild weiter unten, zusammen, so wird auf die kleinere Nummer umnummeriert (Bild 1).

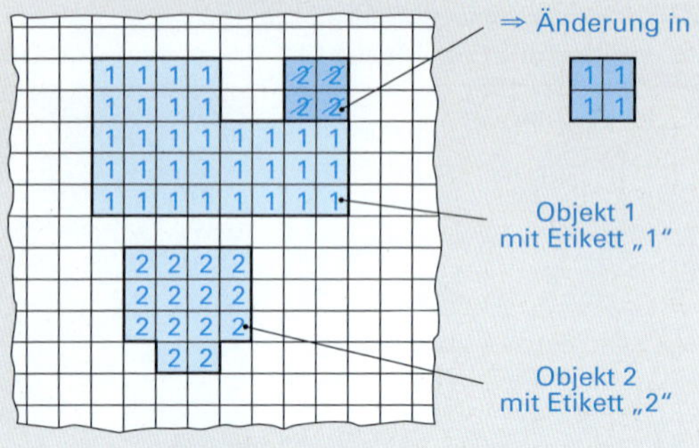

Bild 1: Etikettierung

7.7.2 Binärbildverarbeitung

Da die Bildverarbeitung sehr rechenintensiv ist, versucht man mit möglichst wenig Daten Bildszenen zu beschreiben. Die geringste Datenmenge haben Binärbilder. Die Bildpunkte sind bei Binärbildern entweder schwarz oder weiß und können somit durch ein Bit je Bildpunkt beschrieben werden. Zur weiteren Datenreduktion, aber auch zur Objekterkennung, werden insbesondere binärisierte Bilder nicht Punkt für Punkt, sondern in Bezug auf ihre Nachbarschaft beschrieben. Bei der *Lauflängencodierung* speichert man den Anfangspunkt eines Objektes und die sich anschließende Lauflänge **(Bild 2, oben)**. Bei der Codierung mit *Richtungsketten* beschreibt man den Objektrand durch die Richtung des jeweils nächsten Nachbarn, entsprechend der 8 möglichen Richtungen **(Bild 2, unten)**.

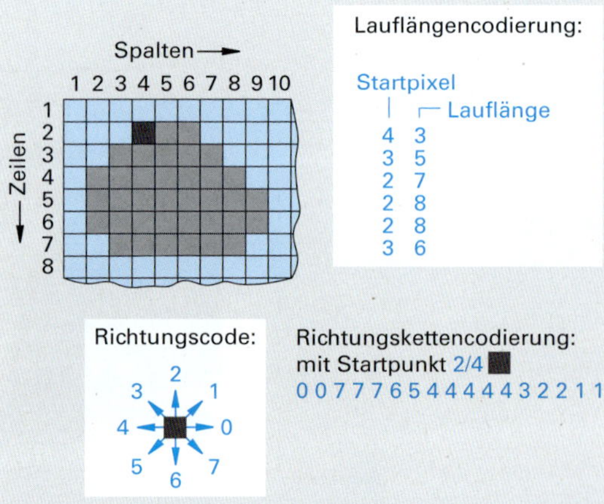

Bild 2: Lauflängencodierung und Richtungskettencodierung

Durch Subtraktion mit einem Referenzbild kann man z. B. Gussgrate erfassen. Von dem Binärbild des Werkstücks mit Gussgrat wird das Binärbild eines Werkstücks ohne Gussgrat subtrahiert. So erhält man ein Binärbild, welches nur den Gussgrat zeigt **(Bild 3)**.

In einer weiteren Rechenoperation kann die verbliebene weiße Fläche einfach durch Zählen der hellen Bildpunkte bestimmt werden.

> Mit der Bildsubtraktion stellt man die Unterschiede zu einem Referenzbild dar.

Zur Ermittlung von *Umrisslinien* setzt man bei jedem Hell-Dunkel-Übergang einen hellen Punkt. Die Länge der Umrisslinien wird dann durch Zählen der hellen Punkte bestimmt. Zur *Mustererkennung* verwendet man oft Fläche und Umrisslänge eines Werkstückbildes.

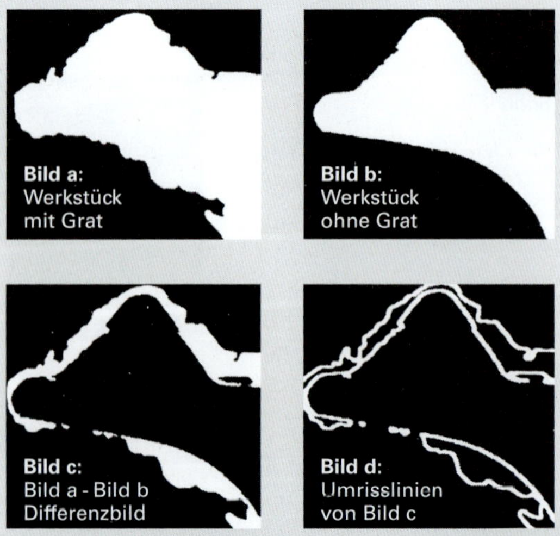

Bild 3: Bildsubtraktion und Erzeugen von Umrisslinien

7.7.3 Farbbildverarbeitung und Farbbildcodierung

Farbdarstellung

Das menschliche Auge empfindet elektromagnetische Strahlung mit der Wellenlänge zwischen 390 nm und 700 nm als *Licht* und zwar von Violettblau über Grün, Gelb, Orange bis Dunkelrot. Ein beleuchteter Körper reflektiert seine Körperfarbe. Ein *grüner* Körper *reflektiert grünes Licht* mit der Wellenlänge von 546 nm. Ein weißer Körper reflektiert das Licht aller Farben, ein schwarzer Körper absorbiert das Licht.

Durch *additive Mischung* von drei Lichtwellenlängen, z. B. rotem Licht, grünem Licht und blauem Licht, lassen sich je nach Leuchtdichte dieser drei Lichtquellen alle Lichtfarben darstellen[1]. So ergibt: Rot + Grün = Gelb **(Bild 1)**.

Durch Absorbieren von Licht lassen sich ebenfalls alle Lichtfarben darstellen *(subtraktive Lichtmischung)*. Dies geschieht beim Betrachten farbiger Körper (Körperfarben). Bei einem roten Körper werden alle Lichtfarben außer Rot absorbiert **(Bild 2)**.

Das Auge empfindet drei Farbeigenschaften:
- **Farbton**, abhängig von der dominierenden Lichtwellenlänge,
- **Leuchtdichte**, abhängig von der Lichtenergie (Helligkeit),
- **Farbsättigung**, abhängig von der Farbreinheit. (Bei 100 % ist nur eine Lichtwellenlänge vorhanden.)

Bei *Bildschirmen* werden mit roten, grünen und blauen Lichtpunkten die Farben *additiv* gemischt. Bei *Farbdruckern* und im *Offsetdruck* erfolgt mit **C**yan, **M**agenta, Gelb (**Y**ellow) und Schwarz (**K**ey[2]) eine *subtraktive* Farbmischung durch Lichtabsorption (CMYK-Druck). In beiden Fällen sind die Farbanteile numerisch zu speichern, zu übertragen und je nach Ausgabemedium nämlich für den Bildschirm oder für den Drucker umzurechnen (zu konvertieren).

Farben erzeugt man durch additive Farbmischung mit Licht oder durch subtraktive Farbmischung mit Lichtabsorption.

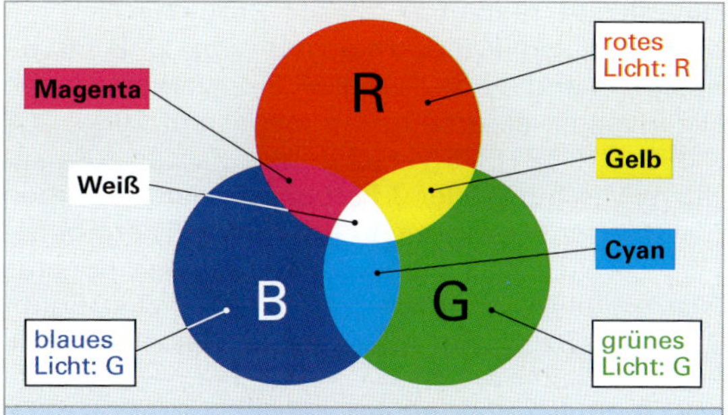

Bild 1: Additive Farbmischung

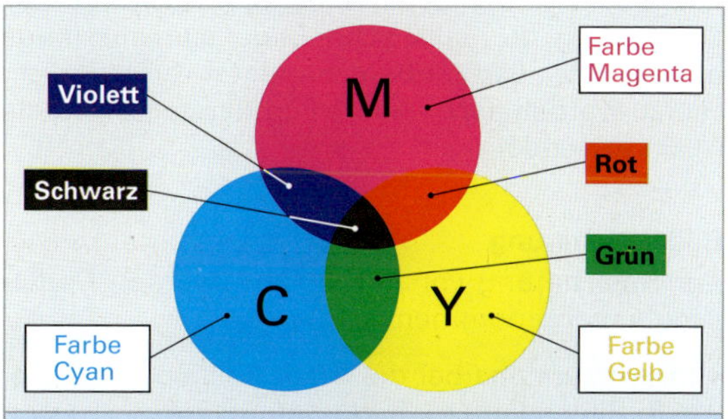

Bild 2: Subtraktive Farbmischung

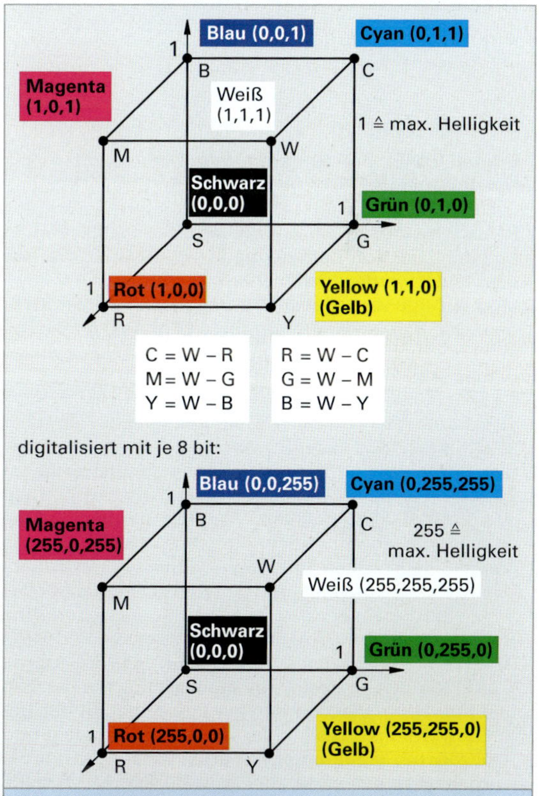

Bild 3: RGB-/CMYK-Farbwürfel

---

[1] Durch die ICL (International Commission of Lightning) wurden folgende Bezugsfarben (RGB) festgelegt: R (RED = Rot): 700 nm Wellenlänge, G (GREEN = Grün): 546,1 nm Wellenlänge, B (BLUE = Blau): 435,8 nm Wellenlänge.

[2] von engl. key plate = Schlüsselplatte. An der schwarzdruckenden Platte werden beim Vierfarbdruck die anderen Druckplatten ausgerichtet.

Digitalisiert man jede dieser Bezugsfarben mit einer Helligkeit (Leuchtdichte) von z. B. 8 bit entsprechend von $2^8 - 1 = 255$ verschiedenen Helligkeiten, so erhält man insgesamt 255 × 255 × 255 = 16 581 375 verschiedene Farben. Die additive Mischung aller 3 Farben mit der jeweiligen (normierten) Helligkeit 1 (100 % ≙ 255) ergibt die Farbe *Weiß* **(Bild 3, vorhergehende Seite)**. *Rot* plus *Blau* ergibt *Magenta* (R + B = M). *Grün* + *Blau* ergibt *Cyan* (G + B = C), *Rot* + *Grün* ergibt *Gelb* (R + G = Y).

Die *Farbbildverarbeitung* erfolgt meist *separat* jeweils für die drei Farben Rot, Grün, Blau ganz entsprechend der Grauwertbildverarbeitung. Zur Darstellung fotorealistischer Bilder sind allerdings aufwändige Farbtonberechnungen erforderlich. Hierzu werden auch andere Farbdarstellungen als RGB verwendet.

Bildspeicherung

Zur Speicherung von Farbbildern werden Codierungen vorgenommen für die

- Informationen über die *Art* der Bildspeicherung, z. B. Bildcodierung, Bilddatenmenge,
- Informationen über das *Bild* selbst, z. B. Bildgröße, Zahl der Bildpunkte und die
- eigentlichen *Bilddaten.*

Header

Bedeutung
Definition für Byte-Anordnung
Versions-Nr.
Pointer für 1. Directory

Parameter-Directory

Parameter-Code
Datentyp
Länge
Wert oder Pointer

Parameter-Vereinbarung

z. B.: Binärdaten ⇒ 1 Byte
z. B.: ASCII-Zeichen ⇒ 1 Byte
z. B.: Integer 16 Bits ⇒ 2 Bytes
z. B.: Integer 32 Bits ⇒ 4 Bytes
z. B.: Gleitpunktzahl 64 Bits ⇒ 8 Bytes

Liste der Tags (Auswahl)

Tag Nr.	Bedeutung
256	Bildbreite in Pixel
257	Bildhöhe in Pixel
258	Zahl der Bits/Pixel
259	Kompressionsverfahren
262	Farbcodierung
263	Bildaufbau
264	Breite des Bildfeldes
⋮	
315	Bildautor
316	Computer-Typ
317	Vorhersage
318	Weißpunkt
319	Haupt-Farbsättigung
320	Farbtafel
⋮	

Bild 1: Struktur der TIFF-Datei und Bedeutung der Tags

Darstellungsformate

Bitmap (BMP). Bei der *Farbbitmap-Darstellung* (map = Karte) wird jeder Bildpunkt mit 8, 16 oder 24 Bits dargestellt. Bei einer 8-bit-Darstellung können $2^8 = 256$ Farben, bei der 16-bit-Darstellung $2^{16} = 65\,536$ Farben und bei der 24-bit-Darstellung $2^{24} = 16\,777\,216$ Farben dargestellt werden. Das menschliche Auge ist befähigt, etwa 400 000 verschiedene Farbnuancen zu unterscheiden. Der *Bitmap-Header* umfasst 54 Bytes, gegliedert in 15 Abschnitte. Die Farben werden mit *RGB-Signalen* dargestellt.

TIFF-Datei. Die TIFF-Datei (Tag Image File Format = etikettiertes Bild-Datei-Format) ist universeller als die Bitmap-Datei. Sie hat einen umfangreicheren Datenvorspann; in ihm ist die Art der vielen Speichermöglichkeiten definiert. Zur Speicherung werden die Bilder in einzelne Felder aufgeteilt und diese sowie deren Eigenschaften mit „Tags" (Etiketten) versehen. Die TIFF-Datei beginnt mit einem kurzen Header, es folgt eine Parameter-Directory für die *Tags* und eine Datenvereinbarung. Anschließend folgen die Bilddaten **(Bild 1)**. Diese Bilddaten können auf unterschiedliche Weise komprimiert sein. Für die Leuchtdichte der Farben Rot, Grün, Blau werden zur Interpretation der Daten Bewertungskurven in der TIFF-Datei festgelegt und übertragen. Dies ermöglicht Farbanpassungen an die Ausgabegeräte, sodass eine korrekte Farbwiedergabe möglich wird.

GIF. GIF (Graphics Interchange Format) ist ähnlich der Bitmap-Datei. Die Datei beginnt mit den ASCII-Zeichen GIF und drei weiteren Zeichen für eine Versionsnummer. Es folgt eine Definition für den Bildschirm (Screen Descriptor) und die Farbskala der das Bild erzeugenden Hardware. Die Grafik selbst wird als Folge von komprimierten Pixeldaten mit RGB-Farbwerten angegeben. Jede der drei Farben wird mit einem Byte dargestellt. In einer GIF-Datei können mehrere Bilder abgelegt werden. Die Bildposition und Bildgröße wird festgelegt.

JPEG. Das JPEG-Verfahren (von Joint Photographic Expert Group = Vereinte Fotografie-Experten Gruppe) ist ein Verfahren um Bilder, insbesondere Fotografien, zu komprimieren. Die Bilder werden in Frequenzspektren zerlegt und zwar mithilfe des *DCT-Verfahrens* (DCT von Digitaler Cosinus-Transformation).

PNG. PNG ist ein Rastergrafikformat mit verlustfreier Kompression (PNG von Portable Network Graphics = portable Netzwerkgrafik). PNG arbeitet ähnlich wie GIF mit 256 Farbwertangaben. Es gibt auch Informationen zur Transparenz. Der zusätzliche Alphakanal liefert für jedes Pixel Transparenzwerte, nämlich wie viel vom Hintergrund durchscheinen soll und zwar mit bis zu 16 bit = 65 536 Abstufungen. Das ermöglicht z. B. eine Bildbearbeitung ohne Hintergrundeinfluss.

7.8 Virtuelle Umgebung

7.7.1 Allgemeines

Prozesse, Anlagen, ja ganze Fabriken werden digital dargestellt. Meist erfolgt die Digitalisierung durch eine CAD-Konstruktion **(Bild 1)**. Die Objekte sind also künstlicher Art. Man kann auch durch 3D-Scannen von natürlichen Objekten ein virtuelles Modell herstellen. Die Betrachtung erfolgt am Bildschirm oder an einer Leinwand mit Beamer.

Ein übliches Verfahren ist die Betrachtung von zwei auf eine Leinwand projizierten Bildern mit einer Polarisationsbrille. Dabei benützt man bei den zwei Projektoren und den zwei Brillengläsern jeweils zwei unterschiedliche Polarisationsfilter. So sieht man mit dem einen Auge das eine Bild und mit dem anderen Auge das andere Bild (Bild 1).

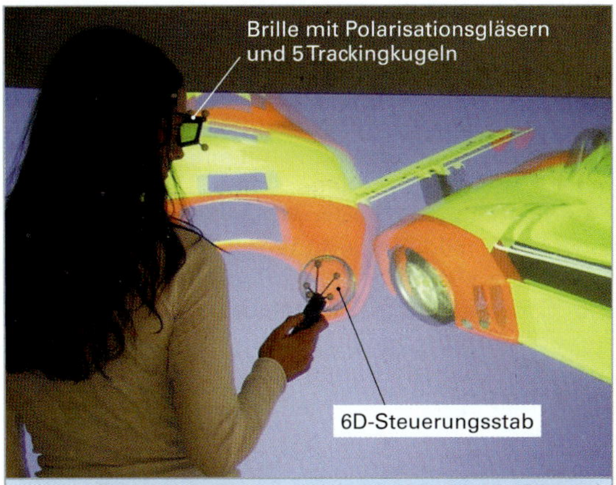

Bild 1: Stereoskopisches Sehen, Objekte erscheinen ohne Brille doppelt

Virtual Reality mit VR-Brille. In der VR-Brille **(Bild 2)** befinden sich zwei Projektoren für die 3D-Grafiken, perspektivisch passend für das rechte und linke Auge.

Die VR-Brille hat zusätzlich noch Sensoren zur Bewegungserfassung des Nutzers. So werden lineare und rotatorische Beschleunigungen mit Gyrometer erfasst und die Blickrichtung mit Magnetometer oder externer Kamera ermittelt. Damit können die beiden Bildprojektionen passend zur Blickrichtung des Betrachters in schneller Folge, z. B. mit 120 Bilder/s berechnet und angezeigt werden. Der Blickwinkel mit über 180 Grad entspricht dem des menschlichen Auges und so nimmt man die virtuelle Umgebung beinahe wie die echte Welt wahr. Eine hohe Bildauflösung ist erforderlich, möglichst 1200×1800 Pixel pro Auge.

Brille aufgeklappt

Bild 2: VR-Brille für räumliches Sehen

Die großflächige 3D-Projektion ermöglicht für Personen nicht nur ein Betrachten der räumlich dargestellten Objekte, sondern auch ein „Eintauchen“ (Immersion[1]) in die virtuell dargestellte Welt. Man spricht von virtuellen Umgebungen (Virtual Environments, VE). Vor der Projektionswand kann man sich, nämlich in einer Tiefe, die in etwa der Wandhöhe entspricht, hineinstellen mit dem Gefühl mit zur virtuellen Welt zu gehören.

Fügt man einer Projektionswand im Halbrund oder rundum weiter Projektionswände hinzu, so entsteht eine so genannte Cave[2], z. B. eine Drei-Wand-Cave **(Bild 3)**. Mit vier Wänden, plus Decke, plus Fußboden kann man sogar eine rundum geschlossene Cave realisieren. Hier ist der Eindruck der Virtualisierung total. Steigt man auf einen virtuellen Turm und blickt man in die Tiefe, so wird einem schwindelig.

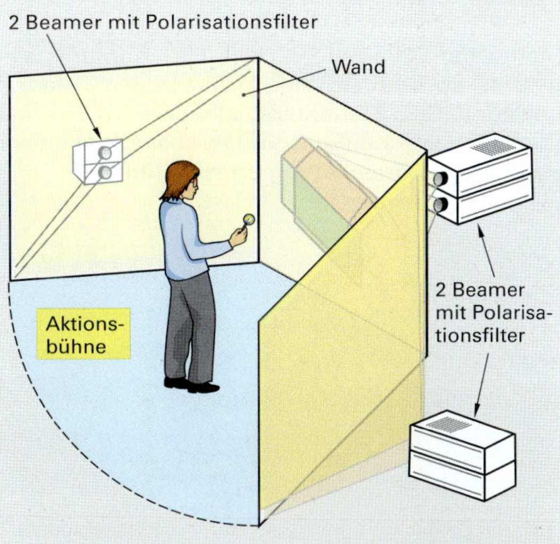

Bild 3: Drei-Wand-Cave

[1] lat. immersio = Eintauchen
[2] engl. cave = Höhle

7.8.2 Szenensteuerung

Zur Szenensteuerung werden günstiger Weise kabellose Steuerungstechniken verwendet. Üblich sind Funksteuergeräte und optische Steuergeräte. Analog zur Computermaus mit einer Bewegung in einer Ebene für 2-dimensionale Signale, müssen hier mit einem räumlich operierenden Steuergerät 6-dimensionale Steuerfunktionen realisiert sein, nämlich für drei Ortsdimensionen (X, Y, Z), um z. B. Objekte räumlich verschieben zu können, und für drei Richtungsdimensionen (A, B, C), damit man z. B. Objekte drehen, schwenken und neigen kann **(Bild 1)**.

Bei den berührungslos optischen Steuergeräten werden die Positionen von fünf kleinen Kugeln **(Bild 2)**, welche im Infrarot-Blitzlicht hell leuchten durch Triangulation **(Bild 3)** erfasst. Durch die Abbildung der gegen den Hintergrund hell reflektierenden Kugel in den beiden CCD-Kameras lassen sich die Winkel Alpha, Beta, Gamma eines Vermessungsdreiecks bestimmen. Der Basisabstand l der Kameras ist bekannt und so ist das Dreieck A1, B1 und C1 vollständig bestimmt und zwar auch in den räumlichen Neigungen, da die räumliche Anordnung der Kameras bekannt ist und die Kugel sich auf den CCD-Chips der Kameras in einer Ebene senkrecht dazu abbildet.

Damit man von dem 6D-Steuergerät nicht nur die Position bestimmen kann, sondern auch die räumliche Ausrichtung (Orientierung), müssen gleichzeitig mindestens von zwei weiteren Kugeln die Positionen erfasst werden. Zur Identifizierung, welche Kugel nun welche ist, werden die Kugeln nicht in symmetrischem Abstand zueinander angeordnet und es werden statt der Mindestzahl von 3 Kugeln 5 Kugeln verwendet. Damit ist es möglich diese zu identifizieren, auch wenn das Steuergerät z. B. „verkehrt" herum gehalten wird. Bei einer Mehrwand-Cave werden mehr als 2 Kameras eingesetzt. So kann sich der Akteur in der Cave frei bewegen. Sein Steuergerät ist immer im Sichtbereich von zwei Kameras und wird somit in seiner Position und Orientierung erfasst **(Bild 4)**.

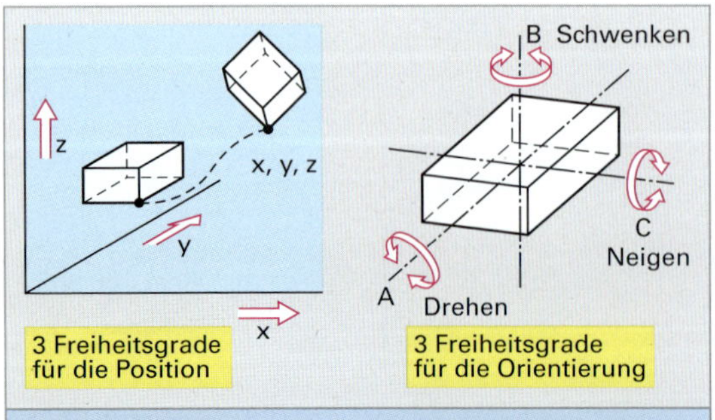

Bild 1: 6 Freiheitsgrade der Bewegung eines Objekts

Mit dem Steuergerät kann man nun ähnlich wie mit einem Lichtzeiger Objekte „anklicken". Das VE-System projiziert einen virtuellen räumlichen Strahl, der vom Steuergerät des Akteurs auszugehen scheint und entsprechend der Ausrichtung des Steuergeräts auf das anvisierte Objekt gerichtet wird.

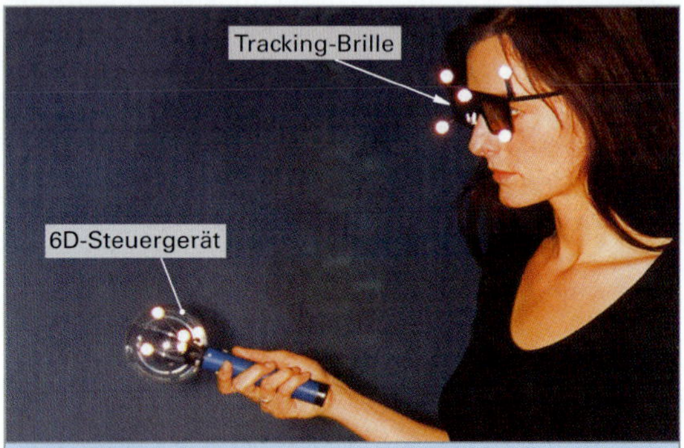

Bild 2: Steuergerät und Tracking-Brille mit Polarisationsgläsern

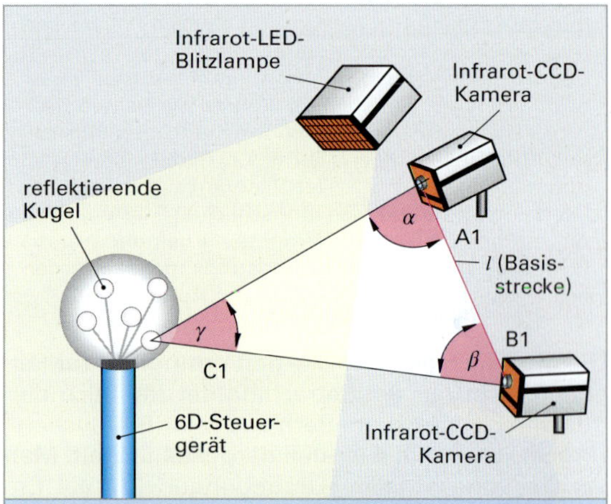

Bild 3: Triangulation mit Infrarotblitz und Infrarotkameras

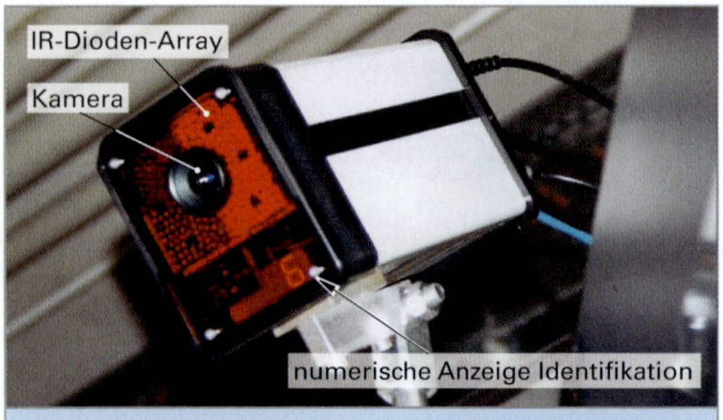

Bild 4: Kamera und Infrarotlampe für das Tracking

Damit können nun diese Objekte, z. B. wie im CAD angeklickt und manipuliert werden **(Bild 1)**. Das Steuergerät hat dafür, wie eine Computermaus, zwei Tastschalter. Zur Manipulation werden räumliche Icons oder Befehlskugeln in die räumliche Szene virtuell eingestellt und können vom Akteur mit dem Steuergerät anvisiert und angeklickt werden.

Tracking. Zur vollkommenen Szenensteuerung müssen sich die Objekte beim Wechsel des Standorts und der Blickrichtung des Akteurs danach ausrichten. Steht z. B. ein Objekt scheinbar mitten im virtuellen Raum und der Akteur wechselt von der rechten Seite auf die linke Seite seinen Standort, so muss er das Objekt zunächst von der rechten Seite projiziert bekommen und danach von der linken Seite. Wenn er sich bückt, erblickt er es von unten und wenn er mit dem Kopf durch das Objekt hindurch geht, so sieht er es von innen **(Bild 2)**.

7.8.3 Augmented Reality, Mixed Reality

Augmented[1] Reality (AR) bedeutet erweiterte Realität. Reale Szenen werden durch virtuelle Objekte erweitert, bzw. mit realen Elementen vermischt (Mixed Reality). Auf die Bühne eines VE-Systems kann man reale Objekte bringen und diese mit in die virtuelle Welt einbeziehen. Man mischt die reale Welt mit der virtuellen Welt. So kann man z. B. einen virtuellen Roboter an einem realen Werkstück programmieren. Es geht auch umgekehrt. Man kann einen realen Roboter an einem virtuellen Werkstück durch Teach-in programmieren.

Der Akteur sieht räumlich vor sich in natürlicher Größe das virtuelle Gebilde und gleichzeitig das reale Objekt. Er kann um das reale Objekt herum gehen und die virtuelle Szene passt sich seinem Standortwechsel an. Die VE-Systeme werden z. B. im Bereich der Neuentwicklung von Fahrzeugen eingesetzt **(Bild 3)**.

[1] engl. to augment = erweitern, vermehren

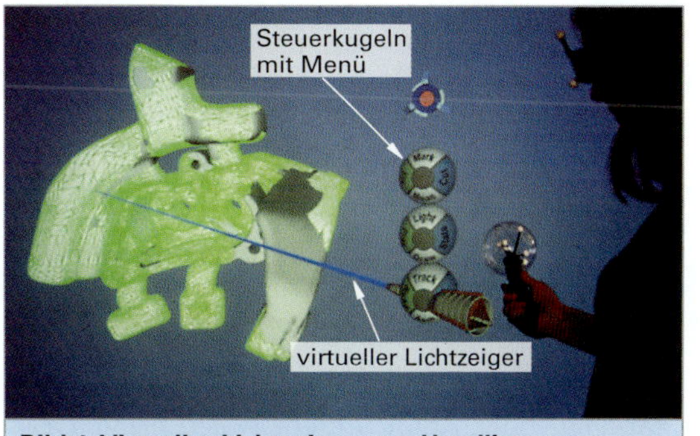

Bild 1: Virtueller Lichtzeiger zum Handling von Objekten

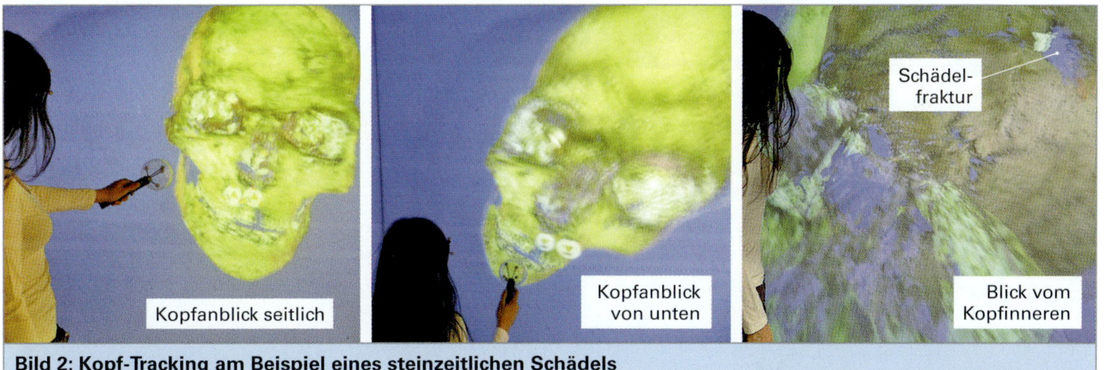

Bild 2: Kopf-Tracking am Beispiel eines steinzeitlichen Schädels

Bild 3: Mixed Reality für Fahrzeugtest

8 Kommunikationstechnik

8.1 Local Area Network (LAN)

Im Bereich innerhalb einer Fabrik bezeichnet man die Kommunikationssysteme mit LAN (Local Area Network = lokales Netz). Sie werden von den Firmen selbst betrieben und sind je nach Größe einer Fabrik in verschiedene Hierarchiestufen **(Bild 1)** eingeteilt. Der Datenverkehr zwischen den einzelnen Fabriken einer Firma oder den großen Abteilungen einer Firma wird über **Hochgeschwindigkeitsnetze mit Lichtwellenleitern (LWL)** abgewickelt.

Artgleiche LANs werden über **Bridges** (Brücken) oder Router (Wegefinder) aneinandergekoppelt. Bridges übertragen Nachrichten nur, wenn der adressierte Teilnehmer sich nicht im eigenen Netz befindet. **Router** sind wie Bridges. Sie übernehmen aber zusätzlich die Aufgabe, in einem vermaschten Netz den günstigsten Übertragungsweg auszusuchen. **Switches** sind Schalter, die Computer über Leitungsverbindungen zusammenschalten. Bridges, Switches und Router übertragen Nachrichten nur, wenn diese ungestört, also frei von Übertragungsfehlern sind. Dadurch belasten defekte Stationen oder Netze andere Netze nicht. LANs die sich in ihrer Art unterscheiden, tauschen über **Gateway-Computer** (Gateway = Torweg) Nachrichten aus. Zur Verlängerung der Netzreichweite verwendet man **Repeater** (Wiederholer). Diese lesen die Nachricht und senden sie neu gebildet weiter.

Protokoll

Die Beschreibung der Art, wie die Datenübertragung in Kommunikationssystemen erfolgt, heißt **Protokoll.** Kommunikationsprotokolle haben nach ISO (International Standardization Organization = internationale Standardisierungsorganisation) eine Einteilung in 7 Teilbereiche. Jeder Teilbereich wird als **Schicht** (layer) bezeichnet. Protokolle, die offen sind, d. h. für jedermann einsehbar, und die somit auch gemeinsam benutzbar sind für eigene Entwicklungen, werden in Form des **ISO-OSI-7-Schichtmodells (Tabelle 1)** beschrieben (OSI von Open System Interconnection = offene Systemverbindung).

Tabelle 1: ISO-OSI-7-Schichtenmodell

- Schicht Nr. 7: Verarbeitungsschicht
- Schicht Nr. 6: Darstellungsschicht
- Schicht Nr. 5: Kommunikationssteuerungsschicht
- Schicht Nr. 4: Transportschicht
- Schicht Nr. 3: Vermittlungsschicht
- Schicht Nr. 2: Sicherungsschicht
- Schicht Nr. 1: Bitübertragungsschicht

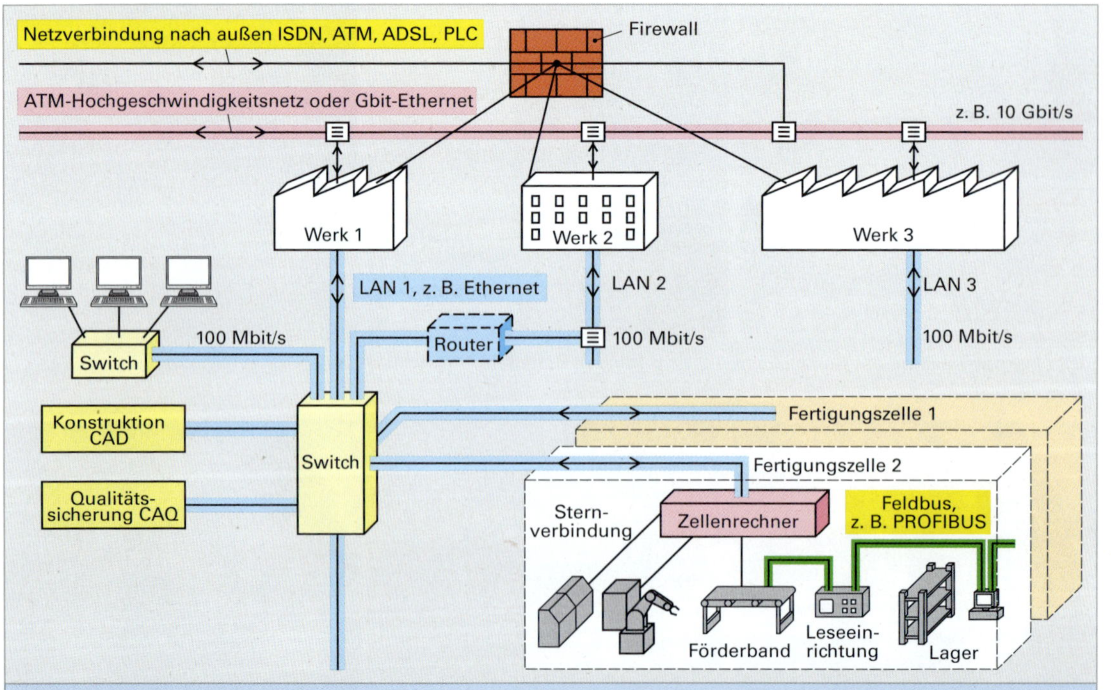

Bild 1: Datennetze in Unternehmen

Die Anordnung der Netzverbindungen und Netzverzweigungen nennt man *Netztopologie*. Die wichtigsten Netztopologien sind die Busstruktur und die Sternstruktur.

Busstruktur und Sternstruktur

Der Bus ist eine *Datensammelleitung*, die gemeinsam von allen Teilnehmern benutzt wird **(Bild 1)**. Die Datenübertragung erfolgt direkt vom sendenden Teilnehmer zum Empfänger. Während dieser Datenübertragung können die anderen Teilnehmer keine Daten austauschen. Die Busleitung wird entweder zu allen Teilnehmern durchgeschleift oder bei Verwendung von **Sternkopplern (Hub,** hub = Speichenrad) sternförmig sowohl zu den Teilnehmern als auch zu weiteren Sternkopplern verlegt **(Bild 2)**. Aktive Sternkoppler enthalten Repeater (to repeat = wiederholen). **Repeater** empfangen das Datensignal und senden es neu gebildet an die angeschlossenen Teilnehmer. Passive Hubs teilen die ankommende Signalleistung auf die angeschlossenen Teilnehmer auf.

Mit einem **Switch** (to switch = schalten) wird ähnlich wie bei der Telefonvermittlung die Datenleitung zum jeweiligen Empfänger durchgeschaltet. Über einen Switch können daher gleichzeitig mehrere Teilnehmer Daten austauschen. Am Switch sind die Teilnehmer sowohl mit einer Sendeleitung als auch einer Empfangsleitung angeschlossen (Duplexverbindung).

Der **Netzzugriff,** d. h. der Zugang zur gemeinsamen Datenleitung, muss nach vereinbarten Regeln (Protokoll) erfolgen, damit es im Datenverkehr keine Kollisionen (Störungen) gibt. Die wichtigsten Verfahren sind das Tokenverfahren und CSMA/CD. Beim **Tokenverfahren** gibt es im Netz ein Sendefreizeichen (eine Bitfolge), nämlich den Token. Dieser wird von Station zu Station weitergereicht, und wer den Token hat, darf senden. **CSMA/CD** ist aus dem engl. Carrier Sense Multiple Access with Collision Detection abgeleitet und heißt übersetzt: ein Verfahren mit Abfrage des Signalträgers bei mehrfachem Zugriff mit Kollisionserkennung.

Das CSMA/CD-Verfahren arbeitet wie folgt:

- Ein sendewilliger **Teilnehmer hört** in das Datennetz hinein, ob gerade ein anderer Teilnehmer sendet, also das Netz belegt ist (Carrier Sense = Abfrage der Leitung).
- Ist das Netz frei, so sendet der Teilnehmer für eine kurze Zeit (einige Mikrosekunden) und überträgt dabei ein Datenpaket an einen vorbestimmten anderen Teilnehmer **(Bild 1)**.
- Ist das **Netz belegt,** so **wird abgewartet** und ständig mitgehört, bis das Netz frei wird und sodann wird sofort gesendet. Da dies auch andere Teilnehmer tun, ist die Wahrscheinlichkeit groß, dass mehrere Teilnehmer gleichzeitig mit Senden beginnen **(Bild 2)**.
- **Greifen mehrere Teilnehmer** gleichzeitig auf das Netz zu, dann führt dies zu einer **Kollision.** Diese Kollision wird von jeder Station bewertet. Jede Station stoppt das Senden und beginnt mit einem erneuten Sendeversuch und zwar nach Ablauf einer von einem **Zufallsgenerator** bestimmten Zeit.

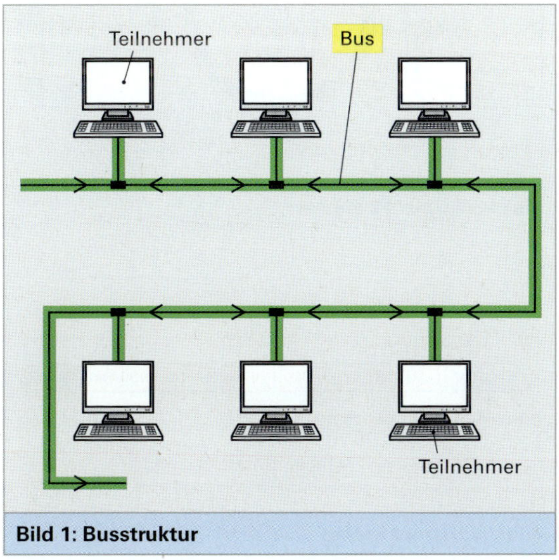

Bild 1: Busstruktur

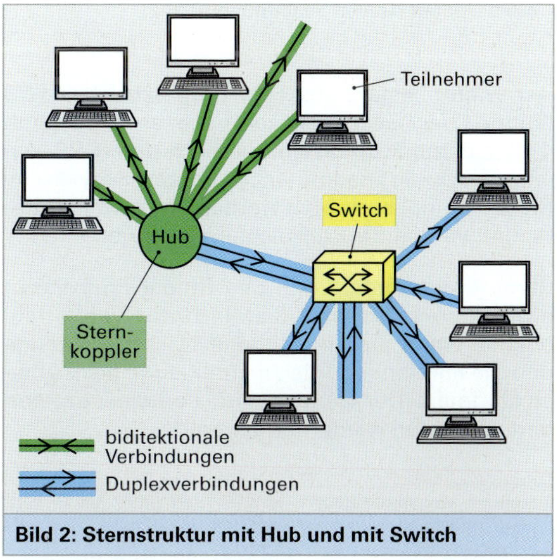

Bild 2: Sternstruktur mit Hub und mit Switch

8.1.1 Ethernet-LAN

8.1.1.1 Einführung

Ethernet[1] ist das meist verwendete LAN. Die Datenübertragungsrate beträgt 10 Mbit/s, 100 Mbit/s (Fast Ethernet), 1Gbit/s (Giga Ethernet) oder auch 10 Gbit/s **(Bild 1)**.

Mit Ethernet werden vor allem PC-Netzwerke gebildet sowie Kommunikationsnetzwerke mit Geräten, Maschinen und Anlagen, die Pcs in ihren Steuerungen enthalten (embedded PC = eingebettete PCs).

Mehrere Leitungssegmente werden über *Repeater, Hubs* oder *Switches* **(Bild 1,** folgende Seite), miteinander verbunden. Der Repeater liest das Datensignal ein und erzeugt ein neues Datensignal gleichen Inhalts.

Bei einem PC als Teilnehmer befindet sich meist der *Transceiver* (Transmitter-Receiver = Sender/Empfänger) mit Controller auf einer PC-Steckkarte oder ist auf dem Motherboard des PC. Die Netzwerkverbindung erfolgt über einen RJ-45-Anschluss. Der Controller erzeugt das zu sendende Datenpaket. Bei großen Datenmengen werden die Pakete in eine maximal zulässige Sendelänge von 1500 Bytes (Oktetten[2]) aufgeteilt.

Bei Kollision wird das fehlerhafte Datenpaket vom Controller nicht angenommen. Die zum wiederholten Senden zu bestimmenden Zufallszahlen werden im Controller berechnet. Die ankommenden Daten werden auf formale Richtigkeit geprüft.

Das Ethernet-Frame (Frame = Rahmen, Block) setzt sich aus Kopfdaten (Header), Nutzdaten und Abschlussdaten (Trailer) zusammen **(Bild 2)**.

Der *Trailer* besteht aus dem Prüfzeichenfeld FCS (Frame Check Sequence Field). Dieses Feld enthält 4 Oktetts mit Prüfzeichen, die nach dem CRC-Verfahren (Cyclic Redundancy Check = zyklische Blockprüfung) berechnet werden. Auch beim Empfänger werden die Prüfzeichen berechnet.

Stimmen gesendete und berechnete Prüfzeichen nicht überein, so wird die Nachricht verworfen, ebenso wenn die angegebene Nachrichtenlänge und die empfangene Nachrichtenlänge nicht übereinstimmen. Der Sender wird sodann aufgefordert, die Daten wiederholt zu senden.

[1] Ethernet von engl. ether = Himmel und engl. net = Netz, hier Firmenbezeichnung

[2] 1 Oktett = 8 bit, von lat. octo = acht

Struktur eines Ethernet-Netzes

Ein Ethernet-LAN besteht aus *Computern*, Netzleitungen und Netzsteuerungssystemen sowie einer Reihe von Hilfseinrichtungen den *Servern:*

Die Computer werden für eine effiziente Nutzung in *Cluster* (Gruppen) zusammengefasst und möglichst mit gleichen Betriebssystemen betrieben **(Bild 1,** folgende Seite).

Zu einem solchen Cluster gehören dann meist ein oder mehrere Server mit *RAID* (von Redundant Array of Independent Disks = redundante Anordnung unabhängiger Laufwerke) sowie ein Datensicherungssystem.

Cluster teilen die Datenverarbeitung in überschaubare und absicherbare Teilsysteme ein.

Eine Störung innerhalb eines Clusters beeinflusst andere Cluster nur wenig.

Häufige Cluster sind Workstation-Cluster unter UNIX und PC-Cluster unter Windows.

Terminal-Server und Print-Server sind angeschlossen an Fast-Ethernet mit TCP/IP-Netzwerkprotokoll und betreiben eine Reihe von Terminals und Drucker über USB oder direkt über ein WLAN-Schnittstellen.

Diese Server gibt es auch in der Kombination Terminal-Print-Server.

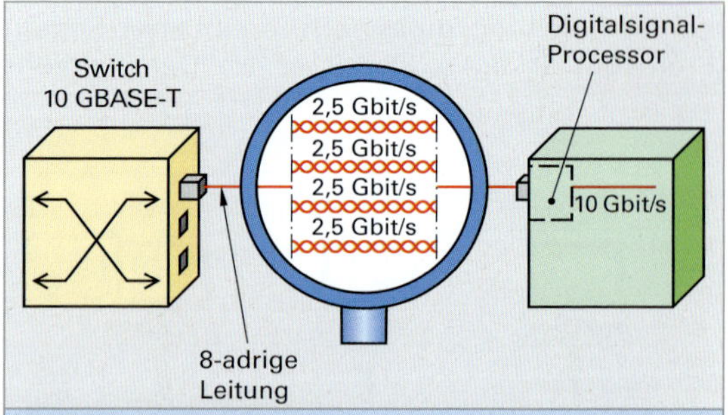

Bild 1: 10 Gbit/s-Ethernet

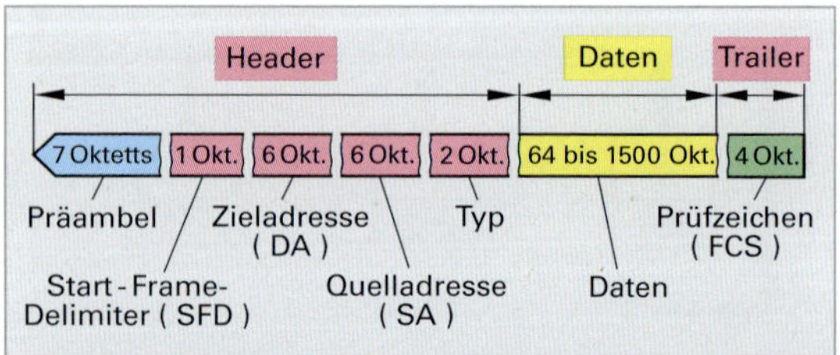

Bild 2: Ethernet-Frame

Mit Terminal-Print-Servern können Eingabe-/Ausgabe-Geräte unterschiedlichster Art, z. B. el. Waagen, Klimaanlagen, Alarmsysteme, Codeleser, Messgeräte an ein Ethernet-Netz und über diesen Weg an das Internet angeschlossen und so über das Internet gesteuert werden.

Ein Switch (to switch = schalten) in einem Netzwerk ist ein Umschalter für Daten mit mehreren Ports (Anschlüsse) für mehrere Einzel-Computer oder Netzwerksegmente oder zu anderen Switches. Der Switch ist vor allem dann von Vorteil, wenn innerhalb eines Clusters häufig gleichzeitig mehrere Datenströme zwischen unterschiedlichen Teilnehmern anfallen, also z. B. zwischen Teilnehmer A und B und gleichzeitig zwischen C und D.

Switches können mit Repeatern, Bridges und mit Routern zu großen Netzen verbunden werden auch mit redundanten Übertragungswegen. Im Falle einer Störung können dann Daten einen Ausweichpfad durchlaufen.

Bei Mehrfachverbindungen zu einer Zieladresse darf aber nur ein Datenpfad aktiv sein. Switches und Bridges erkennen diese Mehrfachverbindungen mit dem sogenannten Spanning-Tree-Algorithmus (überspannter-Zweig-Algorithmus) und legen die Mehrfachverbindungen still.

Für einen schnellen Datenverkehr verwendet man möglichst viele Duplex-Verbindungen.

Bei einer Duplex-Verbindung gibt es für Sendedaten und für Empfangsdaten je eine Datenleitung.

Power over Ethernet (PoE)

Mit PoE können netzwerkfähige Geräte, z. B. Überwachungskameras und IP-Telefone ohne sonstigen Kabelanschluss betrieben werden.

PoE ist in IEEE 802.3af genormt. Man unterscheidet zwischen den Verbrauchern (Powered Devices, PD) und den Stromquellen bzw. den Energieversorgergeräten (Power Sourcing Equipment, PSE).

Die PD-Teilnehmer werden mit 48-V-(DC)-Spannung und bis zu 0,35 A mit Strom versorgt.

Die Energie wird bei der 8-adrigen Ethernet-Leitung über die meist nicht belegten Pins 4, 5, 7, 8 übertragen.

Sind Geräte, z. B. ISDN-Telefone doch an diese Adern angeschlossen, so könnten sie beschädigt werden.

Damit dies nicht geschieht, erfolgt die Stromeinspeisung zunächst in stark reduzierter Weise, beginnend mit einer automatischen Widerstandstestung:

Sind beim PD-Teilnehmer diese Adern mit einem 25-kOhm-Widerstand abgeschlossen, so ist er PoE-fähig und wird mit voller Leistung versorgt.

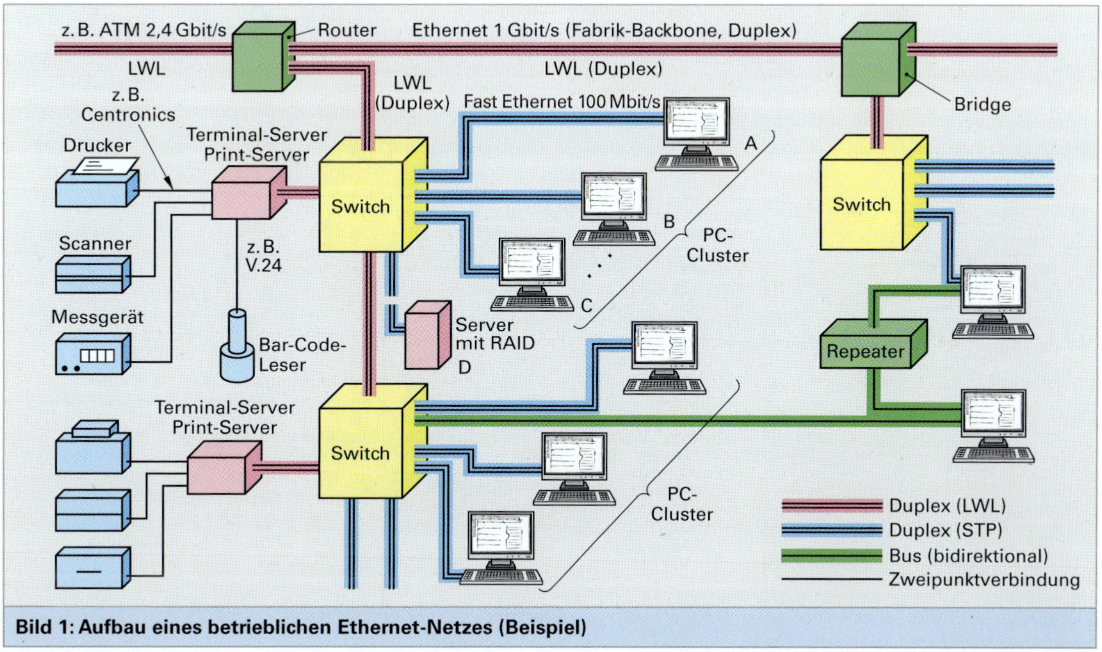

Bild 1: Aufbau eines betrieblichen Ethernet-Netzes (Beispiel)

Ethernet-Verkabelung

Die Verkabelung erfolgt zwischen den Switches meist mit Lichtwellenleitern (LWL) und von den Switches zu den PCs über verdrillte Adernpaare (Twisted Pair). Dabei sind mehrere Arten üblich **(Tabelle 1)**. Als Steckverbinder für Kommunikations-Endgeräte, also z. B. für PCs wie auch für ISDN-Telefone und Faxe verwendet man vorteilhaft Doppelport-Daten-Dosen **(Bild 1)** mit RJ-45-Buchsen und Twisted-Pair-Leitungen mit Schirmung **(Bild 2)**. Glasfaserleitungen eignen sich besonders für raue und EMV-gefährdete Umgebungen. So werden z. B. die Fasern in feine Metallröhrchen einzeln eingebettet und nochmals mit Metallmantel versehen **(Bild 3)**.

Die Steckerbelegung ist dabei so, dass mehrere und unterschiedliche Kommunikationsverbindungen hergestellt werden können **(Tabelle 2)**.
So sind z. B. für Ethernet die Pins 1, 2, 3, 6 belegt, während man für ISDN die Pins 3, 4, 5, 6 nutzt. Die Verkabelung erfolgt so, dass alle ankommenden bzw. abgehenden Leitungen zunächst zu einem Patch-Panel[1] mit RJ-45-Buchsen führen. Von diesem Patch-Panel werden dann mit kurzen, konfektionierten Leitungen die Verbindungen zu dem Switch bzw. Router rangiert.

Tabelle 2: Anschlussbelegung für RJ-Stecker

Pin.-Nr.	Farbcode	Ethernet	ISDN-S_0	ATM
1	Weiss-Grün	X		X
2	Grün	X		X
3	Weiss-Ocker	X	X	
4	Blau		X	
5	Weiss-Blau		X	
6	Ocker	X	X	
7	Weiss-Braun			X
8	Braun			X

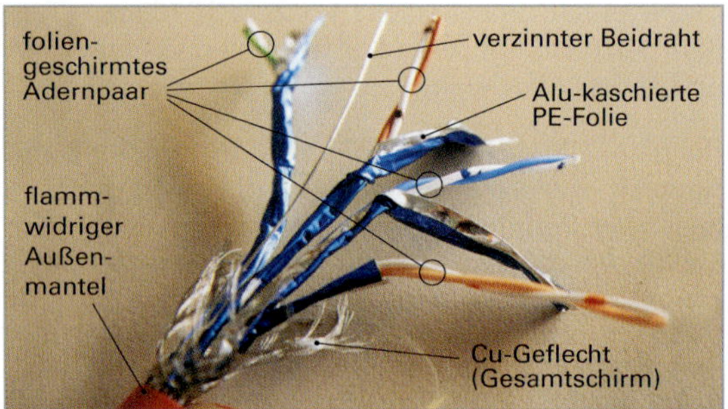

Bild 2: Verlegekabel für Kommunikations-Steckdosen

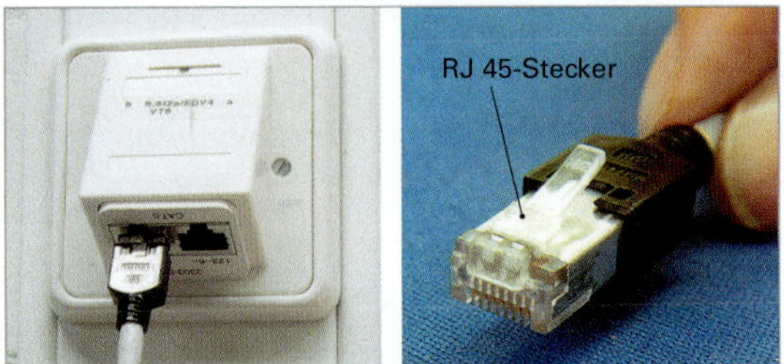

Bild 1: Kommunikations-Steckdose

Bild 3: Glasfasern in Metallummantelung

Tabelle 1: Ethernet-Leitungen

Art	Aufbau	Bemerkungen Kennzeichnungen
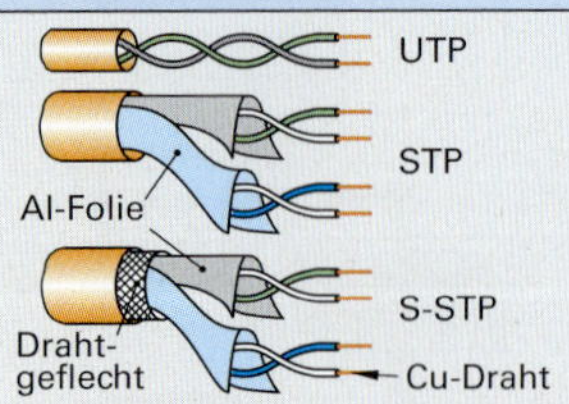	Die Leitung besteht meist aus zwei oder mehreren verdrillten Doppeladern. Diese sind entweder ungeschirmt (UTP von Unshielded Twisted Pair = ungeschirmtes verdrilltes Paar), wie Telefonleitungen oder paarweise mit einer Aluminiumfolie geschirmt (STP von Shielded Twisted Pair = geschirmtes verdrilltes Paar) oder paarweise geschirmt mit zusätzlichem Gesamtschirm (S-STP von Screened STP = geschirmte STP).	Für Punkt-zu-Punkt-Verbindungen. z. B. vom Switch zu den Teilnehmern, zur Halbduplexdatenübertragung benötigt man je eine Doppelader. Bezeichnungen (Beispiele): 10 BASE-T, für 10 Mbit/s 100 BASE-T, für 100 Mbit/s 1000 BASE-T, für 1000 Mbit/s Leitungslängen: ≤ 25 m bis ≤ 100 m
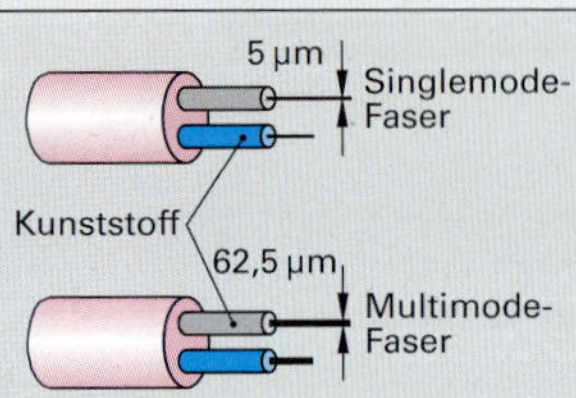	Es gibt Singlemode-Fasern (single mode = einfache Erscheinungsform) und Multimode-Fasern (multi mode = mehrfache Erscheinungsformen). Bei der dünneren Singlemode-Faser wird Infrarotstrahlung oder Licht ohne Reflexion am Fasermantel übertragen. Bei der Multimode-Faser gibt es Vielfachreflexionen.	Für Punkt-zu-Punkt-Verbindungen zur Halbduplexübertragung benötigt man je eine Faser, z. B. für Verbindungen von Switch zu Switch. Bezeichnungen (Beispiele): 100 BASE-F4, für 100 Mbit/s 1000 BASE-FX, für 1000 Mbit/s Leitungslängen: bis 3000 m

1 engl. to patch = verstöpseln, panel = Tafel

8.1.1.2 Peer-to-Peer-Netzwerk

Peer-to-Peer[1] bezeichnet die Kommunikation unter Gleichen.

In einem Peer-to-Peer-Netzwerk **(Bild 1)** sind alle PCs gleichberechtigt und können sowohl Dienste wie z. B. das Verwalten von Daten oder eines Druckers in Anspruch nehmen als auch Dienste zur Verfügung stellen. Die PCs können als Arbeitsstationen genutzt werden und gleichzeitig Aufgaben im Netzwerk übernehmen.

Peer-to-Peer-Netzwerke sind für die Vernetzung von wenigen PCs geeignet.

Die Vorteile eines Peer-to-Peer-Netzwerks sind:

- Einfacher, kostengünstiger und schneller Aufbau und es ist
- Keine zusätzliche Software notwendig, da bei den üblichen PC-Betriebssystemen die peer-to-peer-Netzwerkfunktionalität bereits enthalten ist.

Die Nachteile eines Peer-to-Peer-Netzwerks sind:

- Die Verwaltung von Benutzern und der Zugriff auf Daten müssen an jedem PC vorgenommen werden,
- Beschränkung auf maximal fünf bis zehn PCs.

Beispiel-Szenario:

Der an PC1 angemeldete Benutzer *hmuster* möchte eine Dokumentation bearbeiten, die auf PC2 gespeichert wurde. Diese kann er nur dann bearbeiten, wenn entweder auf PC2 ebenfalls ein Benutzer *hmuster* mit identischem Kennwort angelegt wurde, der diesen Brief bearbeiten darf, oder wenn er den Anmeldenamen und das Kennwort eines auf PC2 angelegten Benutzers kennt, der Schreibrechte für den Brief besitzt.

8.1.1.3 Client-Server-Netzwerk

In einem Client-Server-Netzwerk stellt der Server den Clients seine Dienste zur Verfügung **(Bild 2)**. Auf dem Server-PC ist ein Server-Betriebssystem installiert, mit dem die besonderen Aufgaben des Servers durchgeführt werden können: Zentrale Verwaltung der Benutzerkonten, der Zugriffsrechte auf Dateien und Drucker sowie der Datensicherung.

In größeren Netzwerken werden die Aufgaben auf mehrere Server verteilt: Ein Server übernimmt die Verwaltung der Benutzerkonten, ein anderer verwaltet die Drucker und ein weiterer stellt die benötigten Daten bereit.

Die zentrale Verwaltung von Ressourcen bedeutet aber auch, dass beim Ausfall eines Servers wichtige Funktionen nicht mehr vorhanden sind.

Deshalb sind Server mit speziellen Hardware-Komponenten aufgebaut. Beispielsweise darf der Defekt einer Festplatte nicht zum Datenverlust führen. Hierzu sind mehrere Festplatten zu einem so genannten RAID-System verbunden, das beim Defekt einer Festplatte die dort gespeicherten Daten mithilfe der anderen Festplatten wiederherstellen kann.

Beispiel-Szenario:

Der Benutzer *hmueller* kann sich an verschiedenen Client-PCs des Client-Server-Netzwerks anmelden und hat immer Zugriff auf seine auf dem Dateiserver gespeicherten Daten. Bei jeder Anmeldung an einem Client wird nicht geprüft, ob *hmueller* am betreffenden Client als Benutzer angelegt wurde, sondern die Prüfung von Benutzername und Kennwort wird an den Server weitergeleitet.

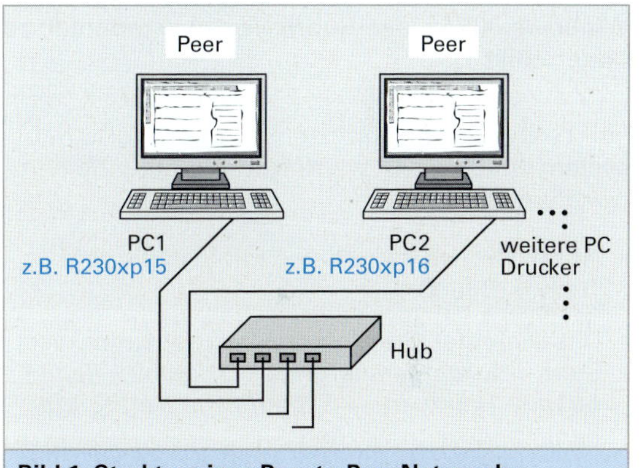

Bild 1: Struktur eines Peer-to-Peer-Netzwerks

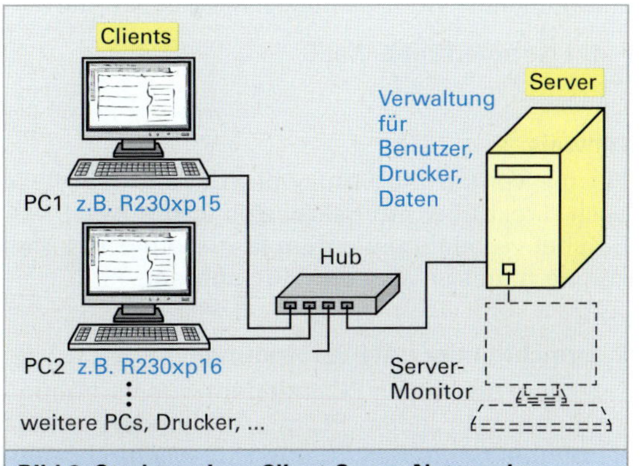

Bild 2: Struktur eines Client-Server-Netzwerks

[1] engl. peer = Ebenbürtiger, Gleichgestellter

8.1.1.4 Peer-to-Peer-Netzwerk mit zwei PCs

Auf beiden PCs ist das Betriebssystem Windows XP Professional installiert, das sowohl den Aufbau eines Peer-to-Peer-Netzwerks als auch die Aufnahme der PCs in ein Client-Server-Netzwerk ermöglicht.

1. Hardware

Bei Standard-PCs sind zahlreiche Anschlussmöglichkeiten bereits vorhanden, die man bei älteren Modellen erst durch den Kauf zusätzlicher Einsteckkarten erhält. In einem typischen Datenblatt wird z. B. *1 x LAN 10/100 Fast Ethernet* aufgelistet.

Dieser oder ein ähnlicher Eintrag bedeutet, dass der PC einen Netzwerkanschluss zur Verbindung mit einem Fast-Ethernet-Hub besitzt.

Es ist unbedingt erforderlich, dass es für den Netzwerkanschluss einen **zum Betriebssystem passenden** Treiber gibt. Hierbei handelt es sich um ein Programm, welches den Zugriff auf den Netzwerkanschluss steuert. Ein funktionsfähiger Netzwerkanschluss ist im Geräte-Manager von Windows XP in der Rubrik Netzwerkadapter zu finden **(Bild 1)**.

Für die Vernetzung von zwei PCs mit dem Betriebssystem Windows XP werden somit folgende Komponenten benötigt:

- Je PC: Netzwerkanschluss mit installiertem Treiber (Bild 1).
- Das Dialogfenster Geräte-Manager kann über Start -> *Systemsteuerung* -> *System* -> *Registerkarte Hardware* -> *Schaltfläche Geräte-Manager* angezeigt werden.
- 100 Mbit-Fast-Ethernet-Hub (bzw. 100 Mbit-Fast-Ethernet-Switch).
  Bereits an die einfachsten Modelle können mindestens vier PCs angeschlossen werden.
- 2 x Netzwerkkabel Kat 5

Hinweis:

Für die Vernetzung von zwei PCs könnten diese auch direkt über ein gekreuztes (cross over) Kat-5-Kabel verbunden werden. In diesem Sonderfall könnte man sich also den Hub sparen.

2. Einrichten der LAN-Verbindung

Nachdem die beiden PCs mit dem Hub verbunden sind, muss an jedem PC geprüft werden, ob die Verbindung zwischen PC und Hub erfolgreich hergestellt ist.

Nach dem Klicken auf *Start -> Systemsteuerung -> Netzwerkverbindungen* und einem Doppelklick auf *LAN-Verbindung* muss der Status *Verbindung hergestellt* sowie die Übertragungsrate *100,0 Mbit/s* angezeigt werden **(Bild 2)**.

Hinweis: Falls die Systemsteuerung in der Kategorieansicht dargestellt wird, muss man zuerst auf den Eintrag *Zur klassischen Ansicht wechseln* klicken **(Bild 3)**.

Bild 1: Erfolgreich installierter Netzwerkanschluss im GeräteManager (blau-markiert)

Bild 2: Erfolgreiche Verbindung zwischen PC und Hub

Bild 3: Systemsteuerung (Ausschnitt)

Im Dialogfenster Status von *LAN-Verbindung* wird die LAN-Verbindung durch einen Klick auf die Schaltfläche Eigenschaften konfiguriert.

Im Dialogfenster Eigenschaften von *LAN-Verbindung* muss der Eintrag *Internetprotokoll (TCP/IP)* doppelgeklickt werden.

Im folgenden Dialogfenster *Eigenschaften von Internetprotokoll (TCP/IP)* müssen die in **Bild 1** abgebildeten Einstellungen eingetragen werden.

Beim TCP/IP-Protokoll muss jedes Gerät eine eindeutige Adresse erhalten. Für private Zwecke sollten IP-Adressen aus dem Bereich von 192.168.0.0 bis 192.168.255.255 verwendet werden. Ohne einen Router ist es notwendig, dass sich die IP-Adressen zu vernetzender PCs nur in der letzten Stelle unterscheiden. Deshalb wird für den zweiten PC die folgende IP-Adresse verwendet: *192.168.100.2*

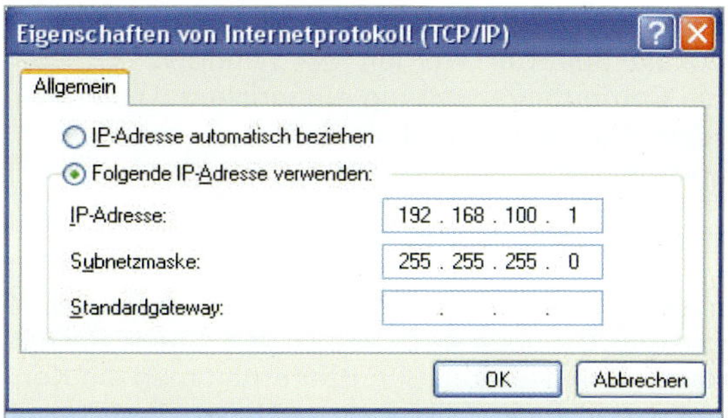

Bild 1: Festlegen der IP-Adresse

3. Test der LAN-Verbindung

Zum Testen wird an PC1 über *Start -> Ausführen... -> cmd -> OK* die Eingabeaufforderung geöffnet. Hier wird mit folgendem Befehl die Verbindung zu PC2 geprüft:

ping 192.168.100.2

Die Eingabe des Befehls wird mit der Enter-Taste abgeschlossen.

Eine erfolgreiche Verbindung wird entsprechend **Bild 2** angezeigt.

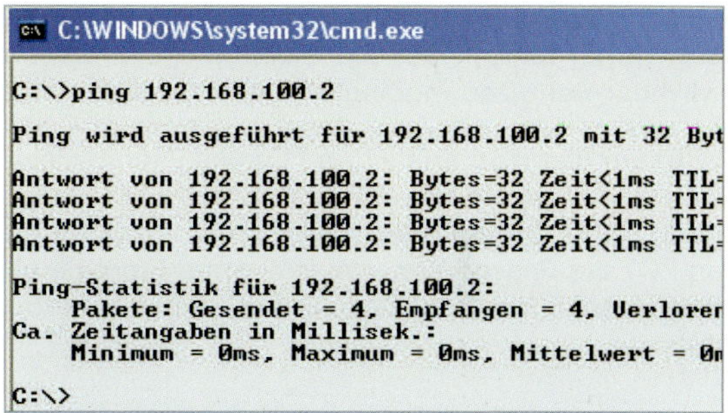

Bild 2: Prüfen der Erreichbarkeit einer IP-Adresse

4. Aufnehmen der Computer in Arbeitsgruppe

Im Dialogfenster *Computernamen ändern* kann dem Computer ein Name gegeben werden und der Computer kann einer Arbeitsgruppe zugeordnet werden. Dies geschieht mit dem Befehl *Start -> Systemsteuerung -> System -> Registerkarte Computername -> Schaltfläche Ändern* **(Bild 3).**

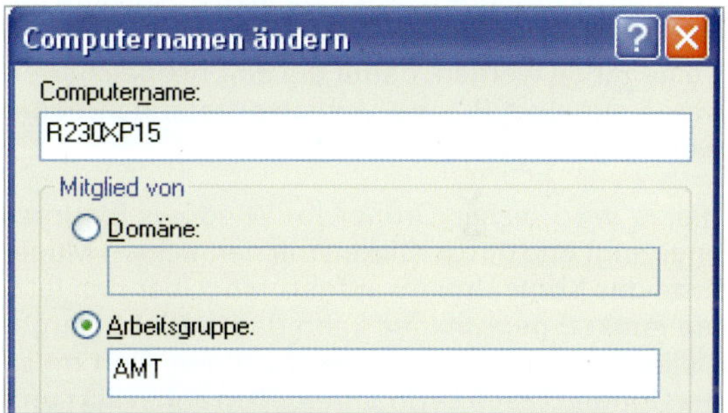

Bild 3: Festlegen des Computernamens und der Arbeitsgruppe

Alle Computer einer Arbeitsgruppe werden im Windows-Explorer in der Ordnerliste unter der Rubrik *Netzwerkumgebung, Gesamtes Netzwerk, Microsoft Windows-Netzwerk* übersichtlich dargestellt **(Bild 4).**

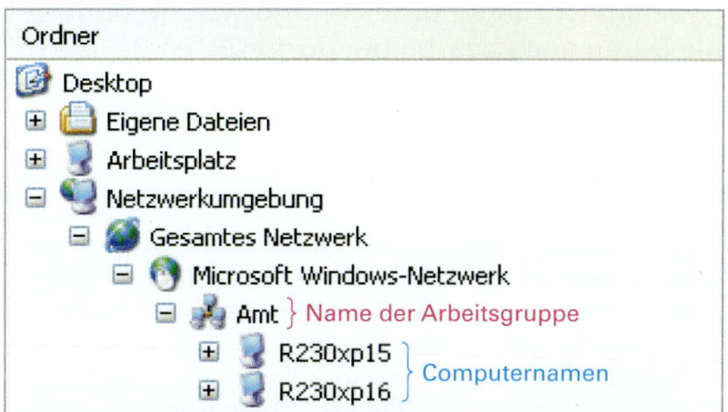

Bild 4: Ansicht der Arbeitsgruppe *Amt*

Zur Peer-to-Peer-Vernetzung von zwei PCs sind folgende Schritte erforderlich:

- Verbinden der PCs mit einem Hub,
- für beide PCs eine unterschiedliche IP-Adresse festlegen,
- die beiden PCs in eine gemeinsame Arbeitsgruppe aufnehmen.

5. Anlegen neuer Benutzer

Lokale Benutzer werden bei Windows XP über die Computerverwaltung eingerichtet. Diese wird über folgenden Befehl erreicht:

Start -> Systemsteuerung -> Verwaltung -> Computerverwaltung **(Bild 1).**

Hier wählt man im Zweig *System -> Lokale Benutzer und Gruppen -> Benutzer.* Mit einem Rechtsklick auf den Eintrag Benutzer erhält man ein Kontextmenü, indem der Eintrag Neuer Benutzer ... ausgewählt wird.

Im Dialogfenster *Neuer Benutzer* werden die in **Bild 2** dargestellten Eintragungen vorgenommen und durch Klicken auf die Schaltfläche *Erstellen* wird der Benutzer angelegt.

Wird ein Benutzer an beiden PCs des Peer-to-Peer-Netzwerks mit identischem Kennwort angelegt, dann kann der Benutzer nach einer Anmeldung an PC1 die Ressourcen von PC2 ohne Eingabe eines berechtigten Benutzernamens samt Kennwort nutzen.

6. Freigeben der Ressourcen

Der Ordner Daten auf dem C-Laufwerk des PCs mit dem Computernamen *R230xp15* soll für die Verwendung innerhalb der Arbeitsgruppe *Amt* freigegeben werden, damit die dort gespeicherten Daten auf allen PCs der Arbeitsgruppe bearbeitet werden können.

Hierzu wird dieser Ordner im Windows-Explorer angezeigt und durch Klicken mit der rechten Maustaste das Kontextmenü aufgerufen. Über den letzten Punkt *Eigenschaften* kann das in **Bild 3** dargestellte Dialogfenster angezeigt werden. Dort muss die Option *Diesen Ordner freigeben* angeklickt und ein Freigabename vergeben werden.

Über die Schaltfläche *Berechtigungen* kann festgelegt werden, welche Benutzer die Daten des freigegebenen Ordners nur lesen und welche Benutzer die Daten auch bearbeiten dürfen.

Für Drucker erfolgt die Freigabe in gleicher Weise über deren Kontextmenü.

> Damit unter Windows der gemeinsame Zugriff auf Ressourcen möglich ist, müssen an allen PCs eines Peer-to-Peer-Netzwerks Benutzer angelegt werden. Die Anmeldung an einem PC der Arbeitsgruppe ist nur möglich, wenn der Benutzername und das Kennwort eines, an diesem PC angelegten, Benutzers bekannt sind.

Bild 1: Computerverwaltung

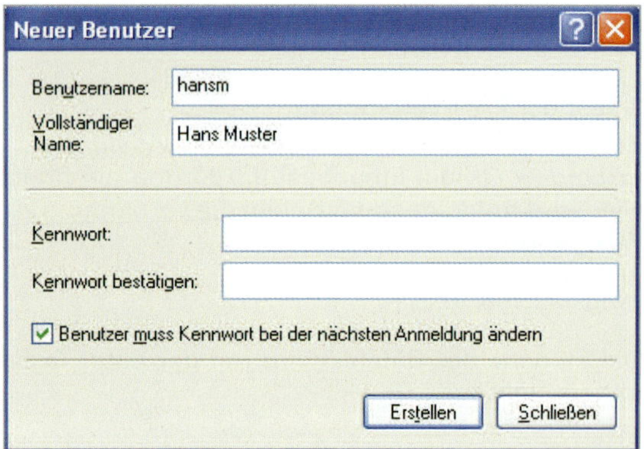

Bild 2: Anlegen eines Benutzers

Bild 3: Freigeben eines Ordners

8. Zugriff auf freigegebene Ressourcen

Die am PC mit dem Computernamen *R230xp15* freigegebenen Ressourcen können von anderen PCs der Arbeitsgruppe über den Befehl Start -> Ausführen... -> *\\R230xp15 -> OK* aufgerufen werden.

Auf den anderen PCs sind lediglich die Freigabenamen zu sehen. Der ursprüngliche Ordnername ist nicht ersichtlich.

Damit die Daten von freigegebenen Ordnern von den anderen Arbeitsgruppen-PCs wie bei lokalen Ordnern über Laufwerksbuchstaben angesprochen werden können, müssen diese als Netzlaufwerke verbunden werden.

Dazu wird im Kontextmenü der Freigabe der Eintrag *Netzlaufwerk verbinden ...* ausgewählt. Im darauf erscheinenden Dialogfenster *Netzlaufwerk verbinden* kann dann der gewünschte Laufwerksbuchstabe ausgewählt werden, unter dem diese Freigabe künftig angesprochen werden soll.

Im Arbeitsplatz werden diese Laufwerke dann unter der Rubrik Netzlaufwerke angezeigt **(Bild 1).**

8.1.1.5 Erweiterung zu einem Client-Server-Netzwerk

Das im letzten Abschnitt aufgebaute Netzwerk wird um einen Server mit dem Betriebssystem Windows Server erweitert.

Die Client PCs werden dann Mitglied einer Domäne. Zu einer Domäne kann man alle Computer zusammenfassen, die zentral vom Server aus verwaltet werden sollen.

Am Beispiel des Benutzers Hans Muster wird beschrieben wie dieser auf dem Server angelegt wird und wie er sich dann an einem beliebigen Client im Netzwerk anmelden und die ihm zugewiesenen Ressourcen wie Drucker oder Laufwerke nutzen kann.

1. Anlegen des Benutzers im Active Directory

Benutzer werden im Active Directory (AD) eines Windows Servers verwaltet **(Bild 2).**

Ein neuer Benutzer wird dort mit folgenden Daten angelegt: Vorname, Nachname, innerhalb der Domäne eindeutiger Benutzeranmeldename.

Bild 1: Netzlaufwerke

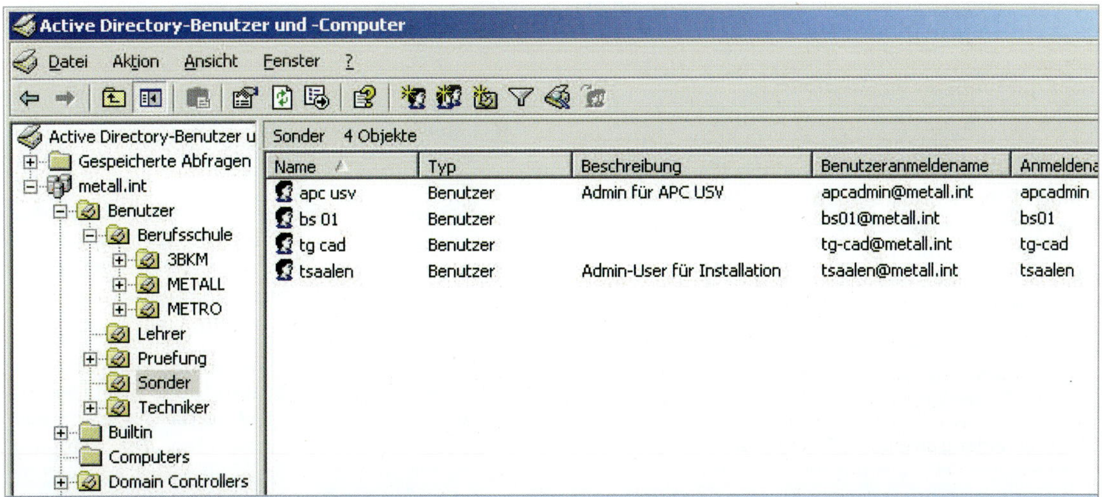

Bild 1: Active Directory eines Windows-Servers

2. Festlegen zusätzlicher Eigenschaften

Mit einem Doppelklick auf einen Benutzer im AD wird das Dialogfenster Eigenschaften angezeigt. In der Registerkarte Profil kann dem Benutzer ein Anmeldeskript zugeordnet werden. Hierbei handelt es sich um eine Batch-Datei mit Befehlen, die nach der Anmeldung des Benutzers automatisch ausgeführt werden sollen. Häufig sind dies Befehle zur Erstellung von Netzlaufwerken und Netzwerkdruckern **(Bild 1, Bild 2 und Bild 3)**.

Des Weiteren kann hier ein Basisordner festgelegt und einem Laufwerksbuchstaben zugeordnet werden. Der Basisordner wird auf einem auswählbaren Laufwerk des Servers automatisch angelegt und dem Benutzer Vollzugriff eingerichtet. Diese Funktionalität wird für das Einrichten eines sogenannten *Homelaufwerks* für jeden Benutzer verwendet. Dadurch haben alle Benutzer z. B. ein Laufwerk mit dem Buchstaben H:; dieses wird aber physikalisch durch einen separaten Ordner für jeden Benutzer auf dem Server realisiert.

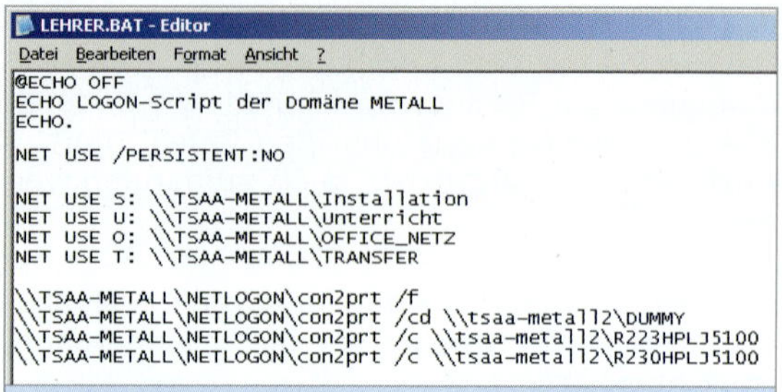
LEHRER.BAT - Editor
Datei Bearbeiten Format Ansicht ?

```
@ECHO OFF
ECHO LOGON-Script der Domäne METALL
ECHO.

NET USE /PERSISTENT:NO

NET USE S: \\TSAA-METALL\Installation
NET USE U: \\TSAA-METALL\Unterricht
NET USE O: \\TSAA-METALL\OFFICE_NETZ
NET USE T: \\TSAA-METALL\TRANSFER

\\TSAA-METALL\NETLOGON\con2prt /f
\\TSAA-METALL\NETLOGON\con2prt /cd \\tsaa-metall2\DUMMY
\\TSAA-METALL\NETLOGON\con2prt /c \\tsaa-metall2\R223HPLJ5100
\\TSAA-METALL\NETLOGON\con2prt /c \\tsaa-metall2\R230HPLJ5100
```

Bild 1: Beispiel für Logen-Skript (Ausschnitt)

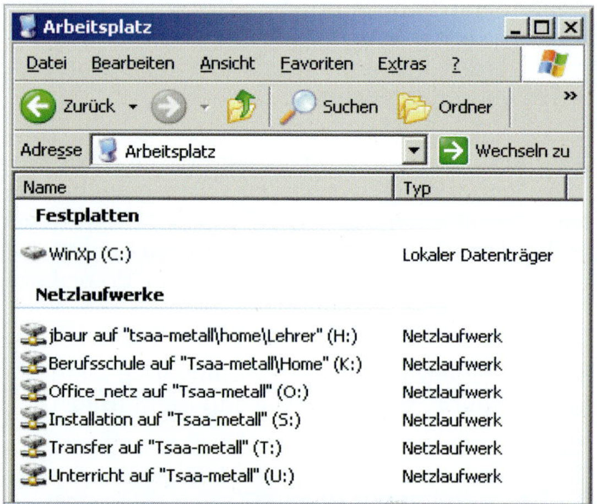

Bild 2: Netzlaufwerke

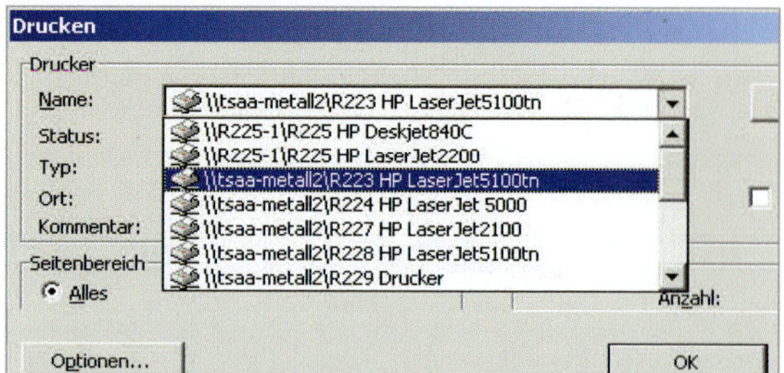

Bild 3: Netzwerkdrucker im *Drucken-Dialog*

3. Aufnehmen eines Client-PC in eine Domäne

Damit man von einem Client-PC auf die Ressourcen der Domäne zugreifen kann, muss dieser in die Domäne aufgenommen werden. Dadurch wird im AD ein Computerkonto für diesen PC angelegt. Dies geschieht mit dem Befehl *Start -> Systemsteuerung -> System -> Registerkarte Computername -> Schaltfläche Ändern.*

Bei der Option Domäne muss der Name der aufnehmenden Domäne eingetragen werden. Da nicht jeder Benutzer einen PC in die Domäne aufnehmen darf, wird ein berechtigter Benutzer abgefragt. Nach einer Bestätigungsmeldung, dass die Aufnahme erfolgreich war und einem Neustart des PCs, kann man sich an diesem PC nun auch an der Domäne anmelden.

4. Anmeldung an der Domäne

Nachdem der Client-PC in die Domäne aufgenommen wurde, hat man die Möglichkeit sich lokal oder an der Domäne anzumelden. Der Anmeldedialog eines Windows-PC, der in eine Domäne aufgenommen wurde, bietet zusätzlich zur Eingabe von Benutzer und Kennwort auch noch die Auswahl ob man sich lokal an diesem PC oder an der Domäne anmelden möchte.

Eine lokale Anmeldung ist nur möglich, wenn der eingegebene Benutzer und das Kennwort auf diesem PC überhaupt vorhanden sind.

Wird die Anmeldung an der Domäne ausgewählt, dann werden der eingegebene Benutzer und das Kennwort über das Netzwerk an den Server mit den Domänen-Benutzern (= Domänencontroller) gesendet und von diesem verifiziert. Ist die Prüfung erfolgreich, dann läuft der weitere Anmeldevorgang ab. Das dem Benutzer zugeordnete Anmeldeskript stellt ihm die gewünschten Netzwerk-Ressourcen zur Verfügung.

Über Gruppenrichtlinien können Client-Einstellungen zentral verwaltet werden. Diese greifen dann beim Anmeldevorgang am Client-PC automatisch und regeln z. B. das Aufspielen der aktuellen Sicherheitsupdates für das Client-Betriebssystem sowie die für den Benutzer erlaubten Einstellungen an seinem Desktop.

8.1.2 Wireless LAN (WLAN)

Sowohl Sensoren als auch Aktoren werden über eine Funkstrecke mit den Steuerungen verbunden.

Eigenschaften:

- Echtzeitfähig mit Zykluszeit von etwa 2 ms
- hohe Knotendichte mit über 500 Feldgeräten, keine Leitungsverluste,
- ideal bei Nachrüstprojekten und Erweiterungen
- höhere Zuverlässigkeit verglichen mit beweglichen Kabeln z. B. Schleppkabeln,
- schnelles wechseln von Komponenten, da keine Kabel aufgetrennt werden müssen,
- erhöhte Verfügbarkeit der Produktionsanlagen.
- unempfindlich gegen Störquellen im industriellen Umfeld.

Grundlagen

Die meisten Funkt-LAN Systeme basieren auf dem Standard IEEE 802.11b/g. Neben dem Frequenzband mit 2,4 GHz sind in Deutschland auch Frequenzen im 5 GHz-Bereich freigegeben. Funk-LANs können in verschiedenen Architekturen betrieben werden **(Bild 1)**.

Im **Ad-hoc-Modus** kommunizieren zwei oder mehr mobile Endgeräte (Clients), über eine Funk-LAN-Karte direkt miteinander. In der Regel wird ein Funk-LAN jedoch im **Infrastrukturmodus** betrieben. Die Kommunikation der Clients erfolgt hier über eine zentrale Funkbrücke, den Access-Point. Dieser wird dann an das kabelgebundene LAN angeschlossen. Mittels mehrerer Access-Points können überlappende Funkzellen installiert werden. Damit bleibt beim Übergang auf eine nächste Funkzelle die Funkverbindung aufrecht erhalten. Auf diese Weise können große räumliche Bereiche abgedeckt werden. Mit Richtantennen gehen die Reichweiten in den Kilometerbereich.

Funkschnittstelle. Die Funk-LAN-Systeme nach 802.11 und 802.11b benutzen das ISM-Frequenzband (**I**ndustrial, **S**cientific and **M**edical Band) zwischen 2,4 und 2,48 GHz. Die Sendeleistung ist auf 10 mW EIRP (Effective Isotropic Radiated Power) begrenzt.

Die Systeme übertragen die Daten mit einer Rate von 1 bis 2 Mbits/s. Im 2,4 GHz-Frequenzbereich stehen in Deutschland 13 Frequenzkanäle mit einem Frequenzabstand von 5 MHz zur Verfügung **(Bild 2)**.

Bei einer Kanalbreite von ca. 22 MHz können jedoch nur max. 3 Kanäle überlappungsfrei genutzt werden, so z. B. die Kanäle 2,7 und 12.

Beispiel:

An eine SPS wird kabelgebunden ein Access-Point angeschlossen. Dieser kommuniziert über Funkstrecken mit Stationen im Feld. An diese sind Feldgeräte kabelgebunden angeschlossen.

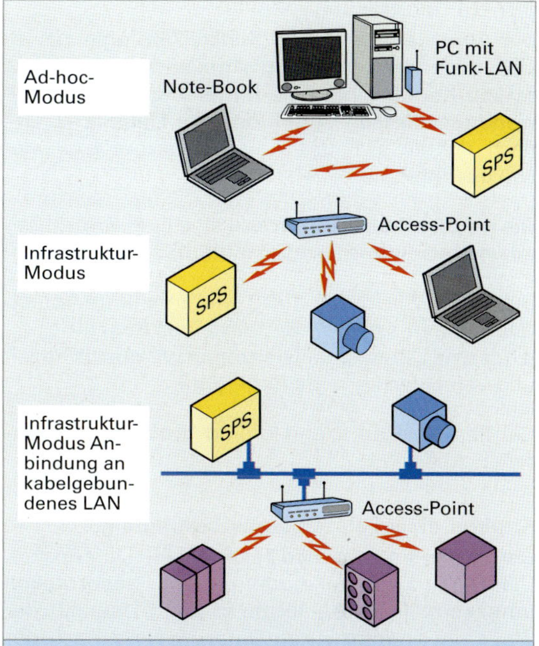

Bild 1: Funk-LAN-Architekturen

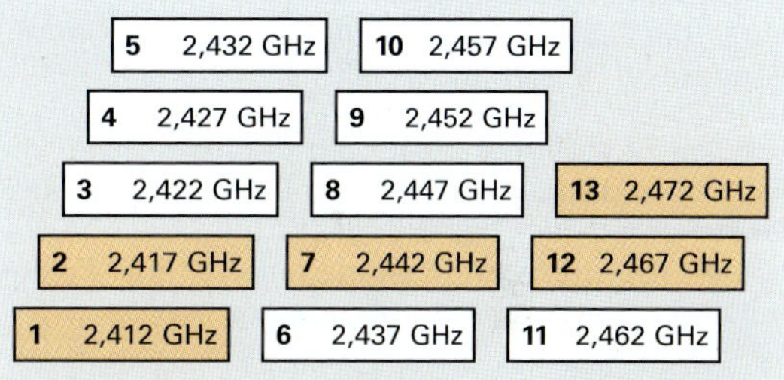

Bild 2: Frequenzband 2,4 GHz

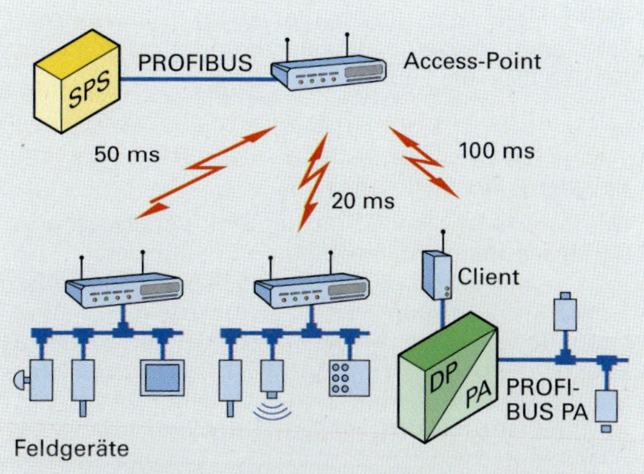

Bild 3: Beispiel

Sichere Übertragung

Die Anforderung an die Funktechnologie richtet sich nach der jeweiligen Applikation. Das ISA-SP-100 Komitee hat eine Einteilung in sechs Anwendungsklassen vorgenommen **(Tabelle 1)**. Danach richten sich das Anlagenkonzept bzw. die Funktechnologie.

Die Klassen 0 und 1 erfordern eine Funkkoordination und besondere Funktechnologie z. B. Bluetooth.

Die Klasse 2 erfordert hinzu eine konstante Abtastrate für den sicheren Betreib einer Regelung. Zu langsame Datenaktualisierungen wirken als Totzeit und verschlechtern die Regelgüte.

Bei den Klassen 4 und 5 sind größere Antwortzeiten zulässig.

Struktur einer Feldbus-Funkübertragung

Der Feldbusmaster **(Bild 1)** sendet ein Datenpaket. Dieses wird im Funkmodem in ein Funkprotokoll umgesetzt. Nach Ablauf einer Zeit T1 sendet der Slave die angeforderten Daten, welche nach der Zeit T6 beim Master eintreffen.

Nach der Zeit T3 kann der Master wieder neue Daten senden. Weil die Antwortzeit nicht konstant ist, muss die Zeit T3 so gewählt werden, dass genügend Reserve vorhanden ist.

Die Zeit T2 stellt die Zykluszeit dar, in welcher die Feldbusklemme neue Daten erhält. Damit der Master sicher ist, dass das Signal störungsfrei übertragen wurde muss mindestens ein weiterer Zyklus mit einer Slave-Antwort abgewartet werden.

WirelessHART®. Im industriellen Umfeld in der Prozesstechnik hat sich bei der drahtlosen Anbindung von Feldgeräten Wireless HART® (Highway Addressable Remote Transducer-Protokoll) etabliert. Bei dieser Technologie läuft gleichzeitig ein „4 ... 20 mA-Sensor-Signal" neben der digitalen Kommunikation über ein und dieselbe Funkstrecke.

Tabelle 1: Klassifizierung nach Anwendungsfällen

Klasse	Anwendung	Beispiel
0	Notfallmaßnahmen	Notabschaltung
1	Geschlossener Regelkreis	Direkte Aktoransteuerung, z. B. fahrerlose Transportsysteme
2	Geschlossener Regelkreis	niederfrequenter Regelkreis
3	Offener Regelkreis	manuelle Pumpensteuerung
4	Visualisierung	Wartung, Internet über WLAN
5	Aufzeichnung	Condition Monitoring

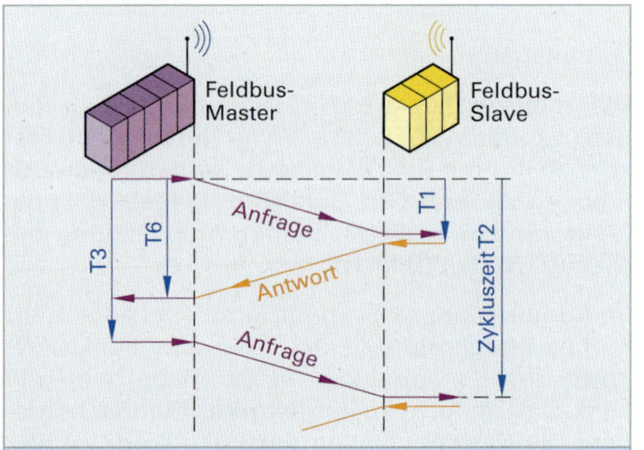

Bild 1: Postfachbetrieb

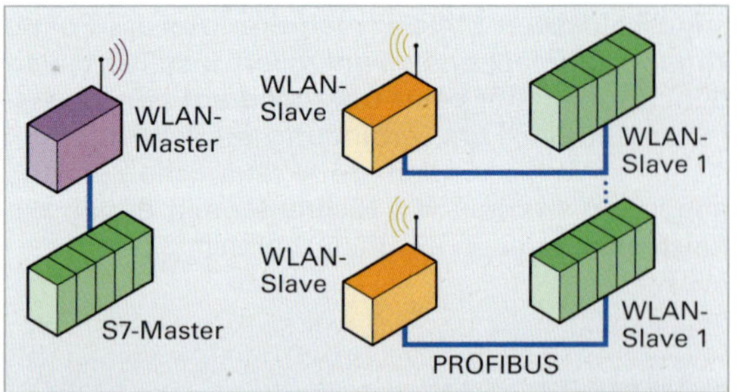

Bild 2: Struktur einer Feldbusübertragung

Beispiel 1: Postfachbetrieb

Das Programm einer S7-Master SPS (Bild 2) schreibt die zu sendenden Daten in einen Datenbaustein. Der WLAN-Master liest die Daten und sendet diese über Funk zum jeweiligen WLAN-Slave. Über eine Kabelverbindung werden die Daten dort in einem S7-Slave verarbeitet. Umgekehrt kann ein S7-Slave Daten über den WLAN-Slave an den S7-Master senden. An einem Master-Slave-Funknetz können z. B. bis zu 100 Slaves eingebunden werden. Diese Technik wird oft auch dort angewandt wo schlechte Funkverbindungen gegeben sind.

Beispiel 2:
Drahtlose Automatisierung einer Montageanlage.

Das Wireless Interface für Sensoren und Aktoren (WISA) von ABB ist z. B. Basis von Wireless-Lösungen in der Fabrikautomation. WISA-Teilnehmer kommunizieren im WLAN-Frequenzband auf 2,4 GHz und damit parallel zu möglichen WLAN-Access-Points oder Bluetooth-Geräten. Neben der drahtlosen Kommunikation gibt es die Option, auch die notwendige Energie an die Sensoren zu übertragen (WISA-power). Die WISA-I/O-Module und die WISA-Sensoren werden durch elektrische Induktion (120 kHz) mit Energie versorgt.

8.2 Feldbus-Systeme

Zur **Vernetzung** von Geräten im Maschinen- oder **Anlagenfeld,** z. B. von Sensoren mit Robotersteuerungen, sind einfache und kostengünstige Bussysteme notwendig. Man verwendet hier meist Leitungen mit verdrillten Adernpaaren als Übertragungsmedium und ein einfacheres Buszugriffsverfahren als bei den LAN.

8.2.1 CAN-Bus

Der CAN-Bus[1], ursprünglich für die Steuerungstechnik im Kraftfahrzeug entwickelt, wird stark zunehmend als preisgünstiger und robuster Feldbus im industriellen Bereich eingesetzt.

Beim CAN-Bus sind mehrere Teilnehmer (Stationen) gleichberechtigte Steuereinheiten. Die Adressierung der Daten ist **botschaftsbezogen** (nicht stationsbezogen), d. h. jede Station empfängt alle Daten, speichert aber nur diejenigen Daten ab, die sie betreffen **(Bild 1)**. Die Daten werden also über den kennzeichnenden Identifier (Ausweis), z. B. „Motordrehzahl" von dem Motorsteuergerät, als eine, das Motorsteuergerät betreffende, Botschaft selektiert[2] und angenommen (Bild 1). Die Kenngrößen sind in **Tabelle 1** zusammengestellt.

Bussteuerung

Wenn der Bus frei ist, kann jede Station senden. Beginnen mehrere Stationen gleichzeitig zu senden, dann wird zur Behebung des Buszugriffskonflikts ein „Wired-AND-Verfahren", d. h. eine physikalische Beherrschung des Busses mit der Botschaft der höchsten Priorität durchgesetzt, ohne dass ein Zeitverlust bzw. Bitverlust eintritt. Jeder Sender mit niederwertigerer Botschaft beendet das Senden und wird zum Empfänger. Sobald der Bus frei ist, kann diese Station einen neuen Sendeversuch starten. Das CAN-Protokoll besitzt zur Busvergabe zwei Bitzustände. Der Bitzustand ist entweder „rezessiv", d. h. zurückweichend oder „dominant", d. h. beherrschend. Wird ein dominantes Bit gesendet, dann werden rezessive Bits, die andere Stationen senden, überschrieben.

Akzeptanzprüfung und Datenframe

Ist der Identifier[3] der Botschaft in der Identifierliste der Station vermerkt, so wird diese Nachricht aufgenommen. Der Datenframe besteht aus 7 Kennfeldern **(Bild 2)**. Der *Start of Frame* (Startzeichen) markiert den Beginn einer Botschaft und synchronisiert alle Stationen. Das Arbitration Field[4] (Buszuteilung) besteht aus dem Identifier der Botschaft.

Der CAN-Bus arbeitet botschaftsbezogen und nicht mit Adressen.

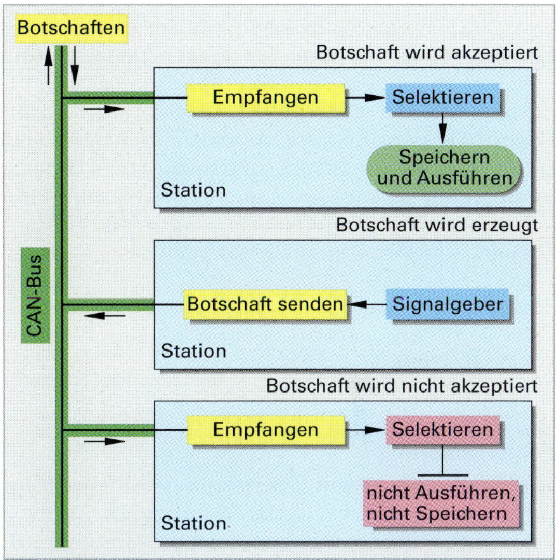

Bild 1: CAN-Bus

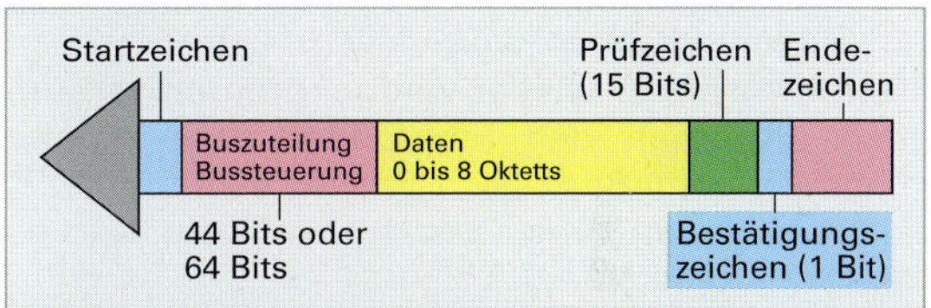

Bild 2: Nachrichtenformat

Tabelle 1: CAN-Bus

Benennung	Größe
max. Ausdehnung	40 m (1 Mbit/s) 1000 m (50 kbit/s)
Übertragungsrate	1 Mbit/s (40 m) 50 kbit/s (1000 m)
Adressierung	botschaftsbezogen, nicht stationsbezogen 2032 Botschaften
Buszuteilung	durch Prioritäten festgelegt 2031 Prioritäten
Anzahl der Stationen	unbegrenzt
Übertragungssicherheit	sehr hoch; Hamming Distanz 6
Übertragungsmedium	Zweidrahtverbindung oder Lichtwellenleiter

1 CAN von engl. Control Area Network = Feldnetz zur Steuerung
2 lat. seligere = auswählen
3 engl. to identify = ausweisen, identifizieren
4 engl. arbitration = Schiedsspruch, Entscheidung, engl. field = Feld

Während der Übertragung dieses Feldes prüft der Sender bei jedem Bit, ob er noch sendeberechtigt ist oder ob eine Botschaft höherer Priorität von einem anderen Sender gesendet wird. Das Control Field (Bussteuerung) liefert eine Angabe über die Anzahl der Datenbytes. Das *Data Field* (Daten) enthält zwischen 0 und 8 Bytes.

Das *CRC Field* (Prüfzeichen) liefert ein Codesicherungsbyte und das *Ack Field* (Bestätigungszeichen) enthält ein Bestätigungssignal aller Empfänger, die die Botschaft fehlerfrei empfangen haben. Mit dem *End of Frame* (Endezeichen) wird das Ende der Botschaft markiert. Jede Station kann Daten senden aber auch andere Stationen zum Datensenden auffordern. Dies wird mit dem Steuerbit im Arbitrations Field gesteuert.

> Der CAN-Bus arbeitet botschaftsbezogen, nicht adressbezogen.

Fehlersicherung

Die Sicherung gegen Übertragungsfehler erfolgt durch das CRC-Byte (Cyclic Redundancy Check = zyklische Prüfung mit zusätzlichem Datenwort), durch laufende Busspannungsprüfung und durch *Bitstuffing* (Bitstopfen). Beim Bitstuffing wird vom Sender nach fünf gleichen Bits (0-Bits oder 1-Bits) ein Bit der anderen Wertigkeit hinzugefügt und beim Empfänger wieder weggenommen (destuffing). Erreichen den Empfänger nacheinander mehr als fünf 0-Bits oder 1-Bits, so erkennt dieser sofort, dass ein Fehler vorliegt, z. B. ein Wackelkontakt.

Das Schichtenmodell

Der CAN-Bus hat abweichend von den anderen Bussystemen ein anders strukturiertes Schichtenmodell. Dieses besteht aus der Anwendungsschicht, der Objektschicht, der Übertragungsschicht und der physikalischen Schicht **(Bild 1)**. Die Anwendungsschicht verwaltet und interpretiert die Informationen. Die Objektschicht verwaltet die Datensätze, legt Prioritäten fest, bestimmt die Akzeptanz von Botschaften und organisiert eine Sendewiederholung im Fehlerfalle. Die Transferschicht steuert den Buszugriff, sichert die Übertragung und lokalisiert Fehler. Die physikalische Schicht bestimmt die Bitdarstellung, die Übertragungsrate und das Übertragungsmedium.

Kenngrößen

Beim CAN-Bus können 2032 verschiedene Botschaftsnamen und 2031 Botschaftsprioritäten durch den Identifier definiert werden. Die Datenlänge beträgt bis zu 8 Bytes. Die Übertragungsrate ist programmierbar und reicht bis 1 Mbit/s bei 40 m Busleitungslänge **(Tabelle 1, vorhergehende Seite)**.

Die Elektronikbausteine für den CAN-Bus gibt es als integrierte Schaltkreise und als Interfacekarten für den Betrieb mit PC. Die maximale Zahl der Busteilnehmer liegt je nach Art der Schnittstellenelektronik zwischen 30 und 200, ist aber prinzipiell unbegrenzt. Eine große Auswahl von CAN-Modulen, wie z. B. CAN-Module mit analogen Ein- und Ausgängen, mit binären Ein- und Ausgängen, Module mit PID-Reglern usw., ermöglichen eine universelle und einfache Anwendung des CAN-Busses in der Automatisierungstechnik.

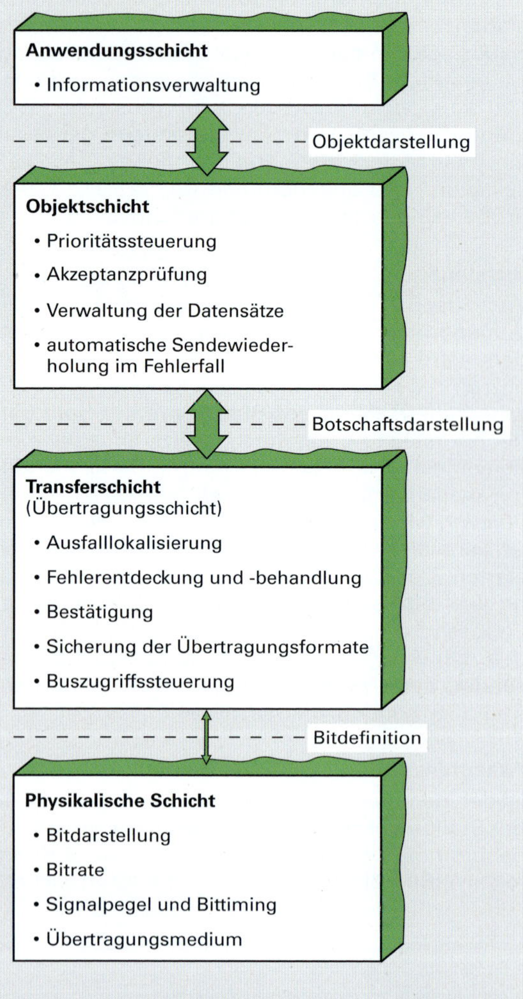

Bild 1: CAN-Schichtenmodell

8.2.2 Aktor-Sensor-Interface (AS-i)

AS-i ist ein Feldbus zum Anschluss von Sensoren, wie z. B. Lichtschranken und von Aktoren, wie z. B. Pneumatikzylinder, über eine einfache Zweidrahtleitung **(Bild 1)**. Die Datenübertragung erfolgt über dieselbe Leitung wie die Stromversorgung der Teilnehmer (Sensoren bzw. Aktoren). Die maximale Datenübertragungsrate beträgt 167 kbit/s. Der maximale Teilnehmerabstand ist ca. 100 m und es können 31 Teilnehmer angeschlossen werden. Mit Hilfe von Repeatern können Abstand und Teilnehmerzahl noch erweitert werden.

Das Aktor-Sensor-Interface ist eine preisgünstige Vernetzung von binären Sensoren und Aktoren.

Die Bussteuerung erfolgt durch einen Master[1]. Er steuert die Teilnehmer, d. h. er fragt die Sensoren der Reihe nach ab bzw. er überträgt an die Aktoren der Reihe nach Signale und wiederholt dies zyklisch (*zyklisches Polling*[2]).

Die Zykluszeit hängt von der Zahl der angeschlossenen Slaves ab und beträgt maximal 5 ms. Eine Nachrichtenübertragung besteht aus einem Masteraufruf mit 14 Bits, einer Masterpause mit 3 bis 10 Bits und einer Teilnehmernachricht mit 7 Bits sowie einer Teilnehmerpause mit einem Bit **(Bild 2)**.

Die Synchronisation erfolgt über ein Startbit und ein Stoppbit. Die Nachrichtenübertragung des Masters enthält entweder Daten, Parameter, Kommandos oder Adressen. In den 14 Bits der Masternachricht gibt es 5 Bits für die Adressierung der 31 Teilnehmer (Slaves[3]) und 5 Bits für Informationen an den Teilnehmer. Der Teilnehmer überträgt an den Master 4 Datenbits, z. B. den Schaltzustand des Sensors oder auch eine Fehlermeldung.

Über Kommandos kann der Master einen Teilnehmer in den Grundzustand bringen (Reset), seine Adresse löschen, eine neue Adresse eintragen sowie einen Status lesen oder löschen. Bei der Installation eines AS-i-Feldbusses muss ein Teilnehmer nach dem anderen adressiert werden. Es gibt Mastermodule die diese Initialisierungsmaßnahme weitgehend automatisch vornehmen. Über den Master, der meist als PC-Karte oder als SPS-Modul realisiert ist, wird auch eine Nachrichtenübertragung zu übergeordneten Systemen, z. B. zu einem Ethernet-LAN, möglich.

Die AS-i-Anschaltung besteht aus einem hochintegrierten Schaltkreis im Sensor bzw. Aktor. Zur Ankopplung sonstiger Teilnehmer gibt es Anwendermodule mit IC, in die die Busleitung nur eingelegt werden muss **(Bild 3)**. Über Kontaktspitzen wird ohne Leitungsunterbrechung der Kontakt hergestellt (Vampir-Kontakte).

[1] engl. master = Meister
[2] engl. to poll = wählen
[3] engl. slave = Sklave

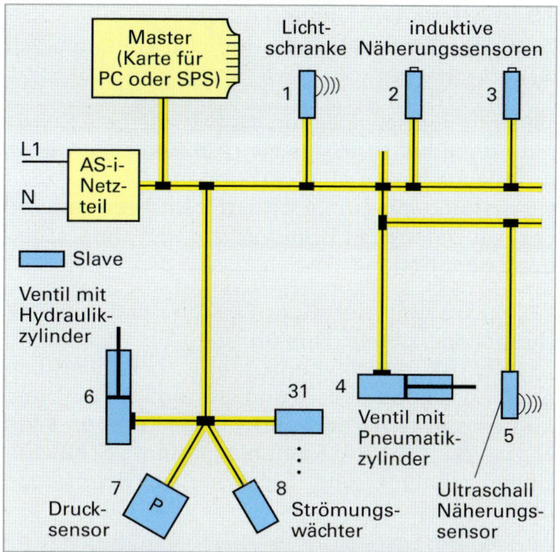

Bild 1: AS-i-Feldbus mit Beispielen von Sensoren und Aktoren

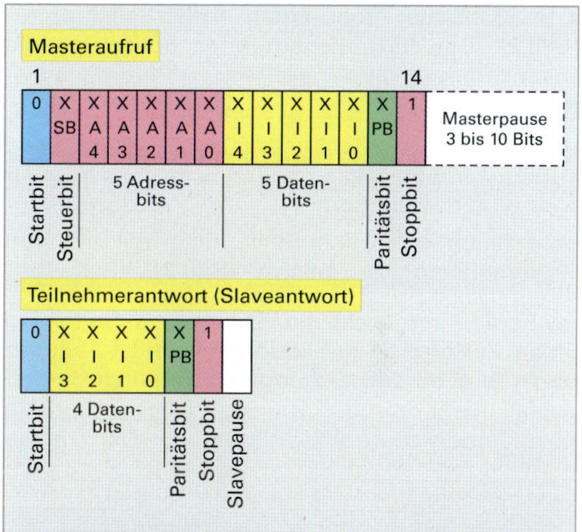

Bild 2: AS-i-Nachrichtenframe

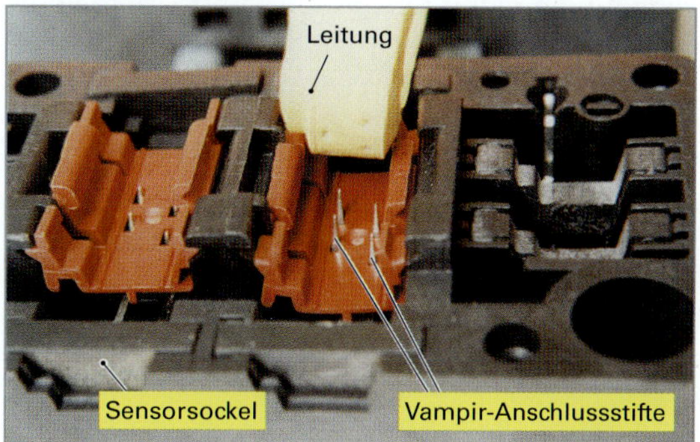

Bild 3: AS-i-Anschluss

AS-i-Weiterentwicklungen

Das Aktor-Sensor-Interface hat sich kontinuierlich weiterentwickelt.

1998 mit der Spezifikation V2.1 wurde eine Erweiterung auf bis zu 62 Slaves (A/B-Slaves) erreicht. A/B-Slaves haben eine verdoppelte Reaktionszeit (10 ms) und eine um 1 Bit auf 3 Bits verminderte Zahl an Datenbits (1 Bit wird zur A/B-Unterscheidung benötigt).

2001 kam mit der Spezifikation V3.0 eine sicherheitsgerichtete Ausführung. Sie wurde im „Safety at Work"-Konsortium herstellerübergreifend standardisiert und ermöglicht die Integration von sicherheitsgerichteten Komponenten wie z. B. NOT-HALT-Befehlsgeräten, Schutztür-Überwachungen und Sicherheits-Lichtvorhänge **(Bild 1)**.

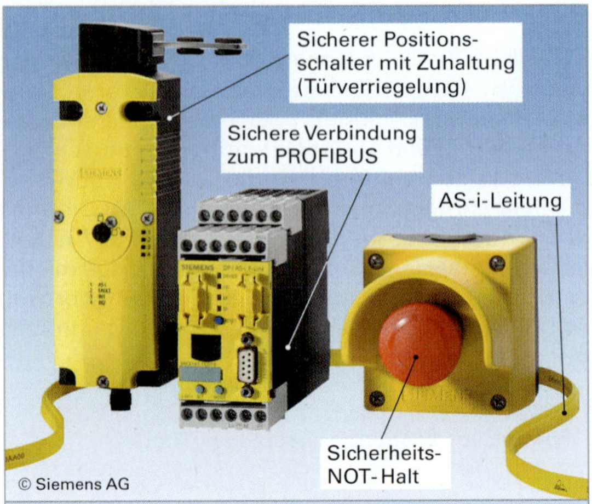

Bild 1: AS-i-Sicherheitskomponenten

AS-i-Sicherheits-Technik

Die Anschaltung eines Sicherheits-Slaves erfolgt z. B. (Siemens) über einen Sicherheitsmonitor **(Bild 2)**. Der Sicherheitsmonitor überwacht die Datenkommunikation auf der AS-Interface-Leitung.

Bei den sicheren Slaves werden dynamische, d. h. sich ändernde Codesequenzen mit einer 8x4 Bit Datenfolge übertragen. Diese werden bei der Inbetriebnahme in jedem Slave hinterlegt und vom Sicherheitsmonitor „gelernt" **(Bild 3)**.

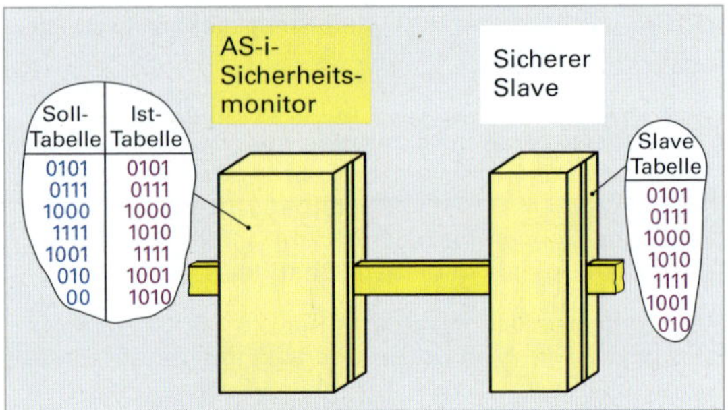

Bild 3: Ist- und Sollsequenzen im Übertragungsprotokoll

Im Betrieb vergleicht der Sicherheitsmonitor bei jedem Zyklus die Soll-Sequenz mit der Ist-Sequenz und nimmt bei Abweichungen, z. B. durch Geräteausfall oder Kommunikationsstörungen innerhalb 40 ms eine sichere Abschaltung vor. Die Wiedereinschaltzeit beträgt 100 ms. Er besitzt einen oder zwei zweikanalige Freigabekreise **(Bild 4)**.

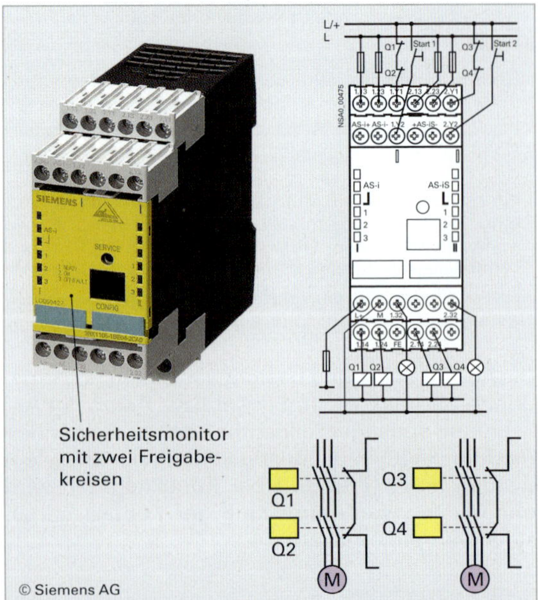

Bild 4: AS-i-Sicherheitsmonitor

Das System ist einsetzbar bis Kategorie 4 gemäß EN 954-1 bzw. bis SIL 3 nach IEC 61508 [10] und kann für die Stopp-Kategorien 0 und 1, gemäß EN 60204-1, verwendet werden. Die Konfiguration erfolgt meist mit einem PC.

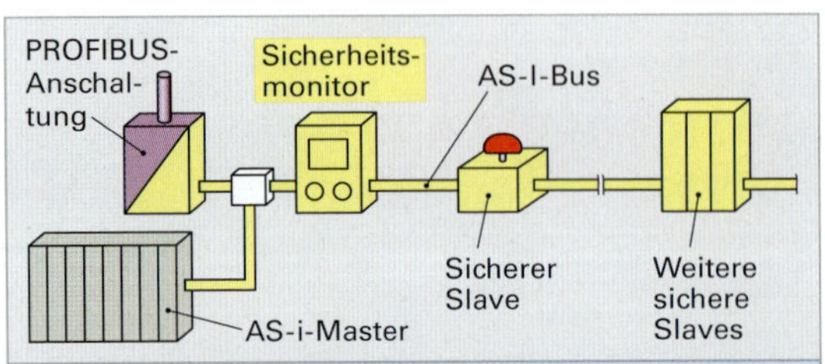

Bild 2: AS-i-Sicherheitsbus

8.2.3 PROFIBUS, PROFIBUS-DP

Der **PROFIBUS**[1] (von Process Field Bus = Prozess-Feld-Bus) ist in DIN 19245 genormt. Man unterscheidet hier zwischen aktiven und passiven Teilnehmern **(Bild 1)**. Ein aktiver Teilnehmer kann von sich aus, also ohne Aufforderung, Nachrichten senden. Die Sendeberechtigung wird über einen umlaufenden **Token** *zyklisch* erteilt. Passive Teilnehmer dürfen empfangene Nachrichten nur quittieren oder auf Anforderung Daten senden. Häufig ist in einem PROFIBUS nur ein aktiver Teilnehmer, z. B. der Leitrechner, dann entfällt der Token.

Die Netzwerktopologie ist als *Linie* oder als *Baum* möglich. Damit ist eine **flächendeckende Vernetzung** möglich.

Das Übertragungsmedium ist eine abgeschirmte 2-adrige Leitung. Die maximale Zahl der aktiven Teilnehmer beträgt 32, die Übertragungsrate liegt zwischen 9,6 kbit/s und 12 Mbit/s. Die größte Leitungslänge ist ohne Repeater (Wiederholer) 1200 m. Mit jeweils einem Repeater verlängert sich das Bussegment um weitere 1200 m.

Das System erkennt folgende Störungen und Betriebszustände:

- mehrere Token sind im Umlauf,
- kein Token ist vorhanden,
- fehlerhafte Tokenweitergabe,
- mehrere gleiche Teilnehmeradressen,
- defekter Empfänger,
- Zuschalten und Abschalten eines Teilnehmers.

Die Betriebsarten sind:

- Tokenverwaltung,
- zyklischer Sende- und Anforderungsbetrieb,
- Teilnehmerverwaltung.

Die Nachrichten setzen sich aus **UC-Zeichen** zusammen, den so genannten **U**ART-**C**harakters (UART von Universal Asynchronous Receiver/Transmitter = Universeller asynchroner Empfänger/Übertrager, Character = Zeichen). Ein UC-Zeichen besteht aus 11 Bits **(Bild 2)**.

Es gibt mehrere Frameformate, die der Nachrichtenart angepasst sind. So besteht eine Kurzquittung nur aus einem einzigen UC-Zeichen, während ein Nachrichtenpaket bis zu 261 UC-Zeichen umfassen kann **(Bild 3)**. Man unterscheidet das Kommunikationsprotokoll FMS (Fieldbus Message Specification) und DP (Decentralized Peripherials). Der Profibus-DP ist meist benutzt. Man erreicht Bitraten von 12 Mbit/s.

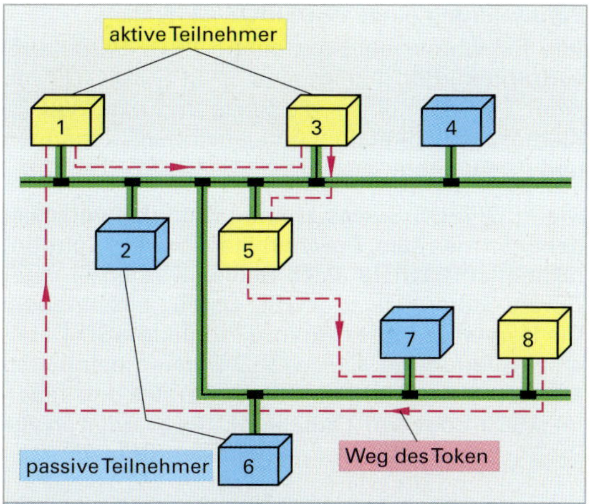

Bild 1: Struktur des PROFIBUS

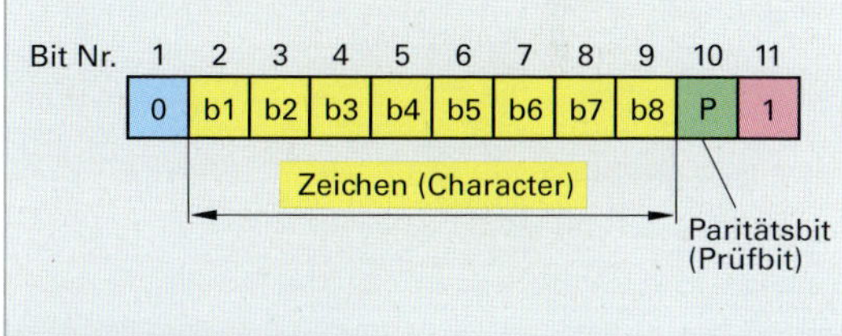

Bild 2: UC-Zeichen

Antworttelegramm:

SYN | SD2 | LE | LEr | SD2 | DA | SA | FC

Daten 4 bis 249UC | FCS | ED

SD2	Startbyte 2 (Start Delimiter) → 01101000
LE	Datenlänge (4 ... 249)
LEr	Wiederholung von LE
DA	Zieladresse (Destination Address)
SA	Quelladresse (Source Address)
FC	Kontrollbyte (Frame Control)
FCS	Prüfbyte (Frame Cheque Sequence)
ED	Endbyte (End Delimiter) → 00010110
SYN	Synchronisierzeichen (mind. 33-mal das Zeichen 0)

Kurzquittung

SC Einzelzeichen (Single Character) → 11100101

Bild 3: Frameformat

[1] Andere Bezeichnungen sind Firmennamen, wie z. B. Sinec L 2. Daneben gibt es den PROFIBUS-DP (Dezentrale Peripherie) mit Übertragungsraten bis zu 12 Mbit/s bei etwas eingeschränktem Funktionsumfang. Das Einsatzgebiet ist der schnelle Datenaustausch mit Sensoren und Aktoren.

Projektierung eines PROFIBUS-DP-Netzes

Alle Teilnehmer sind mit einem PROFIBUS-Kabel verbunden. **Bild 1** zeigt eine S7-SPS 314C-DP mit einer SMC-Ventilinsel als Slave und eine WAGO-Klemme mit digitalen und analogen Eingängen und Ausgängen.

Die PROFIBUS-Slaves können Produkte verschiedener Firmen sein. Die charakteristischen Kommunikationsmerkmale eines Slaves werden in einer Geräte-Stamm-Datei, (GSD-Datei) beschrieben. Die Hersteller stellen für ihre Produkte GSD-Dateien zur Verfügung. Diese GSD-Dateien beinhalten alle relevanten Merkmale eines Gerätes und liegen im ASCII-Code vor **(Tabelle 1)**. Sie werden in die Programmiersoftware mit installiert **(Bild 2)**.

Tabelle 1: Beispiel GSD-Datei

;Geraetestammdatei fuer SMC Ventilinsel 16 Ausgänge	
;Name: SMC_1400.GSD	
;Version: 1.0	
;Datum: 02.09.02Km	MaxTsdr_19.2 = 60
#Profibus_DP	MaxTsdr_93.75 = 60
Vendor_Name = "SMC "	MaxTsdr_187.5 = 60
Model_Name = "EX1121"	MaxTsdr_500 = 100
Revision = "V1.0"	MaxTsdr_1.5M = 150
Ident_Number = 0x1400	Redundancy = 0
Protocol_Ident = 0	Repeater_Ctrl_Sig = 2
Station_Type = 0	24V_Pins = 0
FMS_supp = 0	Freeze_Mode_supp = 0
Hardware_Release = "1"	Sync_Mode_supp = 1
Software_Release = "1"	Auto_Baud_supp = 1
9.6_supp = 1	Set_Slave_Add_supp = 1
19.2_supp = 1	User_Prm_Data_len = 5
93.75_supp = 1	User_Prm_Data = 0x00,0x00,0x00,0x00
187.5_supp = 1	Min_Slave_Intervall = 1
500_supp = 1	Modular_Station = 0
1.5M_supp = 1	Module = "DP-Kompaktgeraet 16A" 0x21
MaxTsdr_9.6 = 60	EndModule

Die Projektierung erfolgt in folgenden Schritten:

Schritt 1: Aufbau des DP-Mastersystem (Bild 3)

Nach dem Platzieren des Mastersystems zeichnet die Software den Datenstrang an den die einzelnen Slaves angebunden werden. Hierbei wird die PROFIBUS-Adresse automatisch vergeben (z. B. 2). Alle weiteren Einstellungen werden belassen.

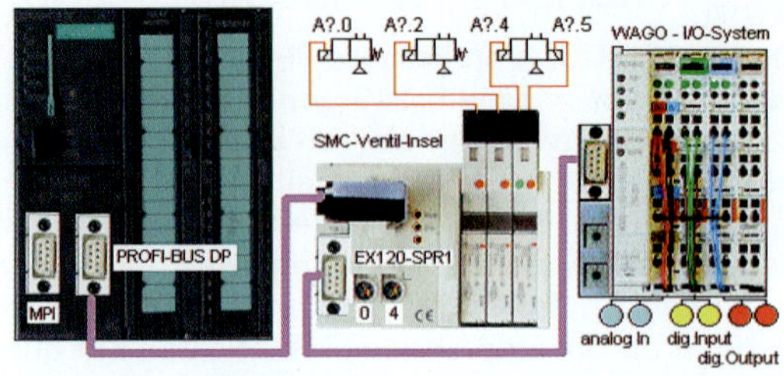

Bild 1: Beispielaufbau PROFIBUS-DP, Netzbeispiel

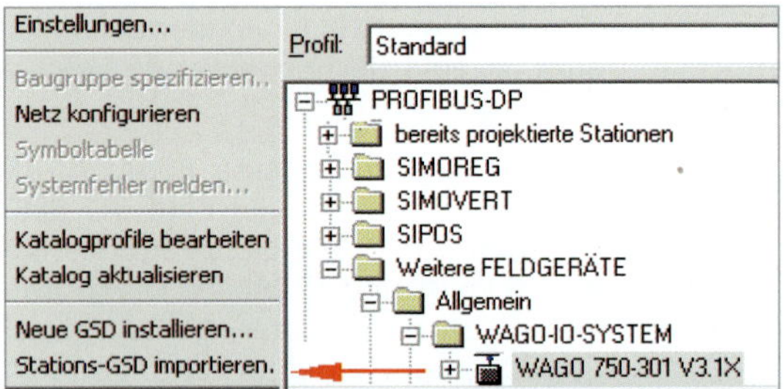

Bild 2: Installieren von GSD-Dateien

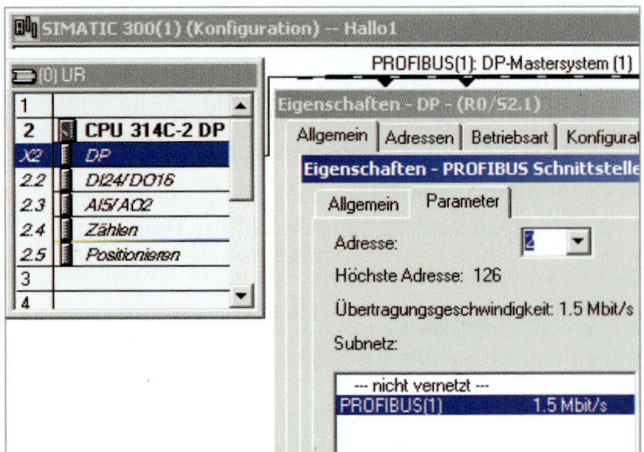

Bild 3: Konfigurieren des DP-Masters

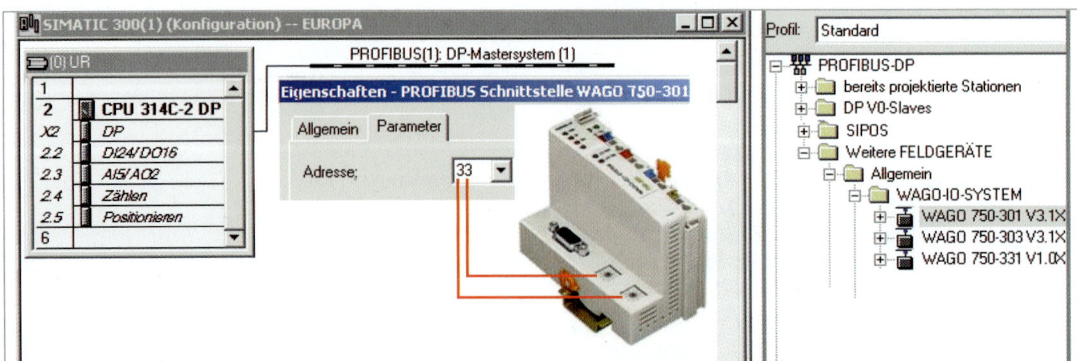

Bild 4: Anschalten eines Teilnehmers

Schritt 2: Einfügen der Slaves

Wenn es sich um Fremdprodukte handelt, müssen zuerst die GSD-Dateien in die Software installiert werden. Hierzu muss das Menü „Hardwarekonfiguration" angewählt sein.

Dann kann über das Untermenü „Extras" das Programm zur Installation angewählt werden (Bild 2, vorhergehende Seite).

Geräte mit GSD-Dateien werden dann im Ordner „Weitere Feldgeräte" abgelegt.

Nun können über „Einfügen", „Hardwarekomponenten" „PROFIBUS-DP" die gewünschten Feldgeräte ausgewählt werden und mit der Maus an den PROFIBUS-Strang gezogen werden. Es muss dann an dem Feldgerät die eingestellte Adresse abgelesen und im Eingabefenster angegeben werden. Bei der WAGO-Klemme ist z.B. die Adresse 33 voreingestellt **(Bild 4, vorhergehende Seite)**.

In gleicher Weise werden alle anderen Teilnehmer mit dem Mastersystem verbunden. In **Bild 1** wird eine SMC-Ventilinsel mit der eingestellten Adresse 4 eingefügt.

Schritt 3: Adressierung der Slaves

Sind auf einem Teilnehmer, wie z.B. bei der WAGO-Klemme mehrere Module, so müssen diese in die Tabelle **(Bild 2)** eingetragen werden. Die Werte werden wieder von der GSD-Datei entnommen. Die Adressenvergabe erfolgt automatisch. Die Reihenfolge der Einträge muss genau wie die Reihenfolge der Montage sein.

Hier kommen zuerst die analogen Eingänge, dann die analogen Ausgänge, dann die digitalen Eingänge und zum Schluss die digitalen Ausgänge. Da die SMC-Ventilinsel zwar aus mehreren Ventilen besteht, aber nur einen Steckplatz hat, wird dieser sofort beim Einfügen in den PROFIBUS vergeben.

Schritt 4: Übertragen der Systemdateien in die SPS

Nach der Konfiguration müssen die so konfigurierten Systemdateien in die SPS übertragen werden. Wenn kein Fehler vorliegt, werden die roten Fehlerlampen (BF = Busfehler) erlöschen und die grünen Bereitschaftslampen „RUN" leuchten.

Beispiel:

Bild 4 zeigt einen Hardwareaufbau mit den bisher beschriebenen Komponenten. Es wurde eine einfache Verkabelung vorgenommen, um mit einem kleinen Testprogramm die Funktion der Anlage zu prüfen. In Bild 3 wird ein einfaches SPS-Programm gezeigt, mit welchem man die analogen und digitalen Eingänge und Ausgänge testen kann.

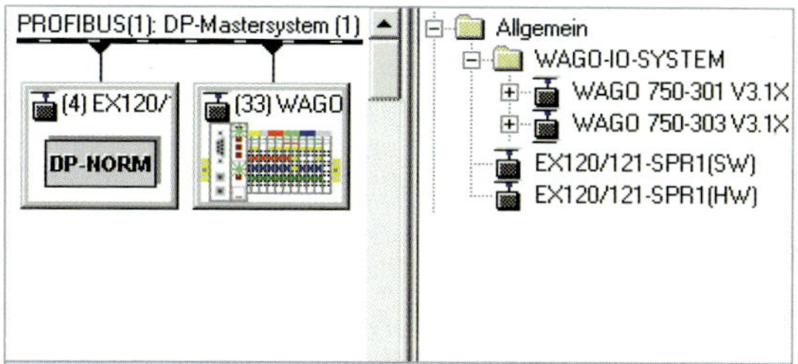

Bild 1: Einfügen einer weiteren Station

(33) WAGO

Steckplatz	Baugruppe	Bestellnummer	E-Adresse	A-Adresse
1	2AE	750-456	256...259	
2	2AA	750-556		256...259
3	8DE	750-4XX/5XX/6XX 8x DE	0	
4	8DA	750-5XX 8x DA		0

(4) SMC Ventilinsel

Steckplatz	Baugruppe	Bestellnummer	E-Adresse	A-Adresse
1	16DA	DP-Kompaktgeraet 16A		1..2

Bild 2: Adressen der Teilnehmer

```
(*WAGO Dig.Baugruppen*)
(*EIngang belegen und an Ausgang *)
%QX0.0:=%IX0.0;
%QX0.1:=%IX0.1;
(*WAGO Anal. Augruppen*)
(*dig. EW124 lesen und an WAGO *)
#QW256:=%IW124;
(*Analogadr. lesen und an MW10 *)
%MW10:=#IW256;
(*SMC-Ventilinsel*)
%QB1:=%IB125;
```

```
%QX0.0 = FALSE
%QX0.1 = TRUE
%IX0.0 = FALSE
%IX0.1 = TRUE
#QW256 = ???
%IW124 = 16129
%MW10 = 16139
#IW256 = ???
%QB1 = 1
%IB125 = 1
```

Bild 3: Beispielprogramm

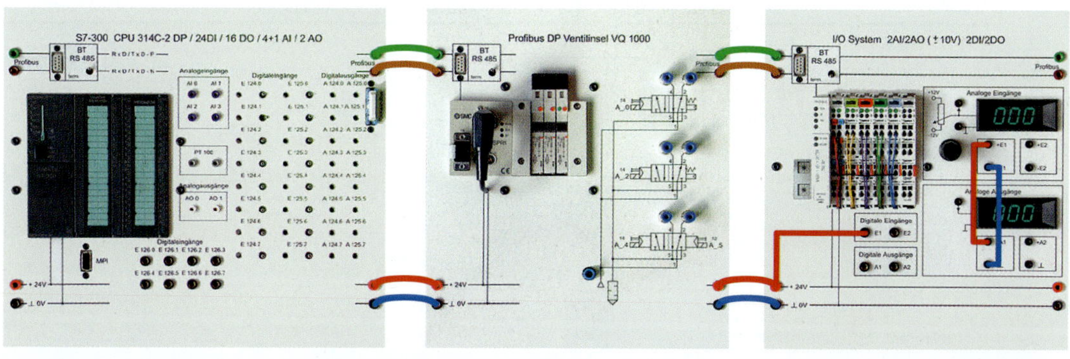

Bild 4: PROFIBUS – Schulungsanlage

8.2.4 PROFINET

PROFINET (Process Field Network) ist ein Feldbus. Er entspricht dem Industrial Ethernet Standard und berücksichtigt durch Echzeitfähigkeit die Belange der Automatisierungstechnik **(Bild 1).**

Die Echtzeitfähigkeit ist dadurch gegeben dass für Prozessdaten das UDP/IP-Übertragungsprotokoll (User Datagram Protocol/Internet Protocol) mit einer Version Real Time (RT) oder Isochronous Real Time (IRT) genutzt wird, während man für die übliche Bürokommunikation das Ethernet mit dem TCP/IP- Übertragungsprotokoll (Transmission Control Protocol/Internet Protocol) verwendet **(Bild 2).** Beide Protokollarten können mit derselben physikalischen Technik betrieben werden.

Zeitkritische Prozessdaten, z. B. Signale für Antriebe in Regelkreisen, werden taktsynchron mit PROFINET IO im RT-Modus/IRT-Modus übertragen und die nichtzeitkritische Daten, wie z. B. Diagnosedaten und Logbuchdaten im TCP/IP-Modus (PROFINET CBA).

PROFINET-Teilnehmer, also Feldgeräte, besitzen stets eine Vollduplex-Anschaltung, d. h. der Teilnehmer hat einen getrennten Sendekanal und Empfangskanal auf Basis der 100 Mbit/s-Ethernet-Übertragungstechnik. Diese kann leitungsgebunden sein mit Kupferadern (100BASE-TX) oder mit Lichtwellenleiter (100BASE-FX) oder auch kabellos mit IWLAN (Industrial Wireless LAN) nach IEEE 802.11.

Die Datenübertragung von Input/Output-Daten (PROFINET IO) im RT/IRT-Modus ist priorisiert gegenüber anderen Anwendungen. Mit IRT erreicht man sogar eine Zykluszeit (Daten empfangen und Daten senden) von 250µµs und zwar auch taktsynchron mit einer Unsicherheit von weniger als 1µs (Jitter).

Die Reihenfolge der Datenpakete wird projektiert. Im zyklischen Datenverkehr wird auf IP-Adressen verzichtet damit die Paketlängen kurz bleiben. Damit verliert dieser Bereich die Routingfähigkeit, d. h. die Teilnehmer sind direkt einem vorbestimmten Controller, z. B. einer SPS über MAC-Adressen (Media Access Control Adressen = Geräteidentfikations-Adressen) zugeordnet.

7 Anwendung	IO Dienste & Protokolle	CBA Dienste & Porotokolle
6 Darstellung	leer	
5 Sitzung	leer	
4 Transport	UDP	TCP
3 Netzwerk	IP, ARP, SNMP, DCP, DHCP	
2 Sicherung	CSMA/CD, VLAN, MRRT, LLDP	
1 Bitübertragung	100BASE-TX, 100BASE-FX	

Das Media Redundancy Real-Time Protocol (MRRT) erlaubt eine Ringschaltung ohne Zeitverzögerung im Fehlerfall.
Das Link Layer Discovery Protocol (LLDP) ermöglicht neben der Erkennung der Nachbarn, dass auch die Laufzeit der Signale mitgeteilt werden kann. Für den Verbindungsaufbau und die azyklischen Dienste wird das IP Protokoll verwendet. Das Address Resolution Protocol (ARP) ist dazu mit der Erkennung von doppelten IP Adressen erweitert. Für die Vergabe der IP Adressen wird das Discovery and basic Configuration Protocol (DCP) oder auch DHCP eingesetzt. Für den Aufbau und die Verwaltung von Verbindungen wird das Remote Procedure Call (RPC) Protokoll eingesetzt. Bei CBA werden dabei die Distributed Component Object Model (DCOM) Objekte verwendet.

Bild 1: Protokollstruktur

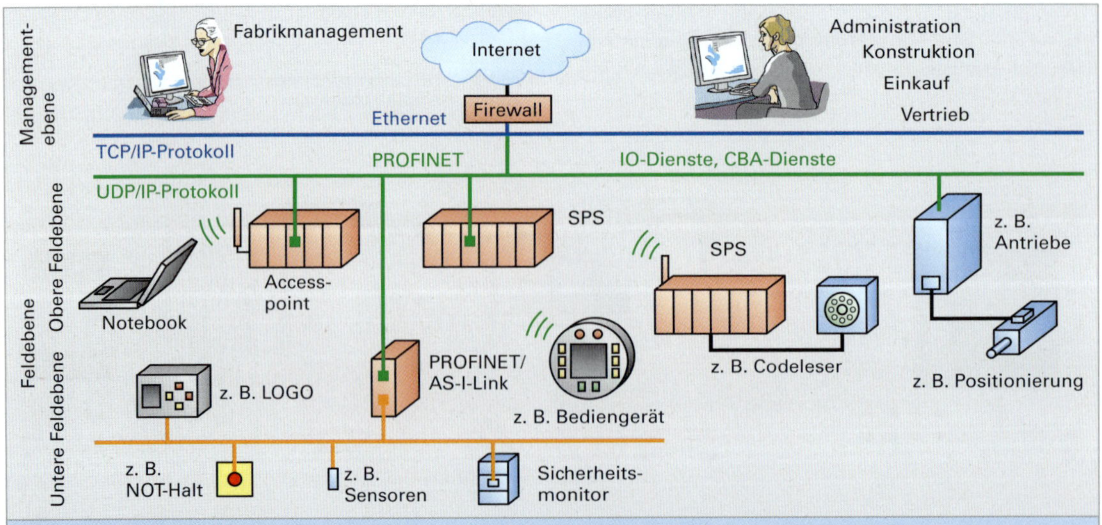

Bild 2: PROFINET-Integration

8.2.5 PROFIsafe

PROFIsafe ist ein Sicherheitskommunikationssystem und in DIN EN 61784-3 genormt[1]. PROFIsafe ist eine Software und wird als zusätzliche Protokollschicht zu den Protokollen der hardwaremäßig realisierten Kommunikationssysteme, z. B. von der PROFIBUS und PROFINET angelegt.

Sie ist zu diesen rückwirkungsfrei. So müssen die Standard-Kommunikation und die Sicherheitskommunikation (F) nicht getrennt werden.

Sicherheits-Nachrichten können mit Standardnachrichten übertragen werden **(Bild 1).** Standard-SPS mit integrierter, aber logisch getrennter Sicherheitsverarbeitung können als Sicherheits-Hosts (F-Host) fungieren.

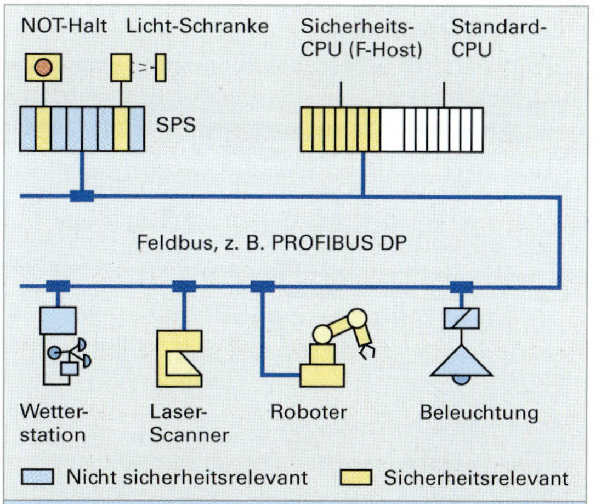

Bild 1: Protokollstruktur

Black Channels

Zur Nachrichtenübertragung sind Kupferkabel, Lichtwellenleiter oder drahtlose Verbindungen möglich und zwar über unterschiedliche Feldbussysteme. Sie gelten als *Black Channels* **(Bild 2).**

Weder die Übertragungsraten noch die jeweilige Fehlererkennung spielen eine Rolle obwohl bei der Nachrichtenübertragung viele Fehlerarten auftreten können, z. B.:

- Hardwareausfälle,
- elektromagnetische Störungen,
- verlorene Nachrichten
- eingeschleuste Nachrichten
- Nachrichten in falscher Reihenfolge.

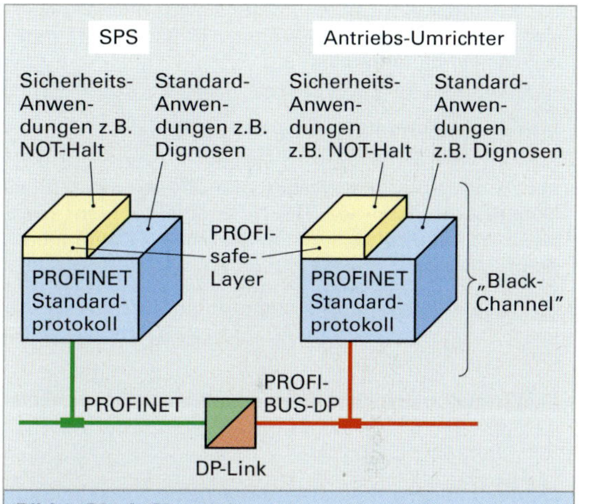

Bild 2: Black-Channel

Das PROFIsafe-Protokoll erspart dem Anwender die Sicherheitsbeurteilung seines individuellen Gesamtsystems und gewährleistet daher die funktionale Sicherheit des kompletten Pfades, vom Sender eines Sicherheitssignals, z. B. einem NOT-Halt-Taster in einem ASisafe-System bis zum Empfänger-SPS (F-Host) und umgekehrt **(Bild 3).** Die Fehlerwahrscheinlichkeit zwischen einer Sicherheitssteuerung und einem Sicherheits-Device reduziert sich auf das von den Normen geforderte Maß.

Sicherheitsschaltkreise, wie z. B. Laserscanner oder Antriebe mit integrierter Sicherheit können eingebunden werden.

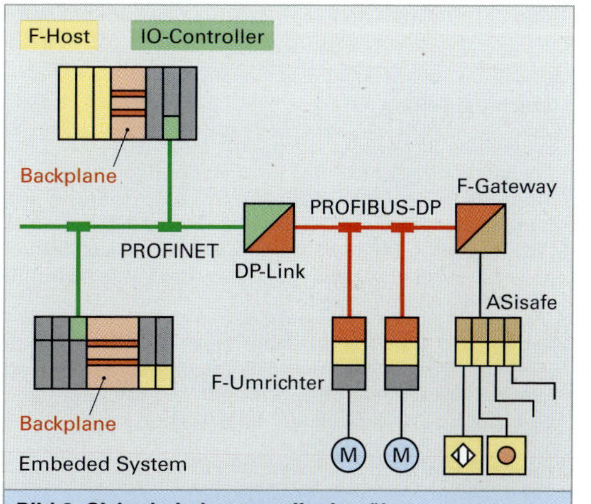

Bild 3: Sicherheitskommunikation über Systemgrenzen hinweg

---

1 DIN EN 61784-3; VDE 0803-500:2011-02; Industrielle Kommunikationsnetze – Profile – Teil 3: Funktional sichere Übertragung bei Feldbussen – Allgemeine Regeln und Profilfestlegungen (IEC 61784-3:2010);

Sicherheit-Maßnahmen

Zur Erfüllung der SIL3-Anforderungen sind notwendig:

1. die fortlaufende Nummerierung von Sicherheits-Nachrichten („Sign-of-life"),
2. eine Zeiterwartung mit Quittung („Watchdog"),
3. eine Kennung zwischen Sender und Empfänger („Sicherheits-Adresse"),
4. eine Datenintegritätsprüfung (CRC = cyclic redundancy check).
5. eine Eindeutigkeit des Sicherheits-Adressraums.

Sicherheits-Basisfunktionen

Zu den Sicherheits-Basisfunktionen gehören

- die zyklische Kommunikation und die
- 1:1-Kommunikationsbeziehung

zwischen Bus-Controller und den Feldgeräten (Ansprache-und-Antwort-Prinzip). Dieses Prinzip spürt jedes defekte Gerät unmittelbar auf.

Sicherheits-Formate

Sicherheits-Nachrichten zwischen einem Sicherheits-Host und dem Sicherheits-Device werden als Nutzfracht transportiert. Die Nutzfracht kann aus mehreren Sicherheits-Nachrichten Bestehen. Es beginnt mit den Sicherheits-Ein-/Ausgabedaten.

Die Datenstruktur eines bestimmten Sicherheits-Devices ist in der zugehörigen GSD-Datei (General Station Description) definiert.

Es gibt zwei verschieden lange maximale Datenpakete: 12 Bytes, mit 3 byte langer CRC-Signatur und 123 Byte mit 4 byte CRC-Signatur.

Die Fertigungsautomatisierung arbeitet meist mit kurzen Signalen (Bits), die sehr schnell verarbeitet werden müssen, während die Prozessautomatisierung mit längeren Prozesswerten, z. B. Gleitkomma-Zahlen arbeitet und langsamer sein darf.

Synchronisierung

Bei einer Sicherheits-Nachricht folgt auf die Ein-/Ausgabedaten entweder ein Steuer-Byte oder ein Status-Byte. Beide dienen der Synchronisierung der Protokollprozeduren. Das Datenpaket endet mit einer CRC- Signatur. Diese hängt von der Länge der Sicherheits-Ein-/-Ausgabedaten ab. Die fortlaufende Nummer wird nicht mit übertragen.

Sender und Empfänger haben eigene Zähler, die mit Hilfe des Steuer- und des Statusbytes synchronisiert werden. Die Zählerwerte werden in die CRC-Signaturberechnung einbezogen und überwacht.

Auch die Sicherheits-Adresse wird so abgesichert.

Sicherheits-Dienste

Die PROFIsafe-Layer oberhalb der Standard-Kommunikation sind softwaremäßig als Treiber realisiert mit einer Zustandsmaschine für die reguläre zyklische Verarbeitung der Sicherheits-Nachrichten sowie für seltenere Aufgaben, wie z. B. Systemstart, Ein- und Ausschalten, CRC- Fehlerbehandlung.

Ein spezieller Dienst ermöglicht z. B. ein sicheres Hochfahren einer Anlage. Hierbei werden die realen Prozesswerte durch voreingestellte sichere Werte („0") ersetzt, um den Empfänger in einen sicheren (energielosen) Zustand zu versetzen.

Sicherheitsparameter

Man unterscheidet *iParameter* und *F-Parameter*. Die iParameter sind gerätespezifische Parameter des Sicherheitsgeräts, z. B. des Laserscanners. Die Eintragungen organisiert man ähnlich wie bei einem Name-Server über einen iParameter-Server. Die F-Parameter enthalten Informationen, um den PROFIsafe-Layer an bestimmte Kundenvorgaben anzupassen und die Parametrierung auf einem separaten Weg zu überprüfen.

Die wichtigsten F-Parameter sind:

- F_S/D_Address (kurz: F-Adresse),
- F_WD_Time,
- F_SIL,
- F_iPar_CRC,
- F_Par_CRC.

F_S/D_Address ist eine eineindeutige Adresse für F-Geräte innerhalb eines Systems. Der Technologie-Teil des F-Devices vergleicht den Wert mit dem Adressschalter vor Ort oder einer zugewiesenen F-Adresse, um die Authentizität der Verbindung zu überprüfen.

F_WD_Time spezifiziert in Millisekunden die Zeit für einen *Watchdog*-Timer. Der Timer überwacht die Dauer bis zum Empfang der nächsten gültigen Sicherheits-Nachricht.

F_SIL gibt den SIL an, den der Anwender vom jeweiligen F-Device erwartet. Er wird mit den lokal gespeicherten Angaben des Herstellers verglichen.

F_iPar_CRC ist eine Prüfsumme, die aus allen iParametern des technologiespezifischen Teils des F-Devices berechnet wird.

F_Par_CRC ist die CRC-Signatur, die über alle F-Parameter gebildet wird und die fehlerfreie Übertragung der F-Parameter sicherstellt.

8.3 Schnittstellen

8.3.1 Aufgaben und Art der Schnittstellen

Der Anschluss peripherer Geräte an einen PC erfolgt über drahtgebundene und über drahtlose Schnittstellen.

Man unterscheidet:

- Schnittstellen für allgemeine Anwendungen,
- Schnittstellen für Video/Audio-Geräte, Monitore,
- Schnittstellen für PC-Erweiterungen und externe Speicher,
- Schnittstellen bei Industrie-PCs zur Integration in Automatisierungssystemen.

Allgemeine Anwendungen

Die Schnittstellen für allgemeine Anwendungen sind drahtgebunden oder drahtlos **(Tabelle 1).** Die meist üblichen drahtgebundenen Schnittstellen für allgemeine Anwendungen sind: Ethernet, USB und FireWire. Bei den drahtlosen Schnittstellen sind es WLAN für das weitere Umfeld, Bluetooth für den PC-Nahbereich und Infrared Data Association (IrDA) für die kabellose Übertagung in unmittelbarer Gerätenähe.

Video/Audio-Geräte, Monitore

Speziell zum Anschluss von Video/Audio-Geräten und von Monitoren gibt es die DVI-Schnittstelle (Digital Visual Interface), die HDMI-Schnittstelle (High Definition Multimedia Interface) und den DisplayPort **(Tabelle 2).**

PC-Erweiterung und externe Speicher

Peripheral Component Interconnect (PCI) und PCI-Express (PCIe) sind Schnittstellen zur Verbindung von Peripheriegeräten mit dem Chipsatz eines Prozessors. SATA (Serial Advanced Technology Attachment) ist eine Schnittstelle für den Datenaustausch zwischen Prozessor und (interner) Festplatte. External SATA (eSATA) zum Anschluss von externen Laufwerken.

PC-Integration in Automatisierungssysteme

Industrie-PCs (I-PCs) besitzen ergänzend die seriellen Schnittstellen IO-Link, RS232 bzw. V.24[1] und RS485 (MPI-Bus) sowie weitere, z. B. GiGE-Ethernet für Kamerasysteme.

[1] Die *V.24-Schnittstelle* geht auf die Empfehlung V.24 der Internationalen Fernmeldeunion (engl. International Telecommunication Union) ITU zurück. Die ITU-V.24-Empfehlung definiert über 50 Schnittstellenleitungen. Die daraus abgeleitete Schnittstelle RS 232C des Standardisierungskomitees EIA (Electronic Industries Association) nutzt nur einige davon. Die zugehörigen Stecker sind 25-polig oder 9-polig.

Tabelle 1: PC-Schnittstellen für allgemeine Anwendungen

Drahtgebundene Schnittstellen	
 Ethernet	**Ethernet-LAN** Bitraten: 100 Mbit/s, 1 Gbit/s, 10 Gbit/s, PoE mit Stromversorgung Betrieb von z. B.: Drucker, Scanner, Fax
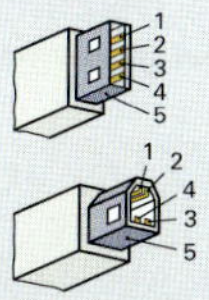 USB 2, USB 3	**Universeller Serieller Bus (USB)** **USB 2**: Bitraten: 1,5 Mbit/s, 12 Mbit/s, 480 Mbit/s **USB 3**: Bitraten > 500 Mbit/s. Verwendung für z. B.: • Tastaturen, Mäuse, • Drucker, Scanner, Datenspeicher, • Elektronikgeräte aller Art.
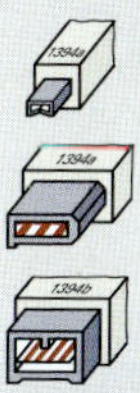 4-polig, 6-polig, 9-polig	**Firewire Bussystem** (IEEE 1394) Bitraten: 400 Mbit/s bis 3,2 Gbit/s mit LWL. Kein Host-Computer erforderlich. Maximal 63 Geräte pro Bussegment und max. 1023 Bussegmente. Verwendung für: Alle PC-Peripheriegeräte, z. B. Drucker, Scanner, FireWire-USB-Konvertertierung ist oft problematisch.
Drahtlose Schnittstellen	
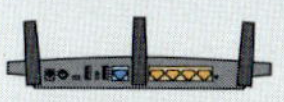 W-LAN, WI-Fi	Lokales Funknetz (IEEE-802.11) mit WLAN-Router. Funktionalität wie Ethernet-LAN. Das Wi-Fi-Zertifikat (Wireless Fidelity) garantiert die Einhaltung der Norm.
Bluetooth	Universelles Funk-Piconetz (IEEE-802.15.1) Datenraten bis etwa 2,1 Mbit/s. Shared medium, d. h. bei mehreren Teilnehmern reduzierte Datenrate. Reichweite bei 100 mW Sendeleistung bis 100 m, bei 2,5 mW bis 10 m.
Infrared Data Association IrDA	Punkt-zu-Punkt Datenübertragung mit Infrarotemstrahlung (850 nm bis 900 nm) im Nahbereich bis 1 m. Anwendung bei Laptops, Mobiltelefonen oder PDAs. Für PC gibt es USB-IrDA-Konverter.

Tabelle 2: Schnittstellen für Audio, Video, Monitore

 VGA	**Video Graphics Array (VGA)** und Super-VGA (SVGA) sind 15-polige Schnittstellen für analoge Graphik-Bildschirme und Beamer.
 DVI	**Digital Visual Interface (DVI).** Die 8 Datenbits eines RGB-Signals werden seriell übertragen, im Dual-Link (6 Adernpaare) mit bis zu 7,44 Gbit/s. Es gibt PIN-Belegungsvarianten: DVI-A (analog), DVI-D (digital), DVI-I (analog und digital).
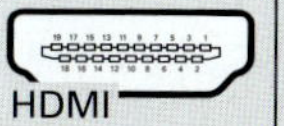 HDMI	**High Definition Multimedia Interface (HDMI)** Schnittstelle für die digitale Bild- und Ton-Übertragung.
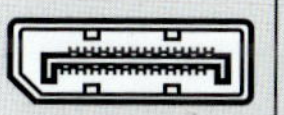 DisplayPort	**DisplayPort.** Datenrate bis zu 3,24 GByte/s (vier Lanes). Auflösung bis 5120 x 2880 Pixel bei 60 fps (frames per second = Bilder/s) und 8 bit Farbtiefe. Adapter für DVI und HDMI.

8.3.2 USB-Schnittstelle

Mit USB-Schnittstellen (USB, von Universal Serial Bus) sind PCs und Notebooks und alle üblichen Peripheriegeräte ausgestattet **(Bild 1)**. Zur Erweiterung der Anschlussstellen gibt es USB-Ports bzw. Hubs mit z. B. 3 bis 10 zusätzlichen Stecksockeln. USB ist ein Bus zur bidirektionalen Datenübertragung. Die Datenübertragung wird über den angeschlossenen PC als Host aufgebaut und verwaltet.

Bild 1: USB-Steckplätze an einem Notebook

USB 2.0: In Verwendung ist vor allem USB 2.0 mit den Übertragungsraten:

- 1,5 Mbit/s (Low Speed) z. B. für Tastaturen, Mäuse, Blutzuckermessgeräte,
- 12 Mbit/s (Full Speed) z. B. für Drucker, Scanner,
- 480 Mbit/s (High Speed) z. B. für externe Laufwerke.

USB 3.0: Mit USB 3.0 erreicht man Datenraten über 5 Gbit/s, z. B. bei USB-Sticks als Flash-Laufwerke.

Stromversorgung peripherer Geräte: Ein Low Powered Port liefert 4,4 V bis 5,5 V und bis 100 mA, ein High Powered Port 4,75 V bis 5,5 V und bis 500 mA und ein USB 3.0-Port 4,45 V bis 5,5 V und bis 900 mA. Beim Einstecken eines Peripheriegeräts dürfen allerdings nicht mehr als 100 mA fließen. Nach der Identifikation des Geräts kann vom Host eine erhöhte Leistung zugelassen werden. Die USB-Schnittstelle dient häufig auch als Ladekabel für Kleingeräte.

8.3.3 Firewire (IEEE 1394)

FireWire (Feuerdraht) ist ein Datennetz in Baumstruktur. Das Netz beginnt mit einem Teilnehmer, z. B. Drucker als Anfangsknoten (= Leaf Node). Es folgen weitere Netzteilnehmer (Nodes = Knoten), evtl. Verzweigungen (Branch Nodes = Zweig-Knoten, **Bild 2**). Dabei können bis zu 16 Kettenglieder (Hops) in Art einer Gänseblümchenkette (Daisy Chain) nacheinander kommen. Die Nodes können bei laufendem Betrieb angeschlossen werden (hot plug) und werden automatisch erkannt.

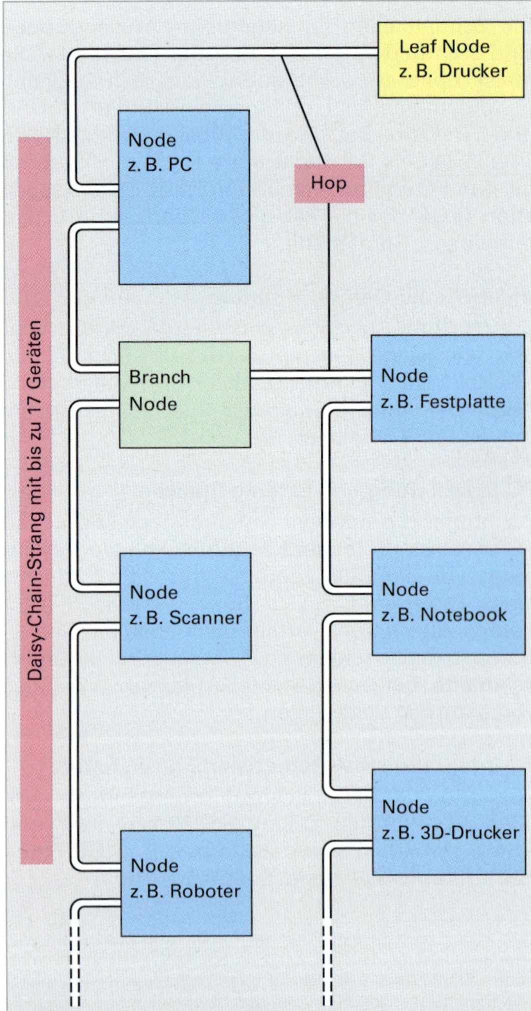

Bild 2: FireWire-Datennetz (Beispiel)

Die Hops bestehen aus geschirmten Aderpaaren (STP, Shielded Twisted Pair) für Übertragungslängen von 4,5 m oder es sind Glasfaserleitungen für Distanzen bis 72 m. Die Datenraten sind: 100 Mbit/s (S100), 200 Mbit/s (S200), 400 Mbit/s (S400), 800 Mbit/s (S800), 1,6 Gbit/s (S1600), 3,2 Gbit/s (S3200) und zwar bidirektional.

FireWire benötigt zum Netzbetrieb keinen Hostcomputer. Jeder Node ist so ausgestattet, dass er die Netzsteuerung wahrnehmen kann. Kommt ein neuer Node hinzu wird die Netzsteuerung automatisch neu geregelt. Die Adressierung erfolgt mit einem 64-Bit-Steuerwort (10 Bits für die Netzwerkverwaltung, 6 Bits für die Steuerung der Netzknoten und 48 Bits zur Adressierung der Geräte mit Angaben zu den Geräteeigenschaften, wie z. B. Speicher, Register).

8.3.4 Serielle Schnittstelle V.24

Eine oft verwendete Schnittstelle ist die **V.24-Schnittstelle** (DIN 66 020), international genormt durch die ITU-T-Empfehlung V.24 und V.28. In den USA hat diese Schnittstelle die Bezeichnung **RS 232C**. In der Norm wird im Wesentlichen die physikalische Schicht beschrieben. Das zu Stande kommen einer Datenverbindung, der Verbindungsaufbau, die Blockung und die Quittierung werden oft sehr unterschiedlich gehandhabt.

Als Steckverbindung dient ein 25-poliger oder 9-poliger Stecker. Belegt und genutzt sind meist nur wenige Stifte **(Bild 1)**.

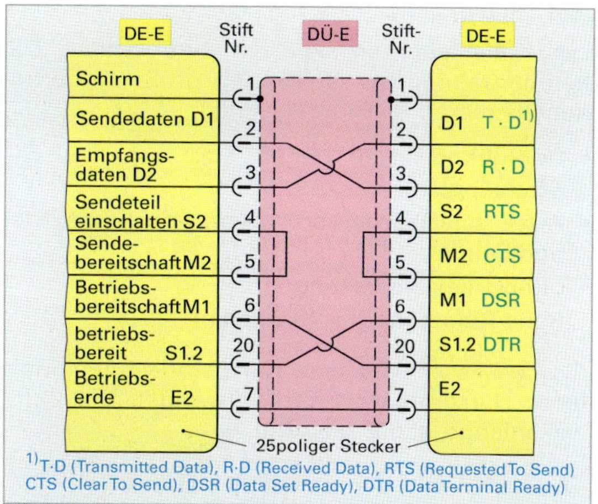

Bild 1: Schnittstellenleitungen

Geräte, die durch die V.24-Schnittstelle verbunden werden, heißen in der Norm Datenendeinrichtungen (DE-E). Die Leitung mit den Steckern heißt Datenübertragungseinrichtung (DÜ-E). Da die Steckerbelegung bezüglich der Signale an beiden Geräten gleich ist, kreuzen sich die Leiter. Über den Ausgang 2 senden z. B. beide Geräte. Der Signalname ist jeweils D1. Bei der Übertragung wechseln nun die Leitungen, und die Daten kommen jeweils als Empfangsdaten. Über die Signalleitung D2 bei den Geräten am Eingang 3 an (Bild 1).

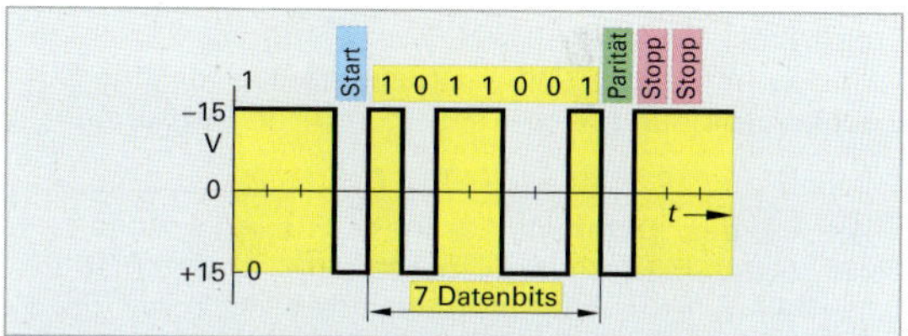

Bild 2: Übertragungssignal für das Zeichen M

Sendedaten werden über D1 (TD, Transmitted Data, = Sendedaten) übertragen, wenn auf S1.2, S1, M1 und M2 der EIN-Zustand herrscht. Empfangsdaten (RC, Received Data, = Empfangsdaten) werden über D2 aufgenommen. Für Datensignale gilt der Pegel +3 V bis +15 V für 0-Signal und der Pegel –3 V bis –15 V für 1-Signal. Bei den Melde- und Steuersignalen bedeutet der Pegel +3 V bis +15 V EIN und der Pegel –3 V bis –15 V AUS.

Bei der Datenübertragung z. B. zu NC-Maschinen erfolgt die Signaldarstellung auch in Form von 20-mA-Stromimpulsen. Man spricht von der **20-mA-Linienstromschnittstelle** oder TTY-Schnittstelle (TTY von Teletype = Fernschreiber).

Datendarstellung. Die Datenübertragung erfolgt bei zeichenweiser Übertragung mit dem **7-Bit-Code (Tabelle 1)**. Ein Zeichen besteht dabei aus einem Startbit, 7 oder 9 Datenbits, einem Paritybit für eine geradzahlige Quersumme und wahlweise aus ein oder zwei Stoppbits **(Bild 2)**.

Die **Übertragungsgeschwindigkeit** ist z. B. auf die Bitraten 1200, 2400, 4800, 9600 und 19200 bit/s einstellbar. Die Übertragungsgeschwindigkeit wird auch häufig in der Einheit Baud (Bd) angegeben (1 Bd ≙ 1 bit/s, 1 kBd ≙ 1 kbit/s) heißt dann Baudrate.

Tabelle 1: 7-Bit-Code (ASCII-Code)

Bit-Nr.											
			7	0	0	0	0	1	1	1	1
			6	0	0	1	1	0	0	1	1
			5	0	1	0	1	0	1	0	1
4	3	2	1	Steuerzeichen		Ziffern, Buchstaben, Sonderzeichen					
0	0	0	0	NUL	DEL	SP	0	@	P	`	p
0	0	0	1	SOH	DC1	!	1	A	Q	a	q
0	0	1	0	STX	DC2	"	2	B	R	b	r
0	0	1	1	ETX	DC3	#	3	C	S	c	s
0	1	0	0	EOT	DC4	$	4	D	T	d	t
0	1	0	1	ENQ	NAK	%	5	E	U	e	u
0	1	1	0	ACK	SYN	&	6	F	V	f	v
0	1	1	1	BEL	ETB	'	7	G	W	g	w
1	0	0	0	BS	CAN	(	8	H	X	h	x
1	0	0	1	HT	EM	)	9	I	Y	i	y
1	0	1	0	LF	SUB	*	:	J	Z	j	z
1	0	1	1	VT	ESC	+	;	K	[	k	{
1	1	0	0	FF	FS	,	<	L	\	l	|
1	1	0	1	CR	GS	-	=	M	]	m	}
1	1	1	0	SO	RS	.	>	N	^	n	—
1	1	1	1	SI	US	/	?	O	_	o	DEL

LWL-Übertragung

Lichtwellenleiter ermöglichen eine sichere Datenübertragung bei gleichzeitig großen Übertragungsstrecken. Die Vorteile sind:

- Unempfindlichkeit gegen elektromagnetische Strahlung;
- keine galvanische Verbindung von Empfänger und Sender,
- dünne, flexible Leitungen,
- hohe Bitrate (auch > 19,2 kbit/s).

Als LWL-Faser wird eine Kunststoff-Stufenindexfaser, Durchmesser 1 mm verwendet. Die Lichtwellenlänge ist 660 nm **(Bild 1)**.

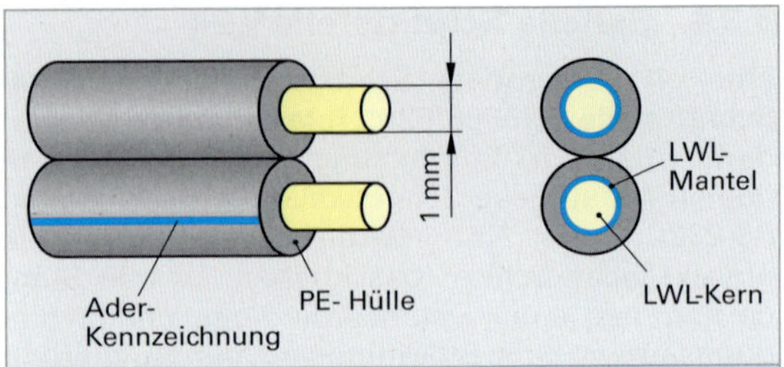

Bild 1: Kunststoff-LWL-Duraplexader

Die Anwendung ist einfach, da die gesamte Elektronik zur Umsetzung der elektrischen Signale in Lichtsignale und umgekehrt in den Steckermodulen enthalten ist **(Bild 2)**. Die Leitungen sind mit 25-pol.-Sub-D-*Stecker* und 25-pol.-Sub-D-*Buchse* in Standardlängen von 5 m, 10 m, 30 m und 50 m fertig konfektioniert und zwar für eine LWL-Doppelader, also für eine Duplex-Verbindung (Übertragung in beide Richtungen).

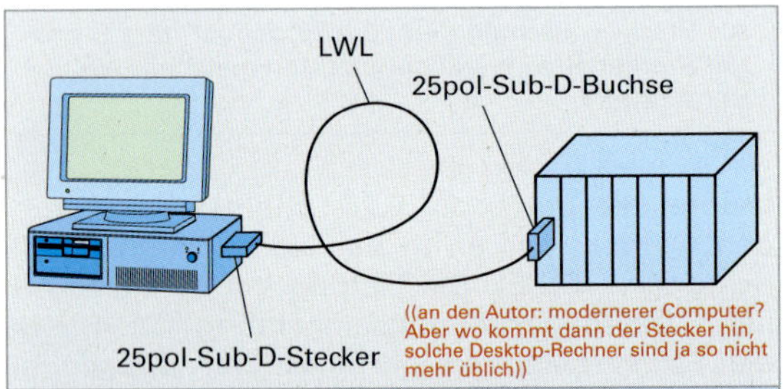

Bild 2: V.24-Verbindung mit LWL

Ablauf das Datenaustausches. Für den Ablauf einer Datenübertragung gibt es sehr unterschiedliche Verfahren. Ein häufig angewandtes Verfahren ist die **LSV-2-Prozedur** (LSV, Abk. für Langsame Störsichere Verbindung). Der Datenaustausch erfolgt in 3 Phasen **(Bild 3)**. Er beginnt mit der Aufforderungsphase, es folgt die Datenübermittlungsphase und er endet mit der Abschlussphase (Bild 3). Die sendewillige Station sendet das ASCII-Zeichen **ENQ** (Enquiry = Nachfrage). Die Gegenstation quittiert dies mit den 2 Zeichen **DLE 0** (Data Link Escape = Datenverbindung flüchtig). Kommt dieses Quittungssignal nicht oder gestört an, wird nach Ablauf einer Wartezeit erneut das Zeichen ENQ gesendet. Ist die Empfangsstation nicht in der Lage, Daten zu empfangen, sendet sie das Zeichen **NAK** (Negative Acknowledge = Annahme negativ). Die sendewillige Station beendet dann den Übertragungsversuch mit dem Zeichen **EOT** (End of Transmission = Ende der Übertragung) und bringt dadurch die nicht empfangsbereite Station in den Grundzustand. War die Empfangsstation bereit, Daten zu empfangen, leitet die Sendestation mit dem Zeichen **STX** (Start of Text = Beginn des Textes) die Übergangsphase ein. Das Ende des Textes wird mit dem Zeichen ETX der Empfangsstation übermittelt. Danach erfolgt die Übertragung eines Blockprüfzeichens (BCC Block Check Character = Blockprüfzeichen). Dieses wird beim Sender und Empfänger auf gleiche Weise errechnet, z. B. durch Längsparität über alle Bits einer Stelle **(Bild 4)**.

Stimmt das von der Sendestation übertragene Blockprüfzeichen mit dem vom Empfänger errechneten Zeichen überein, quittiert der Empfänger mit dem Zeichen **DLE 1**. Danach zeigt die Sendestation die Abschlussphase mit dem Zeichen EOT an. Bei einer fehlerhaften Übertragung sendet der Empfänger das Zeichen NAK und fordert damit den Sender zu einer nochmaligen Übertragung auf.

Werden die Nutzzeichen in einem anderen Code als dem DIN 7-Bit-Code übertragen, gibt es nach der Aufforderungsphase weitere Vorschriften für die Zeichenfolge.

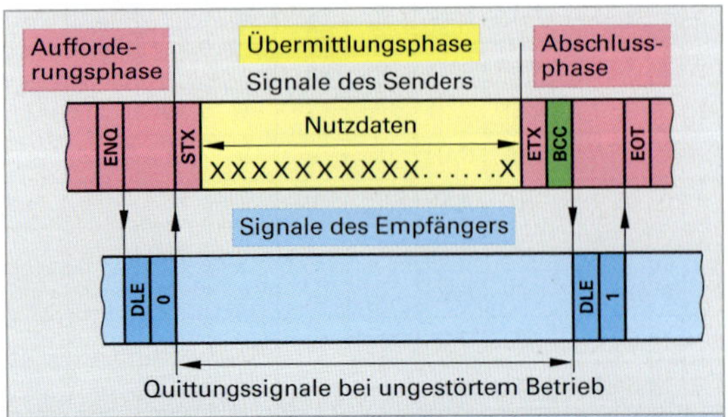

Bild 4: Übertragung des Textes „Robot 87" mit Paritätsbit und Blockprüfung

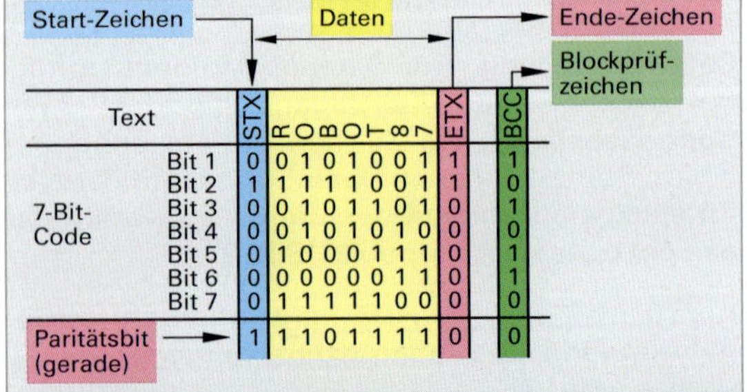

Bild 3: Ablauf des Datenaustausches bei ungestörtem Betrieb

8.3.5 Serielle Schnittstelle RS 485

Die RS-485-Schnittstelle ist aufgebaut wie die RS-232-Schnittstelle, nur mit dem Unterschied, dass die Signalübertragung für jedes Signal *symmetrisch über 2 Adern erfolgt.* Symmetrisch bedeutet, dass jedes Signal auch in negierter Form erzeugt wird und dass so zu jeder positiven Impulsflanke auch eine negative Impulsflanke erzeugt wird **(Bild 1)**. Beim Empfänger ausgewertet, wird die Spannungsdifferenz zwischen den beiden Signalen ($U_A - U_B$).

Mit der RS-485-Schnittstelle erreicht man wesentlich *höhere* Bitraten bzw. wesentlich *längere* Übertragungsstrecken als mit der RS-232-Schnittstelle **(Bild 2)**. Die Verbindung wird als 2-Draht-Verbindung oder 3-Draht-Verbindung oder als 4-Draht-Verbindung mit verdrillten Adern (Twisted Paire = TP) ausgeführt **(Bild 3)**. Um bei langen Verbindungen unterschiedliche Massepotentiale nicht über die elektronische Schaltungen ausgleichen zu müssen, werden oft Optokoppler zur Potenzialtrennung verwendet.

Für die Umsetzung einer V.24-Schnittstelle in eine RS-485-Schnittstelle gibt es kompakte Steckermodule, die nur auf die V.24-Schnittstelle der Endgeräte aufgesteckt werden müssen.

Die RS-485-Schnittstelle arbeitet mit symmetrischen Signalen.

Mit der RS-485-Schnittstelle können Netzwerke mit mehreren Teilnehmern aufgebaut werden (Bild 4). Diese Technik wird angewandt im Bereich der Steuerungstechnik unter der Bezeichnung MPI (Mehr-Punkt-Interface).

Die RS-485-Schnittstelle ermöglicht höhere Bitraten und überbrückt größere Entfernungen als die V.24-Schnittstelle.

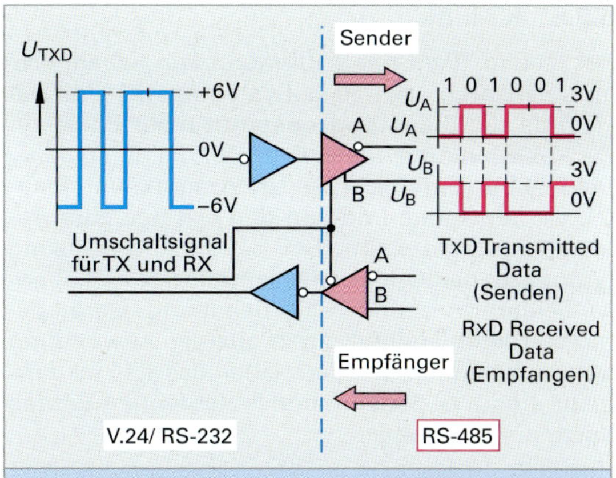

Bild 1: Schnittstellen-Umsetzung bei RS-232/RS-485

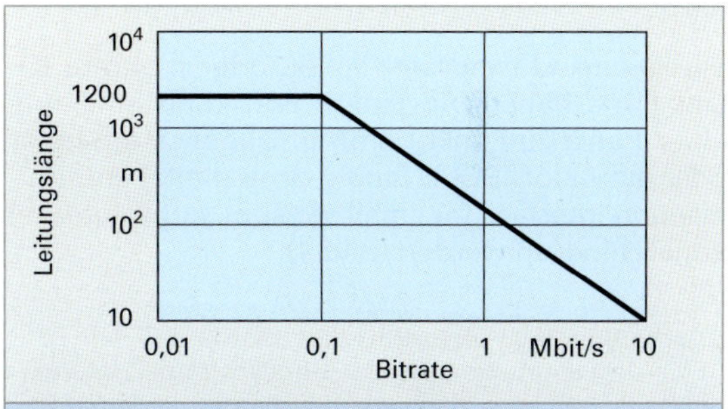

Bild 2: Bitrate der RS-485-Schnittstelle

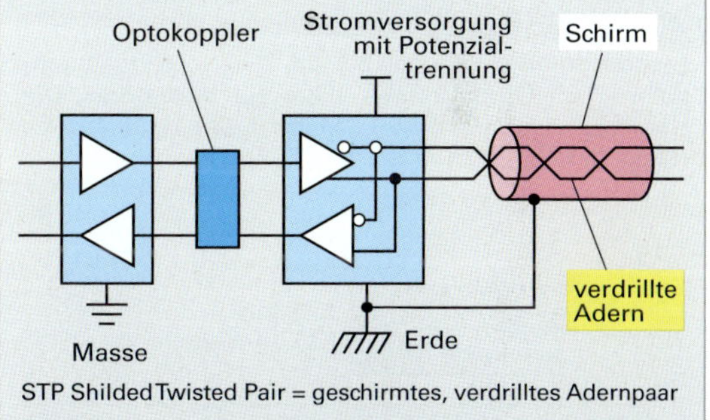

Bild 3: Zweidraht-Verbindung mit STP

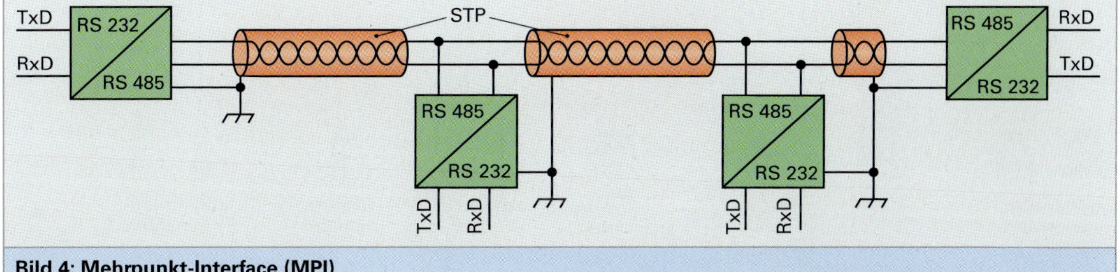

Bild 4: Mehrpunkt-Interface (MPI)

8.3.6 IO-Link

Der IO-Link dient der Anbindung von Schaltgeräten, Sensoren und RFID-Systemen (IO-Link-Device) an die Steuerungsebene in einer Punkt-zu-Punkt-Verbindung, unterhalb der Feldbusebene. Der IO-Link ermöglicht die Übertragung von Parametern an Geräte und von den Geräten zum Automatisierungssystem. Bei der Inbetriebsetzung ermöglicht der IO-Link eine zentrale Fehlerdiagnose, Fehlerortung und Fehlerbehebung. Geräteparameterdaten können direkt aus der Anwendung heraus verändert werden. Über das IO-Link-Protokoll sind z. B. Sensordaten im laufenden Betrieb durch die SPS lesbar.

Der IO-Link ist eine offene Schnittstelle (IEC 611 31-9) und kann in alle gängigen Feldbussysteme und Automatisierungssysteme integriert werden.

Ein IO-Link-Master kann einen oder mehrere IO-Link-Ports haben. An jedem Port kann im Sinne einer Punkt-zu-Punkt-Kommunikation ein Sensor oder ein Aktor (SDCI, Single-drop digital communication interface for small sensors and actuators) angeschlossen werden **(Bild 1)**.

Die Verbindung zwischen IO-Link-Master und dem IO-Link-Device erfolgt über eine ungeschirmte, 3-adrige Leitung, maximal 20 m lang mit Steckverbinder meist M12, 4-polig oder 5-polig **(Bild 2)**. Der Port eines IO-Link-Masters ist in der Lage binäre Signale zu verarbeiten oder auch Analogsignale mit z.B. 8 bit, 12 bit oder16 bit zu digitalisieren.

Standardmäßig stehen 2-Byte- bis 32-Byte-Datenpakete pro Übertragungszyklus zur Verfügung. Die Übertragungsraten sind 4,8 kbit/s (COM 1), 38,4 kbit/s (COM 2) und 230,4 kbit/s (COM 3). Der Signalpegel ist 24 V.

Schlagen Übertragungen fehl, so werden die Datenpakete bis zu zweimal wiederholt. Danach erkennt der IO-Link-Master einen Kommunikationsabbruch und meldet diesen an die übergeordnete Steuerung.

Man unterscheidet:

- zyklische Daten (Prozessdaten, Wertstatus) und
- azyklische Daten (Ereignisse, Gerätedaten).

Der Wertstatus (PortQualifier) zeigt an, ob die Prozessdaten gültig sind. Beim Auftreten eines Ereignisses liest der Master die Ereignismeldung, z. B. eine Fehlermeldung oder Warnmeldung. Gerätedaten können Parameter, Identifikationsdaten oder Diagnoseinformationen sein. Bei einem Gerätetausch können die Gerätedaten (IODD, IO Device Description) des Vorgängergeräts aus dem Speicher des IO-Masters verwendet werden.

Die IO Device Description (IODD) enthält:

- Geräteparameter mit Wertebereich und Defaultwert,
- Identifikationdaten, Prozessdaten, Diagnosedaten,
- Gerätedaten
- Textbeschreibung
- Bild des Geräts,
- Logo des Herstellers.

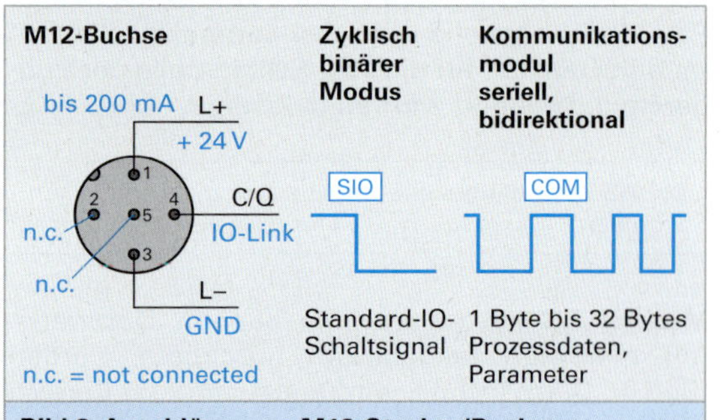

Bild 2: Anschlüsse am M12-Stecker/Buchse

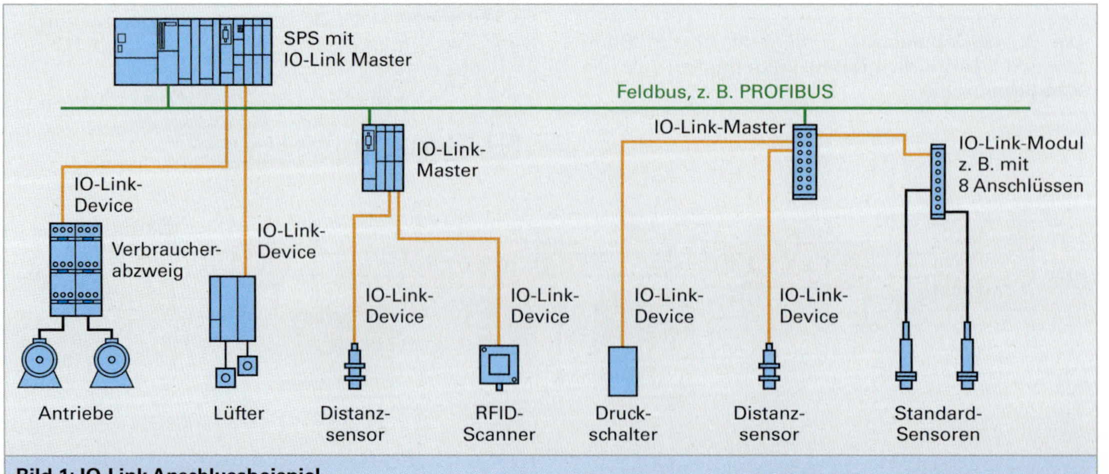

Bild 1: IO-Link Anschlussbeispiel

9 Aufgaben und Übungen

9.1 Aufgaben und Übungen zur Pneumatik[1]

Aufgabe 1: Spannzylinder

Ein pneumatischer Spannzylinder wird, wie im Bild gezeigt, angesteuert.

1.1 Welche Aufgabe hat der Druckdifferenzschalter?

1.2 Entwerfen Sie hierfür einen elektrischen Schaltplan. Wenn der Kolben in Position –BG2 ist und die Druckdifferenz P1–P2 größer 5 bar ist, dann soll eine Lampe dies anzeigen.

1.3 Zur Einsparung elektrischer Energie soll das Ventil durch ein elektrisches Impulsventil ersetzt werden. Ändern Sie den Elektroplan und den Pneumatikplan entsprechend ab.

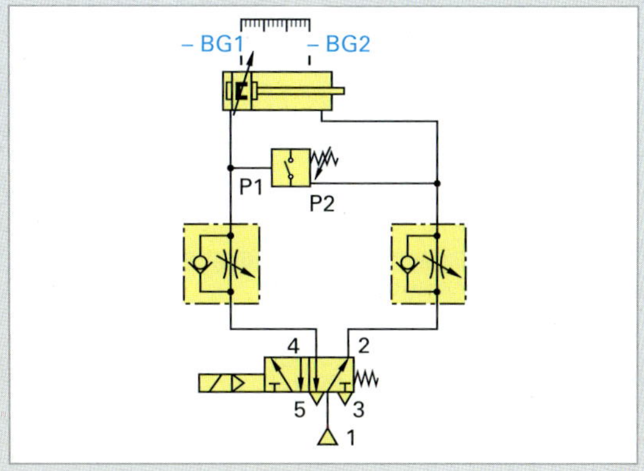

Aufgabe 2: Wirtschaftlich Teile ausschieben

In einer Taktstraße werden je Minute 10 Teile auf ein Förderband geschoben (Masse 14 kg, Reibung $\mu = 0{,}2$, je Tag 20 Std. Arbeitszeit, 340 Tage im Jahr).

Kosten: 0,1 €/m³

Zylinder: 40/16/160

Anlagendruck = 7 bar

Berechnen Sie den Luftverbrauch in m³ und die Druckluftkosten im Jahr.

2.1 Es liegt der Schaltplan 1 zugrunde.

2.2 Es liegt der Schaltplan 2 zugrunde.

Aus den Daten soll der notwendige Druck zum Ausfahren und der notwendige Druck zum Einfahren berechnet werden. Dieser wird an den Druckregelventilen eingestellt.

Berechnen Sie in diesem Fall die Druckluftkosten im Jahr.

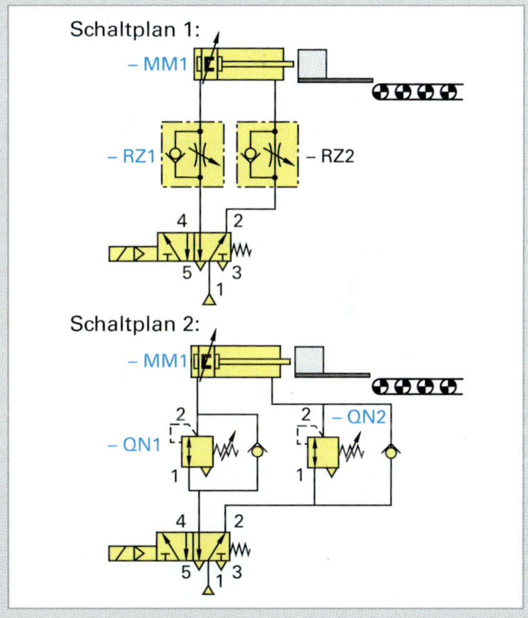

[1] Ein Teil der Aufgaben zur Pneumatik, Hydraulik und GRAFCET kann vorteilhaft auch mithilfe der Software FluidSIM, ab Version 4.2 (www.festo-didactic.com) dargestellt und getestet werden. Lösungen bzw. Vorschläge für Lösungen finden Sie auf der, dem Buch beiliegenden, CD.

Aufgabe 3: Teile ausschieben mit einfachwirkendem Zylinder (40/16/50)

3.1 Berechnen Sie die Kraft, welche der Kolben beim Ausfahren ab einem Hub von 20 mm aufbringt (2, im Bild).

3.2 Warum steigt während des Ausfahrens der Druck noch etwas an?

3.3 Welche max. Kraft wäre während des Ausfahrens möglich?

3.4 Warum gibt es beim Start einen kurzen Druckanstieg (1, im Bild)?

3.5 Welcher ca. Druck ist notwendig, um die Federkraft zu überwinden?

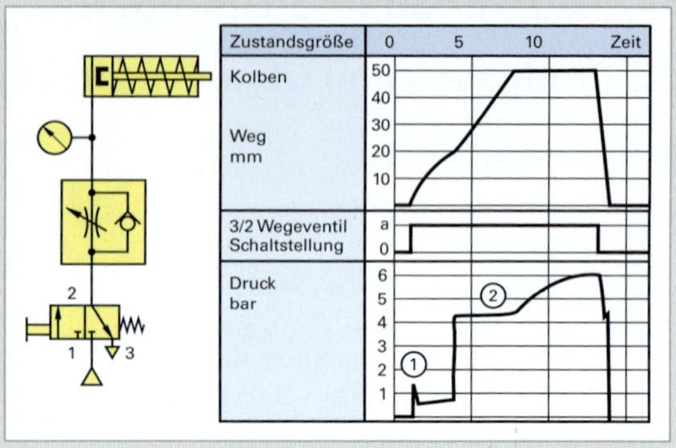

Aufgabe 4: Pneumatische Presse

Eine Presse ist mit einem Schutzgitter ausgestattet (Bild).

Wenn das Schutzgitter geschlossen wird (–BG1, Schließer), dann wird die Presse mit Druckluft versorgt. Nun kann mit einem Taster der Prägevorgang ausgelöst werden. Der Kolben fährt aus, nach einem Prägedruck von 5,5 bar (Druckschalter) soll der Kolben wieder einfahren.

Während des Prozesses soll ein einfachwirkender Zylinder das Schutzgitter verriegeln.

Erstellen Sie den Pneumatikplan und den elektrischen Schaltplan. Ergänzen Sie die notwendigen Grenztaster.

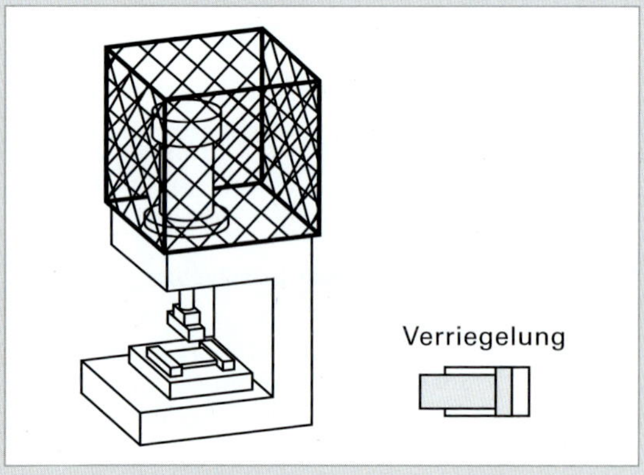

Aufgabe 5: Druck und Kraftverhältnisse am Spann-Zylinder, Zuluftdrosselung

Die Daten für einen Spannvorgang wurden mit dem PC aufgezeichnet.

Die Drücke beim Aus- und Einfahren eines unbelasteten Kolbens wurden aufgezeichnet (unteres Diagramm). Der Kolben läuft nach 90 % Hub auf einen Kraftsensor. Es wird die Kolbenkraft gemessen. Bei der Situation (1) wird der Magnet –QM1 erregt, und bei der Situation (2) wird er wieder stromlos geschaltet.

Ermitteln Sie Werte aus dem Diagramm:

5.1 Bestimmen Sie die Ausfahrzeit und die Zeit bis die volle Spannkraft erreicht ist.

5.2 Ermitteln Sie die Einfahrzeit.

5.3 Begründen Sie den Verlauf der Druckkurven.

5.4 Bestimmen Sie den Kolbendurchmesser.

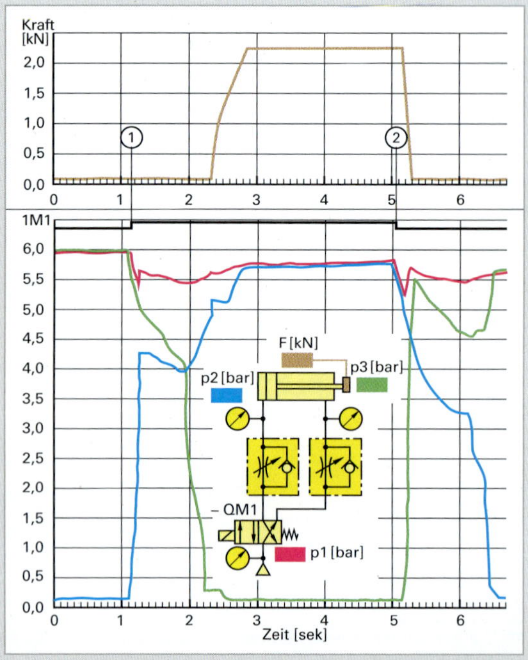

Aufgabe 6: Einfache Zweihandsteuerung

Analysieren Sie die nebenstehende Anlage. In der Grundstellung des Kolbens wird ein Rollenhebelventil (–BG1) betätigt.

Funktion	Zustand der Ventile
–SJ1	
–BG1	
–SJ3	
–SJ4	

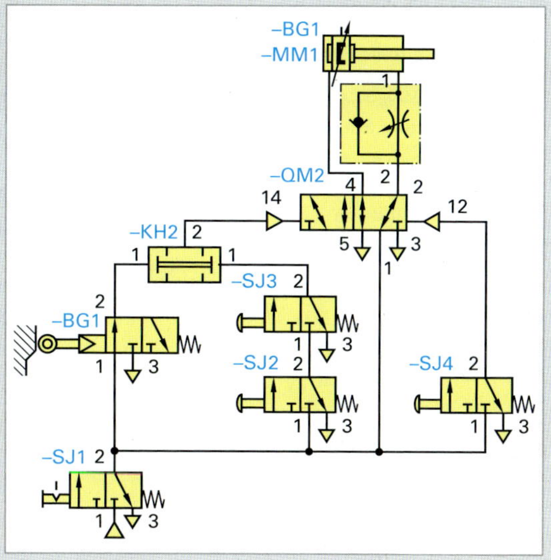

Aufgabe 7: Selbsthaltung

Die elektrische Selbsthaltung kann auf zwei Varianten geschehen (Bild). Welcher wesentlicher Unterschied besteht bei den beiden Varianten?

Variante 1	Variante 2

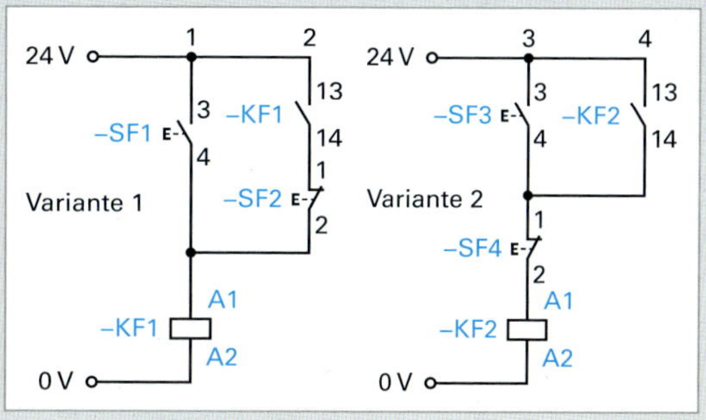

Aufgabe 8: Pneumatische Steuerung einer Bohrstation

Für die Anlage (Bild) ist eine elektrische Steuerung zu entwerfen. –MM1 ist der Spannzylinder, –MM2 ist der Bohrzylinder. Nach dem Betätigen eines Starttasters soll der Prozess selbsttätig ablaufen. Der Prozess ist im Ablaufdiagramm dargestellt.

Ergänzende Fragen:

8.1 Warum wird zum Spannen vorzugsweise ein Impulsventil verwendet?

8.2 Wie könnte verhindert werden, dass bei Ausfall der Druckluft die Spannung abfällt? Ergänzen Sie den Schaltplan.

8.3 Erweitern Sie den Schaltplan so, dass der Bohrvorgang erst gestartet wird, wenn die Druckdifferenz an MM1 min. 5 bar beträgt.

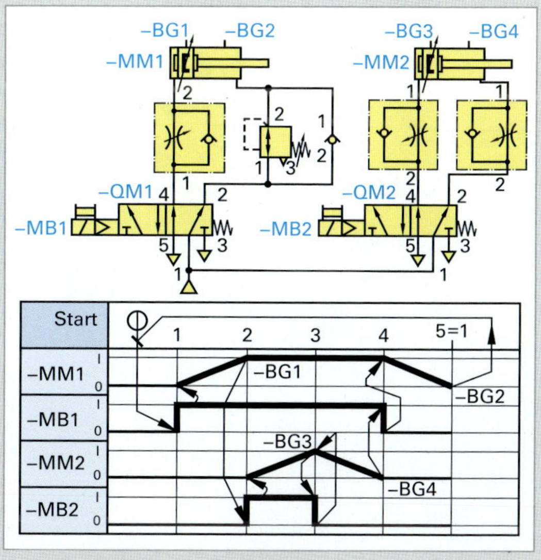

Aufgabe 9: Pneumatische Verknüpfungssteuerung

Analysieren Sie die Steuerung im Bild:

9.1 Welche Aufgabe hat die Einheit –AZ1?

9.2 Beschreiben Sie die Funktion der Steuerung.

9.3 Wie müsste die Steuerung abgeändert werden, damit der Kolben erst ausfährt, wenn –SJ3 und –SJ2 betätigt sind.

9.4 Der Kolben soll ein Teil ausschieben, hierzu ist eine Kraft von 400 N erforderlich. Der nutzbare pneumatische Druck beträgt 6 bar. Berechnen Sie die Größe des Zylinders.

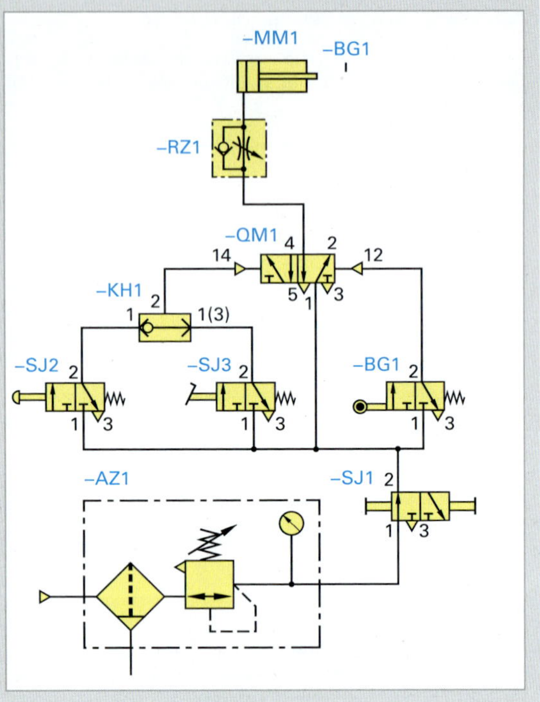

Aufgabe 10: Verknüpfungssteuerung mit pneumatischem Speicher

Analysieren Sie die gezeichnete Steuerung.

10.1 Welche Auswirkung hat ein kurzes Betätigen von –SJ1?

10.2 Welche Aufgabe erfüllt das Ventil –QM3?

10.3 Welche Aufgabe erfüllt das Ventil –QM4?

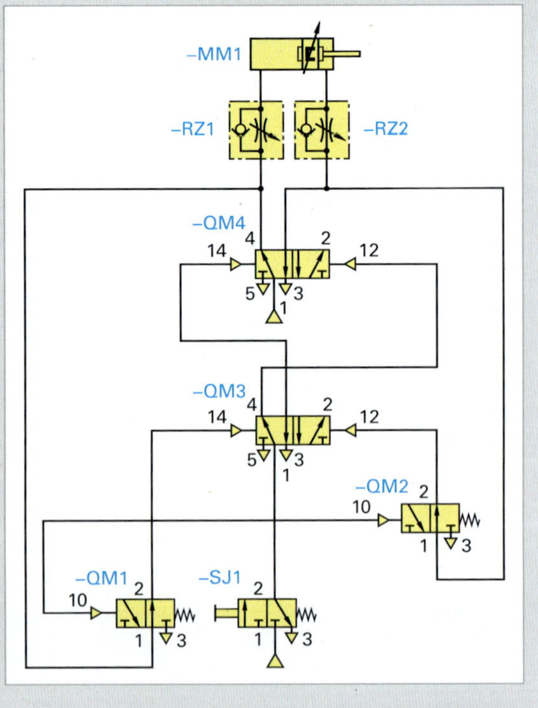

Aufgabe 11: Stanzvorrichtung

Der Pneumatikplan zeigt eine Stanzvorrichtung. Der doppeltwirkende Zylinder ist der Spannzylinder, der einfachwirkende Zylinder ist der Stanzzylinder. Es ist die elektrische Schaltung für folgenden Ablauf zu entwerfen:

Der Spannzylinder wird mit je einem Taster gespannt und gelöst. Der Stanzzylinder darf ausfahren, wenn der Spannzylinder in Position –BG2 ist und der Druck –BP1 mindestens 5 bar beträgt, und ein Starttaster betätigt wird.

Wenn der Stanzkolben –BG4 erreicht hat, dann soll der Stanzzylinder wieder einfahren.

Sicherheitshinweis: Der Spannzylinder darf nur gelöst werden, wenn der Stanzkolben in Position –BG3 ist.

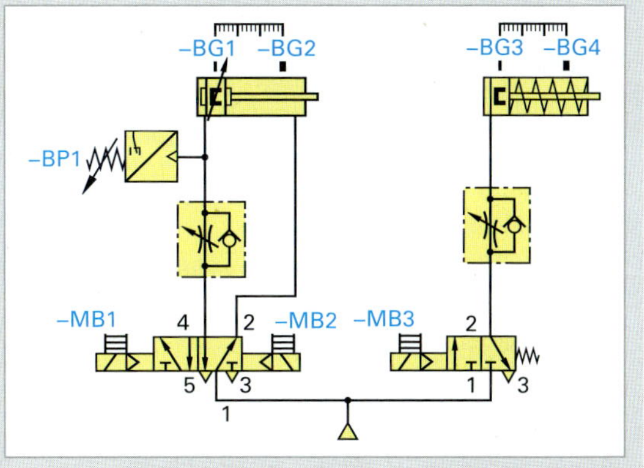

Aufgabe 12: Begrenzungszylinder

Analysieren Sie die Schaltung im Bild.

Das Ventil –AZ1 soll durch ein elektrisch angesteuertes Ventil ersetzt werden. Das Ventil –QM1 darf nur schalten, wenn –AZ1 eingeschaltet ist und ein Druck von min. 6 bar am System anliegt. Aus Sicherheitsgründen muss der Schalter –SF1 durch eine Selbsthaltung ersetzt werden.

Erstellen Sie hierzu einen Pneumatikplan und den Elektroplan.

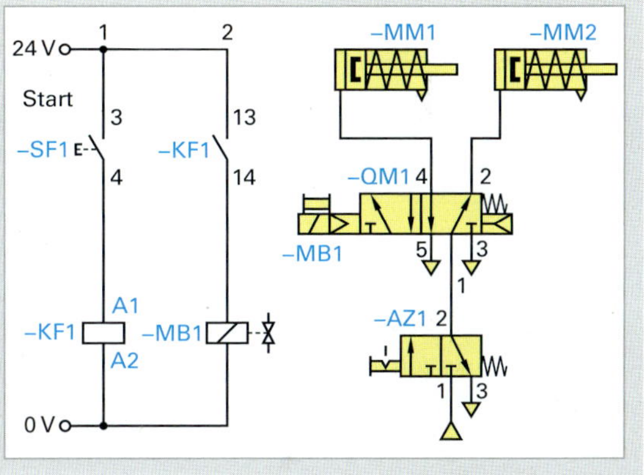

Aufgabe 13: Spannzylinder mit Abluftdrosselung

Die Drücke und die Kolbenkraft wurden während eines Spannvorganges mit dem PC aufgezeichnet. Hierzu wurden Drucksensoren und ein Kraftsensor eingebaut.

Das Wegeventil schaltet zum Zeitpunkt (1) zum Ausfahren und zum Zeitpunkt (2) schaltet es wieder um zurückzufahren.

Analysieren Sie das aufgenommene Diagramm.

13.1 Warum ist der Druck p_2 während des Ausfahrens größer als der Druck p_1?

13.2 Warum fällt während des Ausfahrens der Druck p_1 auf ca. 5,6 bar ab?

13.3 Warum ist während des Einfahrens der Druck p_2 kleiner als der Druck p_1?

13.4 Wie lange dauert es bis nach erreichter Kolbenposition die Spannkraft aufgebaut ist?

13.5 Durch welche Maßnahme könnte die Zeit von der Spannposition des Kolbens bis zum Kraftaufbau verringert werden?

13.6 Berechnen Sie den Kolbendurchmesser des Zylinders!

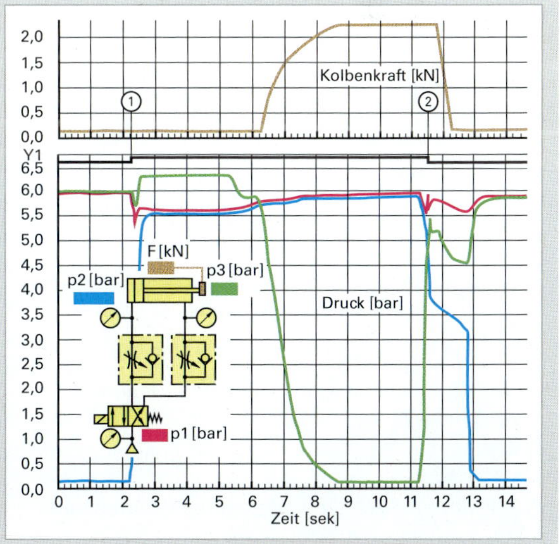

9.2 Aufgaben und Übungen zur Hydraulik

Aufgabe 1: Winde mit Hydraulikmotor

Eine hydraulische Winde kann mit 3 Geschwindigkeiten fahren. Diese werden über Stromregelventile erzeugt und über die 4/2 Wegeventile angesteuert. Im Bild wird die Kennlinie des Druckbegrenzungsventils und der Schaltplan der Anlage gezeigt.

Bestimmen Sie die zur Verfügung stehenden hydraulischen Drücke anhand der Kennlinie des Druckbegrenzungsventils. Die Stromregelventile benötigen eine Druckdifferenz von min. 12 bar.

Daten:

Pumpe	–OP1	q = 10 l/min
Stromregelventil	–RN1	q = 3 l/min
	–RN2	q = 5 l/min

Tabelle für Lösung:

Zustand der Ventile		Druck –BP1	max. Druck an –MM1
–MB1	–MB2		
0	0	0	
0	1		
1	0		
1	1		

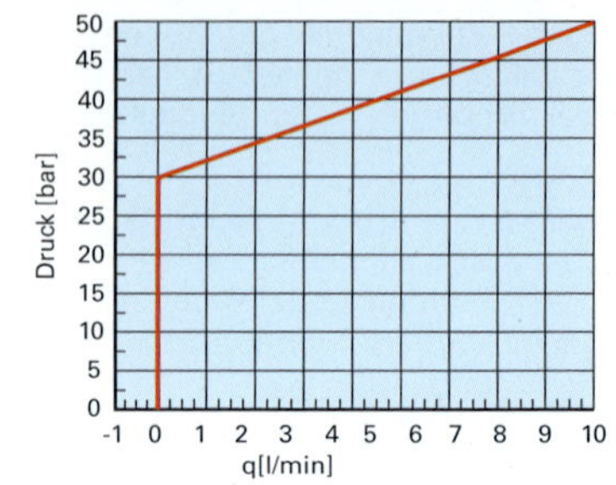

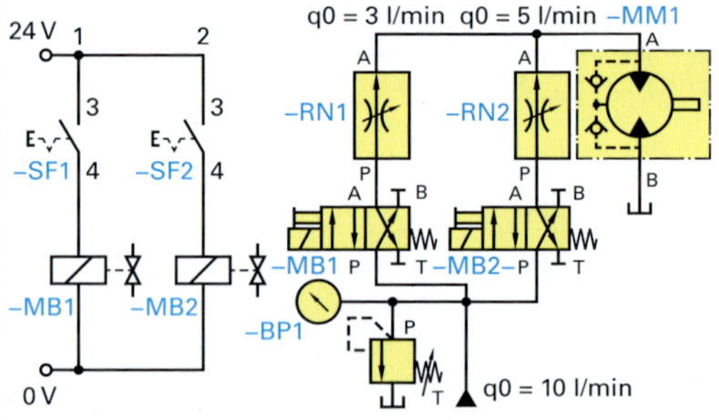

Aufgabe 2: Steuerung für eine Flächenschleifmaschine

Zylinder 50/36/500
Konstantpumpe: Volumenstrom 8 l/min
Druckbegrenzungsventil: eingestellt auf 60 bar,
(Berücksichtigen Sie die Kennlinie als Schätzung)
Berechnen Sie die Volumenströme und die Kolbengeschwindigkeiten:

	–BF1 in l/min	–BF2 in l/min	v in mm/min
Ausfahren			
Einfahren			

Berechnen Sie die maximalen Kolbenkräfte:

Ausfahren	
Einfahren	

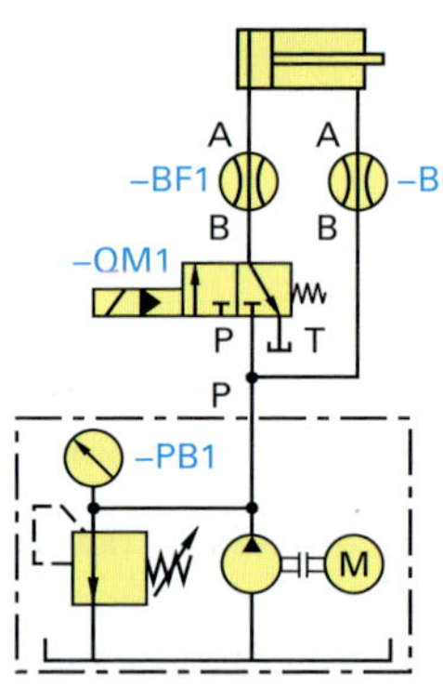

Aufgabe 3: Analyse der Kennlinie eines hydraulischen Proportional Wegeventils

a) Position (1) Stellt die Steuerspannung dar.

b) Welcher Linienteil ist bei steigender Spannung entstanden?

c) Welcher Linienteil ist bei fallender Spannung entstanden?

d) Bei welcher Spannung beginnt der Volumenstrom?

e) Wie kann die Hysterese verkleinert werden?

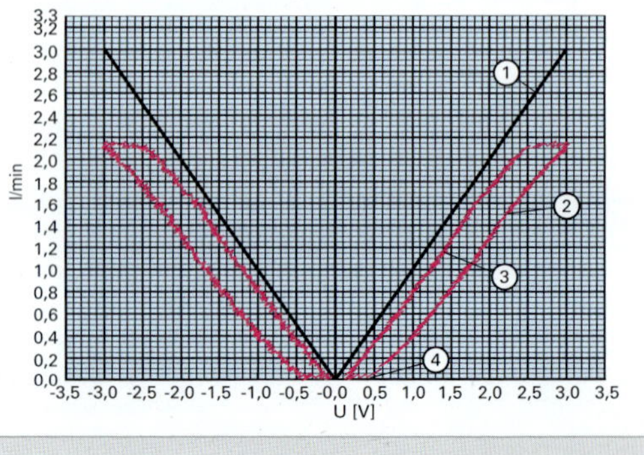

Aufgabe 4: Vorschubsteuerung

In einer Transferstraße wird eine hydraulische Bohreinheit eingesetzt mit Zylinder: 50/36/200.

Bestimmen Sie folgende Daten:

1: Grundstellung, Pumpe EIN
2: Ausfahren ohne Gegenkraft
3: Ausfahren mit max. Gegenkraft

	1	2	3
Druck –BP1			
Druck –BP2			
Druck –BP3			
Volumenstrom –BF1			
hyd. Pumpenleistung			

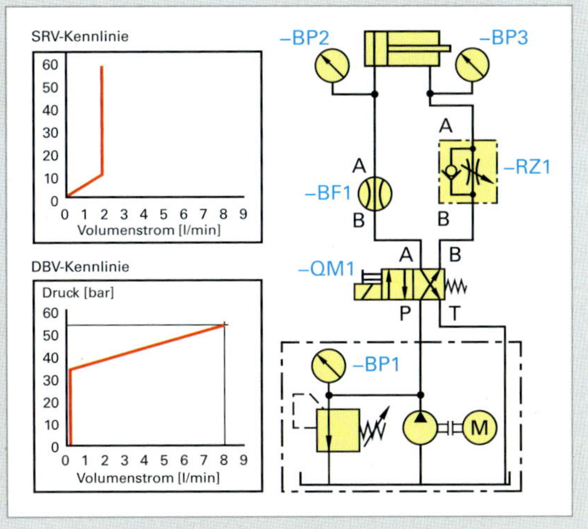

Aufgabe 5: Vorschubsteuerung mit Proportional-Wegeventil

Eine Ellgang-Vorschubsteuerung wird mit einem Proportional-Wegeventil ausgeführt. Die Steuerspannung und die Kolbenbewegung wird aufgezeichnet.

Bestimmen bzw. berechnen Sie auf Grund der Diagramme die Steuerspannung, den Hub und die Kolbengeschwindigkeit.

Daten:

	Steuer-spannung	Hub in l/min	Zeit in s	*v* in m/min
Eingang vorwärts				
Vorschub				
Eingang rückwärts				

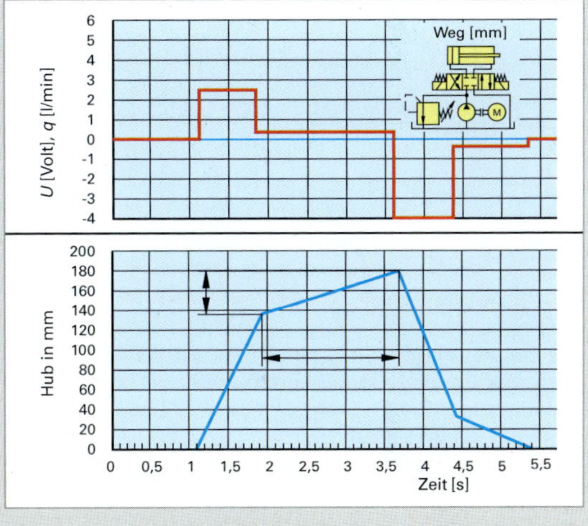

Aufgabe 6: Druckstufen einer Prägeeinheit mit Proportional-Druckventil

Die Prägeeinheit wird nach nebenstehendem Schaltplan aufgebaut. Der Kolben wird mit einem Steuerdruck von 20 bar ausgefahren und eingefahren. Die Prägung soll in den Druckstufen 30 bar und 45 bar erfolgen.

Bestimmen Sie aus der Kennlinie die notwendigen Steuerspannungen.

Funktion	Druck [bar]	Steuerspannung [V]
Ausfahren Einfahren		
Druckstufe 1		
Druckstufe 2		

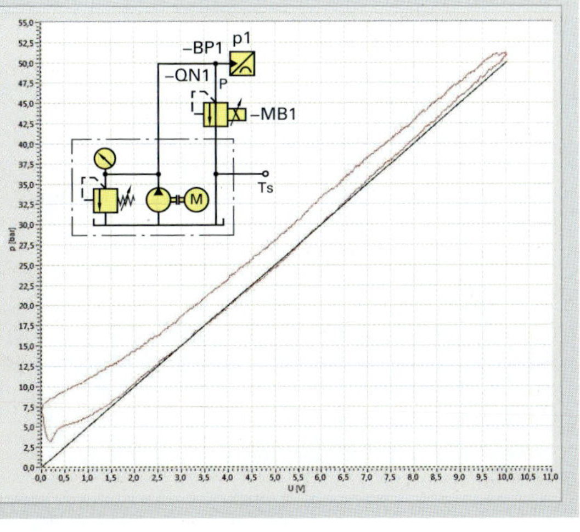

9.3 Aufgaben und Übungen zu GRAFCET

Aufgabe 1: Prägen von Teilen

Ein einfachwirkender Pneumatikzylinder soll nach kurzem Betätigen eines Start-Tasters ausfahren.

In der vorderen Endposition soll er 8 s warten, danach wieder einfahren.

Während er in der vorderen Endposition ist, soll eine Lampe mit 0,5 Hz blinken.

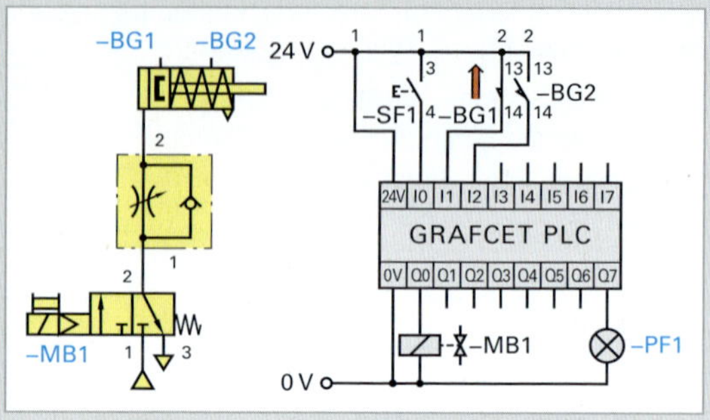

Aufgabe 2: Poliereinheit

Eine pneumatische Poliereinheit mit einem Zylinder mit zweiseitiger Kolbenstange soll nach einem Startimpuls (Taster –SF1) 5 Hübe ausführen. Vor jeder Richtungsumkehr soll 2 s lang gewartet werden.

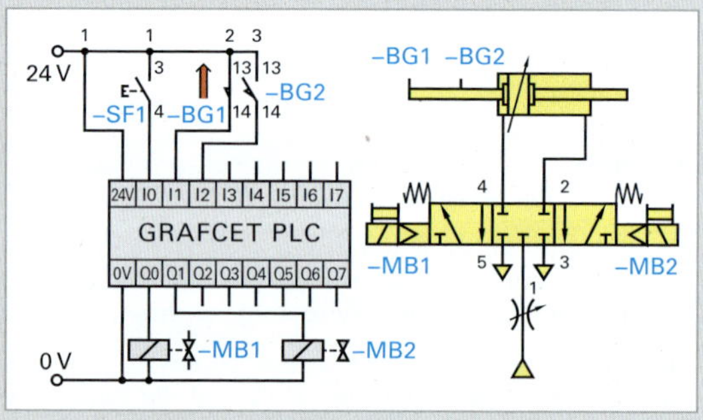

Aufgabe 3: Härteofentüre

Die Bewegung der Türe eines Härteofens wird mit einem Pneumatikzylinder durchgeführt. Nach kurzem Betätigen des „Auf"-Tasters öffnet die Türe, bzw. beim „Zu"-Taster schließt die Türe.

Vor der Bewegung soll für 5 s eine Lampe blinken. Diese soll auch während der Bewegung blinken.

Bei Betätigen des „Halt-Schalters" (Öffner) soll die Anlage sofort stehen bleiben.

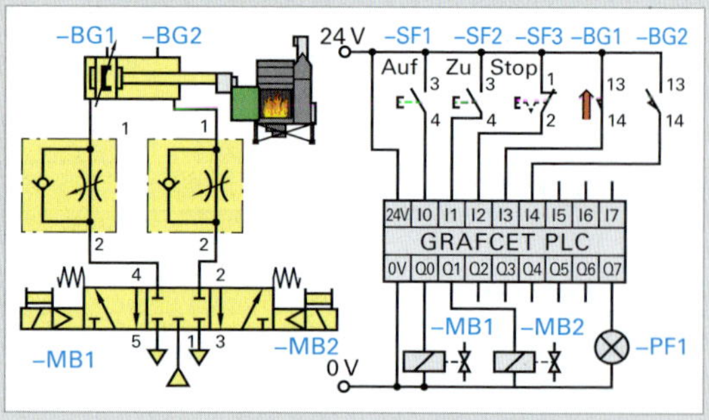

Aufgabe 4: Hydraulische Presse mit Proportional-Druckventil

Mit einer hydraulischen Presse werden Teile gefertigt. Hierzu muss die Presse in verschieden Druckstufen gefahren werden.

Die Ansteuerung erfolgt über eine binär codierte Sollwertkarte.

Druckstufe/Ausgang Q2 = 2 Volt, Q3 = 6 Volt, Q2 + Q3 = 9,5 Volt. Kolben einfahren und ausfahren erfolgt mit der Druckstufe Q2. Die Druckstufen werden jeweils 5 Sekunden angesteuert.

–SF1 = Start, –SF2 = Stop (Öffner), –SF3 = Einfahren, wenn gestoppt wurde.

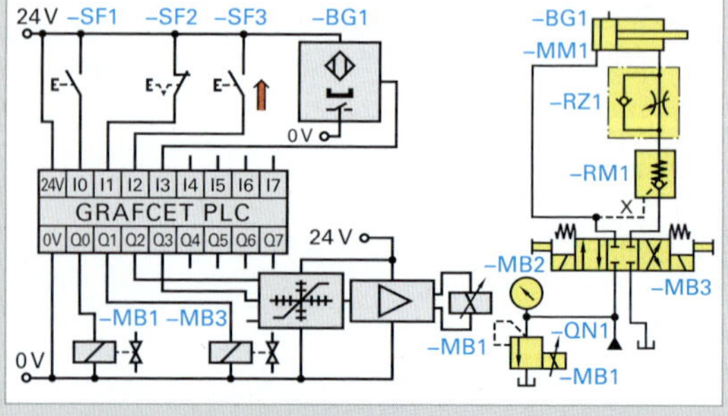

9.4 Aufgaben und Übungen zur SPS

Aufgaben und Übungen zur SPS

Hinweis. Zum Bearbeiten der Aufgaben und zum Nachvollziehen auf dem PC kann folgendermaßen verfahren werden:

Die Programme können z. B. mit **Step7** erstellt werden1. Danach werden diese nach **PLCSIM** geladen und dort laufen diese ab. PLCSIM verhält sich wie eine reale SPS. Um die Bedienung zu vereinfachen und zur besseren Veranschaulichung können an die PLCSIM Softwaremodelle angeschlossen werden (www.deltalogic.de).

Diese verhalten sich wie die realen Anlagen. Die Lösungen finden Sie auf der dem Buch beiliegenden CD. Sie sind damit erstellt worden.

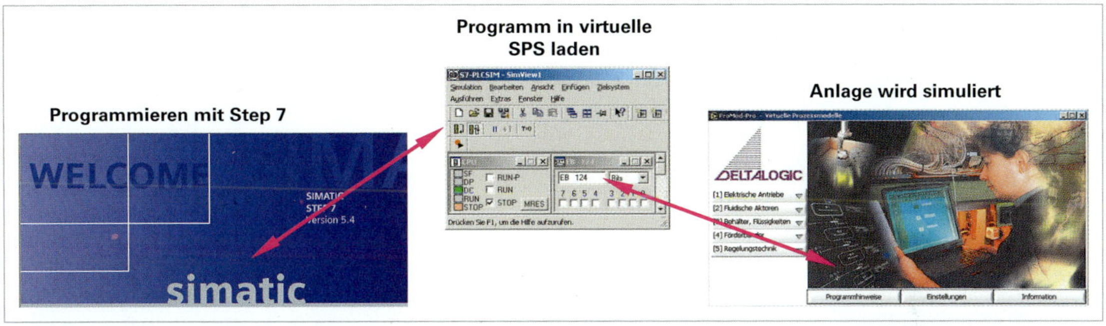

Aufgabe 1: Prägestempel

Teilaufgabe 1.1

Ein Prägestempel **(Bild 1)** soll ein Werkstück prägen, solange der Starttaster gedrückt wird. Es muss ein Werkstück vorhanden sein (1B4).

„Start „ ist ein Taster.
Das Werkstück wird mit einem optischen Sensor abgefragt (Schließer)
Funktionstabelle.

E124.4	*E124.2*	*E124.1*
0	*0*	*0*
0	*1*	
1	*0*	
1	*1*	

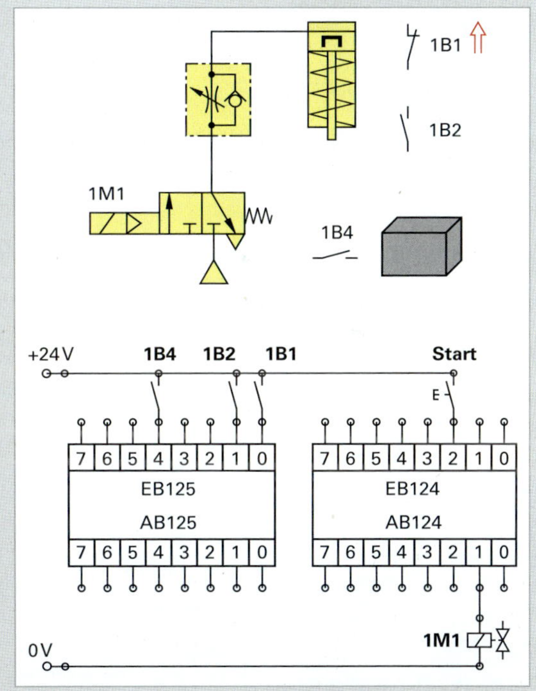

Teilaufgabe 1.2

Nach kurzem Betätigen des Start-Tasters und für den Fall, dass ein Werkstück vorhanden ist, soll der Kolben ausfahren. Sobald er ausgefahren ist (Grenztaster E125.1) soll der Kolben wieder einfahren.

Der Kolben soll ausfahren und ausgefahren bleiben, wenn................................
..

Der Kolben soll einfahren, wenn ....

Teilaufgabe 1.3

Der Kolben soll ausfahren, wenn

a) der Start-Taster kurz betätigt ist,

b) der Kolben eingefahren ist,

c) ein Werkstück vorhanden ist.

Der Kolben soll wieder einfahren, wenn er ausgefahren ist.

Der Kolben soll ausfahren und ausgefahren bleiben, wenn................................
..

Der Kolben soll einfahren, wenn
..

Die neuen Objekt-Bezeichnungen nach DIN EN 81436-1 wurden bei den SPS-Programmen noch nicht umgesetzt, da derzeitige Programmiersoftware stets die Minuszeichen, z. B. bei **–MB1**, als mathematische Operatoren interpretieren. So passen die neue Norm und die heutigen Programmumgebungen noch nicht zusammen.

Aufgabe 2: Behälter

Die SPS soll folgendes Verhalten zeigen: Wenn der Behälter leer ist (E125.1 = 1), dann soll das Ventil 1M1 öffnen. Wenn der Behälter voll ist (E125.0 = 1), dann soll das Ventil schließen. Das Ablassventil wird von Hand betätigt.

Dies soll nur der Fall sein, wenn die Anlage eingeschaltet ist (Taster „EIN"). Es soll dann außerdem die Lampe A124.0 leuchten. Mit dem Taster „AUS" (Öffner) wird die Anlage ausgeschaltet.

Die Anlage soll „EIN" sein, also die Lampe soll dauernd leuchten, wenn ....

...

Die Anlage soll „Aus" sein, wenn ....

...

Ventil 1M1 einschalten, wenn ....

Ventil 1.1 ausschalten, wenn...

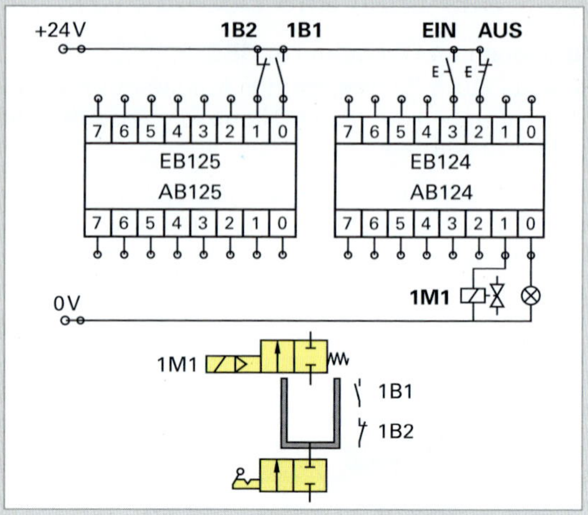

Aufgabe 3: Spannzylinder

Mit den Tastern „Spannen" und „Lösen" soll ein Werkstück pneumatisch gespannt bzw. gelöst werden. Der Differenzdrucksensor P2 gibt 1-Signal, wenn die Druckdifferenz größer als 4 bar ist. Es soll dann die Lampe P1 dies anzeigen. Wenn beide Taster gedrückt werden soll kein Stellsignal durchgehen.

Spannen, wenn ....

Lösen, wenn ....

...

Freigabelampe, wenn..............................

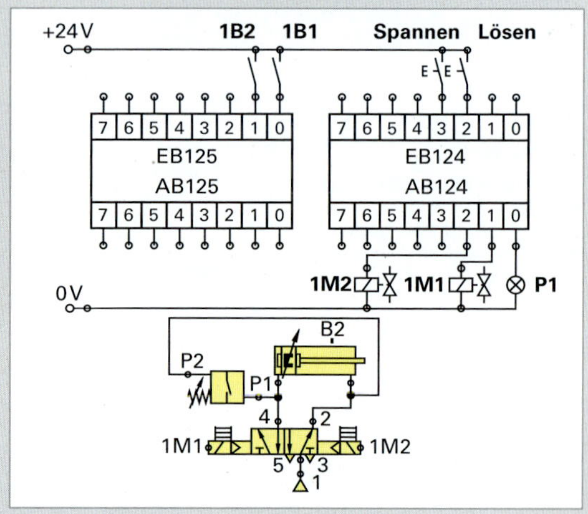

Aufgabe 4: Prägen

Nach kurzem Betätigen des „Start"-Tasters soll ein Werkstück geprägt werden. Die Prägezeit beträgt 5 Sekunden und beginnt, sobald der Kolben in der Prägeposition ist. Es muss sichergestellt sein, dass bei Dauerbetätigung des „Start"-Tasters der Vorgang nicht wiederholt stattfindet.

Bei Betätigen des Stopp-Schalters soll der Kolben sofort einfahren.

Das Startsignal muss in einen Impuls umgewandelt werden. Hierzu steht ein Baustein in Step7 bereit.

Erweiterung:

Die Prägezeit soll in einem Datenbaustein abgelegt werden, so dass Änderungen der Zeit vorgenommen werden können ohne direkt in die Programmlogik einzugreifen.

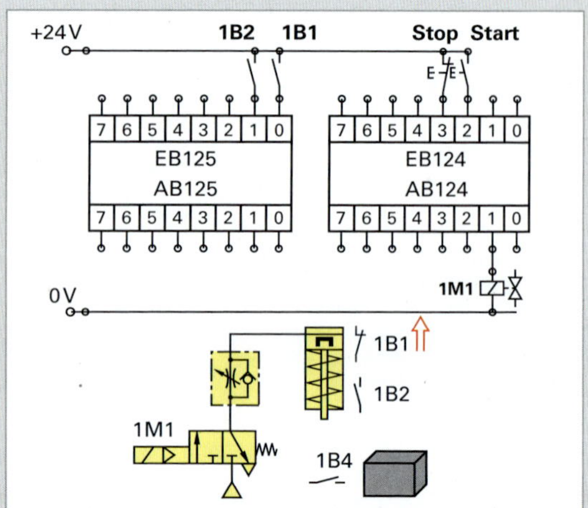

Aufgabe 5: Teile prägen

Weiterführung der Aufgabe 4

Nach kurzem Betätigen des „Start"-Tasters soll ein Werkstück geprägt werden. Die Prägezeit beträgt bei Nichtmetall 4 Sekunden und bei Metall 8 Sekunden

Erweiterung:
Es ist sinnvoll, die Grenzdrücke in einen Datenbaustein zu schreiben, weil dann bei Änderungen nicht die Programmierlogik aufgerufen werden muss.

Mithilfe der Verschiebefunktion „Move" wird die jeweilige Zeit in ein Merker Word geschrieben.

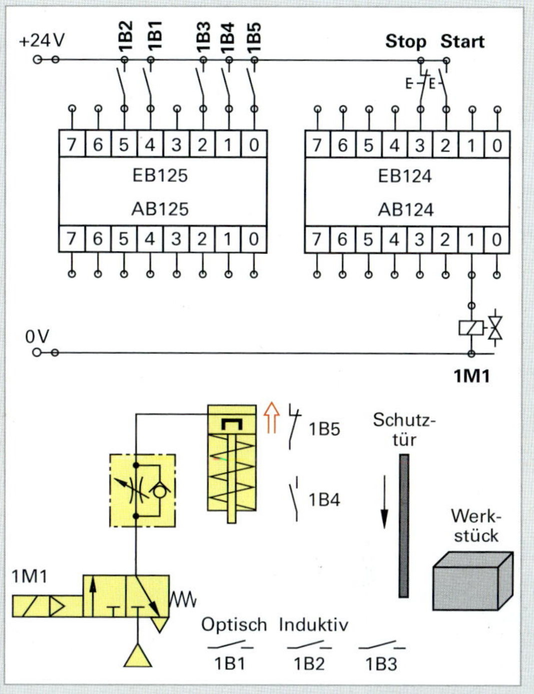

Aufgabe 6: Behälter füllen

Nach kurzem Betätigen des „Start"-Tasters soll die Pumpe den oberen Behälter füllen.

Wenn B2=1 meldet, dann soll die Pumpe stehen bleiben.

Wenn 5 Sekunden nach dem Einschalten der B1 noch nicht 1-Signal meldet, soll die Pumpe abschalten und eine Alarmlampe P1 leuchten. Mit dem erneuten Betätigen des „Start"-Tasters wird die Lampe gelöscht.

Erweiterung:
Wenn 1B2=1 ist und 1B1=0, dann muss der Sensor 1B1 defekt sein.

In diesem Fall soll die Anlage auch stehen bleiben und der Alarm soll ausgelöst werden.

Die Steuerung soll verhindern, dass die Pumpe trocken läuft.

Das Überwachen von Sensoren ist stets sehr wichtig.
In diesem Fall kann die Steuerung dahingehend ergänzt werden,
dass nach einer bestimmten Zeit die Pumpe ausschaltet, auch wenn 1B2 noch 0-Signal hat.

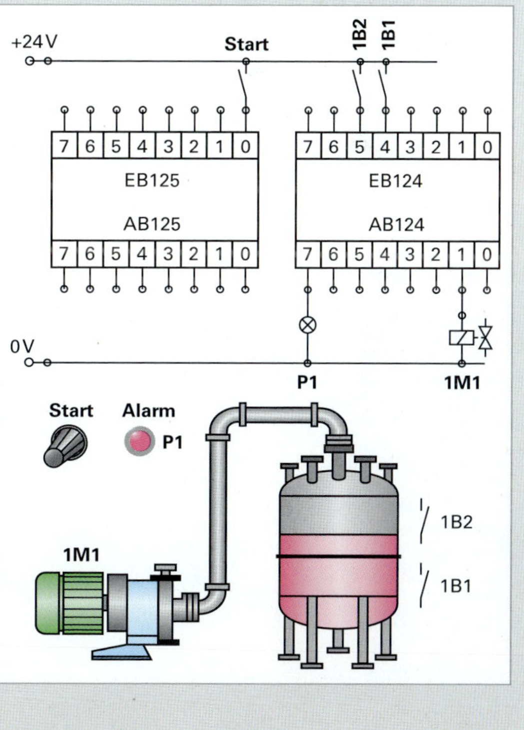

Aufgabe 7: Förderbänder

Nach kurzem Betätigen des „Start"-Tasters soll das rechte Förderband (M2) anlaufen. Nach 4 Sekunden soll das linke Förderband (M1) anlaufen. Nach 2 Sekunden soll das Ventil (M3) am Silo öffnen. Nach dem Betätigen des „Ende"-Tasters soll das Siloventil schließen, nach 3 Sekunden das linke Förderband abschalten, nach weiteren 3 Sekunden soll das rechte Band abschalten. Wenn eine der Überlastsicherungen anspricht sollen beide Bänder stehen bleiben.

Der Anlauf der Motoren muss wegen der Stromaufnahme nacheinander erfolgen. Beim Abschalten müssen die Bänder nacheinander leerlaufen.

Erstellen Sie hierzu eine Schrittkette für das Hochfahren und für das Stilllegen.

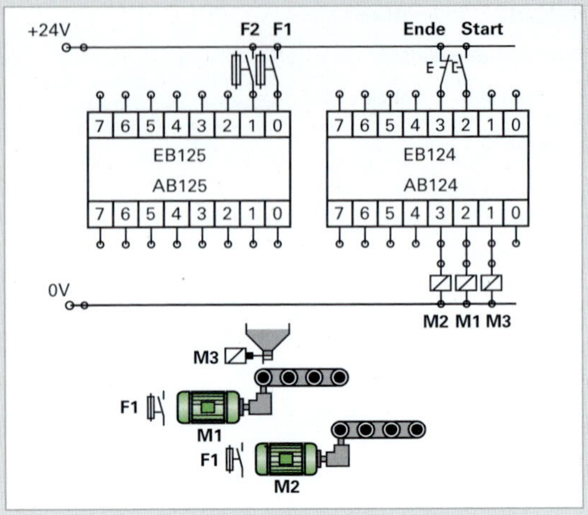

Aufgabe 8: Elektromotor

Anlauf eines Elektromotors über eine Stern-Dreieck-Schaltung.

Nach kurzem Betätigen des Start-Tasters soll der Motor 5 s im „Stern" hochlaufen, dann in „Dreieck" umschalten. Ein wiederholtes Einschalten darf keine Wirkung haben.

Durch eine Softwareverriegelung muss sichergestellt sein, dass M2 und M3 nicht gleichzeitig 1-Signal haben.

Dieses Programm kann als Verknüpfungssteuerung mit Verriegelungen oder als einfache Schrittkette programmiert werden.

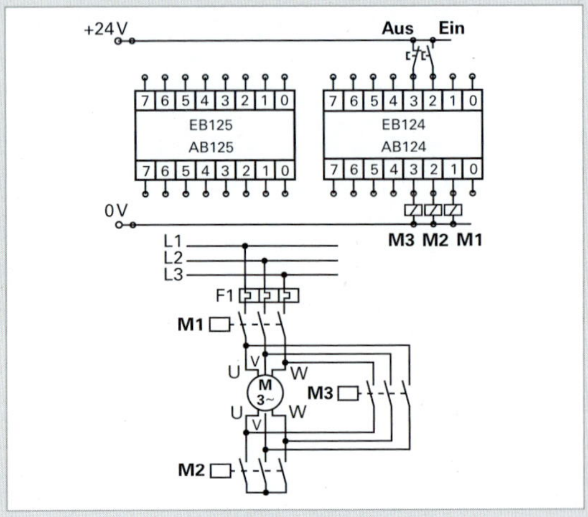

Aufgabe 9: Förderband

Über ein Förderband werden Teile in einen Behälter transportiert. Jedes Teil wird mit einer Lichtschranke gezählt (E124.7). Die maximale Anzahl der Teile kann mit einem BCD-Steller vorgewählt werden (EB126). Mit dem Taster "Nullen" (E124.2) wird der Zähler zurückgesetzt, sobald die Anlage stillsteht.

Es wird ein Vorwärtszähler verwendet. Der Zählerstand wird mit der maximalen Teilezahl verglichen.

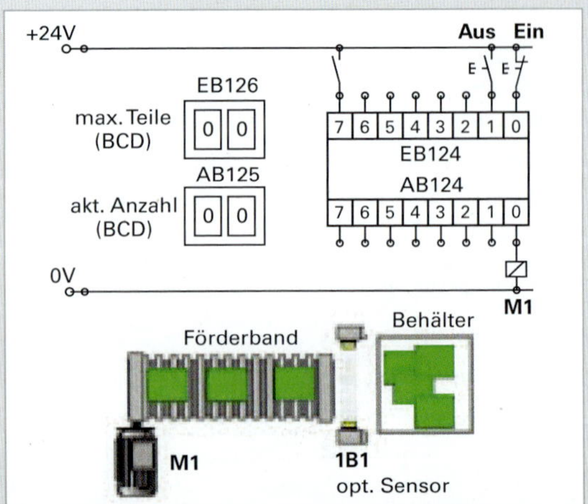

Aufgabe 10: Drehfrequenzmessung

Bei einer Walzstraße soll die Drehfrequenz des Motors angezeigt werden. Je Umdrehung wird von einem Sensor ein Impuls erzeugt. Die Anzeige soll alle 15 Sekunden aktualisiert werden.

Es genügt die Anzeige einer ganzen Zahl.

Mit einem Zähler werden die Impulse gezählt. Alle 15 Sekunden wird der Zählerstand ausgelesen und der Zähler wieder auf 0 gesetzt. Das Ergebnis wird mit 4 multipliziert, damit ist die Anzeige in der Einheit 1/min.

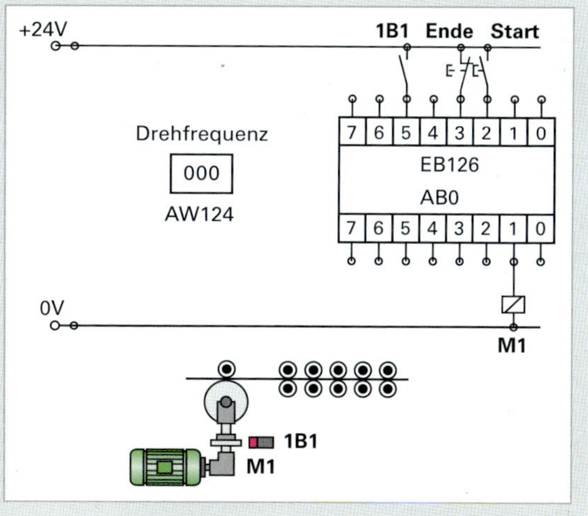

Aufgabe 11: Abfüllen von Flüssigkeiten

Mit einer Pumpe werden Flüssigkeiten dosiert. Die Sollmenge wird mit einem BCD-Steller vorgewählt. Die Menge wird mit dem Sensor 1B1 gemessen. 1 Impuls entspricht 0,1 Liter Flüssigkeit.

Nach Betätigen des Start-Tasters wir die voreingestellte Menge (Einheit Liter) in den Behälter gepumpt.

Die rechte Stelle beim BCD-Code ist als Nachkomma- Stelle zu werten. Da der Sensor je 0,1 Liter einen Impuls liefert, ist zum Vergleich der Sollwert mit 10 zu multiplizieren.

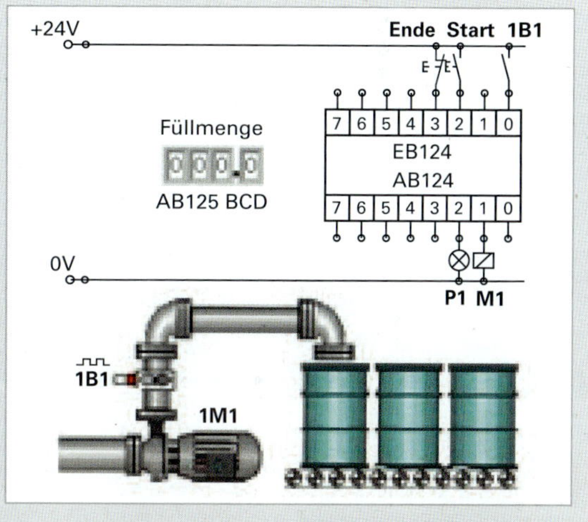

Aufgabe 12: Reaktor

Es sollen 2 Medien in den Reaktor gefüllt werden. Während des Füllens und 10 s lang danach soll gerührt werden. Danach soll das Gemisch abgelassen werden.

Es sollen 2 Rezepturen (A bzw. B) möglich sein. Bei A hat E124.6 0-Signal, bei B 1-Signal. Die jeweiligen Mengen werden mit Impuls-Durchflussmessern (1B2,1B3) erfasst. Rezeptur A = linkes Ventil, 10 Impulse, rechtes Ventil 15 Impulse, Rezeptur B = Linkes Ventil 6 Impulse, rechtes Ventil 12 Impulse.

Dieses Programm sollte als Ablaufsteuerung ausgeführt werden.
Struktur:
FC1 = Betriebsart,
FC2 = Ablaufkette,
FC3 = Ausgabe.

Die Daten für die Rezepturen stehen im Datenstein DB5.

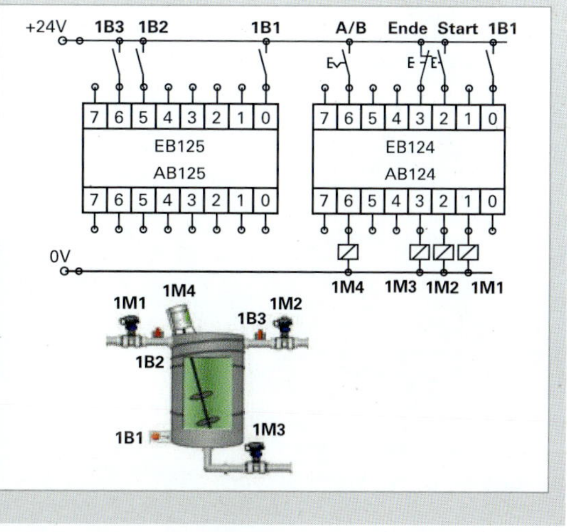

Aufgabe 13: Durchflussmenge messen

Die Durchflussmenge durch Rohre wird mithilfe von Impulsen gemessen.

Mit den Tastern werden die Pumpen eingeschaltet. Mit „Aus" werden beide Pumpen stillgesetzt.

Im MW 1 wird die Menge der Pumpe A gemessen, im MW 3 die Menge von Pumpe B, Gesamtmenge wird im MW 5 angegeben. Mit dem Taster „Nullen" werden alle Zähler genullt. Dies soll nur erfolgen können, wenn keine Pumpe läuft. Wenn Die Gesamtmenge 30 Liter übersteigt, soll eine Lampe dies anzeigen.

Mit dem Taster „Nullen" werden alle Zähler genullt.

Die Systemzähler von Step7 können nur bis 999 zählen.

Entwickeln Sie einen Funktionsbaustein, mit welchem bis 64 000 gezählt werden kann.

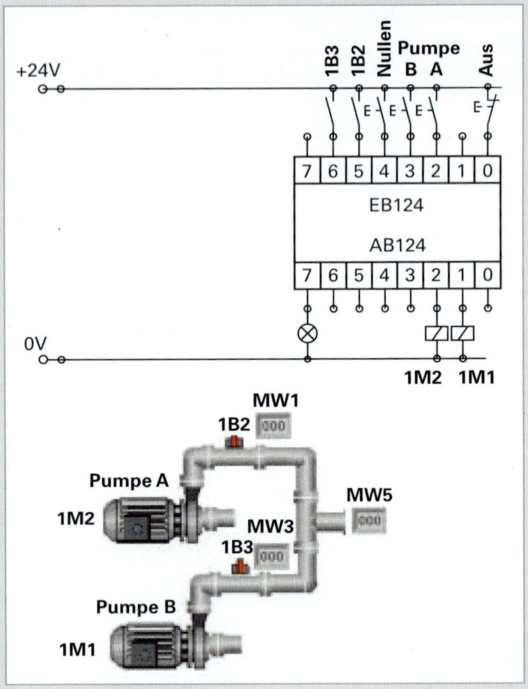

Aufgabe 14: PKW-Zählen

Die PKW in einer Tiefgarage sollen gezählt werden und die freien Plätze sollen angezeigt werden.

Zwei Sensoren ermitteln, wenn ein Fahrzeug einfährt bzw. ausfährt.

Mit dem Taster „Zähler setzen" wird der Zähler auf 24 gesetzt (Garage leer).

Eine Lampe P1 soll rot leuchten, wenn nur noch zwei Plätze frei sind, ansonsten soll eine Lampe P2 grün leuchten.

Einfahren: Zuerst E124.5, dann zusätzlich E124.4

Ausfahren: Umgekehrte Reihenfolge.

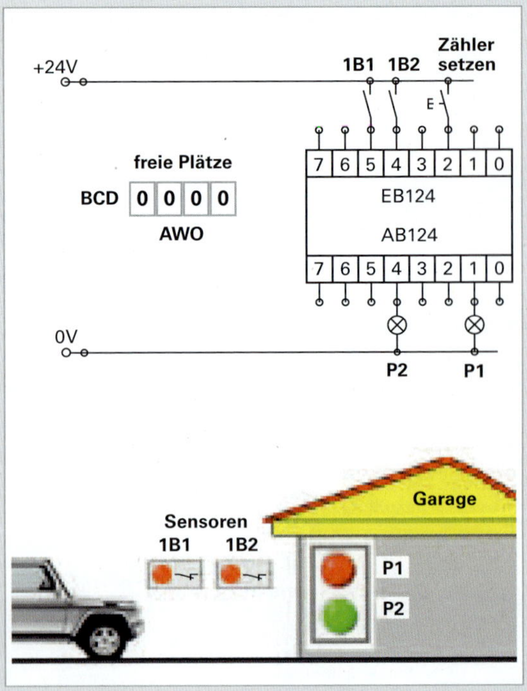

Aufgabe 15: Teile sortieren

Auf einer Bandanlage sollen Teile sortiert werden. Die kurzen Teile in den grünen Behälter, die langen Teile in den braunen Behälter.

Wenn 12 lange Teile im Behälter sind, soll die Anlage anhalten.

Bei Neustart wird der Zähler genullt.

Am Sensor 1B7 wird das Ventil 1M2 gegebenenfalls angesteuert.

Bei kurzen Teilen bringt nur jeweils ein Sensor von der 3-er Gruppe 1-Signal, bei langen Teilen alle 3 Sensoren der 3er-Gruppe.

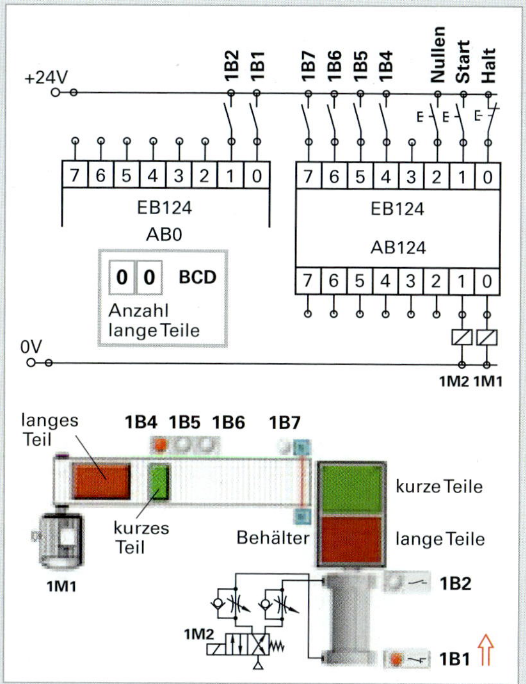

Aufgabe 16: Störungsanzeige

Die Funktion der Grenztaster soll überwacht werden. Wenn am Kolben mehr als 1 Grenztaster 1-Signal hat, muss eine Störung vorliegen. Der Melder P1 zeigt dies an.

Es soll die Laufzeit des Kolbens überwacht werden.

Wenn der Kolben länger als 3 s zwischen 1B1 und 1B3 unterwegs ist, dann soll eine Fehlermeldung P2 erscheinen.

Die Fehlermeldungen werden mit dem Reset-Taster wieder zurückgesetzt.

Es ist ein Funktionsbaustein zu entwickeln, welcher die 3 Sensorsignale übernimmt und die Fehlermeldung speichernd zurückliefert.

Mit „Reset" soll der Fehler gelöscht werden.

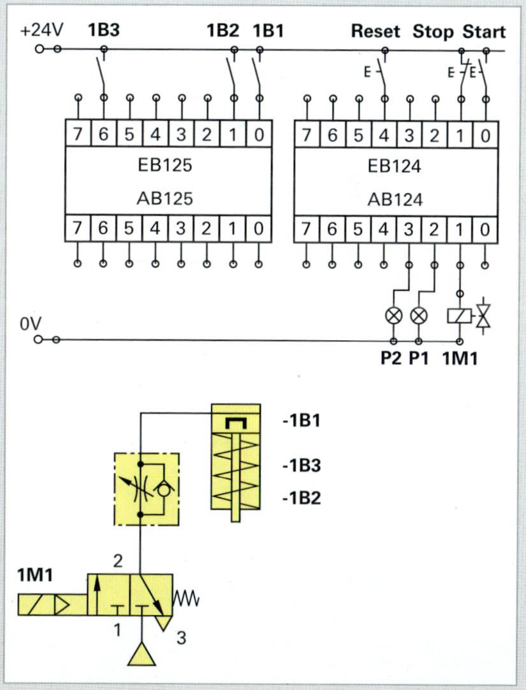

Aufgabe 17: Drucküberwachung

Ein Drucksensor liefert für einen Druckbereich von 0 bar ... 100 bar eine Spannung von 0 V ... 10 V. Diese Spannung wird in der Analogbaugruppe in einen Zahlenwert von 0 ... 32768 umgewandelt und als PEW752 in die SPS geliefert.

Entwickeln Sie eine Funktion, welche den Druck als „Realzahl" mit dem physikalischen Druckwert zurückliefert.

Berechnung:
Druck [bar] = PEWxxx/32768 · 100;

Hinweis:
Der Wert des PEWxxx muss zuerst in DINT und dann in eine „Realzahl" umgewandelt werden.

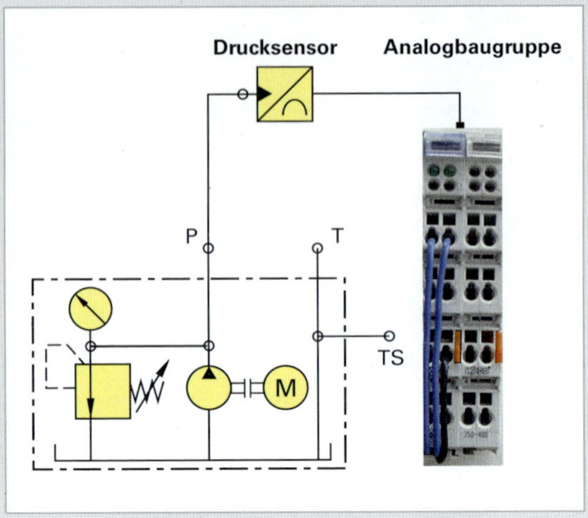

Aufgabe 18: Garagentorsteuerung (Funktionsbaustein)

Ein Garagentor wird mit einem Schlüsselschalter geöffnet und geschlossen.

Erweiterung: Wird während der Torbewegung der Schlüsselschalter wieder betätigt, soll das Tor stehen bleiben. Beim Wiedereinschalten soll es sich in die Gegenrichtung bewegen.

Die Grenztaster sind Öffner.

Es ist sinnvoll diese Logik in der SL Sprache zu schreiben.

Es ist nur ein FB notwendig.

Dieser kann durch zweimaliges Aufrufen beide Tore bedienen.

Ergänzung:
Während sich das Tor bewegt, soll die Lampe mit 1 Hz blinken.

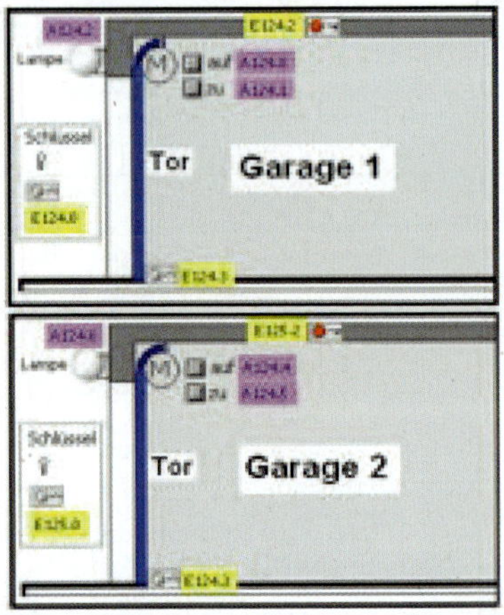

Aufgabe 19: Füllstandberechnung

Bei einem annähernd zylindrischen Behälter wird der Füllstand mit einem Ultraschallsensor gemessen.

0 V = 0 mm Höhe,

9 V = 180 mm Höhe

Behälterdurchmesser = 12 cm.

Mit einer Funktion soll der Inhalt des Behälters als REAL-Zahl in Liter (3 Nachkommastellen) angegeben werden. Wenn mehr als 9 V gemessen werden, soll ein Alarmbit dies anzeigen.

Zur Vereinfachung wird der Behälter als Zylinder angenommen.

Formel:
Füllhöhe = Sensorspannung · 180/9;

Volumen = d · d · π/4 · Füllhöhe;

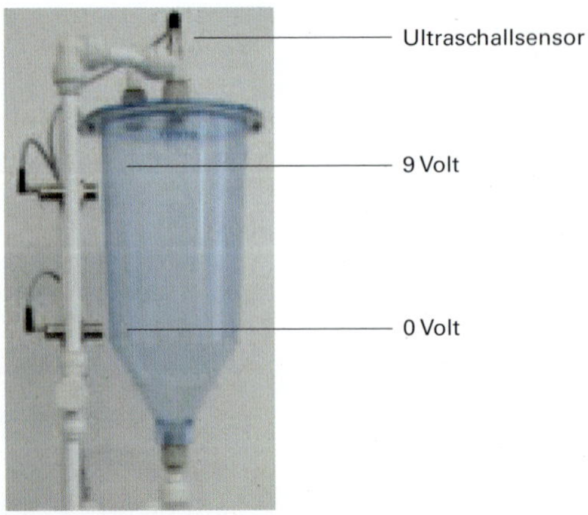

Aufgabe 20: Teile ausschieben

Nach Betätigen des „Start"-Tasters sollen 5 Teile aus einem Stapelmagazin ausgeschoben werden. Die Teilezahl soll im DB10 stehen. Die Anlage soll bei „Stop" bzw. wenn das Magazin leer ist stehen bleiben. „Magazin leer" wird durch eine Lampe angezeigt.

Erstellen Sie einen elektrischen Beschaltungsplan.

Erweiterung der Aufgabe:
Wenn die Laufzeit des Kolbens länger als z. B. 8 s ist, soll die Anlage stoppen und eine weitere Lampe soll dies Anzeigen. Beim erneuten „Start" soll die Lampe ausgehen.

Der Button „Ende" ist ein Öffner.

Der Grenztaster für „Magazin leer" ist ein Schließer.

Die Lösung kann als Schrittkette mit zwei Schritten verwirklicht werden.

Als Zähler wird ein Rückwärtszähler verwendet. Wenn während des Betriebs nochmals „Start" gedrückt wird, darf das keine Auswirkung haben.

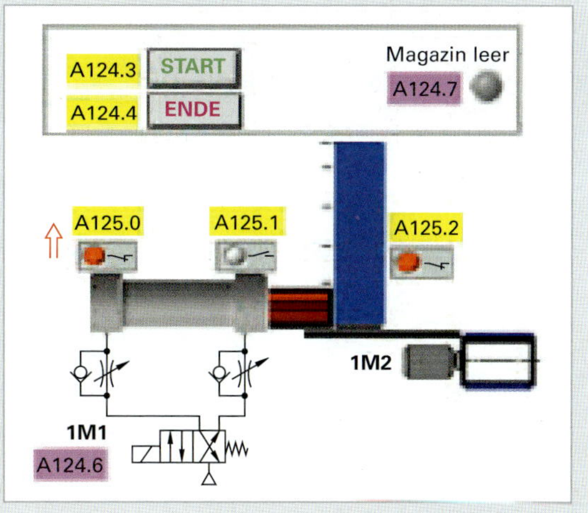

Aufgabe 21: Blinkalarm

Je nach Füllstand eines Behälters soll eine Alarmlampe (A124.1) blinken:

Ab 80 % Füllung (E124.6, Schließer) mit 1 Hz und ab 90 % Füllung (E124.7, Schließer) mit 2 Hz.

Für das Blinken kann der Taktmerker des Systems verwendet werden. Hierzu muss das entsprechende Merkerbyte im SPS-Hardwaresystem eintragen werden. Z.B. MB 100, bei diesem schaltet Bit 5 mit 1 Hz und Bit 7 mit 2 Hz.

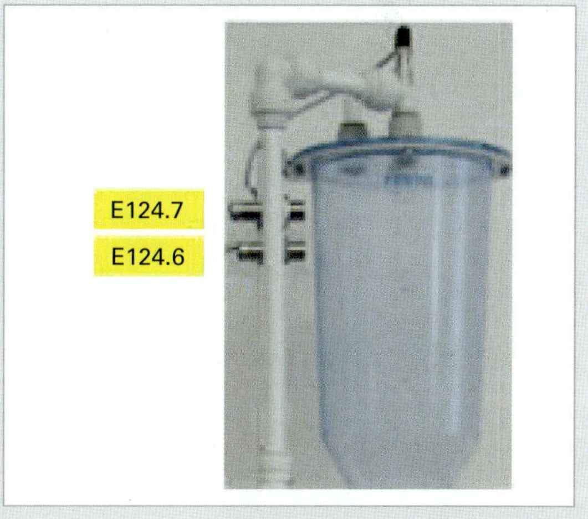

Aufgabe 22: Spannkraftüberwachung

Die Spannkraft eines Kolbens soll mit Drucksensoren überwacht werden. Wenn die Spannkraft erreicht ist, soll eine Freigabelampe dies anzeigen.

Zum Spannen muss ein Werkstück eingelegt sein. Wenn 5 Sekunden nach dem „Spannen" die Spannkraft nicht da ist, soll die Störung „Zeitüberlauf" dies melden.

Die Spannkraft ist dann erreicht, wenn die Druckdifferenz P1–P2 größer ist als 5 bar.

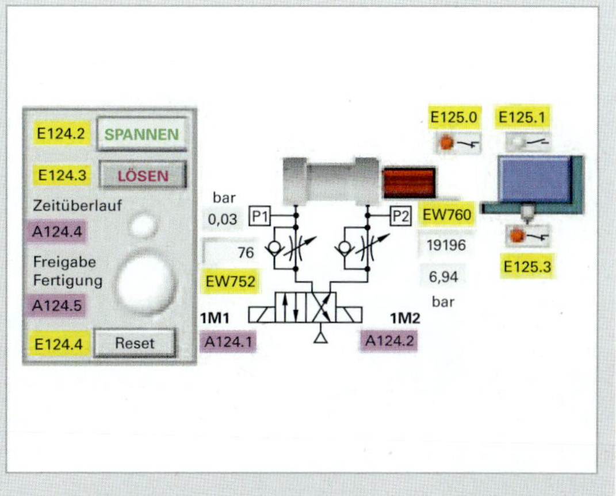

Aufgabe 23: Druckluftverbrauch

Mit einem Volumenstromsensor wird der Druckluftverbrauch gemessen.

Bei einer Spannstation soll der gesamte Druckluftverbrauch gemessen werden. Wenn während des Spannvorgangs mehr als 0,1 Liter/min fließen, soll eine Störmeldung dies anzeigen.

Volumenstrom = Sensorspannung · Faktor + Offset.

Für den gezeigten Sensor gilt:

Faktor = 12,5

Offset = –12,5

Der Druckluftverbrauch wird berechnet durch Addition der strömenden Luft (l/min) alle 100 ms. Dieser Wert wird aufaddiert. Beim Startsignal wird der Wert jeweils genullt.

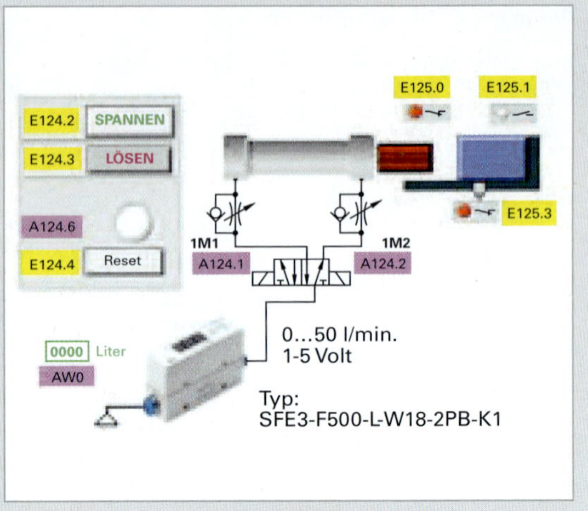

Aufgabe 24: Schlauchprüfanlage

Ein Druckschlauch soll dynamisch mit einem sinusförmigen Druck geprüft werden. Hierzu wird ein Proportional-Druckventil verwendet.

min. Druck = 20 bar,
max. Druck = 40 bar,
Frequenz = 2 Hz.

Versuchsdauer = 60 s
Daten des Prop-Ventils:
0 V … 10 V entsprechen
0 bar … 60 bar.

Amplitude = (40 –20)/2
Druck =

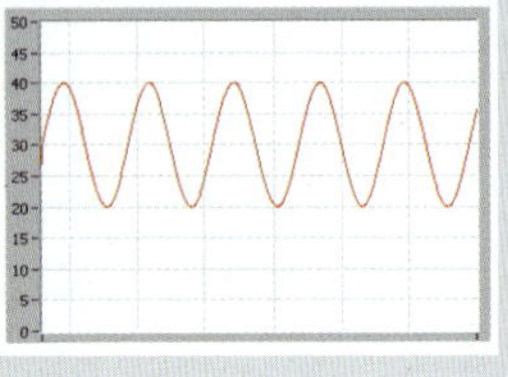

sin (Winkel) x 10 + 30
deltaWinkel =
2 x π x TA [s] x f [1/s]
Stellgröße[V] = Druck · 10/60

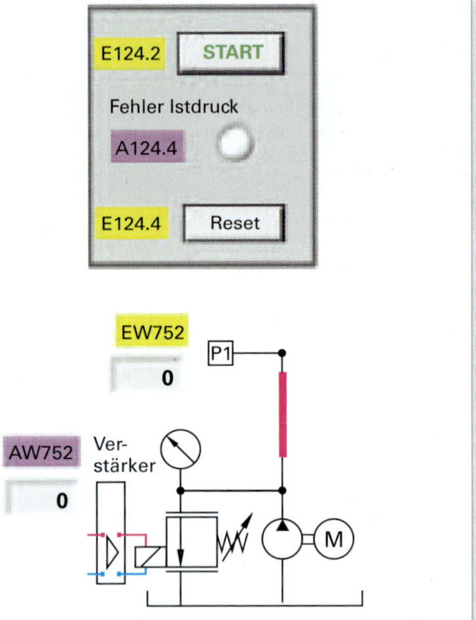

Aufgabe 25: Zweipunktregler

Der Sollwertbereich ist von 0 bis 1. Der Istwert wird mit einem Ultraschallsensor erfasst. 0 V ... 10 V = 0 ... 1 Füllstand.

Wenn der Regler 4 s außerhalb der Regeldifferenz ist, dann soll eine Lampe dies speichernd melden.

Es ist ein Funktionsbaustein (FB) in SCL für den Regler zu entwerfen.

Pumpe = A124.3

Füllstand = PW752

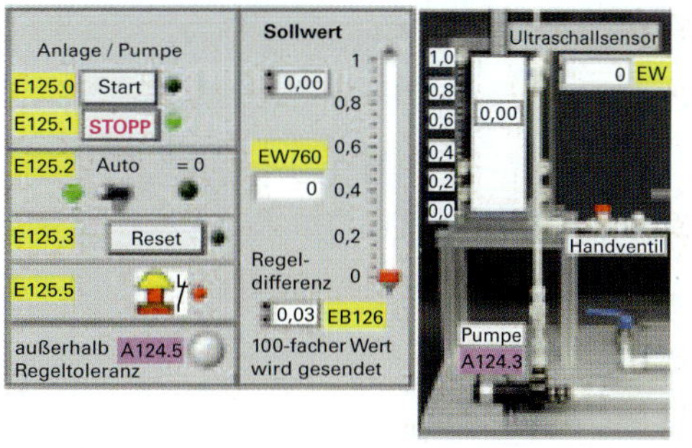

Aufgabe 26: Füllstandregelung

Füllstand soll mit einem Schrittregler geregelt werden.

Ein Stellmotor bedient hierbei das Ventil über eine Gewindespindel (I-Glied).

Somit braucht man bei e = 0 keine Stellenergie. Über die Ablassventile kann Wasser entnommen werden.

Es kann ein P-Regler verwendet werden.

Wenn y > 0.1 = Öffnen

y < –0.1 = Schließen

Der Regler ist als FB zu schreiben.

INPUT
Istwert: INT
Sollwert: INT
Kp: INT
OUTPUT
MotorOeffnen: BOOL
MotorSchliessen: BOOL

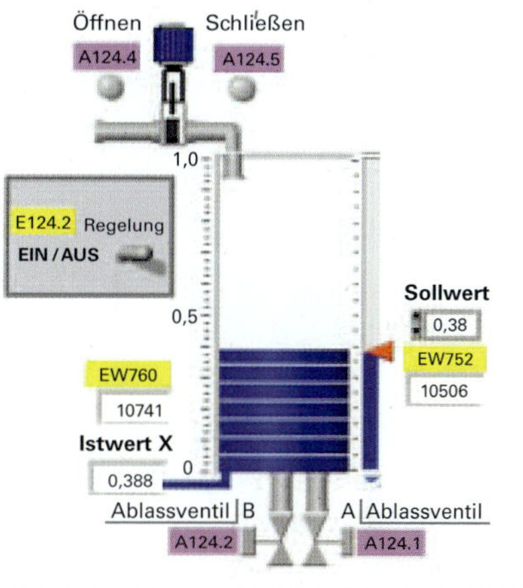

Aufgabe 27: Füllstandregelung über Ablauf

Der Füllstand eines Behälters soll über das Abflussventil konstant gehalten werden. Der Zufluss mit Ventil 1 erfolgt über den Button „Füllen".

Den Abfluss (Ventil 2) schaltet der Regler.

Hinweis: Der Regler muss als inverser Regler arbeiten.

Der Zweipunktregler ist als FB 10 zu entwerfen.

Der Füllstandsensor meldet: Leer = 0 V,

100 Liter = 10 Volt.

Wenn der Regler aktiv ist, soll dies die Lampe anzeigen.

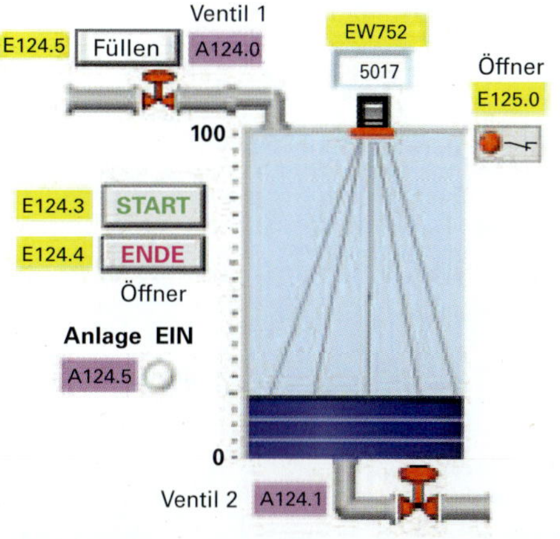

Aufgabe 28: Hydraulische Eilgang-Vorschub-Steuerung

Nach dem Betätigen des „Start"-Button, soll der Kolben im Eilgang, dann im Vorschub ausfahren. Zum Freischneiden soll vorne 3 s gewartet, danach im Eilgang wieder eingefahren werden.

Während des Vorschubs und des Rückhubs soll der Fräsmotor laufen.

Es wird eine einfache Schrittkette programmiert. Das Programm kann wie folgt gegliedert werden:

FB2 = Ablauf,
FB3 = Ausgabe
FB4 = Meldungen

Die Schutztüre muss während des Ablaufs verriegelt werden.

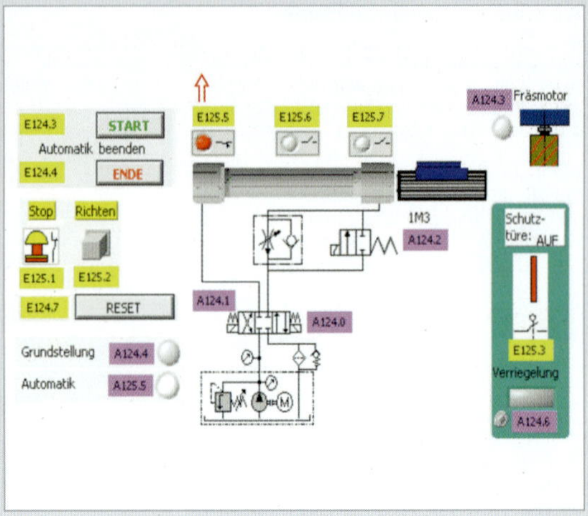

Aufgabe 29: Ketten stempeln

Es soll jedes stehende Kettenglied gestempelt werden. Im Einrichtebetrieb soll der Prozess einmal ablaufen, bei „Automatik" solange, bis „Automatik-Aus" betätigt wird bzw. keine Kette mehr da (Sensor E0.1).

Die Anzahl der Stempelungen sollen gezählt werden und im BCD-Code ausgegeben werden.

Vorschlag für eine Programmstruktur:

FB1: Betriebsart
FB2: Ablaufkette
FB3: Ausgabe
FB4: Meldungen

Prozesssablauf:
Hubkolben vor, Prägekolben senken, 2 s Prägen, Prägekolben heben, Hubkolben zurück.

Für das Zählen ist ein Zähler zu entwerfen, welcher bis 9999 zählt.

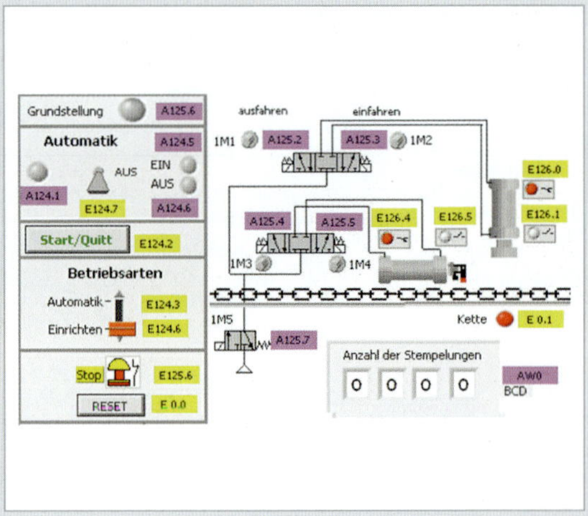

Aufgabe 30: Pneumatische Presse

Es sollen Werkstücke geprägt werden. Für den Druck wird ein pneumatisches Druckregelventil verwendet. Der Kolben soll mit einem Solldruck von 2 bar ausfahren. 3 s nach Start soll die Druckstufe 1 geschaltet werden. Nach der Zeit 1 die Druckstufe 2.

Nach der Zeit 2 soll der Kolben wieder mit einem Solldruck von 2 bar einfahren bis die Grundstellung erreicht ist.

Die Daten sind aus einem Datenbaustein auszulesen.

Die Drücke und Zeiten stehen in Datenbausteinen.

Prozess1 : DB10
Druck 1 = 3 bar, Zeit 1 = 4 s
Druck 2 = 4 bar, Zeit 2 = 2 s

Prozess2 : DB11
Druck 1 = 4 bar, Zeit 1 = 3 s
Druck 2 = 5 bar, Zeit 2 = 4 s

Für den Ablauf ist eine Schrittkette zu entwerfen.

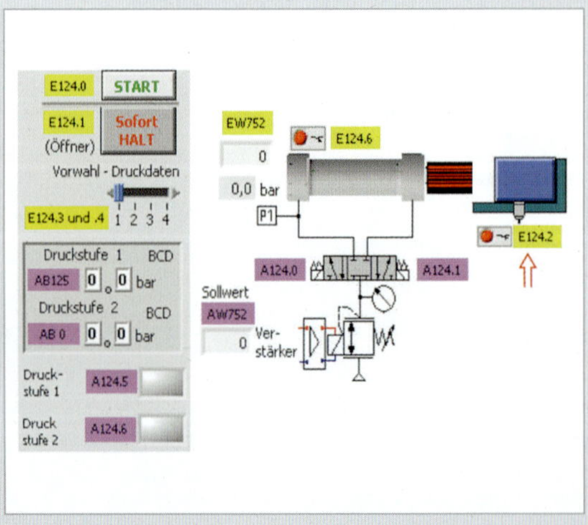

Aufgabe 31: Pumpensteuerung

Vier Pumpen fördern aus einem Vorratsbehälter in einen Hochspeicher. Je nach geforderter Abnahme schalten die Pumpen stufenweise dazu. Damit eine gleichmäßige Auslastung gewährleistet ist, wird immer die Pumpe dazu geschaltet, welche am längsten nicht mehr gelaufen ist. Umgekehrt wird immer die Pumpe zuerst abgeschaltet, welche schon am längsten gelaufen ist. Es soll eine Reaktionszeit abgewartet werden. Wenn nach dem Einschalten der 1. Pumpe nach einer wählbaren Zeit die Untergrenze nicht erreicht wird, muss die nächste Pumpe eingeschaltet werden.

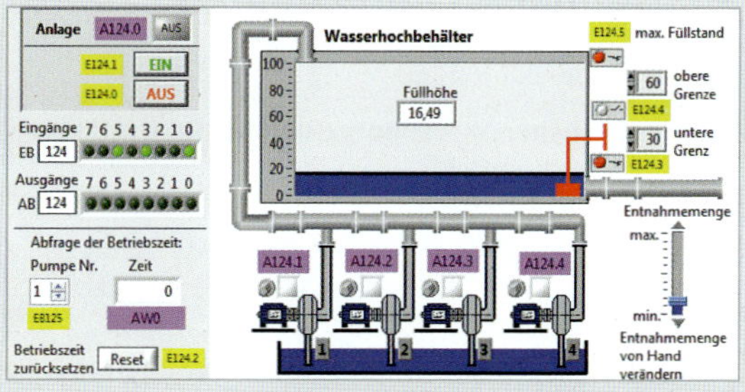

Hinweis: Die Betriebszeit der Pumpen kann mit dem Taktmerker, z. B. mit b 1 Hz erfasst werden. Addiert man die Werte auf, dann erhält man die Betriebszeit in Sekunden.

Aufgabe 32: Belüftungsanlage

Ein Raum wird mit zwei Lüftungsgebläsen belüftet. Nach dem Start soll zuerst das Gebläse 1 anlaufen und nach 5 Sekunden das Gebläse 2. Die Warnlampe soll blinken (1 Hz), wenn nur ein Gebläse läuft. Wenn beide Gebläse ausfallen, soll zusätzlich das Horn ertönen. Die Gebläseluft wird mit den Windsensoren erfasst (kein Wind = 0-Signal). Die gelbe Warnlampe P3 soll einen vorgekommenen Fehler anzeigen. Das Löschen erfolgt mit Reset. Mit der „Kontroll"-Taste soll getestet werden können, ob Lampe und Horn i. O. sind.

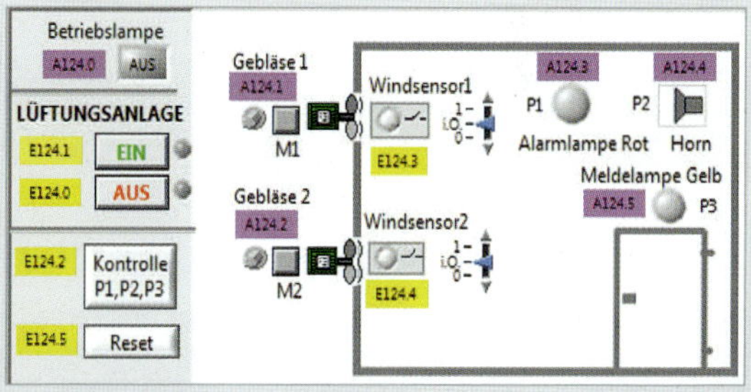

Hinweis: Die Lampe und das Horn werden erst nach 10 Sekunden aktiv geschaltet, weil sonst beim Start Alarm ausgelöst würde.

Aufgabe 33: Steuerung für ein Rolltor

Mit den Tastern „Öffnen" und „Schließen" soll das Rolltor betätigt werden können. Für den Betrieb soll die „Freigabe" ein 1-Signal haben. Bei „Stop" sollen die Motoren sofort anhalten, ebenso, wenn beim Schließen des Tores die Lichtschranke 1-Signal gibt. Die Warnlampe soll beim Schließen und Öffnen den Tores blinken (Taktmerker 1 Hz).

Ausbaustufe: Das Tor soll über eine Fernbedienung gesteuert werden können.

Betätigungsfunktionen:

- Wenn Tor geschlossen – 1x betätigen – Rolltor öffnet,
- wenn Tor offen – 1x betätigen – Rolltor schließt,
- wenn sich das Tor gerade bewegt – 1x betätigen – Rolltor hält,
- Bei erneuter Betätigung das Rolltor fährt in die entgegengesetzte Richtung.

Die beiden Lampen können bei Alarm bzw. bei einer Warnung gesetzt werden.

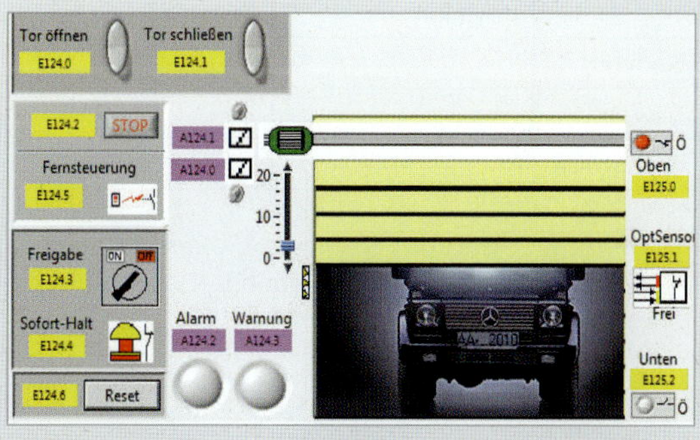

Hinweis: Die Fernbedienung löst nur einen Impuls (1-Signal aus). Die Alarmlampe muss mit „Reset" gelöscht werden.

9.5 Aufgaben und Übungen zur Regelungstechnik

Aufgabe 1: Druckluftanlage

Durch Umschalten des Ventils (Bild) ist die Druckkurve entstanden.

Um welche Art von Regelstrecke handelt es sich?

Wie groß ist der eingestellte Systemdruck?

1.3 Bestimmen Sie die Zeitkonstante der Strecke (Werte entnehmen Sie aus dem Diagramm).

1.4 Zeichnen Sie die vermutete Kurve, wenn das Ventil wieder zurückschaltet.

1.5 Wie würde sich die Zeitkonstante ändern, wenn der Speicher doppelt so groß gemacht würde?

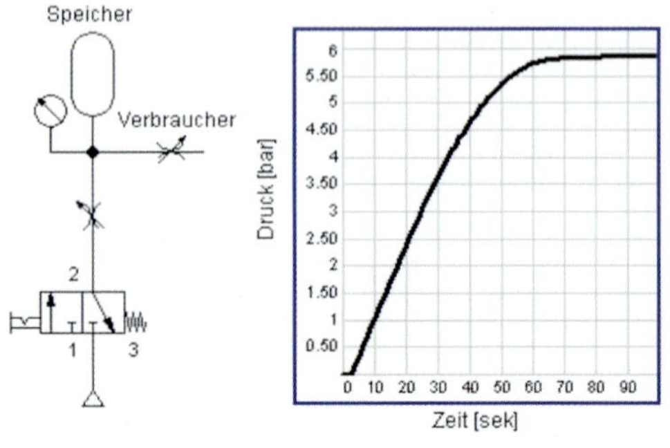

Aufgabe 2: Hydraulikstation

Bei einer Hydraulikstation wird der Druck mit einem Proportional-Druckventil geregelt. Der Sollwert beträgt 4 MPa. Der max. Druck (100 % bzw. 1.0) auf welchen die Anlage abgestimmt ist, beträgt 6 MPa.

2.1 Um welche Art von Regelstrecke handelt es sich hier?

2.2 Welcher Regler wurde hier verwendet?

2.3 Bestimmen Sie folgende Werte aus dem Diagramm:

	physikalisch	normiert
Sollwert		
Istwert		
Stellgröße		

2.4 Berechnen Sie aus den Werten die Verstärkung kp!

2.5 Wie verändert sich die bleibende Regeldifferenz, wenn der Sollwert verkleinert wird?

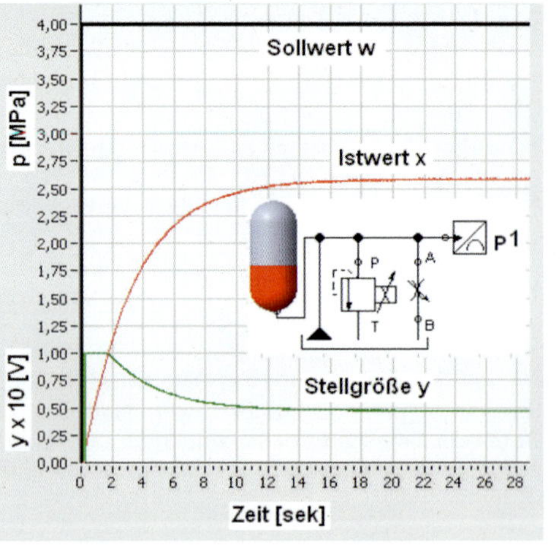

Aufgabe 3: Führungsgrößenregelung

Mit einer Gewindespindel mit Wegmesssystem und einem Gleichstrommotor wird eine Achse gebaut. Das Verhalten wird im Diagramm dargestellt.

3.1 Bestimmen Sie folgende Werte aus dem Diagramm:

Sollwert in mm	
Sollwert Bewegungszeit in s	
Einregelzeit in s	
Schleppabstand in mm	

3.2 Berechnen Sie die Geschwindigkeit der Achse in mm/min.

3.3 Bestimmen Sie die Kreisverstärkung k_V.

3.4 Wie verändert die der Schleppabstand, wenn die Achsgeschwindigkeit verdoppelt wird?

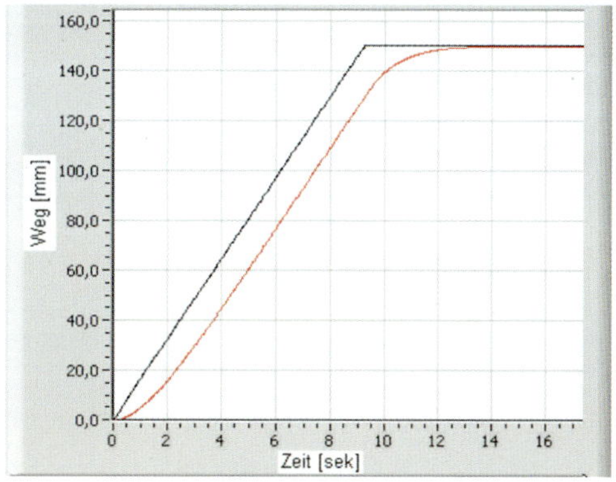

Aufgabe 4: Step7, Quellcode

Im Bild wird ein Funktionsbaustein dargestellt.

Erläuterungen: y_Hand = Stellgröße bei Handeinstellung, TA = Abtastzeit(s), e_1 = vorherige Regeldifferenz, dy = delta y, Auto = Regelbetrieb, Freigabe = Regler EIN, AUS.

4.1 Um welche Art von Regler handelt es sich hier?

4.2 Erläutern Sie die Bedeutung der Zeilen 7 bis 13.

4.3 Warum muss der Inhalt der Zeile 9 unbedingt nach Zeile 7 und Zeile 8 stehen?

```
(* 1*)FUNCTION_BLOCK FB10
(* 2*)VAR_INPUT
(* 3*)w,x,kp,Tn,TA,yHand:REAL;
(* 4*)Auto,Freigabe:BOOL;     END_VAR
(* 5*)VAR       e,e_1:REAL;   END_VAR
(* 6*)VAR_OUTPUT  y,dy:REAL; END_VAR
(* 7*)e:=w-x;
(* 8*)dy:=kp*((e-e_1)+TA/Tn*e);
(* 9*)e_1:=e;
(*10*)IF AUTO=TRUE THEN y:=y+dy;ELSE y:=yHand;END_IF;
(*11*)IF y>1 THEN y:=1.0;END_IF;
(*12*)IF y<0 THEN y:=0.0;END_IF;
(*13*)IF NOT Freigabe THEN y:=0.0;END_IF;
(*14*)END_FUNCTION_BLOCK
```

Aufgabe 5: Füllstandregelung

Ein Vorratsbehälters soll mit einem PI-Regler stoßfrei geregelt werden. Es ist der Geschwindigkeitsalgo-rith-mus zu verwenden.

Vorgang bei stoßfreier Regelung:

1. Regler „AUS“

2. Sollwert einstellen

3. y von Hand so einstellen, dass Regeldifferenz = 0

4. Umschalten auf Regelung „EIN“

Prinzip:

Regelung wird nur eingeschaltet, wenn keine Regeldifferenz vorliegt.

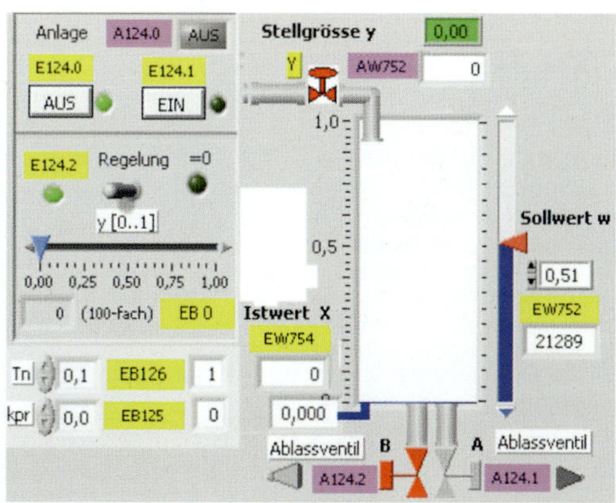

Aufgabe 6: Analyse eines Regelkreises[1]

Die im Bild dargestellte Sprungantwort gehört zu einem Regelkreis mit einem PI-Regler, (kp = 1, Tn = 2s).

1. Bestimmen Sie anhand des Diagramms: Die Anregelzeit und die Ausregelzeit (10 %).
2. Wie ändert sich die Anregelzeit, wenn Tn auf Tn = 8s vergrößert wird.

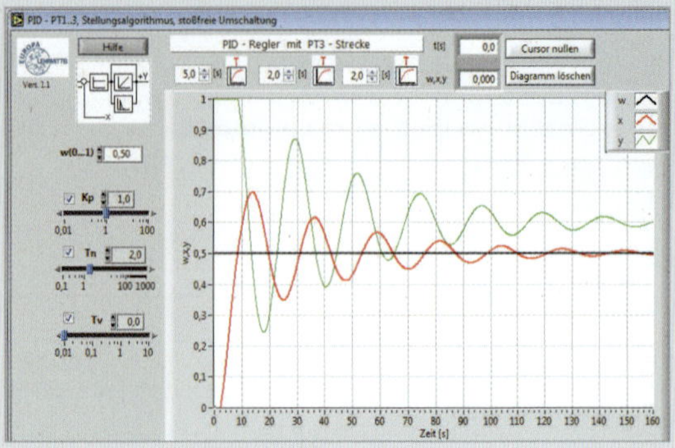

[1] Hinweis: Auf der CD befindet sich ein Simulationsprogramm (PID-Stellungs-PT3_Europa.EXE). Sie können damit den Regelkreis simulieren.

Aufgabe 7: Stoßfreie Regelung

In den meisten Anlagen wird eine stoßfreie Umschaltung vom Handbetrieb in den Automatikbetrieb gefordert.

1. Beschreiben Sie das Prinzip und die praktische Anwendung der stoßfreien Regelung anhand der nebenstehenden Skizze.
2. Wie wird beim Stellungsalgorithmus die stoßfreie Regelung erreicht?

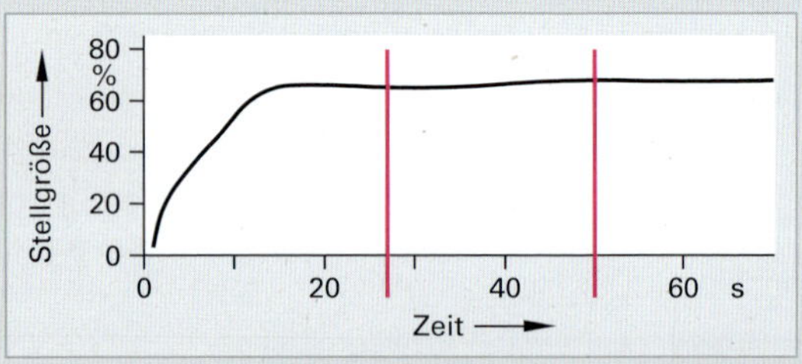

Hinweise:

1. Beachten Sie nebenstehende Formeln
2. Nachführung für Stoßfrei:
   wenn e=0, dann yP=0,yD=0);
   dann esum= yHand * Tn/TA/kp

Berechnungsformel für Stellungsalgorithmus:
e = Regeldifferenz, w = Sollwert, x = Istwert,
esum = Summe der Regeldifferenzen,
ealt = vorherige

e=w-x; yP= kp * e; yI= kp * esum*TA/Tn; yD= kp* (e-ealt)*Tv/TA); esum=esum+e; ealt=e;
y=yP + yI + yD;

Aufgabe 8: Stoßfreie Regelung mit Stellungsalgorithmus[1]

Eine Strecke 1. Ordnung wird mit einem PID-Regler geregelt (Stellungslagorithmus)
w=0,5; kp=1, Tn=2, Tv=0.

Ablauf:
Situation 1: Der Sollwert wird mit „Hand" angefahren.
Situation 2: Umschaltpunkt auf „Automatik"
Situation 3: kp wird von 1 auf 2 erhöht
Situation 4: kp wird von 2 auf 1 abgesenkt

Erklären Sie den Ablauf der Regelung auf Grund der aufgezeigten Diagramme.

Welche Herausforderungen sind in den Situationen 2, 3, 4 gegeben?

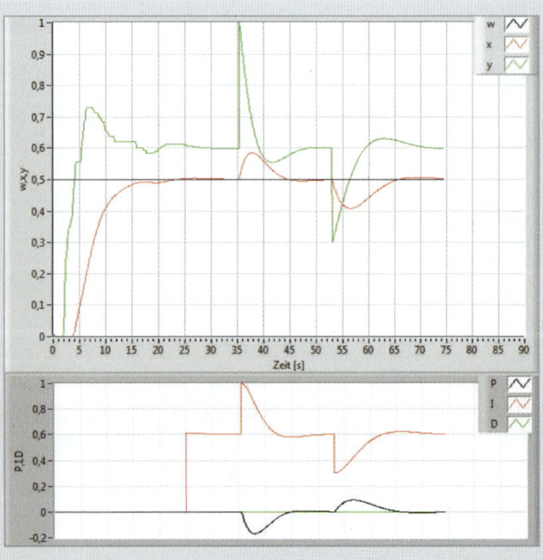

[1] Hinweis: Auf der CD befindet sich ein Simulationsprogramm (PID-Stellungs-PT3_Europa.EXE). Sie können damit den Regelkreis simulieren.

Aufgabe 9: Geschwindigkeitsalgorithmus[1]

Information:

Der Geschwindigkeitsalgorithmus ist die rekursive Form eines Regelalgorithmus: Es wird nur die Änderung von y (dy) addiert.

Programmzeilen:

```
e=w-x;
dy= kp*((e-e_1) +TA/Tn*e+Tv/Tn*(e- 2*e_1+e_2));
y=y+ dy;
e_2=e_1; // vorvorherige Regeldiferenz
e_1=e;   //vorherige Regeldifferenz
```

Für die Nachführung zur Stoßfreiheit wird im Automatikbetrieb die HandStellgröße nachgeführt.

```
y=yHand;
```

Im nebenstehenden Diagramm wir die Regelung einer PT1-Strecke dargestellt:

Situation 1: Fahren auf den Sollwert im Handbetrieb.

Situation 2: Umschalten auf „Automatik".

Situation 3: Erhöhen von kp von 1 auf 2.

Situation 4: Absenken des kp wieder auf 1. Situation 5: Zurückschalten auf Handbetrieb.

Erklären Sie das Verhalten der Regelung für die einzelnen Situationen.

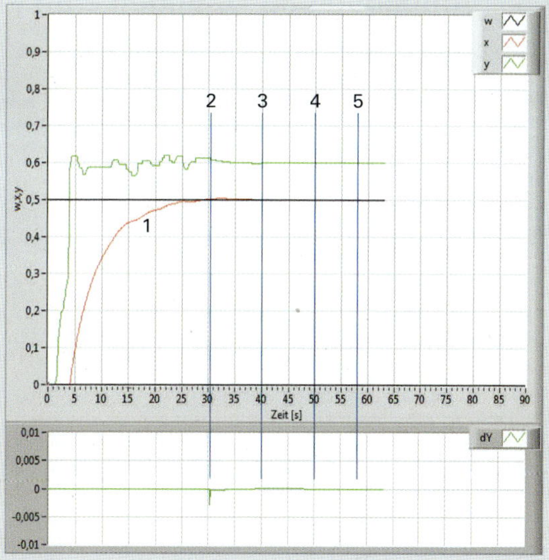

[1] Hinweis: Auf der CD befindet sich ein Simulationsprogramm (PID-Stellungs-PT3_Europa.EXE). Sie können damit den Regelkreis simulieren.

Aufgabe 10: PID-Regler mit Störgrößenaufschaltung

Situation 1: Keine Störgrößenaufschaltung, Störgröße zunehmend.

Situation 2: Keine Störgrößenaufschaltung, Störgröße ist abnehmend.

Situation 3: Störgrößenaufschaltung:, Störgröße ist zunehmend.

Situation 4: Störgrößenaufschaltung, Störgröße ist abnehmend.

Erläutern Sie das Verhalten des Regelkreises.

Information: Wenn bei Regelkreisen mit Strecken höherer Ordnung mit konstantem Sollwert gefahren wird, ist eine Regelung mit Störgrößenaufschaltung sinnvoll. Hierbei wird die Störgröße direkt auf die Stellgröße aufgeschaltet.

Es wird somit die Trägheit des I-Anteils des Reglers umgangen.

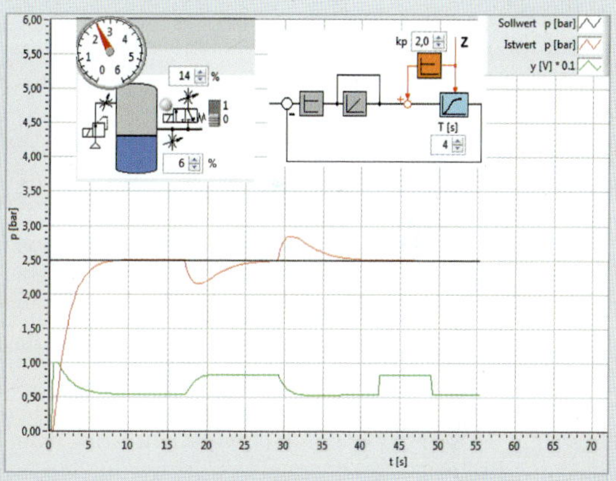

Aufgabe 11: Stellgrößenanpassung

Eine Pumpe zeigt nebenstehende Kennlinie. Wenn im Regelkreis die Stellgröße y = 0 V ... 10 V ausgegeben wird, erfolgt bis zu einer Spannung von ca. 4 Volt keine Förderung.

Entwickeln Sie eine Funktion, damit nach Eingabe des Förderbeginns (Offset) y linearisiert ist.

Beispiel: Offset = 4,5 V, Y = 0 %, Ausgabe = 4,5 V,
Y = 100 %, Ausgabe = 10 V

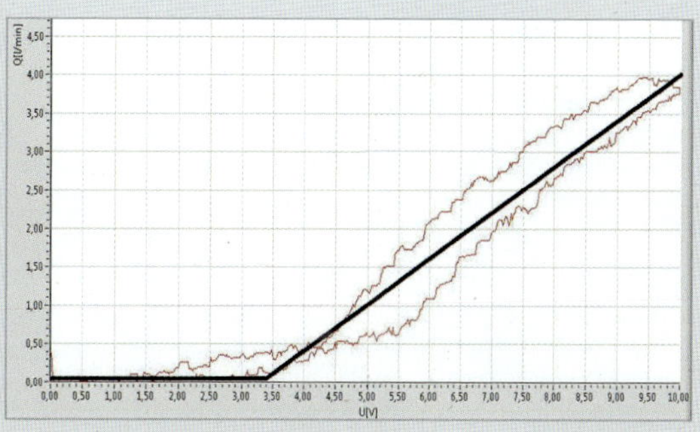

9.6 Aufgaben und Übungen zum Programmieren

Aufgabe 1: Berechnung von CNC-Daten (C++)

Mit einer CNC-Maschine sollen Bohrmuster hergestellt werden. Es soll nun ein Programm entwickelt werden, welches die Koordinaten von kreisförmig angeordneten Bohrungen berechnet.

Die Daten sollen im Format eines CNC-Programms nach DIN 66025 ausgegeben werden.

Eingabedaten:
Teilkreisdurchmesser, Anzahl der Bohrungen.

Ausgabedaten:
Die Daten sollen in einen String eingetragen werden mit dem Format „N xxx X xxxx.xxx Y xxxx.xxx"
Nach N kommt die Nummer der Bohrung (3 Stellen), nach X kommt die X-Koordinate (8 Stellen, davon 3 nach dem Komma), nach Y die Y-Koordinate. Die Daten sollen in einem Memofeld ausgegeben werden.
Zusatzbedingung: Wenn die Anzahl der Bohrungen <2 ist, dann soll nicht berechnet werden, sondern in einem Textfeld eine entsprechende Meldung ausgegeben werden.

Aufgabe-Erweiterungen:

1. Das Programm soll keine Berechnung durchführen, wenn der Durchmesser <1 ist, es soll dann eine Meldung ausgegeben werden.
2. Das Programm soll die Stegbreite zwischen den Bohrungen berechnen und mit ausgeben.

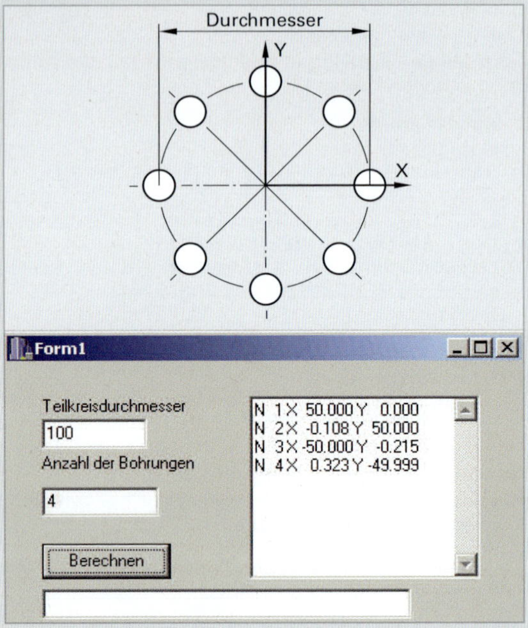

Aufgabe 2: Berechnung des Querschnitts mit dem größten Widerstandsmoment (C++)

Aus einem Kreisquerschnitt soll derjenige Rechteckquerschnitt (Breite + Höhe) berechnet werden, welcher das größte Widerstandsmoment aufweist. Hierzu soll ein iteratives Verfahren angewendet werden.

Eingabedaten: Durchmesser des Kreises und Größe des Iterationsschrittes in % des Kreisdurchmessers.

Ausgabedaten: Es sollen die Berechnungsdaten, also Breite, Höhe und das Widerstandsmoment eines jeden Rechenschrittes ausgeben werden. Hierzu sind die Daten in einen String zu wandeln und in ein Memofenster einzutragen.

Hinweise zur Programmierung:

1. Die Höhe wird bei jeder Iteration um einen bestimmten Betrag erhöht. Die dazugehörende Breite wird mittels des Satzes nach Pythagoras berechnet. Aus diesem Rechteckquerschnitt wird dann das Widerstandsmoment berechnet. Mit steigender Höhe nimmt das Widerstandsmoment bis zu einem Maximum zu, dann wieder ab. Die Iteration kann jetzt beendet werden.

2. Die Rechenfunktionen für den Satz des Pythagoras und für das Widerstandsmoment sind als Funktionen zu schreiben, welche alle Werte übernehmen und die Ergebnisse zurückliefern.

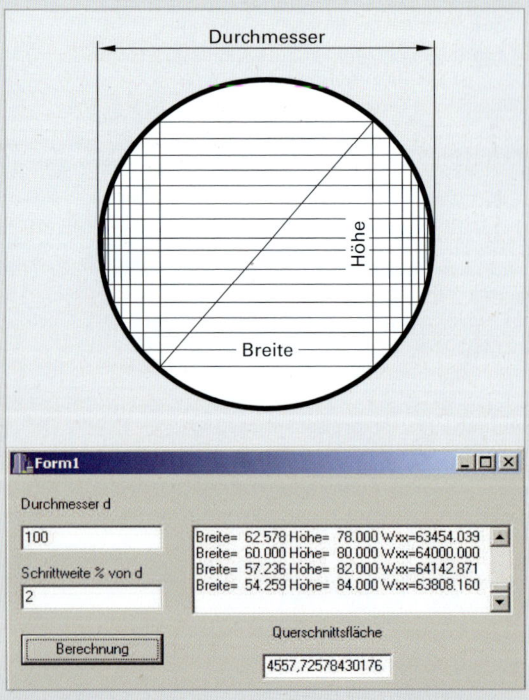

Aufgabe 3: Berechnung der Drehfrequenz (VBA)

Erstellen Sie ein Programm mit Excel-VBA, welches die Drehfrequenz für Bohrmaschinen berechnet. Nach Betätigen eines Button soll die Berechnung erfolgen.

Eingabedaten: Durchmesser des Bohrers in mm, Schnittgeschwindigkeit in m/min.

Ausgabedaten: Drehfrequenz im Format mit 2 Stellen nach dem Komma. Zusätzlich soll eine Meldung erfolgen, wenn eine Drehfrequenz > 3000 1/min entsteht.

Erweiterung des Programms: Es darf keine Berechnung durchgeführt werden, wenn der Durchmesser < 1mm ist.

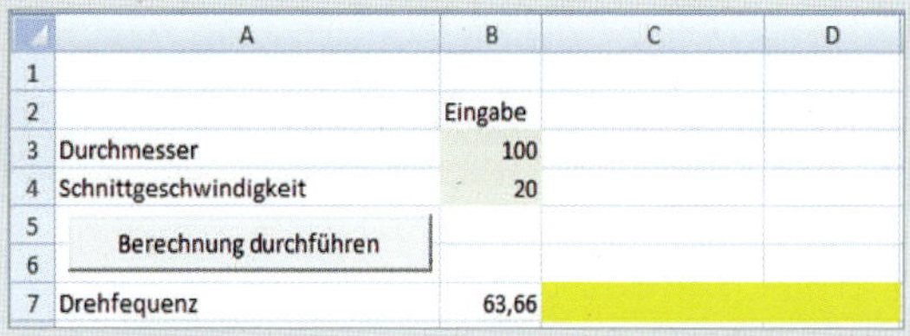

Hinweis:

Ein Ausgabefeld kann mit folgender Anweisung formatiert werden:

[Feld].NumberFormat="###.000"

Beispiel: [B7].NumberFormat="#.00"

Aufgabe 4: Berechnung von Funktionen (VBA)

Es soll ein Programm erstellt werden, welches die Werte folgender Funktionen berechnet:

$y=x^2$ und $y=x^3$.

Eingabe:

Auswahlbutton für die Funktion $y=x^2$ und $y=x^3$, Anzahl der Iterationen, X-Wert zur Iteration

Ausgabe:

Verwendete X-Werte, Berechnete Y-Werte

Anzeige als Y-X-Diagramm.

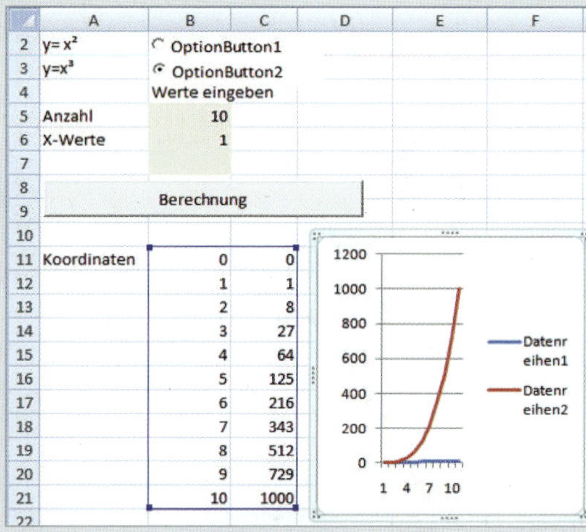

Aufgabe 5: Simulation des Druckverlaufs eines Druckluftkessels (LabVIEW)

Das Verhalten der Druckzunahme beim Befüllen eines Druckluftkessels und beim Entleeren soll programmiert und grafisch dargestellt werden.

Der Rechenzyklus soll alle 10 ms ablaufen.

Eingabedaten:

max. Druck, Öffnung der Zu- bzw. Ableitung der Druckluft, Button für Befüllen (Ventil), Button für Entleeren.

Ausgabe:

Anzeige des Druckes als Manometer,

Aufzeichnen des Druckverlaufs.

Hinweis:

Das Verhalten des Druckbehälters entspricht einer Strecke 1. Ordnung (P-T_1-Glied).

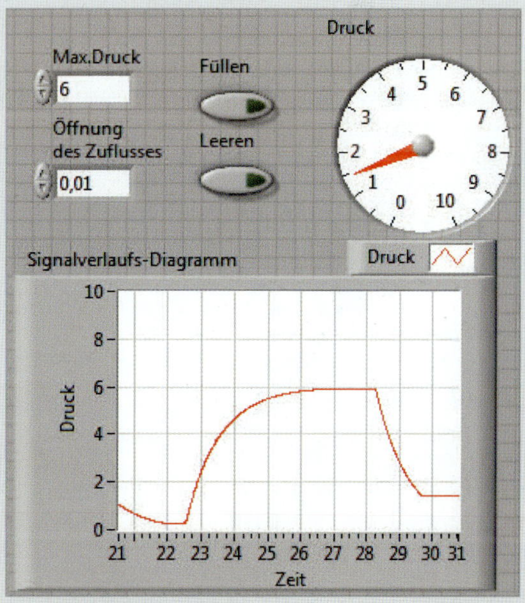

Aufgabe 6: Berechnung der Biegelinie eines einseitig eingespannten Trägers (LabVIEW)

Es soll ein Programm erstellt werden, welches eine Biegelinie berechnet und aufzeichnet.

Eingabedaten:
E-Modul, (z. B. E = 210 000 N/mm^2 für Stahl), Flächenträgheitsmoment (z. B. IPE-Profil 500, Iy=2140*10^4 mm^4), Länge des Balkens *l* in mm, Belastung *F* in N.

Ausgabedaten:
Y-X-Diagramm, x = Länge, y = Durchbiegung.

Hinweise:
Berechnungsformel: y=F/(E*Iy)*(l*x^2/2 – x^3/6)
Diese Formel kann direkt im Objekt „Formelknoten“ eingegeben werden.

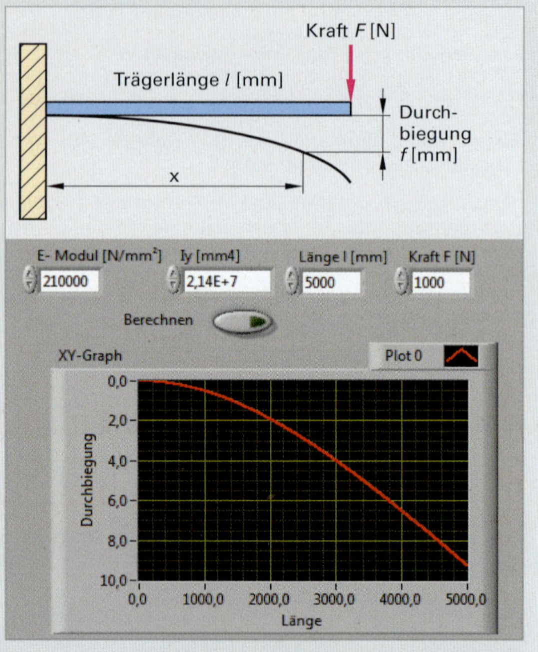

Aufgabe 7: Programm zur Werteberechnung eines Durchflusssensors

Auszug aus dem Datenblatt:
Sensorsignal = 1 V ... 5 V DC,
Durchflussmenge = 5 l/min ... 50 l/min.

Zur Simulation soll das Sensorsignal (1 V ... 5 V) mit einem Gleiter eingegeben werden. Der Durchflusswert soll als Zahlenanzeige erfolgen

Hinweise:
Die Berechnung erfolgt nach den Formeln in Kapitel 1.4.12,
Eingangsparameter der Funktion sind Spannungswert [Volt], Faktor, Offset
Ausgangsparameter ist der physikalische Sensorwert [l/min].

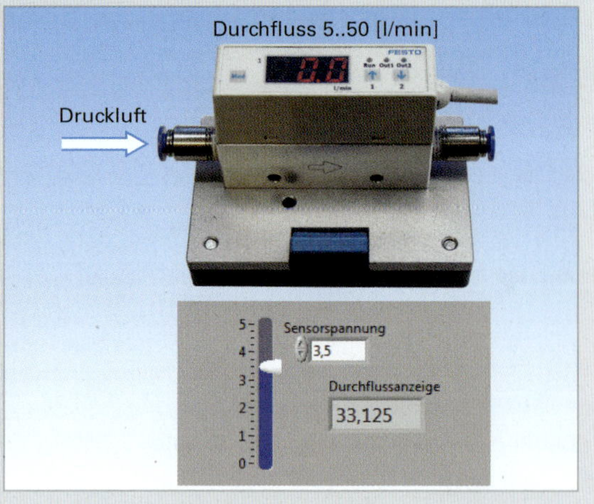

Aufgabe 8: Messdaten nach Excel übertragen

Erstellen Sie ein Programm, bei welchem 6 Messdaten eingegeben werden können.
Es soll der Mittelwert und der Bereich (range) berechnet werden.
Die Messdaten sollen nach dem Betätigen eines Button nach Excel übertragen werden.

Hinweise:
Die Daten sollen mit 3 Nachkommastellen bearbeitet werden, die Datenübertragung nach Excel erfolgt über die DDE Kommunikation (hierzu wird die dde.llb benötigt), vor dem Aufruf der Excel-Datei im Programm muss die Excel-Datei geöffnet sein.

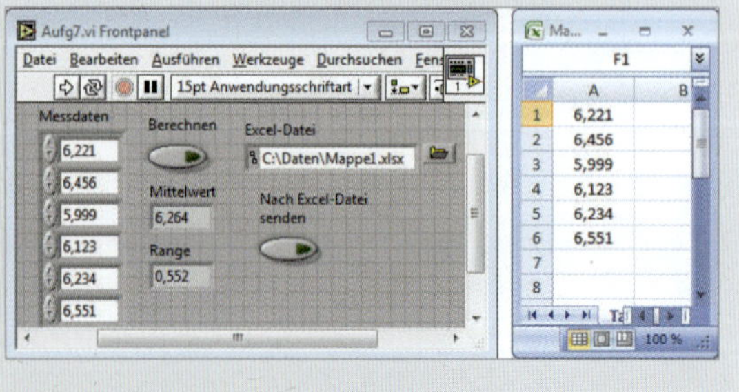

9.7 Aufgaben und Übungen zur Antriebstechnik

Aufgabe 1: Drehmoment und Drehzahl

Ein Motor mit linearer Antriebscharakteristik (z. B. Gleichstrommotor mit Permanenterregung) hat eine Bemessungsleistung von P_N = 1,8 kW bei einer Bemessungsdrehzahl $n_N = 2400\ \text{min}^{-1}$.

Die Leerlaufdrehzahl beträgt $n_0 = 1250\ \text{min}^{-1}$. Ermitteln Sie das Bemessungsdrehmoment M_N und die Betriebsdrehzahl n_b bei einer Motorbelastung M_w = 10 Nm

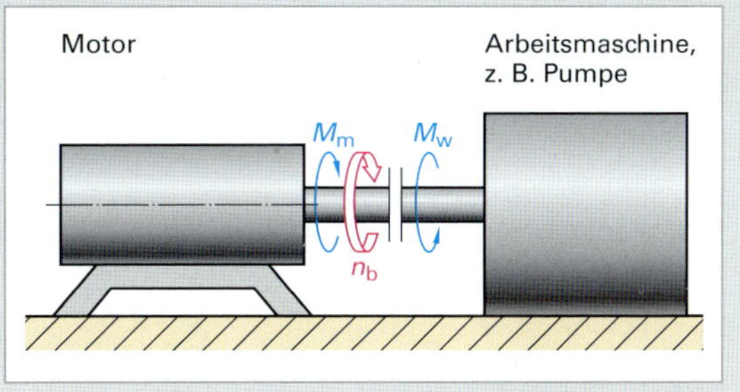

Aufgabe 2: Hubtisch mit Trapez-Gewindespindel

Ein elektrisch angetriebener Hubtisch mit Trapez-Gewindespindel (Steigung P = 10 mm) soll Lasten bis zu 0,8 t heben können.

Das Eigengewicht der Hubplattform beträgt 200 kg.

Die Hubgeschwindigkeit soll v_N = 0,2 m/s betragen.

Der Getriebewirkungsgrad, einschließlich der Spindelmutter, beträgt η_N = 60 %.

Der Sicherheitsbetriebskoeffizient ist mit 1,2 anzusetzen (20 % Sicherheitszuschlag zum sicheren Heben).

Ermitteln Sie Die erforderliche Motorbemessungsleistung P_N bei einer vorgesehenen Bemessungsdrehzahl $n_N = 1200\ \text{min}^{-1}$ sowie die Getriebeübersetzung bzw. die Getriebeuntersetzung i.

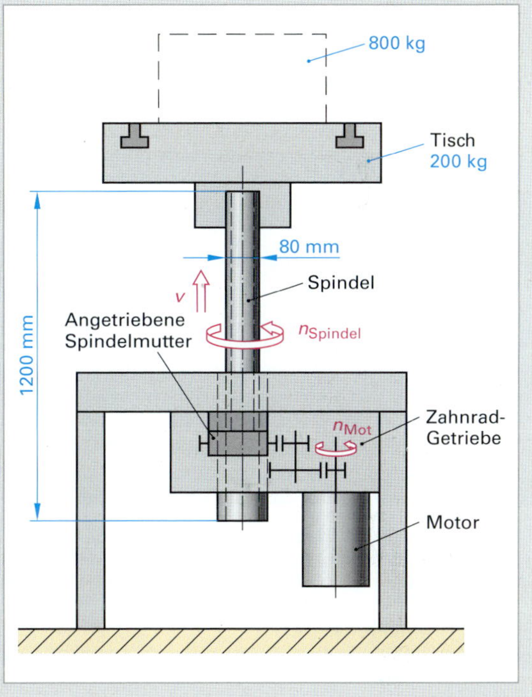

Aufgabe 3: Hubtisch mit Kugel-Gewindespindel

Ein elektrisch angetriebener Hubtisch mit Kugel-Gewindespindel (Steigung P = 10 mm) soll Lasten bis zu m_{Last} = 0,8 t heben können.

Das Eigengewicht der Hubplattform beträgt m_{Tisch} = 200 kg.

Die Hubgeschwindigkeit soll v_N = 1 m/s betragen.

Der Getriebewirkungsgrad, einschließlich der Kugelspindelmutter, beträgt η_N = 90 %.

Der Sicherheitsbetriebskoeffizient ist mit 1, 2 anzusetzen (20 % Sicherheitszuschlag zum sicheren Heben).

a) Ermitteln Sie die erforderliche Motorbemessungsleistung PN bei einer vorgesehenen Bemessungsdrehzahl $n_N = 1200\ \text{min}^{-1}$.

Ermitteln Sie die Getriebeübersetzung bzw. die Getriebeuntersetzung i.

b) Der Motor, gewählt nach Aufgabe a), hat ein Trägheitsmoment $J_{Mot} = 0{,}03\ \text{kgm}^2$.

Die Spindel des Hubtisches hat einen Durchmesser von 80 mm und eine Länge von 1,2 m.

Ermitteln Sie die Beschleunigungszeit Δt, wenn während der Beschleunigungsphase der Motor konstant 2-faches Nennmoment abgeben kann. (Die Trägheitsmomente des Zahnriemengetriebes und der Kupplungselemenete dürfen vernachlässigt werden.)

9.8 Aufgaben und Übungen zur CNC-Technik

Aufgabe 1: Drehen

Für das Werkstück (Bild) soll ein CNC Programm für das Bearbeiten der Außenkontur geschrieben werden. Das Werkstück ist bereits auf beiden Seiten plangedreht und die Kontur vorgedreht. Der Abstand vom Flansch Maschine-Backenfutter zur Werkzeugaufnahme beträgt 100 mm (Bild). Hinweis: Fahren zum Werkzeugwechselpunkt mit G26: zuerst in X-Richtung, dann in Z-Richtung.

Werkzeugmaschine: Schrägbettmaschine, Werkzeuge hinter der Drehachse
Werkstückwerkstoff: 16MnCr5
Werkzeug: Schlichtdrehmeißel r_ε = 0,4 mm HM beschichtet;
Schnittgeschwindigkeit v_c = 200 m/min;
Vorschub f = 0,1 mm

1.1 Tragen Sie an geeigneter Stelle den Werkstücknullpunkt ein.
1.2 Die Kontur soll bis einschließlich der Fase 2 x 45° am Durchmesser 80 mm geschlichtet werden, wobei der Drehmeißel am Ende 1 mm über das Werkstück positioniert werden soll.

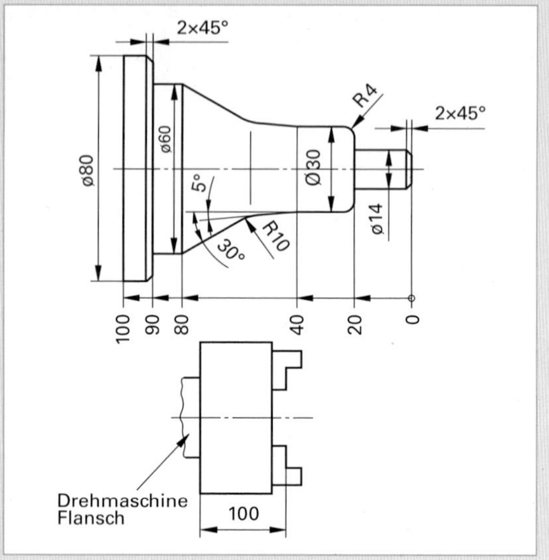

Aufgabe 2: Drehen

Der Gewindeflansch (Bild) soll auf einer Schrägbettdrehmaschine mit einer C-Achse und angetriebenen Werkzeugen hergestellt werden. Die Maschine besitzt z. B. eine Traub-TX8-Steuerung. Erstellen Sie dazu das CNC-Programm. Werkstückwerkstoff: EN-AW AlCuMgPb Rohteil: ø 60 x 32

Werkzeuge:
T1: Drehmeißel, HM beschichtet; Eckenradius r = 0,8 mm; v_c = 250 m/min; f = 0,25 mm
T2: Drehmeißel, HM beschichtet; Eckenradius r = 0,4 mm; v_c = 300 m/min; f = 0,1 mm
T3: Gewindemeißel HSS; Gewindetiefe 0.92; Drehzahl n = 1600 1/min
T4: NC-Anbohrer 90° ø 16 mm HSS; n = 1000 1/min; v_f = 80 mm/min
T5: Spiralbohrer ø 4,4 mm HSS; n = 2000 1/min; v_f = 100 mm/min

1. Tragen Sie die Werkstücknullpunkte für beide Seiten des Werkstücks ein.
2. Erstellen Sie den ersten Programmteil zum Plandrehen der linken Seite (Werkzeug 1) und beenden Sie diesen Teil mit einem programmierten Halt zum Umspannen.
3. Programmieren Sie für die rechte Seite das Plandrehen, das Vorschruppen und das Schlichten der Kontur inklusive Gewindefreistich.
4. Erstellen Sie den Programmteil für die Herstellung der Zentrierungen (und gleichzeitig den Senkungen) sowie der Bohrungen.

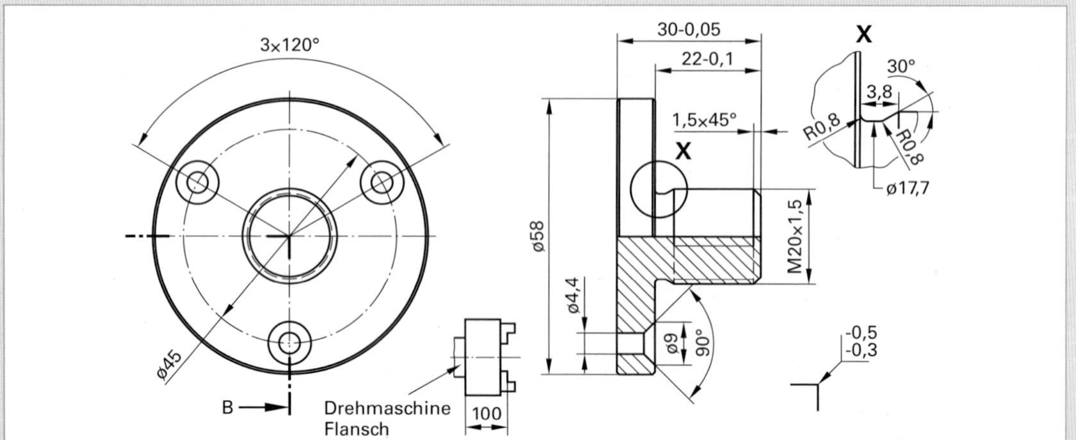

Aufgabe 3: Fräsen

Für das Werkstück (Bild) soll ein CNC Programm für das Bearbeiten der Außenkontur und das Herstellen der Bohrungen ø 6 mm geschrieben werden. Es steht eine Senkrechtfräsmaschine mit Steuerung 840D zur Verfügung.
Werkstückwerkstoff: E295; Werkzeuge: Fräser ø 16 mm HM beschichtet; Drehzahl n = 2900 1/min; Vorschubgeschwindigkeit v_f = 700 mm/min Bohrer ø 6 mm HM (Spitzenwinkel σ = 118°); Drehzahl n = 3200 1/min; Vorschubgeschwindigkeit v_f = 320 mm/min

3.1 Tragen Sie an geeigneter Stelle den Werkstücknullpunkt ein.
3.2 Die Kontur soll im Uhrzeigersinn (Gleichlauf) geschlichtet werden.
3.3 Erstellen Sie einen vereinfachten Programmteil für die vier Durchgangsbohrungen. Verwenden Sie für immer wieder kehrende Programmteile ein Unterprogramm.
3.4 Ersetzen Sie das Unterprogramm zum Bohren durch einen Bohrzyklus G81.

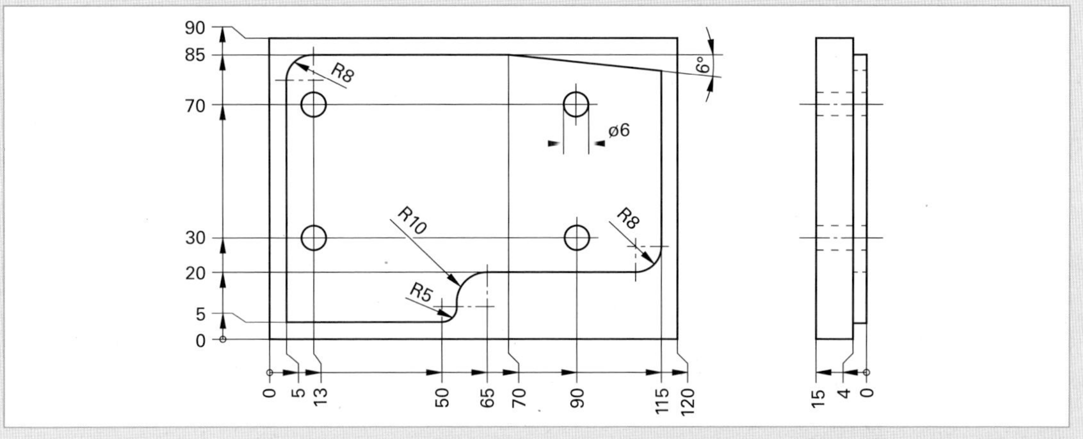

Aufgabe 4: Fräsen

Das Werkstück (Bild) soll auf einer Senkrechtfräsmaschine z. B. mit einer 840D-Steuerung (Siemens) hergestellt werden. Dazu soll das CNC-Programm erstellt werden. Werkstückwerkstoff: EN-AW AlMg5

Werkzeuge:

T1: Fräser ø 36 mm, HM beschichtet; Drehzahl n = 3500 1/min; Vorschubgeschwindigkeit v_f = 2800 mm/min
T2: Fräser ø 16 mm, HM beschichtet; Drehzahl n = 7800 1/min; Vorschubgeschwindigkeit v_f = 2500 mm/min
T3: Fräser ø 8 mm, HM beschichtet; Drehzahl n = 9000 1/min; Vorschubgeschwindigkeit v_f = 1080 mm/min
T4: NC Anbohrer 90°, ø 16 mm, HSS; Drehzahl n = 1000 1/min; Vorschubgeschwindigkeit v_f = 200 1/min
T5: Spiralbohrer ø 5 mm, HSS; Drehzahl n = 2800 1/min; Vorschubgeschwindigkeit v_f = 280 1/min

1. Tragen Sie den Werkstücknullpunkt ein.
2. Die Außenkontur soll mit einem Aufmaß an den geraden Seiten von 1 mm rechteckig vorgeschruppt werden.
3. Erstellen Sie den Programmteil zum Schlichten der Kontur im Uhrzeigersinn.
4. Fügen Sie den Programmteil zur Herstellung der Nut auf Toleranzmitte an.
5. Erstellen Sie die CNC-Sätze zur Fertigung der Bohrungen, beginnend mit dem Zentrieren und gleichzeitigem Senken der Bohrungen und anschließendem Bohren. Beachten Sie dabei, dass ab einer Bohrtiefe von 3 x Bohrungsdurchmesser das Tiefbohren anzuwenden ist.

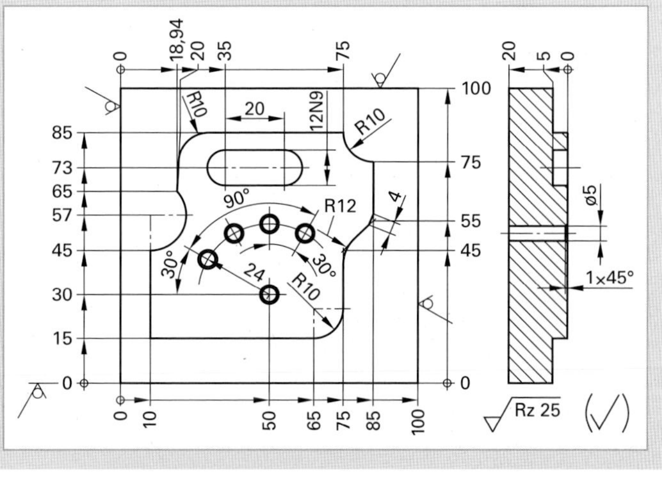

Fachwörterbuch[1] Deutsch – Englisch, Sachwortverzeichnis

[1] Die Englischübersetzung ist kontextabhängig und darf nicht allgemeingültig verstanden werden. Sie gilt im Zusammenhang mit der angegebenen Seite.

Quellenverzeichnis

Die meisten Bilder und Tabellen entstanden auf der Basis von Entwürfen und Fotos der Autoren bzw. entstammen ihrem Arbeitsumfeld. Nachfolgend genannte Firmen und Institutionen[1] haben den Arbeitskreis aber im Besonderen mit Druckschriften, Zeichnungen und Fotos (Seite/Bild-Nr.) unterstützt; dafür bedankt sich der Arbeitskreis.

ALTHEN GmbH, Kelkheim, 250/2

ASEA-Industrieroboter GMBH, Friedberg, 335/1/2

AST GmbH, Kassel, 336/3

Atlas Copco Gruppe, Essen, 380/1

Axel Springer Syndication GmbH Ullsteinbild GmbH, Berlin, 8/4

b p k Bildagentur für Kunst, Kultur und Geschichte, Berlin, 10/2, 198/4r

BMW Group, München, 331/2/3/4, 362/1/3

Bosch-Rexroth, Lohr a. M., 147/5, 176/1, 179/2, 192/1r

Carl Zeiss, Oberkochen, 308/1, 314/1/2, 319/1,

Comau S.p.A., Grugliasco TO, Italien, 9/3, 340/1l

Daimler AG, Stuttgart, 370/2

Dr. Johannes Heidenhain GmbH, Traunreut, 261/1, 262/2/4, 264/4, 265/1, 266/1

EST Engineering Systems Technologies GmbH, Kaiserslautern, 380/2, 381/1

F. Sommer, Pforzheim, 341/1

Femto Tools GmbH, CH Buchs, 233/2

FESTO KG, Esslingen, 145/2, 196/2

Fotolia Service, Berlin, 35/2, 187/2

Galerie Cyprian Brenner (GCB), Niederalfingen, 10/1

Gebhard Balluff GmbH, Neuhausen, 396/4

GE-Fanuc, Frankfurt a. M., 24/4

Hako Lehrmittel, Reutlingen, 384/1

Hänchen GmbH, Ostfildern, 168/3, 177/2/4

Hans Wälischmiller GmbH, Markdorf, 333/1

Herion-Werke KG, Fellbach, 189/1

Hermle AG, Gosheim, 282/1

Honda Motor Europe (North) GmbH, Offenbach, 8/2

Hübner Elektromaschinen AG, Berlin, 15/1r

KEYENCE Deutschland GmbH, L.-Echterdingen, 255/3

Kistler Instrumente KG, Winterthur, 271/2

KUKA AG, Augsburg, 339/1

KUKA Roboter GmbH, Augsburg, 337/3o, 338/3

Linearis 3D GmbH, Braunschweig, 330/3, 331/1

LOG HydraulikGmbH, Unterahrain, 171/3

Maxon Motor AG, CH Sachseln, 227/3

MIAG Fahrzeugbau GmbH, Braunschweig, 376/2

NASA, JPL Caltech, USA, 336/4

Östling Markierungssysteme GmbH, Solingen, 59/4

Panasonic Deutschland GmbH, Hamburg, 9/2

Philips, NL Eindhoven, 494/3

Pilz GmbH, Ostfildern, 364/1

Realizer GmbH, Borchen, 305/4

Robert Bosch GmbH, Stuttgart, 203/1u, 244/1, 267/4o, 279/3/4, 340/1r,

Sachs Engeenering GmbH, Engen-Welschingen, 11/1

Siemens AG, München, 10/3, 25/4, 26/3, 34/3, 63/1, 65/3, 97/1,101/1, 104/4, 198/3, 203/1or, 210/1/5, 219/3221/1, 223/2, 239/2, 257/3, 278/4u, 394/2, 399/1, 506/1,

TRW Automotive, Koblenz, 277/4

U.I.Lapp GmbH, Stuttgart, 27/2

voxeljet technology GmbH, Friedberg, 304/3

[1] Namens- und Ortsangaben sind konform mit den Ursprungsangaben zum Zeitpunkt der Quellenbereitstellung.